Paul Arzberger, Linus Beilschmidt, Horst Ellerckmann, Reiner Guse, Hans-Jürgen Stobinski

Tabellenbuch Elektroberufe

Grund- und Fachwissen

4. Auflage

Bestellnummer 93104

Bildungsverlag EINS
westermann

Wiedergegeben mit Erlaubnis des DIN Deutsches Institut für Normung e.V. Maßgebend für das Anwenden der DIN-Norm ist deren Fassung mit dem neuesten Ausgabedatum, die bei der Beuth Verlag GmbH, Burggrafenstraße 6, 10787 Berlin, erhältlich ist.

service@bv-1.de
www.bildungsverlag1.de

Bildungsverlag EINS GmbH
Ettore-Bugatti-Straße 6-14, 51149 Köln

ISBN 978-3-427-**93104**-1

westermann GRUPPE

Betriebs- und Arbeitswelt ... **9**
Rechtsformen von Unternehmen ... 9
Betriebliche Qualitätsbereiche ... 10
Vertragsarten ... 11
Rechtsgeschäfte ... 11
Kaufvertrag ... 12
Nichterfüllung eines Kaufvertrages ... 13
Beschaffung ... 14
Beförderungskosten ... 15
Preisgestaltung ... 16
Kalkulation ... 17
Beratungsgespräch ... 18
Projektmanagement ... 19
Projektauftrag ... 20
Projektplanung ... 21
Meilensteinplan ... 23
Projektverantwortlichkeitsmatrix ... 23
Aktivitätenplan ... 23
Teamarbeit ... 24
Konflikte im Prozess ... 25
Strukturierung einer Projektlösung ... 26
Fehlermanagement ... 29
Qualitätsmanagementsystem ... 31
PDCA-Zyklus ... 32
Normalverteilungskurve ... 33
Qualitätsregelkarten ... 34
Fähiger Prozess ... 35
Beherrschter Prozess ... 35
Beschreibungsformen ... 36
Geschäftsbrief ... 37
Anschriftenfeld ... 38
Dokumentationsgestaltung ... 39
Technische Dokumentation ... 41
Betriebsanleitung ... 43
Betriebsanweisung ... 43
Selbstständiges Lernen und Arbeiten ... 45
W-Fragen zur Informationsbeschaffung ... 46
Informationsermittlung ... 46
Lernstrategien ... 47
Erschließen von Fachtexten ... 49
Mindmap ... 50
Präsentationen erstellen ... 51
Visualisierung ... 54
Präsentationsmedien ... 55
Foliengestaltung ... 56
Gestaltungselemente ... 57
Diagramme ... 58
Grundregeln für einen Vortrag ... 61
Präsentationen durchführen ... 62
Gefahrstoff ... 64
Brandschutz ... 64
Betriebssicherheitsverordnung ... 66
Elektrotechnische Fachkräfte ... 67
GHS ... 68
Gefahrenkennzeichnung ... 69
R-Sätze ... 70
S-Sätze ... 71
Sicherheitskennzeichen ... 72
Verbotszeichen ... 72
Warnzeichen ... 73
P-Sätze ... 74
H-Sätze ... 76
Gebotszeichen ... 77
Brandschutzzeichen ... 77
Rettungszeichen ... 78
Gefahrgutaufkleber ... 79
Gefahrzeichen ... 79
Prüfzeichen ... 81
Thermoelemente ... 83
Bohrdaten ... 84
Dübel ... 85
Schrauben ... 87
Klebstoffe ... 88
Papier-Endformate ... 89

Technische Kommunikation ... **89**
Linien ... 90
Axiometrische Projektion ... 90
Schriftzeichen ... 91
Maßstäbe ... 91
Normalprojektion ... 92
Bemaßungen ... 94
Programmablaufpläne ... 96
Struktogramme ... 96
Technische Dokumentation ... 98
Schaltplanarten ... 99
Schaltfolgediagramm ... 100
Zeitablaufplan ... 100
Funktionsdiagramm ... 100
GRAFCET ... 101
Stromlaufpläne ... 103
Verbindungsschaltplan ... 104
Anordnungsplan ... 104
Übersichtsschaltplan ... 105
Ortsbezogene Anordnungspläne ... 105
Kennzeichnung elektrischer Betriebsmittel ... 106
Anschlusskennzeichnung ... 107
Referenzkennzeichnung ... 108
Schaltzeichen ... 108
Symbole für Betätigungen/Antriebsarten ... 115
Schaltgeräte ... 115
Antriebe ... 115
Auslöser ... 115
Mehrstellungsschalter ... 117
Anlasser ... 117
Transformatoren ... 118
Kennbuchstaben für Messgrößen ... 120
Symbole für Elektro-, Mess-, Steuerungs-, Regelungstechnik ... 120
Symbole für KNX ... 122
Elementare binäre Elemente ... 123
Kombinatorische Elemente ... 124
Symbole für Antennentechnik ... 125
Symbole für Gefahrenmeldeanlagen ... 126
Symbole für Rohrleitungen und Rohrmontage ... 128
Symbole für Heizungsanlagen ... 130

Symbole für Klimaanlagen . . . 131
Symbole der Hydraulik und Pneumatik . . . 132

Energieversorgung . . . 135
Elektromagnetische Verträglichkeit . . . 135
EMV-Filter . . . 138
Messtechnik . . . 139
Messgeräte mit Zeiger . . . 140
Digitale Messgeräte . . . 140
Messgleichrichter . . . 140
Leistungsmessung . . . 141
Intelligente Elektrizitätszähler . . . 142
Elektrizitätszähler . . . 143
Zählerschaltungen . . . 145
Leistungsfaktormessgeräte . . . 145
Stromwandler . . . 146
Spannungswandler . . . 146
Wheatstone-Messbrücke . . . 146
Messfehler . . . 146
Schreibende Messgeräte . . . 147
Oszilloskop . . . 147
Arbeiten an elektrischen Anlagen und Betriebsmitteln . . . 149
Die 5 Sicherheitsregeln . . . 149
Messkreiskategorie . . . 149
Transformatoren . . . 150
Schaltungen von Drehstromtransformatoren . . . 152
Parallelschaltung von Transformatoren . . . 154
Spartransformatoren . . . 154
Sicherheitstransformatoren . . . 155
Transformatoren für besondere Verwendung . . . 155
Kleintransformatoren . . . 156
Hausanschlussraum . . . 157
Hauptleitung . . . 157
Hausinstallation . . . 158
Zählerschränke, Stromkreisverteiler . . . 159
Blitzschutzanlagen . . . 160
Brandmeldeanlage . . . 162
Einbruchmeldeanlagen . . . 163
VdS-Sicherungsklassen . . . 164
Steckverbindungen für Netzspannungen . . . 165
Geräte-Steckverbindungen . . . 165
Internationale Steckverbindungen . . . 166
CEE-Kragensteckverbindungen . . . 167
Niederspannungsanlagen . . . 169
Niederspannungsanlagen, Gefährliche Körperströme . . . 170
Fehlerstrom-Schutzeinrichtung . . . 171
Netzsysteme . . . 173
Erdungsanlagen . . . 174
Schutzleiter . . . 174
Schutzpotenzialausgleichsleiter . . . 174
Schutzpotenzialausgleich . . . 175
Schutzmaßnahmen . . . 176
Basisschutz . . . 176
Räume mit Badewanne oder Dusche . . . 183
Elektroinstallation in medizinisch genutzten Bereichen . . . 185
Stromversorgung auf Baustellen . . . 187
Landwirtschaftliche und gartenbauliche Anwesen . . . 188
Elektrische Betriebsmittel in gasexplosionsgefährdeten Bereichen . . . 189
Schutz gegen thermische Auswirkungen . . . 191
Installation in Hohlwänden, Schutzklassen . . . 193
Schwimmanlagen . . . 194
Räume mit elektrischen Sauna-Heizgeräten . . . 195
Feuchte und nasse Bereiche und Räume, Anlagen im Freien . . . 195
Unterrichtsräume mit Experimentierständen . . . 196
Elektrische Anlagen in Möbeln und Einrichtungsgegenständen . . . 196
Niederspannungsanlagen: Prüfungen . . . 197
IP-Schutzarten durch Gehäuse . . . 202
Prüfungen elektrischer Geräte . . . 203
Blindleistungs-Kompensation . . . 208
Ausstattungswerte für elektrische Anlagen in Wohngebäuden . . . 210
Installationszonen in Wohnungen . . . 214
Verlegen von Leitungen . . . 215
Mindestquerschnitte für Leiter von Kabeln und Leitungen . . . 216
Verlegearten von Kabeln und Leitungen . . . 217
Strombelastbarkeit von Leitungen . . . 218
Berechnungsformeln zur Leitungsbemessung . . . 220
Schutz von Kabeln und Leitungen bei Überstrom . . . 221
Niederspannungssicherungen . . . 222
Geräteschutzsicherungen . . . 223
Leitungsschutzschalter . . . 224
Selektivität . . . 224
Kennzeichnungen von Leitungen und Kabeln . . . 225
Kennfarben . . . 225
Starkstromleitungen . . . 226
Isolierte Leitungen . . . 228
Hauseinführung . . . 228
Isolierte, flexible Leitungen . . . 229
Leitungen für Melde- und Signalanlagen . . . 229
Fest verlegte Leitungen für Installationen . . . 230
Leitungen für feste Verdrahtung . . . 231
Farbkennzeichnung der Adern von Starkstromkabeln und Leitungen . . . 231
Primärelemente . . . 232
Häufig verwendete Batterien . . . 232
Lithium-Batterien . . . 233
Eigenschaften und Kenndaten von Alkaline-Rundzellen . . . 234
Knopfzellen (Auswahl) . . . 234
Vergleichslisten Knopfzellen . . . 235
Wiederaufladbare Batterien . . . 236
Akkumulatoren . . . 237
Bleiakkumulator . . . 237
Starterbatterien . . . 238
Batteriebauarten . . . 238
Säuredichte offener Batterien . . . 238
Ladeverfahren . . . 239

Offene/Gasdichte NiCd-Akkumulatoren 239
Zusammenschalten von Batterien 239
Batterietypen 240
ZVEI-Merkblatt „Reinigung von Batterien“ 240
Energieversorgungsanlagen 241
Energieverteilungsanlagen 243
Umspannanlagen, Ortsnetzstationen 244
Schalt- und Schutzeinrichtungen zur Energieverteilung 245
Windenergieanlagen 246
Blockschaltbilder 246
Brennstoffzellen 247
Solarzellen 248
Photovoltaikanlagen 249
Einspeisung von Photovoltaikanlagen 250
Solarthermische Systeme 251

Gebäudetechnik 252
Installationsschaltungen mit mechanischen Schaltern 252
Installationsschaltungen mit Dimmern 253
Installationsschaltungen mit elektromagnetischen Schaltern 254
Leuchtstofflampen-Schaltungen 255
Metalldampflampen-Schaltungen 255
Steuern und Dimmen von Leuchtstofflampen 256
Ruf- und Türöffneranlagen 257
Gegensprechanlage mit gegenseitigem Anruf 258
Türsprechanlagen 258
KNX 259
Powerline KNX 266
Funk KNX 266
Lichttechnische Größen und Formeln 267
Beleuchtungsberechnung für Innenräume 268
Raumwirkungsgrade für die Beleuchtung 269
Lichtfarbe und Farbwiedergabeeigenschaften von Lichtquellen 270
Leuchten 271
Lampen 273
Vorschaltgeräte und Dimmer für Halogenglühlampen für Kleinspannung 277
Bauformen 278
LEDs 279
Elektroherd 281
Warmwassergeräte 282

Kommunikationstechnik 283
Personal Computer (PC) 283
Hauptplatine 284
CPU, Chipsatz 285
Halbleiterspeicher 286
Speicherkarten, USB-Stick 288
HDD, SSD 289
CD, DVD, Blu Ray-Disc 290
Steckplätze, interne Schnittstellen 291
Erweiterungskarten 292
Externe Schnittstellen 293
PC-Gehäuse, PC-Netzteil 298
Zusammenbau eines PCs 299
System- und Anwendungssoftware 301
ISO/OSI-Schichtenmodell 302
Datensicherheit und Datenschutz 304
LAN – WLAN 305
Netzwerkkomponenten 307
Strukturierte Verkabelung 308
Netzwerkkabel 309
TP-Kabel anschließen 310
Antennenformen 311
Kenngrößen der Antennentechnik 311
Windlast 312
Erdungsleitung 313
Verteilung für den Einzelempfang 313
Aufbau eines DVB-S-Systems 314
Speisesysteme (LNB) 314
Azimut-Elevations-Tabelle 315
Breitbandkommunikationsnetz 316
Übertragungsbereiche für Signale in BK-Anlagen 317
Kennwerte am Übergabepunkt 317
Pegel 317
Installationsvorschriften für BK-Anlagen 318
Strukturierte Verkabelung 319
Elektrische Grenzwerte 320
Bauartkurzzeichen für Leitungen und Kabeln der TK-Technik 321
Ringfarben von Installationsleitungen 321
Leitungen und Kabel für TK-Anlagen 322
Koaxialkabel 322
Koaxialkabel für BK-Verteilanlagen 323
Kennzeichnung von Netzwerkkabeln 324
Ethernet-Netzwerke 324
Kupferkabel 324
Lichtübertragungstechnik 325
Lichtwellenleitertypen 325
Kennzeichnung von Lichtwellenleitern 327
Paar- und Farbzuordnung für Datenkabel und Stecksysteme 328
Belegung des RJ45-Steckers 328
Anschlusstechnik 329
Internet 330
DSL/ADSL 331
Klemmenbelegungen 332
Telekommunikations-Anschlusseinheit TAE 332
Steckerformen 333
ISDN-Anschlusseinheiten IAE 333
Universal-Anschlusseinheit UAE 334
Anschlussmöglichkeiten 335
IP-Telefonie 336
Vermittlungstechnische Leistungsmerkmale 336
Analog wird durch IP ersetzt 337
ISDN wird durch IP ersetzt 338
Betriebsfunktionen einer USV-Anlage 339

Automatisierungstechnik 340
Steuerkette 340
Begriffe der Steuerungs- und Regelungstechnik . . 340

Einteilung von Steuerungen . . . 341
Unterscheidung von Steuerungssignalen . . . 341
Betriebsarten bei Steuerungen . . . 342
Anschlussbezeichnungen . . . 343
Gebrauchskategorien für Schütze . . . 345
Gebrauchskategorien für Hilfsstromschalter . . . 346
Leistungsschütze . . . 346
Motorschutzschalter . . . 347
Motorschutzrelais . . . 347
Maschinenschutz durch Temperaturüberwachung . . . 348
Einsatz von Motorschutzeinrichtungen . . . 348
Elektronische Lastrelais . . . 349
Hilfsschütze . . . 350
Elektromagnetische Relais . . . 350
Zeitrelais . . . 350
Taster, Leuchtmelder, Leuchttaster . . . 351
Steuerschalter . . . 352
Wegfühler . . . 353
Grenztaster . . . 353
Berührungslose Positionsschalter . . . 354
Näherungsschalter . . . 354
Ultraschallnäherungsschalter . . . 355
Pneumatische Signale . . . 356
Elektrische Signale . . . 356
Signalumformer . . . 356
Elektrische Thermometer . . . 357
Drehzahlmessung . . . 358
Wegmessung, Winkelmessung . . . 358
Füllstandsmessung . . . 359
Druckmessung . . . 361
Durchflussmessung . . . 362
Temperaturmessung . . . 363
Direktes Schalten von Drehstrom-Asynchronmotoren . . . 364
Wende-Schütz-Schaltung . . . 364
Dahlanderschaltung . . . 365
Stern-Dreieck-Schützschaltung . . . 365
Einspeisung . . . 366
Anschluss der Steuerstromkreise . . . 366
Druckluftaufbereitung . . . 367
Wegeventile der Fluidtechnik . . . 367
Logikventile . . . 368
Drosselventile . . . 368
Proportionalventile . . . 368
Arbeitselemente der Fluidtechnik . . . 368
Elektropneumatik . . . 369
Unterschiede der Hydraulik zur Pneumatik . . . 369
SPS . . . 370
VPS . . . 370
Programmiersprachen . . . 372
Datentypen . . . 372
Variablen . . . 372
Logische Funktionen . . . 373
Bistabile Elemente . . . 373
Zeitgeber . . . 373
Zähler . . . 373
Ablaufsteuerungen . . . 374
STEP 7 . . . 375
Kompakt SPS . . . 379
Modulare SPS . . . 379
Allgemeine Anforderungen von Maschinen . . . 380
Strombelastbarkeit . . . 381
Steuerstromkreise . . . 381
NOT-AUS . . . 382
Prüfung von Steuerungen . . . 382
Elektromagnetische Verträglichkeit EMV . . . 383
Sicherheitsbeurteilung bei Steuerungen . . . 383
Sicherheitssteuerungen . . . 384
Drahtbruchsicherheit . . . 385
Verriegelungen . . . 385
Redundanz . . . 386
Einfehlersicherheit . . . 386
Selbstüberwachung . . . 386
NOT-AUS . . . 386
Regelkreis . . . 387
Begriffe und Größen . . . 387
Reglerbenennung . . . 388
Regelungsstrukturen . . . 388
Übertragungsverhalten . . . 389
Antworten auf Eingangsgrößen . . . 389
Elementare Regelkreisglieder . . . 390
Eigenschaften von Regelstrecken . . . 391
Kennwerte von Regelstrecken . . . 391
Unstetige Regler . . . 392
Stetige Regler . . . 393
Digitale Regler . . . 394
Verläufe von Regelvorgängen . . . 395
Gütekriterien für Regelungen . . . 395
Reglereinstellungen . . . 395
Leittechnik . . . 397
Produktionsleittechnik . . . 397
Stellgeräte . . . 398
Stellglieder . . . 398
Stellantriebe . . . 398
Darstellung von Mess-, Steuer- und Regelungsaufgaben . . . 399
Kennbuchstaben für EMSR-Aufgaben . . . 399
Rohrleitungs- und Instrumentenfließbild . . . 400
Kennzeichnung von Rohrleitungen . . . 401
Feldbussysteme . . . 403
Profibus . . . 404
Interbus . . . 405
AS-Interface . . . 405
Profinet . . . 406

Antriebstechnik . . . 407
Begriffe und Leistungsschilder umlaufender elektrischer Maschinen . . . 407
Formeln für umlaufende elektrische Maschinen . . . 408
Anschlussbezeichnungen und Drehsinn von umlaufenden elektrischen Maschinen . . . 409
Drehstrommaschinen . . . 410
Einphasen-Wechselstrommotoren mit Käfigläufern . . . 411

Einphasen-Wechselstrommotoren mit Kommutatoren . . . 412
Steinmetzschaltung . . . 413
Gleichstrommotoren . . . 414
Generatoren . . . 415
Schrittmotor . . . 416
Linearmotoren . . . 417
Servomotoren . . . 417
Polumschaltbare Drehstrommotoren . . . 418
Anlaufschaltungen für Drehstrommotoren . . . 419
Bremsen von Motoren . . . 419
Motorschutzeinrichtungen . . . 420
Erwärmung elektrischer Maschinen . . . 421
Wirkungsgradklassen von Drehstrommotoren . . . 422
Betriebswerte von oberflächengekühlten Drehstrom-Käfigläufermotoren . . . 422
Betriebswerte von polumschaltbaren Drehstrom-Asynchronmotoren . . . 424
Betriebswerte von Schleifringläufermotoren und Einphasenmotoren mit Käfigläufer . . . 425
Bezeichnung für Bauformen und Aufstellung elektrischer Maschinen . . . 426
Betriebsarten mit Kennzeichnungen . . . 428
Antriebssysteme . . . 430
Stromrichterbenennung und -kennzeichnung . . . 432
Ungesteuerte Gleichrichter . . . 434
Gesteuerte Stromrichter . . . 435
Vollgesteuerte Stromrichter . . . 435
Gleichstromsteller für Ein- und Mehrquadrantenbetrieb . . . 436
Doppelstromrichter (Umkehrstromrichter) . . . 437
Gleichstromsteller . . . 438
Schaltnetzteile . . . 439
Wechselstrom-Umrichter . . . 440
Drehzahlsteuerung von Drehfeldmaschinen aus dem Drehstromnetz . . . 440
Umrichtergespeiste Drehstromantriebe . . . 441
Phasenanschnittsteuerungen . . . 442
Wechselstromsteller mit Phasenanschnittsteuerung . . . 443
Nullspannungsschalter . . . 444
Schwingungspaketsteuerung . . . 444
Schutzbeschaltung von Thyristoren und Stromrichtern . . . 445

Bauelemente und -gruppen . . . 446
Lineare Widerstände . . . 446
Kennzeichnung von linearen Schichtwiderständen . . . 447
Veränderbare Widerstände . . . 448
Temperatur- und spannungsabhängige Widerstände . . . 449
Arten von Kondensatoren . . . 450
Kennzeichnung von Kondensatoren . . . 452
Entstörkondensatoren . . . 453
Dielektrika . . . 453
Spulen . . . 454
Übertrager . . . 454
Passive Filterschaltungen . . . 455
Halbleiterkennzeichnungen . . . 456
Dioden . . . 457
Spezielle Dioden . . . 458
Bipolare Transistoren . . . 459
Kennwerte und Kenndaten bipolarer Transistoren . . . 460
Bipolarer Transistor als Vierpol . . . 460
Vierquadranten-Kennlinienfeld . . . 461
Grundschaltungen bipolarer Transistoren . . . 462
Transistor als Verstärker . . . 463
Transistor als Schalter . . . 464
Unipolare Transistoren . . . 465
Optoelektronische Bauelemente . . . 467
Umwandlung elektrischer Energie mit Stromrichtern . . . 467
Optoelektronische Koppler . . . 469
Optoelektronische Grundschaltungen . . . 469
Operationsverstärker . . . 470
Grundschaltungen mit Operationsverstärkern . . . 471
Reglerarten mit Operationsverstärkern . . . 472
Messgrößen und Messaufnehmer . . . 474
Einbau- und Löthinweise für Bauelemente . . . 475
Gehäuse von Halbleiterbauelementen . . . 476
Kühlung von Halbleiterbauelementen . . . 477
Wärmewiderstände von schwarzen Kühlkörpern . . . 477
Elektrostatische Entladungen . . . 478
Logikfamilien . . . 479
Beschreibung logischer Verknüpfungen . . . 480
Elementare logische Verknüpfungen . . . 481
Regeln der Schaltalgebra . . . 482
Kenngrößen logischer Schaltkreise . . . 483
Bistabile Kippglieder . . . 484
RS-Kippglieder . . . 486
Monostabile Kippglieder . . . 487
Zähler . . . 488
Digital-Analog-Umsetzer . . . 489
Analog-Digital-Umsetzer . . . 489
Übertragungsverhalten von AD-/DA-Umsetzern . . . 490
Nichtsteuerbare Thyristoren . . . 491
Steuerbare Thyristoren . . . 492
Sieb- und Stabilisierungsschaltungen . . . 493
Integrierte Festspannungsregler . . . 494

Techn. Größen und Formeln . . . 495
Griechisches Alphabet . . . 495
SI-Basisgrößen und Basiseinheiten . . . 495
SI-Vorsätze . . . 496
Physikalische Konstanten . . . 497
Indizes . . . 497
Auswahl von Größen und abgeleiteten SI-Einheiten . . . 498
Mathematische Zeichen und ihre Bedeutung . . . 500
Allgemeine Gesetzmäßigkeiten für stellenbewertete Zahlensysteme . . . 501
Römische Zahlen . . . 501
Zahlensysteme . . . 502

Umwandlung in andere Zahlensysteme . . . 503
ASCII-Code . . . 505
Strichcode . . . 506
Rechnen mit komplexen Zahlen . . . 507
Zahlenmengen . . . 507
Geometrie . . . 507
Winkelangaben und Gesetzmäßigkeiten für Dreiecke . . . 508
Trigonometrische Funktionen . . . 509
Flächen- und Körperberechnungen . . . 510
Physikalische Größen der Bewegungslehre . . . 511
Masse . . . 512
Kraft . . . 512
Gewichtskraft . . . 512
Drehmoment . . . 513
Arbeit, Arbeitsarten . . . 514
Energiearten . . . 514
Energieerhaltungssatz . . . 514
Leistung . . . 515
Wirkungsgrad . . . 515
Rollen . . . 516
Riemenantrieb . . . 516
Zahnradantrieb . . . 516
Druck . . . 517
Temperaturskalen . . . 517
Ausdehnung von Körpern durch Erwärmung . . . 517
Wärmemenge und Wärmekapazität . . . 517
Wärmewiderstand . . . 517
Schall . . . 518
Pegelgrößen in dB . . . 518
Schallgrößen . . . 518
Grundbegriffe der Atome . . . 519
Chemische Elemente . . . 519
Nichteisenmetalle . . . 520
Kontaktwerkstoffe . . . 520
Werkstoffe für elektrische Widerstände . . . 521
Dehnungsmessstreifen . . . 521
Ladung . . . 522
Stromstärke . . . 522
Stromdichte . . . 522
Spannung . . . 522
Potenzial . . . 522
Elektrische Arbeit . . . 523
Elektrische Leistung . . . 523
Leiterwiderstand . . . 523
Leitwert . . . 523
Ohm'sches Gesetz . . . 523
Temperaturabhängiger Widerstand . . . 524
Kirchhoff'sches Gesetze . . . 524
Parallelschaltung . . . 524
Reihenschaltung . . . 524
Spannungsteiler . . . 525
Spannungsquelle . . . 525
Spannungs-Messbereichserweiterung . . . 525
Strom-Messbereichserweiterung . . . 526
Brückenschaltung . . . 526
Stern-Dreieck-Umwandlung . . . 526
Coulomb'sches Gesetz . . . 527
Elektrische Feldstärke . . . 527
Kondensator, Auf- und Entladung . . . 527
Kapazität . . . 528
Reihen- und Parallelschaltung von Kondensatoren . . . 528
Flussdichte . . . 528
Durchflutung . . . 528
Magnetische Feldstärke . . . 529
Permeabilität . . . 529
Magnetischer Kreis . . . 529
Induktion . . . 529
Kraft auf stromdurchflossene Leiter im Magnetfeld . . . 530
Ausschaltvorgang an der Spule . . . 531
Energiespeicherung . . . 531
Kenngrößen von Wechselspannungen . . . 531
Formfaktor . . . 532
Mischspannungen . . . 532
Scheitelfaktor . . . 532
Liniendiagramm . . . 532
Mischspannung . . . 533
Flankensteilheit . . . 533
Unsymmetrische Rechteckspannung . . . 533
Liniendiagramm . . . 533
Zeigerdiagramm . . . 534
Widerstände im Wechselstromkreis . . . 534
Schaltungen von Blind- und Wirkwiderständen im Wechselstromkreis . . . 535
Dreiphasen-Wechselspannung . . . 539
Stern-Dreieck-Umschaltung . . . 540
Unsymmetrische Belastung der Stern-Dreieck-Schaltung . . . 540

Sachwortverzeichnis Deutsch – Englisch . . . 541

Sachwortverzeichnis Englisch – Deutsch . . . 560

Normenverzeichnis . . . 579

Bildquellenverzeichnis . . . 580

Rechtsformen von Unternehmen

Unternehmensformen Merkmale Rechtsquelle	Einzelunternehmung HGB §§ 1–104	Offene Handelsgesellschaft oHG HGB §§ 105–160	Kommanditgesellschaft KG HGB §§ 161–177	Gesellschaft mit beschränkter Haftung GmbH GmbHG §§ 1 ff.	Genossenschaft GenG §§ 1 ff.	Aktiengesellschaft AG AktG 1 ff.
Gründung Mindestgründerzahl	Allein	Zwei oder mehr Personen	Zwei oder mehr Personen	Ein oder mehr Gesellschafter	Sieben oder mehr Personen	Eine oder mehrere Personen; Übernahmegründung
Firma Register	Personenfirma; Handelsregister	Personenfirma; Name der Gesellschafter (ggf. mit Zusatz); Handelsregister	Personenfirma; Name der Vollhafter (ggf. mit Zusatz); Handelsregister	Personen- oder Sachfirma mit Zusatz „Gesellschaft mit beschränkter Haftung"; Handelsregister	Sachfirma mit Zusatz „eG"; Genossenschaftsregister	Sachfirma mit dem Zusatz „Aktiengesellschaft"; Handelsregister
Mindestkapital Kapitalbezeichnung	Kein Mindestkapital; Kapitaleinlage	Kein Mindestkapital; Kapitaleinlage	Kein Mindestkapital; Kapitaleinlage	25 000 EUR Stammkapital (gezeichnetes Kapital); Mindesteinzahlung 25 % des Nennwertes	Kein Mindestkapital; Geschäftsanteil	50 000 EUR Grundkapital (gezeichnetes Kapital); Mindesteinzahlung 25 % des Nennwertes
Finanzierung (Eigen- und Fremdfinanzierung)	Aus Privatvermögen, Selbstfinanzierung, begrenzte Kreditbasis	Aus Privatvermögen der Gesellschafter, Selbstfinanzierung, Neuaufnahme von Gesellschaftern, breitere Kreditbasis	Durch Aufnahme weiterer Kommanditisten bessere Möglichkeiten der Eigenfinanzierung als bei oHG	Aus Vermögen der Anteilseigner, Eigenfinanzierung durch Aufnahme weiterer Gesellschafter, beschränkte Kreditwürdigkeit	Aus Einlagen der Genossen, Finanzierungsmöglichkeiten wegen Stimmrechtsbegrenzung und Mitgliederwechsel begrenzt	Aus Vermögen der Aktionäre, Eigenfinanzierung über Börse bzw. Kapitalmarkt; wegen Gläubigerschutz große Kreditwürdigkeit
Geschäftsführung und Vertretung	Einzelkaufmann; allein	Jeder Gesellschafter	Nur Vollhafter; Widerspruchs- und Kontrollrecht der Kommanditisten	Geschäftsführer; Kontrolle durch Gesellschaftsversammlung und evtl. Aufsichtsrat	Vorstand; Kontrolle durch Generalversammlung und evtl. Aufsichtsrat	Vorstand; Kontrolle durch Aufsichtsrat und Hauptversammlung
Haftung	Allein, unbeschränkt	Jeder Gesellschafter unmittelbar, unbeschränkt, solidarisch	Vollhafter wie oHG, Teilhafter bis zur Höhe seiner Einlage	Gesellschaftsvermögen der GmbH; meist mit mind. der Stammeinlage (mind. 250 EUR); ansonsten je nach Vertrag	Mind. mit Geschäftsanteil; ansonsten je nach Vertrag (Status)	Gesellschaftsvermögen der AG
Ergebnisbeteiligung	Allein	4 % der Kapitaleinlage, Rest nach Köpfen	4 % der Kapitaleinlage, Rest in angemessenem Verhältnis	Anteilsmäßige Gewinnbeteiligung oder nach Vertrag	Im Verhältnis der Geschäftsguthaben oder nach Vertrag	Anteilsmäßiger Gewinnbetrag (Dividende)
Verlust	Allein	Nach Köpfen oder Gesellschaftsvertrag	Angemessene Anteile oder Gesellschaftsvertrag	Beschränkte Haftpflicht mit Geschäftsanteil; Nachschusspflicht	Abzug vom Geschäftsguthaben oder nach Vertrag	Kein Anteil
Auflösungsgrund	Tod des Inhabers, Liquidation	Tod des Gesellschafters, Liquidation, Kündigung, Zeitablauf	Tod des Vollhafters, Liquidation, Kündigung, Zeitablauf	Beschluss, Zeitablauf	Beschluss, weniger als sieben Genossen, Zeitablauf	Beschluss, Zeitablauf
Auflösungsanteil	Allein	Jeder Gesellschaft entsprechend seinem Anteil	Angemessene Anteile	Jeder Gesellschafter entsprechend seinem Anteil	Geschäftsguthaben	Aktienbetrag

Betriebliche Qualitätsbereiche

Bereich	Erläuterung	Mögliche Kundenfragen
Äußerer Eindruck	Erscheinungsbild des Geschäftes, der Ausstattung, der Waren und des Personals	• Vermittelt der Laden eine angenehme Atmosphäre? • Finde ich die gesuchten Produkte? • Ist die Ware attraktiv (Qualität/Preis)? • Macht das Personal einen höflichen, hilfsbereiten, kompetenten Eindruck?
Erreichbarkeit	Das Geschäft ist gut zu erreichen, die Waren sind gut zugänglich, das Personal ist aufgeschlossen.	• Ist das Geschäft mit öffentlichen Verkehrsmitteln bzw. mit PKW gut erreichbar? Stehen Parkplätze zur Verfügung? • Entsprechen die Öffnungszeiten meinen Vorstellungen? • Ist Personal verfügbar, wenn ich es brauche?
Kompetenz	Besitz der notwendigen Kenntnisse und Fähigkeiten	• Kennt sich das Personal mit den Produkten aus, die es verkauft? • Werde ich sachgemäß beraten? • Ist mir das Personal eine echte Hilfe?
Zuverlässigkeit	Bereitschaft, die Produkte in zuverlässiger Qualität zu liefern und die zugesagte Leistung korrekt zu erbringen	• Erfüllt die Qualität der Produkte meine Erwartungen? • Bemüht sich das Personal glaubwürdig um die Lösung meiner Probleme?
Sicherheit	Von den Produkten gehen keine Risiken oder Gefahren aus.	• Werden sichere und zuverlässige Produkte verkauft? • Kann ich problemlos etwas umtauschen? • Werden Beschwerden ernst genommen und reagiert man darauf höflich?
Vertrauenswürdigkeit	Glaubwürdigkeit des Personals und des gesamten Unternehmens	• Wird versucht, mir etwas zu verkaufen, das ich nicht haben will? • Ist dem Personal zu trauen?
Bedienen der Kunden	Der Kunde wird höflich, zuvorkommend, freundlich und respektvoll bedient.	• Werde ich vom Personal angesprochen, wenn ich durch das Geschäft gehe? • Gibt man mir das Gefühl, wichtig/lästig zu sein? Behandelt man mich „von oben herab“?
Eingehen auf Kunden	Bemühen des Unternehmers, den Kunden und seine Bedürfnisse zu kennen	• Sind Ladenausstattung und Waren konsistent (vermitteln sie dieselbe Botschaft)? • Werde ich vom Personal wiedererkannt und mit Namen angesprochen?
Kommunikation	Fähigkeit, die Kunden zu informieren und ihnen zuzuhören	• Ist man an meiner Meinung interessiert? • Werden nützliche Informationen geboten? • Finde ich mich im Laden gut zurecht?

Vertragsarten (mehrseitiges Rechtsgeschäft)

Vertragsart	Vertragsinhalt	Vertragspartner	Rechtsgrundlage
Kaufvertrag	Veräußerung von Sachen und Rechten gegen Entgelt	Verkäufer Käufer	§§ 433 ff. BGB
Werkvertrag	Herstellung eines Werkes gegen Vergütung bei Lieferung des Materials	Besteller Unternehmer	§§ 631 ff. BGB
Werklieferungsvertrag	Herstellung eines Werkes gegen Vergütung bei Lieferung des Materials vom Unternehmer	Besteller Unternehmer	§§ 651 ff. BGB
Dienstvertrag	Leistung von Arbeit gegen Entgelt	Arbeitgeber Arbeitnehmer	§§ 611 ff. BGB
Leihvertrag	Entgeltliche Überlassung von Sachen zum Gebrauch	Vermieter Mieter	§§ 535 ff. BGB

Rechtsgeschäft am Beispiel eines Werklieferungsvertrags

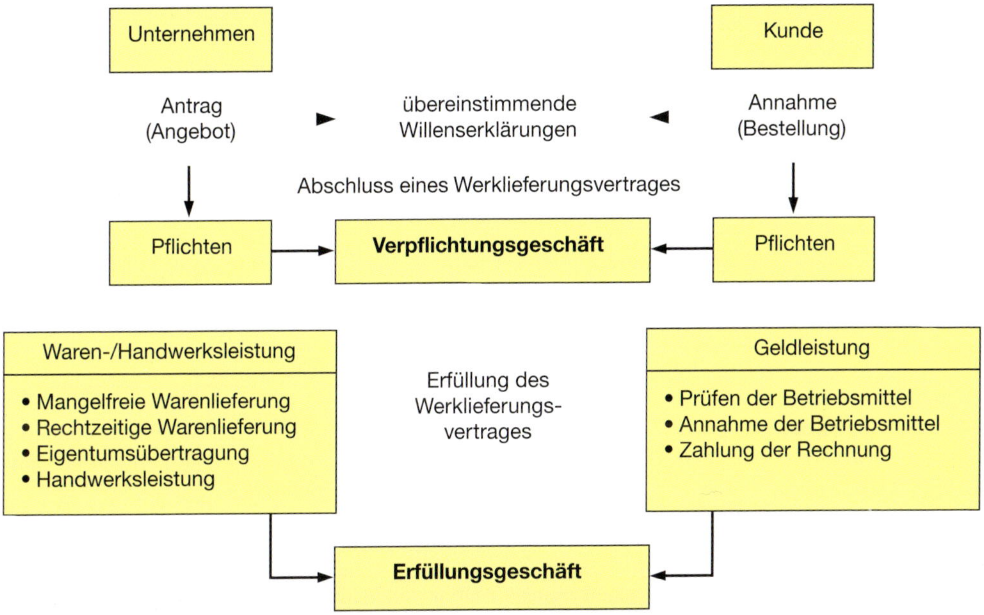

Nichtigkeit und Anfechtbarkeit von Rechtsgeschäften

Nichtigkeit	Anfechtbarkeit
• Verträge mit Geschäftsunfähigen • Verträge mit beschränkt Geschäftsfähigen ohne Zustimmung des gesetzlichen Betreuers • Scherzgeschäfte • Verstöße gegen Formvorschriften • Objektiv unmögliche Leistung • Verträge gegen die guten Sitten	• Verträge wegen Irrtums in der Erklärung und/oder Übermittlung • Verträge wegen arglistiger Täuschung • Verträge wegen widerrechtlicher Drohung

Kaufvertrag

Zustandekommen eines Kaufvertrags

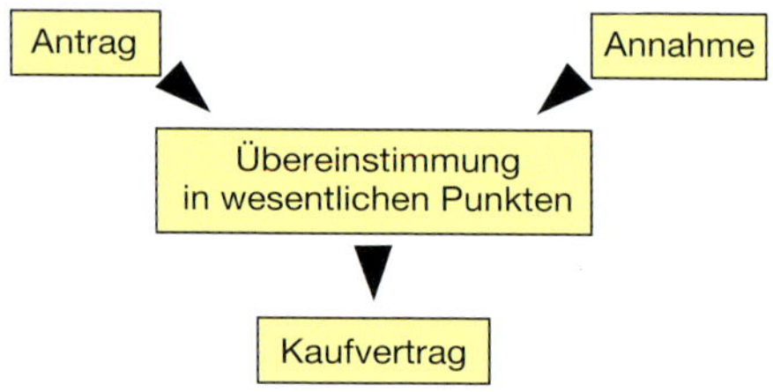

Pflichten des Verkäufers:
- Ware liefern
- Eigentumsrechte übertragen
- Kaufpreis annehmen

Pflichten des Käufers:
- Ware annehmen
- Ware bezahlen
- Ware unverzüglich prüfen (beim zweiseitigen Handelskauf)

Achtung:
Bei einem zweiseitigen Handelskauf (und wenn Geschäftsbeziehungen bestehen) gilt Schweigen als Zustimmung!

Warenannahme durch den Käufer

- Anschrift überprüfen (und eventuell den Absender)
- Überprüfen, ob der Lieferzeitpunkt korrekt ist
- Überprüfen der Anzahl und der Richtigkeit der Stücke (Stücknummer) anhand der Begleitpapiere
- Überprüfen der Unversehrtheit der Verpackung oder der Ware, wenn diese nicht verpackt ist
- Unterschrift auf Begleitpapier über die Warenannahme

Achtung:
Bei Unregelmäßigkeiten, z. B. beschädigter Verpackung, sind diese auf dem Begleitpapier vom Überbringer bestätigen zu lassen; sollte dies verweigert werden, ist die Annahme der Waren zu verweigern – möglichst Zeugen hinzuziehen.

Auspacken und Prüfen der Ware

- Bei zweiseitigem Handelskauf ist die angenommene Ware **unverzüglich** zu prüfen.
- Das Verpackungsmaterial, das wiederverwendet oder das gegen Vergütung zurückgegeben werden kann, ist buchmäßig zu erfassen, z. B. Kisten, Palletten, Behälterwagen usw.
- Das Verpackungsmaterial, das dem Lieferer zur Verfügung gestellt wurde, ist ebenso zu erfassen (in der sogenannten Emballagenkartei).
- Die Ware wird anhand der Begleitpapiere auf Art, Menge, Beschaffenheit, Aufmachung und Güte kontrolliert.
- Zur Qualitätsprüfung genügen bei Massenartikeln in der Regel Stichproben.
- Festgestellte Mängel sind **genau** (unter Hinzuziehen von Zeugen) zu erfassen und **genau** zu beschreiben.
- Mangelhafte Ware ist sofort zu rügen und dem Lieferer zur Verfügung zu stellen – sie darf aber nicht ohne Weiteres zurückgeschickt werden.
- Beim Wareneingang wird anhand der Begleitpapiere die angenommene Ware mit der Bestellung verglichen (Menge, Termin, fehlende Teilmenge usw.).
- Der mengenmäßige Wareneingang wird danach in der Bestandskartei vermerkt.

Nichterfüllung (Störung) beim Kaufvertrag

1. Mangelhafte Lieferung

Es werden folgende Mängel unterschieden:

1. Mängel in der Art
2. Mängel in der Menge
3. Mängel in der Güte
4. Mängel in der Beschaffenheit

Rechte des Käufers

↓ *Nachbesserung oder Umtausch*

↓ *mit Nachfrist ober bei Fehlschlagen der Nachbesserung*

↓ *Rücktritt vom Vertrag oder Preisminderung*

↓ *Außerdem: Recht auf Schadenersatz*

2. Ausbleibende/verspätete Lieferung

Voraussetzungen für Lieferungsverzug:

- Lieferung muss fällig sein.
- Käufer muss die Lieferung angemahnt haben.
- Verkäufer muss vorsätzlich oder fahrlässig handeln.

Rechte des Käufers

↓ *Anspruch auf Lieferung*

oder mit Nachfrist

↓ *Verzicht auf Lieferung und Schadenersatz*

oder mit Nachfrist

↓ *Rücktritt vom Vertrag und Schadenersatz*

3. Ausbleibende/verspätete Bezahlung

1. Zahlungstermin ist nicht genau festgelegt: Mahnung erforderlich.
2. Zahlungstermin ist kalendermäßig vereinbart: Käufer kommt ohne Mahnung in Zahlungsverzug.

Rechte des Verkäufers

↓ *Zahlung verlangen (evtl. durch Klage) Auslagen ersetzen lassen*

mit Fristsetzung oder bei fest vereinbartem Zahlungstag zusätzlich

↓ *Rücktritt vom Vertrag und/oder Schadenersatz wegen Nichterfüllung des Vertrages*

4. Ausbleibende/verspätete Annahme

Sie liegt vor, wenn der Käufer die ordnungsgemäß gelieferte Ware nicht abnimmt.

Rechte des Verkäufers

↓ *Rücktritt vom Vertrag*

oder nach Einlagerung der Ware

↓ *Klage auf Abnahme*

oder

↓ *Selbsthilfeverkauf*

Außergerichtliches Mahnverfahren

Schritte bei der außergerichtlichen Mahnung:

1. Ohne Zahlungstermin kommt der Schuldner durch eine Mahnung in Verzug.
2. Der Schuldner einer Geldforderung kommt spätestens 30 Tage nach Fälligkeit und Zugang einer Rechnung in Verzug.

Verfahren

↓ *Zahlungserinnerung*

↓ *1. Mahnung*

↓ *2. Mahnung*

↓ *Postnachnahme*

↓ *4. und letzte Mahnung mit Androhung gerichtlicher Schritte*

Gerichtliches Mahn- und Vollstreckungsverfahren

Der Gläubiger stellt bei der zuständigen Zentralstelle des jeweiligen Bundeslandes einen Antrag auf Erlass eines Mahnbescheides.

Verfahren

↓ Zentralstelle (← Antag des Gläubigers auf Erlass eines Mahnbescheids)

erlässt und stellt Mahnbescheid zu

↓ Schuldner

- erhebt Widerspruch → mündliche Verhandlung
- unternimmt nichts → auf Antrag des Gläubigers Erlass eines Vollstreckungsbescheides → Schuldner
  - erhebt Widerspruch
  - unternimmt nichts → Zwangsvollstreckung durch das Gericht oder den Gerichtsvollzieher
  - zahlt → Angelegenheit ist „erledigt“
- zahlt → Angelegenheit ist „erledigt“

Beschaffung

Anfrage

- Mit einer Anfrage soll festgestellt werden, welche Ware ein bestimmter Lieferer zu welchen Bedingungen liefern kann.
- Die Anfrage ist **stets unverbindlich**; sie verpflichtet den Anfragenden **nicht** zur Abnahme der angefragten Waren/Güter/Dienstleistungen.
- Will der Angefragte einen **Ersatz seiner Kosten** für die Beantwortung der Anfrage haben, z. B. bei einem Kostenvoranschlag, so **muss** er dies **vorher** vereinbaren.
- Die Anfrage ist **nicht** an eine bestimmte **rechtliche Form** gebunden. Sie kann schriftlich (Brief, Fax, E-Mail) oder mündlich erfolgen.
- Anfragen können **allgemein** (z. B. nach Katalogen, Prospekten, Preislisten) oder **bestimmt** sein (z. B. nach einem detailliert beschriebenen Produkt, einer Ware oder einer Dienstleistung).

Angebot

Art und Güte der Ware	• Handelsübliche Bezeichnung der Ware, z. B. PC • Beschreibung der Qualitätsmerkmale, z. B. Arbeitsspeicher, Taktfrequenz, Kapazität der Festplatte usw. • Wenn nichts vereinbart ist, gilt für die Lieferung mittlere Art und Güte der Ware – aber nur für Gattungsware, z. B. CD-Rohlinge.
Menge und Preis	• Die Menge soll in handelsüblichen (Dutzend, Sack) oder gesetzlichen Bezeichnungen angegeben werden, z. B. kg, m. • Bei Verkauf an Letztverbraucher muss der Bruttopreis (inklusive MwSt.) angegeben werden – ebenso wie die Mengeneinheit oder der Preis pro Mengeneinheit, z. B. EUR/kg. • Bei zweiseitigen Handelskäufen (Verkäufer und Käufer sind Kaufleute) werden Nettopreise (ohne MwSt.) angegeben. • Rabatt – Mengenrabatt bei Abnahme größerer Mengen – Treuerabatt für langjährige Kunden (Stammkunden) – Naturalrabatt in Form von Warenbeilagen – Sonderrabatt bei Geschäftsjubiläen oder Sonderaktionen – Wiederverkäuferrabatt bei Preisempfehlungen für Groß- und Einzelhändler • Bonus als Umsatzrückvergütung, z. B. für gewerbliche Kunden am Jahresende • Skonto als Preisnachlass bei Bezahlung innerhalb einer kurzen Frist

Lieferbedingungen

Verpackungskosten	• Preis inklusive Verpackung → Der Verkäufer zahlt die Verpackung. • Preis exklusive Verpackung → Der Käufer zahlt für die Verpackung. • b/n, bfn, brutto für netto → Die Verpackung ist wie Ware zu bezahlen. • Leihverpackung → Bei Rücksendung erfolgt Gutschrift (ganz oder teilweise). • Eigenverpackung → Käufer sendet die Verpackung selbst oder holt die Ware selbst ab. • Ist nichts vereinbart, hat der Käufer die Kosten der Abnahme und der Versendung zu übernehmen. • Wenn vom Verkäufer nicht angegeben, muss der Käufer ausdrücklich den Wunsch nach einer Transportversicherung äußern; die Kosten trägt der Käufer.

Beförderungskosten

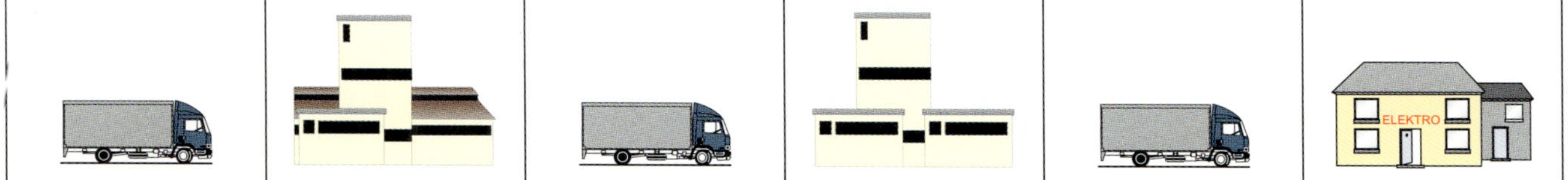

Verkäufer	Anfuhr und Verladen	Versandstation		Empfangsstation	Zufuhr	Käufer
Beförderungskosten / Vertragsklauseln	Rollgeld/Hausfracht (Versand)	Beladekosten	Fracht	Entladekosten	Rollgeld/Hausfracht	Empfang
„ab Werk“ „ab Lager“				Käufer		… übernimmt alle Beförderungskosten
„unfrei“ „ab hier“	Verkäufer			Käufer		… Beförderungskosten ab Versandstation, inklusive Beladekosten
„frei Waggon“ „frei Schiff“	Verkäufer			Käufer		… Beförderungskosten ab Versandstation, ohne Entladekosten
„frei“ „frei dort“	Verkäufer			Käufer		… Beförderungskosten ab Empfangsstation
„frei Haus“ „frei Lager“	Verkäufer			Käufer		… keine Beförderungskosten

Preisgestaltung

Kosten → Gewinn → Marktsituation → Gesetzliche Bestimmungen → **Preis- und Konditionenpolitik**

- **Kalkulation**
  - Kalkulationsschema
  - Kalkulationszuschlag
  - Kalkulationsfaktor
  - Kalkulationsabschlag
  - Handelsspanne
  - Mischkalkulation
- **Preisdifferenzierung**
  - Räumlich
  - Zeitlich
  - Personell
  - Sachlich
  - Mengenmäßig
- **Psychologische Preisgestaltung**
- **Konditionen**
  - Lieferbedingungen
  - Zahlungsbedingungen
  - Rabatt
  - Service

Begriffe	
Gewinn	Differenz zwischen den Erträgen und den Kosten einer Periode. Der Gewinn ist eine Bestimmungsgröße des Preises.
Kosten	Gesamte in Geld ausgedrückte Aufwendungen

Betriebskosten

- **Arbeitskosten**
  - Löhne
  - Gehälter
  - Sozialkosten
  - Ausbildungsvergütung
- **Material- oder Werkstoffkosten**
  - Rohstoffe
  - Hilfsstoffe
  - Betriebsstoffe
- **Betriebsmittelkosten**
  - Mieten/Zinsen
  - Abschreibungen
  - Instandhaltung
- **Kosten für Fremdleistungen**
  - **Direkte Leistungen**
    - Gebühren
    - Rechnungen
  - **Indirekte Leistungen**
    - Steuern
    - Beiträge

Marktsituation	Spielraum für die Preisfestlegung: Er wird u. a. bestimmt durch die Anzahl der Anbieter und Nachfrager, Reaktionen auf Preisänderungen und den Bedarf.
Gesetzliche Bestimmungen	Regelungen bei: Preisvergleichen, Preisnachlässen, Preisangaben sowie Preisabsprachen (GWB, UWG, Rabattgesetz, Preisangabenverordnung)
Kalkulation	Preisermittlung zur Kostendeckung und Gewinnerzielung

Kalkulation

Beschaffungskalkulation

Sie dient der Ermittlung der **Selbstkosten** der eingekauften Waren. Ausgangspunkt ist der **Listeneinkaufspreis** der Waren und gewährte Rabatte, z.B. für 1 m Koaxialkabel:

Listeneinkaufspreis	1,92 €
– Rabatt (10 %)	0,19 €
= Zieleinkaufspreis	**1,73 €**

Gewährt der Großhändler bei Zahlung innerhalb von 14 Tagen 3 % **Skonto**, erhält man den **Bareinkaufspreis**:

Listeneinkaufspreis	1,92 €
– Rabatt (10 %)	0,19 €
= Zieleinkaufspreis	1,73 €
– Skonto (3 %)	0,05 €
= Bareinkaufspreis	**1,68 €**

Der **Bezugspreis** ergibt sich durch Abzug der **Bezugskosten** (Frachten, Rollgelder usw.), z.B. 5 % vom Bareinkaufspreis:

Listeneinkaufspreis	1,92 €
– Rabatt (10 %)	0,19 €
= Zieleinkaufspreis	1,73 €
– Skonto (3 %)	0,05 €
= Bareinkaufspreis	1,68 €
+ Bezugskosten (5 %)	0,08 €
= Bezugspreis	**1,76 €**

Gemeinkosten entstehen z.B. durch Personalkosten, Abschreibungen, Zinsen oder sonstige Kosten usw. Werden z.B. 18,8 % für diese Handlungskosten ermittelt, ergeben sich die **Selbstkosten** der Waren:

Listeneinkaufspreis	1,92 €
– Rabatt (10 %)	0,19 €
= Zieleinkaufspreis	1,73 €
– Skonto (3 %)	0,05 €
= Bareinkaufspreis	1,68 €
+ Bezugskosten (5 %)	0,08 €
= Bezugspreis	1,76 €
+ Handlungskosten (18,8 %)	0,28 €
= Selbstkostenpreis	**2,04 €**

Absatzkalkulation

Kann der Verkäufer den Angebotspreis selbst bestimmen **(Vorwärtskalkulation)**, bestimmt er seinen **Gewinnzuschlag** (z.B. 10 %) selbst:

Selbstkostenpreis	2,04 €
+ Gewinnzuschlag (10 %)	0,20 €
= Barverkaufspreis	**2,24 €**

Der **Zielverkaufspreis** ergibt sich, wenn der Händler dem Kunden z.B. 3 % Skonto gewährt:

Selbstkosten	2,04 €
+ Gewinnzuschlag (10 %)	0,20 €
= Barverkaufspreis	2,24 €
+ Skonto (3 %)	0,06 €
= Zielverkaufspreis	2,28 €
+ Mehrwertsteuer	0,43 €
= Auszeichnungspreis	**2,71 €**

Wenn Mitbewerber das gleiche Produkt zu einem Preis von **2,51 €** anbieten, so wird der Händler den Preis nicht überschreiten können; er muss bei der Angebotskalkulation retrograd (rückwärts) vorgehen:

Selbstkostenpreis	**2,04 €** ↑
+ Gewinnzuschlag (3,44 %)	0,07 €
= Zielverkaufspreis	2,11 €
– Mehrwertsteuer	0,5 €
= Angebotspreis	**2,61 €**

Vom Angebotspreis 2,61 € werden
- 19 % Mehrwertsteuer subtrahiert, woraus sich der Zielverkaufspreis von 2,11 € ergibt.
- Die Differenz zwischen Zielverkaufspreis und Selbstkosten ergibt den Gewinnzuschlag von 0,07 € (3,44 % von den Selbstkosten).
- Skonto oder Rabatt können bei dieser Kalkulation nicht weitergegeben werden.

Mithilfe dieser Rechnung wird auch überprüft, ob ein ausreichender Gewinn als Differenz zwischen tatsächlichem Verkaufspreis und Selbstkosten verbleibt.

Verkürzte Kalkulation

Aus verschiedenen Kalkulationsgrößen werden **Kennziffern** festgelegt, die zur Vereinfachung der Kalkulation dienen. Mit den Kennziffern kann sich der Händler einen **Überblick** über die Kalkulation verschaffen.

1. **Rohgewinn** = Differenz zwischen Umsatz und Wareneinsatz und/oder Materialeinsatz
   Rohgewinn = (Angebotspreis – Bezugspreis)
2. **Handelsspanne** = der in Prozent vom Umsatz ausgedrückte Rohgewinn
   Handelsspanne = (Rohgewinn/Angebotspreis) x 100 %
3. **Kalkulationszuschlag** = prozentuales Verhältnis von Rohgewinn zu Einkaufspreis
   Kalkulationszuschlag = (Rohgewinn/Bezugspreis) x 100 %
4. **Kalkulationsfaktor** = Kalkulationsaufschlag auf den Bezugspreis zur Ermittlung des Angebotspreises
   Kalkulationsfaktor = (Angebotspreis/Bezugspreis)

Beratungsgespräch

Kundenorientiertes Handeln

Beratungsgespräch

Begrüßung → Bedarfsanalyse → Information → Abschluss

Begrüßung	Bedarfsanalyse	Information	Abschluss
• Kontaktbrücke herstellen • Positive Beziehung aufbauen	• Klärung der Kundenprobleme und -motive • Fragetechnik, Zuhören • Vertrauen schaffen	• Alternativen aufzeigen • Kundennutzen herausstellen	• (Kauf-)Entscheidung erfragen • Weitere Gespräche anbieten

Arten der Kommunikation

Die dargestellte Kommunikation zwischen Berater und Kunde kann nur dann reibungslos funktionieren, wenn folgende grundlegende Aspekte beachtet werden:

- Keine Botschaft ohne Reaktion
- Kommunikation ist immer ein Dialog.
- Gesagt heißt nicht verstanden.
- Missverständnisse sofort klären

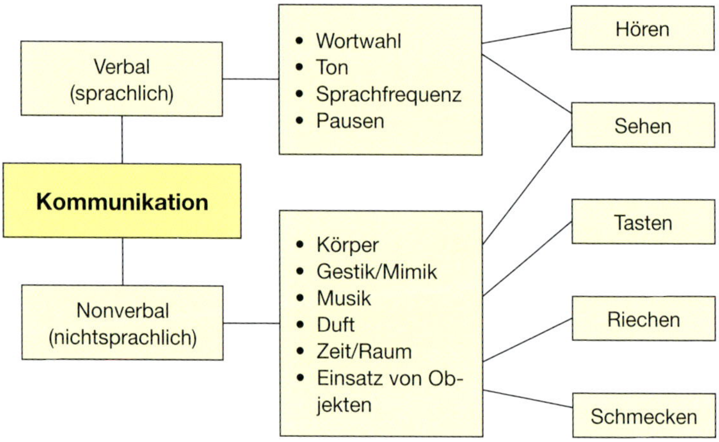

Kundenorientierte Sprache

Sie-Formulierungen	Vorteilsformulierungen	Positive Formulierungen	Verständliche Formulierungen
• Statt „ich" und „wir" die Worte: • „Sie", „Ihr", „Ihre", und „Ihnen" verwenden	• Das bringt Ihnen ... • Das garantiert Ihnen … • Sie sparen dadurch … • Das verbessert Ihre … • Das sichern Sie sich … • Dadurch haben Sie einen Preisvorteil.	• Sie haben gut gewählt … • Ich habe für Sie um … Zeit. • … kann Ihnen der Herr ... weiterhelfen. • Ich habe Sie so verstanden, dass … • Ich finde das gerne für Sie heraus.	• Kurze, einfache Sätze • Unwichtige Argumente weglassen • Passive Satzkonstruktion (werden, wird) vermeiden • Fachausdrücke erklären • Treffende Adjektive und Verben verwenden

Killerphrasen:

- Geht nicht … Keine Zeit ...
- Haben wir schon versucht ...
- Haben wir noch nie/immer so gemacht.
- Wenn Sie erst einmal so lange im Unternehmen sind wie ich, dann ...
- Bei uns ist das ganz anders ...
- Das bringt doch nichts ...
- Haben Sie da schon Erfahrungen gesammelt?
- Ist doch gegen die Vorschriften.
- Jetzt beruhigen Sie sich doch!

Zielgerichtetes Projektmanagement

Projektmanagement

Projektdefinition und Projektmerkmale

Es gibt keine einheitliche, universell anerkannte Definition des Projektbegriffes. Alle, bzw. die meisten Definitionen, beinhalten die folgenden Merkmale:

- **Zeitliche Befristung:** Projekte sind zeitlich beschränkte Arbeitsvorgänge.
- **Zielvorgabe:** Für Projekte existieren bestimmte spezifische Zielvorgaben.
- **Eindeutigkeit:** Eindeutige Aufgabenstellung, Verantwortung und Zielsetzung.
- **Unsicherheit/Risiko:** Der Grad der Ungewissheit ist i. d. R. höher als bei einer Routinetätigkeit.
- **Neuartigkeit:** Projekte umfassen zumeist neuartige Aufgaben.
- **Komplexität:** Das Gesamtprojekt besteht aus einer Mehrzahl von Einzelaufgaben.
- **Teilaufgaben:** Verschiedenartige, aber untereinander verbundene Aufgaben

Übersicht Projektmanagement

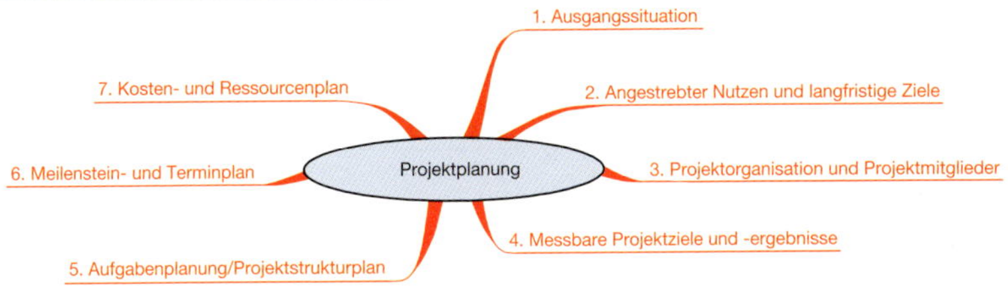

Projektphasen

Definition	Planung	Realisierung	Abschluss
• Problemanalyse • Zielklärung • Potenzialanalyse • Definition • Grobplanung • Wirtschaftlichkeit • Projektauftrag	• Definition der Meilensteine/ Arbeitspakete • Lastenhefte • Feinplanung • Verantwortung klären • Risikoanalysen • Definition der Schnittstellen	• Arbeitspakete durchführen • Projektverfolgung • Steuerung bei Abweichungen • Planung aktualisieren • Orientierung an Meilensteinen	• Projektabschlussbericht • Reintegration der Mitarbeiter • Auflösung des Projektes

Projektmanagement und Projektziele

Die 7 W-Fragen zur Planung, Überwachung, Koordination und Steuerung:

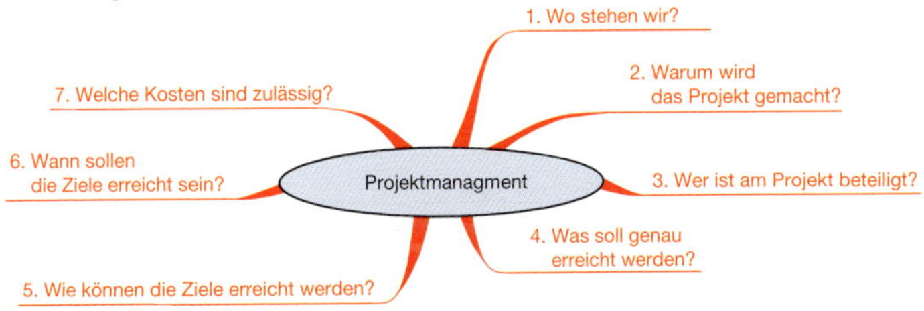

Checklisten

Wo stehen wir?	Warum wird das Projekt gemacht?	Wer ist am Projekt beteiligt?
• Zahlen, Daten, Fakten • Welcher konkrete Anlass hat zum Projekt geführt? • Welche Erfahrungen wurden mit früheren/ähnlichen Projekten gemacht? • Welche Personen können Informationen liefern? • Welche Entscheidungen müssen berücksichtigt werden?	• Macht das Projekt Sinn? • Worin liegt das Projekt begründet? • Welche Bedeutung hat das Projekt für den Auftraggeber? • Welcher mittel-/langfristige Nutzen ergibt sich aus dem Projekt? • Welche langfristigen Perspektiven ergeben sich aus dem Projekt?	• Wer sind die Träger der Projektidee? • Wer ist der Auftraggeber? • Welche Stellen nehmen Einfluss auf das Projekt? • Wer ist in welcher Form durch das Projekt betroffen? • Wer sind die Abnehmer? • Wer ist Projektmanager? • Wer sind die Projektteammitglieder?

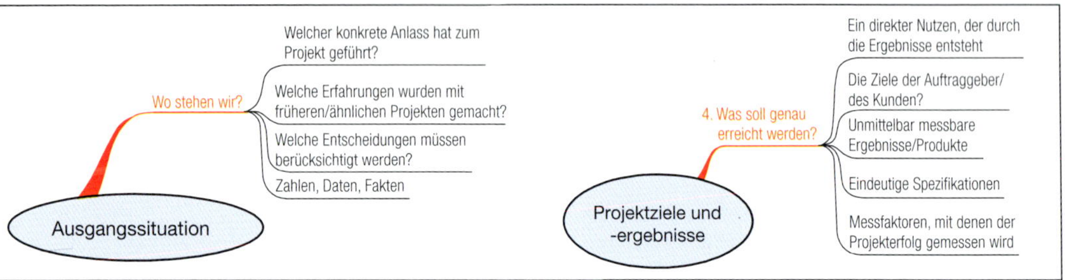

Ein Ziel ist Maßstab für alle Projektaktivitäten. Es ist der vorweggenommene, zukünftige Zustand, der
- bewusst ausgewählt und gewünscht und
- durch aktives Handeln erreicht wird.

Ein Ziel umfasst:
- Den **Inhalt**, der erreicht werden soll.
- Das **Ausmaß**, wie genau und mit wie viel Einsatz das Ziel erreicht werden soll.
- Die **Zeit**, bis wann das Ziel erreicht werden muss.

Ziele sind nur dann überprüfbar, wenn sie bezüglich Inhalt, Quantität und Zeit wenige Interpretationen zulassen.

Aussagen und Fragen zur Zielklärung

- Das Ziel ist genau beschrieben:
- Um das Ziel zu erreichen, sind folgende Maßnahmen einzuleiten: ______________________
- Ob das Ziel erreicht wird, ist messbar, indem man: ______________________
- Was/Wer könnte bei der Zielerreichung behilflich sein?
- Was/Wer könnte bei der Zielerreichung behindern?
- Wenn das Ziel nicht erreicht wird, ist das Schlimmste, was passieren könnte, ______________________

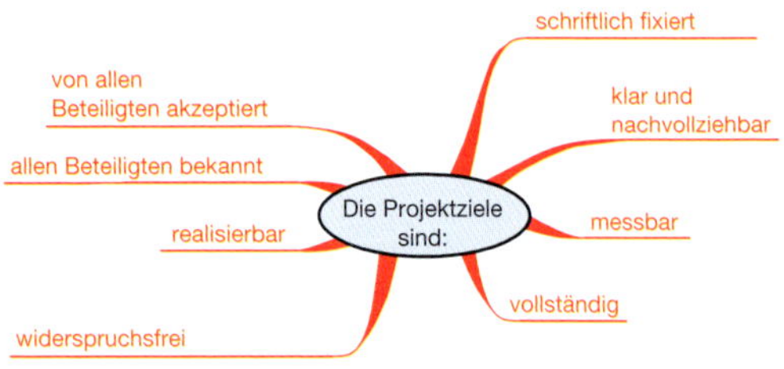

Der Projektauftrag

Ein Projektauftrag muss die **Aufgabenstellung lösungsneutral formulieren, konkrete Ziele enthalten** und **überprüfbare Ergebnisse beschreiben**. Er kann folgende Struktur haben:

<table>
<tr><td rowspan="9">Was soll erreicht werden?
Was soll getan werden?
Was soll beim Abschluss vorliegen?</td><td>Projektauftrag:</td></tr>
<tr><td>Projektleiter:</td></tr>
<tr><td>Zielsetzung:</td></tr>
<tr><td>Aufgabenstellung:</td></tr>
<tr><td>Zu erbringende Leistungen:</td></tr>
<tr><td>Budget:</td></tr>
<tr><td>Randbedingungen:</td></tr>
<tr><td>Termine und Meilensteine:</td></tr>
<tr><td>Unterschriften: Auftraggeber Projektleiter</td></tr>
</table>

Planung von Projekten

<table>
<tr><th>Ergebnisplanung</th><th>Organisation</th><th>Detailplanung</th></tr>
<tr><td>Meilensteinplan:
• Meilensteine
• Inhaltliche Bereiche (Ergebnispfade)
• Logische Abfolge und Abhängigkeiten
• Zieltermine</td><td>Projektverantwortlichkeits-Matrix:
• Aufwände
• Balkendiagramm (Dauer, Termine)
• Betroffene Abteilungen/Funktionen
• Verantwortlichkeiten
• Fortschrittsbericht</td><td>Aktivitätenplan:
• Aktivitäten zur Erreichung des jeweiligen Meilensteins
• Balkendiagramm mit Dauer, Terminen und Aufwänden
• Verantwortlichkeitsmatrix auf Aktivitätenebene</td></tr>
</table>

Projektplanung

Projektplanung bedeutet, das zukünftige Handeln im Projekt zu durchdenken, den Weg zwischen Projektdefinition und -ziel gedanklich „abzuschreiten“ und mit den zur Verfügung stehenden Mitteln das Ziel zu erreichen. Eine systematische und zielorientierte Planung beinhaltet folgende Komponenten:

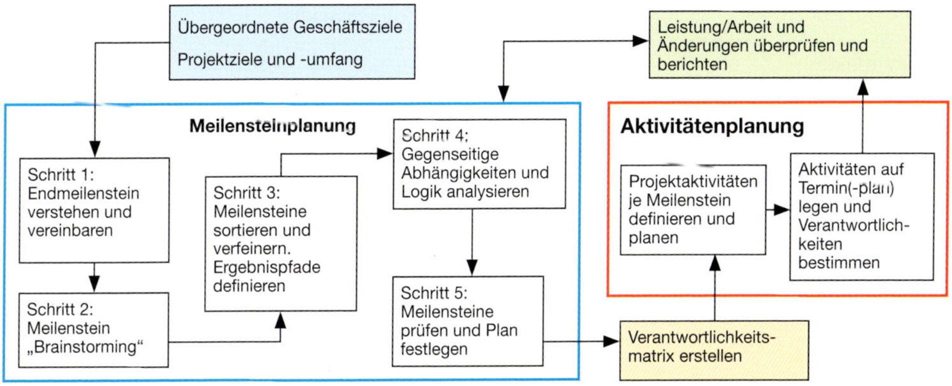

Projektstrukturplan (PSP) und Checkliste

Der Projektstrukturplan beschreibt, was zu machen ist. Er kann objektbezogen, funktionsorientiert (Tätigkeiten) oder gemischt (Objekt und Funktionen) erstellt werden.

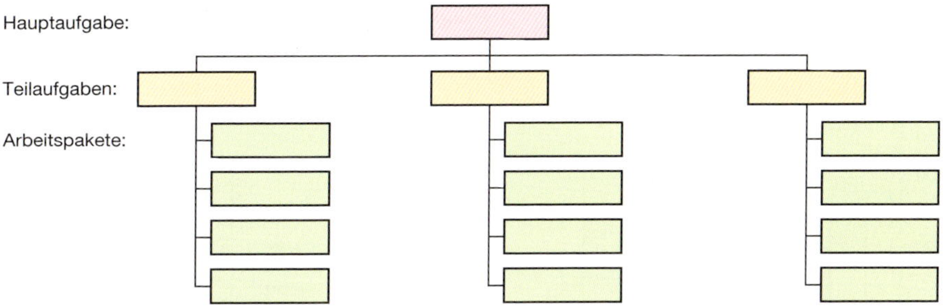

- Führt das Abarbeiten der Arbeitspakete zum fertigen Projekt?
- Ist jedes Arbeitspaket hinsichtlich zu erbringender Leistung, Termin und Kosten eindeutig definiert?
- Kann eine Zuordnung der Arbeitspakete zu einzelnen Mitgliedern des Teams getroffen werden?

Projektablaufplan (PAP) und Checkliste

Der Projektablaufplan beschreibt die Reihenfolge des Abarbeitens der Arbeitspakete.

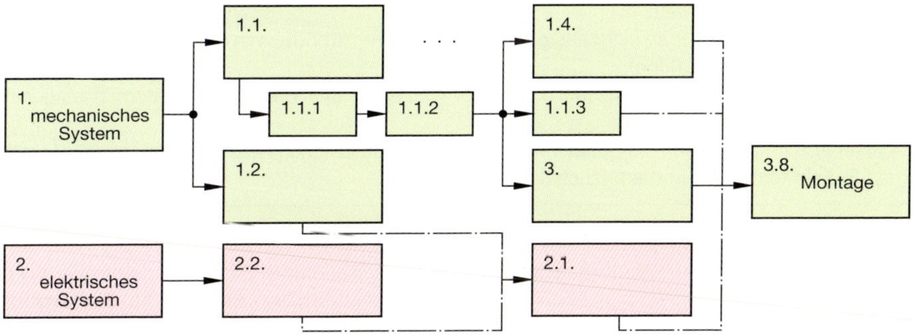

- In welcher logischen Reihenfolge sind die Arbeitspakete auszuführen?
- Welche Arbeitspakete können parallel bearbeitet werden?
- Welcher Kapazitäts- und Zeitbedarf ist für die Bearbeitung der einzelnen Arbeitspakete notwendig?

Projektplanung

Projektterminplan

Der Projektterminplan erfasst, **wann** von **wem welche Arbeitsergebnisse** vorliegen müssen; für jedes Arbeitspaket müssen der **Anfangs-** und der **Endtermin**, die **Verantwortlichen** und die **Beteiligten** ermittelt werden. Für die Darstellung eignen sich je nach Komplexität unterschiedliche Instrumente:

Tabellarische Liste

Nr. Arbeitspaket	Verantwortlich	Termin	
		von	bis
1.1.	Emsig	15.2.	29.3.
1.2.			
2.1.			

Balkendiagramm

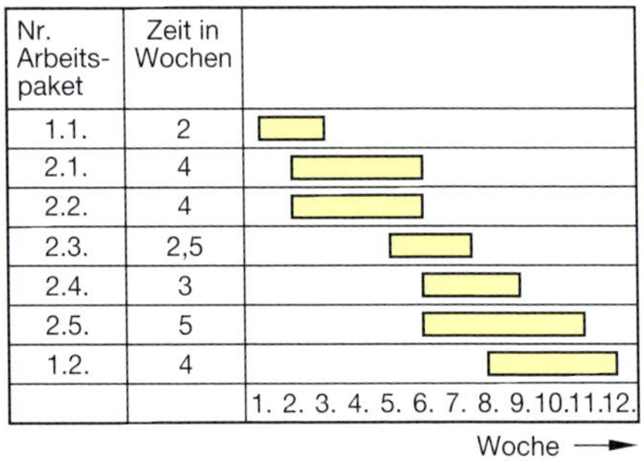

Kapazitätsplanung

Aufteilung der erforderlichen Ressourcen auf die verfügbaren Mitarbeiter, Maschinen und Geräte

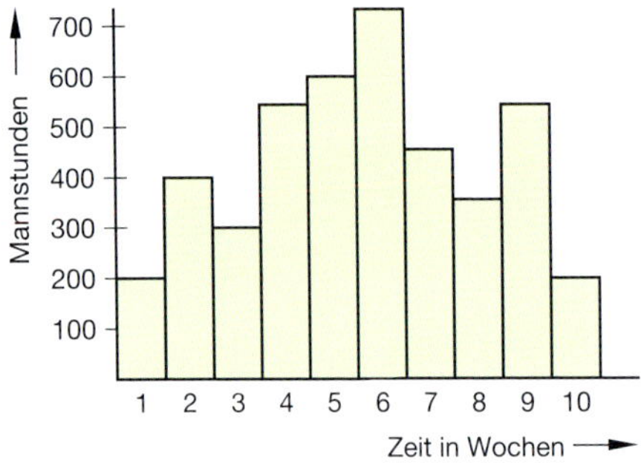

Kostenplanung

Die je Arbeitspaket anfallenden Kosten (Material, Fremdleistungen, ext. Personal, Investitionen) werden ermittelt und über die Projektlaufzeit dargestellt.

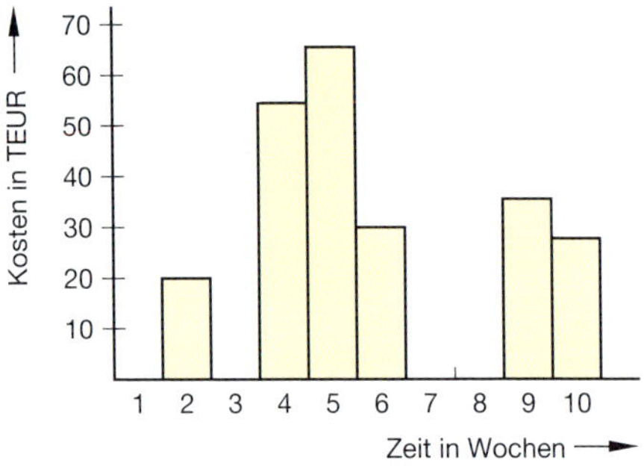

Achtung!
Die Kapazitäts- und Kostenplanung sind eng miteinander verknüpft; sie müssen unter folgenden Fragestellungen betrachtet und beantwortet werden:

- Wenn die verfügbaren Ressourcen nicht ausreichen, wird der Projektendtermin um die Zeitspanne ... überschritten (kapazitätstreue Terminplanung).
- Welche zusätzlichen Ressourcen müssen eingesetzt werden, damit der Projektendtermin eingehalten wird (termintreue Kapazitätsplanung)?

Erst nach dieser Abstimmung kann festgestellt werden, welche zusätzlichen Ressourcenmengen u. U. erforderlich sind, um das Projekt termingerecht fertigzustellen.

Gesamtkostenplanung

Zusammenfassung der Kosten aus der Kapazitäts- und Kostenplanung:

- Aus der Kostenplanung die Finanzmittel
- Aus der Kapazitätsplanung die Bewertung der Positionen in Geld, d. h. Umrechnen der Personal- und Betriebskosten in Kosten je Zeiteinheit

Qualitätsplanung

- Spezifikation der Qualität und Anforderung der zu erbringenden Sachleistung. Die Beschreibung muss eine eindeutige Messung des Ergebnisses ermöglichen.
- Grundlage der Qualität können z. B. DIN-Normen sein.

Meilensteinplan

R Einrichtungen/Räume M Projektmanagement H Hardware/Software O Organisation S System P Personal	Projektbeschreibung:		Auftraggeber:
	Planausgabe:	Projektmanager:	Kontrolle:

Termin	R	M	H	O	S	P		Nr.	Meilenstein
15.01.17		M1						M1	Meilenstein-/Verantwortlichkeitsmatrix erstellt
15.02.17					S1			S1	Anforderungen definiert
15.03.17					S2			S2	Anwendungssoftware ausgewählt
31.03.17		M2						M2	Vorläufiges Budget geplant und freigegeben
30.04.17					S3			S3	Standardsoftware bestellt und installiert
31.05.17					S4			S4	Systemkonzept erstellt und abgenommen
30.06.17				O1				O1	Organisationsstruktur erstellt und verabschiedet
usw.	R1								

Projektverantwortlichkeitsmatrix

Projektbeschreibung:		A Ausführung E Entscheidung e Teilentscheidung F Auftragsfortschritt B Beteiligung I Information	Abteilung/Funktion/Ressourcen
Planausgabe:	Kontrolle:		
Periodenlänge:	Abschlusstermin:		
Aufwand	Periode		

Wochen	1	2	3	4	5	Meilenstein	Projektteam	Abteilung A	Abteilung B	EDV	Berater	Einkauf	Projektleiter	
2						M1: Meilensteinmatrix	E	A	A	I	A	A	F	
8						S1: Anforderungen			e		e		F	
4						S2: Anwendungssoftware	E	I	I	e	e		F	
2						M2: Vorläufiges Budget	E			B	B		F	
1						S3: Standardsoftware						A	F	
20						S4: Systemkonzept				F			A	
4						O1: Organisationsstruktur	E	e	e	I			F	
usw.														

Aktivitätenplan

Projektbeschreibung:		A führt Auftrag durch. B muss beteiligt werden. L Auftragsabwicklung I muss infomiert werden.	Funktionsbezeichnung
Planausgabe:	Kontrolle:		
Periodenlänge:	Abschlusstermin:		
Aufwand: **T**age/**W**ochen/**M**onate			

T W M	1.1	1.2	1.3	1.4	1.5	Aktivität/Aufgabe	Müller	Meier	Schmidt	Emsig	Huber	Becker		
2						Arbeitsplan klären		A			A			
8						Teilanforderungen definieren	L		B			A		
4						Software analysieren				B			A	A
2						Budget planen	L	A	B					
1						Software bestellen							A	

Teamarbeit

Teamgrößen

Zweierteam	• Gut für eine partnerschaftliche Arbeit • Gegenseitiger Gedankenaustausch • Gefahr der Rivalisierung
Dreierteam	• Gute und zielstrebige Arbeitsgruppe • Kein Teammitglied kann sich zurückhalten
Viererteam	• Gefahr einer Pattsituation • Aufteilung und Arbeitsteilung bei Detailarbeiten nötig
Fünferteam	• Hohe Kreativität durch die Anzahl • Geeignet für fundierte Entscheidungen • Hohe Teamkosten • Trennung bei Detailarbeiten nötig
Siebenerteam	• Ideal für Kreativ- und Informationssitzungen • Ungeeignet für die Erarbeitung von Details • Hohe Teamkosten

Wichtige Regeln der Gruppenarbeit im Team

- Alle sind vollwertige Mitglieder.
- Eine Diskussion im Team ist hierarchiefrei durchzuführen. Ein höherer Status außerhalb des Teams darf sich im Team nicht auswirken, da Informationsoffenheit, Kritikbereitschaft und Kreativität sonst beeinträchtigt werden.
- Jedes Mitglied soll seine Meinung offen vertreten und darf sie nicht verschleiern.
- Zur Teamarbeit gehört Kooperationsbereitschaft der Teammitglieder: Sie müssen konstruktive Kritik üben und sachliche Kritik entgegennehmen.
- Das Team präsentiert sich geschlossen.
- Kein Teammitglied darf noch nicht abgestimmte Ergebnisse an Außenstehende weitergeben.
- Innerhalb des Teams muss ein vollständiger Informationsaustausch erfolgen. Keiner darf Informationen zurückhalten.
- Durch die aktive Einbeziehung aller Teammitglieder in den Meinungsbildungsprozess findet eine starke Motivation und eine Identifikation mit den Aufgaben statt.

Arbeitstechniken für Teamarbeiten

Formelle Abwicklung	• Zielsetzungen für jede Teamsitzung; Protokollführung • Straffe Gesprächsführung; wechselnde Moderatoren für die unterschiedlichen Tagesordnungspunkte • Klare Festlegung der Aufgaben für die Teammitglieder zwischen den Sitzungen
Motivationsgesichtspunkte	• Pausenregelung; Vereinbarungen über das Rauchen; Getränke; keine Störungen • Förderung einer positiven Stimmung; ausreichendes Feedback der Teammitglieder • Stets Lernbedarf feststellen und in angemessener Weise darauf reagieren
Kreativitäts- und Problemlösungstechniken	• Erstellung einer Problemlandschaft • Brainstorming zur Problemsammlung; Problemstrukturierung • Pro- und Kontra-Diskussion, um die Problemsituation zu vertiefen oder zuzuspitzen • Funktionelles Denken bei der Ist-Erhebung und Soll-Entwicklung
Kommunikationstechniken	• Kenntnis geeigneter Darstellungstechniken (Matrizen, Entscheidungstabellen, Wer-Was-Informationsfluss-Diagramme, hierarchische Funktionsdarstellungen) • Kenntnis geeigneter, ergebnisorientierter Berichts- und Protokolltechniken; Präsentationstechniken • Informationsmarkt (Präsentation) zur Information des Projektstandes an interessierte Mitarbeiter außerhalb des Projekts • Periodische Reviews (Projektstatus und -fortschritt) • Benutzung von Flipcharts, LCD-Projektoren oder anderen Medien zur Visualisierung

Konflikte im Projekt

Konfliktursachen bei Projekten

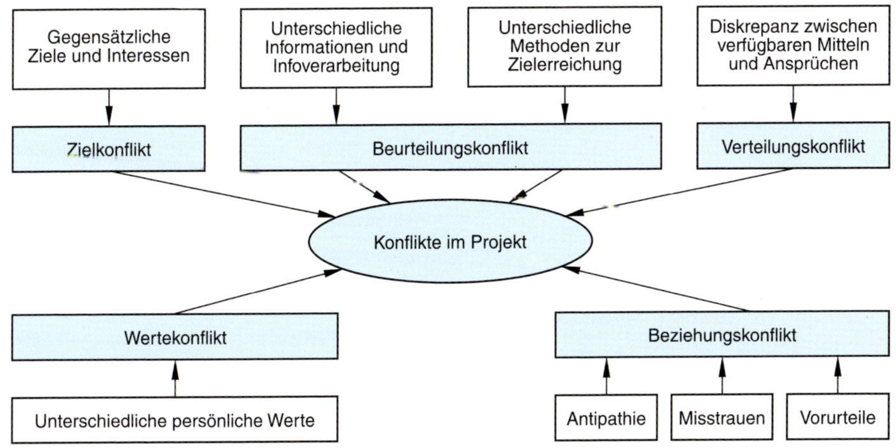

Signale für Konflikte

Schlechte Teamstimmung	Arbeitsverhalten
• Aggressiver Kommunikationsstil • Verhärtete Diskussionen • Killerphrasen, Schlagworte unter die Gürtellinie • Keine Kompromissbereitschaft	• Weigerung, Aufgaben zu übernehmen • Abwesenheit, Unpünktlichkeit, Unzuverlässigkeit • Unaufmerksamkeit, Passivität, Blockade • Flucht in andere Arbeiten außerhalb des Projekts

Konfliktbehandlung

• Wer ist alles am Konflikt beteiligt? • Um welchen Konflikt handelt es sich? • Wie wichtig ist die Streitfrage für den Projektverlauf/die Betroffenen?	Konflikte lösen bedeutet Einstellungen und Verhaltensweisen zu ändern. Je früher Konflikte erkannt und gründlich analysiert werden, umso größer ist der Gestaltungsspielraum und die Bereitschaft der Betroffenen zur Lösung.

Lösungsversuch durch	Vorteil	Nachteil
Flucht: Sie geben dem Konfliktpartner widerstandslos recht.	• Weg des geringsten Widerstandes • Sicherheit	• Konflikte werden nicht gelöst, nur aufgeschoben. • Scheinlösung
Kampf: Sie fühlen sich im Vorteil und nutzen dies zur Strategie der Konfliktlösung.	• Schnelle Konfliktbewältigung • Abschreckung	• Scheinlösung • „Rachegelüste“
Delegation: Sie delegieren die Konfliktlösung und akzeptieren den Schiedsspruch.	• Schnelle und sachliche Konfliktlösung	• Schiedsspruch wird möglicherweise nicht akzeptiert. • Schlichter ist oft nicht neutral.
Kompromiss: Sie rücken zusammen und suchen eine Lösung. Ohne Kompromiss können größere Nachteile entstehen.	• Durch Verhandlung Konfliktlösung • Interessen aller werden berücksichtigt	• Hoher Zeitaufwand • Gefahr der Manipulation
Konsens: Sie suchen keine sachliche Einigung, sondern eine konstruktive Konfliktbewältigung.	• Endgültige Lösung • Positive Lösung	• Stellt hohe Anforderungen an die Beteiligten

Strukturierung der Problemlösung

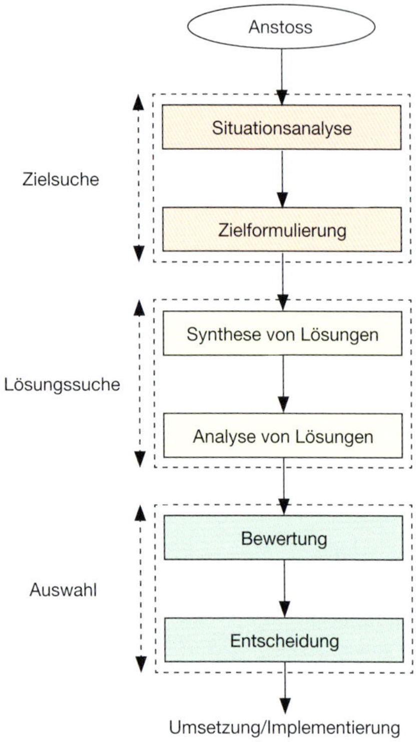

Situationsanalyse:
- Problem und dessen Erscheinungsformen, Ursachen und Zusammenhänge erkennen
- Problem strukturieren und abgrenzen
- Bereich der Lösungssuche festlegen
- Informationsbasis für Zielformulierung/Lösungssuche schaffen

Zielformulierung:
- Problem und dessen Erscheinungsformen, Ursachen und Zusammenhänge erkennen

Synthese von Lösungen:
- Erarbeitung von Lösungsalternativen basierend auf Zielsuche
- Lösungsalternativen so aufarbeiten, dass ein Vergleich der Alternativen möglich ist

Analyse von Lösungen:
- Lösungsalternativen auf Tauglichkeit prüfen und
- Punkte zur Verbesserung oder Argumente zur Ablehnung finden

Bewertung:
- Mindestens 2 Lösungsalternativen existieren
- Punkte zur Verbesserung oder Argumente zur Ablehnung finden
- Bewertungskriterien sind festgelegt
- Entscheidungsträger können Lösungsalternativen beurteilen

Entscheidung:
- Auf der Grundlage der Bewertungen wird die Lösungsalternative ausgewählt, die umzusetzen ist

Fragen zur Strukturierung einer Problemlösung	
Problembeschreibung	• Was ist das Problem, die Aufgabe? • Wann und wo tritt es/sie auf? Wie genau äußert sich das Ganze? • Welche negativen Folgen hat das Problem?
Positive Arbeit	• Welche Vorteile hat die Lösung des Problems/der Aufgabe? • Wovor könnte diese Sache schützen? • Was bedeutet es, wenn ich dieses Problem/die Aufgabe löse?
Wunderfrage	• Was würde sich ändern, wenn das Problem/die Aufgabe über Nacht wie durch ein Wunder gelöst würde? • Wie würde ich mich dann fühlen? Was würde ich dann tun?
Lerneffekt	• Was kann ich daraus lernen? • Inwiefern hilft es mir, mich weiterzuentwickeln?
Außenblick	• Was würde ich jemandem raten, der mit so einem Problem/einer Aufgabe zu mir kommen würde? • Was würde mir eine andere weise und bewundernswerte Person raten?
Lösungsideen	• Welche Möglichkeiten fallen mir ein, das Problem zu lösen? (Sammeln Sie im Brainstorming so viele Ideen wie möglich, auch verrückte Einfälle. Fragen Sie hier ruhig auch andere nach Ideen!)
Zielformulierung	• Was will ich bei der Lösung des Problems/der Aufgabe? • Wie genau soll es sein? • Woran konkret merke ich, dass das Problem/die Aufgabe gelöst ist?

<table>
<tr><th colspan="2">Tipps zum Problemlösungsprozess</th></tr>
<tr><th>Einzelschritt</th><th>Techniken und Methoden</th></tr>
<tr><td>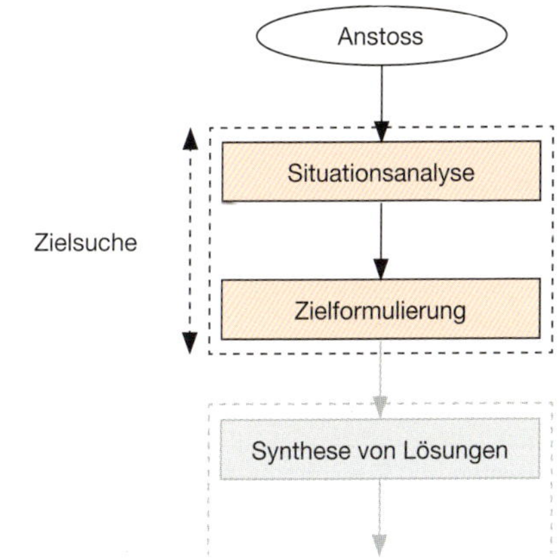
</td><td>Gezielte Fragen stellen
• Wer ist der Auftraggeber?
• Was ist die Ausgangssituation?
• Was sind die Randbedingungen (inhaltlich, zeitlich, organisatorisch, finanziell, gesetzlich, ...)?

Es sollten aber auch Fragen berücksichtigt werden wie:
• Gibt es bereits Lösungen für das Problem?
• Habe ich/wir/die Firma ein solches Problem schon einmal gelöst?
• Kann ich/wir/die Firma dieses Problem lösen?
• Was geschieht, wenn das Problem nicht gelöst wird?</td></tr>
<tr><td>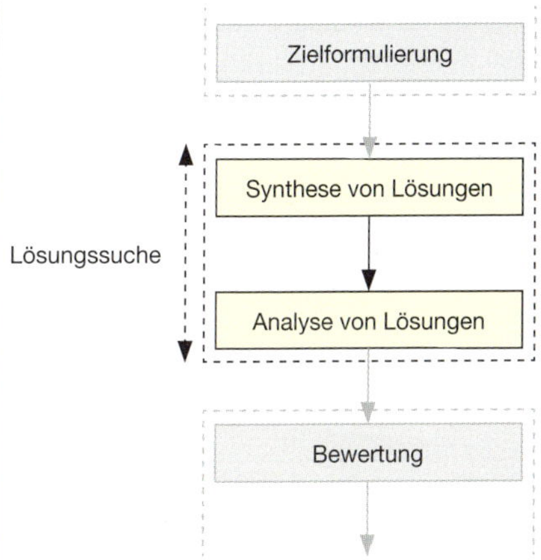
</td><td>• Modellierungs- und Darstellungstechniken:
Hierzu zählen unter anderem jede Art von Plänen, Zeichnungen, Skizzen, Tabellen, Diagramme, Matrizen, Wirkungsnetze, Profite, Black Box Darstellungen, usw.

• Analysetechniken:
Mit ihrer Hilfe können Leistungen, Verfügbarkeiten, Auswirkungen sowie Folgen und Risiko einer Lösungsvariante ermittelt werden. Z. B. durch mathematische Methoden, Simulationen, Plausibilitätstests usw.

• Kreativitätstechniken:
Sie ermöglichen ein Ausbrechen aus verfestigten Denkstrukturen und es entstehen neue nützliche Ideen. Z. B. durch Mind Mapping, Brainstorming/Brainwriting usw.</td></tr>
<tr><td>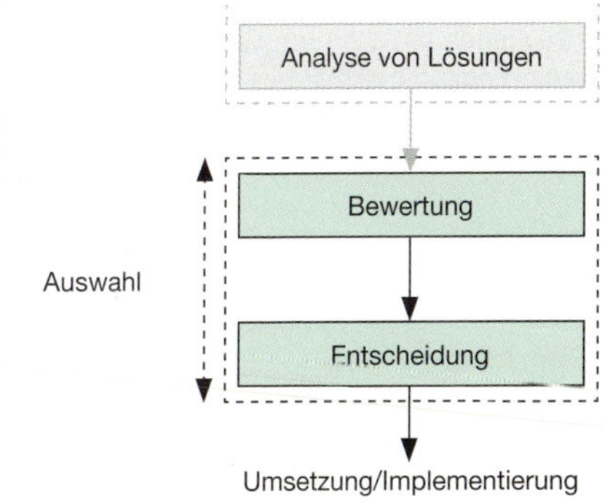
</td><td>• Pro und Contra Analyse:
Die Pro- und Contra-Analyse ist eine Bewertungsmethode zur Qualität einer Lösung in sich selbst. Es werden dabei die positiven (pro) und negativen (contra) Aspekte einer Lösungsvariante systematisch und vorzugsweise tabellarisch gegenübergestellt.

• Klebepunktverfahren:
Das Punkt-Klebeverfahren zählt zu den Bewertungsmethoden der qualitativen Gruppierung und Rangreihenbildung. Die Methode eignet sich zur Bewertung von Lösungsalternativen in einer Gruppe.

• Argumentenbilanz:
Bei der Argumentenbilanz werden die Vor- und Nachteile aller Lösungsalternativen übersichtlich aufgelistet, wobei die Stärken und Schwächen einer Lösungsalternative jeweils gegenübergestellt werden. Die Argumente selber werden dabei nicht beschrieben und es ist nicht vorgegeben, dass die gleichen Argumente bei den verschiedenen Lösungsalternativen eingesetzt werden.</td></tr>
</table>

Vorgehensmodell zur Problemlösung

Ziele	Prinzipien
• Orientierungshilfe für einen Weg/eine Systematik in Problemlösungsprozessen • Vorgabe eines Grundmusters zum Vorgehen • Unterstützung der flexiblen Anwendung für erfahrene Entwickler • Zerlegen komplexer Probleme in bearbeitbare Elemente • Organisation der Zusammenarbeit • Lösungsvorbereitung • Vergleichen mit anderen Problemlösungsprozessen	Prinzipien helfen, einen Problemlösungsprozess zu gestalten durch: • Eine einfache Planbarkeit des Vorgehens • Eine Unterstützung von Entscheidungen Grundprinzip: • Des Systemdenkens • Des Vorgehens vom Abstrakten zum Konkreten • Des Vorgehens vom Ganzen zum Detail • Des Denkens in Alternativen • Der Problemzerlegung

Beispiele

Systemdenken	• Beschreibung komplexer Gesamtheiten und Zusammenhänge • Komplexe Erscheinungen durch modellhafte Ansätze veranschaulichen, ohne sie unzulässig zu vereinfachen • Unterstützung ganzheitlichen Denkens und unterschiedliche Systemsichten
Vom Abstrakten zum Konkreten	• Ermitteln von Funktionen und deren Strukturen • Gliedern in realisierbare Funktionseinheiten/Baugruppen • Gestalten der maßgeblichen Funktionseinheiten/Baugruppen • Gestalten des gesamten Produkts
Vom Ganzen zum Detail	• Verstehen des Systems und Systemsabgrenzung • Stufenweise Auflösung des Systems in Subsysteme • Anwendung des Black-Box-Prinzips auf verschiedenen Detaillierungsebenen
Denken in Alternativen	• Feste, einengende Denkmuster und -gewohnheiten aufzulösen • Verschiedene Lösungsansätze und Ideen ohne zu zensierenden Bewertung entwickeln
Problemzerlegung	• Komplexe Problemstellungen zerlegen • Teilprobleme sind überschaubarer und leichter zu bearbeiten. • *Die Summe optimaler Teillösungen führt nicht zwingend zu einer optimalen Gesamtlösung.*

Zuordnung von Arbeitsschritten und -methoden

Methode ist die Beschreibung für ein regelbasiertes und planmäßiges Vorgehen mit dem Ziel, so viele Lösungsansätze wie möglich zu entwickeln, nach deren Vorgabe bestimmte Tätigkeiten auszuführen sind:

- Methoden sind als Vorschrift zu verstehen mit der Aufgabe, zielorientiert eine möglichst große Auswahl an Lösungsansätzen zu erarbeiten.
- Die Kombinationen bestimmter Methoden bilden „übergeordnete Methoden“.
- Methoden lassen sich nicht/kaum hierarchisch strukturieren.
- Methoden sind wie Kochrezepte: Es sind Vorschläge, die an die jeweilige Situation angepasst werden können.

Arbeitsschritt	Mögliche Methoden
Aufgabe/Problem klären	Brainstorming, Brainwriting, Meta-Plan, Mindmapping
Lösungen suchen	Freie Assoziation, Mindmap, morphologischer Ansatz, Brainstorming
Eigenschaften ermitteln	Kosten-Nutzen-Analyse, Wirkungsanalyse, Checklisten, Messung
Lösung auswählen	Brainstorming, Mindmap, Arbeitskreis, argumentative Bewertung
Lösung durchführen	

Fehlermanagement

Fehlerklassen

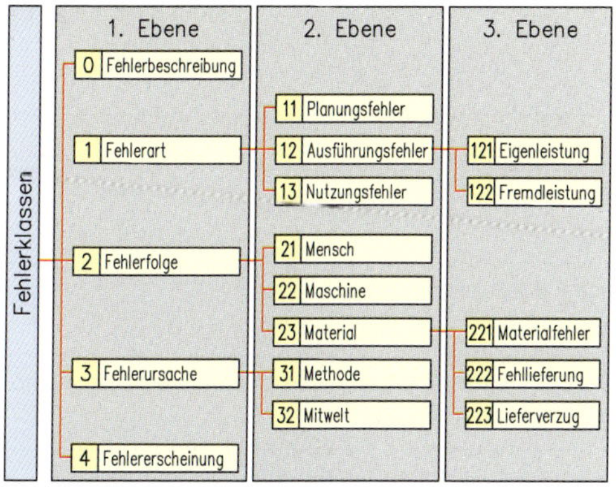

Menschliche Fehler

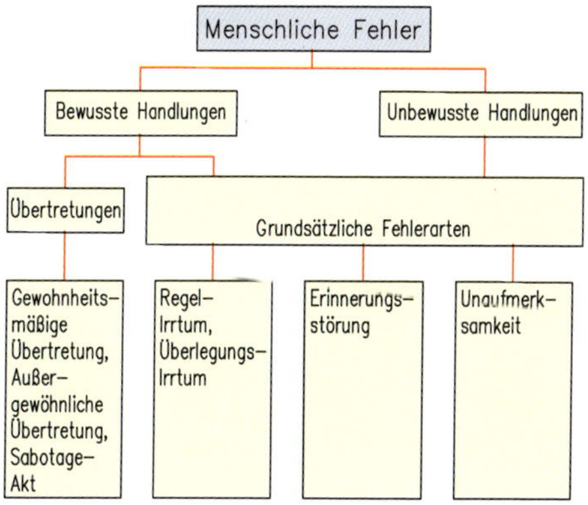

- Voraussetzung für die systematische Fehlererfassung ist eine eindeutige und umfassende Beschreibung des Fehlerereignisses. Es müssen Aussagen über Fehler, Fehlerschwerpunkte und Verantwortlichkeiten getroffen werden.
- Die zweite Ebene unterscheidet Fehler, die z. B. in der Planung, der Ausführung, in der Anlage (Maschine) oder vom Menschen verursacht werden.
- Werden menschliche Fehler ausgeschlossen, ist die Fehlerursache in der Anlage (Maschine) zu suchen.

Systematische Fehlererkennung und -erfassung

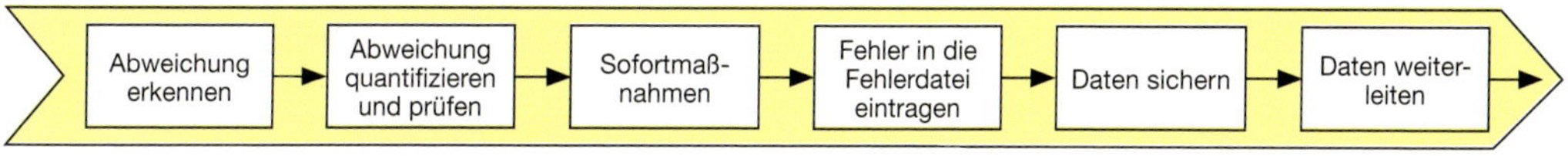

Fehlerklassifizierung und -bewertung

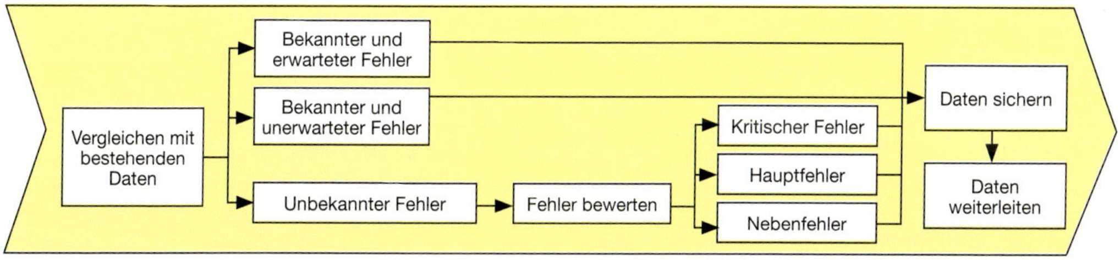

Fehlerbeseitigung

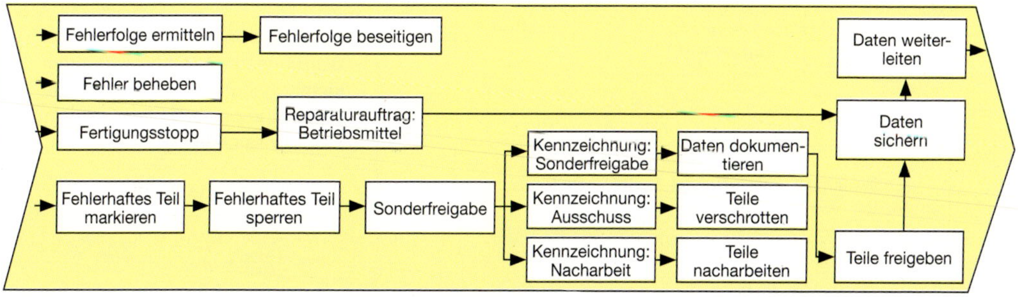

Systematische Vorgehensweise beim Fehlermanagement

Fehlererkennung ▶ Fehlerbeschreibung ▶ Fehlereingrenzung ▶ Fehlerbehebung ▶ Ursachenanalyse zur Fehlervorbeugung

Arbeitsplan bei der Fehlersuche

Schritt 1	Ein Störfall wird gemeldet.
Schritt 2	Der Instandsetzer fordert eine detaillierte Fehlerbeschreibung.
Schritt 3	Der Instandsetzer erarbeitet sich anhand der Dokumentation die Funktionsweise der Anlage.
Schritt 4	Es folgt eine Ortsbesichtigung und Analyse des Istzustandes der Anlage.
Schritt 5	Der mögliche Fehlerort wird näher eingekreist.
Schritt 6	Der Instandsetzer vermutet Fehlerursachen und beginnt mit der Fehlersuche.
Schritt 7	Der Instandsetzer beseitigt den Fehler, indem er das defekte Betriebsmittel oder das defekte Teilsystem austauscht.
Schritt 8	Der Instandsetzer führt eine Funktionsprüfung durch und nimmt die Anlage wieder in Betrieb.
Schritt 9	Der Fehler wird in einem Schadensbericht beschrieben.
Schritt 10	Alle durchgeführten Veränderungen werden in die vorhandene Anlagendokumentation eingetragen.

Instandhaltung

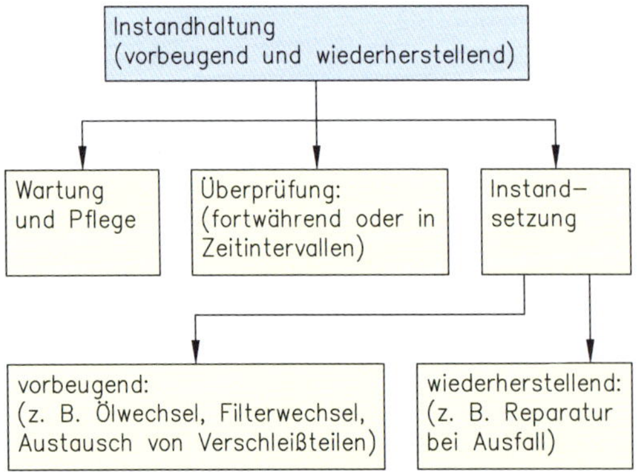

- **Wartung und Pflege:**
  Maßnahmen zur Minderung von Abnutzung und Verschleiß von Bauteilen und Baugruppen
- **Überprüfung:**
  Das Prüfen und Bewerten des Verschleißes von Betriebsmitteln
- **Instandsetzung:**
  Wartungsarbeiten, vorbeugende Instandhaltungsmaßnahmen oder Reparaturen, die die Betriebs- und Funktionssicherheit wiederherstellen

Qualitätsmanagementsystem

Normen

Die Normen EN ISO 9000, EN ISO 9001, EN ISO 9004, EN ISO 19011 und EN ISO/IEC 17021 enthalten das Konzept für ein prozessorientiertes Qualitätsmanagementsystem (QM-System).
Dieses Qualitätsmanagementsystem enthält umfassende und grundlegende Regeln zum Führen einer Organisation, z. B. eines Unternehmens, das

- langfristig eine kontinuierliche Verbesserung der Leistung anstrebt,
- die Zufriedenheit der Kunden erhöhen will und
- gleichzeitig die Bedürfnisse aller Interessenpartner berücksichtigt.

EN ISO 9000 Qualitätsmanagementsysteme – Grundlagen und Begriffe

EN ISO 9000: 2015 enthält grundlegende Erläuterungen zum Qualitätsmanagementsystem sowohl für Fachleute (z. B. Manager) als auch für Nichtfachleute und formelle Definitionen für Fachspezialisten. Diese Definitionen haben normativen Charakter, das heißt, sie sind zwingend für die konkrete Interpretation der EN ISO 9001 anzuwenden. Danach ist z. B. der Begriff Kundenorientierung so zu verstehen, dass aufgrund der Abhängigkeit der Unternehmen von ihren Kunden die Unternehmen bestrebt sein müssen, gegenwärtige und zukünftige Erfordernisse der Kunden zu verstehen und deren Anforderungen und Erwartungen zu erfüllen.

EN ISO 9001 Qualitätsmanagementsysteme – Anforderungen

EN ISO 9001: 2015 ist eine zertifizierbare Forderungsnorm, die sich auf die Zusicherung der Fähigkeit einer Organisation bezieht, Produkte und/oder Dienstleistungen bereitzustellen, die die Anforderungen der Kunden erfüllen. Zentrale Bedeutung haben dabei die Sicherung der Produktqualität (Qualitätssicherung) und die Erhöhung der Zufriedenheit der Kunden.
Die in der Norm festgelegten Anforderungen an ein Qualitätsmanagementsystem gelten für alle Organisationen, unabhängig von deren Größe und von der Art des Produkts oder der Dienstleistung.

1 Anwendungsbereich
2 Normative Verweise
3 Begriffe
4 Kontext der Organisation
  4.1 Verstehen der Organisation und ihres Kontextes
  4.2 Verstehen der Erfordernisse und Erwartungen interessierter Parteien
  4.3 Festlegen des Anwendungsbereichs des Qualitätsmanagementsystems
  4.4 Qualitätsmanagementsystem und dessen Prozesse
5 Führung
  5.1 Führung und Verpflichtung
  5.2 Qualitätspolitik
  5.3 Rollen, Verantwortlichkeiten und Befugnisse in der Organisation
6 Planung für das Qualitätsmanagementsystem
  6.1 Maßnahmen zum Umgang mit Risiken und Chancen
  6.2 Qualitätsziele und Planung zu deren Erreichung
  6.3 Planung von Änderungen
7 Unterstützung [Support]
  7.1 Ressourcen
  7.2 Kompetenz
  7.3 Bewusstsein
  7.4 Kommunikation
  7.5 Dokumentierte Information
8 Betrieb
  8.1 Betriebliche Planung und Steuerung
  8.2 Anforderungen an Produkte und Dienstleistungen
  8.3 Entwicklung von Produkten und Dienstleistungen
  8.4 Steuerung von externen bereitgestellten Prozessen, Produkten und Dienstleistungen
  8.5 Produktion und Dienstleistungserbringung
  8.6 Freigabe von Produkten und Dienstleistungen
  8.7 Steuerung nichtkonformer Prozessergebnisse, Produkte und Dienstleistungen
9 Bewertung der Leistung
  9.1 Überwachung, Messung, Analyse und Bewertung
  9.2 Internes Audit
  9.3 Managementbewertung
10 Verbesserung
  10.1 Allgemeines
  10.2 Nichtkonformität und Korrekturmaßnahmen
  10.3 Fortlaufende Verbesserung

Die neue Norm EN ISO 9001: 2015 orientiert sich am PDCA-Zyklus:

- Plan: Kapitel 4: Das Umfeld der Organisation; Kapitel 5: Führungsverhalten; Kapitel 6: Planung; Kapitel 7: Unterstützung
- Do: Kapitel 8: Durchführung
- Check: Kapitel 9: Bewertung der Leistung
- Act: Kapitel 10: Verbesserung

Qualitätsmanagementsystem (Fortsetzung)

EN ISO 9004 Anleitung für den nachhaltigen Erfolg einer Organisation

EN ISO 9004: 2009 ist ein Leitfaden für ein umfassendes Qualitätsmanagementsystem mit der zur EN ISO 9001 kompatiblen Struktur. Dabei gibt EN ISO 9004 über die in EN ISO 9001 enthaltenen Anforderungen hinausgehende Anleitungen, die nicht nur die Effektivität (d. h. Konformität mit festgelegten Forderungen), sondern auch die Effizienz (d. h. Qualität der Prozesse der Organisation bei der Nutzung ihrer Ressourcen und ihre Verbesserung) behandeln. Weiterhin enthält EN ISO 9004 das Konzept, um die Bedürfnisse aller Interessenpartner zu berücksichtigen.

EN ISO 19011 Leitfaden zur Auditierung von Managementsystemen

EN ISO 19011: 2011 enthält Anleitungen
- zur Umsetzung von Auditprinzipien,
- zum Management von Auditprogrammen,
- zur Durchführung von Audits für Qualität- und Umweltmanagementsysteme und
- zur Qualifikation von Auditoren.

Die Norm ist anwendbar für interne und externe Audits.

EN ISO/IEC 17021 Konformitätsbewertung – Anforderungen an Stellen, die Managementsysteme auditieren und zertifizieren

EN ISO/IEC 17021: 2015 definiert die Anforderungen an Zertifizierungsstellen, die Managementsysteme auditieren und zertifizieren.

PDCA-Zyklus

Struktur	Bedeutung
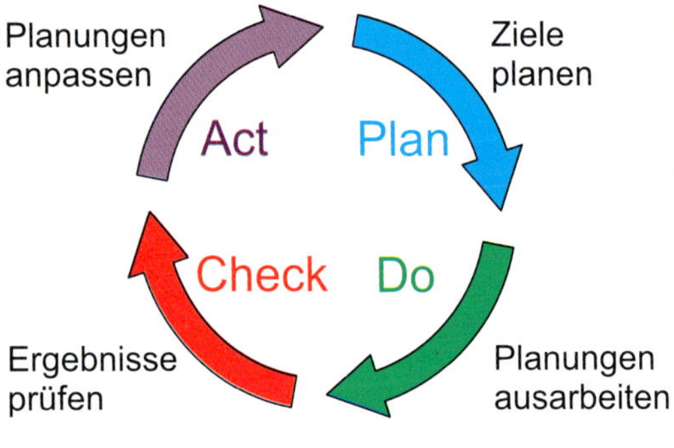	Der PDCA-Zyklus ist auch als **Demingkreis** oder **Shewhart Cycle** bekannt. Er beschreibt die Phasen eines kontinuierlichen Verbesserungsprozesses, der als Grundlage aller Qualitätsmanagement-Systeme dient. Ziel ist, mit stetigen Verbesserungen der Prozesse und Abläufe in kleinen Schritten die Effizienz, Kunden- und Mitarbeiterzufriedenheit in Unternehmen zu verbessern. Der PDAC-Zyklus besteht aus vier Phasen. Jede Phase ist mit einem Buchstaben gekennzeichnet. P – Plan: Wie soll es sein? D – Do: Was tun wir? Wie tun wir es? C – Check: Was wurde erreicht? A – Act: Was muss noch getan werden?

Phase	Erläuterung
Plan	In dieser Phase erfolgt zunächst das Erkennen von Verbesserungspotenzialen, z. B. durch einen Arbeitnehmer. Nach der Analyse des aktuellen Zustands wird – i. d. R. wieder unter Einbindung des Arbeitnehmers – ein neues Konzept entwickelt.
Do	Mit „Do" ist nicht die Einführung und Umsetzung des neu entwickelten Konzepts auf breiter Front gemeint. In dieser Phase wird das Konzept mit schnell realisierbaren, einfachen Mitteln (z. B. provisorische Vorrichtungen) und unter Einbindung des Arbeitnehmers z. B. an einem Arbeitsplatz getestet und praktisch optimiert.
Check	Der – im Kleinen realisierte – Prozessablauf und die sich daraus ergebenden Resultate werden sorgfältig geprüft. Bei einem positiven Ergebnis wird die Umsetzung des Konzepts auf breiter Front freigegeben.
Act	Nun wird das neue Konzept auf breiter Front eingeführt, festgeschrieben und regelmäßig mithilfe von Audits auf Einhaltung überprüft. In dieser Phase können sich neben erheblichen Investitionen umfangreiche organisatorische Aktivitäten ergeben, z. B. durch • Änderung von Arbeitsplänen oder NC-Programmen, • Durchführung von Schulungen oder • Anpassung von Aufbau- und Ablauforganisation. Die Verbesserung dieses – neuen – Standards beginnt wiederum mit der Phase Plan.

Normalverteilungskurve

Normalverteilung nach Gauß	Erläuterungen
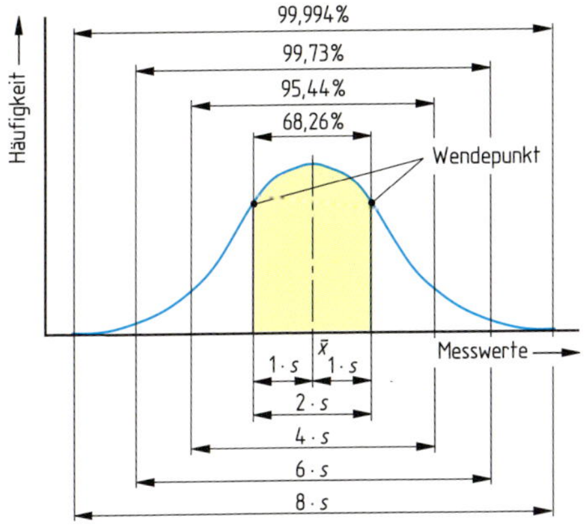	• Die Normalverteilungskurve (Gaußsche Glockenkurve) zeigt an, wie die Häufigkeit der Messwerte (Merkmalswerte) verteilt ist. • Der arithmetische Mittelwert $\overline{x}$ (oder μ) gibt den höchsten Punkt der Normalverteilungskurve an: Maximumstelle. • Die Standardabweichung (s oder σ) gibt den Abstand des Wendepunktes von der Maximumstelle an und ist so ein Maß für die „Breite" der Glocke: je größer s, desto mehr streuen die Messwerte x um s. • Bei 2 s (± eine Standardabweichung s von der Maximumstelle) liegen 68,26 % aller Messwerte in diesem Bereich. • Bei 6 s (± drei Standardabweichungen s von der Maximumstelle) liegen 99,73 % aller Messwerte in diesem Bereich.

- Bezogen auf eine **Stichprobe** wird der arithmetische Mittelwert mit $\overline{x}$ bezeichnet und die Standardabweichung mit s.
- Bezogen auf die **Grundgesamtheit** wird der arithmetische Mittelwert mit μ bezeichnet und die Standardabweichung mit σ.

Statistische Berechnungen zur Qualitätssicherung

Arithmetischer Mittelwert	Gesamtmittelwert
$\overline{x} = \frac{x_1 + x_2 + \ldots + x_{n1}}{n_1}$	$\overline{\overline{x}} = \frac{\overline{x}_1 + \overline{x}_2 + \ldots + \overline{x}_{n2}}{n_2}$
$\overline{x}$ Arithmetischer Mittelwert einer Stichprobe x Stichproben-Einzelwert n_1 Stichprobenumfang	$\overline{\overline{x}}$ Gesamtmittelwert aller Stichproben $\overline{x}$ Arithmetischer Mittelwert einer Stichprobe n_2 Anzahl der Stichproben
Der arithmetische Mittelwert $\overline{x}$ einer Stichprobe ist der Durchschnitt der erfassten Einzelwerte dieser Stichprobe.	Der Gesamtmittelwert $\overline{\overline{x}}$ (auch Prozessmittelwert genannt) ist der Mittelwert der arithmetischen Mittelwerte aller Stichproben.

Spannweite		Stichprobenstandardabweichung
$R = x_{max} - x_{max}$	$\overline{R} = \frac{R_1 + R_2 + \ldots + R_{n2}}{R_2}$	$s = \sqrt{\frac{1}{n-1} \cdot \sum_{i=1}^{n} (x_i - \overline{x})^2}$
R Spannweite einer Stichprobe $\overline{R}$ Mittelwert aller Stichprobenspannweiten x_{min} Minimaler Messwert x_{max} Maximaler Messwert n_2 Anzahl der Stichproben		s Stichprobenstandardabweichung x_i Stichprobeneinzelwert $\overline{x}$ Arithmetischer Mittelwert der Stichprobe n Anzahl der Messwerte der Stichprobe
Die Spannweite R ist der Unterschied zwischen dem größten und dem kleinsten Messwert. Die Gesamtspannweite $\overline{R}$ (auch Prozessspannweite genannt) ist der Mittelwert der Spannweiten R aller Stichproben.		Die Standardabweichung s ist ein Maß für die Streuung eines Prozesses: Je größer die Standardabweichung ist, umso größer ist die Streuung des Prozesses.

Qualitätsregelkarten

Bedeutung, Ausführungen

Qualitätsregelkarten dienen zur ständigen Überwachung eines Prozesses. Dazu enthalten sie in einem zweiachsigen Koordinatensystem die grafische Darstellung der aus den Stichproben ermittelten Messwerte:

- Die x-Achse enthält die Zeitpunkte der durchgeführten Stichproben bzw. die Stichprobennummern.
- Die y-Achse enthält den Wertebereich des zu überwachenden Qualitätsmerkmals (z. B. Widerstandswert, Durchmesser).

Qualitätsregelkarten können je nach Verwendungszweck unterschiedlich ausgeführt sein:

- als Mittelwertkarten x-Karte, $\bar{x}$-Karte oder $\tilde{x}$-Karte,
- als Spannweitenkarte (R-Karte) oder
- als Standardabweichungskarte (s-Karte).

Beispiel: Mittelwertkarte $\bar{x}$

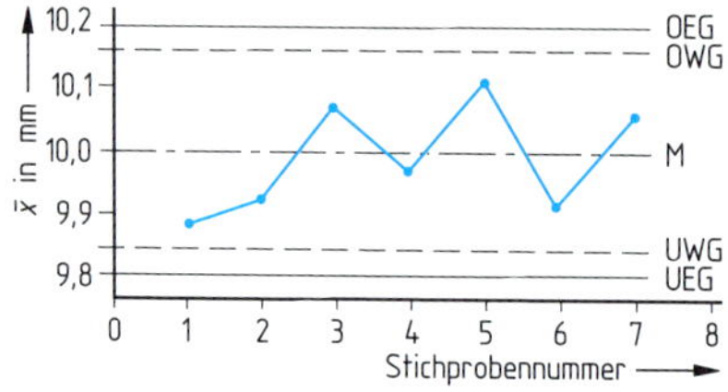

Aus jeder Stichprobe wird der arithmetische Mittelwert $\bar{x}$ in die Karte eingetragen.

OEG	Obere Eingriffsgrenze
UEG	Untere Eingriffsgrenze
OWG	Obere Warngrenze
UWG	Untere Warngrenze
M	Mittellinie

- Erreichen die Messwerte die Warngrenzen, muss der weitere Prozessverlauf mit erhöhter Aufmerksamkeit verfolgt werden, z. B. werden häufiger Stichproben entnommen.
- Werden die Eingriffsgrenzen überschritten, muss in den Prozess eingegriffen werden.

Beispiel: Berechnung der Eingriffsgrenzen für Mittelwertkarten[1)]

$$OEG = \bar{\bar{x}} + A_2 \cdot \bar{R}$$

$$UEG = \bar{\bar{x}} - A_2 \cdot \bar{R}$$

OEG	Obere Eingriffsgrenze	*UEG*	Untere Eingriffsgrenze
$\bar{\bar{x}}$	Gesamtmittelwert aller Stichproben	$\bar{R}$	Mittlere Spannweite
A_2	Konstante, bezogen auf 99,73 % statistische Sicherheit (abhängig von *n*)		

n	2	3	4	5	6	7	8	9	10	15	20	25
A_2	1,880	1,023	0,729	0,577	0,483	0,419	0,373	0,337	0,308	0,223	0,180	0,153

1) Neben den hier dargestellten Formeln und Konstanten werden auch andere verwendet.

Charakteristische Kurvenverläufe auf Qualitätsregelkarten

Ungestörter Prozess

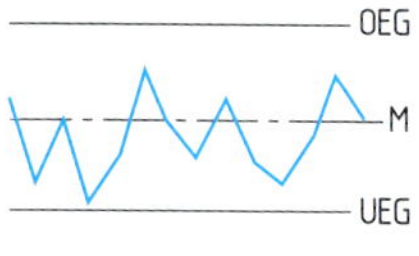

Die Messwerte der Stichproben sind innerhalb der Eingriffsgrenzen zufällig verteilt.

Eingriffsgrenzen überschritten

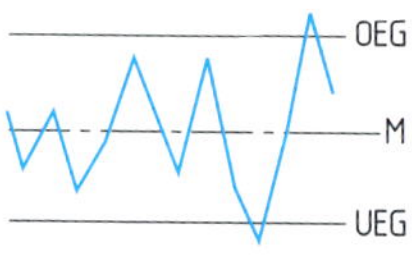

Die Messwerte liegen außerhalb der Eingriffsgrenzen (nicht beherrschter Prozess).

Trend

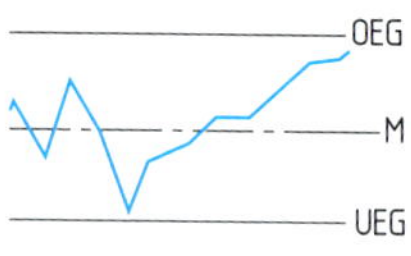

In sieben aufeinanderfolgenden Stichproben werden jeweils steigende oder fallende Werte ermittelt.

Run

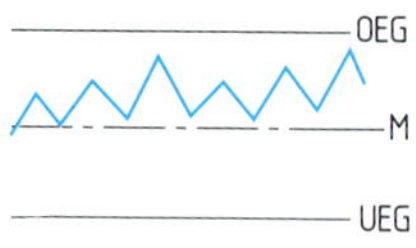

In sieben aufeinanderfolgenden Stichproben werden die Werte auf nur einer Seite des Mittelwertes ermittelt.

Stabilität und Fähigkeit von Prozessen

Ein beherrschter Prozess ist ein Prozess, der sich ohne spezielle oder systematische Störeinflüsse zufallsverteilt stabil bewegt. Die Stabilität lässt sich mithilfe von Qualitätsregelkarten nachweisen.
Die **Fähigkeit eines Prozesses** wird durch einen Vergleich mit den Toleranzen ermittelt und kann mithilfe der Prozessfähigkeitskennwerte c_p und c_{pk} beschrieben werden.

Beispiele für Prozesse

Nicht beherrscht und nicht fähig	Beherrscht, aber nicht fähig	Fähig, aber nicht beherrscht	Beherrscht und fähig
Kein stabiler Verlauf und Überschreiten der Toleranzgrenzen:	Stabiler Verlauf, aber Überschreiten der Toleranzgrenzen:	Verlauf innerhalb der Toleranzgrenzen, aber nicht stabil:	Stabiler Verlauf innerhalb der Toleranzgrenzen:
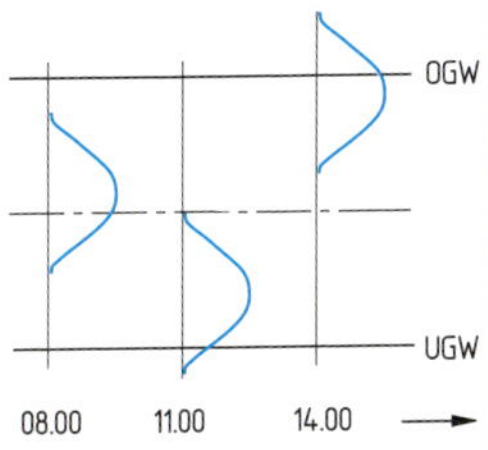	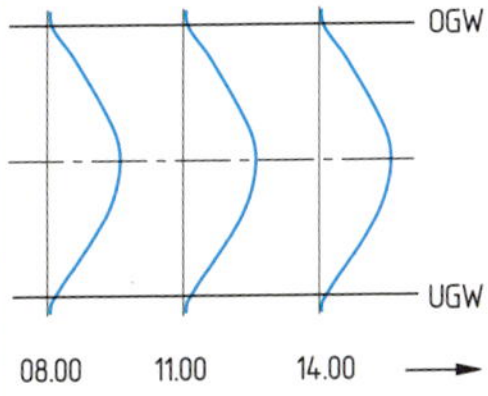	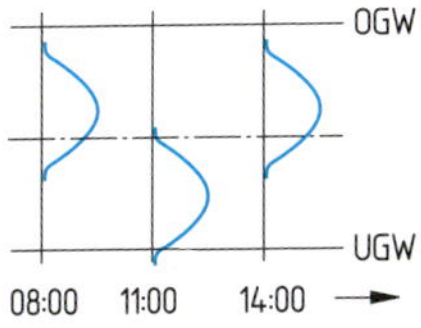	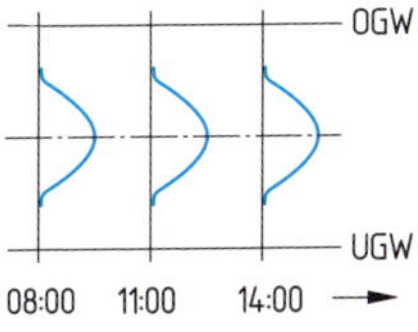

Prozessfähigkeitskennwerte

c_p	c_{pk}
$c_p = \frac{\text{Toleranzweite}}{\text{Prozesssteuerung}}$ $\quad c_p = \frac{OGW - UGW}{6 \cdot \hat{\sigma}}$	$c_{pk} = \frac{\text{minimale Prozessgrenznähe}}{\text{halbe Prozessstreuung}}$ $\quad c_{pk} = \frac{\lvert\bar{\bar{x}} - GW\rvert_{min}}{3 \cdot \hat{\sigma}}$

$\hat{\sigma}$ Abschätzung der Streuung der Grundgesamtheit
$\bar{\bar{x}}$ Gesamtmittelwert aller Stichproben
GW Grenzwert (OGW, UGW) $\quad$ OGW Oberer Grenzwert $\quad$ UGW Unterer Grenzwert

- c_p gibt das Verhältnis von Toleranzweite und Prozessstreubreite an.
  Die Toleranzweite ist die Differenz zwischen dem oberen und dem unteren Grenzwert.
  Als Prozessstreubreite wird üblicherweise die dreifache Standardabweichung oberhalb und unterhalb des Mittelwertes angesehen.
- c_{pk} gibt – zusätzlich – die Lage der Verteilung an.
- Dazu wird der kritische Abstand zwischen Prozesslage und Toleranzgrenzen berechnet.

- Ein Prozess wird als fähig bezeichnet, wenn c_p und c_{pk} größer als 1 sind.
- Der Wert c_{pk} ist gleich dem Wert c_p, wenn der Prozess in der Toleranzmitte zentriert ist.
- Ist $c_p > c_{pk}$, kann der Prozess durch Zentrierung fähig gemacht werden.

Beispiele

$c_p = 1{,}67$	$c_{pk} = 1{,}33$	$c_p = 5{,}00$	$c_{pk} = 5{,}00$	$c_p = 0{,}71$	$c_{pk} = 0{,}71$
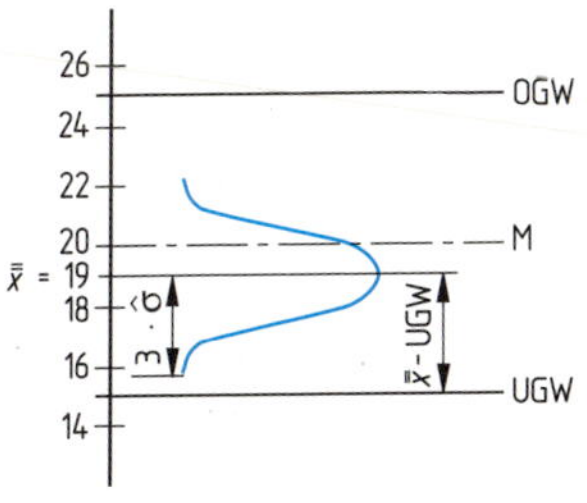		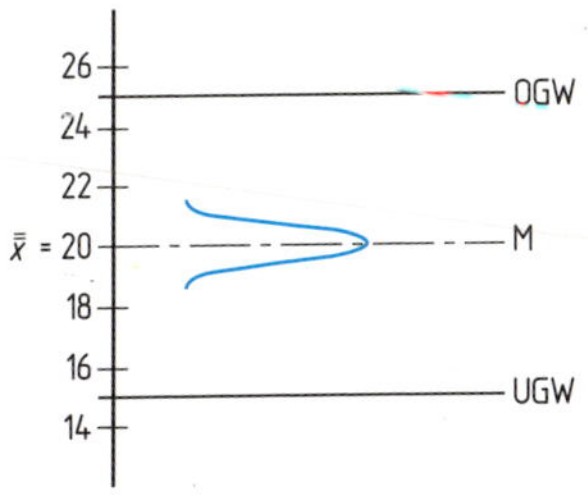		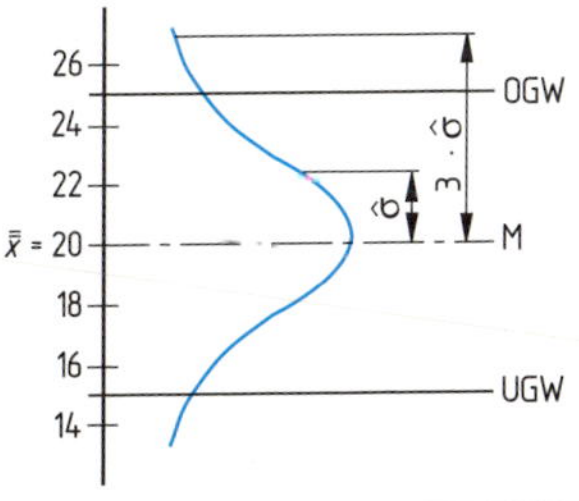	

Beschreibungsformen

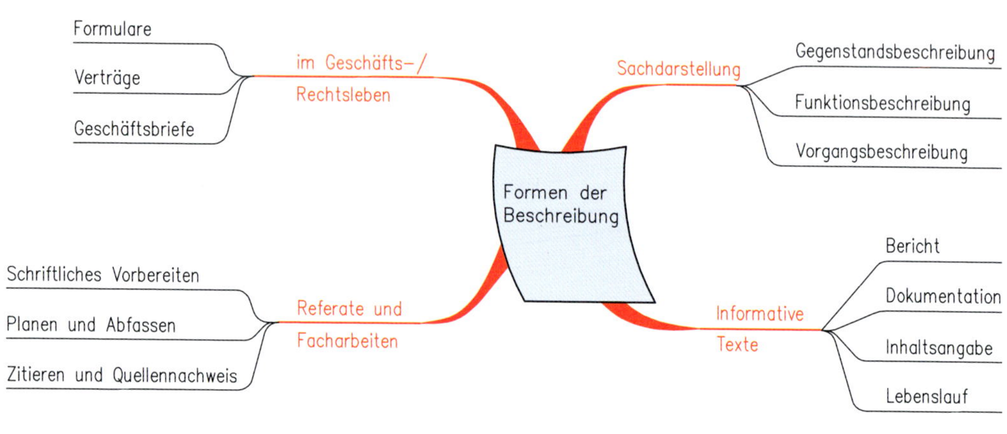

Gegenstandsbeschreibung	
Anwendung	Beschreibung des Aufbaus eines technischen Gegenstandes in Fachbüchern, Fachlexika und Fachprospekten zur Informationsvermittlung
Merkmale	• Gliederungsprinzip: Angaben über die Haupt- und Einzelteile (bei komplexen Gegenständen), Form, Größe, Lage, Materialien, Farben, besondere Kennzeichen usw. • Veranschaulichung: Vergleiche mit ähnlich aussehenden, bekannten Objekten • Bei zusammengesetzten Gegenständen: eindeutige Lagebeschreibung der Einzelteile wie „in der Mitte“, „im Mittelpunkt“, usw.

Funktionsbeschreibung	
Anwendung	Beschreibung der Funktion eines technischen Gegenstandes in Fachbüchern, Fachlexika und Fachprospekten zur Informationsvermittlung
Merkmale	• Die Funktion, die Aufgabe, die Leistung oder der Zweck werden angegeben. • Die Reihenfolge wird durch den Funktionszusammenhang festgelegt. • Verwendung klarer, genauer Fachausdrücke mit treffenden Verben mit präziser Aussagekraft z. T. in Verbindung mit Adverben und Substantiven, auch substantivierte Formen wie „Verändern der Lage“, „Sichern des Sperrens“, „Erhöhen der Stromstärke“

Vorgangsbeschreibung	
Anwendung	Beschreibung eines exakten Ablaufs eines Geschehens wie in Betriebs- oder Bedienungsanleitungen, Versuchsbeschreibungen, Ablaufplänen
Merkmale	• Zerlegung der Funktion in seine Bestandteile oder Ablaufphasen • Chronologische Gliederung in zeitlicher Reihenfolge oder ablaufenden Einzelschritten bzw. Wirkungsweisen von Funktionsteilen • Verwendung von Fachausdrücken mit aussagestarken Verben und temporalen Adverbien „danach“, „darauf“, „daraufhin“, „schließlich“

Schriftverkehr	
Anwendung	Verbindlicher Austausch von Informationen und Willenserklärungen in zwei Formen: mit Formularen und Geschäftsbriefen
Merkmale	• Formulare vereinfachen durch Verringerung des Sprachaufwandes (ankreuzen, ergänzen, Stichwörter ...) den alltäglichen Geschäfts- und Rechtsverkehr. • Für Geschäftsbriefe gelten bestimmte Grundsätze und Regeln, die für die maschinenschriftliche Form in der DIN 5008 festgelegt sind.

Geschäftsbrief

27 mm

■ Bildungsverlag EINS — Kopf (Firmenschriftzug, Logo usw.)

Bildungsverlag EINS, Ettore-Bugatti-Straße 6–14, 51149 Köln — Absender (Schriftgröße 8)

•
•
•

Herrn
Walter Dietz
Walter Dietz GmbH & Co. KG
Isarstraße 5
80333 München

Anschrift

25 mm

63,5 mm

80,46 mm

150 mm

125 mm

		Fax	E-mail
		089 123456	breiss@ bv.de
Ihr Zeichen/Ihre Nachricht vom	Unser Zeichen/Unsere Nachricht vom	Telefon, Name	Datum
Dz/si 19.05.20..	Rs/bt	02203 8982-0 Beate Reiss	21.05.20..

75 mm

175 mm

•

Neue DIN 5008 — Betreff

•
•

Sehr geehrter Herr Dietz, — Anrede

•

gerne informieren wir Sie über die wichtigsten Regeln, die in der neuen DIN 5008 als Standard für die Geschäftsbriefe festgelegt wurden. Diese Vorgaben sind nicht als uneingeschränkt verbindlich, sondern lediglich als Empfehlung zu sehen.

•

Beim Briefeschreiben sollte man vor allem daran denken, dass der Brief ansprechend aussieht, übersichtlich gegliedert ist und dem Leser keine Schwierigkeiten bereitet. Deshalb sind die Empfehlungen des Normenausschusses als Anregung gedacht, d. h., Sie müssen sich nicht millimetergenau an die Positionsangaben der Norm halten.

Brieftext

•

Mit freundlichen Grüßen — Grußformel

•

Bildungsverlag EINS

Beate Reiss — Unterschrift(en)

•

Sekretariat

•

Anlagen — Anlagenvermerk
2 Kommentare zur DIN

Anschriftenfeld — DIN 5008

- Die DIN wurde so angepasst, dass die Deutsche Post AG die Briefe maschinell bearbeiten kann.
- Die Leerzeile über der Ortsangabe fällt weg, damit Platz für eine eventuelle PC-Frankierung ist.

Vorgaben	Erläuterung/Beispiel
1 Postalische Rücksendeangabe 2 Absender in Schriftgröße 8	Bildungsverlag EINS, Ettore-Bugatti-Straße 6-14, 51149 Köln Bildungsverlag EINS, Ettore-Bugatti-Straße 6-14, 51149 Köln
3 Absender, Zusätze und Vermerke 4 (höchstens 3 Zeilen) 5	• Büchersendung • Wenn unzustellbar, bitte mit • neuer Anschrift zurück! 12,7 mm
1 Anschrift 2 (höchstens 6 Zeilen) 3 4 5 6	Herrn Walter Dietz Walter Dietz GmbH & Co. KG Isarstraße 5 80333 München 27,3 mm 85 mm
Anrede	• Wenn eine Person angesprochen werden soll, verwendet man die Anrede „Frau" oder „Herrn", z. B. Herrn Walter Dietz
Berufs- und Amtsbezeichnung	• Berufs- und Amtsbezeichnungen werden neben „Herrn" oder „Frau" geschrieben, z. B. Herrn Direktor Walter Dietz
Akademischer Grad	• Akademische Grade (Doktor, Professor) stehen als Abkürzung unmittelbar vor dem Namen, z. B. Herrn Prof. Walter Dietz
Firma	• Firma muss nur in die Anschrift, wenn sonst nicht erkennbar ist, dass es sich um eine Firma handelt.
Postfach	• Die Postfachnummern gliedern sich zweistellig, von rechts beginnend, z. B. Postfach 9 87 65.
Postleitzahl	• Die Postleitzahl wird fünfstellig ohne Leerzeichen geschrieben, z. B. 80333 München. • Bei internationalen Postleitzahlen wird nicht mehr die Landeskennung vorangesetzt, z. B. „B" für Belgien.
Ort	• **Keine** Leerzeile vor der Ortsangabe! Zwingend! • Ortsteile werden nicht mehr mit Bindestrich an den Ortsnamen angehängt. • Bei Auslandsanschriften werden die Ortsangaben in Großbuchstaben und möglichst in der Landessprache angegeben, z. B. BRATISLAVA statt Pressburg.
Bestimmungsland	• Nur bei Auslandsanschriften wird das Bestimmungsland ebenfalls in Großbuchstaben – und zwar auf Deutsch – dazu geschrieben, z. B. SLOWAKEI statt Slovakia.

<table>
<tr><th colspan="2">Dokumentationsgestaltung</th></tr>
<tr><td>Terminologie</td><td>
• Konsequent werden gleiche Begriffe und Begriffe sprachlich eindeutig verwendet.
• Fachwörter und Abkürzungen sind beim ersten Auftreten definiert.
Dies gilt vor allem für unbekannte Abkürzungen. Welche als bekannt vorausgesetzt werden dürfen, hängt von der Zielgruppe ab.
• Abstrakte Substantive werden vermieden.
• Handlungen und Tätigkeiten werden mit aussagekräftigen Verben direkt beschrieben.
• Nichtssagende Redewendungen werden vermieden, z. B. im Rahmen, dienen zu, erfolgen, aus diesem Grunde, zu diesem Zweck, grundsätzlich (bei grundsätzlich müssen auch Ausnahmen genannt werden).
• Bei Lagebezeichnungen sind die Bezugssysteme anzugeben.
</td></tr>
<tr><td>Formulierung</td><td>
• Bei gleichem Sachverhalt werden parallele Satzstrukturen verwendet.
• Anweisungen sind einheitlich formuliert und der Imperativ oder Infinitiv benutzt.
Anweisungen müssen schnell erfasst und umgesetzt werden. Daher sprachlich vom beschreibenden Text unterscheiden: So knapp wie möglich und so ausführlich wie nötig.
• Anweisungen sind immer gleich strukturiert. Struktur:
1. Zweck der Tätigkeit (kurz), 2. Objekt der Tätigkeit,
3. Ort der Tätigkeit, 4. Tätigkeit.
• Gefahren-/Warnhinweise sind prägnant und deutlich erkennbar anzugeben.
• Satzbau beachten.
Empfehlungen: Durchschnittliche Anzahl der Wörter: ≤ 14
Durchschnittliche Anzahl der Wörter vor dem ersten Verb: ≤ 7
Durchschnittliche Anzahl von Präpositionen: ≤ 2
• Passiv, Konjunktiv oder Modalverben werden vermieden.
• Aufzählungen sind an das Satzende gesetzt.
• Verneinungen sind frühzeitig im Satz genannt.
</td></tr>
<tr><td>Verzeichnis</td><td>
Inhaltsverzeichnis:
• Überschriften sind mit Überschriften im Textteil identisch.
• Hierarchiestufen sind verdeutlicht:
Hauptüberschriften z. B. durch Fettdruck hervorheben.
• Bei Seitenumbruch wiederholt sich die übergeordnete Überschrift.
• Eindeutige Zuordnung von Überschrift und Seitenzahl ist vorgenommen.
• Vorhandene Verzeichnisse und Anhänge sind vollständig aufgeführt.
Abbildungsverzeichnis und Tabellenverzeichnis:
• Die Verzeichnisse sind vollständig und übersichtlich gegliedert, z. B. sind bei Abbildungen Bildnummer, Bildinhalt (= Bildunterschrift) und Seitenzahl angegeben. Entsprechendes gilt für Tabellen.
• Abbildungen/Tabellen sind durchnummeriert.
• Seitenverweise sind korrekt angegeben.
Literaturverzeichnis:
• Die zitierte Literatur ist vollständig berücksichtigt.
• Alle notwendigen Angaben sind berücksichtigt.
• Weiterführende Literatur (soweit im Text erwähnt) ist angegeben.
</td></tr>
</table>

IEC 82079-1 Generelle Norm für Anleitungen

Inhalt

- Prinzipien für die Erstellung von Anleitungen
- Anforderungen an den Inhalt von Anleitungen
- Anforderungen an die Gestaltung von Anleitungen
- Anforderungen an den Erstellungsprozess für Anleitungen
- Anforderungen an die Qualifikationen von Redakteuren, Autoren, Übersetzern, Lektoren, Illustratoren, Prüfern
- Anforderungen an die Prüfung einer Anleitung auf Übereinstimmung mit der Norm
- Informativ: Erstellungsprozess/Methoden der Evaluation

Prinzipien der für die Gestaltung von Anleitungen

Zielgruppenorientierung	Teil des Produkts	Sicherheit	Sprachen	Verfügbarkeit
Trennung von Informationen für die Zielgruppe, z. B. Bedienung und Wartung	Gebrauchsanleitung ist Teil des Produkts	Risikobeurteilung; Sicherheitsbezogene Informationen	Sprache(n) des Anwenderlandes; Visualisierung nutzen	Elektronische Medien und Papier; Anbringungsorte
Medieneinsatz	**Konformität**	**Konsistenz**	**Verständlichkeit**	**Redaktionsprozess**
Nutzung der Stärken aktueller Medien und Technologien	Rechtskonform und Konform mit geltenden Produktnormen	Richtigkeit und Widerspruchsfreiheit	Kürze und Einfachheit; vom Überblick zum Speziellen	Zielgruppenanalyse; Erstellung durch Fachkräfte

Grundlegende Sicherheitshinweise

Erklärungen: *) Ggf. Verweis auf Beschreibung; **) Verweise auf spezifische Informationen; ***) Gemäß IEC 82079-1

- Bestimmungsgemäße Verwendung***
- Grenzen der Verwendung***
- Einschränkungen für den sicheren Gebrauch
  Beispiel: Nur in trockener Umgebung; Warnung vor Fehlgebrauch und Missbrauch***
- Anforderungen an das Personal***; Besondere Kenntnisse, Fähigkeiten, Fertigkeiten
- Persönliche Schutzausrüstung*** Ggf. auch auf Verpackung/Produkt; Beispiel Schleifgerät: Atemschutz
- Verantwortung des Betreibers
  Organisation (Vorschriften, Unfallverhütung, Verantwortung, Zugang, Schlüssel und Passwörter, …)
- Sicherheitshinweise zu bestimmten Betriebsphasen
- Hinweise zu besonderen Gefahrenarten
  z. B. Warnung vor Strahlungen***
- Hinweise zu besonderen Produkten
  z. B. ortsveränderlich einsetzbare Maschinen; Arbeitsplätze, Arbeitsumgebung, Platzbedarf (auch für Wartung)
- Umgebungsbedingungen (z. B. nur in trockenen Räumen)
- Einhalten der technischen Daten**
- Explosionsschutz**, ATEX 95/137
- Elektromagnetische Verträglichkeit
- Anforderungen an Montage/Anschluss
- Notfallpläne; Verhalten im Notfall, Brand
- Ersatzteile**; Warnung vor nicht geprüften Ersatzteilen; Technisch einwandfreier Zustand
- Spezielle Anzeichen, wann das Produkt nicht mehr sicher ist: Abnutzung, Alter, Beschädigungen***
- Änderungen, An- und Umbauten
- Sicherer Umgang mit Hilfs- und Betriebsstoffen
- Gefahrenbereiche*
- Sicherheitskennzeichnung: Anbringungsorte der Schilder*, Erklärung der Schilder*; Erklärung der Symbole in sicherheitsbezogenen Informationen***
- Sicherheits- und Schutzeinrichtungen*, Funktionstest; Warnung vor Umgehen
- Regelmäßige Wartung**
- Von Kindern fernhalten***
- Restrisiken gemäß Risikobeurteilung; Risiken vgl. ISO 12100
- Sichere Entsorgung*** Produkt- und Betriebsstoffe; Umwelt

Erstellen von Anleitungen

- Anleitung als Teil des Produkts
- Zielgruppenorientierung
- Verfügbarkeit
- Landessprache und Berücksichtigung von Minderheiten
- Risikobeurteilung
- Berücksichtigung produktspezifischer Standards
- Redaktionsleitfaden
- Qualitätssicherung: Lektorat, Prüfung von Übersetzungen
- Qualifikation von Redakteuren, Übersetzern, Lektoren,
- Regeln für die Konformitätsprüfung
- Empirische Prüfung bei Sammelanleitungen
- Teilweise weniger inhaltliche Anforderungen an bestimmte Dokumente; Fokus auf Informationen
- Angabe von Dokument-ID, Datum und Revisionsstand
- Inhalt von Sicherheitshinweisen und Warnhinweisen
- Gestaltung von Warnhinweisen,
- Signalwörter
- Funktionale Textstruktur und Formulierung
- Ein Satz – ein Handlungsschritt
- Konsistente und adäquate Terminologie
- Empfohlene Mindestschriftgrößen
- Farbeinsatz
- Elektronische Medien und Navigation
- Zulieferdokumentation
- Bereitstellung von gedruckten
- Anleitungen

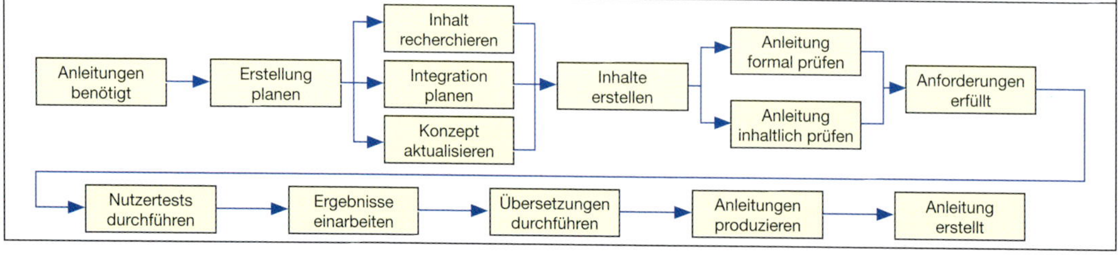

Technische Dokumentation — ISO/IEC 82079-1; ANSI Z535

Erklärungen und Informationen

Maschinenrichtlinie:

- Regelwerk der EG, nach dem alle Hersteller von **Maschinen**, die einem Mitgliedsstaat der EG angehören, verpflichtet sind, ihre Maschinen nach den Vorgaben der Maschinenrichtlinie zu erstellen
- Mit der 9. Verordnung des **Geräte- und Produktsicherheitsgesetzes** (GPSG) ins deutsche Recht übernommen

Maschine	Unvollständige Maschine	Anlage
Eine Maschine • ist eine eigenständige Einheit als Gesamtheit miteinander verbundener Teile/Vorrichtungen, von denen mindestens eines bzw. eine beweglich ist. • ist unabhängig von der Umgebung funktionsfähig. • ist mit einem anderen Antriebssystem ausgestattet als der eingesetzten menschlichen oder tierischen Kraft.	Eine unvollständige Maschine • hat für sich betrachtet keine bestimmte Funktion. • ist dazu bestimmt, mit anderen unvollständigen Maschinen zu einer funktionsfähigen zusammengefügt zu werden.	Eine Anlage • besteht aus einzelnen Komponenten, die eine Einheit bilden. • hat einen gemeinsamen Materialfluss, eine gemeinsame Steuerung und Sicherheitsfunktionen.

Produktsicherheit und Produkthaftung

Geräte- und Produktsicherheitsgesetz (GPSG)
Regelt das Inverkehrbringen und Aufstellen von Produkten

↕

Produkthaftungsgesetz (ProdHaft)
Regelt die Haftung eines Herstellers bei fehlerhaften Produkten

Produkthaftungsgesetz fordert „Stand von Wissenschaft und Technik"
Höchstes Sicherheitsniveau
Beobachtung von (internationalen) Fachzeitschriften, Kongressen

EG-Richtlinie Maschinen fordert „Stand der Technik"
Hohes Sicherheitsniveau
Wirtschaftlich vertretbare technische Möglichkeiten, gegebenenfalls über die normativen Lösungen hinaus

Normen sind „Regeln der Technik"
Mindestniveau
Maßnahmen für ein praxisbewährtes Niveau, das sich in Kreisen der in Betracht kommenden Techniker durchgesetzt hat

Risikobeurteilung — DIN EN ISO 12100 bzw. EN ISO 14121-1

Risikobeurteilung

- Systematische Identifizierung **vorhersehbarer Gefährdungen**, Gefährdungssituationen und/oder Gefährdungsereignisse in **sämtlichen Phasen der Lebensdauer** (Lebenszyklus) der Maschine
- Gehört zur „technischen Dokumentation"
- Ergebnisse müssen in der Betriebsanleitung bzw. Montageanleitung berücksichtigt werden.
- Muss zehn Jahre ab Inverkehrbringen verfügbar sein
- Muss nicht mit der Maschine ausgeliefert werden

Beispiel:

Kennzeichnung der Schwere der Gefahr: Signalwort – Signalfarbe – Verletzungsgefahren – Gefahrensymbol

	⚠ GEFAHR
Spezifisches Gefahrensymbol 	Offenliegende Zahnräder Einziehen und Zerquetschen der Hände – NICHT in das Getriebe greifen – Motor abschalten

Text: Benennung von Art und Quelle der Gefahr – mögliche Folgen bei Nichtbeachtung – Maßnahmen zur Gefahrvermeidung

ACHTUNG | ⚠ VORSICHT | ⚠ WARNUNG | ⚠ GEFAHR

→ **Steigendes Risiko**

Grundlegende Sicherheitshinweise

Hinweise zum Betrieb der Anlage	Angaben, z. B. zur wirtschaftlichen Verwendung der Anlage	Angaben, zur Schadensverhütung	Angaben, zur Verhütung von Personen-/Sachschaden	Besondere Gefahren, die bei Nichtbeachtung direkt bevorstehen

Sicherheitshinweise in bestimmten Betriebsphasen

- Anlagen nur betreiben, wenn alle Schutzeinrichtungen und sicherheitsbedingten Einrichtungen funktionieren
- Bei Pausen/Wartungsarbeiten/Störungsbehebungen Schlüssel abziehen, um einen Automatikstart zu verhindern
- Alle der Anlage vor- und nachgeschalteten Anlageteile gegen unbeabsichtigte Inbetriebnahme absichern
- Steuerspannung bei Wartungsarbeiten abschalten
- Im Störungsfall auf Funktion „Handbetätigung" schalten

Technische Dokumentation — EN 61355-1

Überblick

Technische Dokumentation:

- Sammelbegriff für alle Dokumente über technische Prozesse und die Entwicklung, Produktion, Verwendung, Instandhaltung und Entsorgung technischer Produkte
- Beinhaltet alle erforderlichen technischen Informationen, die von einem Hersteller/Vertreiber parallel zum **Produktlebenszyklus** erstellt werden
- Die im Prozess anfallenden Informationen und Dokumente sind für die interne und externe technische Dokumentation bestimmt.

Produktlebenszyklus:

- Prozess zwischen der Fertigstellung eines technischen Produktes und seiner Entsorgung
- Vorgegebene Schritte (Gesetze, Normen) mit verschiedenen Aktivitäten in unterschiedlichen Zeiten bestimmen den Prozess.

Elemente der internen Dokumentation

Die interne technische Dokumentation beinhaltet alle technischen Informationen über ein Produkt, die im Unternehmen verbleiben; diese werden in unterschiedlichen Dokumenten nachvollziehbar festgehalten.

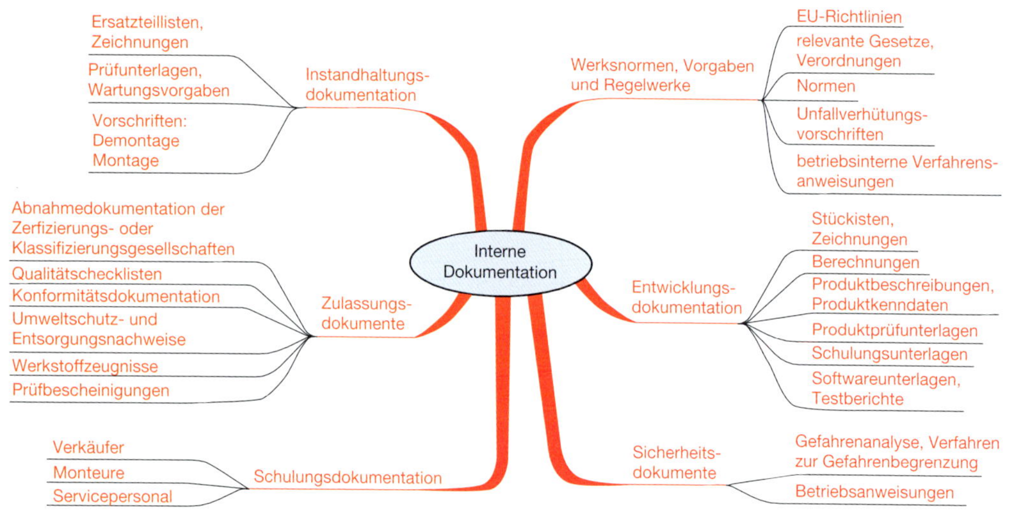

Elemente der externen Dokumentation

Die externe Dokumentation umfasst alle technischen Produktinformationen, die von einem Hersteller/Vertreiber für Vertrieb, Anwender und Verbraucher bestimmt sind:

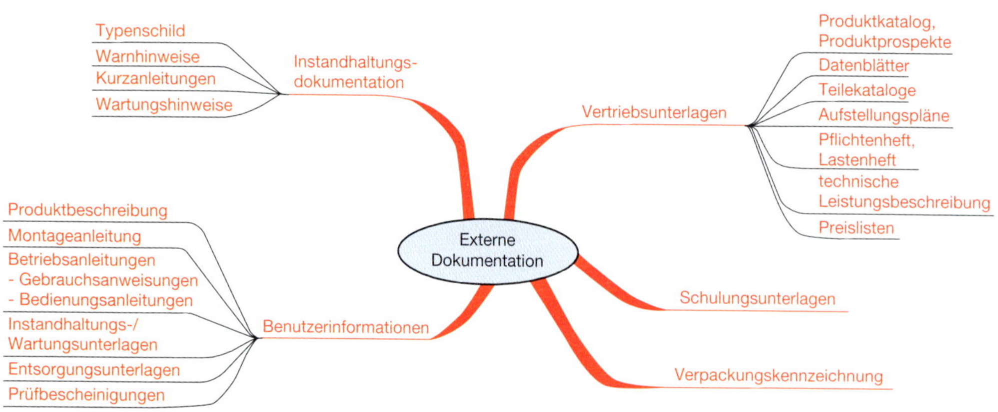

Dokumentationsarten

Betriebsanleitung

- Teil der technischen Dokumentation, der vom Hersteller der Maschine oder Anlagen erstellt werden muss
- Enthält Anleitungen zur Inbetriebnahme und zur allgemeinen Handhabung
- Beinhaltet alle Informationen, um ein Produkt sicher bedienen zu können wie produktorientierte Lernanleitungen, Installations-/Inbetriebnahme-Anleitungen, Wartungsanleitungen, Fehlersuch-/Selbsthilfe

Betriebsanweisung

- Eine Betriebsanweisung ist eine verbindliche Anweisung im Wortsinn.
- Die Anweisungen sind vom Arbeitgeber zum Schutz der Arbeitnehmer in der Sprache der Beschäftigten zu erstellen und an geeigneter Stelle in der Arbeitsstätte bekannt zu machen.
- Es sind Anweisungen, wie innerhalb des Betriebs mit der Maschine/der Anlage umzugehen ist (Verwendung).
- Sie enthält betriebsspezifische Hinweise, z. B. Personenbeschränkungen für Arbeiten an der Maschine, Entsorgungswege, Organisation der Ersten Hilfe, Verhalten im Gefahrenfall/Notfall.
- Die Arbeitnehmer werden durch die Unfallverhütungsvorschriften verpflichtet, diesen Anweisungen zu folgen.

Andere Bezeichnungen in der Norm

Gebrauchsanweisung, Gebrauchsanleitung, Bedienungsanleitung, Benutzerinformation sind unabhängig voneinander entstanden und meinen weitgehend das Gleiche.
Beispiele:
Betriebsanleitung in der Maschinenrichtlinie
Benutzerinformation, „Begleitunterlagen" und **Betriebsanleitung** in der Norm EN ISO 12100-2 „Sicherheit von Maschinen"
Gebrauchsanweisung in der Norm DIN EN 60601 „Medizinische elektrische Geräte"
Betriebsanleitung, **Bedienungsanleitung** in der Norm EN 60204 „Elektrische Ausrüstung von Maschinen"

Aufbau von Betriebsanleitungen

Betriebsanleitungen sind nach einem Baukastensystem aufgebaut und beinhalten „auftragsgebundene" Kapitel, die ständigen Änderungen unterliegen und eigenständige „auftragsungebundene" Kapitel, die keinen, seltenen oder häufigen Änderungen unterliegen.

- Auftragsgebundenes Kapitel:
  Das auftragsgebundene Kapitel ist das Kapitel mit „Technischen Daten". Es wird für jeden Auftrag neu erstellt und enthält alle kunden-, größen- oder typenspezifischen Daten.
- Auftragsungebundene Kapitel:
  Die restlichen Kapitel sind eigenständige Kapitel. Sie bekommen durch Querverweise auf das Kapitel „Technische Daten" auftragsungebundene Inhalte. Nur bei konstruktiven Änderungen müssen die entsprechenden Kapitel geändert werden.

Aussagen mit rechtlichem Inhalt

- Umfang und Inhalt von Gewährleistungen
- Bezugsbindung von allgemein verwendbaren Einzelteilen
- Folgen eines nicht bestimmungsgemäßen Gebrauchs
- Auswirkungen einseitig vom Hersteller geänderter technischer Daten

Technische Aussagen

- Einschränkungen und Grenzen des bestimmungsgemäßen Gebrauchs, die in Produktbeschreibungen oder Verträgen dem Benutzer bis zur Auftragsbestätigung nicht bekannt waren
- Vorbehalte eigenmächtiger technischer Änderungen durch den Lieferer

Einschränkungen der Anwendung

- Ausschluss einzelner, allgemein üblicher Anwendungen
- Ungewöhnlich kurze Wartungs- oder Überholungsfristen

Gliederung von Betriebsanleitungen

Aufbau der Betriebsanleitung

Sicherheit	Verwendete Zeichen und Symbole werden durch folgende Hinweise unterschieden: [grün] – Sicherheitsunterweisung – Orientierung zur Sicherheit – Sicherheitsgerechtes Verhalten grundlegend stärken (Gedächtnis) **Warnhinweis** – Handeln nach Anleitung – Verletzungen und Schäden vermeiden – Risiko im Handlungsablauf senken, Verhalten direkt umsetzen **Warnung auf dem Produkt** – Handeln am Produkt – Verletzungen und Schäden vermeiden – Risiko am Gefahrenort senken, Verhalten direkt umsetzen Rechtskonforme Warnungen: **Keine** Personenschäden möglich! → **ACHTUNG** (NOTICE) Keine **schweren** Personenschäden! → **VORSICHT** (CAUTION) **Mögliches** Ereignis: Schwere Verletzungen! → **WARNUNG** (WARNING) **Sicheres** Ereignis: Schwere Verletzungen! → **GEFAHR** (DANGER) Weitere Sicherheitsvorschriften ISO 31000: Norm für Risikomanagement DIN VDE: Bestimmungen für das Errichten von Starkstromanlagen mit Nennspannungen bis 1000 V DIN EN ISO 13857: Sicherheitsgerechtes Gestalten technischer Erzeugnisse; Schutzeinrichtungen; BGV A1 Allgemeine Vorschriften (bisher VBG 1) und BGV A2 Elektrische Anlagen und Betriebsmittel (bisher VBG 4).
Technische Daten	• Kenndaten der Maschine/Anlage • Material- und spezielle Maschinendaten • Einsatzbereich und bestimmungsgemäße Verwendung • Text des vertraglich vereinbarten Einsatzbereichs und der bestimmungsgemäßen Verwendung, um spätere Auseinandersetzungen mit Kunden vorzubeugen. Hier wird auch die „bestimmungsgemäße Verwendung“ erfüllt, die der Gesetzgeber im Gesetz über technische Arbeitsmittel und Verbraucherprodukte (Geräte- und Produktsicherheitsgesetz – GPSG) fordert.
Aufbau und Wirkungsweise	• Konstruktiver Aufbau der Maschine/Anlage einschließlich der Beschreibung der einzelnen Baugruppen • Erläuterung der Wirkungsweise und/oder Funktionsweise der Maschine/Anlage mithilfe von Texten und Diagrammen
Montage	Beschreibung der Reihenfolge der Baugruppenmontage, unterstützt durch Zeichnungen, Skizzen oder Fotos
Inbetriebnahme	Nach Einführungshinweisen wird die Reihenfolge der Inbetriebnahme-Arbeiten mit speziellen Sicherheitsvorkehrungen bei den einzelnen Phasen und Warnungen vor Nichtzulässigem beschrieben.
Betrieb	• Normaler Betrieb (Ingangsetzen und Betreiben durch den Kunden) • Stillsetzen in der erforderlichen Reihenfolge • Verhaltensweisen bei Störungen mit Störungsabhilfe • Anzeichen und Ursachen der häufigsten Störungen sowie die Maßnahmen zur Beseitigung
Instandhaltung	• Angabe von Wartungs- und Inspektionsintervallen, der Kontrollstellen mit den Erkennungsmerkmalen von Verschleißteilen und Wartungshinweisen • Die Instandhaltungsanleitungen gliedern sich in elektrische, hydraul.-pneumatische und mechanische Teile und in einzelne Arbeitsschritte und Funktionseinheiten. Empfehlenswerte Arbeitshilfen: DIN 31051; DIN 1319; DIN 11042; DIN 24420; DIN 25419; DIN EN 13306; DIN 40150; DIN EN 60617; VDE 0113
Ersatzteilhaltung und Kundendienst	• Angaben notwendiger Daten mit Bezugsquelle zur Ersatzteilbestellung • Angaben über Kundendienst- und Serviceleistungen, Anlaufstelle für Rückfragen/Hotline • Adressenangaben des in- und ausländischen Ersatzteilvertriebs und Kundendienstes
Anhang	• Erforderliche Unterlagen für Instandsetzungsarbeiten und zur Erläuterung der Arbeitsweise • Formulare wie Garantiebedingungen, Kundendienstvertrag, Haftpflichterklärung • Konformitäts-Erklärung: Der Hersteller, Händler erklärt verbindlich und bestätigt, dass das Objekt (Produkt, Dienstleistung, Stelle, QMS) die auf der Erklärung spezifizierten Eigenschaften aufweist. Die Spezifizierung der Eigenschaften erfolgt in der Regel durch die Angabe von Normen, die das Objekt einhält. Quellen: EN ISO/IEC 17000:2004; EN ISO/IEC 17050-1:2004; EN ISO/IEC 17050-2:2004 • Auflistung der Dokumentationen der Zulieferfirmen • Sachwortverzeichnis („Wo finde ich was?“); Register („Was tue ich, wenn ...?“)

Grundsätze des selbstständigen Lernens und Arbeitens

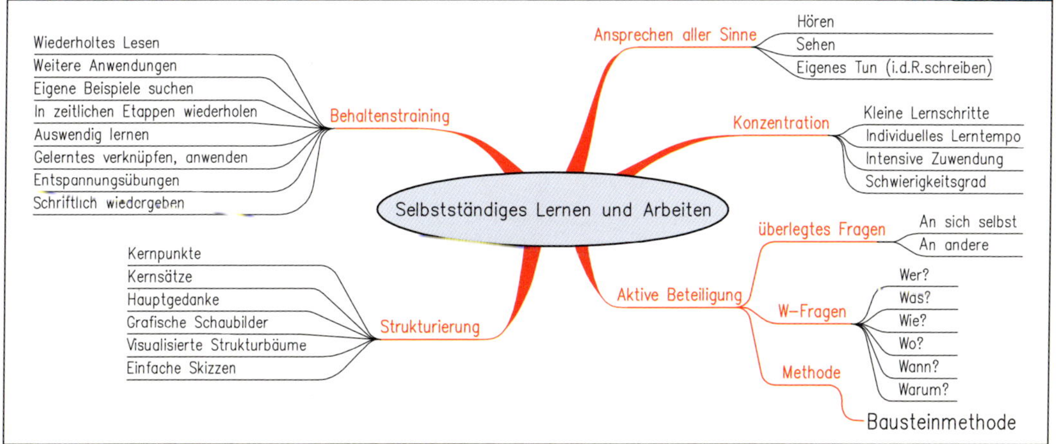

Bausteinmethode (von jedem Buchstaben wird ein Begriff abgeleitet und hinterfragt)	
B	**Bedeutung:** Was bedeutet für mich das Thema, die Problematik?
A	**Aussage:** Worin besteht die Hauptaussage? Wie lässt sie sich vereinfacht ausdrücken?
U	**Untergedanken:** Aus welchen Einzelheiten setzt sich die Aussage zusammen? Welche Einzelgedanken sind für mein Handeln wichtig?
S	**Schlüsse:** Zu welchen Ergebnissen, Folgerungen kommt der Verfasser, Redner? Welche Schlüsse kann/ sollte ich daraus ziehen?
T	**Tatsachen/Theorien:** Welche Tatsachen werden dargestellt oder welche Theorien werden aufgebaut?
E	**Erwartungen:** Welche meiner Erwartungen erfüllt der Stoff? Was fehlt am Thema?
I	**Inhalt/Form:** In welchem Verhältnis stehen Inhalt und Form zueinander? Ist der Stoff informativ oder eher weitschweifig abgefasst?
N	**Nutzen:** Was nützt mir der Lerninhalt? Welche Vorteile bringt mir das Wissen?
M	**Methode:** Auf welchem Weg komme ich am besten, sichersten, schnellsten vorwärts? Welche Lernverfahren setze ich zur Erschließung ein?
E	**Eigengedanken:** Werden eigene Gedanken vorgetragen? Was ist dafür charakteristisch? Oder von wem werden sie bezogen?
T	**Tendenz:** Inwieweit ist die Aussage als objektiv anzusehen? Inwiefern erweist sie sich als tendenziös, einseitig, parteiisch?
H	**Hervorhebungen:** Ist der Stoff so aufbereitet und gestaltet, dass er sich gut überblicken lässt? Wieweit ist das Wichtige hervorgehoben?
O	**Ordnung:** Zeichnet sich der Stoff durch einen logischen Aufbau aus? Inwiefern sind die Aussagen folgerichtig gegliedert?
D	**Dauer:** Sind die Aussagen noch gültig? Wie lange werden sie aktuell bleiben?
E	**Eigenstandpunkt:** Welche eigene Auffassung nehme ich gegenüber dem Thema ein? Sollte ich meinen Standpunkt ändern?

Betriebs- und Arbeitswelt
Technische Kommunikation
Energieversorgung
Gebäudetechnik
Kommunikationstechnik
Automatisierungstechnik
Antriebstechnik
Bauelemente und -gruppen
Techn. Größen und Formeln

System der W-Fragen

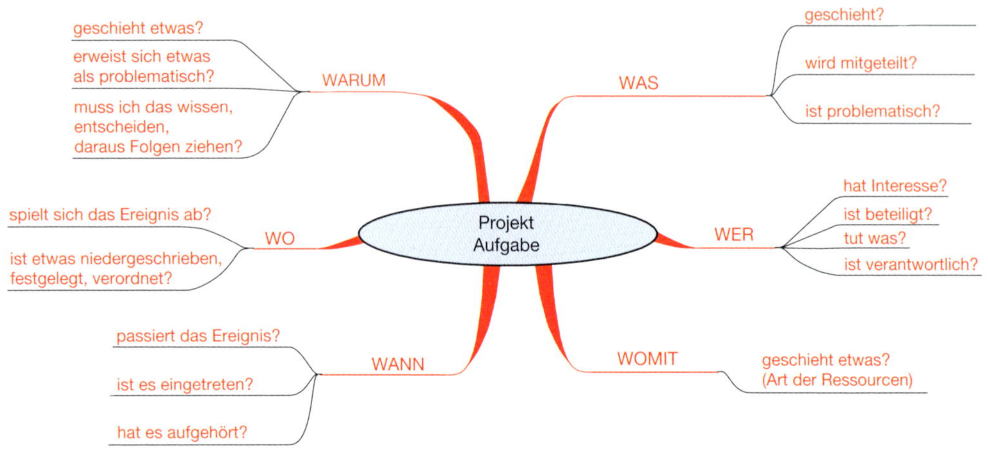

Phasen der Informationserarbeitung

1. Vorbereitung

- Aufgabe/Ausgangslage analysieren
- Vorwissen strukturieren und anreichern
- Suchbegriffe bilden, Webadressen zuordnen
- Suchstrategien auswählen und anpassen

2. Durchführung

- Suche durchführen Resultate überprüfen
- Informationsquellen beurteilen und auswählen
- Informationen organisieren, speichern und bereitstellen

3. Auswertung

- Verarbeiten der ausgewählten Informationsquellen
- Ermitteln der notwendigen Informationen zur Lösung

Lösung

Internetrecherche

Mit WWW-Adressen	Thematische Webkataloge	Suchmaschinen
• Einfach und effizient, weil sie direkt brauchbare Daten liefert • Voraussetzung: Kenntnis geeigneter Webadressen, genaues Vorwissen zur Sache für Suchbegriffe sowie Erfahrung bei der Bildung von Webadressen Standardisierte Adressierung für URL (Uniform Resource Locator): z. B. http://www.hp.com/go/support (Dienst- oder Suchprotokoll// Servername/Pfadangabe/Dokument)	• Suchen nach Kategorien und hierarchischen Wissensgebieten • Mit Suchbegriffen vorgehen • Suchergebnisse mit logischen Operatoren wie z. B. UND sowie ODER verkleinern/vergrößern • Bei zeitunabhängigen Informationen bietet sich der Gebrauch der Webkataloge an. Sind Fachbegriffe enthalten, gelangt man sicher ans Ziel.	• Erkennen der Inhalte nach Stich- bzw. Schlagwörtern • Geeignet für die einfache/erweiterte Suche nach spezifischen Informationen/aktuellen Themen • Günstige/vielseitige Suchstrategie durch Kombination von Webkatalog und Suchmaschine (bei „Google“ oder „Yahoo“ automatisch)

Übersicht über Lernstrategien	
Strategieklasse: Erfassen und Verstehen von Informationen	
Lernhandlung	Lerntechnik/-strategie
Informationen suchen, Quellen recherchieren	Arbeiten mit Nachschlagewerken (Duden, Atlanten, Wörterbücher, Fach-/Tabellenbüchern), Internetrecherchen
Lesen	Förderung des Lesetempos, Übungen zum systematischen Lesen, zielorientiertes Lesen, Mindmaplesen, Markieren und Unterstreichen, Kommentieren, Exzerpieren
Zuhören	Aktives Zuhören, nacherzählen, spiegeln, mitschreiben, Notizen erstellen
Beobachten	Beobachtungskriterien aufstellen, Beobachtungsbögen entwickeln
Wahrnehmungskanäle situationsgerecht einsetzen	Unterschiedliche Wahrnehmungskanäle erproben (sehen – Text und Bild, hören)
Wesentliches erkennen	Schlüsselwörter finden, auf die Form von Informationen achten, Aufbau einer Information erkennen
Informationen bewerten	Quelle bewerten können, Information im Kontext verstehen
Strategieklasse: Organisation	
Informationen verarbeiten	Überschriften/Schlüsselwörter finden
Informationen aufarbeiten	Informationen ordnen, Verzeichnisse/Gliederungen erstellen, Klassifikationsschemata entwickeln
Argumentationen aufbauen	Vom Einzelfall zum generellen Prinzip, vom Allgemeinen zum Speziellen, Pro-Kontra-Positionen, These-Antithese-Synthese, Begründungen finden, Vergleiche ziehen
Strategieklasse: Präsentation	
Transformieren von Informationen	Diagramme und Tabellen deuten und selbst entwickeln können, schematische Darstellungen entwickeln können (Baumstruktur, Netzstrukturen, Flussabläufe ...)
Visualisierungen erstellen	Gedächtnislandkarten entwickeln, Mindmaps entwickeln
Informationen anreichern	Begriffe umschreiben können, mit Fachbegriffen arbeiten
Notizen erstellen	Texte strukturieren und mit Bildern anreichern
Präsentationen entwickeln	Texte und Bilder auswählen, Texte und Bilder erstellen
Vorträge gestalten	Einstiege finden, Strukturen legen, mit Sprache gestalten
Strategieklasse: Wiederholung	
Wiederholen, festigen, üben	Wiederholungsregeln erschließen, Wiederholungsbedarf feststellen, Lernkarteien anlegen

Übersicht über Lernstrategien

Lernhandlung	Lerntechnik/-strategie
Strategieklasse: Kreativität	
Neue Ideen entwickeln	Brainstorming, Brainwriting, Mindmapping, Visualisierung, Reizworttechnik
Systematische Ideensuche	Morphologischer Kasten, Umkehrmethode
Prüfungsstrategien	
Vorbereitung auf Prüfungsleistungen	Günstige äußere und körperliche Bedingungen schaffen, Prüfungen vorbereiten
Abbau von Prüfungsängsten	Aufkommende Ängste abbauen, Angstanalysen durchführen, mit Angst und Stress umgehen
Ressourcenstrategien	
Zeitbedarf ermitteln	Arbeitszeit/Pausen in Rhythmus bringen, Zeitanalysen durchführen
Zeitplanung	Zeit einteilen/nutzen, mit Zeitplänen arbeiten, Hinausschieben vermeiden
Strategieklasse: Ressourcen	
Auswahl der Arbeitsmittel	Arbeitsmittel kennen, Arbeitsmittel auswählen und bereithalten, Arbeitsmittel selbst erstellen
Soziale Ressource	Mit anderen kommunizieren, kooperieren, Absprachen treffen, Experten ausmachen und ansprechen, anderen helfen, Hilfe annehmen, Konfliktsituationen wahrnehmen und lösen
Aufmerksamkeit und Konzentration	Aufmerksamkeit aufrechterhalten, mit Störungen umgehen, sich konzentrieren, Ausdauer üben
Strategieklasse: Motivation	
Offenlegen der Motivationslage	Übungen zur Selbstmotivation, eigenes Interesse wecken, Formulieren eigener Interessen, sich positiv einstellen und positiv denken, Wissen um Motive des eigenen Lernens
Umgang mit Erfolg/Misserfolg	Sich Erfolgserlebnisse verschaffen, mit Kritik umgehen, Erfolge und Misserfolge untersuchen
Strategieklasse: Regulation	
Anforderungen aus der Aufgabenstellung erkennen	Aufgaben verstehen/Anforderungen erschließen, Einschätzung von Aufgabendringlichkeit und Wichtigkeit, belastende Situationen einschätzen können, Ziele setzen, Problemlösungsprozesse organisieren, Vorhabensplanungen durchführen
Eigene Leistungsmöglichkeiten einschätzen	Sich selbst beobachten, Selbsteinschätzung, Selbstreflexion

Erschließen von Fachtexten

Leitfragen zur Texterschließung

- Welche Thematik wird in dem Fachtext behandelt?
- Wie ist die Abhandlung gegliedert?
- Welches Problem steht im Mittelpunkt?
- Welche Fragestellung wird verfolgt?
- Was sind die Kernaussagen, Thesen, Ergebnisse, Schlussfolgerungen?
- Welche zentralen Begriffe werden verwendet?
- Welche wichtigen Definitionen sind enthalten?
- Welche Schlüsselwörter sind charakteristisch?
- Über welches Vorwissen zum Thema verfüge ich?
- Auf welches Anspruchsniveau muss ich mich einstellen?
- Welche Leseziele verfolge ich und was erwarte ich von der Textauswertung?

Effektives Lesen von Fachtexten

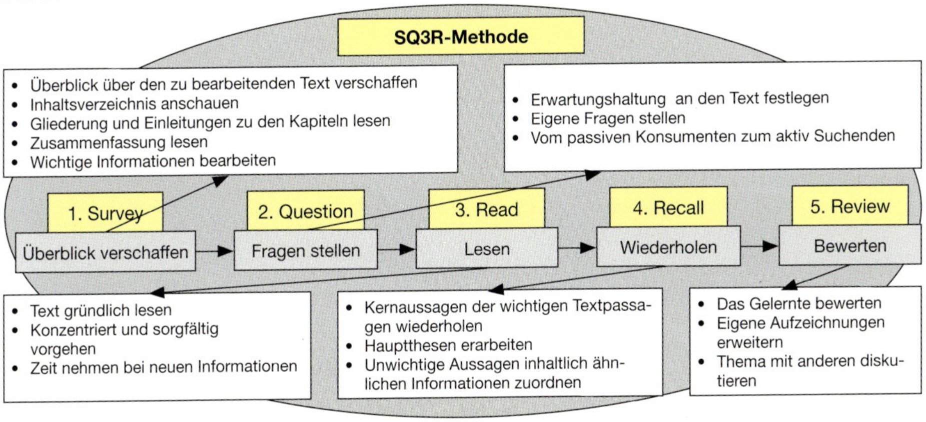

Lesetechniken

Sequenzielles Lesen	Kursorisches Lesen	Punktuelles Lesen	Diagonales Lesen
• Text wird von Anfang bis Ende gelesen, um alles zu verstehen • Langsames und gründliches Lesen, um so selten wie möglich Textteile ein zweites Mal zu lesen	• Zuerst Titelblatt, Inhaltsverzeichnis, Vor- und Nachwort lesen • Erstes Fazit ziehen: Worum geht es im Text, welche Informationen gibt es? • Text gründlich durcharbeiten • Wichtige Stellen markieren und Notizen machen	• Text wird nur teilweise gelesen • Einzelne wichtige Abschnitte auswählen, und gründlich lesen • Bedeutungen der einzelnen Textteile in den Kontext einordnen	• Lesen von ausgewählten Bereichen: Erster Satz, hervorgehobene Stellen (Fettdruck, Überschriften), Aufzählungen, Schlussfolgerungen und Fachausdrücke • Schnelles Durcharbeiten des Textes – allerdings auf Kosten von Details und eventuell des Textverständnisses

Kursorisches Lesen und Textmarkieren

- Kursorisches Lesen als konzentriertes, verstehendes Lesen zur gedanklichen Strukturierung des Textes
- Fakten als sinnvolles Gefüge von Informationen erkennen, begrifflich verarbeiten, verstehen und behalten
- Zur Verstärkung, zum Wiederholen, längerem Merken und nachhaltigem Lernen Text sinnvoll markieren
- Als **Markierungstechniken** systematische Textkennzeichnung mit nicht sprachlichen Markierungs- oder Merkzeichen sowie mit sprachlichen Abkürzungen und Randbemerkungen nutzen
- Markierungs- oder Merkzeichen sind nicht genormt, d.h. persönliche Auswahl anlegen.
- Sprachliche Abkürzungen und Randbemerkungen sind aussagekräftiger als nicht sprachliche Zeichen.
- Faustregel: Eher sparsam markieren, damit die Hervorhebungen wirken können.

Gebräuchliche nicht sprachliche Markierungs- und Merkzeichen

Im Text		Bedeutung	Am Rand		Bedeutung
Unterstreichung		Schlüsselbegriff, Kernaussage, These, Problem, Wichtiges, Neues	Anstreichen	|	Hauptgedanke, wichtige Aussage, die mehrere Zeilen umfasst
Doppelpfeil	<->	Widerspruch, Gegensatz	Ausrufezeichen	!	Gut gesagt, Textstelle beachten, merken
Wellenlinie	~	Fragwürdig, schlecht formuliert	Plus-Zeichen	+	Gute Idee, positive Anregung, zur Übernahme geeignet
Fragezeichen	?	Unklar, unverstanden, Klärung nötig	Haken	✓	Wichtiger, prägnanter Fachausdruck

Vier Schritte zum Mindmap

1. Das zentrale Thema aufschreiben

Das zentrale Thema wird aufgeschrieben – zum Beispiel das Wort „Notizen“. Nicht zu klein schreiben und einen Kreis oder eine Wolke um das Wort malen. Damit wird deutlich, welches Wort das zentrale Thema beschreibt.

Hauptäste zeichnen:
An die Wolke oder den Kreis in der Mitte werden Linien eingezeichnet. Diese Linien, die von dem Hauptthema abgehen, heißen Hauptäste.

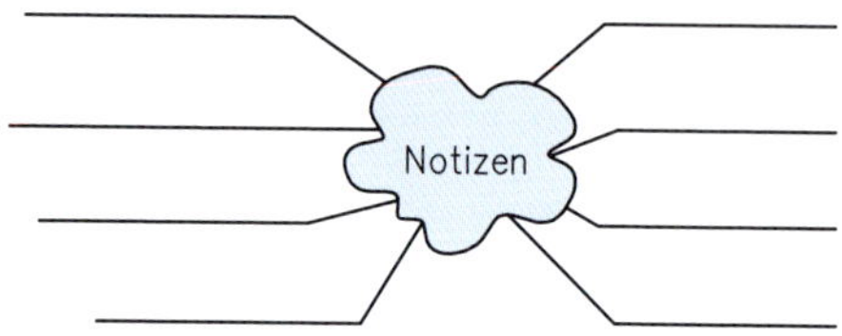

2. Schlüsselwörter finden und aufschreiben

Auf die Hauptäste werden Schlüsselwörter aufgeschrieben. Nur Schlüsselwörter und keine ganzen Sätze oder Satzfragmente verwenden. Schlüsselwörter sind Substantive, Adjektive und Verben.
An einen Hauptast kann auch ein Ast eingezeichnet werden, wenn zum Hauptastbegriff Unterbegriffe entstehen.

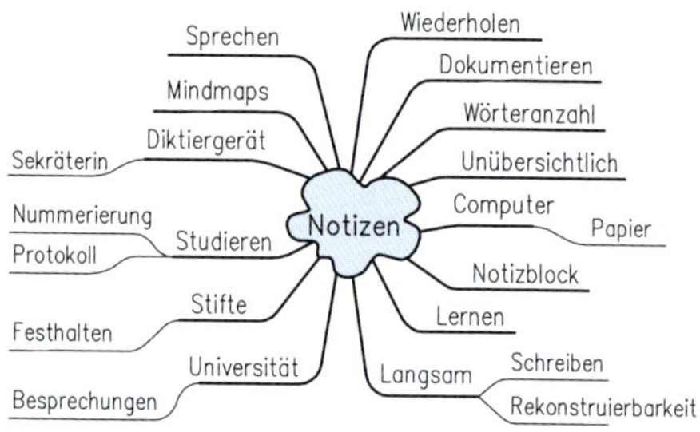

3. Schlüsselbegriffe sortieren

Als Oberbegriffe für Schlüsselwörter eignen sich i. d. R. Zweck, Art, Einsatzgebiet, Probleme, Lösungen, Beispiele usw., um eine Struktur in ein Thema zu bekommen. Hieran werden dann die weiteren Begriffe angehängt und ggf. an diese auch wieder andere Begriffe. Auch die sechs W-Fragen eignen sich als Hauptäste: Was? Wer? Wann? Wo? Warum? Wie?

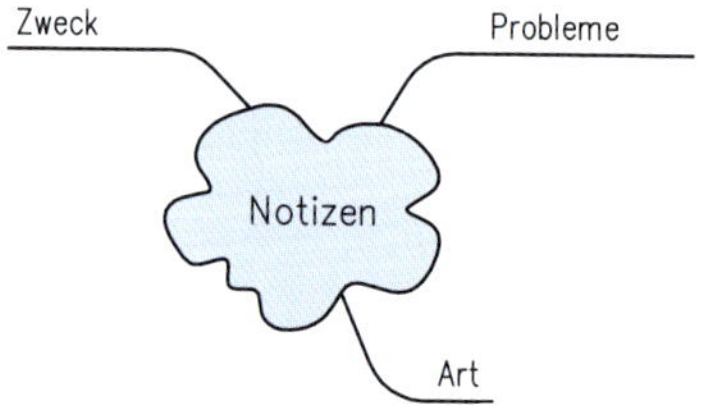

4. Mindmaps verfeinern

Jeder Schlüsselbegriff hat eine ganz eigene Bedeutung. Deshalb sind Schlüsselwörter zu verwenden, die eindeutig und klar zu verstehen sind. Schauen Sie sich Ihre Mindmaps nach ein paar Tagen einmal an und schreiben Sie notfalls einfach ein paar Äste hinzu, mit denen Sie die einzelnen Begriffe verständlicher machen.

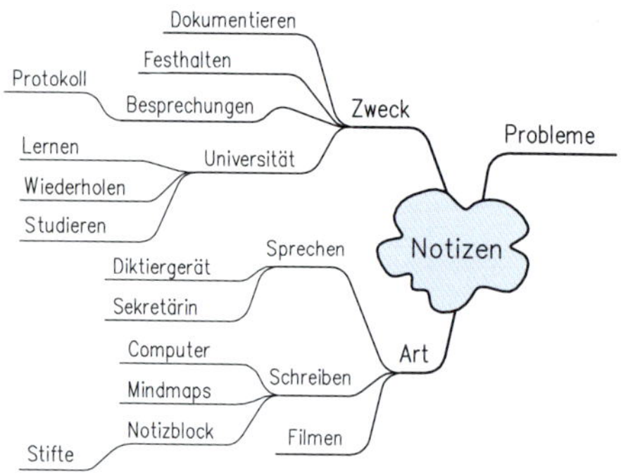

Präsentationen erstellen und durchführen

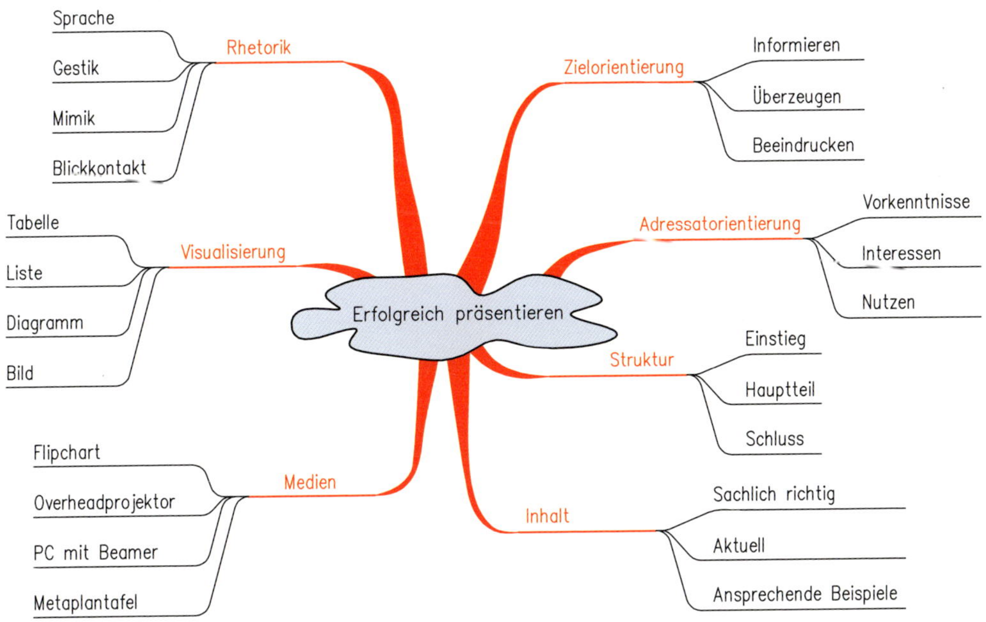

Vorbereitung einer Präsentation

Stufen	Fragen
Zieldefinition	Was will man bei *wem* mit der Präsentation konkret erreichen?
Einschätzung des Publikums	Wer *interessiert* sich wofür?
Aufbau der Präsentation	Welche Informationsblöcke *oder* Argumente werden in welcher Reihenfolge *präsentiert*?
Visualisierung	Welche Inhalte werden mit welchem Medium *visualisiert*?
Medieneinsatz	Wie werden die geplanten Medien *optimal eingesetzt*?
Persönliches Auftreten	Welche rhetorischen Mittel (auch Körpersprache!) werden so genutzt, dass sie die Gestaltung der Präsentation *unterstützen*?
Interaktionsstrategie	Wie *reagiert* man auf Lampenfieber, Nervosität oder auf Fragen bzw. Kritik der Zuhörer?

Präsentationsziele

- Problembewusstsein wecken
- Informieren und erklären
- Akzeptanz schaffen
- Motivieren
- Überzeugen
- Entscheidung herbeiführen/verkaufen

Persönliche Zielsetzungen

- Jeder Aspekt des Verhaltens eines Vortragenden wird – unabhängig vom Inhalt – von den Zuhörern als Signal, als Eindruck aufgenommen.
- Schweigen ist ebenso ein wichtiges Signal wie Sprechen und Aufstehen ebenso wie Sitzenbleiben.

Deshalb:

- Als Vortragender maximal drei Eigenschaften auswählen.
- Auf die Eigenschaften konzentrieren, die in der Persönlichkeit angelegt sind.
- Eigenschaften, die nicht zur Persönlichkeit passen, sollten nicht berücksichtigt werden.
- Hochgesteckte Ziele führen zu Enttäuschungen.
- Zu niedrig angesetzte Ziele vergeuden die Fähigkeiten des Vortragenden.

Konsequenzen gewählter Eindrücke

Kompetent	Gut organisiert	Gut vorbereitet
• Exakte Daten zitieren, verfügbar haben • Verständnisfragen jederzeit zulassen • Komplexe Zusammenhänge skizzieren	• Sitzordnung mit Namensschildern • Ablaufplan zu Beginn bekannt geben • Weniger Punkte, aber diese vollständig behandeln	• Unterlagen, Medien griffbereit und geordnet • Klare Gliederung, roter Faden erkennbar
Dynamisch	**Glaubwürdig**	**Sympathisch**
• Thema im ersten Satz ansprechen • Verstärkt Fragen und Aufforderungen ansetzen • Ideen, Fragen und Anregungen aufgreifen, festhalten, nicht ablenken lassen • Verschiedene Medien einsetzen	• Informationsdichte reduzieren • Transparenz verstärken: zwischendurch zusammenfassen • Geplanter Vortragsinhalt, exakte Daten und genaue Quellen bekannt geben	• Angemessene Kleidung • Freundliche Mimik • Aufrechte und offene Körperhaltung • Blickkontakt zum Publikum • Wertschätzung gegenüber dem Publikum zeigen

Zuhörernutzen

Das Ziel einer Präsentation ist, dass das Publikum aufmerksam zuhört. Dazu muss man wissen, wer zuhört und warum:

Vorteile aus Sicht des Zuhörers	Nachteile aus Sicht des Zuhörers
• Erkennbarer Nutzen • Gute Sicht und Hörverhältnisse • Einfache, leicht verständliche Informationen • Neue, interessante Tatsachen und Gedanken • Mit Fakten untermauerte Aussagen • Fachausdrücke werden erklärt • Übersichtliche Strukturen und Inhaltsangaben • Zusammenfassung/Einstiegshilfen • Klare Entscheidungsgrundlagen, Vorschläge oder • Anweisungen • Wertschätzung/Herzlichkeit • Dialog mit dem Zuhörer	• Fehlender Nutzen • Kein Bezug zu Bedürfnissen • Kleine Schrift, unverständliche Stimme • Komplizierte und mit Details überladene Informationslawinen • Unerhebliche Informationen • Unbewiesene Behauptungen und als Tatsachen hingestellte Meinungen • Fachchinesisch und unverständliche Abkürzungen • Fehlende Gliederung, schwammige Aussagen und Ideen • Schmeichelei und Arroganz • Formelle Höflichkeit/Monologe

Stufenplan zur Aufbereitung von Präsentationen

- **Stoff sammeln und selektieren**
  Nach dem Sammeln und Ordnen möglicher Inhalte werden die relevanten Informationen unter dem Gesichtspunkt des zeitlichen Umfangs der Präsentation selektiert.
- **Stoff komprimieren**
  Beim Komprimieren des Stoffes haben neue Informationen Vorrang vor bereits bekannten, es werden die aussagefähigsten Informationen gewählt und auf das Wesentliche beschränkt.
- **Thema in Stichpunkte gliedern**
  Das Thema wird möglichst exakt in Themenbereiche gegliedert. Den einzelnen Bereichen werden Stichworte zugeordnet, die als „Information" oder „Botschaft" gekennzeichnet werden. Informationen sind reine Fakten; Botschaften sind Schlussfolgerungen, die aus Informationen gezogen werden.
- **Methodik festlegen**
  Es empfiehlt sich, aus einem Monolog einen Dialog zu machen und alle Möglichkeiten der aktiven Beteiligung zu nutzen: Einsatz von Fragetechniken, Anknüpfen an die Erwartungen, Probleme und Vorerfahrungen der Teilnehmer, praxisnahe Beispiele und Vergleiche, Sammeln von Beiträgen und Ideen sowie auflockernde Stimulanzien wie Anekdoten, persönliche Erfahrungen, originelle Zitate oder visuelle Einschübe (Cartoons, Videosequenzen (u. Ä.)) oder Präsentation im Team.
- **Präsentationsformen anhand der Stichpunkte auswählen**
  Vorteile der verbalen Form:
  - Sprache kann begeistern.
  - Sprache erweckt Emotionen.
  - Sprache schafft eine persönliche Bindung.
  - Mit Sprache ist leichter zu überzeugen.
  - Der Präsentierende steht im Mittelpunkt.
  - Sprache kann Botschaften gut vermitteln.

  Vorteile der bildlichen Form:
  - Die bildliche Darstellung ist selbst erklärend.
  - Die Beziehung von Informationen zueinander ist leichter fassbar.
  - Die bildliche Darstellung bleibt besser im Gedächtnis haften.
  - Abläufe und Fakten sind gut darstellbar.
  - Bildliche Formen vermitteln Informationen gut.
- **„Führungsseil" durch die Präsentation erstellen**
  Ist die Vortragsstruktur ausgearbeitet, ist eine Stichwortliste zu erstellen, die als Führungsseil durch die Präsentation dient. Dabei ist zu beachten, dass auch im Notfall (z. B. bei Stromausfall) die Präsentation ohne bildliche Informationsmedien überzeugend durchgeführt werden kann.

Checkliste Einleitung	Checkliste Hauptteil	Checkliste Schluss
Sie wissen, • mit welchen Worten Sie die Präsentation beginnen, • was Sie zur eigenen Person sagen, • wie Sie den Übergang zur Präsentation durchführen, • was Sie zu Anlass, Thema und Zielsetzung sagen, • welche Punkte Sie zum zeitlichen Ablauf nennen, • ob bzw. wie und wann Sie Unterlagen ankündigen und/oder ausgeben und • wie Sie die Aufmerksamkeit und die Bereitschaft der Teilnehmer zum Zuhören wecken.	Sie wissen, • mit welchen Fragen Sie den Stoff gliedern und ob die Gliederung nachvollziehbar und verständlich ist, • welche Präsentationsformen (verbale, visuelle) Sie einsetzen, um die Aufmerksamkeit der Teilnehmer aufrechtzuerhalten, • wann Sie Informationsmedien einsetzen und wie Sie ausreichend Zeit für die Visualisierung berücksichtigen und • in welche Abschnitte Sie den Stoff gegliedert haben, um Pausen einzulegen.	Sie wissen, • wie Sie das Ziel Ihrer Präsentation „packend" zusammenfassen, • wie viel Zeit Sie für eine Diskussion einräumen wollen und/oder können, • wer zu Ihrer Entlastung die Diskussionsleitung übernimmt, • mit welchen Worten Sie die Diskussion eröffnen und wie Sie ggf. den Diskussionsleiter vorstellen, • mit welchen Argumenten Sie rechnen müssen und wie Sie ihnen begegnen und • wie Sie sich verabschieden.

Grobstruktur der Präsentation

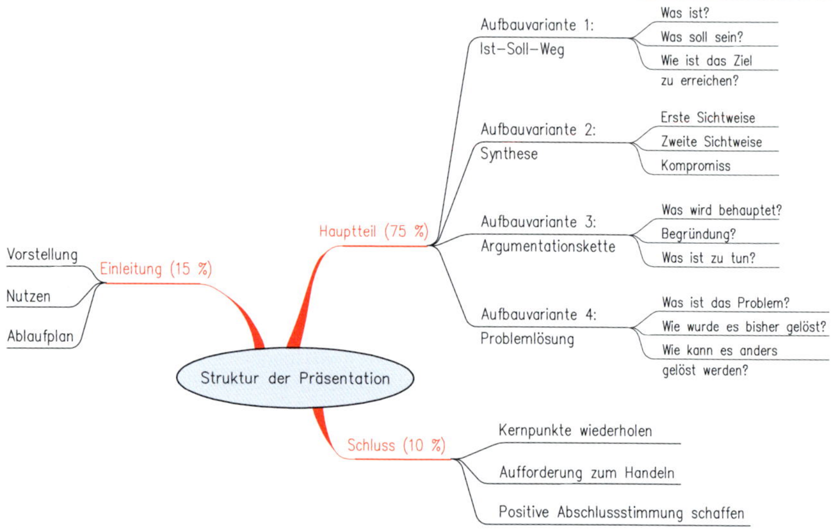

Visualisierung

Ziele

- Die Aufmerksamkeit der Empfänger konzentrieren
- Die Betrachter einbeziehen
- Den Redeaufwand verkürzen
- Aussagestarke Bilder reduzieren längere Aussagen auf eine kurze, einprägsame Art.
- Dem Publikum Orientierungshilfen geben
- Informationen leichter erfassbar machen
- Unterschiedliche Lerntypen ansprechen
- Die optische Gestaltung einer Präsentation führt bei den Teilnehmern zu einer erhöhten Behaltens- und Lernrate, zusätzlich wird die Neugier geweckt.

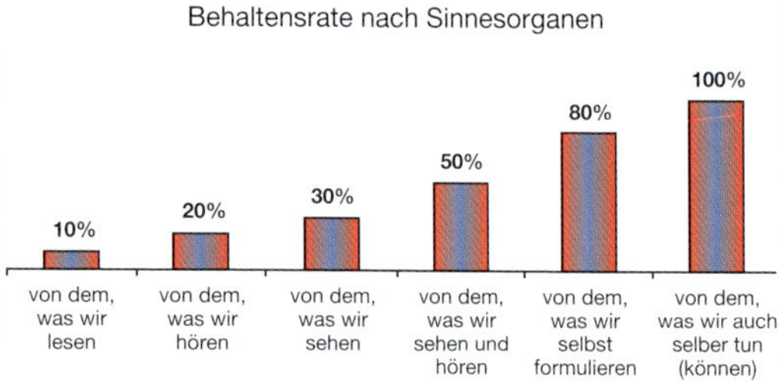

Vorteile

- Visualisierte Aussagen erleichtern die Interpretation.
- Probleme können konkreter diskutiert und alle Teilnehmer auf einen Punkt konzentriert werden.
- Die Visualisierung zwingt den Vortragenden zu einer Selektion zwischen wesentlichen und unwesentlichen Informationen.
- Die Aufnahmekapazität der Teilnehmer wird nicht überfordert.
- Verbal schwer zu erklärende Sachverhalte sind durch die Unterstützung der Visualisierung leichter zu vermitteln.
- Informationsgefälle lassen sich einfacher ausgleichen.
- Ergebnisse und Aussagen werden für alle sichtbar und sofort dargestellt und festgehalten.
- Es ergeben sich keine nachträglichen Schwierigkeiten bei Zusammenfassungen, Dokumentationen, Informationsweitergaben und Interpretationen.
- Teilnehmer identifizieren sich mit dem Ergebnis: Alle sehen ihren Beitrag und die Entstehung der Ergebnisse.

Zusammenfassung

Visualisierung soll:

- Den Zugriff zu bereits gesammelten Gedanken und Ideen erleichtern
- Den Umfang der Gedankenäußerungen erkennen lassen
- Die Variation verschiedener Gedanken bewusst machen
- Die Einprägsamkeit (das Behalten) verbessern
- Verknüpfungspunkte zwischen den einzelnen Gedanken erkennbar machen
- Assoziationen auslösen

Präsentationsmedien

Vorteile	Medium	Nachteile
• Geeignet für Präsentationen vor großen Gruppen (bis zu 200 Personen) • Einfache Herstellung und Handhabung von Folien • Relativ einfache Technik • Blickkontakt mit den Zuhörern möglich • Folien können vorbereitet werden • Integration von Bildern, Grafiken, Diagrammen • Wiederverwendung von Folien • Transportierbar und im Raum flexibel aufstellbar • Schnelle und leichte Herstellung von Folien	OH-Projektor	• Ergänzungen nur bedingt möglich • Stromanschluss notwendig • Projektionsfläche notwendig • Nur eine Folie und nur für die Dauer der Projektion sichtbar • Tücken der Technik • Geeignete weiße Projektionsfläche oder Leinwand muss vorhanden sein. • U. U. störende Nebengeräusche • Tendenz, zu viele Folien einzusetzen • Je nach Lichtstärke Verdunkelungsproblem • Folien und Folienschreiber ökologisch nicht unbedenklich
• Geeignet für 3 bis 30 Zuhörer • Zuhörerbeteiligung möglich • Besonders geeignet für Kernaussagen, Übersichten, Teilnehmerbeiträge, Entwickeln von Gedanken • Einfache Handhabung und Technik • Blätter können vorbereitet werden • Spontane Ideen sind einfacher umsetzbar • Flexibler Einsatz möglich • Bereits präsentierte Blätter können für alle sichtbar an die Wand geheftet werden. • Transportierbar und im Raum flexibel aufstellbar	Flipchart	• Verlust des Blickkontakts beim Schreiben • Übung notwendig (Schrift) • Begrenzte Teilnehmerzahl, da Lesbarkeit begrenzt • Relativ kleine Fläche zum Beschriften (nicht für sehr große Räume geeignet) • Bilder und Grafiken nur bedingt darstellbar • Keine Überraschungseffekte möglich • Vergleichsweise teures Papier • Relativ kleine Fläche zum Beschriften • Beschränkt wiederverwendbar • Dokumentation und Speichern der Ergebnisse aufwendig
• Schrittweiser Infoaufbau möglich • Komplexe Strukturen und Abläufe sind darstellbar • Komplexe Zusammenhänge abbildbar • Überschaubarkeit, Ordnung • Flexibles Umhängen von Infos möglich • Infos sichtbar und bearbeitbar • Starke Einbindung der Teilnehmenden • Spontan einsetzbar • Wenig technischer Aufwand • Publikumsbeteiligung möglich • Kreativitätsfördernd • Hoher Anspruch an den Moderator	Pinnwand	• Verlust des Blickkontakts beim Anheften • Übung notwendig (Schrift) • Begrenzte Teilnehmerzahl (20 bis 30 Personen), da Lesbarkeit begrenzt • Relativ hoher Materialaufwand (Kärtchen, Nadeln) • Bilder und Grafiken nur bedingt darstellbar • Keine Überraschungseffekte möglich • Vergleichsweise teures Papier • Beschränkt wiederverwendbar • Dokumentation und Speichern der Ergebnisse aufwendig • Unübersichtlich, keine Effekte
• Für kleine bis sehr großen Gruppen einsetzbar • Vorbereitung problemlos möglich • Hoher Grad an Anschaulichkeit • Blickkontakt mit den Zuhörenden möglich • Viele Effekte möglich • Möglichkeit zur Entwicklung von Sinnzusammenhängen • Ergänzungen jederzeit ohne Aufwand möglich • Wiederverwendung von vorbereiteten Dateien möglich • Überraschungseffekte möglich • Medienmix und entsprechende Gestaltungsmöglichkeiten • Vielfältige Aufbereitung von audiovisuellen Daten, Bildern, Diagrammen, Videos, Klängen … • Einsatz multimedialer Präsentationsprogramme (z. B. PowerPoint möglich) • Je nach Lichtstärke auch in größeren Räumen einsetzbar • Transportierbar und im Raum flexibel aufstellbar	Laptop & Beamer	• Technisches Wissen notwendig • Gefahr von Effekthascherei • Hohe Anschaffungskosten • Vorbereitungszeit evtl. größer • Anspruch an den Umgang mit der Technik größer • Gefahr, dass zu viele technische Einlagen und Möglichkeiten vom eigentlichen Ziel abhalten (Show anstatt Inhalt) • Weiße Projektionsfläche oder Leinwand erforderlich • Je nach Lichtstärke Verdunkelungsproblem

Foliengestaltung

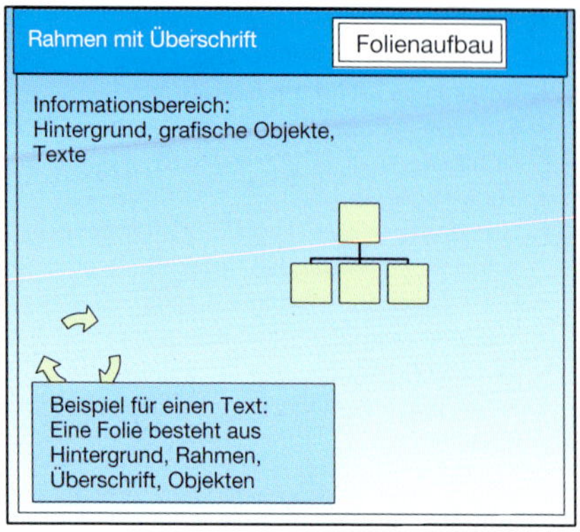

Folien erfüllen unterschiedliche Aufgaben:
- Nachrichten oder Informationen vermitteln
- Aufmerksamkeit steuern
- Vortragsthema und -struktur ankündigen
- Notizen für den Vortragenden bereitstellen

Regeln:
- Das „Wichtigste“ in der linken oberen Ecke und der rechten unteren Ecke platzieren!
- Visuelle Informationen entsprechend der Blickrichtung beim Lesen anordnen: von links oben nach rechts unten!

Folientitel:
- Immer verwenden, da die Aussage einer Folie unmissverständlich dokumentiert wird
- Stichworte oder Satz, der die Aussage der Folie zusammenfasst
- Linke obere Ecke als bevorzugte Position

Informationsbereich

- Maximal 50% der Fläche für die Informationsdarstellung nutzen; der Rest bleibt leer und zeigt nur den Folienhintergrund an.
- Minimalprinzip: Nur die relevanten Informationen ohne schmückendes Beiwerk darstellen.
- Höchstens 10–20 % der Gesamtinformation z. B. mit Fettdruck oder Farbkontrasten hervorheben.

Rahmengestaltung

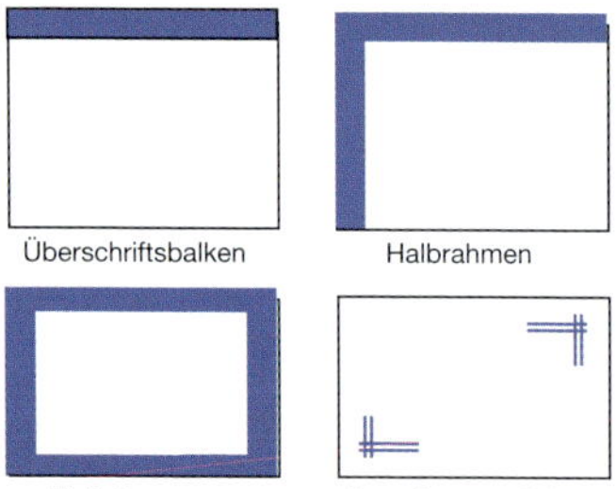

Der Folienrahmen
- gliedert die Folie in einen Teil mit mehr organisatorischen Angaben und den eigentlichen Informationsbereich;
- beinhaltet Überschrift bzw. Folientitel, Firmenlogo, Name des Autors, Foliennummer, ggf. das Datum und Name der Präsentation;
- kann beliebig gestaltet werden.
- Häufig wird ein Überschriftsbalken oder ein Halbrahmen verwendet.
- Minimalprinzip: Auf einen Folienrahmen wird ganz verzichtet, um die grafischen Gestaltungsmöglichkeiten einer Folie durch Platzmangel nicht einzuschränken (Ausnahme Folientitel).

Textgestaltung

- Texte müssen einen maximalen Kontrast zu ihrer Umgebung erhalten. Erreichen lässt sich das durch Verwendung dunkler Zeichen auf hellem Grund.
- Texte immer mit geometrischen Figuren wie Rechtecken, Ellipsen usw. rahmen, soweit sie nicht als Beschriftung von grafischen Objekten verwendet werden.
- „Textfiguren“ mit Pfeilen und Linien verbinden, um Zusammenhänge gut verständlich aufzeigen zu können.

Regeln der Textvisualisierung

- Nur die wichtigsten Kernaussagen visualisieren!
- Einfache und verständliche Formulierungen verwenden!
- Nicht in Prosa, sondern in Stichwörtern formulieren!
- Maximal zwei verschiedene Schriftarten verwenden!
- Auf gute Lesbarkeit achten; doppelten Zeilenabstand wählen!
- Groß- und Kleinbuchstaben benutzen!
- Bei der Erstellung von Hand Druckschrift verwenden, nicht Handschrift!
- Einfache Schrifttypen wählen!

Verständlichmacher anbieten

- **Einfachheit:** Geläufige Wörter verwenden. Kurze Sätze bilden. Bei Nichtfachleuten oder heterogenen Gruppen Spezialwissen oder Detailinformationen sparsam einsetzen.
- **Gliederung/Ordnung:** Überschriften und Zwischenüberschriften verwenden. Optische Blöcke bilden.
- **Kürze/Prägnanz:** Aussagen auf das Wesentliche beschränken.
- **Zusätzliche Stimuli:** Farben nutzen. Beispiele geben, neben dem geschriebenen Wort Skizzen/Symbole anbieten.

Schriftarten

- Leicht lesbare Schriften für den Fließtext wie Arial, Times New Roman oder Verdana verwenden.
- Textformatierungen wie kursiv, fett, unterstrichen, schattiert usw. sparsam und gezielt einsetzen.
- Zu viele Gestaltungselemente mit unterschiedlichen Funktionen irritieren und lenken ab.

Schriftgröße

Abstand von der Projektionsfläche:	Mindesthöhe der Buchstaben auf der Folie:
bis 10 m	5 mm
10–15 m	10 mm
15–20 m	15 mm
20–25 m	20 mm

Gestaltungshinweise

Pro Folie:
- Eine Überschrift
- Nur einen Sachverhalt darstellen
- Max. sieben Gliederungspunkte
- Max. sechs bis acht Zeilen/**drei** Farben
- Max. 50 Worte
- Prägnante Begriffe verwenden
- Kurze Sätze verwenden
- Schlüsselworte statt Sätze
- Zahlen runden/max. 30 Zahlen

Farbwahl

Farben zielgerichtet einsetzen, um
- wichtige Inhalte hervorzuheben
- Zusammenhänge und Zusammengehörendes zu verdeutlichen.
- Wiederkehrende Elemente zu kennzeichnen
- Emotionen zu wecken
- Das Interesse zu steigern

Farbkontraste erzeugen

Gewichtskontrast	Gegenüberstellung von dunklen und hellen Farben. Unterschiedliche Größenverhältnisse werden durch farblichen Eindruck verstärkt.
Simultankontrast	Unterschiedliche Wirkung von Farben vor einem dunklen bzw. hellen Hintergrund. Zunächst die Hintergrundfarbe wählen und erst danach die Folienobjekte einfärben.

Unterschiede bei Nah- und Fernmedien

OH-Projektor	Fernmedien	Handzettel
Helle Hintergründe und dunkle Schriften	Kräftige Farben und starke Kontraste	Sparsame und dezente Farben und Kontraste

Farbwirkung

Weiß	Steht für Klarheit, Einfachheit, Neues
Blau	Wirkt seriös; eignet sich, um Fakten zu präsentieren und zu erläutern
Grün	Wirkt ausgleichend; Visualisierung von Erkenntnissen aus Konflikten
Gelb	Sanft-reizende Farbe; fördert die Kreativität; geeignet zur Ideenfindung
Orange	Freudig-anregende Farbe; kann ähnlich wie das Gelb eingesetzt werden
Rot	Steht für Gefahr; geeignet zur Darstellung von Konflikten und Regeln
Braun	Erscheint warm und kontaktfreudig

Lesbarkeit

Sehr gut		Gut		Mäßig gut	
Hintergrund	Schrift	Hintergrund	Schrift	Hintergrund	Schrift
Weiß	Schwarz	Schwarz	Gelb	Grün	Weiß
Weiß	Grün	Blau	Weiß	Gelb	Rot
Gelb	Schwarz	Weiß	Blau	Rot	Weiß
Weiß	Rot			Blau	Schwarz

Gestaltungselement „Freie Grafik und Symbole"

Dieses Gestaltungselement ist dem Verständlichmacher „zusätzliche Stimuli" zuzuordnen. Beim Einsatz von Pinnwänden bieten sich für die freie Grafik geometrisch geformte Materialien wie Rechtecke, Kreise oder Ovale an, die durch unterschiedliche Farben geeignete Gestaltungselemente sind.

Freie Grafik	Standardisierte Symbole	Nicht standardisierte Symbole
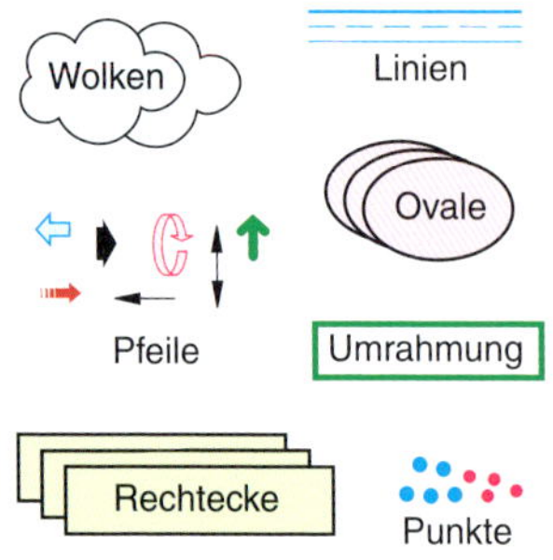		

Aufgabe	Grafische Umsetzung
• Verfahrensbeschreibung	⇒ Technologieschema/Wirkschaltplan
• Beschreibung zeitlicher Abläufe	⇒ Terminplan/Ablaufplan
• Standortbeschreibung	⇒ Lageplan/Fotomontage
• Räumliche Zusammenhänge	⇒ Modifizierter Lageplan/Fotomontage
• Handlungsanweisung	⇒ Schlagwortartige Prioritätenliste
• Beschreibung von Alternativen	⇒ Schematische Darstellung/Tabelle mit charakteristischen Daten
• Wertetabellen	⇒ Geeignete Diagramme
• Technische Zeichnung	⇒ Grund-, Verfahrensfließbild
• Abhängigkeiten	⇒ Wirkschaltplan
• Beschreibung von Hierarchien	⇒ Organigramm
• Beschreibungen von Randbedingungen/Voraussetzungen/Grundlagen	⇒ Strukturierte Auflistung
• Bewertung von Alternativen	⇒ Tabelle mit Bewertungskriterien (+/–)
• Ergebnisbeschreibung	⇒ Auflistung von Schlagworten

Gestaltungselement „Diagramm"

Häufige Fehler in der Praxis:

- Zahlenfriedhöfe, zu viele Informationen oder Details, die den Zuhörer überfordern
- Unverständliche Überschrift, kein einheitlicher Aufbau, Kernaussagen nicht erkennbar
- Farblos-nüchterne Darstellung oder zu „laute" und zu viele Farben
- Wechselnde Formate und Schriften; zu geringer Kontrast zwischen Schrift und Hintergrund

Liste und Tabelle	Zweck	Gestaltung
Wichtige Themen: 1. .... 2. .... 3. .... U in V | I in mA 10 | 1 15 | 1,5 20 | 2 . | . . | . . | .	• Daten oder Begriffe auflisten • Zahlen- oder Wertezusammenhänge transparent machen • Zahlen oder Werte gegenüberstellen	• Tabelle nicht übernehmen, sondern bedarfsorientiert mit Überschrift erstellen • Das Wichtigste z. B. durch Umrahmung hervorheben; nicht zu viele Details • Bei vielen Spalten/Zeilen diese evtl. nummerieren • (Spalten-)Überschriften für sich sprechen lassen und z. B. durch dicke Trennstriche optisch abheben • Beschriftungen nur horizontal anordnen

Diagramme

<table>
<tr><th>Kurvendiagramm</th><th>Zweck</th><th>Gestaltung</th></tr>
<tr><td>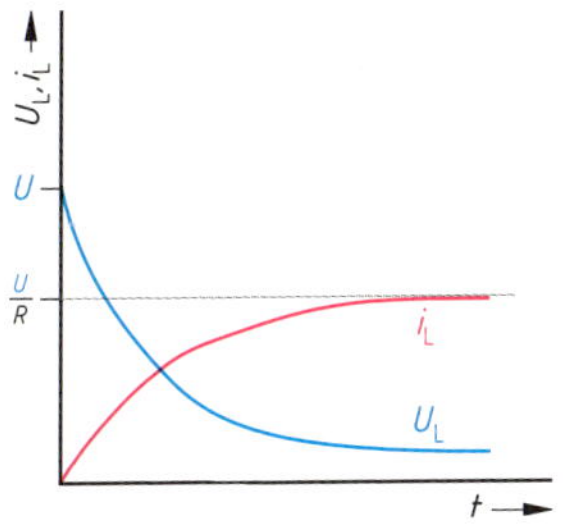
</td><td>• Aufzeigen von Entwicklungsverläufen
• Vergleichende Darstellung von Prozessen
• Aufzeigen von qualitativen Zusammenhängen</td><td>• Höchstens drei bis vier Kurven je Darstellung
• Jede Achse klar bezeichnen
• Die Ordinate (vertikale Achse) dient zur Darstellung der abhängigen Größe.
• Bei mehreren Kurven unterschiedliche Linien bzw. Farben verwenden
• Bei mehreren Kurven jede bezeichnen
• Die beabsichtigte Aussage z. B. durch Schraffur hervorheben</td></tr>
<tr><th>Säulendiagramm</th><th>Zweck</th><th>Gestaltung</th></tr>
<tr><td>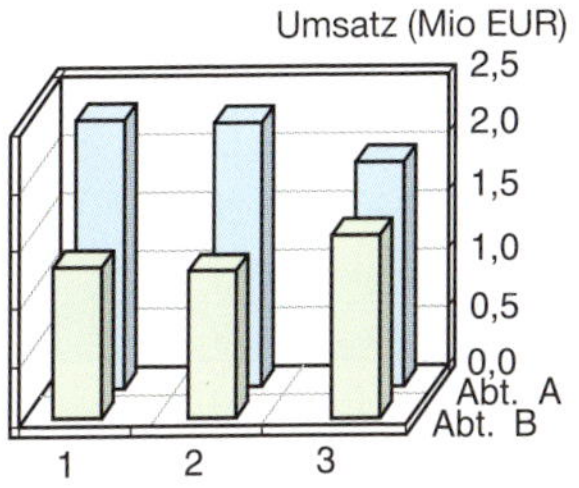
</td><td>• Darstellen von zwei oder mehreren Größen im Vergleich
• Darstellen von absoluten Zahlen/Werten, nicht von Verläufen</td><td>• Durch „richtige" Achseneinteilung gewünschte Aussage verdeutlichen
• Strichstärke von Nulllinien als optischen Ausgangspunkt beachten
• Nulllinien beschriften und skalieren
• Säulen in gleicher Breite darstellen und beschriften
• Als Abstand zwischen den Balken max. eine Balkenbreite wählen</td></tr>
<tr><th>Balkendiagramm</th><th>Zweck</th><th>Gestaltung</th></tr>
<tr><td>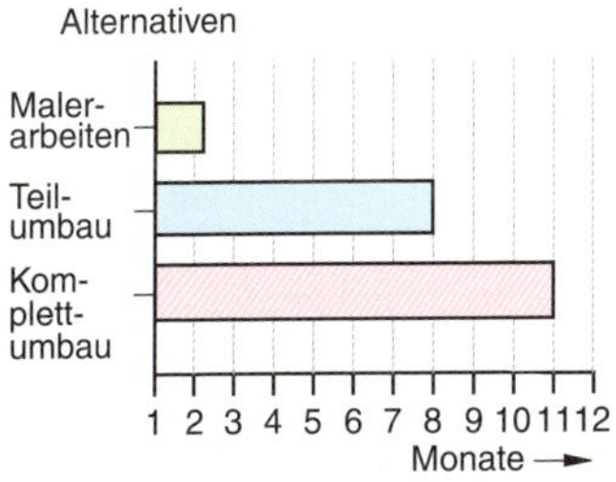
</td><td>• Darstellen von zwei oder mehreren Größen im Vergleich
• Darstellen von absoluten Zahlen/Werten, nicht von Verläufen</td><td>• Höchstens vier Balken pro Darstellung
• Strichstärke von Nulllinien als optischer Ausgangspunkt dicker als die Säulen
• Balken in gleicher Breite darstellen
• Die Balken sind zu beschriften</td></tr>
<tr><th>Kreis- und Tortendiagramm</th><th>Zweck</th><th>Gestaltung</th></tr>
<tr><td>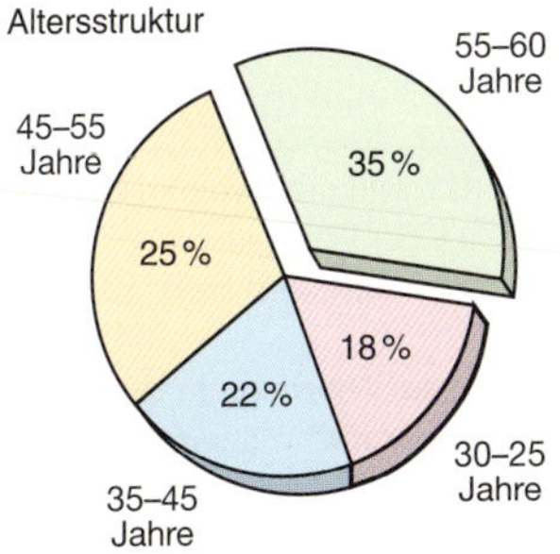
</td><td>• Darstellung des Gesamten und seiner Teile</td><td>• Maximal 7 Segmente je Diagramm
• Nicht zu kleine Teilmengen wählen; ggf. „Sammeleinheiten" bilden
• Größtes Segment rechts oben im Bild oder der Größe nach im Uhrzeigersinn anordnen
• Stärkste Kontrastfarbe für das wichtigste Segment (z. B. Gelb auf Dunkelblau)
• Teilmengen optisch klar trennen
• Beschriftungen im oder außerhalb des Segments möglich</td></tr>
</table>

Diagramme

Ablauf- und Aufbaudiagramme

Organigramm

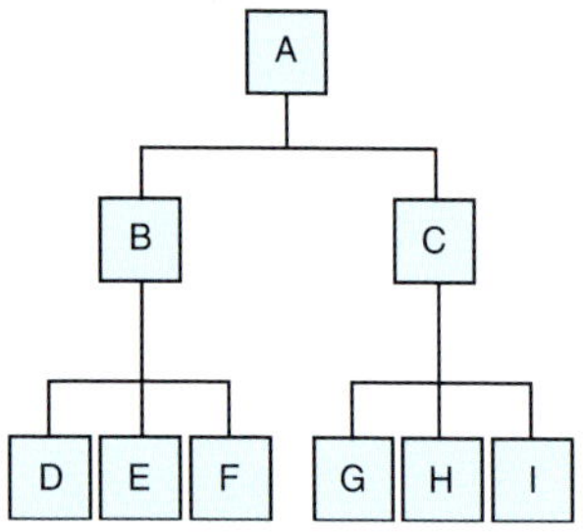

Aufbaudiagramm

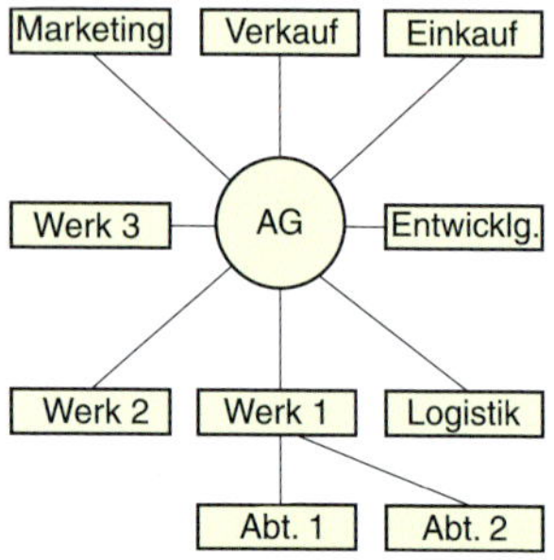

Netzplan

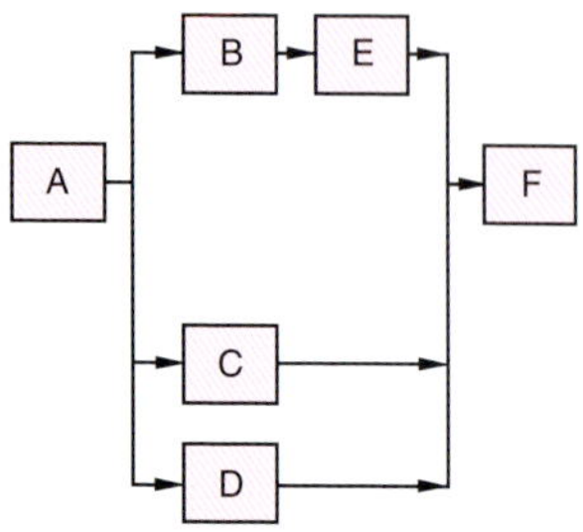

Zweck

- Strukturen oder Aufgabenverteilungen darstellen
- Zeitliche oder logische Folgen (auch parallele) beschreiben
- Komplexe Zusammenhänge wiedergeben

Gestaltung

- Einfache oder genormte Symbole verwenden (z. B. Pfeile, Kästchen, Kennzeichen elektrischer Betriebsmittel, EDV-Symbole)
- Durch Lage, Strichstärken oder Schraffur der Symbole Aufgabe oder Hierarchie kennzeichnen

Gestaltung von Charts

Um eine sinnvolle Struktur der Darstellung zu erzielen, ist die Blattaufteilung zu bedenken. Es gilt:

- Höhe und/oder Breite eines Charts gedanklich halbieren oder dritteln
- Etwa 30 % der Fläche sollte frei bleiben.
- Die Anordnung der Elemente sollte die logische Struktur widerspiegeln.
- Farben und Formen sollen Informationen hervorheben, Zusammenhänge verdeutlichen, Querverweise zwischen mehreren Charts herstellen und miteinander verbinden.

Anordnung und Logik

Reihung

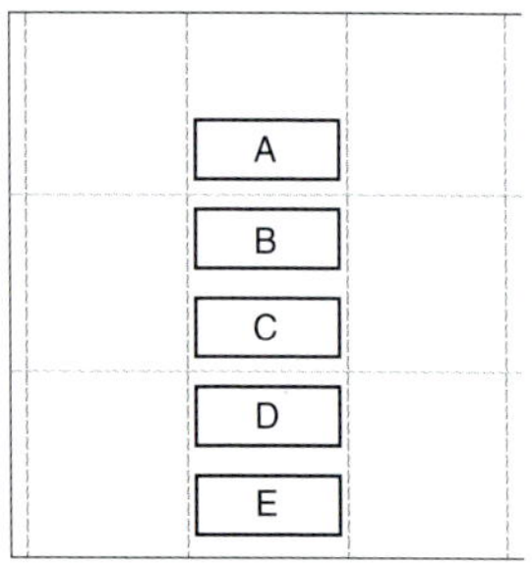

Dynamik

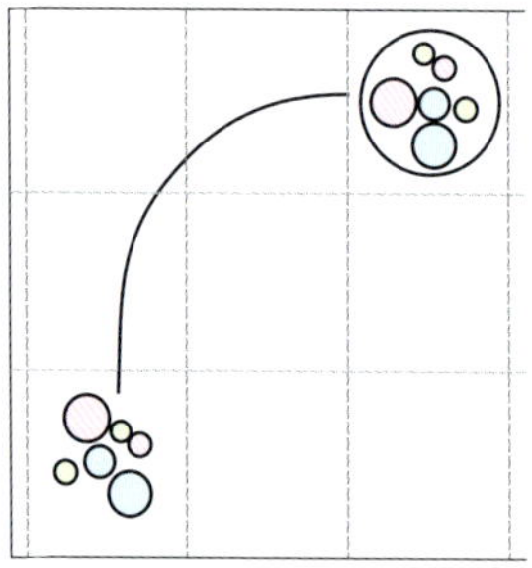

Farben und Formen

Betonung

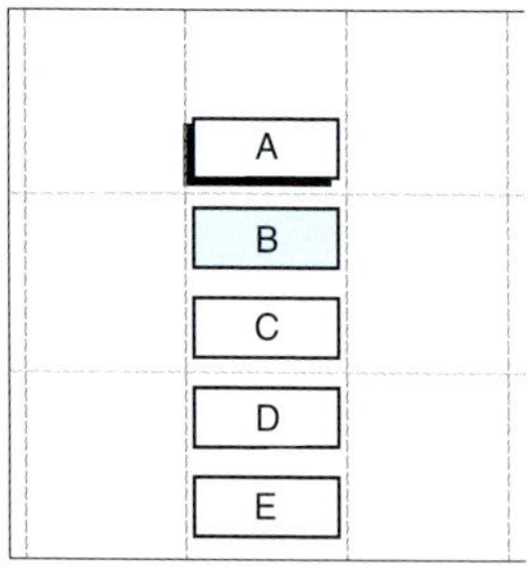

Tipps zur Gestaltung

- Maximal drei Farben zur Gestaltung verwenden
- Farben zum Hervorheben oder Unterscheiden benutzen
- Klare, selbst erklärende Bilder, Grafiken oder Diagramme verwenden, Sinneinheiten durch Blöcke schaffen
- Keine Abkürzung verwenden, wenn diese nicht allen bekannt ist; besser alles ausschreiben
- Charts zweimal erstellen, wenn sie zweimal benötigt werden
- Jedes Chart zum leichteren Sortieren bzw. als Diskussionsreferenz beziffern
- Freiflächen als stimulierende Wirkung mit dem Gestaltungselement „freie Grafik" nutzen
- Keine Darstellung muss perfekt sein; Perfektion schafft Distanz.

Grundregeln für einen Vortrag

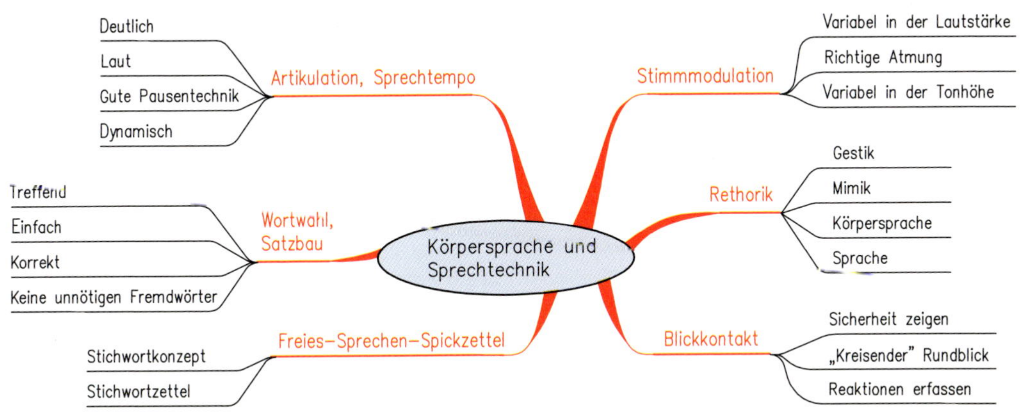

Regel	Erläuterungen, Hinweise
Finden Sie einen erfolgversprechenden Anfang!	Der erste Satz eines Vortrages ist der zweitwichtigste – der wichtigste ist der letzte. Ein guter Anfang ist ein „Vorteilsversprechen" vorab: Was werden die Teilnehmer davon haben, Ihnen jetzt zuzuhören? Weitere Möglichkeiten sind rhetorische Fragen, um Kontakt zu den Teilnehmern herzustellen, Interesse zu wecken oder die Atmosphäre und die Erwartungshaltung zu erkunden oder „mit der Tür ins Haus fallen", ein Scherz, eine Anekdote, ein Zitat, eine Episode usw., die Neugier wecken.
Beherrschen Sie Ihre sprachlichen Ausdrucksmittel!	Bilden Sie kurze Hauptsätze und vermeiden Sie nach Möglichkeit zu lange Wörter, Nebensätze, Passivformen und Modewörter: „Das ist echt nicht gut." Die Verwendung von Konjunktiven („Ich würde sagen, dass ...") wirkt unentschlossen.
Setzen Sie Empathie und Projektion ein!	Beziehen Sie die Teilnehmer in Ihren Vortrag mit ein: Ersetzen Sie das unpersönliche Wort „man" durch das persönliche „Sie". Vermeiden Sie das Wort „ich". Überzeugen können Sie nur mit „Sie", „Ihr" oder „wir" und „uns".
Achten Sie auf Ihre Sprechweise!	Sprechen Sie nicht zu schnell und ohne Pause. Sie können kaum zu langsam, aber immer zu schnell sprechen: Je mehr Teilnehmer Sie haben, desto langsamer sollte Ihre Sprechweise werden. Arbeiten Sie mit Sprechpausen – geben Sie Zeit zum Nachdenken, für Dynamik und Augenkontakt.
Halten Sie Blickkontakt!	Schauen Sie Ihrem Gesprächspartner unbedingt ins Gesicht. Nur so strahlen Sie Sicherheit und Überzeugungskraft aus. Wenden Sie sich immer mit wechselnden Blickkontakten zum Publikum hin.
Achten Sie auf eine stimmige Körpersprache!	Unterstützen Sie Ihre Ausführungen mit reger, jedoch nicht übertriebener Körpersprache. Die „Sprache" der Hände spielt hierbei eine wichtige Rolle: Sie verstärkt Botschaften und verleiht Ihnen Überzeugungskraft.
Machen Sie aus Ihren Zuhörern Teilnehmer!	Wenn Sie behaupten – oder gar belehren – bieten Sie sehr viele Angriffsflächen. Stellen Sie keine geschlossenen Fragen, die sich mit einem Wort (ja, nein, vielleicht usw.) beantworten lassen. Nur mit offenen Fragen, z.B. „Wie stehen Sie dazu?", gelingt es Ihnen, Zuhörer einzubeziehen. Stellen Sie Fragen mit wann, wie, wo, welche.
Verschaffen Sie sich einen starken Abgang!	Ein schlechter Schluss macht die beste Präsentation kaputt, während eine mittelmäßige Präsentation mit einem guten Schluss gerettet werden kann. Auch hier ist wichtig, nicht zu zeigen, was Sie können oder leisten können, sondern nur, was die Teilnehmer interessiert. Stellen Sie die Sache in den Vordergrund.

Präsentationen durchführen

Die Organisation

Zur Präsentation gehört ein sorgfältig zu gestaltendes Umfeld; eine schlechte Organisation kann eine Präsentation zum Scheitern bringen. Bei der Organisation sind zu beachten:

- Ort/Raum/Mediengeräte
- Zeitpunkt/Zeitraum/Pausen
- Einladung
- Unterlagen für die Teilnehmer

Checkliste Ort/Raum

Sie wissen,
- dass der gewählte Ort zentral liegt und gut erreichbar ist,
- dass der Präsentationsraum frei ist,
- wer ggf. für die Reservierung zuständig ist,
- ob eine Klimaanlage vorhanden ist, kein Verkehrs- oder Baulärm auftritt, die Präsentation durch ein Telefon nicht gestört wird,
- ob der Weg zum Raum gut beschildert ist; wenn nicht, wer verantwortlich ist und
- wie die Sitzordnung ist.

Die U-Form
- Persönliche Atmosphäre, da jeder jeden sehen kann
- Leichterer Einstieg in eine aktive Diskussion
- Geeignet für kleine Gruppen

Die parlamentarische Form
- Platzsparende Anordnung von Stühlen/Tischen
- Erschwerter Einstieg in eine Diskussion
- Geeignet für große Gruppen

Checkliste Mediengeräte

Sie wissen,
- dass alle erforderlichen Geräte und technischen Hilfsmittel vorhanden und funktionsfähig sind,
- wie die Mediengeräte bedient werden und wer bei Defekten Ansprechpartner ist,
- ob ausreichend Packpapier, Folien, Karten oder Stifte zur Verfügung stehen,
- wo sie einen Kopierer benutzen können und
- wie ggf. die Lautstärke einer Akustikanlage geregelt wird.

Checkliste Zeitpunkt/Zeitraum

Sie wissen,
- wann die Präsentation stattfinden soll,
- dass alle Teilnehmer ausreichend Zeit haben, die Teilnahme einzuplanen,
- dass aufgrund der Aufnahmefähigkeit ein Vortrag nicht länger als 20 Minuten dauert und danach von einer Diskussion von 10 bis 15 Minuten unterbrochen wird und
- dass nach spätestens 45 Minuten eine Pause eingelegt wird und wann/wo Getränke/Mahlzeiten gereicht werden.

Checkliste Einladung

Sie wissen, dass die Einladung folgende Punkte umfasst:
- Das Thema der Präsentation
- Den Ort
- Den Raum
- Den Zeitpunkt
- Die Zeitdauer
- Den Präsentator, ggf. die Präsentatoren
- Den Ansprechpartner bei Rückfragen

Checkliste Unterlagen

Sie wissen,
- ob Sie das Dokumentationsmaterial vor oder nach der Präsentation verteilen,
- dass am Anfang verteilte Unterlagen ablenken, die Teilnehmer blättern und den Kontakt zum Vortragenden verlieren (wenn sie dennoch verteilt werden, müssen sie chronologisch exakt der Präsentation entsprechen) und
- dass man nicht am Ende ergänzende Notizen verteilt.

„Was bei Präsentationen vermieden werden sollte“

- Beim Sprechen vom Publikum abwenden
- Unmoduliertes Sprechen in immer gleicher Tonlage
- Mit dem Rücken zum Publikum stehen
- Unruhiges Herumlaufen
- Von Folien ablesen und sich dabei vom Publikum abwenden
- Zu viele Folien oder Folienteile verdecken
- Folien zu kurz/zu lang auflegen
- Folien neu sortieren bzw. aus einer größeren Anzahl suchen
- Nach Auflegen der neuen Folie jedes Mal zur Wand schauen
- Eine Hand/beide Hände in den Hosentaschen halten
- Gegenstände oder Muster herumreichen, die ablenken
- Mit dem Zeigestock fuchteln

Präsentationen durchführen

Tipps zur Durchführung

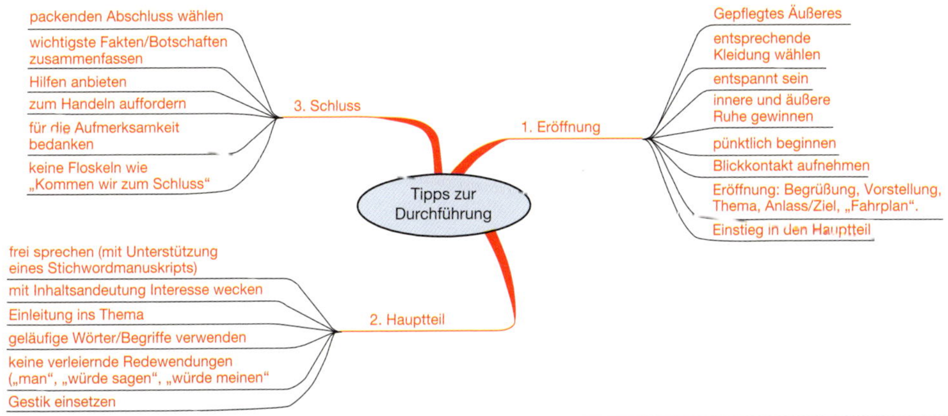

Umgang mit schwierigen Situationen

Zwischenfragen

Zwischenfragen sind im Gegensatz zu Zwischenrufen meist nicht aggressiv, sondern eher neutral, skeptisch oder kritisch. Folgende Möglichkeiten gibt es, mit ihnen umzugehen:

- **Lobend**
  „Ihre Frage ist so wichtig, dass ich gleich darauf eingehe.“
- **Aufschiebend**
  „Vielen Dank! Ich werde im Verlauf meines Vortrags auf diesen Punkt noch näher eingehen.“ „Ihre Anmerkung ist ausgezeichnet, aber haben Sie noch Geduld bis zur anschließenden Diskussion.“
- **Tadelnd**
  „Bedaure, aber ihre Bemerkung ist hier fehl am Platz.“

Verbale Angriffe

Angriffe sind häufig unsachlich und auch destruktiv gemeint.

Zur Abwehr gibt es die folgenden Möglichkeiten:

- Aufdecken von falschen Aussagen des Kontrahenten
- Nachgeben in einem unwichtigen Punkt, um in einem wichtigen Punkt unnachgiebig sein zu können
- Nicht gleich hinreißen lassen vom Kontrahenten
- Bei starken Gegenbeweisen die Folgen betonen
- Schwache Argumente des Kontrahenten hervorheben
- Den Kontrahenten aus seiner Anonymität herausheben
- Angriff als sachlichen Einwurf behandeln

Einwandsbehandlung

- Einwände sind der Versuch des Publikums, der Argumentation des Vortragenden/der Vortragenden zu widersprechen.
- Im Allgemeinen sind sie ernsthaft und sachlich gemeint und daher eine echte Auseinandersetzung mit dem Stoff.
- Mit Einwänden kann man auf verschiedene Arten umgehen:

Eigene Unsicherheit

Der Faden reißt.	Ein Wort fällt nicht ein.	Lampenfieber
• Zum Problem/zum Thema zurück • Bisher Gesagtes wiederholen • Gegebenenfalls Vertiefungsfragen stellen • Fragen an die Zuhörer stellen • Nächstes Stichwort aufnehmen • Medien einsetzen	• „Lassen Sie es mich noch besser formulieren.“ • „Lassen Sie es mich anders sagen.“ • „Anders ausgedrückt …“ • „Besser formuliert …“ • Mehr Pausen machen • Bewusst langsam sprechen	• Nervosität nicht unterdrücken, sondern sinnvoll kanalisieren • Blickkontakt immer nur zu einem Zuhörer ca. drei Sekunden • Visualisierung (Stichwortgeber) • Mut zu Pausen • Hemmungen/Redeangst überwinden

Gefahrstoffe

Stoffe oder Zubereitungen (Gemische), die ein chemisches Gefährdungspotenzial aufweisen, werden als Gefahrstoff bezeichnet. Sie erfordern eine Einstufung und Kennzeichnung (vgl. S. 68 ff.)

Begriff	Bedeutung
Chemikalie	Übliche Bezeichnung für Stoffe und Zubereitungen (Gemische)
Stoff	Chemisches Element oder Verbindung, einschließlich aller Verunreinigungen
Gemisch (Zubereitung)	Gemisch von Stoffen
Gefährlich	Bestimmte, in der Gefahrstoffverordnung (GefStoffV) festgelegte, schädliche Eigenschaften von Stoffen (z. B. giftig, entzündlich, explosionsgefährlich)
Gefährlichkeitsmerkmal	Bezeichnung der gefährlichen Eigenschaften gemäß GefStoffV
Einstufung	Ermittlung zutreffender Gefährlichkeitsmerkmale gemäß GefStoffV
H-Sätze (R-Sätze)	Standardsätze mit kurzen Informationen über Gefährdungen, die von den Stoffen ausgehen
P-Sätze (S-Sätze)	Standardsätze mit Sicherheitshinweisen für den Umgang mit dem Gefahrstoff
AGW-Wert	Der Arbeitsplatzgrenzwert (AGW) gibt an, bei welcher Konzentration eines Stoffes in der Luft am Arbeitsplatz keine akuten oder chronischen schädlichen Auswirkungen auf die Gesundheit zu erwarten sind.

Brandschutz

Gefahrendreieck

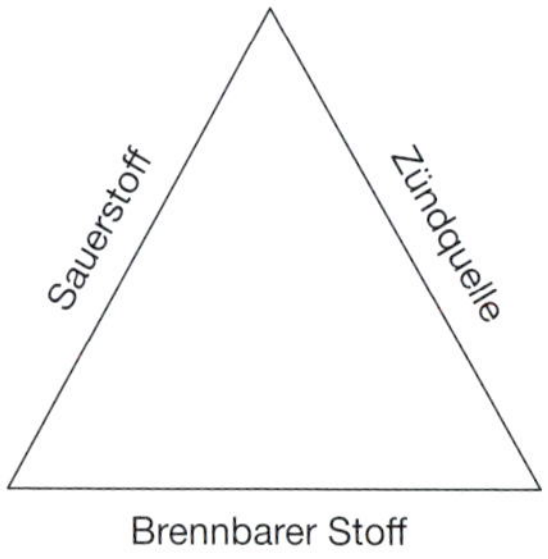

Voraussetzung für eine Verbrennung sind:

- Ein **brennbarer Stoff**
- **Sauerstoff**
- Eine **Zündquelle**

Zur Verhütung von Bränden muss geprüft werden, ob zumindest eine der drei Voraussetzungen für eine Verbrennung ausgeschlossen werden kann, entweder der brennbare Stoff oder die Zündquelle oder der Sauerstoff. Unter Sauerstoff ist der Luftsauerstoffgehalt zu verstehen.

Zündquellen sind Funken, Lichtbögen, heiße Oberflächen, Gase oder Flüssigkeiten, Wärmestrahlung.

Die Brennbarkeit von Stoffen hängt von ihrer Fähigkeit, sich mit Sauerstoff zu verbinden, ab.

Zündtemperatur von Stoffen (Auswahl)	
Stoff	Zündtemperatur in °C
Methan (Erdgas)	650
Acetylen	305
Diesel	220
Diethylether	170
Schwefelkohlenstoff	102
Kohlenstoffdisulfid	95

Temperaturklasse elektrischer Betriebsmittel	
Temperaturklasse	Max. Oberflächentemperatur in °C
T1	450
T2	300
T3	200
T4	135
T5	100
T6	85

Brandschutz bei der Errichtung elektrischer Anlagen

- Die Betriebsmittel müssen so angeordnet werden, dass weder die im Betrieb noch die im Überlastungs- und Kurzschlussfall auftretenden Temperaturen eine Verbrennung auslösen können.
- Zählertafeln und Kleinverteiler, die zur Befestigungsfläche hin offen sind, dürfen nur auf nichtbrennbaren Baustoffen montiert, bzw. von der Befestigungsfläche feuersicher getrennt werden.
- Bei der Montage von Leuchten müssen die F-Kennzeichnungen des Herstellers beachtet werden.
- Verbot der Lagerung leicht entzündlicher Stoffe in der Nähe elektrischer Betriebsmittel und Anlagen.

Brandbekämpfung

Brände verschiedener Stoffe werden in Brandklassen eingeteilt.

Brandklasse	Definition	Beispiele
Klasse **A**	Brände fester Stoffe, hauptsächlich organischer Natur, die normalerweise unter Glutbildung verbrennen	Holz, Papier, Stroh, Textilien, Kohle
Klasse **B**	Brände von flüssigen oder flüssig werdenden Stoffen	Benzin, Öle, Lacke, Teer, Alkohol
Klasse **C**	Brände von Gasen	Methan, Propan, Wasserstoff, Acetylen
Klasse **D**	Brände von Metallen	Aluminium, Magnesium, Natrium, Kalium
Klasse **F**	Brände von Speiseölen und -fetten	Fritiergeräte, Fettbackgeräte

Löschmittel

Löschmittel	Brandklasse	Beschreibung
Wasser und wässrige Lösungen	A	Für viele Fälle geeignetes Löschmittel. Wasser kann große Wärmemengen binden. Es ist billig und leicht verfügbar. Die elektrische Leitfähigkeit muss durch entsprechenden Abstand von Spannungsquellen und durch Sprühstrahl ausgeglichen werden. Wasser hat ein größeres spezifisches Gewicht als viele brennbare Flüssigkeiten, sodass diese sich brennend auf dem Wasser ausbreiten. Außerdem ist Wasser zum Löschen brennbarer Metalle wegen der dabei auftretenden Zersetzung des Wassers ungeeignet.
Schaum	A, B, F	Die Wärmeleitfähigkeit und das spezifische Gewicht sind gering, sodass sich Löschschaum besonders gut für brennbare Flüssigkeiten – Brandklassen B und F – eignet. Löschschaum deckt die brennende Fläche ab und haftet auch an geneigten Flächen.
BC-Pulver	B, C	Löschpulver sind je nach Zusammensetzung für die Klassen A, B und C oder B und C verwendbar. ABC-Pulverlöscher dürfen nicht in elektrischen Anlagen verwendet werden, die eine Betriebsspannung von mehr als 1 000 V aufweisen. Gegen Brände der Klasse D, z. B. brennende Leichtmetalle, gibt es Spezial-Löschpulver. Leichtmetallbrände können auch mit trockenem Sand (SiO_2) oder notfalls mit trockener Erde gelöscht werden.
ABC-Pulver	A, B, C	
D-Pulver	D	
Kohlendioxid (Kohlensäure)	B	Kohlendioxid verdampft beim Austreten aus der Löschdüse und verdrängt den für die Verbrennung notwendigen Sauerstoff. In geschlossenen Räumen besteht daher beim Löschen mit CO_2 Erstickungsgefahr. Kohlendioxid ist elektrisch nicht leitend. Es löscht rückstandsfrei und kann daher bei wertvollen Anlagen verwendet werden.

Brandbekämpfung im Bereich elektrischer Anlagen

Beim Einsatz von Feuerlöschern in elektrischen Anlagen bis 1000 V müssen Sicherheitsabstände eingehalten werden:

Feuerlöscher	Sicherheitsabstand
Wasserlöscher mit Vollstrahl	3 m
Schaumlöscher	3 m
Wasserlöscher mit Sprühstrahl	1 m
Pulverlöscher	1 m
Kohlendioxidlöscher	1 m

Betriebssicherheitsverordnung (BetrSichV)

Die Betriebssicherheitsverordnung[1] umfasst alle Arbeitsmittel sowie auch alle überwachungsbedürftigen Geräte und Anlagen. Sie hat das Ziel, den Schutz der Gesundheit der Beschäftigten bei der Verwendung von Arbeitsmitteln zu gewährleisten. Dies soll erreicht werden durch:

- Auswahl geeigneter Arbeitsmittel und deren sichere Verwendung
- Geeignete Gestaltung von Arbeits- und Fertigungsverfahren
- Qualifikation und Unterweisung der Beschäftigten

Festlegungen	Hinweise
Gemeinsame Anforderungen für alle Arbeitsmittel	Arbeitsmittel sind Werkzeuge, Geräte, Maschinen oder Anlagen, die bei der Arbeit verwendet werden, wobei die Verwendung jegliche Tätigkeit mit diesen umfasst.
Grundlegende Vorschriften für alle überwachungsbedürftigen Anlagen	Arbeitsmittel sind auch überwachungsbedürftige Anlagen, wie Druckanlagen, Aufzugsanlagen und Anlagen in explosionsfähigen Bereichen. Sie unterliegen in der Regel behördlicher Aufsicht.
Spezifische Anforderungen für spezielle Arbeitsmittel	Arbeitsmittel dürfen nur verwendet werden, wenn die Beschäftigten gegen vorhersehbare Gefährdungen geschützt sind.
Prüfvorschriften für überwachungsbedürftige Anlagen	Überwachungsbedürftige Anlagen müssen vor der Inbetriebnahme sowie in regelmäßigen Abständen durch besonders befähigte Personen geprüft werden. Das Ergebnis muss dokumentiert werden.
Prüfvorschriften für bestimmte Arbeitsmittel	Prüfungen dürfen nur von befähigten Personen durchgeführt werden.
Vorgaben für die Gefährdungsbeurteilung (GBU)	Für alle Arbeitsmittel sind vor der Verwendung Gefährdungsrisiken zu ermitteln, die notwendigen Schutzmaßnahmen festzulegen und in der GBU zu dokumentieren.

[1] Verordnung über Sicherheit und Gesundheitsschutz bei der Verwendung von Arbeitsmitteln (Betriebssicherheitsverordnung – BetrSichV).

Gefährdungsbeurteilung (GBU)

Vorgehensweise	Hinweise
Erfassen der Betriebsstruktur ↓	Die Gefährdungsbeurteilung wird für überschaubare Bereiche erstellt, die sich an der Struktur der Arbeitsbereiche orientieren, z. B. Produktion, Lager, Werkstatt, Büro.
Erfassen der Tätigkeiten ↓	Die Tätigkeiten werden in den jeweiligen Arbeitsbereichen erfasst, gleichartige Tätigkeiten können zusammengefasst werden. Neben den normalen Arbeitsprozessen sind auch besonders gefahrenträchtige Tätigkeiten wie Reinigen, Rüsten oder Instandhalten zu erfassen.
Ermitteln möglicher Gefährdungen und Belastungen ↓	Die Gefährdungen und Belastungen werden vor Ort erfasst. Besonders schutzbedürftige Personengruppen, wie Jugendliche oder Menschen mit Behinderung, sind dabei zu beachten, ebenso Gefährdungen aus der Arbeitsumgebung.
Beurteilen des Risikos ↓ ◇ ja (→ zurück zu „Erfassen der Betriebsstruktur")	Nach den Vorgaben von Gesetzen, Vorschriften und technischen Regeln werden die Risiken unter Berücksichtigung der Wahrscheinlichkeit des Eintritts und der möglichen Schwere der Verletzung oder Erkrankung ermittelt.
↓ nein	Risiko ist akzeptabel? Wenn ja, ständige Kontrolle. Wenn nein, weitere Maßnahmen erforderlich.
Festlegen von Schutzmaßnahmen ↓	Die Auswahl der Schutzmaßnahmen soll in erster Linie die Vermeidung der Gefährdungen zum Ziel haben. Persönliche Schutzausrüstung soll erst nach technischen oder organisatorischen Maßnahmen zum Einsatz kommen. Das Ziel ist, das Risiko auf ein akzeptables Maß zu verringern.
Durchführung der Maßnahmen ↓	Die Umsetzung soll von geeigneten Personen nach einem vorgegebenen Terminplan durchgeführt werden.
Kontrolle der Wirksamkeit ◇ unwirksam (→ zurück zu „Festlegen von Schutzmaßnahmen"); wirksam (→ zurück zu „Erfassen der Betriebsstruktur")	Die festgelegten Schutzmaßnahmen müssen hinsichtlich ihrer tatsächlichen Wirksamkeit überprüft werden. Zu ermitteln ist auch, ob durch die Maßnahmen nicht neue, andere Gefährdungen entstanden sind. Die Maßnahmen unterliegen einer ständigen Kontrolle und Fortschreibung.

Elektrotechnische Fachkräfte

Elektrotechnische Fachkräfte werden in Vorschriften und Normen nach Qualifikation, Aufgabe oder Verantwortung eingeteilt.

Bezeichnung	Beschreibung
Elektrotechnisch unterwiesene Person (EuP)	EuP ist, wer über die ihr übertragenen Aufgaben und die möglichen Gefahren von einer Elektrofachkraft unterrichtet und angelernt worden ist sowie in Schutzeinrichtungen, Schutzmaßnahmen und persönlichen Schutzausrüstungen unterwiesen wurde. Die Verantwortung verbleibt bei der Elektrofachkraft.
Elektrofachkraft für festgelegte Tätigkeiten (EffT)	EffT ist, wer aufgrund seiner theoretischen und praktischen Ausbildung sowie seiner Erfahrungen gleichartige, sich wiederholende elektrotechnische Arbeiten beurteilen, ausführen und mögliche Gefahren erkennen kann. Die Tätigkeiten müssen in einer Arbeitsanweisung festgelegt sein.
Elektrofachkraft (EFK)	Als EFK im Sinne der Unfallverhütungsvorschrift gilt, wer aufgrund seiner fachlichen Ausbildung, Kenntnisse und Erfahrungen sowie Kenntnis der einschlägigen Bestimmungen die ihm übertragenen Arbeiten beurteilen und mögliche Gefahren erkennen kann (DEGUV Vorschrift 3).
Anlagen-Verantwortlicher	Der Anlagen-Verantwortliche ist beauftragt, während der Durchführung von Arbeiten die unmittelbare Verantwortung für den sicheren Betrieb der elektrischen Anlagen zu tragen, welche zur Arbeitsstelle gehören. Dies beinhaltet auch die sichere Durchführung der Arbeiten.
Arbeits-Verantwortlicher	Der Arbeits-Verantwortliche trägt die unmittelbare Verantwortung für die Durchführung der Arbeiten. Dies können auch nichtelektrotechnische Arbeiten in der Nähe von elektrischen Anlagen sein.

Gefährdungen durch elektrischen Strom bei der Arbeit auf Baustellen

Ursachen für elektrischen Schlag	Maßnahmen zur Vermeidung einer Gefährdung
Schutzmaßnahmen gegen elektrischen Schlag bei der Versorgung nicht gewährleistet	Errichtung der Baustromversorgung durch geprüfte Baustromverteiler mit Fehlerstromschutzeinrichtungen (RCD) und einer Trenneinrichtung zwischen Einspeisung und Abgängen.
Falsche Auswahl der elektrischen Betriebsmittel und Leitungen	Betriebsmittel, Leitungen und Leitungsroller müssen für den rauen Betrieb auf Baustellen geeignet sein und der vorgeschriebenen Schutzart IP entsprechen. Elektrohandwerkzeuge und Handleuchten müssen schutzisoliert (Schutzklasse II) sein.
Ungesicherte Verlegung von Leitungen	Schutz gegen mechanische Beanspruchung durch Überfahren mit Tunnel, Holzbrücken, Rohre u. Ä. herstellen.
Unzulässige Annäherung an Freileitungen	Freileitungen wenn möglich freischalten. Niederspannungsfreileitungen abdecken, Schutzabstände nach VDE 0105 einhalten.
Beschädigung erdverlegter Kabel	Kabellagepläne beim EVU beschaffen, ab 30 cm mit Hand schachten, freigelegte Erdkabel immer als spannungsführend betrachten, bei Beschädigung Arbeit sofort einstellen.
Ungeeignete Wetterverhältnisse, Regen, Eis, Schnee u. Ä.	Verwendung elektrischer Betriebsmittel mit geeigneter IP-Schutzart bzw. Arbeit einstellen.
Fehlende Prüfung der elektrischen Anlagen und Betriebsmittel	Vorgeschriebene Fristen für wiederkehrende Prüfungen einhalten: • 1 Jahr für ortsfeste Anlagen und Betriebsmittel • 3 Monate für ortsveränderliche elektrische Betriebsmittel • 1 Monat für Fehlerstromschutzeinrichtungen (RCD) • Arbeitstäglich die Prüftaster der RCD betätigen.
Verwendung beschädigter Elektrowerkzeuge, Leuchten, Steckvorrichtungen und Leitungen	Sofortige Aussonderung beschädigter Betriebsmittel, ordnungsgemäße Reparatur, Erhalten des ordnungsgemäßen Zustandes durch Wartung und regelmäßige Überprüfung.

GHS *(Globally Harmonised System of Classification and Labelling of Chemicals),* CLP *(Classification, Labelling and Packing)* — VO (EG) Nr. 1272/2008

- Mit GHS und CLP wird eine weltweit einheitliche Einstufung und Kennzeichnung von Chemikalien vorgenommen, um die Gefahren für die menschliche Gesundheit und für die Umwelt bei der Herstellung, Verwendung und beim Transport von chemischen Stoffen und Gemischen zu reduzieren.
- Die CLP-Verordnung enthält neben ausgewählten GHS-Bausteinen auch einige Regelungen aus der Stoff- und Zubereitungsrichtlinie. Mit diesen sog. „left-overs" werden Gefährdungen abgedeckt, die derzeit auf UN-Ebene noch nicht Gegenstand des GHS-Standards sind.
- Die von der UN erarbeitete **GHS**- und die **CLP-Verordnung** sind in der EU seit dem **20. Januar 2009** unmittelbar geltendes Recht.
- Die Stoffe und Gemische müssen bis zum Ablauf der gesamten Übergangsphase, die bis zum **01. Juni 2018** reichen kann, nach der Stoff- oder Zubereitungsrichtlinie eingestuft und im Sicherheitsdatenblatt angegeben werden.

Einstufung von Gefahren

- **Gefahrenklassen:** Im GHS werden die verschiedenen Arten von Gefahren in Klassen eingeteilt.
- **Differenzierungen** ermöglichen eine genauere Betrachtung der Gefährdung nach dem Grad der Gefährdung für einen Organismus oder anhand anderer Aspekte ermöglichen, z.B. wird innerhalb der Gefahrenklasse der Gewässergefährdung zwischen akuten und einer chronischen Wirkungen differenziert.
- **Gefahrenkategorien** sind Untergliederungen der Gefahrenklassen und ihrer Differenzierungen, die in der Regel eine Abstufung der Stärke der jeweiligen Gefahr darstellen.
- **Gefahrenhinweise** sind mit der Einstufung in eine oder mehrere Gefahrenklassen und ihrer Differenzierungen in die jeweils zutreffende Gefahrenkategorie verbunden.

Kennzeichnungsschild (Beispiel)

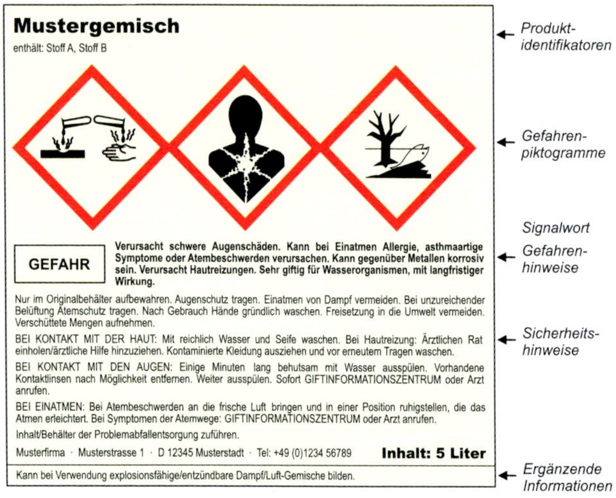

Gefahrenhinweis	Sicherheitshinweis	Signalwörter
H 3 01 H → Gefahrenhinweis (Hazard Statement) 3 → 2 Physikalische Gefahren 3 Gesundheitsgefahren 4 Umweltgefahren 01 → Laufende Nummer (entsprechen den R-Sätzen)	**P 1 01** P → Sicherheitshinweis (Precautionary Statement) 1 → 1 Allgemein 2 Vorsorgemaßnahmen 3 Empfehlungen 4 Lagerhinweise 5 Entsorgung 01 → Laufende Nummer (entsprechen den S-Sätzen)	GEFAHR für die schwerwiegenden Gefahrenkategorien ACHTUNG für die weniger schwerwiegenden Gefahrenkategorien

Gefahrensymbole (Gegenüberstellung)

Gefahrenkennzeichnung nach GHS	Begriffe nach GHS	Gefahrenkennzeichnung nach GefStoffV
Gefahr H 330 H 310 H 300	**Akute Toxizität** Tödlich beim Einatmen, bei Hautkontakt, bei Verschlucken	Sehr giftig R 26 – R 27 – R 28
Gefahr H 331 H 311 H 301	**Akute Toxizität** Giftig beim Einatmen, bei Hautkontakt, bei Verschlucken	Giftig R 23 – R 24 – R 25
Gefahr H 370 H 372 H 350 H 340 H 360	**Spezifische Zielorgan-Toxizität** bei einmaliger/wiederholter Gefährdung für den Organismus **Karzinogenität – Keimzell-Mutagenität – Reproduktionstoxität**	Giftig R 39 – R 48 – R 45 R 49 – R 46 – R 60 R 61
Gefahr H 334 H 304	Sensibilisierung der Atemwege – Aspirationsgefahr	Gesundheitsschädlich R 42 – R 65
Achtung H 371 H 373 H 351 H 341 H 361	**Spezifische Zielorgan-Toxizität** bei einmaliger/wiederholter Gefährdung für den Organismus **Karzinogenität – Keimzell-Mutagenität – Reproduktionstoxität**	R 68 – R 48 – R 40 R 68 – R 62 – R 63
Achtung H 332 H 312 H 302	**Akute Toxizität** Gesundheitschädlich beim Einatmen, bei Hautkontakt, bei Verschlucken	R 20 – R 21 – R 22
Gefahr H 314	**Ätzung der Haut** irreversible Wirkungen	Ätzend R 34 – R 35
Gefahr H 318	**Schwere Augenschädigung** irreversible Wirkungen	Reizend R 41
Achtung H 319 H 335 H 315 H 317	**Augenreizung – Spezifische Zielorgan-Toxizität** Atemwegsreizung **Reizung der Haut – Sensibilisierung der Haut**	Reizend R 36 – R 37 – R 38 R 43
Achtung H 336	**Spezifische Zielorgan-Toxizität** betäubende Wirkung	Kein Symbol R 67

GHS-Symbole

Explosionsgefährlich	Leicht-/hochentzündlich	Brandfördernd	Komprimierte Gase	Ätzend
Sehr giftig/giftig	Gesundheitsgefährdend	Gesundheitsschädlich	Umweltgefährdend	Die GHS-Symbole werden mit **Gefahren-** oder mit **Sicherheitshinweisen** ergänzt.

Bezeichnung der besonderen Gefahren – R-Sätze GefStoffV

Kurz-zeichen	Erläuterung	Kurz-zeichen	Erläuterung
 R 1 R 2 R 4 R 5 R 6 R 9 R 16 R 19 R 44 R 3	**Explosionsgefahr** • in trockenem Zustand • durch Schlag, Reibung, Feuer und dgl. • durch hochempfindliche Metallverbind. • beim Erwärmen • mit und ohne Luft • bei Mischung mit brennbaren Stoffen • mit brandfördernden Stoffen • beim Bilden von bestimmten Peroxiden • bei Erhitzen unter Einschluss **Besondere Explosionsgefahr** • durch Schlag, Reibung, Feuer und dgl.	 R 23 R 24 R 25 R 26 R 27 R 28 R 29 R 31 R 32	**Giftig** • beim Einatmen • bei Berührung mit der Haut • beim Verschlucken **Sehr giftig** • beim Einatmen • bei Berührung mit der Haut • beim Verschlucken **Giftige Gase** • in Verbindung mit Wasser • bei Berührung mit Säure • sehr giftige Gase mit Säure
 R 7 R 8 R 10 R 11 R 12 R 13 R 17	**Feuergefahr/Entzündlichkeit** • kann Brand verursachen • bei Berührung mit brennbaren Stoffen • entzündlich • leicht entzündlich • hochentzündlich • hochentzündliches Flüssiggas • selbstentzündlich an der Luft	 R 34 R 35 R 36 R 37 R 38	**Ätzungen** • verursacht Ätzungen • verursacht schwere Ätzungen **Reizung** • der Augen • der Atmungsorgane • der Haut
 R 14 R 15 R 23 R 24 R 22	**Reagiert** • heftig auf Wasser • mit Wasser (leicht entzündliche Gase) **Gesundheitsschädlich** • beim Einatmen • bei Berührung mit der Haut • beim Verschlucken	 R 42 R 43 R 39 R 40 R 45 R 46 R 47	**Besondere Gefahren für die Gesundheit** • Sensibilisierung durch Einatmen bzw. • durch Hautkontakt möglich • ernste Gefahr irreversiblen Schadens • irreversibler Schaden möglich • kann Krebs erzeugen • kann vererbbare Schäden bzw. • kann Missbildungen verursachen

Kombination der R-Sätze (Auswahl)

Kurz-zeichen	Erläuterung	Kurz-zeichen	Erläuterung
R 14/15	reagiert heftig mit Wasser unter Bildung leicht entzündlicher Gase	R 24/25	giftig bei Berührung mit der Haut und beim Verschlucken
R 15/29	reagiert mit Wasser unter Bildung giftiger und leicht entzündlicher Gase	R 23/24/25	giftig beim Einatmen, Verschlucken und Berühren mit der Haut
R 20/21	gesundheitsschädlich beim Einatmen und bei Berührung mit der Haut	R 26/27	sehr giftig beim Einatmen und bei Berührung mit der Haut
R 21/22	gesundheitsschädlich bei Berührung mit der Haut und beim Verschlucken	R 26/27/28	sehr giftig beim Einatmen, Verschlucken und Berühren mit der Haut
R 20/21/22	gesundheitsschädlich beim Einatmen, Verschlucken u. Berühren mit der Haut	R 36/37/38	reizt Augen, Atmungsorgane und die Haut
R 23/24	giftig beim Einatmen und bei Berührung mit der Haut	R 42/43	Sensibilisierung durch Einatmen und Hautkontakt möglich

Sicherheitsratschläge – S-Sätze **GefStoffV**

Kurzzeichen	Erläuterung	Kurzzeichen	Erläuterung
	Aufbewahren		**Bei der Arbeit**
S 1	• unter Verschluss	S 20	• nicht essen bzw. trinken
S 3	• kühl aufbewahren	S 21	• nicht rauchen
S 5	• unter ... (geeignete Flüssigkeit angeben)	S 36	• geeignete Schutzkleidung tragen
S 6	• unter ... (inertes Gas angeben)	S 37	• geeignete Schutzhandschuhe tragen
S 2	• darf nicht in die Hände von Kindern	S 38	• Atemschutzgerät anlegen
S 4	• von Wohnplätzen fernhalten	S 39	• Schutzbrille/Gesichtsschutz tragen
	Behälter		**Arzt hinzuziehen**
S 7	• dicht geschlossen halten	S 44	• bei Unwohlsein (wenn möglich, dieses Etikett vorzeigen)
S 8	• trocken halten	S 45	• bei Unfall oder Unwohlsein (wenn möglich, dieses Etikett vorzeigen)
S 9	• an einem gut gelüfteten Ort lagern	S 46	• bei Verschlucken (Verpackung oder Etikett vorzeigen)
S 12	• nicht gasdicht verschließen		
S 18	• mit Vorsicht handhaben bzw. öffnen		
S 49	• Nur im Originalbehälter aufbewahren		
	Fernhalten		**Handhabung**
S 13	• von Nahrungsmitteln, Getränken usw.	S 29	• Nicht in die Kanalisation lassen
S 14	• von bestimmten Substanzen	S 30	• Niemals Wasser hinzugeben
S 15	• vor Hitze schützen	S 34	• Schlag und Reibung vermeiden
S 17	• von Zündquellen (nicht rauchen)	S 43	• Zum Löschen ... verwenden
S 18	• von brennbaren Stoffen	S 50	• Nicht mischen mit ...
	Berührung		**Anwendung**
S 24	• mit der Haut vermeiden	S 33	• Maßnahmen gegen elektrostatische Aufladungen treffen
S 25	• mit den Augen vermeiden	S 35	• Abfälle und Behälter müssen in gesicherter Weise beseitigt werden
S 26	• mit den Augen gründlich abspülen und Arzt konsultieren	S 40	• Fußböden und verunreinigte Gegenstände mit ... reinigen
S 28	• mit der Haut. Sofort abwaschen und mit viel ... (vom Hersteller anzugeben)	S 52	• nicht großflächig für Wohn- und Aufenthaltsräume verwenden
	Nicht einatmen	S 53	• Exposition vermeiden – vor Gebrauch besondere Anweisungen einholen
S 22	• Staub nicht einatmen		
S 23	• Gas/Aerosol usw. nicht einatmen		
S 41	• Explosions-/Brandgase nicht einatmen		

Kombination der S-Sätze

Kurzzeichen	Erläuterung	Kurzzeichen	Erläuterung
S 1/2	Unter Verschluss und für Kinder unzugänglich aufbewahren.	S 20/21	Bei der Arbeit nicht essen, trinken bzw. rauchen.
S 3/7	Behälter an einem kühlen, gut gelüfteten Ort aufbewahren.	S 24/25	Berührung mit den Augen und der Haut vermeiden.
S 3/7/9	Behälter dicht geschlossen halten und an einem kühlen, gut gelüfteten Ort aufbewahren.	S 36/37	Bei der Arbeit geeignete Schutzhandschuhe und Schutzkleidung tragen.
S 7/8	Behälter dicht und geschlossen halten.	S 47/49	Nur im Originalbehälter bei Temperaturen von nicht über ... °C aufbewahren.

Sicherheitskennzeichen — DIN EN ISO 7010

Sicherheitskennzeichen ermöglichen eine bestimmte und eindeutige Sicherheits- und Gesundheitsschutzaussage durch die Kombination von **geometrischer Form plus Farbe plus Bildzeichen**.

Zeichenart	Form	Farbe	Bedeutung der Farbe	Anwendungen
Verbotszeichen	Kreis	Rot	Halt! Verbot! Gefahr!	Haltezeichen, Notausschalteinrichtungen
Warnzeichen	Dreieck	Gelb	Vorsicht! Mögliche Gefahr!	Gefahr von Feuer, Explosion, Strahlen usw., Kennzeichnen von Hindernissen, Schwellen
Gebotszeichen	Kreis	Blau	Hinweise	Pflicht zum Tragen von Schutzkleidung
Rettungszeichen	Viereck	Grün	Keine Gefahr! Erste Hilfe	Kennzeichnen von Rettungswegen und Notausgängen, Erste-Hilfe- und Rettungsstation
Brandschutzzeichen	Viereck	Rot	Hinweise	Kennzeichnen des Standortes von Feuermelde- und Feuerlöscheinrichtungen und Wege dorthin
Zusatzzeichen	Viereck	Wie das zugehörige Sicherheitszeichen		Erläutert die Sicherheitsaussage in Form eines kurzen Textes

Verbotszeichen — DIN EN ISO 7010

P001  Verbot	P002  Rauchen verboten	P003  Feuer und offene Flammen verboten	P004  … für Fußgänger	P005  Kein Trinkwasser
P006  Für Flurförderfahrzeuge verboten	P007  … für Personen mit Herzschrittmacher	P008  Mitführen von Uhren und Metallteilen verboten	P010  Berühren verboten	P011  Mit Wasser löschen verboten
P013  Eingeschaltete Mobiltelefone verboten	P014  … für Personen mit Metallimplantaten	P015  Hineinfassen verboten	P020  Im Brandfall Aufzug nicht benutzen	P022  Essen und Trinken verboten
P023  Abstellen oder Lagern verboten	P024  Betreten der Fläche verboten	P027  Für Personenbeförderung verboten	P029  Fotografieren verboten	P031  Schalten verboten

Warnzeichen DIN EN ISO 7010

W001  Warnung vor einer Gefahrenstelle	W002  … explosionsgefährlichen Stoffen	W003  … radioaktiven Stoffen	W004  … Laserstrahlen	W005  … nicht ionisierender Strahlung
W006  Warnung vor magnetischem Feld	W007  … Hindernissen am Boden	W008  … Absturzgefahr	W009  … Biogefährdung	W010  … Kälte
W011  Warnung vor Rutschgefahr	W012  … gefährlicher elektr. Spannung	W013  … dem Wachhund	W014  … Flurförderfahrzeugen	W015  … schwebender Last
W016  Warnung vor giftigen Stoffen	W017  … heißer Oberfläche	W018  … automatischem Anlauf	W019  … Quetschgefahr	W020  … vor Hindernissen im Kopfbereich
W021  Warnung vor feuergefährlichen Stoffen	W022  … spitzem Gegenstand	W023  … ätzenden Stoffen	W024  … Handverletzungen	W025  … gegenläufigen Rollen
W026  Warnung vor Gefahren durch Batterien	W027  … optischer Strahlung	W028  … brandfördernden Stoffen	W029  … Gasflaschen	

P-Sätze nach CLP-Verordnung

P-Reihe	Erläuterung
P-100-Reihe: Allgemein	
P 101	Ärztlicher Rat erforderlich; Verpackung und Etikett bereit halten
P 102	Darf nicht in Hände von Kindern
P 103	Vor Gebrauch Kennzeichnung lesen
P-200-Reihe: Vorsorgemaßnahmen	
P 201	Vor Gebrauch besondere Anweisungen einholen
P 202	Vor Gebrauch Sicherheitsanweisungen lesen und verstehen
P 210	Von Hitze/Funken/offener Flamme fernhalten; nicht rauchen
P 211	Nicht gegen offener Flamme oder anderer Zündquelle sprühen
P 220	Von Kleidung/brennbaren Materialien fernhalten; entfernt aufbewahren
P 222	Kein Kontakt mit Luft
P 223	Kontakt mit Wasser unbedingt verhindern (heftige Reaktion)
P 230	Feucht halten mit …
P 231	Unter inertem Gas handhaben
P 232	Vor Feuchtigkeit schützen
P 233	Behälter dicht verschlossen halten
P 234	Nur im Originalbehälter aufbewahren
P 235	Kühl halten
P 240	Behälter und zu befüllende Anlage erden
P 241	Explosionsgeschützte elektrische Betriebsmittel/Lüftungsanlagen ...
(P 242)	(funkenfreies Werkzeug) verwenden
P 243	Maßnahmen gegen elektrostatische Aufladungen treffen
P 244	Druckminderer frei von Fett und Öl
P 250	Nicht schleifen/stoßen/reiben …
P 251	Behälter steht unter Druck; nicht durchstechen oder verbrennen
P 260	Staub/Rauch/Gas/Aerosol … nicht einatmen
P 262	Nicht in die Augen, auf die Haut oder auf die Kleidung gelangen lassen
P 263	Kontakt während der Schwangerschaft/Stillzeit vermeiden
P 264	Nach Gebrauch gründlich waschen
P 270	Bei Gebrauch nicht essen/trinken/rauchen
P 271	Nur im Freien oder gut belüfteten Räumen verwenden
P 272	Kontaminierte Kleidung nicht außerhalb des Arbeitsplatzes tragen
P 273	Freisetzung in Umwelt vermeiden
P 280 (P 281)	Schutzkleidung/Gesichtsmaske/Augenschutz … (vorgeschriebene Schutzkleidung) tragen
P 282	Schutzkleidung/Gesichtsschutz/ … mit Kälteisolierung tragen
P 283	Schwer entflammbare/flammhemmende Kleidung tragen
P 284	Atemschutz tragen
P 285	Bei unzureichender Lüftung Atemschutzmaske tragen
P-300-Reihe: Empfehlungen	
P 301 (P 304)	Bei Verschlucken (Einatmen):
P 302 (P 303)	Bei Berührung mit der Haut (Haar):
P 305	Bei Kontakt mit den Augen
P 306	Bei kontaminierter Kleidung
P 307 (P 308)	Bei Exposition (oder falls betroffen)
P 309	… oder Unwohlsein
P 311 (P 310)	(Sofort) Giftinformationszentrum oder Arzt anrufen
P 312	Bei Unwohlsein Giftinformations-Zentrum oder Arzt anrufen
P 313	Arzt/ärztl. Rat hinzuziehen/einholen
P 314 (P 315)	Bei Unwohlsein (sofort) Arzt/ärztl. Rat hinzuziehen bzw. einholen
P 321 (P 320)	Besondere Behandlung (dringend) erforderlich; siehe Kennzeichnung
P 322	Gezielte Maßnahme; s. Kennzeich.
P 330	Mund ausspülen
P 331	Kein Erbrechen herbeiführen
P 332 (P 333)	Bei Hautreizung (oder Ausschlag):
P 334	In kaltes Wasser tauchen
P 335	Lose Partikel von Haut abbürsten
P 336	Mit lauwarmen Wasser auftauen; betroffene Stellen nicht reiben

P-Sätze (Sicherheitshinweis precautionary statement) nach CLP-Verordnung

P-Reihe	Erläuterung
P-300-Reihe: Empfehlungen (Fortsetzung)	
P 337	Bei anhaltender Augenreizung:
P 338	Ev. vorhandene Kontaktlinsen nach Möglichkeit entfernen; ausspülen
P 340 (P 341)	Person (bei Atembeschwerden) an die frische Luft bringen und Atemerleichterung schaffen
P 342	Bei Symptomen der Atemwege
(P 350) P 352	(Vorsichtig) mit viel Wasser und Seife waschen
P 351	Einige Minuten vorsichtig mit Wasser ausspülen
P 353	Haut mit Wasser waschen/duschen
P 360	Vor Ablegen der Kleidung kontaminierte Kleidung und Haut sofort mit viel Wasser abwaschen
P 361	Kontaminierte Kleidung sofort ausziehen
P 363 (P 362)	Kontaminierte Kleidung (ausziehen und) vor erneutem Tragen waschen
P 370	Bei Brand
P 371	Bei Großbrand und großen Mengen
P 372	Explosionsgefahr bei Brand
P 373	KEINE Brandbekämpfung, wenn das Feuer explosive Stoffe … erreicht
P 374	Brandbekäpfung mit üblichen Vorsichtsmaßnahmen aus angemessener Entfernung
P 375	Wegen Explosionsgefahr Brand aus Entfernung bekämpfen
P 376	Undichtigkeiten beseitigen, wenn es gefahrlos möglich ist
P 377	Brand von ausströmenden Gas: Nicht löschen, bis Undichtigkeit gefahrlos beseitigt werden kann
P 378	Zum Löschen verwenden
P 380	Umgebung räumen
P 381	Alle Zündquellen entfernen, wenn dies gefahrlos möglich ist
P 391 (P 390)	Verschüttete Mengen aufnehmen (um Materialschäden zu vermeiden)

P-Reihe	Erläuterung
P-400-Reihe: Lagerhinweise	
P 401	… aufbewahren:
P 402	– an trockenem Ort
P 403	– an gut belüftetem Ort
P 404	– in geschlossenem Behälter
P 405	– unter Verschluss
P 406	– in korrosionsbeständigem Behälter/ Behälter mit korrosionsbeständiger Auskleidung
P 407	Luftspalt zwischen Stapeln lassen
P 410	Vor Sonnenbestrahlung schützen
P 411	Bei Temp. <…°C aufbewahren
P 412	Nicht Temp. > 50 °C aussetzen
P 413	Schüttgut in Mengen größer als … kg bei Temperaturen höher als …°C aufbewahren
P 420	Von anderen Materialien entfernt aufbewahren
P 422	Inhalt in/unter … aufbewahren
P-500-Reihe: Entsorgung	
P 501	Inhalt/Behälter … zuführen
P-Kombinationen	
P301 + P330 + P331	Bei Verschlucken: Mund ausspülen KEIN Erbrechen herbeiführen
P302 + P350	Bei Berührung mit der Haut: Vorsichtig mit viel Wasser und Seife waschen
P333 + P313	Bei Hautreizung oder -ausschlag: Arzt anrufen/ärztliche Hilfe hinzuziehen
P335 + P334	Lose Partikel von der Haut abbürsten, in kaltes Wasser tauchen
P370 + P376	Bei Brand: Undichtigkeit beseitigen, falls dies ohne Gefahr möglich ist
P371 + P380 + P375	Bei Großbrand u. großen Mengen: Umgebung evakuieren, wg. Explosionsgefahr Brandbekämpfung aus der Entfernung
P403 + P233	An einem gut belüfteten Ort lagern; Behälter dicht verschlossen halten
P410 + P412	Vor Sonnenlicht schützen. Temperaturen nicht über 50 °C

H-Sätze nach CLP-Verordnung

H-Reihe	Erläuterung
H-200-Reihe: Physikalische Gefahren	
H 200	Explosiv, instabil
H 201 (H 205)	Explosiv, Gefahr der Massenexplosion (bei Feuer)
H 202	Explosiv; große Gefahr durch Splitter, Spreng- und Wurfstücke
H 203	Gefahr durch Feuer, Luftdruck, Splitter, Spreng- und Wurfstücke
H 204	Gefahr durch Feuer oder Splitter, Spreng- und Wurfstücke
H 220	Extrem entzündliches Gas
H 221	Entzündliches Gas
H 222	Extrem entzündliches Aerosol
H 223	Entzündliches Aerosol
H 224 (H 225)	Flüssigkeit und Dampf extrem (leicht) entzündbar
H 226	Flüssigkeit und Dampf entzündbar
H 228	Entzündbarer Feststoff
H 240 (H 242)	Erwärmung kann Explosion (Brand) verursachen
H 241	Erwärmung kann Brand oder Explosion verursachen
H 250	Entzündet sich selbst in der Luft
H 251	Selbsterhitzungsfähig; kann in Brand geraten
H 252	In großen Mengen selbsterhitzungsfähig; kann in Brand geraten
H 260	In Berührung mit Wasser entstehen entzündbare Gase, die sich spontan entzünden können.
H 261	In Berührung mit Wasser entstehen entzündbare Gase.
H 270	Kann Brand verursachen oder verstärken; Oxidationsmittel
H 271	Kann Brand oder Explosion verursachen; starkes Oxidationsmittel
H 271	Kann Brand verstärken; Oxidationsmittel
H 280	Enthält Gas unter Druck; kann bei Wärme explodieren
H 281	Enthält tiefgekühltes Gas; kann Kälteverbrennungen verursachen
H 290	Kann bei Metallen korrosiv sein
H-300-Reihe: Gesundheitsgefahren	
H 300	Lebensgefahr bei Verschlucken
H 302 (H 301)	Gesundheitliche Schäden (giftig) bei Verschlucken
H 304	Kann bei Verschlucken und bei Eindringen in Atemwege tödlich sein
H 311 (H 312)	Giftig (gesundheitsschädlich) bei Hautkontakt
H 314	Verursacht schwere Verätzung der Haut und schwere Augenschäden
H 315	Verursacht Hautreizungen
H 317	Kann allergische Hautreaktionen verursachen
H 318	Verursacht schwere Augenschäden
H 319	Verursacht schwere Augenreizung
H 330	Beim Einatmen – Lebensgefahr
H 331	– giftig
H 332	– gesundheitsschädlich
H 334	Kann beim Einatmen Allergie, Atembeschwerden verursachen
H 335	Kann Atemwege reizen
H 336	Kann Schläfrigkeit und Benommenheit verursachen
H 340 (H 341)	Kann (vermutlich) genetische Defekte verursachen
H 350 (i)	Kann (beim Einatmen) Krebs verursachen
H 360 (H 361)	Kann (vermutlich) die Fruchtbarkeit beeinträchtigen bzw. Kind im Mutterleib schädigen
H 360 F	Kann Fruchtbarkeit beeinträchtigen
H 360 D	Kann Kind im Mutterleib schädigen
H 362	Kann Säugling über die Muttermilch schädigen
H 370	Schädigt die Organe
H371	Kann die Organe schädigen
H-400-Reihe: Umweltgefahren	
H 400	Sehr giftig für Wasserorganismen
H 411 (H 410)	(Sehr) giftig für Wasserorganismen mit langfristiger Wirkung
H 413 (412)	(Kann) für Wasserorganismen langfristig schädlich (sein)

Gebotszeichen — DIN EN ISO 7010

M001  Allgemeines Gebotszeichen	M002  Anleitung beachten	M003  Gehörschutz benutzen	M004  Augenschutz benutzen	M005  Vor dem Benutzen erden
M006  Netzstecker ziehen	M007  Sicherheitsgurt benutzen	M008  Fußschutz benutzen	M009  Handschutz benutzen	M010  Schutzkleidung benutzen
M011  Hände waschen	M012  Handlauf benutzen	M013  Gesichtsschutz benutzen	M014  Kopfschutz benutzen	M015  Warnweste benutzen
M017  Atemschutz benutzen	M018  Auffanggurt benutzen	M021  Vor Arbeiten freischalten	M022  Hautschutzmittel benutzen	M024  Fußgängerweg benutzen

Brandschutzzeichen — DIN EN ISO 7010

F001  Feuerlöscher	F002  Löschschlauch	F003  Feuerleiter
F004  Mittel zur Brandbekämpfung	F005  Brandmelder	F006  Brandmeldetelefon

Verhalten im Brandfall

Ruhe bewahren

1. Brand melden
- Telefon: *(Tel.-Nr. einfügen)* *oder / und* ....
- **Wer** meldet?
- **Was** ist passiert?
- **Wie viele** sind betroffen/verletzt?
- **Wo** ist etwas passiert?
- **Warten** auf Rückfragen!
- Brandmelder betätigen

2. In Sicherheit bringen
- Gefährdete Personen mitnehmen
- Türen schließen
- Gekennzeichneten Rettungswegen folgen
- Aufzug nicht benutzen
- Anweisungen beachten

3. Löschversuch unternehmen
- Feuerlöscher benutzen

Rettungszeichen — DIN EN ISO 7010

E001

Notausstieg (links)

E002

Notausstieg (rechts)

E003

Erste Hilfe

E004

Notruftelefon

E005

Richtungspfeil (links)[1]

E005

Richtungspfeil (rechts)[1]

E006

Richtungspfeil (links oben)[2]

E006

Richtungspfeil (rechts oben)[2]

E007

Sammelstelle

E008

Notausstieg nach Zerschlagen einer Scheibe

E009

Arzt

E010

Automatisierter externer Defibrilator (AED)

E011

Augenspüleinrichtung

E012

Notdusche

E013

Krankentrage

E016

Notausstieg mit Fluchtleiter

E017

Rettungsausstieg

E018

Öffnen durch Linksdrehung

E019

Öffnen durch Rechtsdrehung

[1] Als zusätzliche Information zu den Sicherheitszeichen E001 und E002 kann ein entsprechender Pfeil in weiß auf grün angewendet werden, um die Richtung anzuzeigen.

[2] Die Pfeile dürfen in 45°-Schritten gedreht werden.

Zusatzzeichen

Hochspannung Lebensgefahr

Befahren verboten Tiefgarage

Kombinationszeichen

E03

Sanitätsraum

F07

Löschdecke

Kennzeichnung von Druckgasflaschen — DIN EN 1089-3

- Der **Gefahrgutaufkleber** ist die **einzige verbindliche Information** über den Inhalt einer Druckgasflasche.
- Die Farbkennzeichnung der Flaschenschulter dient als zusätzliche Information.

Gefahrgutaufkleber

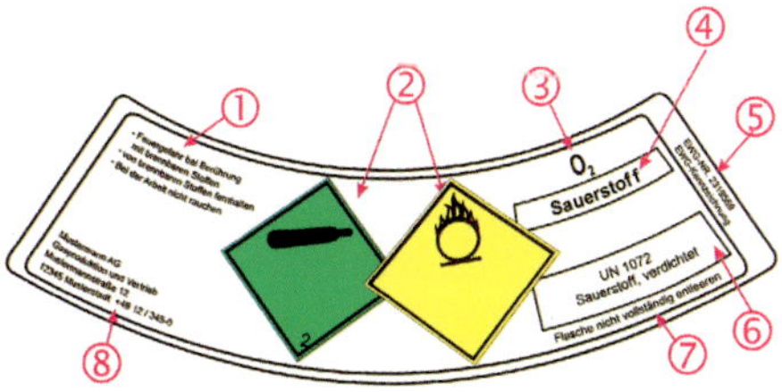

1. Risiko- und Sicherheitshinweise
2. Gefahrzeichen
3. Produktbezeichnung des Gases/Gasgemisches
4. Produktbezeichnung des Herstellers
5. EWG-Nummer bei Einzelstoffen oder das Wort „Gasgemisch“
6. Vollständige Gasbenennung, z. B. Sauerstoff, verdichtet
7. Herstellerhinweis
8. Name und Anschrift des Herstellers

Gefahrzeichen

Gas (nicht brennbar, nicht giftig)	Entzündend (giftig und/oder korrosiv)	Feuergefährlich (brennbar)	Giftig	Ätzend

Gasschläuche

- Gasschläuche müssen deutlich erkennbar und dauerhaft mit einer Kennfarbe versehen sein.
- Gasschläuche müssen an ihren Enden sicher mit Schlauchschellen befestigt sein.

Farben/Anschlüsse	Gasart	Gewinde
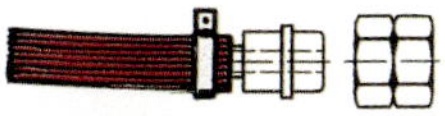 Blau	Sauerstoff	Rechtsgewinde
 Schwarz	Andere nicht brennbare Gase, Druckluft	Rechtsgewinde
 Orange	Flüssiggas	Linksgewinde mit Rillen
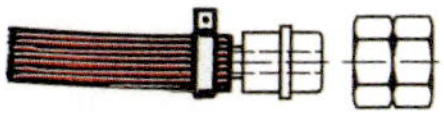 Rot	Andere brennbare Gase	Linksgewinde mit Rillen

Farbkennzeichnung von Druckgasflaschen — DIN EN 1089-3

- Die nach DIN EN 1089-3 gekennzeichneten Gasflaschen müssen zweimal (gegenüberliegend) mit einem „N“ (für NEU) auf der Flaschenschulter versehen sein. Bei Gasflaschen, deren Farbkennzeichnung sich nicht ändert, ist der Aufdruck „N“ nicht erforderlich.
- Der zylindrische Flaschenmantel darf auch eine andere Farbe als die unten genannten haben – sie darf jedoch nicht zu Verwechslungen führen.

Kennzeichnung nach DIN EN 1089-3	Alte Kennzeichnung	Kennzeichnung nach DIN EN 1089-3	Alte Kennzeichnung
Acetylen		**Argon**	
Bildzeichen 			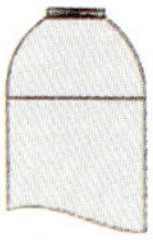
Druckluft		**Formiergas** (Gemisch Stickstoff/Sauerstoff)	
Bildzeichen 	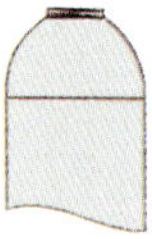		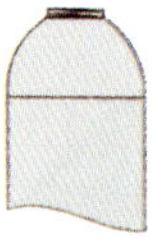
Helium		**Kohlendioxid**	
Bildzeichen 	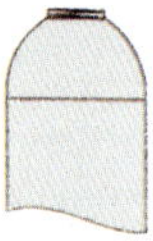	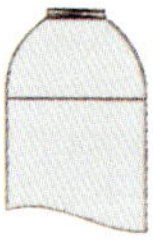	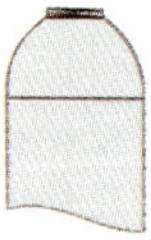
Krypton, Neon, Xenon		**Sauerstoff**[1] (technischer)	
Bildzeichen 			
Stickstoff		**Wasserstoff**	
Bildzeichen 			

[1] Reingase/Gasgemische für den **medizinischen** Einsatz (Atemgase) müssen einen **weißen** zylindrischen **Flaschenmantel** haben.

Prüf- und Qualitätszeichen

Symbol	Erläuterung	Symbol	Erläuterung	Symbol	Erläuterung
	VDE Verband deutscher Elektrotechniker	◁VDE▷	VDE-Kabelkennzeichnung Kennzeichnung für harmonisierte Kabel und Leitungen		Funkschutzzeichen (Funkentstörungsgrad G, N, K)
	Zulassungszeichen für Messwandler und E-Zähler Phys.-Technische Bundesanstalt		Zulassungszeichen für Tarifanschaltuhren Phys.-Technische Bundesanstalt		Bundesamt für die Zulassung in der Telekommunikation Saarbrücken
	Geprüfte Sicherheit Maschinenschutzzeichen (zusätzlich mit Angabe der Prüfstelle, z. B. DIN, TÜV, BG)		Recycling		Qualitätszeichen für wiederaufladbare Knopfzellen

Internationale Prüfzeichen

Symbol	Erläuterung	Symbol	Erläuterung	Symbol	Erläuterung
	Europäische Union Conformité Européen Communauté Européen		Belgien Comité Electro. Belge Belgisch Elektrotechnisch Comité		Dänemark Danmarks Elektriske Materielkontrol
	Frankreich Union Technique de l´Electricité		Großbritannien		Italien
	Niederlande KEMA		Österreich Österreichischer Verband für Elektrotechnik		Schweden Svenska Elektriska Materielkontrollanstalten
	Schweiz Schweizer Elektrotechnischer Verein		Slowakei SKTC		Tschechische Republik EZU
	USA Underwriters Laboratories H Listing Hier		USA Underwriters Laboratories Recognition		Kommission der UN für Europa ECE

Energieverbrauchskennzeichnung (Energielabel) — EnVKG/EnVKV

Gerätearten

Die Europäische Union hat für bestimmte Geräte Energieeffizienzklassen eingeführt und mit einem Label versehen. Die Energieeffizienzklasse gibt an, ob ein Gerät im Vergleich zu einem Referenzgerät mehr oder weniger Energie verbraucht. Folgende Produkte sind vom Hersteller zu kennzeichnen:

- Elektrobacköfen
- Dunstabzugshauben
- Fernsehgeräte
- Geschirrspüler
- Raumklimageräte
- Kühl- und Gefriergeräte
- Leuchten
- Staubsauger
- Warmwasserbereiter und -speicher
- Waschmaschinen
- Wäschetrockner
- Weinschränke u. a.

Gestaltung des Energielabels

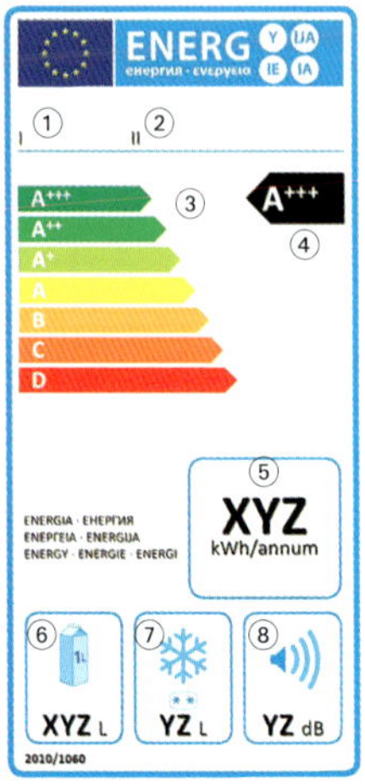

1. Hersteller
2. Modell
3. Farbige Symbole für die Effizienzklassen
4. EEI-Klasse
5. durchschnittlicher jährlicher Energieverbrauch
6. Inhaltsangabe
7. Inhaltsangabe der Kühlfächer
8. Max. Geräuschentwicklung in dB

Der obere Teil des Labels erhält allgemeine Angaben, der untere ist gerätespezifisch ausgelegt.

Elektrobacköfen

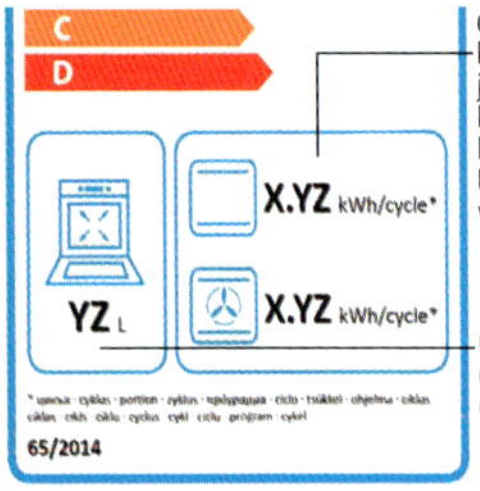

- durchschnittlicher Energieverbrauch je Zyklus für die Beheizungsarten konventionell und Umluft (sofern vorhanden)
- Gesamtvolumen des Garraums (in Litern)

Fernsehgeräte

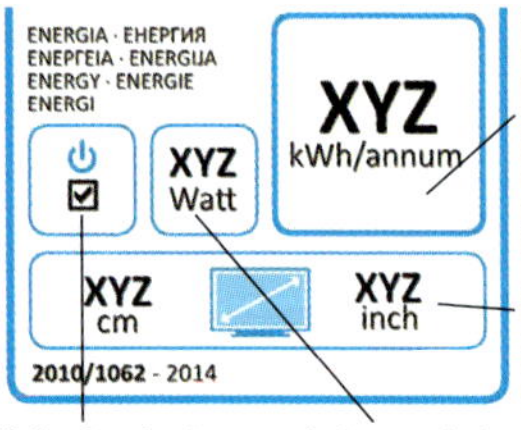

- Stromverbrauch in Kilowattstunden pro Jahr bei einer Nutzung von vier Stunden pro Tag
- Bildschirmdiagonale in cm bzw. inch
- Vorhandensein eines echten Ausschalters
- Leistungsaufnahme im Betrieb in Watt

Geschirrspüler

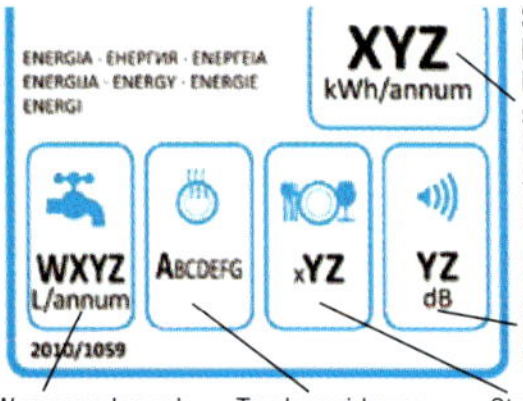

- Stromverbrauch in Kilowattstunden bei 280 Spülzyklen pro Jahr
- Geräuschentwicklung im Betrieb in Dezibel
- Wasserverbrauch in Litern bei 280 Spülzyklen pro Jahr
- Trockenwirkungsklasse von A (beste) bis G (schlechteste)
- Standardbeladung in Maßgedecken

Raumklimageräte

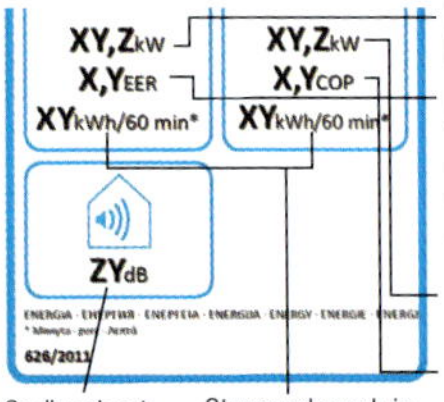

- Kühlleistung in Kilowatt
- Nennleistungszahl: Verhältnis von Kühlleistung zu elektr. Leistungsaufnahme
- Heizleistung in Kilowatt
- Nennleistungszahl: Verhältnis von Heizleistung zu elektr. Leistungsaufnahme
- Geräuschentwicklung in Dezibel
- Stromverbrauch in Kilowattstunden bei 60 Minuten Volllastbetrieb

Kühl- und Gefriergeräte

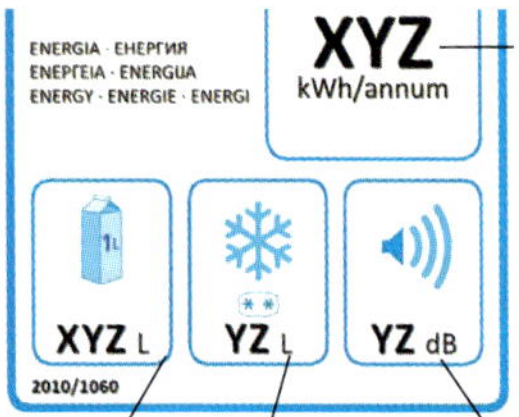

- Stromverbrauch in Kilowattstunden pro Jahr
- Gesamtnutzinhalt aller Kühlfächer in Litern
- Gesamtnutzinhalt aller Gefrierfächer in Litern
- Geräuschentwicklung im Betrieb in Dezibel

Leuchten

- Zusätzlich verfügt sie über eine Fassung, in die ausschließlich Leuchtmittel der Energieeffizienzklassen C, D oder E (z. B. Halogenlampen) eingesetzt werden können.
- Ausgeliefert wird die Leuchte mit einer Lampe der Energieeffizienzklasse C.

Staubsauger

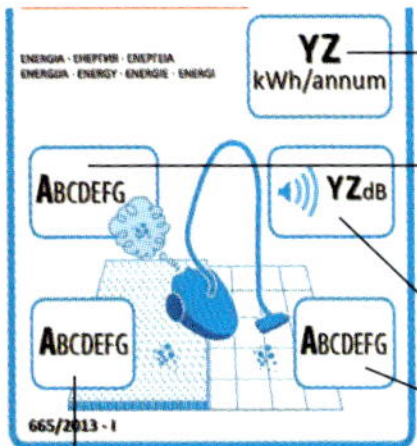

- Stromverbrauch in Kilowattstunden pro Jahr bei 50 Reinigungszyklen
- Staubemissionsklasse von A (beste) bis G (schlechteste)
- Geräuschentwicklung in Dezibel
- Hartbodenreinigungsklasse von A (beste) bis G (schlechteste)
- Teppichreinigungsklasse von A (beste) bis G (schlechteste)

Waschmaschinen

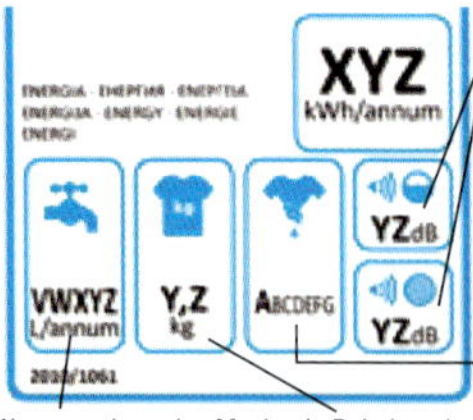

- Geräuschentwicklung beim Waschen und beim Schleudern in Dezibel
- Schleuderwirkungsklasse von A (beste) bis G (schlechteste)
- Wasserverbrauch in Litern bei 220 Waschzyklen pro Jahr
- Maximale Beladung im Programm 40 °C/60 °C Baumwolle in Kilogramm (angegeben wird der niedrigere Wert)

Wäschetrockner

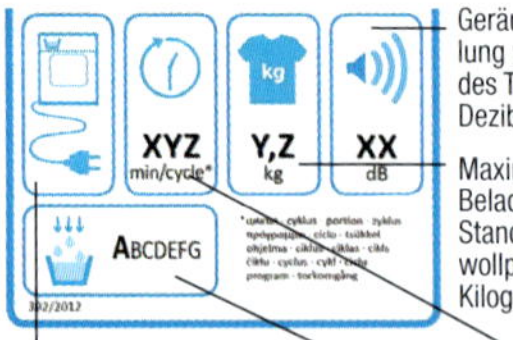

- Geräuschentwicklung während des Trocknens in Dezibel
- Maximale Beladung für das Standard-Baumwollprogramm in Kilogramm
- Gerätetyp (Kondensations-, Abluft- oder gasbetriebener Trockner); hier Kondensationstrockner
- Bei Kondensationstrocknern: Kondensationseffizienzklasse von A (beste) bis G (schlechteste)
- Dauer des Standard-Baumwollprogramms in Minuten

Thermoelemente DIN 43732

Form A

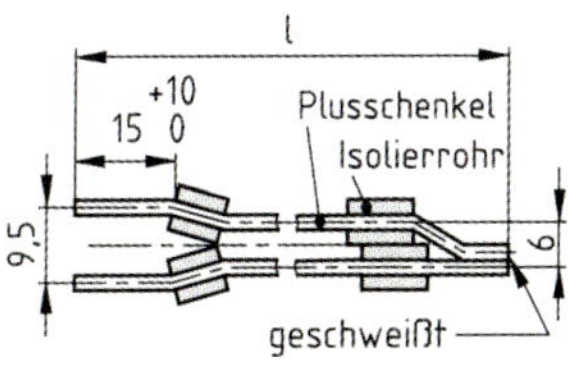

Form B

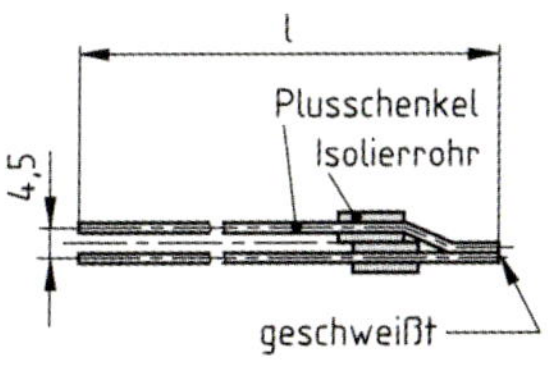

Form C, D

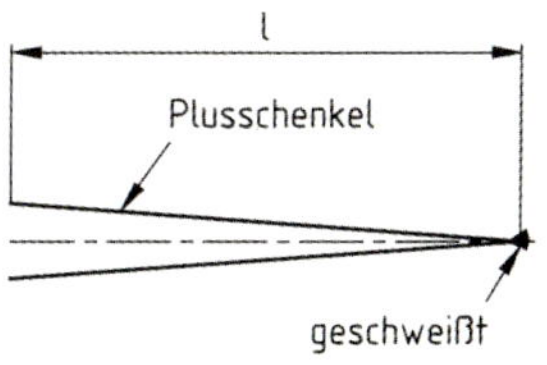

Positiver Schenkel	Negativer Schenkel	Form	Ø in mm	Schutzrohr	Maximaltemperatur in °C
Eisen Fe	CuNi (Konstantan)	A	3	J oder L	700
Chrom-Nickel (Chromel 90Ni 80Cr)	Nickel 98Ni 2Al	A	3	K	1000
NiCr Chrom-Nickel	94,5Ni 2,5Mn 2Al 1Si (Alumel)	B	1,38	K	900
95Pt 5Rh (Pallaplat 40)	54Au 46Pd 2Pt (Pallaplat 32)	C, D	0,35 0,5	B	1300
Platin-Rhodium (90Pt 10Rh)	Platin Pt – Rhodium Rh (94Pt 10Rh)	C, D	0,35 0,5	R oder S	1600

Korrosionsschutz

Korrosionsschutz für Eisen		
Maßnahme	**Beispiele**	**Erläuterung**
Schutzschichten und Überzüge elektrisch nicht leitend	Öle, Fette, Lacke, Email, Glasuren, Kunststoffe	Deckschichten müssen gut haften und luftdicht sein.
Schutzschichten und Überzüge elektrisch leitend	Ag, Al, Cr, Cu, Ni, P, Pt, Sn	Deckschichten aus edleren bzw. scheinbar edleren Metallen wie Aluminium oder Chrom werden durch Aufdampfen oder Eintauchen in Metallschmelzen, z. B. Verzinken, aufgebracht.
Schutzschicht aus unedleren Metallen als Eisen	Zn, Cd	Die (unedleren) Zink- und Cadmium-Atome werden ionisiert und legen sich auf das (edlere) Eisen.
Anodische Oxidation mit Schutz-(Opfer-)Anoden	Mg, Zn, Al	In Verbindung mit Eisen lösen sich Mangan und Zink anodisch auf und schützen so das Eisen.
Elektrolytischer Schutz	Verchromen (Gleichstrom)	Durch die elektrische Aufladung wird das Eisen „edler" gemacht.
Korrosionsschutz für Aluminium		
Schutzschichten und Überzüge elektrisch nicht leitend	Tonerde (Al_2O_3-Pulver), Korund (Al_2O_3 kristallin), Eloxieren, Emaillieren	Aluminium überzieht sich an trockener Luft mit einer Oxidschicht. Durch das Eloxieren werden auf dem Aluminium hochohmige, dünne Schichten, z. B. auf Drähten, Folien oder Bändern, erzeugt.
Korrosionsschutz für Magnesium und Zink		
Schutzschichten und Überzüge elektrisch leitend	Cr	Chromatschichten werden in chemischen Lösungen auf Magnesium oder Zink dauerhaft aufgebracht.

Richtwerte für Bohrer aus HSS und HSS/E[1) 2)]

Werkstoff/ Zugfestigkeit R_m in N/mm²	Bohrerart	Spitzenwinkel in °	Schnittgeschwindgk. in m/min	Drehz. in 1/min / Vorschub in mm/U für Bohrerdurchmesser in mm 2	5	8	Kühlmittel
Eisen, Stahl							
Autom. Stahl bis 500	HSS	118	30 ... 50	5600 0,05	2250 0,12	1400 0,20	Emulsion
Baustahl 700 ... 900	HSS	118	10 ... 15	2100 0,03	860 0,07	540 0,10	Emulsion
Legierter Stahlguss	HSS	118	10 ... 20	2380 0,03	950 0,05	595 0,08	Emulsion (Öl)
Leg. CrNi-Stahl 1000 ... 1100	HSS HSS/E	118 130	8 ... 12	1590 0,02	635 0,05	400 0,08	Emulsion (Öl)
Mn-Hartstahl über 10 % Mn	HSS/E	130	3 ... 5	635 0,02	255 0,05	160 0,08	trocken
NE-Metalle							
Aluminium	HSS	130	40 ... 100	11140 0,05	4435 0,14	2785 0,18	Emulsion
E-Kupfer	HSS	118	20 ... 35	4400 0,05	1750 0,14	1100 0,18	Emulsion, Öl
Nickel	HSS HSS/E	118 130	10 ... 15	2100 0,02	860 0,05	540 0,08	Öl, Emulsion
Legierungen							
Al-Legierung (langspanend)	HSS	130	30 ... 65	7200 0,05	2900 0,14	1800 0,18	Emulsion
Al-Legierung (kurzspanend)	HSS	118	30 ... 60	7200 0,05	2900 0,14	1800 0,18	Emulsion
Bronze, Rotguss (weich)	HSS	118	20 ... 40	4750 0,05	1900 0,14	1195 0,14	Emulsion, Öl
Messing, spröde Ms58	HSS	130	60 ... 95	12740 0,08	5100 0,18	3200 0,25	trocken, Öl, Emulsion
Messing, zäh Ms60, Ms63	HSS	130	35 ... 60	7500 0,05	3020 0,15	2000 0,20	Emulsion, Öl
Neusilber CuZn20Ni18	HSS	118	25 ... 50	6000 0,05	2400 0,08	1500 0,14	Emulsion, Öl
Kunststoffe							
Duroplaste (harte Kunst.)	HSS	80	10 ... 20	2380 0,05	950 0,08	595 0,14	trocken, Pressluft
Thermoplaste (weiche Kunst.)	HSS	130	20 ... 40	4745 0,05	1900 0,08	1195 0,14	Wasser, Pressluft
Plexiglas	HSS	80	15 ... 25	3185 0,05	1265 0,08	795 0,14	Wasser
Sonstige Werkstoffe							
Pressstoffe, Gewebe, Holz	HSS	130 80	15 ... 25	3185 0,05	1265 0,08	795 0,14	trocken, Pressluft
Hartgummi	HSS	80	15 ... 35	3980 0,08	1585 0,18	995 0,25	trocken, Pressluft

1) Herstellerangaben.
2) HSS = Hochleistungs-Schnellstahl; HSS/E = Hochleistungs-Schnellstahl, kobaltlegiert (EMo5Co5).

Kunststoffdübel

Universal-Kunststoffdübel

Pressdübel

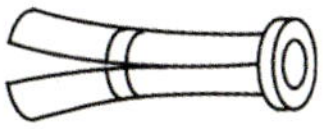

Dübel-größe	Dübellänge in mm	Bohrerdurch-messer in mm	Bohrtiefe in mm	Schraubendurch-messer in mm	Einschraub-tiefe in mm	Last in Beton in N
4/20	20	4	25	2...3	25	200
5/25	25	5	30	2,6...4	30	300
6/30	30	6	35	3,5...5	35	500
8/40	40	8	50	4,5...6	50	800
10/50	50	10	60	6...8	60	1200
12/60	60	12	70	8...10	70	1800
14/70	70	14	80	10...12	80	2800
L6/55	55	6	60	3,5...5	60	350
L8/65	65	8	75	4,5...6	75	450
L10/80	80	10	90	6...8	90	550

Kipp-, Federklappdübel

Dübelart	Bohrerdurchmes-ser in mm	Dübellänge in mm	Maximale Platten-dicke	Mindesthohl-raumtiefe in mm
Federklappdübel	12	95	65	27
Federklappdübel	14	105	69	34
Kippdübel	16	100	63	70
Kippdübel	16	130	63	70
Kippdübel	20	130	55	75

Stahldübel

Schwerlastdübel

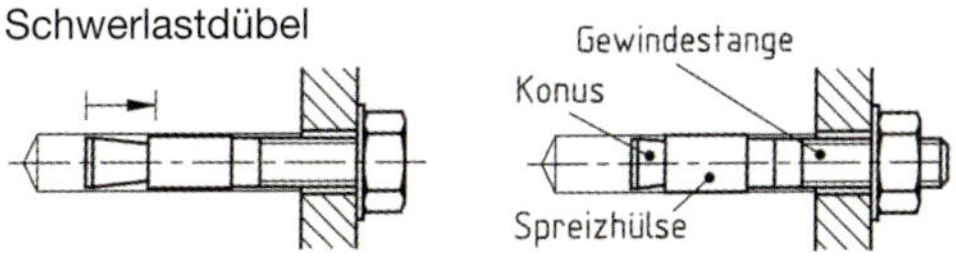

Dübel-größe	Gewinde	Bohrerdurch-messer in mm	Bohrtiefe in mm	Nutzbare Montage-länge in mm	Schlüssel-weite	Last in Beton in kN
10/10	M 6	10	60	10	10	2...4
10/50	M 6	10	60	50	10	2...4
12/50	M 8	12	70	50	13	3...8
12/100	M 8	12	70	100	13	3...8
14/50	M10	14	80	50	17	5...12
14/100	M10	14	80	100	17	5...12

Betriebs- und Arbeitswelt
Technische Kommunikation
Energie-versorgung
Gebäude-technik
Kommunikations-technik
Automatisierungs-technik
Antriebs-technik
Bauelemente und -gruppen
Techn. Größen und Formeln

Einsatzbereiche von Dübeln

Bild	Benennung	Beton	Naturstein, ichtes Gefüge	Vollziegel	Kalksand-Vollstein	Kalksand-Lochstein	Hohlstein (Ziegel u.a.)	Gasbeton	Vollgipsplatten	Gipsfaserplatten	Spanplatten
	Universaldübel	+	+	+	+	+	+	+	+	+	+
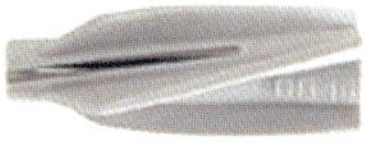	Gasbetondübel							+			
	Dübel für metrische Schrauben	+	+	+	+	+	+	+	+		
	Metallspreizdübel	+	+	+	+	+	+				
	Nylondübel, metrisches Gewinde	+	+	+	+		+				
	Messingdübel	+	+	+							
	Hohlraum-Metalldübel									+	+
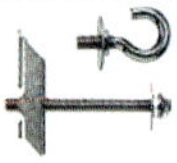	Kippdübel									+	+
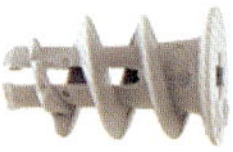	Gipskartondübel									+	
	Langschaftdübel	+	+	+	+						
	Nageldübel	+	+	+	+	+	+	+	+		
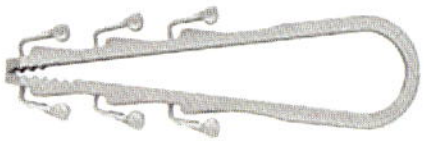	Steckdübel	+	+	+	+						
	Steckdübel mit Zwillingsschelle	+	+	+	+						
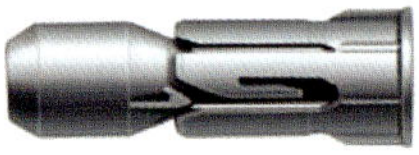	Plattendübel									+	+
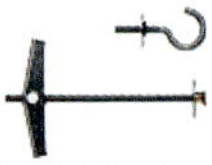	Kippdübel							+	+	+	+

Schrauben, Muttern, Scheiben

Schraubenköpfe

Schraubenkopf	Bezeichnung	Werkzeug	Schraubenkopf	Bezeichnung	Werkzeug
	Flachschlitz	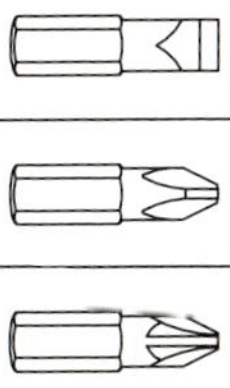		Torx®	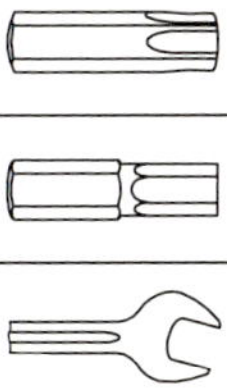
	Philips			Innensechskant	
	Pozid			Sechskant	

Schrauben

Bild	Bezeichnung/DIN	Bild	Bezeichnung/DIN	Bild	Bezeichnung/DIN
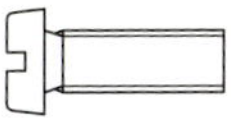	Zylinderschraube mit Schlitz DIN EN 1207	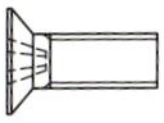	Senkschraube mit Kreuzschlitz DIN EN ISO 7046	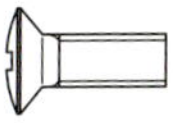	Linsensenkschr. mit Kreuzschlitz DIN EN ISO 7047
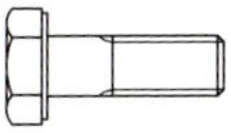	Sechs-kantschraube DIN 931	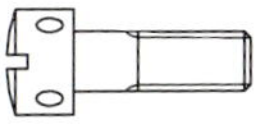	Kreuzloch-schraube DIN 404	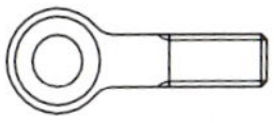	Augenschraube DIN 444
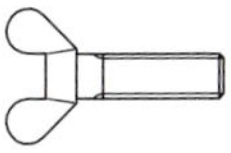	Flügelschraube DIN 316	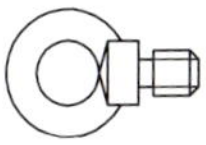	Ringschraube DIN 580	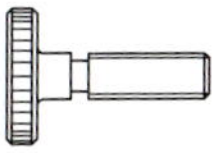	Rändelschraube DIN 653
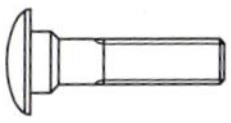	Flachrund-schraube DIN 603	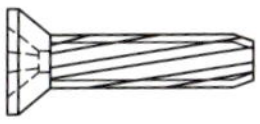	Gewindeschneid-schraube DIN 7516	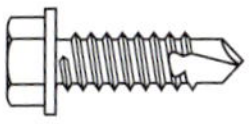	Bohrschraube, sechskant DIN EN ISO 15480
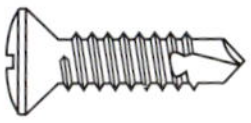	Bohrschraube, Linsenkopf	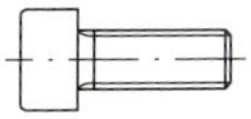	Inbusschraube	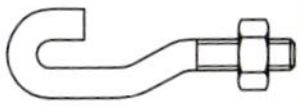	Steinschraube DIN 529
	Holzschraube, halbrund DIN 96	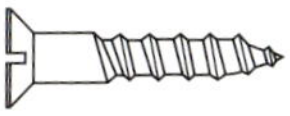	Holzschraube mit Schlitz DIN 97	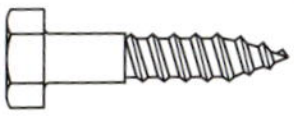	Holzschraube, sechskant

Muttern

Bild	Bezeichnung/DIN	Bild	Bezeichnung/DIN	Bild	Bezeichnung/DIN
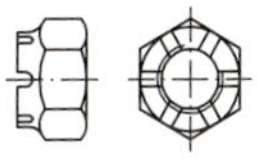	Kronenmutter DIN 935	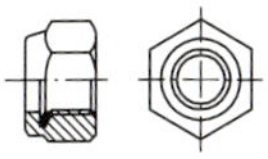	Sicherungs-mutter DIN EN ISO 10511	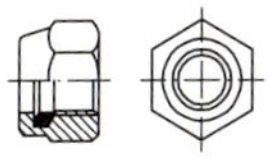	Sechskantsiche-rungsmutter DIN EN ISO 10511
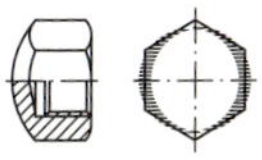	Hutmutter, niedrige Form DIN 917	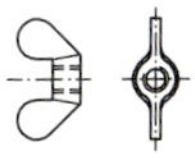	Flügelmutter DIN 315	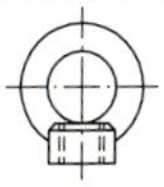	Ringmutter DIN 582

Scheiben, Federringe, Sicherungsringe

Bild	Bezeichnung	Bild	Bezeichnung	Bild	Bezeichnung
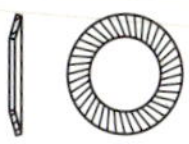	Sicherungsscheibe (Schnorr)	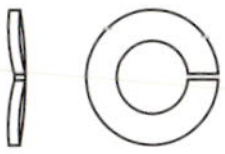	Federrring		Zahnscheiben
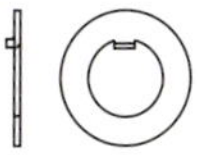	Sicherungsblech		Sicherungsring	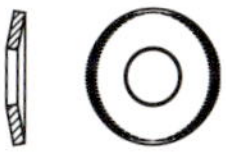	Tellerfeder

Klebstoffe

Kleberart	Zusammensetzung	Abbindung	Klebbare Werkstoffe
Schmelzkleber	Thermoplastischer Kunststoff, z. B. Polyamide, Polyester	Beim Abkühlen erstarrt die Schmelze.	Papier, Holz, Textilien, Kunststoff, Metall (nach Vorwärmen)
Dispersionskleber	Kunststoff in sehr feiner Verteilung in Wasser, z. B. Polyacrylsäureester	Wasser verdunstet, Kunststoff bindet ab.	Papier, Kunststoffe
Lösungsmittelkleber	Kunststoffe in organischen Lösungsmitteln, z. B. Polychlorbutaden mit Phenolharzen	Lösungsmittel verdunstet, Kunststoff bindet ab.	Papier, Holz, Leder, Glas, Kunststoff, Metalle
Reaktionskleber (Polymerisations-Kleber)	Thermoplaste, z. B. Cyanacrylsäureester u. Härter	Polyester vernetzt	Gummi, Kunststoffe, Keramik, Metalle
	Methacrylsäureester u. Härter		
	Ungesättigte Polyesterharze		Kunststoffe, Metalle
(Anaerobe Kleber)	Methacrylsäureester u. Härter (Peroxide)	Polymerisation ohne Sauerstoff	Metalle
(Acrylharz-Kleber)	Acrylsäureester und Härter	Polymerisation mit UV	Kunststoffe, Metalle
(Polyadditions-Kleber)	Epoxidharze und Härter	Kleber bildet Ketten und vernetzt.	Kunststoffe, Metalle, Glas, Keramik
(Phenolharz-Kleber)	Phenol-Formaldehyd-Harze	Polykondensation	Holz, Metalle

Vorbehandlung der Werkstücke — VDI 2229s

Werkstoff	Behandlungsschritte[1] für		
	niedrige Beanspruchung[2]	mittlere Beanspruchung[3]	hohe Beanspruchung[4]
Al-Legierungen	a-b-c-d	a-k-e-c-d	a-b-g-h-c-d
Cu-Legierungen	a-b-c-d	a-k-b-c-d	a-g-b-c-d
Mg-Legierungen	a-b-c-d	a-k-b-c-d	a-g-b-i-c-d
Ti-Legierungen	a-b-c-d	a-k-b-c-d	a-b-k-c-d
Stahl, blank	a-b-c-d	a-k-b-c-d	a-g-b-c-d
Stahl, verzinkt	a-b-c-d	a-b-c-d	a-b-c-d
Stahl, phosphatiert	a-b-c-d	a-b-c-d	a-k-b-c-d
Übrige Metalle	a-b-c-d	a-k-b-c-d	a-g-b-c-d

[1] Behandlungsschritte:
a) Reinigen von Schmutz, Farbresten, Zunder
b) Entfetten mit Wasser oder Lösungsmittel
c) Spülen mit klarem Wasser, danach mit destilliertem oder entsalztem Wasser
d) Trocknen in warmer Luft (ca. 60 °C)
e) Entfetten bei gleichzeitigem Beizen
f) Aufrauen durch Bürsten oder Schleifen
g) Aufrauen durch Strahlen
h) Beizen; 30 min bei 60 °C in einer Lösung aus 27 % Schwefelsäure und 7,5 % Natriumdichromat
i) Beizen; 1 min bei 20 °C in einer Lösung aus 20 % Salpetersäure und 15 % Kaliumdichromat
k) Beizen; 3 min bei 20 °C in einer 15 %-igen Flusssäure.

[2] Niedrige Beanspruchung: trockene Umgebung; für Elektrotechnik, Feinwerktechnik.
[3] Mittlere Beanspruchung: feuchte Luft, Kontakt mit Fetten u. Ölen; für Maschinen- und Fahrzeugbau.
[4] Hohe Beanspruchung: nasse Umgebung; für Schiffs- und Behälterbau.

Papierendformate — DIN EN ISO 216

Aufbau

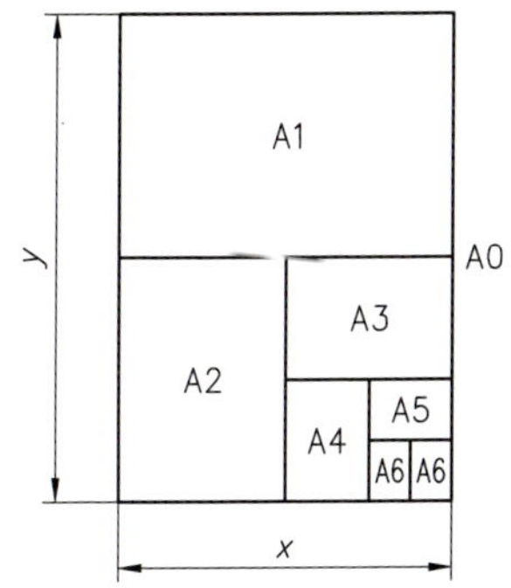

Formatgrößen

Hauptreihe (ISO-A-Reihe)		Zusatzreihe (ISO-B-Reihe)	
Benennung	Seitenlängen in mm	Benennung	Seitenlängen in mm
A 0	841 × 1189	B 0	1000 × 1414
A 1	594 × 841	B 1	707 × 1000
A 2	420 × 594	B 2	500 × 707
A 3	297 × 420	B 3	353 × 500
A 4	210 × 297	B 4	250 × 353
A 5	148 × 210	B 5	176 × 250
A 6	105 × 148	B 6	125 × 176
A 7	74 × 105	B 7	88 × 125
A 8	52 × 74	B 8	62 × 88

- Ausgangsformat A 0 hat eine Fläche von 1 m². Daraus ergibt sich ein Seitenverhältnis $x \cdot y = 1\ m^2$.
- Abmessungen für die Seiten $x = 0{,}841$ m und $y = 1{,}189$ m
- Seitenverhältnis $x : y = 1 : 1{,}414$
- Die Formatgrößen entstehen durch fortgesetztes Halbieren des Ausgangsformats. Die Maße beziehen sich auf die beschnittene Blattgröße; bei Format ≤ A3 mit Heftrand (20 mm), sonstige Umrandung für alle Formate gleich (5 mm).
- Schriftfeld und Stückliste immer in der unteren rechten Ecke
- Zusatzreihen B, C und E sind Formate für Aktenordner, Briefumschläge und Ähnliches: A 2.0, A 2.1, A 3.0 sind Streifenformate.

Schriftfelder für Zeichnungen, Pläne und Listen — DIN EN ISO 9431

Grundschriftfeld für Zeichnungen

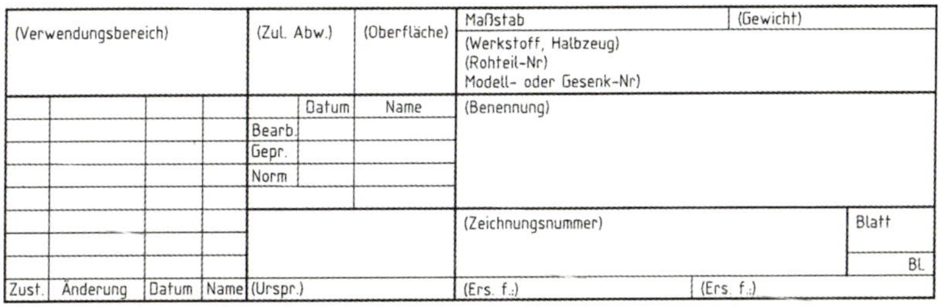

Grundschriftfeld mit einem darüber angeordneten Stücklistenfeld (Stückliste Form A)

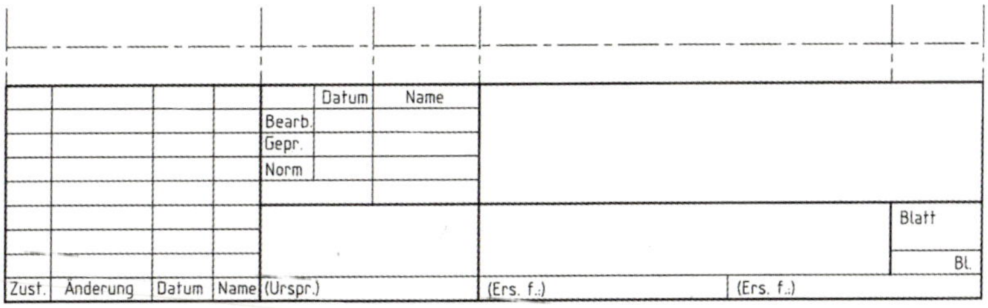

- Das Grundschriftfeld (187,2 mm × 55,25 mm) ist für alle Benutzer festgelegt. Zusatzfelder, z. B. für Prüfvermerke, Auftraggeber, Nachbaufirmen, sind möglich.
- Für Stücklisten und Zeichnungsformate sollen Vordrucke verwendet werden.
- Die Größe der Felder ist in Rastermaßen angegeben: Zeilenhöhe $a = 4{,}25$ mm, Feldlänge $b = 2{,}6$ mm. Für jede Position ist eine Zeile mit der Teilung $2 \cdot a$ vorgesehen. Doppelte Beschriftung ist möglich.

Linien

DIN EN ISO 128-20

Kennbuchstabe	Linienart	Linienbreite *d* in mm (bevorzugte fett)			Anwendungen
A	Volllinie, breit	0,35	**0,5**	**0,7**	Sichtbare Kanten und Umrisse, Hauptdarstellungen in Diagrammen und Fließbildern; Maß- und Textangaben
B	Volllinie, schmal	0,18	**0,25**	**0,35**	Maß-, Hinweis-, Projektionslinien, Umrahmungen, Lagerichtung von Schichtungen, z. B. Trafoblechen, Schraffuren
C D	Freihandlinie, schmal Zickzacklinie, schmal	0,18	**0,25**	**0,35**	Begrenzung von abgebrochen oder unterbrochen dargestellten Ansichten oder Schnitten, wenn die Begrenzung keine Mittellinie ist
E	Strichlinie, breit	0,35	**0,5**	**0,7**	Kennzeichnung zulässiger Oberflächenbehandlung (diese Linienart möglichst nicht verwenden)
F	Strichlinie, schmal	0,18	**0,25**	**0,35**	Verdeckte Kanten und Umrisse
G	Strichpunktlinie, schmal	0,18	**0,25**	**0,35**	Mittellinien, Symmetrielinien, Lochkreise, Teilungsebenen (Formteilung)
J	Strichpunktlinie, breit	0,35	**0,5**	**0,7**	Kennzeichnung geforderter Behandlung, z. B. Wärmebehandlung, Schnittebene
K	Strich-Zweipunktlinie, schmal	0,18	**0,25**	**0,35**	Umrisse angrenzender Teile, Grenzstellungen beweglicher Teile, Schwerlinien

Beim Überdecken verschiedener Linienarten ist folgende Reihenfolge einzuhalten:

a) Sichtbare Kanten und Umrisse (Linienart A)
b) Verdeckte Kanten und Umrisse (Linienart F)
c) Schnittebenen (Linienart J)
d) Mittellinien (Linienart G)
e) Schwerlinien (Linienart K)
f) Maßhilfslinien (Linienart B)

Axiometrische Projektion

Isometrische Projektion	Dimetrische Projektion	Kavalierperspektive
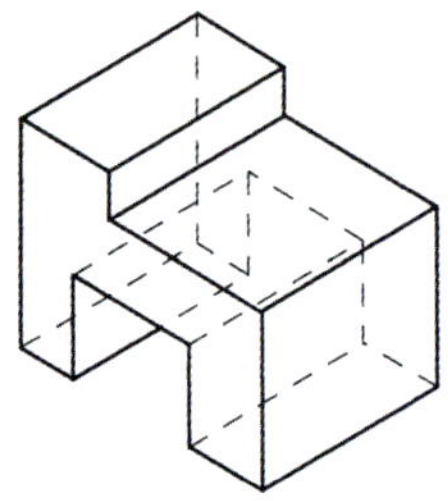	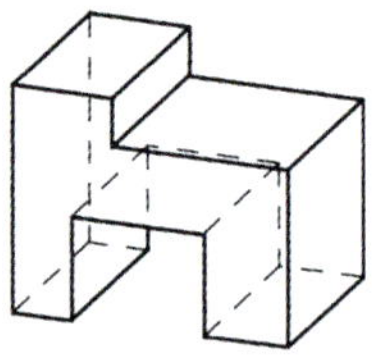	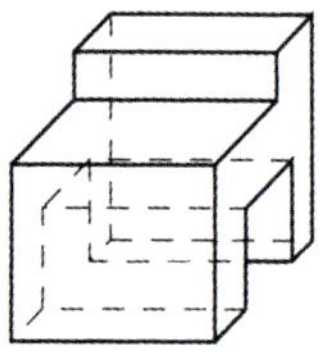
• $a : b : c = 1 : 1 : 1$ $\alpha = 30°$; $\beta = 30°$ • Kreise erscheinen in allen Ansichten als Ellipsen. • Näherungskonstruktion der Ellipsen: $D \approx 1{,}22 \cdot a$; $d \approx 1{,}77 \cdot D$ $R \approx 1{,}06 \cdot a$; $r \approx 0{,}2 \cdot a$	• $a : b : c = 1 : 1 : 0{,}5$ $\alpha = 7°$; $\beta = 42°$ • Ellipsen in der Vorderansicht können als Kreise gezeichnet werden. • Näherungskonstruktion der Ellipsen in Draufsicht und in Seitenansicht: $D_1 \approx D_2 \approx 1{,}06 \cdot a$; $R \approx 1{,}06 \cdot a$ $d_1 \approx d_2 \approx D : 3$; $r \approx 0{,}06 \cdot a$	• $a : b : c = 1 : 1 : 0{,}5$ $\alpha = 0°$; $\beta = 45°$ • Ellipsenkonstruktion ist mit Hilfsansicht möglich.

Schriftzeichen

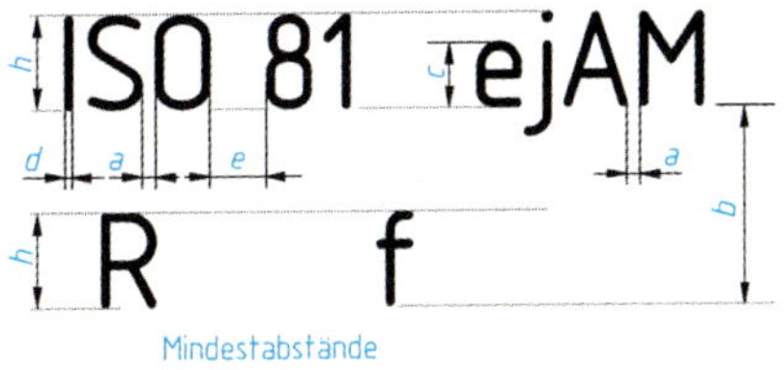

Beschriftungsmerkmale	Verhältnis	Maße						
Schriftform A ($d = 1/14 \cdot h$)								
Höhe der Großbuchstaben	$14/14 \cdot h$	2,5	3,5	5	7	10	14	20
Höhe der Kleinbuchstaben[1]	$10/14 \cdot h$	–	2,5	3,5	5	7	10	14
Mindestabstand zwischen den Schriftzeichen	$2/14 \cdot h$	0,35	0,5	0,7	1	1,4	2	2,8
Mindestabstand zwischen den Grundlinien	$20/14 \cdot h$	3,5	5	7	10	14	20	28
Mindestabstand zwischen den Wörtern	$6/14 \cdot h$	1,05	1,5	2,1	3	4,2	6	8,4
Linienbreite	$1/14 \cdot h$	0,18	0,25	0,35	0,5	0,7	1	1,4
Schriftform B ($d = 1/10 \cdot h$)								
Höhe der Großbuchstaben	$10/10 \cdot h$	2,5	3,5	5	7	10	14	20
Höhe der Kleinbuchstaben[1]	$7/10 \cdot h$	–	2,5	3,5	5	7	10	14
Mindestabstand zwischen den Schriftzeichen	$2/10 \cdot h$	0,5	0,7	1	1,4	2	2,8	4
Mindestabstand zwischen den Grundlinien	$14/10 \cdot h$	3,5	5	7	10	14	20	28
Mindestabstand zwischen den Wörtern	$6/10 \cdot h$	1,5	2,1	3	4,2	6	8,4	12
Linienbreite	$1/10 \cdot h$	0,25	0,35	0,5	0,7	1	1,4	2

[1] Kleinbuchstaben ohne Ober- oder Unterlängen.

Schriftform A, kursiv

A B C D E F G H I J K L M N O P Q R S T U V W X Y Z Ä Ö Ü

a b c d e f g h i j k l m n o p q r s t u v w x y z ä ö ü ß

[(! ? : ; " - = + × · : √ % &)] Ø 1 2 3 4 5 6 7 8 9 0 I V X

Maßstäbe

DIN ISO 5455

Natürliche Größe	Vergrößerungen			Verkleinerungen			Bemerkung
1 : 1	2 : 1	5 : 1	10 : 1	1 : 2	1 : 5	1 : 10	Wird ein anderer als der Hauptmaßstab gewählt, so ist dieser in der Nähe der entsprechenden Darstellung anzugeben.
–	20 : 1	50 : 1	100 : 1	1 : 20	1 : 50	1 : 100	
–	–	–	–	1 : 200	1 : 500	1 : 1000	
–	–	–	–	1 : 2000	1 : 5000	1 : 10000	

Darstellung in Normalprojektion, Ansichten

Projektionsmethode 1 (ISO-Methode E)

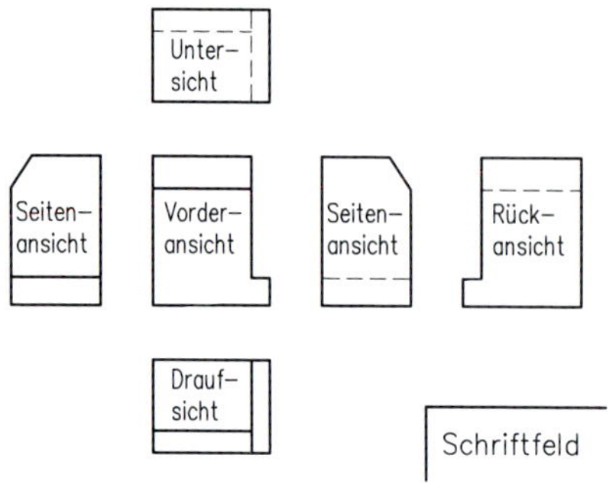

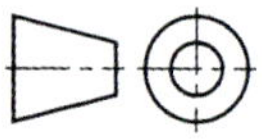

- Zur Kennzeichnung der Methode wird folgendes Symbol nahe dem oder im Schriftfeld eingetragen.
- Die Projektionsmethode 1 wird bevorzugt angewendet.

Projektionsmethode 2 (früher Methode A)

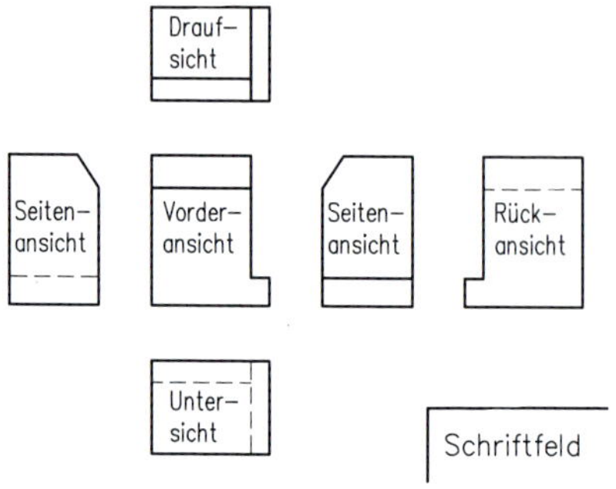

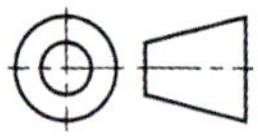

- Zur Kennzeichnung der Methode wird folgendes Symbol nahe dem oder im Schriftfeld eingetragen.
- Die Methode wird in den USA und in GB bevorzugt verwendet.

Pfeilmethode

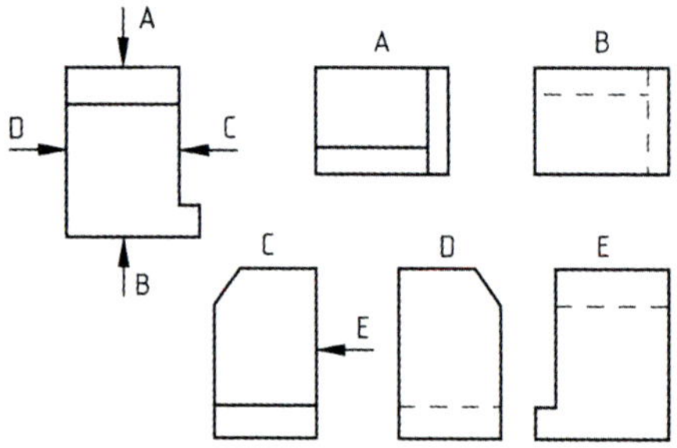

- Die anderen Ansichten dürfen beliebig zueinander angeordnet werden.
- Mit Ausnahme der Hauptansicht wird die Richtung für jede Ansicht durch den Pfeil festgelegt und mit Großbuchstaben oberhalb oder rechts von der Pfeillinie gekennzeichnet.

Teilansichten – Symmetrische Teile

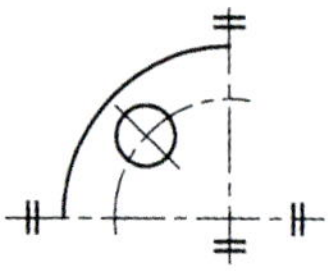

- Die Ansicht kann abgebrochen, jedoch ohne Begrenzungs- oder Bruchlinie dargestellt werden.
- Die Ansicht kann unvollständig dargestellt werden, dann ist die Mittellinie durch zwei kurze parallele Volllinien zu kennzeichnen.

Teilansichten – Formelemente

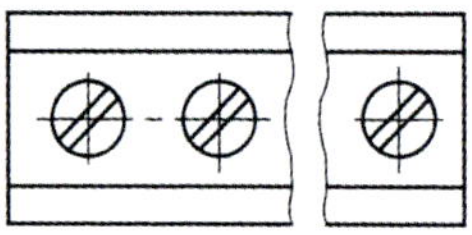

- Regelmäßig wiederkehrende Formelemente brauchen nur am Anfang und am Ende in ihrer Form dargestellt zu werden. Im mittleren Bereich werden die übrigen Elemente durch eine schmale Volllinie angedeutet.
- Die Mitten sich wiederholender Bohrungen werden durch Mittellinienkreuze dargestellt.
- Die Anzahl der sich wiederholenden Formelemente ist anzugeben.

Normalprojektion – Besondere Darstellungen

Biegeteile

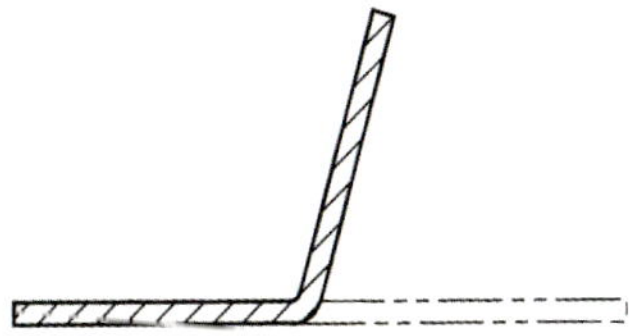

- Biegeteile werden meist nur im Endzustand dargestellt. Die ursprüngliche Form darf innerhalb dieser Darstellung durch eine Strich-Zweipunktlinie erfolgen.
- Biegelinien sind schmale Volllinien, die die Umrisslinien berühren.
- Die Faser- oder Walzrichtung von Werkstoffen darf mit einem Doppelpfeil gekennzeichnet werden.

Bruchkante

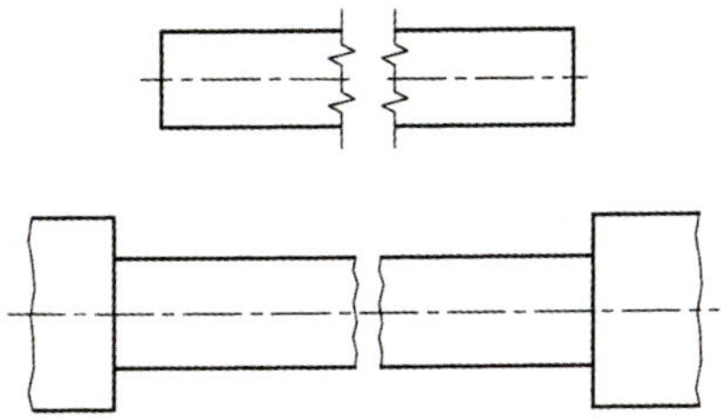

- Die unterbrochen dargestellte Ansicht erhält an den Bruchkanten Bruchlinien, die als Freihandlinien oder als Zickzacklinien gezeichnet werden.
- Die Zickzacklinie wird ungefähr 5 · *d* über die Umrisslinie hinausgehend gezeichnet.

d Linienbreite

Einzelheit

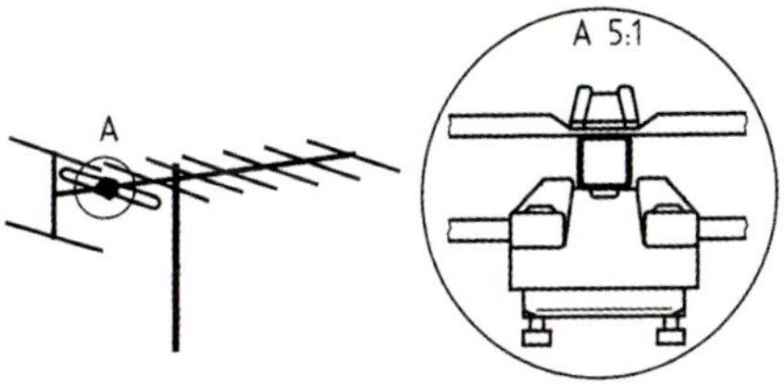

- In der Gesamtdarstellung wird der Bereich der vergrößerten Einzelheit mit einer schmalen Volllinie (Kreis, Ellipse) eingerahmt.
- Die vergrößerte Einzelheit ist in der Nähe der Darstellung anzuordnen.
- Die Einzelheit und den eingerahmten Bereich mit demselben Großbuchstaben beschriften.
- Den Vergrößerungsmaßstab bei der Einzelheit angeben.
- Die Einzelteile dürfen Darstellungselemente und Angaben enthalten, die in der Gesamtdarstellung nicht erscheinen. Umlaufende Kanten, Bruchlinien und Schraffur dürfen im Schnittbild entfallen.

Gewinde

Außengewinde

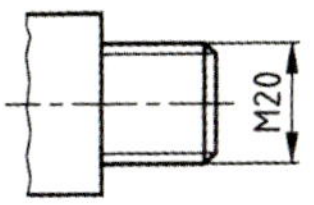

Innengewinde

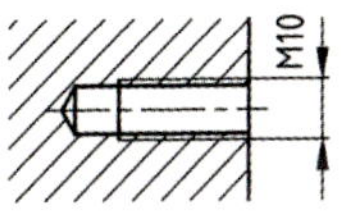

Gewindebohrung

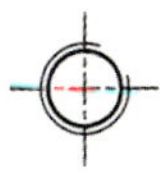

Gewindeauslauf

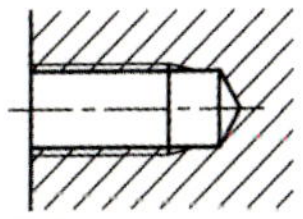

- Die Lage und die Öffnung des ¾-Kreises sind nicht zwingend vorgeschrieben.
- Die Darstellung verdeckt liegender Gewinde (Strichlinien) ist zu vermeiden.
- Die Kurzbezeichnung genormter Gewinde bezieht sich immer auf den Nenndurchmesser.
- Der Gewindeauslauf wird nur gezeichnet, wenn er das Maß der nutzbaren Gewindelänge einbezieht.

Schraubenverbindungen

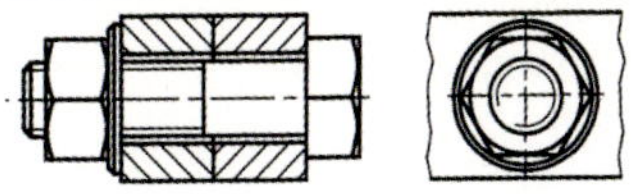

- Für zusammengebaute Gewindeteile gilt: Außengewinde geht stets vor Innengewinde!

Bemaßungen DIN 406-10

Maßlinien, Maßhilfslinien (ISO 128)

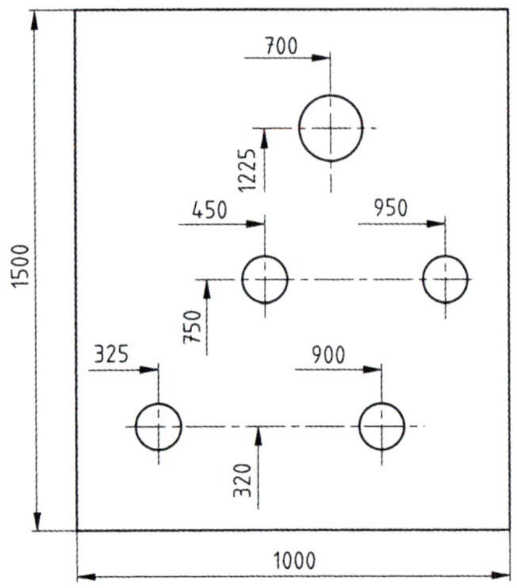

- Kanten und Mittellinien nicht als Maßlinien verwenden.
- Ist dennoch eine Maßlinie gleichzeitig Mittellinie, so ist sie außerhalb der Darstellung als schmale Volllinie zu zeichnen.
- Maß- und Maßhilfslinien sollen nach Möglichkeit keine anderen Linien schneiden.
- Maßhilfslinien stehen parallel zueinander und meist unter 90° (selten 60°) zur Maßlinie.
- Abgebrochene Maßlinien sind über den Mittelpunkt oder über die Symmetrielinie hinausgehend zu zeichnen.
- Der Punkt darf nur bei Platzmangel als Begrenzung einer Maßlinie angewendet werden.

Hinweislinien enden
- ohne Begrenzung, wenn sie auf Linien (keine Körperkanten) zeigen;
- mit Punkt, wenn sie aus einer Fläche herausführen;
- mit Pfeil, wenn sie auf eine Körperkante zeigen.

Beschriftung

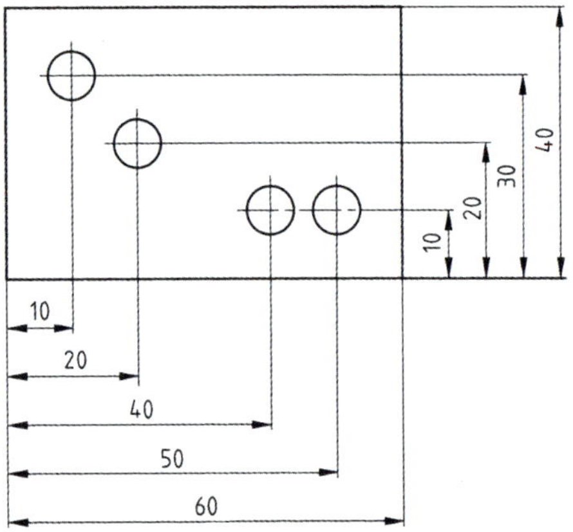

- Die senkrechte Mittelschrift ist zu bevorzugen.
- Die Stellung der Maßzahl entsprechend der Leselage der Zeichnung eintragen (von unten oder von rechts lesbar); im Beispiel ist die Bemaßung im Bereich 0° ... 30° zu vermeiden.
- Maßzahlen nicht durch Linien trennen oder durchstreichen, d. h., alle Linien für Maßzahlen unterbrechen.
- Bei parallelen Maßlinien die Maßzahlen versetzt eintragen.
- Bei unmaßstäblicher Darstellung die Maßzahlen unterstreichen, aber nicht bei unterbrochen dargestellten Teilen.

Anordnung der Maße

Grundregeln:
- Mit der Bemaßung wird in der Zeichnung der Endzustand dargestellt; dies kann ein Roh-, Zwischen- oder Fertigzustand eines Erzeugnisses sein.
- Es werden die Maße der natürlichen Größe eingetragen – unabhängig vom Maßstab der Darstellung.
- Alle Längenmaße werden ohne Angabe der Einheit in mm angegeben, abweichende Einheiten sind anzugeben (m, cm). Winkelangaben erfolgen in Grad, z. B. 90°.
- Jedes Maß eines Werkstücks darf nur einmal in der Zeichnung eingetragen werden. Es ist in der Ansicht anzutragen, in der die Zuordnung von Darstellung und Maß am deutlichsten ist.
- Nicht an verdeckten Körperkanten bemaßen (stattdessen Schnittdarstellung verwenden).
- Maße möglichst aus der Darstellung herausziehen.

Bemaßung (Fortsetzung)

Tabellenbemaßung/Koordinatensystem

- Die Kennzeichnung der Koordinatenachsen erfolgt durch die Koordinaten-Nullpunkte und durch die Richtung der Bemaßung.
- Für die Positionsnummer eines Koordinatenpunktes gilt:
  1. Ziffer: Angabe des Nullpunktes
  2. Ziffer: fortlaufende Nummer der Punkte
- Bei der Bemaßung in zwei voneinander unabhängigen Systemen sind die Koordinatenachsen mit Buchstaben und Ziffern anzugeben.

Kartesisches Koordinatensystem

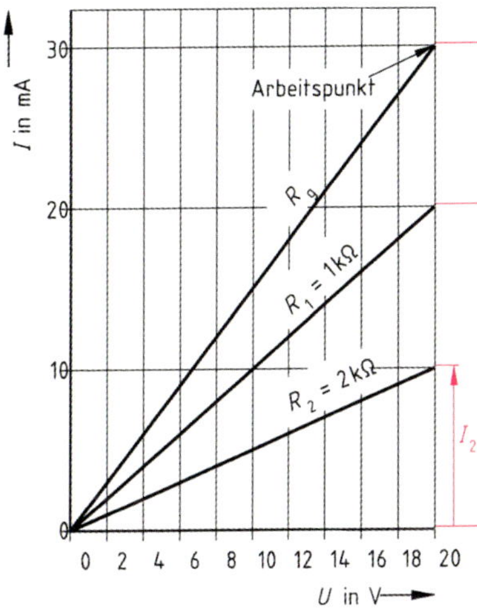

Kartesisches Koordinatensystem mit normierten Achsen

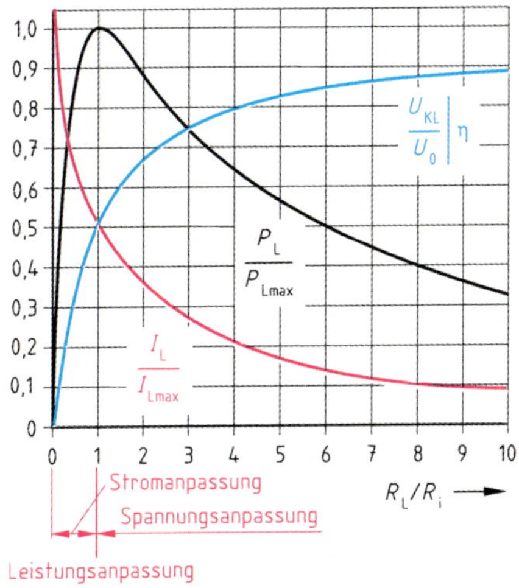

Polarkoordinaten

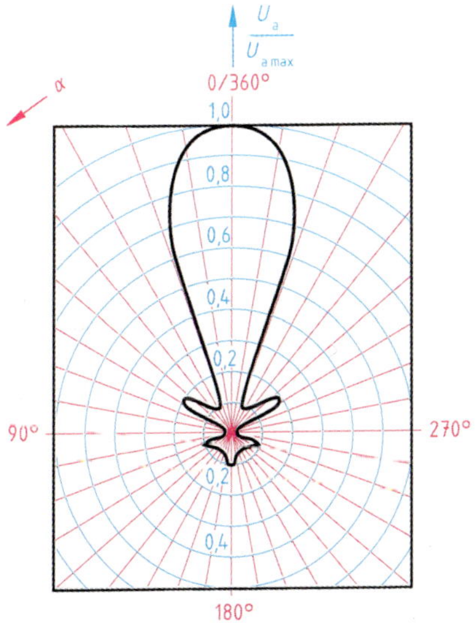

Netztafel

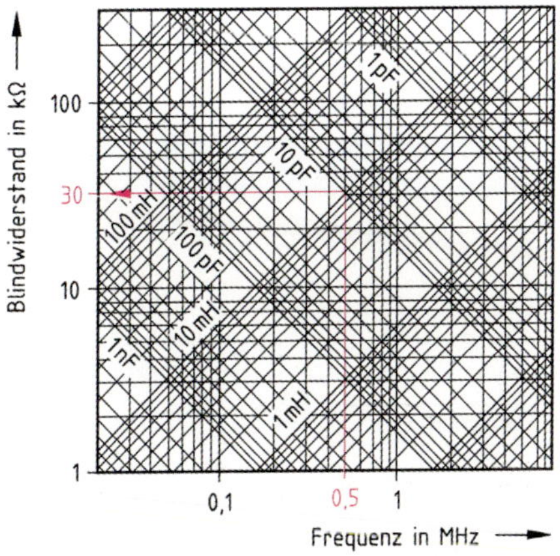

Sinnbilder für Programmablaufpläne — DIN 66001 (Auswahl)

Sinnbild	Bedeutung	Sinnbild	Bedeutung
	Verarbeitung einschließlich Eingabe und Ausgabe		Grenzstelle, z. B. Beginn oder Ende eines Programms
	Verzweigung		Verbindungsstelle zur Kennzeichnung, wenn ein PA aufgeteilt ist
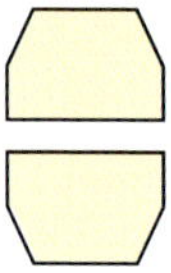	Schleifenbegrenzung zur Eingrenzung eines Programmteils, der wiederholt durchlaufen wird		Ablauflinie zur Verbindung der Sinnbilder
		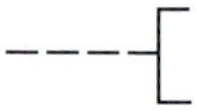	Bemerkung, kann an das Sinnbild zur Erläuterung angefügt werden.

Programmablaufplan und Struktogramm

Programmablaufplan und Struktogramm dienen dazu, den Ablauf der aufeinanderfolgenden Verarbeitungsschritte in einem Programm während des Programmlaufs grafisch darzustellen.

Programmablaufplan (PA) (DIN 66001), Beispiel	Struktogramm nach Nassi-Shneiderman (DIN 66261), Beispiel
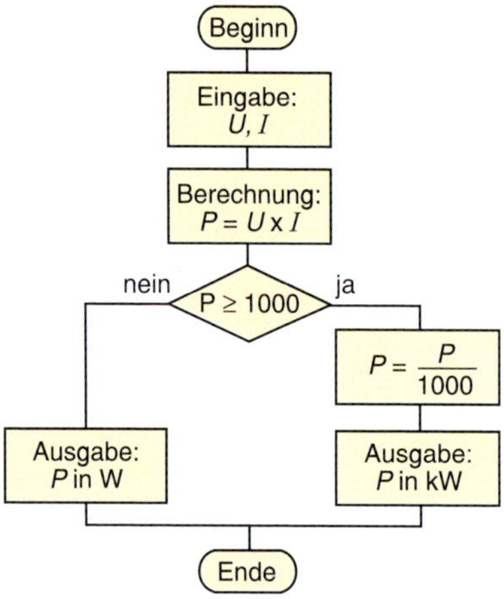	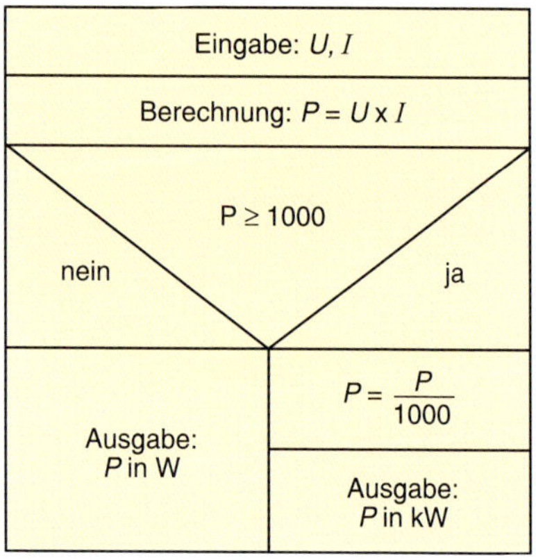

Gegenüberstellung der Sinnbilder für Programmablaufpläne und Struktogramme

Programmablaufplan (PA)		Bemerkungen	Struktogramm nach Nassi-Shneiderman
Folge von Verarbeitungen			
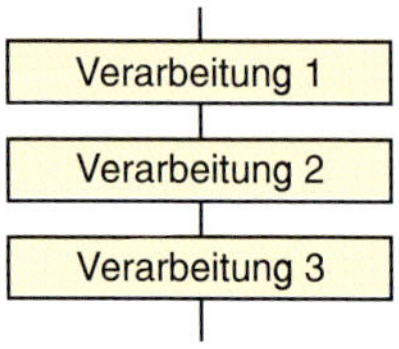	Als Unterprogramm: 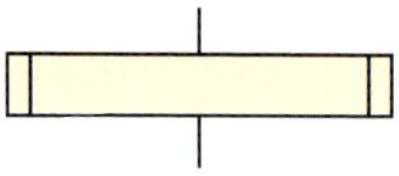	• Folge mehrerer Aufgabenbeschreibungen • Aufeinanderfolgende Anweisungen • Unterprogrammname	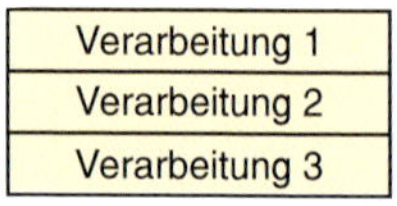

Gegenüberstellung der Sinnbilder für Programmablaufpläne und Struktogramme (Fortsetzung)

Programmablaufplan (PA)	Bemerkungen	Struktogramm nach Nassi-Shneiderman
Wiederholung: Bedingungsprüfung vor der Verarbeitung (kopfgesteuerte Schleife)		
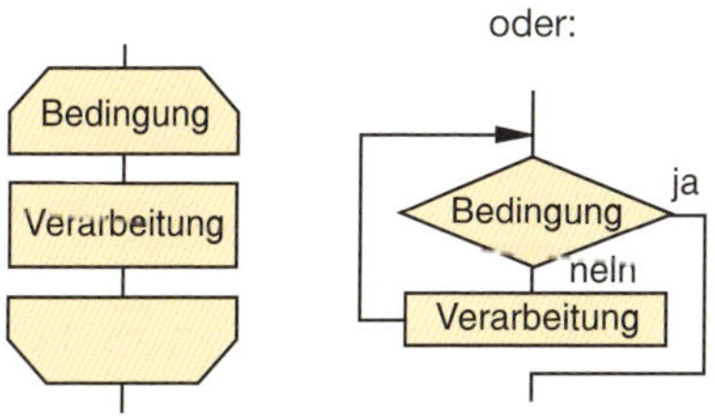	Die Verarbeitung wird wiederholt, solange die Bedingung z. B. nicht erfüllt ist (nein). Ist die Bedingung schon bei der ersten Abfrage erfüllt (ja), erfolgt keine Verarbeitung.	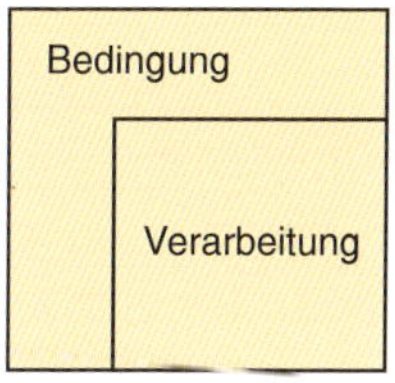
Wiederholung: Bedingungsprüfung nach der Verarbeitung (fußgesteuerte Schleife)		
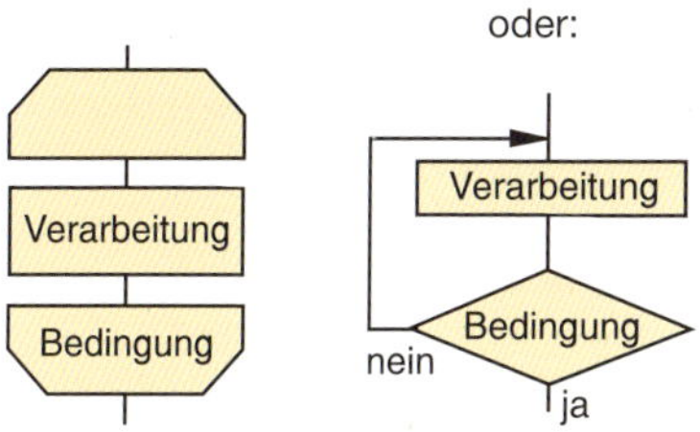	Die Verarbeitung wird wiederholt, solange die Bedingung z. B. nicht erfüllt ist (nein). Ist die Bedingung schon vor der ersten Verarbeitung erfüllt (ja), erfolgt die Verarbeitung trotzdem.	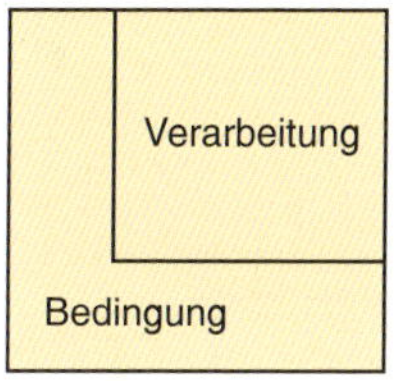
Verzweigung: bedingte Verarbeitung		
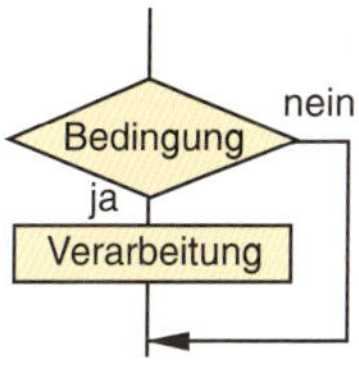	Die Verarbeitung erfolgt in diesem Beispiel nur, wenn die Bedingung erfüllt ist (ja).	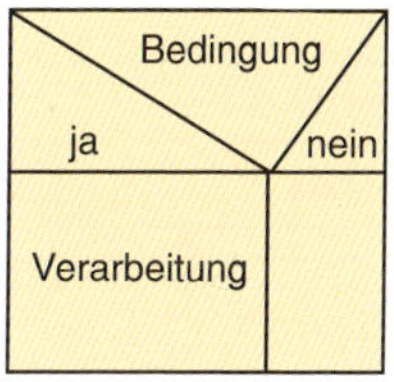
Verzweigung: einfache Alternative		
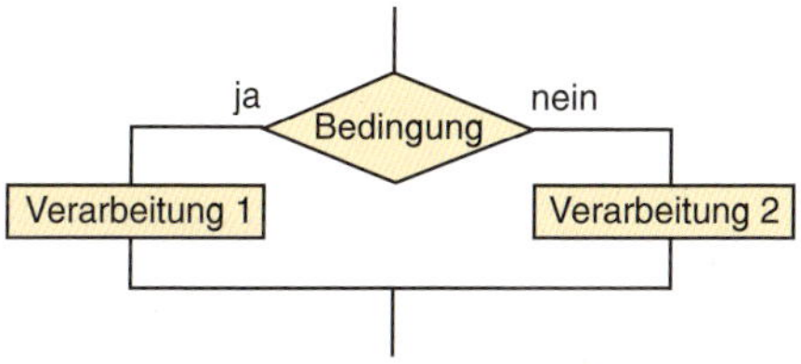	Die Verarbeitung erfolgt abhängig vom Ergebnis der Abfrage (ja/nein) mit der Verarbeitung 1 oder mit der Verarbeitung 2.	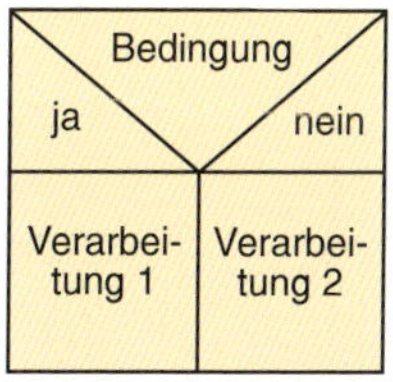
Verzweigung: mehrfache Alternative		
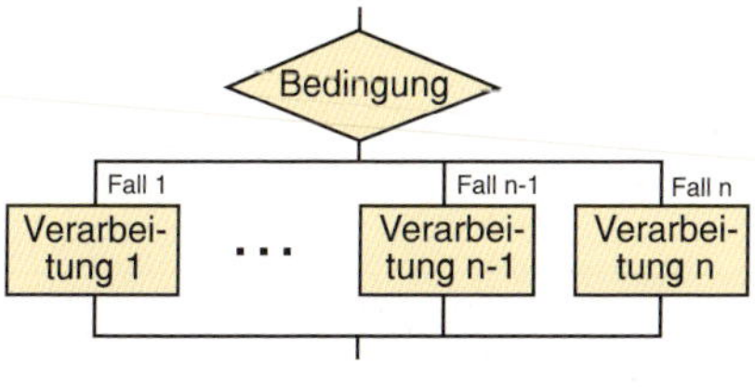	Auswahl aus mehreren Vorgaben, z. B. aus einem Menü	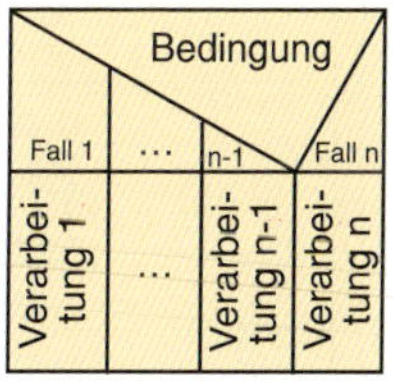

Darstellung von Informationen — DIN EN 61082-1

Technische Dokumentationen müssen für die Planung, die Herstellung, die Installation, die Inbetriebnahme sowie für die Nutzung und Wartung die erforderlichen Informationen in eindeutiger Form liefern.

Anforderung	Beschreibung
Leserlichkeit	Informationen müssen durch die Wahl von Formaten, grafischen Symbolen, Texten, Farben, Schattierungen u. Ä. sowie des Mediums lesbar sein.
Ausrichtung	Text muss horizontal oder vertikal von unten oder von rechts lesbar sein.
Papierformat	Für Schaltpläne wird das Format A3 empfohlen.
Identifikation von Seiten	Um bei mehrseitigen Dokumenten die Seiten mithilfe von Querverweisen identifizieren zu können, wird zusätzlich zur Dokumentidentifikation eine Seitenidentifikation benötigt.
Seitenlayout	Eine Seite wird unterteilt in Inhaltsfeld und mindestens ein Identifikationsfeld, wobei ein Identifikationsfeld am unteren Rand angeordnet sein muss.
Feldeinteilung	Das Inhaltsfeld wird in Spalten und Reihen aufgeteilt, wobei die Nummerierung der Felder in der linken oberen Ecke mit 1 beginnt. Die Reihen werden mit den Großbuchstaben A, B, C … gekennzeichnet. Die Buchstaben I und O werden nicht verwendet.
Querverweise	Querverweise verweisen auf ein Dokument, eine Seite oder einen Bereich einer Seite. Die Reihenfolge ist: Dokument – Seite – Zeile, Spalte, Bereich. Beispiel: xxx23/1.C4 = Dokument xxx23, Bereich C4 auf Seite 1 Innerhalb desselben Dokuments entfällt die Dokumentbezeichnung, innerhalb einer Seite auch die Seitenbezeichnung. Beispiele: /1.C4 = Bereich C4 auf Seite 1 im selben Dokument /.C4 = Bereich C4 auf derselben Seite
Hyperlinks	Hyperlinks können zur Vereinfachung der Navigation eingesetzt werden.

Beispiel

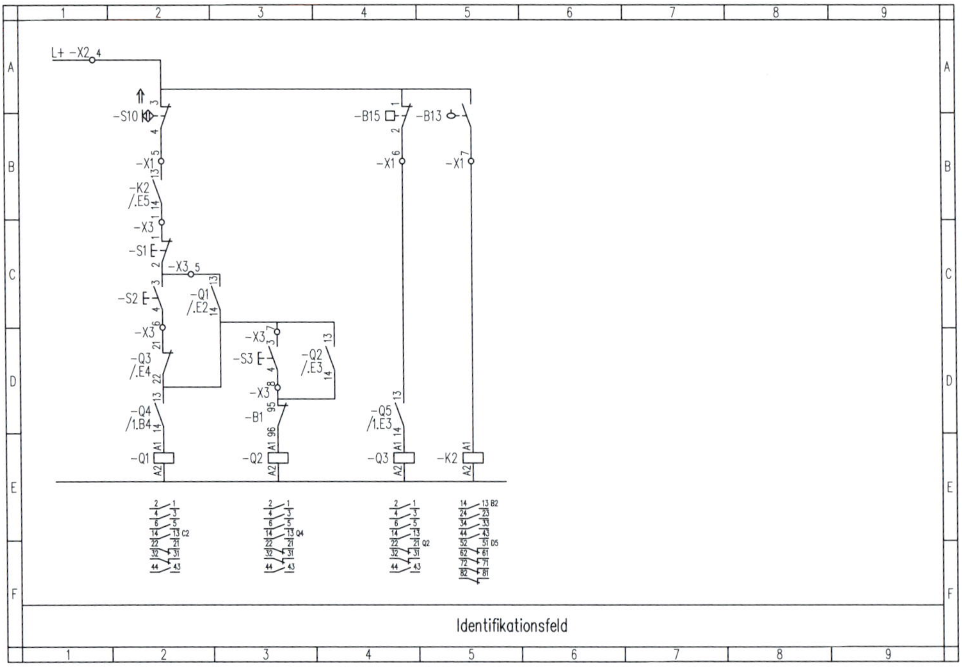

Schaltplanarten — DIN EN 61082-1

Benennung	Beschreibung
Ablaufplan	Informiert über die Abfolge von Aktivitäten oder den Status eines Systems
Zeitablaufplan	Ablaufplan mit definierter Zeitachse
Anordnungsplan	Stellt die Position von Objekten dar. Die Objekte werden als Umriss oder mit einem Symbol dargestellt und werden gekennzeichnet. Maße, technische Daten und Installationsanweisungen können eingetragen sein, ebenfalls Symbole für Leitungen und Kabel.
Anschlusstabelle	In einer Tabelle sind die Verbindungen zwischen Baueinheiten mit Informationen über den Kabel- oder Leitungstyp sowie Kabel- oder Leiternummer aufgeführt. Hinweise auf Verlegung, Anschluss, Befestigung, Schirmung o. Ä. sind möglich, ebenso technische Daten oder die Länge der Verbindung.
Funktionsschaltplan	Informiert über das funktionale Verhalten, wobei grafische Symbole die Funktionen sowie die funktionalen Verbindungen und Zusammenhänge darstellen.
Stromlaufplan	Stromlaufpläne stellen Informationen über die Ausführung von Stromkreisen und deren Wechselbeziehungen bereit. Grafische Symbole stellen sowohl die Objekte wie auch die Verbindungen dar. Referenz- und Anschlusskennzeichnungen sowie Angaben zur Verfolgung der Strompfade sind erforderlich. Zusätzlich können Angaben über technische Daten, Informationen zur Verdrahtung, Kabel- bzw. Aderkennzeichnungen sowie Verweise auf weitere Dokumente notwendig sein.
Übersichtsschaltplan	Mit einem geringen Detaillierungsgrad werden umfassend Hauptzusammenhänge und Verbindungen mit Kennzeichnungen und Verweisen zu detaillierteren Plänen dargestellt. Ortsinformationen, Teile von Funktionsschaltplänen, technische Daten, Messpunkte, Grenzdaten sowie erläuternde und anwendungsspezifische Informationen können ebenfalls enthalten sein.
Verbindungsschaltplan	Stellt die physikalischen Verbindungen zwischen Baueinheiten mit der Angabe der Kabel- und Leitungstypen sowie deren technischen Daten dar. Über die Referenzkennzeichnung müssen die verbundenen Objekte identifizierbar sein. Weitere Angaben zur Verlegung, den Anschluss, der Befestigung u. Ä. sowie über die Länge der Verbindung sind möglich.

Benennung von Schaltplänen (Auswahl) — DIN EN 61082-1

Gebräuchlicher Name	Benennung	Gebräuchlicher Name	Benennung
Blockschaltplan	Übersichtsschaltplan	Anschlussplan	Verdrahtungsplan
Ersatzschaltplan	Funktionsschaltplan	Geräteverdrahtungsplan	Verbindungsschaltplan
Funktionsplan	Funktionsschaltplan	Installationsplan	Anordnungsplan
Anschlussfunktions-schaltplan	Stromlaufplan	Verbindungstabelle	Anschlusstabelle
Netzschema	Übersichtsschaltplan	Kabeltabelle	Anschlusstabelle
Netzplan	Übersichtsschaltplan	Kabelliste	Anschlusstabelle
Erdungsplan	Anordnungsplan	Kabelplan	Verbindungsschaltplan
Lageplan	Anordnungsplan	Kabelwegeplan	Anordnungsplan

Darstellung der Funktion in technischen Dokumentationen

<table>
<tr><th>Beschreibung</th><th>Beispiel</th></tr>
<tr><td>Funktionsbeschreibung:
Die verbale Funktionsbeschreibung ergänzt das Technologieschema und die Schaltpläne.</td><td>Bei Betätigung von S1 zieht Q1 an und schaltet den Antrieb M1 ein. Der Leuchtmelder P1 meldet Antrieb M1 EIN usw.</td></tr>
<tr><td>Technologieschema:
In vereinfachter Form wird der Aufbau einer Maschine mit allen zur Funktion wesentlichen Elementen dargestellt, insbesonders mit der Anordnung von Signalgebern und Ausgangselementen. Die bildhafte Darstellung soll die Funktionsweise der gesteuerten Maschine veranschaulichen und Arbeitsabläufe nachvollziehbar darstellen.</td><td>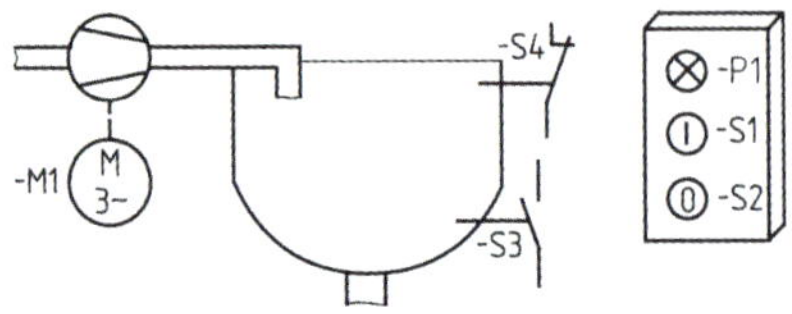
</td></tr>
<tr><td>Schaltfolgediagramm:
Die Schaltzustände werden in ihrer funktionalen Folge dargestellt. Es wird vorzugsweise bei Relaissteuerungen als Ergänzung des Stromlaufplanes zur Verdeutlichung der einzelnen Schaltvorgänge verwendet. Die Darstellung der Schaltvorgänge ist nicht zeitproportional.
Durchgehende Linien kennzeichnen die Arbeitsstellung von Kontakten bzw. die Ansteuerung von Antrieben oder bei einer Ausschaltverzögerung den Zustand EIN mit der Angabe der Verzögerungszeit. Gestrichelte Linien kennzeichnen bei Einschaltverzögerungen den Zustand AUS mit der Angabe der Verzögerungszeit. Anfang und Ende eines Schaltvorgangs werden durch einen Querstrich markiert. Mit einem Dreieck werden Ansprech- und Rückfallverzögerungszeiten angegeben, wobei die Länge des Dreiecks ein Maßstab für die Verzögerungszeit sein kann. Waagerechte Linien, mit Pfeilen versehen, verdeutlichen das Zuammenspiel der Betriebsmittel.</td><td>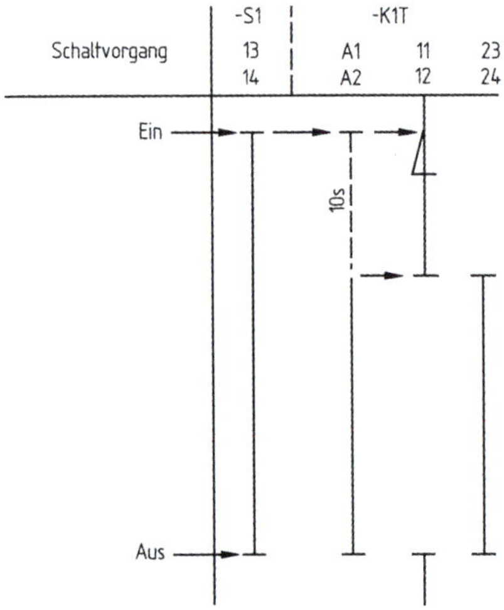
</td></tr>
<tr><td>Zeitablaufplan:
Die Funktionsabläufe werden hier im zeitgerechten Maßstab dargestellt. Es wird vorzugsweise zur Darstellung des Funktionsablaufes in taktgesteuerten Schaltungen angewendet. Die Funktionen werden waagerecht in dem gewählten Zeitmaßstab aufgetragen.</td><td>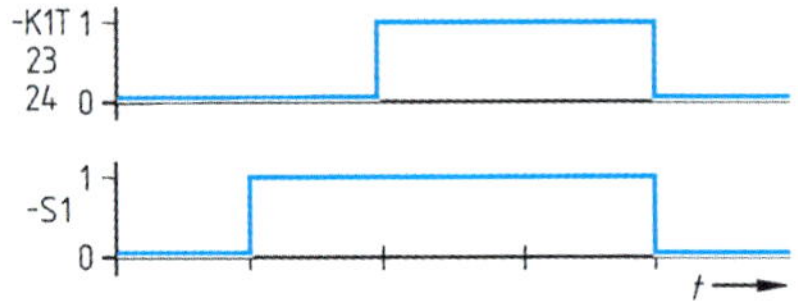
</td></tr>
<tr><td>Funktionsdiagramm:
Ist zur übersichtlichen Darstellung von Ablaufsteuerungen, insbesonders der Pneumatik, geeignet. Ein vollständiges Funktionsdiagramm besteht aus dem Bewegungsdiagramm für die Arbeitselemente und dem Steuerdiagramm für die Signaleingabe. In Abhängigkeit der einzelnen Schritte werden neben den Bewegungen der Arbeitselemente auch die Schaltstellungen der Signalgeber eingezeichnet.</td><td>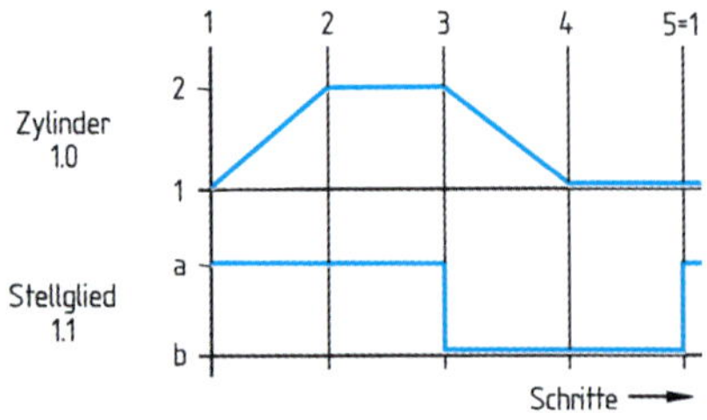
</td></tr>
</table>

GRAFCET für Funktionspläne der Ablaufsteuerung — DIN EN 60848

Beschreibung	GRAFCET-Plan
GRAFCET ist eine grafische Entwurfssprache, die das funktionale Verhalten des Ablaufteiles eines Steuerungssystems beschreibt. GRAFCET ersetzt den Funktionsplan nach DIN 40719-6, ist aber im Aufbau ähnlich. GRAFCET legt das logische Verhalten eines Systems fest, unabhängig von dessen konkreter technischer Umsetzung.	Der GRAFCET-Plan unterscheidet: • **Struktur** zur Beschreibung möglicher Abläufe mit den Bestandteilen **Schritt, Transition, Wirkverbindung** • **Wirkungsteil** zur Darstellung der Beziehungen zwischen den Eingangs- und Ausgangsvariablen. Elemente sind die **Transitionsbedingung** und die **Aktion**.

Symbole — DIN EN 60848

Symbol	Bezeichnung
	**Schritt.** Wird durch ein Rechteck mit der Angabe der Schrittnummer dargestellt. Aktive Schritte werden zusätzlich mit einem Punkt gekennzeichnet.
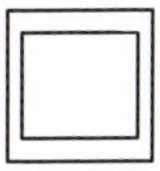	**Anfangsschritt.** Dieser Schritt ist Teil der Anfangssituation. Die Anfangssituation ist die zum Startzeitpunkt aktive Situation.
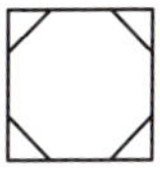	**Einschließender Schritt.** Dieser Schritt beinhaltet andere Schritte, die als eingeschlossene Schritte bezeichnet werden.
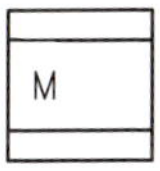	**Makroschritt.** Einzeldarstellung eines Teiles von GRAFCET, eine Expansion ergibt die Feinstruktur.
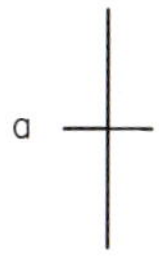	**Transition.** Wird durch eine Linie zwischen zwei Schritten dargestellt. Es ist immer nur eine Transition zwischen zwei Schritten möglich. Sie ist freigegeben, wenn der vorhergehende Schritt aktiv ist.
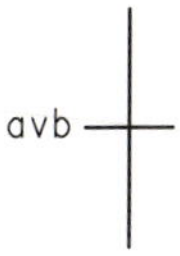	**Transitionsbedingung.** Sie ist ein logischer Ausdruck, der TRUE oder FALSE sein kann. Das Auslösen erfolgt bei TRUE und freigegebener Transition.
	Transitionsname. Es darf ein Name vergeben werden, der nicht mit der Transitionsbedingung verwechselt werden kann. Er wird links angeordnet.

Symbol	Bezeichnung
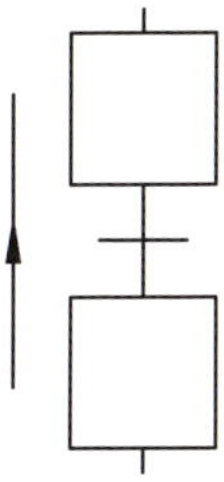	**Wirkverbindung.** Sie bildet den Ablaufpfad zwischen den Schritten und verläuft senkrecht oder waagerecht von oben nach unten. Ein anderer Verlauf wird mit Pfeilen gekennzeichnet. Zwei Schritte dürfen nicht direkt durch eine Wirkverbindung verbunden sein.
	**Kontinuierlich wirkende Aktion.** Diese Aktionen müssen mit einem Schritt verknüpft sein. Mehrere Aktionen sind möglich.
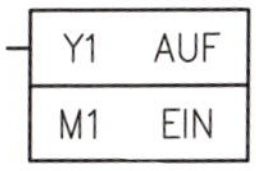	**Kennzeichnung.** Jede Aktion muss eine Kennzeichnung haben. Bei der kontinuierlich wirkenden Aktion ist dies der Name der Ausgangsvariablen.
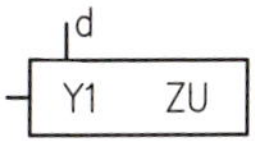	**Zuweisungsbedingung.** Logische Größen beeinflussen kontinuierlich wirkende Aktionen. Sie können TRUE oder FALSE sein. Zuweisungsbedingungen können zeitabhängig wirken.
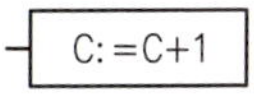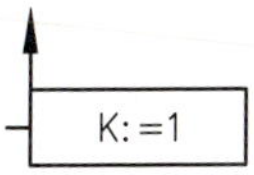	**Gespeichert wirkende Aktion.** Diese Aktion hat im Rechteck die Beschreibung, wie der Ausgangsvariablen ein bestimmter Wert zugeordnet wird (z. B. ein Zähler C: = C + 1). Erfolgt die Aktion bei Aktivierung bzw. bei Deaktivierung (Flanke), wird dies mit einem Pfeil am Rechteck angezeigt

GRAFCET-Aktionen — DIN EN 60848

GRAFCET	Zeitablaufplan	Beschreibung
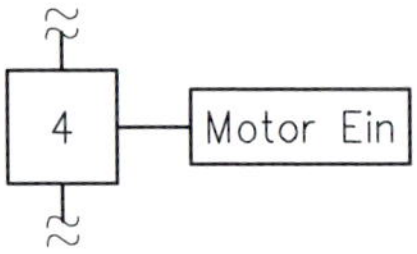		**Kontinuierlich wirkende Aktion** Die Aktion wird ausgeführt, wenn der Schritt aktiv ist. Die Dauer der Aktion ist gleich mit der Dauer der Aktivierung des Schrittes.
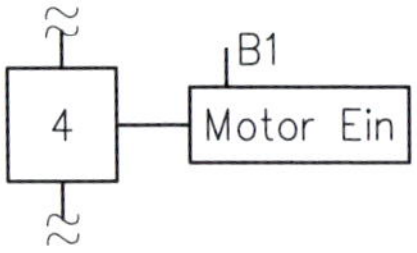	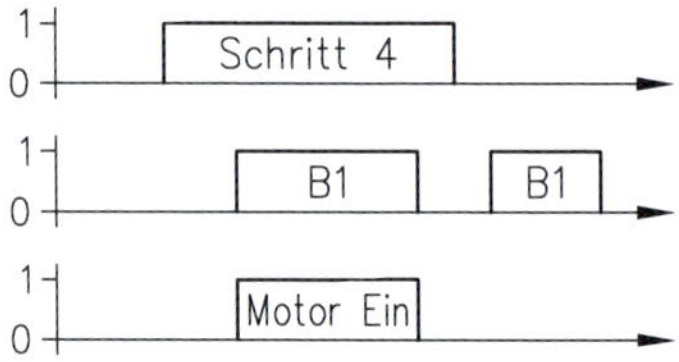	**Aktion mit Zuweisungsbedingung** Die Aktion wird ausgeführt, wenn der Schritt aktiv und die Zuweisungsbedingung erfüllt ist. Der Zustand von Zuweisungsbedingungen kann TRUE (Wahr, 1-Signal) oder FALSE (Falsch, 0-Signal) sein.
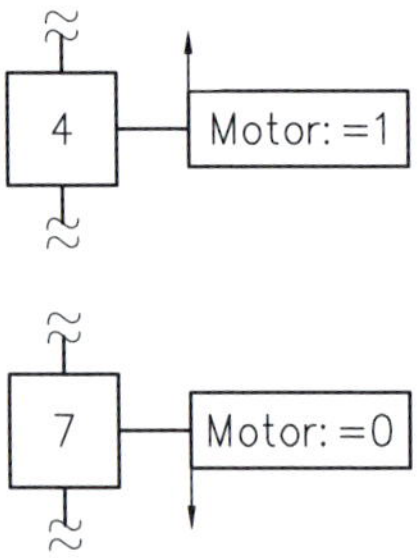	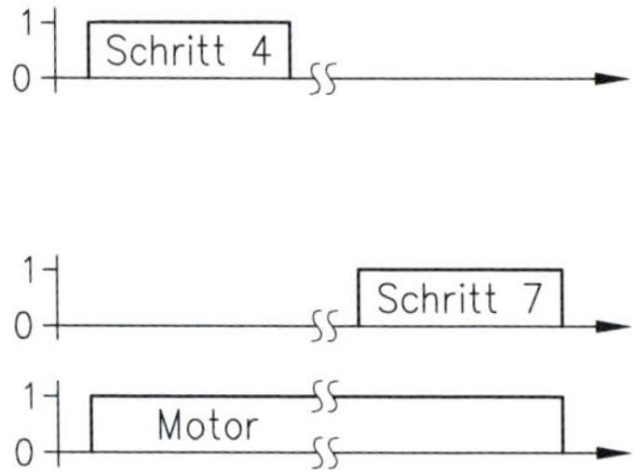	**Gespeichert wirkende Aktion bei Aktivierung des Schrittes** Bei Aktivierung des Schrittes 4 wird die Aktion über den aktiven Schritt hinaus so lange ausgeführt (gespeichert), bis ihn eine weitere Aktion zurücksetzt. **Gespeichert wirkende Aktion bei Deaktivierung des Schrittes** In diesem Beispiel erfolgt die Löschung der gespeicherten Aktion bei Deaktivierung des Schrittes 7. Für gespeicherte Aktionen sind auch alle anderen Kombinationen von Aktivierung oder Deaktivierung des Schrittes möglich.
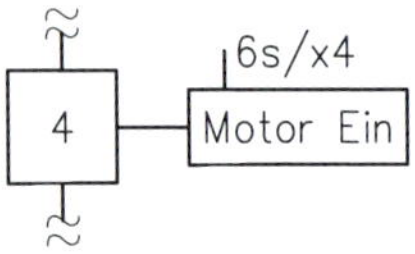	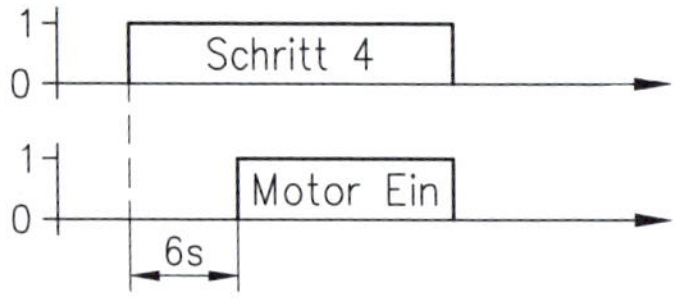	**Zeitverzögert wirkende Aktion** Die zeitverzögerte Aktion startet nicht mit dem aktivierten Schritt, sondern erst nach Ablauf der Zeit. Die Zeit wird mit dem Schritt (x) als Zuweisungsbedingung angegeben (hier 6s).
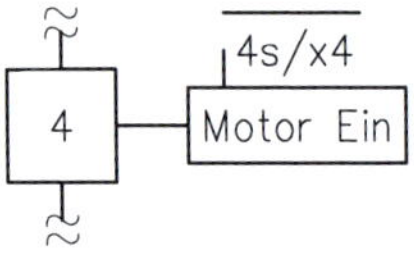	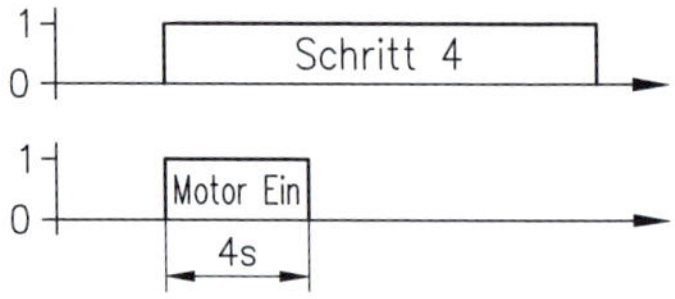	**Zeitbegrenzte Aktion** Die zeitbegrenzte Aktion startet mit dem aktivierten Schritt, dauert jedoch nur für die angegebene Zeit. Sie wird als „negierte“ zeitverzögerte Aktion angegeben.
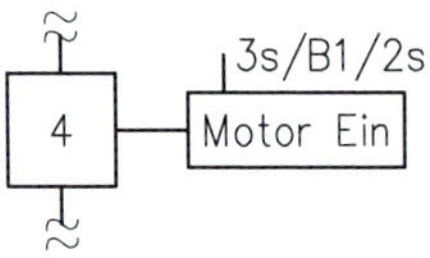	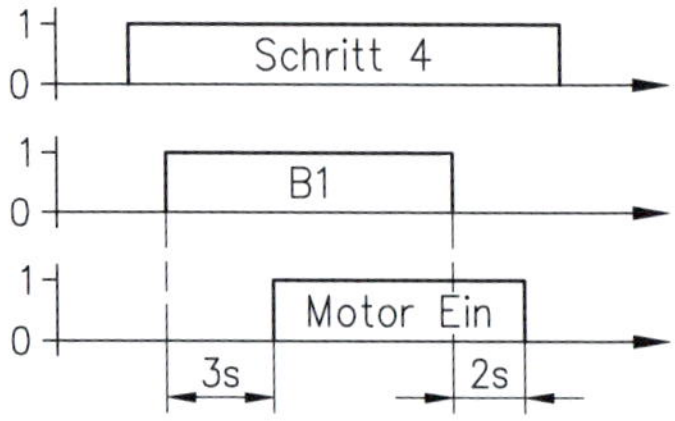	**Zeitabhängige Zuweisungsbedingung** Bei einer zeitabhängigen Zuweisungsbedingung wird Beginn und Dauer nicht durch den Schritt, sondern durch Variablen bestimmt (hier B1). Die angegebenen Zeiten beziehen sich auf den Zustand TRUE von B1.

Stromlaufpläne DIN EN 61082-1

Stromlaufplan in zusammenhängender Darstellung	Stromlaufplan in halb zusammenhängender Darstellung	Stromlaufplan in verteilter Darstellung
Beispiel: 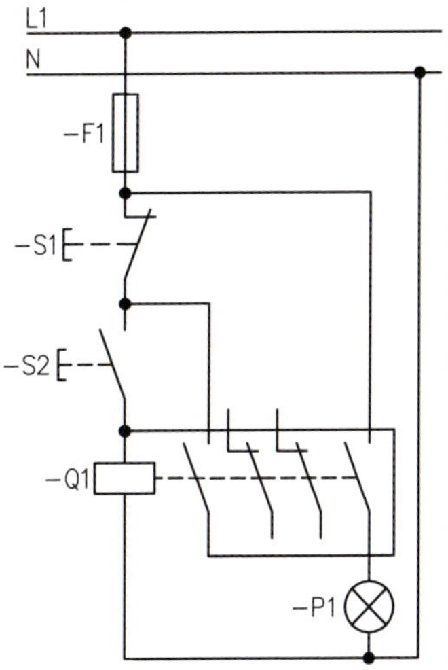	**Beispiel:** 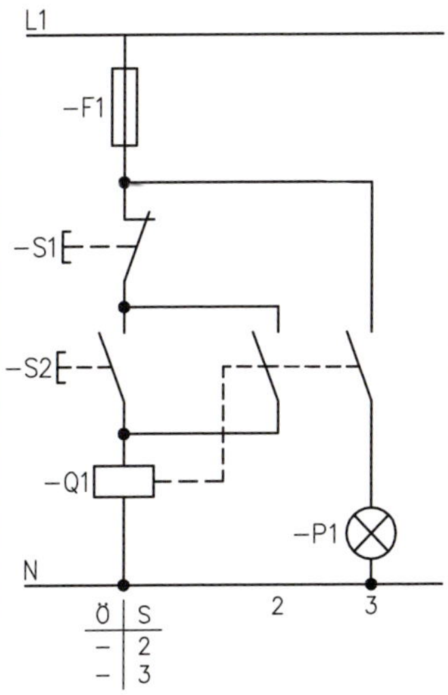	**Beispiel:** 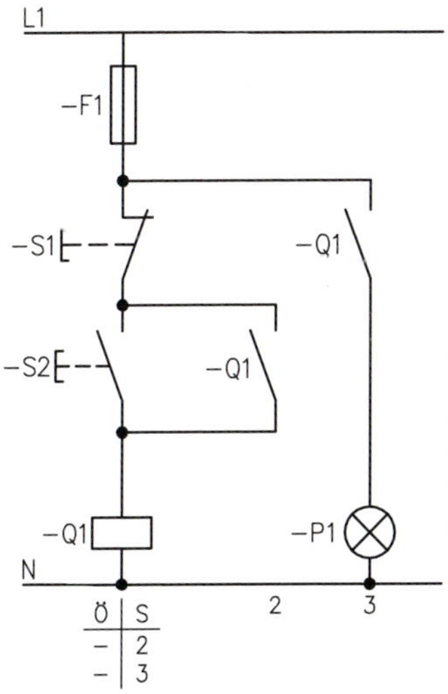
Im Stromlaufplan in zusammenhängender Darstellung werden alle Teile eines Betriebsmittels zusammenhängend gezeichnet. Mechanische Verbindungen werden durch eine gestrichelte Linie gekennzeichnet. Die Betriebsmittel sind jedoch nicht entsprechend ihrer tatsächlichen Anordnung dargestellt.	Der Stromlaufplan in halb zusammenhängender Darstellung verzichtet auf die zusammenhängende Darstellung eines Betriebsmittels. Die mechanischen Wirkverbindungen werden jedoch durch eine gestrichelte Linie gekennzeichnet.	Im Stromlaufplan in verteilter Darstellung wird die Schaltung in Stromwege, Planabschnitte oder Planquadrate aufgelöst und ohne Rücksicht auf die räumliche Lage oder auf räumliche Zusammenhänge der Betriebsmittel dargestellt. Um die Übersichtlichkeit zu vergrößern, verlaufen die Stromwege senkrecht und sollen ohne Kreuzungen gezeichnet werden.

Allgemeine Regeln für Stromlaufpläne:

- Aus einem Stromlaufplan muss die Wirkungsweise einer Schaltung eindeutig zu erkennen sein.
- Alle Betriebsmittel sind durch normgerechte Schaltzeichen dargestellt.
- Im gesamten Stromlaufplan ist die gleiche Art der Darstellung (Schaltzeichen) zu verwenden.
- Betriebsmittel sollen mit Typenbezeichnungen, technischen Daten und Referenzkennzeichnungen zum Auffinden von Schaltzeichen und Zielorten versehen sein.
- Betriebsmittel werden mit Anschlusskennzeichnungen dargestellt.
- Mehrleitersysteme können zur Vereinfachung zusammengefasst (einpolig) dargestellt werden.
- In verteilter Darstellung werden die Strompfade in Stromwege, Planabschnitte oder Planquadrate unterteilt, um die Lesbarkeit zu gewährleisten.
- Die Strompfade werden senkrecht und fortlaufend von links nach rechts gezeichnet.
- Die Zusammengehörigkeit von Betriebsmitteln wird in verteilter Darstellung in Form von Tabellen oder Schaltzeichen mit Verweisen angegeben.
- Betriebsmittel werden in der Energietechnik im ausgeschalteten Zustand, in der Nachrichtentechnik im betriebsbereiten Zustand dargestellt.
- Anhand von Stromlaufplänen muss die Wartung, Instandhaltung und Störungssuche in einer Anlage möglich sein.

Verbindungsschaltplan — DIN EN 61082-1

Regeln

- Betriebsmittel und Bauteile lagerichtig anordnen
- Anschlussstellen der Betriebsmittel mit vollständiger Bezeichnung darstellen
- Verbindungsleitungen einzeln oder zusammengefasst zeichnen. Bei Zusammenfassung Anschlussstellen und Zielbezeichnungen angeben
- Anschlüsse zum Netz und zu externen Betriebsmitteln angeben
- Der Verbindungsschaltplan kann in Geräteverdrahtungsplan, Verbindungsplan und Anschlussplan unterteilt werden.
- Verbindungsschaltpläne geben in der Regel keinen Aufschluss über die Wirkungsweise.

Beispiel

Geräteverdrahtungspläne
geben die Innenverbindungen von Geräten und Gerätekombinationen an. Hinweise zu äußeren Verbindungen können hinzugefügt werden. Dies ist auch in Form von Geräteverdrahtungstabellen möglich.

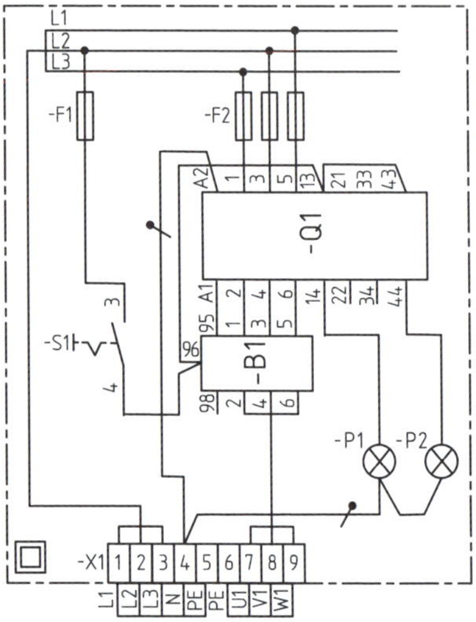

Anschlusspläne
geben die inneren und die äußeren Verbindungen, z. B. an Klemmleisten, an. Hinweise auf Stromlauf- und Anordnungspläne können angefügt werden. Sie können auch in Tabellenform dargestellt werden.

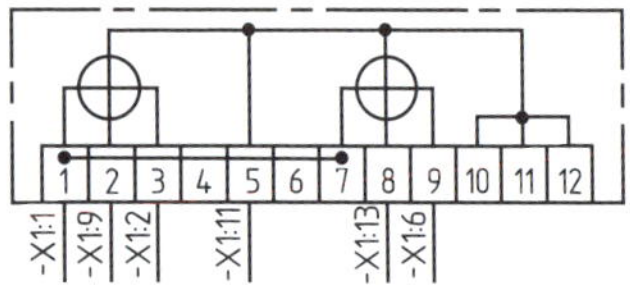

Verbindungsschaltpläne
stellen die Verbindungen zwischen Geräten und Baugruppen ohne interne Verbindungen dar und können mit Hinweisen auf Stromlaufpläne versehen werden. Verbindungsschaltpläne können durch Tabellen ergänzt oder ersetzt werden.

Anordnungsplan — DIN EN 61082-1

Regeln

- Die Betriebsmittel werden vereinfacht, bildhaft in ihrer richtigen Anordnung dargestellt.
- Eine maßstabsgerechte Darstellung ist nicht erforderlich.
- Maßangaben können entfallen.
- Normgerechte Kennzeichnung aller Betriebsmittel
- Zusätzliche Kennzeichnungen der Betriebsmittel ist zulässig.
- Der Anordnungsplan kann durch eine Liste oder Tabelle ergänzt oder ersetzt werden.

Beispiel

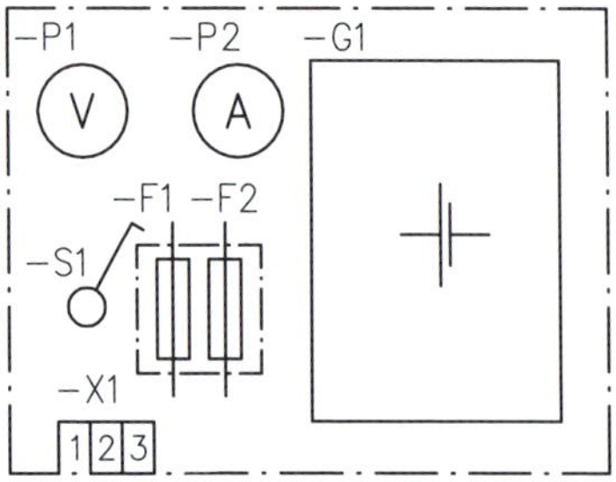

Übersichtsschaltplan — DIN EN 61082-1

Regeln

- Übersichtsschaltpläne geben über Systeme, Teilsysteme, Hardware, Software u. Ä. als Einführung zum Zwecke des Betreibens, der Wartung, der Ausbildung oder Schulung einen Überblick.
- Wenn erforderlich, müssen Übersichtsschaltpläne lagerichtig ausgeführt oder mit Lageangaben versehen werden.
- Wenn verschiedene Ebenen dargestellt werden sollen, kann der Übersichtsschaltplan in höhere Ebenen für das Gesamtsystem und niedere Ebenen für Teilsysteme gegliedert werden.
- Symbole für Betriebsmittel müssen nach Pfaden gegliedert eingezeichnet werden.
- Übersichtsschaltpläne für nicht elektrische Prozesse müssen entsprechend dem Flussplan des Prozesses aufgebaut werden.

Beispiel

Übersichtsschaltplan für eine Stromversorgungsanlage

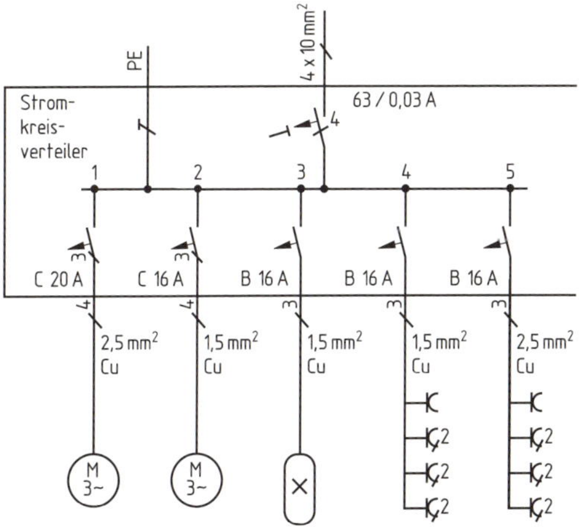

Ortsbezogene Anordnungspläne — DIN EN 61082-1

Regeln

Lagepläne zeigen die räumliche Lage von baulichen Anlagen, Wegen u. Ä. Bei Geländedarstellungen sind Vermessungspunkte, Zugangswege u. Ä. mit angegeben.

Installationszeichnungen zeigen nur die Lage der Teile und Betriebsmittel in einer Anlage, in einem Gerät oder einem System.

Installationsschaltpläne zeigen die Anordnung der Teile und Betriebsmittel und deren Verbindungen.

- Bei elektrischen Anlagen werden einpolige Schaltzeichen verwendet.
- Schutzmaßnahmen und Schutzarten sollen angegeben werden.
- Die Anbauhöhe für Schalter, Steckdosen u. Ä. wird über der Oberkante des fertigen Fußbodens (OKFFB) angegeben.
- Bei Leuchten wird die Bauart mit angegeben.
- Für Leitungen können die Verlegeart und die Leitungsart angegeben werden. Leitungswege brauchen bei eindeutigem Verlauf nicht eingezeichnet werden.

Gruppenzeichnungen stellen die Gestalt und die räumliche Lage einer Baugruppe dar. Sie werden maßstäblich gezeichnet.

Beispiel

Installationsschaltplan einer Wohnung (Ausschnitt)

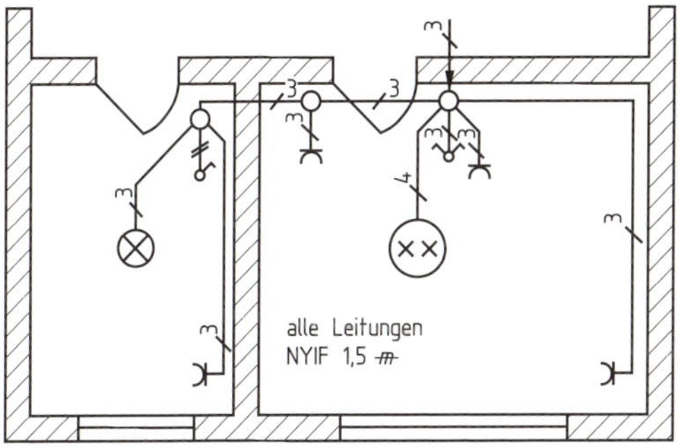

Installationszeichnung einer Maschine

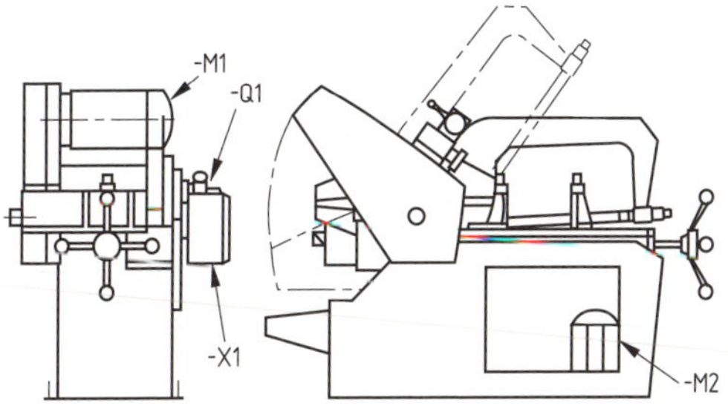

Kennzeichnung elektrischer Betriebsmittel (Alt) — DIN 40719-2

Die DIN 40719-2 ist ungültig und durch die DIN EN 61346-2 ersetzt worden. In vielen Dokumentationen sind jedoch die Betriebsmittel noch nach DIN 40719-2 gekennzeichnet.
Die Kennzeichnung erfolgt in den Blöcken 1 bis 4 mit Vorzeichen zur besseren Unterscheidung. Bevorzugte Reihenfolge einer vollständigen Kennzeichnung ist Block **1**, **2**, **3A**, **3B**, **3C**, **4**.

1 Anlage Vorzeichen =	**2** Ort Vorzeichen **+**	**3A** Art, **3B** Zählnummer, **3C** Funktion Vorzeichen **–**	**4** Anschluss Vorzeichen **:**
Übergeordnete Zuordnung. Gibt die Beziehung zu anderen Teilen der Anlage im Hinblick auf die Funktion bzw. den Ort an.	Gibt den Ort des Betriebsmittels an.	Identifiziert das Betriebsmittel mit Art, Zählnummer und Funktion. Zur Identifizierung eines Betriebsmittels reicht meist der Kennzeichnungsblock 3 aus; 1, 2 und 4 sind nicht unbedingt erforderlich. Zulässige Kombinationen: 3A, 3B, 3C oder 3A, 3B oder 3B, 3C oder 3B.	Gibt die Leiter- und Anschlussbezeichnungen an.

Kennbuchstabe für die Art des Betriebsmittels (Block A) (Alt)

Kennbuchstabe	Art des Betriebsmittels	Beispiele
A	Baugruppen, Teilbaugruppen	Einschübe, Steckkarten, Rahmen
B	Umsetzer von nicht elektrischen auf elektrische Größen und umgekehrt	Messumformer, Thermoelektrische Fühler, Näherungsinitiatoren
C	Kondensatoren	Kompensationskondensatoren
D	Binäre Elemente, Verzögerungs- und Speichereinrichtungen	Digitale Verknüpfungsglieder, bi-, mono-, astabile Elemente
E	Verschiedenes	Beleuchtungen, Heizungen
F	Schutzeinrichtungen	Sicherungen, Schutzrelais, Überspannungsableiter, Druckwächter
G	Generatoren, Stromversorgungen	Generatoren, Batterien, Ladegeräte, Oszillatoren, Netzgeräte
H	Meldeeinrichtungen	Optische und akustische Melder
K	Relais, Schütze	Hilfs- und Leistungsschütze, Zeit- und Blinkrelais
L	Induktivitäten	Drosselspulen, Frequenzsperren
M	Motoren	Drehstromantriebe
N	Verstärker, Regler	Operationsverstärker, Analogrechner, Regeleinrichtungen
P	Messgeräte, Prüfeinrichtungen	Messeinrichtungen jeder Art, Uhren
Q	Starkstrom-Schaltgeräte	Last-, Trenn-, Leistungsschalter
R	Widerstände	Vor-, Nebenwiderstände, Heißleiter
S	Schalter, Wähler	Befehlsgeräte, Grenztaster
T	Transformatoren	Netz- und Sicherheitstransformatoren, Strom- und Spannungswandler
U	Modulatoren, Umsetzer von elektrischen in andere elektrische Größen	Frequenzwandler, Demodulatoren, Diskriminatoren, Umsetzer, Inverter
V	Halbleiter, Röhren	Transistoren, Dioden, Röhren
W	Übertragungswege, Antennen, Hohlleiter	Kabel, Sammelschienen
X	Klemmen, Stecker, Steckdosen	Klemmleisten, Lötleisten, Stecker
Y	Elektrisch betätigte mechanische Einrichtungen	Bremsen, Kupplungen, Ventile
Z	Entzerrer, Begrenzer, Filter, Abschlüsse	Hoch-, Tiefpass, Funkentstörglieder

Kennbuchstaben für die Kennzeichnung allgemeiner Funktionen (Block C) (Alt)

Kennbuchstabe	Allgemeine Funktion	Kennbuchstabe	Allgemeine Funktion
A	Hilfsfunktion, Funktion AUS	M	Hauptfunktion
B	Bewegungsrichtung	N	Messung
C	Zählung	P	Proportional
D	Differenzierung	Q	Zustand
E	Funktion EIN	R	Rückstellen, Löschen
F	Schutz	S	Speichern, Aufzeichnen
G	Prüfung	T	Zeitmessung, Verzögern
H	Meldung	V	Geschwindigkeit
J	Integration	W	Addieren
K	Tastbetrieb	Y	Analog
L	Leiterkennzeichnung	Z	Digital

Beispiel einer Betriebsmittelkennzeichnung mit funktionaler Bedeutung (Alt) DIN 40719-2

Betriebsmittelkennzeichnung	Darstellung im Stromlaufplan
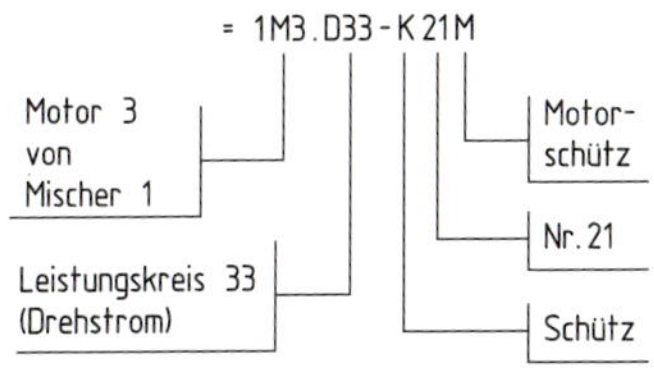	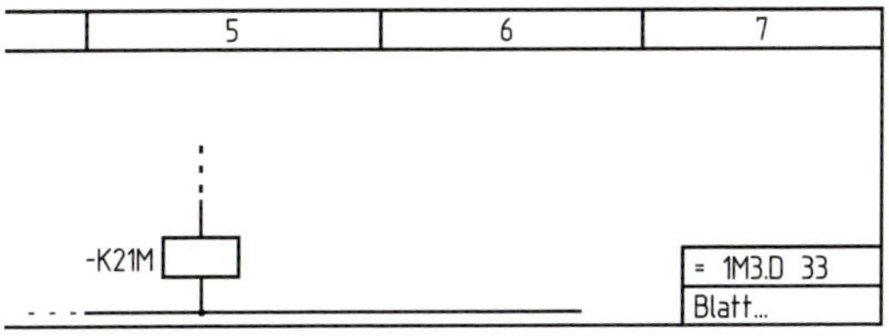

Kennzeichnung von Anschlüssen DIN EN 60445

Anschluss	Buchstabe	Schaltzeichen	Anschluss	Buchstabe	Schaltzeichen
Außenleiter Außenleiter Außenleiter Neutralleiter	U V W N	–	Erde Fremdspannungsarme Erde	E TE	⏚ 
Schutzleiter	PE		Masse	MM	⊥

Kennzeichnung der Anschlüsse von elektrischen Betriebsmitteln DIN EN 60445

Regeln für die Anschlusskennzeichnung	Beispiel
Anschlüsse durch aufeinanderfolgende Zahlen kennzeichnen. Anschlüsse, die zwischen den Enden liegen, mit aufsteigenden Zahlen kennzeichnen.	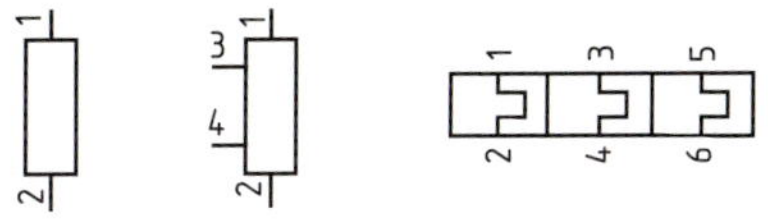
Bei Anschlüssen ähnlicher Elemente einer Gruppe den Zahlen Buchstaben voranstellen oder weitere Zahlen voranstellen, die durch einen Punkt gegliedert sind. Ähnliche Elementgruppen mit gleichen Buchstaben durch vorangesetzte Zahlen kennzeichnen.	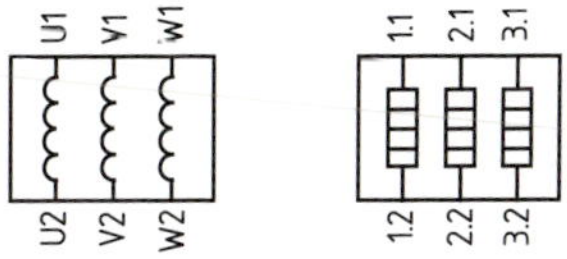

Strukturierung und Referenzkennzeichnung (Neu) — DIN EN 81346-1

Ein System sowie jedes Objekt als Bestandteil des Systems kann unter den folgenden Aspekten betrachtet, strukturiert und gekennzeichnet werden:

- Was das System oder Objekt macht = funktionsbezogene Kennzeichnungsstruktur, Funktionsaspekt
- Wie das System oder Objekt aufgebaut ist = produktbezogene Kennzeichnungsstruktur, Produktaspekt
- Wo das System oder Objekt sich befindet = ortsbezogene Kennzeichnungsstruktur, Ortsaspekt

Alle Objekte sind mindestens produktbezogen zu strukturieren und zu kennzeichnen.

Produktaspekt, Vorzeichen -	Funktionsaspekt, Vorzeichen =	Ortsaspekt, Vorzeichen +
Die produktbezogene Struktur dokumentiert, wie sich die Objekte zusammensetzen, d. h. aus welchen Teilen sie bestehen. Diese Kennzeichnung ähnelt dem Prinzip nach der alten DIN 40719-2 und kann diese ersetzen.	Die funktionsbezogene Struktur beschreibt die Objekte für Funktionen und Teilfunktionen, unabhängig von der tatsächlichen Realisierung. Bei der Planung sollte die funktionsbezogene Struktur als Erstes gebildet werden.	Die ortsbezogene Struktur benennt Objekte für Örtlichkeiten wie Gebäude, Räume u. Ä. Sie dient bei ausgedehnten Anlagen zur Orientierung und soll z. B. betriebsfremden Personen das Zurechtfinden erleichtern.

Referenzkennzeichen

Ein Objekt muss in einem System durch ein Referenzkennzeichen eindeutig identifizierbar sein. Jedem Objekt kann ein Einzelebenen-Referenzkennzeichen, welches nur das Objekt beschreibt, oder ein Mehrebenen-Referenzkennzeichen, das den gesamten Strukturbaum beschreibt, zugeordnet werden.
Einzelebenen-Referenzkennzeichen bestehen aus einem Vorzeichen, das den Aspekt beschreibt (-, =, +), gefolgt von einem Buchstaben und einer Zahl. Beispiel –Q1 für das Leistungsschütz Q1

Klassifizierung von Objekten

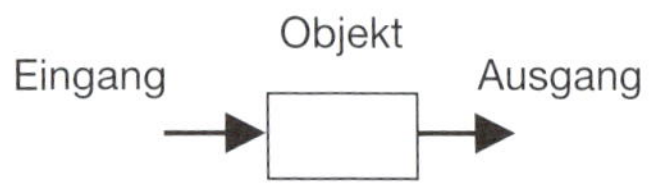

Klassifizierungsschema:

- Zweck oder Aufgabe bestimmen die Kennzeichnung.
- Wirkung auf den Prozess, unabhängig von der technischen Realisierung
- Bei mehreren Aufgaben oder Zwecken wird nach der Hauptaufgabe oder dem Hauptzweck gekennzeichnet.

Die Klassifizierung von Objekten nach ihrem Zweck oder ihrer Aufgabe erfolgt mit Kennbuchstaben, zur Unterscheidung gleichartiger Objekte können Unterklassen gebildet werden. Außerdem ist eine Klassifizierung nach Infrastrukturobjekten möglich.

Kennbuchstaben nach Zweck und Aufgabe von Objekten — DIN EN 81346-2

Buchstabe	Zweck oder Aufgabe des Objektes	Beispiele für elektrische Objekte	Beispiele für mechanische Objekte
A	Mehrere Aufgaben oder Zwecke ohne Hauptaufgabe oder Hauptzweck	Sensor-Anzeige-Bedienfeld einer CNC-Maschine	–
B	Umwandlung einer Variablen in ein weiterzuverarbeitendes Signal (physikalische Eigenschaft, Zustand, Ereignis)	Messwandler, Messumformer, Sensor, thermoelektrischer Fühler, Fotozelle, Näherungsinitiator, Positionsschalter, Tachogenerator, Bimatellrelais	Messblende, Sensor
C	Speichern (Material, Energie, Information)	Kondensator, Batterie, Festplatte, RAM-Arbeitsspeicher	Fass, Tank, Druckspeicher, Kessel
D	Reserviert für spätere Normung	–	–
E	Wärmeenergie und Strahlung	Heizung, Glühlampe, Leuchtstofflampe, Boiler, Kühlschrank	Hochofen, Wärmetauscher, Gaslampe
F	Schutz eines Energie- oder Signalflusses vor unerwünschten Zuständen	Sicherung, Leitungsschutzschalter, Überspannungsableiter	Überdruckventil, Berstplatte, Airbag, Sicherheitsgurt, Zaun, Schranke

Kennbuchstaben nach Zweck und Aufgabe von Objekten — DIN EN 81346-2

Buchstabe	Zweck oder Aufgabe des Objektes	Beispiele für elektrische Objekte	Beispiele für mechanische Objekte
G	Erzeugen von Signalen, Initiieren von Energie- oder Materialfluss, Produzieren	Generator, Batterie, Ladegerät, Oszillator, Netzgerät, Brennstoffzelle	Mischer, Ventilator, Gebläse, Pumpe, Be- oder Verarbeitungsmaschine
H	Produzieren eines neuen Produkts oder einer neuen Art von Material	–	Mischer, Mühle, Zentrifuge
I	Nicht anzuwenden	–	–
J	Reserviert für spätere Normung	–	–
K	Verarbeitung von Informationen oder Signalen	Hilfsschütz, Relais, Zeitrelais, Logikbaustein, SPS, Regler, Transistor, CPU	Steuerventil, Fluidregler, Ventilstellungsregler
L	Reserviert für spätere Normung	–	–
M	Bereitstellung mechanischer Energie für Antriebe	Elektromotor, Stellantrieb, Betätigungsspule	Verbrennungsmotor, Fluidantrieb, Turbine
N	Reserviert für spätere Normung	–	–
O	Nicht anzuwenden	–	–
P	Anzeigen, Darstellen von Informationen	Messgerät, Uhr, Klingel, Leuchtmelder, Zähler, Lautsprecher, Drucker	Uhr, Waage, Schauglas, Durchflussmesser, Manometer, Messglas
Q	Kontrolliertes Beeinflussen eines Energie-, Material- oder Signalflusses	Last-, Trenn-, Leistungsschalter, Leistungsschütz, Motoranlasser, Thyristor, Leistungstransistor	Stellventil, Bremse, Kupplung, Klappe, Tor
R	Begrenzung, Stabilisierung von Bewegung, Energie-, Material-, Informationsfluss	Widerstand, Drosselspule, Begrenzer, Diode	Rückschlagventil, Stoßdämpfer, Schalldämpfer, Arretierung
S	Wandlung einer manuellen Betätigung in ein Signal	Schalter, Taster, Maus, Sollwerteinsteller	Ventil, Wahlschalter
T	Wandlung von Energie ohne Veränderung der Energieart Umwandlung eines Signals ohne Veränderung des Informationsgehaltes Verändern eines Materials	Netz- und Sicherheitstransformatoren, Strom- und Spannungswandler, Verstärker, Gleichrichter, Signalumformer, Telefonapparat	Getriebe, Fluidverstärker, Messumformer, Druckverstärker, Drehmomentwandler, Säge, Dreh- oder Fräsmaschine
U	Halten von Objekten in einer bestimmten Lage	Isolator, Kabelkanal, Schrank, Montageplatte	Träger, Lager, Fundament, Spannvorrichtung
V	Verarbeitung von Materialien und Produkten	Filter	Filter, Abscheider, Staubsauger, Sieb, Verpackungsmaschine
W	Leiten, Führen von Energie, Signalen, Materialien und Produkten	Kabel, Sammelschienen, Lichtwellenleiter	Förderer, Schlauch, Rohr, Welle, Kanal
X	Verbinden von Objekten	Klemmleisten, Lötleisten, Stecker, Steckdose	Flansch, Haken, Rohr- oder Schlauchkupplung
Y	Reserviert für spätere Normung	–	–
Z	Reserviert für spätere Normung	–	–

Kennzeichen für Arten von Strömen und Spannungen — DIN EN 60617-2

Kennzeichen	Beschreibung	Kennzeichen	Beschreibung	Kennzeichen	Beschreibung
— oder ⎓	Gleichstrom	∼	Wechselstrom	≂	Gleich- oder Wechselstrom
≈	Mittlere Frequenzen	≋	Hohe Frequenzen	2 µs ⊓ 10 kHz	Rechteckimpuls, positiv
	Dreieckimpuls	1∼50 Hz	Einphasen-Wechselstrom	3∼50 Hz 400 V	Dreiphasen-Wechselstrom

Kennzeichen für Leitungen, Verbindungen, Durchführungen — DIN EN 60617-2; DIN 19227-2

Kennzeichen	Beschreibung	Kennzeichen	Beschreibung	Kennzeichen	Beschreibung
———	Leiter, allgemein	Form 1 | Form 2 N	Neutralleiter (N) Mittelleiter (M)	Form 1 | Form 2 PE	Schutzleiter (PE)
Form 1 | Form 2 PEN	Neutralleiter mit Schutzfunktion	Form 1 | Form 2 3	Drei Leiter		(Zwei) Leiter, verdrillt
	Leiter, bewegbar		Leitung, nach oben führend		Leitung, nach oben und unten durchführend
	Leiter, geschirmt		Leiter, geerdet		Leiter, koaxial
	Ruf- und Klingelleitung	F	Fernsprechleitung	—×—×—×—	Leitung für Notbeleuchtung
	(Drei) Leiter in einem Kabel	•	Verbindung von Leitern	○	Anschluss, z. B. Klemme
Form 1 | Form 2	Steckverbindung mit Buchse und Stecker		Abzweig von Leitern		Leitungsdurchführung ohne Verbindung
	Rohrleitung (Linien ≥ 1mm)	E	Einheitssignalleitung, elektr.	A	Einheitssignalleitung, pneum.
L	Hydraulische Leitung		Lichtwellenleiter	– – – – –	Wirkungslinie

Kennzeichen für Schaltungsarten von Wicklungen — DIN EN 60617-6

Kennzeichen	Beschreibung	Kennzeichen	Beschreibung	Kennzeichen	Beschreibung
|	Eine Wicklung		Reihenschaltung	|3 oder |||	Drei getrennte Wicklungen
V	Dreiphasenwicklung, V-Schaltung (60°)	△	Dreiphasenwicklung, Dreieckschaltung		Dreiphasenwicklung, offene Dreieckschaltung
	Dreiphasenwicklg., Sternsch., Neutralleiter herausgeführt	⅄	Dreiphasenwicklung, Sternschaltung		Dreiphasenwicklung, Zickzackschaltung
✡	Sechsphasenwicklung, Doppeldreieckschaltung	⬡	Sechsphasenwicklung, Sechseckschaltung	✳	Sechsphasenwicklung, Sternschaltung

Passive Bauelemente — DIN EN 60617-2/4/7

Schaltzeichen	Beschreibung	Schaltzeichen	Beschreibung	Schaltzeichen	Beschreibung
Form 1 / Form 2	Widerstand, allgemein	Form 1 / Form 2	Widerstand mit festen Anzapfungen		Widerstand, veränderbar, allgemein
	Widerstand mit Schleifkontakt (Potenziometer)		Widerstand mit einstellbarem Schleifkontakt	U	Widerstand, spannungsabhängig
Form 1 / Form 2	Wicklung, Induktivität, Drossel, Spule	Form 1 / Form 2	Wicklung mit fester Anzapfung	Form 1 / Form 2	Induktivität mit Magnetkern
	Induktivität mit Luftspalt im Magnetkern		Induktivität, stetig veränderbar, mit Magnetkern		Dauermagnet
Form 1 / Form 2	Kondensator, allgemein	Form 1 / Form 2	Kondensator mit Anzapfung	Form 1 / Form 2	Kondensator, gepolt, z. B. Elektrolytkondensator
	Piezoelectrischer Kristall mit zwei Elektroden		Überspannungsableiter		Funkenstrecke
	Sicherung, allgemein		Sicherung mit Kennzeichnung der Netzseite		Veränderbarkeit, allgemein
	Veränderbarkeit, nichtlinear		Veränderbarkeit, inhärent, allgemein		Veränderbarkeit, trimmbar

Halbleiter — DIN EN 60617-5/6

Schaltzeichen	Beschreibung	Schaltzeichen	Beschreibung	Schaltzeichen	Beschreibung
	Widerstand, lichtempfindlich	ϑ	Heißleiter NTC-Widerstand	ϑ	Kaltleiter PTC-Widerstand
	Varistor VDR-Widerstand#		Hallgenerator		Widerstand, magnetempfindlich
	Halbleiterdiode, allgemein		Leuchtdiode, allgemein	ϑ	Diode, temperaturempfindlich
	Kapazitätsdiode		Tunneldiode		Z-Diode
	Breakdown-Diode		Backward-Diode (Unitunneldiode)		Thyristortriode, bidirektional (TRIAC)
	Thyristordiode, rückwärts sperrend		Thyristordiode, rückwärts leitend		Zweirichtungs-Thyristordiode (DIAC)
	Thyristortriode, rückwärts sperrend; Thyristor, allgemein		Thyristortriode, rückwärts sperrend, Anode gesteuert (N-Gate)		Thyristortriode, rückwärts sperrend, Kathode gesteuert (P-Gate)

Halbleiter (Fortsetzung) — DIN EN 60617-7/11

Schaltzeichen	Beschreibung	Schaltzeichen	Beschreibung	Schaltzeichen	Beschreibung
	Abschalt-Thyristortriode, allgemein	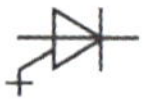	Abschalt-Thyristortriode, Anode gesteuert (N-Gate)	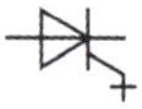	Abschalt-Thyristortriode, Kathode gesteuert (P-Gate)
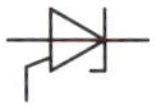	Thyristortriode, rückwärts leitend (N-Gate)		Thyristortriode, rückwärts leitend, allgemein		Thyristortriode, rückwärts sperrend
	PNP-Transistor		NPN-Transistor		NPN-Transistor mit zwei Basisanschlüssen
	Unijunction-Transistor, P-Typ		Unijunction-Transistor, N-Typ	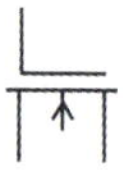	Isolierschicht-FET (IGFET), Verarmungstyp, N-Kanal
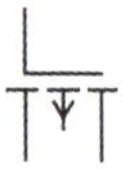	Isolierschicht-FET (IGFET), Anreicherungstyp, ein Gate, P-Kanal mit herausgeführtem Substratanschluss		Isolierschicht-FET (IGFET), Anreicherungstyp, ein Gate, N-Kanal, Substrat intern mit Source verbunden	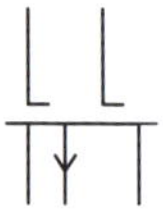	Isolierschicht-FET (IGFET), Verarmungstyp, zwei Gates, N-Kanal mit herausgeführtem Substratanschluss
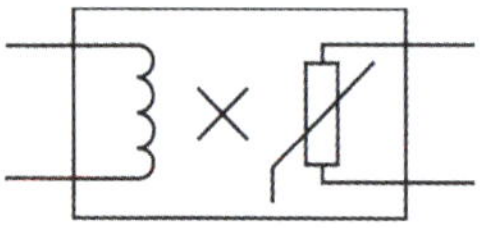		Magnetischer Koppler	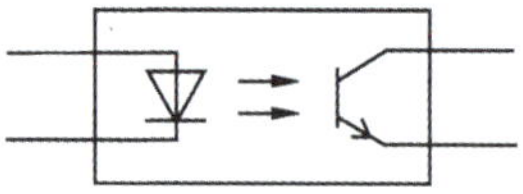		Optokoppler, dargestellt mit Leuchtdiode und Fototransistor

Elektronenröhren — DIN EN 60617-5

Schaltzeichen	Beschreibung	Schaltzeichen	Beschreibung
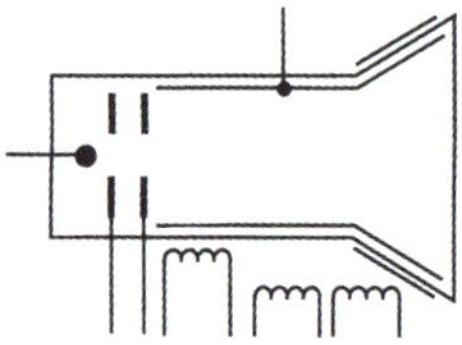	Bildwiedergaberöhre mit Kathode, Wehneltzylinder, Fokussierung, Beschleunigungselektrode, Ablenkung und Beläge	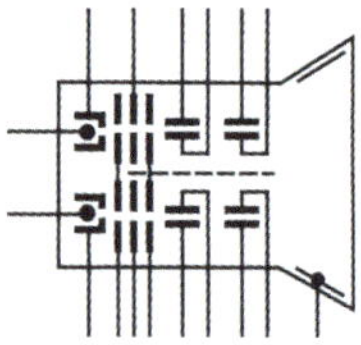	Oszillografenröhre mit Kathode, Wehneltzylinder, Fokussierung, Beschleunigungselektrode, Ablenkung, zwei getrennte Innenbeläge

Schaltzeichen für allgemeine Anwendungen — DIN EN 60617-2/6

Schaltzeichen	Beschreibung	Schaltzeichen	Beschreibung	Schaltzeichen	Beschreibung
	Stromquelle, ideal		Spannungsquelle, ideal		Primärzelle, Akkumulator
	Erde, allgemein		Schutzerde, Schutzleiteranschluss	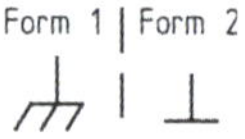	Masse, Gehäuse

Schaltzeichen für Installationstechnik — DIN EN 60617-7/11

Schaltzeichen	Beschreibung	Schaltzeichen	Beschreibung	Schaltzeichen	Beschreibung
	Leiter im Erdreich Erdkabel		Leiter, oberirdisch Freileitung		Kabelkanal, Trasse, Elektro-installationsrohr
	Einstiegschacht in einer Trasse		Leiter mit Verbin-dungsstelle		Leiter auf Putz
	Leiter im Putz		Leiter unter Putz	3 x 1,5Cu	Leitung mit drei Cu-Leitern mit 1,5 mm²
3	Leitung mit drei Leitern		Schutzleiter (PE)		Neutralleiter mit Schutzfunktion (PEN)
	Neutralleiter (N), Mittelleiter (M)		Verbindung von Leitern		Abzweig von Leitern
	Anschluss, z. B. Klemme		Dose, allgemein; Leerdose, allge-mein		Anschlussdose, Verbindungsdose
	Abzweigdose, allgemein		Durchschleifdose		Stichdose
	Hausanschluss-kasten, allg., mit Leitung dargest.		Verteiler, mit fünf Anschlüssen dargestellt		Umrahmungslinie, Begrenzungslinie
	Schutzerde	230/8V	Transformator mit zwei Wicklungen		Gleichrichter-Gerät
	Wechselstrom-richter		Sicherung, allgemein	DII 10A	Schraubsiche-rung, dreipolig, Typ D II, 10 A
00 25A	NH-Sicherung, Größe 00, 25 A		Sicherungstrenn-schalter		Sicherungs-schalter
10A	Schalter, darge-stellt dreipolig, 10 A		Fehlerstrom-Schutzschalter, vierpolig		Leitungsschutz-schalter
	Motorschutz-schalter, dreipolig, therm. u. magn. Auslösung		Notschalter		Schalter, allgemein
	Schalter mit Kontrollleuchte		Schalter, einpolig Schalter 1/1		Schalter, zweipolig Schalter 1/2
	Serienschalter		Wechselschalter, einpolig		Kreuzschalter
	Schalter mit Zugschnur		Zeitschalter, einpolig		Dimmer

Schaltzeichen für Installationstechnik (Fortsetzung) — DIN EN 60617-7/11

Schaltzeichen	Beschreibung	Schaltzeichen	Beschreibung	Schaltzeichen	Beschreibung
	Taster		Taster mit Leuchte		Taster mit eingeschränkter Zugänglichkeit
t	Zeitrelais		Stromstoßschalter		Näherungssensor
	Berührungssensor		Näherungsschalter (Schließer)		Berührungsschalter (Wechselschalter)
	Steckdose, allgemein		Steckdose mit Abdeckung		Schutzkontaktsteckdose
3/N/PE	Schuko-Steckdose für Drehstrom, fünfpolig		Schuko-Steckdose, abschaltbar		Schuko-Steckdose mit verriegeltem Schalter
3	Schuko-Steckdose als Dreifachsteckdose		Schuko-Steckdose als Dreifachsteckdose		Steckdose mit Trenntrafo, z. B. für Rasierapparat
	TK-Steckdose		Antennensteckdose	Wh	Elektrizitätszähler
	Leuchte, allgemein		Leuchtenauslass, mit Leitung dargestellt		Leuchtenauslass auf Putz
	Leuchte mit Schalter		Leuchte mit veränderbarer Helligkeit		Sicherheitsleuchte in Dauerschaltung
	Sicherheits-, Notleuchte mit getrenntem Stromkreis		Sicherheitsleuchte mit eigener Stromversorgung		Leuchte mit zusätzl. Sicherheitsleuchte in Bereitschaft
	Scheinwerfer, allgemein		Punktleuchte		Flutlichtleuchte
	Leuchte für Entladungslampe, allgemein	3	Leuchte mit drei Entladungslampen	5	Leuchte mit fünf Entladungslampen
	Vorschaltgerät für Entladungslampen		Starter für Leuchtstofflampe		Türöffner
E	Elektrogerät, allgemein		Küchenmaschine		Elektroherd, allgemein
	Backofen		Wärmeplatte		Mikrowellenherd
	Infrarot-Grill		Friteuse		Ventilator mit Leitung dargestellt

Symbole für Betätigungen/Antriebsarten — DIN EN 60617-2

Symbol	Beschreibung	Symbol	Beschreibung	Symbol	Beschreibung
	Wirkverbindung, allgemein Kraftantrieb, allgemein		Mechan. Verbindung mit Angabe der Kraft-/Bewegungsrichtung		Mechanische Verbindung (bei beschränktem Platzangebot)
Form 1 | Form 2	Verzögerte Wirkung (vom Bogen zum Mittelpunkt)		Selbsttätiger Rückgang (in Richtung der Dreieckspitze)		Raste, nicht selbsttätiger Rückgang
	Handantrieb, allgemein		Betätigung durch Ziehen		Betätigung durch Drehen
	Betätigung durch Drücken		Betätigung durch Annähern		Betätigung durch Berühren
	Betätigung durch elektromagnetischen Antrieb		Betätigung durch elektromagnetischen Überstromschutz		Betätigung durch thermischen Antrieb, z. B. Bimetallrelais
	Betätigung durch pneumatische oder hydraulische Steuerung	M	Betätigung durch Motor		Betätigung durch Uhr
	Betätigung durch Hebel		Betätigung durch abnehmbaren Griff		Betätigung durch Schlüssel
	Betätigung durch Kurbel		Betätigung durch Rolle Fühler		Notschalter
	Betätigung durch Nocken		Beispiel: Nockenprofil		Betätigung durch Nocken und Rolle

Schaltgeräte, Antriebe, Auslöser — DIN EN 60617-2/6/7

Symbol	Beschreibung	Symbol	Beschreibung	Symbol	Beschreibung
	Schließer, allgemein Schalter		Öffner		Wechsler mit Unterbrechung
	Wechsler mit Mittelstellung „Aus“		Schütz (Schließer)		Schütz mit selbsttätiger Auslösung
	Schütz (Öffner)		Leistungsschalter		Trennschalter Leerschalter
	Zugschalter		Drehschalter		Handbetätigter Schalter, allgemein
	Druckschalter		Schließer, schließt bei Betätigung verzögert		Öffner, schließt bei Rückfall verzögert

Schaltgeräte, Antriebe, Auslöser (Fortsetzung)					DIN EN 60617-2/6/7
Symbol	**Beschreibung**	**Symbol**	**Beschreibung**	**Symbol**	**Beschreibung**
	Schließer, öffnet und schließt verzögert		Wechsler ohne Unterbrechung (Form 1)		Wechsler ohne Unterbrechung (Form 2)
	Zwillingsschließer		Zwillingsöffner		Schließer, temperaturempfindlich
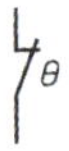	Öffner, temperaturempfindlich		Öffner mit Thermokontakt		Gasentladungsröhre mit Thermokontakt; Starter (Leuchtstoffl)
	Zweiweg-Trennschalter mit Mittelstellung „Aus“		Lasttrennschalter		Lasttrennschalter mit selbsttätiger Auslösung
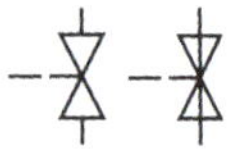	Absperrorgan, allgemein (offen, geschlossen)		Sperre, Rückgang gesperrt bei Rechtsbewegung		Raste
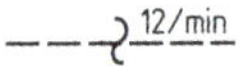	Periodische Betätigung (12/min)		Wirbelstrombremse		Schaltschloss mit mechanischer Freigabe
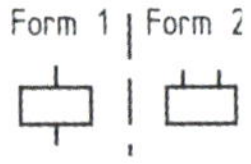	Elektromechanischer Antrieb, allgemein; Relaisspule, allg.	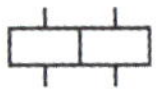	Elektromechanischer Antrieb mit zwei getrennten Wicklungen		Elektromechanischer Antrieb mit zwei getrennten Wicklungen
	Elektromechanischer Antrieb mit Rückfallverzögerung	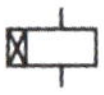	Elektromechanischer Antrieb mit Ansprechverzögerung		Elektromechanischer Antrieb eines polarisierten Relais
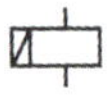	Elektromechanischer Antrieb eines Remanenzrelais		Elektromechanischer Antrieb mit drei Schaltstellungen		Elektromechanischer Antrieb eines Thermorelais
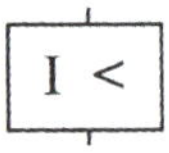	Verriegelungsmagnet	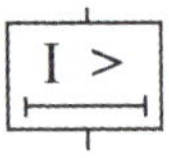	Überstromrelais, verzögert	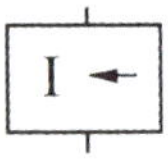	Rückstromrelais
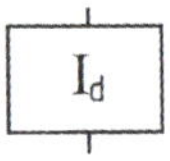	Differenzialstromrelais	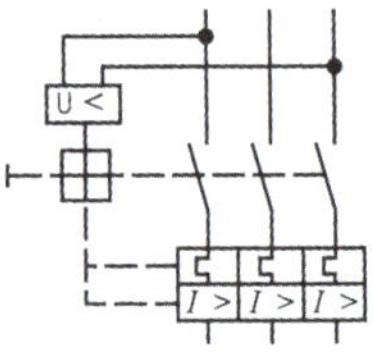		Schalter, dreipolig mit Schaltschloss, drei elektromechanischen und drei elektromagnetischen Überstromauslösern und einem Unterspannungsauslöser	
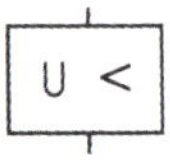	Unterspannungsrelais				
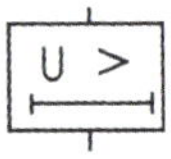	Überspannungsrelais, verzögert				

Mehrstellungsschalter — DIN EN 60617-7

Grafische Darstellung	Beschreibung	Grafische Darstellung	Beschreibung
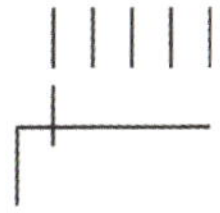	Mehrstellungsschalter, einpolige Darstellung mit fünf Schaltstellungen	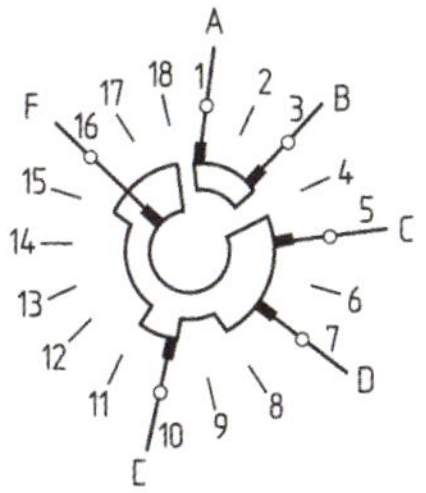	Stufenschalter mit den Anschlüssen A bis F (achtzehn Schaltstellungen) Schalter in Stellung 1 dargestellt
 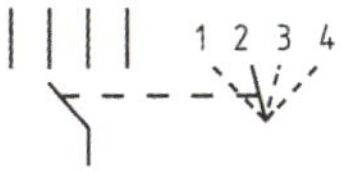	Mehrstellungsschalter, einpolige Darstellung mit vier Schaltstellungen Mehrstellungschalter, einpolige Darstellung mit vier Schaltstellungen und mit Schaltstellungsdiagramm		
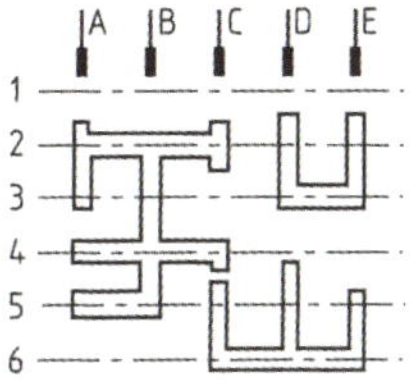	Steuerwalzenschalter mit den Anschlüssen A bis E (sechs Stellungen) Anschlüsse mit demselben Zeichen (+, –, o) sind in den angegebenen Schaltstellungen (Rasterstellungen und Zwischenräumen) miteinander verbunden.	Schalttabelle 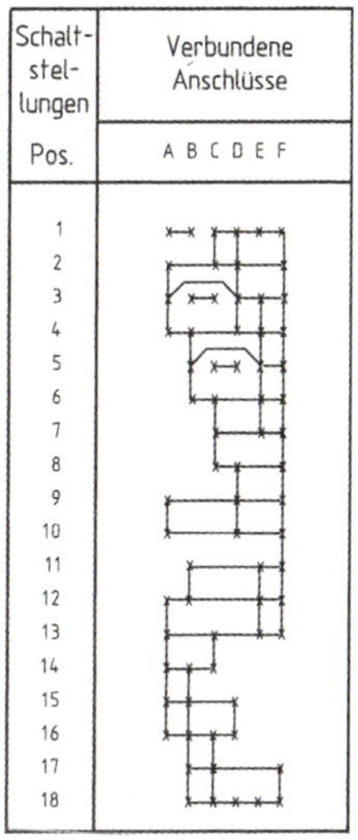	

Schalttabelle

Schaltstellungen Pos.	Verbundene Anschlüsse A	B	C	D	E
1					
	+		+	o	o
2	+	+	+	o	o
	+	+	+	o	o
3	+	+		o	o
		+			
4	+	+	+		
		+	+ –	–	
5	+	+	–	–	–
			–	–	–
6			–	–	–

Anlasser — DIN EN 60617-7

Schaltzeichen	Beschreibung	Schaltzeichen	Beschreibung	Schaltzeichen	Beschreibung
	Anlasser, allgemein		Anlasser, stufenweise Betätigung		Anlasser, stetig veränderbar
	Anlasser mit selbsttätiger Auslösung		Anlasser, automatisch		Anlasser für Stern-/Dreieckschaltung
	Anlasser mit Spartransformator		Anlasser für Direktanlauf mit Schützen zur Drehrichtungsumkehr		Anlasser mit Thyristoren, stetig veränderbar

Transformatoren — DIN EN 60617-6

Schaltzeichen Form 1	Schaltzeichen Form 2	Beschreibung	Schaltzeichen Form 1	Schaltzeichen Form 2	Beschreibung
		Drossel		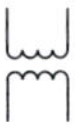	Transformator mit zwei Wicklungen Spannungswandler
		Transformator mit zwei Wicklungen und Schirm			Transformator mit Mittenanzapfung an einer Wicklung
		Transformator mit veränderbarer Kopplung			Spartransformator, einphasig
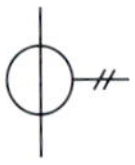	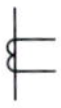	Stromwandler	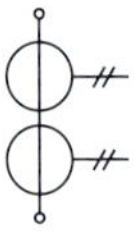		Stromwandler mit zwei Kernen und zwei Sekundärwicklungen
	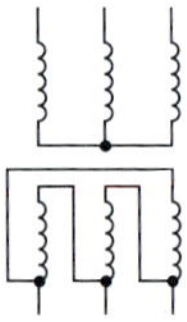	Drehstrom-Transformator, Stern-/Dreieckschaltung		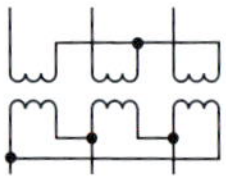	Drehstromeinheit aus Einphasentransformatoren, Stern-/Dreieckschaltung
	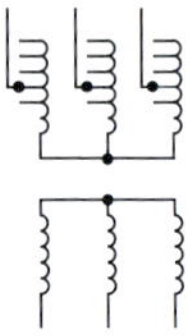	Drehstrom-Transformator mit vier Anzapfungen, Stern-/Dreieckschaltung	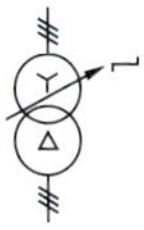	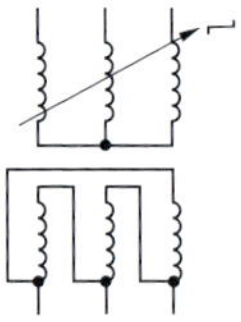	Drehstrom-Transformator mit Laststufenschalter, Stern-/Dreieckschaltung
	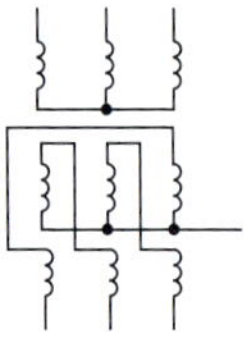	Drehstrom-Transformator, Stern-/Zickzackschaltung, Zickzackschaltung mit Neutralleiter	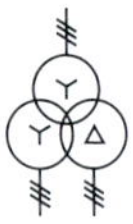	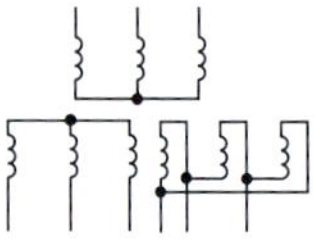	Drehstrom-Transformator, Stern-/Stern-/Dreieckschaltung
	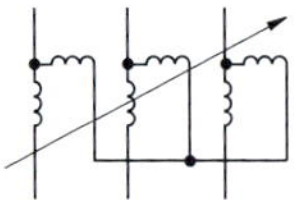	Drehstrom-Induktionssteller (Drehstrom-Transformator)	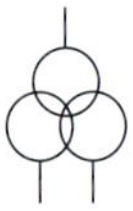	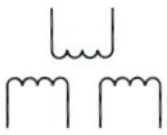	Transformator mit drei Wicklungen

Elektrische Maschinen — DIN EN 60617-6/7

Schaltzeichen	Beschreibung	Schaltzeichen	Beschreibung	Schaltzeichen	Beschreibung
	Wendepol- oder Kompensationswicklung		Reihenschlusswicklung		Nebenschluss- oder fremderregte Wicklung
	Bürste (an Schleifring oder Kommutator)		Linearmotor, allgemein		Schrittmotor, allgemein
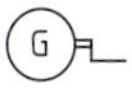	Handgenerator Kurbelinduktor		Drehstrom-Asynchronmotor (Käfigläufer)		Asynchronmotor einphasig, mit Käfigläufer
	Asynchronmotor mit Schleifringläufer		Wechselstrom-Reihenschlussmotor, einphasig		Repulsionsmotor, einphasig
	Drehstrom-Reihenschlussmotor	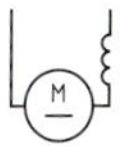	Gleichstrom-Reihenschlussmotor		Gleichstrom-Nebenschlussmotor
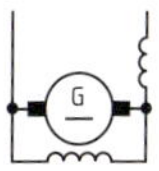	Gleichstrom-Doppelschlussgenerator mit Bürsten	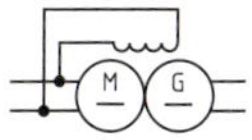	Gleichstrom-Umformer, rotierend (Einankerumformer)		Drehstrom-Synchrongenerator mit Dauermagnet
	Synchronmotor, einphasig		Drehstrom-Synchrongerator, Sternschaltung		Drehstrom-Synchrongenerator, Wicklungsenden herausgeführt

Messgeräte — DIN EN 60617-8

Schaltzeichen	Beschreibung	Schaltzeichen	Beschreibung	Schaltzeichen	Beschreibung
	Messgerät, anzeigend, allgemein		Messgerät, aufzeichnend, allgemein		Messgerät, integrierend, allgemein
	Spannungsmessgerät, anzeigend		Blindstrommessgerät, anzeigend		Blindleistungsmessgerät
	Leistungsfaktormessgerät, anzeigend		Frequenzmessgerät, anzeigend		Oszilloskop
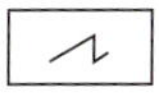	Kurvenschreiber		Galvanometer		Thermometer Pyrometer
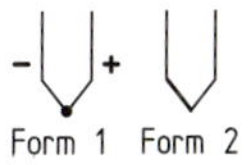	Thermoelement	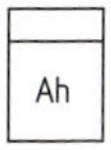	Amperestundenzähler		Uhr, allgemein
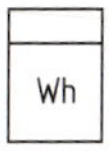	Wattstunden-, Elektrizitätszähler	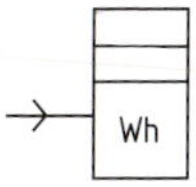	Mehrtarif-Wattstundenzähler (Zweitarifzähler dargestellt), fernbedient		Drehstrom-Kilowattstundenzähler, der die in eine Richtung fließende Energie zählt

Kennbuchstaben für Mess- und Regelstellen (Auswahl) — DIN EN 62424

PCE-Kategorie	Gemessene Variable	PCE-Kategorie	Gemessene Variable
A	Analyse	N	Stellglied (Motor)
B	Flammenüberwachung	O	Auswahl durch Anwender
D	Dichte	P	Druck, Vakuum
E	Elektrische Spannung	Q	Menge, Anzahl
F	Durchfluss	R	Strahlung
G	Abstand, Länge, Stellung	S	Frequenz, Geschwindigkeit, Drehzahl
H	Handeingriff	T	Temperatur
J	Elektrische Leistung	V	Schwingung, Vibration
K	Zeitbasierte Funktion	W	Gewicht, Kraft
L	Niveau, Füllstand	X	Auswahl durch Anwender
M	Feuchte, Luftfeuchte	Y	Stellventil

Symbole für Elektro-, Mess-, Steuerungs-, Regelungstechnik — DIN 19227-2

Schaltzeichen	Beschreibung	Schaltzeichen	Beschreibung
	Anpasser und Bediengeräte	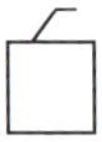	Anpasser- bzw. Bediengerätefunktion mit Software (Quadrat mit Signalzeichen)
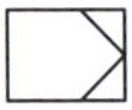	Regler		Reglerfunktion mit Software
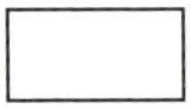	Aufnehmer, Ausgeber (Rechteck mit einem Seitenverhältnis von 1 : 2)	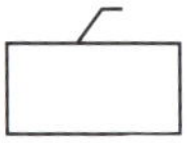	Aufnehmer-, Ausgeberfunktion mit Software
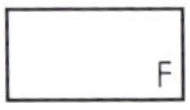	Aufnehmer für Durchfluss, allgemein	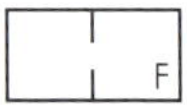	Blende, Normblende
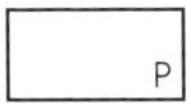	Aufnehmer für Druck, allgmein	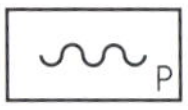	Membranaufnehmer für Druck
	Volumenzähler mit Impulsgeber	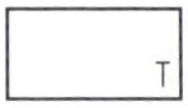	Aufnehmer für Temperatur, allgemein
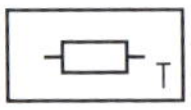	Widerstandsthermometer	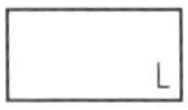	Aufnehmer für Stand (Niveau), allgemein
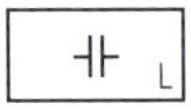	Kapazitiver Aufnehmer		Thermoelement

Symbole für EMSR-Technik — DIN 19227-2

Schaltzeichen	Beschreibung	Schaltzeichen	Beschreibung	Schaltzeichen	Beschreibung
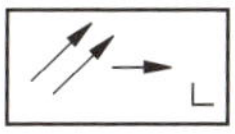	Aufnehmer für Stand, Sender mit Lichtquelle	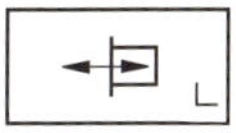	Aufnehmer für Stand, akustisch	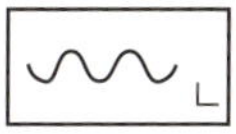	Membranaufnehmer für Stand
	Aufnehmer für Qualitätsgrößen, allgemein	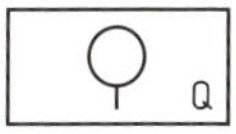	Aufnehmer für pH-Wert		Aufnehmer für Leitfähigkeit
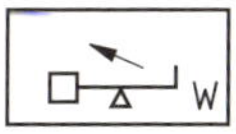	Aufnehmer für Gewichtskraft, Waage anzeigend	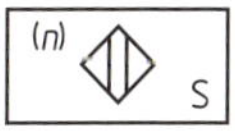	Aufnehmer für Drehzahl mit Impulsgeber	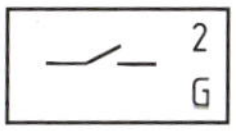	Aufnehmer für Abstand, Länge, Stellung mit zwei Schließern
	Messumformer f. Temperatur, galvanische Trennung, Einheitssignalausgang		Messumformer f. Differenzdruck, pneumatischer Einheitssignalausgang		Multiplexer, DX Demultiplexer
	Analog-Digital-Umsetzer		Umsetzer für elektrisches in pneumatisches Einheitssignal	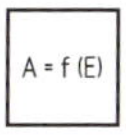	Rechenglied für die Funktion A = f (E)
	Radizierglied	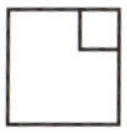	Signalspeicher, allgemein	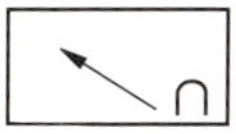	Anzeiger, analog
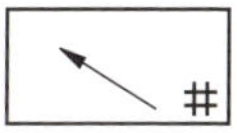	Anzeiger, digital	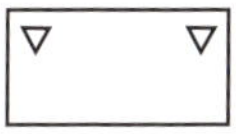	Grenzsignalgeber für unteren (li) und oberen Grenzwert		Zähler
	Registriergerät, allgemein		Drucker	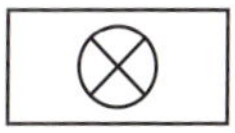	Leuchtmelder
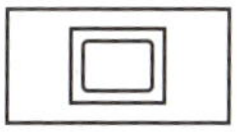	Bildschirm		Regler, allgemein		PID-Regler, Ausgangssignal steigt mit steigendem Eingangssignal
	PI-Regler, Ausgangssignal fällt mit steigendem Eingangssignal		Zweipunktregler mit schaltendem Ausgang		Dreipunktregler mit schaltendem Ausgang
	Stellantrieb, allgemein		Membran-Stellantrieb		Kolben-Stellantrieb
	Motor-Stellantrieb		Magnet-Stellantrieb		Feder-Stellantrieb
	Ventil-Stellglied		Klappenstellglied		Stellgerät, allgemein
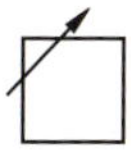	Einsteller, allgemein		Schaltgerät, allgemein		Automatischer Messstellenabfrageschalter

Symbole für KNX

Schaltzeichen	Beschreibung	Schaltzeichen	Beschreibung	Schaltzeichen	Beschreibung
a) b)	Sensor, allgemein	a) b)	Sensor, allgemein mit Hilfsspannung	a) b) AC	Binärsensor, allgemein
=	Binärsensor für DC	~	Binärsensor für AC	U	Steuersensor mit Analogeingang
	Analogsensor		Tastsensor, Taster		Dimmsensor, Dimmtaster
	Steuertastsensor, Steuertaster		Jalousiesensor, Jalousiesensor-taster	IR	Infrarotsender mit Taster
IR	Infrarotdecoder	lx	Helligkeitssensor	lx	Helligkeitsmelder, Helligkeitssensor mit Schaltfunktion
T	Temperatursensor	T	Temperaturmelder Temperatursensor mit Schaltfunktion	PIR	Bewegungs-sensor
PIR	Bewegungsmel-der, -sensor mit Schaltfunktion	t	Zeitsensor	IR	Infrarotdecoder
t	Zeitwertschalter	m/s	Windgeschwin-digkeitssensor	(=) DC	Sensor mit Schaltschloss
	Kabelbruchsensor		Kombination Binärsensor mit Dimmaktor		Kombination Schaltaktor mit Infrarotempfänger
	Kombination Jalousieaktor mit Jalousiesensor		Aktor, allgemein	AC oder DC	Aktor, allgemein mit Hilfsspannung
	Jalousieaktor, Jalousieschalter		Dimmaktor, Schaltdimmaktor		Analogaktor
INFO	Anzeigetableau, -einheit, -terminal, Informations-Display		Busankoppler	≥1 & t	Anwendungs-kontroller
	Drossel	~ =	Spannungsver-sorgung mit Dros-sel NG	~ =	Spannungsver-sorgung SV
	Linienkoppler (LK) Bereichskoppler (BK), Linienver-stärker (LV)	EIB	Externe Schnitt-stelle	EIB RS232	RS 232 Datenschnitt-stelle
EIB ISDN	ISDN-Schnittstelle	EIB SPS	SPS-Schnittstelle	EIB FB	Feldbus-Schnitt-stelle

Elementare binäre Elemente DIN EN 60617-12

Schaltzeichen	Beschreibung	Schaltzeichen	Beschreibung	Schaltzeichen	Beschreibung
	Element-Kontur	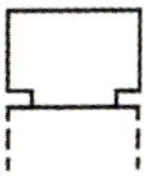	Steuerblock-Kontur		Ausgangsblock-Kontur
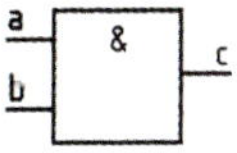	UND-Element (AND)	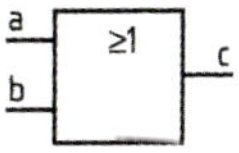	ODER-Element (OR)	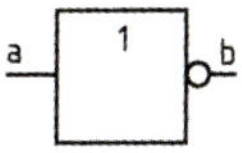	NICHT-Element (NEGATOR)
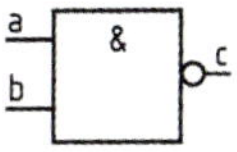	UND mit negiertem Ausgang (NAND)	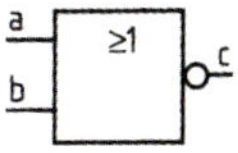	ODER mit negiertem Ausgang (NOR)	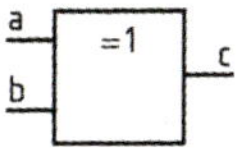	Exclusiv-ODER-Element (EXOR)
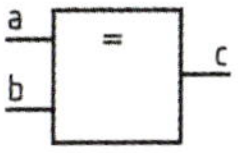	Äquivalenz	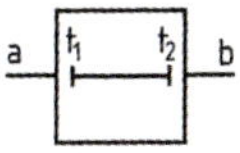	Verzögerungselement mit Angabe der Verzögerungszeit	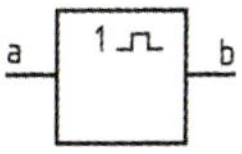	Monostabiles Kippglied
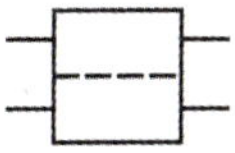	Bistabiles Kippglied, allgemein	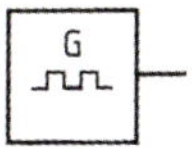	Astabiles Kippglied	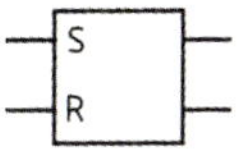	RS-Kippglied
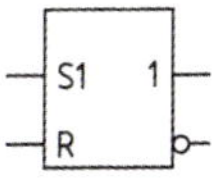	RS-Kippglied mit Setzdominanz	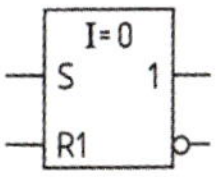	RS-Kippglied mit Anfangszustand 0 u. Rücksetzdominanz	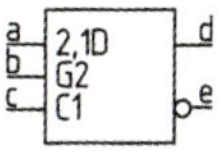	D-Kippglied, einzustandsgesteuert
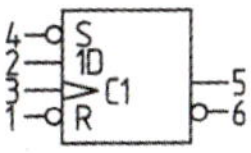	D-Kippglied, einflankengesteuert	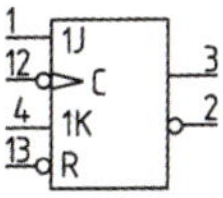	JK-Kippglied	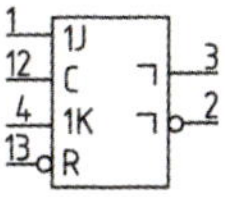	JK-Kippglied, zweiflankengesteuert
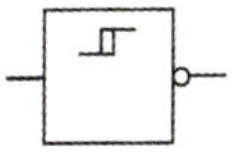	Schwellwert-Schalter mit invertiertem Ausgang	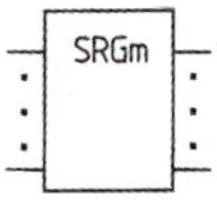	Schieberegister, allgemein	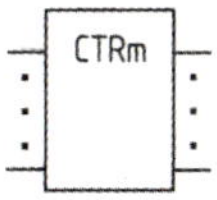	Zähler mit einer Zykluslänge von 2^m
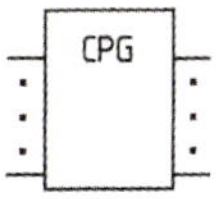	Übertragungseinheit, allgemein	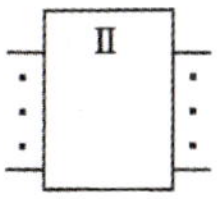	Multiplizierer, allgemein	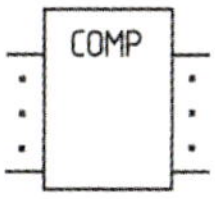	Zahlenkomparator, allgemein
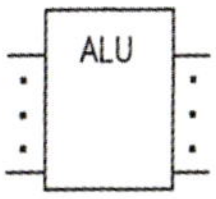	Arithmetisch-logische Einheit, allgemein	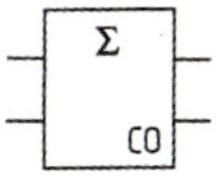	Halbaddierer, allgemein	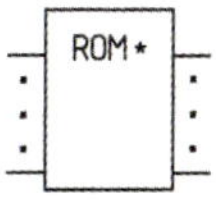	Nur-Lese-Speicher, allgemein
	Programmierbarer Nur-Lese-Speicher	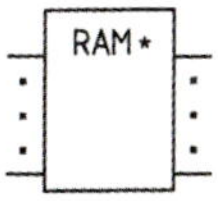	Schreib-Lese-Speicher, allgemein	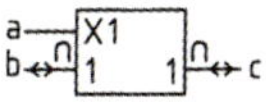	Bidirektionaler Schalter

Kombinatorische Elemente — DIN EN 60617

Schaltzeichen	Beschreibung	Schaltzeichen	Beschreibung	Schaltzeichen	Beschreibung
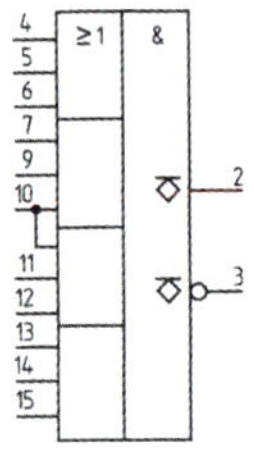	ODER-UND mit komplementären offenen Ausgängen vom H-Typ	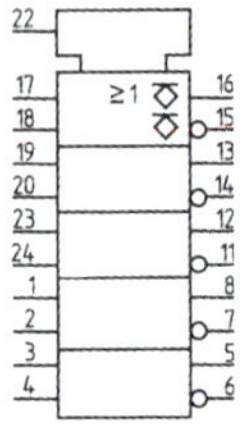	ODER mit einem gemeinsamen Eingang und komplementären Ausgängen, fünffach	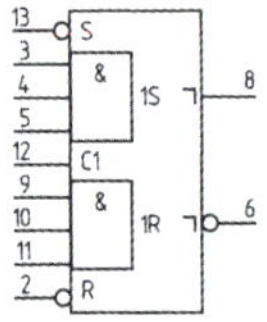	RS-Kippglied, zweizustandsgesteuert
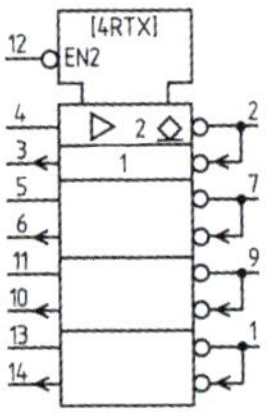	Bus-Transceiver fünffach, Leistungselement	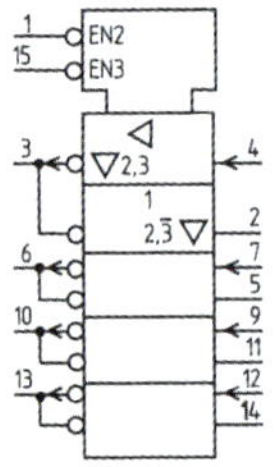	Bus-Treiber, bidirektional, vierfach	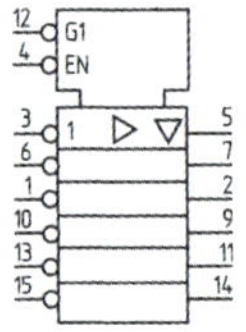	Verstärker, invertierend, mit Tristate-Ausgängen, sechsfach
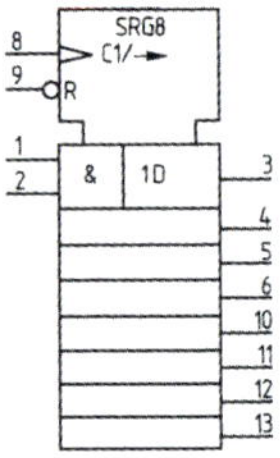	Binärzähler, 14-stufig	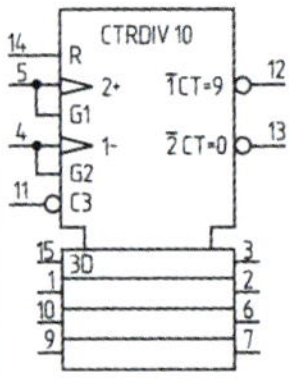	Zweirichtungszähler, dekadisch, synchron	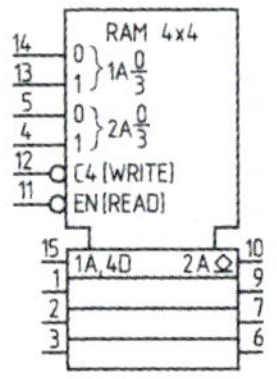	Schreib-Lese-Speicher 4 × 4 bit mit getrennten Eingängen für Schreib- und Leseadressen
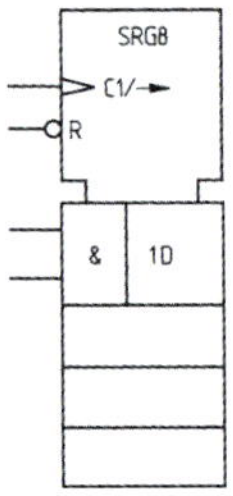	Schieberegister, parallel IN/seriell OUT	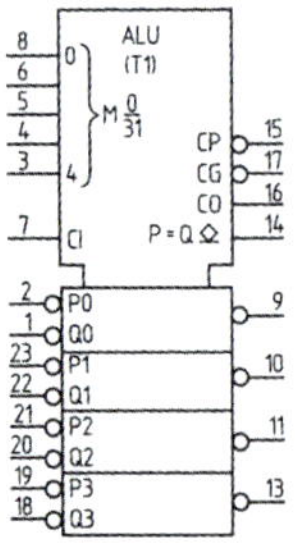	Arithmetisch-logische Einheit, 4 bit	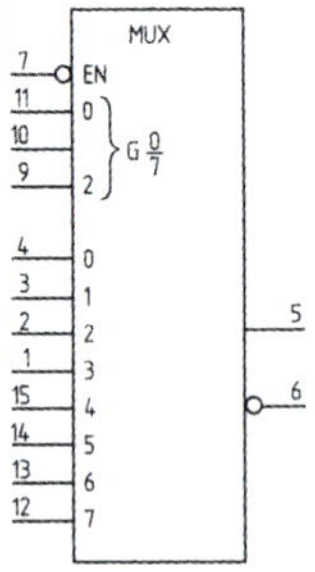	Multiplexer, 1-aus-8

Symbole für Antennentechnik — DIN EN 50083

Schaltzeichen	Beschreibung	Schaltzeichen	Beschreibung	Schaltzeichen	Beschreibung
	Verstärker, einstellbar		Verstärker, regelbar		Umsetzer, Konverter
	Modulator		Pilotgeber		Gleichrichtergerät, Netzanschlussgerät
	Stabilisierungseinrichtung		Erdungsschiene		Sicherheits-Erde
	Rundfunk-Empfangsantenne, allgemein		LMK-Antenne mit Übertrager		LMKU-Antenne mit Übertrager
	Dipol-Antenne mit Übertrager		Dämpfungsglied, fest		Dämpfungsglied einstellbar
	Dämpfungsglied regelbar oder geregelt		Entzerrer, allgemein		Weiche
	Übertrager		Bandpass, Kanalpass		Bandsperre, Kanalsperre, Sperrkreis
	Einspeiseweiche		Trennglied		Verteiler, zweifach
	Verteiler, dreifach		Abzweiger, einfach		Abzweiger, zweifach
	Antennensteckdose		Steckdose mit Abschlusswiderstand		Abschluss einer Leitung

Symbole für Gefahrenmeldeanlagen — VdS 2135

Schaltzeichen	Beschreibung/ Kurzzeichen	Schaltzeichen	Beschreibung/ Kurzzeichen	Schaltzeichen	Beschreibung/ Kurzzeichen
	Signalgeber, akustisch SA		Horn, Hupe		Klingel Ki
	Summer Sm		Sirene Sr		Signalgeber, optisch SO
	Fadenzugkontakt FK		Abreißmelder AR		Glasbruchmelder, akustisch GMak
	Glasbruchmelder, passiv GMp		Glasbruchmelder, aktiv GMa		Infrarot-Bewegungsmelder IM
	Körperschallmelder KM		Feldänderungsmelder FM		Lichtschranke LS

Symbole für Gefahrenmeldeanlagen — VdS 2135

Schaltzeichen	Beschreibung/ Kurzzeichen	Schaltzeichen	Beschreibung/ Kurzzeichen	Schaltzeichen	Beschreibung/ Kurzzeichen
	Lichtschranken-vorhang LV	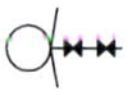	Mikrofon (z. B. Sensorkabel) Mp		Mikrowellen-Schranke MS
	Hochfrequenz-schranke HFS		Mikrowellen-Bewegungsmel-der MM		Magnetkontakt MK
	Öffnungskontakt ÖK		Pendelkontakt PK		Vibrationskon-taktmelder VK
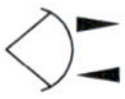	Dualmelder DU	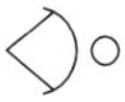	Infrarot-Rundum-melder IMR	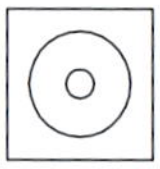	Überfallmelder ÜM
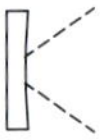	Ultraschall-Bewegungsmelder UM		Aufbruchmelder AM		Druckmelder (z. B. Trittmelder) DM
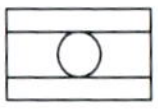	Druckknopfmelder DK	EMZ	Einbruchmelde-zentrale EMZ	ÜMZ	Überfallmelde-zentrale ÜMZ
ZKZ	Zutrittskontrollzen-trale ZKZ	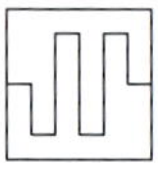	Alarmglas ADG		Schließblechkon-takt SK
	Sperrelement SpE		Schalteinrichtung m. Identifikation SE		Schalteinrichtung m. geistiger Identif. SG
	Schalteinrichtung mit Zeitsteuerung SZ	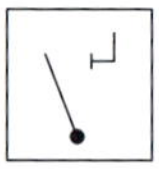	Schlüsselschalter SL	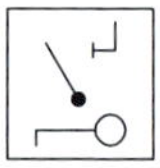	Freischaltelement FSE
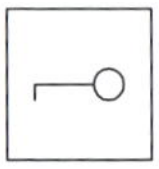	Schlüsseldepot SD	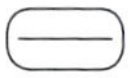	Ausweisleser AW		Ausweisleser m. Codeeingabe AWC
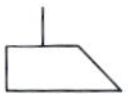	Elektromagn. Türöffner TF		Schubriegel SR	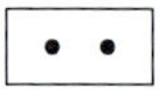	Übergangskon-takt ÜK
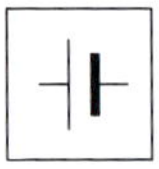	Energieversorgung EV		Netzgerät NG	BMZ	Brandmeldezent-rale BMZ
V	Verteiler V		Wärme-, Differentialmelder WMD		Wärme-, Maximalmelder WMM
	Wärme-, Maximalmelder, linienförmig WLM		Wärme-, Differentialmelder, linienförmig WLD		Wärme-, Maximalmelder, mehrpunktförmig MWM

Symbole für Gefahrenmeldeanlagen — VdS 2135

Schaltzeichen	Beschreibung/ Kurzzeichen	Schaltzeichen	Beschreibung/ Kurzzeichen	Schaltzeichen	Beschreibung/ Kurzzeichen
	Wärme-, Differenzialmelder, mehrpunktförmig MWD		Ansaugrauchmelder ASR		Rauchmelder, zwangsbelüftet RZ
	Melder für Lüftungskanäle LKM		Rauchmelder, optischer RMO		Ionisationsrauchmelder RMI
	Linearer Rauchmelder (Sender) RLS		Linearer Rauchmelder (Empf.) RLE		Linearer Rauchmelder (Sender/ Empf.) RL
	Linearer Rauchmelder (Reflektor) RLR		Multisensormelder (Komb. RMO/WMD) OT		Multisensormelder (Komb. RMO/ WMD/RMI) OTI
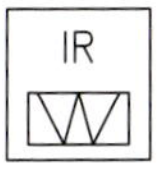	Flammenmelder Infrarot FMI		Flammenmelder, Ultraviolett FMU		Flammenmelder, Multifunktional FMM
IME	ID-Merkmalerfassungseinheit IME	ÜG	Übertragungsgerät, z. B. ÜE ÜG	KMZ	Kombinierte Meldezentrale KMZ
FSA	Feststellanlage FSA	FBF	Feuerwehrbedienfeld FBF	FLA	Feuerlöschanlage FLA
LPT	Lageplantableau LPT	EST	Steuereinrichtung f. Löschanlagen EST	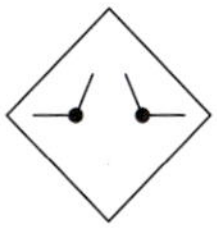	Isolatormodul ISM
STR	Steuermodul STR	ADR	Adressiermodul ADR	ANS	Anschaltmodul ANS
	Linienkoppler (EX) KEX		Überspannungsableiter ÜSE		Externe Melderanzeige MA
m	Türhaltemagnet, Türschließer TM	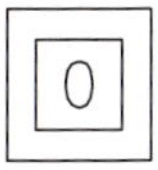	Nichtautomatischer Melder NAM		Feuerwehraufzug FA
	Registriereinrichtung RE		Anzeigentableau AT	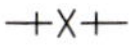	Fenster F
	Lichtkuppel Lk		Tür T	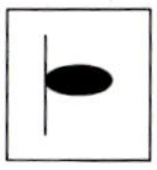	Ausdruckbolzen AB
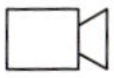	Videokamera Vka	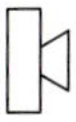	Fotokamera Fka		Monitor M

Symbole für Rohrleitungen und Rohrmontage — DIN EN 806

Schaltzeichen	Beschreibung
Wasserleitungen	
* 1)	Wasserleitung
PWC 80	Trinkwasser (TW), kalt, DN 80
PWH 50–TI	Desgl., warm, DN 50 mit Wärmedämmung
PWH–C40	Desgl., warm, Zirkulation, Nennweite 40
	Leitungskreuz
	Abzweig, einseitig, zweiseitig
	Schlauchleitung
PWC 15	Trinkw., kalt, mit Schlauchltg., DN 15
50 40	Übergang in der Nennweite DN 50 auf DN 40
St Cu	Übergang im Werkstoff
	Rohrleitung im Grundriss
a) + b) – c) + –	Rohrleitungsverlauf: a) aufwärts b) abwärts c) hindurchgehend
a) + b) + c) – d) –	Fließrichtung: a) nach oben b) von oben c) nach unten d) von unten

Schaltzeichen	Beschreibung
+ –	Abzweig nach oben und unten
	Elektr. Trennung Isolierstück
	Potenzialausgleich, Erdung
	Dehnungsbogen
	Stopfbuchsenkompensator
	Ltg. Festpunkt
	Ltg. Befestigung m. Gleitringführ.
	Wand- oder Deckendurchführung mit Schutzrohr
	Mit Abdichtung (Mantelrohr)
	Ltg. Abschluss
	Leitungsgefälle nach rechts
5%	Desgl. nach links mit 5 %
Rohrverbindungen	
* 2)	Rohrverbindung
	Gewindeverb.
	Flanschverb.
	Klemmflanschverbindung
	Geschweißte, gelötete Verbind.
	Schnellkuppl.
	Desgl. m. zwei Kuppl. teilen

Schaltzeichen	Beschreibung
Absperr- und Drosselarmaturen	
	Absperrarmatur
	Eck- und Dreiwegeventil
	Dreiwegeventil m. Mischventil
	Vierwegeventil
	Geradsitzventil
	Kugelhahn
	Kolbenschieber Kolbenventil
	Freiströmventil -schieber
	Nadelventil
	Absperrklappe
P	Druckminderer
	Anschlussvorrichtung
	Ventilanbohrschelle

1) Stern kann durch Abkürzungen ersetzt werden: PW protable water, PWC protable water cold, PWH-H hot, PWH-C Zirkulation, PWH-TI therminal insulation.

2) Z. B. CT Klemm-, SC Gewinde-, WE Schweiß-, FL Flansch-, CP Pressfitt. SL Weichlötverbindung.

Symbole für Rohrleitungen und Rohrmontage — DIN EN 806

Schaltzeichen	Beschreibung
Entnahmestellen und Zubehörteile	
	Auslauf- oder Entleerungsventil
	Standauslaufv. Wandauslaufv.
	Mischbatterie
	Standmischbatt.
	Wandmischbatt.
SC	Selbstschluss-armatur
	Brause
	Schlauchbrause
FV	Druckspüler mit Rohrunterbrech.
FC	Spülkasten
	Auslaufventil mit Schnellkuppl. und Schlauchver-schraubung
*	Auslauf mit Siche-rungsarmatur, Schnellkuppl. und Schlauchver-schraubung

*) genaue Bauart durch spezielle Abkürzungen

Schaltzeichen	Beschreibung
Sicherheitsarmaturen	
	Sicherheitsarma-tur, allgemein
	Freier Auslauf Systemtrennung
	Rohrunterbrecher
	Rohrbelüfter
	Rückfluss-verhinderer
	Absperrventil m. integriertem Rückflussverhind.
	Rohrbelüfter Durchgangsform
	Rohrentlüfter
	Rohrtrenner
	Rückflussverh. m. kontrollierb. Druckzonen
	Rohrbruch-sicherung
	Federbelast. Sicherheitsventil
T	Temperaturab-lassventil
T, P	Temp.-Druck-ablassventil

Schaltzeichen	Beschreibung
Wasserbehandlungsanlagen	
CHD	Dosiergerät
HD	Aufhärtungsanlage
SOF	Enthärtungsanlage
NIT	Nitratentfernende Anlage
EDS	Elektrolytisches Gerät
RO	Umkehrosmose
UV	Desinfektionsanlage mit UV
CF	Mischfilteranlage
ACF	Aktivkohlefilter
	Mechanischer Filter
Brandschutzeinrichtungen	
FW	Feuerlöschleitung
FW-D trocken, FW-W nass	
FW-S Steigleitung	
	Sprinkler
	Wasservorhang
	Wandhydrant
	W. mit Schlauch-leitung
	Unter- und Oberflurhydrant

Symbole für Heizungsanlagen — DIN 2429

Beispiel für eine Heizungsanlage

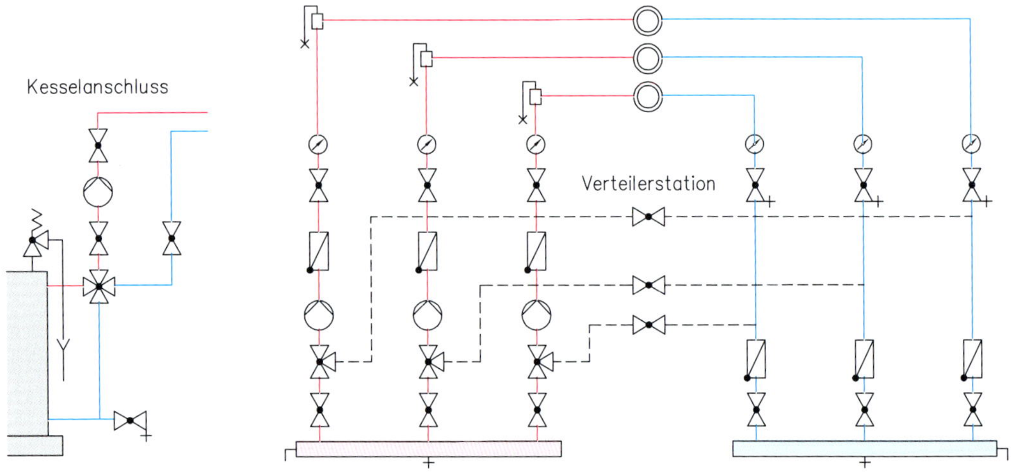

Schaltzeichen	Beschreibung	Schaltzeichen	Beschreibung	Schaltzeichen	Beschreibung
	Heizkessel	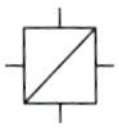	Umformer		Umwälzpumpe
	Wärmetauscher	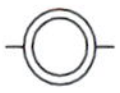	Wärmeverbraucher, allgemein		Heizkörper
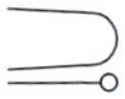	Rohrschlange		Rohrregister		Trinkwassererwärmer
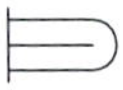	Gegenstromapparat		Heizungsvorlauf		Heizungsrücklauf
	Luftleitung		Dampfleitung		Kondensatorleitung
	Kondensatorabscheider	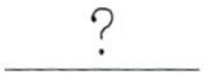	Ölleitung	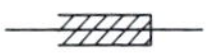	Rohrleitung, gedämmt
	Rohr im Mantelrohr, gedämmt		Schlauch	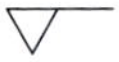	Niveauangabe
	Verbindung (geschweißt, gelötet, geklebt)		Absperrventil		Schieber
	Absperrorgan mit Entleerung		Regler und Fühler		Heizkörperventil

Symbole für Klimaanlagen — DIN 1946

Schaltzeichen	Beschreibung/ Kurzzeichen	Schaltzeichen	Beschreibung/ Kurzzeichen	Schaltzeichen	Beschreibung/ Kurzzeichen
	Lufterwärmer (Luft/Wasser)		Lufterwärmer (Luft/Dampf)		Lufterwärmer, direktbefeuert
	Elektrolufterwärmer		Lufterwärmer/ -kühler mit Wärmerückgewinnung		Luftkühler (Luft/ Wasser)
	Luftstromkreuzung		Lufterwärmer/ -kühler, Speichermasse	EUS	Filter, allgemein und mit Klassifizierung
	Schalldämpfer		Mischkammer	Q	Schwebstofffilter
	Rollbandfilter		Sorptionsfilter		Elektrofilter
	Sprühbefeuchter		Dampfbefeuchter		Tropfenabscheider
	Strömungsgleichrichter		Kompressionskühl-/-heizmaschine	a) b)	Kühlturm, offen und geschlossen
	Ventilator, axial und radial		Kältemittelverdichter		Gebläsekonvektor
	Klappe mit Gehäuse		Brandschutz		Rauchschutzklappe
	Rückschlagklappe		Überstromklappe		Umschaltklappe
a) b)	Volumenstromregler	a) b)	Mischregler/ Mischsteller		Zuluftdurchlass
	Abluftdurchlass		Deckenluftverteiler		Schützdurchlass mit Rohr
	Wetterschutzgitter		Kreiselpumpe		Kolbenpumpe
	Durchgangsventil		Eckventil		Regler
ϑ φ Δp	Fühler (Temperatur, Feuchte, Druck)	ϑ ϑ	Raum- und Außenfühler	— · — · —	Außenluft
– – – – – –	Fort-, Ab- und Umluft	– · · — · · –	Mischluft	———	Zuluft
	Dachaufsatz, Kuppel		Dachaufsatz, Laterne		Dachaufsatz, Deflektor

Symbole der Hydraulik und Pneumatik — DIN ISO 1219

Schaltzeichen	Beschreibung	Schaltzeichen	Beschreibung	Schaltzeichen	Beschreibung
Funktion					
	Hydraulisch		Pneumatisch		Strömungsrichtungen
	Drehrichtung (eine Drehrichtung)		Drehrichtung (zwei Drehrichtungen)		Verstellbarkeit
Pumpen, Motoren					
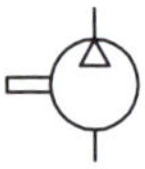	Kompressor		Pneumatikmotor	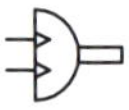	Hydropumpe
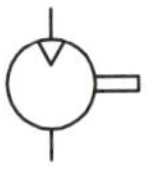	Konstantmotor	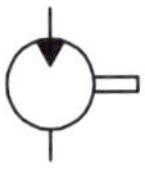	Drehantrieb (pneumatischer Schwenkantrieb)	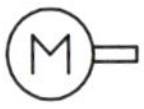	Elektromotor
Leitungen, Energieübertragung					
	Hydraulische Energiequelle	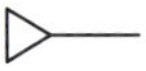	Pneumatische Energiequelle		Arbeits-, Rückflussleitung
	Steuer-, Entlüftungsleitg.		Flexible Leitung (Schlauchleitung)		Kreuzung, nicht verbunden
	Leitungsverbindung		Entlüftung, kontinuierlich		Entlüftung, zeitweise
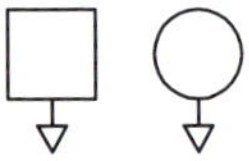	Luftauslassöffnung mit Anschlussmöglichkeit	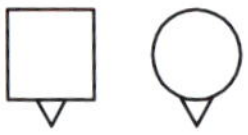	Luftauslassöffnung ohne Anschlussmöglichkeit	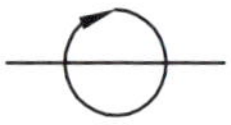	Winkel- und Drehverbindung, Einwege-Verbindung
Speicher, Behälter					
	Behälter		Luftbehälter		Hydrospeicher
Aufbereiter					
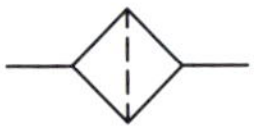	Filter, allgemein	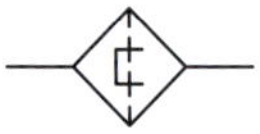	Filter mit magnetischem Element	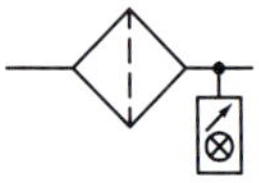	Filter mit optischem Verschmutzungsanzeiger
	Abscheider, Ablassventil mit Entwässerung		Abscheider, Ablassventil mit autom. Entwässerung	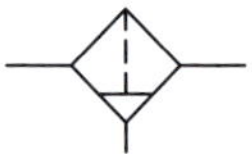	Filter mit Abscheider, manuelle Entwässerung
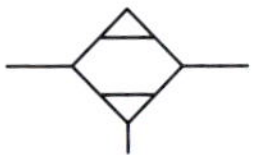	Lufttrockner		Öler	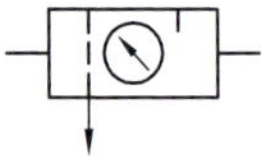	Aufbereitungseinheit
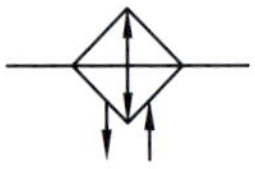	Wärmetauscher, Kühler mit Volumenstromlinien für die Fließrichtung für das Kühlmedium	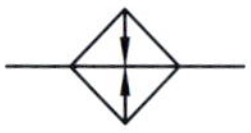	Wärmetauscher, Heizer	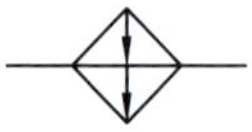	Wärmetauscher, Temperaturregler

Symbole der Hydraulik und Pneumatik — DIN ISO 1219

Schaltzeichen	Beschreibung	Schaltzeichen	Beschreibung	Schaltzeichen	Beschreibung
Zylinder					
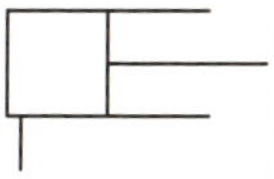 Vereinfacht	Einfach wirkender Pneumatikzylinder mit nicht definierter Rückhubart	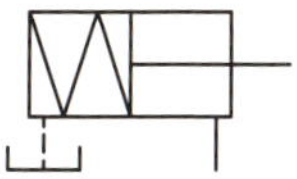 Vereinfacht	Einfach wirkender Hydraulikzylinder, Rückhub durch Druckbeaufschlagung, Kolbenraum mit Behälter verbunden	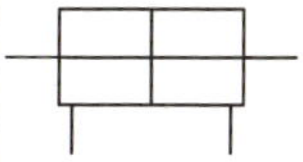 Vereinfacht	Doppelt wirkender Pneumatikzylinder mit zweiseitiger Kolbenstange
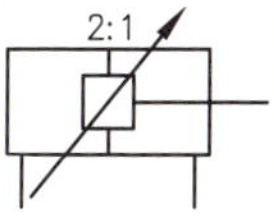 Vereinfacht	Doppelt wirkender Hydraulikzylinder mit einseitiger Kolbenstange, Flächenverhältnis 2:1	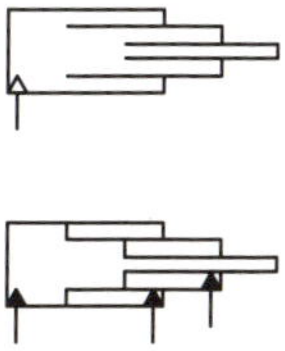 Vereinfacht	Einfach wirkender Pneumatik-Teleskopzylinder Zweifach wirkender Hydraulik-Teleskopzylinder	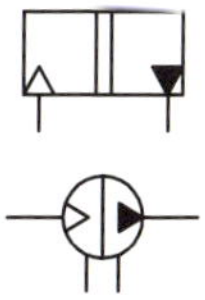 Vereinfacht	Einfach wirkende und kontinuierliche Druckmittelwandler
Sperrventil					
	Rückschlagventil, unbelastet		Rückschlagventil, federbelastet	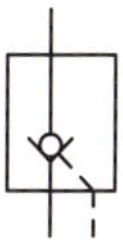	Entsperrbares Rückschlagventil, schließt ohne Rückstellfeder
	Entsperrbares Rückschlagventil, öffnet gegen die Rückstellfeder	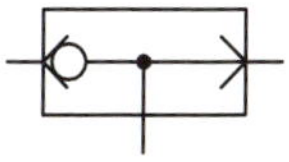	Wechselventil (ODER-Funktion)	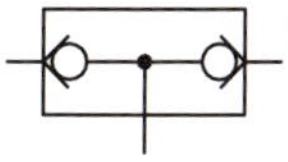	Zweidruckventil (UND-Funktion)
Stromventil					
	Drosselventil, einstellbar		Zwei-Wege-Stromregelventil mit veränderlichem Auslassstrom		Zwei-Wege-Stromregelventil temperaturkompensiert
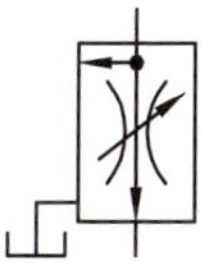	Drei-Wege-Stromregelventil mit veränderlichem Ausgangsstrom und Entlastungsöffnung zum Behälter		Absperrventil mit einer gesperrten Stellung		Stromteiler
Druckventil					
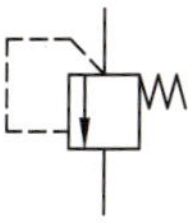	Einstufiges Druckbegrenzungsventil	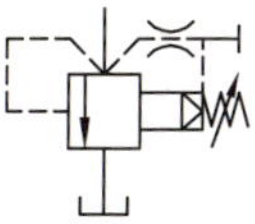	Zweistufiges (vorgesteuertes) Druckbegrenzungsventil	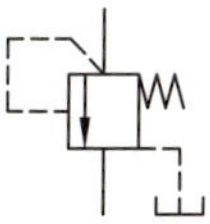	Folgeventil, einstufig, federbelastet
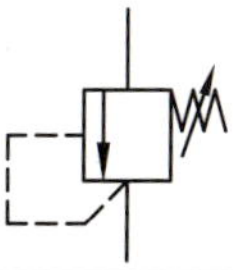	Einstufiges, direkt wirkendes (Zwei-Wege-)Druckreduzierventil	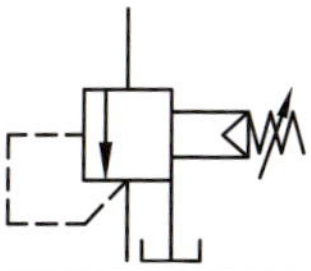	Zweistufiges, vorgesteuertes Zwei- Wege-Druckreduzierventil	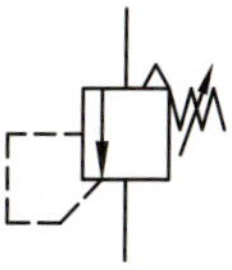	Drei-Wege-Druckreduzierventil

Symbole der Hydraulik und Pneumatik — DIN ISO 1219

Wegeventil

Kurzbezeichnung: Die erste Ziffer gibt die Anzahl der Anschlüsse (ohne Steuer- und Leckstromleitung), die zweite die Anzahl der Schaltstellungen an, z. B. 3/2-Wegeventil.

Schaltzeichen	Beschreibung	Schaltzeichen	Beschreibung
Durchflusswege			
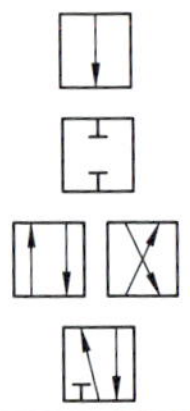	Ein Durchflussweg Zwei gesperrte Anschlüsse Zwei Durchflusswege Zwei Durchflusswege und ein gesperrter Anschluss		Zwei Durchflusswege mit Verbindung zueinander Ein Durchflussweg in Nebenschlussschaltung und zwei gesperrte Anschlüsse
Bauarten von Wegeventilen			
2/-Wegventil		3/-Wegventil	
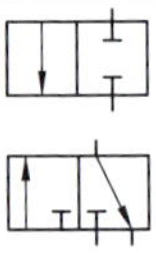	2/2-Wegeventil mit Sperr-Ruhestellung 2/2-Wegeventil mit Durchfluss-Ruhestellung	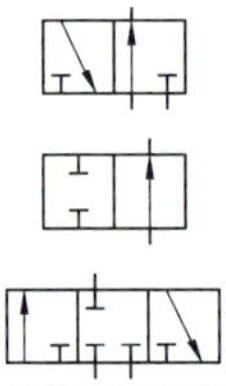	3/2-Wegeventil mit Sperr-Ruhestellung 3/2-Wegeventil mit Durchfluss-Ruhestellung 3/3-Wegeventil mit Sperr-Mittelstellung
4/-Wegventil		5/-Wegventil	
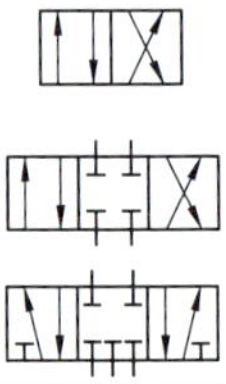	4/2-Wegeventil 4/3-Wegeventil mit Sperr-Mittelstellung 4/3-Wegeventil mit Schwimm-Mittelstellung	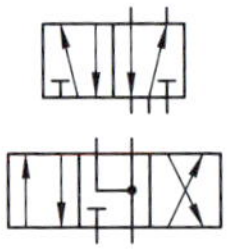	5/2-Wegeventil 5/3-Wegeventil mit Sperr-Mittelstellung

Schaltzeichen	Beschreibung	Schaltzeichen	Beschreibung	Schaltzeichen	Beschreibung
Betätigung					
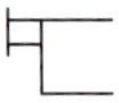	Allgemein	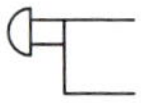	Druckknopf	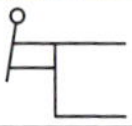	Hebel
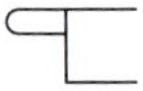	Stößel	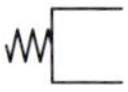	Feder	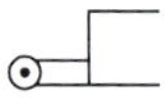	Rollenstößel
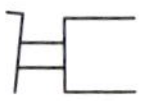	Pedal	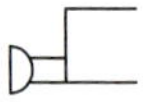	Zugknopf	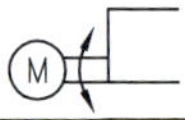	Elektromotor
Mess-, Anzeige- und sonstige Geräte					
	Optische Anzeige		Manometer		Differenzdruckmessgerät
	Thermometer		Drehzahlmessgerät	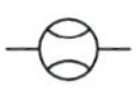	Volumenstrommessgerät
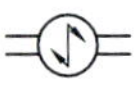	Drehmomentmesser		Flüssigkeitsniveau-Messgerät		Druckschalter
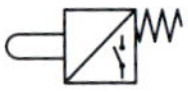	Grenzschalter	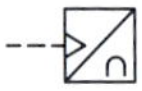	Analogwandler	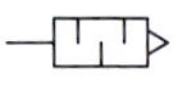	Schalldämpfer (Pneumatik)

Elektromagnetische Verträglichkeit (EMV)

Elektromagnetische Verträglichkeit[1)] (kurz **EMV**) liegt vor, wenn ein Gerät
1. andere Geräte nicht stört,
2. nicht von anderen Geräten gestört wird.

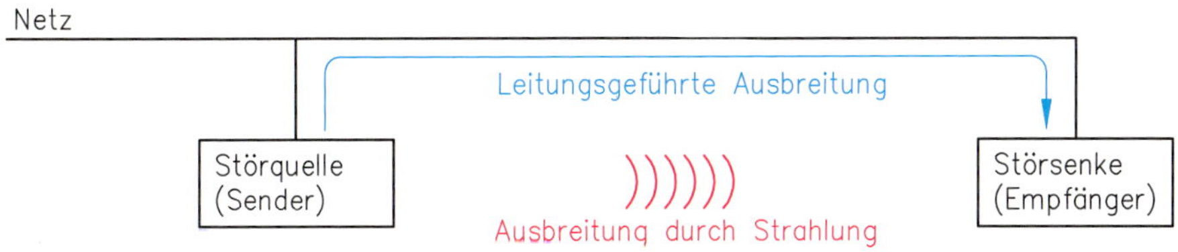

- Grundsätzlich ist jedes elektrische Gerät eine **Störquelle**.
- Eine Störquelle gibt elektromagnetische Störungen ab.
  Diesen Vorgang bezeichnet man als **Emission**.
- Die Störungen können durch elektrische Leitungen übertragen oder direkt durch den Raum abgestrahlt werden.

- Grundsätzlich ist jedes elektrische Gerät eine **Störsenke**.
- Eine Störsenke nimmt einen Teil der emittierten elektromagnetischen Störungen auf.
- Das bezeichnet man als **Immission**.
- Betroffene Geräte können in ihrer Funktion beeinflusst oder sogar gestört sein.

1) Unter Elektromagnetischer Verträglichkeit versteht man die Fähigkeit einer elektrischen Einrichtung (Anlage, Gerät, Baugruppe oder Bauelement), in ihrer elektromagnetischen Umgebung in der beabsichtigten Weise zu funktionieren, ohne diese Umgebung, in der sich auch andere Einrichtungen befinden, durch elektromagnetische Störungen zu beeinflussen.

Elektromagnetische Störquellen

Erzeugung elektromagnetischer Störungen (Beispiele)

- Stromdurchflossene Leitungen erzeugen magnetische Felder.
- Prellende Schalter, Schütze und Relais erzeugen Impulspakete.
- Schnelle Lastwechsel mit steilen Flanken erzeugen hochfrequente Störimpulse.
- Frequenzumrichter verursachen hochenergetische Störsignale.
- Unterschiedliche Massepotenziale von Anlagen erzeugen Ausgleichströme über Leitungen.
- Zu schwach dimensionierte Netzteile verursachen Spannungseinbrüche in der Systemversorgung.
- Lichtbogen oder Funken beinhalten hochfrequente Störsignale.
- Falsch oder nicht abgeschlossene Hochfrequenzleitungen erzeugen HF-Resonanzen.

Einteilung der Störquellen (Auswahl)

Natürliche Störquellen: Atmosphärische Entladungen, elektrostatische Entladungen, Rauschen
Künstliche Störquellen: Elektromagnetische Vorgänge, die mit einem Energieumsatz verbunden sind. Dazu gehört auch der nukleare elektromagnetische Puls (NEMP) bei Kernexplosionen.
Schmalbandige Störquellen: Rundfunksender, HF-Generatoren, Geräte für die HF-Chirurgie
Breitbandige Störquellen: Blitzentladungen (LEMP), siehe nachfolgende Beispiele.

Breitbandige Störquellen (Beispiele)

Leitungsgeführte Störgrößen		Gestrahlte Störgrößen	
Störquelle	Frequenzspektrum in MHz	Störquelle	Frequenzspektrum in MHz
Leuchtstofflampen	0,1 bis 3	Bistabile Schaltungen	0,015 bis 400
EDV-Anlagen	0,05 bis 20	Thermostat-Kontakte	30 bis 1000
Netzschalter	0,5 bis 25	Motor	0,01 bis 0,4
Leistungsschalterkontakte	10 bis 20	Schaltlichtbogen	30 bis 200
Schütze, Relais	0,05 bis 20	Leistungsschaltkreise	0,1 bis 300

Elektromagnetische Verträglichkeit (EMV) (Fortsetzung)

Kopplung

Kopplung ist die Wechselwirkung zwischen Stromkreisen, bei der Energie von einem Stromkreis auf den anderen übertragen werden kann.

Leitungsgeführte Kopplungen

Galvanische Kopplung	Kapazitive Kopplung	Induktive Kopplung
Stromkreise, die über gemeinsame Leitungsabschnitte verlaufen (z. B. Masse- oder Erdungsleitungen, Stromversorgungsleitungen für mehrere Baugruppen). Störungen breiten sich direkt über die Leitungen auf andere Geräte oder Einrichtungen aus.	Zwischen benachbarten Leitungen unterschiedlicher Stromkreise entstehen durch die von jedem Stromkreis abgestrahlten elektrischen Felder kapazitive Kopplungen. Störsignale werden somit auf andere Geräte oder Einrichtungen gekoppelt.	Zwischen benachbarten Leitungen unterschiedlicher Stromkreise entstehen durch die von jedem Stromkreis abgestrahlten magnetischen Felder Gegeninduktivitäten. Störsignale werden dadurch auf andere Geräte oder Einrichtungen gekoppelt.
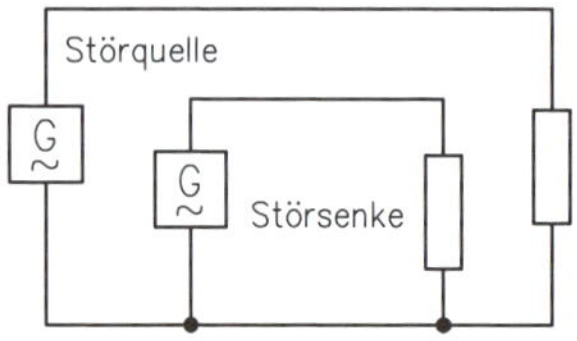	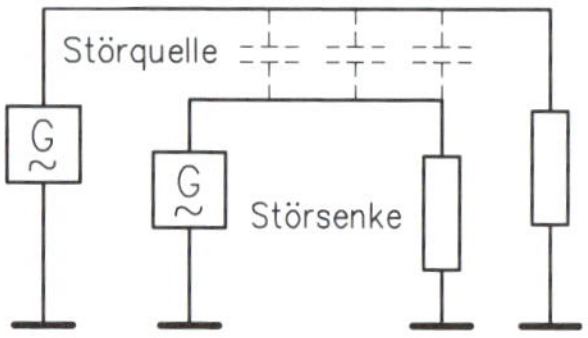	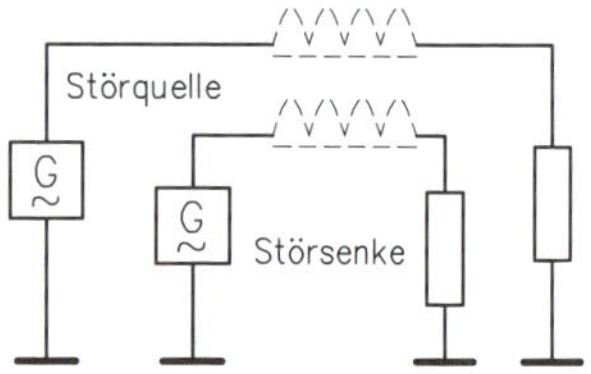

Schutzmaßnahmen bei der Leitungsverlegung

Galvanische Kopplung	Kapazitive Kopplung	Induktive Kopplung
• Keine oder nur kurze gemeinsame Leitungen • Ausreichende Leitungsquerschnitte • Galvanische Trennung der Leitungen	• Keine oder nur kurze parallele Leiterführung • Große räumliche Abstände zwischen den Leitern • Elektrische Abschirmung der Leiter	• Große räumliche Abstände zwischen den Leitern • Kleine Leiterschleifen • Verdrillung der Leiter • Magnetische Abschirmung der Leiter

Strahlungskopplung

Ursache der Strahlungskopplung sind Ströme und Spannungen, die sich mit hoher Frequenz verändern. Dadurch entstehen sich schnell verändernde elektrische und magnetische Felder, die sich im Raum als elektromagnetische Wellen ausbreiten.
Schutzmaßnahme gegen Strahlungskopplung: Abschirmung

Schutzmaßnahmen an Störquellen und Störsenken

- Alle Baugruppen einer Einrichtung (z. B. einer Anlage in einem Schaltschrank) abschirmen
- Abgeschirmte Leitungen verwenden
- Abschirmungen der Baugruppen und Leitungen über niederohmige Leitungen mit der Erde verbinden
- Abgeschirmte Leitungen an beiden Enden mit der Erde verbinden
- Bei hochohmigen Störungen (wegen des Skineffekts) als Erdverbindung großflächige, gut leitende Kupferbänder oder Metallschienen verwenden
- In Anlagen mit größeren Ausdehnungen zur Verhinderung von Erdausgleichsströmen zwischen den Schaltschränken Erdpotenzialausgleichsleitungen mit einem Querschnitt von mind. 25 mm^2 verlegen, wenn eine direkte niederohmige Erdanbindung an jedem Schaltschrank nicht möglich ist.
- Filterung der Versorgungs- und Signalleitungen (EMV-Filter für Netzleitungen)
- X- und Y-Kondensatoren (siehe Entstörkondensatoren)

Störfestigkeit von Störsenken

Die Störfestigkeit einer elektrischen Einrichtung ist gegeben, wenn Störgrößen (bis zu einer bestimmten Höhe) nicht zu einer Fehlfunktion führen. Dabei gelten folgende Definitionen:

- **Funktionsminderung:** Eine Beeinträchtigung der Funktionstüchtigkeit, die noch zulässig ist
- **Fehlfunktion:** Eine Beeinträchtigung der Funktionstüchtigkeit, die nicht mehr zulässig ist. Die Fehlfunktion endet mit dem Abklingen der Störgröße.
- **Funktionsausfall:** Eine Beeinträchtigung der Funktionstüchtigkeit, die nicht mehr zulässig ist und z. B. nur durch eine Instandsetzung beseitigt werden kann

Realisierung der elektromagnetischen Verträglichkeit

Hinweise zur Installation (am Beispiel eines Umrichters)

- Filtergehäuse großflächig leitend mit Masse und anderen Betriebsmitteln verbinden
  Beispiel: Filter und Umrichter gemeinsam auf der metallischen Montageplatte des Schaltschrankes mit Schrauben befestigen
- Alle metallischen Bezugspotenziale von Gehäusen, Maschinen- und Anlagenteilen niederohmig, hochfrequenztauglich und möglichst vermascht verbinden. Dabei gilt:
  - Betriebsmittel großflächig leitend befestigen
  - Erdverbindungen induktivitätsarm realisieren: vorzugsweise Kupferflachbänder gegenüber Rundleitern verwenden
  - Verbindungen so kurz wie möglich halten. Faustregel: Länge/Breite < 3
- Filter und Umrichter möglichst dicht beieinander anbringen, idealerweise direkt am Umrichter
- Störbehaftete Leitungen abschirmen. Beispiele:
  - Verbindungsleitung zwischen Filter und Frequenzumrichter, sofern das Filter nicht direkt am Umrichter angeflanscht ist
  - Verbindungsleitung zwischen Umrichter und Motor, sofern kein entsprechendes Ausgangsfilter verwendet wird
- Abgeschirmte Leitungen beidseitig und großflächig mit dem Bezugspotenzial verbinden: möglichst direkt und nahe an der Gehäuseeintritts- bzw. Gehäuseaustrittsstelle
- Filter möglichst direkt an der Gehäuseeintritts- bzw. Gehäuseaustrittsstelle anordnen. Beispiel: Die Netzanschlussseite des EMV-Filters aus einer Gehäuseöffnung herausragen lassen (unter Sicherstellung des Berührungsschutzes)
- Kabel am Klemmkasten des Motors EMV-gerecht verschrauben. Das heißt u. a.:
  - Die Kabelverschraubung muss der Schutzart für den jeweiligen Einsatzort entsprechen.
  - Der Motorklemmkasten darf nicht aus Kunststoff hergestellt sein.
  - Die Verbindung zwischen Kabelverschraubung und Klemmkasten muss großflächig sein.
  - Bei Entfernen des Lackes ist gegebenenfalls der Korrosionsschutz wieder herzustellen.
- Räumliche Trennung von störungsbehafteten Leitungen und „sauberen" Leitungen. Dabei gilt:
  - Parallele Verlegung vermeiden
  - Der Abstand zwischen Signal- und Leistungskabeln sollte mindestens 20 cm betragen.
  - Gegebenenfalls sind breitflächig geerdete Trennbleche vorzusehen.
  - Leitungskreuzungen möglichst rechtwinklig und mit Abstand verlegen
- Leitungen möglichst nahe an geerdeten Blechteilen (z. B. Schaltschrankgehäuse) verlegen

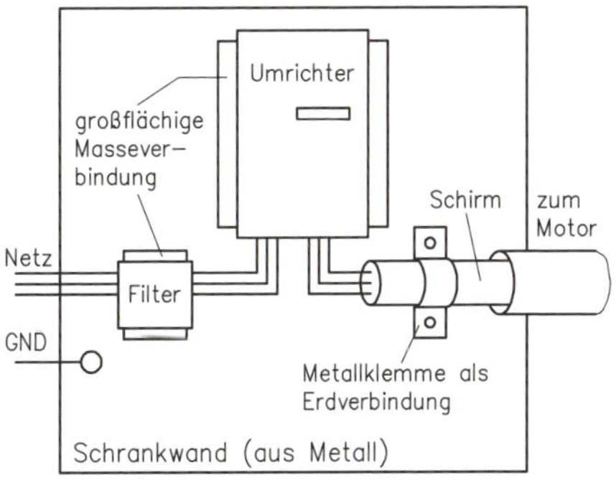

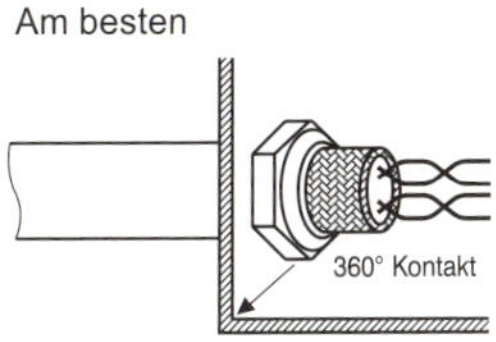

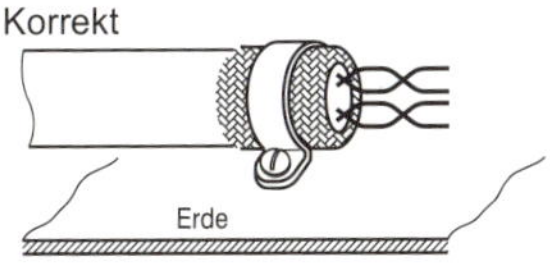

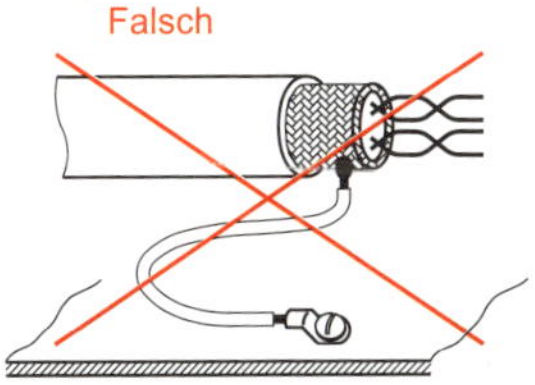

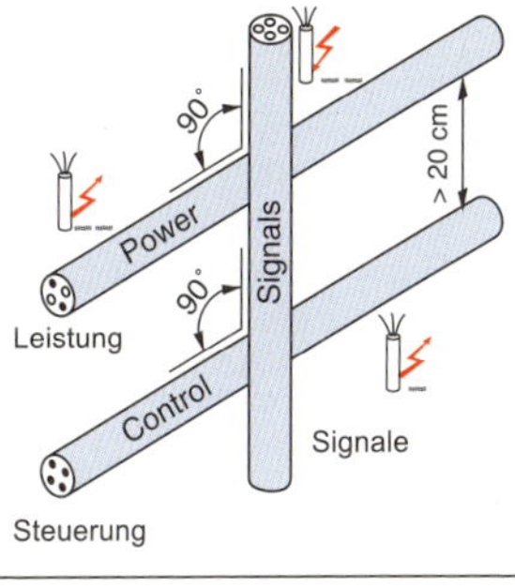

EMV-Filter für Netzleitungen (Auswahl)

- Filterschaltungen für Netzleitungen dämpfen Hochfrequenzstörungen beim Anschluss empfindlicher elektronischer Geräte, wie Computer und Laborgeräte.
- Netzfilter sind in IEC-Steckverbinder integriert oder so ausgelegt, dass sie direkt auf ein Chassis oder eine Leiterplatte montiert werden können.

Stromlaufplan	Dämpfung	Technische Daten
Filter im Einphasennetz (Leiterplattenmontage)		
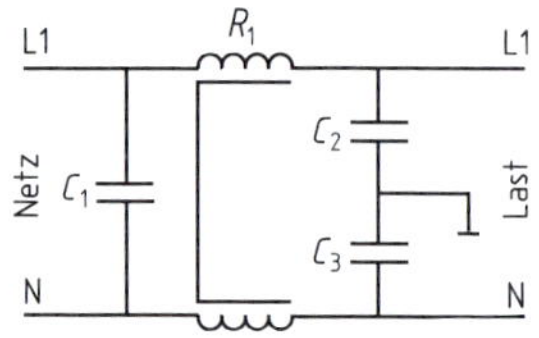	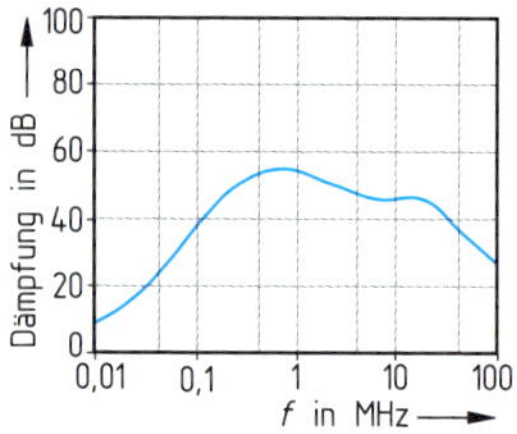	Spannung: 220...240 V Stromstärke: ≤ 3 A Frequenz: bis 400 Hz Ableitstromstärke: ≤ 0,4 mA C_1, Klasse X2: 47 nF C_2, C_3, Klasse Y: 3,3 nF R_1: 2 × 4,7 mH
Filter im Einphasennetz (mit Schutz vor kurzzeitigen Überspannungen)		
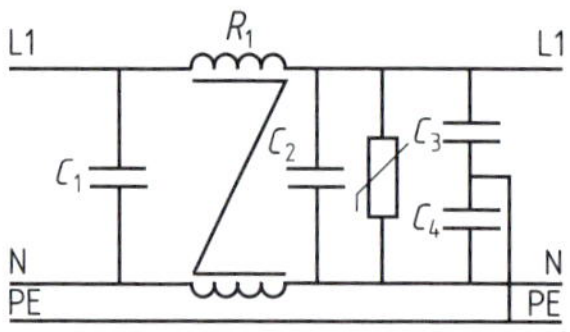	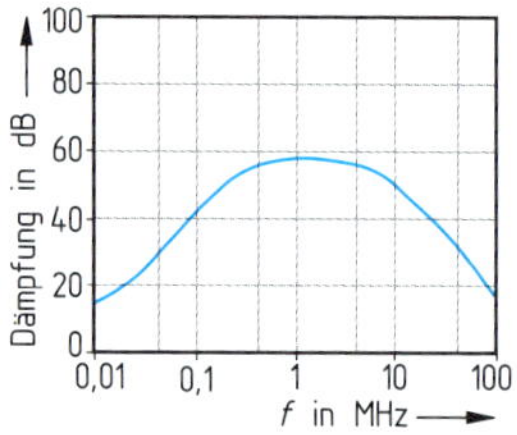	Spannung: 220...240 V Stromstärke: ≤ 1 A Frequenz: bis 400 Hz Ableitstromstärke: ≤ 0,7 mA C_1, C_2, Klasse X2: 330 nF C_3, C_4, Klasse Y: 2,2 nF R_1: 2 × 22 mH
Filter im Dreiphasennetz (mit Schutz vor kurzzeitigen Überspannungen)		
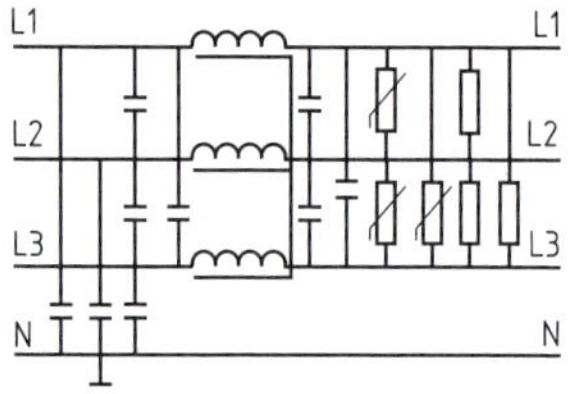	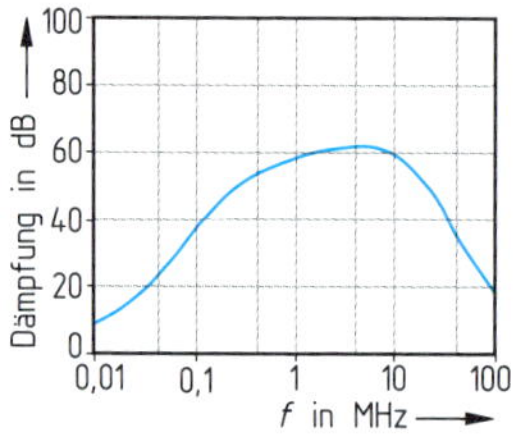	Spannung: 415...440 V Stromstärke: ≤ 25 A Frequenz: 50...60 Hz Ableitstromstärke: ≤ 5 mA je Phase Betriebstemperatur: –25...85 °C

EMV-Filter für Datenleitungen (Beispiel)

- EMV-Filter für Datenleitungen unterdrücken hochfrequente Störsignale, z. B. bei der Datenübertragung.
- Filter für Datenleitungen sind z. B. in D-Steckverbindern integriert erhältlich.

Aufbau	Dämpfung	Technische Daten
Innerhalb von D-Steckverbindern erfolgt die Signalfilterung meist durch 1 nF-Kondensatoren, die von jedem Kontakt gegen Masse (Stecker- bzw. Kupplungsgehäuse) geschaltet sind.	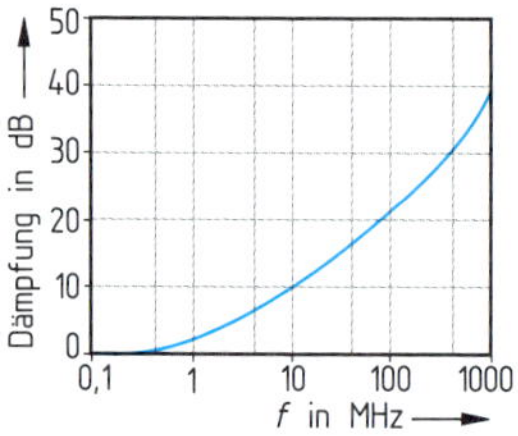	Spannung: 50 V Stromstärke: ≤ 1 A je Kontakt Kontaktwiderstand: ≤ 25 mΩ Isolationswiderstand: 5 GΩ Betriebstemperatur: –25 °C...125 °C Prüfspannung: 125 V (max. 5 s)

Begriffe der Messtechnik — DIN 1319-1 (Auswahl)

Begriff	Beschreibung	Beispiel
Messung	Quantitativer Vergleich der Messgröße mit einer Einheit	Strommessung, Vergleich eines elektrischen Stromes mit der Einheit Ampere
Zählen	Ermitteln der Messgröße durch die Anzahl der Elemente einer Menge	Drehzahl, Zählung der Anzahl der Umdrehungen in einer Minute
Prüfung	Feststellen, ob ein Prüfobjekt eine Forderung erfüllt. Vergleich mit einer Forderung ist immer Teil der Prüfung.	Isolationswiderstand, Messung des Widerstandes und Vergleich mit dem geforderten Wert in der VDE-Vorschrift
Messgröße	Physikalische Größe, die gemessen werden soll	Elektrische Spannung, elektrische Stromstärke, elektrischer Widerstand
Messobjekt	Träger der Messgröße	Messobjekt: galvanisches Element, Messgröße: elektrische Spannung
Messprinzip	Physikalische Grundlage der Messung	Kraftwirkung eines Magnetfeldes als Grundlage zur Messung der elektrischen Stromstärke (Drehspulmessgerät)
Messmethode	Vom Messprinzip unabhängige, spezielle Art der Vorgehensweise bei einer Messung	Direkte oder indirekte Messmethode der elektrischen Leistung. Analoge oder digitale Messmethode der Spannung
Messverfahren	Anwendung eines Messprinzips und einer Messmethode in der Praxis	Messung der elektrischen Spannung nach der digitalen Messmethode
Messsignal	Der Messgröße eindeutig zugeordnete Größe in einem Messgerät oder in einer Messeinrichtung	Messgröße: Temperatur, Messsignal: elektrische Spannung des Thermoelementes

Begriffe zu Messgeräten — DIN 1319-1 (Auswahl)

Begriff	Beschreibung	Beispiele
Messgerät	Gerät für die Messung einer Messgröße, auch wenn der Messwert nicht angezeigt wird (z. B. Messumformer u. Ä.)	
Messeinrichtung	Gesamtheit aller zu einer Messung erforderlichen Mess- und Hilfsgeräte	
Messkette	Elemente eines Messgerätes oder einer Messeinrichtung, die den Weg der Messsignale vom Aufnehmer zur Ausgabe bilden	
(Messgrößen-) Aufnehmer (Sensor)	Der Teil des Messgerätes oder der Messeinrichtung, der auf die Messgröße unmittelbar anspricht	
Messbereich	Bereich, in dem die Messabweichung des Messgerätes innerhalb der Fehlergrenzen bleibt. Er wird durch **Anfangswert** und **Endwert** angegeben. Die Differenz zwischen Anfangs- und Endwert heißt **Messspanne**.	
Messwert	Wert, der zur Messgröße gehört und vom Messgerät ausgegeben wird	
Messergebnis	Auf der Grundlage von Messwerten und Messabweichungen geschätzter wahrer Wert einer Messgröße	

Messeinrichtung

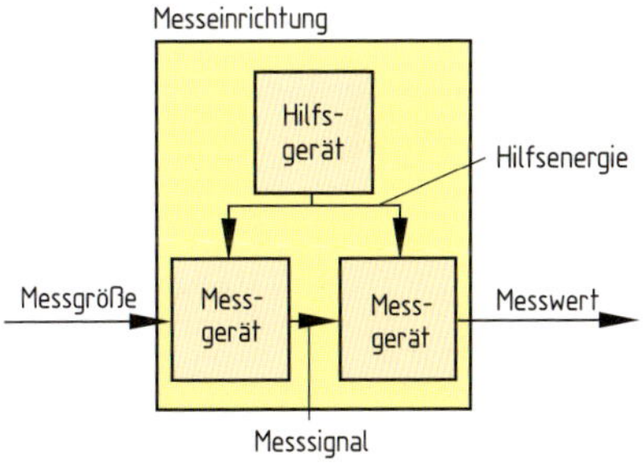

Messkette

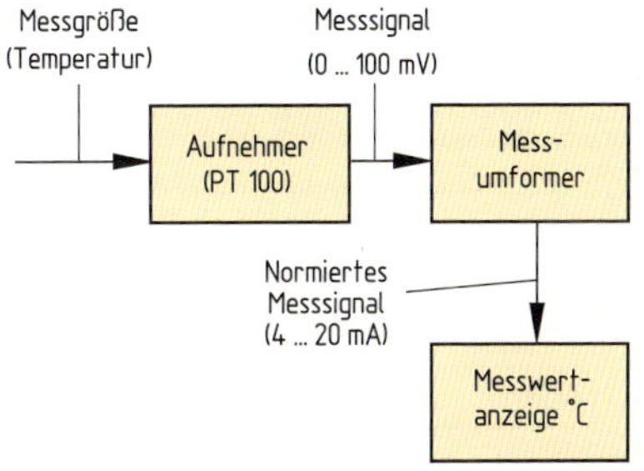

Messgeräte mit Zeiger (Auswahl)

Skalensymbole

Messwerke		Stromarten	Klassenzeichen	Nennlagen	Prüfspannungen
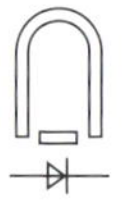	Drehspulmesswerk Gleichrichter	– Gleichstrom ~ Wechselstrom ≃ Gleich- und Wechselstrom	Gibt die Messabweichung des Messgerätes in % vom Endwert an	⊥ Senkrecht	☆ 500 V
	Dreheisenmesswerk	≋ Drehstrommessgerät mit einem Messwerk	Feinmessgeräte: Genauigkeitsklassen 0,1; 0,3; 0,5	⊓ Waagerecht	☆ (2) ≥ 500 V Angabe in kV, hier 2 kV
	Elektrodynamisches Messwerk	≋ Drehstrommessgerät mit drei Messwerken	Betriebsmessgeräte: Genauigkeitsklassen 1; 1,5; 2,5 …	∠60° Schräg mit Angabe des Winkels	☆ (0) Keine Spannungsprüfung

Technische Daten von Messgeräten mit Zeiger

	Drehspul (ohne Zusatz)	Dreheisen	Elektrodynamisch
Messung	Arithmet. Mittelwert (AV)	Effektivwert (RMS)	Leistung (AC und DC)
Genauigkeitsklasse	0,1 … 1,5	0,5 … 2,5	0,5 … 2,5
Frequenzbereich	0 Hz (Gleichstrom)	0 … 100 Hz	0 … 10 kHz
Eigenverbrauch	< 5 mW	0,5 … 5 VA	0,5 VA je Messpfad
Anwendungsbeispiele	Betriebs-, Labor- und als Vielfachmessgeräte mit Messgleichrichter	Betriebs- und Schalttafel-Einbaumessgeräte	Labor- und Betriebs-Leistungsmessgeräte

Digitale Messgeräte (Auswahl)

Digitale Messmethoden digitalisieren die Messsignale und arbeiten mit zählenden Messgeräten. Zum Digitalisieren wird das Dual-Slope-Verfahren angewendet. Die Anzahl der Impulse ist hierbei proportional zur Messspannung. Symbole werden zur Kennzeichnung von digitalen Messgeräten nicht verwendet. Eine Einteilung in Genauigkeitsklassen gibt es nicht.

Technische Daten von Digital-Messgeräten[1)]

	Messgerät mit LED-Anzeige	Messgerät mit LCD-Anzeige
Messung	Arithmetischer Mittelwert AV (ohne zusätzlichen Messgleichrichter)	
Anzeige	7-Segment-Leuchtdioden-Anzeige (Stromaufnahme ca. 30 mA)	Flüssigkristall-Anzeige (Stromaufnahme ca. 4 mA)
Genauigkeit	± 0,05 % vom Messwert + 3 Digits (mit Messgleichrichter ± 0,5 % + 10 Digits)	
Messzeit	2 Messungen je Sekunde (nicht geeignet für sich schnell ändernde Messgrößen)	
Anwendungsbeispiele	Betriebsmessgerät für Schalttafeleinbau mit guten Ablesemöglichkeiten	Vielfachmessgerät mit Messgleichrichter, Messwertspeicher u. Ä.

1) Herstellerangaben.

Messgleichrichter

Wichtig für die Beurteilung von Messgleichrichtern sind Formfaktor F und Crestfaktor F_{CREST} der Messgrößen. Die meisten Messgeräte sind nur mit einfachen Messgleichrichtern ausgestattet.

$$F = \frac{U_{RMS}}{U_{AV}}$$

$$F_{CREST} = \frac{\hat{u}_{MAX}}{U_{RMS}}$$

	Einfacher Messgleichrichter	TRUE-RMS-Gleichrichter	Thermoumformer
Formfaktor	1,11 (Sinus) bei 40 … 400 Hz	Beliebig bei 40 Hz … 2 kHz	Beliebig
Crestfaktor	1,57 (Sinus) bei 40 … 400 Hz	Bis 10 bei 40 Hz … 2 kHz	Beliebig

Anschlussbezeichnungen von Leistungs- und Leistungsfaktormessgeräten DIN 43807

Messgeräteanschluss	L1 (oder L+)	L2 (oder N; oder L-)	L3
Strompfad Zuleitung	1	4	7
Strompfad Ableitung	3	6	9
Spannungspfad	2	5	8

Grenzschalteranschluss	Schließer	Öffner
Minimumschalter	30–31	40–41
Maximumschalter	32–33	42–43

Leistungsschreiberanschluss					
Antriebsmotor	20–21	1. Zeitschreibrelais	50–51	2. Zeitschreibrelais	52–53

Messschaltungen zur Leistungsmessung DIN 43807 (Auswahl)

Wirkleistungsmessgeräte

Für Einphasen-Wechselstrom bzw. Gleichstrom

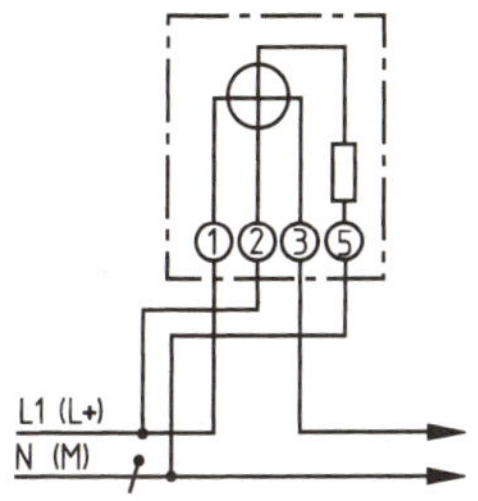

Für Dreileiter-Drehstrom, symmetrische Belastung

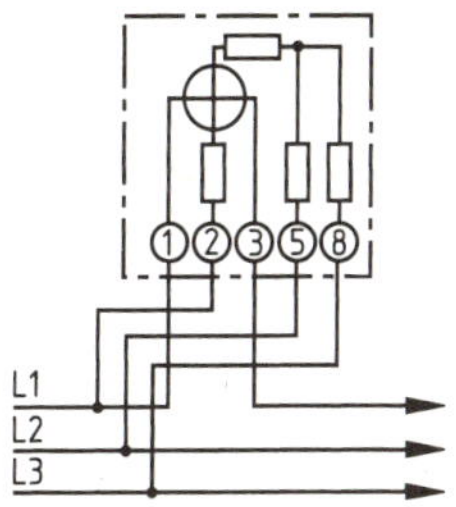

Für Dreileiter-Drehstrom, beliebige Belastung (Aron-Schaltung)

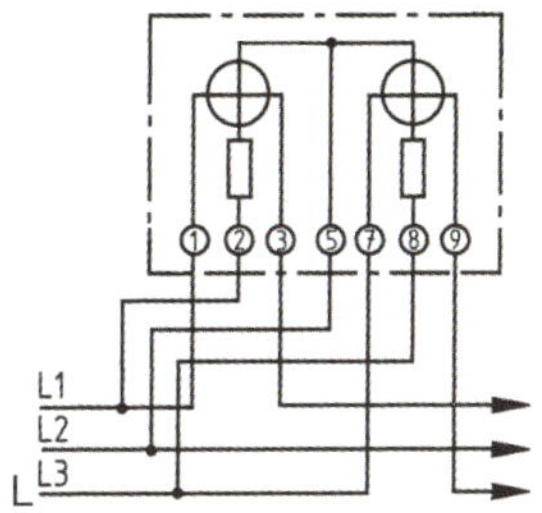

Für Vierleiter-Drehstrom, beliebige Belastung

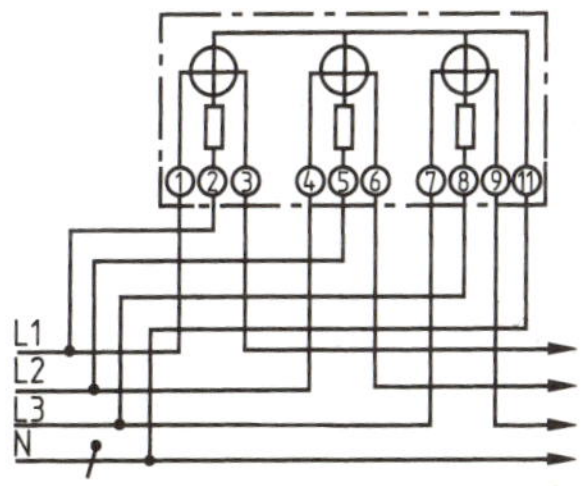

Spannungswandler in Aron-Schaltung

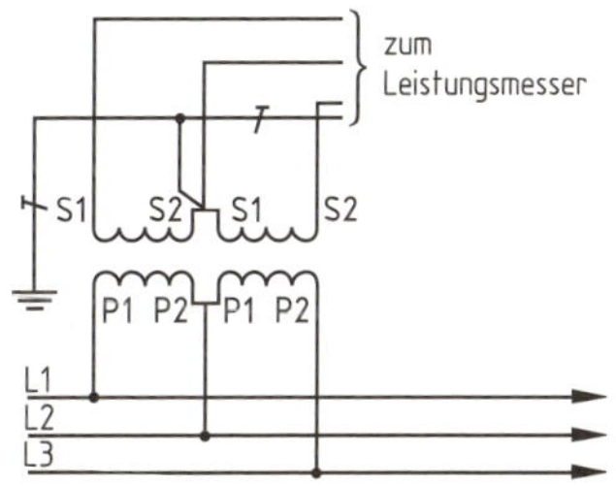

Blindleistungsmessgeräte

Für Einphasen-Wechselstrom, direkter Anschluss

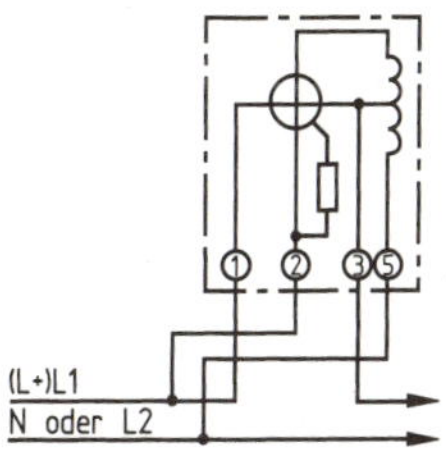

Für Dreileiter-Drehstrom, beliebige Belastung, Anschluss über Stromwandler

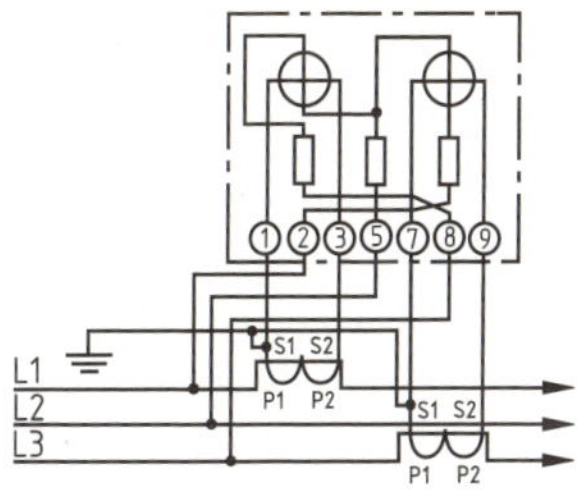

Intelligente Elektrizitätszähler (Smart Meter)

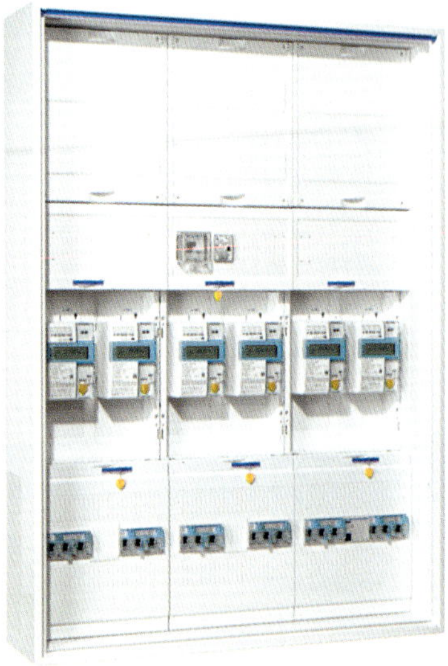

In Deutschland schreibt das Energiewirtschaftsgesetz seit dem 1. Januar 2010 in Neubauten und grundsanierten Gebäuden den Einbau intelligenter Zähler vor. Solche Zähler sollen dem Nutzer den tatsächlichen Energieverbrauch und die Nutzungszeit anzeigen und somit zu Energieeinsparungen anreizen.
Durch neue last- und tageszeitabhängige Tarife soll eine Steuerung des Energiebedarfs möglich sein.

Smart Metering
Alle Verbrauchsdaten einer Nutzeranlage werden per Fernabfrage erfasst, verarbeitet und dem Nutzer zur Optimierung des eigenen Verbrauchs bereitgestellt.

Smart Grids
Intelligente Netze (Smart Grids) umfassen die Vernetzung aller Akteure des Energiesystems, von der Erzeugung über den Transport, die Speicherung und die Verteilung bis zum Verbrauch. Ein solches Daten- und Energienetz kann Erzeugung, Verteilung und Verbrauch effizient und bedarfsorientiert verknüpfen. Die erforderlichen Daten stellen intelligente Messeinrichtungen (Smart Meter) zur Verfügung.

Leistungsmerkmal	Beschreibung
Anschluss	Intelligente Elektrizitätszähler werden prinzipiell in den gleichen Schaltungen betrieben wie die alten elektromechanischen Zähler. Die Montage erfolgt über eine Befestigungs- und Kontaktierungsvorrichtung.
Varianten	Mögliche Varianten sind • Wirkverbrauchszähler: Nur positive Wirkenergie wird registriert (aufgenommene Energie). • Lieferzähler: Negative Wirkenergie wird registriert. • Zweirichtungszähler: Positive und negative Wirkenergie wird in getrennten Registern gezählt. • Doppeltarifzähler: Per Umschaltung kann in getrennten Registern (HT und NT) gezählt werden. Die Umschaltung erfolgt per externen Befehl, mit Rundsteuerempfänger oder mit Echtzeituhr. • Multitarifzähler: Per Umschaltung können zwei verschiedene Tarife getrennt gezählt werden.
Anzeige	Die Zählerstände und die Betriebsart werden im Display angezeigt. Weitere Informationen sind je nach Ausführung verfügbar.
Datenschnittstelle	Datenschnittstellen sind front- und rückseitig für den Nutzer und den Netzbetreiber vorhanden. Je nach Hersteller werden unterschiedliche Schnittstellen wie M-Bus, GSM oder optisch verwendet.
Kommunikation	Der Zähler sendet regelmäßig einen Datensatz mit allen wichtigen Daten wie Eigentumsnr., Zählerstände u. Ä. an den Netzbetreiber, per PC können die Daten auch vom Anwender abgerufen und ausgewertet werden. Per Smart Metering soll damit der Energiebedarf optimiert werden.
Datenschutz	Die Verarbeitung und Zusammenführung personenbezogener Daten in Messsystemen sowie eine mögliche Rückwirkung auf die Energieversorgung stellt hohe Anforderungen an den Datenschutz und die Datensicherheit.

Schaltungsnummern für Elektrizitätszähler und Zusatzeinrichtungen DIN 43856

Die Schaltung der Elektrizitätszähler wird auf dem Typenschild durch eine vierstellige Zahl angegeben.
1 000 = Einpoliger Wechselstrom-Wirkverbrauchzähler ohne Zusatzeinrichtungen für direkten Anschluss

1. Ziffer: Schaltungsausführung des Elektrizitätszählers				
1				Einpoliger Wechselstrom-Wirkverbrauchzähler
2				Zweipoliger Wechselstrom-Wirkverbrauchzähler
3				Dreileiter-Drehstrom-Wirkverbrauchzähler
4				Vierleiter-Drehstrom-Wirkverbrauchzähler
5				Dreileiter-Drehstrom-Blindverbrauchzähler, 60°-Abgleich
6				Dreileiter-Drehstrom-Blindverbrauchzähler, 90°-Abgleich
7				Vierleiter-Drehstrom-Blindverbrauchzähler, 90°-Abgleich
2. Ziffer: Schaltungsausführung der Zusatzeinrichtungen				
	0			Ohne Zusatzeinrichtungen
	1			Mit Zweitarifeinrichtung
	2			Mit Maximumeinrichtung
	3			Mit Zweitarif- und Maximumeinrichtung
	4			Mit Maximumeinrichtung, einschließlich elektrischer Rückstellung
	5			Mit Zweitarif- und Maximumeinrichtung, einschließlich elektrischer Rückstellung
3. Ziffer: Äußerer Anschluss des Zählers				
		0		Für direkten Anschluss
		1		Für Anschluss über Stromwandler
		2		Für Anschluss über Strom- und Spannungswandler
4. Ziffer: Schaltungen der Zusatzeinrichtungen				
			0	Ohne äußeren Anschluss
			1	Mit einpoligem inneren Anschluss
			2	Mit äußerem Anschluss
			3	Mit einpoligem inneren Anschluss und Maximumauslöser in Öffnerschaltung
			4	Mit einpoligem inneren Anschluss und Maximumauslöser in Kurzschließschaltung
			5	Mit äußerem Anschluss und Maximumauslöser in Öffnerschaltung
			6	Mit äußerem Anschluss und Maximumauslöser in Kurzschließschaltung

Weitere Schaltungsnummern

Ausführung der Tarifschaltuhr	
01	Mit Tagesschalter
02	Mit Maximumschalter
03	Mit Tages- und Maximumschalter
04	Mit Tages- und Wochenschalter
05	Mit Maximum- und Wochenschalter
06	Mit Tages-, Wochen-, Maximumschalter
Ausführung der Rundsteuerempfänger	
11	Mit einem Umschalter
12	Mit zwei Umschaltern
13	Mit drei Umschaltern
14	Mit vier Umschaltern

Zusätzliche Bezeichnungen

Z	Zweitarifauslöser für die Zählwerke
d	Tagesschalter für den Zweitarifauslöser
w	Wochenschalter
M	Maximumauslöser
ML	Maximumlaufwerk
MR	Auslöser für Maximumrücksteller
mo	Maximumschalter zum Betätigen der Maximumauslöser in Öffnerschaltung
mk	Maximumschalter zum Betätigen der Maximumauslöser in Kurzschließschaltung
	Antriebsmotor
	Rundsteuerempfänger-Empfangsteil

Anschlussbezeichnungen von Elektrizitätszählern und Zusatzeinrichtungen — DIN 43856

Elektrizitätszähler		Tarifschaltuhren	
1 … 12	Strom- und Spannungspfade	1, 2	Netzanschluss
13	Zweitarifauslöser	3, 4	Tagesschalter (3-, 4-, 5-Umschalter)
14	Maximumauslöser	6, 7	Maximumschalter
15	Gemeinsamer 2. Anschluss für Zusatzeinrichtungen	8, 9	Wochenschalter
		Rundsteuerempfänger	
16	Überbrückung der Kurzschließschaltung	1, 2	Netzanschluss
17 … 19	Maximum-Rückstellung	3, 4, 5	Erster Umschalter, weitere fortlaufend

Technische Werte von Elektrizitätszählern

Elektrizitätszähler dürfen bis zum Grenzstrom I_G belastet werden. Der Grenzstrom beträgt mindestens das 1,25-Fache des Nennstromes I_N. Bei größeren Werten wird der Grenzstrom in Klammern hinter dem Nennstrom angegeben, z. B. 10(40) A.

Zählerart	Nennstrom I_N		Grenzstrom I_G		Nennspannung U_N
Einphasen-Wechselstrom	10 A		40 A oder 60 A		230 V
Drehstrom-Dreileiter	10 A	15 A	40 A oder 60 A	60 A	400 V
Drehstrom-Vierleiter	10 A	15 A	40 A oder 60 A	60 A	230 / 400 V
Anschluss an Stromwandler	1 A	5 A	–		–
Anschluss an Spannungswandler (Dreileiter)	–		–		100 V

Werte für die Zählerkonstante C_z in U/kWh (dekadische Vielfache und Teile ebenfalls möglich)

120	150	187,5	240	300	375	480	600	750	960

Messperiode für Maximumzähler in Minuten

5	10	**15** (Vorzugswert)	30	60

Leistungsermittlung mit dem Zähler

Mithilfe der Zählerkonstanten C_z und der Anzahl der Umdrehungen kann mit dem Zähler die Leistung der angeschlossenen Verbraucher mit folgender Formel ermittelt werden:

$$p = \frac{n \cdot 60}{C_z \cdot t}$$

P in kW, *n* Anzahl der Umdrehungen, C_z Zählerkonstante, *t* Zeit in Minuten

Wirkverbrauchzähler (Auswahl)

Einphasen-Wechselstrom-Wirkverbrauchzähler

Schaltung 1000

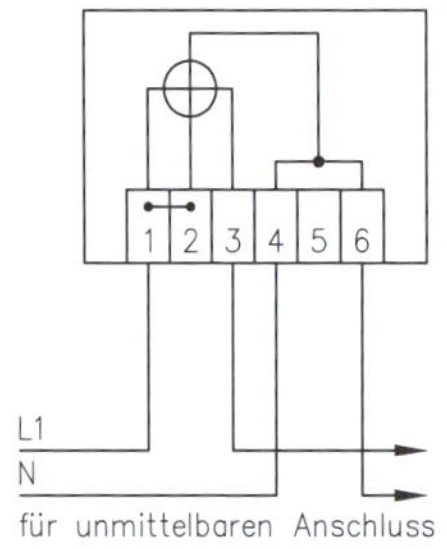

Einphasen-Wirkverbrauchzähler mit Zweitarifeinrichtung (einpolig, für inneren Anschluss)

Schaltung 1101

Schaltung 01
Tarifschaltuhr mit Tagesschalter

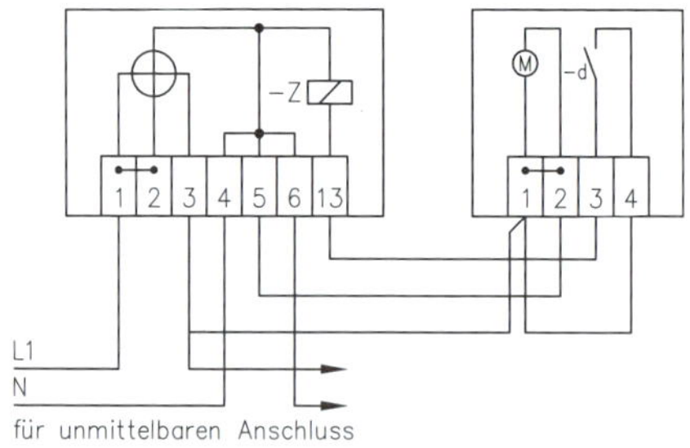

Drehstrom-Wirkverbrauchzähler (Auswahl)

Dreileiter-Drehstrom-Wirkverbrauchzähler Anschluss über Strom- und Spannungswandler	Vierleiter-Drehstrom-Wirkverbrauchzähler direkter Anschluss

Schaltung 3020

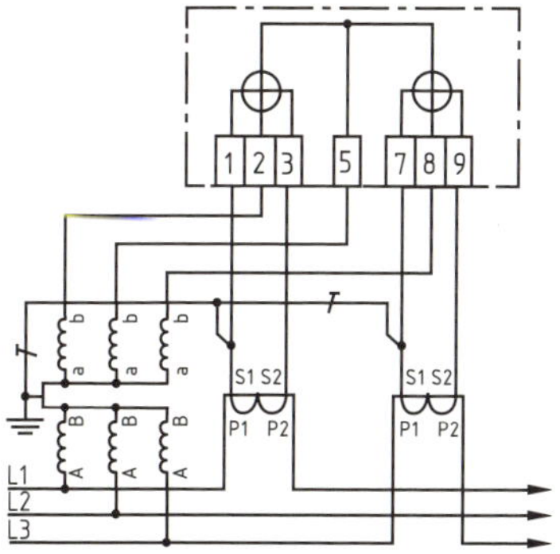

Schaltung 4000

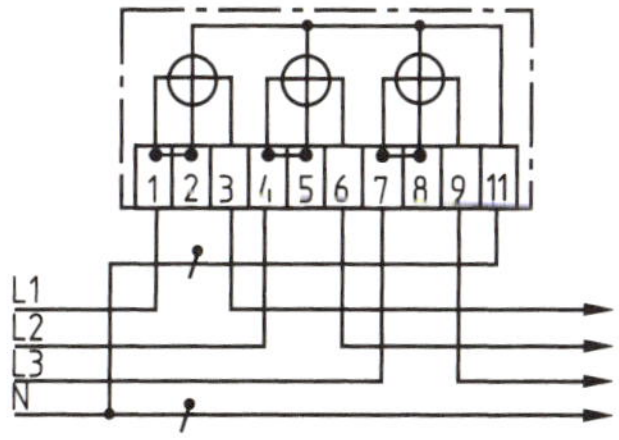

Drehstrom-Blindverbrauchzähler (Auswahl)

Dreileiter-Drehstrom-Blindverbrauchzähler Anschluss über Strom- und Spannungswandler	Vierleiter-Drehstrom-Blindverbrauchzähler Anschluss über Stromwandler

Schaltung 5020
(60° Abgleich)

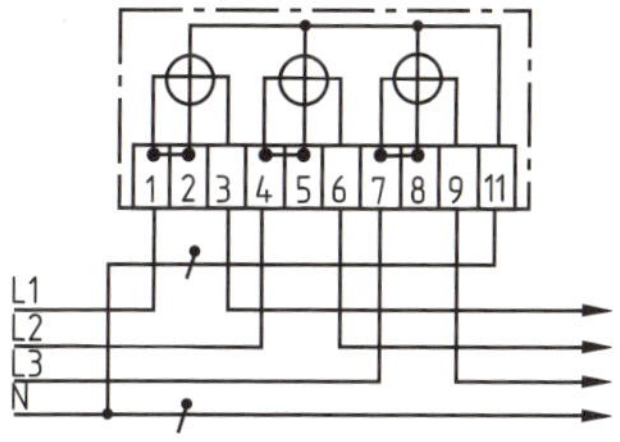

Schaltung 7020

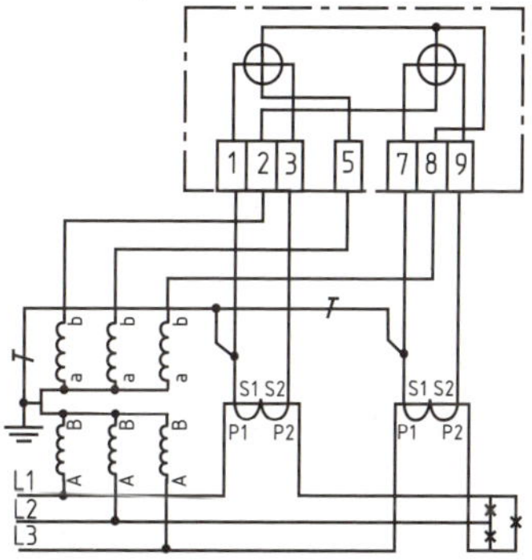

Messschaltungen zur Leistungsfaktormessung — DIN 43807

Für Einphasen-Wechselstrom	Für Dreileiter-Drehstrom, symmetrische Belastung

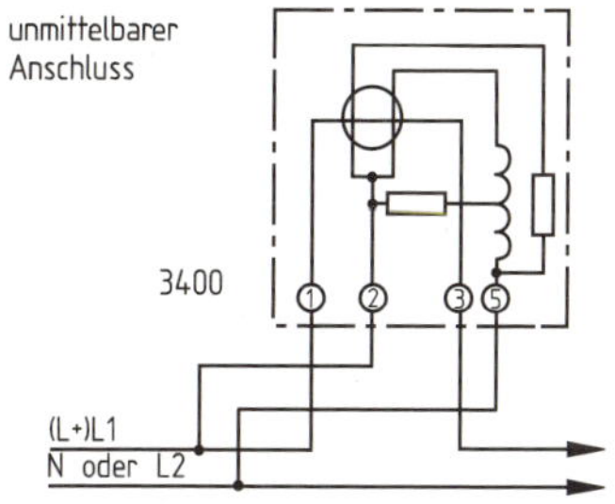

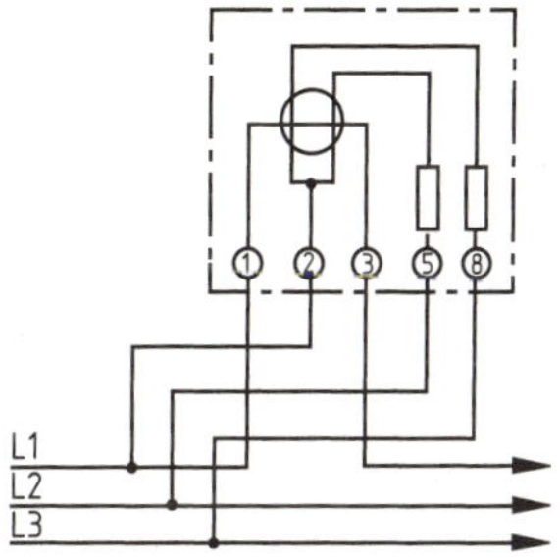

Stromwandler

Schaltung	Begriffe
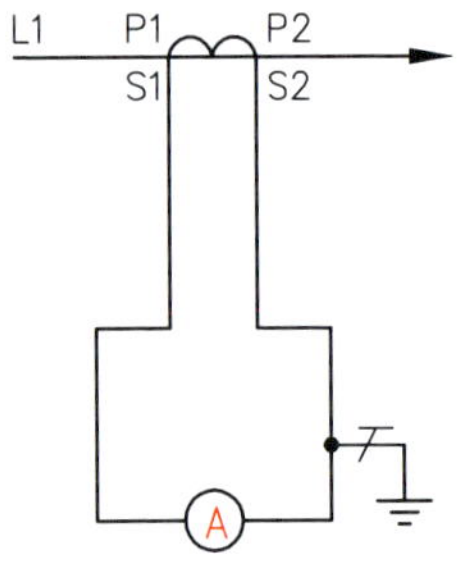	• Nennbürde: Scheinwiderstand Z aller sekundärseitig angeschlossenen Geräte • Nennleistung: $S_N = Z \cdot I_2^2$ in VA • Güteklasse: Es werden die Klassen 01, 02, 05, 1 und 3 unterschieden

Spannungswandler

Schaltung	Begriffe
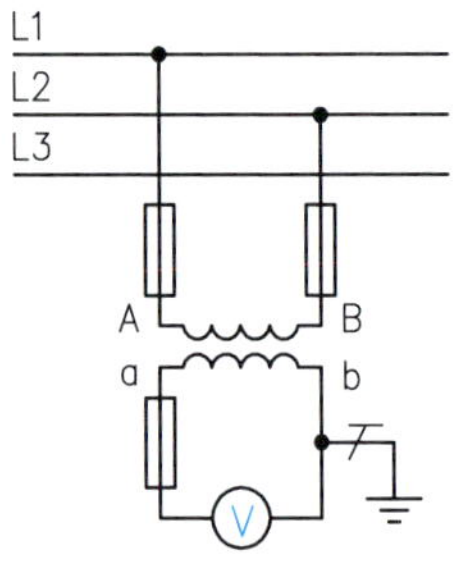	• Nennbürde: Scheinleitwert *Y* aller sekundärseitig angeschlossenen Geräte • Nennleistung: $S_N = Y \cdot U_2^2$ in VA • Güteklasse: Es werden die Klassen 01, 02, 05, 1 und 3 unterschieden

Nennströme induktiver Stromwandler

Primärstrom			Sekundärstrom in A
Reihe (Auswahl)	Nennstrom I_{PN} in A	Maximaler Dauerstrom[1)]	
0,5; 1N	5; 10; 20; 25	$1{,}2 \cdot I_{PN}$	1 (Normal) oder 5
3N; 6N	30; 40; 50; 60; 75	$1{,}2 \cdot I_{PN}$	

Nennspannungen induktiver Stromwandler

Primärspannung in kV		Sekundärspannung in V
Reihe (Auswahl)		
0,5	0,1; 0,22; 0,38; 0,5	100 oder
1N bis 45N	1; 3; 5; 6; 10; 15; 20; 25; 30; 35; 45	$\frac{100}{\sqrt{3}}$

1) Thermischer Dauernennstrom I_{th} (für 1 Sekunde).

Wheatstone-Messbrücke

Messschaltung	Beschreibung	Anwendung
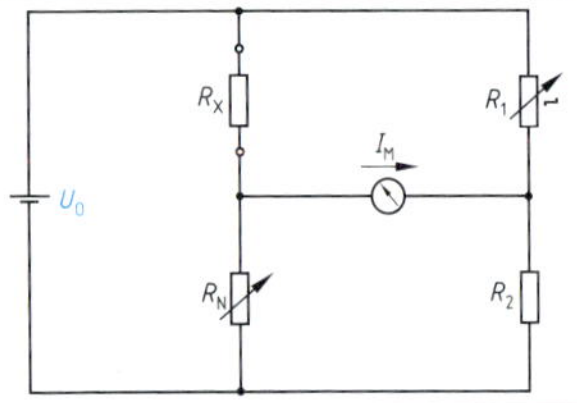	• Abgleichbedingung $I_m = 0$ A $R_X = R_N \cdot \frac{R_1}{R_2}$ • Messgenauigkeit 0,02 %, von den Vergleichswiderständen und dem Galvanometer abhängig	• Für Widerstandsmessungen von 1 Ω bis 1 MΩ • Zur Temperaturmessung in Widerstandsthermometern • Zur Druck-, Kraft- und Drehmomentmessung mit Dehnungsmessstreifen

Messfehler

Absoluter Fehler	Beschreibung	Mögliche Ursachen
$F = A - W$ *F* = absoluter Fehler *A* = Anzeigewert *W* = Bezugswert (wahrer Wert)	Abweichung der Messgröße vom Bezugswert (wahren Wert) Anzeigefehler in der Messeinheit	• Systematische Fehler Sie sind in der Ausführung der Messeinrichtung begründet und sind vom Anwender nicht beeinflussbar. • Methodische Fehler Entstehen durch falsche Anwendung (z. B. Ablesefehler) • Zufällige Fehler Ursache sind Umgebungseinflüsse (z. B. Magnetfelder). Zufällige Fehler sind durch den Anwender vermeidbar.
Relativer Fehler	**Beschreibung**	
$f = \frac{F}{W} \cdot 100\ \%$ *f* = relativer Fehler in % *F* = absoluter Fehler *W* = Bezugswert (wahrer Wert)	Verhältnis des absoluten Fehlers zum Bezugswert (wahren Wert) in Prozent. Der relative Fehler macht eine Aussage über die Güte der Messung.	

Messfehler bei digitalen Messgeräten

Absoluter Fehler = Prozentualer Fehler vom angezeigten Messwert ± Anzahl Digits
(Digit = niederwertigste Stelle vom angezeigten Messwert. Prozentualer Fehler und Anzahl Digits werden vom Hersteller angegeben, anstelle der Genauigkeitsklasse bei Zeiger-Messgeräten)

Schreibende Messgeräte

Schreiber können Messgrößen über einen längeren Zeitraum oder kontinuierlich erfassen und auf Papier aufzeichnen oder als papierlose Bildschirmschreiber anzeigen und speichern. Sie werden in der Prozessautomation eingesetzt, um Produktionsabläufe zu dokumentieren. Schreiber, die mit Tinte oder Filzstiften schreiben, müssen regelmäßig gewartet werden.

Linienschreiber	Punktschreiber
• Bis zu 6 galvanisch getrennte Messsysteme mit jeweils einem Schreibsystem • Messeingänge für Strom und Spannung. Thermoelemente, Widerstandsthermometer u. Ä. an spezielle Messeinsätze direkt anschließbar • Genauigkeit groß (typisch 0,25 %) • Papiervorschub einstellbar von ca. 50 cm je Minute bis 0,1 cm je Stunde	• Bis zu 32 galvanisch getrennte Messsysteme werden nacheinander abgefragt und mit einem Schreibsystem als Punkte aufgezeichnet. • Messeingänge meist Einheitssignale 0 ... 20 mA; 4 ... 20 mA oder pneumatisch 0,2 ... 1,0 Bar • Genauigkeit groß (typisch 0,25 %) • Nur Messgrößen registrierbar, die sich im Verhältnis zum Abfragezyklus nur langsam ändern

Oszilloskop

Zweikanal-Oszilloskop

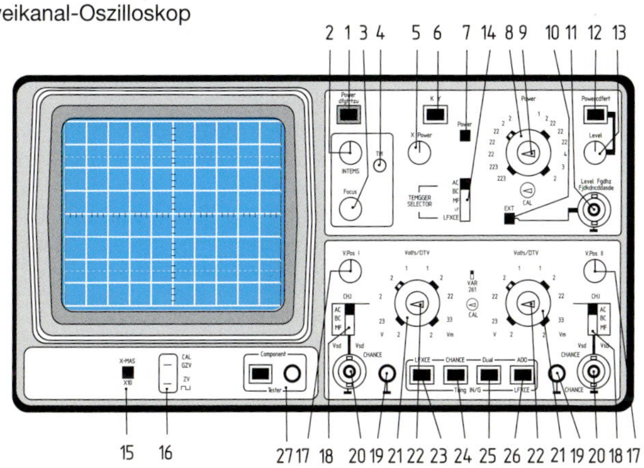

Oszilloskope machen den zeitlichen Verlauf von Spannungen sichtbar. Direkt gemessen werden kann die Amplitude, die Periodendauer und die Phasenverschiebung von Spannungen und von allen Messgrößen, die sich in elektrische Spannung umformen lassen. Die Anzeige erfolgt durch einen trägheitslosen Elektronenstrahl, der beim Auftreffen auf eine Schicht einen Punkt aufleuchten lässt. Ein stehendes Bild ist bei periodisch wiederkehrenden Spannungssignalen oder bei der Speicherung einmaliger Signale möglich.

Nr.	Benennung	Beschreibung	Nr.	Benennung	Beschreibung
1	Power	Netzschalter	15	X-Mag. x10	Dehnung der X-Achse
2	Intens.	Helligkeitseinstellung	16	Cal. 0,2 V; 2 V	Abgleichsignal (Rechteck)
3	Focus	Schärfeeinstellung	17	Y-Pos. I (II)	Verschiebung der Y-Achse
4	Tr	Waagerecht-Abgleich	18	CH I (II)	AC-DC-GND-Umschaltung
5	X-Position	Verschiebung der X-Achse	19	GND	Masse-Buchse für I und II
6	X–Y	X-Y-Betrieb ohne Zeitachse	20	CH I (II)	Messeingangsbuchse
7	Slope +/–	Umschaltung der Messflanke	21	Volts/Div.	Spannungsmaßstab
8	Time/Div	Zeitmaßstab für I und II	22	Variable Spg.	Stufenlose Anpassung
9	Variable Zeit	Stufenlose Anpassung	23	Inv.I	Invertierung Kanal I
10	Ext.	Umschaltung Triggersignal	24	CH I/II Trig. I/II	Darstellung Kanal I oder II Triggersignal von I oder II
11	Trig. Inp.	Eingang ext. Triggersignal			
12	AT/Norm	Umschaltung Triggerpegel	25	Dual	Zweikanal-Darstellung
13	Level	Triggerpegel bei Normal	26	Add-Chop.	Addition I + II/Chopperbetr.
14	Trigger	Einstellung des Triggermodus zur Bildstabilität	27	Component Tester	Darstellung von Bauteilkennlinien zum Bauteil-Test

Digital-Oszilloskop

Eigenschaften	Vor- und Nachteile
• Tragbare digitale Oszilloskope sind mit LCD-Displays ausgestattet. Sie beinhalten meist auch die Funktionen von Digital-Multimetern. Genaue Signaldarstellungen sind mit LCD-Displays jedoch nicht möglich. • Digitale Oszilloskope mit Elektronenstrahlröhren zur Signaldarstellung vereinigen die Vorteile von analogen und digitalen Geräten. Die Qualität der Signaldarstellung hängt vom AD-Umsetzer ab. Langsame Vorgänge misst man mit dem digitalen, höherfrequente Signale mit dem analogen Teil des Oszilloskops.	Vorteile: • Darstellung einmaliger Vorgänge • Darstellung sehr langsamer Vorgänge • Speicherung der Messwerte • Verarbeitung der Messwerte in DV-Systemen • Darstellung von vorhergehenden und nachfolgenden Ereignissen Nachteile: • Höherfrequente Signale nicht darstellbar • Verfälschte Signalverläufe durch die Quantisierung bei der Analog-Digital-Umsetzung • Zusätzliche Störpegel durch AD-Umsetzung

Messen mit dem Oszilloskop

Messschaltung für	Oszilloskop-Anzeige	Beschreibung
Spannung 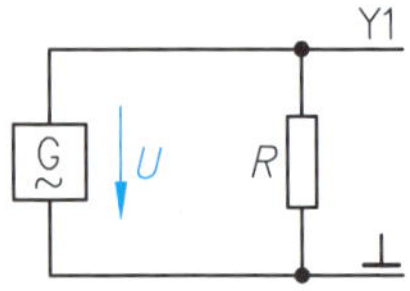	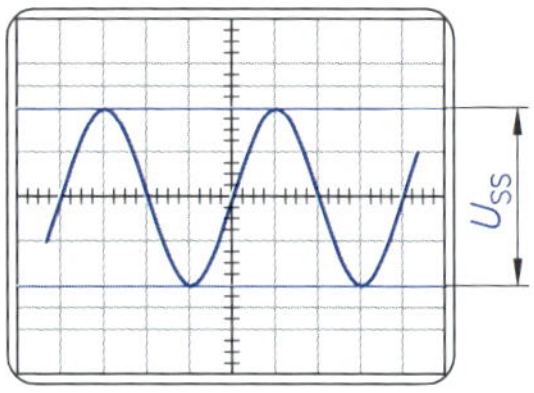	Das darzustellende Messsignal wird an den Eingang Y1 (oder Y2) und Masse angeschlossen. Mit dem TIME-Schalter wird die X-Achse, mit dem VOLT-Schalter die Y-Achse verstellt, bis das Messsignal eindeutig erkennbar ist. Ein stehendes Bild wird durch die richtige Trigger-Einstellung erzielt. Der Messwert u_{ss} ergibt sich aus der Anzahl der Teilstriche, multipliziert mit dem eingestellten Y-Maßstab VOLTS/DIV.
Frequenz 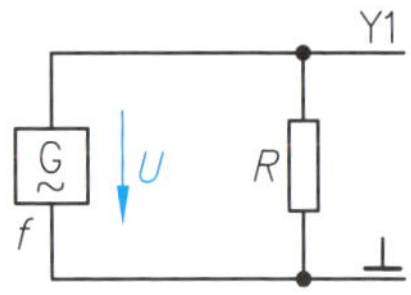	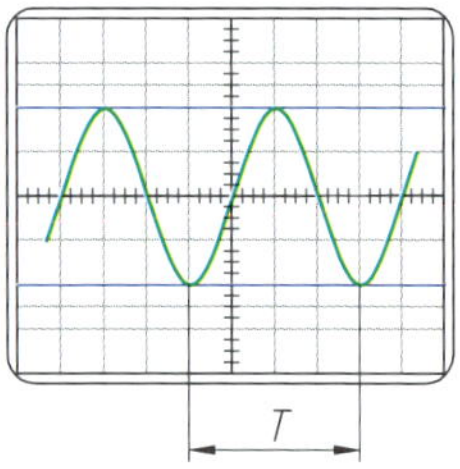	Anschluss des Messsignals und Einstellung des Oszilloskops wie bei der Spannungsmessung. Anhand markanter Punkte (z. B. Spitzenwerte) wird eine Periode des Messsignales definiert. Die Periodendauer T ergibt sich aus der Anzahl der Teilstriche, multipliziert mit X-Maßstab TIME/DIV. Die Frequenz f des Messsignales kann mit $f = \frac{1}{T}$ berechnet werden.
Phasenverschiebung 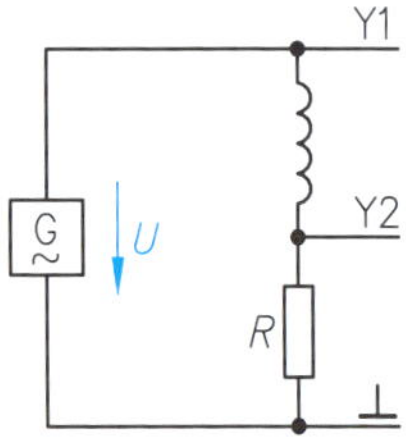	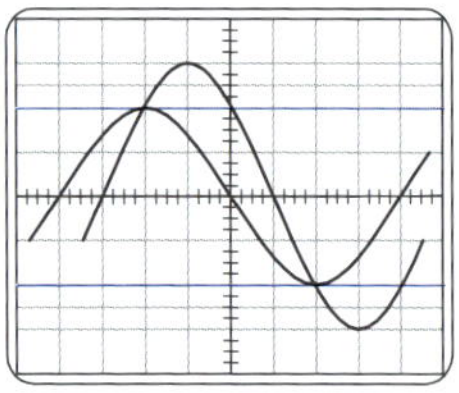	Das Oszilloskop arbeitet im Zweikanalbetrieb und die Signalspannungen werden an Y1 und Y2 angeschlossen. Bei kleinen Frequenzen erzielt man im Chopperbetrieb ein stehendes Bild. Der Verschiebungswinkel φ wird mit der folgenden Beziehung bestimmt: Winkel $\varphi = \frac{\text{Teilstriche } S}{\text{Teilstriche } S_T} \cdot 360°$ Anzahl Teilstriche einer Periode $S_T = 360°$
Strom 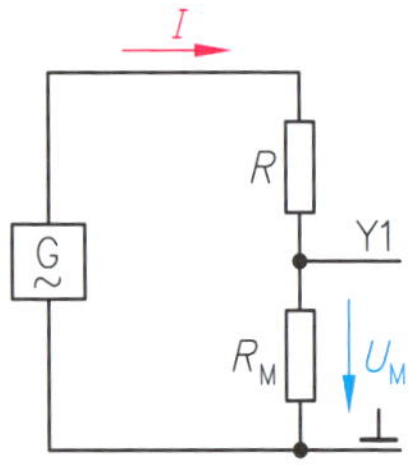	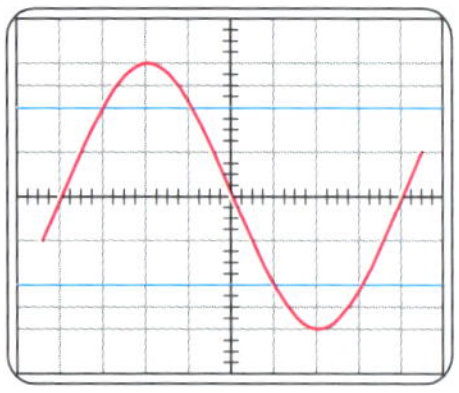	Eine Strommessung ist mit dem Oszilloskop nur indirekt über einen in Reihe zum Messobjekt geschalteten kleinen Messwiderstand (z. B. $R_M = 1\ \Omega$) möglich. Der Spannungsfall am Messwiderstand wird mit dem Oszilloskop dargestellt und entspricht auch dem Verlauf des Stromes (vergl. Spannungsmessung). Die Stromstärke kann bestimmt werden mit $i = \frac{u_M}{R_M}$

Arbeiten an elektrischen Anlagen und Betriebsmitteln

An unter Spannung stehenden Anlagen und Betriebsmitteln darf nicht gearbeitet werden. Ausnahmen sind nur nach § 6 und § 8 DGUV Vorschrift 3 möglich, wenn eine Gefährdung durch Lichtbögen oder Körperdurchströmung ausgeschlossen ist.

Die Freigabe zur Arbeit gibt die vorher benannte verantwortliche Aufsichtsperson nach Aufstellen von Sicherheitsschildern, Absperrungen und sonstigen erforderlichen Sicherungsmaßnahmen sowie dem Befolgen der 5 Sicherheitsregeln.

Die 5 Sicherheitsregeln

Um Risiken und Gefahren durch einen Stromunfall bei Arbeiten an elektrischen Anlagen gering zu halten, müssen vor Arbeitsbeginn und Freigabe der Arbeit die folgenden 5 Maßnahmen in der angegebenen Reihenfolge durchgeführt werden:

1. Freischalten	Alle spannungsführenden Leiter sind zuverlässig abzuschalten. In Anlagen > 1 kV müssen die erforderlichen Trennstrecken hergestellt werden. Eine Bestätigung der Freischaltung ist erforderlich, die Vereinbarung eines Freischalt-Zeitpunktes ist nicht zulässig.
2. Gegen Wiedereinschalten sichern	Alle Schalter, Sicherungen u. Ä. sind durch Schlösser, Sperrelemente oder Klebefolien wirkungsvoll zu sichern. Ein Verbotsschild muss an der Ausschaltstelle angebracht werden und nur berechtigte Personen dürfen die Anlage wieder in Betrieb setzen.
3. Spannungsfreiheit feststellen	Mit einem allpoligen Spannungsmesser muss an der Arbeitsstelle die Spannungsfreiheit festgestellt werden. Der Spannungsprüfer muss vor jeder Benutzung auf seine Funktionsfähigkeit überprüft werden.
4. Erden und Kurzschließen	Zuerst Erden und dann Kurzschließen. In Anlagen < 1 kV und ohne Freileitungen kann abgewichen werden, wenn der spannungsfreie Zustand für die Dauer der Arbeiten sichergestellt werden kann.
5. Benachbarte, unter Spannung stehende Teile abdecken oder abschranken	Ist aus wichtigen Gründen der spannungsfreie Zustand benachbarter Teile nicht herzustellen, sind diese durch feste und zuverlässig montierte Abdeckungen gegen zufälliges Berühren zu sichern.

Nach Beendigung der Arbeiten muss vor dem Einschalten die Arbeitsstelle geräumt werden. Die Erdung und Kurzschließung wird zuerst an der Arbeitsstelle und dann an den übrigen Stellen aufgehoben. Nach Aufhebung der Erdung und Kurzschließung gilt die Anlage bereits wieder als „Unter Spannung stehend“! Schutzverkleidungen und Warnschilder müssen vor der Wiederinbetriebnahme angebaut werden.

Messen an elektrischen Anlagen und Betriebsmitteln

Beim Messen an elektrischen Anlagen und Betriebsmitteln muss bei der Auswahl des geeigneten Messgerätes sowie der geeigneten Messleitungen und Messspitzen neben der zu erwartenden Spannungen am Messort auch eine mögliche Gefährdung durch Überspanungsspitzen (Transienten) berücksichtigt werden. Durch die Messung muss eine Gefährdung von Personen und Sachen ausgeschlossen werden.

Messkreiskategorien für Messgeräte DIN EN 61010

CAT I	CAT II	CAT III	CAT IV
Eletronik Geschützte Vorrichtung Überspannungen werden auf niedrigem Pegel begrenzt.	Einphasige Lasten an Steckdosen Hausgeräte, Werkzeuge u. Ä. an Steckdosen mit langen Anschlussleitungen	Drei-Phasen-Verteilung Geräte in Festinstallation, Sammelschienen, Einspeisekabel, Steckdosen mit kurzen Leitungen	E-Werk-Anschluss, Freileitungen Zähler, primäre Überstrom-Schutzeinrichtungen, Versorgungskabel und -leitungen

Betriebs- und Arbeitswelt | Technische Kommunikation | Energieversorgung | Gebäudetechnik | Kommunikationstechnik | Automatisierungstechnik | Antriebstechnik | Bauelemente und -gruppen | Techn. Größen und Formeln

Begriffe von Transformatoren — VDE 070, DIN EN 61558

- **Bemessungsspannung**
  ist die Spannung, die zwischen den Anschlüssen einer Wicklung anzulegen ist oder im Leerlauf auftritt (Bei Anzapfungen bezieht sie sich auf die Hauptanzapfung). Bei Drehstromwicklungen ist es die Spannung zwischen den Leiteranschlüssen.
  Nach VDE 0570 (gilt für Trenn-, Sicherheitstransformatoren) ist die Bemessungs-Eingangsspannung die Versorgungsspannung des Transformators und die Bemessungs-Ausgangsspannung die Ausgangsspannung bei Bemessungs-Eingangsspannung, Bemessungsfrequenz, Bemessungs-Ausgangsstrom und Bemessungs-Leistungsfaktor.
- **Bemessungsleistung**
  ist die Scheinleistung, aus der über die Bemessungsspannung der Bemessungsstrom bestimmt wird.
  Nach VDE 0570 (gilt für Trenn-, Sicherheitstransformatoren) ist die Bemessungsleistung das Produkt aus Bemessungs-Ausgangsspannung, Bemessungs-Ausgangsstrom und Phasenfaktor (bei Wechselspannung: 1, bei Dreiphasen-Wechselspannung: $\sqrt{3}$).
- **Bemessungsstrom**
  ist die Stromstärke, die sich aus der Bemessungsleistung und Bemessungsspannung ergibt und über einen Leiteranschluss des Transformators fließt.
  Nach VDE 0570 (gilt für Trenn-, Sicherheitstransformatoren) ist der Bemessungs-Ausgangsstrom der Ausgangsstrom bei Bemessungs-Eingangsspannung, Bemessungsfrequenz und den vom Hersteller festgelegten Betriebsbedingungen.
- **Bemessungsübersetzung**
  ist das Verhältnis der Bemessungsspannung einer Wicklung zur niedrigeren oder gleichen Bemessungsspannung einer anderen Wicklung. Bei Drehstromtransformatoren bezieht sich das Übersetzungsverhältnis auf die Leiterspannungen.
- **Bemessungsfrequenz**
  ist die Frequenz, für die der Transformator ausgelegt ist.

Berechnungsformeln zum Transformator

	Formeln		Formelzeichen mit Erläuterung
Idealer Transformator (einphasig)	$\frac{U_1}{U_2} = \frac{N_1}{N_2}$ $\frac{I_2}{I_1} = \frac{N_1}{N_2}$	$ü = \frac{N_1}{N_2}$ $ü = \frac{U_1}{U_2}$	U_1 Eingangsspannung in V U_2 Ausgangsspannung in V I_1 Eingangsstromstärke in A I_2 Ausgangsstromstärke in A N_1 Windungszahl der Eingangswicklung N_2 Windungszahl der Ausgangswicklung $ü$ Übersetzungsverhältnis
Transformatorhauptgleichung (für sinusförmige Wechselsp.)	$U_0 = 4{,}44 \cdot \Phi_{max} \cdot f \cdot N$		U_0 Leerlaufspannung Φ_{max} maximaler magnetischer Fluss in Vs f Frequenz in Hz N Windungszahl der Wicklung
Kurzschlussspannung, Kurzschlussstrom	$u_k = \frac{U_k}{U_n} \cdot 100\ \%$	$I_{kd} = \frac{I_k}{u_k} \cdot 100\ \%$	U_k Kurzschlussspannung in V U_n Bemessungsspannung in V u_k relative Kurzschlussspannung in % I_{kd} Dauerkurzschlussstrom in A I_n Bemessungsstrom in A
Bemessungsleistung	einphasig: $S_n = U_n \cdot I_n$	dreiphasig: $S_n = \sqrt{3} \cdot U_n \cdot I_n$	S_n Bemessungsleistung in VA U_n Bemessungsspannung in V I_n Bemessungsstrom in A
Wirkungsgrad	$\eta = \frac{P_{ab}}{P_{ab} + P_{VFe} + P_{VCu}}$		η Wirkungsgrad P_{ab} abgegebene Wirkleistung in W P_{VFe} Eisenverlustleistung in W P_{VCu} Kupferverlustleistung in W

Verlustleistungen von Transformatoren

Zur Bestimmung des Wirkungsgrades und der Kurzschlussspannung werden der Leerlaufversuch und der Kurzschlussversuch durchgeführt.

Leerlaufversuch

Der Transformator wird im Leerlauf betrieben. Die gemessene Leistung P_0 entspricht den Eisenverlusten P_{VFe}. Die Stromstärke I_0 ist der Leerlaufstrom, die Spannung U_{20} ist die Leerlaufspannung am Ausgang.

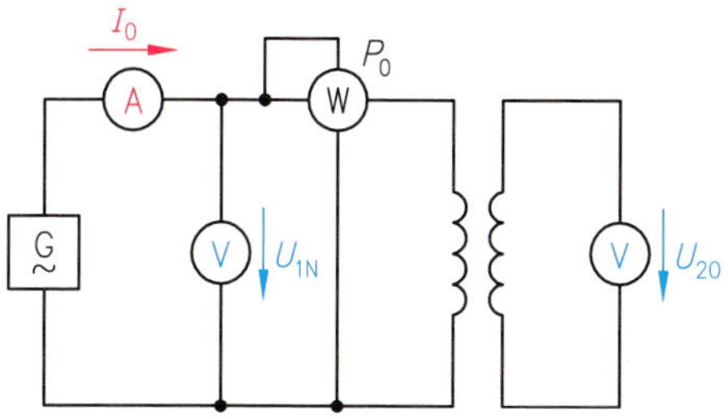

Kurzschlussversuch

Der Transformator wird kurzgeschlossen, die Eingangsspannung wird erhöht, bis der Bemessungsstrom I_{1n} fließt. Die gemessene Leistung entspricht den Kupferverlusten P_{VCu}, die angelegte Spannung ist die Kurzschlussspannung U_k.

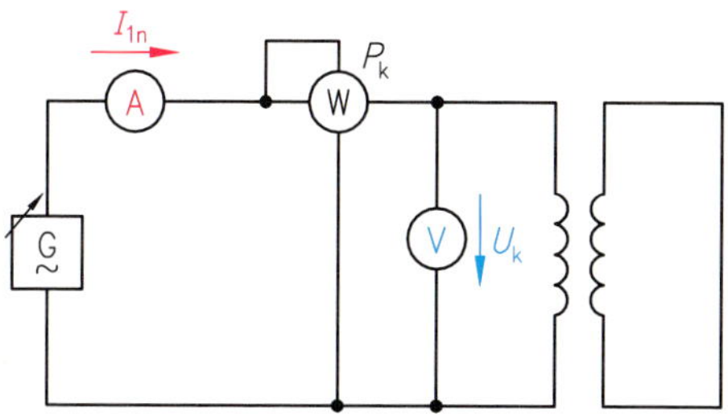

Leistungsschilder von Transformatoren — VDE 0532-6, DIN EN 60076

Angaben

Mindestangaben:
- Art des Transformators
- Nummer der Norm
- Name des Herstellers und Fertigungsnummer
- Baujahr
- Phasenanzahl
- Bemessungsleistung
- Bemessungsfrequenz
- Bemessungsspannungen
- Bemessungsströme
- Schaltgruppe (bei Drehstromtransformatoren)
- Kurzschlussimpedanz-Messwert bzw. Bemessungs-Kurzschlussspannung in %
- Kühlungsart
- Gesamtgewicht
- Ölgewicht

Bei Kleintransformatoren werden nur angegeben:
- Bemessungsspannungen
- Bemessungsfrequenz
- Bemessungsleistung
- Bemessungsströme
- Name des Herstellers
- Typ- oder Modellbezeichnung
- Schutzart
- Besondere Kennzeichen (z. B. für Schutzisolierung)

Beispiele

3~ Transformator		DIN 60076	
Hersteller	Typ. Nr.	2012	
Bem.-Leistung	630 kVA	Bem.-Frequenz	50 Hz
Bem.-Spg. 1 / 2 / 3	10400 V / 10000 V / 9600 V	400 V	Schaltgruppe Dyn 5
Bem.-Str.	36,4 A	909 A	
B.-Kurzschl.-Spg.	4 %	Kühlungsart	SU
Ges.-Gewicht	2,21 t	Öl-Gew.	0,5 t

Hersteller			
Typ. Nr.			
Bem.-Leist.	1000 VA	B.-Frequenz	50 Hz
Bem.-Spg.	230 V	42 V	
Bem.-Str.	4,5 A	23,8 A	
Schutzart	IP 54		

Anschlussbezeichnungen von Transformatoren — VDE 0532-6, DIN EN 60076-1

Erste Ziffer (Wicklung)	Buchstabe (nur bei Bedarf) (Leiteranschluss)	Zweite Ziffer (Wicklungsenden)
1: Wicklung 1 (z. B. Oberspg.)	U: Außenleiter L1	1: Wicklungsanfang
2: Wicklung 2 (z. B. Unterspg.)	V: Außenleiter L2	2: Wicklungsende
3: Wicklung 3	W: Außenleiter L3	3: Anzapfung
	N: Neutralleiter N	4: Anzapfung

Drehstromtransformator

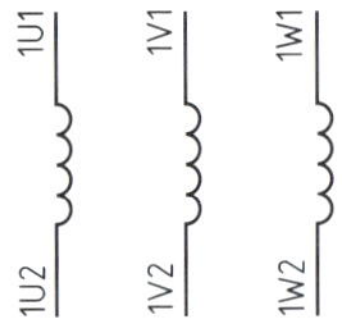

Oberspannungswicklung (Wicklung für die höhere Spannung)

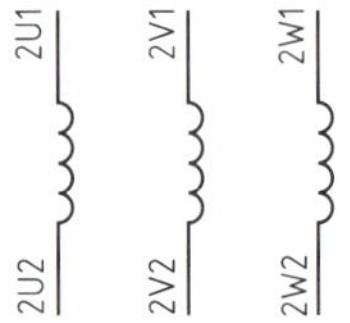

Unterspannungswicklung (Wicklung für die niedrige Spannung)

Einphasentransformator

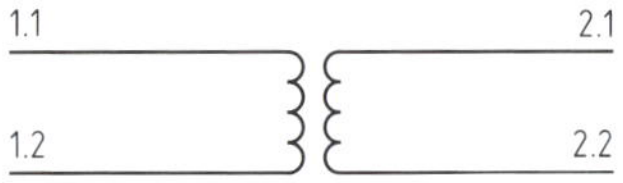

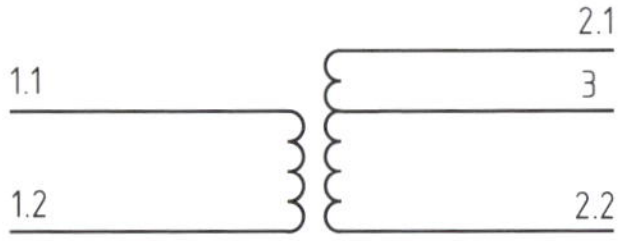

Schaltungen von Drehstromtransformatoren — VDE 0532-6, DIN EN 60076-1

Sternschaltung

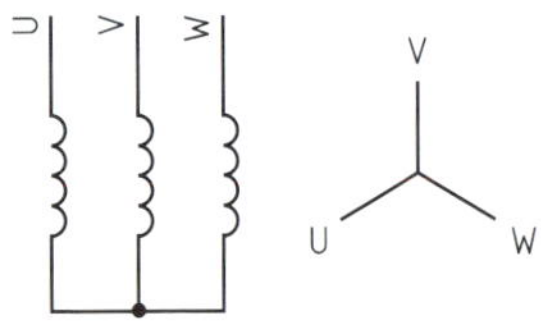

Dreieckschaltung

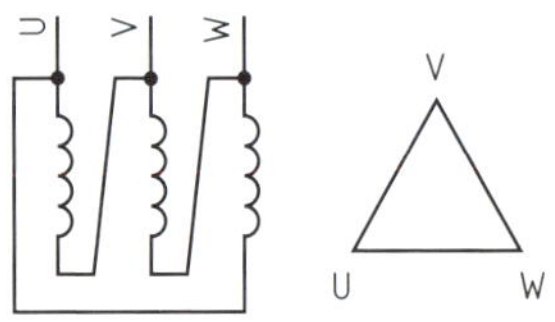

Zickzackschaltung

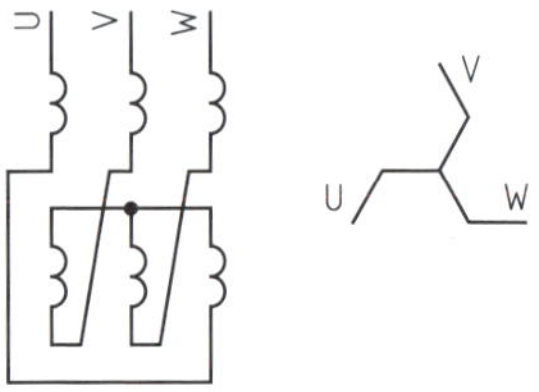

Schaltgruppe und Kennzahl

- Die Schaltgruppe besteht aus einem Großbuchstaben für die Schaltung der Oberspannungswicklung (Wicklung für die höhere Spannung, kurz OS-Wicklung) und einem Kleinbuchstaben für die Schaltung der Unterspannungswicklung (Wicklung für die niedrige Spannung, kurz US-Wicklung). Bei herausgeführtem Sternpunkt ist hinter dem Schaltungszeichen der Wicklung ein N bzw. n zu ergänzen.
- Die Kennzahl ergibt mit 30 multipliziert den Phasenverschiebungswinkel zwischen der Spannung der OS-Wicklung und der entsprechenden Spannung der US-Wicklung. Sie wird ermittelt, indem das Spannungszeigerbild der OS-Wicklung mit dem Zifferblatt einer Uhr so in Deckung gebracht wird, dass der Zeiger der Klemme 1V auf 12 Uhr weist. Der Zeiger der Klemme 2V der US-Wicklung zeigt dann auf die Kennzahl.

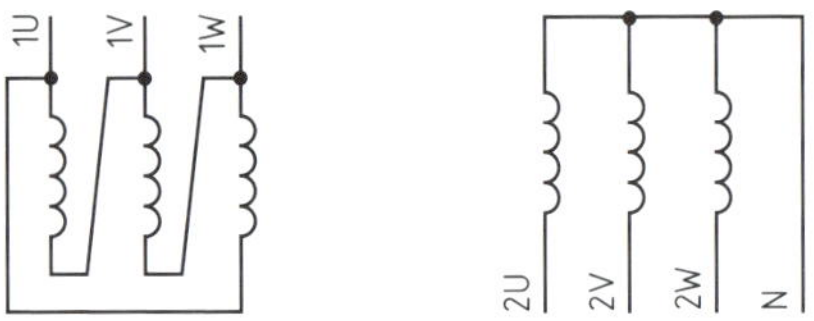

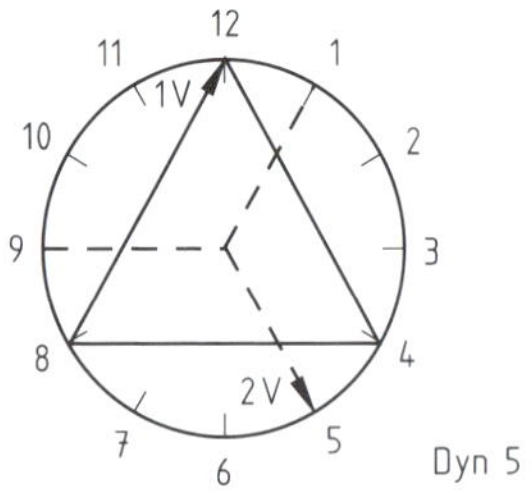

Schaltgruppen von Drehstromtransformatoren — VDE 0532-6, DIN EN 60076-1

Kenn-zahl	Schalt-gruppe	Zeigerbild		Schaltung		Übersetzung *ü*
		OS	US	OS	US	
	D d 0			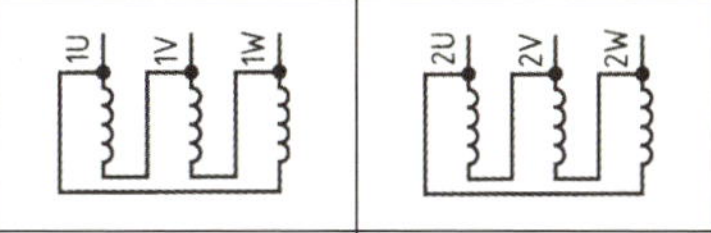		$\frac{N_1}{N_2}$
0	Y y 0			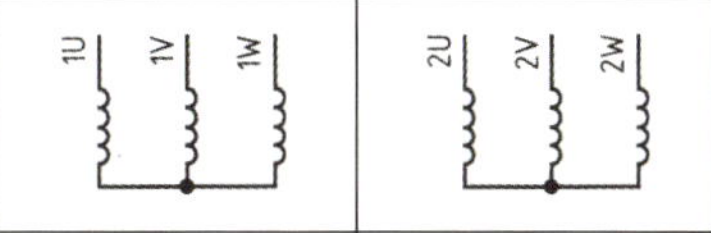		$\frac{N_1}{N_2}$
	D z 0			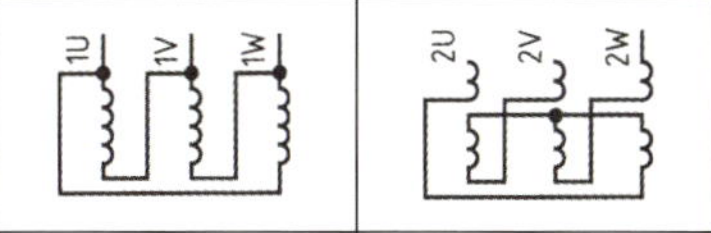		$\frac{2 \cdot N_1}{3 \cdot N_2}$
	D y 5	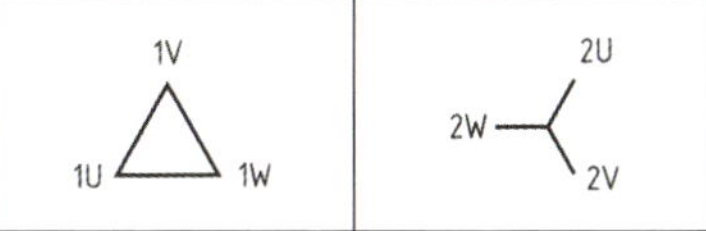		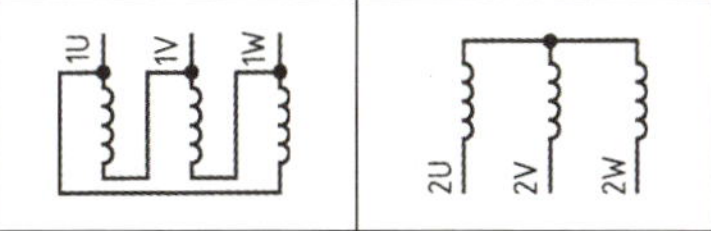		$\frac{N_1}{\sqrt{3} \cdot N_2}$
5	Y d 5			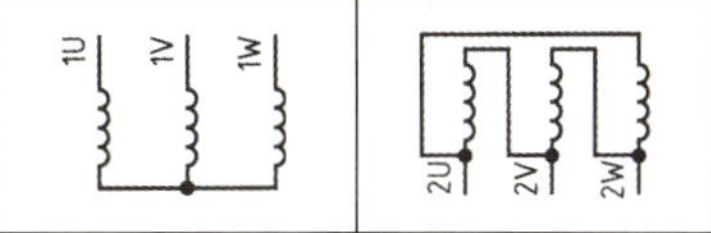		$\frac{\sqrt{3} \cdot N_1}{N_2}$
	Y z 5	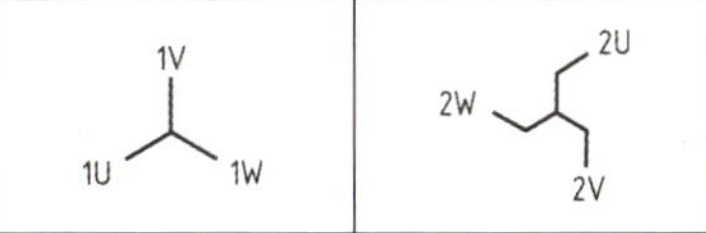		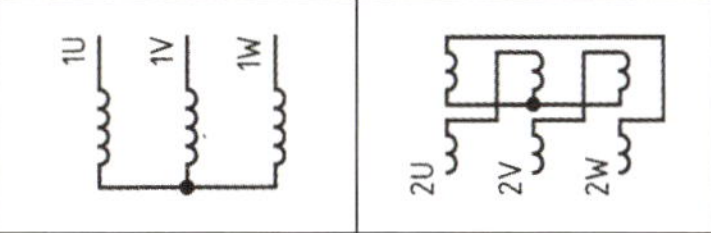		$\frac{2 \cdot N_1}{\sqrt{3} \cdot N_2}$
	D d 6			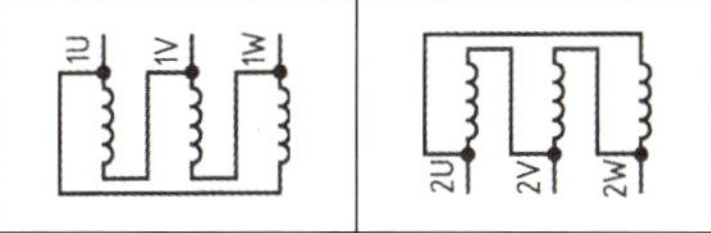		$\frac{N_1}{N_2}$
6	Y y 6	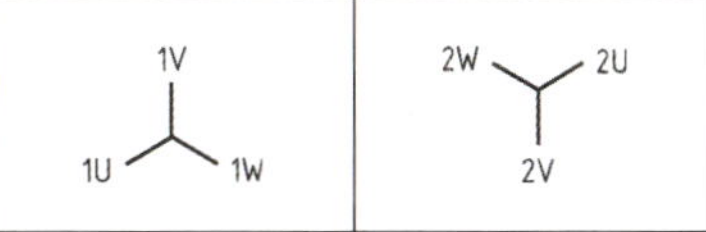		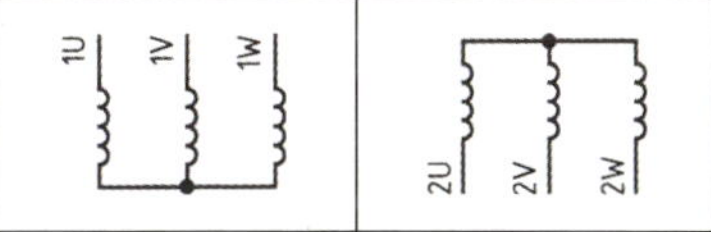		$\frac{N_1}{N_2}$
	D z 6	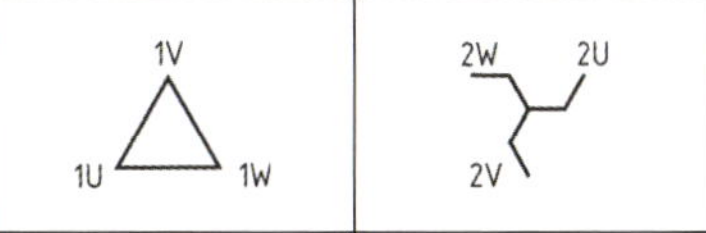		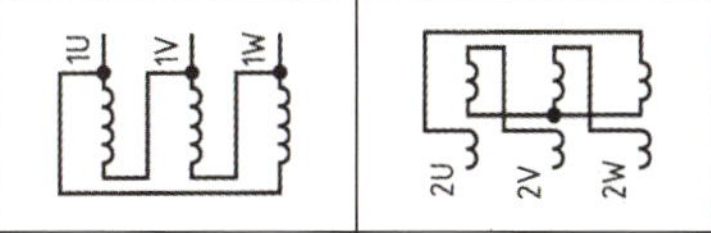		$\frac{2 \cdot N_1}{3 \cdot N_2}$
	D y 11	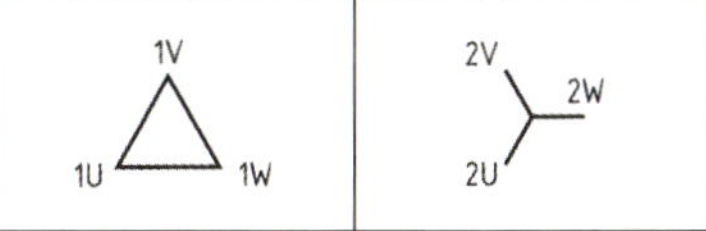		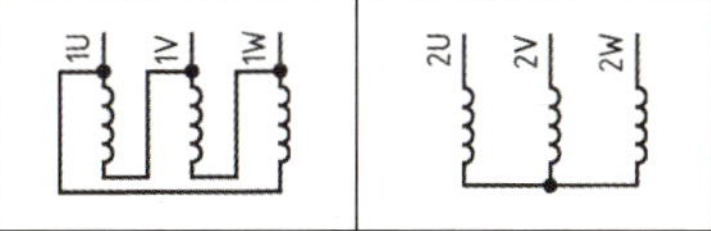		$\frac{N_1}{\sqrt{3} \cdot N_2}$
11	Y d 11	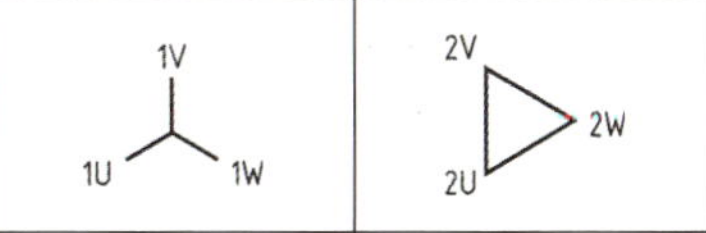		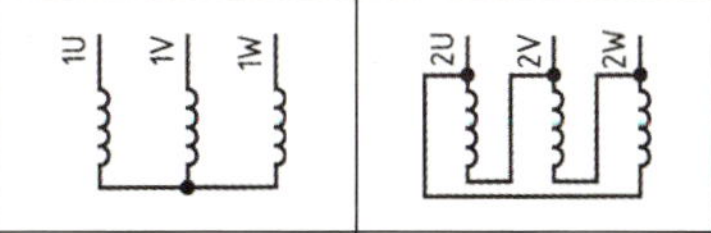		$\frac{\sqrt{3} \cdot N_1}{N_2}$
	Y z 11	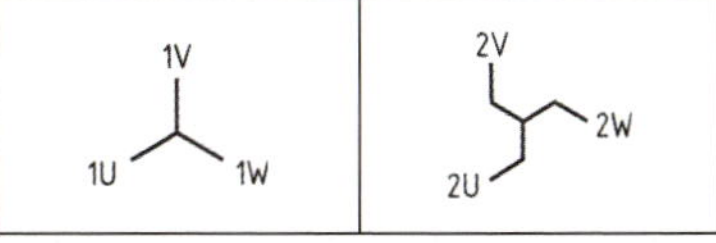		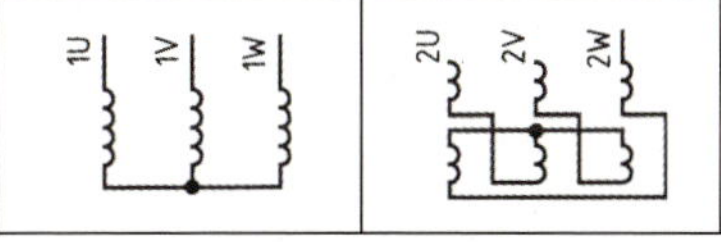		$\frac{2 \cdot N_1}{\sqrt{3} \cdot N_2}$

Betriebs- und Arbeitswelt
Technische Kommunikation
Energieversorgung
Gebäudetechnik
Kommunikationstechnik
Automatisierungstechnik
Antriebstechnik
Bauelemente und -gruppen
Techn. Größen und Formeln

Parallelschaltung von Transformatoren — VDE 0532-6, DIN EN 60076-1

Bedingungen

Die parallel geschalteten Transformatoren müssen folgende Eigenschaften haben:

- Gleiche Bemessungsspannungen
- Gleiche Phasenlagen der Spannungen
- Annähernd gleiche Kurzschlussspannungen (die Abweichung der relativen Kurzschlussspannungen sollte möglichst nicht größer als 10 % sein)
- Gleiche Kennzahlen der Schaltgruppen
- Das Verhältnis der Bemessungsleistungen sollte kleiner als 3:1 sein.

Prüfmethode

Nach dem Anschluss der Eingangswicklungen und des N-Leiters an der Ausgangswicklung darf zwischen den noch zu verbindenden Ausgangsklemmen keine Spannung bestehen (s. rechts).

Schaltung

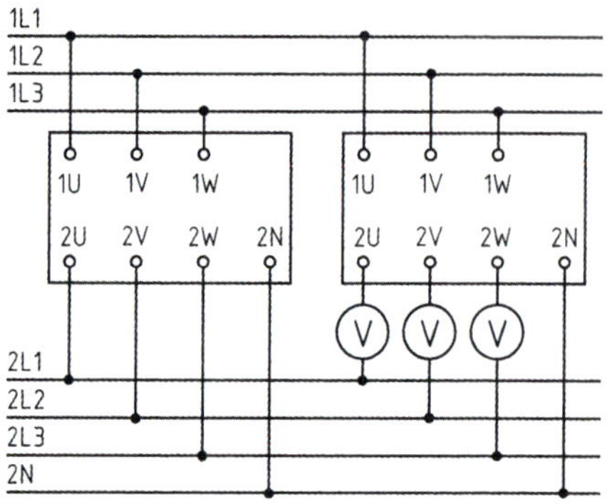

Lastverteilung

Berechnung

Bei gleichen relativen Kurzschlussspannungen verteilt sich die Last im Verhältnis der Nennleistungen der Transformatoren.
Bei ungleichen relativen Kurzschlussspannungen kann die Lastverteilung nach folgenden Formeln berechnet werden:

$$\frac{S_{nges}}{u_k} = \frac{S_{n1}}{u_{k1}} + \frac{S_{n2}}{u_{k2}} + \ldots$$

$$S_1 = S_{n1} \cdot = \frac{u_k}{u_{k1}} \cdot \frac{S_{ges}}{S_{nges}}$$

$$u_k = \frac{S_{nges}}{\frac{S_{n1}}{u_{k1}} + \frac{S_{n2}}{u_{k2}} + \ldots}$$

S_1, S_2	abgegebene Leistungen der einzelnen parallel geschalteten Transformatoren
S_{ges}	gesamte abgegebene Leistung der parallel geschalteten Transformatoren
S_{n1}, S_{n2}	Bemessungsleistungen der Transformatoren
u_{k1}, u_{k2}	relative Kurzschlussspannungen der Transformatoren
u_k	resultierende Kurzschlussspannung der Parallelschaltung

Beispiel

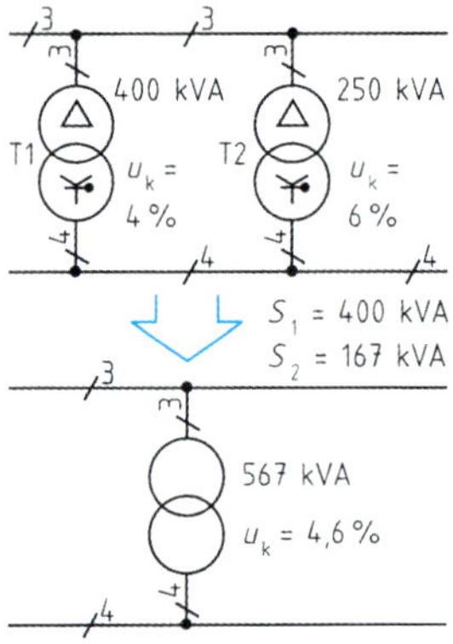

Spartransformatoren

Erläuterungen

- Spartransformatoren haben für den Eingangs- und den Ausgangsstromkreis einen gemeinsamen Wicklungsteil, daher wird Material gespart. Es werden Wickelkupfer und Kerneisen eingespart.
- Es besteht keine galvanische Trennung zwischen Eingangs- und Ausgangsstromkreis, daher sind sie für bestimmte Anwendungen (z. B. zur Erzeugung von Schutzkleinspannung) nicht zugelassen.
- Die maximal mögliche Scheinleistung am Ausgang wird als Durchgangsleistung, die für die Baugröße des Transformators maßgebende Leistung als Bauleistung bezeichnet. Es besteht folgender rechnerischer Zusammenhang:

$$S_B = S_D \cdot \frac{U_1 - U_2}{U_1}$$

S_B	Bauleistung in VA	U_1	Oberspannung in V
S_D	Durchgangsleistung in VA	U_2	Unterspannung in V

Schaltungen und Kurzzeichen

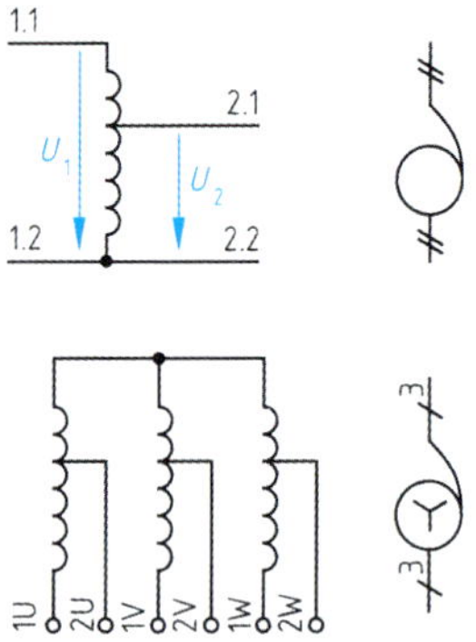

Sicherheitstransformatoren — VDE 0570-2, DIN EN 61558-2

Sicherheitstransformatoren für allgemeine Anwendung

Bildzeichen	Bedingungen	Verwendung
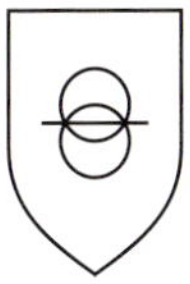 Sicherheits-transformator 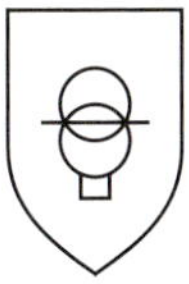 kurzschluss-fest	• Bemessungsleistung S_N ≤ 10 kVA bei einphasigen und ≤ 16 kVA bei dreiphasigen Transformatoren • Bemessungs-Eingangsspannung $U_{1N} \leq$ 1000 V • Leerlauf-Ausgangsspannung $U_{20} \leq$ 50 V AC (Effektivwert) und ≤ 120 V DC (gilt auch für Bemessungs-Ausgangsspannung U_{2N})	Als Transformator für die Schutzmaßnahmen „Schutzkleinspannung" (SELV) und „Funktionskleinspannung mit sicherer Trennung" (PELV)

Sicherheitstransformatoren für besondere Verwendungen

Für alle Sicherheitstransformatoren für besondere Verwendungen gelten die Bedingungen für Sicherheitstransformatoren für allgemeine Anwendungen. Außerdem gelten noch zusätzliche Bedingungen.

Bezeichnung	Bildzeichen	Zusätzliche Bedingungen	Verwendung
Klingel- und Läutwerkstransformatoren		• $U_{2N} \leq$ 24 V AC/33 V DC • Müssen ortsfeste Transformatoren sein • $S_N \leq$ 100 VA	In Haussignalanlagen
Spielzeugtransformator		• $U_{2N} \leq$ 24 V AC/33 V DC • $U_{1N} \leq$ 250 V • Schutzklasse II • $S_N \leq$ 200 VA • $I_{2N} \leq$ 10 A	Versorgung von elektrisch betriebenem Spielzeug mit Schutzkleinspannung
Transformator für Handleuchten der Schutzklasse III für Wolframdrahtlampen		• $U_{2N} \leq$ 50 V AC/120 V DC • $S_N \leq$ 10 kVA • $U_{1N} \leq$ 1000 V AC	Versorgung von Leuchten der Schutzklasse III mit Glühlampen

Transformatoren für besondere Verwendung — VDE 0570-2, DIN EN 61558-2

Bezeichnung	Bildzeichen	Bedingungen	Verwendung
Steuertransformator	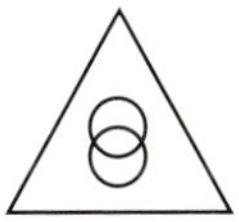	• Abweichung von U_2 im Nennbetrieb ≤ 5 % vom Bemessungswert • Leerlauf-Ausgangsspannung ≤ 110 % des Nennwertes	Netztransformator zur Versorgung von Steuerstromkreisen
Zündtransformator	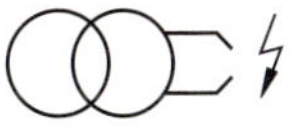	• Unbedingt kurzschlussfest • Nennausgangsspannung ≤ 15 kV • Schutzklasse I	Einsatz in Zündeinrichtungen von Öl- und Gasbrennern
Schweißtransformator		• Spannungsweich und kurzschlussfest • Leerlauf-Ausgangsspannung ≤ 70 V	Elektroschweißen

Kleintransformatoren

Kernbleche

EI-Kernblech	M-Kernblech
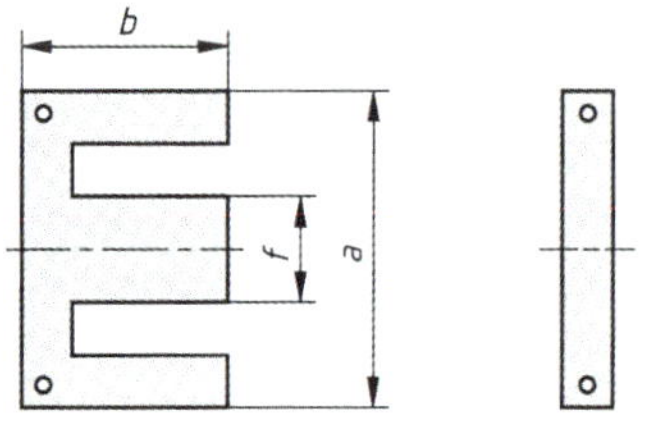	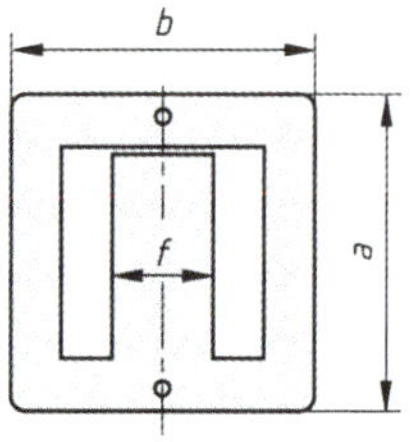

Kurzzeichen	EI 30	EI 130	EI 150	EI 170	M 42	M 55	M 65	M 74	M 85	M 102
a in mm	30	130	150	170	42	55	65	74	85	102
b in mm	20	87,5	100	118	42	55	65	74	85	102
f in mm	10	35	40	45	12	17	20	23	29	34

Berechnung von Kleintransformatoren mit M- und EI-Kernblechen

- Ermittlung der Leistung, die der Transformator liefern muss. Beim Anschluss von Gleichrichterschaltungen muss die Leistung um folgende Faktoren größer sein:
  - Bei Brückenschaltung um 1,23
  - Bei Mittelpunktschaltung um 1,5
  - Bei Einweggleichrichtung um 3,1
- Mit dieser Bemessungsleistung (Nennleistung) bestimmt man mit folgender Tabelle die Kernabmessungen, die Windungszahlen je Volt Nennspannung, den Wirkungsgrad und die Stromdichten.
- Mithilfe dieser Größen können die Windungszahlen, die Nennströme und die Drahtdurchmesser bestimmt werden.

Tabelle für Kleintransformatoren mit M- und EI-Kernblech bei f = 50 Hz und B_{max} = 1,2 T

Nennleistung bei 1 o. 2 Ausgangswicklungen	4 VA	12 VA	25 VA	50 VA	70 VA	95 VA	120 VA	250 VA	370 VA	550 VA
Kernblech	M 42	M 55	M 65	M 74	M 85a	M 85b	M 102a	EI 130a	EI 150a	EI 150c
Pakethöhe in mm	15	21	27	32	32	45	35	36	40	60
Eisenquerschnitt bei Füllfaktor 0,9 in cm^2	1,6	3,3	4,8	6,6	8,3	11,7	10,7	11,3	14,5	21,6
Wirkungsgrad ca.	0,6	0,7	0,77	0,83	0,84	0,86	0,88	0,9	0,92	0,94
Windungszahl je V der Eingangswicklung	23,4	11,4	7,8	5,68	4,51	3,2	3,5	3,3	2,59	1,74
Windungszahl je V der Ausgangswicklung	34,8	14,1	9	6,3	4,95	3,5	3,86	3,51	2,72	1,8
Stromdichte, innen in A/mm^2	4,5	3,8	3,3	3	2,9	2,6	2,4	1,7	1,5	1,5
Stromdichte, außen in A/mm^2	5,2	4,3	3,6	3,4	3,3	3	2,8	2,2	1,9	1,8
Mittlere Windungslänge, innen in mm	73	96	120	140	145	170	170	200	230	270
Mittlere Windungslänge, außen in mm	98	124	152	180	183	208	214	280	330	360

Hausanschlussraum DIN 18012

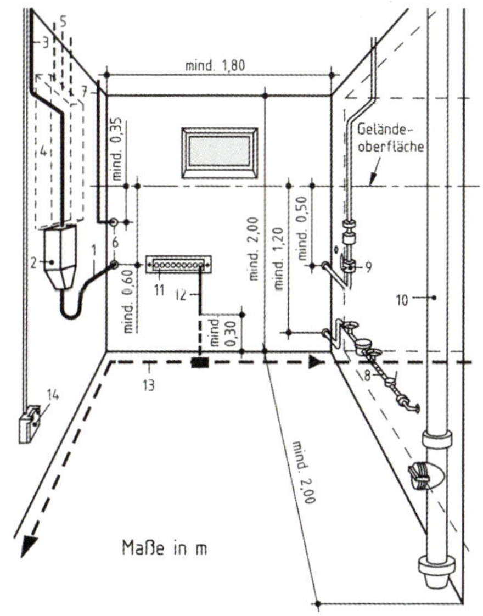

Der Hausanschlussraum ist bestimmt zur Einführung der Anschlussleitungen für die Ver- und Entsorgung (z. B. Abwasser). Es gelten folgende Bedingungen:

- Raumtemperatur ≤ 30 °C
- Garagen und nasse Räume nicht zulässig
- Bei Ein- und Zweifamilienhäusern ist kein gesonderter Raum notwendig.
- Abmessungen entsprechend nebenstehendem Bild. Dabei bedeutet:
  1 Hauseinführungsleitung
  2 Hausanschlusskasten mit Sicherungen
  3 Hauptleitung
  4 ggf. Zählerplätze
  5 Leitungen zu Stromkreisverteilern
  6 Kabelschutzrohr
  7 Hausanschlussleitung für Fernmeldeanlagen
  8 Hausanschlussleitung zur Wasserversorgung
  9 Hausanschlussleitung zur Gasversorgung
  10 Entwässerung
  11 Potenzialausgleichsschiene
  12 Anschlussfahne
  13 Fundamenterder
  14 Steckdose

Hauptleitung DIN 18015-1

Erläuterungen

- Die Hauptleitung ist die Verbindungsleitung zwischen Hausanschlusskasten und den Zählern.
- Die Bemessung der Hauptleitung erfolgt unter Berücksichtigung der erforderlichen Leistung (siehe Tabelle unten) und des maximal zulässigen Spannungsfalls (siehe Tabelle rechts).

Spannungsfall zwischen Hausanschluss und Zähler

Leistungsbedarf	zulässiger maximaler Spannungsfall
Bis 100 kVA	0,50 %
Über 100 kVA bis 250 kVA	1,00 %
Über 250 kVA bis 400 kVA	1,25 %
Über 400 kVA	1,50 %

Bemessung von Hauptleitungen für Wohnungen ohne Elektroheizung mit Nennspannungen 230/400 V

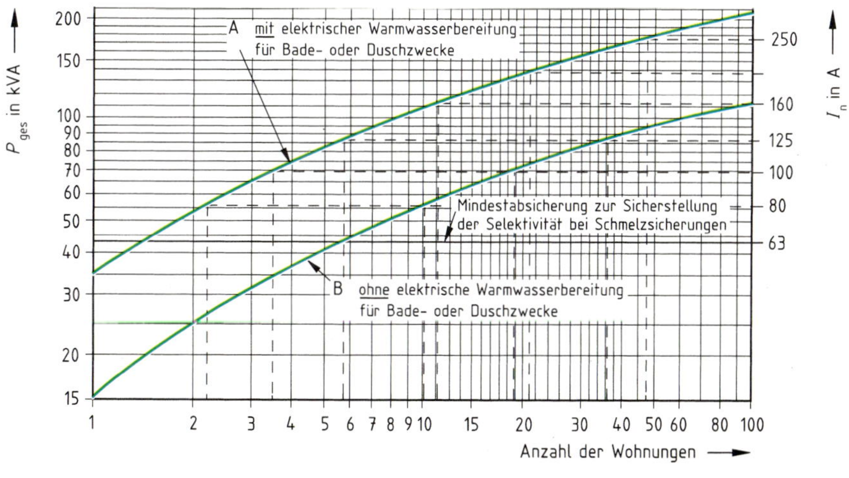

Zulässiger Spannungsfall bei der Hausinstallation — DIN 18015-1

Erläuterungen

- Nach DIN 18015 und den TAB (Technischen Anschlussbedingungen) wird der Spannungsfall auf die Hauptleitung und auf die weiteren Leitungen bis zum Verbraucher aufgeteilt (s. rechts).
- Der zulässige Spannungsfall in der Hauptleitung richtet sich nach dem Leistungsbedarf (S. 157).
- Nach DIN VDE 0100 darf der Spannungsfall vom Hausanschluss zum Verbraucher 4% der Nennspannung nicht überschreiten.

Zuordnungsgrenzen für den zulässigen Spannungsfall

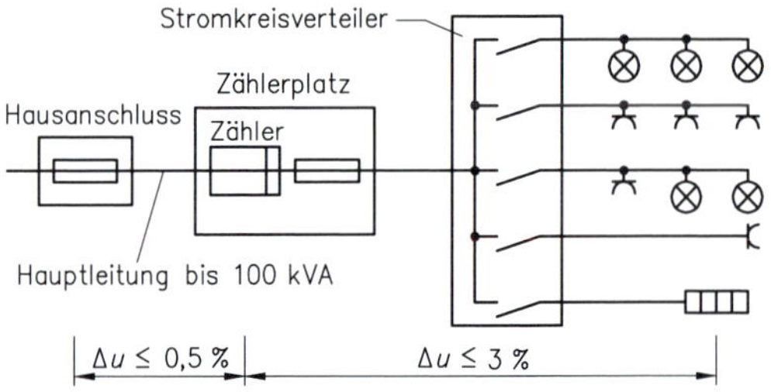

Zählerplätze — DIN 43870

Erläuterungen

- Auf dem Zählerplatz werden Zähler und evtl. weitere Mess- oder Steuereinrichtungen (z. B. Rundsteuerempfänger, Schaltuhr) angebracht.
- Für die Unterbringung dieser Einrichtungen sind Zählerschränke nach DIN 43870 zu verwenden.
- Bei der Festlegung des Zählerplatzes sowie der Auswahl des Zählers sind die Bestimmungen des zuständigen Elektrizitätsversorgungsunternehmen (EVU) zu beachten.

Beispiel eines Zählerplatzes nach DIN 43870

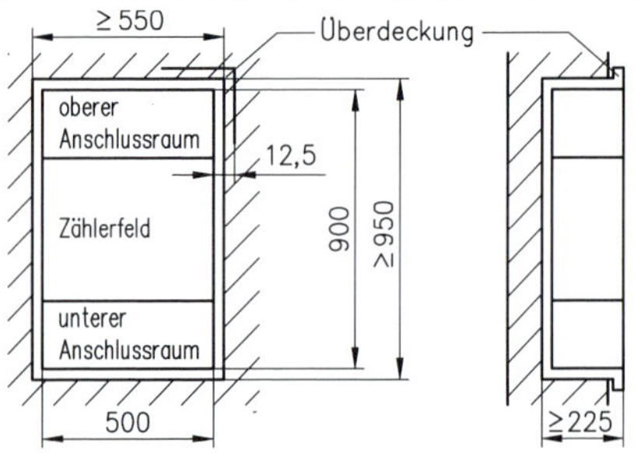

Funktionsflächen für Zählerplätze

Mechanische (herkömmliche) Zähler

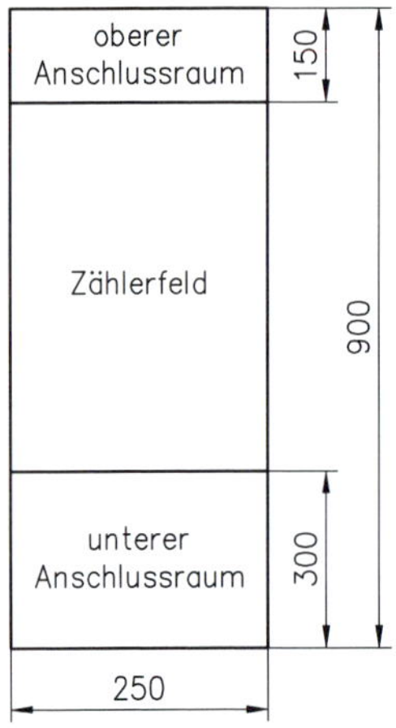

Breiten im 250 mm Raster
Höhen: 900 mm, 1 050 mm, 1 200 mm, 1 350 mm

Elektronische Haushaltszähler (eHZ)

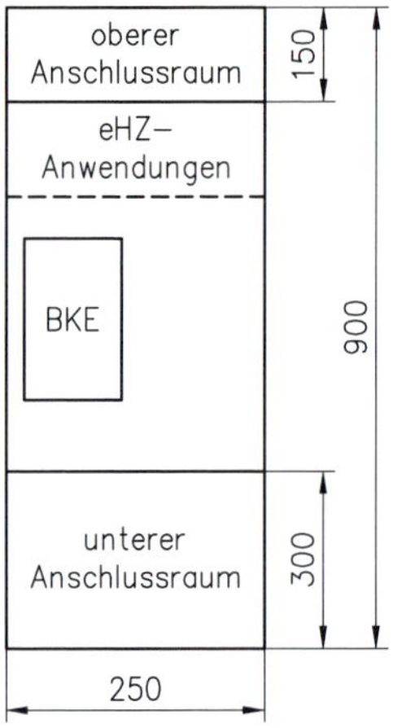

Breiten im 250 mm Raster
Höhen: 900 mm, 1 050 mm

BKE: Befestigungs- und Kontaktiereinrichtung für elektronischen Zähler. Diese Einrichtung ist entweder schon im Zähler integriert (BKE-I) oder als Adapterversion bei nachgerüsteten herkömmlichen Zählerplätzen (BKE-A) möglich.
Durch die geringen Abmessungen des eHZ (135 mm hoch, 90 mm breit, 80 mm tief) steht ein Raum über dem Zähler für Anwendungen (Tarifschaltung, Erweiterungsmodule) zur Verfügung.

Anzahl der Zählerfelder von eHZ-Zählerplätzen für Kundenanlagen

Anzahl der Kundenanlagen	1	2	3	4	5	6	7	8	9
Anzahl der Zählerfelder , Höhe 900 mm	1	2	3	4	5				
Anzahl der Zählerfelder, Höhe 1050 mm			2	2	3	3	4	4	5

Zählerschränke und Stromkreisverteiler

Rastermaße von Zähler- und Verteilerfeldern — DIN 43870

- Die **Platzeinheit PLE** ist die notwendige Einbaufläche, die ein einpoliger Leitungsschutzschalter einschließlich Verdrahtungsraum benötigt. Diese Fläche hat die Abmessung 150 mm × 18 mm.
- Ein **Rastermodul** ist 150 mm hoch und 250 mm breit und hat eine Einbaufläche von 12 Platzeinheiten.
- Die **Rastereinheit RE** gibt an, wie viel Höhenraster von 150 mm ein Feld oder Schrank hat.
- Die **Gesamtplatzeinheiten** ergeben sich dann durch Multiplikation der Rastereinheiten mit der Zahl der Module.

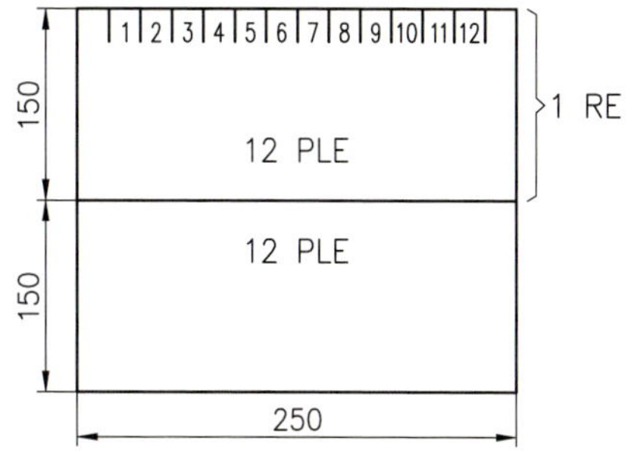

Platzeinheiten von Betriebsmitteln

Betriebsmittel	PLE	Betriebsmittel	PLE
Leitungsschutzschalter, 1-polig	1	Schutzkontaktsteckdose	2,5
Leitungsschutzschalter, 3-polig	3	RCD/Fehlerstromschutzschalter, 2-polig	2
Neozed-Sicherung 16 A ... 63 A	1,5	RCD/Fehlerstromschutzschalter, 4-polig	4
Hauptschalter 63 A, 3-polig	3	Stromstoßschalter 16 A	1
Hauptschalter 100 A, 3-polig	4	Klingeltransformator 8–12 V, 8 VA	2
Luftschütz 24 A, AC	2	Dimmer	3
Luftschütz 40 A ... 63 A, AC	4	Treppenhauslichtzeitrelais	1
Motorschutzschalter	3	Reihenklemme 4 mm²	0,35

Zählerschrank mit Verteiler

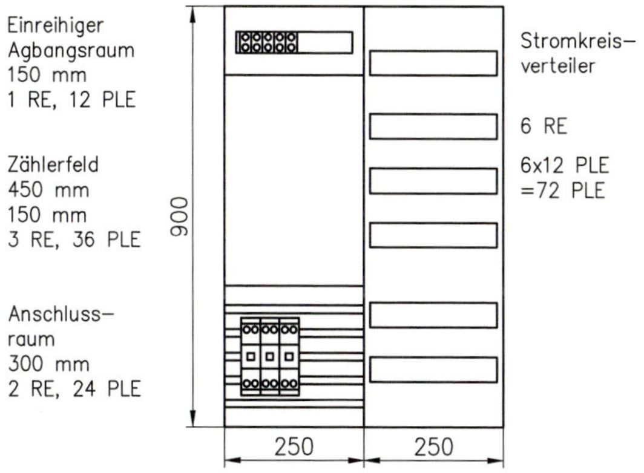

Daten: I_N = 250 A, Schutzart IP 31, Schutzklasse II
Ausführung unter Putz oder auf Putz

Schrankabmessungen (je nach Hersteller) ca.:
H × B × T: 950 mm × 550 mm × 215 mm

Felder und Schränke gibt es auch mit 7, 8 und 9 Rastereinheiten, das Höhenmaß erhöht sich dadurch um jeweils 150 mm.
Die Anzahl der Felder wird von 1 bis 5 angeboten, die Breite erhöht sich dadurch um jeweils 250 mm.

Kleinverteiler

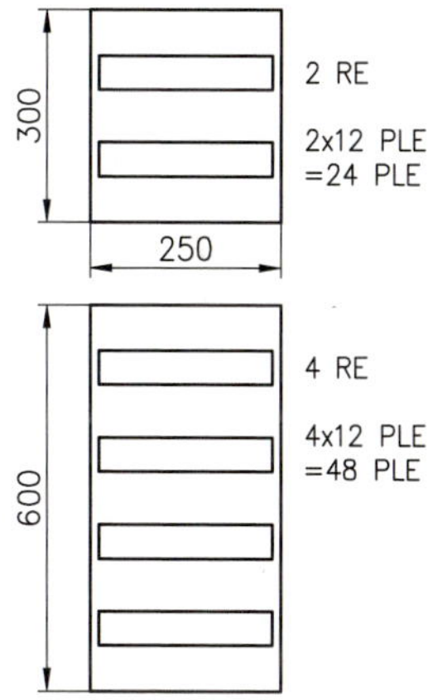

Daten: I_N = 63 A, Schutzart IP 30, Schutzklasse II
Ausführung unter Putz oder auf Putz
Schrankabmessungen 2-reihig (je nach Hersteller) ca.: H × B × T: 430 mm × 312 mm × 88 mm

Kleinverteiler werden 1-, 2-, 3- und 4-reihig angeboten.

Blitzschutz — DIN EN 61663-1, DIN EN 62305-3

Mögliche Schäden bei Blitzeinschlägen

Einschlagstelle	Beispiel	Auftretende Schäden
Direkter Blitzeinschlag in die bauliche Anlage		Verletzung oder Tod von Personen/Lebewesen durch elektrischen Schlag; Feuer, Explosion, mech./chem. Wirkungen; Ausfälle von elektrischen und elektronischen Geräten
Neben der baulichen Anlage		Ausfälle von elektrischen und elektronischen Geräten und Systemen durch Überspannungen
Eingeführte Versorgungsleitung	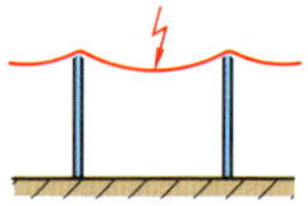	Verletzung oder Tod von Personen/Lebewesen durch elektrischen Schlag verursacht durch Berührungs- und Schrittspannungen; Feuer, Explosion, mech. /chem. Wirkungen; Ausfälle von elektrischen und elektronischen Geräten
Neben eingeführter Versorgungsleitung	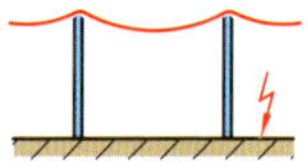	Ausfälle von elektrischen und elektronischen Geräten

Verbindlich vorgeschriebene Blitzschutzanlagen

- Blitzschutzanlagen sind für folgende bauliche Anlagen gesetzlich vorgeschrieben:

– Krankenhäuser
– Schulen
– Museen
– Versammlungsstätten mit Bühnen, die mehr als 200 Personen fassen
– Verkaufsstätten, deren Nutzflächen größer als 2000 m² ist
– Hochhäuser
– Bahnhöfe
– Bauliche Anlagen mit Explosivstoffen u. a.

- Eine Risikoabschätzung legt die Art und den Umfang der zu errichtenden Blitzschutzanlage fest.
- Über die umfangreichen für das Errichten einer Anlage erforderlichen Berechnungen gibt die DIN EN 62305-3 Auskunft.

Blitzschutzanlage

Äußerer Blitzschutz

- Fangeinrichtung
- Ableitungen
- Erdung

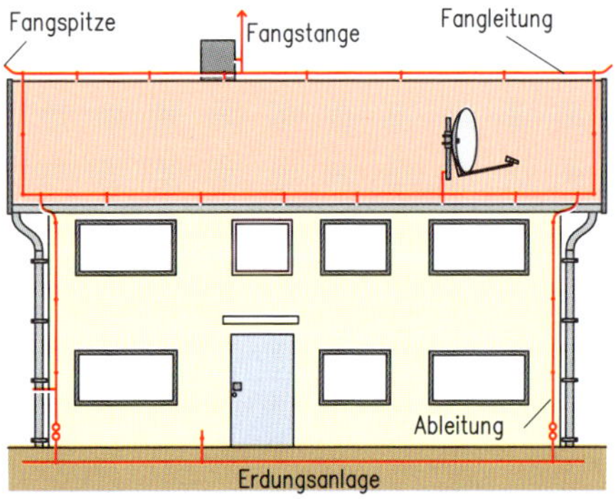

Innerer Blitzschutz

- Potenzialausgleich für normale Räume
- Potenzialausgleich für spezielle Räume, z.B. medizinisch genutzte Räume

Fangeinrichtungen sind Stangen, gespannte oder/und vermaschte Leiter. Sie werden nach dem **Schutzwinkel-, Maschen- oder Blitzkugelverfahren** dimensioniert.
Ableitungen sind massive Leiter, die möglichst gerade und senkrecht verlegt werden.
Erdung mit einem Erdwiderstand von kleiner 10 Ω

Überspannungsschutz

- Teile des Potenzialausgleichs
- Blitzstromableiter
- Überspannungsableiter
- Geräteschutz

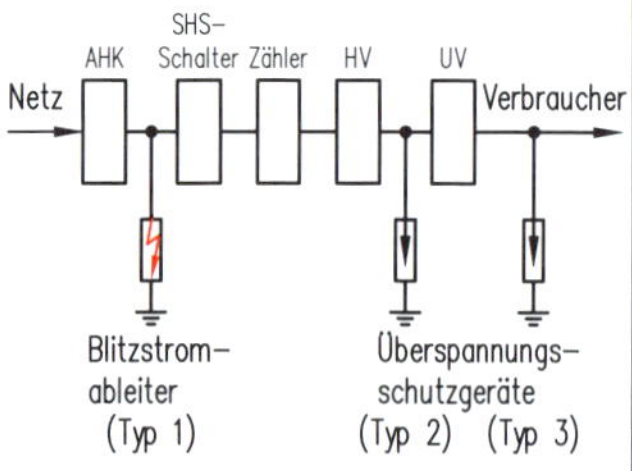

Blitzschutz — DIN EN 62305-3

Blitzschutzzonen

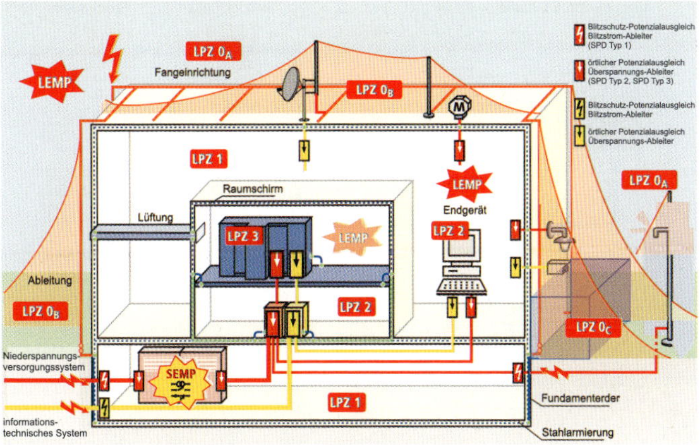

SEMP: ***S**witching **E**lectro**m**agnetic Im**p**uls*

LEMP[1] – Schutz von baulichen Anlagen mit elektrischen/elektronischen Systemen — DIN EN 62305-4

Zone	Beschreibung
LPZ[2] 0A	Gefährdet durch direkte Blitzeinschläge, durch Impulsströme bis zum vollen Blitzstrom und durch das volle Feld des Blitzes
LPZ 0B	Geschützt gegen direkten Blitzeinschlag; gefährdet durch Impulsstrom bis anteilige Blitzströme und durch das volle Feld des Blitzes
LPZ 0C	Gefahr durch Berührungs- und Schrittspannungen für Lebewesen; definiert auf Erdniveau innerhalb einer Höhe von 3 m und eines Abstandes von 3 m außerhalb einer baulichen Anlage
LPZ 1	Impulsströme, begrenzt durch Stromaufteilung. Das Feld des Blitzes ist meinstens durch räumliche Schirmung gedämpft.
LPZ 2	Impulsströme, weiter begrenzt durch Stromaufteilung. Das Feld des Blitzes ist meistens durch räumliche Schirmung gedämpft.

[1] Lightning Electromagnetic Impuls (elektromagnetischer Impuls)
[2] Lightning Protection Zone (Blitzschutzzone)

Prüfungen

Folgende Prüfungen sollen eine sichere Funktion des Blitzschutzes gewährleisten:

- baubegleitende Prüfungen, z.B. von später nicht mehr zugänglichen Teilen der Anlage wie Fundamenterder
- Abnahmeprüfung nach der Fertigstellung
- Wiederholungsprüfungen in regelmäßigen Abständen

Dies geschieht durch Besichtigen und Messen. Über das Ergebnis ist ein Bericht zu erstellen.

Blitzschutz-Fachkraft — DIN EN 62305-3 (VDE 0185-305-3)

Fachkraft ist, wer

- elektrotechnische Grundkenntnisse besitzt,
- über fundierte Kenntnisse des äußeren und inneren Blitzschutzes beim Planen, Bauen und Prüfen von Blitzschutzsystemen auf Basis der Normenreihe verfügt,
- diese Kenntnisse in einer schriftlichen Prüfung mit Erfolg nachgewiesen hat,
- sich laufend über die örtlich geltenden bauaufsichtlichen Vorschriften und die einschlägigen, allgemein anerkannten Regeln der Technik informiert (Der Nachweis kann durch eine regelmäßige Teilnahme an nationalen Weiterbildungsmaßnahmen geführt werden.) und
- eine mindestens fünfjährige Berufserfahrung und zeitnahe berufliche Tätigkeiten im Bereich des Blitzschutzes belegen kann.

Brandmeldeanlage — DIN 14676, DIN EN 54

Aufbau einer Brandmeldeanlage

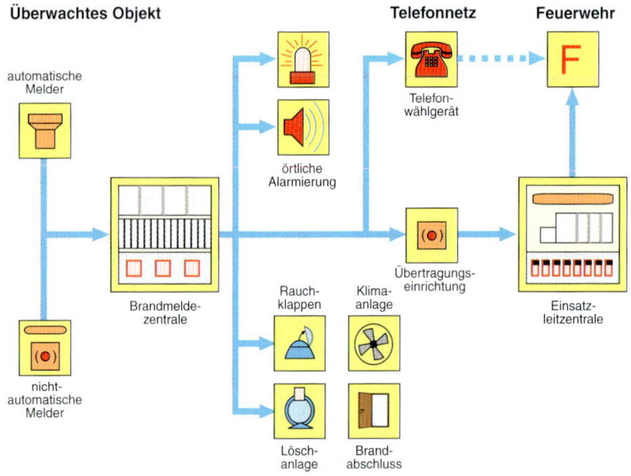

Die Brandmeldezentrale

- ist mit automatischen und nichtautomatischen Meldern, die in Meldergruppen zusammengefasst sind, verbunden,
- überprüft ständig die Leitungen zu den Meldern auf Kurzschluss und Unterbrechung,
- zeigt die Betriebszustände an,
- meldet Störungen,
- steuert im Alarmfall akustische und optische Signalgeber (z. B. Hupe, Sirene) und
- alarmiert die Einsatzkräfte.

Automatische Brandmelder

Brandmelder	Brandart	Brandkennzeichen	Bemerkungen
Optische Rauchmelder, Ionisations-Rauchmelder	Langsam verlaufender Entstehungsbrand, Holz-Schwelbrand, PVC-Brand	Rauchentwicklung, wenig Wärme, keine sichtbare Flamme	Einsatz bei Personengefährdung, Schäden durch Brandrauch
Wärmemelder	Offener Brand (Holz, Gase von brennbaren Flüssigkeiten, Polyurethan), schnell verlaufende Brände	Starke Wärmeentwicklung, Flammenstrahlung, Rauchentwicklung	Ansprechtemperatur soll 10 °C … 35 °C über der Raumtemperatur liegen.
Infrarot-Flammenmelder, Ultraviolett-Flammenmelder	Brände von brennbaren Flüssigkeiten mit Rauchentwicklung	Flammen, die zum Teil in Rauch eingehüllt sind; Alkoholbrände, nicht sichtbare Brände von Gasen	Auch bei starker Rauchentwicklung einsetzbar

Überwachungsbereiche von Rauchmeldern

Grundfläche des Raumes	Raumhöhe	Dachneigung			
		bis 20°		über 20°	
		A	D_H	A	D_H
Bis 80 m^2	Bis 12 m	80 m^2	6,6 m	80 m^2	8,2 m
Über 80 m^2	Bis 6 m	60 m^2	5,7 m	90 m^2	8,7 m
Über 80 m^2	6 m … 12 m	80 m^2	6,6 m	110 m^2	9,6 m

A: maximaler Überwachungsbereich je Melder
D_H: größter horizontaler Abstand eines beliebigen Punktes der Decke zum nächstgelegenen Melder

Einbruchmeldeanlagen — DIN EN 50130/50131

Aufbau einer Einbruchmeldeanlage

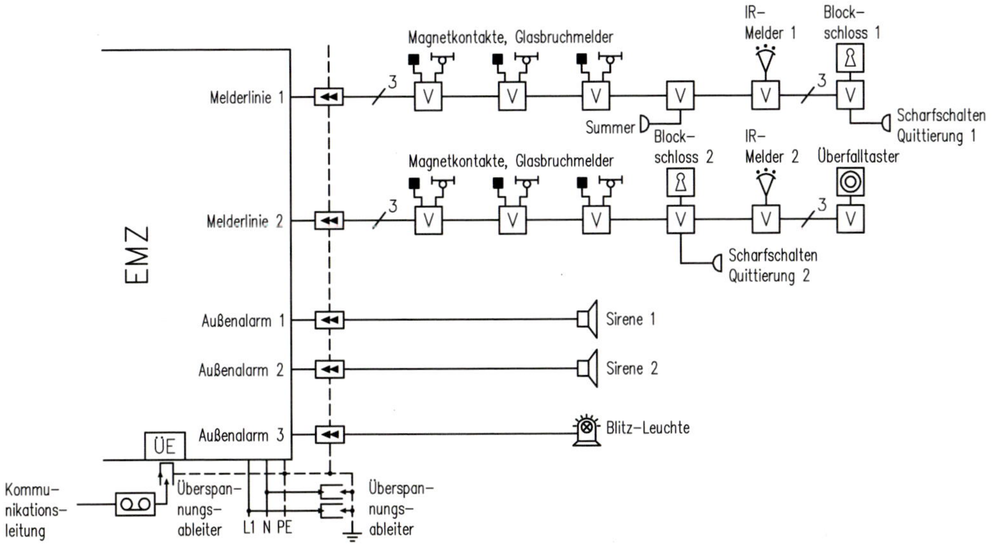

Automatische Einbruchmelder

Melder/Kurzzeichen	Einsatzgebiet	Meldung	Funktionsprinzip
Infrarot-Bewegungsmelder IMR	Vorfeld-, Raumüberwachung	Bei unbefugtem Betreten des Überwachungsbereiches	Melder empfängt die Infrarotstrahlung aus dem Überwachungsbereich.
Ultraschall-Bewegungsmelder UM	Vorfeld-, Raumüberwachung	Bei unbefugtem Betreten des Überwachungsbereiches	Melder sendet ein Signal und wertet das reflektierte Signal aus.
Dual-Bewegungsmelder DU	Vorfeld-, Raumüberwachung	Bei unbefugtem Betreten des Überwachungsbereiches	Kombination aus IR- und US-Melder, die zu einer UND-Funktion verknüpft sind.
Lichtschranke LS	Vorfeld-, Raumüberwachung	Bei unbefugtem Betreten des Überwachungsbereiches	Lichtschranken bestehen aus einem IR-Sender und IR-Empfänger. Alarmiert wird, wenn der IR-Strahl unterbrochen wird.
Magnetkontakt MK	Außenhaut	Bei Öffnen von Fenstern und Türen	Magnetkontakte bestehen aus einem Dauermagneten und einem Reedkontakt, der beim Öffnen z. B. einer Tür aus dem Feld des Dauermagneten gebracht wird und Alarm auslöst.
Schließblechkontakt SK	Außenhaut	Bei unverschlossenen Türen	Sie werden beim Verschließen der Türen betätigt (Sicherheit, dass Türen verschlossen sind).
Glasbruchmelder GM	Außenhaut	Bei Bruch oder Beschädigung von Glas	Die beim Brechen oder Ritzen von Glas auftretenden Frequenzen werden registriert und lösen Alarm aus.
Feldänderungsmelder FM	Raum-, Objektüberwachung	Bei Diebstahl und Aufbruch von Behältnissen, z. B. Tresoren	Melder baut um das Objekt ein elektrisches Feld auf; bei Feldänderung wird Alarm ausgelöst.
Überfallmelder ÜM	–	Bei Überfall	Melder lösen bei Knopfdruck stillen Alarm aus.

Einbruchmeldeanlagen — DIN EN 50130/50131

Meldelinien

Anschluss der Melder

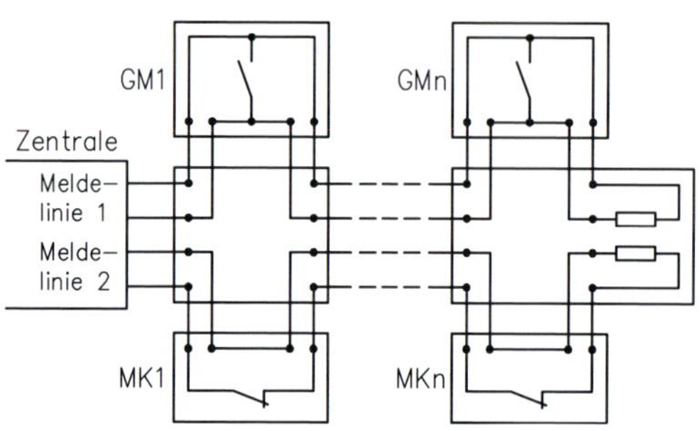

Aufbau einer Sabotagelinie

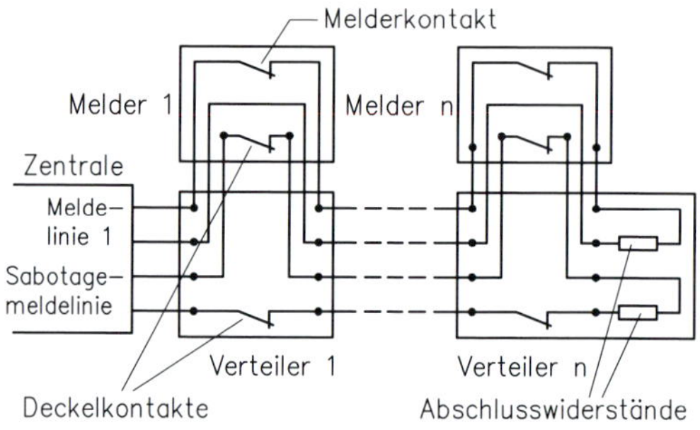

Meldelinie nach dem Ruhestromprinzip

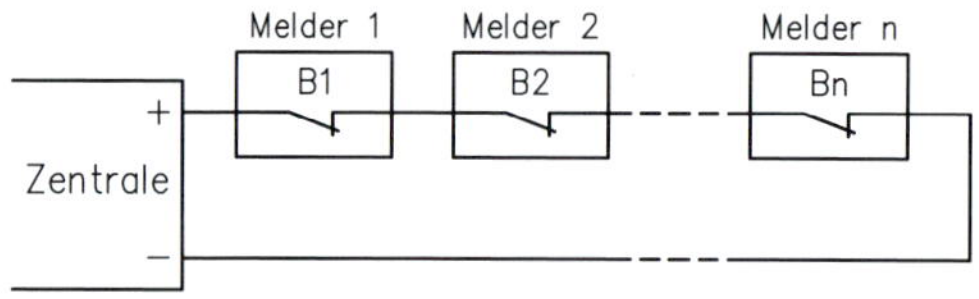

Beim Ruhestromprinzip sind die in Reihe geschalteten Melderkontakte im Ruhezustand geschlossen.

Meldelinie nach dem Arbeitsstromprinzip

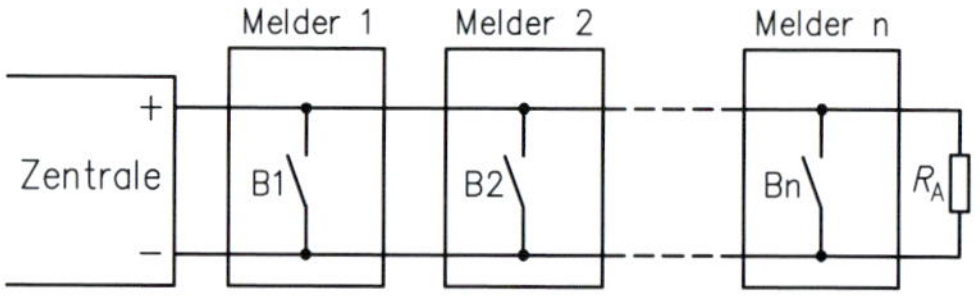

Beim Arbeitsstromprinzip sind die parallel geschalteten Melderkontakte im Ruhezustand geöffnet.

Meldelinie nach dem Stromschwächungsprinzip

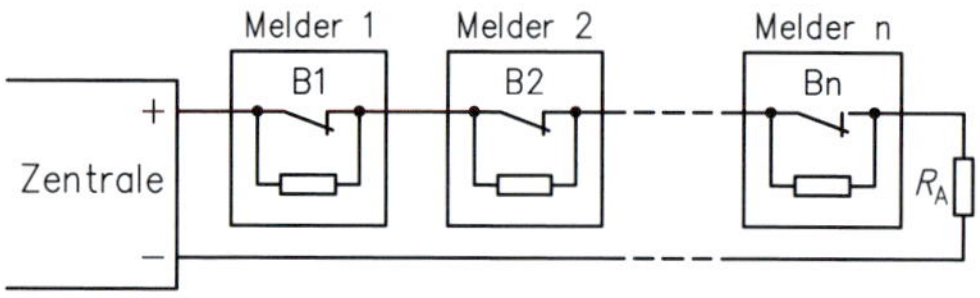

Das Stromschwächungsprinzip beruht auf dem Ruhestromprinzip.

Meldelinie nach dem Stromverstärkungsprinzip

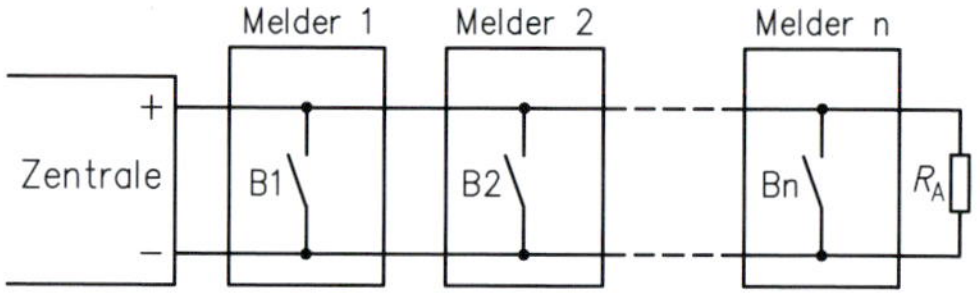

Das Stromverstärkungsprinzip beruht auf dem Arbeitsstromprinzip.

VdS-Sicherungsklassen

Klasse A	Klasse B	Klasse C
Einfacher Schutz gegen Überwindungsversuche	Mittlerer Schutz gegen Überwindungsversuche	Hoher Schutz gegen Überwindungsversuche
Für kleinere Haushaltsrisiken im privaten Bereich	Für höhere Risiken im Haushalt und Kleingewerbe	Für den gewerblichen Bereich
Häuser und Wohnungen werden nur mit Bewegungsmeldern überwacht. Wenn vom Versicherer gefordert, muss auch auf Öffnen, Verschluss und Durchgriff von Wertbehältnissen überwacht werden.	Zusätzlich zu den Forderungen der Klasse A muss auf Durchstieg von Fenstern, Türen, Lichtkuppeln und sonstigen Gebäudeöffnungen überwacht werden. Die Zwangsläufigkeit[1)] muss erreicht werden.	In dieser Klasse muss eine vollständige Außenhaut- und Raumüberwachung vorgenommen werden. Die Zwangsläufigkeit[1)] muss erreicht werden. Zusätzlich müssen Türen und Wände auf Durchgriff und Durchstieg überwacht werden.

[1)] Zwangsläufigkeit ist erreicht, wenn unter anderem die Alarmzentrale störungsfrei arbeitet, die Fenster geschlossen und die Außentüren verriegelt sind. Mit Erreichen der Zwangsläufigkeit ist die Alarmanlage scharfschaltbereit, aber noch nicht scharf geschaltet.

Steckverbindungen für Netzspannungen

Übersicht

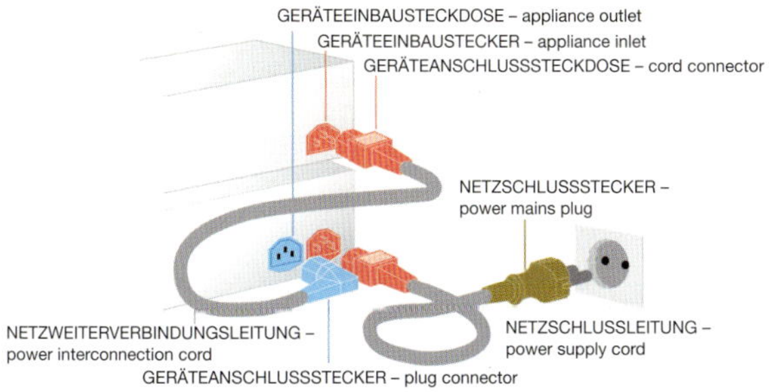

Schutzkontakt-Steckverbindung

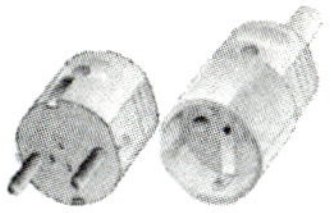

Standard-Netzanschluss-Steckverbindung in Deutschland
Technische Daten:
2-polig + PE
Spannung max. 250 V AC
Stromstärke max. 16 A
Nicht verpolungssicher, d. h., die Belegung der Steckerstifte mit L1 und N ist vertauschbar.

Geräte-Steckverbindungen

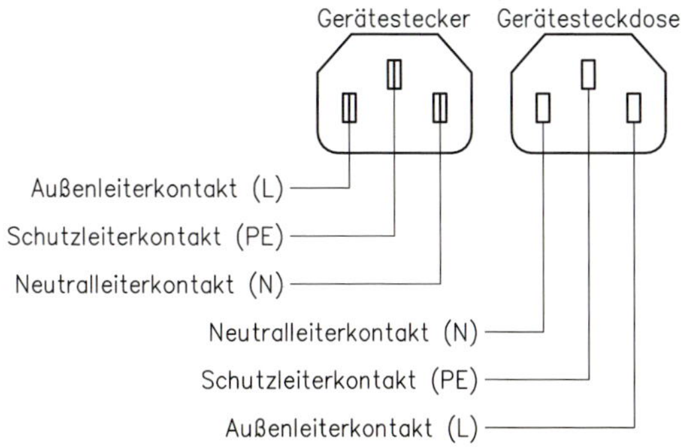

- Zweipolige Gerätesteckverbindungen mit und ohne Schutzkontakt für eine Nennspannung bis 250 V AC und eine Nennstromstärke bis 16 A zur Verbindung einer flexiblen Netzanschlussleitung mit elektrischen Geräten oder anderen elektrischen Einrichtungen von 50 Hz oder 60 Hz
- Nennstromstärke des Geräteanschlusssteckers muss gleich oder größer sein als die Nennstromstärke der verwendeten Gerätesteckdose.
- Gerätesteckvorrichtungen für warme Anschlussstellen (120 °C) können für kalte Anschlussstellen (70 °C) und Gerätesteckvorrichtungen für heiße Anschlussstellen (155 °C) für kalte und warme Anschlussstellen verwendet werden.

Technische Daten (Auswahl)

Kontur outline	Max. T_{Stift} max. T_{pin}	Nennstrom (250 Vac) rated current (250 Vac)	Netzversorgung main power connection		Netzweiterleitung power interconnection	
			Geräteein-baustecker appliance inlet	Gerätesteck-dose cord connector	Geräteein-bausteckdose appliance outlet	Gerätean-schlussstecker plug connector
Geräteschutzklasse I/equipment class I			Normblatt-Nummer/number of standard sheet			
	70°	2,5 A	C6	C5	B	A
	70°	10 A (15 A)[1]	C14	C13	F	E
	120°	10 A (15 A)[1]	C16	C15	–	–
	155°	10 A (15 A)[1]	C16A	C15A	–	–
	70°	16 A (21 A)[1]	C20	C19	J	I
Geräteschutzklasse II/equipment class II			Normblatt-Nummer/number of standard sheet			
	70°	2,5 A	C8/C8A	C7	D	C
	70°	6 A	C10	C9	–	–
	70°	10 A (15 A)[1]	C18	C17	H	G

1) Technische Daten nach ULCSA

Internationale Steckverbindungen (Auswahl)

Stecker-Profile

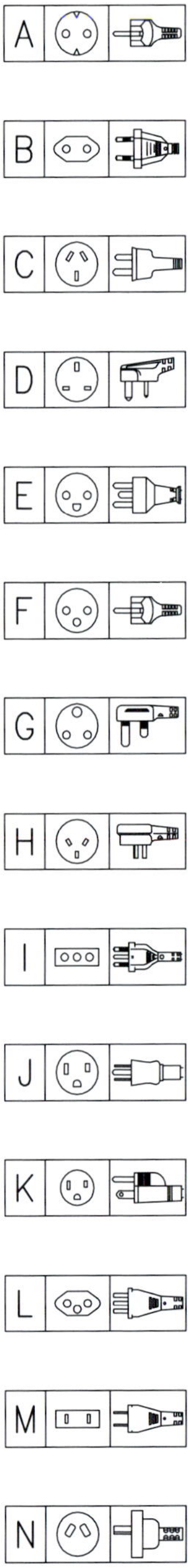

Land	Spannung	Frequenz	Stecker-Profil
Ägypten	220 V	50 Hz	B
Algerien	127/220 V	50 Hz	B, G
Argentinien	220 V	50 Hz	B, C
Australien	240 V	50 Hz	C, N
Belgien	230 V	50 Hz	B, F
Bermuda	120 V	60 Hz	C, D, K, M
Bosnien/Herzegowina	220 V	50 Hz	A, B
Brasilien	110–220 V	60 Hz	B, K, M
Chile	220 V	50 Hz	B, I
China	220 V	50 Hz	B, C
Dänemark	230 V	50 Hz	B, E
Deutschland	230 V	50 Hz	A, B
Dominikanische Rep.	110 V	60 Hz	K, M
Ecuador	120 V	60 Hz	B, K, M
Finnland	230 V	50 Hz	A, B
Frankreich	230 V	50 Hz	B, F
Griechenland	230 V	50 Hz	A, B
Großbritannien	240 V	50 Hz	D, G
Hongkong	200 V	50 Hz	D, G
Indien	220–250 V	50 Hz	B, G
Indonesien	220 V	50 Hz	A, B
Irland	230 V	50 Hz	A, D
Island	230 V	50 Hz	A, B
Israel	230 V	50 Hz	A, H
Italien	230 V	50 Hz	B, I
Japan	100 V	50–60 Hz	J, M
Jugoslawien	220 V	50 Hz	A, B
Kanada	120 V	60 Hz	K, M
Korea	100/220 V	60 Hz	A, K, M
Kroatien	230 V	50 Hz	A, B
Kuwait	240 V	50 Hz	B, D, G
Liechtenstein	230 V	50 Hz	L
Luxemburg	230 V	50 Hz	A, B
Niederlande	230 V	50 Hz	A, B
Norwegen	230 V	50 Hz	A, B
Österreich	230 V	50 Hz	A, H
Polen	220 V	50 Hz	A, B
Portugal	230 V	50 Hz	A, B, G
Russland	220 V	50 Hz	A, B
Schweden	230 V	50 Hz	A, B
Schweiz	230 V	50 Hz	B, L
Slovakei	220 V	50 Hz	A, B
Slowenien	220 V	50 Hz	A, B
Spanien	220 V	50 Hz	B, F
Südafrika	220–250 V	50 Hz	G
Taiwan	110 V	60 Hz	K, M
Türkei	220 V	50 Hz	A, B
Ungarn	220 V	50 Hz	A
USA	120 V	60 Hz	K
Zypern	240 V	50 Hz	D

CEE-Kragensteckverbindungen

Übersicht

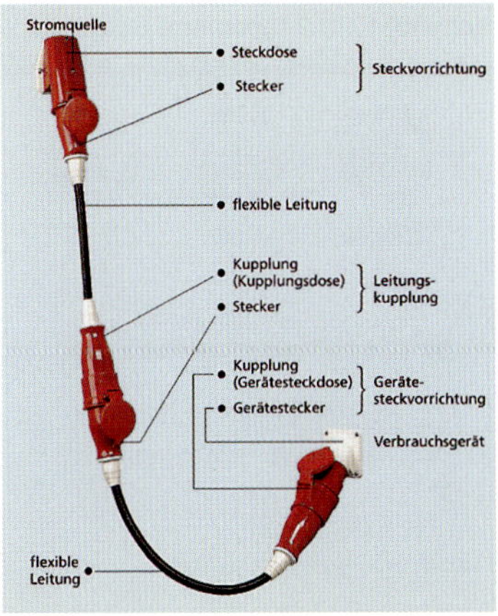

Beschreibung

Bei Steckvorrichtungen über 50 V muss ein Schutzkontakt vorhanden sein. Steckdosen sind mit einer Nut und die Stecker mit einer Nase zur Unverwechselbarkeit zu versehen, wobei der Kontaktstift bzw. die Kontaktbuchse für den Schutzleiter eine bestimmte Stellung gegenüber der am Schutzkragen angebrachten Nase bzw. Nut einnimmt.
Unbeabsichtigtes falsches Zusammenstecken ist dadurch verhindert, dass der Kontaktstift für den Schutzleiter einen größeren Durchmesser hat als die Außenleiter-Kontaktstifte und somit nicht in die Außenleiter-Kontaktbuchsen eingeführt werden kann. Es darf dem Benutzer nicht möglich sein, die Stellung des Schutzkontaktes oder eines etwa vorhandenen N-Kontaktes zur Nut einer Steckdose bzw. Nase eines Steckers zu ändern.
Auch muss es unmöglich sein, einen Steckereinsatz in ein Steckdosen- oder Kupplungsgehäuse einsetzen zu können.

Technische Daten

Typ	Frequenz Hz	Nennbetriebsspannung V	Stellung des Schutzleiter-Kontaktes[1] 16/20 A 32/30 A	63/60 A 125/100 A
1p + N + ⏚	50 und 60	100 bis 130	4	4
	60	277	5	5
2p + ⏚	50 und 60	100 bis 130	4	4
		200 bis 250	6	6
		380 bis 415	9	9
		480 bis 500	7	7
		Versorgung nach Trenntrafo	12	12
	100 bis 300	über 50	–	–
	über 300 bis 500	über 50	2	–
	Gleichstrom	über 50 bis 250	3	3
		über 250	8	8
2p + N + ⏚	50 und 60	125/250 einphasig	12	12
3p + ⏚	50 und 60	100 bis 130	4	4
		200 bis 250	9	9
		380 bis 415	6	6
	60	440 bis 460[2]	11	11
	50 und 60	480 bis 500	7	7
		600 bis 690	5	5
	50 60	380 440[3]	3 3	– –
	100 bis 300	über 50	10	–
	über 300 bis 500	über 50	2	–
3p + N + ⏚	50 und 60	57/100 bis 75/130	4	4
		120/208 bis 144/250	9	9
		200/346 bis 240/415	6	6
		277/480 bis 288/500	7	7
		347/600 bis 400/690	5	5
	60	250/400 bis 265/460[2]	11	11
	50 60	230/380 250/440[3]	3 3	– –
	100 bis 300	über 50	–	–
	über 300 bis 500	über 50	2	–
Alle Typen	Alle nicht durch andere Anordnungen abgedeckte Nennbetriebsspannungen und/oder Frequenzen		1	1

[1] Die Stellung des Schutzleiter-Kontaktes ist durch die entsprechende Ziffer gekennzeichnet.
[2] Hauptsächlich für Schiffsinstallationen.
[3] Nur für Kühlcontainer (genormt durch ISO).
Mit einem (–) gekennzeichnete Stellungen sind nicht genormt.

CEE-Kragensteckverbindungen

Spannungsuhr

Lage der Schutzkontaktbuchse, bezogen zur Unverwechselbarkeitsnut für verschiedene Betriebsspannungen (V) und Frequenzen (Hz) nach DIN EN 60309-2

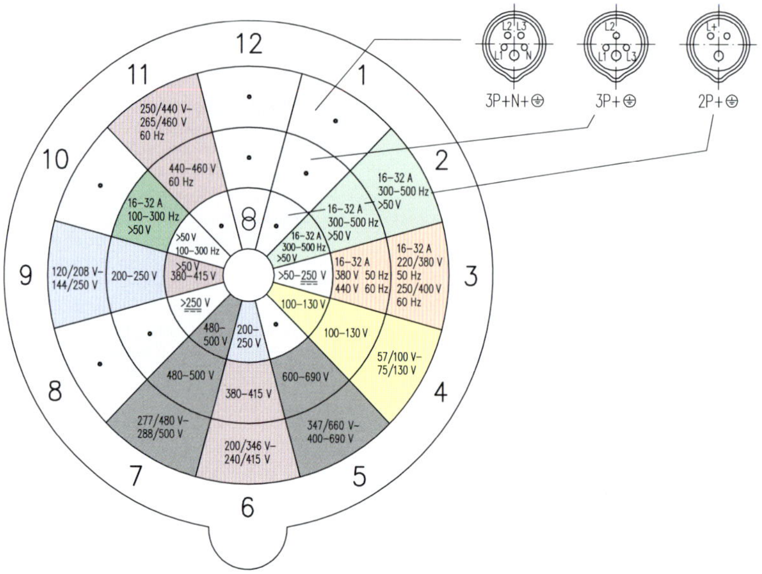

Die schraffierten Uhrzeigerstellungen (2 h, 3 h und 10 h) sind nur bei 16 und 32 A genormt.
Ohne Frequenzangabe = 50–60 Hz
Uhrzeigerstellung 1 h gilt für nicht aufgeführte Betriebsspannungen und/oder Stromarten (Frequenzen) bei allen Polzahlen.

CEE-Steckverbindungen für Spannungen kleiner 50 V

Polzahl	Nennbetriebsspannung V	Frequenz Hz	Stellung der Hilfsnase bzw. -nut		Kennfarbe
2 und 3	20 bis 25	50 und 60			Violett
	40 bis 50	50 und 60		12 h	Weiß
	20 bis 25 und 40 bis 50	100 bis 200		4 h	Grün
		300		2 h	Grün
		400		3 h	Grün
		über 400 bis 500		11 h	Grün
		Gleichstrom		10 h	Violett Weiß

Bei Steckvorrichtungen bis 50 V wird, bedingt durch das Fehlen des nicht benötigten Schutzleiterkontaktes, eine Grundnase und eine zusätzliche Hilfsnase verwendet. Die Grundnase ist immer in der Uhrzeigerstellung 6 h angeordnet. Die Hilfsnase ist je nach Spannungs- und Frequenzwert in einer Uhrzeigerstellung angeordnet.

Errichten von Niederspannungsanlagen, Begriffe — DIN VDE 0100-200

Betriebsmittel, Erdung, Leiter und leitfähige Teile

- **Elektrische Betriebsmittel** sind Produkte, die zur Erzeugung, Umwandlung, Übertragung, Verteilung oder Anwendung von elektrischer Energie benutzt werden. Sie sind ortsfest, wenn sie fest angebracht sind und nicht leicht bewegt werden können, sie sind ortsveränderlich, wenn sie während des Betriebes bewegt oder leicht zu einem anderen Platz gebracht werden können.
- **Körper** sind berührbare leitfähige Teile von elektrischen Betriebsmitteln, die üblicherweise nicht unter Spannung stehen und nur im Fehlerfall unter Spannung geraten können.
- **Erde, örtliche Erde,** ist der Teil der Erde, der sich in elektrischem Kontakt mit einem Erder befindet und dessen Potenzial nicht notwendigerweise null ist.
- **Erder** ist ein leitfähiges Teil im Erdreich oder leitfähiges Medium mit elektrischem Kontakt zur Erde.
- **Bezugserde** ist der Teil der Erde, dessen elektrisches Potenzial keine merklichen Abweichungen von dem mit null festgelegten Potenzial der Erde hat.
- **Ausbreitungswiderstand** eines Erders ist der Widerstand zwischen dem Erder und der Bezugserde.
- **Erdungswiderstand** ist die Summe vom Ausbreitungswiderstand des Erders und dem Widerstand der Erdungsleitung.
- **Aktive Teile** sind im üblichen Betrieb unter Spannung stehende leitfähige Teile oder Leiter. Hierzu zählen auch Neutralleiter, nicht aber PEN-Leiter.

- **Außenleiter** (L1, L2, L3) sind Leiter zur Übertragung oder Verteilung elektrischer Energie, die im üblichen Betrieb unter Spannung stehen, aber weder Neutralleiter noch Mittelleiter sind.
- **Neutralpunkt** ist der gemeinsame Punkt eines im Stern geschalteten Mehrphasensystems oder eines geerdeten Mittelpunktes im Einphasensystem.
- **Neutralleiter** (N) ist der Leiter, der mit dem Neutralpunkt verbunden ist.
- **Schutzleiter** (PE) ist der Leiter zur Sicherheit, wie zum Beispiel zum Schutz gegen elektrischen Schlag.
- **PEN-Leiter** (PEN) ist der Leiter, der die Funktion von Schutz- und Neutralleiter erfüllt.

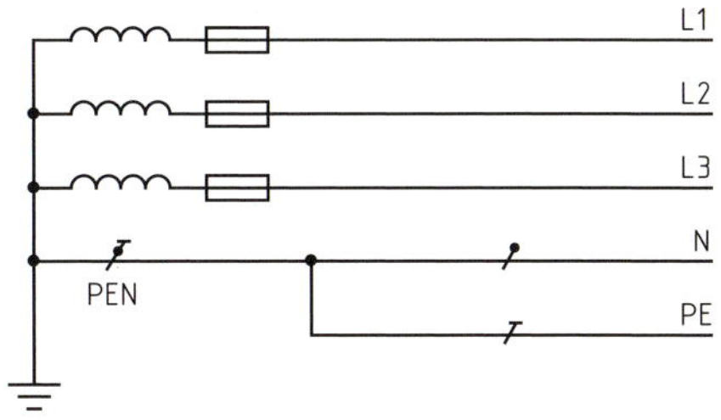

Fehlerarten und elektrische Größen im Fehlerfall

- **Kurzschluss** (1) ist ein entstandener Strompfad zwischen gegeneinander unter Spannung stehenden leitfähigen Teilen, bei dem die Spannung zwischen den Teilen gleich null oder nahezu null abfällt. Der **Kurzschlussstrom** ist der dabei fließende Strom.
- **Leiterschluss** (2) ist die durch einen Fehler entstandene leitende Verbindung zwischen gegeneinander unter Spannung stehenden Leitern oder aktiven Teilen, wobei ein Nutzwiderstand im Fehlerstromkreis liegt.
- **Körperschluss** (3) ist eine durch einen Fehler entstandene leitende Verbindung zwischen dem Körper und aktiven Teilen elektrischer Betriebsmittel.
- **Erdschluss** (4) ist das unbeabsichtigte Auftreten eines Strompfades zwischen einem aktiven Leiter und Erde.
- **Fehlerspannung** (U_F) ist die Spannung zwischen einer Fehlerstelle und der Bezugserde bei einem Isolationsfehler.
- **Fehlerstrom** (I_F) ist der Strom, der aufgrund eines Isolationsfehlers über eine Fehlerstelle fließt.
- **Berührungsspannung** (U_B) ist die Spannung zwischen leitfähigen Teilen bei gleichzeitiger Berührung durch einen Mensch oder ein Tier.

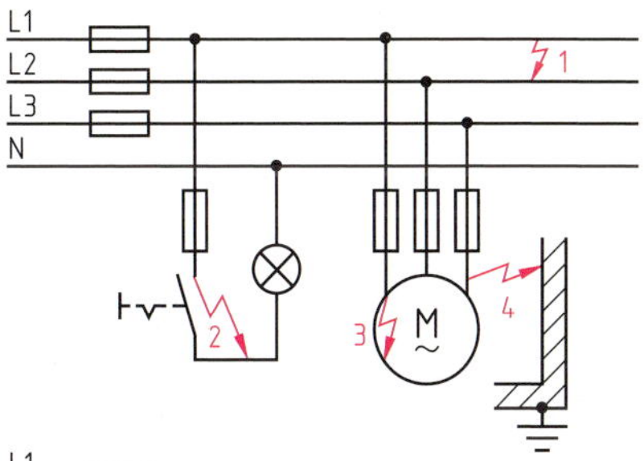

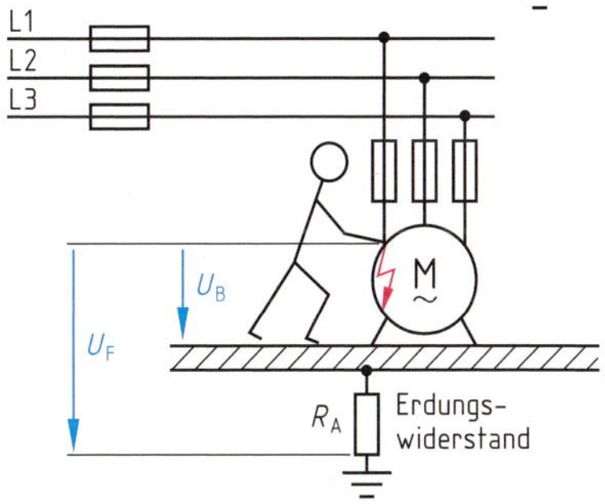

Errichten von Niederspannungsanlagen, Begriffe (Fortsetzung)

Raumarten und Bereiche

Erläuterung	Beispiele
Elektrische Betriebsstätten sind Räume oder Orte, die vorwiegend zum Betrieb elektrischer Anlagen dienen. Sie werden in der Regel von unterwiesenen Personen betreten.	Schalträume, Schaltwarten, elektrische Prüffelder, Verteilungsanlagen
Abgeschlossene elektrische Betriebsstätten dienen ausschließlich zum Betrieb elektrischer Anlagen und sind verschlossen zu halten. Sie dürfen nur von unterwiesenen Personen betreten werden.	Abgeschlossene Schalt- und Verteilungsanlagen, Transformator- und Schaltzellen
Trockener Raum ist ein Raum oder Bereich in einem Raum, in dem in der Regel kein Kondenswasser auftritt oder die Luft nicht mit Feuchtigkeit gesättigt ist.	Wohnräume, Büros, Dachböden, Treppenhäuser, beheizte und belüftbare Keller, Küchen und Baderäume in Wohnungen, Geschäftsräume
Feuchter Raum ist ein Raum oder Bereich in einem Raum, in dem die Sicherheit von elektrischen Betriebsmitteln durch Feuchtigkeit, Kondenswasser oder ähnliche klimatische Einflüsse beeinträchtigt werden kann.	Großküchen, unbeheizte oder unbelüftbare Keller, Waschküchen, Backstuben, Futterküchen, Kornspeicher, Wagenwaschräume, Kühlräume, Gewächshäuser, Duschecken
Feuergefährliche Betriebsstätten sind Orte, in denen durch leichtentzündliche Materialien Brandgefahr besteht.	Heu- und Strohlager, Orte mit Papier-, Textil- oder Holzverarbeitung
Explosionsgefährdete Bereiche sind Orte mit möglicher explosionsfähiger Atmosphäre, sodass durch elektrische Betriebsmittel ohne Explosionsschutz eine Explosion ausgelöst werden kann.	Lackierräume, schlagwettergefährdete Grubenbaue, Mühlen, Silos, chemische Anlagen
Landwirtschaftliche und gartenbauliche Betriebsstätten sind Räume oder Bereiche, in denen Nutztiere gehalten werden, Futtermittel, Düngemittel, pflanzliche und tierische Erzeugnisse produziert oder Pflanzen kultiviert werden.	Ställe, Scheunen, Heuböden, Lagerräume für Futtermittel, Düngemittel, Getreide, Kartoffeln, Stroh, Gewächshäuser
Medizinisch genutzte Räume sind Räume zur Untersuchung und Behandlung von Menschen oder Tieren.	Praxisräume, Operationsräume, Bettenräume

Anlagen und Netze

- **Starkstromanlagen** sind elektrische Anlagen mit Betriebsmitteln zum Erzeugen, Umwandeln, Speichern, Fortleiten, Verteilen und Verbrauchen elektrischer Energie, um Arbeit zu verrichten.
- **Hausinstallationen** sind Starkstromanlagen mit Nennspannungen bis 250 V gegen Erde für Wohnungen und in Umfang und Art entsprechenden Anlagen.
- **Verbraucheranlage** ist die Gesamtheit aller Betriebsmittel hinter dem Hausanschlusskasten.
- **Hauptstromkreise** sind Stromkreise mit Betriebsmitteln zum Erzeugen, Umformen, Verteilen, Schalten und Umwandeln elektrischer Energie.
- **Hilfsstromkreise** sind Stromkreise für zusätzliche Funktionen wie z. B. Steuerung, Messung u. Ä.

Gefährliche Körperströme IEC 479

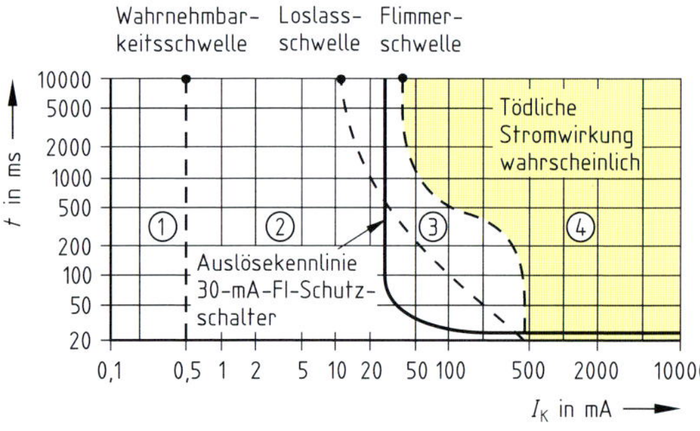

Gefährdungsbereiche von Körperwechselströmen (50 Hz) bei Erwachsenen und einem Stromweg von der linken Hand zu beiden Füßen

Bereich	Reaktion
1	Nicht wahrnehmbar
2	Keine schädigende Einwirkungen
3	Unregelmäßigkeiten beim Herzschlag möglich, Muskelverkrampfungen
4	Mögliches Herzkammerflimmern, Herzstillstand

RCD/Fehlerstrom-Schutzeinrichtung — DIN VDE 0664

Begriffe und Erläuterungen

- **RCD** (Residual Current Device) oder **Fehlerstrom-Schutzeinrichtung** ist eine Schutzeinrichtung, die auslöst, wenn der Fehlerstrom (Differenzstrom) einen bestimmten Wert überschreitet. Dazu wird durch ein Summenstromwandler überprüft, ob die zu- und abfließenden Ströme übereinstimmen. Ist das aufgrund eines Fehlerstromes nicht der Fall, dann löst der Schalter ab einer bestimmten Fehlerstromstärke aus.
- **Bemessungsfehlerstrom** oder **Nennfehlerstrom** $I_{\Delta n}$ ist der Fehlerstrom, bei dem die Einrichtung spätestens nach 300 ms auslöst. Bei 2 x $I_{\Delta n}$ löst er nach 150 ms und bei 5 x $I_{\Delta n}$ nach 40 ms aus. Der Toleranzbereich liegt bei sinusförmigen Wechselströmen zwischen 50 % und 100 % von $I_{\Delta n}$, d. h., die Einrichtung darf bis 0,5 x $I_{\Delta n}$ nicht auslösen. Typische Werte für $I_{\Delta n}$: 10 mA, 30 mA, 100 mA, 300 mA, 500 mA.
- **Bemessungsstrom** oder **Nennstrom** I_n ist die maximal zulässige Stromstärke für die Schutzeinrichtung. Typische Werte für I_n: 16 A, 25 A, 40 A, 63 A, 80 A, 125 A, 160 A.
- Je nach der Form des Stromes unterscheidet man bei den **RCDs** die **Typen AC, A, B und B+**.
  Da der AC-Typ durch die Einschränkung auf sinusförmige Wechselströme in Deutschland nicht zugelassen ist, wird er in folgender Tabelle nicht aufgeführt.

RCD-Typ	A	B	B+
Zeichen		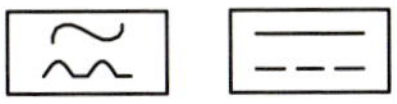	
Bezeichnung	Pulsstromsensitiv	Allstromsensitiv	Allstromsensitiv
Eigenschaft	Korrekte Funktion bei Wechselfehlerströmen und pulsierenden Gleichfehlerströmen	Korrekte Funktion bei Wechselfehlerströmen und reinen Gleichfehlerströmen, Auslösewerte bis 2 kHz definiert	Korrekte Funktion bei Wechselströmen und reinen Gleichströmen, Auslösewerte sind bis 20 kHz definiert.
Anwendung	Wenn im Fehlerfall keine glatten Gleichströme auftreten. Der Typ A ist der Standard RCD, der am häufigsten eingesezt wird.	Beim Auftreten von glatten Gleichfehlerströmen, die z. B. im Zusammenhang mit Frequenzumrichtern oder Photovoltaikanlagen entstehen könnten	Wie unter B und bei höheren Frequenzbereichen
Weitere Kennzeichen für alle Typen	K	**RCD mit kurzzeitverzögerter Abschaltung**, d. h., der Schalter hat eine minimale Auslösezeitverzögerung von 10 ms und ist damit für elektrische Verbraucher geeignet, die beim Einschalten einen hohen Ableitstrom verursachen.	
	S	**RCD mit selektiver Abschaltung**, d. h., die Auslösung erfolgt zeitverzögert, wodurch bei der Reihenschaltung mit anderen RCDs Selektivität erreicht wird.	

Prinzipschaltungen

RCD Typ A

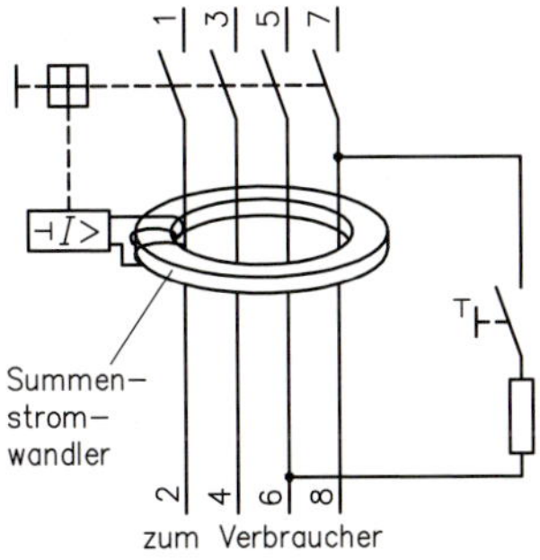

Beim Typ A ist keine Spannungsversorgung erforderlich. Mit der Prüftaste wird ein Fehlerstrom simuliert.

RCD Typ B

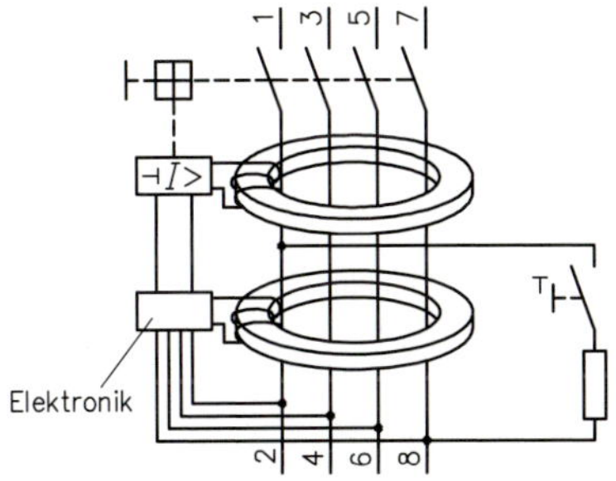

Für die Elektronik zur Auslösung bei glatten Gleichströmen ist eine Spannungsversorgung erforderlich. Sie erfolgt über die Netzleitungen.

RCD/Fehlerstrom-Schutzeinrichtung (Fortsetzung)

Einteilung von RCDs (Fehlerstrom-Schutzeinrichtungen)

RCCB

(Residual Current operated Circuit Breaker)

Fehlerstrom-Schutzschalter

FI-Schutzschalter

Fehlerstrom-Schutzschalter ohne eingebaute Überstrom-Schutzeinrichtung

RCBO

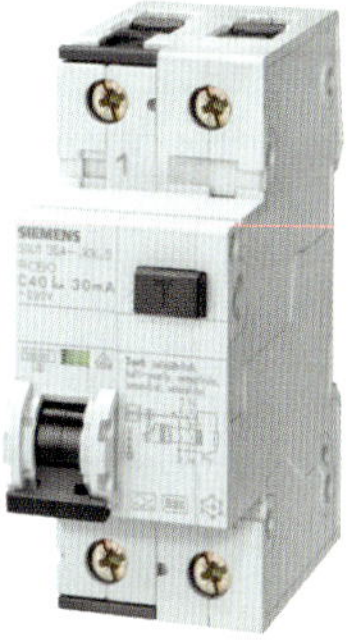

(Residual Current operated Circuit Breaker with Over-current Protector)

Fehlerstrom-/Leitungsschutzschalter

FI/LS-Schalter

Fehlerstrom-Schutzschalter mit eingebauter Überstrom-Schutzeinrichtung für den Überlast- und Kurzschlussschutz

Anordnung von RCDs

Hauptverteiler

Unterverteiler

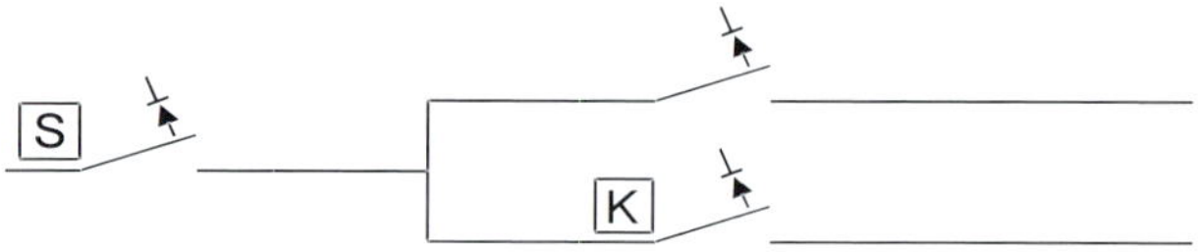

Darstellung ohne Überstromschutz

Vorgeschalteter selektiver FI-Schutzschalter, Abschaltzeit bei 5 x $I_{\Delta n}$: 50 ms bis 150 ms	Nachgeschaltete FI-Schutzschalter Abschaltzeit bei 5 x $I_{\Delta n}$ < = 40 ms

Fehlersuche

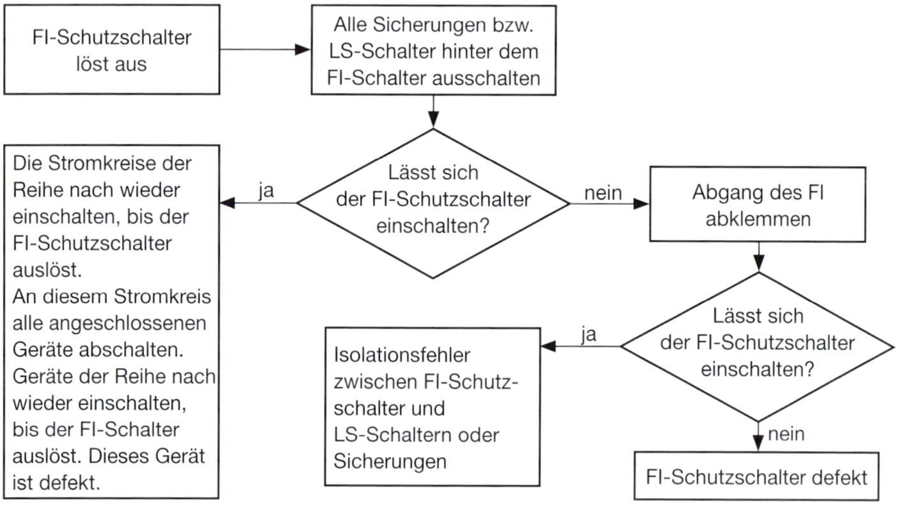

Netzsysteme — DIN VDE 0100-100

Bedeutung der Kurzzeichen

Erster Buchstabe	Zweiter Buchstabe	Weitere Buchstaben
Erdungsverhältnisse der Stromquelle	Erdungsverhältnisse der Körper	Anordnung von Neutralleiter und Schutzleiter im TN-System
T direkte Erdung I Isolierung gegenüber Erde oder Erdung über Impedanz	T Betriebsmittel direkt geerdet N Betriebsmittel mit dem Betriebserder verbunden	S N- und PE-Leiter getrennt C N- und PE-Leiter kombiniert (PEN-Leiter)

TN-System

TN-S-System
Getrennte Neutralleiter und Schutzleiter im gesamten System

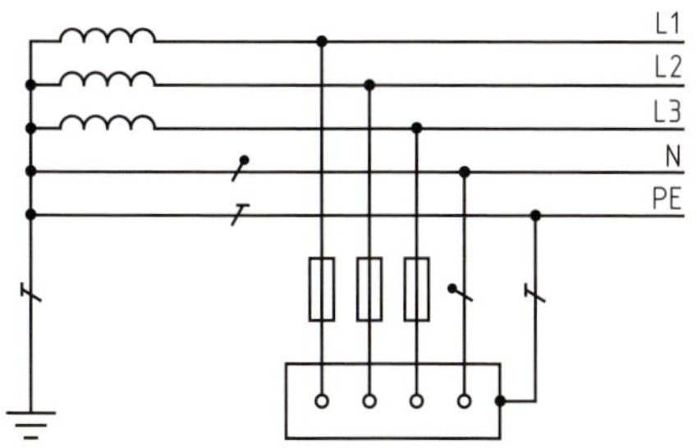

TN-C-System
Neutral- und Schutzleiterfunktion sind im gesamten System im PEN-Leiter zusammengefasst.

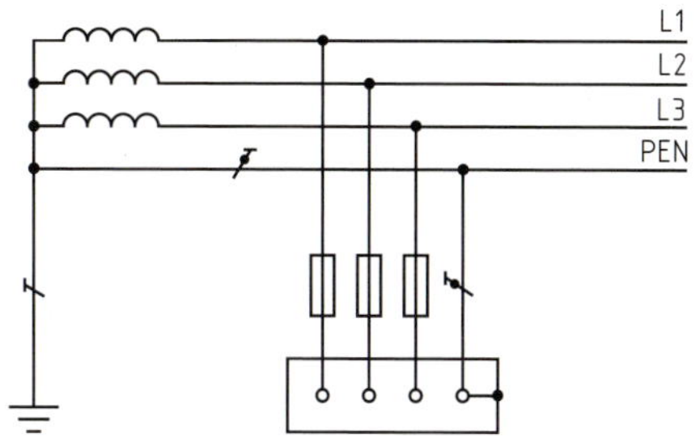

TN-C-S-System
Neutral- und Schutzleiterfunktion sind in einem Teil des Systems zusammengefasst.

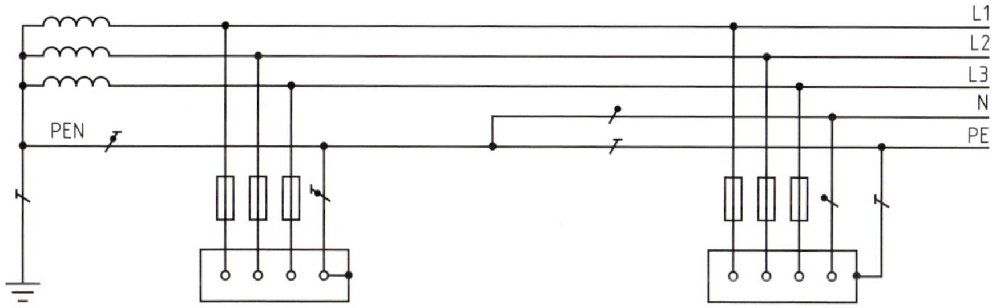

TT-System

Schutzleiter mit Erde verbunden, aber vom N-Leiter getrennt

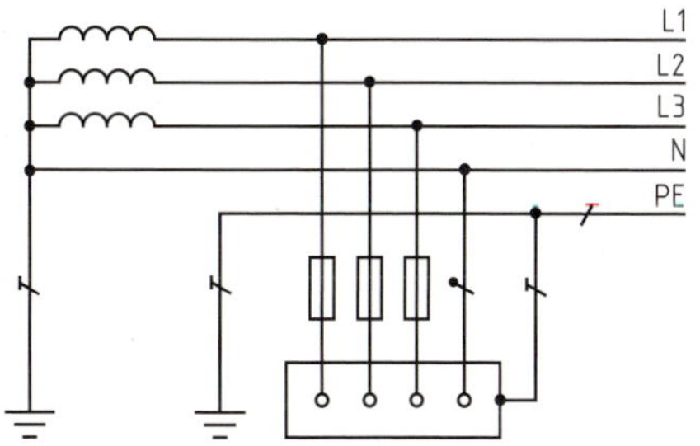

IT-System

Keine Spannung der aktiven Leiter gegenüber Erde

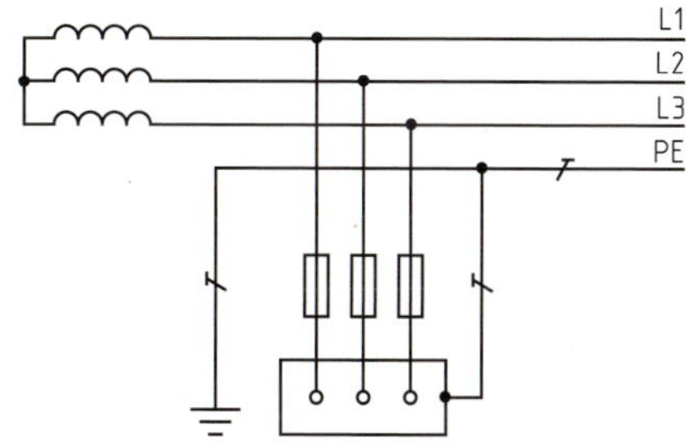

Erdungsanlagen, Schutzleiter, Schutzpotenzialausgleichsleiter — DIN VDE 0100-540

Erdungsanlagen

Erdungsanlagen dienen dazu, eine Verbindung zur Erde herzustellen. Dabei gelten folgende Bedingungen:
- Die Anlage muss Erdfehlerströme und Schutzleiterströme ohne Gefahr ableiten können.
- Die Betriebsmittel der Anlage müssen hinsichtlich des Werkstoffes und der Beanspruchung so ausgewählt und bemessen sein, dass sie gegenüber äußeren Einflüssen widerstandsfähig sind.
- Die Anlage muss für die Schutzanforderungen geeignet sein.

Erder

Für neue Gebäude wird empfohlen, einen Fundamenterder zu errichten. Zum Schutz des Erders sollte er innerhalb des Betons mindestens einen Abstand von 5 cm zur Betonoberfläche haben.

Als Erder dürfen verwendet werden:
- Stäbe oder Rohre (z. B. als Tiefenerder)
- Bänder oder Drähte (z. B. als Oberflächenerder)
- Metallteile im Fundament (z. B. als Fundamenterder)
- Andere geeignete unterirdische Konstruktionsteile aus Metall, die im Erdreich eingebettet sind
- Platten

Mindestabmessungen für Erder

Werkstoff	Form	Durchmesser in mm	Querschnitt in mm²	Dicke in mm
Stahl, nichtrostend oder feuerverzinkt	Band, Profil	–	90	3
Mit einer Mindestauflage von 70 µm im Mittel	Rundstab für Tiefenerder	16	–	–
Stahl mit Kupfermantel von 2 mm Dicke	Rundstab für Tiefenerder	15	–	–
Kupfer, blank	Band	50		
	Runddraht für Oberflächenerder	–	25	–
	Seil, Einzeldraht	1,8	25	–
	Rohr	20	–	2

Erdungsleiter

Erdungsleiter
- Müssen zuverlässig an einen Erder angeschlossen werden
- Müssen die Querschnitte entsprechend nebenstehender Tabelle haben

Mindestquerschnitte von Erdungsleitern in der Erde

Verlegung	Mechanisch geschützt	Mechanisch ungeschützt
Isoliert (gegen Korrosion geschützt)	2,5 mm² Cu 10 mm² Stahl	16 mm² Cu 16 mm² Stahl
Blank (ohne Korrosionsschutz)	25 mm² Cu 50 mm² Stahl	25 mm² Cu 50 mm² Stahl

Schutzleiter

Der Querschnitt des Schutzleiters kann entsprechend nebenstehender Tabelle ermittelt werden oder nach einer Formel (s. DIN VDE 0100-540) berechnet werden. Bei einzelner Verlegung darf er nicht kleiner sein als
- 2,5 mm² Cu oder 16 mm² Al bei mechanischem Schutz
- 4 mm² oder 16 mm² Al ohne Schutz

Zuordnung der Querschnitte von Schutzleitern zu den Querschnitten der Außenleitern bei gleichem Material

Außenleiterquerschnitt	Schutzleiterquerschnitt
Bis 16 mm²	Wie Außenleiterquerschnitt
Über 16 mm² bis 35 mm²	16 mm²
Über 35 mm²	Halb so groß wie Außenleiterquerschnitt

Schutzpotenzialausgleich — DIN VDE 0100-410, DIN VDE 0100-540

Schutzpotenzialausgleich über die Haupterdungsschiene

Schaltung

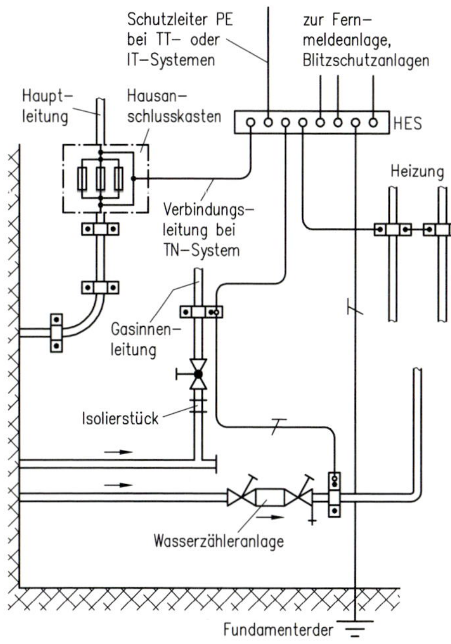

Prinzip und Bedingungen

An zentraler Stelle eines Gebäudeanschlusses werden zur Verminderung möglicher Berührungsspannungen bei Isolationsfehlern folgende leitfähige Teile miteinander verbunden:

- Erdungsleiter (vom Erder kommende Leitung)
- Metallene Rohrleitungen, die in Gebäude eingeführt sind, wie Wasser- und Gasrohre (Wasserverbrauchsleitungen und Gasinnenleitungen nach der Hauseinführung in Fließrichtung hinter der ersten Absperrarmatur)
- Leitfähige berührbare Teile der Gebäudekonstruktion
- Metallene berührbare und zuverlässig untereinander verbundene Verstärkungen von Gebäudekonstruktionen aus bewehrtem Beton
- Metallene Zentralheizungs- und Klimaanlagen
- Metallische Umhüllungen von Fernmeldeleitungen mit Zustimmung des Betreibers

Bedingung für den Querschnitt

Der Querschnitt des Schutzpotenzialausgleichsleiters für die Verbindung mit der Haupterdungsschiene muss mindestens

- 6 mm^2 Kupfer oder
- 16 mm^2 Aluminium oder
- 50 mm^2 Stahl betragen

Anwendung

In jedem Gebäude

Zusätzlicher Schutzpotenzialausgleich

Schaltung

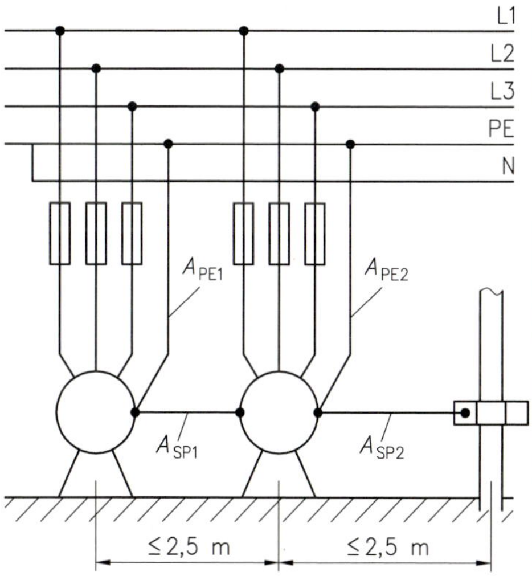

A_{PE} Schutzleiterquerschnitt

A_{SP} Schutzpotenzialausgleichsleiterquerschnitt

$A_{PE1} > A_{PE2} \Rightarrow A_{SP1} = A_{PE2}$ $\quad A_{SP2} = \frac{A_{PE2}}{2}$

Prinzip und Bedingungen

Alle gleichzeitig berührbaren Körper ortsfester Betriebsmittel, Schutzleiteranschlüsse und, soweit möglich, die Bewehrung der Stahlbetonkonstruktion des Gebäudes werden zur Vermeidung von Berührungsspannungen miteinander verbunden.

Bedingung für den Querschnitt

Der Schutzpotenzialausgleichsleiter

- zwischen zwei Körpern elektrischer Betriebsmittel darf die Leitfähigkeit des kleineren Schutzleiters der Körper nicht unterschreiten.
- zwischen einem Körper eines elektrischen Betriebsmittels und fremden leitfähigen Teilen darf die halbe Leitfähigkeit des Schutzleiters des Körpers nicht unterschreiten.

Außerdem muss er mindestens

- bei Schutz gegen mechanische Beschädigung 2,5 mm^2 Cu oder 16 mm^2 Al betragen.
- ohne Schutz gegen mechanische Beschädigung 4 mm^2 Cu oder 16 mm^2 Al betragen.

Anwendung

- Wenn die Bedingungen für das Abschalten als Schutz gegen elektrischen Schlag unter Fehlerbedingungen nicht eingehalten werden können
- Bei besonderer Gefährdung aufgrund der Umgebungsbedingungen

Schutzmaßnahmen: Schutz gegen elektrischen Schlag — DIN VDE 0100-410

Beim Schutz gegen elektrischen Schlag (auch Schutz gegen gefährliche Körperströme) unterscheidet man zwischen dem Basisschutz (auch Schutz gegen direktes Berühren) und dem Fehlerschutz (auch Schutz bei indirektem Berühren). Eine Schutzmaßnahme muss aus einer Kombination von zwei unabhängigen Schutzvorkehrungen bestehen, z. B. einer Basisschutz- und einer Fehlerschutzvorkehrung.

Schutzvorkehrung für den Basisschutz	Schutzvorkehrung für den Fehlerschutz	Zusätzlicher Schutz
Das direkte Berühren unter Spannung stehender Teile wird in der Regel durch Isolierungen oder Abdeckungen oder Umhüllungen verhindert.	Beim Versagen des Basisschutzes im Fehlerfall wird das Berühren unter Spannung stehender Teile z. B. durch Abschaltung verhindert.	Beim Versagen der anderen Schutzvorkehrungen oder bei fahrlässigem Handeln schützt eine zusätzliche Einrichtung (z. B. ein RCD) vor einem elektrischen Schlag.

Allgemein zulässige Schutzmaßnahmen

- Schutz durch automatisches Abschalten der Stromversorgung (s. S. 177 bis 180)
- Schutz durch doppelte oder verstärkte Isolierung (s. S. 180)
- Schutz durch Schutztrennung für die Versorgung eines Verbrauchsmittels (s. S. 181)
- Schutz durch Kleinspannung mittels SELV oder PELV (s. S. 181)

Basisschutz

Schutz durch Basisisolierung aktiver Teile und durch Abdeckungen oder Umhüllungen

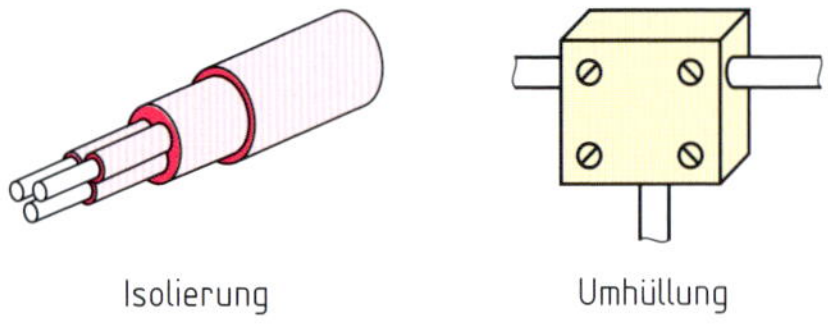

- Die Isolierung muss die aktiven Teile vollständig umgeben und darf nur durch Zerstörung entfernt werden können.
- Abdeckungen oder Umhüllungen müssen mindestens Schutzart IP2X erfüllen, leicht zugängliche horizontale Oberflächen von Abdeckungen oder Umhüllungen mindestens die Schutzart IP4X.
- Abdeckungen oder Umhüllungen müssen stabil und nur mittels Werkzeug entfernbar sein.

Schutzmaßnahme: Automatische Abschaltung der Stromversorgung

Bedingungen für alle Netzsysteme

- Der Basisschutz (s. o.) muss im gesamten System durch eine Basisisolierung der aktiven Teile oder durch Abdeckungen oder Umhüllungen vorgesehen sein.
- Zum Fehlerschutz muss der Schutzpotenzialausgleich über die Haupterdungsschiene (s. S. 175) und das automatische Abschalten im Fehlerfall (s. nächste Seiten) vorgesehen sein.
- Für jeden Stromkreis muss ein Schutzleiter vorhanden sein, der über eine dem Stromkreis zugeordneten Anschluss geerdet ist. Als Ausnahme ist dieser Schutzleiter nicht erforderlich, wenn der „Schutz durch doppelte oder verstärkte Isolierung" (s. S. 180) als alleinige Schutzmaßnahme angewendet wird.
- Alle Körper müssen mit dem Schutzleiter verbunden werden, wobei gleichzeitig berührbare Körper an demselben Erdungssystem anzuschließen sind.
- Für Steckdosen mit Bemessungsströmen bis 20 A, die zur allgemeinen Verwendung bestimmt sind, ist ein zusätzlicher Schutz durch Fehlerstrom-Schutzeinrichtungen (RCDs) mit Bemessungsdifferenzströmen von höchstens 30 mA vorzusehen. Ausnahmen dürfen gemacht werden bei:
  - Steckdosen, die für den Anschluss nur besonderer Betriebsmittel bestimmt sind
  - Steckdosen, die von Elektrofachkräften überwacht werden
- Für Endstromkreise im Außenbereich mit Bemessungsströmen bis 32 A, die für ortsveränderliche Betriebsmittel im Freien verwendet werden, ist ebenfalls ein zusätzlicher Schutz durch Fehlerstrom-Schutzeinrichtungen (RCDs) mit Bemessungsdifferenzströmen von höchstens 30 mA vorzusehen.

Schutzmaßnahme: Automatische Abschaltung der Stromversorgung (Fortsetzung)

Schutzmaßnahmen im TN-System

Schaltungen

Schutz durch Überstrom-Schutzeinrichtung

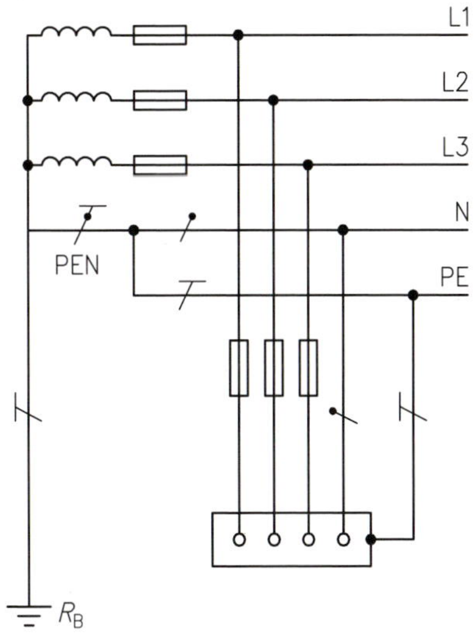

Schutz durch Fehlerstrom-Schutzeinrichtung

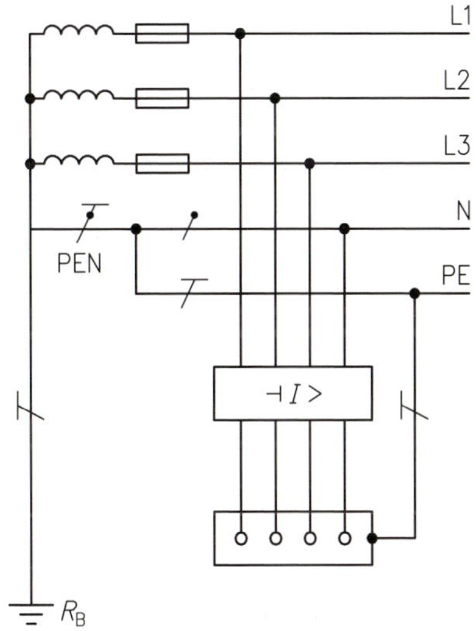

Prinzip

Ein Fehlerstrom führt zur Abschaltung durch eine Überstrom-Schutzeinrichtung oder beim Einsatz eines RCDs zur Abschaltung durch die Fehlerstrom-Schutzeinrichtung.

Bedingung für das Abschalten

Die Kennwerte der Schutzeinrichtungen und die Leiterquerschnitte sind so auszuwählen, dass die Abschaltung innerhalb der festgelegten Zeit erfolgt. Dies ist der Fall, wenn gilt:

$$Z_s \leq \frac{U_0}{I_a}$$

Z_S Scheinwiderstand (Impedanz) der Fehlerschleife in Ω
U_0 Nennspannung gegen Erde in V
I_a Strom, der das automatische Abschalten innerhalb der festgelegten Zeit bewirkt, in A

Die festgelegte Abschaltzeiten betragen für Endstromkreise bis 32 A

	AC	DC
120 V < U_0 ≤ 230 V	**0,4 s**	5 s
230 V < U_0 ≤ 400 V	0,2 s	0,4 s
U_0 > 400 V	0,1 s	0,1 s

Bei Endstromkreisen über 32 A und Verteilungsstromkreisen gilt für die Nennwechselspannung (AC) U_0 = 230 V eine Abschaltzeit von **5 s**.

Werden als Überstrom-Schutzeinrichtungen Leitungsschutzschalter mit dem Bemessungsstrom (Nennstrom) I_n verwendet, dann ist die Abschaltzeit < 0,1 s, wenn folgende Ströme fließen:

- Bei Typ B $I_a = 5 \cdot I_n$
- Bei Typ C $I_a = 10 \cdot I_n$

Beim Einsatz einer Fehlerstrom-Schutzeinrichtung (RCD) ist I_a der Bemessungsdifferenzstrom (Nennfehlerstrom) $I_{\Delta n}$, wobei alle Abschaltzeiten eingehalten werden.

Bedingung zum Schutz bei Erdschluss

Zur Begrenzung der Spannung bei einem Erdschluss soll der Gesamtwiderstand aller Betriebserder R_B möglichst niedrig sein. Für R_B gilt:

$$\frac{R_B}{R_E} \leq \frac{50\ \text{V}}{U_0 - 50\ \text{V}}$$

R_B Gesamterdungswiderstand aller Erder in Ω
R_E kleinster Erdübergangswiderstand eines nicht mit einem Schutzleiter verbundenen Teils, über dem ein Erdschluss entstehen kann, in Ω
U_0 Nennspannung gegen Erde in V

Anwendung

Häufig verwendete Maßnahme in geerdeten Netzen

Schutzmaßnahme: Automatische Abschaltung der Stromversorgung (Fortsetzung)

TT-System

Schaltungen

Schutz durch Überstrom-Schutzeinrichtung

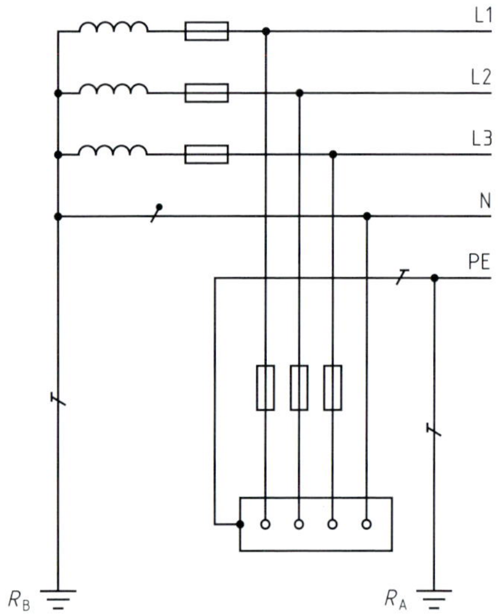

Schutz durch Fehlerstrom-Schutzeinrichtung

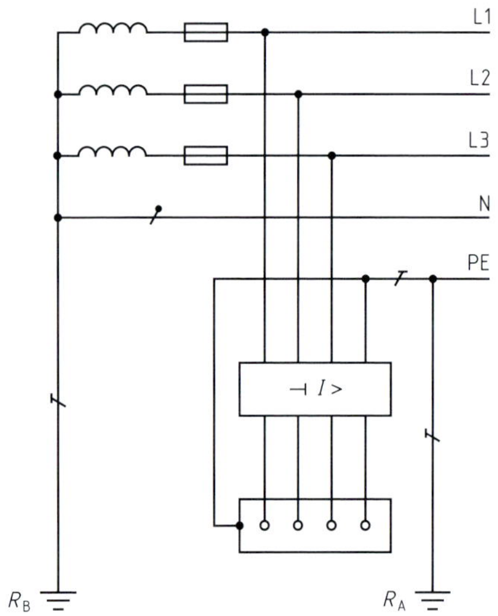

Prinzip

Ein Fehlerstrom führt zur Abschaltung durch eine Überstrom-Schutzeinrichtung oder beim Einsatz eines RCDs zur Abschaltung durch die Fehlerstrom-Schutzeinrichtung.

Bedingung für das Abschalten

Die Kennwerte der Schutzeinrichtungen und die Leiterquerschnitte sind so auszuwählen, dass die Abschaltung innerhalb der festgelegten Zeit erfolgt. Dieses ist der Fall, wenn gilt:

Bei Fehlerstrom-Schutzeinrichtungen (RCD)	Bei Überstrom-Schutzeinrichtungen
$R_A \leq \frac{50\ \text{V}}{I_{\Delta n}}$	$Z_S \leq \frac{U_0}{I_a}$

R_A Widerstand des Anlagenerders und des Schutzleiters der Körper in Ω

$I_{\Delta n}$ Bemessungsdifferenzstrom (Nennfehlerstrom) des RCDs in A

Z_S Scheinwiderstand (Impedanz) der Fehlerschleife in Ω

U_0 Nennspannung gegen Erde in V

I_a Strom, der das automatische Abschalten innerhalb der festgelegten Zeit bewirkt, in A (Werte für LS-Schalter wie im TN-System, s. S. 177

Die festgelegten Abschaltzeiten betragen für Endstromkreise bis 32 A

	AC	DC
120 V < U_0 ≤ 230 V	**0,2 s**	0,4 s
230 V < U_0 ≤ 400 V	0,07 s	0,2 s
U_0 > 400 V	0,04 s	0,1 s

Bei Endstromkreisen über 32 A und Verteilungsstromkreisen gilt für die Nennwechselspannung (AC) U_0 = 230 V eine Abschaltzeit von **1 s**.

Beim Einsatz von Fehlerstrom-Schutzeinrichtungen (RCDs) werden alle Abschaltzeiten eingehalten, wenn die Abschaltbedingung erfüllt ist. Zur Erreichung von Selektivität können zeitverzögerte Fehlerstrom-Schutzeinrichtungen (z. B. mit der Kennzeichnung „S“) in Reihe mit Fehlerstromschutzeinrichtungen der allgemeinen Bauart geschaltet werden. Bei Fehlerstrom-Schutzeinrichtungen mit der Kennzeichnung „S“ wird zur Überprüfung der Abschaltbedingung für den Bemessungsdifferenzstrom 2 × $I_{\Delta n}$ eingesetzt.

Anwendung

Die Verwendung von Überstrom-Schutzeinrichtungen im TT-Netz ist problematisch, da der Erdungswiderstand sehr gering sein muss, was in der Praxis häufig nicht realisiert werden kann. Die übliche Schutzeinrichtung im TT-Netz ist die Fehlerstrom-Schutzeinrichtung (RCD).

Schutzmaßnahme: Automatische Abschaltung der Stromversorgung (Fortsetzung)

Schutzmaßnahmen im IT-System

Schaltungen

Schutz durch Überstrom-Schutzeinrichtung

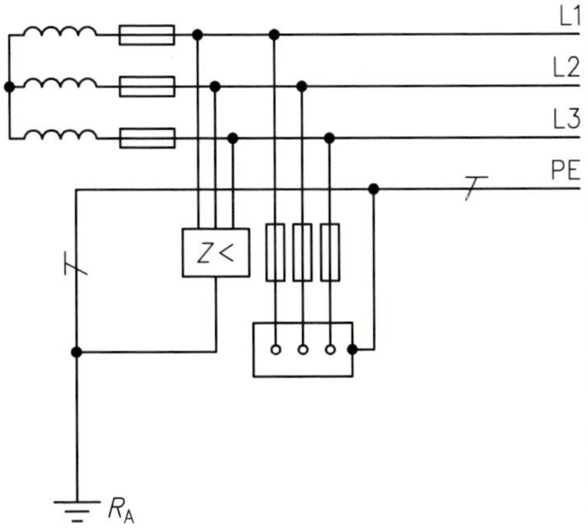

Schutz durch Fehlerstrom-Schutzeinrichtung

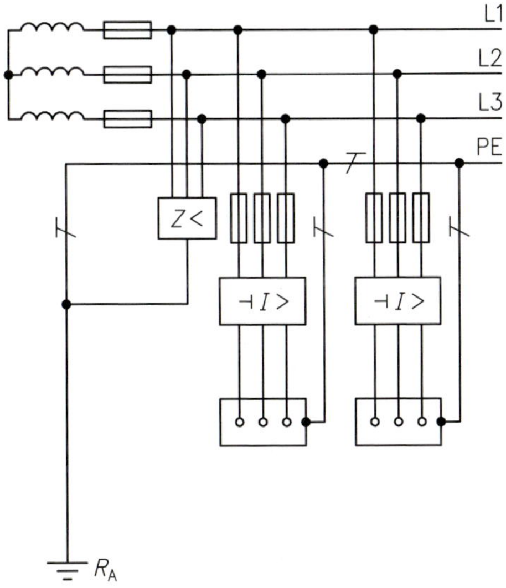

Prinzip

Alle aktiven Leiter sind gegen Erde isoliert oder über einen ausreichend hohen Widerstand geerdet, so dass bei einem einzigen Körper- oder Erdschluss keine gefährliche Berührungsspannung auftritt. Entsteht durch einen zweiten Fehler eine gefährliche Berührungsspannung, dann erfolgt eine Abschaltung wie im TN- oder TT-System.

Bedingungen

- Folgende Bedingung muss erfüllt sein

Bei Wechselspannung	Bei Gleichspannung
$R_A \cdot I_d \leq 50$ V	$R_A \cdot I_d \leq 120$ V

R_A Widerstand des Erders und des Schutzleiters zum Körper in Ω

I_d Fehlerstrom im Falle des ersten Fehlers in A. Der Strom berücksichtigt die Ableitströme und den Gesamtwiderstand der elektrischen Anlage gegen Erde und ist normalerweise sehr gering.

- Die Körper müssen einzeln, gruppenweise oder in ihrer Gesamtheit geerdet werden.
- Es ist eine Isolationsüberwachung (IMD) vorzusehen, mit der der erste Fehler durch ein akustisches und/oder optisches Signal gemeldet wird.
- Sind die Körper in Gruppen oder einzeln geerdet, dann gelten beim Auftreten eines zweiten Fehlers die Bedingungen des TT-Systems, bei gemeinsamer Erdung die des TN-Systems, wobei bei Verwendung eines verteilten Neu-tralleiters der doppelte Wert für I_a in die Abschaltbedingung einzusetzen ist.
- Als Schutzeinrichtungen können Überstrom-Schutzeinrichtungen oder Fehlerstrom-Schutzeinrichtungen (RCDs) verwendet werden.
- Werden Fehlerstrom-Schutzeinrichtungen (RCDs) verwendet, ist eine Abschaltung bei zwei auftretenden Fehlern nur sicher, wenn für jeden Verbraucher ein eigener RCD eingesetzt wird.
- Außerdem kann beim Einsatz eines RCDs schon beim ersten Fehler durch kapazitive Ströme eine Abschaltung erfolgen.

Anwendung

Die Schutzmaßnahme wird dann eingesetzt, wenn bei einem auftretenden Fehler in der Anlage keine Abschaltung der elektrischen Energieversorgung erfolgen darf. Dieses kann z. B. bei bestimmten Produktionsprozessen in Industrieanlagen oder in Operationsräumen in Krankenhäusern der Fall sein. Durch die Isolationsüberwachungseinrichtung wird der erste Fehler gemeldet. Er sollte möglichst schnell beseitigt werden, damit keine Abschaltung durch einen zweiten Fehler erfolgt.

Für die Abschaltung beim zweiten Fehler kommen aus oben beschriebenen Gründen vorwiegend Überstrom-Schutzeinrichtungen und keine RCDs zur Anwendung.

Betriebs- und Arbeitswelt
Technische Kommunikation
Energieversorgung
Gebäudetechnik
Kommunikationstechnik
Automatisierungstechnik
Antriebstechnik
Bauelemente und -gruppen
Techn. Größen und Formeln

Schutzmaßnahme: Automatische Abschaltung der Stromversorgung (Fortsetzung)

FELV

Schaltung

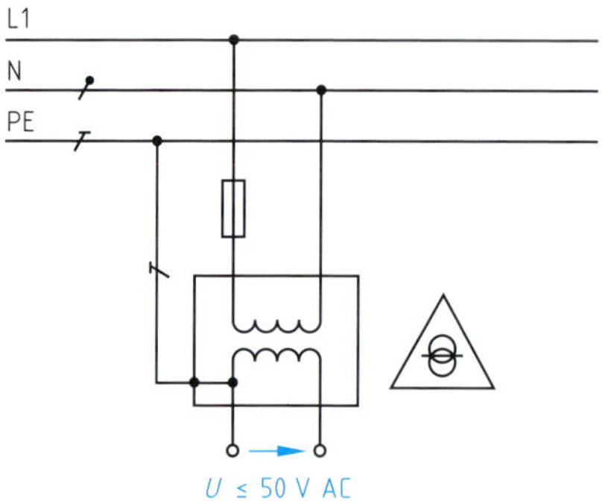

Für die Leitungsverlegung für FELV-Stromkreise gelten die gleichen Bedingungen wie für SELV und PELV-Stromkreise (s. S. 181)

Prinzip

FELV (Funktional Extra Low Voltage) verwendet Wechselspannungen bis 50 V oder Gleichspannungen bis 120 V. Die zur Erzeugung der Spannungen verwendete Quelle (z. B. ein Transformator) ist eingebunden in ein geschütztes TN-, TT-oder IT-System, was im Fehlerfall abschaltet.

Bedingungen

- Als Stromquelle genügt ein Transformator mit einfacher Trennung (Basisisolierung).
- Der Basischutz muss der Nennspannung des Primärstromkreises entsprechen.
- Die Körper der FELV-Stromkreise müssen mit dem Schutzleiter des Primärstromkreises verbunden werden.
- Die Steckvorrichtungen dürfen nicht zu denen anderer Spannungssysteme passen.

Anwendung

FELV wird verwendet, wo die Anforderungen von SELV und PELV nicht erfüllt werden. Mittlerweile nur noch von geringer Bedeutung, da z. B. auch bei Steuerstromkreisen vorwiegend PELV zum Einsatz kommt.

Schutzmaßnahme: Doppelte oder verstärkte Isolierung

Prinzipieller Aufbau

Vollisolierung bei einem Verteilerkasten

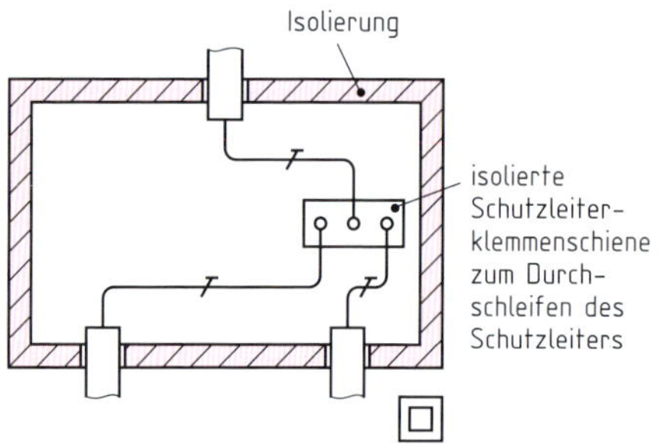

Zwischenisolierung bei einer Bohrmaschine

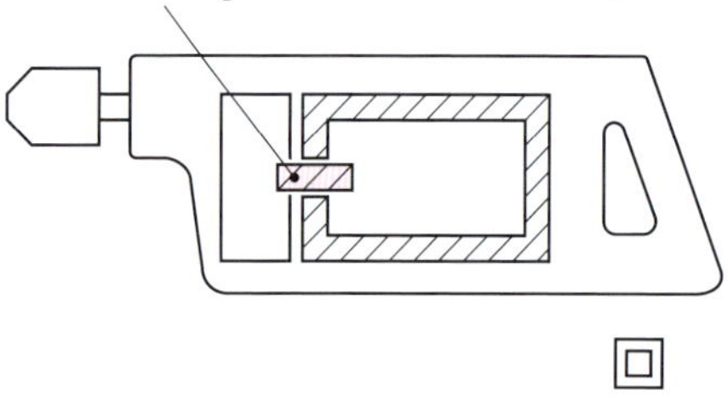

Prinzip

Durch eine zusätzliche oder verstärkte Isolierung zur Basisisolierung wird vermieden, dass infolge eines Fehlers in der Basisisolierung eine gefährliche Spannung an berührbaren Teilen auftritt.

Bedingungen

- Als alleiniger Schutz ist diese Schutzmaßnahme nur zulässig, wenn die Anlage überwacht wird und keine Steckdosen vorhanden sind.
- Alle leitfähigen Teile mit Basisisolierung müssen von einer isolierenden Umhüllung mindestens in Schutzart IP 2X umschlossen sein.
- Typgeprüfte Betriebsmittel mit dieser Schutzmaßnahme (Betriebsmittel der Schutzklasse II) haben als Kennzeichen ein Doppelquadrat.
- Leitfähige Teile innerhalb der Umhüllung dürfen nicht an einen Schutzleiter angeschlossen werden, Schutzleiteranschlüsse zum Durchschleifen sind zulässig.
- Enthält die Anschlussleitung eines Betriebsmittels einen Schutzleiter, dann muss er im Stecker angeschlossen werden, im Betriebsmittel nicht.
- Betriebsmittel mit Basisisolierung, die beim Errichten einer elektrischen Anlage eine zusätzliche Isolierung erhalten, werden an sichtbarer Stelle außen und innen mit  gekennzeichnet.

Anwendung

Häufig verwendete Maßnahme bei fabrikfertigen Geräten und Betriebsmitteln, wie z. B. Haushaltsgeräten, Werkzeugen, Installationsmaterial usw.

Schutzmaßnahme: Schutztrennung für die Versorgung eines Verbrauchsmittels

Schaltung

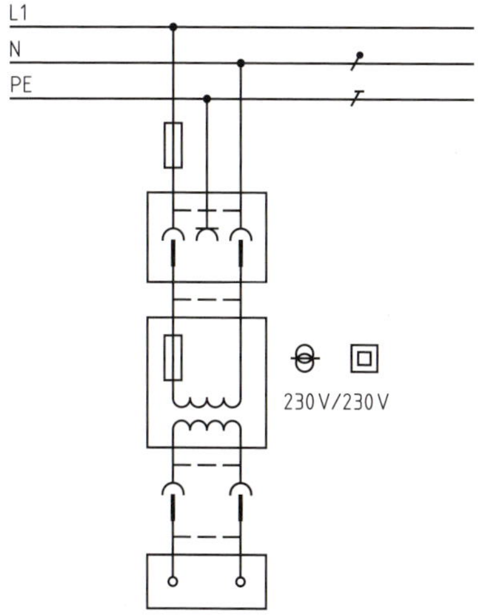

Prinzip

Ein Verbrauchsmittel wird z. B. durch einen Transformator galvanisch vom Netz getrennt, sodass durch das erdfreie Netz bei einem Körperschluss keine gefährliche Berührungsspannung entsteht.

Bedingungen

- Es muss immer ein Basisschutz an Betriebs- und Verbrauchsmitteln gegeben sein.
- Der Stromkreis muss von einer Quelle mit mindestens einfacher Trennung versorgt werden.
- Die Spannung eines Stromkreises mit Schutztrennung darf 500 V nicht überschreiten.
- Aktive Teile des Ausgangsstromkreises dürfen weder geerdet noch mit dem Schutzleiter verbunden werden und müssen von anderen Stromkreisen sicher getrennt sein.
- Körper dürfen weder mit Schutzleitern noch mit Körpern anderer Stromkreise verbunden sein.

Anwendung

Der Schutz ist bei elektrischen Handgeräten und Werkzeugen erforderlich, die in beengten Räumen mit leitfähigen Wänden wie z. B. Kessel, Großbehälter, Montagegerüste usw. eingesetzt werden. Außerdem ist er auch bei Handgeräten, die unmittelbar mit Wasser in Verbindung stehen, wie z. B. Handschleifmaschinen, vorgeschrieben.

Schutzmaßnahme: Schutz durch Kleinspannung mittels SELV und PELV

Schaltungen

SELV

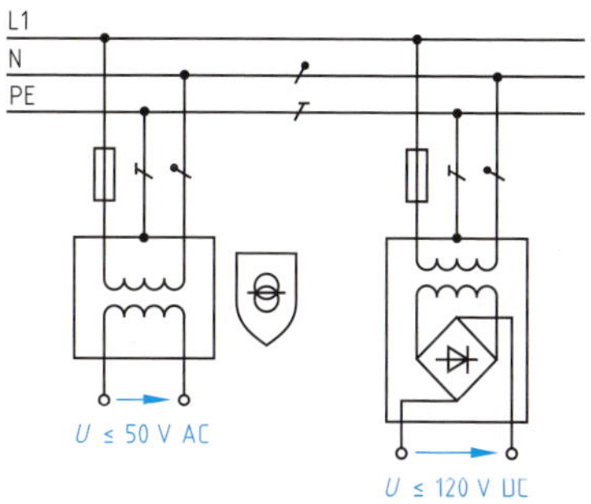

PELV

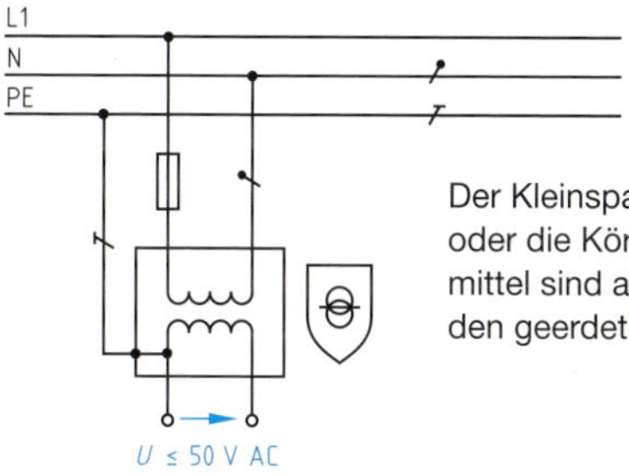

Der Kleinspannungs-Stromkreis oder die Körper der Betriebsmittel sind aus Funktionsgründen geerdet.

Prinzip

Beim Schutz durch SELV (Safety Extra Low Voltage) und PELV (Protective Extra Low Voltage) werden Nennspannungen verwendet, die 50 V Wechsel- bzw. 120 V Gleichspannung nicht überschreiten.

Bedingungen

- Stromquellen müssen sein: Sicherheitstransformatoren nach EN 61558-2-6, Stromquellen mit gleichem Sicherheitsgrad, elektrochemische Stromquellen oder elektronische Geräte, die sicherstellen, dass die zulässigen Spannungen nicht überschritten werden.
- Die Steckvorrichtungen dürfen nicht zu denen anderer Spannungssysteme passen.
- Sichere Trennung zu anderen Stromkreisen, Basisisolierung zwischen SELV und PELV.
- SELV-Stromkreise dürfen nicht mit der Erde verbunden werden, die Stecker und Steckdosen dürfen keinen Schutzkontakt haben.
- PELV-Stromkreise dürfen geerdet sein, Stecker und Steckdosen dürfen Schutzkontakte haben.

Anwendung

SELV bei besonders gefahrenträchtigen Umgebungsbedingungen sowie in Fällen, bei denen ein Höchstmaß an Sicherheit gewährleistet sein soll, wie z. B. bei Kinderspielzeug. PELV, wenn aus Funktionsgründen eine Erdung bzw. Verbindung zum Schutzleiter erforderlich ist, wie z. B. bei Steuerstromkreisen

Schutzmaßnahme: Zusätzlicher Schutz

Zusätzlicher Schutz durch RCDs (Fehlerstrom-Schutzeinrichtungen)

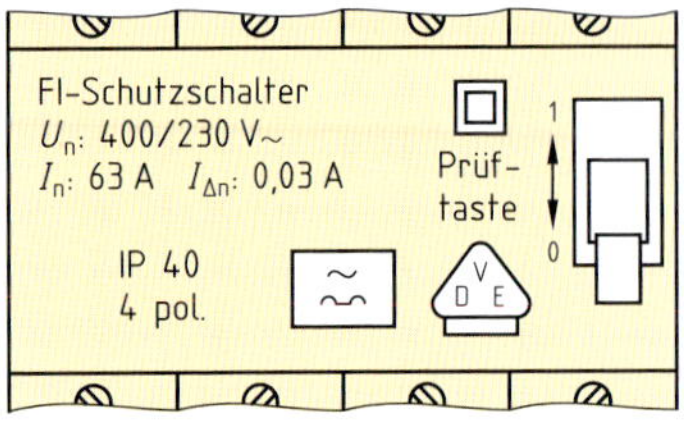

- RCDs (Fehlerstrom-Schutzeinrichtungen) mit einem Bemessungsdifferenzstrom (Nennfehlerstrom) von $I_{\Delta n} \leq 30$ mA ermöglichen einen zusätzlichen Schutz beim direkten Berühren aktiver Teile.
- Die Verwendung als alleiniger Schutz ist nicht zulässig, der Schutz ist daher nur als Ergänzung von Schutzmaßnahmen gegen elektrischen Schlag unter normalen Bedingungen anzusehen.

Zusätzlicher Schutz durch zusätzlichen Schutzpotenzialausgleich (s. S. 175)

Alle gleichzeitig berührbaren Körper ortsfester Betriebsmittel und alle fremden leitfähigen Teile werden über einen Schutzleiter in die Schutzpotenzialanlage einbezogen. Anwendung bei nicht erfüllten Abschaltzeiten oder bei besonderer Gefährdung aufgrund der Umgebungsbedingungen

Schutzmaßnahme: Schutz in überwachten Räumen

Die folgenden Schutzvorkehrungen gelten nur in Räumen oder Bereichen, wo Anlagen unter der Aufsicht von Elektrofachkräften oder elektrisch unterwiesenen Personen stehen, z. B. in abgeschlossenen elektrischen Betriebsstätten.

Hindernisse und Anordnung außerhalb des Handbereichs

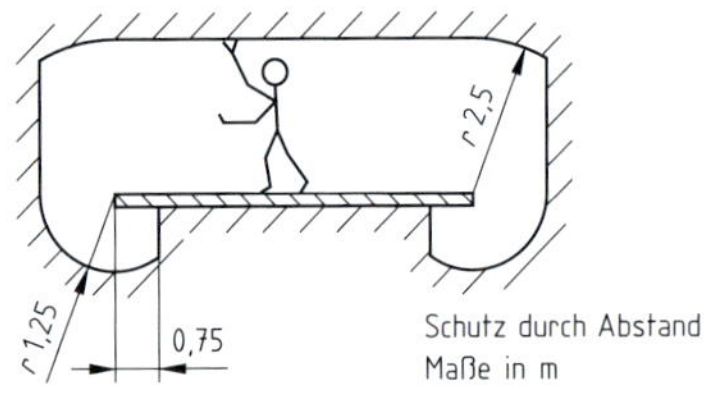

Schutz durch Anordnung außerhalb des Handbereichs, Maße in m

- Hindernisse wie z. B. Schranken, Geländer, Gitterwände müssen die zufällige Annäherung an aktive Teile verhindern. Die Hindernisse dürfen ohne Werkzeug abnehmbar sein, müssen jedoch so befestigt sein, dass ein unbeabsichtigtes Entfernen nicht möglich ist.
- Beim Schutz durch Anordnung außerhalb des Handbereichs dürfen sich im Handbereich keine gleichzeitig berührbaren Teile unterschiedlichen Potenzials befinden.

Schutz durch nicht leitende Umgebung

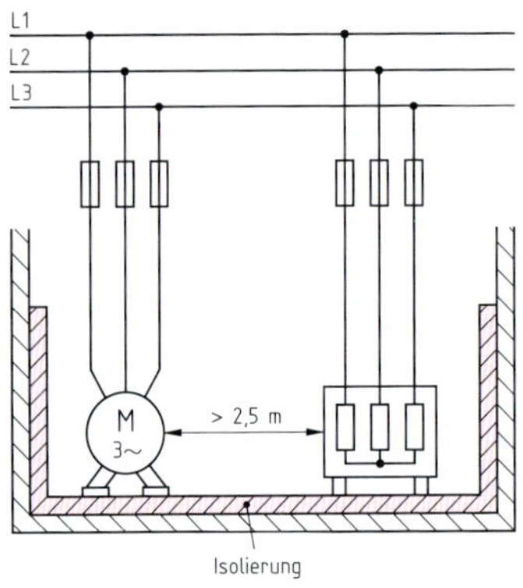

- Durch die Anordnung der Betriebsmittel in großem Abstand voneinander und zu fremden leitfähigen Teilen kann eine Person auch im Fehlerfall nur ein potenzialbehaftetes Teil berühren.
- Es muss ausgeschlossen sein, dass Personen gleichzeitig zwei Körper bzw. einen Körper und ein fremdes leitfähiges Teil berühren.
- Es darf kein Schutzleiter vorhanden sein.
- Der Widerstand isolierender Fußböden und Wände darf folgende Werte nicht unterschreiten:
  50 kΩ bei einer Nennspannung bis 500 V Wechselspannung,
  100 kΩ bei höheren Spannungen.

Schutztrennung mit mehr als einem Verbrauchsmittel

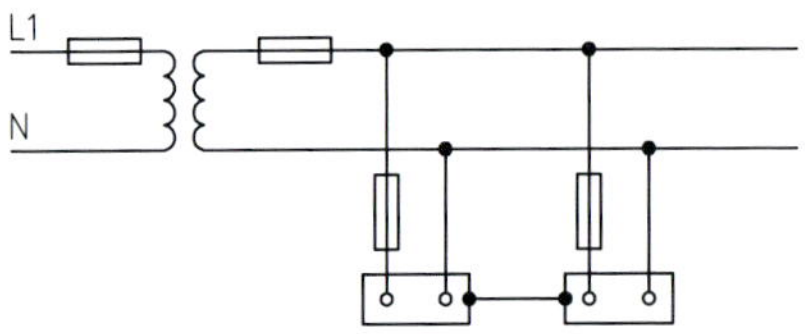

- Alle Körper der Verbrauchsmittel des getrennten Stromkreises hinter dem Transformator müssen mit einem ungeerdeten isolierten Schutzpotenzialausgleichsleiter untereinander verbunden werden.
- Bei einem zweiten Fehler an verschiedenen aktiven Leitern muss eine Abschaltung des Stromkreises erfolgen.

Räume mit Badewanne oder Dusche — DIN VDE 0100-701

Bereichseinteilung

Räume mit Badewanne

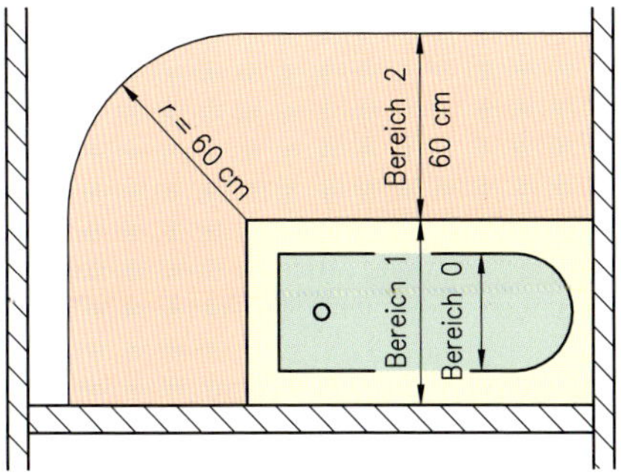

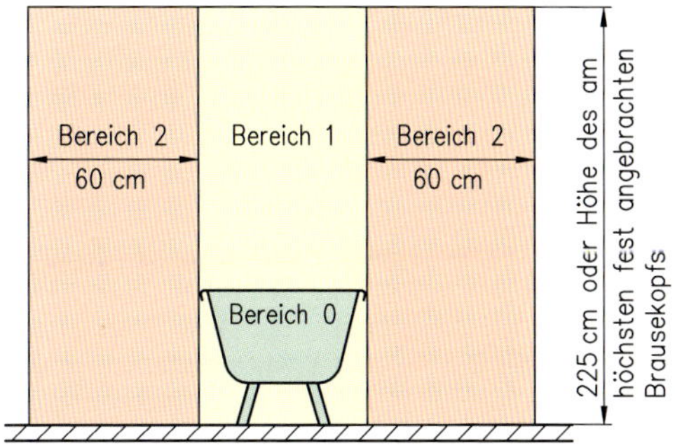

Räume mit Duschwanne

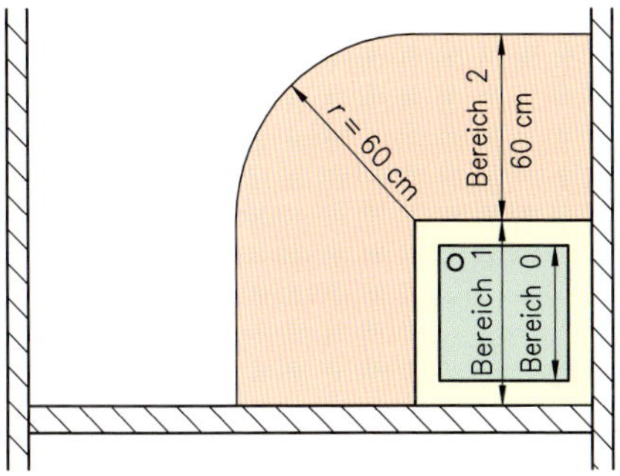

Räume mit Duschwanne und fester Trennwand

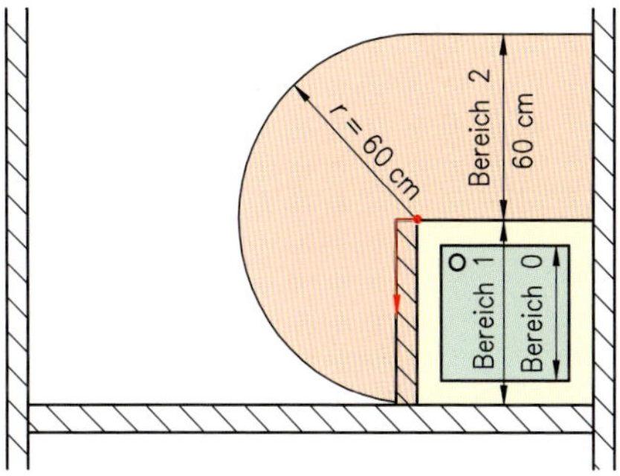

Räume mit Dusche

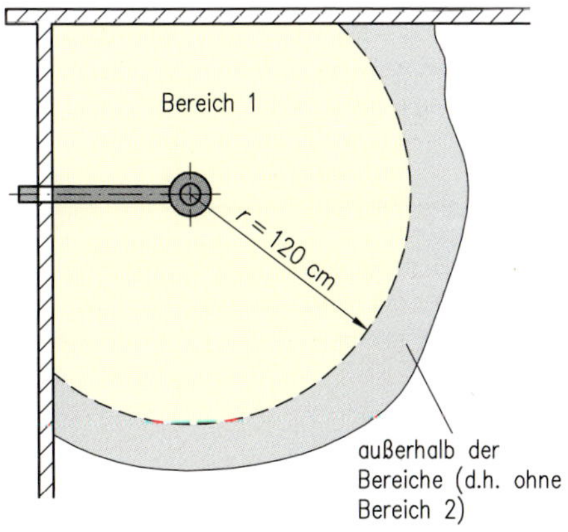

Räume mit Dusche und fester Trennwand

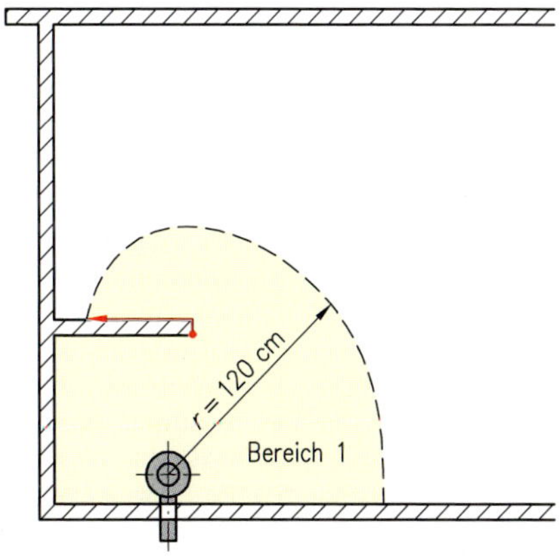

Räume mit Badewanne oder Dusche (Fortsetzung)

Bereich	Bedingungen	IP-Schutzart für Betriebsmittel
0 Inneres der Bade- oder Duschwanne	• Es dürfen nur Verbrauchsmittel mit der Schutzmaßnahme SELV mit einer Nennspannung bis AC 12 V oder DC 30 V verwendet werden. Dabei muss sich die Stromquelle außerhalb der Bereiche 0 und 1 befinden. • Es dürfen keine Installationsgeräte errichtet werden. • Es dürfen nur Betriebsmittel eingesetzt werden, die ausdrücklich zur Verwendung in Badewannen erlaubt sind.	Mindestens IP X7
1 Senkrecht begrenzt durch die senkrechte Fläche um die Bade- oder Duschwanne. Falls keine Duschwanne vorhanden ist, durch die senkrechte Fläche in 1,2 m Abstand vom Mittelpunkt der festen Wasseraustrittstelle (Brausekopf); waagerecht begrenzt durch den Fußboden und die waagerechte Fläche 2,25 m über dem Fußboden, oder falls höher, die Höhe des höchsten fest angebrachten Wasserauslasses (z. B. Brausekopf) Bereich unter Bade- oder Duschwannen	• Außer den Verbrauchsmitteln unter Bereich 0 sind ortsfeste Wassererwärmer, Whirlpooleinrichtungen, Handtuchtrockner und Abwasserpumpen zulässig. • Als Installationsgeräte sind Verbindungs- und Abzweigdosen, die zur Versorgung der zugelassenen Verbrauchsmittel dienen, zulässig. Außerdem können auch Schalter und Steckdosen von SELV- oder PELV-Stromkreisen bis AC 25 V oder DC 60 V eingesetzt werden. Bei PELV-Stromkreisen müssen die Betriebsmittel Schutzklasse II entsprechen. • Es dürfen nur Leitungen zur Versorgung der zulässigen Betriebsmittel für diesen Raum verlegt werden. Sie müssen einen Schutzleiter enthalten, der mit dem Schutzleiter der Verbraucheranlage verbunden ist. Stegleitungen dürfen bis zu einer Tiefe von 6 cm, gemessen von der Wandoberfläche des Bades, nicht verlegt werden, zulässig sind z. B. NYY und NYM. • Bei Leitungen für Betriebsmittel außerhalb dieses Raumes muss die Wanddicke zwischen Wandoberfläche des Bade- und Duschraumes und der Leitung mindestens 6 cm betragen. Ist das nicht der Fall, dann dürfen Leitungen nur verlegt werden für: – SELV, PELV oder Schutztrennungsstromkreise – Stromkreise mit Fehlerstrom-Schutzeinrichtung (RCD) $I_{\Delta n} \leq 30$ mA	Mindestens IP X4 Beim Auftreten von Strahlwasser in jedem Fall mindestens IP X5
2 Senkrecht begrenzt durch die im Abstand von 0,6 m vom Bereich 1 senkrecht verlaufende Fläche; waagerecht wie Bereich 1	• Außer den Verbrauchsmitteln wie unter Bereich 1 sind alle Verbrauchsmittel mit der geforderten Schutzart zulässig. • Außer den Installationsgeräten unter Bereich 1 dürfen Installationsgeräte mit Schutz durch SELV oder PELV und Rasiersteckdosen-Einheiten (IP X4 nicht erforderlich) mit Trenntransformator installiert werden. Es dürfen keine Schutzkontaktsteckdosen 230 V installiert werden. • Für Leitungen gelten die Bedingungen wie unter Bereich 1.	Mindestens IP X4 Beim Auftreten von Strahlwasser in jedem Fall mindestens IP X5.
0 bis 2	Bei allen Betriebsmitteln (auch bei SELV und PELV) muss der Basisschutz vorhanden sein.	s. o.
Gesamter Raum	• Für alle Stromkreise mit folgenden Ausnahmen sind FI-Schutzeinrichtungen (RCDs) mit einem Bemessungsdifferenzstrom $I_{\Delta n} \leq 30$ mA vorzusehen. Dieses gilt nicht für: – Stromkreise mit Schutztrennung, die ein einzelnes Verbrauchsmittel versorgen – Stromkreise mit SELV oder PELV – Stromkreise, die nur Wassererwärmer versorgen • Es ist ein zusätzlicher Potenzialausgleich erforderlich, an den leitende Rohrleitungssysteme (z. B. Wasser, Heizung oder Gas) anzuschließen sind, wenn kein funktionsfähiger Schutzpotenzialausgleich im Gebäude vorhanden ist. Mindestquerschnitt des Potenzialausgleichsleiters 4 mm^2 Cu	Außerhalb der Bereiche ist normalerweise IP X2 ausreichend

Elektroinstallation in medizinisch genutzten Bereichen — DIN VDE 0100-710

Anwendungsbereich

Der Anwendungsbereich erstreckt sich auf elektrische Anlagen in medizinisch genutzten Bereichen. Die Anforderungen beziehen sich auf stationäre und ambulante Bereiche und medizinisch genutzte Räume in Arbeitsstätten. Sie sollen die Sicherheit für die Patienten und das Personal gewährleisten.

Bereichseinteilung

Gruppe	Erläuterung/Beispiel	Verwendete Geräte
0	Medizinisch genutzter Bereich, in dem die elektrische Anlage im Fehlerfall abgeschaltet werden darf, z. B. Massageraum	Es werden keine medizinischen elektrischen Geräte verwendet, die mit einem Patienten in Kontakt kommen.
1	Medizinisch genutzter Bereich, in dem die elektrische Anlage im Fehlerfall abgeschaltet werden darf, z. B. Bettenraum, Untersuchungsraum, Gipsraum	Es werden medizinische elektrische Geräte verwendet, die mit einem Patienten in Kontakt kommen.
2	Medizinisch genutzter Bereich, in dem die elektrische Anlage im ersten Fehlerfall und bei Netzausfall nicht abgeschaltet werden darf, z. B. Operationsraum, Anästhesieraum, Herzkatheterraum	Es werden medizinische elektrische Geräte für lebenswichtige Behandlungen, z. B. bei Operationen, eingesetzt.

Schutzmaßnahmen

Bereich	Zulässige Schutzmaßnahmen und besondere Bedingungen
Gruppe 1	• Endstromkreise für Steckdosen (bis 32 A) und Beleuchtung müssen mit Fehlerstrom-Schutzeinrichtungen (RCDs) mit $I_{\Delta n} \leq 30$ mA ausgeführt sein. • Außer TN- und TT-Systemen sind auch IT-Systeme mit Isolationsüberwachungseinrichtung zulässig.
Gruppe 2	• TT-Systeme sind unzulässig, TN- und IT-Systeme sind zulässig. • Im TN-System darf der Schutz durch Abschaltung nur bei Stromkreisen erfolgen, die keine lebenswichtigen Geräte und keine Operationsleuchten versorgen. • Für Stromkreise mit lebenswichtigen Geräten und Operationsleuchten ist ein IT-Netz mit Isolationsüberwachung vorzusehen. Dadurch erfolgt beim Auftreten eines Körperschlusses eine Meldung, jedoch keine Abschaltung. • Stromkreise für lebenswichtige oder sonstige wichtige elektromedizinische Geräte müssen beim Versorgungsausfall durch eine zusätzliche Sicherheitsstromversorgung (ZSV) innerhalb von 15 s für mindestens eine Stunde, bei Operationsleuchten innerhalb von 0,5 s für mindestens 3 Stunden versorgt werden. In der Regel wird diese Versorgung durch Akkumulatoren-Batterien realisiert.
Gruppe 1 und 2	• Beim Schutz durch Abschaltung darf die dauernd zulässige Berührungsspannung U_L 25 V nicht überschreiten. Andernfalls muss die Schutzeinrichtung die fehlerhafte Anlage innerhalb 0,04 s abschalten. • Bei Anwendung der Maßnahme Schutz durch Kleinspannung SELV oder PELV dürfen die Nennspannungen der Verbrauchsmittel 25 V AC oder 60 V DC nicht überschreiten. • Schutz durch Schutztrennung ist nur zulässig, wenn an jeder Stromquelle nur ein Verbrauchsmittel betrieben wird. • Es ist ein zusätzlicher Potenzialausgleich vorgeschrieben, bei dem der Schutzleiter, fremde leitfähige Teile und Abschirmungen gegen Störfelder mit einer Potenzialausgleichsschiene verbunden werden. • Beim Ausfall der normalen Stromversorgung muss eine Sicherheitsstromversorgung (SV) die Versorgung für eine Dauer von mindestens 24 Stunden übernehmen können. Die Betriebsdauer kann unter bestimmten Bedingungen und in Polikliniken und Ärztehäusern bis auf 3 Stunden verringert werden. In der Regel erfolgt die Versorgung durch Generatoren, die von Dieselmotoren angetrieben werden.

Elektroinstallation in medizinisch genutzten Bereichen (Fortsetzung)

Beispiel für die Stromversorgung mit zusätzlicher Sicherheitsstromversorgung von Operationsräumen

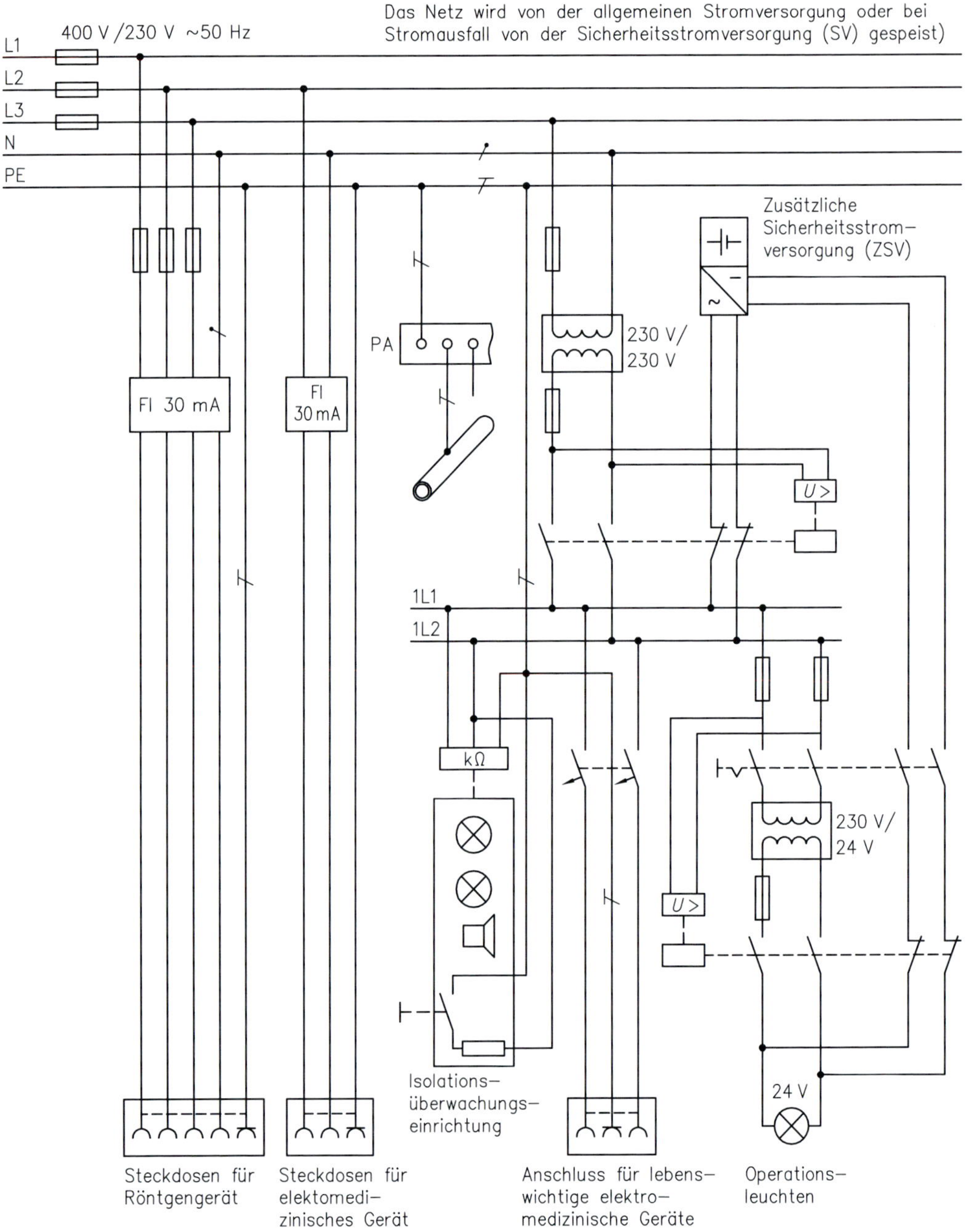

Stromversorgung auf Baustellen — DIN VDE 0100-704

Anwendungsbereich

Die Anforderungen beziehen sich auf zeitlich begrenzte elektrische Anlagen, z. B. für:

- Das Einrichten von Bauwerken
- Die Reparatur oder Erweiterung bzw. Änderung vorhandener Bauwerke
- Den Abbruch vorhandener Bauwerke
- Tiefbauarbeiten

Anmeldung

Der Anschluss des Baustoffverteilers an das Niederspannungsnetz bedarf entsprechend der Technischen Anschlussbedingungen (TAB) der Beurteilung und Zustimmung des zuständigen Verteilungsnetzbetreibers (VNB). Dieser ist in der Regel das Elektrizitätsversorgungsunternehmen (EVU) für diese Region. Die Anmeldung erfolgt durch einen Antrag in Form eines Vordruckes vom Verband der Elektrizitätswerke (VDEW), der von einem eingetragenen Elektroinstallateur gestellt wird.

Schutzmaßnahmen

- Steckdosenstromkreise mit einem Bemessungsstrom bis 32 A müssen durch folgende Maßnahmen geschützt sein:
  - Fehlerstrom-Schutzeinrichtungen (RCDs) mit einem Bemessungsdifferenzstrom $I_{\Delta n} \leq 30$ mA
  - Kleinspannung mittels SELV oder PELV
  - Schutztrennung mit je einem Trenntransformator für jede Steckdose oder jeden Verbraucher
- Steckdosenstromkreise mit einem Bemessungstrom über 32 A müssen durch Fehlerstrom-Schutzeinrichtungen (RCDs) mit einem Bemessungsdifferenzstrom $I_{\Delta n} \leq 500$ mA geschützt sein.

Elektrische Betriebsmittel

- Der Verteilerschrank muss mindestens Schutzart IP 43 entsprechen. In ihm sind vorzusehen:
  - Überstrom-Schutzeinrichtungen
  - Einrichtungen zum Schutz bei indirektem Berühren
- In jeder Verteilung müssen Betriebsmittel zum Schalten und Trennen vorgesehen werden.
- Schaltgeräte zum Trennen müssen in der Aus-Stellung z. B. durch Schließung gesichert werden können.
- Es müssen Einrichtungen vorhanden sein, die das Ausschalten im Notfall durch Unterbrechung aller aktiven Leiter bewirken.

Aufbau und Schaltung

Je nach Leistungsbedarf unterscheiden sich die Baustromverteiler in ihrer Ausstattung.

Ein Baustromverteiler für geringe Leistungen mit Zähler hat z. B. folgende Mindestausstattung:

- 1 Sicherungslasttrennschalter vor dem Zähler
- 1 Drehstromzähler
- 1 Lasttrennschalter hinter dem Zähler
- Sicherungen bzw. Leitungsschutzschalter für die Steckdosenstromkreise
- 1 FI-Schutzschalter $I_{\Delta n} \leq 30$ mA
- 1 CEE Steckdose Drehstrom 5/32 A
- 2 CEE Steckdose Drehstrom 5/16 A
- 3 Schutzkontaktsteckdosen 3/16 A

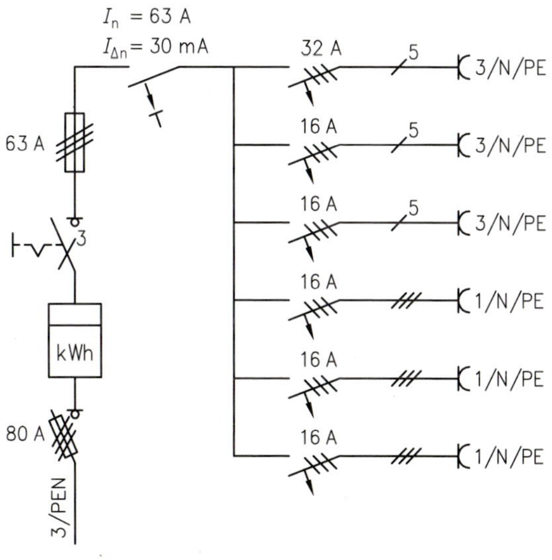

Landwirtschaftliche und gartenbauliche Anwesen — DIN VDE 0100-705

Anwendungsbereich

Als landwirtschaftliche und gartenbauliche Betriebsstätten gelten Räume oder Bereiche, in denen Nutztiere gehalten werden, Futtermittel, Düngemittel und landwirtschaftliche Erzeugnisse produziert und aufbereitet werden oder Pflanzen kultiviert werden. Dazu zählen z. B.:

- Ställe für Nutztiere, einschließlich deren Nebenräume wie z. B. Melkstände
- Scheunen, Lager- und Vorratsräume für Heu, Stroh, Futtermittel, Düngemittel, Getreide, Kartoffeln
- Futterräume, Stätten zum Schlachten und Produzieren von Gütern, Gewächshäuser

Schutzmaßnahmen

- Steckdosenstromkreise im TN-, TT- oder IT-Netz müssen durch Fehlerstrom-Schutzeinrichtungen (RCDs) mit einem Bemessungs-Differenzstrom (Nennfehlerstrom) $I_{\Delta n} \leq 30$ mA geschützt sein.
- In allen anderen Stromkreisen muss eine Fehlerstrom-Schutzeinrichtung (RCD) mit einem Bemessungs-Differenzstrom (Nennfehlerstrom) von $I_{\Delta n} \leq 300$ mA installiert werden. Ausnahmen sind Stromkreise für Verteilungen, die nicht durch feuergefährdete Betriebsstätten führen.
- In Räumen, die zur Haltung von Nutztieren vorgesehen sind, muss ein zusätzlicher Schutzpotenzialausgleich erstellt werden. Dazu müssen alle durch Tiere berührbaren Körper von elektrischen Betriebsmitteln und alle fremden leitfähigen Teile durch einen Schutzpotenzialausgleichsleiter (Querschnitt Cu mind. 4 mm^2, feuerverzinkter Bandstahl min. 30 mm × 3 mm, feuerverzinkter Rundstahl mind. 8 mm Durchmesser) verbunden werden. Außerdem sind Bewehrungen von Fußböden oder Wänden in den Schutzpotenzialausgleich einzubeziehen (Potenzialsteuerung).

Elektrische Betriebsmittel

- Bewegliche Leitungen müssen mindestens H07RN-F entsprechen.
- Elektrische Betriebsmittel für den normalen Gebrauch müssen mindestens der Schutzart IP 44 entsprechen, beim Auftreten von brennbaren Stäuben oder Fasern mindestens IP 5X und bei gleichzeitig auftretender Feuchtigkeit IP 54.
- Leuchten müssen mindestens mit der Schutzart IP 4X ausgestattet sein, sofern kein Staub auftritt. Beim Auftreten von Staub ist die Schutzart IP 5X und eine Einschränkung auf Leuchten mit begrenzter Oberflächentemperatur (Kennzeichen „D“, früher Doppel „F“) erforderlich.
- Heizstrahler müssen mindestens in einem Abstand von 0,5 m angebracht werden, sofern vom Hersteller kein größerer Abstand vorgegeben wird.

Schaltung

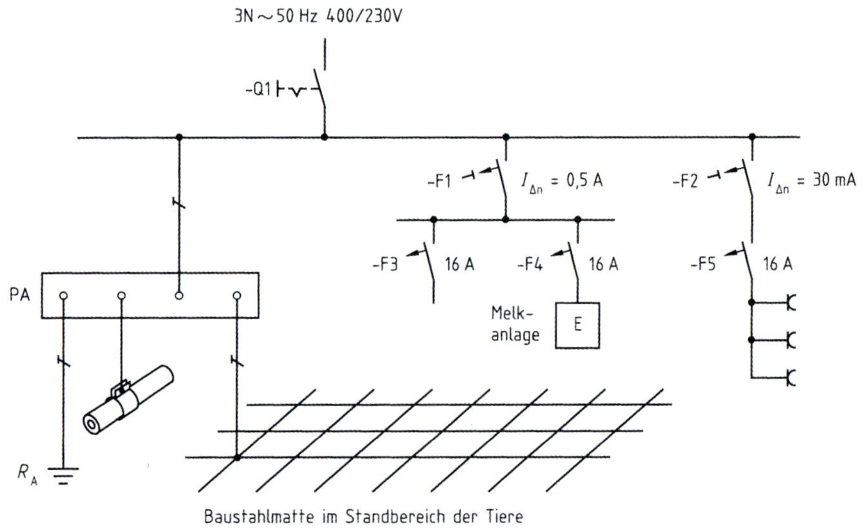

Elektrische Betriebsmittel in explosionsgefährdeten Bereichen VDE 0165 DIN EN 60079

Anwendungsbereich

Explosionsgefährdete Bereiche sind Bereiche, in denen explosionsfähige Gasatmosphäre oder brennbarer Staub in Form einer Wolke vorhanden ist oder auftreten kann, sodass besondere Schutzmaßnahmen für die Bauweise, Installation und Verwendung von Geräten erforderlich sind.

Zoneneinteilung

Zone 0	Gefährliche explosionsfähige Gasatmosphäre ist ständig oder langzeitig vorhanden (in der Regel nur im Inneren von Behältern, Apparaturen usw.).
Zone 1	Es ist damit zu rechnen, dass explosionsfähige Atmosphäre gelegentlich bei Normalbetrieb auftritt (z. B. im Bereich um Füll- und Entleereinrichtungen).
Zone 2	Es ist nicht damit zu rechnen, dass explosionsfähige Gasatmosphäre bei Normalbetrieb auftritt, und wenn, dann nur selten und auch nur kurzzeitig, z. B. Bereiche um Zone 1.
Zone 20	Explosionsfähige Atmosphäre durch brennbare Stäube in Luft ist ständig oder langzeitig oder häufig vorhanden (z. B. im Inneren von Behältern bei Mühlen, Mischern, Silos).
Zone 21	Es ist damit zu rechnen, dass gelegentlich explosionsfähige Atmosphäre als Wolke brennbaren Staubes bei Normalbetrieb auftritt (z. B. in der Umgebung von Füllstationen).
Zone 22	Es ist nicht damit zu rechnen, dass explosionsfähige Atmosphäre als Wolke brennbaren Staubes bei Normalbetrieb auftritt, und wenn, dann nur kurzzeitig.

Gerätegruppen (Explosionsgruppen)

- Die Geräte für explosionsgefährdete Bereiche werden in die Gruppen I, II und III unterteilt.
- Gruppe I: elektrische Geräte für schlagwettergefährdete Grubenbauten.
- Gruppe II: elektrische Geräte für gasexplosionsgefährdete Bereiche außer schlagwettergefährdeten Grubenbauten. Einteilung in die Untergruppen A, B und C, wobei die Explosionsgefahr mit der Reihenfolge der Buchstaben ansteigt. Z. B. benötigt ein Gas der Gruppe IIC zur Zündung eine geringere Energie als eines der Gruppe IIB.
- Gruppe III: elektrische Geräte für staubexplosionsgefährdete Bereiche. Einteilung in IIIA: Flusen, IIIB: nichtleitfähiger Staub, IIIB leitfähiger Staub.

Temperaturklassen für brennbare Gase und Dämpfe

Temperaturklasse	Zündtemperatur der brennbaren Stoffe in °C	Maximale Oberflächentemperatur in °C	Beispiele (mit Angabe der Betriebsmittel-Gruppen)
T1	> 450	450	Stadtgas (IIB), Wasserstoff (IIC), Benzol (IIA)
T2	> 300 ≤ 450	300	Acetylen (IIC), Ethylalkohol (IIA), Ethylen (IIB)
T3	> 200 ≤ 300	200	Benzine (IIA), Dieselkraftstoffe (IIA), Heizöl (IIA)
T4	>135 ≤ 200	135	Acetaldehyd (IIA), Ethyläther (IIB)
T5	> 100 ≤ 135	100	–
T6	> 85 ≤ 100	85	Schwefelkohlenstoff (IIC)

Kennzeichnung elektrischer Betriebsmittel

Bei der Kennzeichnung der Betriebsmittel werden zu den Gerätegruppen I (Schlagwetterschutz) und II (Explosionsschutz für übrige Bereiche) häufig noch Kategorien verwendet:

Kategorie 1	Zonen 0 und 20
Kategorie 2	Zonen 1 und 21
Kategorie 3	Zonen 2 und 22

mit dem Zusatz G für Gas/Dampf/Nebel und D für Staub.
Neben den Herstellerangaben müssen folgende Angaben vorhanden sein:

- Symbol Ex oder (Ex)
- Kennzeichen der verwendeten Zündschutzart (s. Seite 190)
- Gerätegruppe mit Unterteilung
- Temperaturklasse, bei staubexplosionsgeschützten auch die max. Oberflächentemperatur

Beispiel mit Angabe der Kategorie:

II 2 G Ex d IIC T4

(Gerätegruppe II für Zone 1, Zündschutzart „Überdruckkapselung d", Gerät mit geringer Energie zur Zündung, Oberflächentemperatur entsprechend T4)

Beispiel ohne Angabe der Kategorie:

Ex iaD IIIB T 96 °C

(Staubzündschutzart „Eigensicherheit" bis Zone 20, Gerät mit mittlerer Energie zur Zündung, maximale Oberflächentemperatur 96 °C.)

Manchmal wird am Ende die EPL Kennzeichnung (s. Seite 190) angehängt, z. B.:

Ex iaD IIIB T 96 °C Da

Elektrische Betriebsmittel in explosionsgefährdeten Bereichen (Fortsetzung)

Geräteschutzniveaus EPLs

Auf internationaler Ebene wird auch das Geräteschutzniveau EPL (Equipment Protection Level) verwendet. Dabei steht der Buchstabe G für gasexplosionsgefährdete und D für staubgefährdete Bereiche. Die Kleinbuchstaben a, b und c geben das Schutzniveau an (a: sehr hoch, b: hoch, c: erweitert). Die Geräteschutzniveaus können entsprechend folgender Tabelle den Zonen zugeordnet werden.

EPLs	Geeignete Zone	EPLs	Geeignete Zone
„Ga“	0	„Da“	20
„Ga“ oder „Gb“	1	„Da“ oder „Db“	21
„Ga“, „Gb“ oder „Gc“	2	„Da“, „Db“ oder „Dc“	22

Zündschutzarten elektrischer Betriebsmittel

Zündschutzart	EPL	Prinzip	Anwendung
Ölkapselung „o“	Gb	Das Gerät ist in eine Schutzflüssigkeit eingetaucht.	Schaltgeräte, Transformatoren
Überdruckkapselung „p“	Gb	Das Gehäuse wird von einem Zündschutzgas, das unter Überdruck steht, eingeschlossen.	Maschinen, Kollektormotoren, Schaltschränke usw.
Sandkapselung „q“	Gb	Das Gerät wird von feinkörnigem Füllgut umschlossen.	Kondensatoren, Vorschaltgeräte für Leuchten
Druckfeste Kapselung „d“	Gb	Die Zündquelle ist in ein Gehäuse eingeschlossen, das bei einer Zündung dem Druck standhält.	Schaltgeräte der Energietechnik, Leuchten
Erhöhte Sicherheit „e“	Gb	Maßnahmen zur Verhinderung von Funkenbildung und unzulässig hoher Temperatur	Anschlusstechnik, z. B. bei Motoren, Leuchten
Vergusskapselung „m“ mit Kategorien „ma“, „mb“ und „mc“	„ma“: Ga „mb“: Gb „mc“: Gc	Die Zündquelle ist in eine Vergussmasse eingebettet. „ma“ mit höherer Sicherheit als „mb“, „mb“ mit höherer als „mc“.	Transformatoren, Relais
Eigensicherheit „i“ mit Kategorien „ia“, „ib“ und „ic“	„ia“: Ga „ib“: Gb „ic“: Gc	Die Energie im Stromkreis wird so begrenzt, dass keine Zündungen und unzulässig hohe Temperaturen entstehen; „ia“ mit höherer Sicherheit als „ib“, „ib“ mit höherer als „ic“.	Fühler und Grenzwertgeber in der Mess-, Steuer- und Regelungstechnik
Zündschutzart „n“ mit Kategorien „nA“, „nC“ und „nR“	Gc	Elektrisches Gerät, das bei bestimmungsgemäßem Betrieb unter festgelegten Bedingungen nicht zündet. „nA“ für nichtfunkende Geräte, „nC“ für Geräte mit Funkenbildung, „nR“ für schwadensichere Gehäuse	Maschinen, Schalteinrichtungen
Staubzündschutzart „tD“	Da, Db, Dc	Elektrisches Gerät ist durch ein Gehäuse so geschützt, dass kein Staub gezündet werden kann.	Schaltgeräte, Leuchten
Staubzündschutzart „iD“	Da, Db, Dc	Die Betriebsmittel haben eigensichere Stromkreise.	Fühler und Grenzwertgeber
Staubzündschutzart „pD“	Db, Dc	Schutz durch Überdruckkapselung des Gerätes	Schaltgeräte

Allgemeine Anforderungen an explosionsgefährdete Bereiche

- Bei Verwendung eines TN-Systems ist im explosionsgefährdeten Bereich nur ein TN-S-System zulässig. Das heißt, dass Neutralleiter N und Schutzleiter PE getrennt verlegt werden müssen.
- Bei Verwendung eines TT-Systems muss eine Fehlerstrom-Schutzeinrichtung, bei einem IT-System eine Isolations-Überwachungseinrichtung vorgesehen werden.
- Kabel und Leitungen sollen so installiert sein, dass sie gegen mechanische, chemische und thermische Einflüsse geschützt sind.
- Durchführungsöffnungen von Ex-Bereichen in Nicht-Ex-Bereiche müssen dicht verschlossen werden (Mörtel, Sand).
- Es ist ein Potenzialausgleich erforderlich, der alle Körper elektrischer Betriebsmittel und fremde leitfähige Teile einbezieht, wobei die Verbindungen gegen Selbstlockern gesichert sein müssen.
- Die maximale Oberflächentemperatur der Geräte darf die Zündtemperatur eines vorhandenen Gases, Dampfes oder Staubes nicht erreichen.

Elektrische Betriebsmittel in explosionsgefährdeten Bereichen (Fortsetzung)

Anforderungen in der Zone 20

- Geräte und Stromkreise müssen dem EPL „Da“ entsprechen
- Die Betriebsmittel müssen Schutzart IP 6X haben und außer mit dem Ex-Zeichen gekennzeichnet sein mit: II 1 D (Gerätegruppe II, Kategorie 1 für sehr hohe Sicherheit und D für Staubexplosionsschutz).
- Kabel und Leitungen müssen gegen mechanische Beschädigung geschützt und staubdicht sein, z. B. mit Leiterisolierung aus Thermoplasten oder Elastomeren, mit Metallbewehrung und einem äußeren Mantel aus PVC, PCP oder ähnlich. Bei geschützter Verlegung auch ohne Metallbewehrung.

Anforderungen in der Zone 21

- Elektrische Geräte müssen dem EPL „Da“ oder „Db“ entsprechen.
- Die Betriebsmittel müssen Schutzart IP 6X haben und außer mit dem Ex-Zeichen gekennzeichnet sein mit: II 2 D (Gerätegruppe II, Kategorie 2 für hohe Sicherheit und D für Staubexplosionsschutz).
- Kabel und Leitungen wie in Zone 20.

Anforderungen in der Zone 22

- Es dürfen Geräte entsprechend Zone 20 und 21 eingesetzt werden und Geräte, die EPL „Dc“ entsprechen.
- Die Betriebsmittel müssen Schutzart IP 5X haben und außer mit dem Ex-Zeichen gekennzeichnet sein mit: II 3 D (Gerätegruppe II, Kategorie 3 für notwendige Sicherheit bei Normalbetrieb und D für Staubexplosionsschutz).
- Ist in der Zone 22 leitfähiger Staub vorhanden, dann sind Betriebsmittel wie in Zone 21 einzusetzen.
- Kabel und Leitungen wie in Zone 20.

Schutz gegen thermische Auswirkungen — DIN VDE 0100-420

Räume oder Orte mit besonderem Brandrisiko – Feuergefährdete Betriebsstätten

Diese Bestimmungen gelten für
- feuergefährdete Betriebsstätten, das heißt für Räume oder Bereiche, in denen ein Brandrisiko durch die Verarbeitung und Lagerung von brennbaren Materialien einschließlich der Ansammlung von Staub besteht, wie z. B. in Scheunen, Holzverarbeitungswerkstätten, Papier- und Textilfabriken
- Räume oder an Orten mit vorwiegend brennbaren Baustoffen wie Holz, Hohlwände usw.
- Räume oder an Orten mit unersetzbaren Gütern von hohem Wert (z. B. Museen, Bahnhöfen, Flughäfen)

Maßnahmen zum Brandschutz für feuergefährdete Betriebsstätten

- Für Endstromkreise zur Versorgung elektrischer Betriebsmittel in feuergefährdeten Betriebsstätten oder für solche, die feuergefährliche Betriebsstätten durchqueren, müssen verwendet werden:
  - in TN- und TT-Systemen Fehlerstrom-Schutzeinrichtungen (RCDs) mit einem Bemessungsdifferenzstrom $I_{\Delta n} \leq 300$ mA (bei Brandgefahr durch widerstandsbehaftete Fehler, wie z. B. bei Deckenheizungen, gilt $I_{\Delta n} \leq 30$ mA),
  - in IT-Systemen Islationsüberwachungseinrichtung mit akustischer und optischer Meldung und mit Abschaltung bei einem zweiten Fehler.
- PEN-Leiter sind nicht zugelassen. Eine Ausnahme besteht, wenn sie die feuergefährdeten Betriebsstätten nur durchqueren.
- Leitungssysteme müssen bei Überlast und Kurzschluß geschützt sein. Die Schutzeinrichtungen müssen vor diesen Betriebsstätten angebracht sein.
- Elektrische Betriebsmittel müssen für feuergefährdete Betriebsstätten geeignet sein. Bei möglicher Ansammlung von Staub müssen sie mindestens der Schutzart IP5X entsprechen.
- Als flexible Leitungen sollten Leitungen für schwere Einsatzverhältnisse wie z. B. H07RN-F gewählt werden.
- Blanke Leitungen sind nicht zulässig.
- Es dürfen nur Leuchten mit begrenzter Oberflächentemperatur verwendet werden. Sie ist bei üblichen Bedingungen auf 90 °C und unter Fehlerbedingungen auf 115 °C begrenzt, z. B. Leuchten mit der Kennzeichnung ▽F ▽F. Werden vom Hersteller keine Angaben gemacht, dann müssen folgende Abstände zu brennbaren Materialien eingehalten werden:
  - bis 100 W 0,5 m – von 100 W bis 300 W 0,8 m – von 300 W bis 500 W 1 m
- Umhüllungen von Elektrowärmegeräten wie z. B. Heizgeräte dürfen nicht höhere Temperaturen erreichen als Leuchten (s. o.).
- Heizgeräte müssen auf einer nicht brennbaren Unterlage befestigt sein. Sie müssen so aufgestellt und geschützt werden, dass keine Gefahr der Entzündung von Materialien besteht.

Schutz gegen thermische Auswirkungen (Fortsetzung)

Fehlerlichtbögen in Stromkreisen

Beschädigungen in Stromkreisen führen häufig zu Lichtbögen und können Brände auslösen. Man unterscheidet
- serielle Lichtbögen, die z. B. durch Leitungsunterbrechungen oder lose Klemmenverbindungen entstehen und
- parallele Lichtbögen, die durch Isolationsfehler z. B. bei Leitungsbeschädigungen ausgelöst werden.

Insbesondere bei seriellen Fehlerlichtbögen reicht die Stromstärke häufig nicht aus, damit das vorgeschaltete Schutzorgan, z. B. ein Leitungsschutzschalter, kurzfristig abschaltet

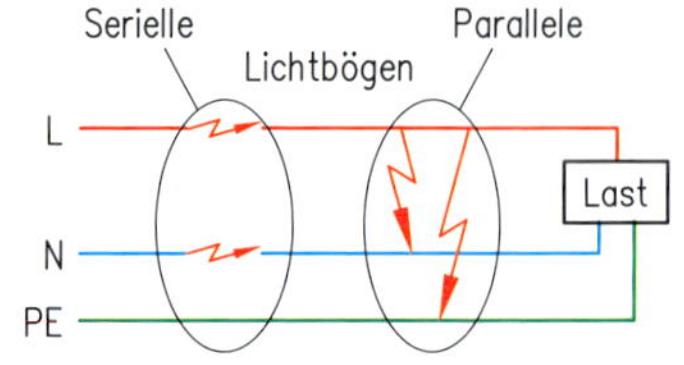

Fehlerlichtbogen-Schutzeinrichtung (AFDD) – Brandschutzschalter

Fehlerlichtbogen-Schutzeinrichtungen werden auch kurz als AFDDs (Arc Fault Detection Device) oder Brandschutzschalter bezeichnet. Sie erkennen Fehlerlichtbögen in Stromkreisen und können dadurch ein rechtzeitiges Abschalten dieser Stromkreise bewirken. Sie bestehen aus
- der AFD-Einheit zum Erkennen der Fehlerlichtbögen,
- einer Abschalteinrichtung zum Abschalten des fehlerhaften Stromkreises.

AFD-Einheit. Das Erkennen von Fehlerlichtbögen erfolgt über die Auswertung des Spannungsverlaufs und Stromverlaufs. Der Strom weist bei Störlichtbögen charakteristische Verläufe im hochfrequenten Bereich auf, die sich von Lichtbögen beim Schalten im Normalbetrieb unterscheiden. Dieses hochfrequente Signal wird mit einem niederfrequenten Signal des Stromes in einem Mikrocontroller verarbeitet, was bei Störlichtbögen zu einem Auslösesignal führt.

Abschalteinrichtung. Als Abschalteinrichtung werden LS-Schalter (Leitungsschutzschalter) oder FI/LS-Schalter (RCBO, Fehlerstrom-/Leitungsschutzschalter) verwendet. Sie werden an die AFD-Einheit angebaut und durch ein mechanisches Koppelglied bei Fehlerlichtbögen zur Auslösung gebracht.

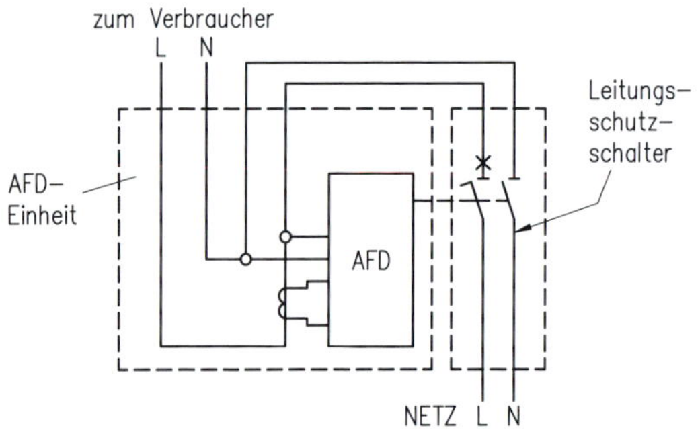

Schaltung einer Fehlerlichtbogen-Schutzeinrichtung. Die Abschaltung erfolgt durch den Leitungsschutzschalter, der durch die AFD-Einheit ausgelöst wird.

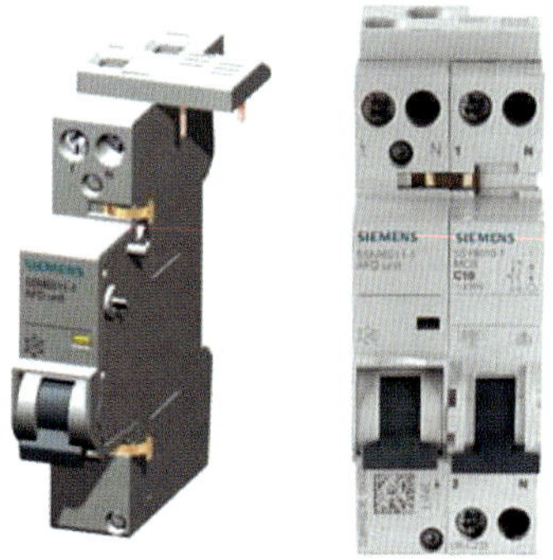

AFDD ohne (links) und mit (rechts) zweipoligem LS-Schalter

Einsatz von Fehlerlichtbogen-Schutzeinrichtungen (AFDDs)

Brandschutzschalter (AFDDs) sind bei einphasigen Wechselspannungsstromkreisen bis 16 A einzusetzen
- in feuergefährdeten Betriebsstätten mit einem Feuerrisiko durch Materialien,
- in Gebäuden, die vorwiegend aus brennbaren Baustoffen hergestellt sind,
- in Räumen oder Orten mit Gefährdung für unersetzbare Güter (z. B. Museen, Bahnhöfe, Flughäfen),
- in Schlaf- oder Aufenthaltsräumen von Einrichtungen oder Heimen für Behinderte, alte Menschen oder Kinder

Empfehlungen für den Einsatz von Fehlerlichtbogen-Schutzeinrichtungen (AFDDs)

Brandschutzschalter (AFDDs) werden bei Wechselspannungsstromkreisen bis 16 A empfohlen für:
- Räume mit Schlafgelegenheiten
- Endstromkreise für Steckdosen, die an Geräte mit hohen Anschlussleistungen wie Waschmaschinen, Geschirrspüler, Trockner usw. angeschlossen sind.
- Räume oder Orte mit feuerausbreitenden Strukturen wie Gebäudeformen, die die Ausbreitung erleichtern.

Installation in Hohlwänden

Auswahl und Errichtung von elektrischen Betriebsmitteln in Hohlwänden

Hohlwände entstehen durch Abdeckungen mithilfe von Platten, die z. B. aus Holz, Gips-Baustoffen, Metall oder Kunststoff bestehen. Bei diesen Wänden sind die elektrischen Betriebsmittel entweder im Hohlraum angeordnet oder sie ragen in den Hohlraum hinein, wie das bei Abzweig- und Gerätedosen häufig der Fall ist.

Bedingungen

Betriebsmittel	Anforderungen
Leitungen	• Umhüllungen von Leitungen müssen aus flammwidrigem Kunststoff bestehen (z. B. PVC). Die Verlegung von Mantelleitungen (NYM) wird empfohlen. • Es dürfen keine Stegleitungen (z. B. NYIF) verwendet werden. • Bei nicht fest verlegten Leitungen müssen Anschlussstellen zugentlastet sein.
Abzweigdosen, Steckdosen, Anschlussdosen, Verteiler	• Hohlwanddosen müssen das Symbol  tragen. • Die Einsätze für Unterputzmontage, z. B. für Steckdosen, dürfen nicht mit Krallen in der Dose befestigt werden. • Werden Kleinverteiler und Hohlwanddosen ohne die Kennzeichnung H in Hohlwände aus vorwiegend brennbaren Baustoffen eingebaut, dann müssen sie mit 12 mm dickem Fibersilikat oder gleichwertigem Stoff umhüllt werden oder in 100 mm Glas- oder Steinwolle eingebettet werden. Dieses gilt auch, wenn sich in den Hohlwänden leichtentzündliche Stoffe zur Wärme- und Schallisolierung befinden (z. B. aufgeschäumte Kunststoffe mit Entzündungstemperaturen unter 200 °C). 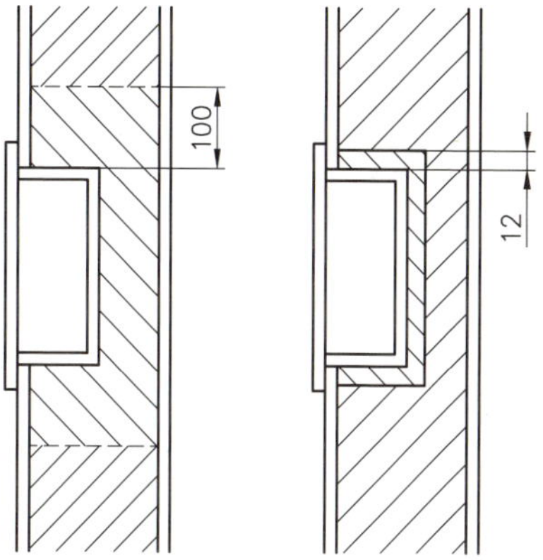

Schutzklassen **DIN VDE 0140-1**

Schutzklasse	Merkmal	Kennzeichen	Beispiel
I	Anschlussstelle für Schutzleiter		Geräte mit Metallgehäuse, z. B. Bügeleisen, Durchlauferhitzer, Elektromotoren
II	Zusätzliche Isolierung, keine Anschlussstelle für Schutzleiter	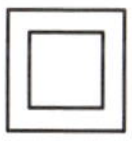	Geräte mit Kunststoffgehäuse, z. B. Rundfunkgeräte, Küchengeräte
III	Verwendung von Schutzkleinspannung (SELV, PELV)		Geräte mit Bemessungsspannungen bis max. 50 V AC oder 120 V DC oder in besonderen Fällen noch geringeren Spannungen, z. B. Kinderspielzeug

Schwimmanlagen — DIN VDE 0100-702

Anwendungsbereich

Zu Schwimmanlagen zählen Schwimmbäder im Freien, Schwimmhallen sowie Orte mit Schwimmbecken. Für Orte mit Schwimmbecken für medizinische Zwecke können besondere Anforderungen gelten.

Bereichseinteilung für Schwimmbecken und Fußwaschrinnen

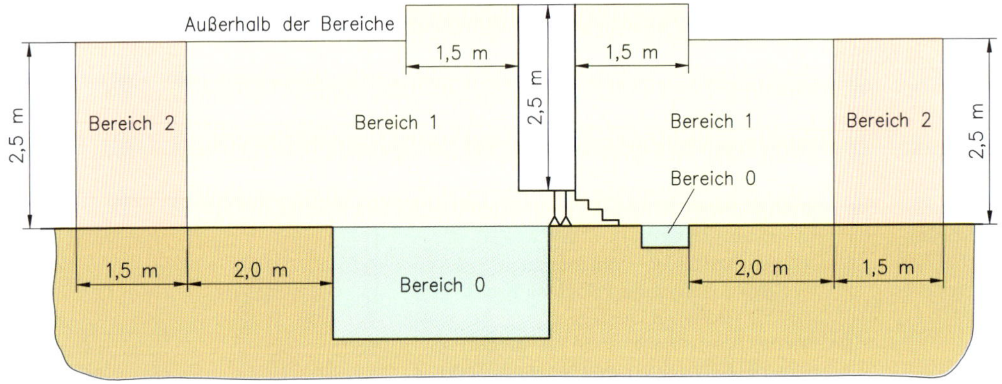

Schutzmaßnahmen

Bereich	Bedingungen
0 und 1 (Bereich 0: Beckeninneres, Bereich 1: senkrecht begrenzt durch die senkrechte Fläche in 2 m Abstand vom Rand des Beckens; waagerecht begrenzt durch den Boden und die waagerechte Fläche 2,5 m über dem Boden)	• Es darf nur die Schutzmaßnahme SELV mit Nennspannungen von 12 V AC oder 30 V DC verwendet werden. Dabei muss sich die Stromquelle außerhalb der Bereiche 0, 1 und 2 befinden. • Es dürfen nur Leitungen zur Versorgung der in diesen Bereichen angeordneten Geräte verlegt werden. • Leitungen mit metallenen Umhüllungen oder in Metallrohren sowie Stegleitungen sind unzulässig. • Es dürfen nur fest installierte und für die besondere Verwendung in Schwimmbädern hergestellte Geräte angebracht werden. • Es dürfen keine Installationsgeräte wie Steckdosen und Schalter installiert werden. Sollte es in kleinen Schwimmbädern nicht möglich sein, die Geräte außerhalb des Bereiches 1 anzubringen, dann sind Ausnahmen zulässig. Für Steckdosen gilt in diesem Fall ein Mindestabstand von 1,25 m von Bereich 0 und von 0,3 m über dem Fußboden. Außerdem müssen sie durch eine Fehlerstrom-Schutzeinrichtung (RCD) mit $I_{\Delta n} \leq 30$ mA oder einzeln durch Trenntransformatoren geschützt sein. • Elektrische Betriebsmittel müssen im Bereich 0 mindestens IP X8, im Bereich 1 IP X5 entsprechen. Für kleine Schwimmbecken darf im Bereich 1 auch IP X4 verwendet werden, wenn kein Strahlwasser auftritt.
2 (senkrecht begrenzt durch 1,5 m Abstand von Bereich 1; waagerecht wie Bereich 1)	• Außer den in Bereich 0 und 1 zulässigen Betriebsmitteln dürfen Schalter, Steckdosen und weitere Installationsgeräte verwendet werden, wenn sie durch Schutzkleinspannung (SELV), einzeln durch Trenntransformatoren oder durch eine Fehlerstrom-Schutzeinrichtung (RCD) mit $I_{\Delta n} \leq 30$ mA geschützt sind. • Elektrische Betriebsmittel müssen in Schwimmhallen mindestens IP X2, bei Schwimmbecken im Freien mindestens IP X4 und beim Auftreten von Strahlwasser mindestens IP X5 entsprechen.
0 bis 2	• Alle fremden leitfähigen Teile sind in einen örtlichen zusätzlichen Potenzialausgleich einzubeziehen. Dieser Potenzialausgleich ist mit den Schutzleitern der in diesen Bereichen angeordneten Betriebsmittel zu verbinden.

Räume mit elektrischen Sauna-Heizgeräten — DIN VDE 0100-703

Anwendungsbereich

Räume mit Sauna-Heizgeräten sind Räume, in denen beim Saunabetrieb hohe Lufttemperaturen bei niedriger relativer Luftfeuchte auftreten. Dieser als Heißluftsauna bezeichnete Raum gilt als trockener Raum, solange die Einrichtungen nicht abgespritzt werden oder die Sauna in feuchten oder nassen Räumen zur Aufstellung kommt. Für eine Dampfsauna sind diese Bestimmungen nicht zutreffend.

Bereichseinteilung

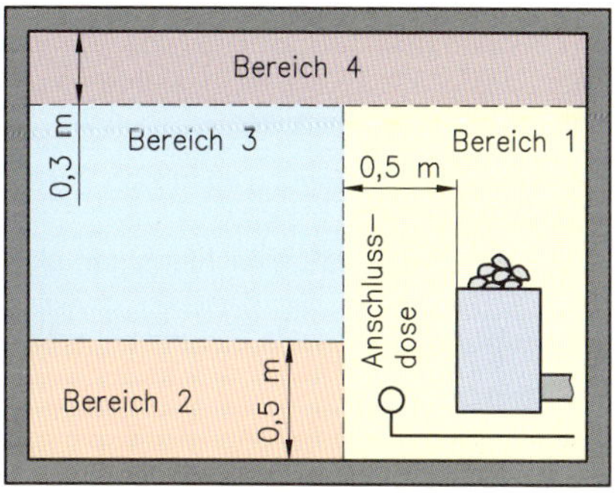

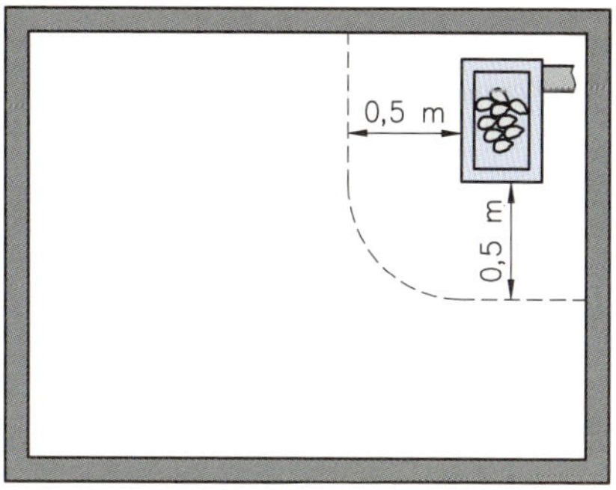

Schutzmaßnahmen und besondere Anforderungen

Bereich	Bedingungen
1	• Es dürfen nur elektrische Betriebsmittel verwendet werden, die zu den Sauna-Heizgeräten gehören.
2	• Es bestehen keine besonderen Anforderungen an die Betriebsmittel.
3	• Die Betriebsmittel müssen für Umgebungstemperaturen bis 125 °C geeignet sein.
4	• Es dürfen nur Leuchten und Steuereinrichtungen von Sauna-Heizgeräten mit den entsprechenden Verbindungsleitungen installiert werden. Die Betriebsmittel müssen ebenso wie im Bereich 3 Temperaturen von 125 °C standhalten.
1 bis 4	• Leitungen dürfen keine Metallmäntel besitzen und dürfen nicht in metallenen Rohren verlegt werden. Auch Stegleitungen sind unzulässig. • Steckdosen sind nicht zulässig. • Gegen direktes Berühren ist die Schutzmaßnahme „Schutz durch Hindernisse oder durch Abstand“ nicht zulässig. • Bei indirektem Berühren sind nur die Schutzmaßnahmen „Schutz durch nicht leitende Räume“ und „Schutz durch erdfreien, örtlichen Potenzialausgleich“ nicht zulässig.

Feuchte und nasse Bereiche und Räume, Anlagen im Freien — DIN VDE 0100-737

Anwendungsbereich

In feuchten und nassen Bereichen oder Räumen tritt Feuchtigkeit in dem Maße auf, dass elektrische Betriebsmittel beeinträchtigt werden können. Dieses gilt ebenfalls für Anlagen im Freien.

Schutzmaßnahmen und besondere Anforderungen

- Betriebsmittel in feuchten und nassen Bereichen und Räumen sowie in geschützten Anlagen im Freien müssen mindestens die Schutzart IP X1 haben.
- Betriebsmittel in ungeschützten Anlagen im Freien müssen mindestens die Schutzart IP X3 haben.
- In Bereichen und Räumen, in denen Strahlwasser auftritt, müssen die Betriebsmittel mindestens die Schutzart IP X4 haben.
- Steckdosen bis 16 A, die für den Anschluss von im Freien betriebenen Betriebsmitteln vorgesehen sind, müssen in TN- oder TT-Netzen durch Fehlerstromschutzeinrichtungen (RCDs) mit $I_{\Delta n} \leq 30$ mA geschützt werden.

Unterrichtsräume mit Experimentierständen — DIN VDE 0100-723

Anwendungsbereich

Zu den Unterrichtsräumen mit Experimentierständen zählen Räume in Schulen, Ausbildungsstätten oder Hochschulen, in denen Plätze zum Experimentieren mit elektrischen Betriebsmitteln eingerichtet sind. Diese Einrichtungen können sowohl zum Vorführen als auch zum Üben dienen.

Anforderungen

Einrichtungen	Bedingungen
Schaltgeräte	• Die Experimentierstände dürfen einzeln, in Gruppen oder zentral eingeschaltet werden. Dabei müssen die Schaltgeräte so ausgeführt sein, dass sie alle nicht geerdeten Leiter gleichzeitig schalten und gegen unbefugtes Schalten gesichert werden können.
NOT-AUS-Einrichtung	• Die NOT-AUS-Einrichtung muss ermöglichen, dass bei Betätigung sämtliche Stromkreise an allen Experimentierständen abgeschaltet werden. • Unbefugtes Wiedereinschalten nach Betätigung der NOT-AUS-Einrichtung darf nicht möglich sein. • Die NOT-AUS-Betätigung muss an den Ausgängen und an jedem Experimentierplatz vorhanden sein.
Schutz gegen gefährliche Körperströme	• Soweit möglich, sollte nur Schutzkleinspannung (SELV) oder Funktionskleinspannung mit sicherer Trennung (PELV) verwendet werden. • Werden auch Niederspannungen (z. B. 230 V AC) verwendet, dann ist in TT- und TN-Netzen eine Fehlerstrom-Schutzeinrichtung (RCD) mit $I_{\Delta n} \leq 30$ mA erforderlich. Dieses gilt auch, wenn in diesen Netzen für die Experimentierstände Funktionskleinspannung ohne sichere Trennung (FELV) eingesetzt wird. • Bei einpoligen Anschlüssen sind als Steckbuchsen Sicherheitsbuchsen mit vollständigem Berührungsschutz einzusetzen. Auf die Einhaltung dieser Bedingungen darf verzichtet werden, wenn Experimente dieses erforderlich machen und die Unterrichtsräume ausschließlich der elektrotechnischen Fachausbildung dienen. In diesen Fällen muss jedoch der Fußboden im Bereich des Experimentierstandes isolierend sein.
Fremde leitfähige Teile	• Fremde leitfähige Teile im Handbereich des Experimentierstandes sind zu isolieren oder abzudecken bzw. zu umhüllen oder mit dem Schutzleiter über einen Potenzialausgleichsleiter zu verbinden.

Elektrische Anlagen in Möbeln und Einrichtungsgegenständen — DIN VDE 0100-724

Anwendungsbereich

Dazu zählen elektrische Betriebsmittel, z. B. Leuchten, Steckdosen und Schalter, die in Möbel oder ähnliche Einrichtungsgegenstände wie Gardinenleisten und Dekorationsverkleidungen eingebaut werden.

Anforderungen

Betriebsmittel	Bedingungen
Leitungen	• Neben üblichen Leitungen zur festen Verlegung (z. B. Mantelleitung NYM) dürfen auch bewegliche Leitungen fest verlegt werden, die mindestens der Bauart H05... genügen (z. B. H05RR-F oder H05VV-F). • Der Leiterquerschnitt muss mindestens 1,5 mm^2 Cu betragen. Er darf auch 0,75 mm^2 betragen, wenn die einfache Leitungslänge 10 m nicht überschreitet und keine Steckvorrichtungen für weitere Verbrauchsmittel vorhanden sind.
Leuchten	• Bei der Montage muss die Montageanweisung des Leuchtenherstellers beachtet werden. • Kennzeichnung von Leuchten mit Glühlampe ▽M ▽M, mit Leuchtstofflampe ▽M
Schalter, Anschlussdose	• Schalter, Abzweigdosen und Steckdosen dürfen nur in Hohlwanddosen mit dem Kennzeichen ▽H eingebaut werden.

Niederspannungsanlagen: Prüfungen — DIN VDE 0100-600

Die nachfolgenden Prüfungen beziehen sich auf die Erstprüfung elektrischer Anlagen. Wiederkehrende Prüfungen in Anlagen sind angelehnt an die hier beschriebenen Erstprüfungen und in DIN VDE 0105-100 aufgeführt. Für wiederkehrende Prüfungen werden Zeitspannen von vier Jahren, bei besonders gefährdeten Anlagen auch kürzere Zeitperioden angegeben. Für Wohnungen können auch längere Zeitspannen (z. B. zehn Jahre) geeignet sein. Die Prüfungen müssen von einer dazu befähigten Elektrofachkraft durchgeführt werden.

Besichtigen

Das Besichtigen muss vor dem Erproben und Messen bei abgeschalteter Anlage durchgeführt werden. Es umfasst die visuelle Überprüfung der Anlage. Damit sollen insbesondere

- die richtige Auswahl der Betriebsmittel und Schutzorgane,
- die richtige Auswahl der Kabel und Leitungen hinsichtlich Strombelastbarkeit und Spannungsfall,
- die ordnungsgemäße Anordnung und Montage der Betriebsmittel,
- die fachgerechte Leitungsverlegung und die ordnungsgemäßen Leitungsverbindungen,
- die Maßnahmen zum Schutz gegen elektrischen Schlag,
- die Schaltungsunterlagen der Anlage überprüft werden (S. 198).

TN-System	TT-System	IT-System
–	Alle Körper, die durch dieselbe Schutzeinrichtung geschützt sind, müssen einen gemeinsamen Erder haben.	Es darf kein aktiver Leiter direkt geerdet sein. Die Körper müssen mit einem Schutzleiter verbunden sein.

Erproben und Messen

Erproben bzw. Messen der Durchgängigkeit des Schutzleiters und der Verbindungen des Schutzpotenzialausgleichs und zusätzlichen Potenzialausgleichs (S. 198)

Messung des Isolationswiderstandes der elektrischen Anlage (S. 198)

Messung des Isolationswiderstandes bei Kleinspannung SELV, PELV oder Schutztrennung (S. 199)

Messung des Widerstandes von isolierenden Fußböden oder Wänden (beim Schutz in nicht leitender Umgebung, S. 199)

<table>
<tr><th>TN-System</th><th>TT-System</th><th>IT-System</th></tr>
<tr><td colspan="2">• Im Freileitungsnetz ist der Gesamterdungswiderstand R_B zu messen (möglichst ≤ 2 Ω). Die Messung fällt in den Zuständigkeitsbereich des Errichters oder Betreibers des Freileitungsnetzes.
• Bei Verwendung von Fehlerstrom-Schutzeinrichtungen (RCDs) ist die Wirksamkeit z. B. durch Messung des Auslösestromes und der Berührungsspannung bei Auslösung zu überprüfen (S. 201). Eine Erprobung der Funktion der Fehlerstrom-Schutzeinrichtung (RCD) ist durch die Betätigung der Prüftaste möglich.</td><td rowspan="2">Durch Messung des Erdungswiderstandes R_A (S. 200) und Berechnung von $R_A \cdot I_d$. Bei bekanntem Ableitstrom I_d muss geprüft werden, dass $R_A \cdot I_d \leq 50$ V im Wechselspannungssystem und ≤ 120 V im Gleichspannungssystem ist. Die zulässige Spannung kann auch als Spannungsfall direkt gemessen werden, wobei ein Außenleiter geerdet wird. Für den Fall des Auftretens eines zweiten Fehlers, durch den die Gefahr eines elektrischen Schlags besteht, müssen je nach Erdung die Bedingungen für das TN- oder TT-System überprüft werden.</td></tr>
<tr><td>Bei Verwendung von Überstrom-Schutzeinrichtungen zum Schutz durch Abschaltung muss die Schleifenimpedanz durch Messung überprüft werden (S. 200).
Anstelle dieser Messung kann bei bekannten Daten auch eine Berechnung erfolgen, wenn die Durchgängigkeit des Schutzleiters nachgewiesen ist.</td><td>Bei Verwendung von Fehlerstrom-Schutzeinrichtungen, was meistens der Fall ist, muss zur Überprüfung der Abschaltbedingung der Erdungswiderstand R_A gemessen werden (S. 200). Übernehmen Überstrom-Schutzeinrichtungen den Schutz durch Abschaltung, dann muss die Fehlerschleifenimpedanz Z_S gemessen werden (S. 200).</td></tr>
</table>

- Überprüfung des zusätzlichen Schutzes z. B. durch Wirksamkeit der Abschaltung eines RCDs
- Prüfung der Spannungspolarität und Phasenfolge (Rechtsdrehfeld bei Drehstrom-Steckdosen)
- Funktionsprüfungen von Schaltgeräten, Antrieben, Verriegelungen, Sicherheitseinrichtungen usw.
- Prüfung des zulässigen Spannungsfalls durch Impedanzmessung bzw. Rechnung oder Diagramm

Erstellen eines Prüfberichtes über die Erstprüfung (S. 201)

Niederspannungsanlagen: Prüfungen (Fortsetzung)

Besichtigung

Sofern zutreffend, muss die Besichtigung (bei abgeschalteter Anlage) u. a. folgendes umfassen:

- Die Betriebsmittel sind so ausgewählt, dass sie den äußeren Einflüssen standhalten.
- Geeignete Maßnahmen zum Schutz gegen elektrischen Schlag sind vorgesehen.
- Bei der Auswahl der Leitungen und Stromschienen sind Strombelastbarkeit und Spannungsfall berücksichtigt.
- Besondere Vorsichtsmaßnahmen gegen Ausbreitung von Feuer und der Schutz gegen thermische Einflüsse sind berücksichtigt.
- Schutz- und Überwachungseinrichtungen sowie Schaltgeräte sind vorhanden, richtig ausgewählt und ggf. eingestellt und an der richtigen Stelle angeordnet.
- Schutzpotenzialausgleich über die Haupterdungsschiene ist vorhanden.
- Neutral- und Schutzleiter sind gekennzeichnet.
- Stromkreise, Sicherungen, Schalter, Klemmen u. Ä. sind gekennzeichnet.
- Schaltungsunterlagen sind vorhanden.
- Leiterverbindungen sind ordnungsgemäß hergestellt.
- Die elektrischen Betriebsmittel sind zur Bedienung und Instandhaltung leicht zugänglich.

Erproben bzw. Messen der Durchgängigkeit des Schutzleiters und der Schutzpotenzialausgleichsleiter

Die Durchgängigkeit des Schutzleiters einschließlich der Schutzpotenzialausgleichsleiter über die Erdungsschiene muss überprüft werden. Dazu ist ein Messgerät gemäß DIN EN 61557-4 (VDE 0413-4) zu verwenden. Die Werte sollten überschläglich errechneten oder aus Tabellen entnommenen Werten entsprechen (z. B. 12,6 mΩ je Meter bei Cu 1,5 mm²). Übliche Werte liegen bei Schutzleitern bei 0,8 Ω bis 1 Ω, bei Schutzpotenzialausgleichleitungen bei noch geringeren Werten.

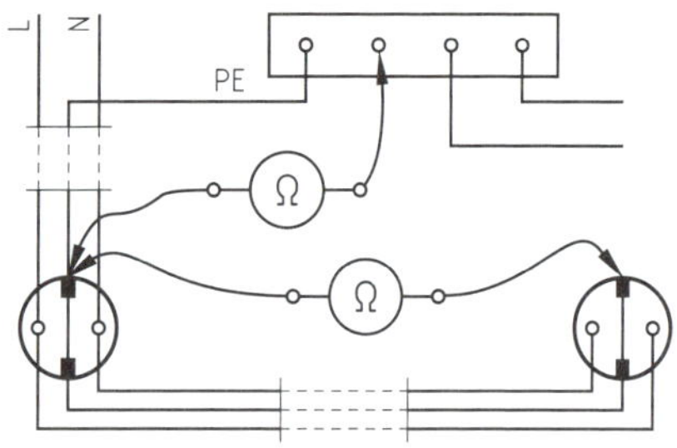

Messung des Isolationswiderstandes in Anlagen

- Der Isolationswiderstand muss gemessen werden zwischen jedem aktiven Leiter (z. B. L1, L2, L3, N) und dem mit Erde verbundenen Schutzleiter. Bei der Messung dürfen auch alle aktiven Leiter miteinander verbunden werden.
- Die Messungen sind mit Gleichspannung gemäß den Werten in unten stehender Tabelle durchzuführen. Es ist ein Prüfgerät nach DIN EN 61557-2 (VDE 0413-2) einzusetzen.
- Vor der Messung sind Neutral- und Schutzleiter zu trennen.
- Es wird bei geschlossenen Schaltern ohne elektrische Verbrauchsmittel gemessen.

Mindestwerte des Isolationswiderstandes R_{iso}

Nennspannung	Messspannung in V	R_{iso} in MΩ
SELV und PELV	250	≥ 0,5
≤ 500 V und FELV	500	≥ 1,0
> 500 V	1000	≥ 1,0

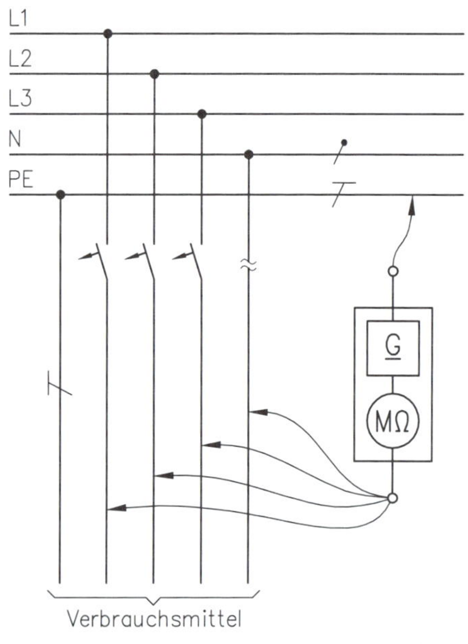

Niederspannungsanlagen: Prüfungen (Fortsetzung)

Messung des Isolationswiderstandes bei SELV, PELV und Schutztrennung

- Bei Schutzkleinspannung (SELV) und bei Schutztrennung muss die sichere Trennung der aktiven Teile verschiedener Stromkreise und von der Erde durch Messung des Isolationswiderstandes geprüft werden.
- Bei Funktionskleinspannung mit sicherer Trennung (PELV) muss die sichere Trennung der aktiven Teile verschiedener Stromkreise durch Messung des Isolationswiderstandes geprüft werden.
- Der Isolationswiderstand darf bei einer Messgleichspannung von 250 V bei SELV und PELV nicht kleiner als 0,5 MΩ sein (s. S. 198).
- Bei der Schutztrennung mit Nennspannungen bis 500 V darf der Isolationswiderstand bei einer Messgleichspannung von 500 V nicht kleiner als 1 MΩ sein (s. S. 198).

Isolationswiderstandsmessung bei Schutzkleinspannung

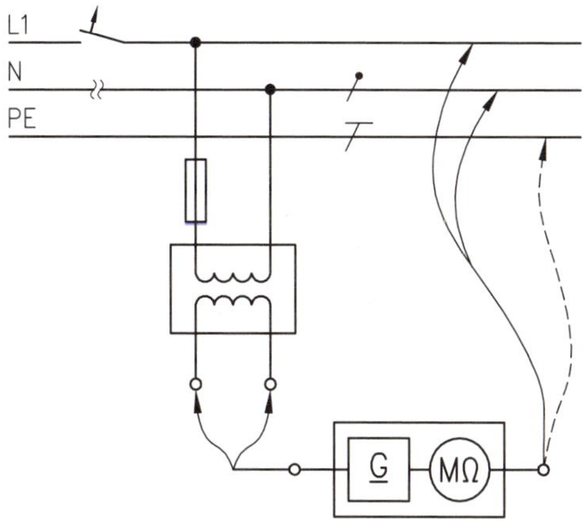

Messung des Isolationswiderstandes von Fußböden und Wänden

Bei der Schutzmaßnahme „Schutz durch nicht leitende Umgebung" darf der Widerstand isolierender Wände und Fußböden an keiner Stelle folgende Werte unterschreiten:

- 50 kΩ bei Nennspannungen bis 500 V
- 100 kΩ bei Nennspannungen über 500 V

Die Messung wird mit der Nennwechselspannung bei mindestens drei Messungen im Raum durchgeführt. Eine Messanordnung geht aus nebenstehender Skizze hervor. Der Widerstand kann errechnet werden nach:

$$Z_x = \frac{U_x}{I}$$

Z_x Isolationswiderstand in Ω
U_x Spannung an der Prüfelektrode (Metallplatte) gegen Erde in V
I Stromstärke in A

Die Messung kann auch mit niedrigerer Wechselspannung (≥ 25 V) durchgeführt werden, wenn zusätzlich eine Isolationsprüfung mit einem Messgerät nach DIN EN 61557-2 (VDE 0413-2) durchgeführt wird. Bei Gleichstromsystemen genügt eine Isolationsprüfung. Für Isolationsprüfungen in Wechsel- und Gleichspannungssystemen muss die Prüfspannung

- 500 V DC bei Nennspannungen ≤ 500 V
- 1 000 V DC bei Nennspannungen > 500 V

betragen.

Messanordnung zur Messung des Widerstandes von Fußböden und Wänden mit Wechselspannung.

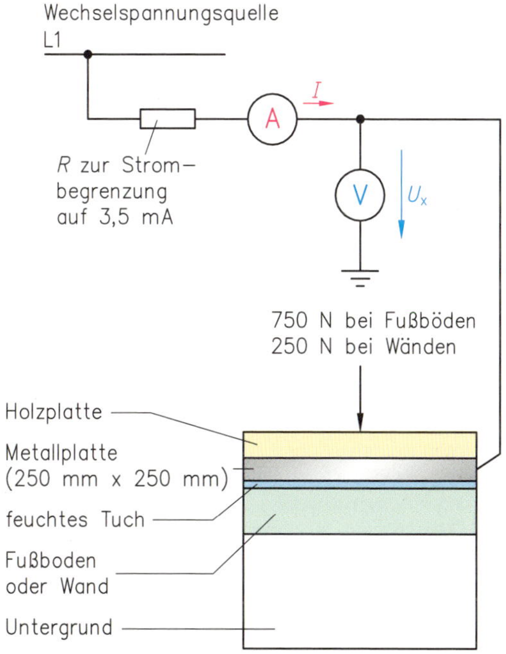

Niederspannungsanlagen: Prüfungen (Fortsetzung)

Messung der Fehlerschleifenimpedanz

- Werden zum Schutz durch Abschaltung Überstrom-Schutzeinrichtungen verwendet, dann ist durch Ermittlung der Schleifenimpedanz die Abschaltbedingung zu überprüfen.
- Die Schleifenimpedanz kann durch Messung ermittelt werden. Anstelle dieser Messung kann bei bekannten Daten auch eine Berechnung erfolgen, wenn die Durchgängigkeit des Schutzleiters nachgewiesen ist.
- Bei Messungen sollten mehrere Messungen mit einem Gerät nach DIN EN 61557-3 (VDE 0413-3) durchgeführt, der Mittelwert gebildet und Messfehler berücksichtigt werden.
- Die maximal zulässige Schleifenimpedanz kann nach folgenden Formeln berechnet werden. Die rechte Formel berücksichtigt den Anstieg der Leiterwiderstände durch ansteigende Temperatur aufgrund eines Fehlers im TN-System.

$Z_S \leq \frac{U_0}{I_a}$ TN-System (s. o.): $Z_S \leq \frac{2}{3} \cdot \frac{U_0}{I_a}$

Z_S Schleifenimpedanz in Ω
U_0 Nennspannung gegen Erde in V
I_a Stromstärke in A, die das automatische Abschalten innerhalb der festgelegten Zeit bewirkt (Zeiten S. 177, 178; Abschaltströme S. 201)

Messung des Schleifenimpedanz im TN-System

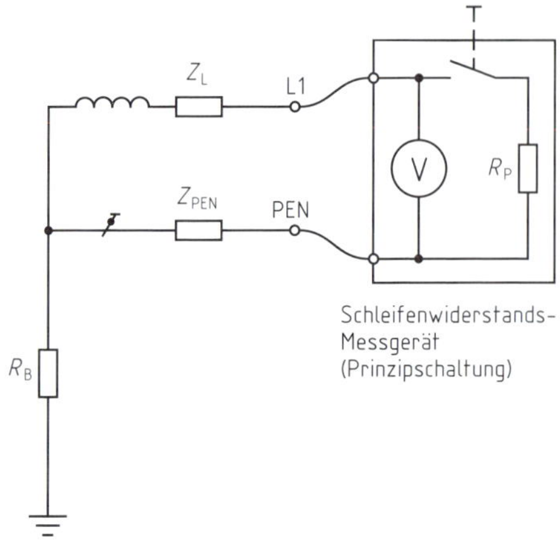

Messung des Schleifenimpedanz im TT-System (auch anstelle einer Messung des Erdungswiderstandes möglich, z. B. in dicht besiedeltem Gebiet)

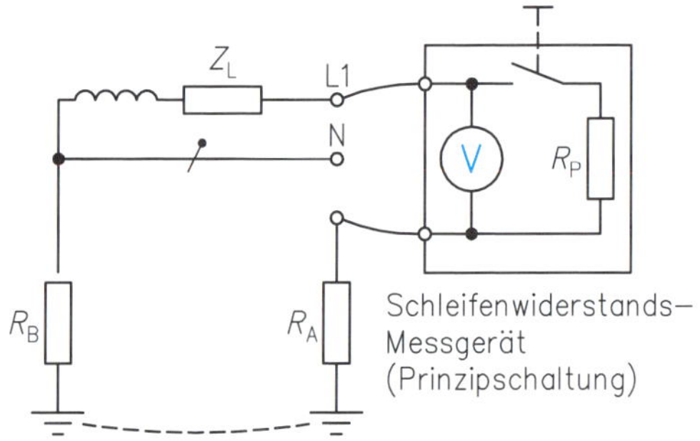

Messung des Erdungswiderstandes

- Werden im TT-System Fehlerstrom-Schutzeinrichtungen (RCDs) verwendet, dann muss der zu messende Erdungswiderstand R_A so niederohmig sein, dass die Abschaltbedingung eingehalten wird. Im IT-System muss er so niedrig sein, dass die Berührungsspannung durch Ableitströme nicht zu hoch wird.
- Zur Messung des Erdungswiderstand R_A werden Widerstandsmessgeräte nach DIN EN 61557-5 (VDE 0413-5) verwendet (s. rechts).
- In dicht besiedelten Gebieten kann anstelle des Erdungswiderstandes die Schleifenimpedanz gemessen werden (s. oben: Messung der Schleifenimpedanz im TT-System). Sie besteht aus R_A, R_B und Z_L.
- Der Mindestwert des Erdungswiderstandes kann errechnet werden nach:

TT-System: $R_A \leq \frac{50\text{ V}}{I_{\Delta N}}$ IT-System: $R_A \leq \frac{50\text{ V}}{I_d}$

R_A Erdungswiderstand der Anlage in Ω
$I_{\Delta N}$ Bemessungsdifferenzstrom des RCDs im TT-System
I_d Ableitstrom im IT-Wechselstromsystem

Widerstandsmessung mit einem Erdungs-Widerstandsmessgerät

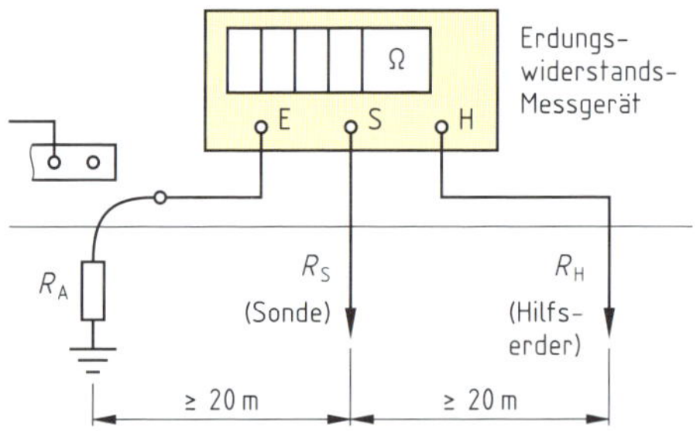

Niederspannungsanlagen: Prüfungen (Fortsetzung)

Abschaltströme I_a bei Abschaltzeiten von 0,2 s für Leitungsschutz- und Leistungsschalter

Abschaltstrom I_a	Schaltertyp
5 · Nennstrom I_n	Leitungsschutzschalter mit Charakteristik B
10 · Nennstrom I_n	Leitungsschutzschalter mit Charakteristik C
15 · Nennstrom I_n	Motorstarter und Leistungsschalter bei entsprechender Einstellung

Bei überschlägiger Prüfung dürfen diese Werte mit hinreichender Genauigkeit verwendet werden. Genauere Werte können den Herstellerkennlinien entnommen werden (S. 224).

Abschaltströme I_a bei Abschaltzeiten von 0,2 s, 0,4 s, 1 s und 5 s für Niederspannungssicherungen gG/gL

I_n in A	10	16	20	25	32	35	40	50	63	80	100	125
$I_{a\,0,2\,s}$ in A	97	130	170	220	310	330	380	540	650	–	–	–
$I_{a\,0,4\,s}$ in A	82	107	145	180	265	295	310	460	550	820	1000	1400
$I_{a\,1\,s}$ in A	65	90	120	145	220	230	260	380	440	–	–	–
$I_{a\,5\,s}$ in A	47	65	85	110	150	173	190	260	320	440	580	750

Wirksamkeit von Fehlerstrom-Schutzeinrichtungen (RCDs)

Beim Einsatz von Fehlerstrom-Schutzeinrichtungen (RCDs) müssen Prüfungen dieser Einrichtungen durchgeführt werden:

- Es muss nachgewiesen werden, dass die Fehlerstrom-Schutzeinrichtung (RCD) mindestens bei Erreichen ihres Bemessungsdifferenzstromes (Nennfehlerstromes) $I_{\Delta N}$ auslöst, und dass dabei die zulässige Berührungsspannung U_L nicht überschritten wird.
- Der Nachweis kann dadurch erfolgen, dass bei Erzeugung eines ansteigenden Fehlerstromes Fehlerstrom und Berührungsspannung beim Auslösen gemessen werden.
- Es genügt die Prüfung der Wirksamkeit an einer Stelle hinter der Fehlerstrom-Schutzeinrichtung, wenn nachgewiesen werden kann, dass alle weiteren dazugehörigen Anlagenteile über den Schutzleiter mit dieser Messstelle zuverlässig verbunden sind.
- Es sollte zusätzlich eine Auslösung der Fehlerstrom-Schutzeinrichtung (RCD) durch die Prüftaste erfolgen, wodurch die Auslösefunktion geprüft wird.
- Die Wirksamkeit muss mit geeigneten Messgeräten nach DIN EN 61557-6 (VDE 0413-6) erfolgen. Dabei sollte zum Nachweis der Abschaltzeiten die Messung mit einem Differenzstrom von 5 · $I_{\Delta N}$ erfolgen.
- Bei Wechselfehlerströmen von 5 · $I_{\Delta N}$ beträgt die maximale Abschaltzeit
  - bei Standard RCDs 0,04 s,
  - bei selektiven RCDs (S) 0,15 s.

  Damit werden die erforderlichen Abschaltzeiten eingehalten.

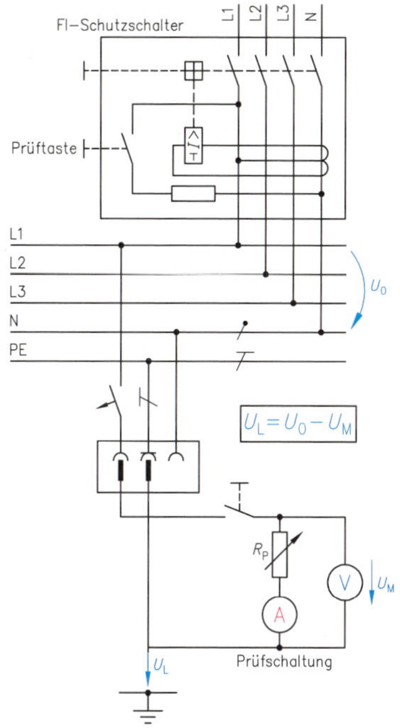

Prinzip einer Schaltung zur Prüfung der Wirksamkeit von Fehlerstrom-Schutzeinrichtungen. In der Praxis werden meistens spezielle Prüfgeräte verwendet, die U_L direkt anzeigen.

Erstellen eines Prüfberichtes über die Erstprüfung

Der Prüfbericht der Erstprüfung muss enthalten:

- Aufzeichnungen über die Besichtigung
- Aufzeichnungen über jeden Stromkreis mit Schutzeinrichtungen und den Prüfungsergebnissen

Der Prüfbericht ist zu unterschreiben und dem Auftraggeber zu übergeben.

IP-Schutzarten durch Gehäuse — VDE 0470-1

Der IP-Code legt die Schutzart (den Schutzgrad) durch Gehäuse von elektrischen Betriebsmitteln hinsichtlich des Personenschutzes, des Fremdkörperschutzes und des Wasserschutzes fest.

Anordnung des IP-Code

IP 2 3 C H

- Code-Buchstaben (International Protection) — IP
- 1. Kennziffer (Personen- und Fremdkörperschutz) — 2
- 2. Kennziffer (Wasserschutz) — 3
- Zusätzlicher Buchstabe (zusätzlicher Berührungsschutz) — C
- Ergänzender Buchstabe (ergänzende Information) — H

Erläuterungen zum zusätzlichen und ergänzenden Buchstaben

Diese Angaben erfolgen nur bei Bedarf. Der zusätzliche Buchstabe wird nur dann verwendet,
- wenn der Personenschutz höher ist als der durch die erste Kennziffer angegebene oder
- wenn nur Personenschutz angegeben wird.

Der ergänzende Buchstabe folgt hinter der zweiten Ziffer oder dem zusätzlichen Buchstaben.

1. Kennziffer	Schutzgrad		2. Kennziffer	Schutzgrad
	Personenschutz	Fremdkörperschutz		Wasserschutz
0	Nicht geschützt	Nicht geschützt	0	Nicht geschützt
	Geschützt gegen den Zugang	Geschützt gegen feste Fremdkörper mit einem		Geschützt gegen
1	• Mit dem Handrücken	• Durchmesser ≥ 50 mm	1	• Tropfwasser
2	• Mit einem Finger	• Durchmesser ≥ 12,5 mm	2	• Tropfwasser bis zu 15° Neigung des Gehäuses
3	• Mit einem Werkzeug	• Durchmesser ≥ 2,5 mm	3	• Sprühwasser bis 60° zur Senkrechten
4	• Mit einem Draht	• Durchmesser ≥ 1,0 mm	4	• Spritzwasser
5	• Mit einem Draht	Staubgeschützt	5	• Strahlwasser
6	• Mit einem Draht	Staubdicht	6	• Starkes Strahlwasser
X	Keine Angabe des Schutzgrades (gilt auch für die zweite Kennziffer)		7	• Zeitweiliges Untertauchen in Wasser
			8	• Dauerndes Untertauchen in Wasser

Zusätzlicher Buchstabe	Schutzgrad (nur Personenschutz)	Ergänzender Buchstabe	Bedeutung
A	Schutz gegen Zugang m. d. Handrücken (wie unter 1. Kennziffer: 1)	H	Hochspannungs-Betriebsmittel
B	Schutz gegen Zugang mit dem Finger (wie unter 1. Kennziffer: 2)	M	Geprüft auf Wassereintritt bei beweglichen Teilen in Betrieb
C	Schutz gegen Zugang mit Werkzeug (wie unter 1. Kennziffer: 3)	S	Geprüft auf Wassereintritt bei beweglichen Teilen im Stillstand
D	Schutz gegen Zugang mit Draht (wie unter 1. Kennziffer: 4)	W	Geeignet bei festgelegten Wetterbedingungen

Symbole für Schutzarten

	Tropfwassergeschützt, entspr. etwa IPX1		Wasserdicht, entspricht etwa IPX7
	Regengeschützt, entspricht etwa IPX3		Druckwasserdicht, entspricht etwa IPX8
	Spritzwassergeschützt, entspr. etwa IPX4		Staubgeschützt, entspricht etwa IP5X
	Strahlwassergeschützt, entspr. etwa IPX5		Staubdicht, entspricht etwa IP6X

Prüfungen elektrischer Geräte — DIN VDE 0701-0702

Anwendungsbereich und Anforderungen

- Die Prüfungen gelten für elektrische Geräte mit Spannungen bis 1 000 V AC und 1 500 V DC und werden nach einer Instandsetzung oder Änderung eines Gerätes oder als Wiederholungsprüfung in bestimmten Zeitabschnitten durchgeführt.
- Zu den Geräten gehören Gebrauchs- und Arbeitsgeräte wie elektrische Werkzeuge, Wärmegeräte, Motorgeräte, Leuchten, Geräte der Unterhaltungs-, Informations- und Kommunikationstechnik.
- Die Bestimmungen gelten nicht, wenn Teile entsprechend der Gebrauchsanweisung vom Benutzer ausgewechselt werden, wie das Wechseln von Lampen oder Sicherungen.
- Die Prüfung nach Instandsetzung oder Änderung elektrischer Geräte ist durch eine Elektrofachkraft vorzunehmen, Wiederholungsprüfungen können außerdem auch von elektrotechnisch unterwiesenen Personen unter Leitung und Aufsicht einer Elektrofachkraft vorgenommen werden.
- Die Prüfung dient dem Nachweis der elektrischen Sicherheit. Werden die Bedingungen nicht erfüllt, dann darf das Gerät nicht weiter betrieben werden.

Prüffristen für Wiederholungsprüfungen (DGUV Vorschrift 3, ehem. BGV A3)

Die Wiederholungsprüfung ist eine Prüfung in bestimmten Zeitabständen. Die angegeben Werte sind Richtwerte.

Betriebsmittel/Anlagen	Prüffrist
• Ortsveränderliche elektrische Betriebsmittel, z. B. Handleuchten, Handbohrmaschinen, Handkreissägen, Winkelschleifer, Mischmaschinen, Lötkolben, Verlängerungs- und Geräteanschlussleitungen, Projektoren, Videogeräte, Bügeleisen, Tischleuchten, Ventilatoren, Text- und Datenverarbeitungsgeräte usw.	6 Monate, 3 Monate auf Baustellen (bei einer Fehlerquote ≤ 2 % kann die Prüffrist verlängert werden) 12 Monate in Werkstätten, Laboratorien und Schulen 24 Monate in Bürobetrieben
• Elektrische Anlagen und ortsfeste Betriebsmittel	4 Jahre, 1 Jahr in besonderen Anlagen
• Fehlerstromschutzschalter (Prüftaste betätigen)	6 Monate

Sichtprüfung

Die Geräte werden ohne das Öffnen des Gerätes hinsichtlich äußerer Mängel besichtigt. Dabei ist insbesondere auf Folgendes zu achten:

- Schäden am Gehäuse, an Isolierungen, Anschlussleitungen, Schutzabdeckungen
- Mängel an der Anschlussleitung, am Biegeschutz und der Zugentlastung
- Auswahl der verwendeten Leitungen und Stecker
- Verschmutzung und Korrosion, die die Sicherheit beeinträchtigen
- Zustand des Netzsteckers, der Anschlussklemmen und -adern und von evtl. vorhandenen Luftfiltern
- Anzeichen von Überlastung und unsachgemäßem Gebrauch und unzulässigen Veränderungen
- Bedienbarkeit von Schaltern und Einstellvorrichtungen
- Dichtheit von Behältern, Zustand von Überdruckventilen
- Lesbarkeit von Aufschriften zur Sicherheit, der Bemessungsdaten (Nenndaten) und Anzeigen

Prüfung des Schutzleiters

Bei Geräten mit Schutzleiter ist die Schutzleiterstrecke durch Besichtigung und sind die Befestigungen durch Zugprüfung zu überprüfen. Der niederohmige Durchgang des Schutzleiters ist durch Messung (Durchführung der Messung s. S. 206) nachzuweisen.

Messung des Isolationswiderstandes

Der Isolationswiderstand wird am vom Netz getrennten Gerät gemessen, bei dem jedoch alle Schalter, Temperaturregler usw. geschlossen sein müssen (Durchführung der Messung s. S. 206). Ist dieses nicht möglich, z. B.

- bei Geräten mit Schaltelementen, die nur bei angelegter Netzspannung betätigt werden können, oder
- besteht die Gefahr, dass bei elektronischen Geräten Bauelemente beschädigt werden könnten,

kann auf die Messung des Isolationswiderstandes verzichtet werden. Ersatzweise muss dann die Messung des Schutzleiterstromes bzw. Berührungsstromes durchgeführt werden (S. 207). Wird der Wert bei Geräten mit Heizelementen ≥ 3,5 kW Gesamtleistung nicht erreicht, gilt das Gerät noch als einwandfrei, wenn der Schutzleiterstrom nicht größer als 1 mA/kW Heizleistung ist.

Prüfungen elektrischer Geräte (Fortsetzung)

Messung des Schutzleiterstromes

An Geräten mit Schutzleiter wird der Schutzleiterstrom gemessen (Durchführung s. S. 207). Die Messung kann direkt oder nach dem Differenzstrom-Messverfahren durchgeführt werden. Die Prüfung nach dem Ersatz-Ableitstromverfahren ist nur nach erfolgreicher Isolationswiderstandsmessung zulässig.

Messung des Berührungsstromes

Bei Geräten mit berührbaren leitfähigen Teilen, die nicht mit dem Schutzleiter verbunden sind (Schutzklasse II), muss die Messung des Berührungsstromes erfolgen (S. 207). Bei einphasigen Geräten mit Steckeranschluss ist die Messung in beiden Positionen des Steckers durchzuführen. Für die Messverfahren gelten die gleichen Bedingungen wie bei der Messung des Schutzleiterstromes.

Nachweis der sicheren Trennung vom Versorgungsstromkreis (SELV und PELV)

Bei Geräten, die eine SELV- oder PELV-Spannung erzeugen, ist die SELV- oder PELV-Spannung zu prüfen. Außerdem ist der Isolationswiderstand zwischen Primär- und Sekundärseite der Spannungsquelle (nur bei der Instandsetzung mind. 2 MΩ) und zwischen aktiven Teilen des SELV-/PELV-Ausgangsstromkreises und berührbaren leitfähigen Teilen (mind. 0,25 MΩ) zu messen.

Nachweis der Wirksamkeit weiterer Schutzeinrichtungen

Weitere Schutzeinrichtungen (z. B. RCDs) von elektrischen Geräten, die zur Sicherheit dienen, sind unter Berücksichtigung der Herstellerangaben nach dem Ermessen des Prüfers durchzuführen.

Abschließende Prüfung der Aufschriften

Nach Abschluss aller Einzelprüfungen sind Aufschriften, die der Sicherheit dienen, zu kontrollieren.

Funktionsprüfung

- Nach einer Instandsetzung oder Änderung eines Gerätes muss eine Funktionsprüfung durchgeführt werden, wobei Teilprüfungen ausreichend sein können.
- Bei Wiederholungsprüfungen sind nur Funktionsprüfungen erforderlich, durch die die Sicherheit nachgewiesen wird.

Auswertung, Beurteilung, Dokumentation

- Zum Bestehen der Prüfung müssen alle geforderten Einzelprüfungen bestanden sein. Dieses sollte am entsprechenden Gerät gekennzeichnet werden.
- Ein Gerät, das nicht bestanden hat, ist deutlich als solches zu kennzeichnen und der Betreiber ist zu informieren.
- Die Prüfungen sind zu dokumentieren, wobei empfohlen wird, alle Messwerte mit den Angaben der Messgeräte schriftlich festzuhalten.

Ergänzende Festlegungen für bestimmte Geräte

- Bei handgeführten und transportablen Elektrowerkzeugen kann die Messung des Isolationswiderstandes durch eine Prüfung der Spannungsfestigkeit erfolgen. Eine Prüfspannung (50 Hz, 1 000 V bei Schutzklasse I, 2 500 V bei Schutzklasse II und 400 V bei Schutzklasse III) wird 3 s lang zwischen die zu prüfenden Teile angelegt, wobei dabei ein Strom von höchstens 5 mA betragen darf.
- Bei **Speicherheizgeräten** und **Sauna-Heizgeräten** müssen Ersatzteile vom Hersteller des eingebauten Originalteils sein oder von diesem freigegeben sein.
- **Mikrowellenkochgeräte** dürfen nur entsprechend der Anweisungen vom Hersteller repariert werden.
- Bei handgeführten netzbetriebenen **Rasenmähern** ist
  - der Zustand der Schneidwerkzeuge insbesondere bezüglich der Messerbefestigung und Unwucht,
  - die Abdeckung der Messerkreisbahn (Gehäuse muss um ≥ 3 mm übergreifend abdecken),
  - der Zustand der Schutzeinrichtungen,
  - die Isolationsteile im Griffbereich

  zu prüfen. Ersatzschneidwerkzeuge müssen entsprechend gekennzeichnet sein und dürfen nur nach Gebrauchsanweisung eingebaut werden.
- Nach der Instandsetzung **ortsfester Wassererwärmer** ist
  - die innere Verdrahtung auf Beschädigung und feste Kontakte,
  - während einer Aufheizung die Funktion von Temperaturreglern, Temperaturbegrenzern und Strömungsschaltern, die Dichtheit und bei geschlossenen Geräten die Funktion des Sicherheitsventils (Aufheizung bis zum Austropfen) zu prüfen.

  Bei offenen Warmwasserspeichern oder -boilern ist der ungehinderte Wasseraustritt zu überprüfen. Bei allen Wassererwärmern dürfen als Ersatz für Temperaturregler, Temperatursicherungen und Schutztemperaturbegrenzer nur vom Gerätehersteller angegebene Ersatzteile entsprechend seiner Anweisungen eingebaut werden. Der Benutzer ist auf die notwendige regelmäßige Entkalkung hinzuweisen.

Prüfungen elektrischer Geräte (Fortsetzung)

Prüfablaufplan

- Für Geräte mit Schutzleiter und berührbaren leitfähigen Teilen, die alle am Schutzleiter angeschlossen sind (Geräte der Schutzklasse I, Bezeichnung im folgenden Plan „Geräte mit Schutzleiter") und
- Für Geräte ohne Schutzleiter und mit berührbaren leitfähigen Teilen (Geräte der Schutzklasse II, Bezeichnung im folgenden Plan „Geräte ohne Schutzleiter")

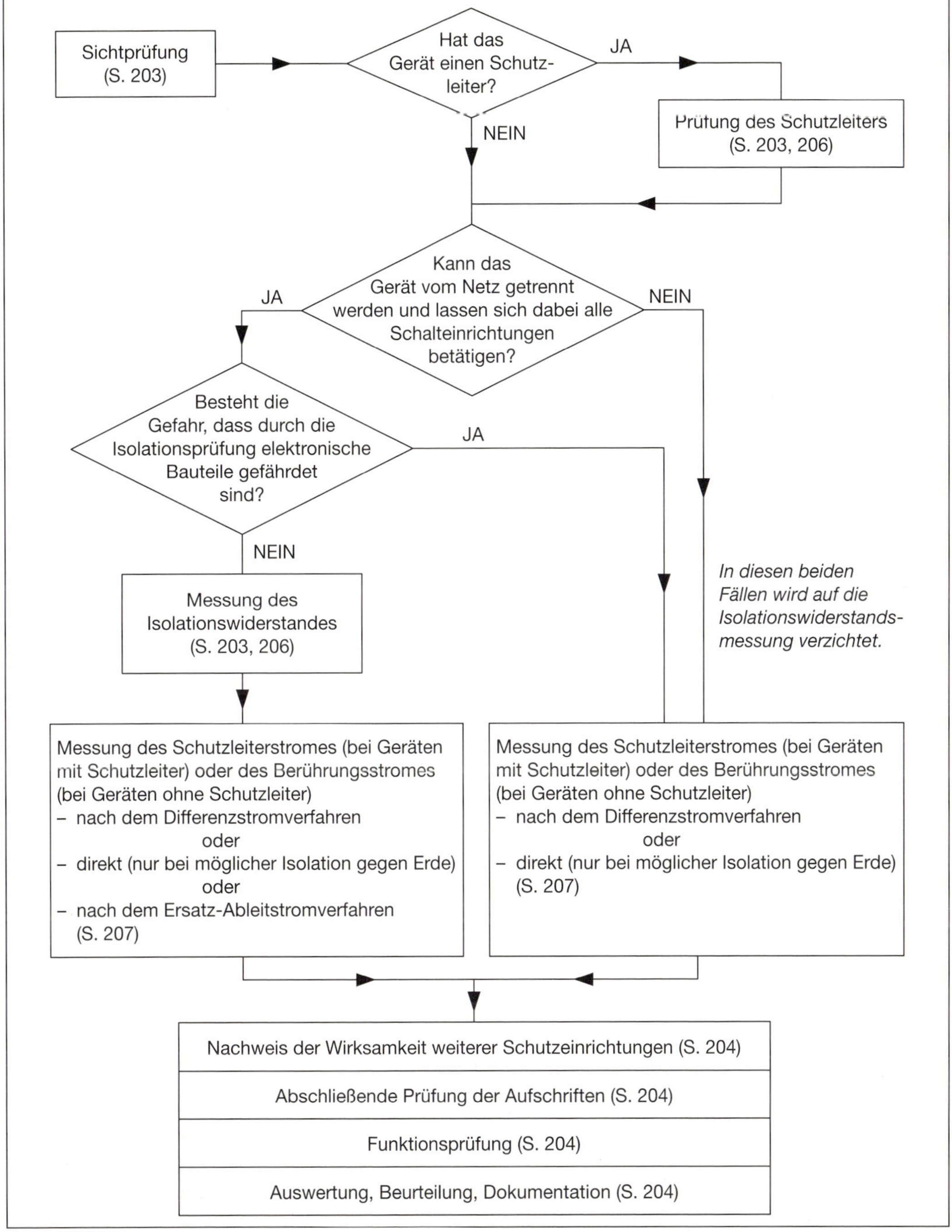

Prüfung elektrischer Geräte (Fortsetzung)

Prüfung des Schutzleiters

- Schutzleiteranschluss durch Sichtkontrolle und Handprobe an Befestigungen und den Einführungen überprüfen
- Bei Geräten mit Netzanschlussleitung und Stecker ist der Schutzleiterwiderstand zwischen Gehäuse und Schutzkontakt des Steckers zu messen. Während der Messung ist die Anschlussleitung zu bewegen.
- Bei Geräten mit festem Netzanschluss ist der Schutzleiterwiderstand zwischen Gehäuse und einem geeigneten Messpunkt, z. B. dem Schutzkontakt einer Steckdose, zu messen. Dabei ist zu berücksichtigen, dass das Messergebnis durch parallele Erdverbindungen, die z. B. durch Wasserleitungen entstehen, beeinflusst wird. Kann solch eine Parallelverbindung nicht berücksichtigt werden, dann muss das Gerät bei der Messung vom geerdeten System getrennt werden.
- Der Widerstandswert des Schutzleiters muss bei Geräten mit Anschlussleitungen bis 16 A und bis 5 m Länge ≤ 0,3 Ω sein. Bei längeren Anschlussleitungen ist zuzüglich mit 0,1 Ω je weiteren 7,5 m zu rechnen, bis zu einem Maximalwert von 1,0 Ω.
- Die Leerlaufspannung des Messgerätes darf nicht geringer als 4 V und nicht höher als 24 V AC oder DC sein. Der Messstrom muss innerhalb des Messbereiches zwischen 0,2 Ω und 1,99 Ω mindestens 0,2 A betragen.

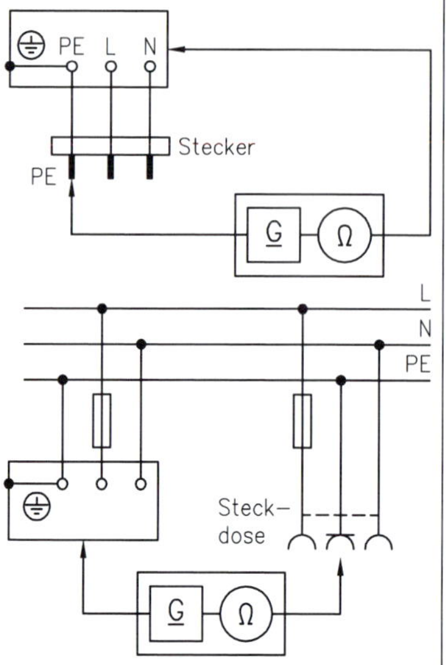

Messung des Isolationswiderstandes

- Der Isolationswiderstand ist zwischen aktiven Teilen (betriebsmäßig unter Spannung stehenden Teilen) und jedem berührbaren leitfähigen Teil einschließlich des Schutzleiters (außer PELV) zu messen.
- Bei instand gesetzten oder geänderten SELV/PELV-Stromkreisen ist der Isolationswiderstand zwischen Primär- und Sekundärstromkreis zu messen.
- Bei der Messung sind alle Schalter, Temperaturregler usw. zu schließen. Die Ausgangsgleichspannung des Isolationsmessgerätes muss bei Netzspannungsgeräten (230 V/400 V) mindestens 500 V DC betragen, wobei der Messstrom mindestens 1 mA groß sein muss.

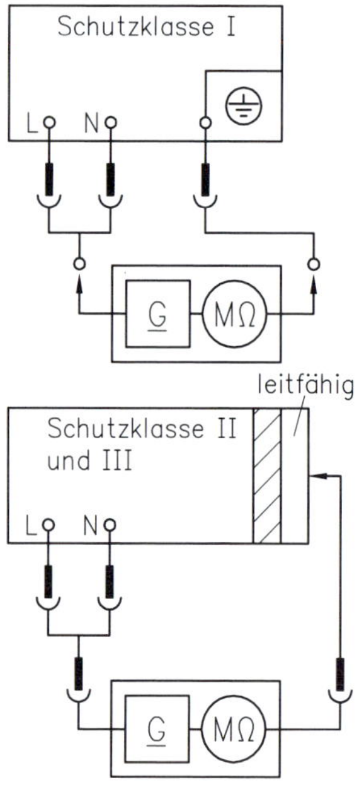

Mindestwerte für den Isolationswiderstand

Zu prüfende Geräte	Grenzwert
Geräte mit Schutzleiter und mit berührbaren leitfähigen Teilen, die mit dem Schutzleiter verbunden sind (Schutzklasse I)	1,0 MΩ
Wie oben, jedoch mit Heizelementen (Wird der Wert bei Heizelementen ≥ 3,5 kW Gesamtleistung nicht erreicht, gilt das Gerät noch als einwandfrei, wenn der Schutzleiterstrom nicht größer als 1 mA/kW Heizleistung beträgt.)	0,3 MΩ
• Geräte mit berührbaren leitfähigen Teilen, die nicht mit dem Schutzleiter verbunden sind (meistens Schutzklasse II, aber auch III) • Bei instand gesetzten oder geänderten SELV/PELV-Geräten zwischen Primär- und Sekundärstromkreis	2,0 MΩ
SELV und PELV Geräte (Schutzklasse III)	0,25 MΩ

Prüfung an elektrischen Geräten (Fortsetzung)

Messung des Schutzleiterstromes

- Die Messung des Schutzleiterstromes erfolgt an Geräten mit Schutzleitern nach
  - dem Differenzstromverfahren, wobei zur Messung auch eine Strommesszange eingesetzt werden darf,
  - dem direkten Verfahren, wenn eine Isolation des Gerätes gegenüber Erde möglich ist.
- Das Gerät wird bei der Messung mit Netzspannung betrieben. Ist die Position des Netzsteckers vertauschbar, ist in beiden Positionen zu messen. Es sind alle Schalter zu schließen.
- Der Strom im Schutzleiter darf 3,5 mA nicht überschreiten mit folgenden Ausnahmen:
  - Bei Geräten mit Heizelementen und einer Gesamtanschlussleistung ≥ 3,5 kW darf der Schutzleiterstrom maximal 1 mA/kW Heizleistung, jedoch maximal 10 mA sein.
  - Bei Geräten, bei denen vom Hersteller andere Grenzwerte angegeben wurden
- Sofern die Isolationsmessung erfolgreich durchgeführt wurde und sich das Gerät ohne Netzanschluss einschalten lässt, kann anstelle der Messung des Schutzleiterstromes das Ersatzableitstrommessverfahren (siehe unten) durchgeführt werden.

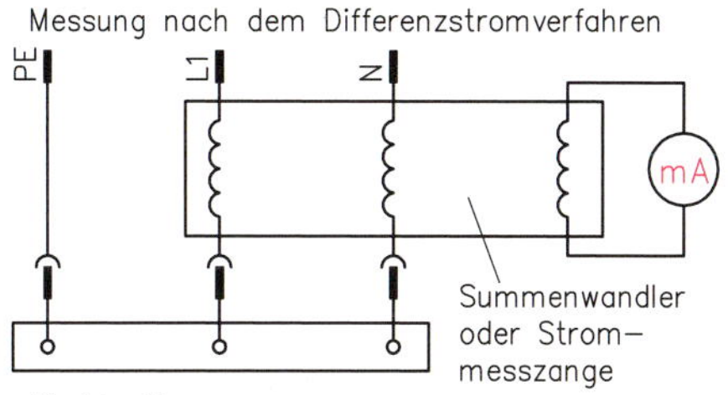

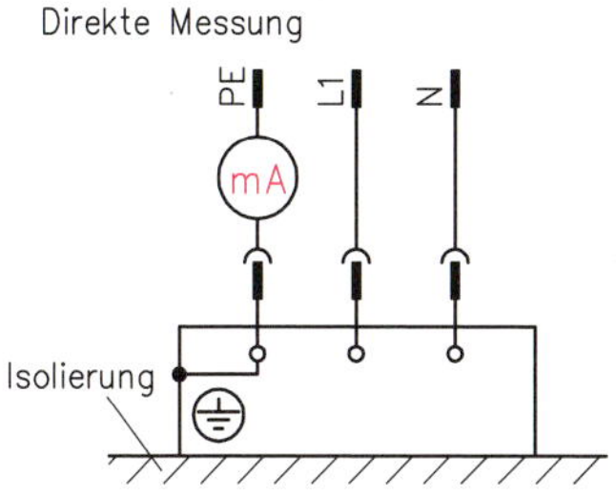

Messung des Berührungsstromes

- Die Messung des Berührungsstromes erfolgt an berührbaren leitfähigen Teilen, die nicht mit dem Schutzleiter verbunden sind, nach
  - dem Differenzstromverfahren,
  - dem direkten Verfahren, wenn eine Isolation des Gerätes gegenüber Erde möglich ist.
- Das Gerät wird dabei mit Netzspannung betrieben. Ist die Position des Netzsteckers vertauschbar, ist in beiden Positionen zu messen. Alle Schalter sind zu schließen.
- Der Berührungsstrom darf 0,5 mA nicht überschreiten.
- Sofern die Isolationsmessung erfolgreich durchgeführt wurde und sich das Gerät ohne Netzanschluss einschalten lässt, kann anstelle der Messung des Schutzleiterstromes das Ersatzableitstrommessverfahren (siehe unten) durchgeführt werden.

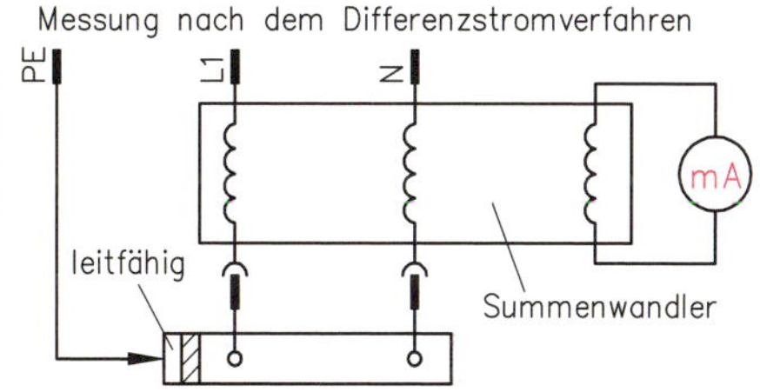

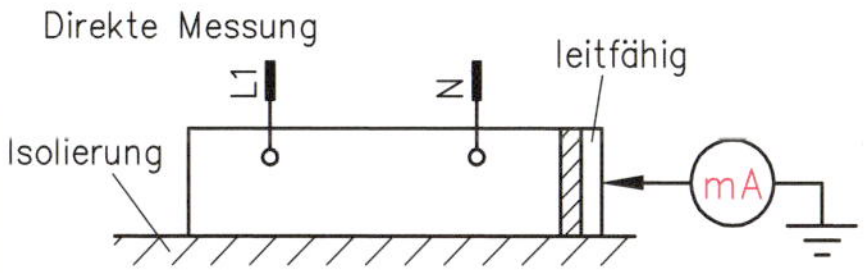

Messung des Ersatzableitstromes

- Die Messung des Ersatzableitstromes ist unter bestimmten Bedingungen (s. o.) eine Alternative anstelle des Schutzleiter- bzw. Berührungsstromes.
- Das Gerät ist vom Netz zu trennen.
- Der Strom wird zwischen den aktiven Teilen und
  - dem Schutzleiteranschluss bei Schutzklasse I oder
  - berührbaren leitfähigen Teilen des Gehäuses bei Schutzklasse II gemessen.
- Die Messspannung mit der Bemessungsfrequenz der Spannung des Gerätes darf im Leerlauf zwischen 25 V und 250 V betragen, die Stromstärken müssen nach Umrechnung auf die Netzspannung den zulässigen Werten des Schutzleiter- bzw. Berührungsstromes entsprechen.

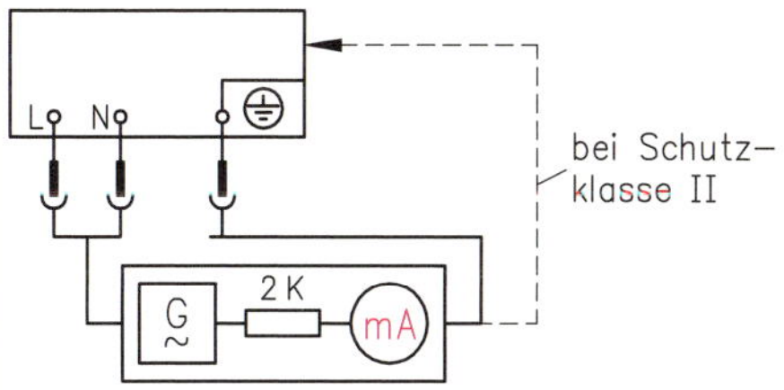

Blindleistungs-Kompensation

Grundsätzliche Kompensationsanlagen

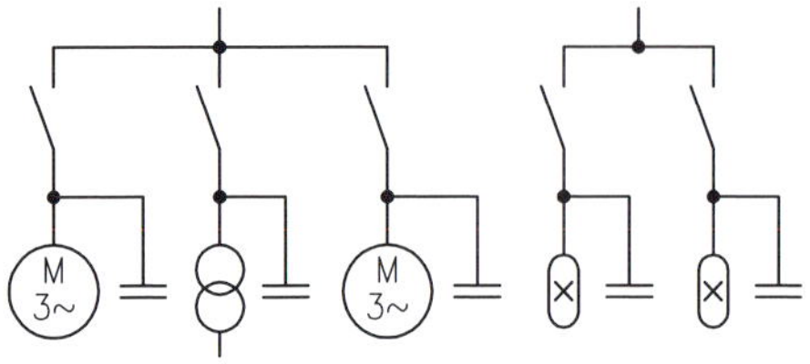

Einzelkompensation
Jeder Blindleistungsverbraucher wird einzeln mit einem Kompensationskondensator beschaltet. In öffentlichen Netzen ist meist nur die Reihenkompensation zulässig (vgl. Leuchtstofflampen-Duo-Schaltung), weil sonst die Rundsteuersignale für die 2-Tarifumschaltung kurzgeschlossen werden.
Bei Drehstrom-Asynchronmotoren werden die Kondensatoren in Dreieck geschaltet.

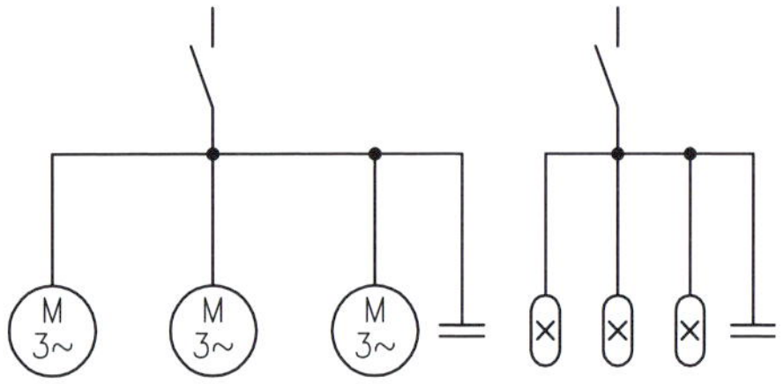

Gruppenkompensation
Blindleistungsverbraucher werden in Gruppen zusammengefasst und mit in Dreieck geschalteten Kondensatoren kompensiert.
Der Aufwand ist dadurch geringer als bei der Einzelkompensation. Die Gruppenkompensation wird bei kleineren Anlagen mit mehreren Blindleistungsverbrauchern wie Leuchtstofflampen und Motoren angewendet.

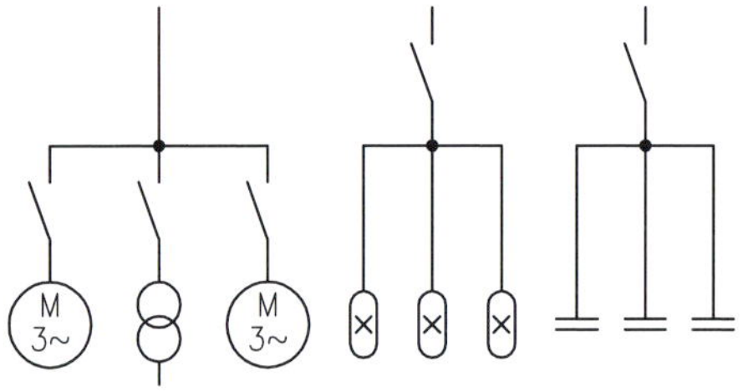

Zentralkompensation
An der Einspeisung wird die gesamte im Verbrauchernetz auftretende Blindleistung mit einer Blindleistungsregeleinheit und Kondensatorbatterie, die ein stufiges Anpassen der Kondensatorblindleistung ermöglicht, kompensiert.
Der geringere Schaltungsaufwand gegenüber der Einzel- und Gruppenkompensation hat den Nachteil, dass das Verbrauchernetz Blindleistung führt.

Leistungsdreieck

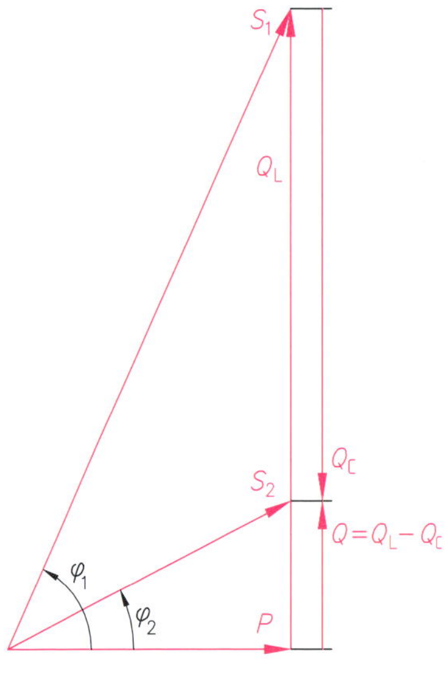

Berechnung der Kondensatorkapazität

$Q_C = P \cdot (\tan\varphi 1 - \tan\varphi 2)$ $\quad P = S_1 \cdot \cos\varphi 1$

Q_C	= kapazitive Blindleistung in W bzw. var
P	= zugeführte Wirkleistung in W
tan	= Tangens (ohne Einheit)
φ	= Phasenverschiebungswinkel in °
S	= Scheinleistung in W bzw. VA
cos φ	= Leistungsfaktor (ohne Einheit)

Parallel-Kompensation

$$C = \frac{Q_C}{U^2 \cdot 2\pi \cdot f}$$

Reihen-Kompensation

$$C = \frac{I^2}{Q_C \cdot 2\pi \cdot f}$$

C	= Kapazität in F (Bei Drehstrom C_{Gesamt})
U	= Kondensatorspannung in V
I	= Kondensatorstromstärke in A
f	= Frequenz in Hz

Bei Dreiphasen-Wechselstrom (Drehstrom) ist

$$Q_{Cstrang} = \frac{Q_{Cgesamt}}{3} \text{ und } C_{Strang} = \frac{C_{gesamt}}{3}$$

Blindleistungs-Kompensationsanlagen

Zentralkompensationsanlage

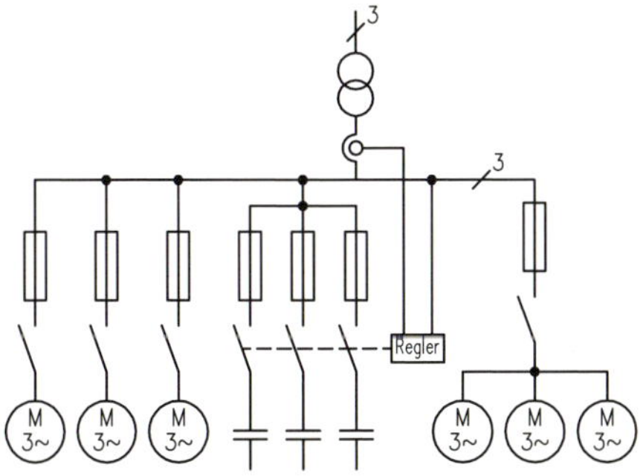

Zentralkompensationsanlagen werden mit Blindleistungsregeleinheiten überwiegend direkt in die Schaltanlage der Einspeisung integriert. Kondensatorbatterien lassen eine stufige Anpassung der Kondensatorblindleistung zu. Beispiele:

Leistung	Stufen	Reihe	Sicherung
15 kvar	3 · 5 kvar	1 : 2	63 A
20 kvar	4 · 5 kvar	1 : 1 : 2	63 A
25 kvar	5 · 5 kvar	1 : 2 : 2	63 A
30 kvar	3 · 10 kvar	1 : 1 : 1	63 A

Blindleistungsstufen für Kondensatorbatterien mit 3 Kondensatoren pro Strang

Arithmetische Reihe 1 : 1 : 1

Kondensatorleistung	4 Schaltstufen			
C1 mit 10 kvar		X	X	X
C2 mit 10 kvar			X	X
C3 mit 10 kvar				X

Schaltstufenleistung 0; 10; 20; 30 kvar

Gemischte Reihe 1 : 2 : 2

Kondensatorleistung	6 Schaltstufen					
C1 mit 5 kvar		X		X		X
C2 mit 10 kvar			X	X	X	X
C3 mit 10 kvar					X	X

Schaltstufenleistung 0; 5; 10; 15; 20; 25 kvar

Ermittlung der erforderlichen kapazitiven Blindleistung

Vorhandener $\cos_{\varphi 1}$	Gewünschter Leistungsfaktor $\cos_{\varphi 2}$							
	1,00	0,98	0,96	0,94	0,92	0,90	0,85	0,80
	Kondensatorleistung je 1 kW P_{zu} ($\tan_{\varphi 1} - \tan_{\varphi 2}$)							
0,40	2,29	2,09	2,00	1,93	1,86	1,81	1,67	1,54
0,45	1,99	1,79	1,70	1,63	1,56	1,51	1,37	1,24
0,50	1,73	1,53	1,44	1,37	1,30	1,25	1,11	0,98
0,55	1,52	1,32	1,23	1,16	1,09	1,04	0,90	0,77
0,60	1,33	1,13	1,04	0,97	0,90	0,85	0,71	0,58
0,65	1,17	0,97	0,88	0,81	0,74	0,69	0,55	0,42
0,70	1,02	0,82	0,73	0,66	0,59	0,54	0,40	0,27
0,75	0,88	0,68	0,59	0,52	0,45	0,40	0,26	0,13
0,80	0,75	0,55	0,46	0,39	0,32	0,27	0,13	–
0,85	0,62	0,42	0,33	0,26	0,19	0,14	–	–

In der nebenstehenden Tabelle kann die erforderliche kapazitive Blindleistung QC je 1 kW zugeführter Wirkleistung abgelesen werden. Bei dreiphasigen Kompensationsanlagen ergibt sich die Gesamtkapazität der Kondensatorbatterie annäherungsweise

C = 20 µF je 1 kW Blindleistung Q_C bei Dreiecksschaltung (U = 400 V)

C = 60 µF je 1 kW Blindleistung Q_C bei Sternschaltung (U = 230 V)

Pro Strang beträgt die Blindleistung

$$Q_{Cstrang} = \frac{Q_C}{3}$$

Die Kapazität eines Kondensators beträgt

$$C_{Strang} = \frac{C}{3}$$

Technische Daten von Kondensatoren (Auswahl)

Leistung in kvar	Kapazität in µF	Stromstärke in A	Sicherung in A
2	3 × 13,3	3 × 2,9	10
4	3 × 26,5	3 × 5,8	10
5	3 × 33,2	3 × 7,2	16
7,5	3 × 49,8	3 × 10,8	20
10	3 × 66,3	3 × 14,8	25
12,5	3 × 82,9	3 × 18,0	35

Entladewiderstände für Kondensatoren

Kondensatorblindleistung	Entladewiderstand *C* an 230 V	Entladewiderstand *C* an 400 V
2 kvar	680 kΩ	1500 kΩ
4 kvar	270 kΩ	680 kΩ
5 kvar	240 kΩ	560 kΩ
7,5 kvar	160 kΩ	430 kΩ
10 kvar	120 kΩ	300 kΩ
12,5 kvar	100 kΩ	240 kΩ

Ausstattungswerte für elektrische Anlagen in Wohngebäuden — DIN 18015, RAL-RG 678

Allgemeines

Die Anwendungen beziehen sich auf die Art und den Umfang der Ausstattung elektrischer Anlagen in Wohngebäuden, wie z. B. in Mehrfamilienhäusern, Einfamilienhäusern und Reihenhäusern. Zu den elektrischen Anlagen zählen:

- Beleuchtungs- und Steckdosenstromkreise (ab der Stromkreisverteilung) und Gerätestromkreise
- Stromkreisverteiler
- Telekommunikationsanlagen und Fernseh- und Hörfunkempfangssysteme wie Antennen- oder Satellitenempfangsanlagen
- Gebäudekommunikationsanlagen (z. B. Klingel-, Türsprech- oder Videoanlagen, Telefonanlagen), Gefahrenmeldeanlagen und Informationsverarbeitungsanlagen
- Anlagen der Gebäudesystemtechnik, wobei die Steuerung und Regelung über BUS-Leitungen und BUS-Komponenten erfolgt

Elektroinstallationen müssen den jeweils zum Errichtungszeitpunkt geltenden gesetzlichen Vorschriften, DIN VDE-Normen, DIN-Normen sowie den Technischen Anschlussbedingungen (TAB) des jeweiligen örtlichen Energieversorgungsunternehmens (EVU) entsprechen. Bei den Fernseh- und Hörfunkempfangssystemen und Telefonanlagen sind die Betreiberrichtlinien zu beachten und bei den Gefahrenmeldeanlagen die Richtlinien des VdS (Verband der Sachversicherer) und der entsprechenden Sachversicherer. In Anlehnung an DIN 18015 wurden nach RAL-RG 678 Ausstattungen elektrischer Anlagen in Wohngebäuden nach unterschiedlichen Werten festgelegt.

Ausstattungswerte

Ausstattungswert	Kennzeichnung	Erläuterung
1	★	Mindestausstattung gemäß DIN 18015 (s. S. 211, 213)
2	★★	Standardausstattung gemäß RAL-RG 678 (s. S. 212, 213)
3	★★★	Komfortausstattung gemäß RAL-RG 678 (s. S. 212, 213)

Ausstattungswerte für die Gebäudesystemtechnik

Bei der Gebäudesystemtechnik werden die elektrischen Funktionen in einem Gebäude miteinander vernetzt. Dieses geschieht über ein Bus-System, mit dem sowohl die Sensoren (z. B. Schalter, Taster, Dimmer, Temperaturfühler) als auch die Aktoren (z. B. Leuchten, Jalousien, Heizungen) verbunden sind. Die Funktionen können flexibel konfiguriert und an die Bedürfnisse angepasst werden. Durch das System wird außerdem mehr Energieeffizienz und höherer Komfort ermöglicht. Man unterscheidet folgende Funktionsbereiche:

- Schalten und Dimmen der Beleuchtung
- Heizen, Lüften, Kühlen
- Sicherheit
- Schalten von Steckdosen
- Sonnenschutz

Die Ausstattungswerte für die Gebäudesystemtechnik werden mit einem zusätzliche „plus“ gekennzeichnet. Für alle Ausstattungswerte ist die Vorbereitung für die Anwendung aller Funktionsbereiche durch Installieren von entsprechenden Bus-Leitungen oder entsprechenden Installationsrohren zur nachträglichen Installation sowie die Auswahl eines Stromkreisverteilers mit Reserveplatz gefordert.

Ausstattungswert	Kennzeichnung	Erläuterung
1plus	★ ***plus***	Mindestausstattung und Vorbereitung für die Gebäudesystemtechnik
2plus	★★ ***plus***	Standardausstattung und mindestens ein Funktionsbereich
3plus	★★★ ***plus***	Komfortausstattung und mindestens zwei Funktionsbereiche

Energieeffizienz

Bei der Planung der Elektroinstallation ist die Energieeffizienz zu berücksichtigen. Diese kann z. B. durch folgende Maßnahmen erfolgen:

- Schaltbare Steckdosen zur Abschaltung von Verbrauchsmitteln mit „Stand-by“-Verlusten
- Automatische Abschaltung der Beleuchtung in Räumen, die nur gelegentlich genutzt werden
- Einzelraumtemperaturregelung, durch die die Temperatur jedes Raumes angepasst wird

Insbesondere die Gebäudesystemtechnik ermöglicht durch entsprechende Einstellungen, die Energieeffizienz in Wohngebäuden zu steigern.

Ausstattungswerte für elektrische Anlagen in Wohngebäuden (Fortsetzung)

Ausstattungswert 1 ★

Anzahl der Steckdosen, Beleuchtungs- und Kommunikationsanschlüsse

Hinweise:

- Die den Bettplätzen und Arbeitsflächen von Küchen, Kochnischen und Hausarbeitsräumen zugeordneten Steckdosen sind mindestens als Zweifachsteckdosen vorzusehen, in der Tabelle zählen sie nur als eine Steckdose.
- Im Bad ist eine Steckdose in Kombination mit der Waschtischleuchte zulässig.
- Im Flur über 3 m muss die Beleuchtung von mindestens zwei Stellen schaltbar sein.

	Küche (mit Essecke Anzahl um 1 erhöhen)	Kochnische	Bad	WC-Raum	Hausarbeitsraum	Wohnzimmer (mit Essecke Anzahl um 1 erhöhen)		Esszimmer	Je Schlaf-, Kinder-, Gäste-, Arbeitszimmer, Büro		Flur		Freisitz	Abstellraum	Hobbyraum	Zur Wohnung gehörender Keller-/Bodenraum, Garage	Keller/Bodengang, je 6 m Ganglänge
						Bis 20 m²	Über 20 m²		Bis 20 m²	Über 20 m²	Bis 3 m	Über 3 m					
Steckdosen allgemein	5	3	2	1	3	4	5	3	4	5	1	1	1	1	3	1	1
Beleuchtungsanschlüsse	2	1	2	1	1	2	3	1	1	2	1	2	1	1	1	1	1
Telefon-/Datenanschluss (IuK)						1		1	1		1						
Steckdosen für Telefon/Daten						1		1	1		1						
Radio-/TV-/Datenanschluss (RuK)	1					2		1	1								
Steckdosen für Radio/TV/Daten	3					6		3	3								
Kühlgerät, Gefriergerät	2	1															
Dunstabzug	1	1															
Anschluss für Lüfter			1	1													
Rollladenantriebe	Anschlüsse entsprechend der Anzahl der Antriebe																

Anzahl der Stromkreise für Steckdosen und Beleuchtung

Wohnfläche der Wohnung in m²	Mindestanzahl der Stromkreise	Wohnfläche der Wohnung in m²	Mindestanzahl der Stromkreise
Bis 50	3	Über 100 bis 125	6
Über 50 bis 75	4	Über 125	7
Über 75 bis 100	5		

- Keller- und Bodenräume, die den Wohnungen zugeordnet sind, erhalten zusätzliche Stromkreise.
- Jeder Stromkreis ist mit einer eigenen Überstrom-Schutzeinrichtung abzusichern.
- Das Abschalten eines Fehlerstrom-Schutzschalters (RCD) darf nicht zum Ausfall aller Stromkreise führen. Ausgenommen sind selektive Fehlerstrom-Schutzschalter, die nachfolgenden vorgeschaltet sind. Folglich sind mehrere Fehlerstrom-Schutzschalter eingesetzt worden.

Anschlüsse für besondere Verbrauchsmittel mit eigenem Stromkreis

Elektroherd, Mikrowellengerät, Geschirrspülmaschine, Waschmaschine, Wäschetrockner, Bügelstation, Warmwassergerät (sofern die Warmwasserversorgung nicht auf andere Weise erfolgt), Heizgerät (sofern die Heizungsversorgung nicht auf andere Weise erfolgt)

Stromkreisverteiler	Gebäudekommunikation
In Mehrraumwohnungen mindestens vierreihig, in Einraumwohnungen mindestens dreireihig	Klingel oder Gong, Türöffner und Gegensprechanlage

Ausstattungswerte für elektrische Anlagen in Wohngebäuden (Fortsetzung)

Ausstattungswert 2 ★★

Anzahl der Steckdosen, Beleuchtungs- und Kommunikationsanschlüsse

Hinweise:

- Die den Bettplätzen und Arbeitsflächen von Küchen, Kochnischen und Hausarbeitsräumen zugeordneten Steckdosen sind mindestens als Zweifachsteckdosen vorzusehen, in der Tabelle zählen sie nur als eine Steckdose.
- Im Bad ist eine Steckdose in Kombination mit der Waschtischleuchte zulässig.
- Im Flur über 3 m muss die Beleuchtung von mindestens zwei Stellen schaltbar sein.

	Küche (mit Essecke um 1 erhöhen)	Kochnische	Bad	WC-Raum	Hausarbeitsraum	Wohnzimmer (mit Essecke um 1 erhöhen)		Esszimmer	Je Schlaf-, Kinder-, Gäste-, Arbeitszimmer, Büro		Flur		Freisitz	Abstellraum	Hobbyraum	Zur Wohnung gehörender Keller-/Bodenraum, Garage	Keller/Bodengang, je 6 m Ganglänge
						Bis 20 m^2	Über 20 m^2		Bis 20 m^2	Über 20 m^2	bis 3 m	über 3m					
Steckdosen allgemein	10	4	4	2	8	8	11	5	8	11	2	3	2	2	6	2	1
Beleuchtungsanschlüsse	3	2	3	1	2	2	3	1	2	3	2	2	2	1	2	1	1
Telefon-/Datenanschluss (IuK)	1				1	1	2	1	1	2	1		1		1		
Steckdosen für Telefon/Daten	2				2	2	4	1	2	4	2		2		2		
Radio-/TV-/Datenanschluss (RuK)	1				1	2	3	1	1				1		1		
Steckdosen für Radio/TV/Daten	3				3	6	9	3	3				3		3		
Kühlgerät, Gefriergerät	2	1															
Dunstabzug	1	1															
Anschluss für Lüfter			1	1													
Rollladenantriebe	Anschlüsse entsprechend der Anzahl der Antriebe																

Anzahl der Stromkreise für Steckdosen und Beleuchtung (Erläuterungen wie unter Ausst.-wert 1, s. S. 211)

	Küche/Kochnische		Bad	WC-Raum	Hausarbeitsraum	Wohnz. bis 20 m^2	Wohnz. über 20 m^2	Esszimmer	Schlaf bis 20 m^2	Schlaf über 20 m^2	Flur bis 3 m	Flur über 3m	Freisitz	Abstellraum	Hobbyraum	Keller-/Bodenraum, Garage	Keller/Bodengang
	1		1			1	2	1	1	2			1		1	1	

Anschlüsse für besondere Verbrauchsmittel mit eigenem Stromkreis

Elektroherd, Backofen, Dampfgarer, Mikrowellengerät, Geschirrspülmaschine, Waschmaschine, Wäschetrockner, Bügelstation, Warmwassergerät (sofern die Warmwasserversorgung nicht auf andere Weise erfolgt), Saunaheizgerät, Whirlpool, Heizgerät (sofern die Heizungsversorgung nicht auf andere Weise erfolgt)

Stromkreisverteiler	Gebäudekommunikation
In Mehrraumwohnungen mindestens vierreihig, in Einraumwohnungen mindestens dreireihig	Klingel oder Gong, Türöffner und Gegensprechanlage mit mehreren Wohnungssprechstellen

Ausstattungswert 3 ★★★

Anzahl der Steckdosen, Beleuchtungs- und Kommunikationsanschlüsse

	Küche	Kochnische	Bad	WC-Raum	Hausarbeitsraum	Wohnz. bis 20 m^2	Wohnz. über 20 m^2	Esszimmer	Schlaf bis 20 m^2	Schlaf über 20 m^2	Flur bis 3 m	Flur über 3m	Freisitz	Abstellraum	Hobbyraum	Keller-/Bodenraum, Garage	Keller/Bodengang
Steckdosen allgemein	12	4	5	2	10	10	13	7	10	13	3	4	3	2	8	2	1
Beleuchtungsanschlüsse	3	2	3	2	3	3	4	2	3	4	2	2	2	1	2	1	1
Telefon-/Datenanschluss (IuK)	1		1		1	1	2	1	1	2	1		1		1		
Steckdosen für Telefon/Daten	2		2		2	2	4	1	2	4	2		2		2		
Radio-/TV-/Datenanschluss (RuK)	1		1		1	2	3	1	2				1		1		
Steckdosen für Radio/TV/Daten	3		3		3	6	9	3	6				3		3		
Kühlgerät, Gefriergerät	2	1															
Dunstabzug	1	1															
Anschluss für Lüfter			1	1													
Rollladenantriebe	Anschlüsse entsprechend der Anzahl der Antriebe																

Anzahl der Stromkreise für Steckdosen und Beleuchtung (Erläuterungen wie unter AW 1 s. S. 211)

	Küche/Kochnische		Bad	WC-Raum	Hausarbeitsraum	Wohnz. bis 20 m^2	Wohnz. über 20 m^2	Esszimmer	Schlaf bis 20 m^2	Schlaf über 20 m^2	Flur		Freisitz	Abstellraum	Hobbyraum	Keller-/Bodenraum, Garage	Keller/Bodengang
	1		1		1	1	2	1	1	2	1		1		1	1	

Anschlüsse für besondere Verbrauchsmittel mit eigenem Stromkreis

siehe Ausstattungswert 2

Stromkreisverteiler	Gebäudekommunikation
In Mehrraumwohnungen mindestens vierreihig, in Einraumwohnungen mindestens dreireihig	Klingel oder Gong, Türöffner und Gegensprechanlage mit mehreren Wohnungssprechstellen, Video-Türstationen, Gefahrenmeldeanlagen

Ausstattungswerte für elektrische Anlagen in Wohngebäuden (Fortsetzung)

Ausstattungswert	1 ★		2 ★★		3 ★★★	
	Wohnfläche	Anzahl	Wohnfläche	Anzahl	Wohnfläche	Anzahl
Beleuchtungs- und Steckdosenstromkreise	bis 50 m^2	3	bis 50 m^2	4	bis 50 m^2	5
	> 50 bis 75 m^2	4	> 50 bis 75 m^2	5	> 50 bis 75 m^2	6
	> 75 bis 100 m^2	5	> 75 bis 100m^2	6	> 75 bis 100m^2	7
	> 100 bis 125 m^2	6	> 100 bis 125 m^2	7	> 100 bis 125 m^2	8
	> 125 m^2	7	> 125 m^2	8	> 125 m^2	9
Radio-/TV-Anschluss	bis 50 m^2	2	bis 50 m^2	3	bis 50 m^2	4
	> 50 bis 75 m^2	3	> 50 bis 75 m^2	4	> 50 bis 75 m^2	5
	> 75 bis 125 m^2	4	> 75 bis 125 m^2	5	> 75 bis 125 m^2	6
	> 125 m^2	5	> 125 m^2	6	> 125 m^2	7
Telefonanschluss (TAE)	bis 50 m^2	2	bis 50 m^2	3	bis 50 m^2	4
	> 50 bis 75 m^2	3	> 50 bis 75 m^2	4	> 50 bis 75 m^2	5
	> 75 bis 125 m^2	4	> 75 bis 125 m^2	5	> 75 bis 125 m^2	6
	> 125 m^2	5	> 125 m^2	6	> 125 m^2	7
Gerätestromkreise	Elektroherd, Geschirrspülmaschine, Waschmaschine, Warmwassergerät, Mikrowellengerät, Wäschetrockner		Elektroherd, Backofen, Geschirrspülmaschine, Waschmaschine, Warmwassergerät, Mikrowellengerät, Wäschetrockner, Bügelstation		Elektroherd, Backofen, Geschirrspülmaschine, Waschmaschine, Warmwassergerät, Mikrowellengerät, Wäschetrockner, Bügelstation, Dampfgarer, Heizung, Sauna, Whirlpool, Jalousie-/Rollladenantrieb	
Stromkreisverteiler	Mindestens 2-reihig		Mindestens 3-reihig		Mindestens 4-reihig	
Gebäudekommunikation	Klingel, Türöffner, Gegensprechanlage		Klingel, Türöffner, Gegensprechanlage mit mehreren Wohnungssprechstellen		Klingel, Türöffner, Gegensprechanlage mit mehreren Wohnungssprechstellen, Videoanlage, Gefahrenmeldeanlage	
Installationshinweise	• Jedem Zugang zu einem Raum und jedem Bettplatz ist eine Schaltstelle zuzuordnen. • Den Arbeitsflächen von Küchen, den Hausarbeitsräumen und den Bettplätzen zugeordnete Steckdosen sind als Zweifach-Steckdosen vorzusehen. In der Tabelle zählen sie jeweils als eine Steckdose. • Den Telefonanschlüssen zugeordnete Steckdosen sind als Zweifach-Steckdosen vorzusehen. In der Tabelle zählen sie jeweils als eine Steckdose. • Den Antennensteckdosen zugeordnete Steckdosen sind als Dreifach-Steckdosen vorzusehen. In der Tabelle zählen sie jeweils als eine Steckdose. • Um Totalausfall auszuschließen, darf das Abschalten einer Fehlerstromschutzeinrichtung (RCD) nicht zum Ausfall aller Stromkreise führen. Daher ist es sinnvoll, mehrere RCDs in einem Wohngebäude vorzusehen.					

Installationszonen in Wohnungen — DIN 18015-3

Bei der Installation sollten die angegeben Bereiche möglichst eingehalten werden, damit Beschädigungen bei späteren Montagearbeiten vermieden werden. Bei Betriebsmitteln (z. B. Steckdosen), die notwendigerweise außerhalb der Installationszonen liegen, ist eine senkrechte Leitungsführung aus der nächstliegenden waagerechten Installationszone zugelassen. Waagerechte Installationszonen haben eine maximale Breite von 30 cm, senkrechte von maximal 20 cm.

Installationszonen und Vorzugsmaße für Wohnräume

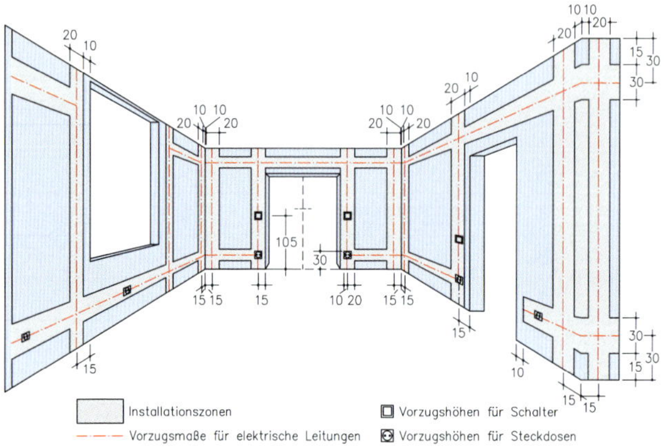

Maße in cm

- Bei neben Türen montierten Schaltern sollte der oberste Schalter (Mitte) nicht mehr als 105 cm über dem fertigen Fußboden liegen.
- In Räumen mit schräg verlaufenden Wänden wie z. B. im Dachgeschoss, sind die Installationszonen parallel zu den Bezugskanten anzuwenden.

Installationszonen und Vorzugsmaße in Küchen und Arbeitsräumen

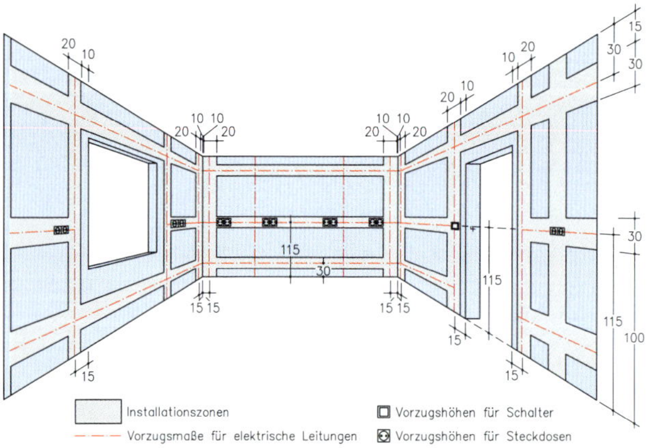

Maße in cm

- In Küchen und ähnlichen Räumen empfiehlt es sich, für Steckdosen und Beleuchtung getrennte Stromkreise vorzusehen.
- Für elektrische Geräte oder Maschinen mit einem Anschlusswert von 2 kW und mehr ist ein eigener Stromkreis vorzusehen, auch wenn diese über Steckdosen angeschlossen werden.

Installationszonen auf der Decke

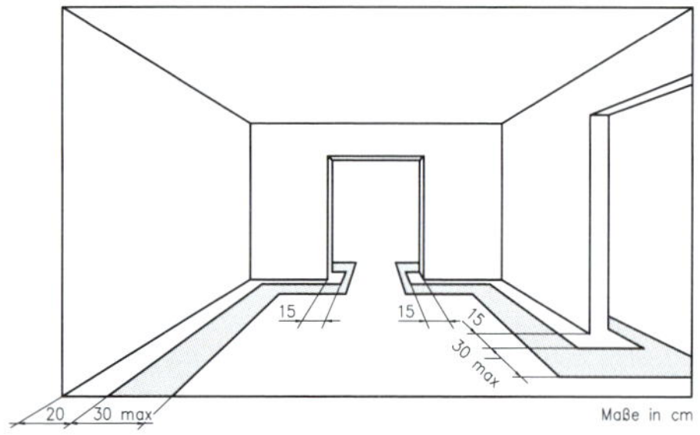

- Bei der Leitungsführung auf der Rohdecke (im Fußboden) sind die elektrischen Leitungen bündig nebeneinander und parallel zu den Wänden zu führen.
- Im Raum haben die Installationszonen eine maximale Breite von 30 cm mit einem Wandabstand von mindestens 20 cm.
- Im Türdurchgang haben sie auch eine Breite von maximal 30 cm mit einem Wandabstand von mindestens 15 cm.

Verlegen von Leitungen — DIN VDE 0100-520

Mantelleitung NYM und Kunststoffkabel NYY

- NYM-Leitungen können verlegt werden über, auf, im und unter Putz, in trockenen, feuchten und nassen Räumen, in Beton, wenn dieser keinem Schüttel-, Rüttel- oder Stampfprozess unterworfen ist, bei kurzen Strecken in Schutzrohren auch in der Erde.
- Schellenabstände sind so anzubringen, dass keine Deformationen entstehen (s. Empfehlungen rechts).
- Für das Verlegen in Elektroinstallationsrohren gelten Abstände bis 800 mm horizontal und 1 500 mm vertikal.
- Der Biegeradius von Mantelleitungen NYM muss mindestens dem 4-fachen und von Kabeln NYY mindestens dem 12-fachen Durchmesser entsprechen.
- Kunststoffkabel NYY ist geeignet für die freie Verlegung im Erdreich, im Beton und im Wasser.
- Im Erdreich verlegtes Kabel soll mindestens 0,6 m unter der Erdoberfläche verlegt und vor Beschädigung geschützt sein.

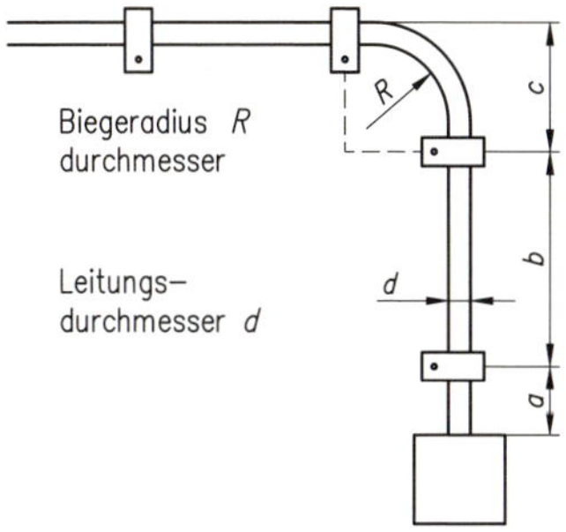

Richtwerte für Befestigungsabstände

d in mm	Schellenabstände in mm		
	a	b	c
≤ 15	80…100	250	R + 80
> 15…20	80…100	250…300	R + 80
> 20…30	100…150	300…400	R + 100

Aderleitungen und Stegleitungen

- Aderleitungen (z. B. H07V-U) dürfen in Elektroinstallationsrohren, in Elektroinstallationskanälen, sofern sie nur mit Werkzeug geöffnet werden können, und innerhalb von dafür geeigneten Betriebsmitteln verlegt werden.
- Stegleitungen dürfen nur in Putz und unter Putz und auch nur in trockenen Räumen verlegt werden, die Mindest-Putzabdeckung darf 4 mm nicht unterschreiten.
- Stegleitungen dürfen auch in Hohlräumen von Wänden und Decken verlegt werden, wenn diese aus nicht brennbarem Material bestehen, sie dürfen nicht in Elektroinstallationskanälen und -rohren verlegt werden.

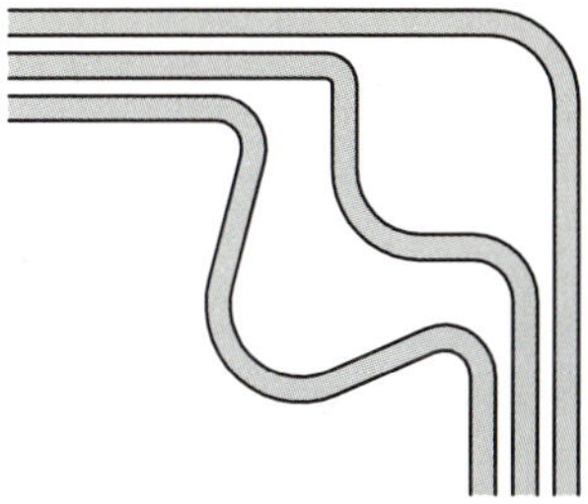

Leiterverbindungen und -anschlüsse — DIN VDE 0100-520, DIN VDE 0606

Starkstrom- und Informationsanlagen

Werden Antennensteckdosen, Telekommunikations-Anschlusseinheiten (TAE) und andere Dosen der Informationstechnik neben Steckdosen für Starkstromanlagen angeordnet, dann muss gewährleistet sein, dass bei Wartungsarbeiten an den erstgenannten Dosen der Schutz gegen direktes Berühren von Teilen der Steckdose gegeben ist. Dieses ist z. B. der Fall, wenn die Dosen im gewissen Abstand voneinander entfernt sind (s. rechts).

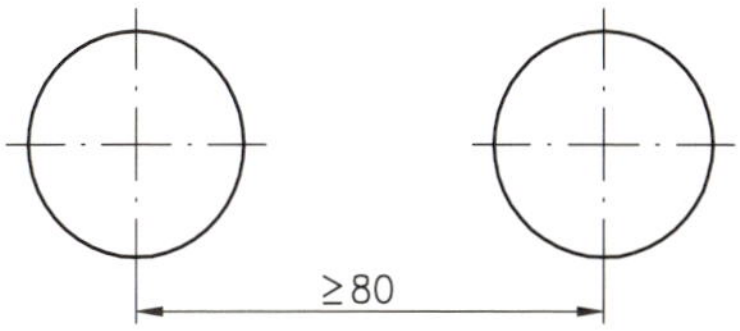

Verbindungsdosen

- Verbindungsdosen tragen im Innern der Dose Aufschriften der maximal anzuwendenden Kenngrößen (s. rechts).
- In Verbindungsdosen (Abzweigdosen) dürfen lose isolierte Einzelklemmen nur für Leiterquerschnitte von 1,5 mm^2 und 2,5 mm^2 verwendet werden. Bei Querschnitten ab 4 mm^2 dürfen nur Klemmen benutzt werden, die in der Verbindungsdose in ihrer Lage fixiert sind.

Dosenaufschrift:

Querschnitt	Klemmen	Leiter
1,5 mm^2	8	24
2,5 mm^2	6	18

Bei 1,5 mm^2 dürfen max. 8 Klemmen und 24 Leiter vorhanden sein, z. B. 8 Klemmen mit je 3 Leitern oder beliebige Zuordnung, bei 2,5 mm^2 entsprechend weniger.

Auswahl und Errichtung von Kabel- und Leitungssystemen — DIN VDE 0100-520

Bei der Auswahl und Errichtung von Leitungen und Kabeln müssen die Gegebenheiten und insbesondere die Umgebungseinflüsse berücksichtigt werden. Dabei ist zu beachten:

- Leitungen müssen so ausgewählt und errichtet werden, dass Schädigungen am Mantel und der Isolierung vermieden werden.
- Fest in Wänden verlegte Leitungen müssen waagerecht, senkrecht oder parallel zu den Raumkanten geführt werden. Ausgenommen sind Decken und Fußböden, in denen der kürzeste Weg gewählt werden darf.
- Beim Auftreten von Wasser, festen Fremdkörpern und korrosiven Stoffen muss ein geeigneter Schutz eine Schädigung der Leitungen und Kabel verhindern. Daher müssen die Leitungen die IP-Schutzart erfüllen, die für den jeweiligen Ort erforderlich ist.
- Mehrere Stromkreise in einem Elektroinstallationskanal sind nur dann zulässig, wenn alle Leiter für die höchste vorhandene Nennspannung isoliert sind. Ist das nicht der Fall, dann muss eine entsprechende Trennung im Kanal vorgenommen werden oder es müssen verschiedene Kanäle verwendet werden.

Die Bemessung der Leitungen erfolgt unter Berücksichtigung

- der Mindestquerschnitte,
- der Strombelastbarkeit,
- des zulässigen Spannungsfalls.

Erläuterungen zur Bemessung elektrischer Leitungen		
Mindestquerschnitte	Strombelastbarkeit	Spannungsfall
Für Leiter von Kabeln und Leitungen sind Mindestquerschnitte erforderlich (s. Tabelle unten). In mehrphasigen Wechselstromkreisen darf der Neutralleiter keinen kleineren Querschnitt als der Außenleiter haben, wenn der Außenleiter ≤ 16 mm^2 Cu oder ≤ 25 mm^2 Al ist.	Die Strombelastbarkeit ist abhängig von der Verlegeart und von Umgebungsbedingungen wie der Temperatur. Sie wird in Tabellen in DIN VDE 0289 angegeben (S. 218, 219).	Der Spannungsfall soll vom Hausanschlusskasten bis zu den Verbrauchsmitteln nach DIN VDE 0100 nicht größer als 4 % der Nennspannung des Netzes sein. Nach DIN 18015 darf er vom Zähler bis zu den Verbrauchern nicht größer als 3 % der Nennspannung sein (s. S. 157, 158).

Mindestquerschnitte für Leiter von Kabeln und Leitungen — DIN VDE 0100-520

Die Querschnitte von Außenleitern in Wechselstromkreisen und von spannungsführenden Leitern in Gleichstromkreisen dürfen nicht kleiner sein als die in der Tabelle angegebenen Werte.

Arten von Leitungs- und Kabelsystemen		Stromkreisanwendung	Mindestquerschnitt in mm^2	
			bei Cu	bei Al
Feste Verlegung	• Aderleitungen • Mantelleitungen • Kabel	• Lichtstromkreise • Leistungsstromkreise	1,5	16 (mit entsprechenden Anschlussverbindern)
		• Meldestromkreise • Steuerstromkreise	0,5 (für elektronische Betriebsmittel 0,1)	–
	• Blanke Leiter	• Leistungsstromkreise	10	16
		• Meldestromkreise • Steuerstromkreise	4	–
Bewegliche Verbindungen mit isolierten Leitern und Kabeln		• Schutz- und Funktionskleinspannung für besondere Anwendung	0,75	–
		• Für Anwendungen mit vieladrigen flexiblen Leitungen mit 7 oder mehr Adern	0,1	–

Verlegearten von Kabeln und Leitungen	DIN VDE 0298-4
Verlegeart	Erläuterungen
A1 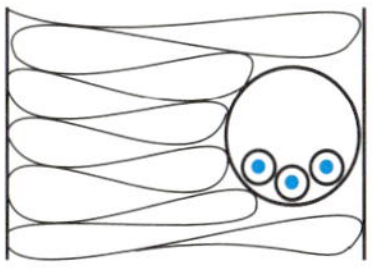	**Verlegung in wärmegedämmten Wänden:** Aderleitungen im Elektroinstallationsrohr in einer wärmegedämmten Wand, z. B.: • Aderleitungen im Elektroinstallationsrohr in der Wand mit Wärmedämmung • Aderleitungen im Elektroinstallationsrohr oder ein- oder mehradrige Mantelleitung in Türfüllungen oder Fensterrahmen
A2 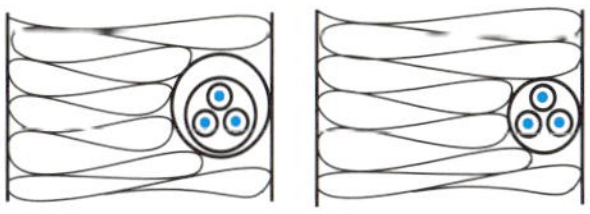	**Verlegung in wärmegedämmten Wänden:** Mehradriges Kabel oder mehradrige Mantelleitung in einem Elektroinstallationsrohr in einer wärmegedämmten Wand, z. B.: • Mehradrige Leitung im Elektroinstallationsrohr in der Wand • Mehradriges Kabel oder mehradrige Mantelleitung direkt in einer wärmegedämmten Wand
B1 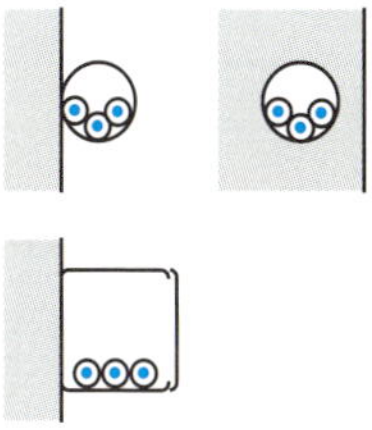	**Verlegung in Elektroinstallationsrohren:** Aderleitungen oder einadrige Mantelleitungen im Elektroinstallationsrohr auf einer Wand, z. B. Aderleitungen oder einadrige Kabel bzw. Mantelleitungen: • Im Elektroinstallationsrohr oder im geschlossenen Installationskanal auf der Wand • Im Elektroinstallationsrohr in der Wand aus Mauerwerk oder Beton (spez. Wärmewiderstand ≤ 2 K · m/W) • Im Fußbodenleistenkanal
B2 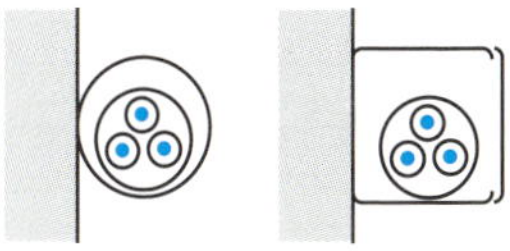	**Verlegung in Elektroinstallationsrohren:** Mehradriges Kabel oder mehradrige Mantelleitung in einem Elektroinstallationsrohr auf einer Wand, z. B.: • Mehradrige Leitungen im Elektroinstallationsrohr oder im geschlossenen Elektroinstallationskanal auf der Wand • Mehradriges Kabel oder mehradrige Mantelleitung in einem Fußbodenleistenkanal
C 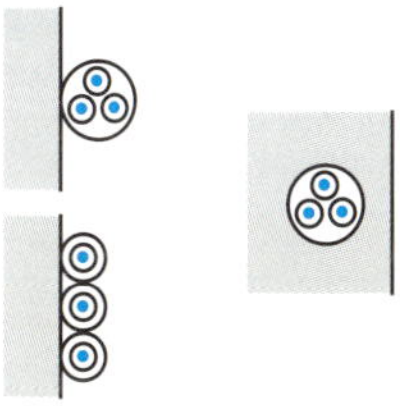	**Direkte Verlegung:** Mehradriges Kabel oder ein- oder mehradrige Mantelleitung in oder auf einer Wand, z. B.: • Kabel oder Mantelleitung auf einer Wand oder mit einem Abstand von ≤ 0,3 · Außendurchmesser der Leitung von der Wand • Stegleitung im und unter Putz • Kabel und Mantelleitung direkt im Mauerwerk oder Beton (spez. Wärmewiderstand ≤ 2 K · m/W) • Kabel oder Mantelleitung auf nicht gelochter Kabelwanne
E 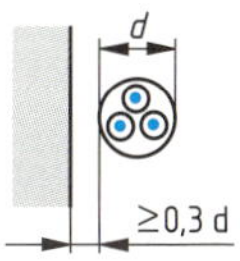	**Verlegung frei in Luft:** Mehradriges Kabel oder Mantelleitung frei in Luft mit einem Abstand zur Wand von ≥ 0,3 · *d*, z. B.: • Mehradrige Kabel oder Mantelleitung auf Kabelkonsolen oder gelochter Kabelwanne
F 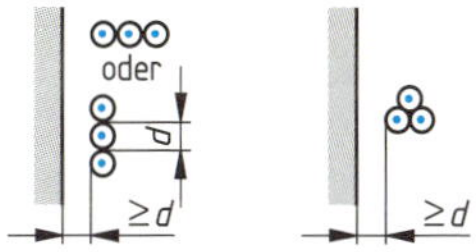	**Verlegung frei in Luft:** Einadrige Kabel oder Mantelleitung, mit Berührung, frei in Luft mit einem Abstand zur Wand von ≥ 1 · *d*, z. B.: • Einadrige Kabel oder Mantelleitung auf Kabelkonsolen oder gelochter Kabelwanne (auch Verlegeart G möglich) (je nach Leiteranordnung unterschiedliche Strombelastbarkeit)
G 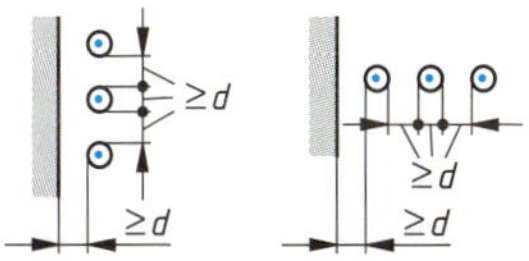	**Verlegung frei in Luft:** Einadrige Kabel oder Mantelleitung frei in Luft mit Abstand untereinander und zur Wand von ≥ 1 · *d*, z. B.: • Einadrige Kabel oder Mantelleitung auf Kabelkonsolen oder gelochter Kabelwanne (auch Verlegeart F möglich) (je nach Leiteranordnung unterschiedliche Strombelastbarkeit)

Strombelastbarkeit von Leitungen für feste Verlegung und ϑ_U = 30 °C — DIN VDE 0298-4

Strombelastbarkeit I_z in Ampere für Kabel und Leitungen für feste Verlegung in Gebäuden bei einer Umgebungstemperatur ϑ_U = 30 °C für Leitungen mit Isolierwerkstoff PVC (zul. Betriebstemperatur 70 °C) wie z. B. H07V-U, H07V-R, H07V-K, NYM, NYMZ, NYBUY, NYIF, NYY, NYMH, NYDY

q_N (Cu) in mm²	Verlegeart																
	A1		A2		B1		B2		C		E		F			G	
	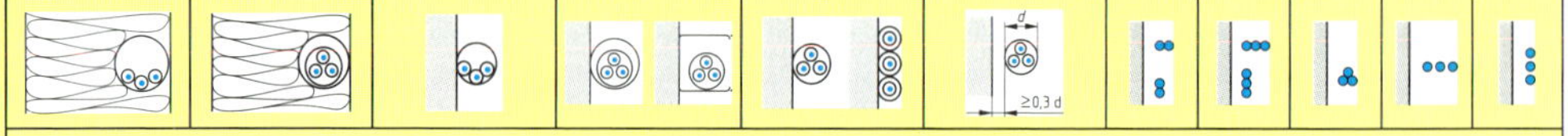																
	Anzahl der belasteten Adern																
	2	3	2	3	2	3	2	3	2	3	2	3	2	3	3	3	3
1,5	15,5	13,5	15,5	13	17,5	15,5	16,5	15	19,5	17,5	22	18,5	–	–	–	–	–
2,5	19,5	18	18,5	17,5	24	21	23	20	27	24	30	25	–	–	–	–	–
4	26	24	25	23	32	28	30	27	36	32/33[1]	40	34	–	–	–	–	–
6	34	31	32	29	41	36	38	34	46	41	51	43	–	–	–	–	–
10	46	42	43	39	57	50	52	46/47[1]	63	57/59[1]	70	60	–	–	–	–	–
16	61	56	57	52	76	68	69	62	85	76	94	80	–	–	–	–	–
25	80	73	75	68	101	89	90	80	112	96	119	101	131	114	110	146	130
35	99	89	92	83	125	110	111	99	138	119	148	126	162	143	137	181	162
50	119	108	110	99	151	134	133	118	168	144	180	153	196	174	167	219	197
70	151	136	139	125	192	171	168	149	213	184	232	196	251	225	216	281	254
95	182	164	167	150	232	207	201	179	258	223	282	238	304	275	264	341	311
120	210	188	192	172	269	239	232	206	299	259	328	276	352	321	308	396	362

[1] Bei Verlegung auf Holz gilt der kleinere Wert.

Strombelastbarkeit von flexiblen Leitungen und ϑ_U = 30 °C — DIN VDE 0298-4

Die folgende Tabelle gibt die Strombelastbarkeit I_z in Ampere für flexible Leitungen mit Adern aus Kupfer und mit Nennspannungen bis 1 000 V an. Die Werte gelten bei Leitungen in Spalte 2 für frei in Luft gespannte, in den Spalten 3 bis 8 für aufliegende Leitungen.

1	2	3	4	5	6	7	8
	Leitungsarten						
	A05RN-F H07RN-F	H03RT-F, H05RR-F A05RR-F, A05RRT-F H05RN-F, A05RN-F H07RN-F, A07RN-F		NMHVÖU NSHTÖU H07RN-F A07RN-F	H03VH-H H03VV-F H05VV-F H03VVH2-F u. ä.	H03VV-F H05VV-F	NYMHYV NYSLYÖ H05VVH6-F u. ä.
	(Isolierwerkstoff: NR/SR, zulässige Betriebstemperatur 60 °C)				(Isolierwerkstoff: PVC, zulässige Betriebstemperatur 70 °C)		
	Anzahl der belasteten Adern						
Nennquerschnitt in mm²	1	2	3	2 oder 3	2	3	2 oder 3
0,5	–	3	3	–	3	3	–
0,75	15	6	6	12	6	6	12
1	19	10	10	15	10	10	15
1,5	24	16	16	18	16	16	18
2,5	32	25	20	26	25	20	26
4	42	32	25	34	–	–	34
6	54	40	–	44	–	–	44
10	73	63	–	61	–	–	61
16	98	–	–	82	–	–	82
25	129	–	–	108	–	–	108

Strombelastbarkeit von Leitungen: Umrechnungsfaktoren — DIN VDE 0298-4

Die folgenden Tabellen geben Umrechnungsfaktoren für abweichende Betriebsbedingungen an. Die Strombelastbarkeit I_z erhält man, indem man die Werte für die Strombelastbarkeit bei den vorgegebenen Betriebsbedingungen (S. 218) mit den Umrechnungsfaktoren bei abweichenden Betriebsbedingungen multipliziert, z. B. ϑ_u = 30 °C: I_{z30} = 17,5 A; ϑ_u = 50 °C: I_{z50} = 17,5 A × 0,71 (PVC) = 12,4 A

Umrechnungsfaktoren für abweichende Umgebungstemperaturen

Umgebungstemperatur in °C	10	15	20	25	30	35	40	45	50	55	60
Faktor f. Isolierwerkstoff NR/SR zul. Betriebstemperatur 60 °C	1,29	1,22	1,15	1,08	1,0	0,91	0,82	0,71	0,58	0,41	–
Faktor für Isolierwerkstoff PVC zul. Betriebstemperatur 70 °C	1,22	1,17	1,12	1,06	1,0	0,94	0,87	0,79	0,71	0,61	0,50

Umrechnungsfaktoren für vieladrige Leitungen mit Leiternennquerschnitten bis 10 mm²

Anzahl der belasteten Adern	5	7	10	14	19	24	40	61
Umrechnungsfaktor	0,75	0,65	0,55	0,50	0,45	0,40	0,35	0,30

Umrechnungsfaktoren für Häufung

Anordnung der Leitungen	Anzahl der mehradrigen Leitungen oder Anzahl der Wechsel- oder Drehstromkreise aus einadrigen Leitungen								
	1	2	3	4	5	6	7	8	9
Gebündelt direkt auf der Wand, dem Fußboden, im Installationsrohr oder -kanal, auf oder in der Wand	1,00	0,80	0,70	0,65	0,60	0,57	0,54	0,52	0,50
Einlagig mit Berührung auf der Wand oder dem Fußboden, unter der Decke	1,00 0,95	0,85 0,81	0,79 0,72	0,75 0,68	0,73 0,66	0,72 0,64	0,72 0,63	0,71 0,62	0,70 0,61

Strombelastbarkeit von Leitungen für feste Verlegung und ϑ_U = 25 °C — DIN VDE 0298-4

Strombelastbarkeit I_z in Ampere für Kabel und Leitungen Leitungen für feste Verlegung in Gebäuden bei einer Umgebungstemperatur ϑ_U = 25 °C für Leitungen mit Isolierwerkstoff PVC (zul. Betriebstemperatur 70 °C) wie NYM, NYMZ, NYBUY, NYIF, NYY, NHMH, NYDY, H07V-U, H07V-R, HO7V-K. Die zu dieser Tabelle zugeordneten Werte für die Überstrom-Schutzeinrichtungen sind auf S. 221 aufgeführt.

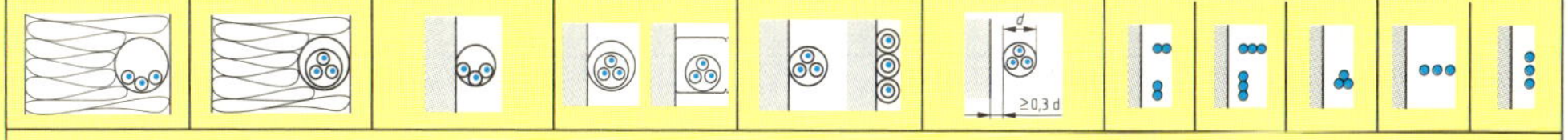

q_N (Cu) in mm²	Verlegeart A1		A2		B1		B2		C		E		F			G	
	Anzahl der belasteten Adern																
	2	3	2	3	2	3	2	3	2	3	2	3	2	3	3	3	3
1,5	16,5	14,5	16,5	14	18,5	16,5	17,5	16	21	18,5	23	19,5	–	–	–	–	–
2,5	21	19	19,5	18,5	25	22	24	21	29	25	32	27	–	–	–	–	–
4	28	25	27	24	34	30	32	29	38	34	42	36	–	–	–	–	–
6	36	33	34	31	43	38	40	36	49	43	54	46	–	–	–	–	–
10	49	45	46	41	60	53	55	50 1)	67	63 2)	74	64	–	–	–	–	–
16	65	59	60	55	81	72	73	66	90	81	100	85	–	–	–	–	–
25	85	77	80	72	107	94	95	85	119	102	126	107	139	121	117	155	138
35	105	94	98	88	133	117	118	105	146	126	157	134	172	152	145	192	172
50	126	114	117	105	160	142	141	125	178	153	191	162	208	184	177	232	209
70	160	144	147	133	204	181	178	159	226	195	246	208	266	239	229	298	269
95	193	174	177	159	246	219	213	190	273	236	299	252	322	292	280	361	330
120	223	199	204	182	285	253	246	218	317	275	348	293	373	340	326	420	384

1) Bei Verlegung auf Holz 49.
2) Bei Verlegung auf Holz 60.

Niederspannungssicherungen — VDE 0636-1, DIN EN 60269

Betriebsklassen

Die Betriebsklasse ist durch zwei Buchstaben gekennzeichnet:

Erster Buchstabe: Funktionsklasse	Zweiter Buchstabe: Schutzobjekt
• g **Ganzbereichssicherungen.** Sicherungseinsätze, die Ströme bis zu ihrem Nennstrom (Bemessungsstrom I_n) dauernd führen und vom kleinsten Schmelzstrom bis zum Nennausschaltstrom ausschalten können. • a **Teilbereichssicherungen.** Sicherungseinsätze, die Ströme bis zu ihrem Nennstrom (Bemessungsstrom I_n) dauernd führen und oberhalb eines bestimmten Vielfachen von I_n bis zum Nennausschaltstrom ausschalten können.	• G allgemeine Anwendung • L Kabel und Leitungen • M Schaltgeräte • R Halbleiter • B Bergbau-Anlagen • Tr Transformatoren
Daraus ergeben sich folgende Betriebsklassen: • gL Ganzbereichs-Kabel- und -Leitungsschutz • aM Teilbereichs-Schaltgeräteschutz • aR Teilbereichs-Halbleiterschutz	• gG Ganzbereichsschutz für allgemeine Anwendungen • gR Ganzbereichs-Halbleiterschutz • gB Ganzbereichs-Bergbau-Anlagenschutz • gTr Ganzbereichs-Transformatorschutz

Bauarten von Niederspannungssicherungssystemen

Bezeichn.	D-Sicherungssystem	D0-Sicherungssystem	NH-Sicherungssystem
Erläuterung und Darstellung	Diazed-Sicherungssystem (Schraubsicherung) 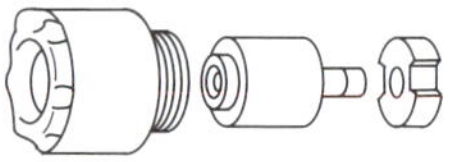	Neozed-Sicherungssystem (Schraubsicherung) 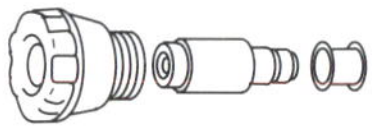	Niederspannungs-Hochleistungs-Sicherungssystem (Sicherung mit Messerkontaktstücken) 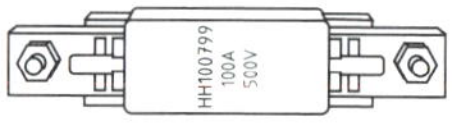
Bereiche	500 V AC bis 100 A, 660 V AC und 600 V DC bis 63 A	400 V AC und 250 V DC bis 100 A	Z. B. Betriebsklasse gL: 500 V AC und 440 V DC bis 1250 A

Kennzeichnung

Diazed- und Neozed-Sicherungssystem

Nennstrom in A	Kennfarbe	Größe der Schraubkappe Diazed	Größe der Schraubkappe Neozed
2 4 6 10 16	Rosa Braun Grün Rot Grau	DII (E27)	D01 (E14)
20 25	Blau Gelb	DII (E27)	D02 (E18)
35 50 63	Schwarz Weiß Kupfer	DIII (E33)	D02 (E18)
80 100	Silber Rot	DIV (R1/4“)	D03 (M30x2)

NH-Sicherungssystem

Baugröße	Strombereich (I_n) in A
00	6 bis 100
0	6 bis 160
1	80 bis 250
2	125 bis 400
3	315 bis 630
4a	500 bis 1250

Bemessungsströme (I_n) in A

6, 10, 16, 20, 25, 32, 35, 40, 50, 63, 80, 100, 125, 160, 200, 224 (nur gL), 250, 315, 400, 500, 630, 800, 1 000, 1 250

Niederspannungssicherungen (Fortsetzung)

Strom-Zeit-Bereiche für Leitungschutzsicherungen der Betriebsklasse gG/gL

Nebenstehende Kennlinien zeigen das zeitliche Verhalten der Schmelzsicherungen vom unbeeinflussten Kurzschlussstrom I_P.
Zu jedem Bemessungsstrom I_n (Nennstrom) sind zwei Kennlinien (links und rechts neben der Angabe von I_n) dargestellt. Die linke Kennlinie stellt den Verlauf der Schmelzzeit t_{vs} (kleinste Zeit), die rechte den Verlauf der Ausschaltzeit t_{va} (größte Zeit) dar.
Selektivität zwischen zwei Sicherungen wird in etwa bei jeder zweiten Stufe von I_n erfüllt. Sicherungen desselben Herstellers mit Bemessungsströmen ab 16 A verhalten sich untereinander auch selektiv, wenn das Nennstromverhältnis mindestens 1:1,6 beträgt. Z. B. verhalten sich folgende drei Sicherungen gleichen Typs selektiv:
I_{n1} = 16 A;
I_{n2} = 32 A;
I_{n3} = 63 A.

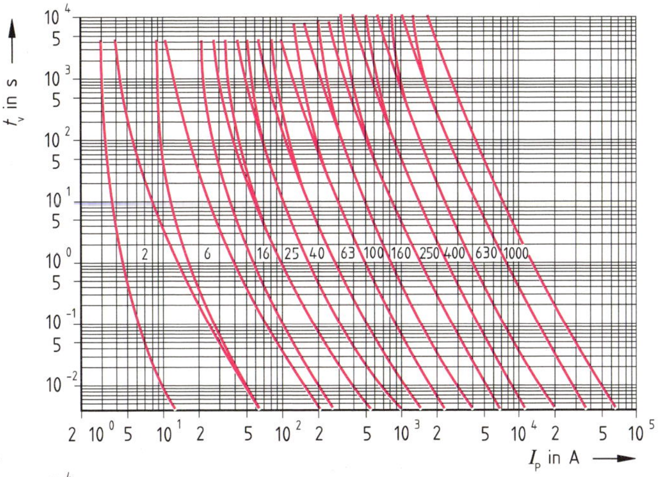

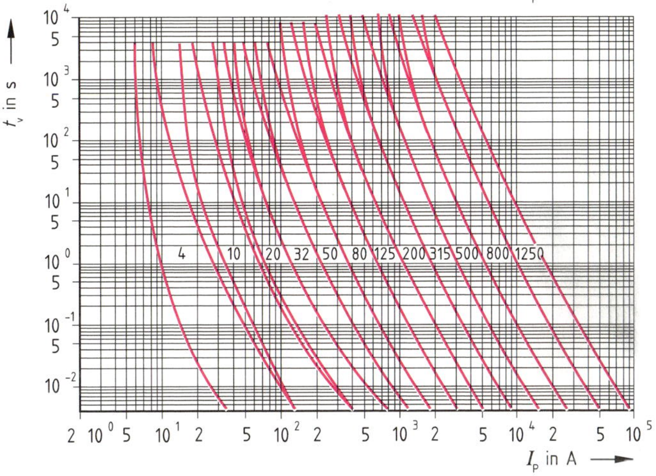

Geräteschutzsicherungen — DIN VDE 0820

Kennzeichnung durch	Charakteristik		Schaltvermögen in A		Strombereiche (I_n) und Größen, U_n = 250 V	
	Symbol	Auslöseverhalten	Buchstabe	Erläuterung	Bereiche in A	Größen in mm
• die Charakteristik • Den Bemessungsstrom I_n (in mA oder A) • Kennbuchstaben für das Ausschaltvermögen • Die Bemessungsspannung U_n z. B.: F 200 H 250V	FF F M T TT	Superflink Flink Mittelträge Träge Superträge	H	Groß, 1 500 A AC	0,05 ... 6,3 A (Char. F)	5 · 20
			L	Klein, 10 · I_n, aber mind. 35 A AC	1 ... 6,3 A (Char. T)	5 · 20
			E	Erhöht, 150 A AC	0,05 ... 2 A (Char. F)	6,3 · 20

Leitungsschutzschalter — DIN VDE 0660-101

Kenndaten

Auslöse-Charakteristik	Einsatzbereich	Bemessungsströme I_n in A (Nennströme)	Weitere typ. Kenndaten (gelten für B-, C-, K- und Z-Charakteristik)
B	Überstromschutz von Leitungen	6; 10; 13; 16; 20; 25; 32; 40; 50; 63	Polzahl: 1, 2, 3 und 4
C	Überstromschutz von Leitungen für Stromkreise, wo Verbrauchsmittel betriebsmäßig Stromspitzen verursachen	0,5; 1; 1,6; 2; 3; 4; 6; 8; 10; 13; 16; 20; 25; 32; 40; 50; 63	Bemessungsspannungen U_n: 230 V ~; 400 V ~ (U_{max} = 440 V ~; 60 V –)
K	Kraftstromkreise, Motoren, Transformatoren, Lampen, Leitungsschutz	0,2; 0,3; 0,5; 0,75; 1; 1,6; 2; 3; 4; 6; 8; 10; 13; 16; 20; 25; 32; 40; 50; 63	Bemessungsschaltvermögen: 6 kA, 10 kA und 25 kA
Z	Schutz von Halbleitern und Messkreisen mit Wandlern, Leitungsschutz	0,5; 1; 1,6; 2; 3; 4; 6; 8; 10; 13; 16; 20; 25; 32; 40; 50; 63	Schutzart: IP 20, mit Frontabdeckung IP 40

Auslöseverhalten

B-, C- und D-Charakteristik

Kennlinien

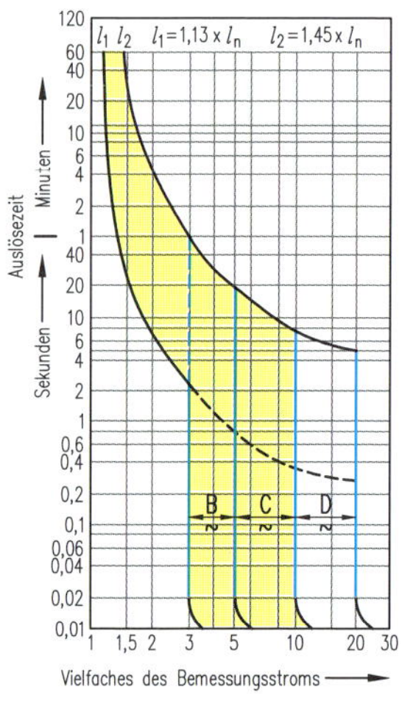

- Kleiner Prüfstrom $I_1 = 1{,}13 \cdot I_n$ bei einer Auslösezeit > 1 h
- Großer Prüfstrom $I_2 = 1{,}45 \cdot I_n$ bei einer Auslösezeit < 1 h
- Der elektromagnetische Auslöser schaltet innerhalb 0,1 s spätestens aus bei:
  - B-Charakteristik bei $5 \cdot I_n$
  - C-Charakteristik bei $10 \cdot I_n$
  - D-Charakteristik bei $20 \cdot I_n$

K- und Z-Charakteristik

Kennlinien

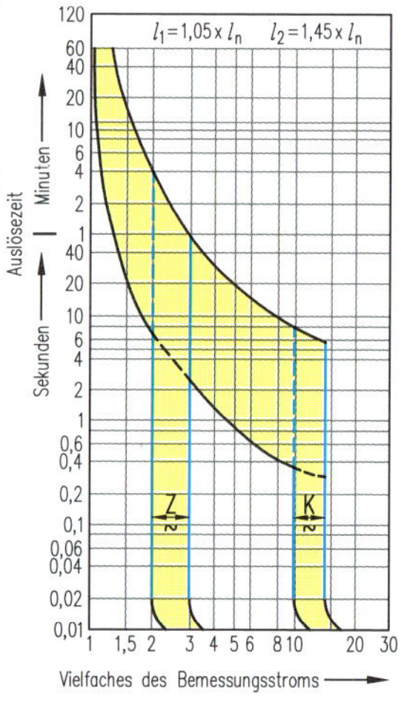

- Kleiner Prüfstrom $I_1 = 1{,}05 \cdot I_n$ bei einer Auslösezeit > 1 h
- Großer Prüfstrom $I_2 = 1{,}2 \cdot I_n$ bei einer Auslösezeit < 1 h
- Der elektromagnetische Auslöser schaltet innerhalb 0,2 s spätestens aus bei:
  - K-Charakteristik bei $14 \cdot I_n$
  - Z-Charakteristik bei $3 \cdot I_n$

Selektivität

Erläuterungen

- Selektivität bei Überstrom-Schutzeinrichtungen besteht dann, wenn bei einem Fehler in der Anlage nur die dem Fehler unmittelbar vorgeschaltete Überstrom-Schutzeinrichtung anspricht.
- Die Selektivität richtet sich nach dem Auslöseverhalten der Schutzeinrichtungen und der Höhe des Überstromes (s. Beispiel: Bei Strömen bis 6000 A besteht Selektivität, über 6000 A schaltet die Schmelzsicherung vor dem LS-Schalter ab, es besteht keine Selektivität).

Beispiel

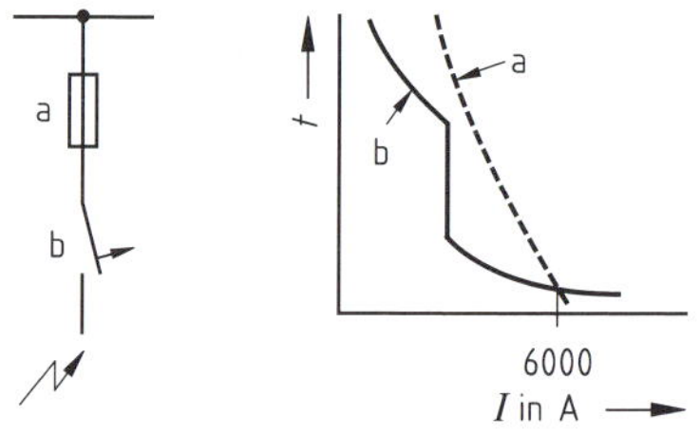

Kennzeichnung von Adern bei Niederspannungsleitungen und -kabeln — DIN VDE 0293-308

Ader-zahl	Kabel **mit** grün-gelber Ader, Kurzzeichen -J bzw. -G (…)[1]	Kabel **ohne** grün-gelbe Ader, Kurzzeichen -O bzw. -X (…)[1]	Kabel mit konzentrischem Leiter (…)[1]
2	–	BU/BN (BL/BR)	BU/BK (BL/SW)
3	GNYE/BU/BN (GNGE/BL/BR)	– BN/BK/GR (BR/SW/GR)	BK/BN/GY (SW/BR/GR)
4	GNYE/–/BN/BK/GR (GNGE/–/BR/SW/GR)	BU/BN/BK/GR (BL/BR/SW/GR)	BU/BN/BK/GY (BL/BR/SW/GR)
5	GNYE/BU/BN/BK/GR (GNGE/BL/BR/SW/GR)	BU/BN/BK/GR/BK (BL/BR/SW/GR/SW)	BU/BN/BK/GY/BK (BL/BR/SW/GR/SW)
6 und mehr	GNYE/weitere Adern BK mit Ziffern, von innen mit 1 beginnend	BK-Adern mit Ziffern, von innen mit 1 beginnend	BK-Adern mit Ziffern, von innen mit 1 beginnend

Kennfarben von Adern in mehradrigen Kabeln für feste Verlegung — DIN IEC 60757

Ader-zahl	Kabel **mit** grün-gelber Ader, Kurzzeichen –J (…)[1]	Kabel **ohne** grün-gelbe Ader, Kurzzeichen –O (…)[1]	Kabel mit konzentrischem Leiter (…) [1]
2	–	BU/BK (BL/SW)	BU/BK (BL/SW)
3	GNYE/BK/BU (GNGE/SW/BL)	BN/BU/BK (BR/BL/SW)	BK/BU/BN (SW/BL/BR)
4	GNYE/BK/BU/BN (GNGE/SW/BL/BR)	BK/BN/BU/BK (SW/BR/BL/SW)	BK/BU/BN/BK (SW/BL/BR/SW)
5	GNYE/BK/BU/BN/BK (GNGE/SW/BL/BR/SW)	BK/BU/BN/BK/BK (SW/BL/BR/SW/SW)	–
6 und mehr	GNYE/weitere Adern BK mit Ziffern, von innen mit 1 beginnend	BK-Adern mit Ziffern, von innen mit 1 beginnend	BK-Adern mit Ziffern, von innen mit 1 beginnend

Kennfarben von Adern in mehradrigen Kabeln für ortsveränderliche Verbraucher

Ader-zahl	Kabel **mit** grün-gelber Ader, harmonisiert (…)[1]	Kabel **ohne** grün-gelbe Ader (…)[1]	Kabel mit konzentrischem Leiter (…) [1]
2	–	BU/BN (BL/BR)	–
3	GNYE/BN/BU (GNGE/BR/BL)	BN/BU/BK (BR/BL/SW)	–
4	GNYE/BK/BU/BN (GNGE/SW/BL/BR)	BK/BN/BU/BK (SW/BR/BL/SW)	–
5	GNYE/BK/BU/BN/BK (GNGE/SW/BL/BR/SW)	BK/BU/BN/BK/BK (SW/BL/BR/SW/SW)	–
6 und mehr	GNYE/weitere Adern BK mit Ziffern von innen mit 1 beginnend	BK-Adern mit Ziffern, von innen mit 1 beginnend	–

[1] Die Übergangsfrist der in Klammern angegebenen Kennzeichnung endete am 01.04.2006.
Farbkurzzeichen: BK (SW) = Black (Schwarz), BN (BR) = Brown (Braun), BU (BL) = Blue (Blau), GNYE (GNGE) = Green-Yellow (Grün-Gelb), GY (GR) = Grey (Grau).

Kennfarben isolierter Leiter

Stromsystem	Leiterbe-zeichnung	Kurzzei-chen	Farbe	Leiterbe-zeichnung	Kurzzei-chen	Symbol	Farbe
Gleichstrom	positiv negativ Mittelleiter	+ – 	[1] [1] hbl[2]	Neutralleiter mit Schutzfunktion	PEN		GNYE (GNGE)
Einphasen-Wechselstrom	Außenleiter Neutralleiter	L1; L2; L3 N	[1] hbl[2]	Schutzleiter	PE		GNYE (GNGE)
[1] Farbe ist nicht festgelegt. [2] Hellblau darf nicht zur Kennzeichnung anderer Leiter verwendet werden, wenn eine Verwechslung möglich ist.				Erde			

Starkstromleitungen — DIN VDE 0250/0281/0282/0298

Spannungsangaben	
Betriebsspannung	Spannung zwischen den Außenleitern
U_0	Bemessungsspannung zwischen Außenleiter und Metallmantel oder Erde
U	Bemessungsspannung zwischen den Außenleitern
$\frac{U_0}{U} = \frac{1}{\sqrt{3}}$	Spannungsverhältnis bei Kabeln für Dreiphasen-Wechselstromsystemen
$\frac{U_0}{U} = \frac{1}{2}$	Spannungsverhältnis bei Kabeln für Gleichstrom- und Einphasen-Wechselstromsystememen
$\frac{U_0}{U} = 1$	Spannungsverhältnis bei Kabeln für Gleichstrom- und Einphasen-Wechselstromsystememen, wenn der Außenleiter isoliert ist

Bauartkurzzeichen von Kabeln — DIN VDE 0271, DIN VDE 0276

Beispiel:

N A 2X S 2Y 1 × 35 RM/16 6/10kV
1 2 3 4 5 9 10 11 12 13

	1 Kennzeichnung der Bestimmung
N	Genormte Ausführung
	2 Leiterausführung
A	Leiter aus Aluminium
C	Konzentrischer Leiter aus Kupfer
CE	Konzentrischer Leiter aus Kupfer bei dreiadrigen Kabeln über jede Ader aufgebracht
CW	Konzentrischer Leiter aus Kupfer, wellenförmig aufgebracht
	3 Isolierung
Y	Isolierung aus Polyvenylchlorid (PVC)
2X	Isolierung aus vernetztem Polyethylen (VPE)
2Y	Isolierung aus Polyethylen (PE)
	4 Schirmung
E	Einzeln mit einem Metallmantel umgebene Adern (Dreimantelkabel)
H	Schirmung beim Hochstädter Kabel
S	Schirm aus Kupfer
SE	Schirm aus Kuper bei dreiadrigen Kabeln über jede Ader aufgebracht
	5 Mantel
K	Bleimantel
KL	Gepresster, glatter Aluminiummantel
Y	Mantel aus Polyvenylchlorid (PVC)
YV	Verstärkter PVC-Mantel
2Y	Mantel aus Polyethylen (PE)
	6 Bewehrung
B	Bewehrung aus Stahlband
F	Bewehrung aus Stahlflachdraht
FO	Bewehrung aus Stahlflachdraht, offen
R	Bewehrung aus Stahlrunddraht
Gb	Gegen- oder Haltewendel aus Stahlband
	7 Schutzhülle
A	Schutzhülle aus Faserstoff
E	Schutzhülle mit eingebetteter Schicht aus Elastomerband oder Kunststofffolie
	8 Schutzleiter
-J	Kabel mit grün-gelb gekennzeichneter Ader für Kabel mit U_0/U = 0,6 kV/1 kV
-O	Kabel ohne grün-gelb gekennzeichneter Ader für Kabel mit U_0/U = 0,6 kV/1 kV
	9 Adernzahl
	10 Leiterquerschnitt in mm²
	11 Leiterform
RE	Runder, eindrähtiger Leiter
RF	Runder, feindrähtiger Leiter
RM	Runder, mehrdrähtiger Leiter
SE	Sektorförmiger, eindrähtiger Leiter
SM	Sektorförmiger, mehrdrähtiger Leiter
	12 Schirmquerschnitt
	Wird nach dem Kurzzeichen für den Außenleiter hinter einem Schrägstrich angegeben
	13 Bemessungsspannung

Höchste dauernd zulässige Betriebsspannung — DIN VDE 0298

Bemessungsspannung U_0/U in kV	Höchste dauernd zulässige Spannung in kV zwischen den Außenleitern		
	Einphasen-Wechselstrom		Dreiphasen Wechselstrom
	Ein Außenleiter geerdet	Beide Außenleiter isoliert	
0,6/1	0,7	1,4	1,2
3,6/6	4,1	8,3	7,2
6/10	7,0	14,0	12,0
12/20	14,0	28,0	24,0
18/30	21,0	42,0	36,0

Bauartkurzzeichen für Starkstromkabel mit Kunststoffisolierung — DIN VDE 0273

Beispiel: NA2XS2Y 3 × 1 × 150 RM/25 6/10 kV

Drei miteinander verseilte einadrige Kabel für eine Nennspannung von 6/10 kV mit einem mehrdrähtigen Rundleiter aus Aluminium, der einen Nennquerschnitt von 150 mm², eine Isolierung aus vernetztem Polyethylen, einen Kupferschirm mit einem Nennquerschnitt von 25 mm² und einen PE-Mantel besitzt.

Kurzzeichen	Bedeutung	Kurzzeichen	Bedeutung
	Ader		**Leiter, Schirm, Bewehrung**
N	Normtyp	G	Gegen- oder Haltewendel aus verzinktem Stahlband
A	Aluminiumleiter (Kupferleiter sind nicht besonders gekennzeichnet)	R	Bewehrung aus Stahlrunddrähten
Y	Isolierung aus thermoplastischem Polyethylen (VPE)		**Mantel**
		K	Bleimantel
	Leiter, Schirm, Bewehrung	Y	PVC-Mantel
C	Konzentrischer Leiter aus Kupfer	2Y	PE-Mantel
CW	Konzentrischer Leiter aus Kupfer bei dreiadrigen Kabeln über jeder einzelnen Ader aufgebracht		Kabel mit U0 = 0,6/1 kV ohne konzentrischen Leiter werden zusätzlich gekennzeichnet.
S	Schirm aus Kupfer	J	Kabel enthält grün-gelbe Ader.
SE	Schirm aus Kupfer bei dreiadrigen Kabeln über jeder einzelnen Ader aufgebracht	O	Kabel enthält keine grün-gelbe Ader.
			Bemessungsquerschnitt in mm²
(F)	Längswasserdichter Schirmbereich		**Leiterangaben**
F	Bewehrung aus verzinkten Stahlflachdrähten	RE	Eindrähtiger Rundleiter
		RM	Mehrdrähtiger Rundleiter
G	Gegen- oder Haltewendel aus verzinktem Stahlband	SE	Eindrähtiger Sektorleiter
		SM	Mehrdrähtiger Sektorleiter

Bauartkurzzeichen für harmonisierte Leitungen — DIN VDE 0281/0282

Beispiel:

H 05 VV - F 3G 1,5
1 2 34 6 78 9

Kurzzeichen	Bedeutung	Kurzzeichen	Bedeutung
	1 Kennzeichen der Bestimmung		**6 Leiterart**
H	Harmonisierter Typ	F	Feindrähtig
N	Anerkannter nationaler Typ	H	Feinstdrähtig
		K	Feindrähtig; fest verlegte Leitung
	2 Bemessungsspannung *U*	R	Mehrdrähtig
03	300/300 V	U	Eindrähtig
05	300/500 V	Y	Lahnlitzenleiter
07	450/750 V	F	Feindrähtig
		H	Feinstdrähtig
	3/4 Isolier-/Mantelwerkstoff		
J	Glasfasergeflecht		**7 Aderzahl**
N	Chloropren-Kautschuk		
R	Natur- oder synthetischer Kautschuk		**8 Schutzleiter**
S	Silikon-Kautschuk	X	Ohne Schutzleiter
T	Textilgewebe	G	Mit Schutzleiter
V	Polyvenylchlorid (PVC)		
			9 Leiterquerschnitt
	5 Besonderheiten		Angabe in mm²

Betriebs- und Arbeitswelt · Technische Kommunikation · Energieversorgung · Gebäudetechnik · Kommunikationstechnik · Automatisierungstechnik · Antriebstechnik · Bauelemente und -gruppen · Techn. Größen und Formeln

Leitungen und Kabel für Hauseinführungen — VDE 0211 (Auswahl)

Bezeichnung/Bild	Kurzzeichen	Anwendung
Kunststoffkabel mit Cu-Leitern und PVC-Isolierung 	NYY-J NAYY 0,6/1 kV	Wandanschluss, Dachständeranschluss
Kunststoffkabel mit Al-Leitern und VPE-Isolierung 	N2XY NA2XY 0,6/1 kV	Wandanschluss, Dachständeranschluss
VPE-isolierte Freileitung 	NFA 2X NFYW 0,6/1 kV	Dachständeranschluss

Leitungen für feste Verlegung

Bezeichnung/Bild	Kurzzeichen	Aderzahl	Verwendung
Kunststoff-Fassungsadern 	H05V-U H05V-K	1	Innere Verdrahtung in Geräten, geschützte Verlegung in und an Leuchten, in trockenen Räumen
Gummiaderleitung mit erhöhter Wärmebeständigkeit 	H05SJ-K	1	Verdrahtung in Leuchten, Schalt-/Verteileranlagen; Verlegung in Rohren in trockenen Räumen bis 180 °C
Kunststoff-Aderleitungen 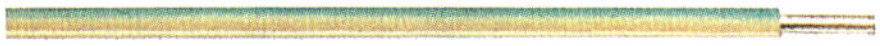	H07V-U H07V-R H07V-K	1	Innere Verdrahtung in Geräten, Schalt-/Verteileranlagen; Verlegung in Rohren in trockenen Räumen
Stegleitungen 	NYIF	2…5	Verlegung in und unter Putz in trockenen Räumen
Mantelleitungen 	NYM	1…5	Verlegung auf, in und unter Putz in trockenen und feuchten Räumen und im Freien
Bleimantelleitung 	NYBUY	1…5	Verlegung auf oder unter Putz in trockenen und feuchten Räumen und im Freien (nicht im Erdboden)

Isolierte, flexible Leitungen

Bezeichnung/Bild	Kurz-zeichen	Ader-zahl	Verwendung
Zwillingsleitung 	H03VH-H	2	In trockenen Räumen bei sehr geringen mechanischen Beanspruchungen; nicht für Wärmegeräte
leichte Kunststoff-Schlauchleitung 	H03VV-F	2...3	In trockenen Räumen bei geringen mechanischen Beanspruchungen; für leichte Handgeräte
mittlere Kunststoff-Schlauchleitung 	H05VV-F	2...5	In trockenen Räumen bei mittleren mechanischen Beanspruchungen; für Hausgeräte auch in feuchten Räumen
Gummi-Schlauchleitung (leichte Ausführung) 	H05RR-F	1...5	In trockenen Räumen bei geringen mechanischen Beanspruchungen für Hand- und Wärmegeräte
Gummi-Schlauchleitung (schwere Ausführung) 	H07RN-F	2...5	In trockenen, feuchten, nassen Räumen, in explosionsgefährdeten Bereichen, im Freien, in landwirtschaftlichen Betriebsstätten, in Nutzwasser

Leitungen und Kabel für Melde- und Signalanlagen (Auswahl)

Bezeichnung/Bild	Kurz-zeichen	Verwendung
Kunststoff-Aderleitung 	YV	In trockenen Räumen als Installationsleitung für Klingelanlagen; für feste Verlegung im Rohr, auf und unter Putz
Stegleitung (Kunststoffhülle) 	J-FY	In trockenen Räumen als Installationsleitung für Klingelanlagen; für feste Verlegung in und unter Putz
Kunststoff-Mantelleitung 	YR	In trockenen und feuchten Räumen als Installationsleitung für Klingelanlagen; für feste Verlegung auf und unter Putz
Installations-Kunststoffkabel 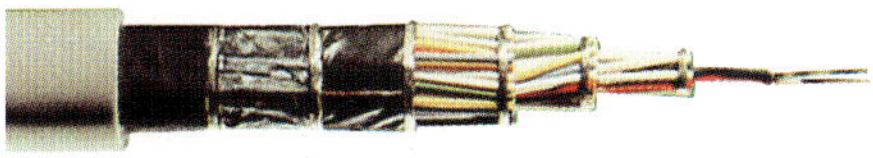	J-Y(St)Y	In trockenen und feuchten Räumen für Signalübertragungen; für feste Verlegung auf und unter Putz
Außen-Kunststoffkabel 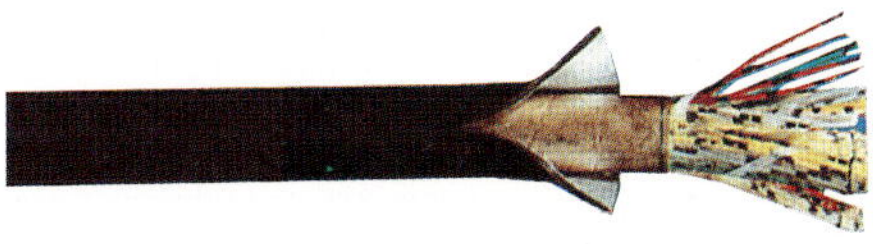	z. B. A-2Y(L)2Y	Für TK-Anwendungen als Erd- und Röhrenkabel

Fest verlegte Leitungen für Installationen — DIN VDE 0250, DIN VDE 0281, DIN VDE 0284

Kurzzeichen	Bezeichnung	Adernzahl	Querschnitt in mm²	U_0/U in V	Ω_B/Ω_K in °C[1)]	Schutzisolierung	Verwendung/Verlegung
H05VV-F	PVC-Schlauchleitung	2…4	0,75; 1,0; 1,5; 2,5; 4,0	300/ 500	70/ 160	nein	Für mittlere mechanische Beanspruchung in Küchen und Büroräumen
H05VVH6-F H05VVD3H6-F	Kunststoff-Flachleitung	3...24	0,75; 1,0; 1,5...25	300/ 500	70/ 160	ja	Für Aufzüge und Maschinen
H07RN-F	Gummischlauchleitung	1…5	1,5; 2,5; 4…500	450/ 750	–	ja	Für Geräte in gewerblichen Betrieben, für Maschinen auf Baustellen
H07V-U H07V-K H07V-R	Kunststoff-Aderleitung	1	1,5...16 1,5...240 6...400	450/ 750	70/ 160	nein	Verlegung auf und unter Putz in Rohren und in Installationskanälen
NFYW	Kunststoffleitung, wetterfest	1	6...50	0,6/ 1 kV	70/ 160	ja	Hausanschluss entsprechend VDE 0211
NH...	Heizleitung, isoliert	1	–	300/ 500	–	–	In Rohren und Kanälen unter und im Putz und Beton
NHXMH	Mantelleitung, halogenfrei	1...5	1,5...35	300/ 500	70/ 160	ja	In feuer- und explosionsgefährdeten Bereichen
NHYRUZY	Rohrdrähte, isoliert	2...5	1,5...25	300/ 500	70/ 160	ja	In Räumen mit HF-Anlagen
NPL	Gummipendelschnüre	2, 3	0,75	230/ 400	60/ 200	nein	Für Pendelleuchten bis zu einer Bruchlast von 60 N
NUM	Leitung, mineralisiert	1...7	1...4	300/ 500	105/-	ja	In trockenen und feuchten Räumen in und unter Putz und im Freien
NUMK	Leitung, mineralisert	1...7	1...150	450/ 750	70/ 160	ja	Wie NUM und bei Funktionssicherheit im Brandfall
NYBUY	Bleimantelleitung	2...5	1,5...35	300/ 500	70/ 160	ja	Wie NUM und bei Einwirkung von Chemikalien
NYIF NYIFY	Stegleitung	2...5	1,5; 2,5	230/ 400	70/ 160	nein	In trockenen Räumen in und unter Putz; in Hohlräumen aus nicht brennbaren Baumaterialien
NYM	Kunststoff-Mantelleitung	1...5	1,5...35	300/ 500	70/ 160	ja	In trockenen und feuchten Räumen unter, im und auf dem Putz und im Freien
NYMT	Kunststoff-Mantelleitung mit Tragseil	2...5	1,5...35	300/ 500	70/ 160	ja	Für selbsttragende Aufhängung bis 50 m Spannweite
NYMZ	Kunststoff-Mantelleitung mit Traggeflecht	2...5	1,5...16	300/ 500	70/ 160	ja	Wie NYMT
NPL	Gummipendelschnüre	2, 3	0,75	230/ 400	60/ 200	nein	Für Pendelleuchten bis zu einer Bruchlast von 60 N

1) Ω_B Grenztemperatur am Leiter im Betrieb; Ω_K Grenztemperatur am Leiter bei Kurzschluss.

Leitungen für feste Verdrahtung (Auswahl) DIN VDE 0250/0281/0282

Kurzzeichen	Bezeichnung	Adernzahl	Querschnitt in mm^2	U_0/U in V	Ω_B/Ω_K in °C[1]	Schutzisolierung	Verwendung/Verlegung
H05V H05V-U	Kunststoff-Verdrahtungsleitung	1	0,5...1,0	300/ 500	70/ 160	nein	Verdrahtung von Leuchten und Geräten; für Signalanlagen; Verlegung unter und auf Putz
H05V-K H05V-R H05V-U	Kunststoff-Aderleitung	1	1,5...240 6...400 1,5...16	450/ 750	70/ 160	nein	Verdrahtung von Schalt-/Verteileranlagen und Geräten; Verlegung in geschlossenen Installationskanälen, in Rohren, unter und auf Putz
H05V-K H05V-U	Kunststoff-Verdrahtungsleitung, wärmebest.	1	0,5...2,5	300/ 500	90/ 160	nein	Verdrahtung von Leuchten und Wärmegeräten bei $\Omega_U > 55$ °C
H05SJ-K H05AJ-U	Silikon-Aderleitung, wärmebeständig	1	0,5...16 2,5...95	300/ 500	180/ 300	nein	Verdrahtung von Leuchten, Maschinen, Schaltanlagen, Wärmegeräten bei $\Omega_U > 55$ °C
H07G-K H07G-R H07G-U	Gummi-Aderleitung, wärmebeständig	1	0,5...10	450/ 750	110/ 250	nein	Verdrahtung von Leuchten, Maschinen, Schaltanlagen und Wärmegeräten bei $\Omega_U > 55$ °C
H07V3-K H07V3-R H07V3-U	Kunststoff-Aderleitung, kältebeständig	1	1,5...240 1,5...400 1,5...10	450/ 750	70/ 160	nein	Verdrahtung bei Temperaturen bis –25 °C
NHXA NHXAF	Aderleitung, halogenfrei	1	0,5...400 0,5...240	450/ 750	90/ 160	nein	Verdrahtung von Betriebsmitteln bei höheren Anforderungen an den Brandschutz
N2GFA N2GFAF	Silikon-Fassungsadern, wärmebeständig	1	0,75	300/ 500	180/ 350	nein	Verdrahtung von Leuchten bei einer $\Omega_U > 55$ °C
N7YA N7YAF	ETEE-Aderleitung	1	0,75	450/ 750	35/ 200	nein	Verdrahtung von Geräten; Verlegung im Rohr; im und auf Putz, wenn $S = 1{,}5\ mm^2$

[1] Ω_B Grenztemperatur am Leiter im Betrieb; Ω_K Grenztemperatur am Leiter bei Kurzschluss.

Farbkennzeichnung der Adern von Starkstromkabeln und Leitungen DIN VDE 0293

Bezeichnung	U_0/U in V	Empfohlene Farben
Verdrahtungsleitungen	300/500	Schwarz, weiß, blau, grau, braun, rot, orange, türkis, rosa Grün ist zur Kennzeichnung von Lichterketten erlaubt. Zweifarbige Kombination der o.a. Einzelfarben sind zulässig.
Aderleitungen	450/750	Schwarz, weiß, blau, grau, braun, rot, orange, türkis, rosa Zweifarbige Kombinationen (außer grün-gelb) sind nicht zulässig.
Einadrige Kabel	–	Schwarz, grün-gelb (außer braun bei Illuminations- und Lichterkettenleitungen)

Primärelemente — DIN EN 60086

Begriff	Erkärung	Begriff	Erkärung
Ruhespannung, Leerlaufspannung	Klemmenspannung des unbelasteten Elements	Selbstentladung	Innerer Vorgang, der bei Lagerung die Betriebsdauer mindert
Arbeitsspannung, Bemessungsspannung	Klemmenspannung bei Belastung	Dauerentladung	Ununterbrochene Stromentnahme
Entladeendspannung	Minimal zulässige Betriebsspannung (halbe Nennspannung)	Innenwiderstand	Innerer Widerstand einer Zelle
Entladeschlussspannung	Klemmenspannung, bei der das Element als entladen gilt	Lecksicherheit	Konstruktive Maßnahmen, die Elektrolytaustritt verhindern

Kennzeichnung der Primärelemente nach dem eingesetzten Material

Material	Nennspannung	Eigenschaften
Alkali-Mangan	1,5 V pro Zelle	Überproportional schnelles Entladen bei Überbelastung. Nach Regenerationszeit Arbeiten mit kleinerer Belastung möglich.
Zink-Kohle	1,5 V pro Zelle	Oft nicht auslaufsicher. Daher nicht in Geräten verwenden, in denen sie länger verbleiben.
Nickel-Oxyhydroxid	1,5 V pro Zelle	Gegenüber Alkali-Mangan-Batterie gleichmäßigere Leistungsabgabe und deutlich längere Nutzungsdauer
Lithium	2,9 bis 3,6 V (kathodenabhängig)	Hohe Energiedichte, hohe Zellspannung, sehr lange Lagerfähigkeit aufgrund der geringen Selbstentladung
Lithium-Eisensulfid	1,5 V pro Zelle	Gegenüber Alkali-Mangan-Batterie höhere Lastspannung bei gleicher Belastung, mit flacher verlaufender Entladekennline
Zink-Luft	1,5 V pro Zelle	Als Knopfzelle mit hoher Energiedichte und waagerechte Entladungskurve optimal für analoge und digitale Hörgeräte
Zinkchlorid	1,5 V pro Zelle	Gegenüber einer Zink-Kohle-Batterie höhere Kapazität, beständigere Spannung und relativ auslaufsicher

Häufig verwendete Batterien — DIN EN 61960, DIN EN 62133

Alkali	Lithium	Silberoxid
• Hohe Kapazität • Geringes Gewicht • Wasserdichte Versiegelung • Völliger Auslaufschutz • Stabile Leistungswerte • Gewährleistung einer minimalen Selbstentladung • Lange Einsatzfähigkeit • Maximale Zuverlässigkeit	• Hohe Leistung und lange Haltbarkeit • Geringes Gewicht • Hohe Kapazität • Optimales Verhältnis Leistung/Größe • Einsatz in breitem Temperaturbereich (–20 C°/+60 C°) • Geringe Selbstentladung	• Lange Haltbarkeit und eine noch stabilere Leistung • Besonders großer Temperaturbereich (–40 °C/+60 °C) • Selbstjustierende Nylon-Ummantelung • Spezieller, hochwertiger Separator zur Vermeidung des Auslaufens und der Selbstentladung
Anwendungsbereiche		
High-Tech-Fotoapparate, Armbanduhren, Taschenrechner, Pocket-Games	High-Tech Fotoapparate	Taschenrechner, Kameras, Pocket-Games

Leistungsklassen

R 9
- 9: Größe 9
- R: für Rundzelle
- S: für rechteckige oder quadratische Zelle
- F: für Flachzelle

Ergänzung:
10 F 20 - 2: Batterie aus 2 mal 10 in Reihe geschalteten Zellen

L R 41
- 41: Größe 41
- R: für Rundzelle
- L: Element:

L	für Zink-Alkali-Mangan-Element
A	für Zink-Luftsauerstoff-Element
M,N	für Zink-Quecksilberoxid-Element
S	für Zink-Silberoxid-Element
P	für Zink-Luft-Element

Alkali-Mangan-Batterien

Anwendung/Bemerkungen

- Elektronischen Geräte, die Spitzenströme von mehr als 1 A benötigen: Digitalkameras, MP3-Player, Funksprechgeräte, mobile medizinische Diagnosegeräte und Defibrillatoren
- Lagerung über einen langen Zeitraum ohne Energieverlust
- Besonders geeignet für Notfallausrüstungen

Bemessungsspannung	IEC -Code	ANSI	Bezeichnung	Baugröße	Kapazität (mAh)
1,5 V	LR03	AAA	Micro	Ø 10,3 × H 45 mm	900…1.450
	LR06	AA	Mignon	Ø 14,3 × H 51 mm	2.200…3.500
	LR14	C	Baby	Ø 27 × H 50 mm	≈ 8.000
	LR20	D	Mono	Ø 35 × H 62 mm	≈ 20.000
	LR61	AAAA	Mini	Ø 8,3 × H 42,5 mm	500…600
	LR1	N	Lady	Ø 12 × H 30 mm	≈ 800
3 V	2LR10	Duplex	Stabbatterie	Ø 21,8 × H 74,6 mm	
4,5 V	3LR12		Flachbatterie	L 67 × B 62 × H 22 mm	≈ 5.900
6 V	4LR61	J	Flat Pack	L 49 × B 36 × H 8,5 mm	500…600
9 v	6LR61	D	9-V-Block	L 48,5 × B 26,2 × H 17 mm	500…600
		PP7		L 62,2 x B 46 x H 46 mm	ca. 2.000

Lithium-Batterien

Typische Spannungen und Anwendungen

Typ	Leerlaufspannung	Lastspannung	Anwendung/Bemerkung
Lithium-Thionylchlorid	3,7 V	3,4 V	Netzunabhängige Versorgung von Elektronik im industriellen Bereich, in der Sicherheitstechnik und in elektronischen Energiezählern und Heizkostenverteilern
Lithium-Mangandioxid	3,5…3,0 V	2,9 V	Weit verbreiteter Typ, der hauptsächlich für Kameras, Uhren und als Back-up-Batterie für Speicherschaltkreise eingesetzt wird
Lithium-Kohlenstoffmonofluorid	3,2…3,0 V	3,1 bis 2,5 V	Höhere Strombelastbarkeit und Kapazität als Lithium-Mangandioxid-Batterien. Sie werden daher beispielsweise im medizinischenBereich eingesetzt.
Lithium-Jod	2,8 V	2,795 V	Anwendung zur Stromversorgung von Herzschrittmachern
Lithium-Eisensulfid	1,8 V	1,5 V	Anwendung im Fotobereich

Bezeichnungen

Europa	USA	IEC	ANSI	Internat.	Ø × Höhe in mm
	AAAA				8,0 × 39,5
UM4	AAA	LR03 / R03	Micro	AM4	10,5 × 44,5
UM5	N	LR1 / 1	Lady	AM5	12,0 × 30,2
	1/4AA				14,5 × 14,0
	1/3AA				14,5 × 17,0
	1/2AA				14,5 × 25,1
	2/3AA				14,5 × 33,5
UM3	AA	LR06 / R6	Mignon	AM3	14,5 × 50,5
	1/2A				17,0 × 22,5
	2/3A				17,0 × 33,4
	A				17,0 × 44,5
UM2	C	LR14 / R14	Baby	AM2	26,2 × 50,0
UM1	D	LR20 / R20	Mono	AM1	34,2 × 61,2
	PP3	6R61 / 6F22	9-Volt-Block	6AM6	26,5 × 17,5 × 48,5

Eigenschaften und Kenndaten von Alkaline-Rundzellen

Eigenschaften:
- Absolute Hochleistungsbatterien
- Absolute Auslaufsicherheit

Anwendungen:
- Geräte mit hohem Energiebedarf, z. B. digitale Kameras, Mobiltelefone, Organizer, Taschenlampen, Blitzlichter, elektronisches Spielzeug

	IEC	U in V	C in mAh	d in mm	h in mm
LR20XL	LR20	1,5	17,5	34,02	61,5
LR14XL	LR14	1,5	8,1	26,2	50,0
LR6XL	LR6	1,5	2,5	14,5	50,5
LR03XL	LR03	1,5	1,1	10,5	44,5

Eigenschaften:
- Hochleistungsbatterien
- Spezielle Versiegelungstechnik
- Lange Lebensdauer
- Hohe elektrische Ladung
- Einsatz in breitem Temperaturbereich

Anwendungen:
- Geräte mit hohem Dauerstromverbrauch, wie z. B. digitale Kameras, mobile CD-/MD-Player, mobile Erfassungsgeräte, Laptops, Blitzlichter, Spielwaren

	IEC	U in V	C in mAh	d in mm	h in mm
LR20	LR20	1,5	16,500	34,2	61,5
LR14	LR14	1,5	8,000	26,2	50,0
LR6	LR6	1,5	2,500	14,5	50,5
LR03	LR03	1,5	1,100	10,5	44,5
LR1	LR1	1,5	800,000	12,0	30,2
6LF22	6LR61	9,0	550,000	26,5 (B) × 17,5 (L)	48,5

Eigenschaften:
- Besonders zuverlässig und leistungsfähig
- Gutes Preis-Leistungsverhältnis
- Quecksilber- und Cadmiumfrei

Anwendungen:
- Speziell für den periodischen Betrieb, wie z. B. Fernbedienungen, geeignet
- Ideal zum Gebrauch in Taschenlampen, Radios, Uhren, Fernsteuerungen

	IEC	U in V	C in mAh	d in mm	h in mm
R20P/SUM1	R20	1,5	6600	34,20	61,5
R14P/SUM2	R14	1,5	3000	26,20	50,0
R6P/SUM3	R6	1,5	1000	14,50	50,5
3R12	3R12	4,5	2100	61,0 (B) × 21,5 (L)	63,6

Knopfzellen (Auswahl)

Zellentypen und Zellspannung

Lithium-Zelle (CR) 3,0 V	Alkaline-Zelle (LR) 1,5 V	Silberoxid-Zelle (SR) 1,55 V	Zink-Luft (PR) 1,4 V

Herstellerunabhängige Typbezeichnung bei Lithium-Zellen

„CRDDMM“

CR	DD	MM
Zellentyp	Durchmesser in mm	Höhe in 1/10 mm

Beispiel CR2032: Lithium-Zelle; Ø 20 mm; Höhe 3,2 mm

Alkaline Knopfzellen 1,5 V

IEC-Code	LR 41	LR 66	LR 48	LR 936	LR 45	LR 54	LR 43	LR 44
Durchmesser in mm	5,8	7,9	7,9	9,5	9,5	11,6	11,6	11,6
Höhe in mm	2,6	3,6	5,4	2,7	3,6	3,05	4,2	5,4

Silberoxid-Knopfzellen 1,55 V

IEC-Code	SR 64	SR 41	SR 48	SR 57	SR 45	SR 54	SR 43	SR 44
Durchmesser in mm	5,8	7,9	7,9	9,5	9,5	11,6	11,6	11,6
Höhe in mm	2,6	3,6	5,4	2,7	3,6	3,05	4,2	5,4

Vergleichslisten Knopfzellen

Micro Alkaline Batterien (LR)						
Anwendung	**Spannung in V**	**Maxell**	**ENERGIZER**	**DURACELL**	**VARTA**	**IEC**
Allgemein	1,5	LR44H	A76	LR44	V13GA	LR44
	1,5	LR44	A76	LR44	V13GA	LR44
	1,5	LR43	186	LR43	V12GA	LR43
	1,5	LR1130	189	LR54	V10GA	LR54
	1,5	LR1120	191	LR55	V8GA	LR55
	1,5	LR41	192		V36A	LR41
	6.0	4LR44P	A544	PX28A	V4034PX	4LR44
Lithium Mangan Dioxid Batterien (CR)						
Anwendung	**Spannung in V**	**Maxell**	**ENERGIZER**	**DURACELL**	**VARTA**	**IEC**
	3,0	CR2032	E-CR2032	DL2032	CR2032	CR2032
	3,0	CR2025	E-CR2025	DL2025	CR2025	CR2025
	3,0	CR2016	E-CR2016	DL2016	CR2016	CR2016
	3,0	CR1620	ECR1620	DL1620	CE1620	
Kamera	6,0	CR-P2		DL223A		
	6,0	CR123A		DL123A		
Lithium Mangan Dioxid Batterien (CR)						
Anwendung	**Spannung in V**	**Maxell**	**ENERGIZER**	**DURACELL**	**VARTA**	**IEC**
Uhren High Drain	1,55		357	D357	V357,541	SR44
	1,55	SR44W	386	D386	V386,548	SR43
	1,55	SR43W	389	D389	V389,554	SR54
	1,55	SR1130W	391	D391	V391,553	SR55
	1,55	SR1120W	365			
	1,55	SR1116W				SR45
	1,55	SR936W	399	D399	V399,543	SR57
	1,55	SR927W	370	D370		SR69
	1,55	SR920W	372	D372		
	1,55	SR916W	393	D393	V393,546	SR48
	1,55	SR754W	392	D392	V392,547	SR41
	1,55	SR41W	396	D396	V396,556	SR59
	1,55	SR726W	361	D361		SR58
	1,55	SR721W	314			
	1,55	SR716W	376			SR66
	1,55	SR626W				SR60
Allgemein	1,55	SR416SW	EPX76,S76E	MS76	V76PX, V13GS, V357	SR44
	1,55	SR44(G13)	S41E	MS41H	V12GS, V386	SR43
	1,55	SR43(G12)	389		V10GS, V389	SR54
	1,55	SR1130	291,391		V8GS,V391	SR55
	1,55	SR1120	S312E	MS312		SR41
	6,5	SR41	544	SR41	V28PX	4SR44

Wiederaufladbare Batterien (Runde und eckige Zellen) — DIN IEC 61951

Lithium-Polymer (LiPo-Akku)	**Lithium-Ionen** (Li-Ion-Akku)	**Nickel-Metallhydrid** (NiMH-Akku)	**Nickel-Cadmium** (NiCd-Akku)
• Höchste Energiedichte • Sehr flache Batterien sehr geringes Gewicht • Spezielle Ladetechnik (nicht spannungskompatibel zu NiCd)	• Hohe Energiedichte, bezogen auf Volumen und Gewicht • Kurze Ladezeiten • Spezielle Ladetechnik	• Kein Memory-Effekt • Kein Entladen vor dem Laden notwendig • Hitzeempfindlich beim Laden	• Geeignet bei niedrigen Temperaturen • Für Geräte mit hohem Stromverbrauch • Extrem hohe Kurzzeitbelastbarkeit • Geringe Kapazität
Anwendung: Sehr teuer; Einsatz in besonders kleinen und hochwertigen Geräten wie Handys oder Digitalkameras	Anwendung: Idealer Energiespeicher für kleine und mobile Geräte wie Handys, Digitalkameras oder Laptops	Anwendung: Entsprechen handelsüblichen Batterien in Schnurlostelefonen, Spielzeug, Kameras, elektrischem Werkzeug	Anwendung: Als gasdichte Zellen in Spielzeug, Fotoapparaten, elektrischem Werkzeug, Fernbedienungen

Genormte Zellgrößen

Lady	Micro	Mignon	Baby	Mono	Block	Flach-, Knopfzellen

Memory-Effekt	Lazy-Battery-Effekt
Falsche Handhabung eines Ni-Cd-Akkus durch Aufladung mit niedrigen Strömen vor der vollständigen Entleerung. Deshalb Akkus immer so weit entleeren, bis die Geräte den Betrieb einstellen.	Ursachen wie beim Memory-Effekt (Dauerüberladung bzw. nur Teilentladung). Die Spannung liegt hier etwas tiefer als normal, die Nutzungsdauer selbst ist aber davon kaum betroffen. Dieser Effekt ist daher auch weit weniger gravierend.

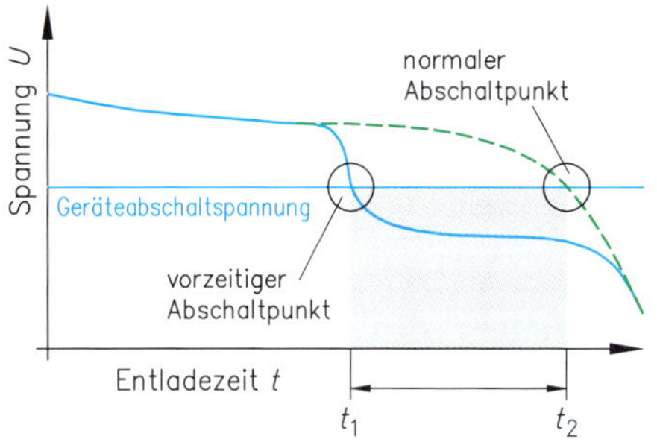

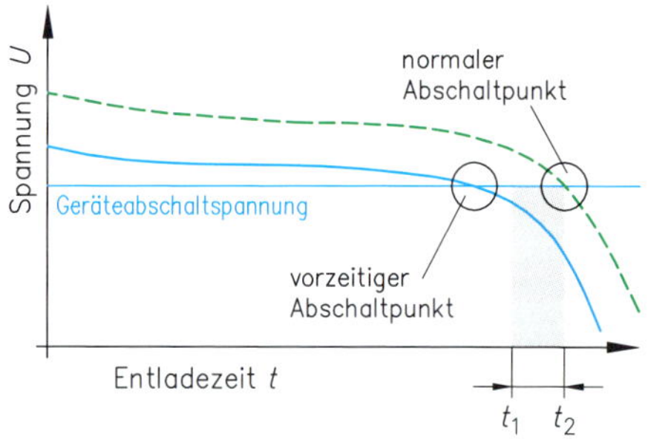

Ladeverfahren

Normalladen	Schnellladen	Ultraschnellladen
Ladezeit: • Zwischen 12 und 16 Stunden • Überladung: keine Gefahr durch geringe Stromstärke	Ladezeit: • Zwischen 1–3 Stunden • Überladung: Abschaltautomatik im Ladesystems	Ladezeit: • Max. eine Viertelstunde • Gegen Überladung Abschaltautomatik im Akku integriert

Ladehinweise

- Vor der ersten Inbetriebnahme vollständig laden
- Vollständige Entladung (Tiefenentladung) vermeiden
- Bei Restkapazität von 40 % Akku aufladen
- Pro Monat vollständige Entladung und kompletter Ladevorgang („Gedächtnis aufzufrischen")
- Geeignetes Ladegerät für jeweilige Akku-Art verwenden

Akkumulatoren

Übersicht

Bezeichnung	Aufbau	Ladeverfahren	Anwendung	Umwelt
Blei-Akku	Bleioxid und Blei mit Schwefelsäure	I/U-Ladeverfahren	Hohe Strombelastbarkeit	Giftig
NiCd (Nickel-Cadmium)	Oxy-Nickelhydroxid und Cadmium mit Kaliumhydrid	Konstantstrom, Memoryeffekt	Geräte des täglichen Bedarfs	Giftig, aber recyclebar
NiMH (Nickel-Hydrid)	Nickel und eine Metalllegierung	Konstantstrom, kein Memoryeffekt	Geräte des täglichen Bedarfs	Giftig, aber recyclebar
Li-Ion (Lithium-Ionen)	Lithium-Ionen, Lithium-Polymere, Lithium-Metall	I/U-Ladeverfahren	Geräte des täglichen Bedarfs	Giftig

Bleiakkumulatoren DIN EN 60896-21, DIN EN 61056-2

Abkürzung	Beschreibung
MF-Akku (Maintenance Free)	• Offene, wartungsfreie Batterie • Konstruktion hemmt die Gasentwicklung • Gase können nicht entweichen, da sie vollständig dicht ist. • Flüssigkeit reicht ohne Nachfüllen für die gesamte Lebensdauer aus.
Hybrid-Akku	• Nur die negative Platte enthält eine Kalzium-Legierung. • Reduzierung der Gasentwicklung und des Wasserverbrauchs
Kalzium/Kalzium	• Negative und positive Platten enthalten Kalzium-Legierungen • 80 % geringerer Flüssigkeitsverlust mit kürzer Selbstentladungszeit • Höhere Ansprüche an den Ladevorgang nach einer Tiefentladung
VRLA-Akku (Valve Regulated Lead Acid)	• Sammelbezeichnung für Akku mit ventilregulierter Bleisäure • Batteriegehäuse ist ein Druckgefäß mit Sicherheitsventilen. • Durch Einkapselung können Sauerstoff- und Wasserstoffgas miteinander reagieren und wieder Wasser bilden. • Verringerung des Flüssigkeitsverlustes um ein Vielfaches
GEL-Akku	• Gelierte Säure, die nicht auslaufen kann • Tiefentladungen bis zu 20 % des Ladezustands verkraften sie gut. • Durch den höheren Widerstand in der Säure als Startbatterien nicht immer geeignet
AGM–Akku (Vlies) (Absorbed Glass Mat)	• Das Trennpapier als Glasfasermatte hält die Säure an Ort und Stelle. • Geringer Innenwiderstand • Ideale Startbatterie durch kleines Volumen mit hoher Leistung • Kann durch höheres Säuregewicht mit höherer Spannung aufgeladen werden

Begriffe (Auswahl nach DIN)

Abschaltspannung	Entladespannung, bei der abgeschaltet wird, um eine Tiefentladung zu vermeiden
Batteriespannung	Spannung, die bei den jeweiligen Betriebszuständen an den Endpolen gemessen wird
Betriebskapazität	Gespeicherte Strommenge in Ah für einen berechneten Einsatz. Bei fünfstündiger Entladung sind nur noch 60–80 % der Nennkapazität nutzbar.
Entladeschlussspannung U_s	Festgesetzte Spannung, die am Ende der Entladung mit dem zugeordneten Strom nicht unterschritten werden darf
Entladetiefe	Die Entladetiefe bezeichnet das Verhältnis der entnommenen Kapazität zur Nennkapazität. (DOD = Depth of Discharge)
Gasungsspannung U_G	Ladespannung, oberhalb der Wasserstoff- und Sauerstoffgas austreten (U_G = 2,4 V/Zelle bei 30 °C)
Leerlaufspannung U_0	Spannung der unbelasteten Zelle oder Batterie (Näherungsformel: (U_0 [V/Z] = Säuredichte [kg/l] + 0,84 bei Nenntemperatur; z. B. Säuredichte von 1,29 kg/l ⇒ U_0 = 1,29 + 0,84 = 2,13 V/Zelle)
Nennkapazität C_N	Elektrizitätsmenge bei der Entladung unter Nennbedingungen $C_N = C_5$ bei ϑ_N = 30 °C und U_S = 1,70 V/Zelle
n-stündige Kapazität	Jede Batterie hat eine ihrer Entladezeit entsprechende Kapazität. Der Index n gibt die Entladezeit in Stunden an (z. B. C_5 = 5-stündige Kapazität).
n-stündiger Entladestrom	Der n-stündige Entladestrom ist der n-stündigen Kapazität zugeordnet. $I_N = C_N/t_N$ z. B. $I_5 = C_5/t_5$
Tiefentladung	Entladung, bei der die zulässige Kapazitätsentnahme überschritten wird. Tiefentladungen sind zu vermeiden, da sie die Lebensdauer erheblich verkürzen.
Wirkungsgrad	Verluste durch Ohm'sche Widerstände der Batterie, durch Elektrolyse und Spannungsveränderungen bestimmen den Wirkungsgrad der Ladung bzw. Energie.

ETN-Code für Starterbatterien — DIN EN 50342-1

Europaweit einheitliche Kennzeichnung mit der „European Type Number“

536		046	030
1. Stelle	2. + 3. Stelle	4., 5. + 6. Stelle	7., 8. + 9. Stelle
Bemessungsspannung: 0: 6 V 1–4: 6 V 5: 12 V 6: 12 V 7: 12 V	Kapazität in Ah bei 20 h Entladung 0: 1–99 Ah 1–4: 100–499 Ah 5: 1–99 Ah 6: 100–199 Ah 7: 200–299 Ah	4. Stelle: 0: Batterie hatte eine DIN-Nr. 1: Batterie neu angemeldet 9: Wartungsfreie Batterien mit festgelegtem Elektrolyt 5. + 6. Stelle aus DIN übernommen; beschreibt technische Angaben	Kälteprüfstrom in Ampere, der Wert wird mit 10 multipliziert, z. B. 030 × 10 = 300 A (je höher der Wert, umso besser das Kaltstartverhalten).

Batteriebauarten

Merkmale	Panzerplatten			Gitterplatten	
Bauart	PzS	PzS Block	PzV	GiS Block	GiV Block
Zellennennspannung	2,0 V	2,0 V	2,0 V	2,0 V	2,0 V
Batteriekapazität C	Bis 1550 Ah	bis 200 Ah	bis 1200 Ah	bis 284 Ah	bis 240 Ah
Elektrolyt	H_2S0_4	H_2S0_4	H_2S0_4	H_2S0_4	H_2S0_4
System geschlossen System verschlossen	Wartungsarm	Wartungsarm	 Wartungsfrei	Wartungsarm	 Wartungsfrei
Vollladezyklen bei 60 % bis 80 % Entladetiefe	1 200–1 600 Zyklen	800–1 050 Zyklen	800–1 200 Zyklen	300–400 Zyklen	500–700 Zyklen
Batterietemperatur max. zulässige Grenztemperatur	+ 10 °C bis + 45 °C + 55 °C	+ 10 °C bis + 45 °C + 55 °C	+ 15 °C bis + 40 °C + 45 °C	+ 10 °C bis + 40 °C + 55 °C	+ 15 °C bis + 40 °C + 45 °C
Lagerfähigkeit o. Nachladung	4 Wochen	4 Wochen	12 Wochen	8 Wochen	12 Wochen
Ladezustandskontrolle durch Elektrolytdichtemessung	Möglich	Möglich	Nicht möglich	Möglich	Nicht möglich
Automatisches Wassernachfüllsystem	Möglich	Teilweise möglich	Nicht erforderlich	Teilweise möglich	Nicht erforderlich

Säuredichte offener Batterien — DIN 43530

Säuredichte bei 27 °C in kg/dm³	Ladezustand der Batterie	Hinweis
1,25–1,28	Geladen	Prüfung möglich
1,20–1,24	Halb geladen	Ladung notwendig
1,19 und kleiner	Mangelhaft geladen	Sofort laden

Befüllen offener Blei-Akkumulatoren

- Mit verdünnter Schwefelsäure füllen, die eine spezifische Dichte von 1,28 kg/l hat.
- Batterie und Säure sollten auf min. 15 °C temperiert sein.
- Sicherheitshinweise beachten: Schutzbrille, -Handschuhe und -Kleidung tragen
- Auf gute Belüftung achten
- Hinweise auf der Betriebsanleitung beachten
- Stopfen entfernen
- Batterie durch die Säure aktivieren lassen (ca. 30–60 Min.), danach restliche Säure bis zur Max.-Markierung einfüllen.
- Überfüllung reduziert die Leistung und die Lebensdauer der Batterie.
- Batterie laden
- Stopfen mit einem geeignetem Werkzeug handfest schrauben

Ladeverfahren

Normalladung	• Aufladung der ganz oder teilweise entladenen Batterie auf 100 % • Ladestrom beträgt $\frac{1}{20}$ bis $\frac{1}{10}$ der Batteriekapazität • Senkung des Ladestroms, wenn die Gasungsspannung erreicht ist • Abschalten des Ladestroms bei geladener Batterie
Schnellladen	• Der Ladestrom ist 3- bis 5-mal höher als der normale Ladestromwert. • Ladestrom reduzieren, wenn die Gasungsspannung (2,35 bis 2,4 V) erreicht wird • Schnellladung nur im Einzelfall durchführen
Pufferbetrieb	• Batterie, Ladegerät und Stromverbraucher sind miteinander gekoppelt. • Ladegerät liefert einen Strom, der den Ladezustand der Batterie auf 100 % hält. • Batterie wird auf einer konstanten (stabilen) Spannung gehalten.
Laden mit kleiner Stromstärke	• Die Selbstentladung einer nicht genutzten Batterie beträgt etwa 0,1 bis 1 % pro Tag. • Das Laden mit einem kleinen Strom kompensiert diese Entladung. • Als Ladestrom wählt man etwa 0,1 A pro 100 Ah.

Offene Nickel-Cadmium Akkumulatoren (NiCd) — DIN 40763-2, DIN 40771-1

Elektrolyt	Leerlaufspannung	Bemessungsspannung	Betriebstemperatur	Lebensdauer
Dichte 1,17–1,19 g/cm³	1,35 V	1,2 V	–20 °C bis + 45 °C	1 500–4 000 Zyklen

Ladedaten

Konstantstrom	Konstantspannung	Bemerkungen
• Mit 0,1 C bei 1,5 V/Zelle max. 12 h, danach 4 h überladen mit 0,1C • Mit 0,5 C bei 1,55 V/Zelle max. 2 h 30 min, danach 4 h überladen mit 0,1C • Mit 1 C bei 1,57 V/Zelle max. 1 h 15 min, danach 4 h Überladen mit 0,1C	T = –20 °C → UL = 1,55 V T = –10 °C → UL = 1,5 V T = 0 °C → UL = 1,47 V T = 10 °C → UL = 1,45 V T = 20 °C → UL = 1,43 V T = 30 °C → UL = 1,42 V T = 40 °C → UL = 1,4 V	• Unkritische Abschaltspannung • Nach Erreichen der Ladeschlussspannung von 1,43 V/Zelle steigt die Zellenspannung schnell an. • Der schnelle Anstieg (innerhalb von 5 min.) zeigt, dass der Akku voll ist.

Gasdichte Nickel-Cadmium Akkumulatoren

Elektrolyt	Leerlaufspannung	Nennspannung	Betriebstemperatur	Lebensdauer
Dichte 1,24–1,3 g/cm³	1,28 V bis 1,35 V	1,2 V	–20 bis + 50 °C	1 000–2 000 Zyklen

Eigenschaften	Einsatzgebiete
• Hohe Selbstentladung • Anfälligkeit für den Memory-Effekt • Toxizität des Cadmiums • Einsatz in sehr kalter Umgebung möglich • Spitzenströmen von 500–1 000 A möglich	• Als unterbrechungsfreie Stromversorgung (USV) • In zentralen Stromversorgungssystemen für Notbeleuchtung • In der Luft- und Raumfahrt, als Antriebsbatterien für Flurfahrzeuge oder als Starterbatterien

Zusammenschaltung von Batterien

Voraussetzungen	Parallelschaltung
• Gleiche Bauart, gleiche Säuredichte • Gleiche Kapazität (Reihenschaltung) bzw. gleiche Spannung (Parallelschaltung) • Gleiches Alter, gleicher Ladezustand	• Parallelschaltung möglichst vermeiden • Fehlerquellen durch einzelne Zellen, da sie ein System darstellen, das einer Alterung unterworfen ist • Nur im Notfall parallel schalten

Reihenschaltung

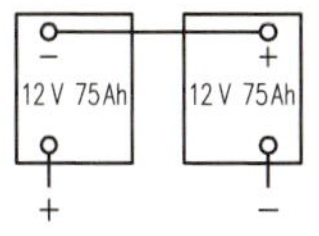

Parallelschaltung

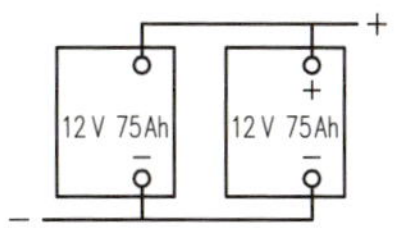

Querschnitt und Länge der Leitungen müssen genau gleich sein.

Reihenparallelschaltung

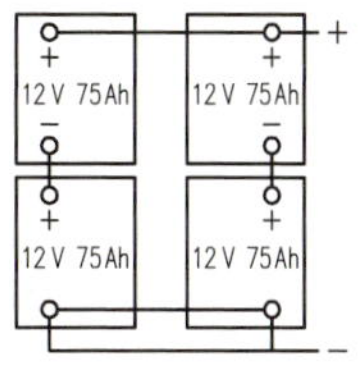

Querschnitt und Länge der Leitungen müssen genau gleich sein. Bei Standzeiten Verbindung auftrennen.

Batterietypen

Bezeichnung	Aufbau	Vorteile	Nachteile
Nassbatterien	Batterien mit flüssigem Elektrolyt als wartbare oder nicht wartbare Ausführung	• Gutes Preis-/Leistungsverhältnis • Hohe Verfügbarkeit im Markt • Geeignet für Einbau in Räumen mit hohen Temperaturen	• Kontrolle des Elektrolytstandes notwendig • Nicht auslaufsicher
VRLA-Batterien	(Valve Regulated Lead Acid Battery) VRLA-Batterien sind Batterien mit festgelegtem Elektrolyt. Entstehende Gase werden innerhalb der Zelle wieder zu Wasser zurückgewandelt.	• Wartungsfrei	• Beim Überladen tritt überschüssi-ges Gas aus, sodass die Flüssigkeitsmengen nicht wieder ersetzt werden können. Deshalb muss ein Batterieladegerät mit einer Ladebegrenzung von 14,4 V eingesetzt werden!
Gel-Batterien	Der Elektrolyt ist in einer gelartigen Masse eingebunden; deshalb zählen sie zu den VRLA-Batterien.	• Auslaufsicherheit • Hohe Zyklenfestigkeit (Anzahl der Lade- und Entladevorgänge)	• Schlechte Kaltstarteigenschaften • Hoher Preis • Geringe Verfügbarkeit • Nicht hochtemperaturfähig
AGM-Batterien	(Absorbent-Glass-Mat-Battery) Ein eingebautes Glasfaservlies saugt bei AGM-Batterien die komplette Elektrolytmenge auf.	• Hohe Zyklenfähigkeit (Anzahl der Lade- und Entladevorgänge) • Auslaufsicherheit • Wartungsfrei • Geringe Gasung • Gute Kaltstarteigenschaften	• Hoher Preis • Geringe Typenvielfalt im Markt • Nicht hochtemperaturfähig

Wartung gemäß ZVEI-Merkblatt „Reinigung von Batterien“

Mindestens alle 6 Monate	Jährlich	Jährliche Sichtkontrolle
Messen und Dokumentieren: • Batteriespannung • Spannung einiger Zellen/Blöcke • Oberflächentemperatur einiger Zellen/Blöcke • Batterieraumtemperatur	Messen und Dokumentieren: • Spannung aller Zellen/Blöcke • Oberflächentemperatur aller Zellen/Blöcke • Batterieraumtemperatur • Isolationswiderstand	• Schraubverbindungen • Ungesicherte Schraubverbindungen sind auf festen Sitz zu prüfen • Batterieaufstellung bzw. -unterbringung • Be- und Entlüftung

Sicherheitshinweise

	Warnung vor Gefahren durch Batterien		
	Alle Hinweise auf der Batterie und in der **Gebrauchsanweisung sind zu befolgen!** Montage- und Installationsanweisung beachten und am Aufstellort sichtbar anbringen. Arbeiten an Batterien nur nach Unterweisung durch Fachpersonal. Die Gebrauchsanweisung muss den mit dem Umgang der Akkumulatoren zuständigen Personen zugänglich sein.		
	Halten Sie Kinder von Säuren und Batterien fern!		Explosions- und Brandgefahr. Für ausreichende Entlüftung des Batterieraumes ist zu sorgen, um die bei der Ladung entstehenden explosiven Gase abzuführen (siehe DIN EN 50272-2).
	Feuer, Funken, offenes Licht und Rauchen sind verboten. Funkenbildung beim Umgang mit Kabeln und elektrischen Geräten sowie durch elektrostatische Entladung und Kurzschlüsse vermeiden!		Elektrolyt ist stark ätzend, deshalb Schutzhandschuhe tragen! Batterien dürfen nicht gekippt werden, da aus den Entgasungsöffnungen Säure austreten kann.
	Bei Arbeiten an Batterien Schutzbrille und Schutzkleidung tragen! Die Unfallverhütungsvorschriften sowie DIN VDE 0510, VDE 0105 Teil 1 beachten!		Augenspülflasche bereitstellen. Laugespritzer im Auge oder auf der Haut mit viel klarem Wasser aus- bzw. abspülen. Danach unverzüglich einen Arzt aufsuchen. Kleidung mit Wasser auswaschen.
	NiCd-Batterien oder -Zellen gehören zur Brandklasse E (siehe DIN EN 2). Bei Bränden kann es sein, dass Geräte unter Spannung stehen. Deshalb Elektrobrände mit Löschpulver oder Kohlendioxid CO_2 bekämpfen.		Entsorgung: Geben Sie die Altbatterien bei einer Sammelstelle ab! Beim Transport sind die aufgeführten Hinweise zu beachten. Altbatterien nie über den Hausmüll entsorgen.

Energieversorgungsanlagen

Energieträger

Energieversorgungsanlagen haben die Aufgabe, Energie für alle möglichen Anwendungen für Produktionsstätten, Haushalte, Gebäude usw. zur Verfügung zu stellen. Dazu wird Primärenergie, das heißt Energie, die die Natur unmittelbar zur Verfügung stellt, benötigt. Bei der Primärenergie unterscheidet man zwischen fossilen Energieträgern und regenerativen bzw. erneuerbaren Energien. Außerdem gibt es noch die Kernenergie.

Fossile Energie

Fossile Energieträger stehen nur begrenzt zur Verfügung. Dazu gehören:

- Steinkohle, Braunkohle
- Erdgas, Erdöl

Regenerative bzw. erneuerbare Energie

Regenerative oder erneuerbare Energien stehen im Gegensatz zu den fossilen nahezu unbegrenzt zur Verfügung, da sie nur von der Lebensdauer der Sonne abhängig sind. Zu ihnen zählen die Sonnenstrahlung, Windenergie und Energie, die aus Biomasse gewonnen wird. Biomassen sind Reste von pflanzlichen und tierischen Erzeugnissen.

Anlagen zur Bereitstellung elektrischer Energie aus fossiler Energie und aus Kernenergie

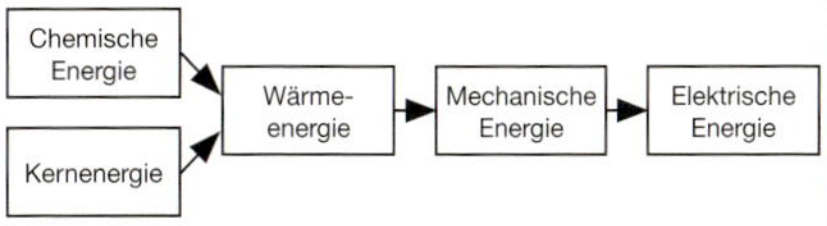

Die Energiewandlung in elektrische Energie erfolgt über die Wärmeenergie und mechanische Energie in Form von Bewegungsenergie (kinetische Energie). Bei jeder Energieumwandlung treten Verluste auf. Der Wirkungsgrad, das heißt das Verhältnis von abgegebener Energie zur zugeführten, liegt bei Kraftwerken ohne Kraft-Wärme-Kopplung im Bereich von 40 %.

Wärmekraftwerk

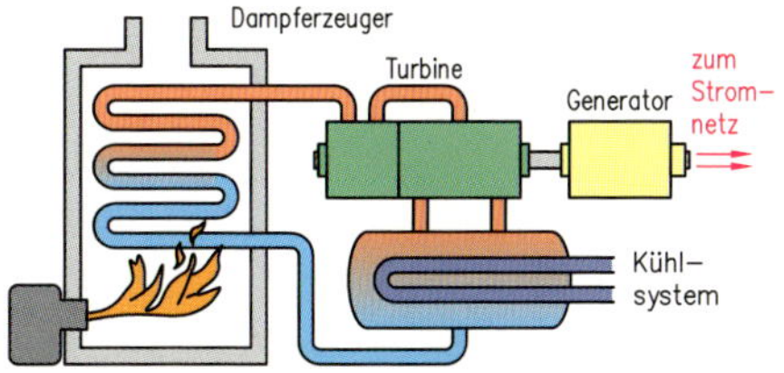

Die Wärmekraftwerke verwenden Erdgas und Erdöl, vorwiegend jedoch Braun- und Steinkohle zur Erzeugung der Wärmeenergie. Eigenschaften:

- Die Energie steht wetterunabhängig zur Verfügung, es wird für das Hochfahren der Anlagen, insbesondere bei Kohle, eine gewisse Zeit benötigt.
- Leistungen einige 100 MW bis über 1 000 MW
- CO_2-Ausstoß bei der Verbrennung

Kernkraftwerk

Prinzipiell ist ein Kernkraftwerk ebenfalls ein Wärmekraftwerk mit etwa gleicher Leistung. Bei ihm wird die Wärme allerdings nicht durch Verbrennung, sondern durch die Kernspaltung von Kernbrennstoffen wie z. B. Uran erzeugt.

Im Gegensatz zu den Wärmekraftwerken mit fossilen Energieträgern hat es folgende Eigenschaften:

- Erzeugung von radioaktivem Abfall, der entsorgt werden muss
- Wärmeerzeugung ohne Kohlendioxid(CO_2)-Ausstoß
- Hohes Gefährdungspotenzial durch Radioaktivität

Heizkraftwerk (HKW)

Ein Heizkraftwerk ist ein Wärmekraftwerk, bei dem die anfallende Wärme über das Kühlsystem für Heizzwecke genutzt wird. Die Abwärme wird z. B. bei Heizkraftwerken in Städten in ein Fernwärmenetz eingespeist oder sie wird Industrieanlagen mit hohem Wärmebedarf zur Verfügung gestellt. Da dabei die Elektrizität mit der Wärme gekoppelt wird, bezeichnet man diesen Prozess auch als **Kraft-Wärme-Kopplung**. Im Gegensatz zum Wärmekraftwerk beträgt der Wirkungsgrad durch die Nutzung der Wärme ca. 80 %.

Blockheizkraftwerk (BHKW)

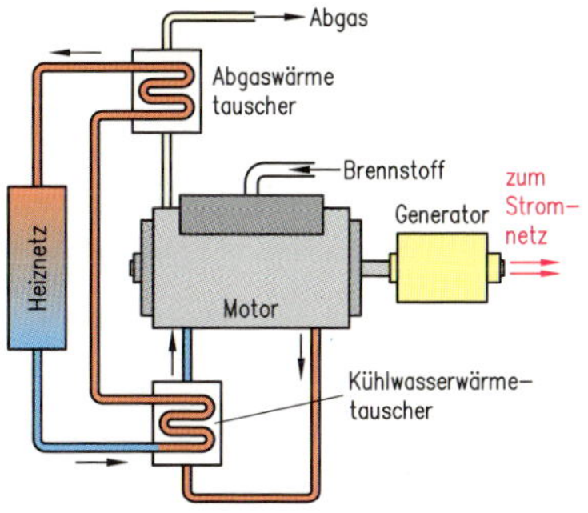

Blockheizkraftwerke sind im Gegensatz zu Heizkraftwerken kleinere und kompaktere Systeme, bei denen der Generator direkt von einem Verbrennungsmotor angetrieben wird. Dabei wird die Wärme des Motors und des Abgases für Heizzwecke, wie z. B. zur Raumheizung oder Warmwasserversorgung, verwendet.

Eigenschaften:

- Wirkungsgrad bei 80 % durch Kraft-Wärme-Kopplung
- Elektrische Leistung von ca. 5 kW bis ca. 5 MW
- Kleine Blockheizkraftwerke werden auch in Ein- und Mehrfamilienhäusern eingesetzt.
- Schnelles Hochfahren möglich
  Energie steht wetterunabhängig zur Verfügung.
- CO_2-Ausstoß geringer als bei Kohlekraftwerken

Energieversorgungsanlagen (Fortsetzung)

Anlagen zur Bereitstellung elektrischer Energie aus regenerativer bzw. erneuerbarer Energie

Da die fossilen Energieträger nur begrenzt vorhanden sind und außerdem Kohlendioxyd bei der Umwandlung in elektrische Energie erzeugen und damit den Treibhauseffekt auf der Erde verstärken, werden zunehmend Anlagen mit regenerativer Energie errichtet und geplant.

Windkraftanlage (s. S. 246)

Mit einem Rotor wird die Bewegungsenergie des Windes in rotierende Bewegungsenergie und schließlich mit einem Generator in elektrische Energie umgewandelt.

Eigenschaften:
- Energieträger ist nicht speicherbar und wetterabhängig.
- Geeignete Standorte erforderlich
- Wirkungsgrad im Nennbetrieb bis ca. 50 %
- Elektrische Leistungen bis 7,5 MW

Solarthermisches Kraftwerk

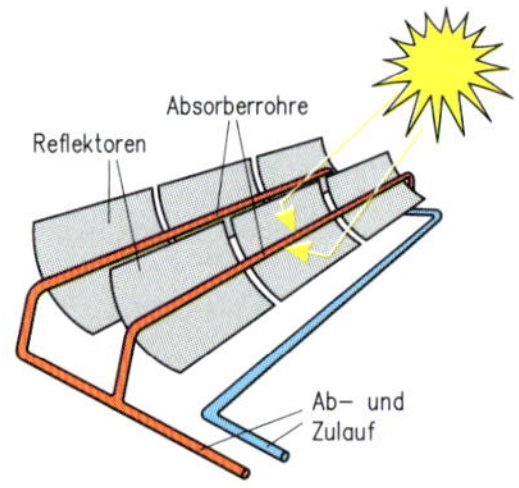

Bei solarthermischen Kraftwerken wird die Sonneneinstrahlung mithilfe von Reflektoren (Parabolrinnen, s. links) auf Absorberrohre gebündelt, in denen eine besondere Flüssigkeit auf einige Hundert Grad Celsius erwärmt wird. Die Energie wird einem Dampferzeuger zugeführt und schließlich über eine Turbine und einen Generator in ein elektrisches Netz eingespeist.

Eigenschaften:
- Einsatz nur in sonnenbegünstigten Regionen (z. B. Spanien)
- Parabolrinnen-Anlagen sind verhältnismäßig kostengünstig.
- Elektrische Leistungen bis ca. 60 MW, Wirkungsgrad ca. 15 %
- Energieträger ist nicht speicherbar und wetterabhängig, kein CO_2-Ausstoß.

Photovoltaikanlage (s. S. 248)

Bei Photovoltaikanlagen (PV-Anlagen) wird ein Teil der Sonnenstrahlung mittels Solarzellen direkt in elektrische Energie umgewandelt.

Eigenschaften:
- Energieträger ist nicht speicherbar und wetterabhängig.
- Wirkungsgrad bei ca. 15 %, kein CO_2-Ausstoß
- Auch ohne Netzanbindung für Inselbetrieb geeignet
- Elektrische Leistung in größeren Anlagen als Spitze ca. 50 MW
- Für Ein- und Mehrfamilienhäuser geeignet

Biogasanlage

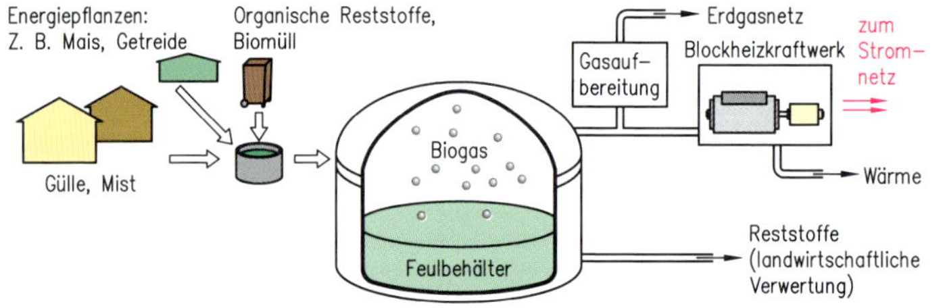

Bei einer Biogasanlage wird durch Vergärung von Biomassen Biogas erzeugt. Als Biomassen werden meistens tierische Abfälle (Gülle, Mist) oder Abfälle aus Biotonnen verwendet. Das Gas kann zum Antrieb von Blockheizkraftwerken oder zur Einspeisung in das Gasnetz verwendet werden.

Eigenschaften:
- Nutzung von Abfällen
- Energieträger ist speicherbar und wetterunabhängig.
- CO_2-Ausstoß ist fast neutral.
- Biogas kann auch als Treibstoff für Kraftfahrzeuge verwendet werden.
- Sachgemäßer Umgang aufgrund der Gefahren des Gases notwendig
- Wirkungsgrad ca. 40 %

Wasserkaftwerk

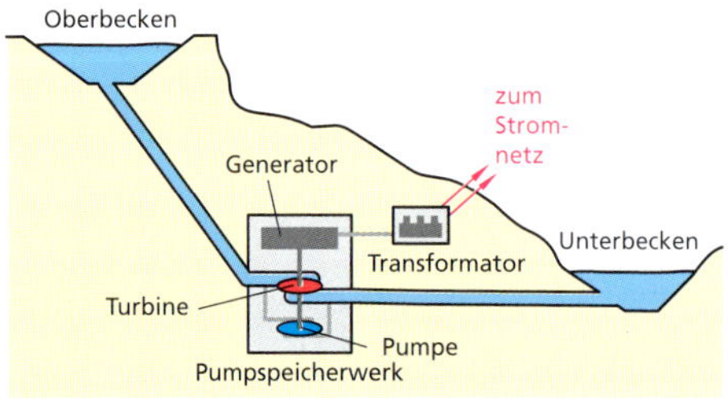

Wasserkraftwerke wandeln die Bewegungsenergie von fließendem Wasser in elektrische Energie um. Bei **Laufwasserkraftwerken** wird ein Fluss gestaut und mit dem abfließenden Wasser eine Turbine angetrieben. Ein Gezeitenkraftwerk nutzt die Energie aus dem Wasser bei Ebbe und Flut.

Pumpspeicherwerke (s. Bild links) dienen zum Speichern von Energie. Steht elektrische Energie ohne Abnehmer zur Verfügung, wird Wasser in das Oberbecken gepumpt; wird die Energie benötigt, dann lässt man das Wasser in das Unterbecken abfließen und treibt über eine Turbine einen Generator an.

Energieverteilungsanlagen

Übertragung elektrischer Energie

Elektrische Energie lässt sich über elektrische Leitungen übertragen. Eine wirtschaftliche Übertragung mit verhältnismäßig geringen Leitungsquerschnitten erreicht man, indem man hohe Spannungen und Freileitungen verwendet. Vorwiegend wird daher Wechselspannung eingesetzt, da sie sich über Transformatoren problemlos auf die gewünschten Spannungen transformieren lässt. Wenn bei langen Übertragungswegen keine Freileitungen möglich sind, wie z. B. bei Leitungen im Meer, dann wird als übertragende Spannung hohe Gleichspannung gewählt. Dieses Verfahren wird als HGÜ-Übertragung (Hochspannungs-Gleichstrom-Übertragung) bezeichnet.

Spannungsebenen und Netze

Spannungsebene	Werte	Typische Werte	Einsatz
Höchstspannung	Über 150 kV	400 kV, 230 kV	Europäisches Verbundnetz zur Übertragung der elektrischen Energie in ganz Europa, meist Freileitungen
Hochspannung	Über 60 kV bis 150 kV	110 kV	Regionale Elektrizitätsversorgung, Netze sind meistens Freileitungsnetze.
Mittelspannung	Über 1 kV bis 60 kV	20 kV, 10 kV	Versorgung von Industriebetrieben, größeren Gebäuden und den Ortsnetzstationen
Niederspannung	Bis 1 kV	400 V/230 V	Versorgung von Wohnhäusern und Kleinbetrieben

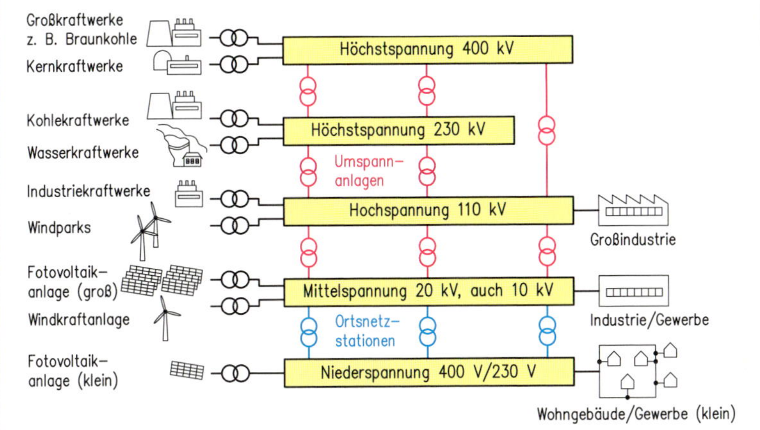

Erläuterungen:

- Umspannanlagen bestehen aus Transformatoren und Schalteinrichtungen und verbinden Netze verschiedener Spannungsebenen.
- Ortsnetzstationen transformieren auf die Niederspannung und versorgen damit den Endverbraucher.
- Durch das Verbundnetz im Höchstspannungsbereich und die Verbindungen zu den unteren Spannungsebenen ist eine hohe Versorgungssicherheit gewährleistet.

Netzformen

Die Netze werden als Strahlennetz, Ringnetz oder Maschennetz ausgeführt. Netze im Höchst- und Hochspannungsbereich sind wegen der notwendigen Versorgungssicherheit als Maschennetze ausgeführt. Mittelspannungsnetze werden meistens als Ring- oder Maschennetze, Niederspannungsnetze auch als Ring- oder Strahlennetze betrieben.

Strahlennetz	Ringnetz	Maschennetz
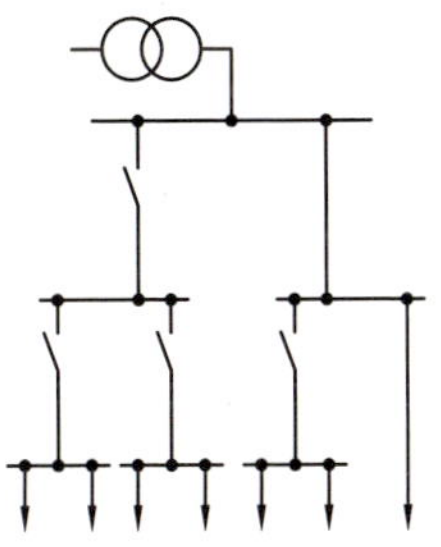	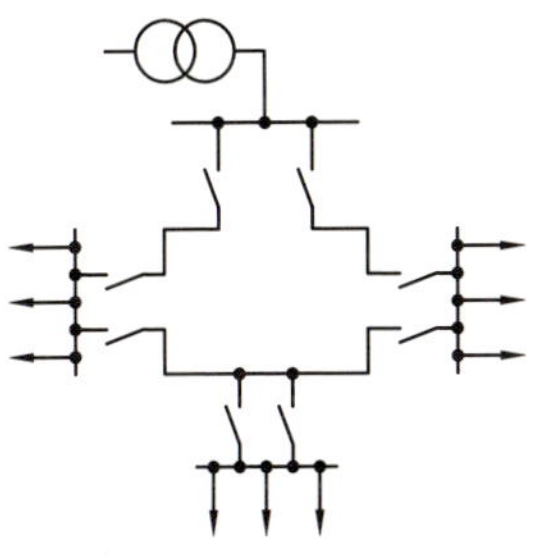	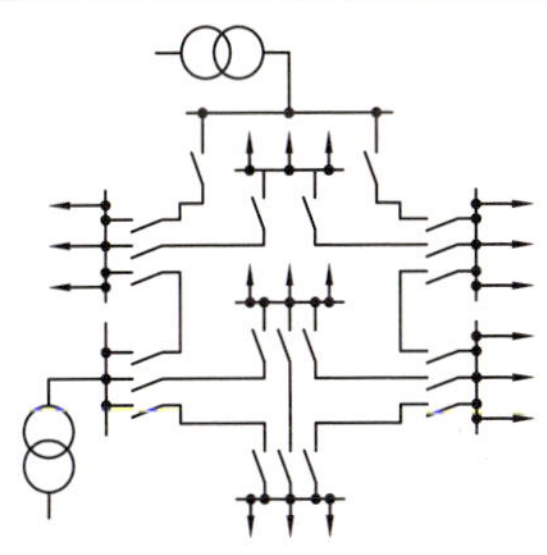
• Einfache Netzüberwachung • Hohe Spannungsfälle • Geringe Kurzschlussströme • Geringe Versorgungssicherheit	• Aufwändigere Schaltanlagen • Geringe Spannungsfälle • Hohe Kurzschlussströme • Größere Versorgungssicherheit	• Aufwändige Schaltanlagen • Geringe Spannungsfälle • Hohe Kurzschlussströme • Große Versorgungssicherheit

Umspannanlagen

Umspannanlagen verbinden

- Höchstspannungsnetze (z. B. 380 kV, 220 kV) mit Hochspannungsnetzen (z. B. 110 kV) oder
- Hochspannungsnetze (z. B. 110 kV) mit Mittelspannungsnetzen (z. B. 10 kV, 20 kV)

Grundsätzlicher Aufbau einer Freiluftanlage 110 kV/20 kV

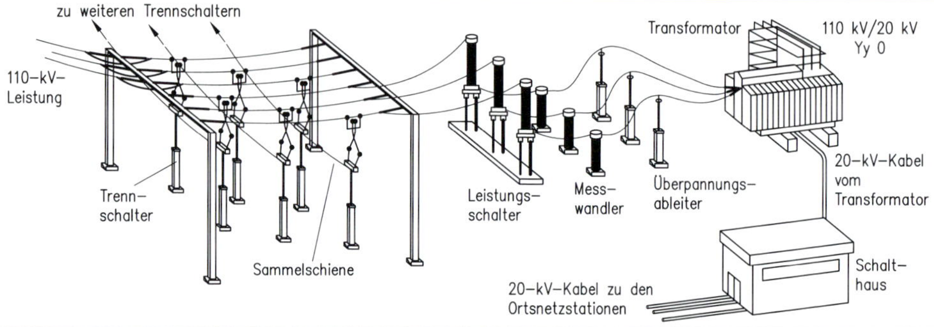

Komponenten einer Umspannanlage

- Sammelschienen gewährleisten zusammen mit Trennschaltern wegen ihrer Verteillermöglichkeiten eine hohe Versorgungssicherheit.
- Leistungsschalter schützen die Anlage bei Überlastung und Kurzschluss und ermöglichen ein Abschalten des Transformators.
- Überspannungsableiter schützen den Transformator vor zu hohen Spannungen, die z. B. durch Blitzeinschläge in das Freileitungsnetz entstehen.
- Der Transformator wandelt die Hochspannung von 110 kV in die Mittelspannung von 20 kV um.

Ortsnetzstationen

Ortsnetzstationen verbinden das Mittelspannungsnetz (z. B. 10 kV und 20 kV) mit dem 400 V/230 V Niederspannungsnetz.

Schaltplan und Komponenten

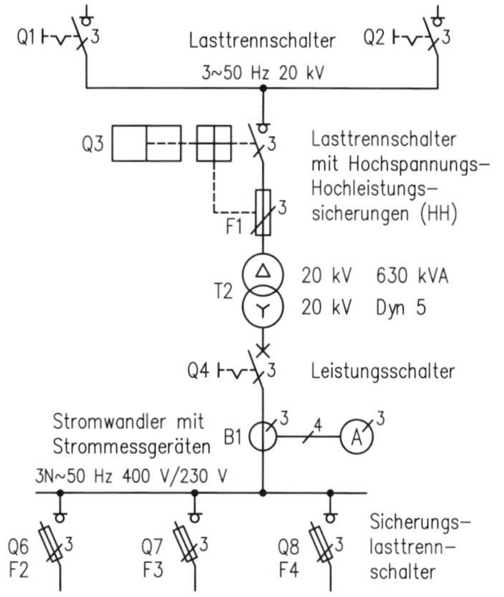

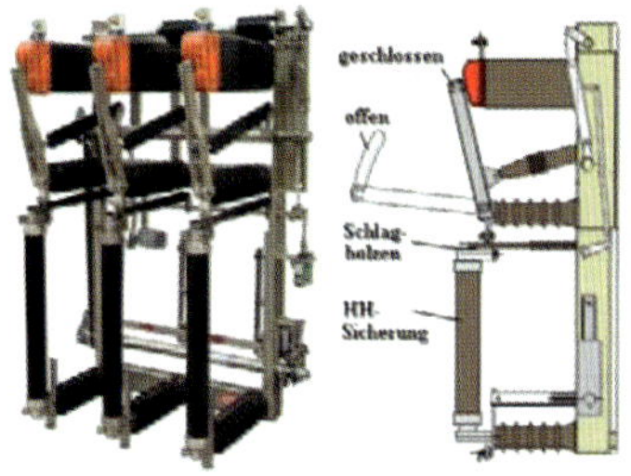

Lasttrennschalter mit HH-Sicherungen

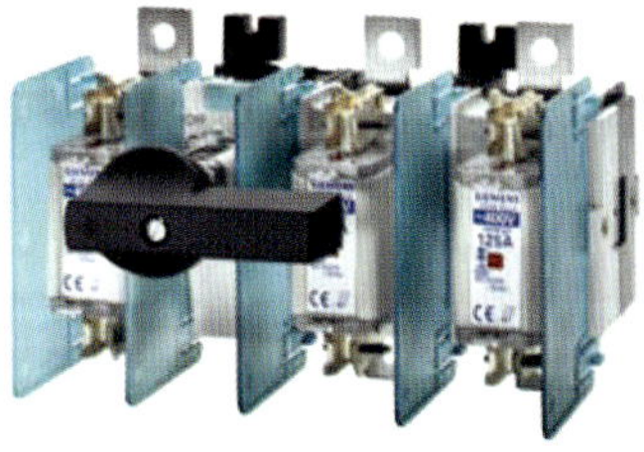

Sicherungslasttrennschalter mit NH-Sicherungen

- Lasttrennschalter ermöglichen das Zu- und Abschalten des Mittelspannungsnetzes unter Last.
- HH-Sicherungen schützen bei Kurzschlüssen im Transformator durch Auslösung des Lasttrennschalters.
- Der Transformator wandelt die Mittelspannung (20 kV) in Niederspannung (400 V) um.
- Der Leistungsschalter schützt den Transformator bei Überströmen im Niederspannungsbereich.
- Die Sicherungslasttrennschalter schützen durch ihre NH-Sicherungen die abgehenden Kabel bei Überlast und Kurzschlüssen.

Schalt- und Schutzeinrichtungen zur Energieverteilung

Bezeichnung	Schaltzeichen	Erläuterung	Anwendungen
Trennschalter		• Darf nicht unter Last, sondern höchstens bei vernachlässigbar kleinen Strömen geschaltet werden. • Bildet im ausgeschalteten Zustand eine sichtbare Trennstrecke.	• In Umspannanlagen und Verteilerstationen zum Freischalten von Geräten und Anlageteilen
Sicherungstrennschalter		• Verhalten wie Trennschalter • Sicherungen lösen bei Überströmen aus	• In Niederspannungsanlagen • Wird nur selten verwendet
Lastschalter		• Schaltet Ströme bei normaler Belastung • Schaltet keine Kurzschlussströme	• In Niederspannungsanlagen zum Ein- und Ausschalten von Betriebsmitteln und Anlageteilen
Lasttrennschalter		• Schaltet wie Lastschalter Ströme bei normaler Belastung • Schaltet keine Kurzschlussströme • Bildet im ausgeschalteten Zustand eine sichtbare Trennstrecke	• In Mittelspannungsanlagen zum Zu- und Abschalten von Ortsnetzstationen
Lasttrennschalter mit Hochspannungs-Hochleistungssicherungen (HH-Sicherungen)	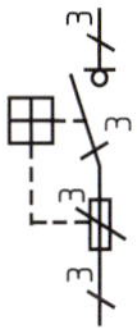	• Schaltet wie Lastschalter Ströme bei normaler Belastung • HH-Sicherungen lösen bei Kurzschluss aus. • Bildet im ausgeschalteten Zustand eine sichtbare Trennstrecke	• In Mittelspannungsanlagen zum Schalten von Verteiler-Transformatoren
Sicherungslasttrennschalter		• Schaltet wie Lastschalter Ströme bei normaler Belastung • Sicherungen wirken bei Kurzschluss. • Bildet im ausgeschalteten Zustand eine sichtbare Trennstrecke	• In Niederspannungsanlagen mit NH-Sicherungen zur Energieverteilung
Leistungsschalter		• Schaltet Ströme bei normaler Belastung • Schaltet Kurzschlussströme ab	• In Hochspannungsanlagen zur Energieverteilung
Leistungsselbstschalter		• Verhalten wie Leistungsschalter • Hat neben der Kurzschlussauslösung eine einstellbare thermische Überstromauslösung	• In Niederspannungsanlagen zum Schalten von Betriebsmitteln und Anlageteilen
Buchholz-Schutz (Buchholz-Relais)	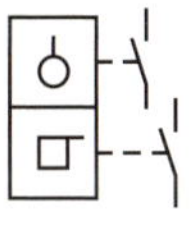	• Schützt Öltransformatoren bei Fehlern im Transformator, z. B. bei Windungsschluss, durch Abschaltung • Löst bei Gasung im Öl aus	• Bei Öltransformatoren in Hoch-, Mittel- und Niederspannungsanlagen

Windenergieanlagen

Prinzip

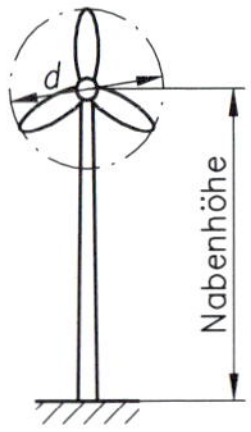

Rotordurchmesser d je nach Nennleistung von 40 m (bei 600 kW) bis 125 m (bei 6 MW)

Nabenhöhe zwischen 50 m und 130 m

Die kinetische Energie (Bewegungsenergie) des Windes wird durch den Rotor auf einen Generator übertragen, der die Bewegungsenergie in elektrische Energie umwandelt.

Berechnungsformel

$$P_{zu} = \frac{d^2 \cdot \pi \cdot \rho_{Luft} \cdot v^3}{8}$$

$$P_{ab} = c_P \cdot P_{zu}$$

P_{zu}	zugeführte Leistung (des Windstromes) in W
d	Durchmesser des Rotors in m
ρ_{Luft}	Dichte von Luft in kg/m³ (1,225 kg/m³)
v	Windgeschwindigkeit in m/s
P_{ab}	abgegebene Leistung in W
c_P	Leistungsbeiwert

Der Leistungsbeiwert beträgt aus physikalischen Gründen höchstens 0,59 = 59 %.

Kenndaten

- Die **Bemessungsleistung P_N** ist die Leistung, die die Anlage ab einer bestimmten Windgeschwindigkeit (Bemessungsleistungswind, ca. 13 m/s bis 15 m/s) abgeben kann. Typische Werte sind z. B. 500 kW, 1 MW, bis 7,5 MW. Im Binnenland (Norddeutschland) kann man davon ausgehen, dass im Durchschnitt ca. 20 % der Bemessungsleistung, an der Küste 30 % der Bemessungsleistung abgegeben wird.
- Der **Leistungsbeiwert c_P** gibt das Verhältnis von abgegebener Leistung und zugeführter Windleistung an und kann bei Windanlagen beim Bemessungsleistungswind Werte bis 0,5 annehmen.
- Bei der **Abschaltwindstärke** (hohe Windstärke, z. B. 30 m/s) erfolgt eine Abschaltung der Anlage.

Leistungskurve (P_N = 2 MW)

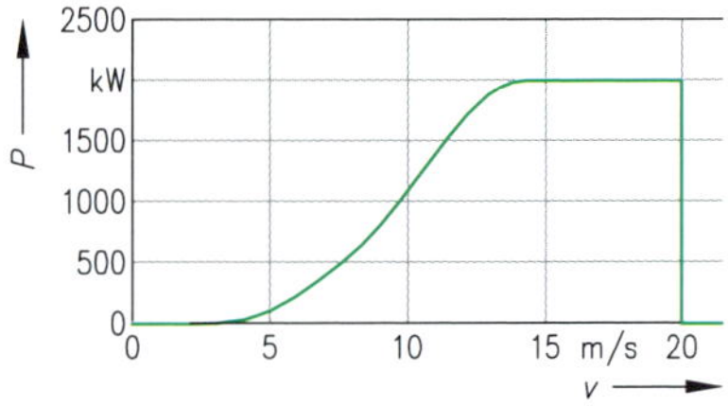

Nimmt die Windgeschwindigkeit zu, so darf die Bemessungsleistung wegen Überlastung nicht überschritten werden. Bei größeren Anlagen werden daher die Rotorblätter so verstellt, dass sich die Antriebskraft verringert (Pitchsteuerung).

Blockschaltbilder (mit typischen Herstellerwerten)

Mit Getriebe und Asynchrongenerator

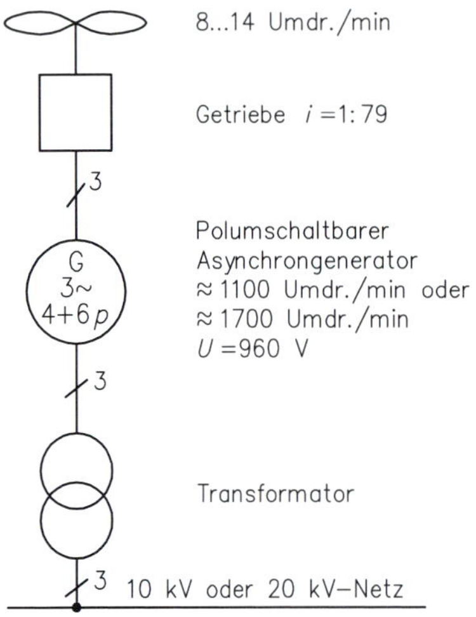

Ohne Getriebe mit Synchrongenerator

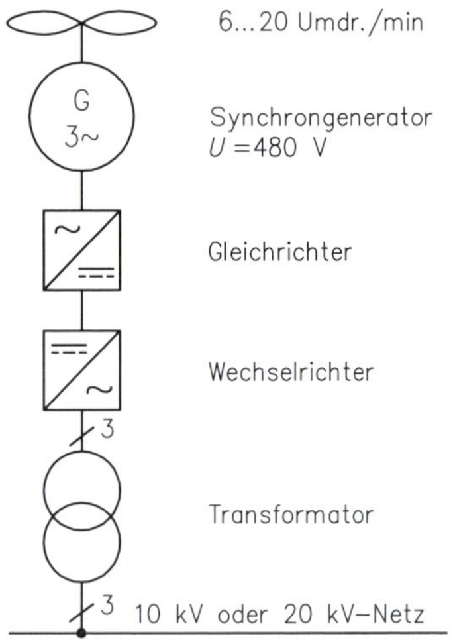

Brennstoffzellen als Energiewandler

Funktionsprinzip

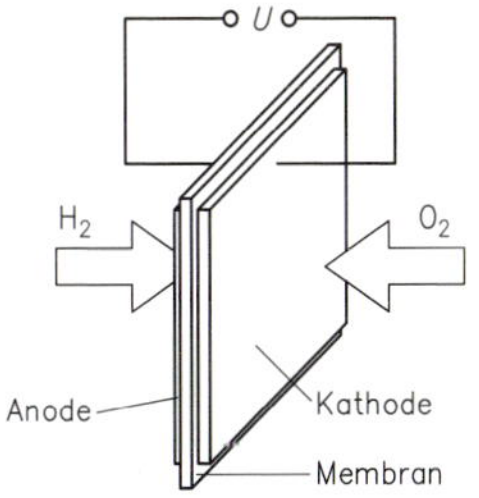

Brennstoffzellen sind:

- Eine besondere Art eines galvanischen Elements
- Gasbetriebene Batterien, die durch kalte, elektrochemische Verbrennung eines Gases – in der Regel Wasserstoff – Gleichspannung erzeugen
- Alle vom Prinzip gleich aufgebaut: Zwischen der Anode und der Kathode befindet sich ein Elektrolyt für den Ionenaustausch.

Einsatzgebiete

Stationäre Anwendung	Mobile Anwendung	Portable Anwendung
Im BHKW-Betrieb der Strom- und Wärmeerzeugung. Wichtig sind ein hoher Wirkungsgrad und das Temperaturniveau der ausgekoppelten Wärme.	Zum Antrieb von Fahrzeugen mit elektrischer Energie. Beim Bremsvorgang wird die Bewegungsenergie in elektrische Energie umgewandelt.	Brennstoffzellen ersetzen Batterien. Sie erreichen z. B. beim Einsatz in Handys oder Laptops eine deutlich höhere Stand-by-Zeit als herkömmliche Batterien.

Brennstoffzellentypen

Zellentyp	AFC	PEM-FC	PAFC
Bezeichnung	Alkalische Brennstoffzelle	PolymerElektrolytMembran-Brennstoffzelle	Phosphorsaure Brennstoffzelle
Elektrolyt	Kalilauge	Protonenleitende Membran	Phosphorsäure
Anodengas	Wasserstoff	Wasserstoff	Wasserstoff
Kathodengas	Sauerstoff	Luftsauerstoff	Luftsauerstoff
Betriebstemperatur	< 80 °C	70–200 °C	ca. 200 °C
Leistung	10–100 kW	0,1–500 kW	100 MW
Wirkungsgrad	Zelle: 60–70 % System: 62 %	Zelle: 50–70 % System: 30–50 %	Zelle: 55 % System: 40 %
Eigenschaften	Anfällig gegenüber Verunreinigungen in den Gasen	Hohe Leistungsdichte und eine große Dynamik	Geeignet für die stationäre Anwendung als Blockheizkraftwerk

Zellentyp	MCFC	SOFC	DMFC
Bezeichnung	Schmelzcarbonat Brennstoffzelle	Oxidkeramische Brennstoffzelle	Direkt-Methanol Brennstoffzelle
Elektrolyt	Alkalicarbonatschmelze	Keramisches Material	Protonenleitende Membran
Anodengas	Wasserstoff, Methan, Kohlegas	Wasserstoff, Methan, Kohlegas	Methanol
Kathodengas	Luftsauerstoff	Luftsauerstoff	Luftsauerstoff
Betriebstemperatur	ca. 650 °C	800–1000 °C	90–120 °C
Leistung	100 MW	bis 100 MW	mW bis 100 kW
Wirkungsgrad	Zelle: 55 % System: 47 %	Zelle: 60–65 % System: 55–60 %	Zelle: 20–30 %
Eigenschaften	Anwendung im stationären BHKW-Betrieb durch hohe CO-Verträglichkeit und einfache Gasaufbereitung	Einfache Gasaufbereitung bei Kohlenwasserstoff als Brennstoff. Die hohen Betriebstemperaturen führen zu Materialproblemen in der Zelle.	PEM-FC mit Methanol als Brennstoff. Da er flüssig ist, kann er sehr viel leichter gespeichert und transportiert werden.

Solarzellen — DIN V VDE V 0126-1-1

Aufbau

Dicke der Solarzelle: Etwa 0,3 mm
Dicke der n-Halbleiterschicht: Etwa 0,002 mm

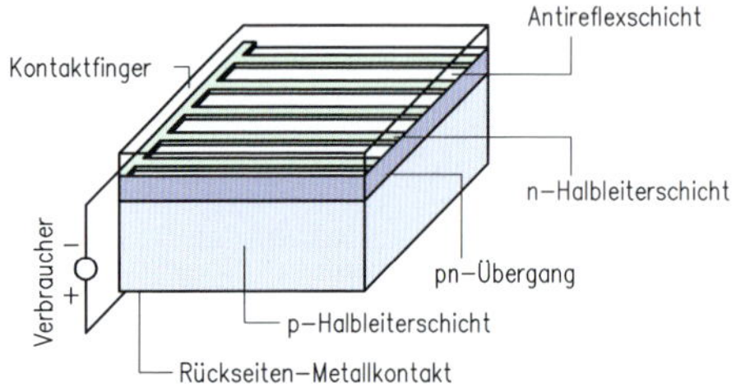

Überschlagsrechnung der Leistung

- Sonneneinstrahlung/Tag bei klarem Himmel: $P = 1\,100\ \text{W/m}^2$
- Zellenwirkungsgrad: $\eta = 10\ \%$
- Elektrische Leistung einer Zelle: $P_Z = 100\ \text{W/m}^2$
- Wirkungsgrad der angeschlossenen Baugruppen: $\eta = 90\ \%$
- Leistung pro m^2 installierter Fläche: $P = 100\ \text{W}$

Strom-Spannungs-Kennlinie

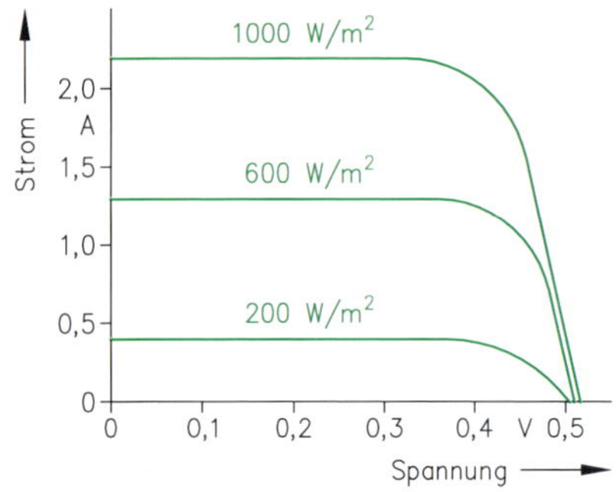

Eigenschaften

- Abgreifbare Spannung (bei Silizium): ca. 0,5 V
- Die Klemmenspannung ist schwach von der Lichteinstrahlung abhängig.
- Stromstärke steigt bei höherer Beleuchtungsstärke.
- Maximale Stromstärke ca. 2 A (100 cm^2 große Siliziumzelle bei einer Bestrahlung von 1000 W/m^2)
- Die Leistung ist temperaturabhängig. Höhere Zelltemperaturen führen zu niedrigeren Leistungen und damit zu einem schlechteren Wirkungsgrad.

Leistungsangabe

Nennleistung in W_p (Watt_peak) bzw. kW_p
(= Leistungsangabe unter Testbedingungen)
Tatsächliche Leistung:
102 bis 114 W/kW_p bei $\eta = 10{,}2\ \%–11{,}4\ \%$ der Solarzelle

Testbedingungen:
- 25 °C Modultemperatur
- 1 000 W/m^2 Bestrahlungsstärke
- Air Mass von 1,5 (Air Mass: Abschwächung der Strahlung durch die Atmosphäre)

Zelltypen

Monokristalline Zelle:
- Höchster Wirkungsgrad (bis 20 %) aller Zelltypen
- Hoher Energieaufwand bei der Herstellung; dadurch
- relativ teuer

Multikristalline Zelle:
- Wirkungsgrad bis 15 %
- Zur Zeit bestes Preis-Leistungsverhälnis
- Großer Materialverschnitt beim Herstellen der Wafer

Dünnschichtsolarzelle:
- Im Vergleich sehr leicht und günstig
- Geringerer Wirkungsgrad
- Lohnenswert bei großen Dachflächen/Anlagen

	Monokristallin	Polykristallin	Dünnschicht
Wirkungsgrad	14–20 %	12–16 %	6–10 %
Schwachlichtverhalten	Einbußen bei diffusem Licht	Einbußen bei diffusem Licht	Nur geringe Einbußen
Wärmeverhalten	Einbußen bei hohen Temperaturen	Einbußen bei hohen Temperaturen	Nur geringe Einbußen
Kosten	Teurer als Polykristallin und Dünnschicht	Günstiger als Monokristallin und CIGS	Günstiger als Monokristallin, Polykristallin und CIGS
Langzeittest	Sehr hohe Leistung, stabil, hohe Lebensdauer	Hohe Leistung, stabil, hohe Lebensdauer	Mittlere Leistung, etwas geringere Lebensdauer
Gewicht pro Quadratmeter	Höher	Höher	Niedriger
Störanfälligkeit	Sehr gering	Sehre gering	Gering

Anlagenkonzepte mit Solarmodulen

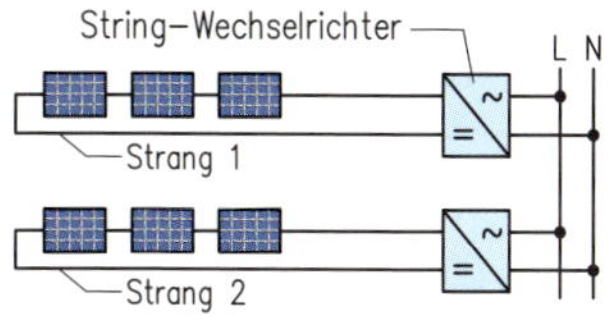

Stringwechselrichter
Jeder Strang wird jeweils zu einem Wechselrichter weitergeleitet. D. h., pro Strang (String) wird jeweils ein Wechselrichter benötigt. **Vorteile:**
- Möglichkeit der Verbindung von Modulen, die gleiche Bedingungen haben
- Geringe Verlusten/kleinere Querschnitte
- geringe Installations- und Betriebskosten
- Höhere Anschaffungs- und Wartungskosten

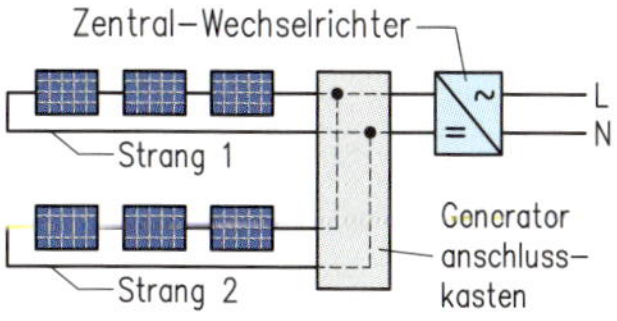

Zentralwechselrichter
Die Stränge werden jeweils im Generatoranschlusskasten (GAK) zusammengeführt und zu einem zentralen Wechselrichter weitergeleitet. Bei einer Störung des Zentralwechselrichters steht die Anlage still. **Vorteile:**
- Die Überwachung und Wartung ist einfach
- Kostenvorteile gegenüber dem Einsatz vieler Stringwechselrichter
- Geringe Übertragungsverluste in der Leitung

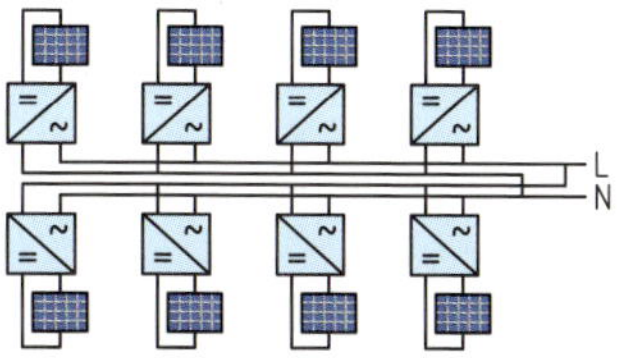

Modulwechselrichter
Jedes einzelne Modul ist an einen Wechselrichter angeschlossen. Entsprechend viele werden benötigt. Optimierungsmöglichkeiten bei Teilverschattungsbereiche/verwinkelte Dachstrukturen. **Vorteile:**
- Höhere Anschaffungs- und Reparaturkosten
- Einfachere Anlagenplanung/leichtere Installation
- Ertragsüberwachung und -optimierung jedes einzelnen Solarmoduls
- Anlage jederzeit um weitere Module erweitert werden
- ein gutes Preis-Leistungs-Verhältnis, einfache Überwachung/Wartung

Montage von Solargeneratoren

Aufständerung (Flachdach):
Vorteile: Optimaler Ausrichtungswinkel (34° bis 36°) zur Sonne; „Selbstreinigungseffekt" durch Regen und Schnee; Rückseite ist belüftet, kein Hitzestau; Freie Laufwege für Reparaturen, Reinigung, Brandfall.
Nachteile: Durch steileren Winkel mehr Schatten; Mindestabstand ist einzuhalten → Modulfläche wird verkleinert; aufgeständerte Module sind anfälliger für Windeinflüsse ist eine stärkere Befestigung erforderlich.

Aufdachmontage:
Vorteile: Durch den Abstand zur Dachhaut gut hinterlüftet; die Dachhaut wird durch die Module geschützt; die Montage ist schnell, einfach und preiswert.
Nachteile: Ziegel gehen oft unbemerkt kaputt, undichte Stellen/Dachsanierung erfordern eine aufwändige, Um- oder Neumontage der Module.

Indachmontage:
Vorteile: Ästhetische Vorteile und höhere mechanische Stabilität; gleichmäßige Verteilung der Gewichtslast; Keine Angriffsfläche für starke Winde.
Nachteile: Höherer Aufwand, die Anlage übernimmt ganz oder teilweise die Funktion der Dacheindeckung; geringere Kühlung der Module durch die Luft; zusätzliche Material- und Montagekosten.

Strukturen von Photovoltaikanlagen

Inselllage

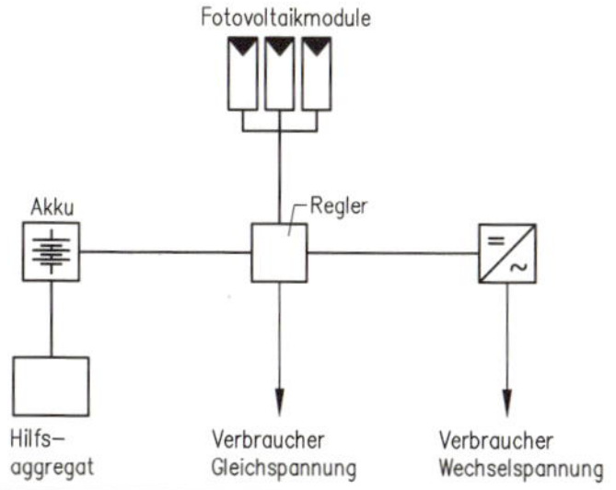

- Gleichspannung: 12 V, 24 V oder 48 V
- Gleichspannungswandler und/oder Wechselrichter
- Anwendung: Wochenend- und Ferienhäuser, Wohnmobile, Verkehr, Beleuchtung netzfern installierter Werbetafeln, Sicherungstechnik

Netzgekoppelte Anlage

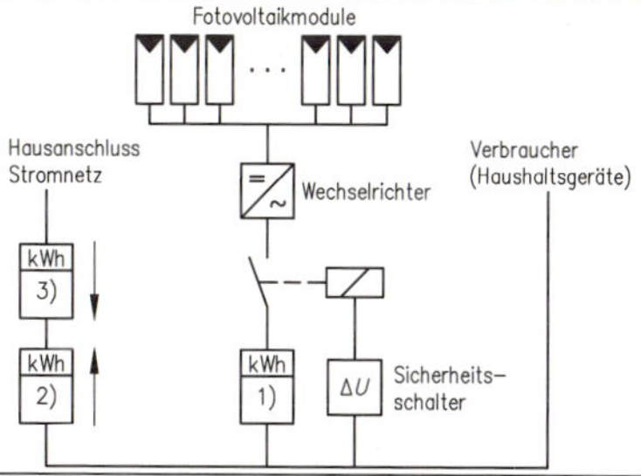

- Einspeisungs- und Bezugszähler:
  1. Zähler für den produzierten Solarstrom
  2. Zähler für den in das Netz eingespeisten Solarstrom
  3. Zähler für den vom Netz bezogenen Strom

Einspeisung von Photovoltaikanlagen

Vor dem Bezugszähler mit 2 rücklaufgesperrten Zählern

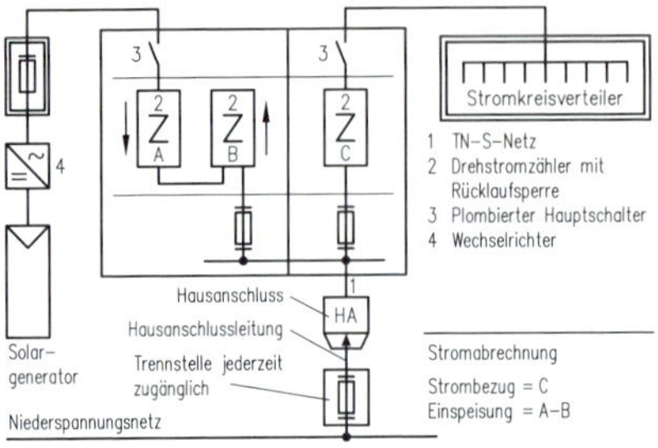

Die Installation eines Bezugszählers führt zu unverhältnismäßig hohen Kosten: Zählermiete plus Zählerplatz. Sie sind zu vermeiden, indem die Rücklaufsperre aus Zähler A entfernt wird (s. Schaltbild 3).

Vor dem Bezugszähler mit einem 4-Quadranten-Zähler

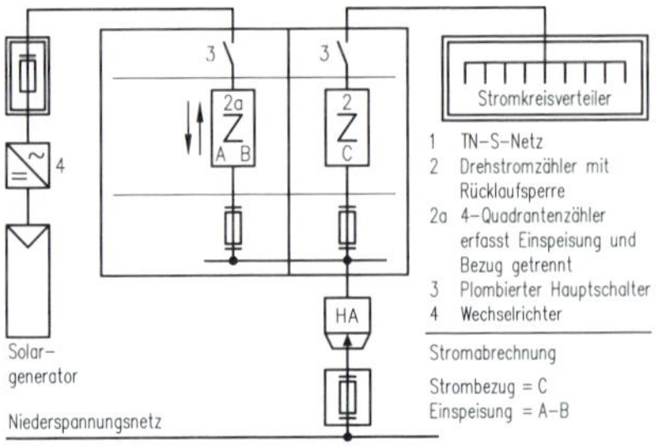

Die Installation eines 4-Quadranten-Zählers führt zu unverhältnismäßig hohen Kosten **für** den zusätzlichen Zählerplatz. Sie sind zu vermeiden, indem die Rücklaufsperre aus dem Einspeisezähler entfernt wird (s. Schaltbild 3).

Vor dem Bezugszähler mit nicht rücklaufgesperrtem Zähler

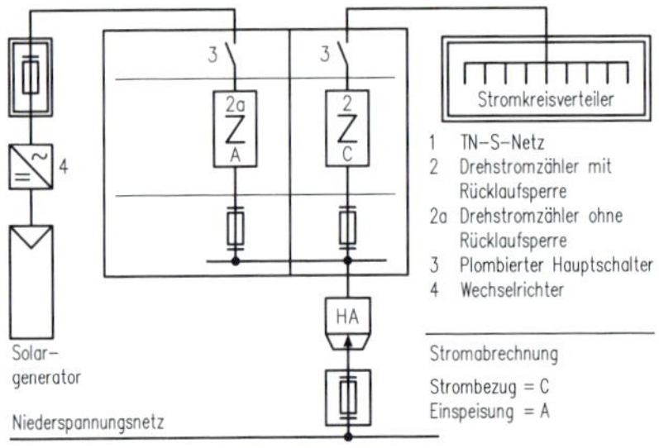

Der nicht rücklaufgesperrte Zähler A bilanziert Einspeisung **und** Strombezug. Der Strombezug beträgt einen Bruchteil der Einspeisung. Messfehler sind aufgrund fehlender Eichung in Bezugsrichtung für den Netzbetreiber nicht nachteilig.

Hinter dem Bezugszähler mit $P_{Einspeise} > P_{Bezug}$

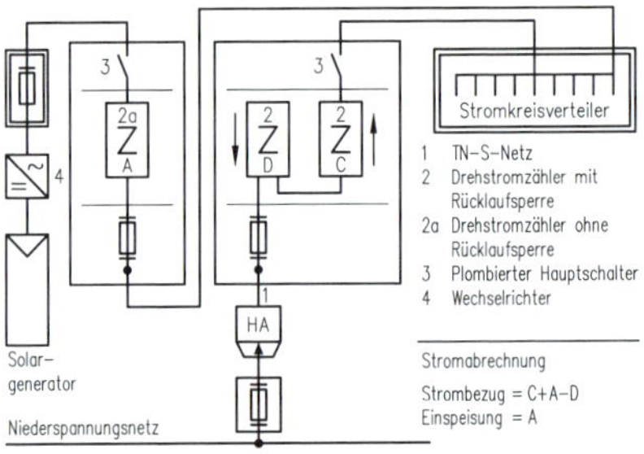

Wenn die eingespeiste PV-Leistung größer als die Bezugsleistung wird, muss bei der Bilanzierung des Strombezugs die Einspeisung ins Netz öffentlicher Versorgung abgezogen werden. Dies erfordert einen weiteren Zähler beim Hausanschluss oder einen 4-Quadranten-Zähler.

Hinter Bezugszähler mit $P_{Bezug} > P_{Einspeise}$

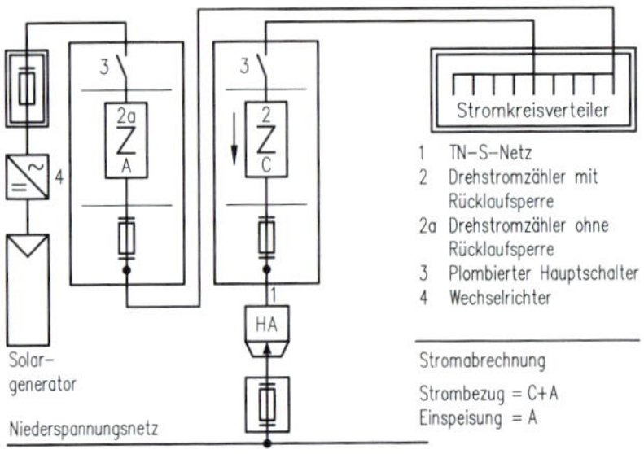

Der nicht rücklaufgesperrte Zähler bilanziert Einspeisung und Strombezug. Der Strombezug beträgt einen Teil der Einspeisung. Messfehler sind aufgrund fehlender Eichung in Bezugsrichtung für den Netzbetreiber nicht nachteilig.

Ins Mittelspannungsnetz mit eigenem Trafo

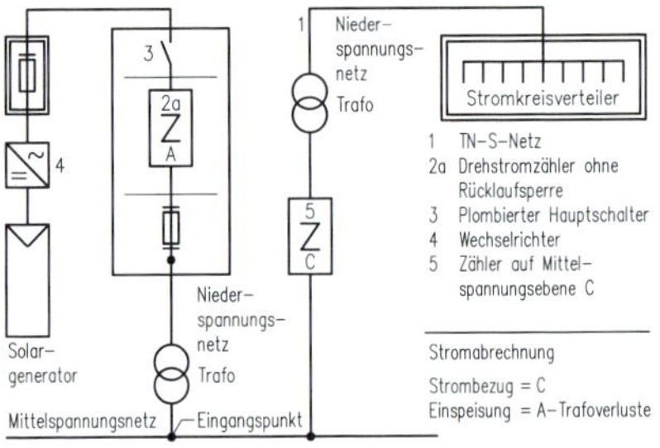

Trafoverluste können abgezogen werden, da auf Mittelspannungsebene nur die um die Trafoverluste reduzierte Strommenge eingespeist wird. (Alternativ kann wie auf der Bezugsseite auf Mittelspannungsseite gemessen werden.)

Solarthermische Systeme

Drain-Back-Anlage

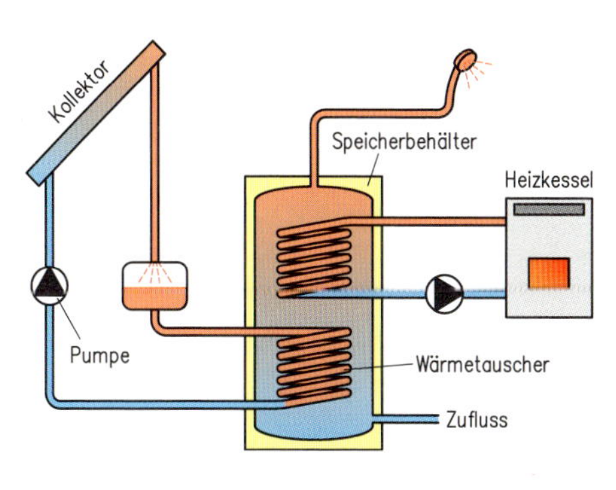

Wirkungsprinzip

- In dem Kollektor wird ein Wärmeträger (ein flüssiges Frostschutzmittel) erwärmt und von der Pumpe zum Wärmetauscher befördert.
- Im Wärmetauscher wird die Wärme des erhitzten Frostschutzmittels auf das Trinkwasser im Speicher übertragen.
- Bei nicht eingeschalteter Pumpe ist der Kollektor vollständig entleert. Der Wärmeträger befindet sich hier in einem zusätzlichen Auffangbehälter.
- Es besteht keine Frostgefahr, sodass als Wärmeträger auch Wasser eingesetzt wird.

High-Flow-System

- Ca. 30–50 Liter/Stunde fließen durch die Kollektoren.
- Der Wärmeträger wird bei einer Einstrahlung von 800–1 000 W/m² um ca. 10 °C erwärmt, sodass die Temperatur jeweils additiv steigt.

Externer Wärmetauscher

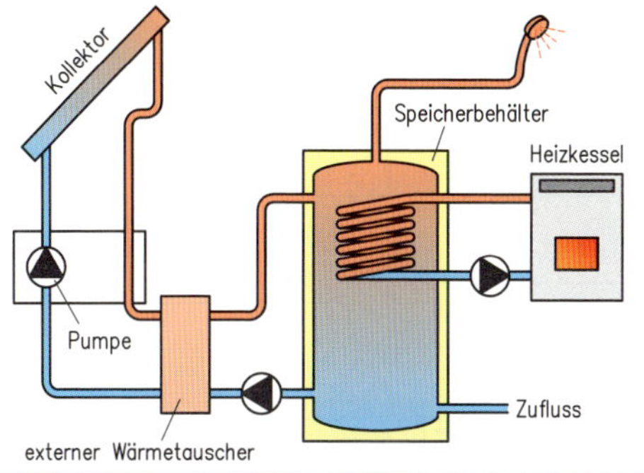

Low-Flow-System

- Die Durchflussmenge ist auf 15–20 l/m² reduziert, sodass der Wärmeträger stärker erwärmt wird (um 20–30 °C).
- Das heiße Wasser muss im Speicher schnell nach oben, damit es nicht mit dem kalten im Speicher vermischt wird.
- Dies geschieht durch externe Wärmetauscher und Schichtenspeicher.
- Vorteil: Die gewünschte „hohe" Temperatur wird schneller erreicht.
- Nachteil: Höhere Kosten wegen Schichtenspeicher und externem Wärmetauscher.

Blockheizkraftwerk

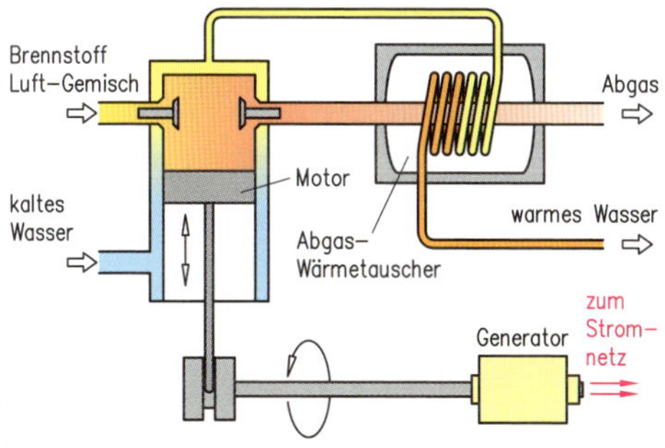

- Durch eine Kraft-Wärme-Kopplung wird elektrische Energie erzeugt.
- Ein Verbrennungsmotor oder eine Gasturbine treibt einen Generator an, der die elektrische Energie erzeugt.
- Die bei diesem Prozess entstehende Wärme wird absorbiert, je nach Bauart als Prozesswärme (z. B. Dampf) oder zum Betrieb einer Heizung.
- Neben klassischen Brennstoffen (Heizöl, Erdgas) können mittlerweile auch regenerative Energieträger (Pflanzenöl, Biogas, Holzpellets) genutzt werden.
- Wirtschaftlich ist ein BHKW, wenn eine jährliche Betriebsstundenzahl von über 4 000 Std. erzielt wird.

Kompressions-Erdwärmepumpe

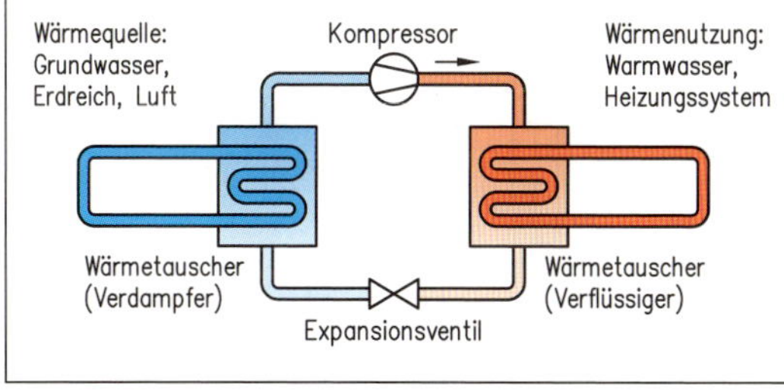

- Die Funktionsweise einer Wärmepumpe basiert im Wesentlichen auf dem Joule-Thomson-Effekt: Gas wird durch eine Druckerhöhung (Kompression) erwärmt, bei Druckverminderung abgekühlt.
- In der Wärmepumpe wird ein Kältemittel jeweils auf das gewünschte nutzbare Niveau angehoben bzw. abgesenkt. Ziel der Wärmepumpe ist dabei, der Umwelt (Erdreich, Grundwasser oder Luft) Wärme zu entziehen, diese auf ein höheres Niveau zu heben und dort dem Heizkreislauf zuzuführen.

Installationsschaltungen mit mechanischen Schaltern

Schaltung	Stromlaufplan in zusammenhängender Darstellung	Übersichtsschaltplan
Ausschaltung	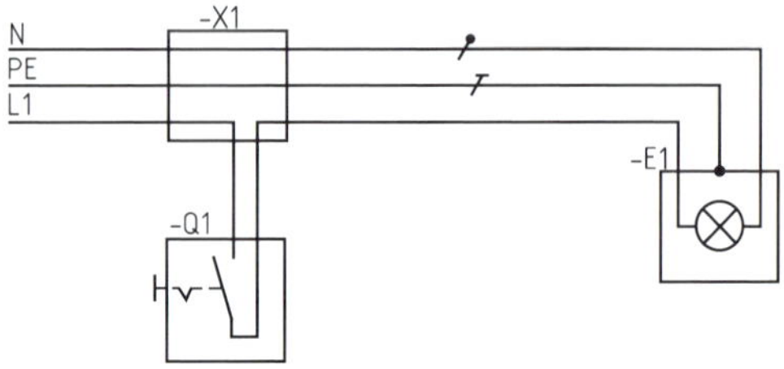	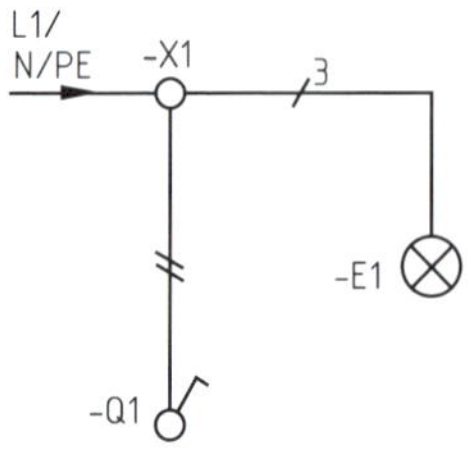
Ausschaltung mit Kontrollschalter und mit Steckdose Die Kontrollleuchte leuchtet bei eingeschaltetem Zustand.	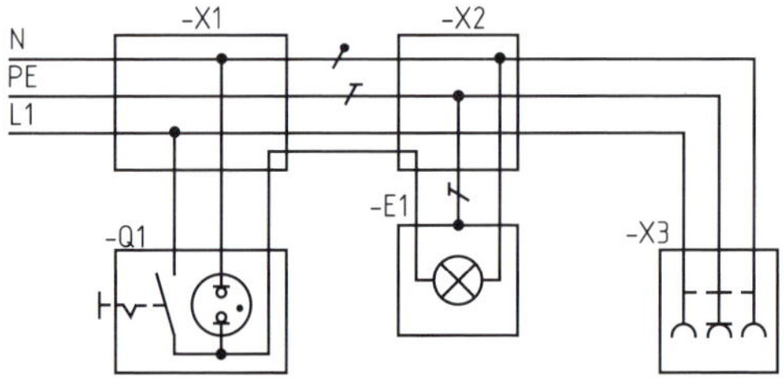	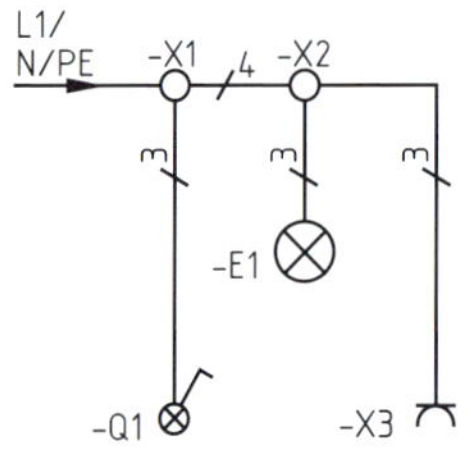
Serienschaltung mit beleuchtetem Schalter Beide Lampen können unabhängig voneinander geschaltet werden.	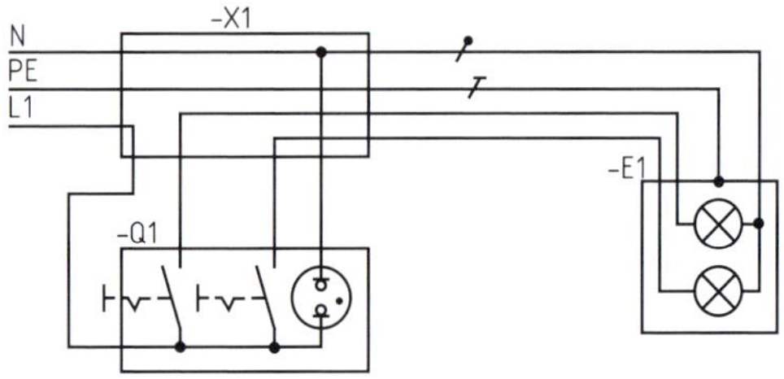	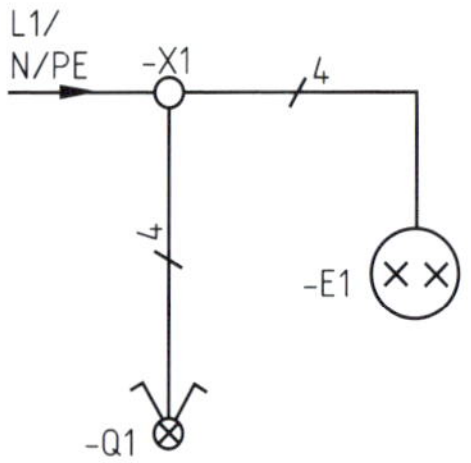
Gruppenschaltung Entweder ist die Lampe E1 oder die Lampe E2 eingeschaltet.	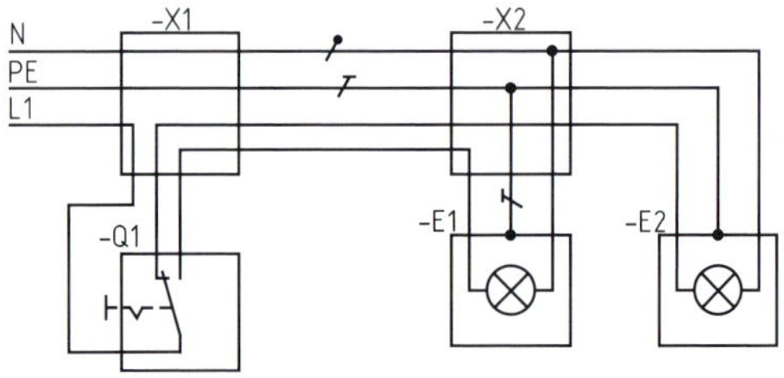	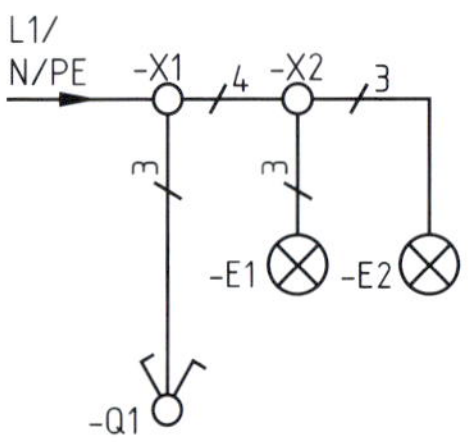
Wechselschaltung Die Lampe E1 kann von zwei Schaltstellen geschaltet werden.	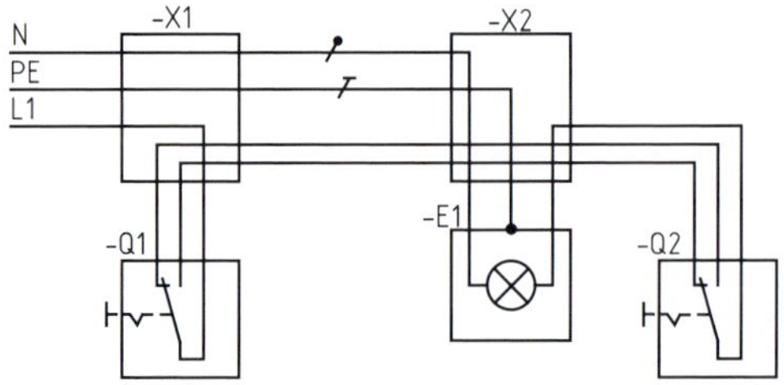	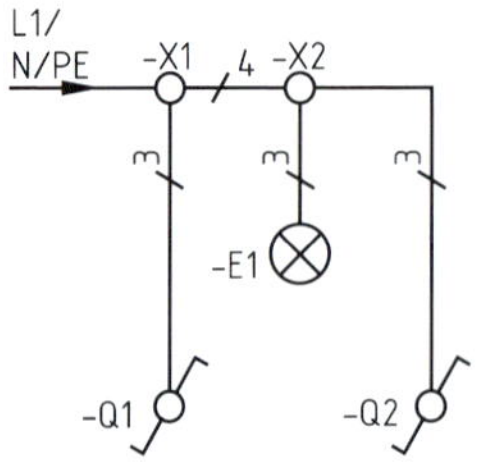

Installationsschaltungen mit mechanischen Schaltern (Fortsetzung)

Schaltung	Stromlaufplan in zusammenhängender Darstellung	Übersichtsschaltplan
Sparwechselschaltung mit Steckdosen Gegenüber der normalen Wechselschaltung wird bei dieser Schaltung Leitungsmaterial eingespart.	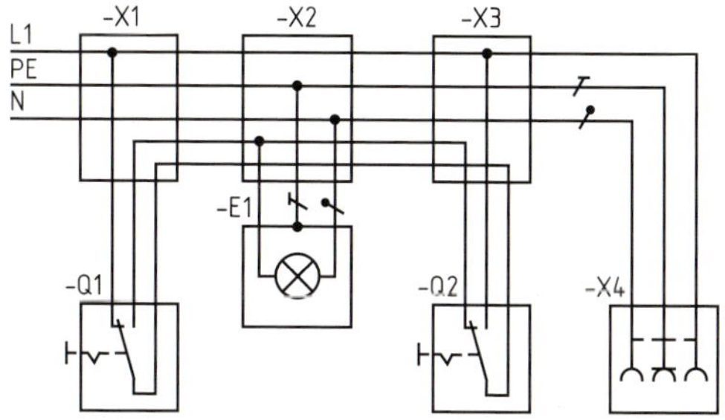	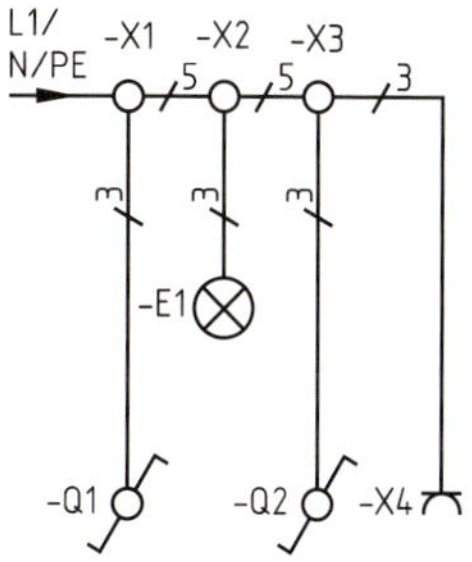
Kreuzschaltung Die Lampe E1 kann von drei Schaltstellen geschaltet werden.	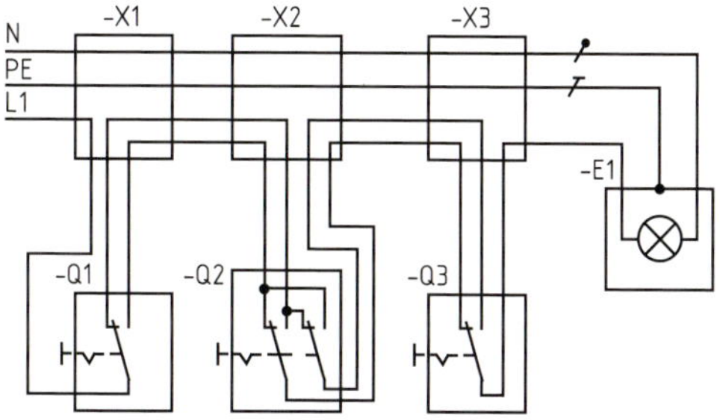	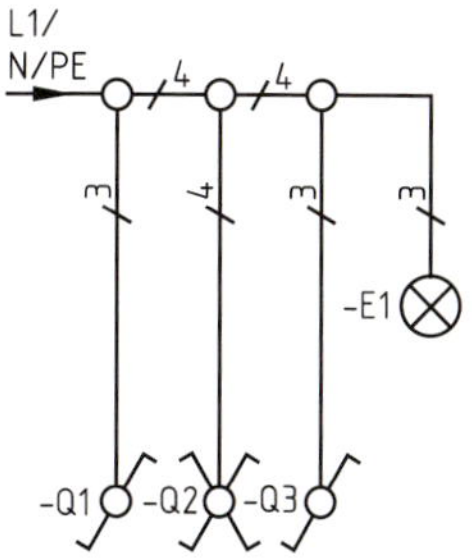

Installationsschaltungen mit Dimmern

Schaltung	Stromlaufplan in zusammenhängender Darstellung	Übersichtsschaltplan
Ausschaltung mit Tastdimmer Das Dimmen wird durch längeres, das Schalten durch kurzes Berühren der Schalterfläche ausgelöst.	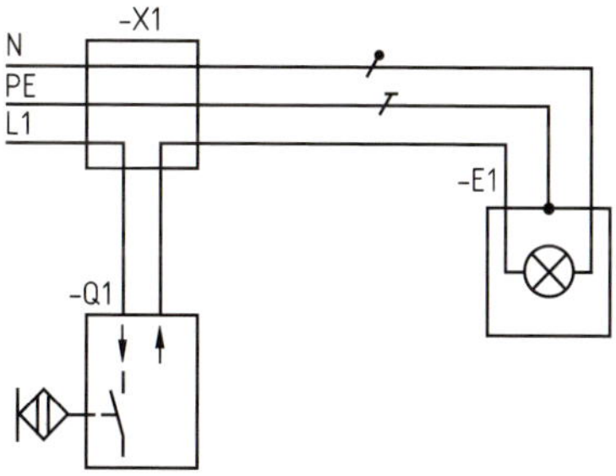	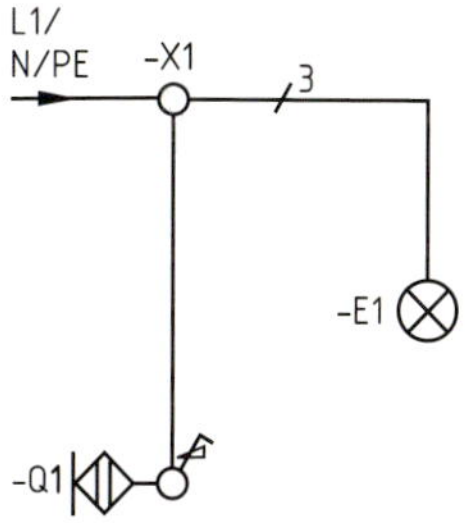
Wechselschaltung mit Dimmer Mit Q1 kann gedimmt und geschaltet werden, mit Q2 kann nur geschaltet werden.	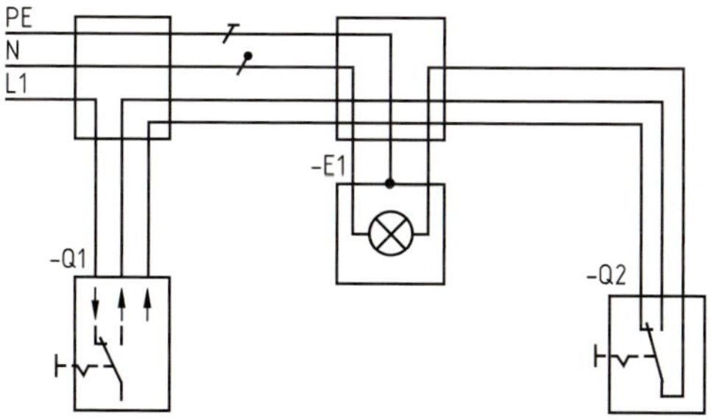	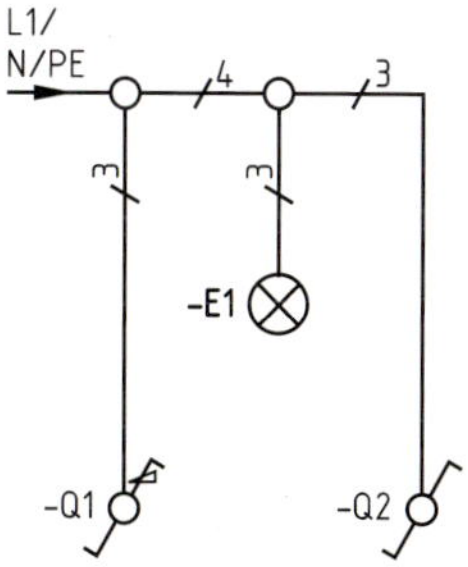

Installationsschaltungen mit elektromagnetischen Schaltern

<table>
<tr><th>Schaltung</th><th>Stromlaufplan in zusammenhängender Darstellung</th><th>Übersichtsschaltplan</th></tr>
<tr><td>Stromstoßschaltung
Es gibt auch Stromstoßschalter, die mit Kleinspannung angesteuert werden. S3 ist als beleuchteter Taster ausgeführt.</td><td>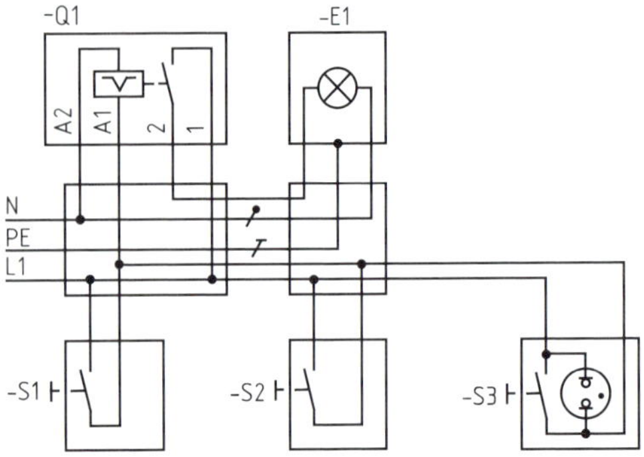
</td><td>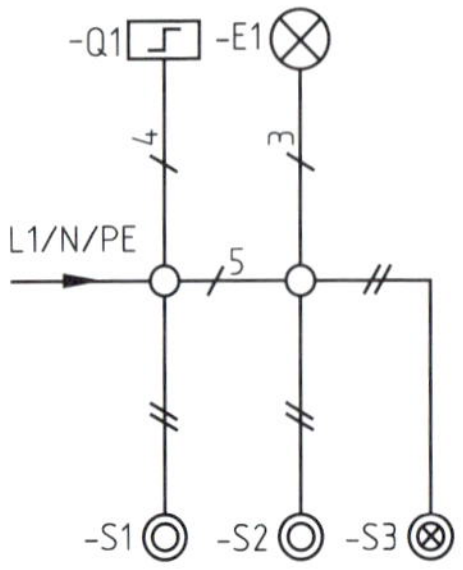
</td></tr>
<tr><td>Treppenhausschaltung mit Treppenlicht-Zeitschalter (Dreileiteranschluss)
Bei dieser Schaltung sind die Lampen vor Abschaltung nicht nachschaltbar.</td><td>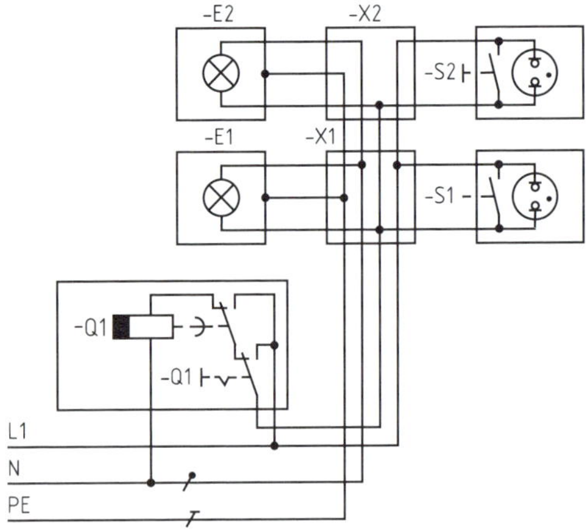
</td><td>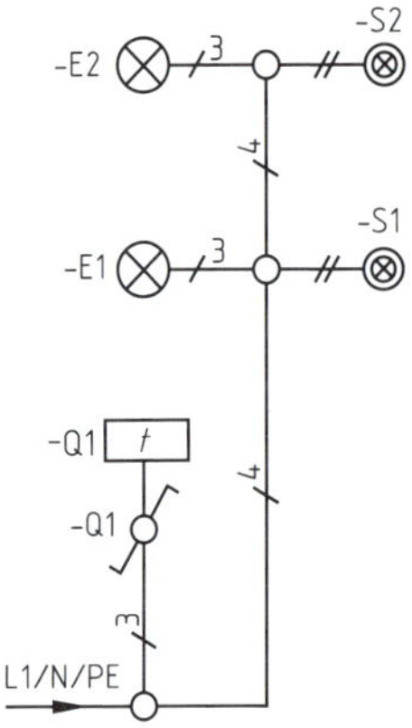
</td></tr>
<tr><td>Treppenhausschaltung mit Treppenlicht-Zeitschalter (Vierleiteranschluss)
Bei dieser Schaltung sind die Lampen vor Abschaltung nachschaltbar.</td><td>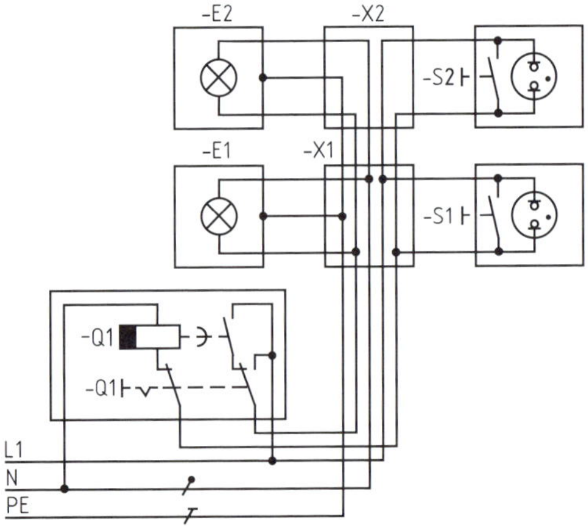
</td><td>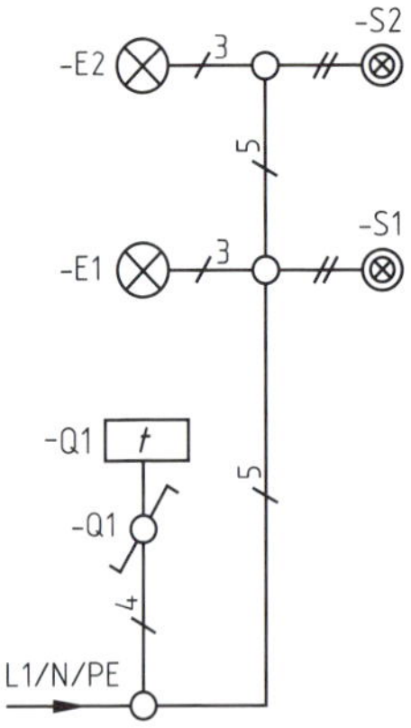
</td></tr>
</table>

Leuchtstofflampen-Schaltungen

Schaltungen mit konventionellem Vorschaltgerät (KVG)

Einzelschaltung

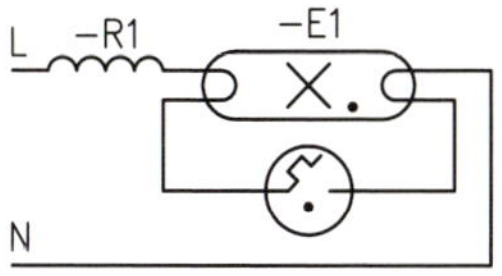

Leistungsfaktor cos$\varphi \approx 0{,}5$

Duo-Schaltung

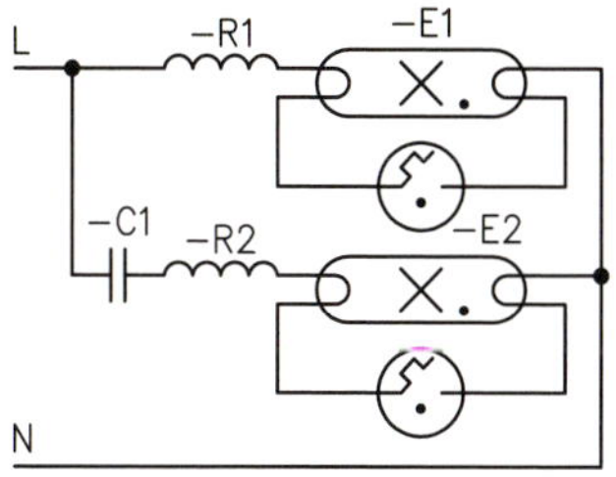

Kein Flimmereffekt Leistungsfaktor cos$\varphi \approx 1$

Tandem-Schaltung

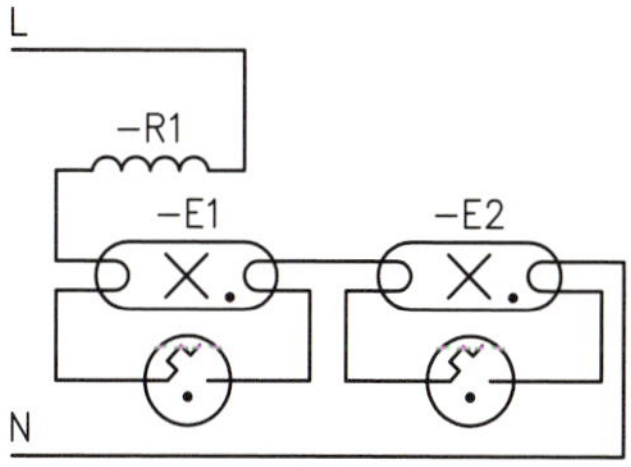

Leistungsfaktor cos$\varphi \approx 0{,}5$

Schaltung mit elektronischem Starter

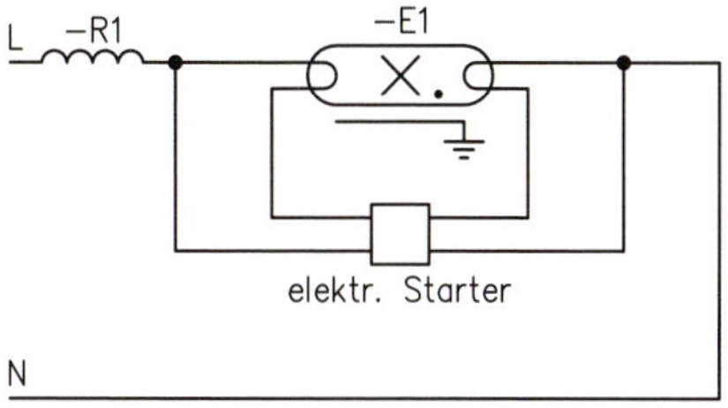

Flackerfreie Zündung, Leistungsfaktor cos$\varphi \approx 0{,}5$

Starterlose Schaltung

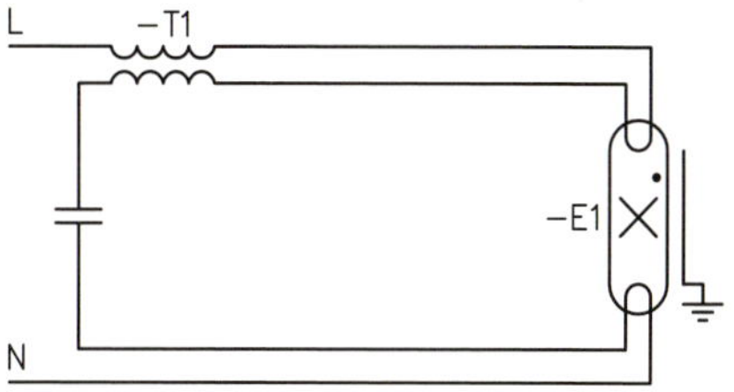

Flackerfreie Zündung, Leistungsfaktor cos$\varphi \approx 0{,}5$

Schaltungen mit elektronischem Vorschaltgerät (EVG)

Einlampenschaltung

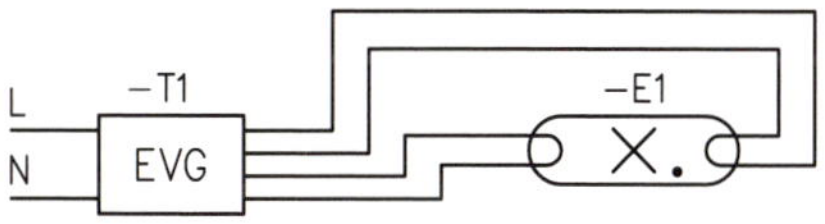

Flackerfreie Zündung, Leistungsfaktor cos$\varphi > 0{,}95$

Zweilampenschaltung

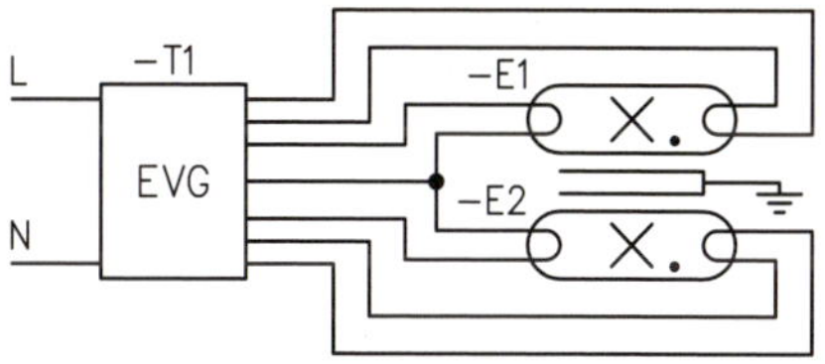

Flackerfreie Zündung, Leistungsfaktor cos$\varphi > 0{,}95$

Metalldampflampen-Schaltungen

Schaltung mit Starter

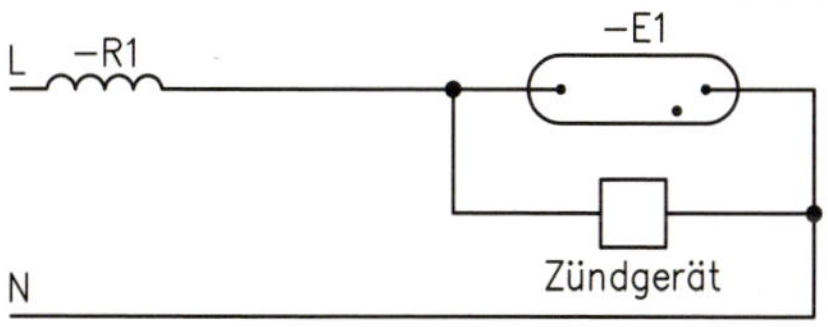

Anwendung bei:

- Quecksilberdampf-Hochdrucklampen
- Natriumdampf-Niederdrucklampen
- Halogen-Metalldampf-Lampen

Schaltung ohne Starter mit Streufeldtransformator

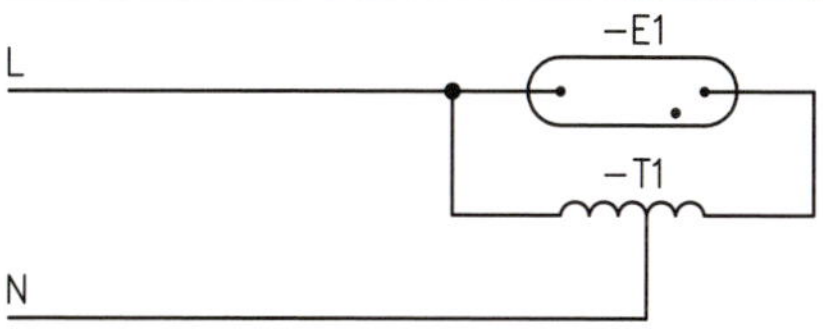

Anwendung vorwiegend bei Natriumdampf-Hochdrucklampen

Steuern und Dimmen von Leuchtstofflampen

Prinzip

Zum Steuern und Dimmen von Leuchtstofflampen werden elektronische Vorschaltgeräte (EVGs) verwendet, die mit einem 10-V-Steuereingang ausgerüstet sind. Dieser Eingang wird auch als 1-10-V-Schnittstelle bezeichnet. Zum Dimmen der Lampen wird an diesen Eingang ein elektronisches Potenziometer angeschlossen. Das EVG liefert über den Steuereingang einen konstanten Strom, der durch den Widerstand des Potenziometers fließt. Durch Verändern des Widerstandes kann die Steuerspannung und damit die Helligkeit der Lampen verändert werden.

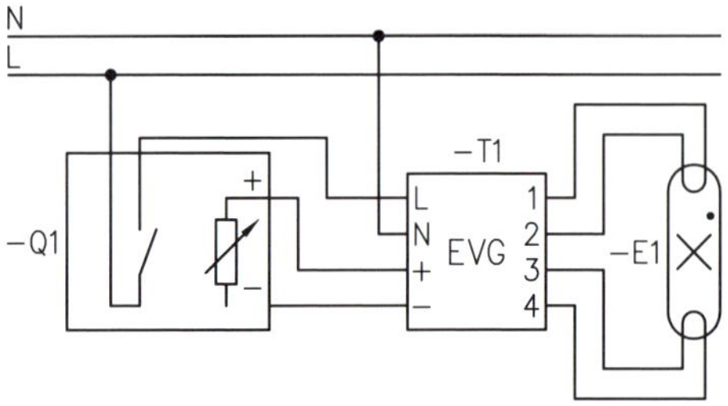

Schaltung mit mehreren EVGs

Die Steuereingänge werden parallel geschaltet. Über das Potenziometer fließt folglich die Summe der konstanten Ströme der EVGs. Dadurch stellt sich an allen Steuereingängen die gleiche Steuerspannung ein. Der zulässige Strom für das Potenziometer darf dabei entsprechend der Herstellerangaben nicht überschritten werden.

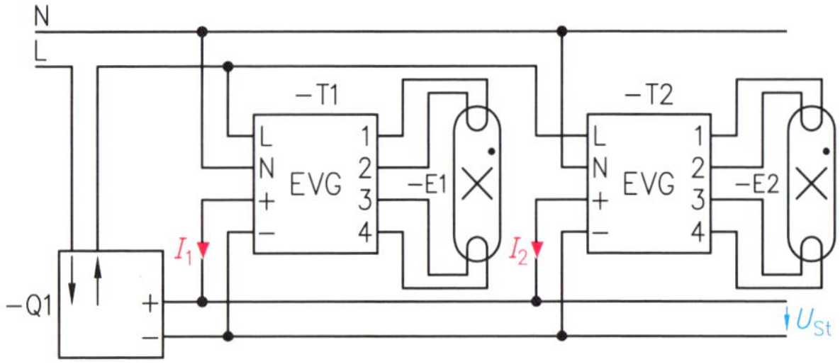

Schaltung mit höheren Lampenlasten

Wird der zulässige Strom der Schalteinrichtung im Potenziometer aufgrund der Lampenlast überschritten, dann ist sie über ein geeignetes Schütz zu schalten. Die Last kann bei Verwendung eines dreipoligen Schützes auch auf drei Phasen verteilt werden.

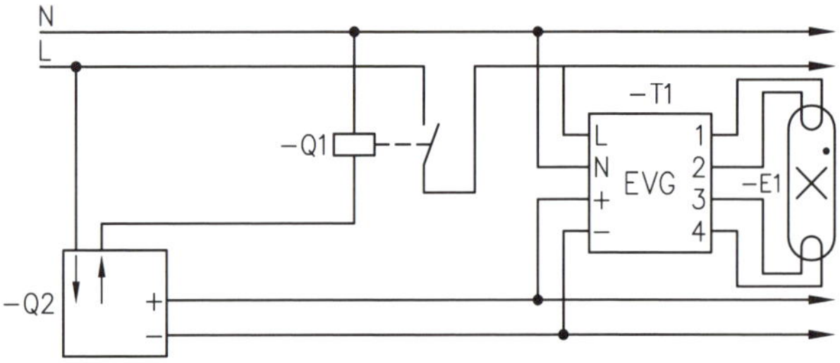

Stromstoßschaltung

Mit der Stromstoßschaltung können die Lampen von mehreren Stellen geschaltet, aber nur vom Potenziometer gedimmt werden. Das Stromstoßrelais muss für die zu schaltende Leistung ausgelegt sein. Die Schaltleistung ergibt sich aus der Summe der Gesamtleistung der zu schaltenden EVGs.

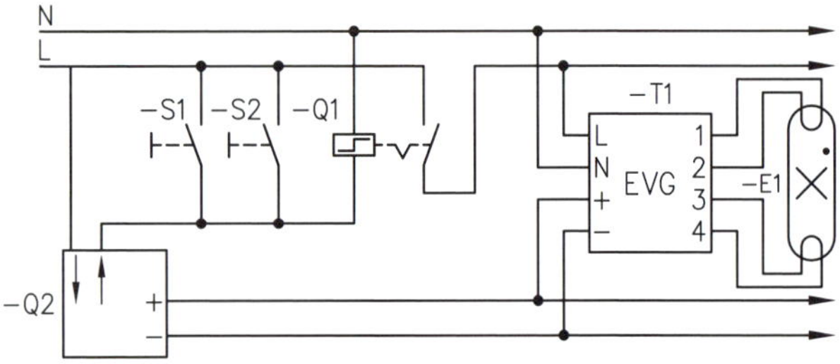

Installationshinweise

- Die Steuerleitung (1–10 V) und die Lastleitung (230 V) dürfen nicht in einer Leitung (z. B. 5 · 1,5) gemeinsam verlegt werden. Es ist eine separate Steuerleitung zu verwenden. Die Anschlüsse der Steuerleitungen dürfen nicht vertauscht werden. Die Netzeingänge dürfen keinesfalls an die Steuereingänge gelegt werden, da das Potenziometer dadurch zerstört wird. Bei mehreren EVGs möglichst nur Geräte eines Herstellers verwenden.

Ruf- und Türöffneranlagen

Schaltung	Stromlaufplan in zusammenhängender Darstellung	Übersichtsschaltplan
Weckerschaltung Als Transformatoren für Weckerschaltungen dürfen nur Klingeltransformatoren verwendet werden.	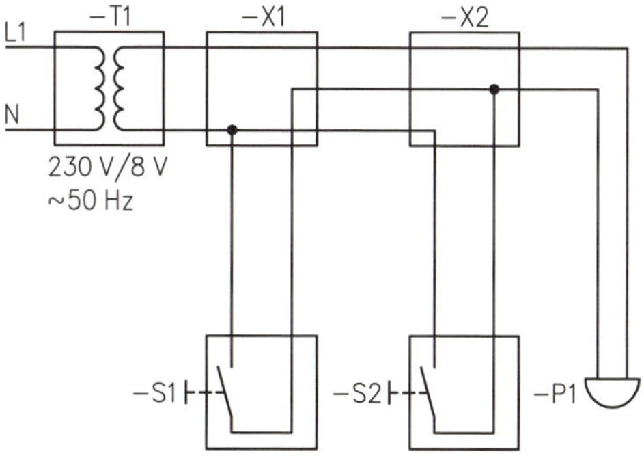	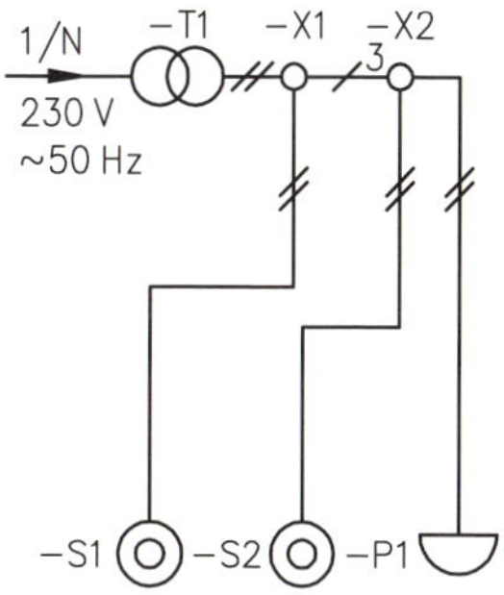
Wecker- und Türöffneranlage eines Wohnhauses mit zwei Etagen S1 und S2 sind die Klingeltaster an der Haustür, S3 und S5 die Klingeltaster an den Wohnungstüren. S4 und S5 sind die Taster für die Türöffner.	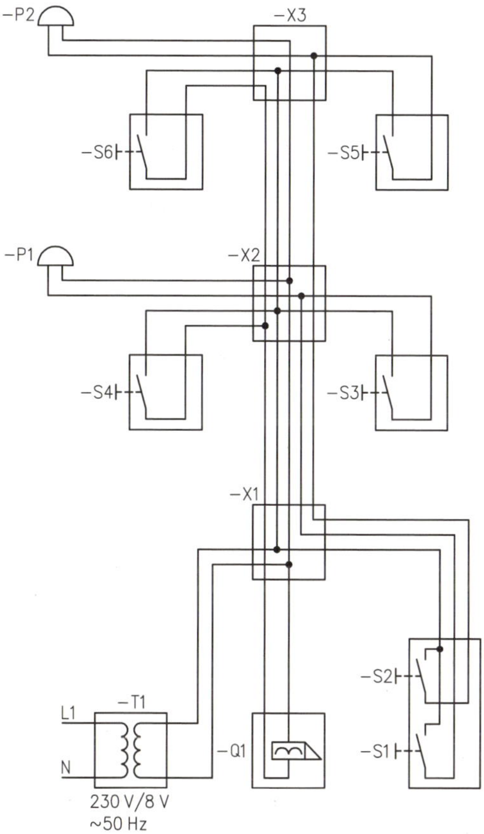	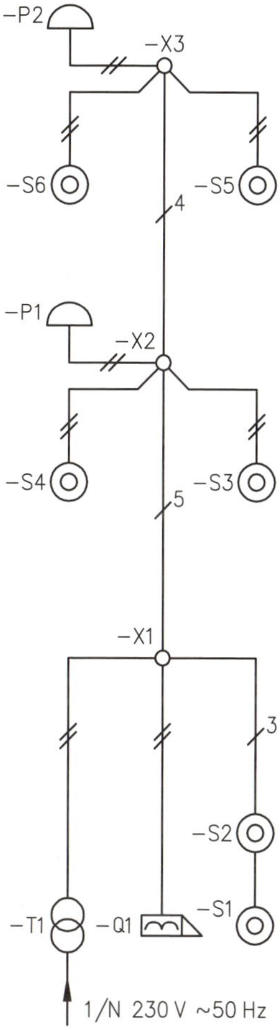

Gegensprechanlage mit gegenseitigem Anruf

Stromlaufplan in zusammenhängender Darstellung	Übersichtsschaltplan
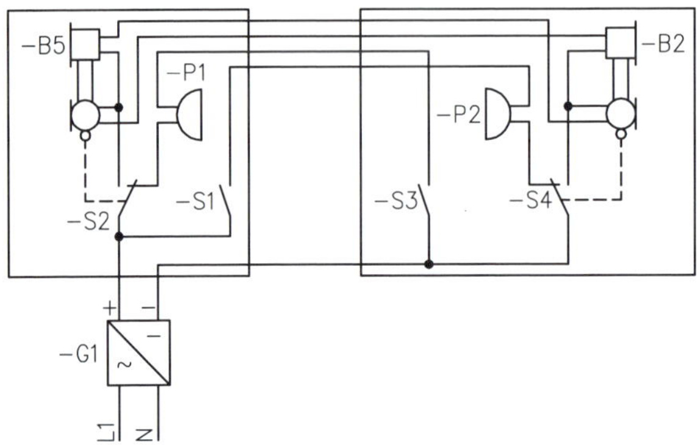	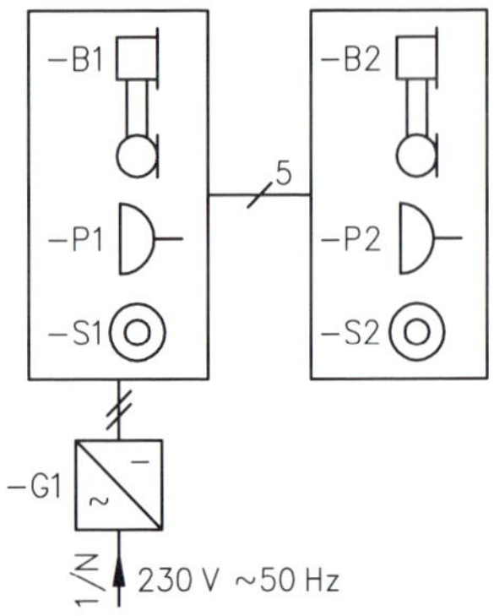

Türsprechanlagen

Ohne Bustechnik	Mit Bustechnik
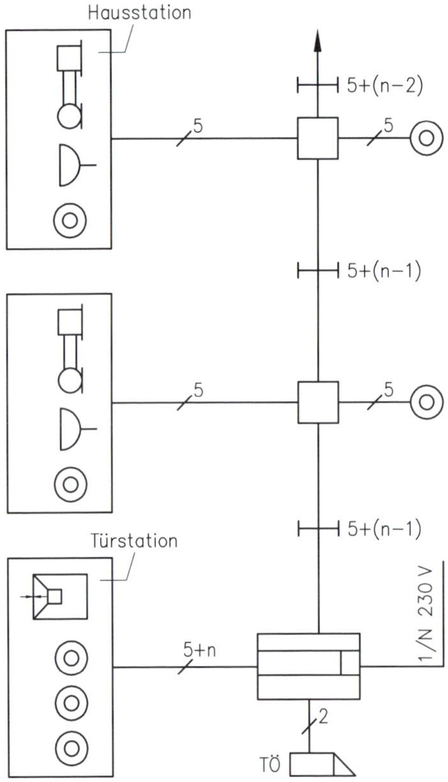	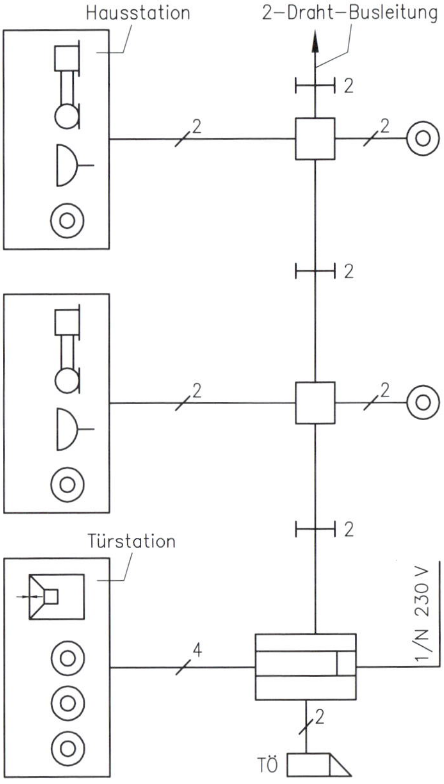

Bei den konventionellen Türsprechanlagen ist die Installation sehr aufwendig. Mit der Anzahl der Hausstationen *n* steigt auch die Anzahl der zu verlegenden Leitungen.

Bei den Türsprechanlagen mit Bustechnik erfolgt die Kommunikation über eine Zwei-Draht-Leitung. Alle Komponenten werden an dieses Bussystem angeschlossen, wodurch der Installationsaufwand auch bei zahlreichen Stationen nur gering ist.

Gebäudeleittechnik: KNX

KNX bezeichnet ein Bussystem der Gebäudetechnik, für das sehr viele Hersteller kompatible Komponenten anbieten. Organisiert sind diese Firmen in der KNXA (Konnex Association), die eine Weiterentwicklung der **EIBA** (**E**uropäische **I**nstallations **B**us **A**ssociation) darstellt.

Prinzip

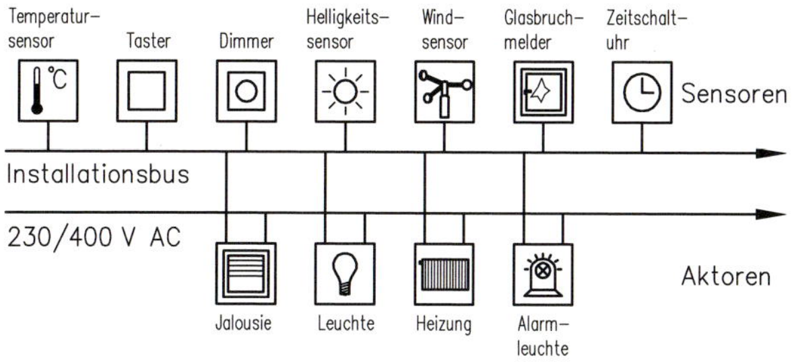

- Alle Sensoren und Aktoren sind parallel an einen zweiadrigen Bus geschaltet.
- Zwischen Sensoren und Aktoren besteht keine fest verdrahtete Zuordnung.
- Aktoren sind zusätzlich mit dem Energienetz verbunden.
- Busnetz und Energienetz sind getrennte Leitungsnetze.
- Getrennte Übertragung von Energie und Information

Arbeitsschritte beim Aufbau einer KNX-Anlage

1. Planen
- Kundenwünsche ermitteln
- Leitungswege wählen
- Bereiche und Linien festlegen
- KNX-Geräte auswählen

2. Installieren
- Leitungen verlegen
- KNX-Geräte installieren
- Installation prüfen

3. Programmieren
- Produktdaten einlesen
- Adressen vergeben
- Funktionen programmieren

4. Inbetriebnehmen
- Programm übertragen
- Funktionsprüfung

5. Dokumentieren
- Dokumentation zusammenstellen bzw. vervollständigen

Beispiel

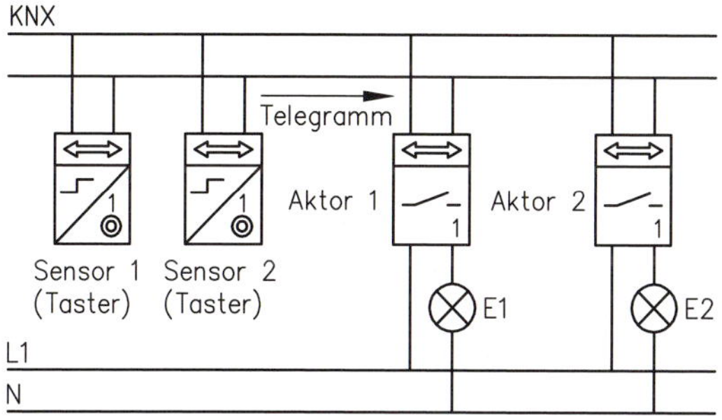

Sensor 1 schaltet die Lampe E1, Sensor 2 beide Lampen E1 und E2:
- Wird der Taster Sensor 1 betätigt, sendet dieser ein Telegramm an den Aktor 1. Der Aktor 1 schaltet die Lampe E1 ein bzw. aus.
- Wird der Taster Sensor 2 betätigt, erhalten die Aktoren 1 und 2 das von Sensor 2 gesendete Telegramm und schalten die angeschlossenen Lampen E1 und E2 ein bzw. aus

KNX-Betriebsmittel

Bezeichnung	Funktion	Beispiele
Sensor	Busteilnehmer, der Telegramme sendet (Befehlsgeber)	Taster, Bewegungsmelder, Temperatursensor, Zeitschaltuhr
Aktor	Busteilnehmer, der Telegramme empfängt und abhängig davon einen Verbraucher aktiviert (Befehlsempfänger)	Lampen, Relais, Dimmer, Motoren, Magnetventile
Systemgerät	Geräte zur Spannungsversorgung, Kopplung, Programmierung, Inbetriebnahme usw.	Spannungsversorgung, Drossel, Linien- oder Bereichskoppler, PC-Schnittstelle
Anzeigeeinheit	Teilnehmer zur Anzeige von alphanumerischen und/oder grafischen Informationen	Display, Touchscreen

Topologie

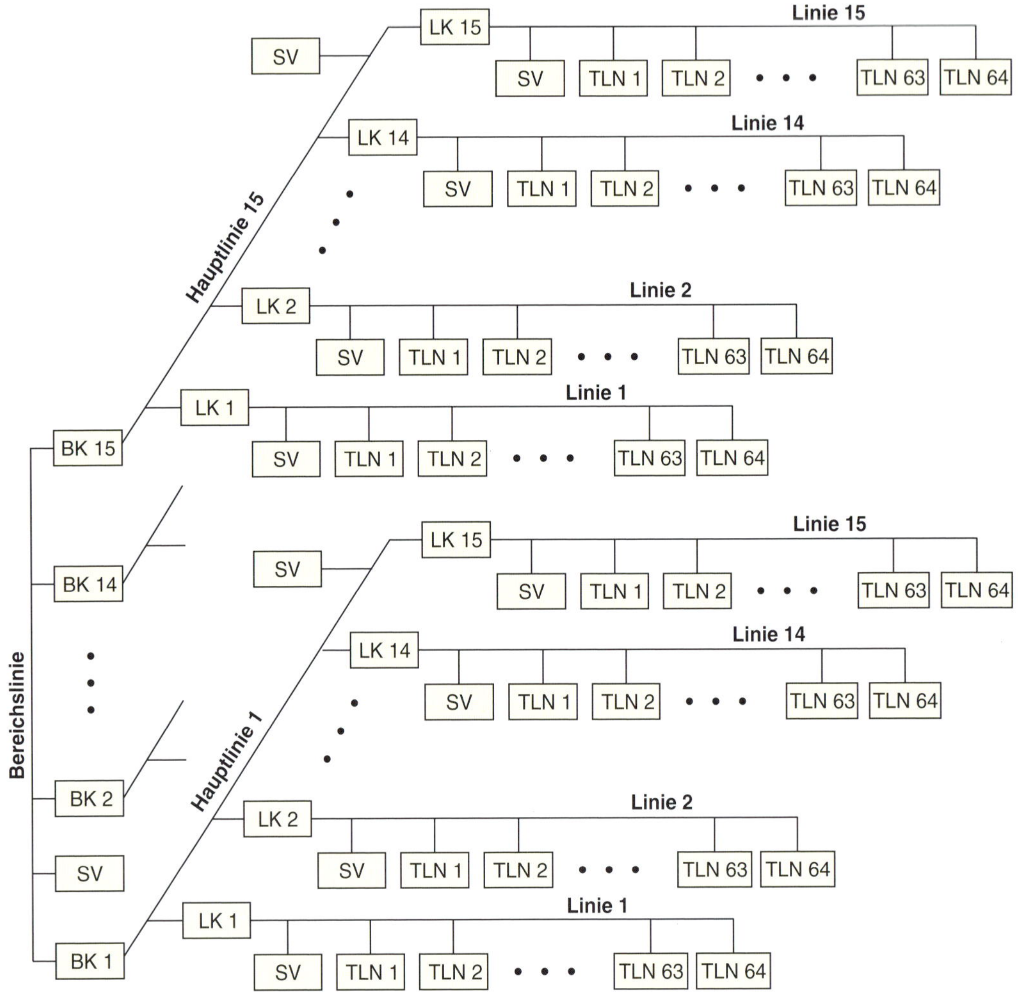

- Jeder **Teilnehmer** (TLN) kann mit jedem anderen Teilnehmer Informationen austauschen.
- An eine **Linie** (ohne Erweiterung) können bis zu 64 Teilnehmer angeschlossen werden.
- An eine **Hauptlinie** können maximal 15 Linien angeschlossen werden.
- Eine Hauptlinie und die daran angeschlossenen Linien bilden einen **Bereich**.
- An die **Bereichslinie** (Backbone) können bis zu 15 Hauptlinien bzw. Bereiche angeschlossen werden.
- Der **Linienkoppler** (LK) verbindet eine Linie mit einer Hauptlinie.
- Der **Bereichskoppler** (BK) verbindet eine Hauptlinie mit der Bereichslinie.
- Jede Linie, Hauptlinie und Bereichslinie benötigt eine eigene **Spannungsversorgung** (SV).
- An die Hauptlinien und die Bereichslinie können, wie an jede Linie, jeweils bis zu 64 Teilnehmer angeschlossen werden. Allerdings verringert sich die Anzahl der Teilnehmer um die Anzahl der angeschlossenen Linien- bzw. Bereichskoppler.

Aufbau eines Teilnehmers

Alle für den KNX-Anschluss vorgesehenen Geräte, die untereinander Informationen austauschen, werden als Teilnehmer oder Busteilnehmer bezeichnet. Dazu gehören Taster, Dimmer, Jalousieantriebe usw. Der prinzipielle Aufbau der Teilnehmer ist immer gleich.

Der **Busankoppler** stellt die Verbindung zur zweiadrigen Busleitung her. Er übernimmt die Steuerung der Datenübertragung und stellt die Versorgungsspannung für das **Anwendungsmodul** bereit.
Das Anwendungsmodul ist das eigentliche Endgerät, z. B. ein Taster oder ein Aktor zur Leuchtensteuerung. Abhängig von der Bauform ist das Anwendungsmodul fest mit dem Busankoppler verbunden (z. B. bei Einbaugeräten) oder über die Anwendungsschnittstelle steckbar (bei Unterputzgeräten).

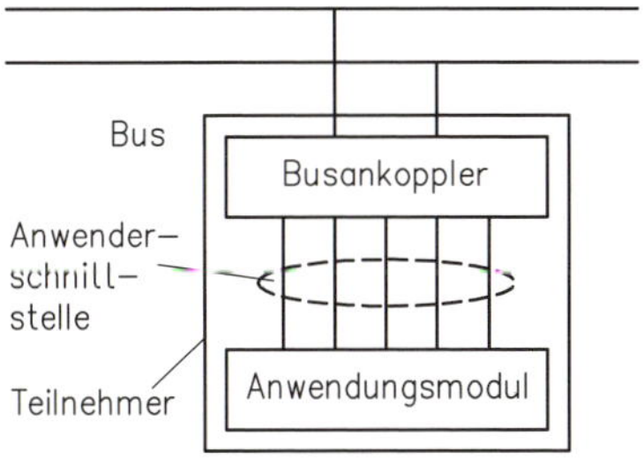

Die **Anwendungsschnittstelle** ist die Übergabestelle zwischen dem Busankoppler und dem Anwendungsmodul. Bei Unterputzgeräten ist sie als Steckverbindung ausgeführt, die beim Aufstecken des Anwendungsmoduls die Verbindung mit dem Busankoppler herstellt.

Adressierung der Teilnehmer

Physikalische Adresse

Die physikalische Adresse kennzeichnet jeden Teilnehmer im KNX-System eindeutig. Die physikalische Adresse
- besteht aus drei Zahlen, die Bereich, Linie und Teilnehmer kennzeichnen,
- wird bei der Projektierung festgelegt,
- wird bei der Inbetriebnahme an den jeweiligen Teilnehmer gesendet und dort per Hand quittiert.

Beispiel:

2.1.24
- Teilnehmer 24
- Linie 1
- Bereich 2

Gruppenadresse

Die Gruppenadresse fasst verschiedene Teilnehmer unabhängig von ihrer Lage im Netzwerk zu einer Funktionseinheit zusammen, z. B. Licht im Treppenhaus EIN/AUS. Gruppenadressen
- werden nach Vergabe der physikalischen Adressen bei der Projektierung vergeben,
- können in zwei oder drei Ebenen gebildet werden:
  - In zwei Ebenen: Hauptgruppe/Untergruppe
  - In drei Ebenen: Hauptgruppe/Mittelgruppe/Untergruppe

Beispiel (in 3 Ebenen):

1/2/0
- Untergruppe 0: Licht EIN/AUS
- Mittelgruppe 2: Treppenhaus
- Hauptgruppe 1: Beleuchtung

Telegramm

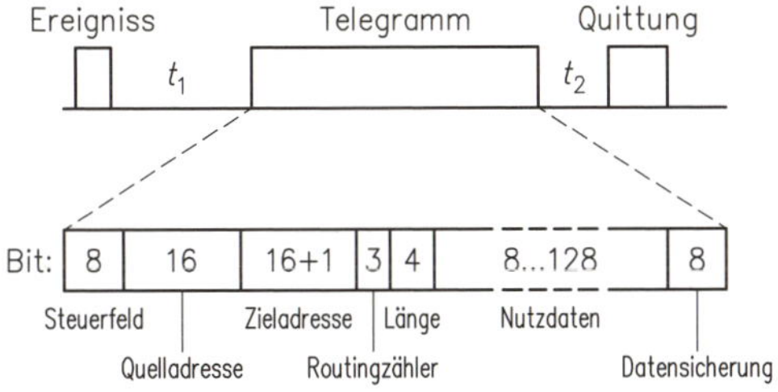

t_1: max. Zugriffszeit auf den Bus (5,2 ms)
t_2: max. Zeit bis Sendung der Quittung (1,35 ms)

Ereignis: z. B. die Betätigung eines Tasters
Quittung: Empfang des Telegramms
Steuerfeld: Daten über die Priorität (Wichtigkeit) des Telegramms
Quelladresse: physikalische Adresse des Senders
Zieladresse: physikalische Adresse oder Gruppenadresse des Empfängers
Routingzähler: Informationen für Linien- und Bereichskoppler
Länge: Anzahl der Bytes des Nutzdatenfeldes
Nutzdaten: die zu übertragenden Befehle
Datensicherung: Prüfdaten zur Erkennung von Übertragungsfehlern

Koppler

Kopplerfunktionen

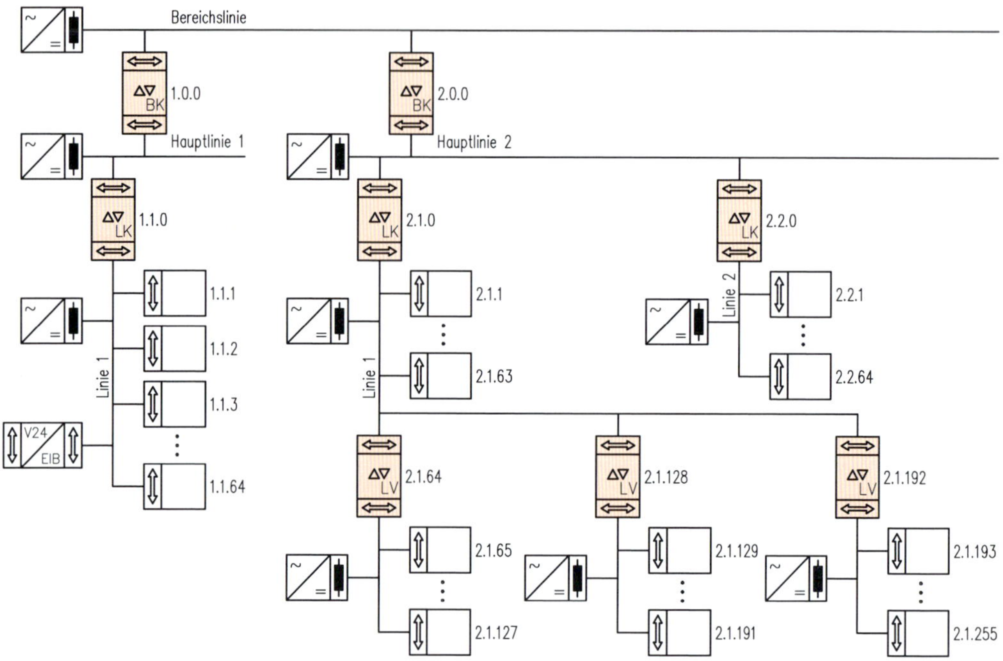

Koppler dienen zur elektrischen Trennung und zur logischen Verbindung von Bereichen, Linien und Liniensegmenten.

Bereichskoppler (BK) verbinden die in einem KNX-System vorhandenen Bereiche miteinander, indem sie die Hauptlinien mit der Bereichslinie verbinden.

Linienkoppler (LK) bilden Bereiche, indem sie die Linien mit einer Hauptlinie verbinden.

Bereichs- und Linienkoppler verfügen über eine Filterfunktion. Durch sie wird verhindert, dass jedes gesendete Telegramm in jede andere Linie und jeden anderen Bereich gelangt. Nur Telegramme, die dafür vorgesehen sind, können Linien- oder Bereichskoppler passieren.

Linienverstärker (LV) verbinden Liniensegmente. Linien können aus mehreren Liniensegmenten bestehen. Maximal darf eine Linie aus vier Liniensegmenten bestehen. An jedes Segment dürfen bis zu 64 Teilnehmer angeschlossen werden. Insgesamt können somit an eine Linie 256 Teilnehmer angeschlossen werden. Jedes Liniensegment benötigt eine eigene Spannungsversorgung. Linienverstärker besitzen keine Filterfunktion, sie lassen alle Telegramme unverändert in beide Richtungen durch.

Festlegung der Kopplerfunktion

Physikalische Adresse			Gerätefunktion
Bereich	Linie	Teiln.	
> 0	0	0	Bereichskoppler
> 0	> 0	0	Linienkoppler
> 0	> 0	> 0	Linienverstärker

Die Funktion eines Kopplers wird über seinen Einbauort und die ihm zugeordnete physikalische Adresse festgelegt. Wird ein Koppler als Bereichskoppler eingesetzt, werden die Linien- und die Teilnehmeradresse auf null gesetzt, z. B. 2.0.0 bei einem Bereichskoppler für den Bereich 2.

Bei einem Einsatz als Linienkoppler wird die Teilnehmeradresse immer auf null gesetzt, z. B. 2.1.0 bei einem Linienkoppler für die Linie 1 im Bereich 2.

Wird der Koppler als Linienverstärker eingesetzt, erhält er die physikalische Adresse eines Teilnehmers, z. B. 2.1.64 bei einem Linienverstärker, der sich im Bereich 2 in der Linie 1 als Teilnehmer 64 befindet.

Koppler (Fortsetzung)

Anschluss der Koppler

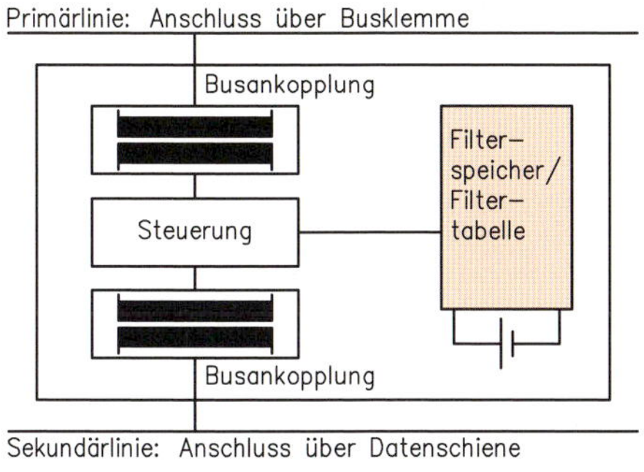

Koppler werden als Reiheneinbaugeräte (REG) ausgeführt. Der Anschluss der

- **Primärlinie** (übergeordnete Linie) erfolgt über die Busklemme,
- **Sekundärlinie** (untergeordnete Linie) erfolgt über die Datenschiene.

Die Spannungsversorgung des Kopplers erfolgt durch die untergeordnete Linie.
Der Filterspeicher wird zusätzlich mit einer Batterie versorgt.

Spannungsversorgung (SV)

Kenndaten

- Jede Linie (auch jede Hauptlinie und die Bereichslinie) benötigt eine Spannungsversorgung für die Teilnehmer.
- Die Versorgung der Teilnehmer erfolgt mit einer Sicherheitskleinspannung (SELF) von max. DC 32 V.
- Die Spannung am Teilnehmer muss mindestens DC 21 V betragen.
- Die Spannungsversorgungen sind kurzschlussfest.
- Kurze Netzunterbrechungen bis zu 100 ms werden überbrückt.
- Eingesetzt werden häufig Spannungsversorgungen mit einer Ausgangsstromstärke von 320 mA oder 640 mA.
- Die meisten Teilnehmer entnehmen dem Bus nicht mehr als 200 mW Leistung.
- Spannungsversorgungen (SV) gibt es mit oder ohne Drossel. Ist diese nicht in die SV integriert, muss sie separat angeschlossen werden.
- Je nach Auslastung der Linie kann eine Spannungsversorgung für eine zweite Linie eingesetzt werden. Dabei muss sichergestellt sein, dass jede Linie eine Drossel enthält.

Beispiele:

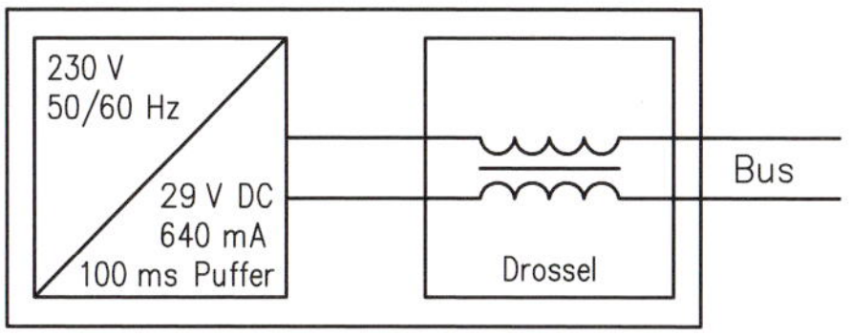

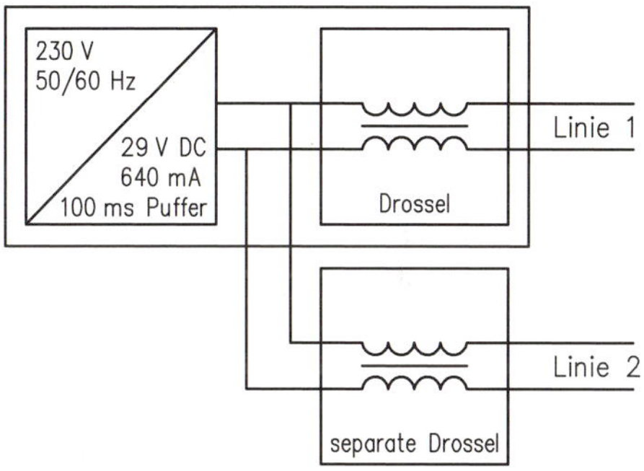

Einbau der Spannungsversorgungen

- Die Spannungsversorgung kann grundsätzlich an einem beliebigen Ort in der Linie eingebaut sein.
- Die maximale Leitungslänge zwischen Spannungsversorgung (SV) und Teilnehmer darf nicht mehr als 350 m betragen.
- Werden mehr als 30 Teilnehmer auf engem Raum angeordnet, z. B. in einem Verteiler, wird auch die Spannungsversorgung in der Nähe eingebaut.
- Ist eine zweite Spannungsversorgung in einer Linie erforderlich, so muss der Abstand zur anderen mindestens 200 m betragen.
- In einer Linie dürfen maximal zwei Spannungsversorgungen eingebaut sein.

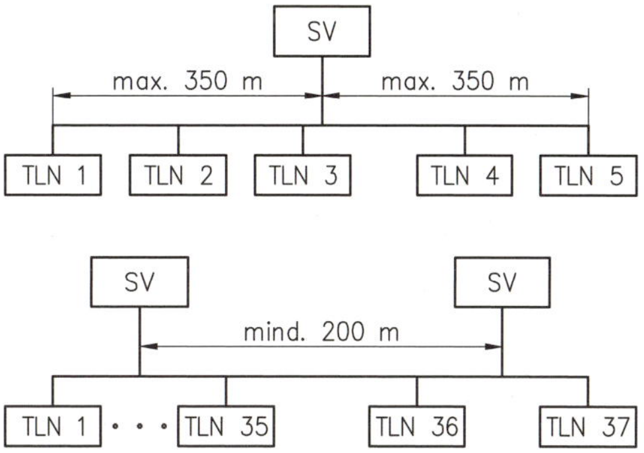

Installation

Busleitung

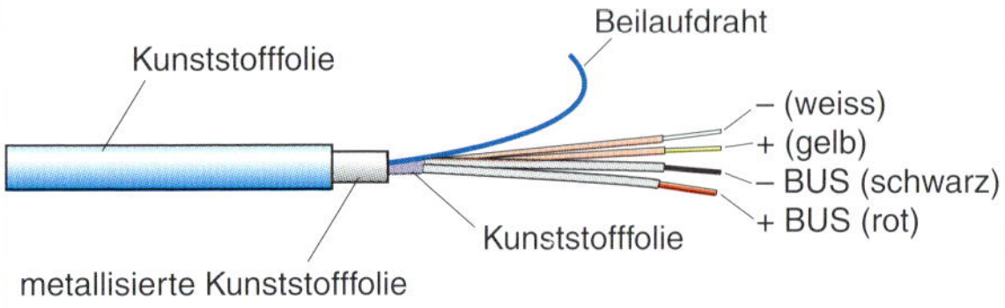

Zur eindeutigen Identifizierung müssen KNX-Busleitungen mit der Aufschrift KNX oder BUS gekennzeichnet sein. Zusätzlich sollten an den Leitungsenden Bereich, Linie und Teilnehmer (physikalische Adresse) angegeben sein.

Beispiele

YCYM 2x2x0,8	J-Y(St)Y 2x2x0,8
Feste Verlegung • in trockenen, feuchten oder nassen Räumen, • im Freien, wenn Schutz vor direkter Sonneneinstrahlung besteht, • auf Putz, unter Putz oder in Rohren.	Feste Verlegung • nur in Innenräumen, • Aufputz oder in Rohren.
Prüfspannung: 4 kV nach DIN VDE 0829	Prüfspannung: 2,5 kV nach DIN VDE 0829

Leitungsverlegung

Für die Verlegung der KNX-Busleitungen gelten die gleichen Installationsbedingungen bzw. Vorschriften wie für die Installation von 230/400V-Netzen.
Für die gemeinsame Verlegung von Bus- und Energieversorgungsleitungen gilt:

- Isolierte Adern von Mantelleitungen (NYM) zur Energieversorgung und Busleitungen dürfen ohne Abstand zueinander verlegt werden.
- Isolierte Adern von Busleitungen müssen mit einem Abstand von mindestens 4 mm zu isolierten Adern von 230V-Netzen verlegt werden oder mit einer gleichwertigen Isolation durch Trennsteg oder Isolierschlauch auf den Adern der Busleitung versehen werden.
- Bus- und Energieversorgungsleitungen dürfen gemeinsam nur in Dosen mit Trennsteg verlegt werden. Andernfalls müssen zwei getrennte Dosen gesetzt werden.
- 230 V-Leitungen dürfen nicht durch Installationsdosen des Bussystems hindurchgeführt werden.

Busklemme

Busklemmen dienen zum:

- Abzweigen oder Verlängern von Busleitungen
- Anschluss der Busleitung an ein Busgerät. Dadurch kann das Busgerät ohne Unterbrechung der Busleitung entfernt werden.
- Schützen von Busleitungsenden

Datenschiene

Datenschienen dienen zum Einbau von Reiheneinbaugeräten (REG). Datenschienen

- sind selbstklebend für den Einbau in 35 mm DIN-Hutprofilschienen nach EN 50022 ausgelegt,
- sind in den genormten Längen von 214 mm, 243 mm oder 277 mm erhältlich,
- dürfen nicht abgeschnitten werden,
- sind sauber zu halten. Unbenutzte Teile müssen abgedeckt werden,
- werden über Datenschienenverbinder mit dem Bus verbunden.

Hinweis: Zur Vermeidung von Kontaktproblemen werden bei Neuinstallationen Datenschienen zunehmend durch Verbindungen über Busklemmen ersetzt.

Installation (Fortsetzung)

Leitungslängen

Maximale Länge einer Linie	1000 m
Maximale Leitungslänge zwischen zwei Busgeräten	700 m
Max. Leitungslänge zwischen der Spannungsversorgung und jedem Busgerät in einer Linie	350 m
Minimale Leitungslänge zwischen zwei Spannungsversorgungen mit Drossel in einer Linie	200 m

Prüfung der Installation

1.	**Prüfen, ob die zulässigen Leitungslängen eingehalten worden sind:** siehe Leitungslängen
2.	**Sichtprüfung auf Kennzeichnung der KNX-Busleitungen:** siehe Busleitungen
3.	**Prüfung auf unzulässige Leitungsverbindungen:** Busleitungen unterschiedlicher Linien dürfen keinesfalls miteinander verbunden sein. Die Prüfung erfolgt durch Trennung der Stromversorgung von der zu prüfenden Linie. Zeigt trotzdem die LED am Linienkoppler den Betriebszustand an, liegt eine unzulässige Verbindung vor.
4.	**Isolationswiderstand der Busleitungen messen**: Die Messung des Isolationswiderstandes der Busleistung erfolgt mit einer Gleichspannung von 250 V. Der Isolationswiderstand muss min. 250 kΩ betragen. Gemessen wird der Widerstand zwischen Leiter und PE, nicht zwischen Leiter und Leiter!
5.	**Polaritätsprüfung an allen Busteilnehmern:** Die Polaritätsprüfung erfolgt an allen Busgeräten. Dazu wird das zu prüfende Busgerät mithilfe der Lerntaste in den Lernmodus geschaltet. Das Busgerät ist richtig angeschlossen, wenn die Lern-LED leuchtet. Durch eine weitere Betätigung der Lerntaste wird das Gerät in den Betriebsmodus geschaltet. Die Lern-LED erlischt.
6.	**Die Spannung an jedem Busleitungsende messen:** Nach Montage aller Busgeräte wird an jedem Busleitungsende die Busspannung gemessen. Die Busspannung muss mindestens 21 V betragen.
7.	**Protokollieren der Prüfungsergebnisse:** Alle Ergebnisse der Installationsprüfung sind zu protokollieren und der Dokumentation als Anlage beizufügen.

Programmierung mit ETS und Inbetriebnahme mit ETS

Schritte/Ablauf (ETS 5)	Erläuterungen
1. Produktdaten importieren 2. Schnittstelle festlegen 3. Neues Projekt anlegen 4. Gebäudestruktur erstellen 5. Geräte laden 6. Physikalische Adressen zuordnen bzw. ändern 7. Applikationen / Parameter konfigurieren 8. Gruppenadressen zuordnen 9. Programm prüfen 10. Programm sichern 11. Programm an Teilnehmer übertragen 12. Test	• Die Programmierung bzw. Konfigurierung der Teilnehmer wird als **Projektierung** bezeichnet. • Zur Projektierung und Übertragung ist eine spezielle Software erforderlich. I. d. R. wird die Software **ETS** (Engineering Tool Software) verwendet. • Für die Inbetriebnahme und den Test benötigt die ETS eine Verbindung zum KNX-Bus. Standardmäßig erfolgt das mit einer USB- oder IP-Schnittstelle oder über WLAN. • Mit der Übertragung des Programms an die KNX-Geräte erfolgt die Inbetriebnahme. Dieser Vorgang wird auch als **Projekt downladen** bezeichnet.

Dokumentation

Zur Dokumentation werden alle wichtigen Unterlagen aus den Arbeitsschritten Planung, Installation, Projektierung und Inbetriebnahme zusammengefügt. Dazu gehören unter anderem:

- Die protokollierten Ergebnisse der Installationsprüfung
- Die Pläne über die Anordnung der Verteilerdosen und der Teilnehmer
- Die Beschreibung der funktionellen Zusammenhänge, z. B. welcher Taster welche Leuchte schaltet

Powerline KNX, Funk KNX

KNX-Systeme

Bezeichnung	KNX KNX-TP (TP: Twisted Pair)	Powerline KNX Powernet KNX	Funk KNX Radiofrequency
Informationsübertragung	Auf einer von der Energieleitung getrennten Steuerleitung (Twisted Pair)	Über das vorhandene 230-V/400-V-Netz	Funk im Frequenzbereich von 868 bis 870 MHz
Bevorzugter Einsatzbereich	• Neuinstallationen • Umfangreiche Sanierungen • Variante mit höchster Übertragungssicherheit	• Renovierungen • Sanierungen • Bereiche, in denen 230-V-Leitungen zur Verfügung stehen	• Nachträglicher Einbau • Leitungsfreie Erweiterungen bestehender KNX-Anlagen

Powerline KNX

Powerline KNX (auch Powernet KNX genannt) ermöglicht die Übertragung von Telegrammen über das vorhandene Energieversorgungsnetz (230/400 V, 50 Hz). Somit ergeben sich Anwendungsmöglichkeiten für Gebäude, in denen z. B. das Verlegen einer zusätzlichen Busleitung nicht möglich oder nicht erwünscht ist. Powerline KNX wird daher vorwiegend in der Nachrüstung z. B. bei Renovierungen oder Sanierungen eingesetzt.

Struktur, Übertragungsdaten

- Keine getrennte Busleitung (wie bei KNX-TP)
- Übertragung mit hochfrequenten Signalen, die der 230-V-Netzspannung überlagert werden
- Eine Linie enthält max. 256 Teilnehmer.
- 16 Linien bilden einen Bereich.
- Maximal können 8 Bereiche gebildet werden.
- Im Gegensatz zu KNX-TP werden die Linien und Bereiche nicht zwangsläufig gekoppelt.
- Über Bandsperren und Phasenkoppler können Telegramme selektiv übertragen werden.
- Übertragungsgeschwindigkeit: 1200 bit/s
- Übertragungsfrequenzen: 105,6 kHz (log. 0) und 115,2 kHz (log 1)

Einschränkungen

Da die Informationsübertragung über das Niederspannungsnetzt erfolgt, bestehen Einschränkungen. Daher gilt u. a.: Powerline kann

- nur in abgeschlossenen Signalbereichen eingesetzt werden, z. B. hinter dem Stromzähler in Ein- und Mehrfamilienhäusern,
- nicht zwischen Gebäuden innerhalb einer Straße oder eines Stadtteils eingesetzt werden,
- nur bei Netzschwankungen im Toleranzbereich 230 V ± 10 %, 50 Hz ± 0,5 % eingesetzt werden,
- nicht in sicherheitsrelevante Anwendungen und in Krankenhäusern und anderen lebenserhaltenden Bereichen eingesetzt werden,
- in Industrienetzen nur bei ausreichenden Entstörmaßnahmen eingesetzt werden.

Funk KNX

Funk KNX ermöglicht die Übertragung von z. B. Schalt- oder Dimmbefehlen per Funk. Die Teilnehmer können sowohl batteriegespeist sein, als auch über das 230-V-Netz versorgt werden. Da Funk KNX kompatibel zu den anderen KNX-Systemen ist, eignet es sich für den nachträglichen Einbau in bestehende Gebäude und für die leitungsfreie Erweiterung bestehender KNX-Anlagen.

Struktur (eines Bereiches)

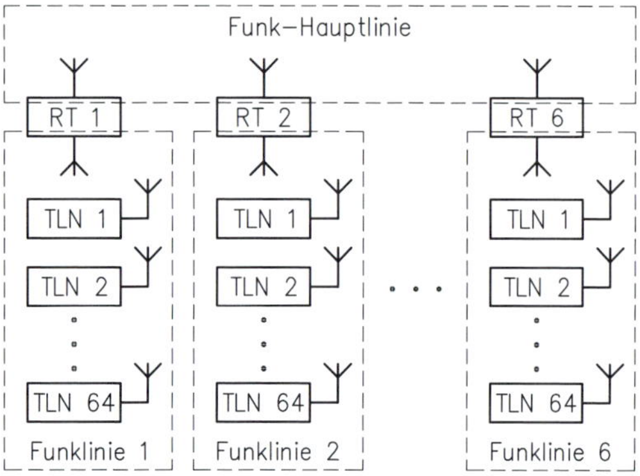

Struktur, Übertragungsdaten

- Zur Übertragung stehen sechs Funkkanäle mit unterschiedlichen Frequenzen zur Verfügung.
- Ein Funkkanal bildet eine Funklinie.
- Die Funklinien werden über Router mit der Funk-Hauptlinie des Bereichs miteinander verbunden.
- Pro Funklinie können bis zu 64 KNX-Funkgeräte eingesetzt werden.
- Ein Funk-KNX-Netzwerk kann aus max. 15 Funk-Bereichen bestehen.
- Bei Erweiterungen von bestehenden KNX-Anlagen werden die Funklinien per Medienkoppler an die drahtgebundene übergeordnete Hauptlinie oder an die Bereichslinie angeschlossen.
- Frequenzbereich: 868...870 MHz
- Übertragungsgeschwindigkeit: 38400 bit/s

Lichttechnische Größen und Formeln

Größe und Formelzeichen	Einheit	Formel	Erläuterungen
Lichtstrom Φ	lm (Lumen)	–	Der Lichtstrom ist die gesamte vom Auge bewertete Strahlungsleistung einer Lichtquelle.
Raumwinkel Ω	sr (Steradiant)	$\Omega = \frac{A}{r^2}$ Ω Raumwinkel in sr A Fläche in m² r Radius in m	Der Raumwinkel Ω schneidet aus der Oberfläche einer Kugel mit dem Radius r die Fläche A aus. Ein voller Raumwinkel beträgt 4 π sr. 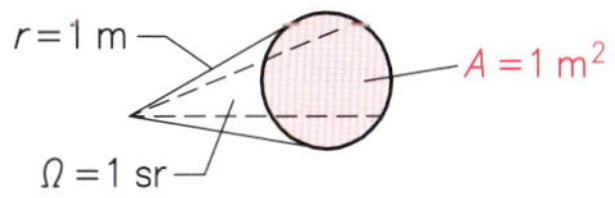
Lichtstärke I	cd (Candela)	$I = \frac{\Phi}{\Omega}$ I Lichtstärke in cd Φ Lichtstrom in lm Ω Raumwinkel in sr	Die Lichtstärke ist der Lichtstrom in einem bestimmten Raumwinkel. Sie beträgt 1 cd bei einem Lichtstrom von 1 lm in einem Raumwinkel von 1sr.
Beleuchtungsstärke E	lx (Lux)	$E = \frac{\Phi}{A}$ $E = \frac{I}{r^2}$ E Beleuchtungsstärke in lx Φ Lichtstrom in lm A Fläche in m² I Lichtstärke in cd r Abstand in m	Die Beleuchtungsstärke ist der auf die beleuchtete Fläche bezogene Lichtstrom. 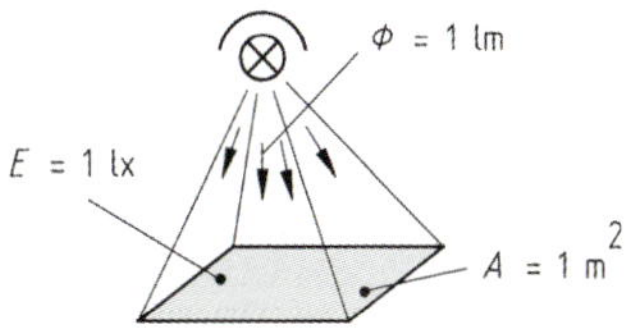
Lichtausbeute η	lm/W (Lumen/Watt)	$\eta = \frac{\Phi}{P}$ η Lichtausbeute in lm/W Φ Lichtstrom in lm P Leistung in W	Die Lichtausbeute ist das Verhältnis vom abgegebenen Lichtstrom zur aufgewendeten Leistung einer Lichtquelle. Bei vollkommener Umwandlung von elektrischer Leistung in Lichtleistung (Lichtstrom) erhält man theoretisch 683 lm/W.
Leuchtdichte L	cd/m²	$L = \frac{I}{A}$ L Leuchtdichte in cd/m² I Lichtstärke in cd A vom Auge gesehene Fläche in m²	Die Leuchtdichte einer Lichtquelle oder einer beleuchteten Fläche ist seine Lichtstärke, bezogen auf die vom Auge gesehene Fläche. 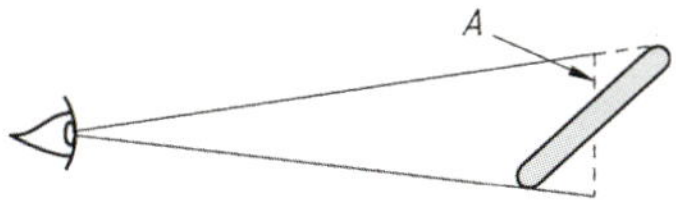
Reflexionsgrad ρ	–	$\rho = \frac{\Phi_p}{\Phi_0}$ ρ Reflexionsgrad Φ_p vom Körper reflektierter Lichtstrom in lm Φ_0 auftreffender Lichtstrom in lm	Der Reflexionsgrad eines Körpers ist das Verhältnis seines zurückgeworfenen Lichtstromes zum aufgestrahlten Lichtstrom. Die Reflexion kann gerichtet, gestreut oder gemischt sein. Der Reflexionsgrad ist vom Material der Oberfläche und der Farbe eines Körpers abhängig.

Beleuchtungsberechnung für Innenräume

1. Berechnung des Raumindex

Formel		Anwendung
$k = \dfrac{a \cdot b}{h \cdot (a + b)}$	k Raumindex a Länge der Grundfläche in m b Breite der Grundfläche in m h Aufhängehöhe der Leuchten über der Nutzebene	Büroraum mit Bildschirmarbeit, Größe 11 m · 10 m, Abstand der Leuchten von den Schreibtischen 2,55 m. $k = \dfrac{11\ \text{m} \cdot 10\ \text{m}}{2{,}55\ \text{m}\ (11\ \text{m} + 10\ \text{m})} \Rightarrow k = 2{,}05$

2. Reflexionsgrade des Raumes bestimmen

Erläuterungen	Anwendung
Folgende Werte (S. 269) müssen ermittelt werden: • Reflexionsgrad der Decke ρ_1 • Reflexionsgrad der Wände ρ_2 • Reflexionsgrad der Nutzebene bzw. des Fußbodens ρ_3	Decke: weiß, $\rho_1 = 0{,}8$ • Wände: Kalkstein, $\rho_2 = 0{,}5$ • Schreibtische und Fußboden: dunkles Holz, $\rho_3 = 0{,}1$

3. Auswahl der Lampen und Leuchten

Erläuterungen	Anwendung
• Bestimmung des erforderlichen Wartungswertes der Beleuchtungsstärke und des Farbwiedergabe-Index aufgrund der Art des Raumes und der Tätigkeiten (S. 270) • Auswahl der Lampen unter Berücksichtigung des Farbwiedergabe-Index R_a • Ermittlung des Lichtstromes Φ_L der gewählten Lampen aus Tabellen (S. 273) oder aus Herstellerunterlagen • Auswahl der zu den Lampen und zu den Anforderungen des Raumes passenden Leuchten (S. 272) • Ermittlung des Leuchtenbetriebswirkungsgrades η_{LB} der Leuchte aus Firmenunterlagen oder Tabellen (S. 272)	• Erforderlicher Wartungswert der Beleuchtungsstärke im Büroraum: $E_m = 500$ lx, Farbwiedergabe-Index: $R_a = 80$ • Gewählte Lampe: Leuchtstofflampe, Dreibanden, 58 W • Lichtstrom der Lampe $\Phi_L = 5200$ lm • Gewählte Leuchte: Spiegel-Rasterleuchte, breitstrahlend • Leuchtenbetriebswirkungsgrad $\eta_{LB} = 0{,}6$

4. Berechnung des Beleuchtungswirkungsgrades η_B

Häufig kann der Beleuchtungswirkungsgrad η_B mithilfe des Raumindex und der Reflexionsgrade direkt aus Herstellerunterlagen entnommen werden. Die folgende Rechnung kann dann entfallen.

Formel		Anwendung
$\eta_B = \eta_{LB} \cdot \eta_R$	η_B Beleuchtungswirkungsgrad η_{LB} Leuchtenbetriebswirkungsgrad η_R Raumwirkungsgrad	Leuchtenbetriebswirkungsgrad $\eta_{LB} = 0{,}6$, Raumwirkungsgrad $\eta_R = 0{,}86$ aus Tabelle (S. 269) oder Herstellerunterlagen $\eta_B = 0{,}6 \cdot 0{,}86 \Rightarrow \eta_B = 0{,}516$

5. Berechnung der Lampen- und Leuchtenzahl

Formel		Anwendung
$n = \dfrac{E_m \cdot A}{\Phi_L \cdot \eta_B \cdot WF}$ Die Leuchtenzahl ergibt sich aus der Zahl der Lampen je Leuchte. Der Kehrwert des Wartungsfaktors *WF* wird Neuwertfaktor genannt.	n Lampenzahl E_m erforderlicher Wartungswert in lx A Raumgrundfläche in m² Φ_L Lichtstrom der Lampe in lm η_B Beleuchtungswirkungsgrad WF Wartungsfaktor (auch MF von Maintenance Factor), er berücksichtigt die Verschmutzung, die Auswirkungen der Brenndauer und den Wartungszyklus. Bei normalem Verschmutzungsgrad, 2000 h Brenndauer pro Jahr und einem Wartungszyklus von 3 Jahren beträgt er 0,67 (typische Werte liegen zwischen 0,5 und 0,8).	$n = \dfrac{500\ \text{lx} \cdot 110\ \text{m}^2}{5200\ \text{lm} \cdot 0{,}516 \cdot 0{,}67} \Rightarrow n = 30{,}6$ Gewählt: 32 Lampen ⇒ 16 Leuchten, da jede Leuchte mit zwei Lampen bestückt ist.

Raumwirkungsgrade für die Beleuchtung

Der Raumwirkungsgrad η_R wird mithilfe des Raumindex k (Berechnung S. 268) und der Reflexionsgrad ρ (s. nachstehende Tabelle) ermittelt.

Reflexionsgrade ρ verschiedener Stoffe und Farben

Stoff	ρ in %	Stoff/Farbe	ρ in %	Farbe	ρ in %
Aluminium, poliert	65…75	Sandstein	20…40	Hellgrün, Rosa	45…50
Al, matt; Holz, hell	55…60	Marmor, weiß	60…70	Hellblau, Hellgrau	40…55
Kalkstein	35…55	Ziegel, gelb	35…40	Mittelgrau, Orange	20…25
Beton/Eiche, hell	30…40	Ziegel, dunkel	15…25	Dunkelrot, -grün	10…20
Beton/Holz, dunkel	10…25	Weiß	75…85	Dunkelblau	5…20
Mörtel, hell	40…45	Hellgelb	55…65	Schwarz	4

Raumwirkungsgrade η_R

Decke ρ_1	0,8	0,8	0,8	0,8	0,5	0,5	0,5	0,5	0,3	0
Wände ρ_2	0,5	0,5	0,3	0,3	0,5	0,5	0,3	0,3	0,3	0
Boden ρ_3	0,3	0,1	0,3	0,1	0,3	0,1	0,3	0,1	0,1	0
Raumindex k	**η_R bei direkter Beleuchtung (stark gerichtet, z. B. eng strahlende Spiegelrasterleuchte, einlampige Spiegelreflektorleuchte, Rundreflektorleuchte)**									
0,6	61	58	54	52	59	57	53	51	51	46
1,0	80	75	73	69	76	73	70	68	67	62
1,5	95	86	88	82	90	84	84	80	79	75
2,0	102	91	96	87	95	89	91	86	84	80
3,0	111	97	106	95	103	95	99	92	91	87
Raumindex k	**η_R bei abgedeckter direkter Beleuchtung (tief strahlend, z. B. prismatische Wannenleuchte, breitstrahlende Spiegelrasterleuchte, mehrlampiger Spiegelreflektor)**									
0,6	52	49	43	42	49	48	42	41	41	35
1,0	73	67	64	60	69	65	61	59	58	52
1,5	89	81	81	75	83	78	77	73	72	66
2,0	97	86	89	81	90	83	84	79	78	73
3,0	107	94	101	90	99	91	94	88	86	81
Raumindex k	**η_R bei vorwiegend direkter Beleuchtung (breit strahlend, z. B. opale und prismatische Wannenleuchte, Glasleuchte)**									
0,6	41	39	31	30	37	35	29	28	27	20
1,0	59	55	49	46	52	50	44	43	41	32
1,5	74	67	64	60	66	61	58	55	52	43
2,0	83	74	73	67	73	68	66	62	59	50
3,0	95	83	87	77	83	76	77	71	68	59
Raumindex k	**η_R bei gleichförmiger und teilweise indirekter Beleuchtung (allseitig strahlend, z. B. frei strahlende Leuchte ohne oder mit Lamellenraster, Opalglasleuchte)**									
0,6	36	34	27	26	29	28	23	22	19	11
1,0	52	48	43	40	41	39	35	33	29	19
1,5	65	59	56	52	52	49	45	43	38	26
2,0	74	66	65	59	58	54	52	49	43	30
3,0	84	74	77	68	66	61	61	57	50	36
Raumindex k	**η_R bei indirekter Beleuchtung (hoch strahlend, z. B. in Kehlen)**									
0,6	15	15	9	10	11	12	6	8	5	0
1,0	28	27	20	19	18	19	13	13	8	0
1,5	41	39	31	30	26	25	20	19	13	0
2,0	51	48	41	40	32	30	26	25	16	0
3,0	65	58	55	52	39	37	34	32	20	0

Lichtfarbe und Eigenschaften der Farbwiedergabe von Lichtquellen

Der **Farbwiedergabe-Index R_a** beschreibt die Qualität der Lampen bei der Wiedergabe von Farben. Bei Lampen mit hohem Index (z. B. ≥ 90) werden alle Farben sehr natürlich wiedergegeben. Die Lichtfarbe der Lampen wird mit der **Farbtemperatur T_F** in Kelvin angegeben und in drei Gruppen eingeteilt: tw (tageslichtweiß, T_F > 5300 K), nw (neutralweiß, T_F: 3300 K…5300 K), ww (warmweiß, T_F < 3300 K)

Lichtfarben und Farbwiedergabeeigenschaften von verschiedenen Lampentypen

Index R_a	90…100	80…89	70…79	60…69	40…59	< 39
Eigenschaft	Sehr gut	Gut	Bedingt gut	Weniger gut	Genügend	Ungenügend
Lichtfarbe						
tw (tageslichtweiß) T_F > 5300 K	De Luxe-Leuchtstofflampen, Tageslicht	Dreibandenleuchtstofflampen, Tageslicht	Mischlichtlampen	Mischlichtlampe, Halogenlampen	–	–
nw (neutralweiß) T_F: 3300 K bis 5300 K	De Luxe-Leuchtstofflampen, weiß	Halogenlampen, Kompaktleuchtstoffl.	Standard-Leuchtstofflampe: universalweiß	Standard-Leuchtstofflampe: weiß	Quecksilberdampflampen	–
ww (warmweiß) T_F < 3300 K	Glühlampen De Luxe-Leuchtstoffl., Warmton	Kompakt-Leuchtstofflampe, Warmton			Leuchtstofflampe, Warmton,	Natriumdampflampen

Empfohlene Mindestanforderungen an die Beleuchtung — DIN EN 12464

Nach DIN EN 12464 werden für die Beleuchtungsstärkewerte sogenannte Wartungswerte E_m angegeben, die zu keinem Zeitpunkt unterschritten werden dürfen. Es handelt sich damit um mittlere Beleuchtungsstärken zu einem Zeitpunkt, zu dem eine Wartung durchzuführen ist. Der UGR_L-Wert ist ein Grenzwert für die Blendung; mit ansteigendem Wert (zwischen 10 und 28) ist die Blendung höher.

E_m in lx	R_a	UGR_L	Art der Tätigkeit bzw. Art des Raumes
50	40	–	Viehställe
75	40	–	Fahrwege in Parkgaragen
100	80	25	Eingangshallen, Flure und Lehrmittelsammlungen in Ausbildungsstätten
200	80	22	Kantinen, Gemeinschafts- und Versammlungsräume in Ausbildungsstätten, Warteräume und Aufenthaltsräume in Gesundheitseinrichtungen, Selbstbedienungsrestaurants
300	80	25	Schweißen, mittelfeine Montagearbeiten in der Metallbearbeitung, grobe Montagearbeiten in der Elektroindustrie
300	80	19	Unterrichtsräume in Grund- und weiterführenden Schulen
500	80	19	Büroräume mit Bildschirmarbeit, Konferenz- und Besprechungsräume, Hörsäle, Demonstrations- und Wandtafeln in Unterrichtsräumen, Büchereien im Lesebereich, Kassen und Packtische beim Verkauf, Lehrwerkstätten
750	80	19	Feine Montagearbeiten in der Elektroindustrie, sehr feine Montagearbeiten und Oberflächenbearbeitung in der Metallverarbeitung
1000	90	19	Untersuchungsräume und Operationsräume in Gesundheitseinrichtungen
1500	80	16	Prüfen und Justieren in Elektronikwerkstätten, Uhrmacherei (Handarbeit)

Beleuchtungsstärke der Umgebung

Die Beleuchtungsstärke in unmittelbarer Umgebung und im Hintergrundbereich muss bestimmte Mindestwerte haben, die teilweise vom Wartungswert E_m des Sehbereichs abhängig sind. Der unmittelbare Umgebungsbereich umgibt den Sehbereich in einem Streifen von mindestens 0,5 m Breite, der Hintergrundbereich umgibt den unmittelbaren Umgebungsbereich mit mindestens 3 m.

Unmittelbarer Umgebungsbereich				Hintergrundbereich
Bei E_m ≥ 750 lx	500 lx	200 lx	150 lx	Die Beleuchtungsstärke im Hintergrundbereich muss mindestens einem Drittel des Wertes der unmittelbaren Umgebung entsprechen.
500 lx	300 lx	≤ 150 lx	E_m	
300 lx	200 lx			

Leuchten

Einteilung von Leuchten

Leuchten werden hinsichtlich ihrer Lichtstromverteilung eingeteilt und entsprechend gekennzeichnet, z. B.:

A 2 1

Kennbuchstabe für die Lichtstromverteilung (A)
1. Kennziffer für den auf die Nutzebene strahlenden Lichtstromanteil (2)
2. Kennziffer für den auf die Decke strahlenden Lichtstromanteil (1)

- Kennbuchstabe: Angabe zur Verteilung des Lichtstromes der Leuchte auf den unteren und oberen Halbraum (s. Tabelle unten)
- 1. Kennziffer: Angabe zum Anteil des Lichtstromes des unteren Halbraumes, der direkt auf die Nutzfläche fällt (s. Tabelle unten)
- 2. Kennziffer: Angabe zum Anteil des Lichtstromes des oberen Halbraumes, der direkt auf die Decke fällt (s. Tabelle unten)

Kennbuchstabe	Art der Beleuchtung	Lichtstromanteil in % bezogen auf die Horizontale		1. Kennziffer	Anteil vom unteren Lichtstrom auf die Nutzebene in %	2. Kennziffer	Anteil vom oberen Lichtstrom auf die Decke in %
		unterhalb	oberhalb				
A	Direkt	90...100	0 ..10	1	0...30	1	0…50
B	Vorwiegend direkt	60...90	10...40	2	30...40	2	50…70
C	Direkt/indirekt	40...60	40...60	3	40...50	3	70…90
D	Vorwiegend indirekt	10...40	60...90	4	50...60	4	90…100
E	Indirekt	0...10	90...100	5	60...70	–	–
–	–	–	–	6	70...100	–	–

Kennzeichen von Leuchten (DIN VDE 0100-559)

Kennzeichen	Erläuterung	Montagehinweis
	Leuchten mit Entladungslampen (z. B. Leuchtstofflampe), bei denen im Normalbetrieb 130 °C und im Fehlerfall 180 °C nicht überschritten werden	Für die direkte Montage auf schwer- und normal entflammbaren Baustoffen geeignet
	Leuchten mit Entladungs- oder Glühlampen, bei denen keine Temperaturen auftreten, die zur Entzündung von brennbaren Stäuben und Fasern führen	Für die Montage in staub- und faserstoffgefährdeten Betriebsstätten geeignet
	Leuchten mit Entladungslampen (z. B. Leuchtstofflampe), bei denen im Normalbetrieb 130 °C und im Fehlerfall 180 °C nicht überschritten werden	Für die direkte Montage bei Einrichtungsgegenständen aus schwer- oder normal entflammbaren Werkstoffen geeignet, z. B. auf Holz oder Holzwerkstoffe von Möbeln, selbst wenn sie beschichtet, furniert oder lackiert sind.
	Leuchten mit Entladungs- oder Glühlampen, bei denen eine Temperatur von 115 °C im Fehlerfall an der Befestigungsfläche nicht überschritten wird	Für die direkte Montage bei Einrichtungsgegenständen auf Stoffen, deren Brandverhalten nicht bekannt ist, geeignet. Dieses gilt auch, wenn sie beschichtet, furniert oder lackiert sind.

Leuchten (Fortsetzung)

Lichtstärkeverteilungskurven und Leuchtenbetriebswirkungsgrade

Beleuchtungsart	Lichtstärkeverteilungskurve (bei 1 000 lm)	Leuchtentyp		Leuchtenbetriebswirkungsgrad η_{LB}
Direkt, stark gerichtet	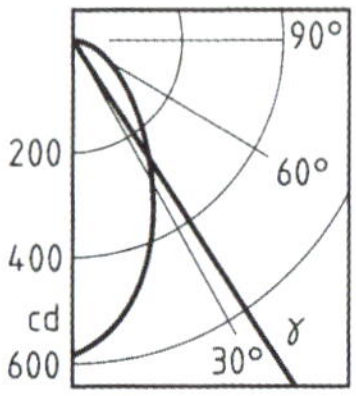	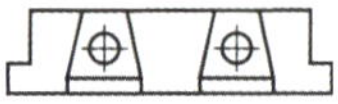	Spiegelraster, eng strahlend	60 %
			Spiegelreflektor, einlampig	80 %
			Rundreflektor (Strahler, Fluter)	75 %
Direkt, tief strahlend	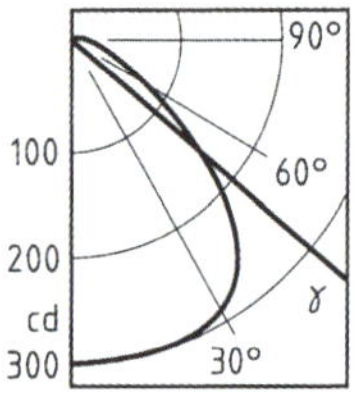	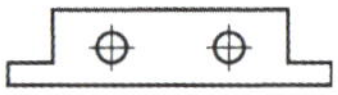	Wanne, prismatisch	65 %
		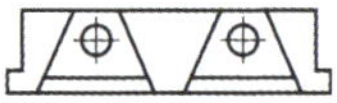	Spiegelraster, breit strahlend	60 %
			Paneele, prismatisch	45 %
			Spiegelreflektor, mehrlampig	75 %
Vorwiegend direkt, breit strahlend	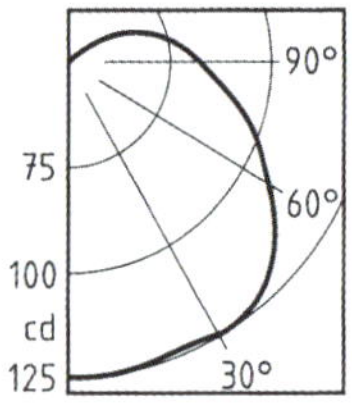	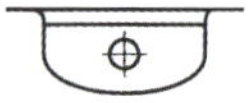	Glasleuchte (Glühlampe)	70 %
		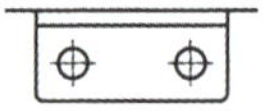	Wanne, prismatisch	65 %
		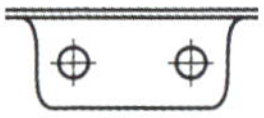	Wanne, opal	50 %
Gleichförmig, allseitig strahlend	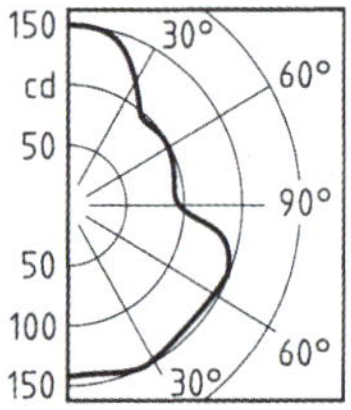	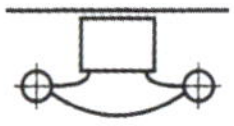	frei strahlend	90 %
		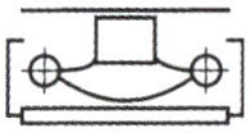	Lamellenraster	82 %
			Opalglas (Glühlampe)	80 %
Indirekt, hoch strahlend	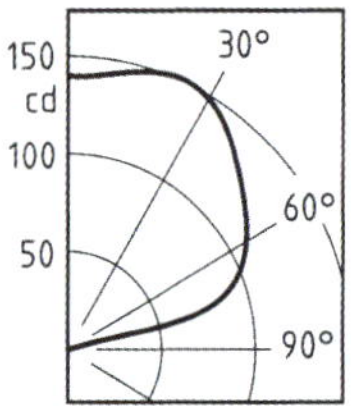		Kehle, breit, weiß	70 %
			Kehle, schmal, weiß	50 %

Energieeffizienz von Lampen

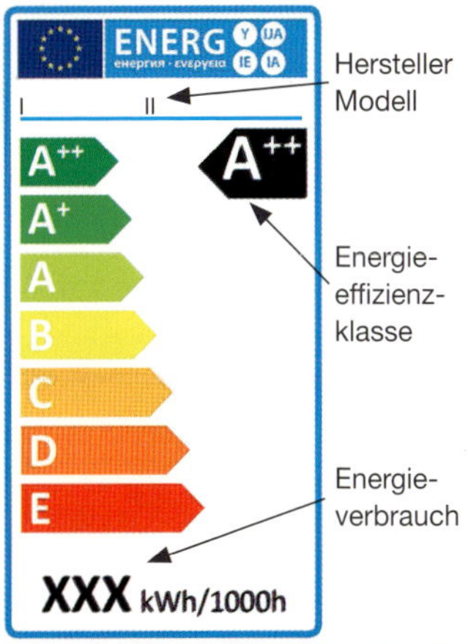

Bei Lampen müssen auf einem Etikett bzw. Energielabel die Energieeffizienzklasse und der Energieverbrauch der Lampe angegeben werden (s. Bild links). Bezüglich der Energieeffizienzklassen unterscheidet man 7 Stufen, wobei A++ der höchsten Effizienzklasse entspricht. Die Effizienzklassen F und G gibt es nicht mehr. Im Zusammenhang mit Energieeinsparungen und entsprechenden EU-Verordnungen werden zunehmend Lampen mit hoher Energieeffizienz, insbesondere LED-Lampen eingesetzt. Sie haben außerdem eine lange Betriebsdauer, sind quecksilberfrei und sind auch als dimmbare Ausführung erhältlich. Neben den LED-Lampen werden noch Energiesparlampen, Leuchtstofflampen und Halogenlampen für Kleinspannung eingesetzt.
Folgende Lampentypen sind nicht mehr zulässig:
- Glühlampen und Hochvolt-Halogen-Glühlampen
- Quecksilberdampflampen (HQL)
- Natriumdampflampen (Hochdruck und Niederdruck)

Lampenübersicht

Lampentyp	Lichtausbeute ca. in lm/W	Farbwiedergabe-Index	Energieeffizienzklasse	Lampentyp	Lichtausbeute in lm/W	Farbwiedergabe-Index
Leuchtstofflampen	70 bis 100	> 90	A, A+	Glühlampe	6 bis 20	≥ 90
Niedervolt-Halogen-Glühlampe	25 bis 40	≥ 90	B	Quecksilberdampf-Hochdrucklampe	32 bis 58	40…80
Energiesparlampen	40 bis 60	80…89	A, A+	Natriumdampf-Hochdrucklampe	51 bis 130	20…39
LED-Lampen	40 bis 130	≥ 90	A+, A++	Natriumdampf-Niederdrucklampe	100 bis 178	Farbe: gelb

Halogen-Glühlampen für Kleinspannung (Niedervolt-Halogenlampen) (Auswahl)

Ohne Reflektor, 12 V AC			Mit Reflektor, 12 V AC			
Leistungsaufnahme in W	Lichtstrom in lm	Sockel	Leistungsaufnahme in W	Ausstrahlungswinkel	Lichtstärke in cd	Sockel
25	500	GY 6,35	20	38°	1 000	GU 5,3
35	900		35	38°	2 200	
50	1 250		50	38°	2 850	

Leuchtstofflampen 230 V AC, Stabform bzw. Röhre (Auswahl)

Lampenleistung in W	Lampenart Besonderheiten	Farbwiedergabe-Index	Lichtstrom in lm	Durchmesser in mm	Länge in mm	Sockel
18	Dreibanden	80…89	1m300	26 (T8)	590	G 13
30	Dreibanden	80…89	2 400	26 (T8)	895	G 13
36	Dreibanden	80…89	3 300	26 (T8)	1 200	G 13
58	Dreibanden	80…89	5 200	26 (T8)	1 500	G 13
14	Dreibanden	80…89	1 100	16 (T5)	549	G 5
21	Dreibanden	80…89	1 900	16 (T5)	849	G 5
28	Dreibanden	80…89	2 600	16 (T5)	1 149	G 5
35	Dreibanden	80…89	3 300	16 (T5)	1 449	G 5
54	Dreibanden	80…89	4 100	16 (T5)	1 449	G 5
80	Dreibanden	80…89	6 150	16 (T5)	1 449	G 5

Energiesparlampen 230 V AC (Auswahl)

Lampenform: Röhre, Kugel, Kerze

Leistungsaufnahme in W	Vergleichbar mit Glühlampe	Lichtstrom in lm	Sockel
5, 7, 9	20, 30, 40	ca. 200…430	E 14
11, 13, 15	50, 60, 65	ca. 400…800	E 27
18, 20, 24	75, 85, 100	ca. 1 000…1 500	
30, 40	112, 150	ca. 1 600…2 500	

Lampenform: Reflektor

Leistungsaufnahme in W	Vergleichbar mit Glühlampe	Lichtstrom in lm	Sockel
15	80	908	E 27
20	120	1 180	
7	35		GU 10
11	50		

LED-Lampen für Kleinspannung (Auswahl)

Lampenform: Reflektor, 12 V AC/DC

Leistungsaufnahme in W	Lichtstrom in lm	Lichtfarbe	Farbtemperatur in K	Lebensdauer in Stunden, ca.	Abstrahlwinkel	Sockel
1,5	60	warmweiß	2 700	15 000	110°	GU 5,3
7	420	warmweiß	2 700	25 000	35°	GU 5,3

LED-Lampen 230 V AC (Auswahl)

Lampenform: Birne, Kerze

Leistungsaufnahme in W	Lichtstrom in lm	Lichtfarbe	Farbtemperatur in K	Lebensdauer in Stunden, ca.	Abstrahlwinkel	Sockel
2	200	warmweiß	3 000	25 000	360°	E 14
3	250	warmweiß	2 700	15 000	360°	E 14
4	330	warmweiß	2 700	15 000	360°	E 14
7	650	warmweiß	2 700	15 000	360°	E 27
9	806	warmweiß	2 700	15 000	260°	E 27
10	850	warmweiß	3 000	25 000	180°	E 27
20	2 900	neutralweiß	2 900	35 000	360°	E 27
30	4 450	neutralweiß	4 500	35 000	360°	E 27

Lampenform: Reflektor

Leistungsaufnahme in W	Lichtstrom in lm	Lichtfarbe	Farbtemperatur in K	Lebensdauer in Stunden, ca.	Abstrahlwinkel	Sockel
3,5	230	warmweiß	2 700	20 000	38°	GU 10
7,5	500	warmweiß	2 700	25 000	36°	GU 10

Lampenform: Röhre

Leistungsaufnahme in W	Lichtstrom in lm	Lichtfarbe	Farbtemperatur in K	Lebensdauer in Stunden, ca.	Abstrahlwinkel	Länge in mm	Sockel
9	1 050	tageslichtweiß	5 500	30 000	320°	600	T8
14	1 650	tageslichtweiß	5 500	30 000	320°	900	T8
18	2 150	tageslichtweiß	5 500	30 000	320°	1 500	T8
20	2 250	warmweiß	3 000	50 000	180°	1 200	T8
22	2 650	tageslichtweiß	5 500	30 000	320°	1 500	T8
24	3 700	neutralweiß	4 000	40 000	180°	1 500	T8

Lampen zur Straßenbeleuchtung

Leistungsaufnahme in W	Lichtstrom in lm	Lichtfarbe	Farbtemperatur in K	Lebensdauer in Stunden, ca.	Abstrahlwinkel	Abmessungen
32	2 350	neutralweiß	4 000	50 000	150°	474 x 238 x 100 mm
90	5 050	neutralweiß	4 000	50 000	150°	644 x 303 x 132 mm

Lampentypen, Lampenformen und Lampensockel (Auswahl)

Lampen mit Schraubsockel			
Form, Sockel	Birne E14, E27 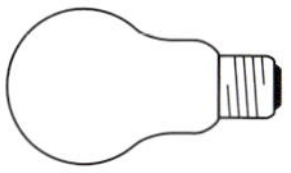	Kerze E14 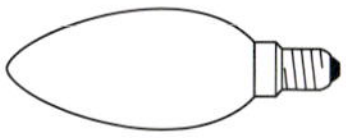	Kugel E14, E27 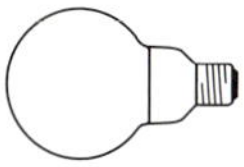
Verwendung	Energiesparlampen 230 V, LED-Lampen 230 V		
Form, Sockel	Zylinder E14, E27 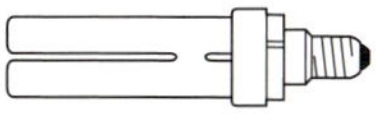	Reflektor E14, E27 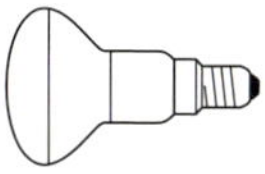	Ellipsoid E27, E40 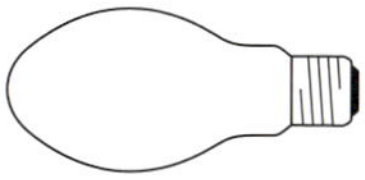
Verwendung	Energiesparlampen 230 V	LED-Lampen	Halogen-Metalldampflampen 230 V/400 V, Quecksilberdampf-Hochdrucklampen 230 V, Natriumdampf-Hochdrucklampen 230 V
Lampen mit Stiftsockel			
Form, Sockel	Stiftsockel G4, GY6.35 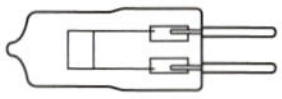	Reflektor GU4, GX4, GU5.3 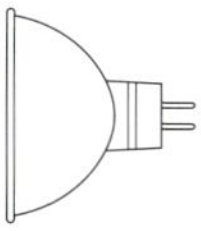	Reflektor (Strahler) G53 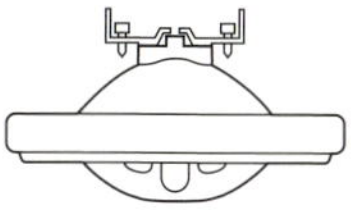
Verwendung	Halogen-Glühlampen 12 V (NV-Halogenlampen)	Halogen-Glühlampen 12 V (NV), LED-Lampen 12 V	Halogen-Glühlampen 12 V (NV), LED-Lampe 12 V
Lampen mit Stecksockel			
Form, Sockel	Röhre G9 	Reflektor GU10, GZ10 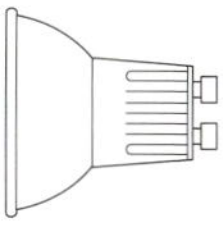	Zylinder G24d-2 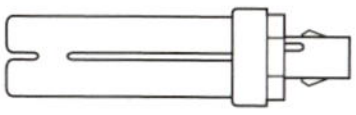
Verwendung	Halogen-Glühlampen	LED-Lampen 230 V	Energiesparlampen
Lampen mit Röhrensockel			
Form, Sockel	Stabform G5, G13 	Ringform 2GX13, G10q 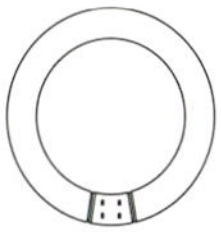	U-Form 2G13 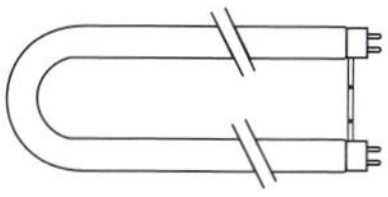
Verwendung	Leuchtstofflampen LED-Lampen	Leuchtstofflampen	Leuchtstofflampen
Lampen mit Bajonettsockel und zweiseitig gesockelte Lampe			
Form, Sockel	Kerze, Birne B15d B22d 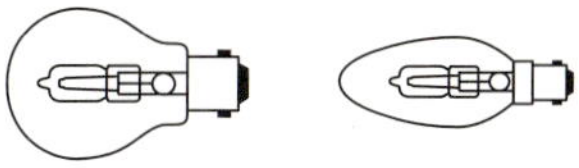	Röhre BY22d 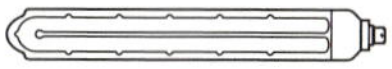	Zweiseitig gesockelt R7s 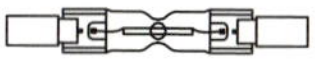
Verwendung	Halogen-Glühlampe 230 V, Energiesparlampen 230 V	Natrium-Niederdrucklampen 230 V	Halogen-Glühlampen 230 V

Lampensockel

Bezeichnungen: Erster Buchstabe			
B	Bajonettsockel	E	Sockel mit Schraubgewinde
G	Sockel mit 2 und mehr Kontaktteilen (z. B. Stifte)	R	Sockel mit vertieften Kontakten
S	Soffittensockel	W	Glasquetschsockel

Bajonettsockel

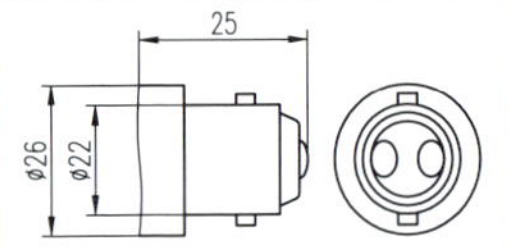

B22d

Schraubsockel

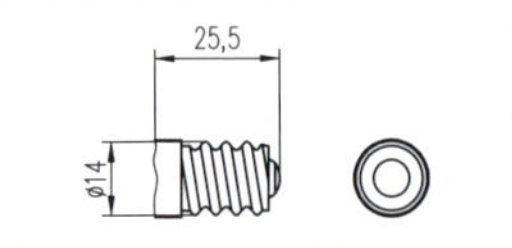

E14

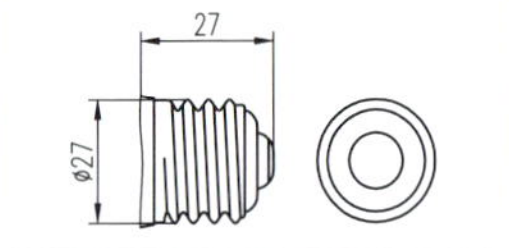

E27

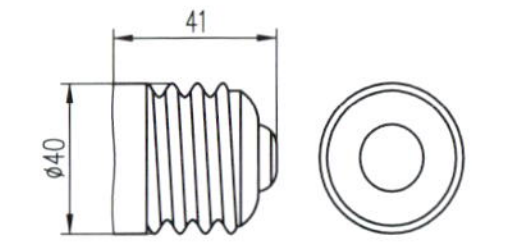

E40

Sockel mit 2 Kontaktteilen, Stiftsockel

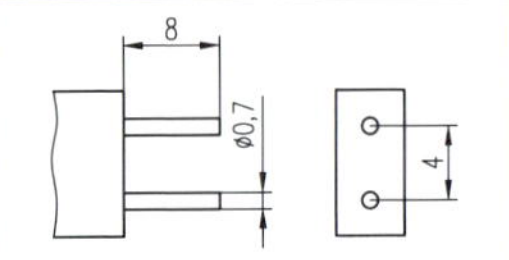

G4

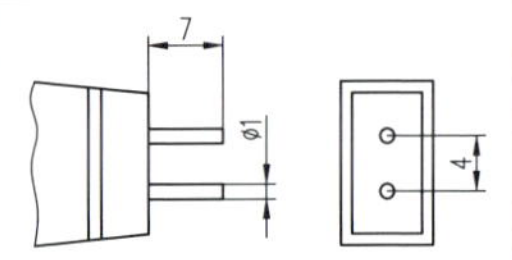

GU4

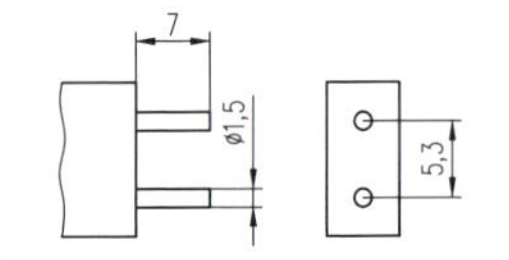

G5.3

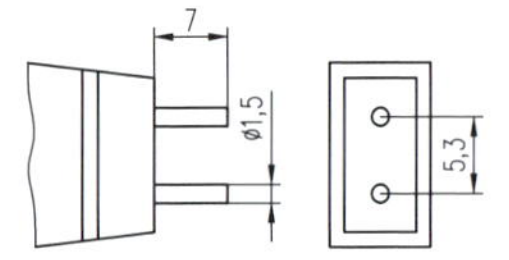

GU5.3

Sockel mit 2 Kontaktteilen, Stiftsockel

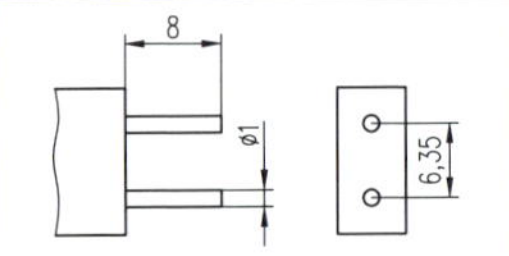

G6.35

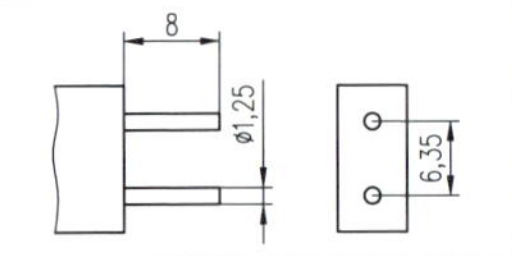

GY6.35

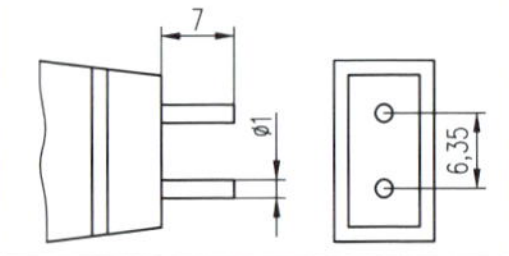

GZ6.35

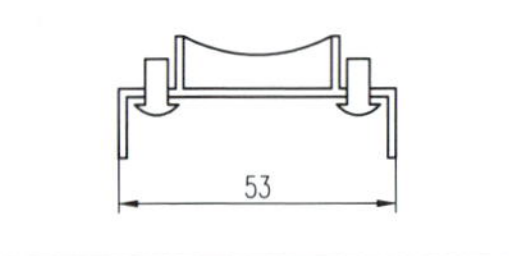

G53

Sockel mit 2 Kontaktteilen, Stecksockel

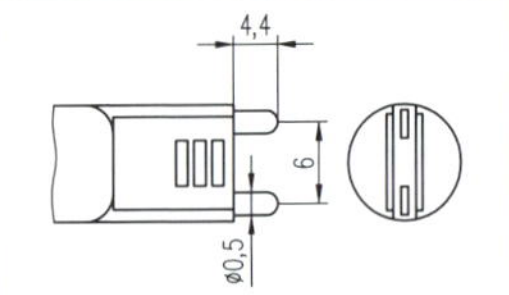

G9

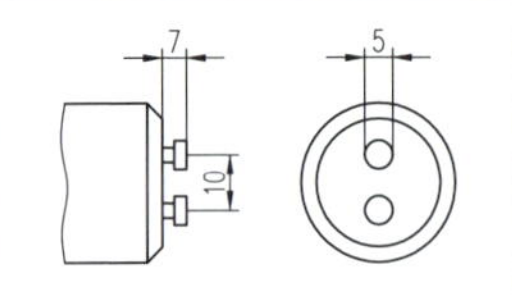

GU10

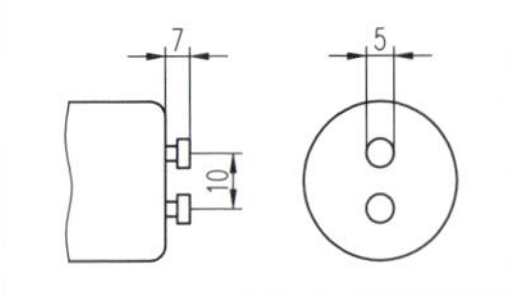

GZ10

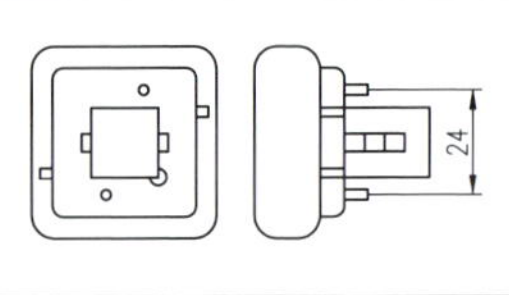

G24d-2

Sockel mit 2 Kontaktteilen, Röhrensockel

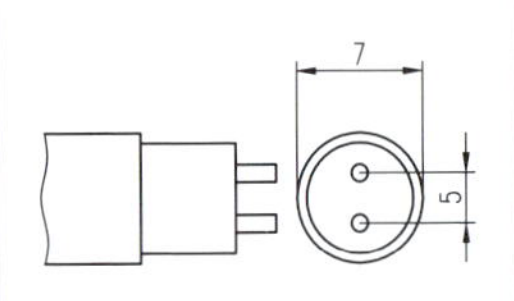

G5

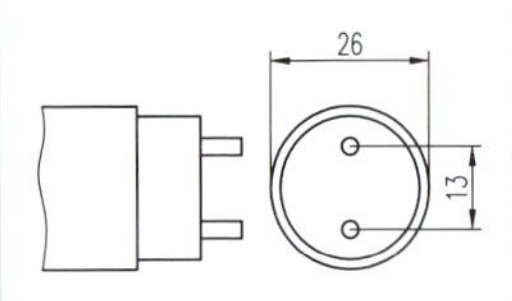

G13

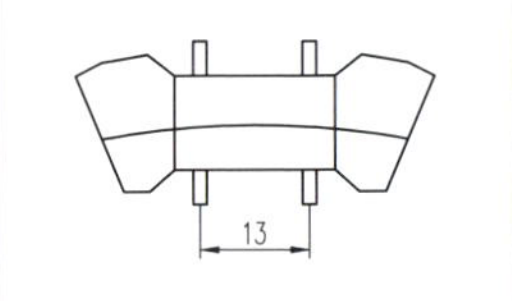

2GX13

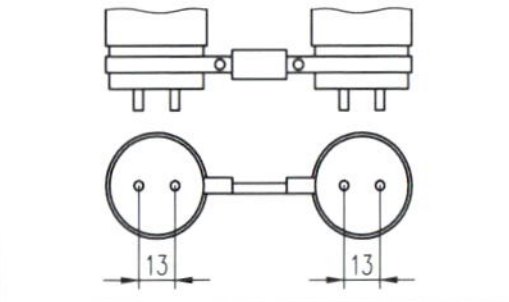

2G13

Sockel mit vertieften Kontakten und Sofittensockel

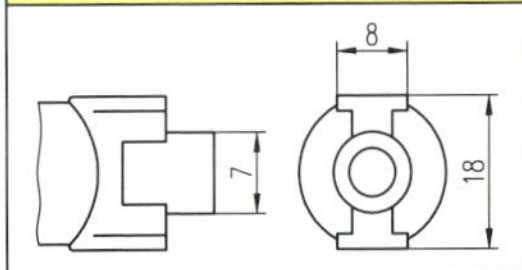

R7s

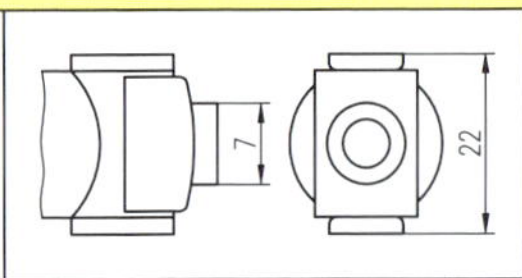

RX7s

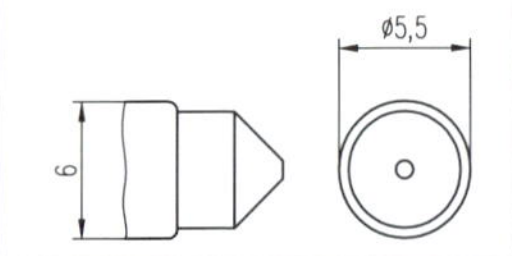

S5.5

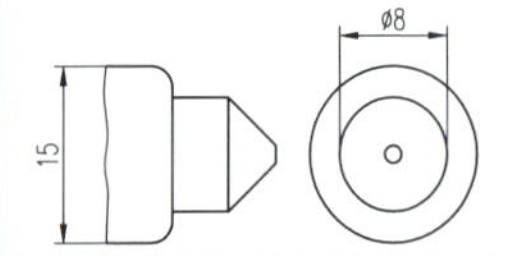

S8

Vorschaltgeräte und Dimmer für Halogen-Glühlampen für Kleinspannung (ELV-Halogen-Glühlampen)

Vorschaltgeräte für ELV-Halogen-Glühlampen haben die Aufgabe, die Versorgungsspannung von 230 V auf die Bemessungsspannung der Lampen auf 12 V (auch 6 V und 24 V) herabzusetzen.

Gerät	Transformator	Konverter (elektronischer Transformator)
Schaltung	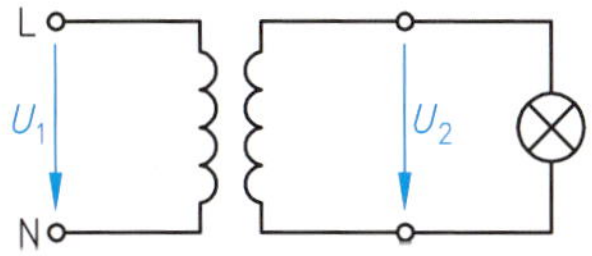	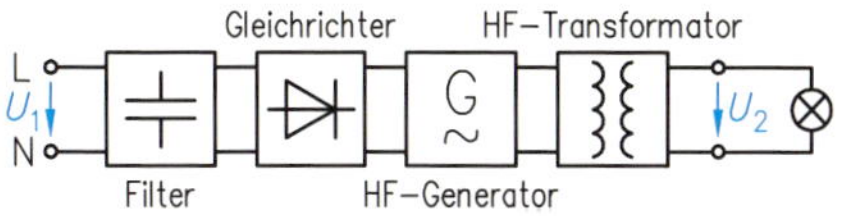
Eigenschaften	• Hohes Gewicht • Hohe Verluste und Erwärmung • Frequenz der Spannung U_2 50 Hz	• Geringes Gewicht • Geringe Verluste • Frequenz der Spannung U_2 z. B. 40 kHz
Schaltung mit Dimmer	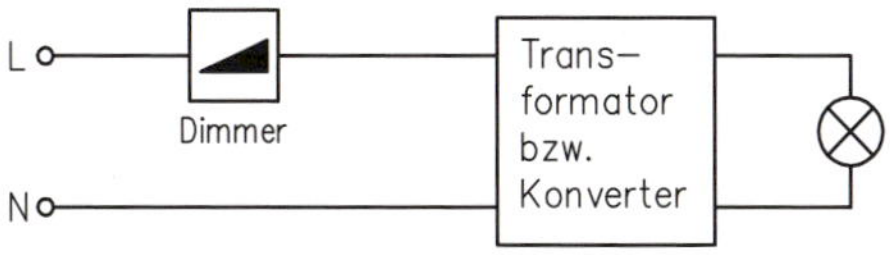 Der Dimmer steuert die 230-V-Versorgungsspannung.	
Dimmverfahren	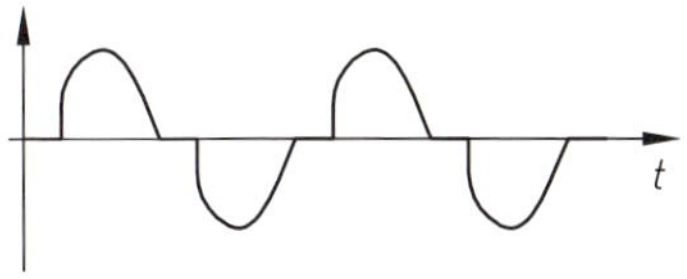 Phasenanschnittsteuerung (mit Symmetrie), keinesfalls Phasenabschnittsteuerung	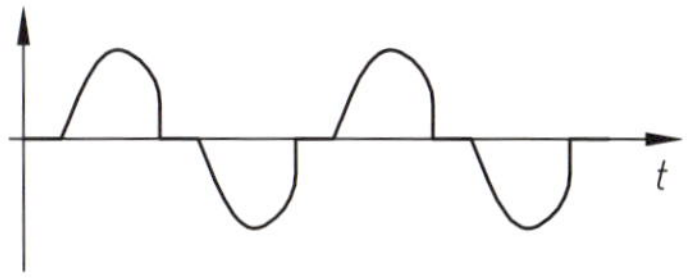 In der Regel Phasenabschnittsteuerung (bei besonderen Konvertern auch mit Phasenanschnittsteuerung)
Dimmer	Einsatz von Dimmern mit Phasenanschnittsteuerung mit hoher Symmetrie oder von Universal-Dimmern. Diese Dimmer haben folgende Kennzeichen: 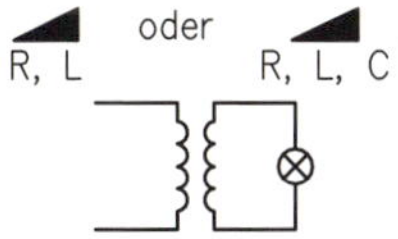	Einsatz von Dimmern mit Phasenabschnittsteuerung oder von Universal-Dimmern. Diese Dimmer haben folgende Kennzeichen: 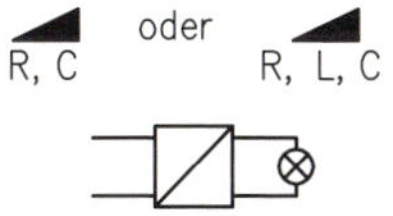
Installation	Bei der Installation von Schaltungen mit Konvertern ist zu beachten: 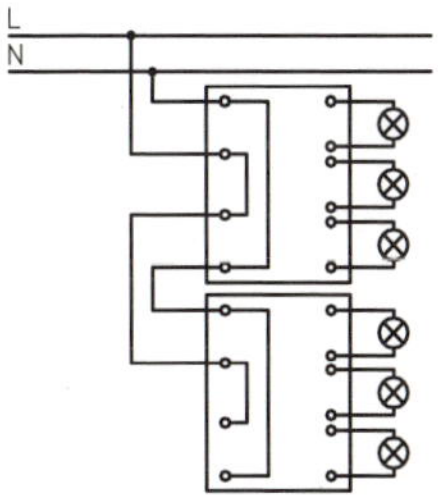 Sekundärseitig ist Parallelschaltung unzulässig.	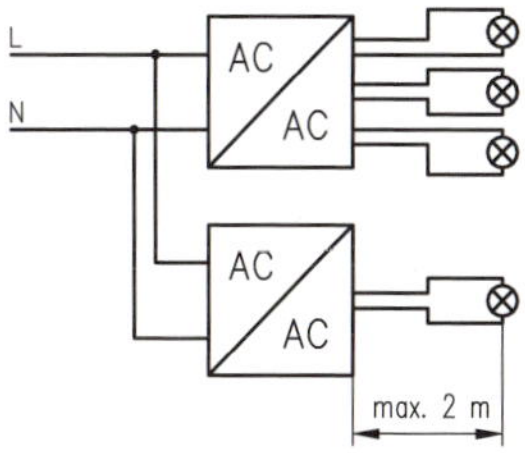 Anschlusslänge am Ausgang aus Gründen des Funkschutzes maximal 2 m

Bauformen

Axiale LED

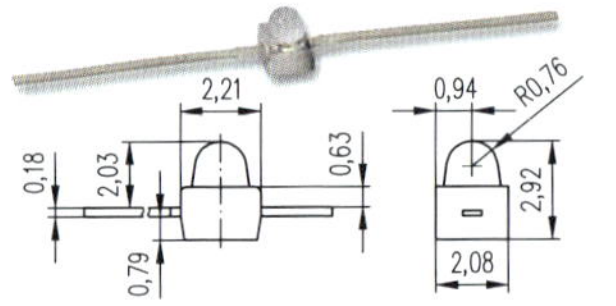

Front-LED

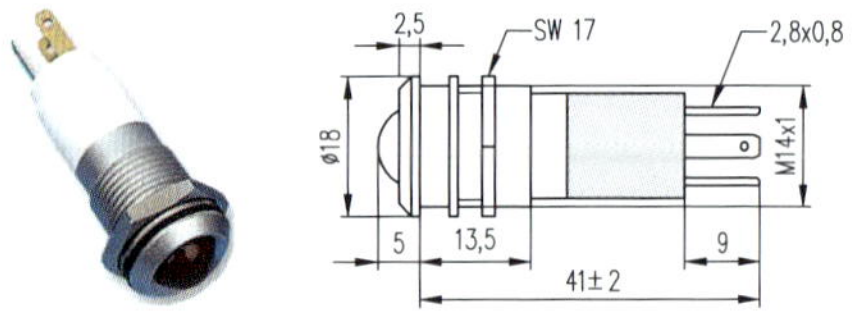

90°-LED

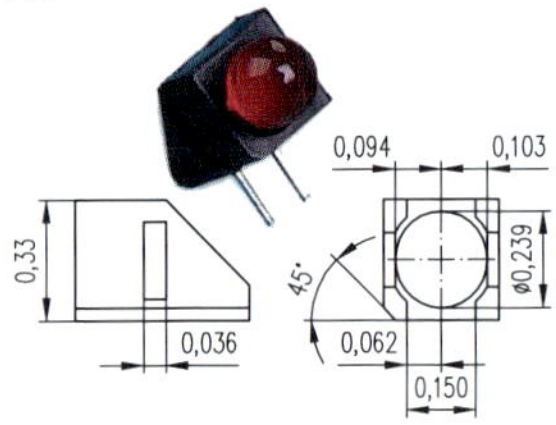

Variable LED

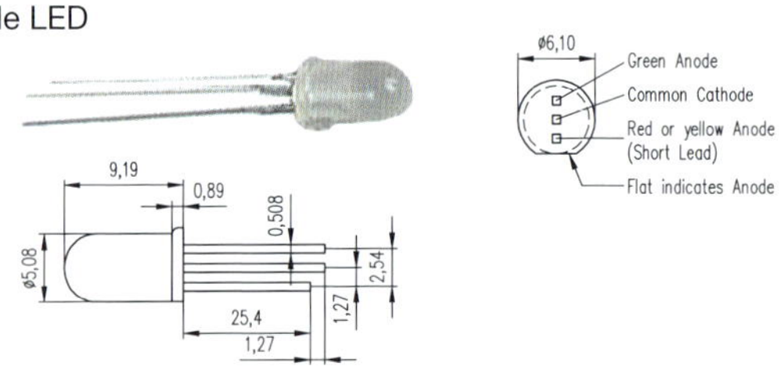

SMD LED

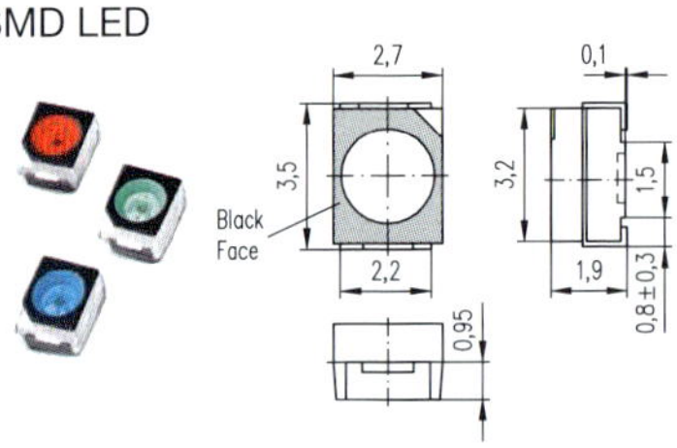

Rechteckige LED

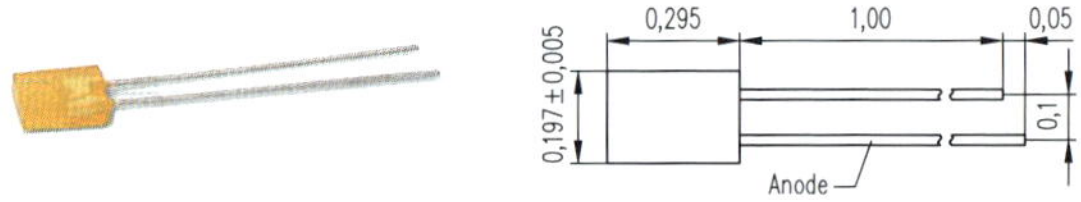

Elektrische Kenndaten für 3 und 5 mm LEDs

Farbcode	AD	GD	HD	OD	RD	SRD	YD
Farbemission	Amber	Grün	HE Rot	Orange	Rot	Super Rot	Gelb
Linse	Diffus	Diffus	Diffus	Diffus	Diffus	Diffus	Diffus
Material	GaAsP/GaP	GaAsP/GaP	GaAsP/GaP	GaAsP/GaP	GaAsP/GaP	GaAsP/GaP	GaAsP/GaP
Wellenlänge in mm	610	565	635	635	660	660	585
Betriebsspannung in V	45	30	45	45	40	20	35
Max. Speisespannung U_{Fmax} in V (I_F = 20 mA)	2,6	2,6	2,6	2,6	2,2	2,2	2,6
Max. Durchlassstrom I_{Fmax} in mA (T_A = 25 °C)	30	30	30	30	40	30	30
Max. Verlustleistung P_{tot} in mW (T_A = 25 °C)	100	100	100	100	80	100	105
Max. Sperrspannung U_{Rmax} in V (T_A = 25 °C)	5	5	5	5	5	5	5

Optische Kenndaten für 3 und 5 mm LEDs

Öffnungskegel 2 p in ° (3 mm LED)	50	50	50	50	50	40	50
Lichtstärke I_V in mcd (I_F = 10 mA; 3 mm LED)	18	15	40	18	18	60	18
Öffnungskegel 2 p in ° (5 mm LED)	55	55	55	55	55	40	55
Lichtstärke I_V in mcd (I_F = 10 mA; 5 mm LED)	18	15	30	18	15	50	18

Kenndaten für 3 und 5 mm LEDs							
Farbcode	AC	GC	HC	OC	RC	SRC	YC
Farbemission	Amber	Grün	HE Rot	Orange	Rot	Super Rot	Gelb
Linse	Klar	Klar	Klar	Klar	Klar	Klar	Klar
Material	GaAsP/GaP	GaP/GaP	GaAsP/GaP	GaAsP/GaP	GaAsP/GaAs	GaA/As/GaAs	GaAsP/GaP
Wellenlänge in mm	610	565	635	635	660	660	585
Betriebsspannung U_F in V	30	30	45	45	40	20	35
Max. Speisespannung U_{Fmax} in V (I_F = 20 mA)	2,6	2,6	2,6	2,6	2,2	2,2	2,6
Max. Durchlassstrom I_{Fmax} in mA (T_A = 25 °C)	30	30	30	30	40	30	30
Max. Verlustleistung P_{tot} in mW (T_A = 25 °C)	100	100	100	100	110	60	105
Max. Sperrspannung U_{Rmax} in V (T_A = 25 °C)	5	5	5	5	5	5	5
Optische Kenndaten für 3 und 5 mm LEDs							
Öffnungskegel 2 φ in ° (3 mm LED)	25	25	25	25	25	25	25
Lichtstärke I_V in mcd (I_F = 10 mA; 3 mm LED)	90	90	90	90	60	50	80
Öffnungskegel 2 φ in ° (5 mm LED)	25	25	25	25	25	20	25
Lichtstärke I_V in mcd (I_F = 10 mA; 5 mm LED)	90	120	110	110	50	150	120

Elektrische Kenndaten für 3 und 5 mm Niedrigstrom-LED				Kenndaten für 3 und 5 mm 5-V-LED		
Farbcode	GDL	HDL	YGL	GD5V	HD5V	YD5V
Farbemission	Grün	HE Rot	Gelb	Grün	HE Rot	Gelb
Linse	Diffus	Diffus	Diffus	Diffus	Diffus	Diffus
Material	GaP/GaP	GaAsP/GaP	GaAsP/GaP	GaP/GaP	GaAsP/GaAs	GaAsP/GaAs
Wellenlänge in mm	565	635	585	565	635	585
Betriebsspannung in V	1,9	1,7	1,8	5/10 mA	5/10 mA	5/10 mA
Max. Speisespannung U_{Fmax} in V (I_F = 20 mA)	2,3	2,2	2,2	---	---	---
Max. Durchlassstrom I_{Fmax} in mA (T_A = 25 °C)	30	30	30	---	---	---
Max. Verlustleistung P_{tot} in mW (T_A = 25 °C)	40	35	35	---	---	---
Max. Sperrspannung U_{Rmax} in V (T_A = 25 °C)	5	5	5	---	---	---
Optische Kenndaten für 3 und 5 mm Niedrigstrom-LEDs				**Kenndaten für 3 und 5 mm 5-V-LED**		
Öffnungskegel 2 φ in ° (3 mm LED)	50	50	50	45	45	45
Lichtstärke I_V in mcd (I_F = 10 mA; 3 mm LED)	2,5	2,5	2,5	15	15	15
Öffnungskegel 2 φ in ° (5 mm LED)	50	50	50	45	45	45
Lichtstärke I_V in mcd (I_F = 10 mA; 5 mm LED)	2,5	2,5	2,5	28	28	---

Auswahlkriterien LED

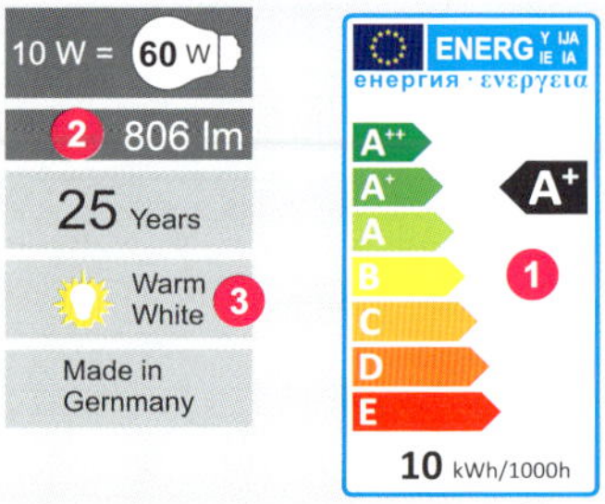

① Effizienzklasse der Lampe. (Ab 2016 kein Klasse C mehr in den Handel)

② lm = Leuchtkraft

LED	Glühlampe
250 Lumen	25 Watt
470 Lumen	40 Watt
806 Lumen	60 Watt
1 055 Lumen	75 Watt
1 521 Lumen	100 Watt
2 452 Lumen	150 Watt
3 452 Lumen	200 Watt

③ Lichtfarbe

Warm Comfort: warmes Licht für Schlaf- und Wohnzimmer

Warm White: warmweißes Licht für den Wohnbereich

Cool White: neutralweißes Licht für Küche, Bad, Arbeitszimmer, Flur oder Treppenhaus

Cool Daylight: tageslichtähnliches Licht für den Arbeitsbereich oder Leseleuchten

Weitere Angaben

(Dimmsymbol) ①	✓
t[h]**	25000 h = 25 years (≈ 2,7 h/day) ②
(Schaltsymbol)	100000 ③
T[Celsius]	-20° - 40° (Haus)
Hg	0,0 mg ④
V · Hz ⑤	220-240 V · 50/60 Hz
(Sockelsymbol) ⑥	E27
(Winkelsymbol) ⑦	xx°

① Symbol für Dimmbarkeit
② Lebensdauer der LED= 25 000 h; (umgerechnet ca. 25 Jahre)
③ Maximale Schalthäufigkeit (im Beispiel 100 000)
④ Angabe des Quecksilbergehalts (im Beispiel 0,0)
⑤ Spannungsangabe
⑥ Gewindekennung
⑦ Winkel in dem die Lampe Licht abgibt

(Je kleiner der Winkel, desto gebündelter und heller das Licht)

Helligkeit unterschiedlicher Leuchtmittel

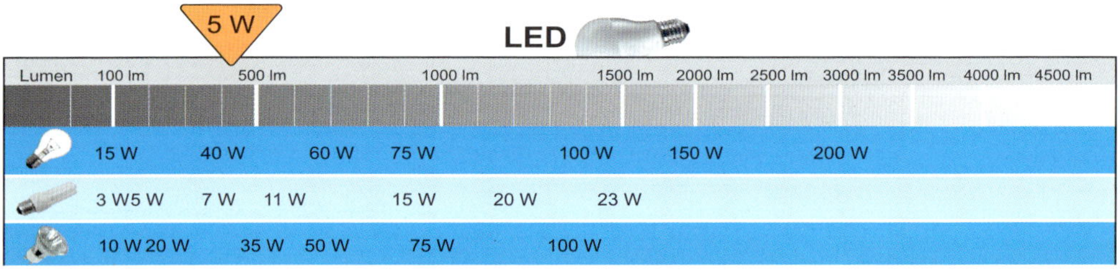

Bauformen (Form + Sockel)

Rundstrahler

Reflektorlampen

Dimmertabelle

Leuchtmittel mit …	… Trafo	Dimmer	R Phasenanschnitt-Dimmer für 230 V Lampen	R, L Phasenanschnitt-Dimmer für konventionelle Trafos	R, C Phasenabschnitt-Dimmer für elektronische Trafos	R, L, C Universal-Dimmer
LED 12 V	elektronisch	C **			✓ *	
		L		✓ *		
LED 230 V				✓ *		

* sofern das Leuchtmittel dimmbar ist
** übliche Variante

Elektroherd

Ein Elektroherd besteht aus:
- Einem Kochfeld mit z. B. vier Kochplatten (entweder vier Platten oder Glaskeramik mit vier Kochflächen)
- Einem Backofen

Standard- und Schnellkochplatten

Aufbau	Schaltung	Technische Daten für 230 V	
		Durchmesser	Leistung
Drei Heizwiderstände mit insgesamt vier Anschlüssen, wodurch verschiedene Schaltungen der Widerstände möglich sind	7-Takt-Schaltung, wobei bei der Schnellkochplatte das Aufheizen zunächst mit voller Leistung erfolgt	145 mm 180 mm 220 mm	1 000 W, 1 500 W 1 500 W, 2 000 W 2 000 W, 2 600 W

7-Takt-Schaltung mit Leistungsdaten einer Standardkochplatte

Stufe	0	1	2	3	4	5	6
Schalterstellung	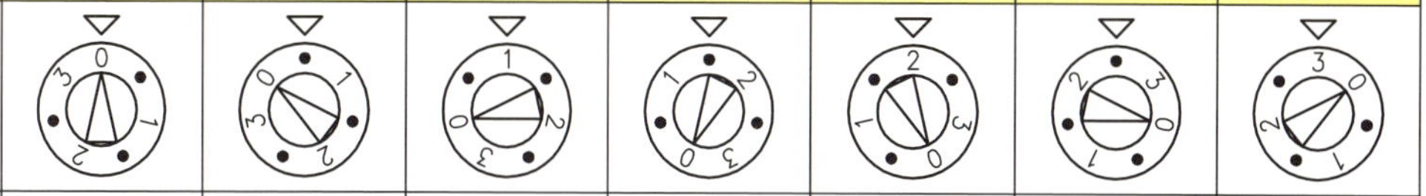						
Schaltung der Widerstände	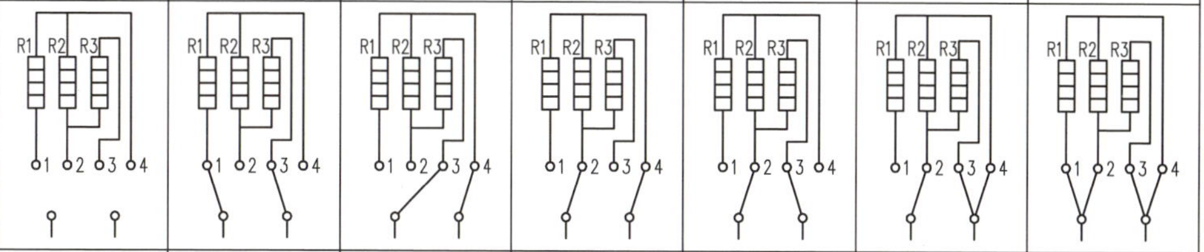						
Beispiel: *P* bei Stufe	Ø 145 mm	100 W	165 W	250 W	500 W	750 W	1000 W
	Ø 180 mm	135 W	220 W	300 W	850 W	1150 W	1500 W
	Ø 220 mm	200 W	305 W	450 W	950 W	1400 W	2000 W

Automatikkochplatten

Aufbau	Schaltung	Technische Daten (230 V)	
		Durchmesser	Leistung
Ein Heizwiderstand mit Anschlüssen zum Steuern der Platte	Ein einstellbarer Bimetallschalter (Energie- oder Temperaturregler) steuert die Platte durch Takten.	145 mm 180 mm	1500 W 2000 W

Backofen

Aufbau	Schaltung	Leistung bei 230 V
Strahler (Unter- und Oberhitze)	Ein Thermostat schaltet die Heizwiderstände in Abhängigkeit von der eingestellten und erreichten Temperatur (Zweipunktregler).	1 000 W...3 000 W
Umluft mit Heizer und Ventilator		1 000 W...2 600 W
Strahler zum Grillen		2 000 W...3 000 W

Elektrischer Anschluss

Der Anschluss erfolgt über eine Herdanschlussdose. Aufgrund der hohen Anschlussleistungen (typ. ca. 10 kW bis ca. 15 kW) sollte der Herd möglichst an Dreiphasen-Wechselspannung angeschlossen werden.

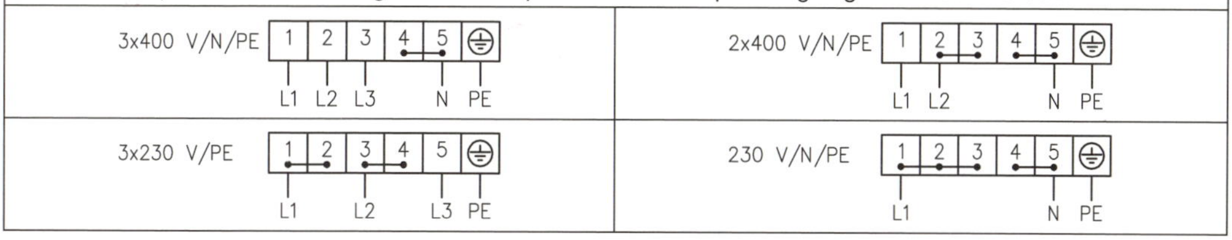

Warmwassergeräte

Durchlauferhitzer

Techn. Daten	Arbeitsprinzip und Eigenschaften	Prinzipieller Aufbau
Anschluss an Drehstrom (3 × 400 V/PE) Leistungen: • 12 kW • 18 kW • 21 kW • 24 kW • 27 kW Temperatur bis ca. 85 °C, bei elektronischen Durchlauferhitzern einstellbar zwischen 30 °C und 60 °C	• Beim Zapfen wird durchfließendes Wasser durch Heizwiderstände erwärmt. • Bei hydraulisch gesteuerten Geräten wird die Heizleistung stufig und abhängig von der Durchflussmenge durch den Wasserdruck gesteuert. • Bei elektronisch geregelten Durchlauferhitzern wird die Heizleistung feinstufig und zum Teil kontinuierlich entsprechend der eingestellten Temperatur beeinflusst. • Bei hydraulisch gesteuerten Geräten kann die Wassertemperatur nur grob, bei elektronischen Geräten genau eingestellt werden. • Die Geräte haben geringe Abmessungen, sind wartungsarm und können ständig warmes Wasser liefern. • Die Geräte haben verhältnismäßig hohe Anschlussleistungen, wodurch Absprachen mit dem EVU notwendig sind.	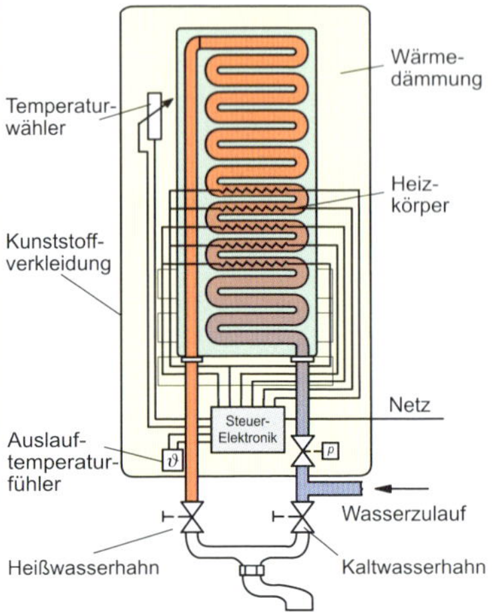

Warmwasserspeicher

Techn. Daten	Arbeitsprinzip und Eigenschaften	Prinzipieller Aufbau
Anschluss an Wechselstrom (230 V/N/PE, 2 × 230 V/N/PE) oder Drehstrom (3 × 400 V/PE) Leistungen: 1 bis 6 kW, häufig 2 kW Temperatur bis ca. 75 °C Inhalt bis 150 l bei Wandgeräten	• Wasser wird in einem isolierten Behälter durch einen oder mehrere Heizstäbe erwärmt. Die einstellbare Wassertemperatur wird über ein Thermostat konstant gehalten. • Bei drucklosen (offenen) Geräten steht das Wasser im Behälter nicht unter Druck. Bei Wasserentnahme drückt durch Öffnen des Wasserzulaufes das Kaltwasser das warme Wasser heraus. Es gibt nur eine Zapfstelle. • Bei druckfesten (geschlossenen) Geräten steht das Wasser unter dem Druck des Wasserleitungsnetzes. Dadurch sind mehrere Zapfstellen möglich. • Die Geräte haben verhältnismäßig geringe Anschlussleistungen und können auch an Wechselspannung betrieben werden. • Warmes Wasser steht ständig zur Verfügung, jedoch für einen bestimmten Zeitraum nur in begrenzter Menge.	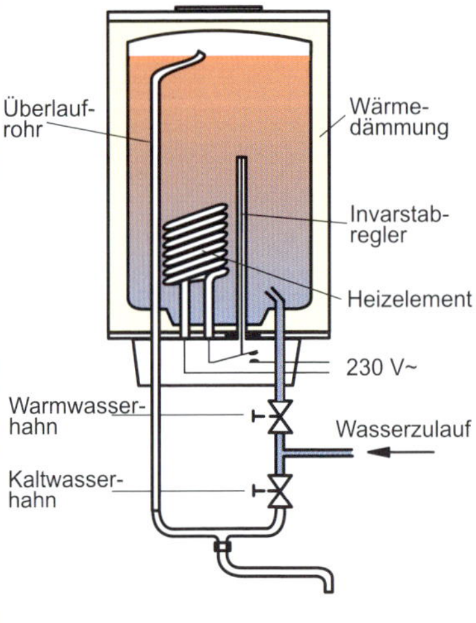

Kochendwassergerät

Techn. Daten	Arbeitsprinzip und Eigenschaften	Prinzipieller Aufbau
Anschluss an Wechselspannung 1/N/PE Leistung: 2 kW Temperatur bis 100 °C Inhalt: 5 l	• Gewünschte Wassermenge wird zunächst über einen Kaltwasserzulauf eingelassen. • Nach Einschalten des Gerätes wird dieses Wasser auf eine eingestellte Temperatur erwärmt und kann anschließend entnommen werden. • Warmes oder auch kochendes Wasser steht nach dem Einschalten und der Aufwärmzeit in begrenzter Menge zur Verfügung.	Prinzipieller Aufbau wie druckloser Speicher, aber kleiner, ohne Wärmedämmung und mit zusätzlichem Ventil zum Zapfen von warmem Wasser.

Personal Computer (PC)

Aufbau

① Gehäuse
② Netzteil
③ Hauptplatine (Mainboard, Motherboard)
④ CPU (Hauptprozessor) mit Kühler
⑤ Hauptspeicher (Arbeitsspeicher, RAM)
⑥ Zusatzkarten, z. B. Grafikkarte
⑦ Festplattenlaufwerk
⑧ Optisches Laufwerk (CD, DVD, Blu-Ray)
⑨ Monitor
⑩ Tastatur
⑪ Maus

PC konfigurieren

Begriffe

Konfiguration: Hard- und softwaremäßige Zusammenstellung bzw. Ausstattung eines Computers
Hardware: Mechanische und elektronische Ausrüstung eines Computers
Hardware-Konfiguration: Sicherstellung, dass die Hardware-Komponenten den gewünschten Anforderungen entsprechen, baulich zusammenpassen und miteinander arbeiten
Software: Gesamtheit aller Programme, der zugehörigen Daten und der Dokumentation
Software-Konfiguration: Anpassen der Software an die Anforderungen des Benutzers. Sicherstellung, dass die ausgewählten Software-Komponenten einwandfrei miteinander arbeiten

Wahl der Komponenten bei der Hardware-Konfiguration

1. Hauptplatine einschließlich CPU
2. Hauptspeicher
3. Zusatzkarten, z. B. Grafikkarte
4. Festplatte
5. Optischer Speicher
6. Gehäuse
7. Netzteil

- Die Hardware-Konfiguration beginnt mit der Wahl der Hauptplatine, da diese zusammen mit der CPU die Leistungsfähigkeit des Computers bestimmt.
- Die weiteren Schritte können variiert werden.
- Bei der Wahl der Hauptplatine ist der Formfaktor zu berücksichtigen.

Formfaktor

- In der Computertechnik ist der Formfaktor eine Angabe über Größe und Befestigungsmöglichkeiten eines Bauteils. Durch diese Standardisierung können unterschiedliche PC-Komponenten einfach zusammengefügt und ausgetauscht werden.
- Formfaktoren beschreiben u. a. Hauptplatinen, Laufwerke und Netzteile.
- Sie geben an, welche Komponenten zusammengefügt und ausgetauscht werden können.
- Es gibt unterschiedliche Formfaktoren, z. B. ATX oder ITX. Diese unterscheiden sich wiederum in Varianten, wie z. B. ATX, Micro-ATX und Flex-ATX.
- Statt Formfaktor wird häufig der Begriff Format verwendet.

Formfaktoren für Hauptplatinen

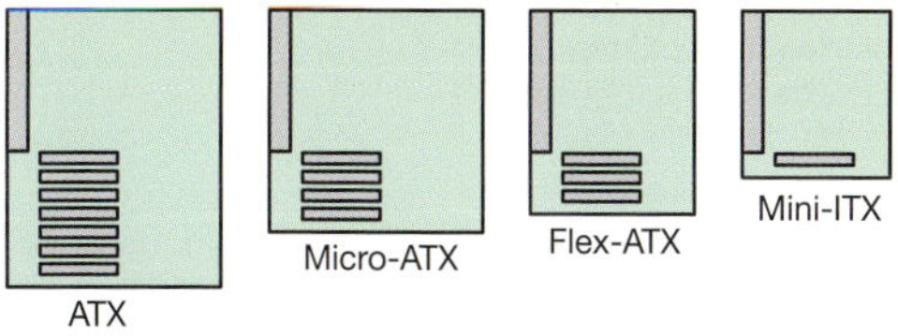

Formfaktor	Maße in mm	PCI-Steckplätze (typisch)
ATX	305 × 244	7
Mikro-ATX	244 × 244	4
Flex-ATX	229 x 191	3
Mini-ITX	170 x 170	1

Hauptplatine

Die **Hauptplatine**, auch **Motherboard** oder **Mainboard** genannt, ist die zentrale Platine eines Computers. Sie enthält alle Komponenten für die Steuerung der angeschlossenen Hardware und der Peripheriegeräte

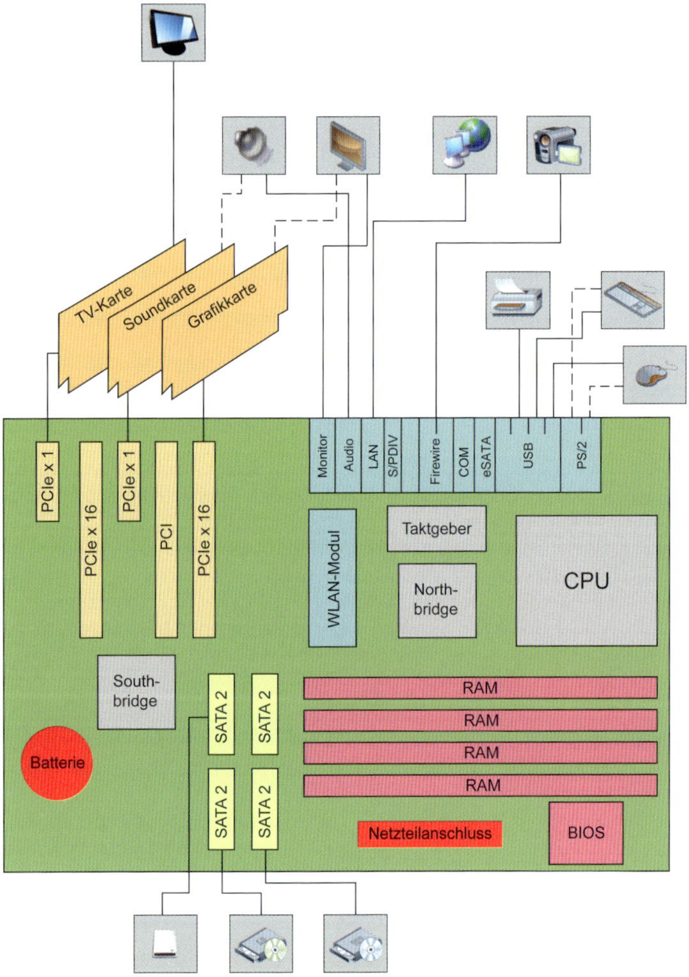

Wichtige Komponenten und Funktionsbereiche der Hauptplatine

Begriff	Erläuterung
CPU	Die CPU besteht aus einem **Prozessor** bzw. **Mikroprozessor**. Sie bildet das Herzstück des Computers. In ihr werden die aus dem Speicher gelesenen Daten in der durch das Programm vorgegebenen Weise verarbeitet.
Chipsatz; Northbridge, Southbridge	**North- und Southbridge** werden auch als Chipsatz bezeichnet. Er verwaltet und koordiniert den Datentransfer zwischen der CPU, dem Speicher und den verschiedenen Steckplätzen und Schnittstellen. Abhängig von der Hauptplatine kann der Chipsatz aus nur einem IC bestehen. IC bedeutet „Integrated Circuit" und steht für integrierte Schaltung.
Steckplätze, Schnittstellen	• **RAM-Steckplätze** dienen der Aufnahme des Hauptspeichers. • **PCI-Steckplätze** für Erweiterungskarten, z. B. Grafikkarte, Soundkarte • **Interne Schnittstellen:** SATA, z. B. für Festplatte, DVD, Blu Ray-Disc • **Externe Schnittstellen:** USB, LAN, usw., z. B. für Tastatur, Maus, Netzwerk
BIOS	Das BIOS ist ein Mini-Betriebssystem, das die Programme und Daten enthält, die der Computer nach dem Einschalten u. a. zum Ansprechen der Tastatur und des Monitors benötigt. Gespeichert ist es meist in einem Flash EEPROM.

CPU

Die **CPU** (**C**entral **P**rozessing **U**nit) ist der zentrale **Prozessor** in einem PC. Daher wird sie auch als **Zentraleinheit** bezeichnet. In ihr werden die aus dem Speicher gelesenen Daten in der durch das Programm vorgegebenen Weise weiterverarbeitet.

Prozessor

Grobstruktur

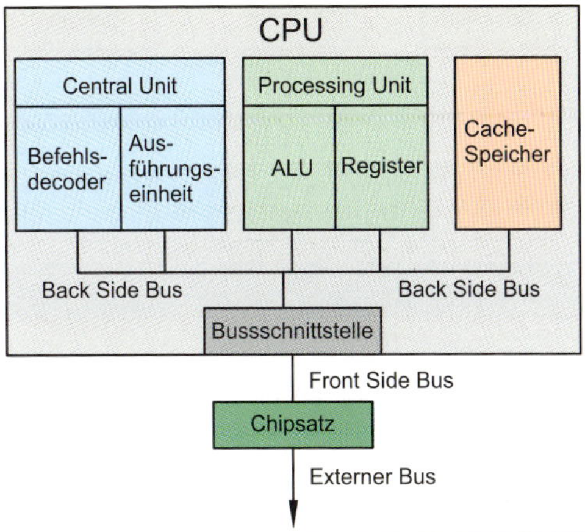

Funktion

Die **Control Unit (CU)**, auch Steuerwerk genannt, steuert den Ablauf der Befehlsverarbeitung.

- Der **Befehlsdecoder** entschlüsselt die gelesenen Befehle des abzuarbeitenden Programms.
- Die **Ausführungseinheit** sorgt für die Ausführung der Programmbefehle.

Die **Prozessing Unit (PU)** bildet das Rechenwerk des Prozessors.

- Die **ALU** (**A**rithmetical and **L**ogical **U**nit: arithmetische und logische Einheit) führt mathematische Berechnungen und logische Verknüpfungen durch.
- **Register** sind Zwischenspeicher, die eine schnelle Ausführung der ALU-Operationen ermöglichen.

Cache ist ein Speicher mit sehr kurzer Zugriffszeit, aber verhältnismäßig kleiner Speicherkapazität. Er dient als Puffer zwischen der CPU und den anderen Speichermedien, besonders dem Hauptspeicher.

Mehrkernprozessor

Quad-Core: Prozessor mit vier Kernen (Beispiel)

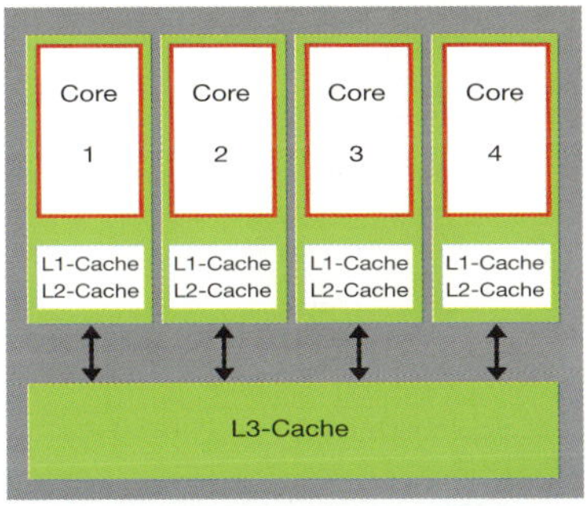

Funktion

Mehrkernprozessor, auch: **Multikernprozessor** oder **Multicoreprozessor**. Prozessor mit mehreren Prozessorkernen in einem IC. Die Kerne können parallel und unabhängig voneinander Prozesse bearbeiten.

Jeder Kern besitzt z.B. einen eigenen L1- und L2-Cache. Den großen L3-Cache teilen sich alle Kerne.

- **L1-Cache:** sehr kleiner, schneller Speicher für sehr häufig vorkommende Daten
- **L2-Cache:** kleiner Speicher für häufiger vorkommende Daten
- **L3-Cache:** großer Speicher für häufig vorkommende Daten

Chipsatz

Grobstruktur

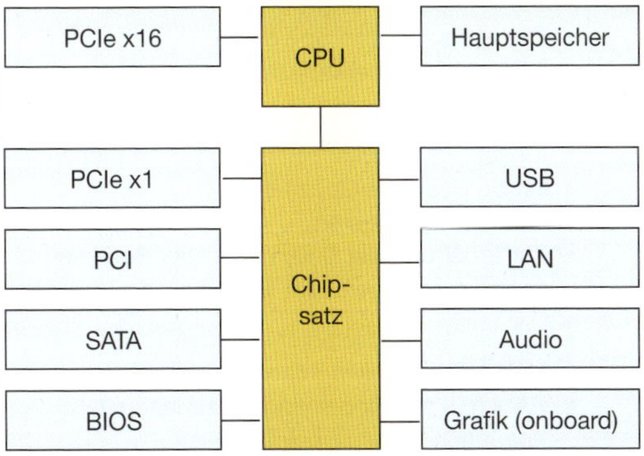

Erläuterung

- Die **CPU** steuert den Datenaustausch zwischen CPU, Hauptspeicher und Grafikkarte (PCIe x 16).
- Der **Chipsatz** unterstützt die CPU bei der Steuerung des Datenaustausches mit dem Hauptspeicher und den Steckplätzen und Schnittstellen.
- Der Chipsatz besteht – abhängig von der Hauptplatine – aus einem IC oder zwei ICs (North- und Southbridge).
- **PCI.** Paralleler Bus zum Anschluss von PCI-Erweiterungskarten, z.B. ältere Soundkarte.
- **PCIe x 1.** Serieller Bus zum Anschluss von PCIe x 1-Erweiterungskarten, z.B. Soundkarte.
- **SATA.** Interne Schnittstellen für Festplatten usw.
- **USB, LAN, Audio, Grafik.** Externe Schnittstellen

Speicher

Halbleiterspeicher auf der Hauptplatine	Festspeicher (nicht flüchtige Speicher) im PC

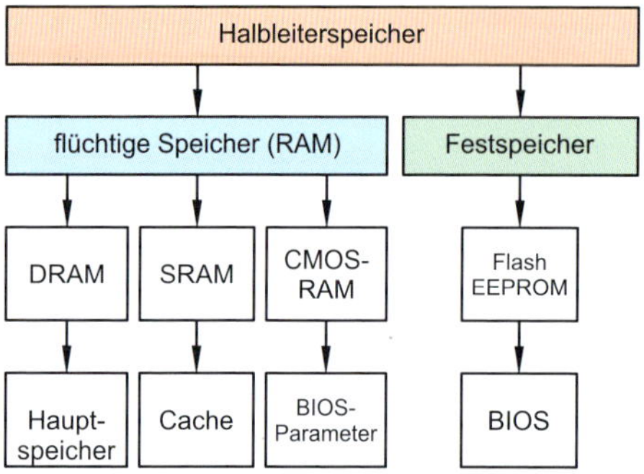

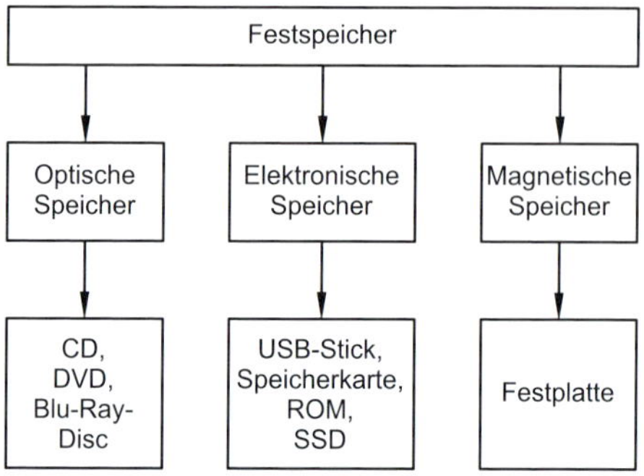

Halbleiterspeicher

Begriffe

Cache. Speicher mit sehr kurzer Zugriffszeit, aber verhältnismäßig kleiner Speicherkapazität. Er dient als Puffer zwischen der CPU und den anderen Speichermedien, besonders dem Hauptspeicher. Der Cache ist ein SRAM (Static RAM), der in der Regel in die CPU integriert ist.
CMOS-RAM. Batteriegepufferter SRAM in CMOS-Technik, in dem die BIOS-Parameter gespeichert sind.
Festspeicher. Datenspeicher, deren gespeicherte Informationen auf Dauer erhalten bleiben.
Flash EEPROM. „Blitzschnell" löschbarer und programmierbarer ROM, in dem das BIOS gespeichert ist.
Flüchtiger Speicher. Bezeichnung für RAM, da beim Abschalten der Versorgungsspannung die gespeicherten Daten verloren gehen.
Hauptspeicher. Speicher in den RAM-Steckplätzen, auch als Arbeitsspeicher oder RAM bezeichnet. Im Hauptspeicher werden die Programme und Daten gespeichert, die die CPU bearbeiten bzw. verarbeiten muss oder die sie schon verarbeitet hat. Der Hauptspeicher ist ein DRAM (Dynamic RAM).
Nicht flüchtige Speicher. Siehe Festspeicher
RAM. **R**andom **A**ccess **M**emory: Speicher mit wahlfreiem Zugriff (schreiben oder lesen). Daten können in den Speicher geschrieben und aus ihm gelesen werden.
Refresh-Zyklus. Die Zeitspanne, innerhalb der die gespeicherten logischen 1-Zustände in einem DRAM erneut geschrieben (aufgefrischt) werden müssen.
ROM. **R**ead **O**nly **M**emory: Nur-Lese-Speicher. Daten können nur aus dem Speicher gelesen werden.
Schreib-Lese-Speicher. Allgemeine Bezeichnung für RAM
Zugriffszeit. Beim Lesezugriff die Zeit zwischen dem Aufschalten der Speicheradresse und der Bereitstellung der Daten.
Zykluszeit. Die Zeit zwischen zwei aufeinanderfolgenden Speicherzugriffen.

RAM-Typen (Auswahl)

Bezeichnung	Bedeutung	Einsatz, Eigenschaften
SRAM	**S**tatic **R**andom **A**ccess **M**emory: statischer Speicher mit wahlfreiem Zugriff	• Einsatz als Cache-Speicher • Geringe Speicherkapazität je IC • Kurze Zugriffszeiten
DRAM	**D**ynamic **R**andom **A**ccess **M**emory: dynamischer Speicher mit wahlfreiem Zugriff	• Einsatz als Arbeitsspeicher bzw. Hauptspeicher • Große Speicherkapazität je IC • Lange Zugriffszeiten • Zur Erhaltung der Daten muss der Speicher periodisch aufgefrischt werden (Refresh-Zyklen).
Dual-Port-RAM	RAM mit zwei voneinander unabhängigen Ports	• Einsatz als Grafikspeicher (Video-RAM) oder in Multiprozessorsystemen • RAM mit zwei voneinander unabhängigen Zugängen zu den Speicherzellen

Halbleiterspeicher (Fortsetzung)

Speichermodule für den Hauptspeicher

Kenndaten (Beispiele)

Speicher-modul	Speicher-chip	Bustakt	Bandbreite	Formfaktor	Kontakte	Datenbus-breite	Spannung
PC2-6400	DDR2-800	400 MHz	6,4 Gbit/s	DIMM 240	240	64 bit	1,8 V
PC3-12800	DDR3-1600	800 MHz	12,8 Gbit/s	DIMM 240	240	64 bit	1,5 V
PC4-1600	DDR4-1600	800 MHz	12,8 Gbit/s	DIMM 288	288	64 bit	1,2 V
PC4-3200	DDR4-3200	1600 MHz	25,6 Gbit/s	DIMM 288	288	64 bit	1,2 V

Erläuterungen

- Hauptspeicher und Hauptplatine müssen kompatibel sein.
- Speichermodule werden mit PC2-..., PC3-... oder PC4-... bezeichnet.
- Speicherchips auf den Modulen werden DDR2-..., DDR3-... oder DDR4-... bezeichnet.
- DDR (Double Data Rate) kennzeichnet eine RAM-Technik; die nachfolgende Ziffer den Entwicklungsstand dieser Technik.
- Bis PC3 (DDR3) gibt die Modulbezeichnung die Bandbreite an, z. B. PC3-12800: Bandbreite 12,8 Gbit/s.
- Ab PC4 entspricht die Modulbezeichnung dem Speicherchip, z. B. PC4-1600 enthält DDR4-1600 Chips.
- DIMM (Dual Inline Memory Module) kennzeichnet den Formfaktor des Moduls; die Zahl dahinter die Anzahl der Anschlüsse

ROM-Typen (Nicht flüchtige Speicher, Festspeicher)

Eprom

Flash-EEPROM

Bezeichnung	Bedeutung	Löschen	Program-mieren
ROM	**R**ead **O**nly **M**emory: Nur-Lese-Speicher	Nicht möglich	Masken beim Hersteller
PROM	**P**rogrammable **R**ead **O**nly **M**emory: Programmierbarer Nur-Lese-Speicher		Elektrisch
EPROM	**E**rasable **PROM**: Löschbarer und programmierbarer Nur-Lese-Speicher	UV-Licht, gesamter Speicher	
EEPROM	**E**lectrically **E**rasable **PROM**: Elektrisch löschbarer und programmierbarer Nur-Lese-Speicher	Elektrisch, byteweise	
FEEPROM	**F**lash **EEPROM**: „Blitzschnell" elektrisch löschbarer und programmierbarer Nur-Lese-Speicher	Elektrisch, blockweise	
Kombination aus flüchtigem und nicht flüchtigem Speicher (RAM und ROM)			
NVRAM	**N**on **V**olatile **RAM**: Kombination aus SRAM und EEPROM. Daten können vom SRAM in das EEPROM kopiert werden oder umgekehrt.	Elektrisch	Elektrisch

Speicherkarten

- **Weitere Bezeichnungen** der Speicherkarte: Flash Card oder Memory Card
- **Speichertechnik:** elektronische Speichermedien auf Basis der Flash-Speicher (Kombination aus ROM und RAM)
- Speicherkarten sind **nicht flüchtige Wechselspeicher**: Daten bleiben nach dem Ausschalten des Gerätes oder dem Herausnehmen der Speicherkarte dauerhaft gespeichert.
- Anwendung: Speicher für Texte, Bilder, Audio und Video in kleinen, mobilen Geräten wie Digitalkameras, digitalen Audioplayern (z.B. MP3-Player), Handys usw.

Speicherkarten (Auswahl)			
Speicherkarte	Compact Flash (CF)	Memory Stick Pro Duo	Multi Media Card (MMC)
Ansicht		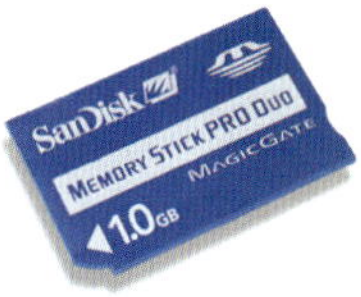	
Maße in mm (L × B × H)	42,8 × 36,4 × 5,0	31,0 × 20,0 × 1,6	32,0 × 24,0 × 2,1
Speicherkapazität	Bis 512 GB	Bis 32 GB	Bis 4 GB
Anwendung (Beispiele)	Digitalkameras, Audioplayer	Vorwiegend Sony-Endgeräte	Digitalkameras, Audioplayer, Mobiltelefone
Speicherkarte	Smart Media (SM)	Secure Digital (SD)	xD-Picture Card (xD)
Ansicht			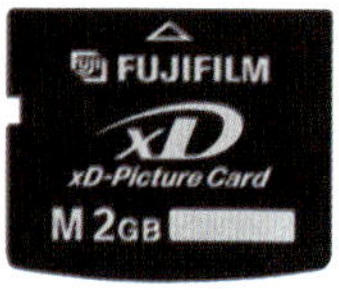
Maße in mm (L × B × H)	45,0 × 37,0 × 0,76	32,0 × 24,0 × 2,1	25,0 × 20,0 × 1,7
Speicherkapazität	Bis 128 GB	Bis 1 TB	Bis 2 GB
Anwendung (Beispiele)	Digitalkameras, Audioplayer	Digitalkameras, Audioplayer, Mobiltelefone	Digitalkameras

USB-Stick

Stick: Englische Bezeichnung für Stock oder Stange

USB-Stick: Elektronischer Speicherbaustein (Flash-Speicher), der als Stecker an einen USB-Port angeschlossen wird

Speicherkapazität: Bis in den TB-Bereich

USB-Sticks gibt je nach Ausführung mit:

- **Schreibschutzschalter**, mit dem das versehentliche Löschen von gespeicherten Daten verhindert wird
- **ZIP-Funktion**, mit der Daten beim Speichern auf dem Stick automatisch komprimiert werden
- **Hardwareverschlüsselung** zum Schutz der gespeicher-ten Daten gegen unbefugten Zugriff

Festplattenlaufwerk (HDD)

Beispiel	Bezeichnung und Funktionsweise
	• **HDD**: **H**ard **D**isk **D**rive (Festplattenlaufwerk) • **HD: H**ard **D**isk (Festplatte) • HDs sind nichtflüchtige magnetische Speicher • Speicherkapazität: bis 10 TB (2016) • Sie bestehen aus mehreren übereinandergestapelten Aluminiumscheiben mit hartmagnetischer Beschichtung. • Beim Schreiben wird die Beschichtung magnetisiert. • Das Auslesen erfolgt durch Abtastung der Magnetisierung. • Schreiben und Lesen erfolgt über je einen Schreib-/Lese-Kopf pro Platte.

Solid-State-Drive (SSD)

- **SSD: S**olid-**S**tate-**D**rive oder **S**olid-**S**tate-**D**isk
- Weitere Bezeichnungen: Halbleiterlaufwerk oder Halbleiterfestplatte
- Speicherkapazität: bis 16 TB (2016)
- SSD ist ein nichtflüchtiger elektronischer Halbleiterspeicher.
- Trotz der Bezeichnung „Drive“ (englisch für Laufwerk) handelt sich nicht um Laufwerke; bewegliche Teile sind nicht enthalten.

Varianten (Beispiele)

Interner Anschluss: SATA III 6 GB	Externer Anschluss: USB 3.0

Solid-State-Hybrid-Drive (SSHD)

- **SSHD**: **S**olid-**S**tate-**H**ybrid-**D**rive
- SSHD ist eine Kombination aus HDD und SSD, z. B. 4 TB HDD, 64 MB SSD
- SSD dient als Cache-Speicher, in dem die häufig benötigt Daten gespeichert werden

Gegenüberstellung

	SSD	SSHD	HDD
Vorteile	• Sehr hohe – Speicherkapazität – Übertragungsraten • Geringe Stromaufnahme • Keine beweglichen Teile • Lautloser Betrieb • Geringes Gewicht	• Geringere Übertragungsraten als SSD • Hohe Speicherkapazität • Günstiger Preis	• Hohe Speicherkapazität • Sehr günstiger Preis
Nachteile	• Teurer als HDD	• Langsamer als SSD • Höhere Stromaufnahme als SSD und HDD • Anfällig gegen Erschütterungen • Betrieb ist nicht lautlos	• Langsamer als SSD und SSHD • Höhere Stromaufnahme als SSD • Anfällig gegen Erschütterungen • Betrieb ist nicht lautlos

Optische Speicher – CD, DVD, Blu-Ray-Disc

Begriffe, Bezeichnungen

- **CD** – **C**ompact **D**isc
- **DVD** – **D**igital **V**ersatile **D**isc
- **BD** – **B**lu-**R**ay-**D**isc
- CD-R, DVD-R oder BD-R sind einmal beschreibbar. **R** steht für **R**ecordable.
- CD-RW, DVD-RW oder BD-RE sind mehrfach wiederbeschreibbar. **RW** fur **R**e**W**ritable,
- **RE** fur **R**ecordable **E**rasable.
- In der Regel kann ein
  - CD-Brenner nur CDs brennen und abspielen.
  - DVD-Brenner CDs und DVDs brennen und ab-spielen.
  - Blu-Ray-Brenner CDs, DVDs und Blu-Ray-Discs brennen und abspielen.

Kenndaten

Kenngröße	CD	DVD	BD
Durchmesser	12 cm	12 cm	12 cm
Dicke	1,2 mm	1,2 mm	1,2 mm
Spurabstand	1,6 µm	0,74 µm	0,32 µm
Laserfarbe	infrarot	rot	blau
Wellenlänge	780 nm	650 nm	405 nm
Speicherkapazität	700 MB	4,7 GB 8,5 GB 9,4 GB 17 GB	25 GB 50 GB
Datenübertragungsrate	1,2 Mbit/s	10,8 Mbit/s	36 Mbit/s

Aufbau und Funktionsweise

Prinzip (am Beispiel der CD)

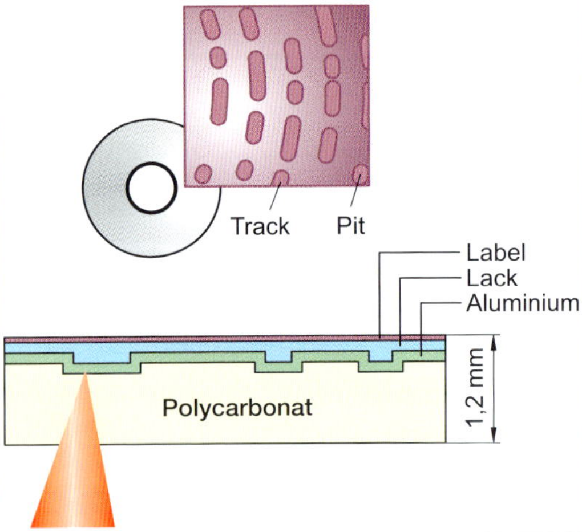

- CD, DVD und Blu-Ray-Disc sind runde Scheiben mit einem Durchmesser von 12 cm und einer Dicke von 1,2 mm.
- Auf ihnen werden Daten mithilfe einer von innen nach außen laufenden Spiralspur aus Pits (Gruben) und Lands (Flächen) gespeichert.
- Pits und Lands sind auf einer Polykarbonatschicht aufgebracht. Darüber befindet sich eine aufgedampfte Aluminiumschicht als Reflexionsschicht für den Laser.
- Geschützt wird die Aluminiumschicht mit einer Lackschicht, die gleichermaßen zur Aufnahme des Labels dient.
- Die Abtastung erfolgt kontaktlos über einen der Spur nachgeführten Laserstrahl von der spiegelnden Unterseite her.

Unterschiede CD, DVD und Blu-Ray-Disc

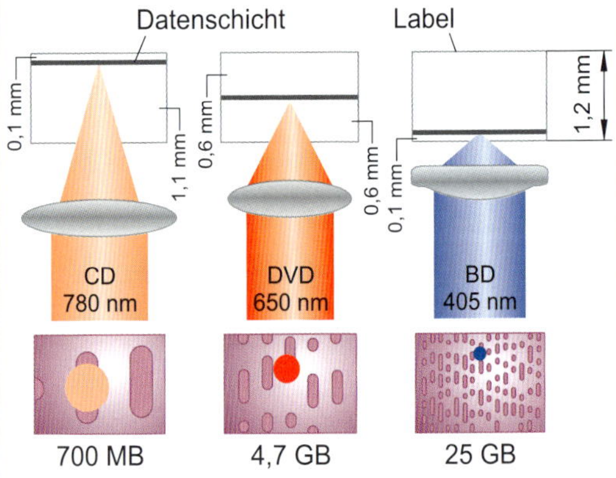

- Die DVD besitzt kleinere Strukturen als die CD: Die Datenspuren liegen enger beieinander, Pits und Lands sind kleiner.
- Die Blu-Ray-Disc (blauer Strahl) weist noch kleinere Strukturen als die DVD auf.
- CD und DVD verwenden rötliche Laser mit Wellenlängen von 780 nm bzw. 650 nm.
- Blu-Ray nutzt blaue Laser mit einer kürzeren Wellenlänge von 405 nm.
- Der Laser muss bei der CD eine 1,1 mm dicke Polycarbonatschicht durchdringen, bis er auf die die Datenschicht trifft. Bei der DVD sind das 0,6 mm und bei der Blu-Ray-Disc nur 0,1 mm.
- Dadurch lässt sich der Laser leichter und vor allem auf kleinere Punkte fokussieren. Lands und Pits können näher zusammengerückt werden. Die Datendichte steigt.

Steckplätze für Erweiterungskarten

PCIe, PCI

- **PCI** steht für **P**eripheral **C**omponent **I**nterconnect.
- Paralleler Bus mit 64 bit bzw. 64 Leitungen zur Verbindung von PCI-Erweiterungskarten mit dem Chipsatz
- PCI-Steckplätze dienen meist nur noch zur Nutzung vorhandener Karten, z. B. älterer Soundkarten.
- **PCIe** steht für **P**eripheral **C**omponent **I**nterconnect **E**xpress. Weitere Bezeichnung: **PCI-E** oder **PCI Express**.
- Serielle Punkt-zu-Punkt-Verbindungen, die als Lanes bezeichnet werden
- **PCIe x 1.** Ein Lane (zwei Sende- und zwei Empfangsleitungen) für Komponenten mit mittlerer Bandbreite, z. B. Soundkarten, TV-Karten und RAID-Controller.
- **PCIe x 16.** 16 Lanes; dient zur Aufnahme von Peripheriekomponenten mit großem Bandbreitenbedarf, z. B. einer Grafikkarte.
- Max**.** Übertragungsrate (PCIe x 16 Version 4.0): 32 Gbit/s.

Interne Schnittstellen für Festplatten, optische Laufwerke, SSDs usw.

SATA, SATA Express

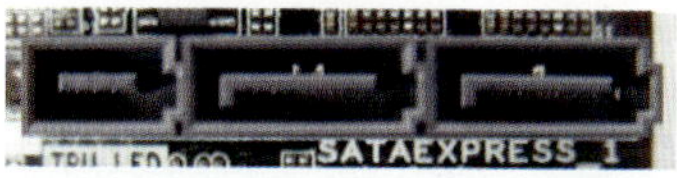

- **ATA** steht für **A**dvanced **T**echnology **A**ttachment (weiterentwickelte Anschlusstechnik). Industriestandard für parallele Festplatten-Schnittstellen
- **SATA** steht für **S**erial **ATA**. Serielle-Schnittstelle für den Datenaustausch mit Festplatten und anderen Speichergeräten (z. B. CD, DVD, Blu Ray-Disc)
- **SATA 6G**, auch **SATA 3** oder **SATA 600**: Übertragungsrate 6 Gbit/s, besitzt einen blauen Anschluss
- Varianten: **SATA 2** (3 Gbit/s), **SATA 1** (1,5 Gbit/s)
- **SATA Express** ist eine Massenspeicher-Schnittstelle für SSDs (Solid-State-Drives).
- SATA Express ist die Weiterentwicklung von SATA unter Verwendung der Technologie von PCI-Express (PCIe).

Parallele und serielle Datenübertragung

Parallele Datenübertragung

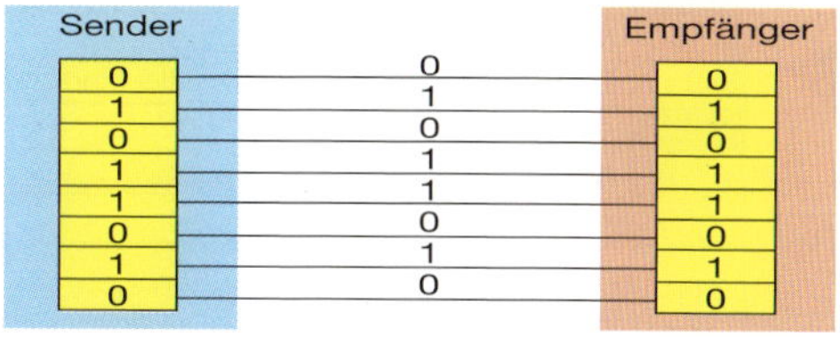

Die Daten werden gleichzeitig nebeneinander über mehre Leitungen übertragen. Die Anzahl der Leitungen, d. h. der Bits, ist nicht festgelegt. Meist wird ein Vielfaches von acht gewählt. Ein Beispiel im PC ist der PCI-Bus mit 64 Bit.

Serielle Datenübertragung

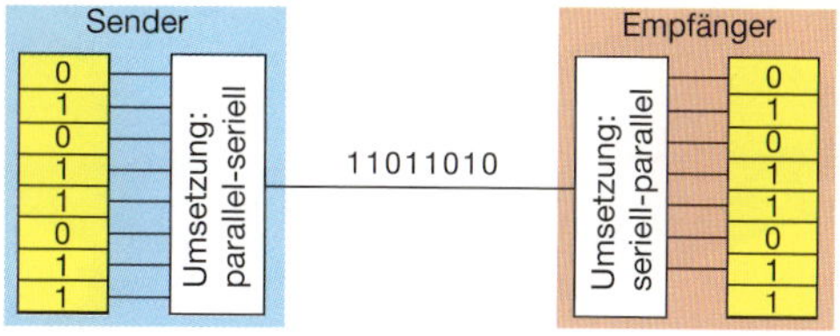

Die Daten werden Bit für Bit über eine Leitung übertagen. Dadurch ist eine störungsfreie und sehr schnelle Datenübertragung möglich. Da Daten parallel verarbeitet werden, müssen sie beim Sender in ein serielles Format umgesetzt werden und beim Empfänger wieder in ein paralleles Format.

Der wesentliche Nachteil der parallelen Datenübertragung ist, dass die einzelnen Laufzeiten entlang der parallelen Leitungen nicht alle exakt gleich sind. Dadurch kann es bei sehr hohen Übertragungsgeschwindigkeiten zu Empfangsfehlern kommen. Aus diesem Grund werden zunehmend serielle Übertragungsverfahren eingesetzt.

Grafikkarte

Beispiel	Funktion
	• Der **Grafikadapter** bzw. die **Grafikkarte** dient zur Darstellung von Text und Grafik auf dem Bildschirm. • In der Regel befindet sich ein **Grafikadapter on board** im Chipsatz auf der Hauptplatine. Für normale Anforderungen, z. B. für einen typischen Büro-PC, ist dieser ausreichend. • Für höhere Anforderungen (z. B. 3-D-Grafik) ist eine Grafikkarte erforderlich. Zur Aufnahme dient ein Grafikkarten-Steckplatz (PCIe x 16) auf der Hauptplatine.

Bildschirmschnittstellen

VGA: Video Graphics Array		DVI: Digital Visual Interface	
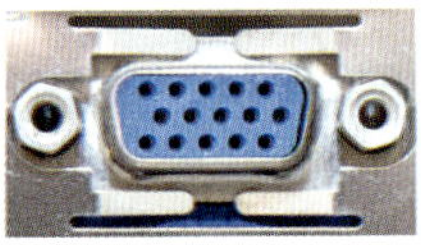	Analoge Monitorschnittstelle für Monitore und Videoprojektoren	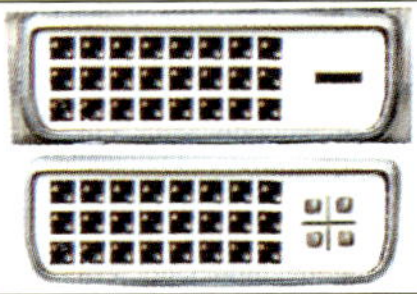	Eine DVI-D-Schnittstelle überträgt nur digitale Daten. Eine DVI-I- Schnittstelle (I für Integrated) überträgt digitale und analoge Videosignale.
HDMI: High Definition Multimedia Interface		**DP: DisplayPort**	
	Schnittstelle für die digitale Übertragung von Audio- und Videosignalen, u. a. um hochauflösende Bildquellen wie Blu-Ray-Spieler an HD-Fernseher anzuschließen.		Digitale Schnittstelle zum Anschluss von Monitoren und Fernsehgeräten an Computer, DVD-Spieler und ähnliche Geräte.

Soundkarte

- Der **Soundadapter** bzw. die **Soundkarte** verarbeitet akustische Signale.
- In der Regel besitzt eine Hauptplatine einen **On-board-Soundadapter**.
- Für höhere Ansprüche stehen Soundkarten (auch **Audiokarten** genannt) zur Verfügung, die z. B. den Betrieb von Mehrkanal-Tonsystemen (Surround-Sound) ermöglichen.

Beispiele

USB-Soundkarte	Soundkarte für PCIe x 1	Farbe und Funktion
		Line-IN: Eingang für Aufnahmen Mic-IN: Mikrofoneingang Line-OUT: Kopfhörer oder Frontlautsprecher Ausgang für Rücklautsprecher Ausgang für Seitenlautsprecher Ausgang für Tieftonlautsprecher Farben und ihre Zuordnung können sich abhängig vom Hersteller unterscheiden.

TV-Karte

Verallgemeinernde Bezeichnung für verschiedene Erweiterungskarten, die dazu dienen, TV-Signale auf dem Bildschirm darzustellen oder auf der Festplatte aufzuzeichnen.

RAID-Karte

RAID steht für **R**edundant **A**rray of **I**ndependent **D**iscs (redundante Anordnung von unabhängigen Festplatten). Mit einem RAID-System lassen sich Daten redundant auf verschiedenen Festplatten speichern, die ein großes logisches Laufwerk bilden.

Externe Schnittstellen

Unter einer **Schnittstelle** versteht man – ganz allgemein – die Verbindungsstelle zwischen zwei Funktionseinheiten, damit diese miteinander arbeiten können. Statt Schnittstelle wird häufig der Begriff **Interface** verwendet. In einer standardisierten Ausführung ermöglichen **externe Schnittstellen** die herstellerunabhängige Verbindung zwischen dem PC und Peripheriegeräten, z. B. Drucker, Maus oder Festplatte.

PC-Schnittstellen

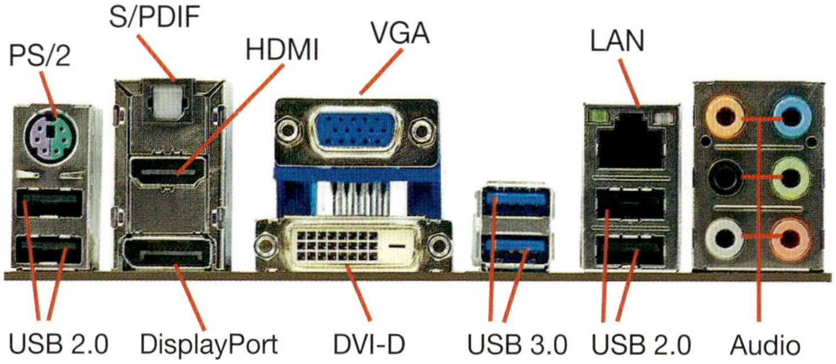

PS/2

Serielle Schnittstelle für den Anschluss von Tastatur und Maus.
Die PS/2-Schnittstelle wird zunehmend durch die USB-Schnittstelle oder drahtlose Verbindungen (z. B. Bluetooth) ersetzt.

LAN

Schnittstelle, über die ein Endgerät (Computer, Drucker usw.) direkt an ein lokales Netzwerk (LAN) angeschlossen werden kann.

VGA, DVI, HDMI, DP (siehe auch Grafikkarte)

- Monitor-Schnittstellen gibt es in analoger und digitaler Ausführung:
- **VGA** (**V**ideo **G**raphics **A**rray): Schnittstelle zur Übertragung analoger Videosignale
- **DVI** (**D**igital **V**isual **I**nterface): Schnittstelle zur Übertragung von Videosignalen
  Im Bild oben **DVI-D** (**DVI-D**igital): Übertragung digitaler Videosignale
- **HDMI** (**H**igh **D**efinition **M**ultimedia **I**nterface): Multimedia Schnittstelle zur Übertragung digitaler Video- und Audiosignale auch mit hohen Bandbreiten
- **DP** (**D**isplay **P**ort): Digitale Schnittstelle zum Anschluss von Monitoren und Fernsehgeräten an Computer, Blu-Ray-Player und ähnliche Geräte

Audio (siehe auch Soundkarte)

Die Audioanschlüsse dienen zur Aufnahme und Wiedergabe von Audiosignalen:

	rosa	**Mic In:** Anschluss eines Mikrofons, z. B. zur Sprachaufnahme
	blau	**Line In:** Anschluss für HiFi-Geräte, z. B. Stereoanlage, Blu-Ray-Player
	grün	**Line Out:** Anschluss eines Kopfhörers oder Frontlautsprechers
	schwarz	Ausgang für Rücklautsprecher
	weiß	Ausgang für Seitenlautsprecher
	orange	Ausgang für Center- und Tiefbass-Lautsprecher

S/PDIF

S/PDIF steht für **S**ony/**P**hilips **D**igital **I**nter**F**ace.
Dabei handelt es sich um eine Schnittstelle für die elektrische oder optische Übertragung digitaler Stereo- oder Mehrkanal-Audiosignale zwischen verschiedenen Geräten im Bereich der Unterhaltungselektronik, z. B zwischen Blu-Ray-Player und Heimkinoreceiver.

USB

- **USB: U**niversal **S**erial **B**us (universeller serieller Bus) zum Anschluss von Pheripherie (Monitor, Tastatur, Maus, Drucker usw.) an den PC
  - Übertragungsgeschwindigkeiten:
  - USB 1.x (Low Speed): 1,5 Mbit/s
  - USB 1.1 (Full Speed): 12 Mbit/s
  - USB 2.0 (High Speed): 480 Mbit/s
  - USB 3.0 (Super Speed): 5 Gbit/s
- **Anschlusskapazität:** max. 127 USB-Geräte
- **Hot Plugging:** USB-Geräte können während des Betriebes hinzugefügt oder entfernt werden.
- **Leitung:**
  - **bis USB 2.0:** 4 Adern: 2 zur Datenübertragung und 2 zur Spannungsversorgung
  - **USB 3.0:** 9 Adern: zusätzlich zu USB 2.0 jeweils ein Adernpaar für Sende- und Empfangsdaten und eine Masseleitung
- **Leitungslänge:**
  - **bis USB 2.0:** max. 5 m
  - **USB 3.0:** max. 3 m
- **Stromversorgung von USB-Geräten:**
  - **bis USB 2.0:** max. 500 mA
  - **USB 3.0:** max. 900 mA
- **USB-Host:** Controller im PC zur Steuerung und Überwachung der USB-Datenübertragung
- **Root-Hub:** Hub im PC (USB-Host), der die Quelle bzw. Wurzel (Root) aller weiteren angeschlossenen Hubs (Verteiler) darstellt.

Beispiel:

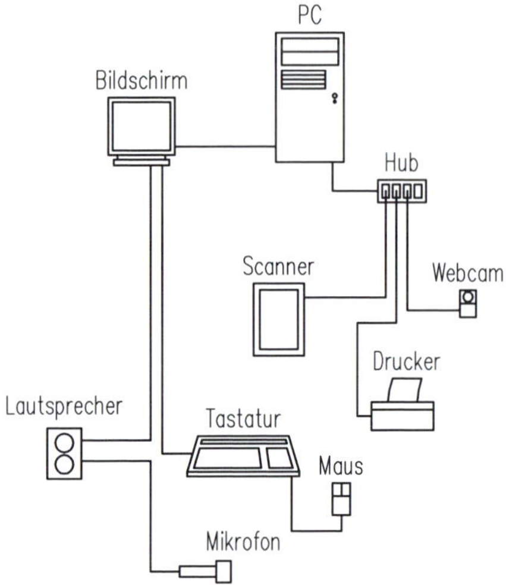

Logo USB 2.0:

Logo USB 3.0

- **USB OTG:** USB **O**n **T**he **G**o bietet entsprechend ausgerüsteten Geräten die Möglichkeit, direkt miteinander zu kommunizieren, indem eines der beiden eine eingeschränkte Host-Funktionalität übernimmt. Dadurch kann auf einen Computer, der die Host-Funktion übernimmt, verzichtet werden.

USB 2.0				
Standard-Stecker		Mini-Stecker	Micro-Stecker	
Typ A	Typ B	Mini B	Micro A	Micro B

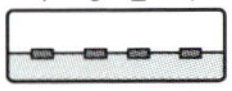		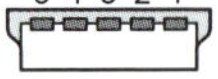		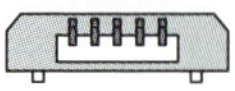

Pinbelegung Standard				Pinbelegung Mini/Micro			
Pin	Farbe	Name	Funktion	Pin	Farbe	Name	Funktion
1	Rot	VCC	+5 V DC	1	Rot	VCC	+5 V DC
2	Weiß	D-	Daten -	2	Weiß	D-	Daten -
3	Grün	D+	Daten +	3	Grün	D+	Daten +
4	Schwarz	GND	Masse	4	Keine	ID	Typ A: Masse, Typ B: nicht verbunden
				5	Schwarz	GND	Masse

USB (Fortsetzung)

USB-Kabel (USB 2.0 Standard):

Steckertyp A (upstream)	Steckertyp B (downstream)
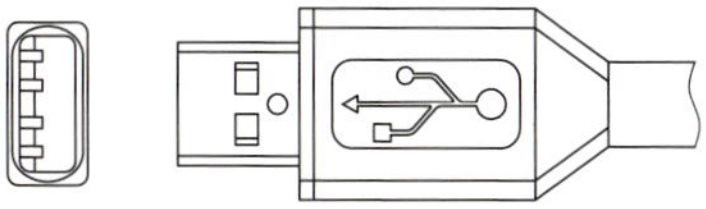	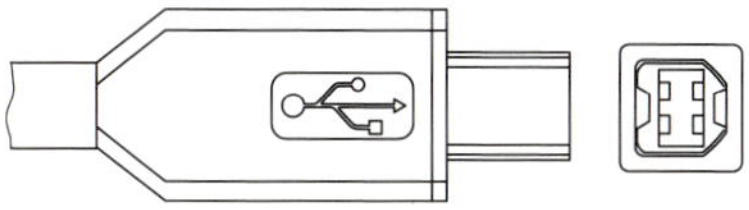
Host, Hub	

USB 3.0

Standard-Stecker		Micro Stecker	
Typ A	Typ B	Typ A – Micro B	Micro B

	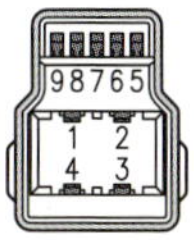	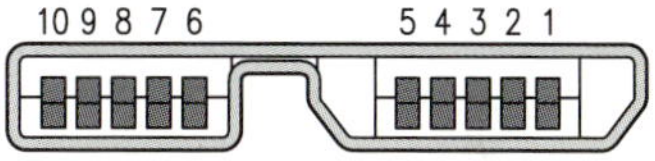	

Pinbelegung Typ A

Pin	Farbe	Name	Funktion
1	Rot	VBUS	+5 V DC
2	Weiß	D-	Daten -
3	Grün	D+	Daten +
4	Schwarz	GND	Masse
5	Blau	StdA_SSRX-	3.0 Empfangsdaten (differenziell)
6	Gelb	StdA_SSRX+	
7	Blank	GND-DRAIN	Masse
8	Violett	StdA_SSTX-	3.0 Sendedaten (differenziell)
9	Orange	StdA_SSTX+	

Pinbelegung

Pin	Farbe	Name	Funktion
1	Rot	VBUS	+5 V
2	Weiß	D-	Daten -
3	Grün	D+	Daten +
4	Keine	ID	OTG ID
5	Schwarz	GND	Masse
6	Violett	MicB_SSTX-	3.0 Sendedaten (differenziell)
7	Orange	MicB_SSTX+	
8	Blank	GND-DRAIN	Masse
9	Blau	MicA_SSRX-	3.0 Empfangsdaten (differenziell)
10	Gelb	MicA_SSRX+	

Empfangsdaten: Datenübertragung Gerät zu Host, Sendedaten: Datenübertragung Host zu Gerät

IEEE 1394 (Fire Wire)

- **IEEE 1394:** serielles Bussystem
- **Weitere Bezeichnung:** Fire Wire (Fa. Apple)
- **Übertragungsgeschwindigkeiten:**
  - Version a: 100 Mbit/s, 200 Mbit/s, 400 Mbit/s
  - Version b: 800 Mbit/s, 1,6 Gbit/s, 3,2 Gbit/s
- **Anschlusskapazität:** max. 63 Teilnehmer
- **Kommunikation:** Teilnehmer können direkt miteinander Daten austauschen.
- **Hot Plugging:** Fire Wire-Geräte können während des Betriebes hinzugefügt oder entfernt werden.
- **Leitung:**
  - **Version a:** 6 Adern
  - **Version b:** 9 Adern
- **Leitungslänge:**
  - **Version a:** max. 4,5 m
  - **Version b:** max. 100 m
- **Anwendung:** Vorwiegend im Bereich der digitalen Konsumelektronik, z. B. zur Kopplung von Digitalkameras, digitalen Recordern, Festplatten

Beispiel:

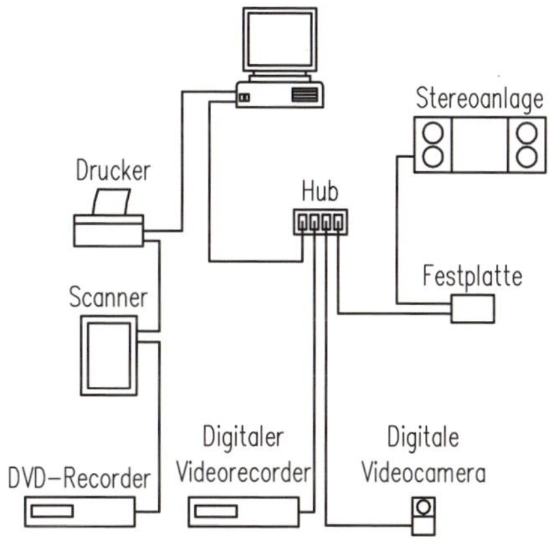

Serielle Schnittstelle V.24

- **Datenübertragung:** Die zu übertragenden Bits (z. B. eines alphanumerischen Zeichens) werden Bit für Bit nacheinander über eine Leitung übertragen.
- **Weitere Bezeichnungen:** RS-232C (amerikanische Norm) oder COM (für Communication)
- **Max. Datenübertragungsrate:** 115,2 Kbit/s
- **Kabellängen** bis 30 m möglich
- **Steckverbindungen:** 9-poliger (selten 25-poliger) Subminiatur-D-Stecker am PC
- **DEE:** Datenendeinrichtung
- **DÜE:** Datenübertragungseinrichtung
- **Vorteil:** geringe Kosten, da nur wenige Adern erforderlich; relativ lange Übertragungswege möglich
- **Nachteil:** niedrige Übertragungsrate; Protokollkenndaten (z. B. Übertragungsrate, -länge) müssen ggf. vorher vereinbart werden.

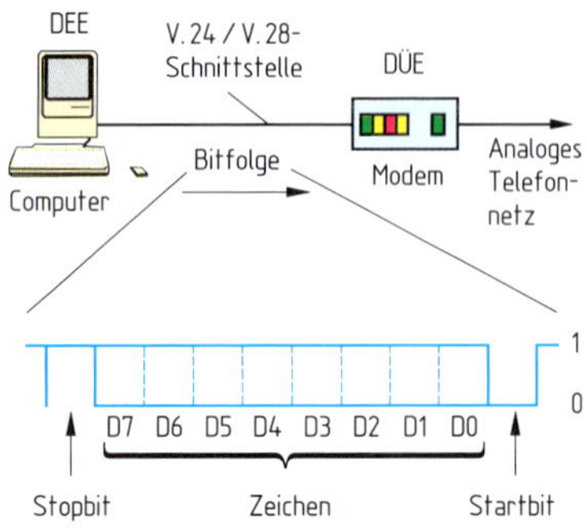

Pegel

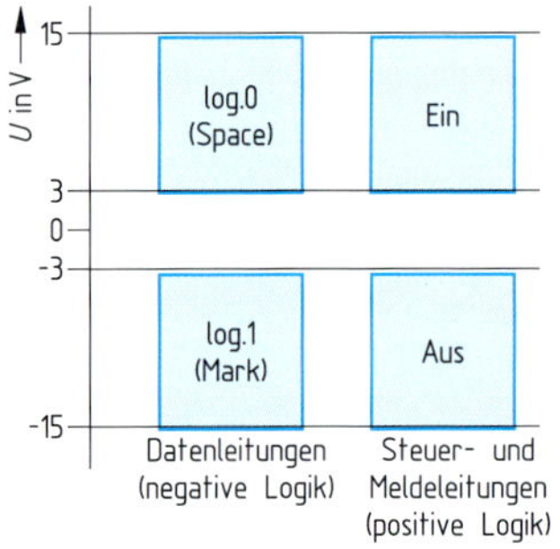

Steckverbindungen: Adapter 25-polig auf 9-polig

25-polig	Verbindungen	9-polig

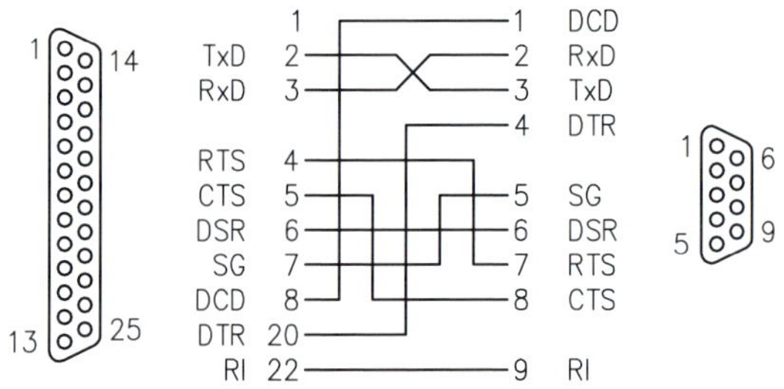

Leitungsbezeichnungen

Stift 9-pol.	Stift 25-pol.	Bezeichnung	Bedeutung	Richtung DEE-DÜE
1	8	DCD	Data Carrier Detect: Empfangsleitungssignal erkannt	←
2	3	RxD	Received Data: Empfangsdaten	←
3	2	TxD	Transmitted Data: Sendedaten	→
4	20	DTR	Data Terminal Ready: DEE-Betriebsbereitschaft	→
5	7	SG	Signal Ground: Signalerde, Betriebserde	–
6	6	DSR	Data Set Ready: DÜE-Betriebsbereitschaft	←
7	4	RTS	Request To Send: Sendeteil einschalten	→
8	5	CTS	Clear To Send: Sendebereitschaft	←
9	22	RI	Ring Indicator: ankommender Ruf für Modem	←

Drei-Draht-Verbindung

Verbindungsleitungen für die Übertragung zwischen zwei Endgeräten (DEE–DEE)

DEE		Verbindungen	DEE	
2	TxD	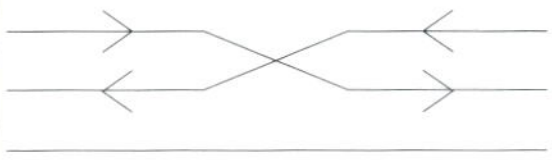	TxD	2
3	RxD		RxD	3
5	SG		SG	5

Leitungen für die Übertragung zwischen Endgerät und Übertragungseinrichtung (DEE–DÜE)

DEE		Verbindungen	DÜE	
2	TxD	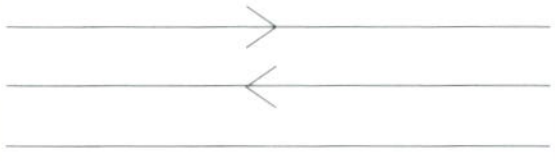	TxD	2
3	RxD		RxD	3
5	SG		SG	5

eSATA

eSATA: **e**xternal **S**erial **A**dvanced **T**echnology **A**ttachment (externe serielle ATA-Schnittstelle)
Funktion: Schnittstelle zum Anschluss externer Festplatten-Laufwerke
Übertragungsgeschwindigkeiten: 1,5 Gbit/s; 3,0 Gbits; 6 Gbit/s (wie SATA)
Hot Plugging: Laufwerke können während des Betriebs ausgetauscht werden.
Leitungslänge: max. 2 m
Port Selector: Umschaltmöglichkeit zwischen zwei redundanten Übertragungsstrecken, sodass zwei Rechner auf dasselbe Laufwerk zugreifen können.
Unterschiede zwischen eSATA und SATA:

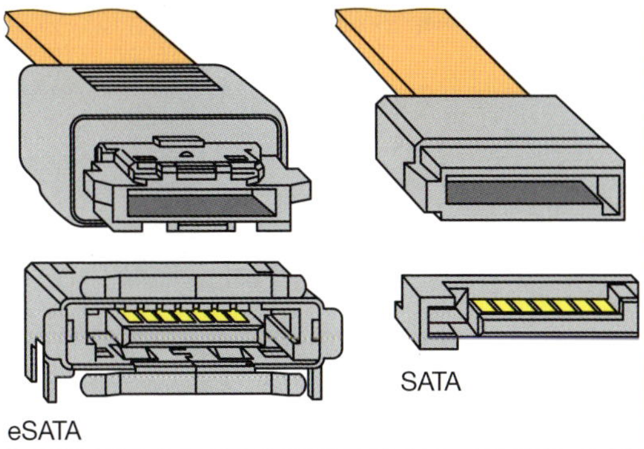

- eSATA- und SATA-Stecker sind nicht untereinander austauschbar.
- Stecker und Buchsen von eSATA sind robuster ausgeführt und mit einem Haltemechanismus versehen.
- Anschlüsse und Leitungen von eSATA sind abgeschirmt.
- eSATA besitzt eine höhere Übertragungsspannung auf der Senderseite, um größere Kabellängen zu unterstützen und eine geringere Übertragungsspannung auf Empfängerseite, um die Abschwächung durch größere Kabellänge aufzufangen.

Bluetooth

- **Bluetooth:** Kurzstrecken-Funkstandard für den Aufbau und Betrieb drahtloser Netzwerke zur Übertragung von Daten und Sprache zwischen Computern, Computern und Peripheriegeräten (z. B. Maus, Drucker), Mobiltelefonen usw.
- **Namenswahl:** Erinnerung an den im 10. Jahrhundert lebenden Wikingerkönig Blatand (Blauzahn, Bluetooth), der große Teile Skandinaviens in seinem Königreich vereinigte.
- **Verbindungsart:** Lokales Netz, in dem mehrere Komponenten gleichzeitig miteinander kommunizieren können. Zwischen den Geräten muss keine Sichtverbindung bestehen.
- **Übertragungsgeschwindigkeit:** max. 24 Mbit/s
- **Übertragungsdistanz:** bis 10 m; bei entsprechender Verstärkung bis 100 m
- **Funkfrequenz:** 2,4 GHz ISM-Band (**ISM**: **I**ndustrial **S**cientific **M**edical Band).

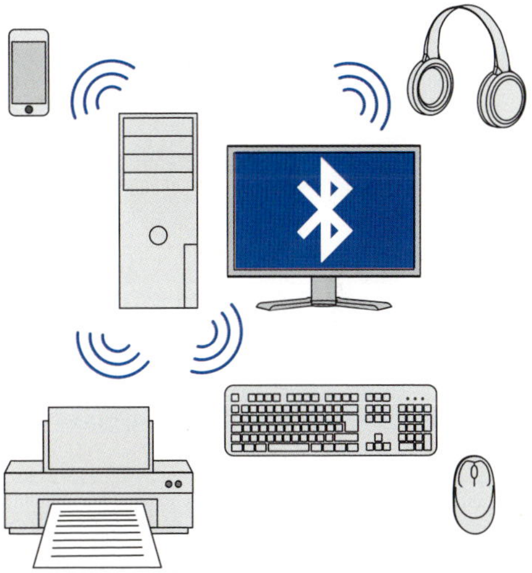

Infrarot-Schnittstelle, IrDA

- **Infrarot-Schnittstelle, IR-Schnittstelle:** Schnittstelle zur drahtlosen Datenkommunikation mit anderen Computern, Peripheriegeräten (z. B. Maus, Drucker), Mobiltelefonen usw.
- **IrDA:** **I**nfra**r**ed **D**ata **A**ssociation (Vereinigung zur Infrarot-Datenübertragung). Standard für die serielle Datenübertragung mittels Infrarot-Lichtwellen
- **Verbindungsart:** Punkt-zu-Punkt-Verbindung, mit der zwei Geräte miteinander kommunizieren können. Zwischen den Geräten muss Sichtverbindung bestehen.
- **Übertragungsgeschwindigkeit:** Abhängig von der Spezifikation bis 1 Gbit/s
- **Übertragungsdistanz:** bis 1 m (Standard)

PC-Gehäuse

Gehäusebauformen (Beispiele)

Big Tower Größter Tower, wird meistens für Server verwendet, da zusätzliche Hardware und weitere Festplatten eingebaut werden können		**Desktop** Schmaler als ein Mini Tower; wird oft liegend auf den Schreibtisch gestellt	
Mini Tower Wesentlich kleiner als ein Big Tower und kleiner (niedriger) als ein Midi Tower (s. u.); typisch für Büro- oder Heim-PC		**Mini-PC** Noch kleiner als Desktop, für einfache Office-Anwendungen oder als Media-PC im Wohnzimmer	

Checkliste zur Wahl des Gehäuses

1. Formfaktor der gewählten Hauptplatine feststellen
2. Platzbedarf für Steckkarten berücksichtigen
3. Anzahl der Laufwerke (Festplattenlaufwerk, optische Laufwerke) berücksichtigen
4. Platzbedarf für weitere Komponenten (z. B. Kartenleser) berücksichtigen

Beispiel: Midi Tower-Gehäuse mit Netzteil

1. 5,25"-Einschübe für optische Laufwerke, wie Blu-Ray-Disc
2. 3,5"-Einschübe, z. B. für Kartenleser
3. 3,5"-Einschübe für Festplattenlaufwerke
4. Aussparungen zum Herausführen der Anschlüsse von Steckkarten, z. B. Grafikkarte
5. Lüftungsgitter zum Einbau eines zusätzlichen Lüfters (sofern der Lüfter des Netzteils nicht ausreicht)
6. Netzteil (bereits eingebaut)

PC-Netzteil

Spannungsversorgung im PC

Wahl des Netzteils

- Das Netzteil liefert alle erforderlichen Betriebsspannungen für die PC-Komponenten.
- ATX-Netzteile (Netzteil-Formfaktor: ATX) liefern in der Regel die Gleichspannungen +3,3 V, +5 V, –5 V, +12 V und –12 V.
- Gehäuse und Netzteil müssen aufeinander abgestimmt sein. So lässt sich z. B. in ein ATX-Gehäuse ohne Probleme ein ATX-Netzteil einbauen.
- Das Netzteil muss die von den Komponenten geforderte Leistung liefern. Das ist besonders zu beachten, wenn z. B. eine leistungsstarke Grafikkarte eingebaut werden soll.
- Alle Leitungen zu den einzelnen Komponenten müssen vorhanden und lang genug sein.
- Alle erforderlichen Steckverbindungen müssen vorhanden sein.

Zusammenbau eines Personal Computers

Vorbereitungen

- Alle Bauteile verbleiben bis unmittelbar vor dem Einbau in den antistatischen Beuteln, in denen sie geliefert wurden.
- Vor dem Zusammenbau alle ausgewählten Komponenten auf einer für den Einbau geeigneten Arbeitsfläche bereitlegen.
- Die gewählten Komponenten auf Vollständigkeit und intakten Zustand überprüfen.
- Hersteller- und Produktnamen und Versions- und Seriennummern dokumentieren.
- Werkzeuge und Hilfsmittel bereitlegen.

Montage

Beim Einbau der Komponenten in das PC-Gehäuse müssen die Herstellerangaben beachtet werden.

Möglich Schrittfolge:

1. Gehäuse öffnen und Netzteil montieren
2. Hauptplatine bestücken und einbauen
   - CPU in Sockel einsetzen und Kühler montieren
   - Hauptspeicher einsetzen
   - Hauptplatine in das Gehäuse einbauen
3. Bei Bedarf: Erweiterungskarten einsetzen, z. B. Grafikkarte, Soundkarte usw.
4. Laufwerke einbauen
   - Festplattenlaufwerk montieren
   - Laufwerk für CDs, DVDs und Blu-Ray-Discs einbauen
5. Kabel zur Spannungsversorgung und Datenkabel anschließen
6. Kontrollieren, ob alle Komponenten vollständig und richtig eingebaut sind
7. Hardwaretest
8. Gehäuse schließen

Werkzeuge und Hilfsmittel

Kreuz- und Schlitzschraubendreher in unterschiedlichen Größen mit möglichst langen Klingen zum Befestigen der einzubauenden Komponenten
Steckschlüssel in unterschiedlichen Größen zum Befestigen von Schraubverbindungen mit Muttern
Flachzange, u. a. zum Befestigen der Abstandhalter für die Hauptplatine
Seitenschneider zum Durchtrennen von Kabelbindern und – gegebenenfalls – Leitungen
Pinzette, um u. a. in das Gehäuse gefallene Schrauben aufzuheben
Antistatikband, auch **Erdungsband** genannt, um Komponenten bzw. Bauteile vor elektrostatischen Entladungen zu schützen.

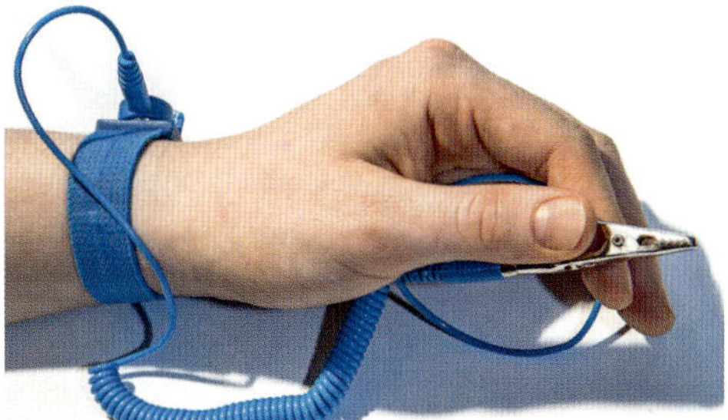

Hilfsmittel:
u. a.: – Taschenlampe
– Kabelbinder
– Isolierband
– Wärmeleitpaste
– Behälter für Kleinteile

Einbau des Netzteils

- PC-Gehäuse sind meist so gestaltet, dass die Montage des Netzteils an der Rückseite oben oder unten erfolgt.
- Das Netzteil wird so in das Gehäuse eingesetzt, dass die Buchse für den Netzstecker von außen zugänglich ist.
- Stimmen die Bohrungen am Netzteil mit denen am Gehäuse überein, wird es mit den dazu vorgesehenen Schrauben befestigt.

Beim Einbau von Netzteilen ist darauf zu achten:
Netzteile mit wählbarer Netzspannung müssen auf 230 V gestellt werden.

Zusammenbau eines Personal Computers (Fortsetzung)

Bei der Montage sind Maßnahmen gegen elektrostatische Entladungen zu treffen. Das bedeutet u. a.:

- Elektronische Bauteile bzw. Komponenten nur mit angelegtem Antistatikband berühren und einbauen
- Bauteile bis zur Verarbeitung in der Verpackung belassen
- Vor der Entnahme eines Bauteils zuerst die Verpackung entladen

Hauptplatine bestücken und einbauen

CPU und Kühler montieren

Die Hauptplatine wird aus der antistatischen Verpackungsfolie genommen und auf diese gelegt.
Anschließend erfolgen die Montage der CPU und ihres Kühlers:

1. Verriegelung des CPU-Sockels öffnen
2. Halterung aufklappen
3. Schutzabdeckung im CPU-Sockel entfernen
4. CPU auspacken
5. CPU in den Sockel einsetzen (Kerben beachten)
6. Halterung nach unten klappen
7. Halterung verriegeln
8. Wärmeleitpaste aufbringen
9. Kühler aufsetzen und befestigen
10. Kühler an die Spannungsversorgung anschließen

Speichermodule einsetzen

- Jedes Speichermodul senkrecht von oben an dem Steckplatz so anlegen, dass die Kerbe am Modul zu der zugehörigen Nase im Speichersteckplatz passt.
- Speichermodul mit sanftem Druck in die Fassung drücken, bis die seitlichen Plastikhalter einrasten.

Hauptplatine einbauen

- Das Gehäuse zur Erleichterung des Einbaus z. B. in eine liegende Position bringen.
- Abstandshalter zwischen Hauptplatine und Gehäuse anbringen, damit die Hauptplatine keinen direkten Kontakt zum Gehäuse hat.
- Befestigungsschrauben diagonal festschrauben, damit die Hauptplatine ohne Spannungen sitzt.

Erweiterungskarten einbauen

- Erweiterungskarten – sofern vorgesehen – in die zugehörigen PCI- bzw. PCIe-Steckplätze einsetzen.
- Jede Karte danach mit einer Schraube am Gehäuse fixieren.

Laufwerke einbauen

- Ein Gehäuse verfügt i. d. R. über mehrere Schächte für Festplatten-Laufwerke und optische Laufwerke.
- Festplatten i. d. R. von der Innenseite in den zugehörigen Schacht schieben und befestigen.
- Zur Befestigung gibt es abhängig vom Gehäuse unterschiedliche Verfahren.
- Optische Laufwerke in die Schächte einbauen, die von außen zugänglich sind, damit CDs, DVDs oder Blu-Ray-Discs eingelegt werden können.

Kabel für Spannungsversorgung und Datenkabel anschließen

- Laufwerke mit der Hauptplatine (SATA-Datenleitungen) und dem Netzteil (zur Spannungsversorgung) verbinden.
- Spannungsversorgung von Hauptplatine, CPU usw. durch Verbindungen mit dem Netzteil herstellen.
- Leistungsstarke Grafikkarten (mit separater Spannungsversorgung) an das Netzteil anschließen.
- Soweit vorhanden: Buchsen auf der Gehäusevorderseite (z. B. USB) mit der Hauptplatine verbinden.

Kontrolle der eingebauten Komponenten

Nach der Montage der Hardware ist zu prüfen, ob …

- alle Kleinteile, z. B. Schrauben, Muttern usw., aus dem Gehäuse entfernt sind.
- die Erweiterungskarten richtig eingesteckt und fest verschraubt sind.
- die Verbindungen für die Spannungsversorgungen vollständig und korrekt gesteckt sind.
- die Datenkabel zwischen Hauptplatine und den Komponenten vollständig und korrekt gesteckt sind.
- der CPU-Kühler richtig befestigt und an die Spannungsversorgung angeschlossen ist.
- die Speichermodule eingerastet sind.

Test der Hardware

- Monitor, Tastatur, Maus und Netzkabel anschließen und PC einschalten.
  Achtung: Dreht sich der CPU-Lüfter nach dem Einschalten nicht, muss die Spannung sofort abgeschaltet werden. Anderenfalls kann die CPU schon nach wenigen Sekunden einen Defekt aufweisen.
- Das BIOS führt – automatisch – einen Start des PC durch. Liegt kein Fehler vor, wird dieser Vorgang nach einiger Zeit mit der Meldung, dass kein Betriebssystem gefunden wurde, abgebrochen.
- In diesem Fall wird das Gehäuse geschlossen.
- In einem nächsten Schritt wird die PC-Software installiert.

Software

Software für den PC

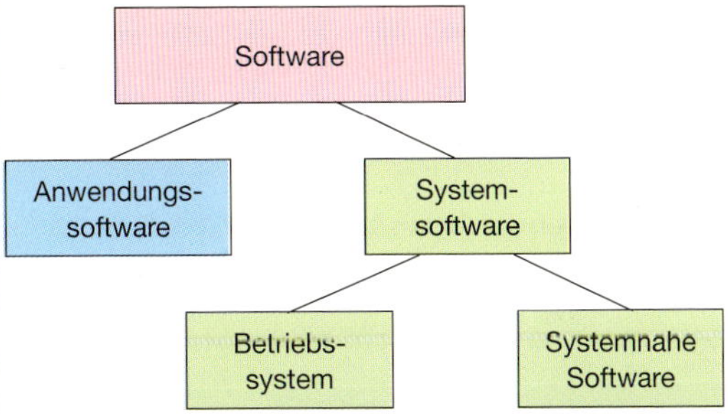

- Unter **Software** versteht man die Gesamtheit aller Programme mit den zugehörigen Daten einschließlich der Dokumentation.
- **Anwendungssoftware** ist vom Bedarf des Benutzers abhängig; sie kann sehr unterschiedlich sein.
- **Systemsoftware** ist zum Betrieb eines Computers zwingend erforderlich.
- Zur Systemsoftware gehören:
  - **systemnahe Software**, u. a. BIOS und Treiber (z. B. für Drucker)
  - das **Betriebssystem**

Systemsoftware

BIOS

Das **BIOS** (**B**asic **I**nput **O**utput **S**ystem) besteht aus einer Sammlung von Programmen, die unmittelbar nach dem Einschalten ausgeführt werden.
Es nimmt u. a. die Hardware-Komponenten in Betrieb, um den PC funktionsfähig zu machen, und leitet anschließend den Start des Betriebssystems ein, das auf der Festplatte gespeichert ist. Von dort wird es in den Hauptspeicher geladen.
Das Laden des Betriebssystems bezeichnet man als **Booten**, **Hochfahren** oder **Starten**.
Das BIOS ist somit das Bindeglied zwischen der Hardware und dem Betriebssystem.

Betriebssystem

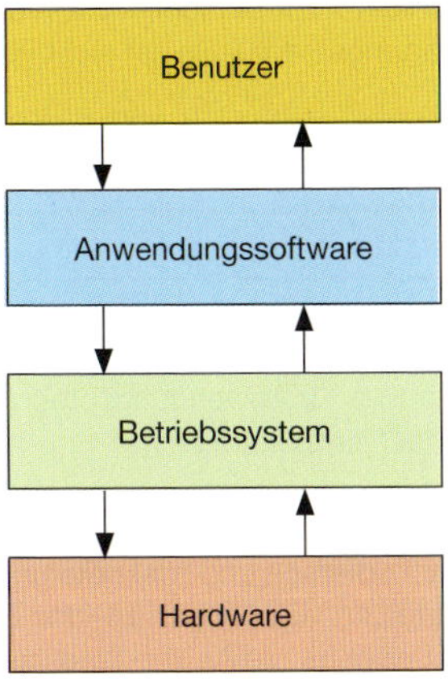

Das Betriebssystem verbindet die Hardware-Komponenten mit der Anwendungssoftware des Benutzers.

Betriebssysteme (Beispiele)

Windows (Firma Microsoft). Das in PCs am häufigsten eingesetzte Betriebssystem
Mac OS (Firma Apple). Wird bevorzugt im Printmedien- und Multimediabereich eingesetzt
Linux bzw. **GNU/Linux**. Mehrbenutzer-Betriebssystem, das u. a. in Mobiltelefonen und Großrechnern eingesetzt wird.

Betriebssystem installieren

1. Datenträger mit Betriebssystem in das Laufwerk legen
2. Lizenznummer eingeben und Lizenzbestimmungen akzeptieren
3. Festplatten-Partition „C“ als Speicherort wählen
4. Betriebssystem auf der Festplatte speichern
5. PC neu starten

Anwendungssoftware

Standardsoftware: Allgemein	Standardsoftware: Branchensoftware	Individualsoftware
• übernimmt grundlegende Aufgaben am PC • in vielen Bereichen einsetzbar • hohe Stückzahlen • kostengünstig • ständig verbessert/aktualisiert	• für branchenspezifische Bedürfnisse • nur in den speziellen Branchen einsetzbar • geringe Verkaufszahlen • wesentlich teurer	• für konkrete Anforderungen einzelner Nutzer • sehr geringe Stückzahl • teuerste Anwendersoftware • wird nur auf speziellen Wunsch weiterentwickelt
Beispiele		
• Textverarbeitung, z. B. Word • Tabellenkalkulation, z. B. Excel • Datenbank, z. B. Access • Organisation, z. B. Outlook • Grafik, z. B. CAD • Office Paket: Zusammenstellung verschiedene Programme zur Bürokommunikation	• Gesundheitswesen, z. B. für Apotheken, Arztpraxen, Krankenhäuser • Transport, z. B. für Speditionen, Taxibetriebe, Containerdienste, Personenverkehr • Handwerk, z. B. für Bäcker, Gärtner, Maler, Dachdecker	• Spezielle Programme sowohl für große Betriebe und Behörden wie auch für kleinere Geschäfte, z. B. zur: • Produktionssteuerung • Gepäcksortiersteuerung • Reklamationsbearbeitung • Internetpräsentation

ISO/OSI-Schichtenmodell

Das OSI-Schichtenmodell beschreibt den logischen Aufbau einer herstellerunabhängigen Netzwerkverbindung zwischen zwei Computern.
Das OSI-Schichtenmodell, auch **OSI-Referenzmodell** genannt, wurde von der internationalen Standardisierungsorganisation ISO entwickelt und 1984 in der Norm ISO 7498 festgeschrieben. **OSI** steht für **O**pen **S**ystem **I**nterconnection: offenes System für Kommunikationsverbindungen. **ISO** ist die Kurzbezeichnung für **I**nternational **O**rganization for **S**tandardization: Internationale Organisation für Normung.

Das OSI-Schichtenmodell besteht aus sieben aufeinander aufbauenden Schichten (Layers). Für jede Schicht sind Aufgaben und Funktionen beschrieben, die von Kommunikationsprotokollen realisiert werden müssen. Die Kommunikation erfolgt immer nur zwischen zwei Schichten derselben Ebene, z. B. der Anwendungsschicht (Application Layer) von Computer A und Computer B. Dabei bedient sich jede Schicht der Dienste der jeweils darunterliegenden Schichten.
Die Schichten 1–4 dienen der Datenübertragung zwischen den Computern im Netz.
Die Schichten 5–7 koordinieren das Zusammenwirken mit dem Betriebssystem und den Anwenderprogrammen des jeweiligen Computers.

Der Datenstrom verläuft beim Sender von Schicht 7 zur Schicht 1, beim Empfänger entgegengesetzt. Die konkrete Umsetzung – einschließlich des Übertragungsmediums – ist nicht vorgegeben und kann daher jeweils unterschiedlich sein.

Schicht, Layer		Aufgaben und Funktionen
7	Anwendungsschicht Application Layer	Funktionsaufruf durch den Anwender • Dateneingabe und Datenausgabe • Schnittstelle für Anwendungsprogramme • Zugriff auf Netzwerkdienste
6	Darstellungsschicht Presentation Layer	Umwandlung der Daten in Standardformate • Zeichenkodierung und -dekodierung • Umwandlung von Bildschirm- und Druckformaten von der Anwendungsschicht oder für die Anwendungsschicht
5	Kommunikationssteuerschicht Session Layer	Zuordnung des Datenpakets zu einer Anwendung • Organisation der Verbindung zwischen den Endsystemen • Zugangskontrolle • Wiederaufbau nach einer Unterbrechung
4	Transportschicht Transport Layer	Verbindung zwischen den Endsystemen • Verbindungen werden auf- und abgebaut und synchronisiert. • Datenpakete werden auf mehrere Verbindungen verteilt (Multiplexing).
3	Vermittlungsschicht (Netzwerkschicht) Network Layer	Zustellung der Datenpakete • Steuerung der Wegewahl (Routing) • Kopplung von Netzwerken • Erstmalige logische Adressierung der Endgeräte
2	Sicherungsschicht (Datensicherungsschicht) Data Link Layer	Physikalische Adressierung, Fehlererkennungsverfahren • Organisation und Überwachung des Zugriffs auf das Übertragungsmedium • Der Bitstrom wird segmentiert und in Paketen zusammengefasst.
1	Bitübertragungsschicht (physikalische Schicht) Physical Layer	Maßnahmen und Verfahren zur Übertragung von Bits • Umwandlung der Bitsequenzen in übertragbare Formate • Definition der mechanischen, elektrischen und funktionalen Eigenschaften, z. B. von Steckverbindungen und Signalpegeln

ISO/OSI-Schichtenmodell (Fortsetzung)

Beispiel: Ein PC in Netzwerk A sendet Daten an einen Server in Netzwerk B.

Grafische Darstellung des OSI-Schichtenmodells:

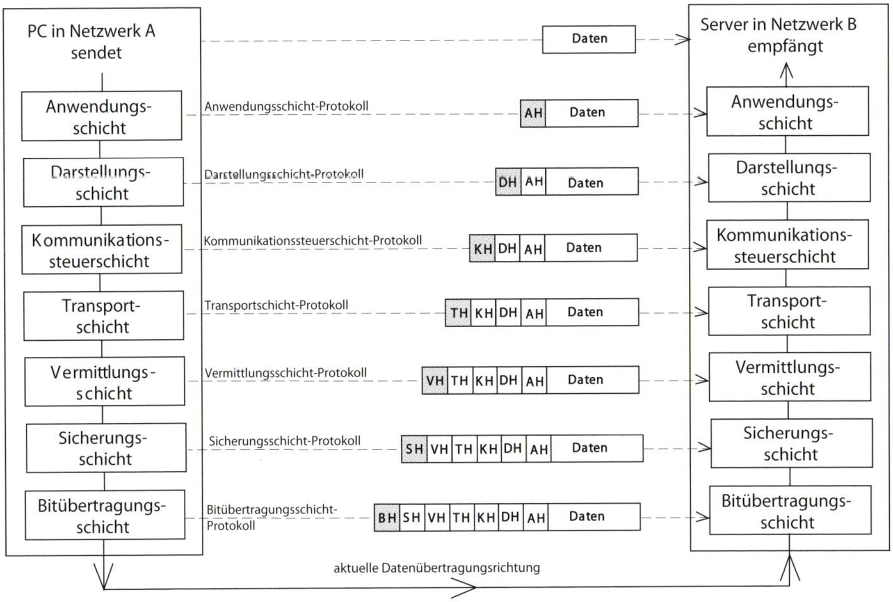

Erläuterung der Abkürzungen: 1. Buchstabe: Anfangsbuchstabe der Schicht, H für Header (Kopf), z. B. AH: Anwendungsschicht Header

Verbindungsaufbau zwischen den Schichten 3 bis 7:
Anwendungsschicht: Der Benutzer in Netzwerk A ruft z. B. auf seinem Rechner einen Internet-Browser auf und gibt die Adresse der Suchmaschine Google (www.google.de) ein.
Darstellungsschicht: Die Eingaben des Benutzers werden in ein für den Browser verständliches Format umgewandelt.
Kommunikationssteuerschicht: Die Zugangsberechtigung wird überprüft und die Verbindung zwischen den jeweiligen Anwendungen auf dem PC und der Suchmaschine hergestellt.
Transportschicht: Speicher zum Zwischenspeichern von Daten wird belegt und der logische Adressname (www.google.de) in die IP-Adresse (173.194.35.152) umgewandelt und weitergegeben.
Vermittlungsschicht: Der Router ermittelt einen Weg über verschiedene Vermittlungs- und Netzverbindungsrechner (Router oder Gateways) zum Server der Suchmaschine.
Transportschicht: In der Suchmaschine wird Speicherplatz belegt, die IP-Adresse in einen logischen Namen für den Rechner der Suchmaschine übersetzt.
Kommunikationssteuerschicht: Die Verbindung wird hergestellt und die Zugangsberechtigung geprüft.
Darstellungsschicht: Die Anfrage des Benutzers in Netzwerk A wird in ein dem Server der Suchmaschine verständliches Format umgewandelt.
Anwendungsschicht: Der Server der Suchmaschine erkennt, dass er angesprochen worden ist und sendet die Google-Startseite zurück. Der Benutzer kann nun seine Suchanfrage stellen.

Industrielle Anwendungen

Der Aufbau der Schichten des OSI-Modells bezieht sich auf den internen Ablauf der Kommunikation, nicht aber auf die Steuerungsebenen der Automatisierungstechnik. Daher werden für die industrielle Kommunikation über Feldbussysteme im Allgemeinen nur die Schichten 1, 2 und 7 berücksichtigt. Für einzelne Feldbussysteme, z. B. PROFIBUS-DP oder AS-Interface, werden diese Schichten noch weiter reduziert, um höhere Übertragungsraten zu realisieren.

Datensicherheit und Datenschutz

Datensicherheit

Unter Datensicherheit versteht man Maßnahmen zur Erhaltung von gespeicherten Daten. Daten müssen vor Verlust, Verfälschung, Beschädigung oder Löschung geschützt werden. Schutz bieten u. a.:

- Datensicherung
- Virenschutz
- Firewall

Datenschutz

Unter Datenschutz versteht man Maßnahmen zum Schutz personenbezogener Daten gegen Missbrauch. Zweck und Ziel des Datenschutzes ist die Sicherung des Grundrechts auf informationelle Selbstbestimmung jeder Einzelperson. Jeder soll selbst bestimmen können, wem er wann welche seiner Daten und zu welchem Zweck zugänglich macht.

Datensicherung (Möglichkeiten)

Externe Festplatten. Sie werden in der Regel über eine USB-Schnittstelle an den Computer angeschlossen. Diese Speichermöglichkeit eignet sich vorwiegend für den privaten Gebrauch.

Online-Back-up (Web-Back-up). Die Speicherung erfolgt über das Internet auf Datenspeichern in einem Rechenzentrum. Dieses Verfahren eignet sich z. B. für kleinere Unternehmen.

Tape-Library (Bandbibliothek). Datenspeicherung auf Magnetbändern. Genutzt wird dieses Verfahren z. B. von größeren Unternehmen.

Virenschutz

Unter Virenschutz versteht man den Schutz vor **Schadsoftware**. Zur Vermeidung gilt:

- Antivirenprogramme verwenden und
- keine Programme unbekannter Herkunft nutzen.

Als Schadsoftware, auch **Malware** genannt, bezeichnet man Programme, die unerwünschte oder schädliche Funktionen ausführen. Beispiele:

Würmer sind Viren ähnlich. Sie verbreiten sich selbständig über Netzwerkverbindungen, z. B. per E-Mail. Deshalb treten sie deutlich häufiger auf und richten mehr Schaden an als Viren.

Trojaner (Trojanische Pferde) tarnen sich als nützliche Hilfsprogramme. Sie spionieren persönliche Nutzerdaten aus oder schleusen andere Schadprogramme ein.

Spyware (Spionage-Programme) gelangen oft über Trojaner in den Computer. Ziel ist es, Informationen über die Tätigkeiten des Benutzers zu sammeln, um z. B. gezielt Werbung zu platzieren.

Backdoor (Hintertür) wird üblicherweise durch Viren, Würmer oder Trojaner installiert. Sie ermöglicht Dritten den direkten Zugang auf den Computer bis hin zur Fernsteuerung.

Scareware soll den Benutzer verunsichern und ihn dazu verleiten, Malware zu installieren oder für ein unnützes Produkt zu bezahlen.

Maßnahmen

Auswahl technischer und organisatorischer Maßnahmen beim Umgang mit personenbezogenen Daten gemäß Bundesdatenschutzgesetz (BDSG):

Zutrittskontrolle verhindert, dass unbefugte Personen den Zutritt zu Datenverarbeitungsanlagen erhalten.
Maßnahmen: z. B. Zäune, Videoüberwachung, Sicherheitsschlösser, Alarmanlagen

Zugangskontrolle verhindert, dass Datenverarbeitungsanlagen von Unbefugten benutzt werden.
Maßnahmen: z. B. Benutzerkennung mit Passwort, Firewall

Weitergabekontrolle verhindert, dass personenbezogene Daten bei der elektronischen Übertragung unbefugt gelesen, kopiert, verändert oder gelöscht werden.
Maßnahmen: z. B. Verschlüsselung, Firewall

Eingabekontrolle stellt sicher, dass nachträglich überprüft werden kann, ob und von wem personenbezogene Daten eingegeben, verändert oder gelöscht worden sind.
Maßnahmen: z. B. Protokollierung, Benutzeridentifikation

Auftragskontrolle stellt sicher, dass personenbezogene Daten, die im Auftrag verarbeitet werden, gemäß den Weisungen des Auftraggebers verarbeitet werden.
Maßnahmen: z. B. Weisungsbefugnisse festlegen, Vor-Ort-Kontrollen

Verfügbarkeitskontrolle schützt personenbezogene Daten gegen Zerstörung oder Verlust.
Maßnahmen: z. B. Brandschutzmaßnahmen, unterbrechungsfreie Stromversorgung, Back-up-Konzept, RAID (Festplattenspiegelung), Virenschutz

Firewall

Eine Firewall ist ein Sicherungssystem, das den Datenfluss zwischen dem internen Netzwerk oder einem einzelnen Computer und dem externen Netzwerk, z. B. dem Internet, kontrolliert. Alle Daten, die das Netz verlassen, werden ebenso überprüft wie die, die hineinwollen.

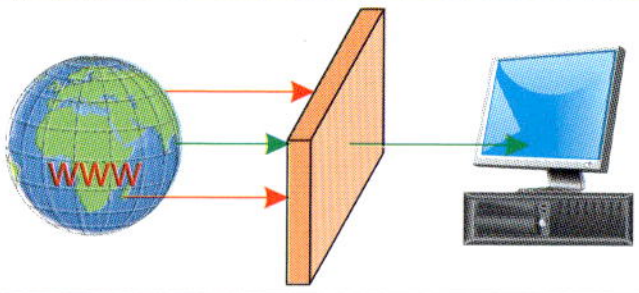

LAN – WLAN

Als **LAN** (**L**ocal **A**rea **N**etwork: Lokales Netzwerk) bezeichnet man ein Netzwerk, das mehrere Computer und Peripheriegeräte innerhalb eines oder einiger zusammengehöriger Gebäude miteinander verbindet.

Peer-to-Peer-Netzwerk

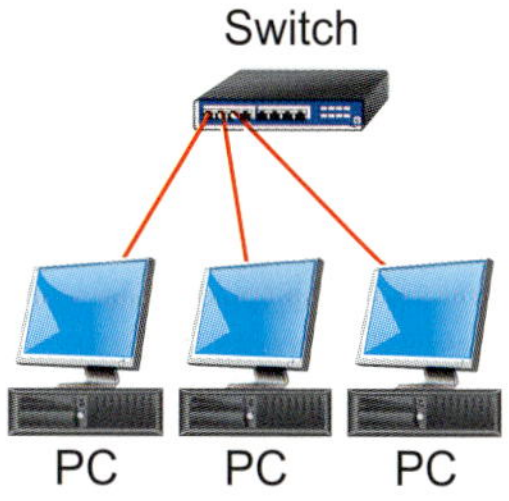

Ein Peer-to-Peer-Netzwerk ist ein einfaches Netzwerk, in dem zwei Computer über eine Direktverbindung (Cross-over-Kabel) oder mehrere Computer über ein Kopplungselement (Hub oder Switch) miteinander verbunden sind.
Jeder Computer kann die freigegebene Hard- und Software des jeweils anderen Computers mitbenutzen (Ressourcen-Sharing), sodass ein Server (Client-Server-Netzwerk) nicht erforderlich ist.

Client-Server-Netzwerk

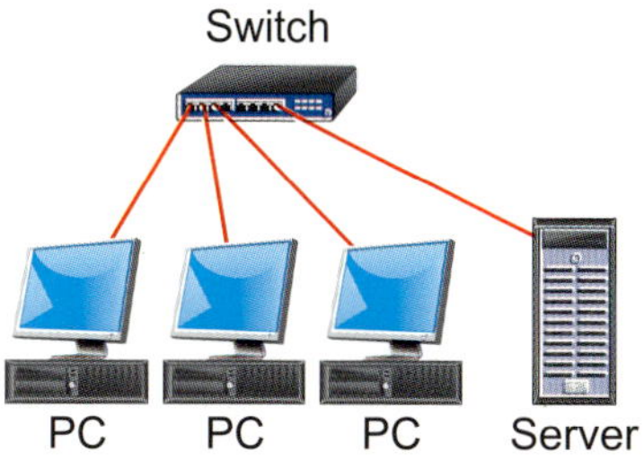

Ein Client-Server-Netzwerk ist ein Netzwerk, das aus mindestens einem Server und einem oder mehreren Clients besteht.
Ein Server ist ein meist sehr leistungsstarker Computer, der Rechenleistung, Speicher, Programme und Daten für alle anderen Computer (Clients) bereitstellt und Zugriffsrechte verwaltet.
Die Clients fungieren als unabhängige Arbeitsplatzrechner, die Dienste beim Server anfordern können.

WLAN mit Internetzugang

WLAN steht für **W**ireless **LAN** und bezeichnet ein drahtloses lokales Netzwerk, d. h. ein Funknetz. Dazu muss jeder Computer mit einem WLAN-Adapter ausgestattet sein. Im Infrastruktur-Modus erfolgt die Kommunikation über einen Access Point. Beim Ad-hoc-Betrieb wird eine direkte Funkverbindung auf Peer-to-Peer-Basis hergestellt. Der Router ermöglicht den Zugang zum Internet.

Kommunikationseinrichtung: LAN mit integriertem WLAN, Internetzugang und Telefonanschluss

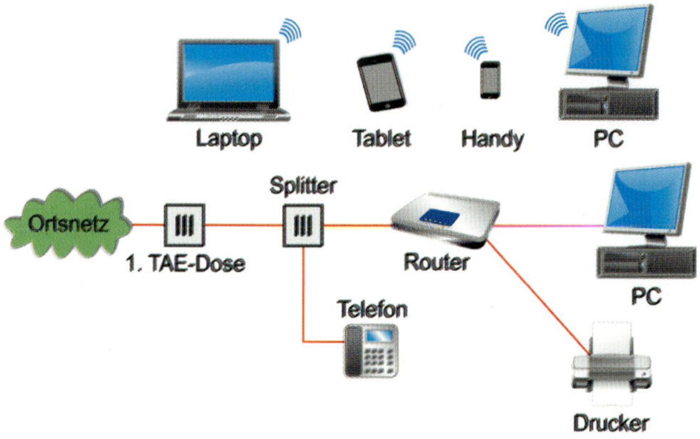

Der **DSL-Splitter** trennt die Telefonsignale von den DSL-Signalen. DSL (Digital Subscriber Line: Digitaler Teilnehmeranschluss) bezeichnet ein Übertragungsverfahren für den gleichzeitigen Betrieb einer schnellen Datenleitung und einer Telefonleitung.
Der **DSL-WLAN-Router** besitzt ein DSL-Modem, einen Switch und einen Access Point. Das DSL-Modem ermöglicht den Anschluss an das Internet, der Switch den Aufbau eines LAN und der Access Point den Aufbau eines WLAN.

LAN – WLAN (Fortsetzung)

LAN-Topologien

Stern	Ring	Bus	Baum
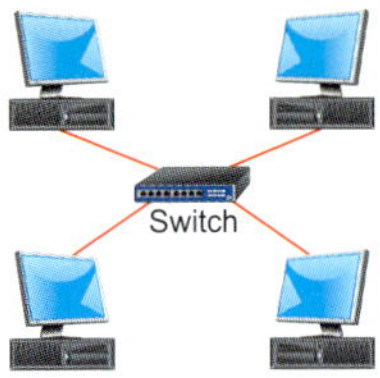	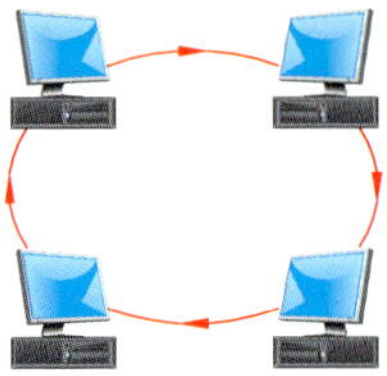	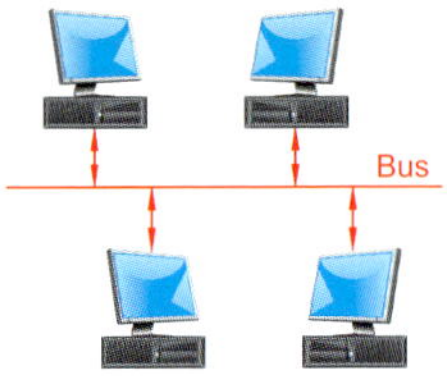	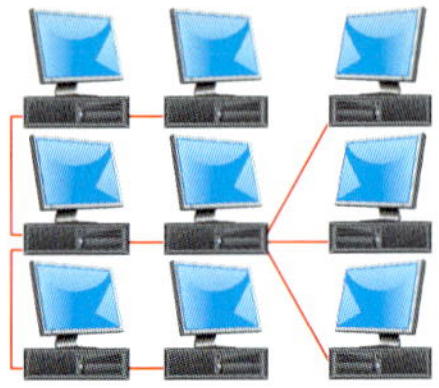
Jeder PC ist direkt an den Netzwerkknoten (z. B. Switch) angeschlossen. Zwischen jedem PC und dem Knoten besteht eine Punkt-zu-Punkt-Verbindung.	Alle PC sind zu einem Ring verbunden. Die Daten werden in einer Richtung von PC zu PC weitergeleitet. Jeder PC prüft, ob die Daten für ihn bestimmt sind.	Alle PC sind an einen Kabelstrang, den Bus, angeschlossen. Der Datenaustausch zwischen den Teilnehmern erfolgt in beiden Richtungen direkt.	Eine Baumstruktur kann verschiedene Topologien enthalten. Alle PC sind miteinander verbunden. Der Datenaustausch zwischen den Teilnehmern erfolgt direkt.
Vorteile: • Einfacher Netzaufbau • Leicht erweiterbar • Sicherungs- und Kontrollmaßnahmen gut möglich	Vorteile: • Geringer Verkabelungsaufwand • Keine Vermittlungsstelle, alle PC sind gleichrangig	Vorteile: • Einfacher Netzaufbau • Leicht zu erweitern • Geringer Verkabelungsaufwand	Vorteile: • Leicht zu erweitern • Sehr flexible Struktur • Besonders geeignet für komplexe Netze
Nachteile: • Bei Ausfall des Netzknotens ist kein Datenaustausch möglich. • Hoher Verkabelungsaufwand	Nachteile: • Ausfall eines PC beeinträchtigt das Netzwerk. • Lange Übertragungsdauer bei vielen Teilnehmern	Nachteile: • Leitungsunterbrechung führt zum Ausfall eines oder mehrer PC.	Nachteile: • Kann im Aufbau komplex und unüberschaubar werden • Lokalisierung von Fehlern kann schwierig sein.

Hinweise zur Installation des WLAN

- Access Point und Endgerät sind ideal aufgestellt, wenn zwischen beiden Sichtverbindung besteht. Aus diesem Grunde sollte der Access Point leicht erhöht aufgestellt oder an einer Wand oder der Decke angebracht werden.
- Die Reichweite zwischen Access Point und WLAN-Endgerät ist abhängig vom verwendeten Standard und von den zu durchdringenden Hindernissen wie Wänden, Decken usw.
- Wände in Leichtbauweise mindern die Reichweite, Wände und Decken aus Beton oder Stahl, ebenso Brandschutztüren, schränken die Reichweite ein.
- In Ecken und Nischen können sich Funklöcher bilden.
- Für den Standard IEEE 802.11g gilt grundsätzlich: Mit den Antennen handelsüblicher WLAN-Endgeräte lässt sich auf freier Fläche eine Reichweite bis etwa 140 m erreichen, in geschlossenen Räumen bis 35 m. Mit einer externen Antenne lässt sich im Außenbereich bei Sichtkontakt z. B. eine Reichweite bis 300 m überbrücken
- Um die Flächendeckung des WLAN zu erweitern, können mehrere Access Points zusammengeschaltet werden.

WLAN-Standards (Auswahl)

Standard	802.11a	802.11b	802.11g
Max. Übertragungsrate	54 Mbit/s	11 Mbit/s	54 Mbit/s
Frequenzband	5 GHz	2,4 GHz	2,4 GHz
Reichweite bis	25 m bis 100 m	35 m bis 140 m	35 m bis 140 m

IEEE 802.11g stellt den vorwiegend eingesetzten Standard dar. Er ist mit dem älteren Standard 802.11b kompatibel. IEEE 802.11a darf nur in Gebäuden und mit verringerter Sendeleistung eingesetzt werden, da er ebenfalls für militärische Zwecke und zur Flugsicherung verwendet wird.

Netzwerkkomponenten

Repeater

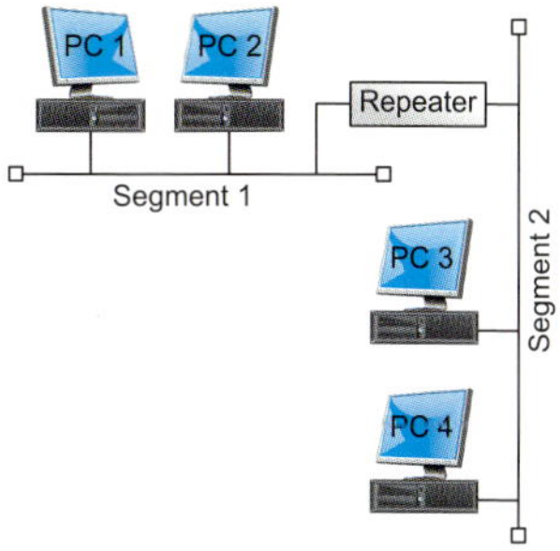

Ein Repeater
- verbindet zwei Netzwerksegmente miteinander,
- verlängert Netzwerksegmente,
- verstärkt Signale auf langen Übertragungsleitungen,
- mit mehreren Ports wird auch als (aktiver) Hub bezeichnet.

Hub

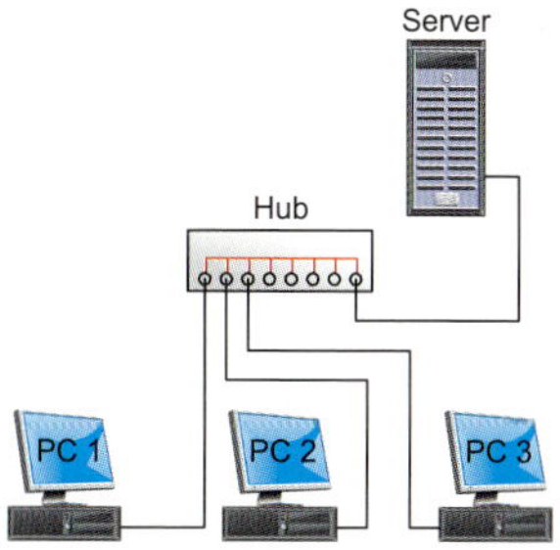

Der Hub
- hat eine reine Verteilfunktion,
- nimmt ein Datenpaket an und sendet es an alle angeschlossenen PC,
- ist einfach und kostengünstig herzustellen.

Switch

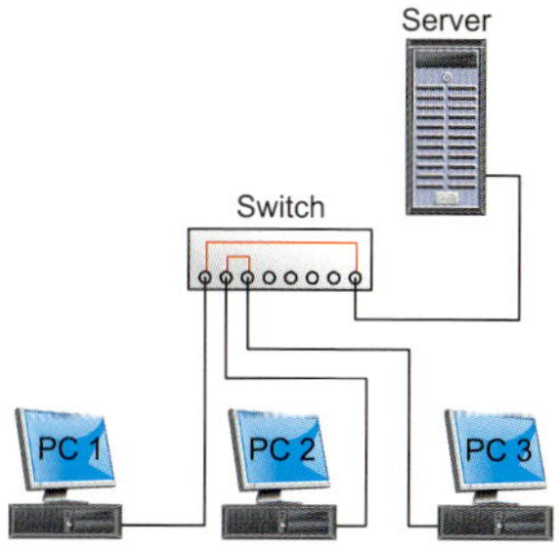

Der Switch
- ist ein „intelligenter" Hub, der sich „merkt", welcher PC an welchem Port angeschlossen ist,
- leitet Datenpakete gezielt (anhand der IP-Adresse) an den Empfänger weiter,
- kann gleichzeitig mehrere Datenkanäle schalten.

Bridge

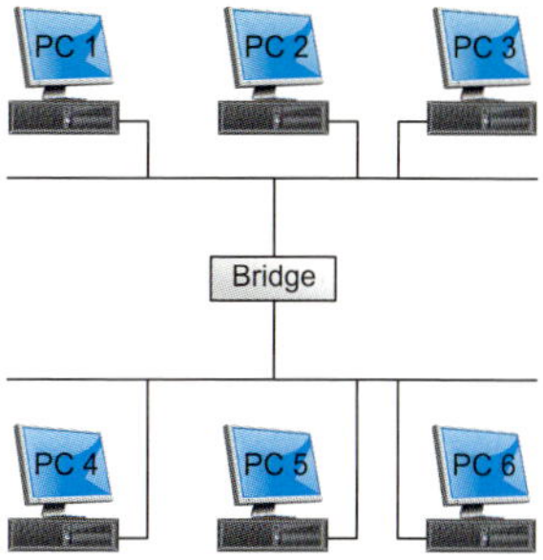

Die Bridge
- verbindet zwei oder mehrere Netzwerke gleichen Typs miteinander,
- entkoppelt zwei Netzwerke, sodass Störungen auf der einen Seite der Bridge sich nicht auf die andere Seite übertragen.

Router

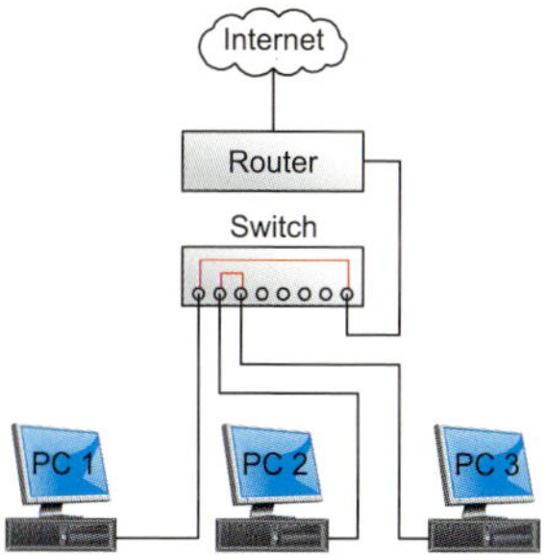

Der Router
- verbindet zwei oder mehrere Netzwerke unterschiedlichen Typs (auch mit unterschiedlichen Protokollen),
- befindet sich häufig an der Grenze eines Netzwerkes, um es mit dem Internet oder einem anderen Netzwerk zu verbinden.

Gateway

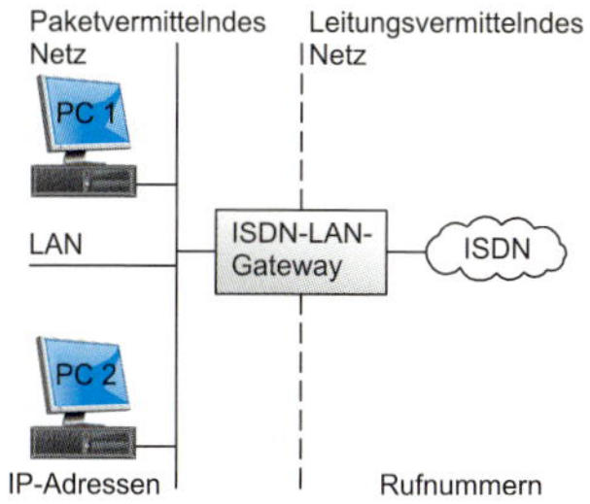

Ein Gateway
- verbindet zwei Netzwerke unterschiedlichen Typs und unterschiedlicher Protokolle,
- verbindet z. B. ein LAN mit dem öffentlichen Telefonnetz (ISDN),
- führt gleichzeitig die Funktionen eines Repeaters, einer Bridge und eines Routers aus.

Server

- Ein Server ist ein Computer, der Rechenleistung, Speicher und Daten bereitstellt und Zugriffsrechte verwaltet.
- In den meisten Fällen handelt es sich um einen sehr leistungsfähigen Computer, der je nach Anwendungsfall mit spezieller Hardware oder Software ausgestattet ist.
- Auf dem Server laufen mehrere Dienste und Anwendungen, die Benutzer über das Netzwerk anfordern und nutzen können.
- In einigen wenigen Fällen wird ein Server für eine einzige Anwendung oder einen Dienst eingerichtet, um die Verfügbarkeit dieses Computers zu erhöhen.

Strukturierte Verkabelung

Eine strukturierte Verkabelung bildet die Grundlage für eine zukunftsorientierte und anwendungsunabhängige Netzwerkinfrastruktur. Damit können teure Fehlinstallationen und Erweiterungen vermieden und die Installation von neuen Netzwerkkomponenten erleichtert werden.

Beispiel

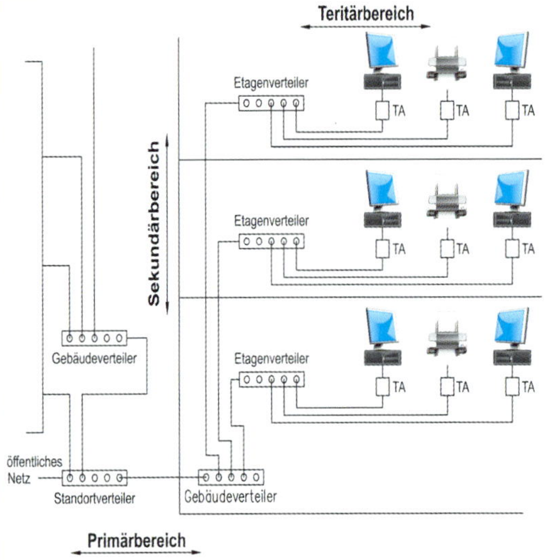

Struktur

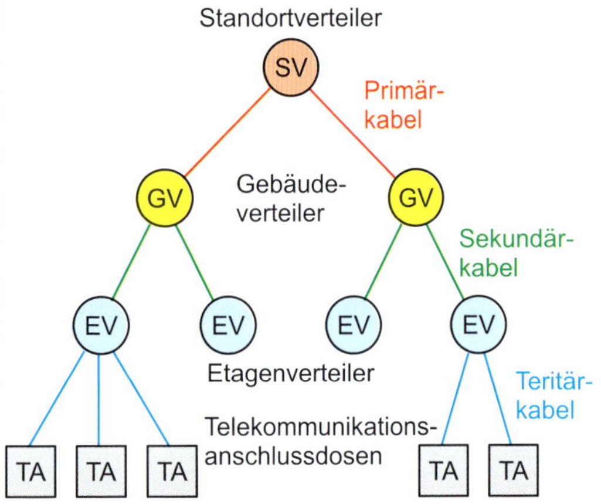

Erläuterung

Der **Primärbereich** wird auch als **Geländeverkabelung** oder **Campusverkabelung** bezeichnet. Er umfasst die Verkabelung der Gebäude eines Standortes untereinander, z. B. alle zu einer Firma gehörenden Gebäude.

Der **Sekundärbereich** wird auch als **Gebäudeverkabelung** oder **als Steigbereichsverkabelung** bezeichnet. In diesem Bereich werden die Stockwerke eines Gebäudes untereinander verkabelt.

Der **Tertiärbereich** wird auch als **Etagenverkabelung** bezeichnet. Hier erfolgt die Verkabelung innerhalb der Etagen.

Der **Standortverteiler** bildet die Zentralstelle z. B. eines Firmennetzes. Zur Verbindung mit den Gebäudeverteilern dienen Primärkabel.

An den **Gebäudeverteiler** werden über Sekundärkabel die Etagenverteiler in diesem Gebäude angeschlossen.

An den **Etagenverteiler** werden über Tertiärkabel die Anschlussdosen (TA) auf dieser Etage angeschlossen.

Die **telekommunikationstechnische Anschlussdose (TA)** dient zum Anschluss eines Computers oder Peripheriegerätes an das Netz. Der Anschluss erfolgt mit einem Arbeitsplatzkabel. I. d. R. werden wesentlich mehr Anschlussdosen installiert, als aktive Komponenten an das Netz angeschlossen sind. Die Verbindungen zu den aktiven Komponenten erfolgt über Patchfelder, die in den Etagenverteilern installiert sind.

Kabelarten und Kabellängen

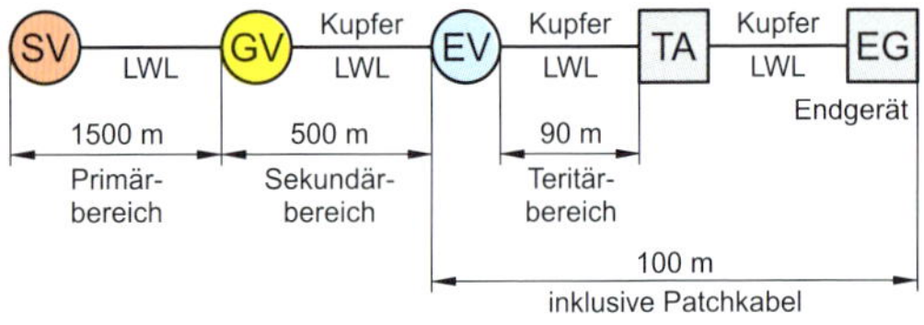

Primärkabel. Für die Verkabelung zwischen Standortverteiler (SV) und Gebäudeverteiler (GV) werden LWL (Lichtwellenleiter, auch Glasfaserkabel genannt) verwendet. Die max. Leitungslänge beträgt 1 500 m.

Sekundärkabel. Für die Verkabelung zwischen Gebäudeverteiler (GV) und Etagenverteiler (EV) werden vorzugsweise Lichtwellenleiter (LWL) verwendet. Alternativ können Kupferkabel verlegt werden. Die maximale Länge beträgt 500 m.

Tertiärkabel. Die Verkabelung erfolgt jeweils vom Etagenverteiler (EV) bis zur Anschlussdose (TA) am Arbeitsplatz des Anwenders. Der Standard sieht Twisted-Pair-Kabel vor. Dabei beträgt die maximale Länge zwischen Etagenverteiler und Endgerät 100 m:

- 90 m für das Kabel zwischen Etagenverteiler und Anschlussdose in fester Verlegung
- 10 m für den Anschluss eines Endgerätes in loser Verkabelung

Netzwerkkabel, TP-Kabel

Beispiel: TP-Kabel vom Typ S/FTP

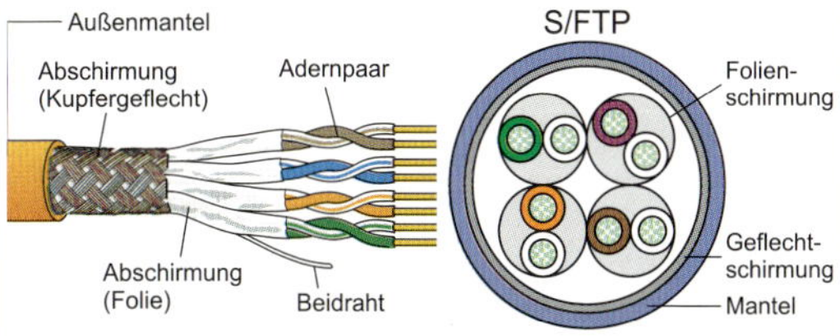

Typen von TP-Kabeln

U/UTP	Unscreened/Unshielded Twisted Pair
U/STP	Unscreened/Shielded Twisted Pair
S/STP	Screened/Shielded Twisted Pair
F/STP	Foiled/Shielded Twisted Pair
U/FTP	Unscreened/Foiled Twisted Pair
S/FTP	Screened/Foiled Twisted Pair
F/FTP	Foiled/Foiled Twisted Pair
SF/FTP	Screened Foiled/Foiled Twisted Pair

Kennzeichnung von TP-Kabeln

Bezeichnungssystem ***XX/YTP***

TP steht immer für die Aderpaarschirmung: TP Twisted Pair

XX steht für die Gesamtschirmung:
- *U ohne Schirm*
- *F Folienschirm*
- *S Geflechtschirm*
- *SF Geflecht- und Folienschirm*

Y steht für die Aderpaarschirmung:
- *U ohne Schirm (ungeschirmt)*
- *F Folienschirm*
- *S Geflechtschirm*

TP-Kabelkategorien

Kategorie	Max. Frequenz	Kabeltyp	Übertragungsraten bis zu
Cat 5	100 MHz	F/UTP S/FTP	100 Mbit/s
Cat 5a	100 MHz	F/UTP S/FTP	1 Gbit/s
Cat 6	250 MHz	F/UTP S/FTP	1 Gbit/s
Cat 6a	500 MHz	S/FTP	10 Gbit/s
Cat 7	600 MHz	S/FTP	10 Gbit/s
Cat 7a	1 GHz	S/FTP	10 Gbit/s

Einsatz von TP-Kabeln

- Bis zu einer maximalen Leitungslange von 100 m bieten TP-Kabel der entsprechenden Kategorie gegenüber LWL eine ausreichende Qualität.
- Aufgrund
  - der einfachen Verlegung,
  - des niedrigen Preises und
  - des relativ robusten Aufbaus

  werden TP-Kabel daher LWL vorgezogen.
- Nur bei einem besonders hohen Datenaufkommen oder einer notwendigen galvanischen Trennung werden LWL in diesem Bereich verwendet.

Einsatz von Lichtwellenleitern (LWL)

Gründe für den Einsatz sind:
- Sehr hohe Übertragungsgeschwindigkeit
- Geringe Dämpfung
- Keine entfernungsbedingten Verluste, z. B. durch den Leitungswiderstand
- Keine elektromagnetischen Störeinflüsse (Störfelder von Maschinen, Schaltern usw.)
- LWL können beliebig mit anderen Versorgungsleitungen parallel verlegt werden.

Allerdings sind LWL teurer als Kupferleitungen. Die Kosten für Material und Montage sind höher.

Ethernet

Kennzeichen

- Ethernet ist ein herstellerneutraler Standard für die Datenübertragung in kabelgebundenen lokalen Netzen (LAN).
- Festgelegt ist dieser Standard in der Spezifikation IEEE 802.3.
- Im Ethernet können Übertragungsgeschwindigkeiten von 10 Mbit/s bis zu 100 Gbit/s realisiert werden.
- Ethernet kann in verschiedenen Topologien aufgebaut werden. Meistens erfolgt der Aufbau in Sterntopologie. Das gilt besonders für größere bzw. schnelle Netzwerke. Bei kleineren Netzwerken wird neben der Sterntopologie auch die Bustopologie angewandt.
- In Ethernet-Netzwerken erfolgt die Übertragung der Daten in Form von Datenpaketen, sogenannten Frames.

Ethernet-Varianten (Auswahl)

Variante	Leitungsart	Segmentlänge	Übertragungsgeschw.
100Base-TX	CAT 5-7	100 m	100 Mbit/s
100Base-FX	Multimode	400 m	100 Mbit/s
	Monomode	20 km	100 Mbit/s
1000Base-CX	STP	25 m	1 Gbit/s
1000Base-LX	Multimode	550 m	1 Gbit/s
	Monomode	3 km	1 Gbit/s
10GBase-ER	Monomode	40 km	10 Gbit/s
40GBASE-CR4	Twinax-Kabel [1]	7 m	40 Gbit/s
40GBASE-LR4	Monomode	10 km	40 Gbit/s
100GBASE-CR10	TwinaxKabel [1]	7 m	100 Gbit/s
100GBASE-LR4	Monomode	10 km	100 Gbit/s
100GBASE-ER4	Monomode	40 km	100 Gbit/s

[1] Spezielle Kupferkabel für die verlustarme Übertragung von symmetrischen Signalen

Betriebs- und Arbeitswelt
Technische Kommunikation
Energieversorgung
Gebäudetechnik
Kommunikationstechnik
Automatisierungstechnik
Antriebstechnik
Bauelemente und -gruppen
Techn. Größen und Formeln

TP-Kabel anschließen

Das Anschließen der TP-Kabel an Patchfelder und Netzwerkdosen wird auch als Auflegen bezeichnet. Es erfolgt in LSA+ Auflage- bzw. Anschlusstechnik. LSA+ kennzeichnet eine löt-, schraub- und abisolierfreie Auflagetechnik. Ohne die einzelnen Kabeladern abzuisolieren, werden diese in entsprechende Anschlussleisten mit Schneideklemmen gepresst.

Arbeitsschritte

1. Werkzeug bereitlegen

- LSA+ Anlegewerkzeug
- kleine Schere
- Schraubendreher (Kreuzschlitz)
- Cutter (oder vergleichbar)
- Seitenschneider
- Netzwerkkabeltester

2. TP-Kabel vorbereiten

Schritt 1: Mithilfe des Cutters wird die Ummantelung des TP-Kabels ca. 8–9 cm entfernt. Die Folienschirme um die einzelnen Adernpaare dürfen nicht beschädigt werden.

Schritt 2: Die Geflechtsschirmung um das gesamte Adernbündel wird nach hinten gedrückt und mit der kleinen Schere auf ca. 1 cm gekürzt.

3. TP-Kabel auflegen

Das Auflegen am Patchfeld unterscheidet sich nicht von dem Auflegen an einer Netzwerkdose.

Schritt 1: Das Kabel wird mit dem Geflechtsschirm unter der Zugentlastung befestigt.

Schritt 2: Die Kabeladern werden lose über die Klemmleiste gelegt. Die Anordnung der Adern erfolgt nach der Standard-Belegung EIA/TIA T568A oder T568B. Dabei gilt:
In einer Netzwerkinstallation wird immer nur ein Standard verwendet.

Schritt 3: Der Folienschirm wird so gekürzt, dass er nicht in die Schneidklemmen ragt. Die paarige Verdrillung soll so weit wie möglich bestehen bleiben.
Vor dem Auflegen mit dem Anlegewerkzeug sollte geprüft werden, ob die Farbzuordnung richtig ist.

Schritt 4: Die Kabel werden in die Klemmleiste gedrückt. Dabei gilt:
Zum Eindrücken der Adern in die Klemmleiste wird nur das LSA+ Anlegewerkzeug verwendet.
Das Anlegewerkzeug wird korrekt angesetzt und in einem Schritt nach unten gedrückt. Dabei wird gleichzeitig das überstehende Ende der Ader abgeschnitten.

LSA+ Anlegewerkzeug

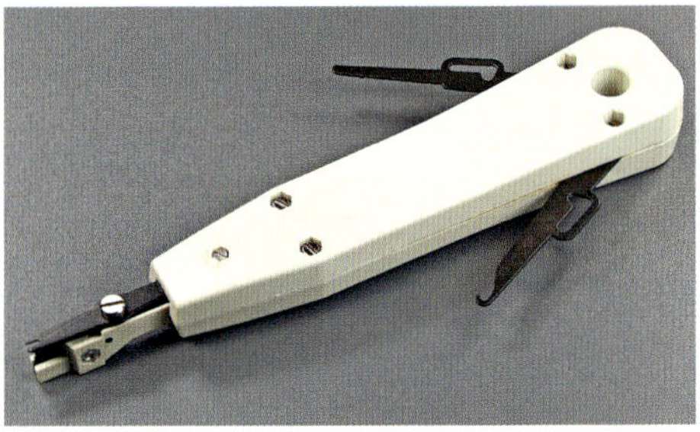

Vorbereitetes TP-Kabel

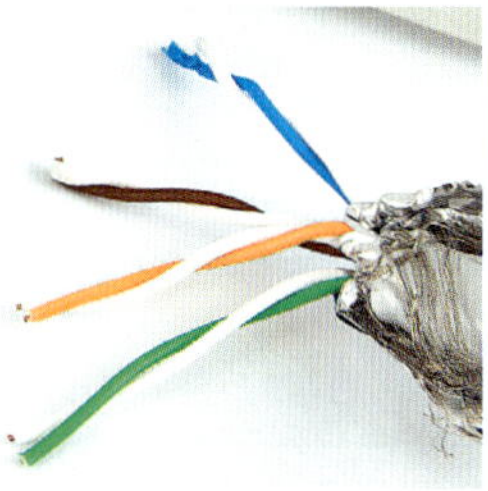

Auflegen mit Anlegewerkzeug

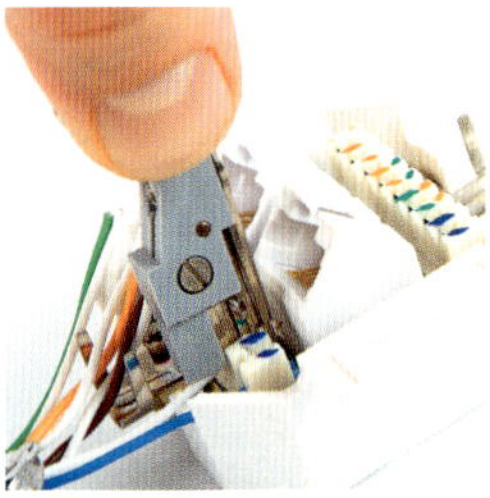

Standard-Belegung EIA/TIA T568A und T568B

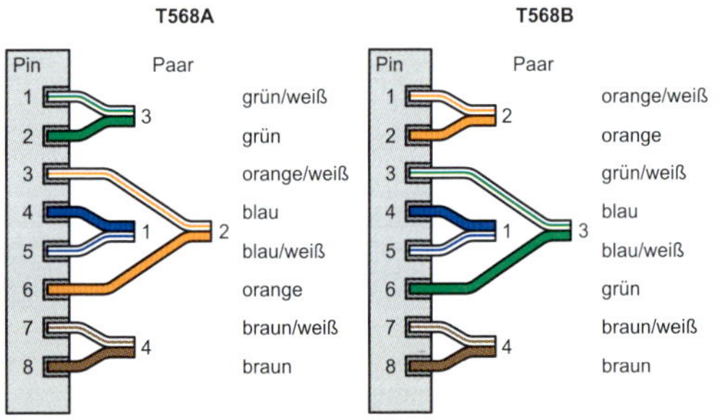

Aufgelegtes Patchfeld

Antennenformen					
Bezeichnung	Stabantenne	Kreuzdipol	Yagiantenne	Flachantenne	Parabolantenne
Technische Ausführung	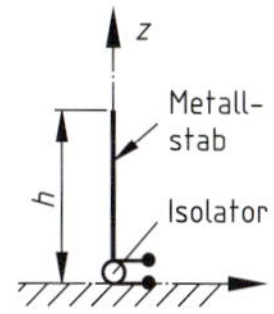	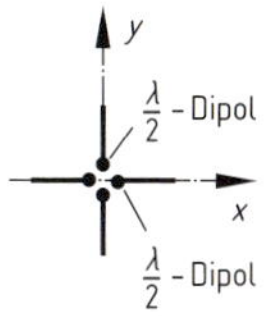	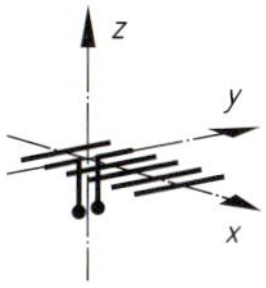	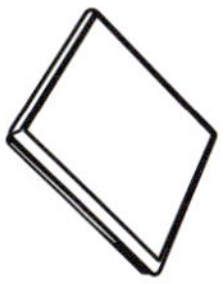	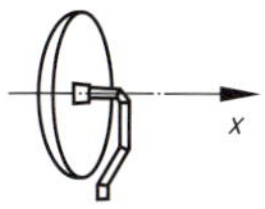
Frequenz-bereich in MHz	0,3 bis 3	30 bis 1 500	30 bis 1 500	10 GHz bis 15 GHz	2 GHz bis 100 GHz
Richtdiagramm (horizontal)	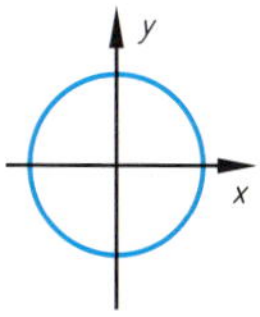	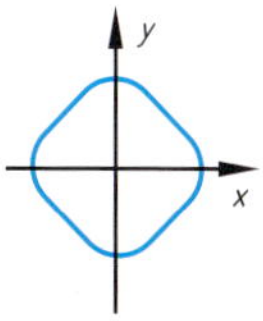	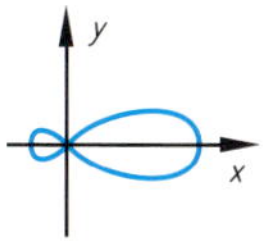	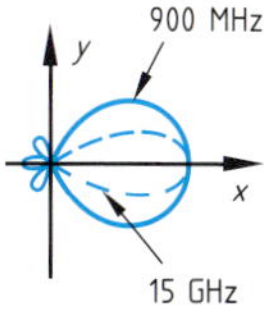	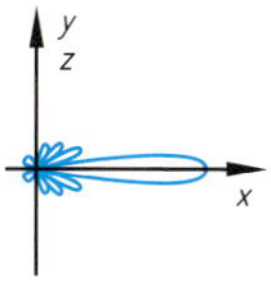

Kenngrößen der Antennentechnik		
Bezeichnung	Darstellung	Erläuterung
Öffnungswinkel	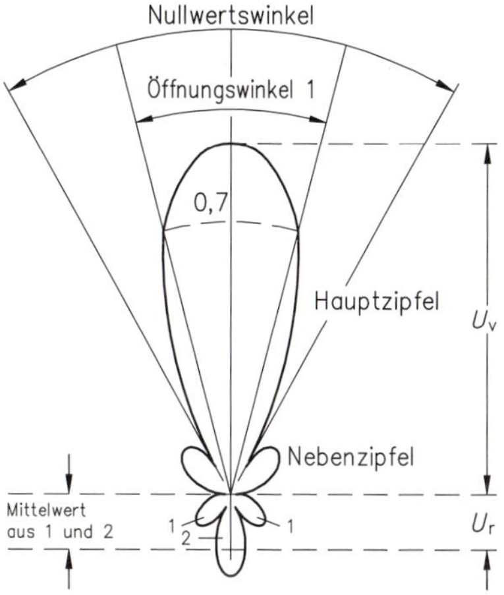	Der Öffnungswinkel kennzeichnet hauptsächlich die Richtwirkung einer Antenne in der horizontalen und vertikalen Ebene. Man versteht darunter den Winkel zu beiden Seiten der Hauptrichtung (Richtung zum Sender), bei dem die Leistung auf die Hälfte der Leistung der Hauptrichtung abgefallen ist; dies entspricht dem 0,7-fachen Betrag der Spannung (gleich 3 db).
Vor-Rück-Verhältnis		Die Größe ist das in db umgerechnete Verhältnis der Spannung U_v in der Hauptempfangsrichtung zu dem Mittelwert *Ur*, der aus den Spannungen des Nebenzipfels in der 180°-Richtung und des größten Nebenzipfels gebildet wird.
(Antennen-) Gewinn	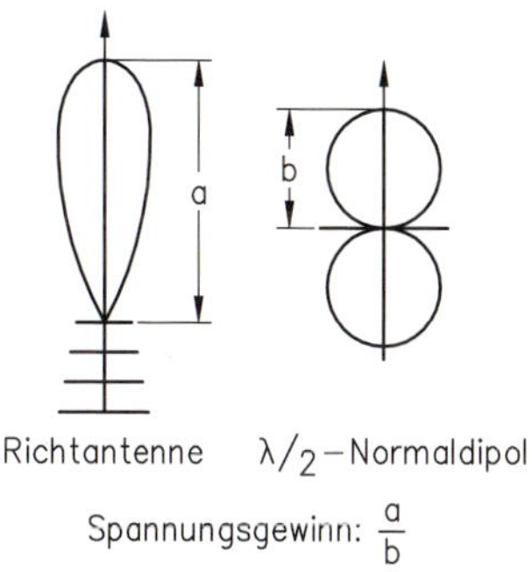	Der Gewinn einer Richtempfangsantenne ist das in db umgerechnete Verhältnis der Empfangsleistung, die von der Antenne an die Zuleitung abgegeben wird, gegenüber der Empfangsleistung eines Normdipols (λ/2-Dipol) an gleicher Stelle unter gleichen Bedingungen.
Rauschabstand Rauschmaß	Rauschabstand = Pegel-Verstärkereingang – Rauschmaß – 2 dbμV Der Rauschabstand eines 75-Ω-Widerstandes beträgt 2 dbμV.	Der Rauschabstand ist die Differenz zwischen Nutzsignalpegel und Rauschpegel. Das Rauschmaß gibt an, um wie viel db ein Verstärker den Rauschabstand verkleinert.

Windlast

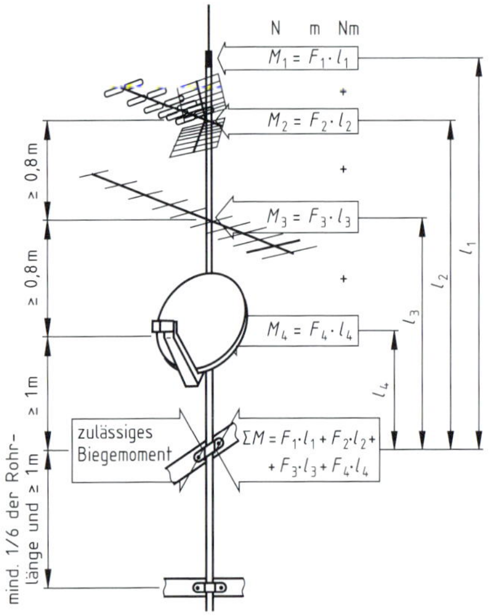

Berechnung der Windlast

$M_W = F_W \leq l$	$M_W = 1{,}37 \leq F_W \times l$

M_W	Windlastmoment in Nm
F_W	Windlast in N
l	Mastlänge in m (oberhalb der Einspannstelle)

Bei Gebäuden mit $h \geq 20$ m (ab 8 Stockwerken) ist ein Faktor von 1,37 zu berücksichtigen.

Der gesamte Biegemoment darf das maximal zulässige Biegemoment des Mastes **nicht** überschreiten und nicht größer als **1650 Nm** sein.

Bei einem höheren Biegemoment ist der statische Nachweis über die Krafteinleitung in das Bauwerk durch einen Statiker zu führen.

Die dynamischen Eigenschaften der Antenne und des Bauwerks können sich gegenseitig beeinflussen und nachteilig auswirken.

Leitungssysteme

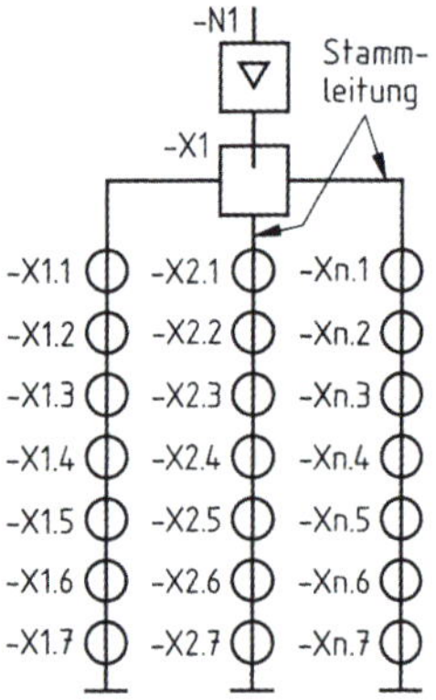

Stammleitungssystem

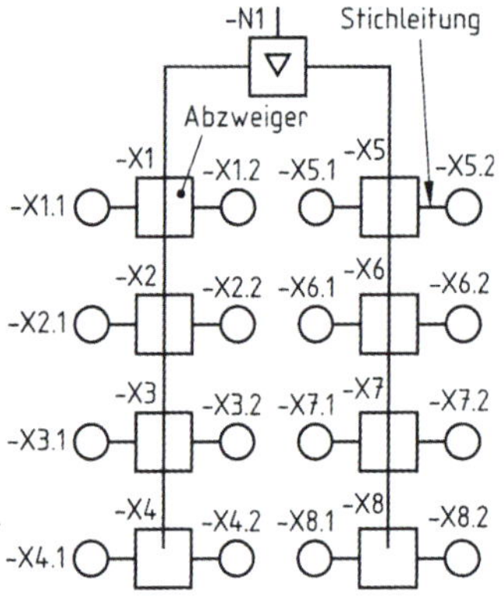

Stichleitungssystem

Abstände zu Freileitungen (bis 1000 V)

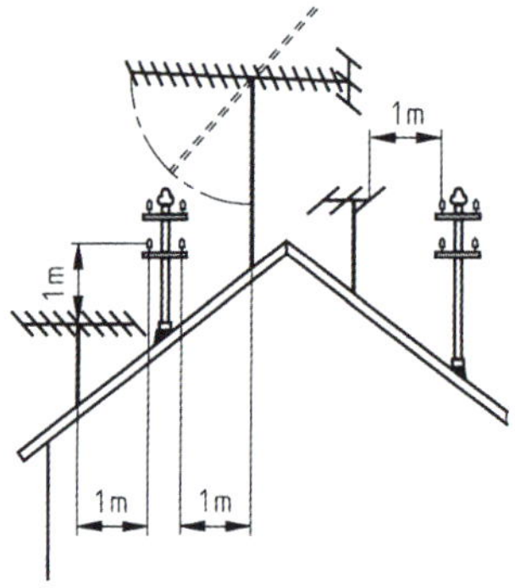

Nutzpegel DIN EN 50083

Frequenzbereich	Mindestpegel	Höchstpegel
LM, MW	50 dbµV	94 dbµV
UKW (Stereo)	50 dbµV	80 dbµV
F I	52 dbµV	84 dbµV
F III	54 dbµV	84 dbµV
F IV/F V	57 dbµV	84 dbµV

Passive Bauelemente

Bezeichnung	Anschlussdämpfung	Durchgangsdämpfung	Kopplungsdämpfung	Schirmungsmaß
Antennenweiche	–	2 db	–	60 db
Verteiler (Stammltg.)	–	3,5 db	24 db	65 db
Verteiler (Stichleitung)	20 db	1 db	30 db	65 db
Antennensteckdose EA	UKW 3,5 db FS 0,5 db	–	–	55 db
Antennensteckdose GA	UKW 17 db FS 16 db	UKW/FS 0,7–0,8 db	UKW→FS → UKW 50 db	55 db

Verteilanlage für den Einzelempfang

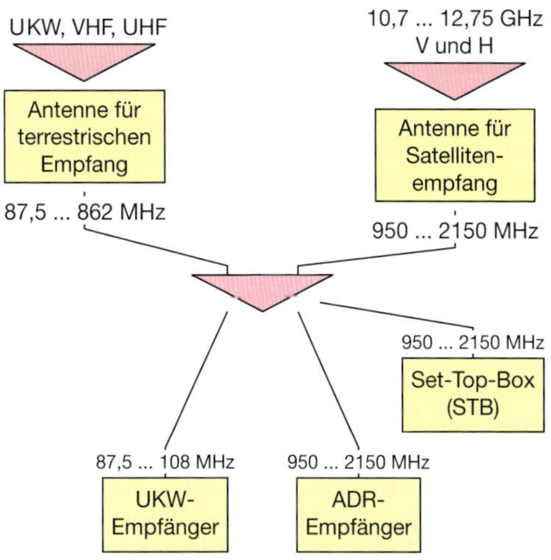

Gemeinschaftsantennenanlage

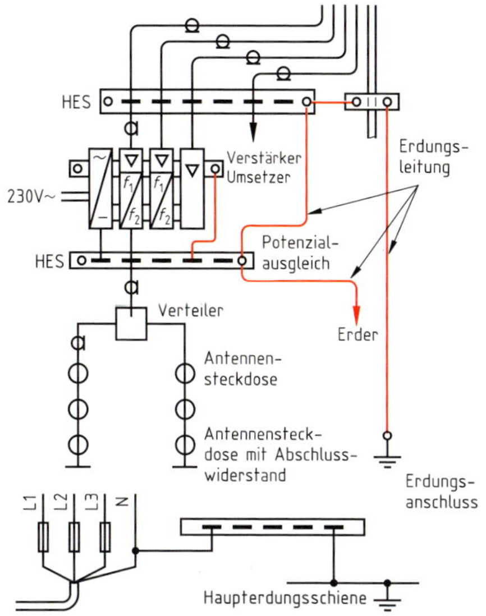

Erder für Antennenanlagen (Beispiele) — DIN EN 50083-1

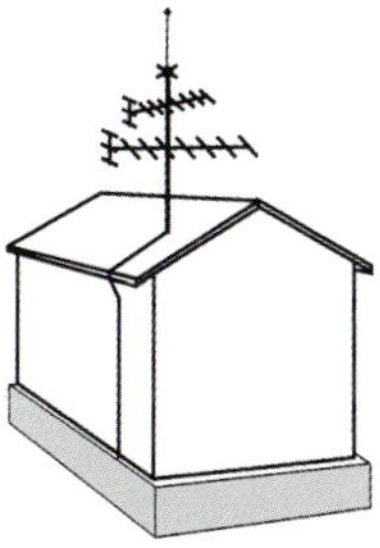

Fundamenterder

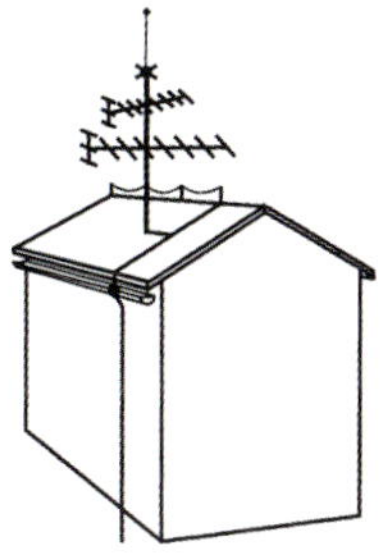

Gebäude-Blitzschutz

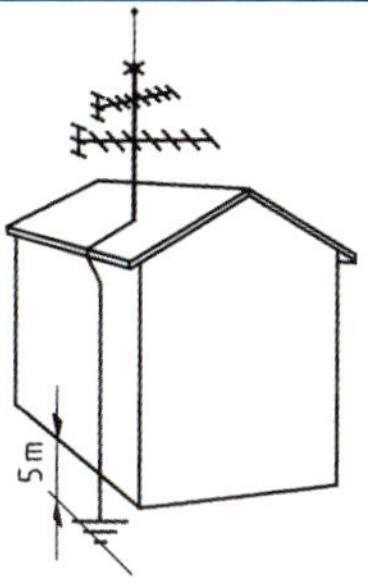

Staberder

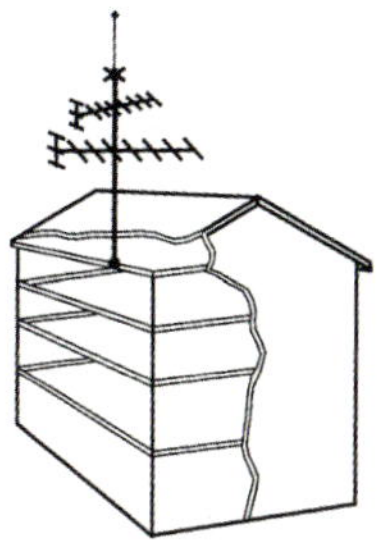

Stahlskelett, Stahlbau

Erdungsleitung — DIN EN 50083, VDE 0855-1

Als Erder dürfen verwendet werden:

- Erdungsleitungen, die nur für die Antennenanlage gelegt wurden, und Verbindungen zum Anschluss der Erdungsleitungen
  Innerhalb von Gebäuden: Die Erdungsleitung muss
  - ein blanker Volldraht aus Kupfer mit mindestens 10 mm² Querschnitt oder
  - ein blanker Volldraht aus Aluminium mit mindestens 16 mm² Querschnitt sein.

  Außerhalb von Gebäuden: Die Erdungsleitung muss
  - ein Volldraht mit mindestens 8 mm Durchmesser oder ein massives Band mit einem Mindestquerschnitt von 20–25 mm sein;
  - ein Volldraht mit Kunststoffisolierung, z. B. NYY, sein. Bei Aluminium ist ein Querschnitt von mindestens 1,6 mm² erforderlich.
- Metallene Rohre, wenn sie gut leitfähig und mit dem Erder verbunden sind.
- Ableitungen von Blitzschutzanlagen, unter Beachtung der ABB.
- Metallene Konstruktionsteile von Gebäuden und Feuerleitern, wenn sie untereinander und mit dem Erder verbunden sind.
- Mäntel von Koaxialkabeln der Antennenzuleitungen und Hohlleiter, wenn der leitende Querschnitt mindestens 10 mm² ist.

Achtung: Schutzleiter und metallische Rohre von elektrischen Installationen dürfen als Erdungsleitung **nicht** verwendet werden.

Speisesysteme (LNB)

Bezeichnung/Beispiel	Erläuterung
Single-LNB 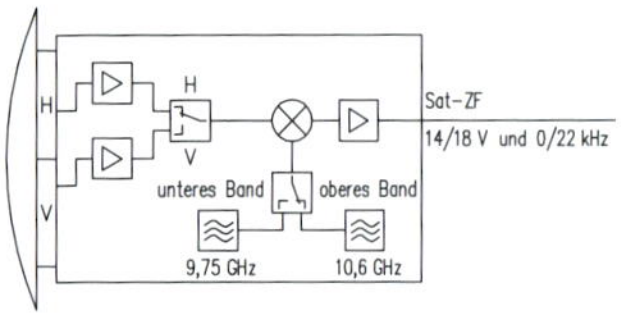	Wahlweise kann das untere oder obere Band empfangen werden. Der Ausgang ist zwischen vertikaler und horizontaler Polarisation umschaltbar.
Twin-LNB 	Funktionseinheit aus zwei Single-LNBs. Es können gleichzeitig zwei Sat-Empfänger versorgt werden, z. B. die Betrachtung eines Programms, während zur selben Zeit ein Fernsehprogramm aufgezeichnet wird.
Dual-Output-LNB 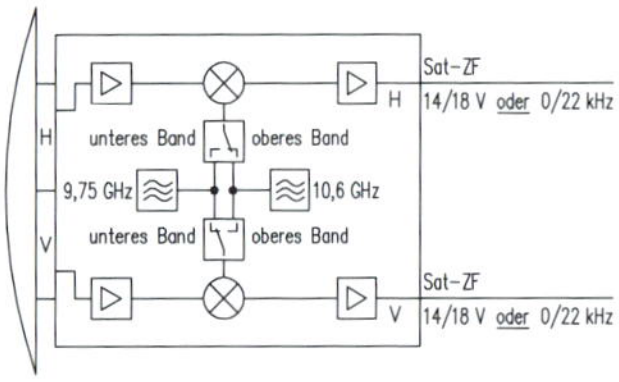	Gleichzeitig können ohne Umschalten Programme im oberen und im unteren Band mit vertikaler bzw. horizontaler Polarisation empfangen werden.
Quattro-(Switch-)LNB 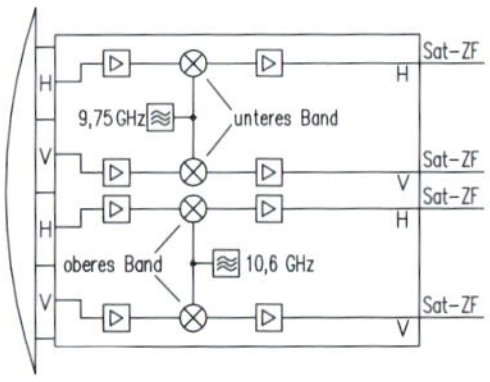	Kombination aus zwei Dual-Output-LNBs. Der Quattro-Switch-LNB ist ein universeller Mehrteilnehmer-LNB, mit dem alle analog und digital über Satellit ausgestrahlten FS-, RF- und Multimediaangebote empfangen werden können. Mit dem integrierten Multischalter ist der direkte Anschluss von bis zu vier Empfangsgeräten, z. B. vier Digitalreceiver, möglich.

Aufbau eines DVB-S-Systems

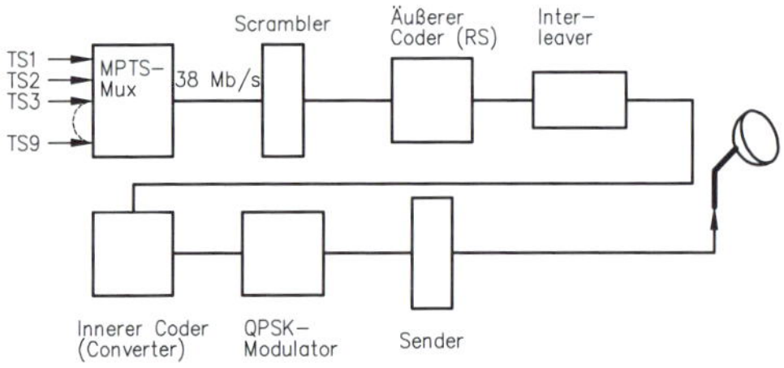

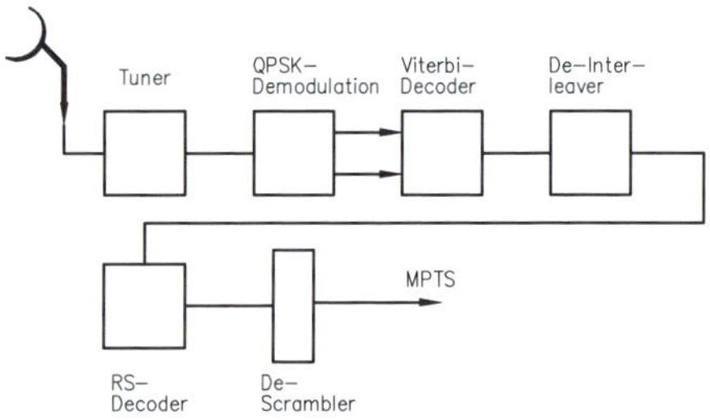

Azimut-Elevations-Tabelle

Ort	Lage		Astra 1E/3A/3B 23,5° Ost		Astra 1F – 1H 19,2° Ost		Eutelsat 16° West	
	Länge	Breite	Azimut	Elevation	Azimut	Elevation	Azimut	Elevation
Aachen	6,1	50,8	158,0	29,6	163,5	30,6	167,3	31,1
Augsburg	10,9	48,4	163,3	33,1	169,2	33,9	173,2	34,3
Berlin	13,1	52,4	167,4	29,2	173,0	29,7	176,7	29,9
Bonn	7,1	50,7	159,2	29,8	164,8	30,8	168,6	31,3
Braunschweig	10,5	52,3	163,8	29,0	169,3	29,7	173,1	30,0
Bremen	6,8	53,1	161,8	27,8	167,3	28,6	171,0	29,0
Chemnitz	12,9	50,8	166,9	30,8	171,9	31,4	176,0	31,7
Cottbus	14,3	51,7	168,4	30,0	173,8	30,6	177,9	30,8
Darmstadt	8,7	49,9	160,9	31,1	166,6	32,0	170,4	32,4
Dortmund	7,5	51,5	159,9	29,1	165,4	30,0	169,1	30,5
Dresden	13,8	51,1	167,7	30,6	173,1	31,2	177,1	31,5
Düsseldorf	6,8	51,2	158,9	29,3	164,5	30,2	168,2	30,7
Erfurt	11,0	51,0	164,1	29,6	169,5	31,1	173,6	31,4
Essen	7,0	51,5	159,3	29,1	164,8	30,0	168,6	30,5
Frankfurt/M.	8,7	50,1	161,0	30,9	166,7	31,7	170,5	32,1
Frankfurt/Oder	14,5	52,4	168,8	29,4	174,1	29,9	178,2	30,1
Freiburg/Breisgau	7,9	48,0	159,3	32,8	165,1	33,8	169,1	34,3
Göttingen	9,9	51,5	162,8	30,2	168,4	30,9	172,3	30,8
Halle	12,0	51,5	165,5	29,9	170,8	30,6	171,9	30,2
Hamburg	9,7	53,6	163,4	27,6	168,8	28,3	172,6	28,6
Hannover	9,7	52,4	162,8	28,8	168,4	29,5	172,1	29,8
Heidelberg	8,7	49,4	160,8	31,6	166,5	32,5	170,4	32,9
Jena	11,6	50,9	164,8	30,5	170,2	31,2	172,0	29,2
Kaiserslautern	7,8	49,4	159,7	31,3	165,4	32,3	169,2	32,8
Karlsruhe	8,4	49,0	160,3	31,9	166,1	32,9	170,0	33,3
Kassel	9,5	51,3	162,3	29,8	167,5	30,6	171,7	30,9
Leipzig	12,3	51,3	165,9	30,2	171,2	30,8	175,4	31,1
Lübeck	10,7	53,9	164,3	27,4	169,8	28,0	173,4	28,3
Magdeburg	11,7	52,1	165,3	29,2	170,5	29,9	174,5	30,3
Mainz	8,3	50,0	160,4	30,9	166,1	31,8	169,9	32,2
Mannheim	8,5	49,5	160,5	31,5	166,3	32,4	170,1	32,8
München	11,6	48,1	164,2	33,5	170,1	34,3	174,1	34,6
Nürnberg	11,1	49,5	163,8	32,0	169,6	32,8	173,5	33,1
Regensburg	12,1	49,0	165,1	32,7	170,9	33,4	174,8	33,6
Rostock	12,1	54,1	165,9	27,2	171,3	27,8	175,2	28,2
Saarbrücken	7,0	49,2	158,6	31,3	164,3	32,4	168,2	32,9
Schwerin	11,4	53,6	165,2	27,6	170,4	28,3	174,3	28,6
Stuttgart	9,2	48,8	161,3	32,4	167,0	33,2	171,0	33,6
Würzburg	9,9	49,8	162,5	31,5	168,3	32,3	173,4	29,9
Zwickau	12,6	50,7	166,1	30,8	171,5	31,5	175,5	31,8

Breitbandkommunikations-(BK-)Netz (Prinzipdarstellung)

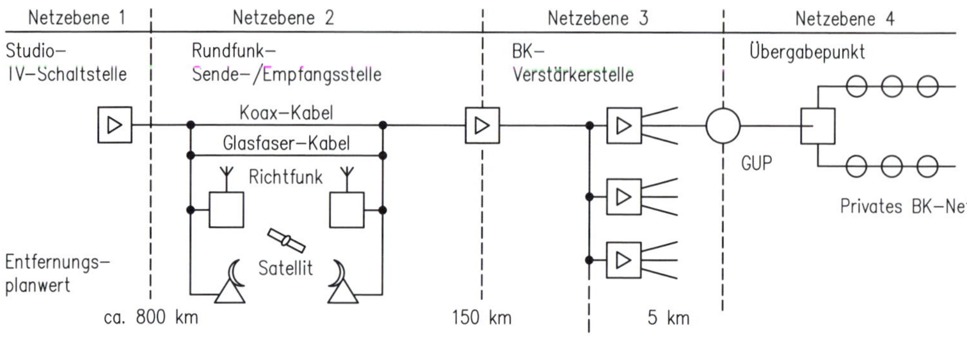

Das Verteilnetz wird in einzelne Abschnitte aufgeteilt, die sogenannten **Netzebenen (NE)**. Dies sind:

- **Netzebene 1:** Video-/Audioebene

Sie umfasst die technischen Einrichtungen der Programmanbieter, z. B. Rundfunkanstalten, für die Übertragung von Bild und Ton zwischen den Aufnahmestudios und den Schaltstellen.

- **Netzebene 2:** Transport der Signale

Die Verteilung der Rundfunksignale erfolgt über Kabel, über Richtfunk oder über Satellit.
Beim Richtfunk werden die Funkwellen (Laser oder Mikrowellen) gebündelt und dann zwischen zwei Antennenanlagen mit Sichtverbindung zueinander (line of sight) übertragen.
Bei der Übertragung via Satellit werden die vom Satelliten empfangenen Signale zuerst demoduliert und anschließend für das Kabelnetz aufbereitet.
Terrestrisch ankommende Signale werden durch Kanalumsetzer in die endgültige Frequenzlage für die Übertragung via Kabel umgesetzt.

- **Netzebene 3:** BK-Verteilstation – GÜP

Die NE3 ist das eigentliche Verteilnetz. Anbieter stellen verschiedene Programme zu sog. Bouquets zusammen, die sie dem Nutzer zur Verfügung stellen und die dann nicht mehr geändert werden können.
Auf der Nutzerseite werden die Signale verstärkt und über passive Komponenten wie Verteiler und Abzweiger auf die angeschlossenen Netze aufgeteilt. Die Übertragung im Netz erfolgt hauptsächlich über Glasfaser- oder Koaxialkabel. Den Abschluss bildet der Gebäude-Übergabepunkt GÜP.

- **Netzebene 4:** Verteilebene GÜP – WÜP

Am GÜP beginnt die Hausverteilanlage, die am Wohnungsübergabepunkt WÜP, im einfachsten Fall an der Antennensteckdose, endet.

Anschluss eines Übergabepunktes

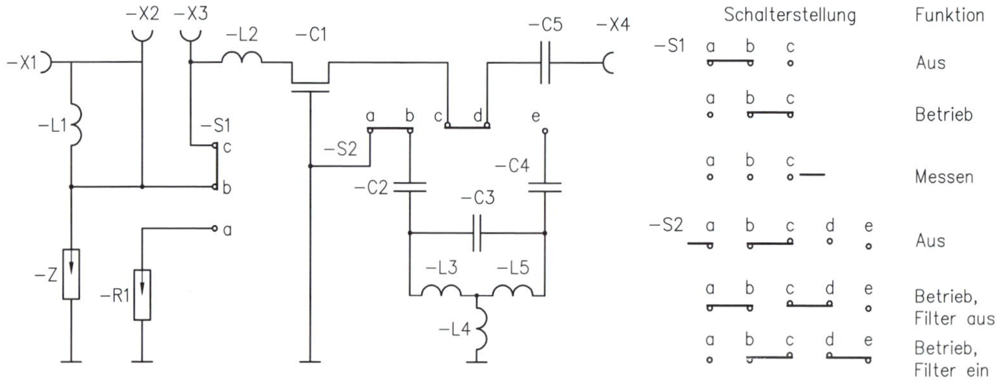

Übertragungsbereiche für Signale in BK-Anlagen FTZ 1R8-15

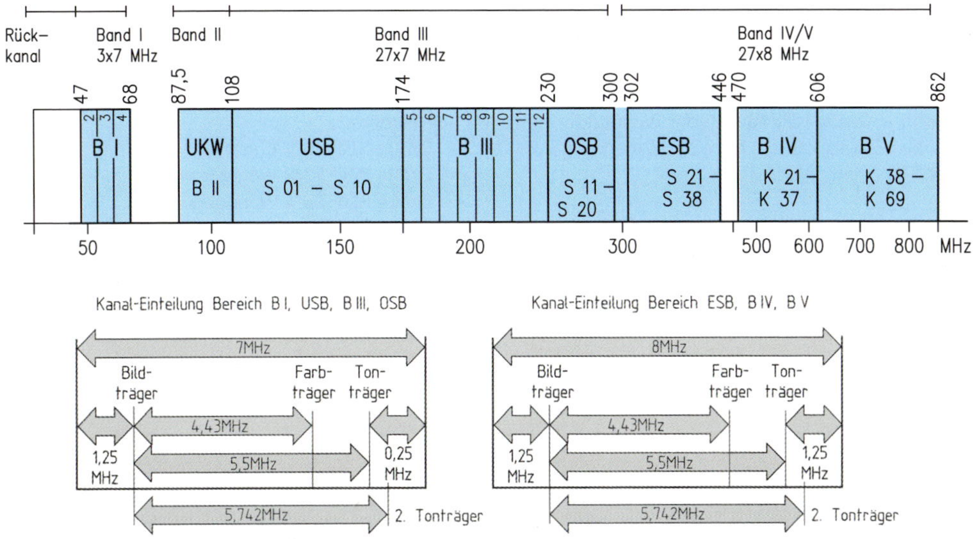

Kennwerte am Übergabepunkt

Signale	Pegel (am Übergabepunkt)	Pegel (BK-Steckdose)
Fernsehsignal bis 300 MHz Fernsehsignal bis 446 MHz (UKW-Tonsignal)	66 dBµV–83 dBµV 62 dBµV–83 dBµV (62 dBµV–76 dBµV)	65 dBµV–75 dBµV (Empfehlung) (56 dBµV–80 dBµV
Abweichungen bei einzelnen Signalen	±3 dB	±3 dB
Übertragunsfrequenzen	**Tonsignal**	**Fernsehsignal**
Bereich	(UKW-FM: 87,5 bis 108 MHz) Digitale Signale: 111 bis 125 MHz	F I: 47 bis 68 MHz F III: 174 bis 230 MHz USB: 125 bis 174 MHz OSB: 230 bis 300 MHz ESB: 302 bis 446 MHz
Pilotsignale	80,15 MHz 287,25 MHz 280,25 MHz	–
Frequenzabstand Frequenzraster	≥ 300 kHz Vielfache von 50 kHz	–
Kanalraster	–	USB, OSB: 7 MHz ESB: 8 MHz
Frequenzabweichungen	≤ ±15 kHz	≤ ±30 kHz

Pegel

$L_U = 20 \cdot \lg \frac{U_a}{U_e}$	$L_U = 20 \cdot \lg \frac{U_a}{1\,\mu V}$
L_U Spannungsübertragungsmaß in dB U_a Ausgangsspannung in V U_e Eingangsspannung in V	L_U Spannungspegel in dBµV U_a Ausgangsspannung in V Bezugsgröße 1 µV

Installationsvorschriften für Breitbandkommunikationsanlagen — DIN EN 50083

Etageninstallation	Wohnungsinstallation
• Ab Gebäudeübergabepunkt GÜP: sternförmig • Steigrohre: Größe KRF16 zu jeder Wohnung (1. Dosen-Einlasskasten) bei einer Entfernung zwischen GÜ und 1. Wohnung < 30 m • Steigrohre: min. Größe KRF29 bei einer Entfernung zwischen GÜ und 1. Wohnung < 30 m (Etagen-Einlasskasten)	• Minimal 2 Dosen-Einlasskästen, empfehlenswert ein Dosen-Einlasskasten pro Zimmer • Verteilrohre – Größe KRF 16/Wohnung – Größe KRF 21/2 Wohnungen – Größe KRF 29/4 Wohnungen • Kabelanschluss- und Telefonkasten sind nebeneinander zu setzen. • Einbau eines Wohnungsverstärkers mit 230-V-Anschluss am Eingang der Wohnung vorsehen

Teilnehmerdose

Typ	Entkopplung	Schirmungsmaß	Rückflussdämpfung
Dreiloch CATV Teilnehmerdose	> 42 dB zwischen 2 beliebigen Teilnehmerdosen (7 MHz Raster) > 36 dB zwischen 2 beliebigen Teilnehmerdosen (8 MHz Raster)	85 dB (30–300 MHz) 80 dB (300–470 MHz) 75 dB (470–860 MHz)	Eingang/Ausgang > 18 dB (5–40 MHz) > 18 dB (40–860 MHz–1,5 dB/Oktave)

Kabel und Verteilelemente

Hausinstallation	Schirmungsmaß	Rückflussdämpfung
Ausnahmslos in 75 Ohm-Technik zu erstellen	Teilnehmeranschlusskabel 75 dB (30–860 MHz) Installationskabel 85 dB (30–860 MHz, jeweils doppelt abgeschirmt) Abzweig- und Verteilelemente	Installationskabel: > 23 dB (5–470 MHz) > 20 dB (470–860 MHz) Abzweig-/Verteilelemente: > 22 dB (5–40 MHz) > 22 dB (40–860 MHz)

Übergabepegel

Anzahl der Wohnungen		1	2	4	6	10	15	20
Übergabepegel in dBμV	50/110 MHz	79	83	88	90	93	96	98/99
	450 MHz	81	85	90	92	96	99	101
	600 MHz	82	86	91	93	97	100	103

Strukturierte Verkabelung — DIN EN 50173

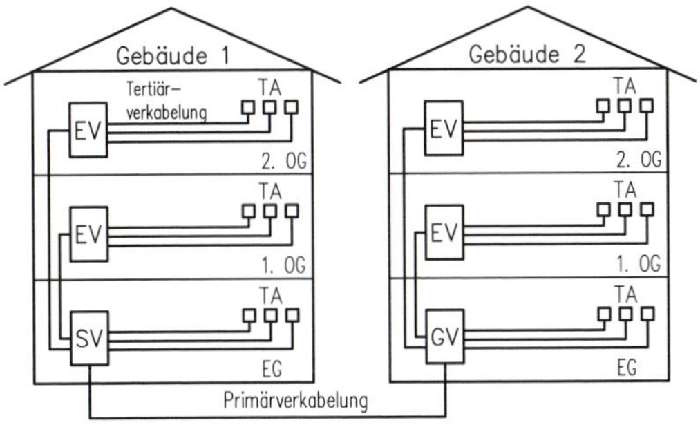

Verkabelungsbereiche:
- Primärverkabelung
  Geländebereich
  Campus Backbone Cabling
- Sekundärverkabelung
  Gebäudebereich
  Building Backbone Cabling
- Tertiärverkabelung
  Etagenbereich
  Horizontal Cabling

Primär- und Sekundärverkabelung (Gelände- und Gebäudeverkabelung)

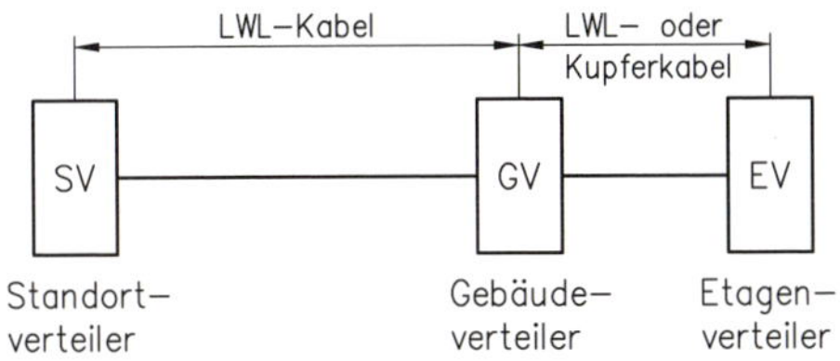

Übertragungsstrecke
- Geländebereich + Gebäudebereich + Etagenbereich: max. 2000 m

Kabeltypen
- Twisted Pair Kabel, 100 Ohm, ≈ 500 m
- LWL, 50/125 µm, Multimode, < 1500 m
- LWL, 9/125 µm, Monomode, > 2 km
- LWL, 62,5/125 µm, Multimode (alternativ)

Tertiärverkabelung (Etagenverkabelung)

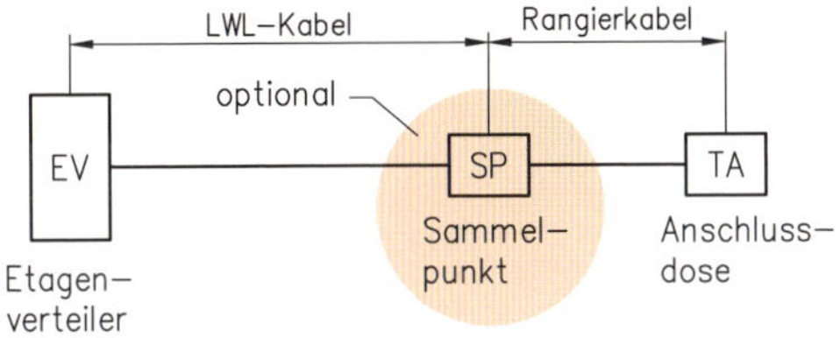

Kabellängen
- Vom anwendungsspezifischen Gerät, z. B. Switch, bis zum Endgerät, z. B. PC: max. 100 m
- Fest verlegte Installationskabel zwischen Verteilerpanel und Geräteanschlussdose: max. 90 m
- Geräteanschlusskabel: max. 20 m
- Rangierkabel: max. 5 m
- Entfernung Sammelpunkt-Etagenverteiler: mind. 15 m

Kabeltypen
- Twisted Pair Kabel, 100 Ohm, 4-paarig, < 90 m
- LWL, 50/125 µm, Multimode

Kategorien von Einzelkomponenten

- Die Einzelkomponenten wie Kabel und Produkte der Anschlusstechnik (Stecker, Kupplungen u. a.) werden entsprechend ihrer Übertragungs- und Hochfrequenzeigenschaften in Kategorien oder Klassen eingeteilt.
- Je höher der Buchstabe, desto härter sind die Anforderungen an den Übertragungskanal und somit auch an das Kabel. Werden z. B. nur Kategorie-5-Komponenten in einem System benutzt, kann ein Kabel der Klasse D verwendet werden; das Gleiche gilt für Kategorie 6 und Klasse E bzw. Kategorie 7 und Klasse F.

Kupfer-Produkte	LWL-Produkte	Kupfer-Installation	LWL-Installation
Kategorie 2: bis 1 MHz Kategorie 3: bis 16 MHz Kategorie 4: bis 20 MHz Kategorie 5: bis 100 MHz Kategorie 6: bis 250 MHz Kategorie 7: bis 600 MHz	OM1: MMF 62,5/125 µm OM2: MMF 50/125 µm OM3: MMF 50/125 µm (Spezialfasern) OS1: SMF 9/125 µm	Klasse A: bis 100 kHz Klasse B: bis 1 MHz Klasse C: bis 16 MHz Klasse D: bis 100 MHz Klasse E: bis 250 MHz Klasse F: bis 600 MHz	Klasse OF-300: max. 300 m Länge Klasse OF-500: max. 500 m Länge Klasse OF-2000: max. 2000 m Länge

Elektrische Grenzwerte — DIN EN 50173

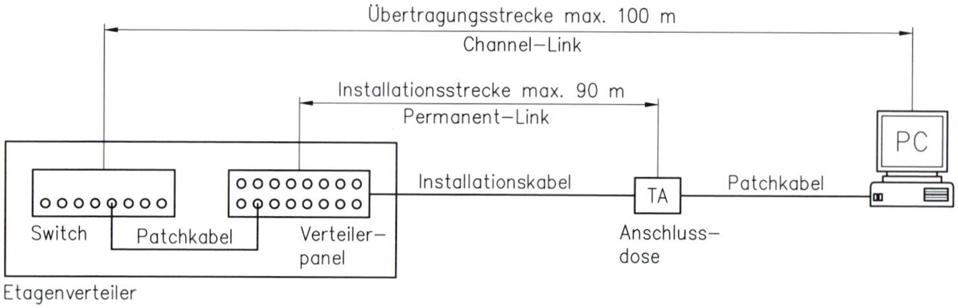

- Installationsstrecke (*Permanent Link*) ist die Verbindung vom Verteilerpanel über das Verlegekabel bis zur Anschlussdose am Arbeitsplatz, **ohne** die Geräteanschlusskabel (Patchkabel).
- Übertragungsstrecke (*Channel Link*) ist die Verbindung vom Verteilerpanel über das Verlegekabel bis zur Anschlussdose am Arbeitsplatz, **inklusive** der Geräteanschlusskabel (Patchkabel).

Übertragungsstrecke *Channel Link*

Klasse	Dämpfung	NEXT	ACR	ELFEXT	PS NEXT	PSACR	PS ELFEXT	Return Loss
D (100 MHz)	24,0 dB	30,1 dB	6,1 dB	17,4 dB	27,1 dB	3,1 dB	14,4 dB	10 dB
E (250 MHz)	35,9 dB	33,1 dB	–2,8 dB	15,3 dB	30,2 dB	–5,8 dB	12,3 dB	8 dB
F (600 MHz)	54,8 dB	51,2 dB	–3,4 dB	31,3 dB	48,2 dB	–6,4 dB	28,3 dB	8 dB

Installationsstrecke *Permanent Link*

Klasse	Dämpfung	NEXT	ACR	ELFEXT	PS NEXT	PSACR	PS ELFEXT	Return Loss
D (100 MHz)	20,4 dB	32,3 dB	11,9 dB	18,6 dB	29,3 dB	8,9 dB	15,6 dB	12 dB
E (250 MHz)	30,7 dB	35,3 dB	4,7 dB	16,2 dB	32,7 dB	2,0 dB	13,2 dB	10 dB
F (600 MHz)	46,6 dB	54,7 dB	8,1 dB	32,6 dB	51,7 dB	5,1 dB	29,6 dB	10 dB

Parameter der Übertragungstechnik

- **Dämpfung.** Bei Leitungen hängt die Dämpfung von der Leitungslänge und von den Leitungskonstanten ab.
- **NEXT.** Die Nahnebensprechdämpfung (Near End Crosstalk) ist ein Maß für das Übersprechen zwischen zwei Paaren am Ende der Übertragungsstrecke.
- **FEXT.** Die Fernnebensprechdämpfung (*Far End Crosstalk*) wird am „fernen" Ende der Übertragungsstrecke gemessen.
- **ELFEXT.** *Equal Level FEXT* ist ein Maß für das Übersprechen am „fernen" Ende, von dem die Paardämpfung abgezogen wird.
- **ACR.** *Attenuation to Crosstalk Ratio* ist das Verhältnis zwischen Nebensprechen und Dämpfung (ACR = NEXT – Dämpfung).
- ***Power Sum.*** Die Summe der Störungen, die von drei Paaren in das vierte eingekoppelt werden.
- **PSNEXT.** *Power Sum NEXT*
- **PSARC.** *Power Sum ARC*
- **PSELREXT.** *Power Sum ELFEXT*
- ***Return Loss.*** Die Rückflussdämpfung ist ein Maß für die Reflexion des übertragenen Signals, das durch Impedanzsprünge auf der Übertragungsstrecke verursacht wird.
- **Signallaufzeit** *Propagation Delay.* Laufzeit des Signals auf der Übertragungsstrecke
- ***Delay Skew.*** Laufzeitunterschiede zwischen den einzelnen Paaren

Bauartkurzzeichen für Leitungen und Kabel der TK-Technik — DIN VDE 0812/0813/0816

Beispiel:

J – Y (St) Y 16 × 2 × 0,8 Bd
1 2 3 2 4 5 6 7

Kurzzeichen	Bedeutung	Kurzzeichen	Bedeutung
	1 Kabeltyp		**3 Abschirmung**
A-	Außenkabel	C	Kupferdrahtgeflecht
AB-	Außenkabel mit Blitzschutz	D	Kupferdrahtbespinnung
AJ-	Außenkabel mit Induktionsschutz	(K)	Kupferband
H-	Handapparateleitung	(mS)	Eisenband (magnetischer Schirm)
J-	Installationskabel und Stegleitung	(St)	Statischer Schirm
JE-	Installationskabel für Industrieelektronik	(Z)	Zugentlastung mit Stahldrahtgeflecht
LH-	Leichte Handapparateleitung	(Zg)	Zugentlastung aus Glasgarnen
S-	Schaltkabel		**4 Erste Zahl**
T-	Aufteilungskabel		Anzahl der Adern und/oder Doppeladern
F-	Flache Stegleitung		**5 Zweite Zahl**
Li-	Litzenleiter		Adrige oder paarige Anordnung (Twisted Pair Kabel)
	2 Isolierhülle/Mantel		
B	Baum- oder Zellwolle		**6 Dritte Zahl**
E	Eingebettetes Kunststoffband		Leiterquerschnitt in mm2
FE	Kabel mit Flammenschutz bis 20 Minuten		**7 Verseilart**
G	Gummihülle	Bd	Bündelverseilung
H	Halogenfreier Werkstoff	Kx	Koaxialleitung
K	Textilbeflechtung	Lg	Lagenverseilung
L	Glatter Aluminiummantel	St	Sternvierer mit besonderen Eigenschaften
LD	Aluminium-Wellmantel	I .. VI	Bei 800 Hz bis 17 MHz
(L)2Y	Aluminiummantel mit PE-Material Verschweißt	TF	Trägerfrequenzkabel oder Trägerfrequenzvierer
			8 Form
M	Bleimantel	D	Drilling
P	Papiermantel	E	Eindrähtig
Rar	Rohrdrahtmantel aus Aluminium, gerillt	F	Feindrähtig
RZ	Rohrdrahtmantel aus Zinkband	fl	Flach
T	Tragorgan aus Stahl, Textil oder Kunststoff	Li	Litzenleiter aus verseilten Drähten
U	Umflechtung aus Kunstseide, Baumwolle oder Zellwolle	m	Mehrdrähtig
		rd	Rund
W	Stahlwellmantel	s	Sektorförmig
Y	Polyvenylchlorid (PVC)	Z	Zwilling
Yv	Verstärkte Schutzhülle aus PVC		**9 Aderisolierung**
2Y	Polyethylen (PE)	F	Folienisolierung
2Yv	Verstärkte Schutzhülle aus PE	2G	Siliconkautschuk
02Y	Zell-Polyethylen	3G	Butylkautschuk oder APTK
3Y	Polystyrol (Styroflex)	4G	Ethylen-Vinylazetat-Katuschuk (AVK)

Ringfarben von Installationsleitungen

Paar	a-Ader	b-Ader	Ringkennzeichnung
1	Blau	Rot	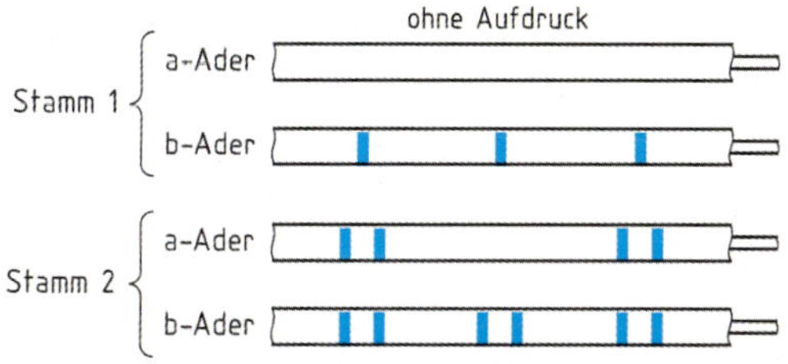
2	Grau	Gelb	
3	Grün	Braun	
4	Weiß	Schwarz	

Leitungen und Kabel für TK-Anlagen — DIN VDE 0812/0815/0817

Bezeichnung	Kurzzeichen	Durchmesser *d* in mm	Aufbau	Verwendung	DIN VDE
Schaltdrähte	YV	0,3; 0,4; 0,5; 0,8; 1,0; 1,4	Verzinnter Cu-Draht, Isolierhülle aus PVC	Verdrahten von Geräten und Anlagen	0812
Schaltlitzen	LiY	0,25; 0,4; 0,5; 0,8; 1,0	Versilberter Cu-Leiter, Isolierhülle aus PVC	Bewegliche Verbindungen in Geräten	0812
Geschirmte Schaltdrähte	YV(St)Y	0,5; 0,8; 1,0; 1,4	Verzinnter Cu-Draht mit kunststoffkaschiertem Metallband, PVC-Mantel	Abgeschirmte Verdrahtungen in Geräten und Anlagen	0812
Installationsdrähte	Y	0,6; 0,8	Cu-Leiter, Isolierhülle aus PVC	In Anlagen offen oder im Rohr verlegt	0815
Installationskabel	J-Y(St)Y	0,6; 0,8	Cu-Leiter, Isolierhülle aus PVC, kunststoffkaschiertes Metallband, PVC-Mantel	Verlegung in Gebäuden	0815
Installationskabel	JE-Y(St)Y	0,8	Cu-Leiter, PVC-Isolierhülle, kunststoffkaschiertes Metallband mit Beidraht, schwarzer PVC-Mantel	Kabel für Industrieelektronik in Gebäuden	0815
Geschirmte Schlauchleitung	L-YCY	0,5; 0,75	Cu-Litze, PVC-Isolierhülle, Schirm aus Cu-Drahtgeflecht, schwarzer PVC-Mantel	Bewegliche Verbindungsleitung für ortsveränderliche TK-Anlagen	0817

Koaxialkabel — DIN EN 50117-1, VDE 0887-1

Beispiel: HF 75 - J - 0,75/4,75 - Cu
Innenkabel mit einem Wellenwiderstand von 75 Ω und einer Abschirmung aus Kupfer, wobei der Innendurchmesser 0,75 mm und der Außendurchmesser 4,75 mm beträgt.

Kabeltyp	0,5/1,5	0,4/3,3	0,65/4,3	0,75/4,75	1,1/5,3	1,1/7,5
Innenleiter • in mm • Werkstoff	 0,5 Cu-Litze	 0,4 Staku	 0,65 Cu	 0,75 Staku	 1,1 Cu	 1,1 Cu
Außenleiter	Cu-Geflecht	Al + CuSn	Al + CuSn	Al + CuSn	Al + CuSn	Cu
Mantel-Ø in mm	2,8	3,3	4,3	4,75	5,3	7,5
Wellenwiderstand in Ω	50	75	75	75	75	75
Biegeradius in mm	≥ 10	≥ 30	≥ 35	≥ 35	≥ 35	≥ 150
Dämpfung in dB/100 m • 100 MHz • 200 MHz • 300 MHz • 450 MHz • 800 MHz • 1 GHz • 1,75 GHz • 2,05 GHz	 11 16 – 28 37 – – –	 15 21 26 32 42 48 64 72	 10 14 17 22 29 34 45 50	 9 13 15 19 26 30 41 46	 6 8 10 12 18 21 28 31	 5 8 10 12 17 19 27 30
Anwendung	Datenkabel ETHERNET	Innenverlegung von Breitbandkommunikationsanlagen				Erdkabel

Koaxialkabel für BK-Verteilanlagen (Herstellerangaben)					
Kabel-Bezeichnung	A-2Y0KD2Y-1tKx	A-2Y0K2Y-1sKx	A-2Y0k2Y-1qKx	A-2Y0K2Y-1nKx	A-2YK2Y-1iKx
Kabelart	Flexwell-Kabel	Luftkammer-kabel	Luftkammer-kabel	Luftkammer-kabel	Voll-PEKabel
Einsatz (Netzebene)	BKV 1 TV-Emp-fangstelle	A-Ebene BK-Verstär-kerstelle	A-/B-Ebene BK-Verstär-kerstelle	C-Ebene BK-Verstär-kerstell	D-Ebene ÜP-private BK-Anlage
Abmessungen: • Innenleiterdurchmesser in mm • Außenleiterdurchmesser in mm • Manteldurchmesser in mm	 11,0 42,0 51,0	 4,9 19,4 23,0	 3,3 13,5 17,0	 2,2 8,8 12,5	 1,1 7,3 11,0
Mechanische Eigenschaften: • Biegeradius in mm (mehrmalig/einmalig) • Maximale Zugbelastung in N	 800/ 350 3700	 500/ 250 –	 200/ 550	 250/ 250 350	 150/ 150 300
Gleichstrom-Widerstand in Ω/km • Innenleiter • Außenleiter • Schleifenwiderstand	 0,40 0,35 0,75	 1,0 1,2 2,2	 2,5 2,0 4,5	 5,6 3,0 8,6	 18,1 2,9 21,0
Wellenwiderstand in Ω	75 ± 1,5	75 ± 1,5	75 ± 1,5	75 ± 2	75 ± 2
Kapazität in pF/m	–	50	50	50	67
Reflexionsdämpfung (40 bis 300 MHz)	≥ 26 dB	≥ 26 dB	≥ 26 dB	≥ 26 dB	≥ 26 dB
Dämpfung in dB/100 m bei 450 MHz	1,5	2,9	4,1	6,2	12,2

Dämpfung in Abhängigkeit von der Frequenz

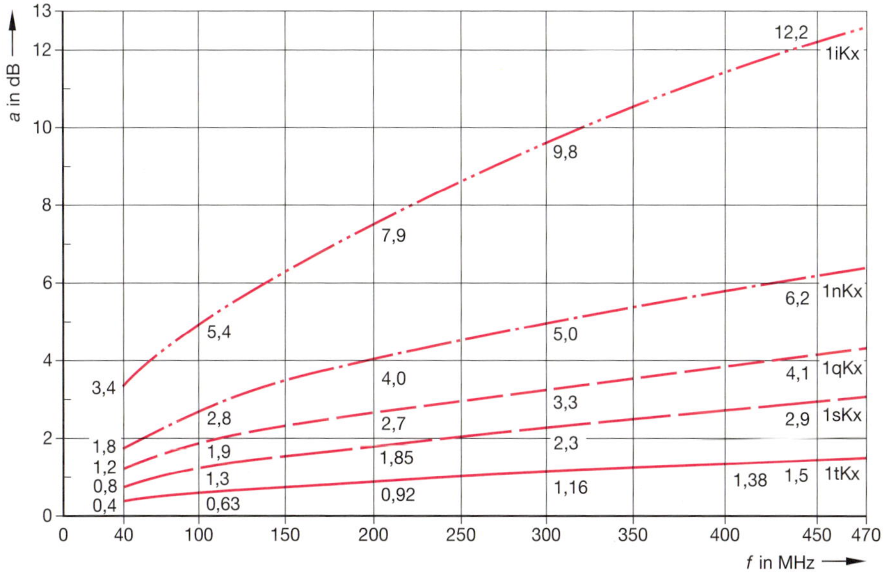

Kennzeichnung von Netzwerkkabeln

Beispiel: 10 BASE 5

- Vorgesehene Übertragungsrate in Mbit/s (10)
- Base (Basisband) Broad (Breitband) (BASE)
- Mal 100 ergibt die maximale Länge (5)

Zusatz F für LWL
Zusatz T für Twisted Pair

Koaxkabel mit einer Übertragungskapazität von 10 Mbit/s und einer maximalen Kabellänge von 500 m

Ethernet-Netzwerke — IEEE 802.3

Bezeichnung/ Kurzzeichen	Arten	Kabel	Maximale Kabellängen
Ethernet mit 10 Mbit/s 10 BASE X	10 Base 5	Thick Wire (Koaxkabel)	500 m Segmentlänge
	10 Base 2	Thin Wire (dünnes Koaxkabel)	185 m Segmentlänge
	10 Base T	Twisted Pair Kabel, Kat. 3, 5, 6	100 m Segmentlänge
	10 Base F	LWL-Kabel, MMF (50/125 µm oder 62,5/125 µm), 850 nm	2 000 m
Fast Ethernet mit 100 Mbit/s 100 Base FX	100 Base TX	Twisted Pair Kabel, Kat. 5, 6, 7	100 m
	100 BASE FX	LWL-Kabel, MMF, 1 300 nm	412 m (Switched Ethernet, halbduplex) 2 km (Switched Ethernet, vollduplex) 161 m (Shared Ethernet, Class I Hub)
	100 Base SX	LWL-Kabel, MMF, 850 nm	–
Gigabit Ether-net mit 1 000 Mbit/s 1 000 BASE X	1 000 Base LX	LWL-Kabel, SMF/MMF, 1 300 nm	3 km (Switched Ethernet mit SMF) 440 m (Switched Ethernet mit MMF)
	1 000 Base SX	LWL-Kabel, MMF, 850 nm	260 m (Switched Ethernet mit MMF) 550 m (Switched Ethernet, 50/125)
	1 000 Base T	Twisted Pair Kabel, Kat. 6, 7	100 m (Switched Ethernet)
10 Gigabit Ethernet mit 10 Gbit/s 10 GBASE X	10 GBase SR	LWL-Kabel, MMF, 850 nm	86 m (OM2-Standardfaser) 110 m (optimierte OM2-Faser) 300 m (OM3-Faser)
	10 GBase LR	LWL, SMF/MMF, 1 300 nm, seriell	2 000 m (OS1-Faser)
	10 GBase LX4	LWL, SMF/MMF, 1 300 nm	–

Bezeichnung von Kupferkabeln entsprechend der Abschirmung

Bezeichnung	UTP	STP	S-STP, PiMF
Bedeutung	*Unshielded Twisted Pair* Ungeschirmtes verdrilltes Paar	*Shielded Twisted Pair* Geschirmtes verdrilltes Paar	*Screened STP* Geschirmtes verdrilltes Paar, Metallfolie
Schematische Darstellung	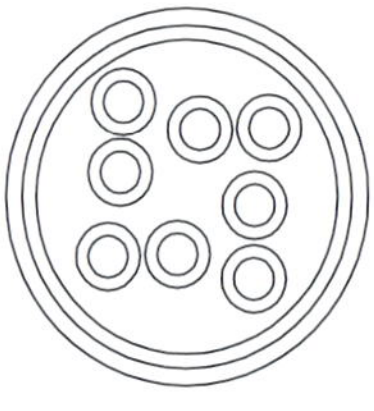	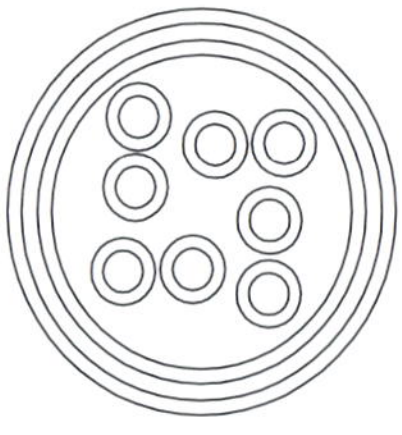	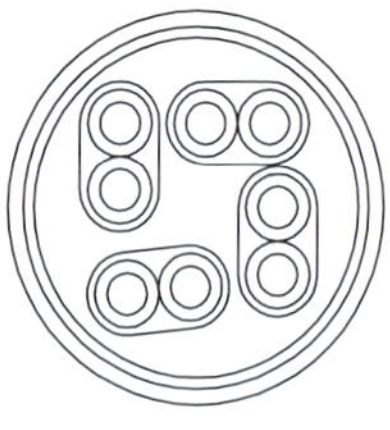

Lichtübertragungstechnik

Lichtquelle	Ethernet-Anwendung	Wellenlänge in nm	Übertragungsrate in Mbit/s
LED 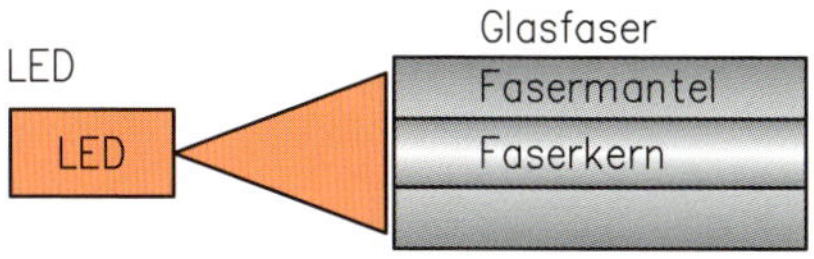	10 Base F	850	10
	100 Base SX	850	100
	100 Base FX	1300	100
VCSEL 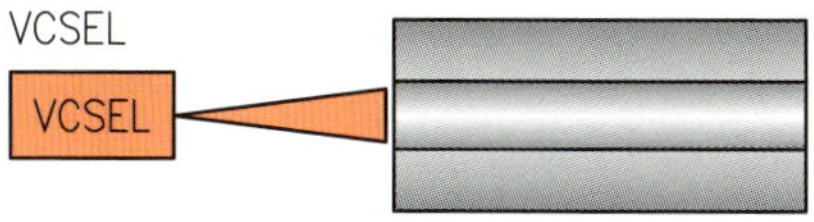	1000 Base SX	1300	1000
	10 GBase SR	850	10000
Laser 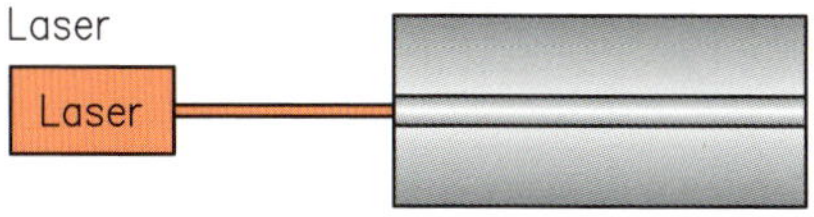	10 GBase SR	850	10000
	10 GBase LR	1300	10000

Lichtwellenleitertypen — DIN EN 60794-1-1

Brechungsindexprofil	Faserquerschnitt	Eingangsimpuls	Längsschnitt mit Lichtausbreitung	Ausgangsimpuls
Einmoden-Stufenfasern *Single Mode Faser (SMF)*				
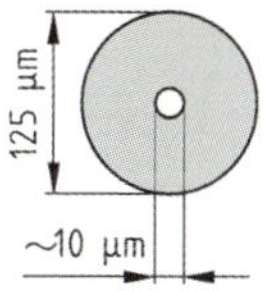	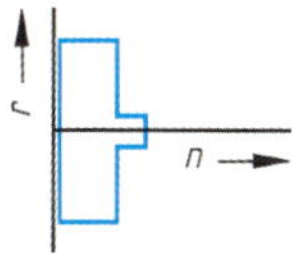	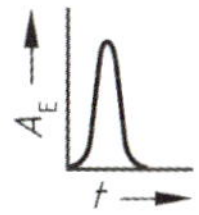	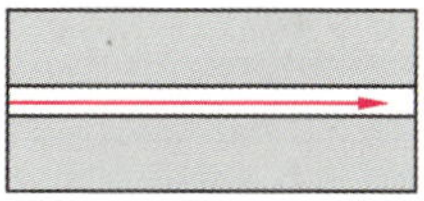	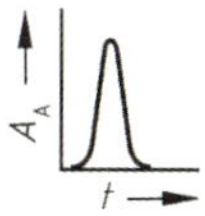
Mehrmoden-Stufenfasern *Multi Mode Faser (MMF)*				
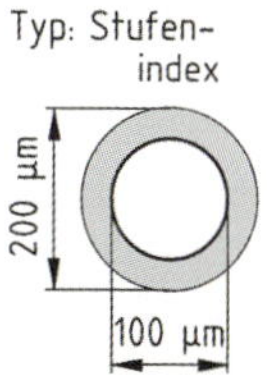	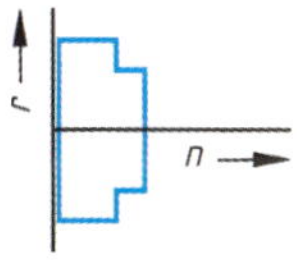	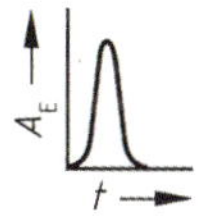	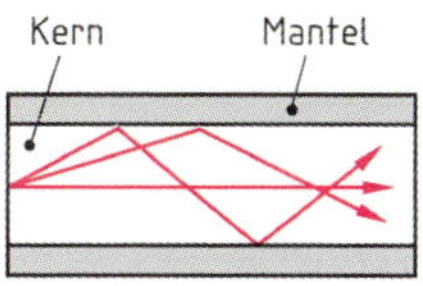	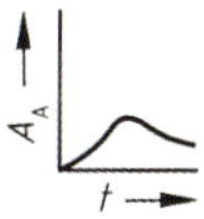
Mehrmoden-Gradientenfasern *Multi Mode Faser (MMF-G)*				
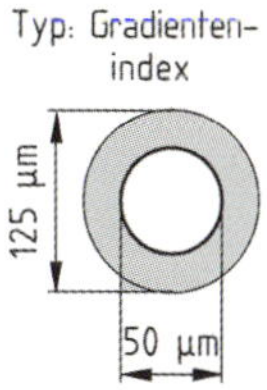	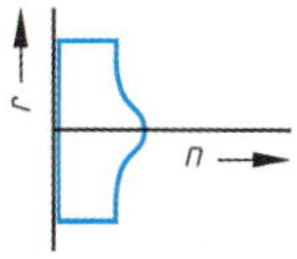	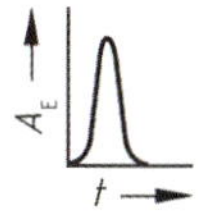	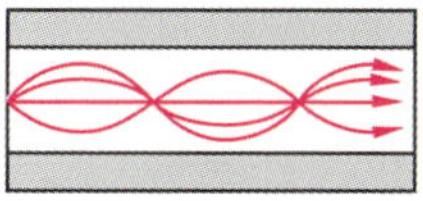	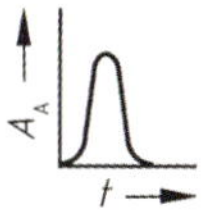

Aufbau von Lichtwellenleitern

Innenkabel

Duplexkabel

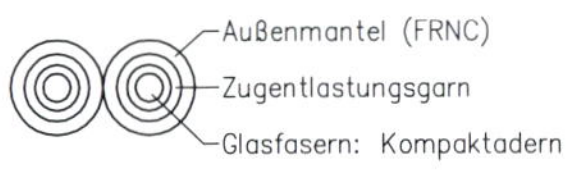

Minibreakoutkabel (Riserkabel)

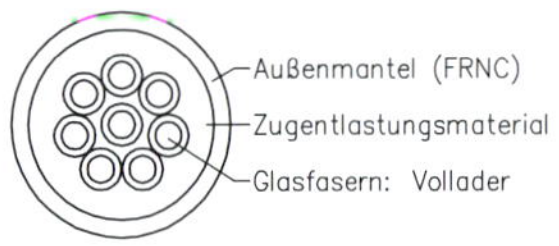

Breakoutkabel

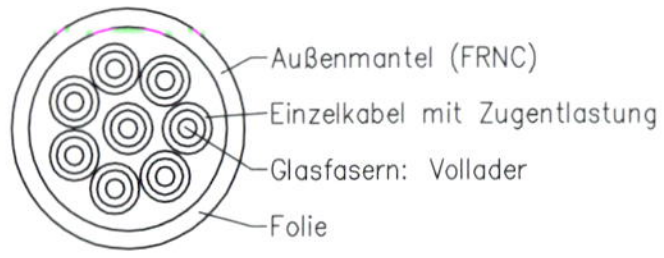

- Der Kabelaufbau erfolgt mit Volladern oder Kompaktadern. Als Zugentlastungsmaterial wird Aramidgarn (Kevlar) verwendet. Der Außenmantel besteht aus halogenfreiem, flammwidrigem Kunststoff (FRNC).
- Innenkabel können in der Sekundär- und Tertiärverkabelung *(fiber-to-the-desk, fiber-to-the-office)* eingesetzt werden. Sie eignen sich besonders für die direkte Steckermontage.

Universalkabel

Universalkabel mit zentraler Bündelader

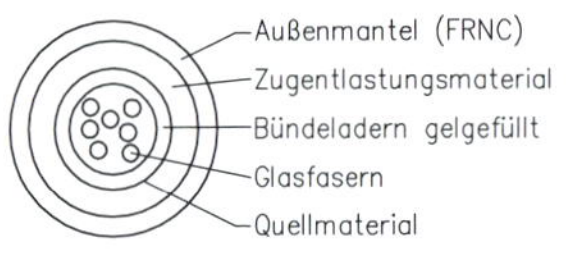

Universalkabel mit verseilter Bündelader

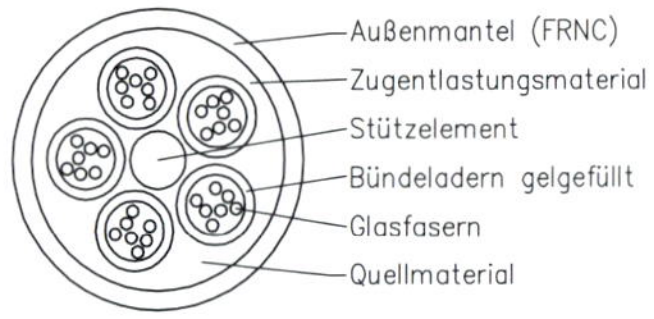

- Der Außenmantel ist aus einem halogenfreien, flammwidrigen Kunststoff (FRNC).
- Universalkabel sind sowohl für die Verlegung im Außenbereich als auch für die Installation in Gebäuden geeignet; d. h., sie können für die Primär- und Sekundärverkabelung verwendet werden.

Außenkabel

Außenkabel mit zentraler Bündelader

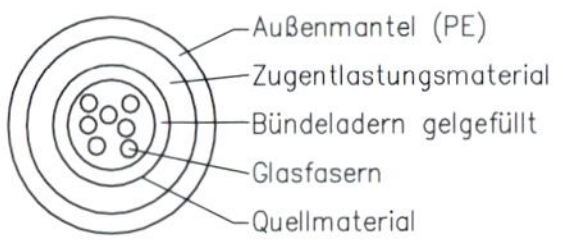

Außenkabel mit verseilter Bündelader

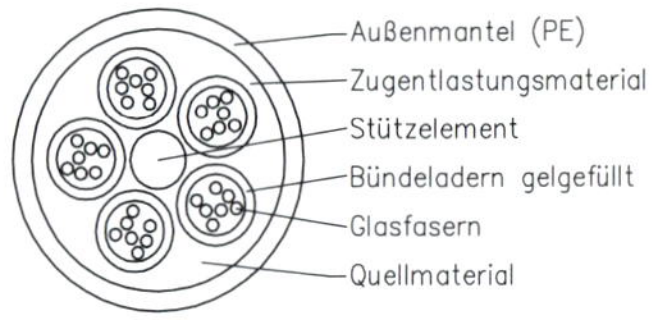

- Der Außenmantel ist aus Polyethylen (PE); er ist besonders UV-beständig.
- Außenkabel werden in der Primärverkabelung eingesetzt. Sie sind besonders robust und widerstandsfähig ausgelegt, sodass sie die Fasern vor hohen mechanischen Belastungen und Umwelteinflüssen wie Feuchtigkeit und Frost schützen.

Kenndaten von LWL[1]

Fasertyp	G 50/125	E 9/125
Kern-Ø in µm	50 ± 3	≈ 9
Feld-Ø in µm	–	9 ± 1
Mantel-Ø	250 ± 25 µm	250 ± 25 µm
Zugfestigkeit	5 N	5 N
Mittl. Bruchfestigkeit	50 N	50 N
Bandbreite in MHz · km bei	850 nm: 200 ... 600 1300 nm: 600 ... 1200	–
Dämpfung in dB/km bei	850 nm: 2,5 ... 3,5 1300 nm: 0,7 ... 1,5	–

[1] Herstellerangaben.

LWL-Steckverbindungen

Kupplung eines Lichtsenders an einen LWL

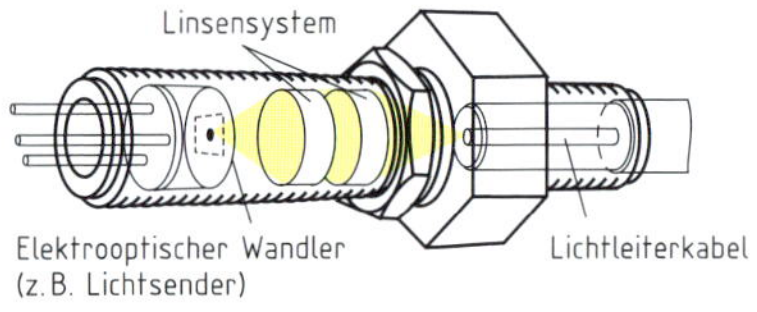

Kupplung zweier LWL

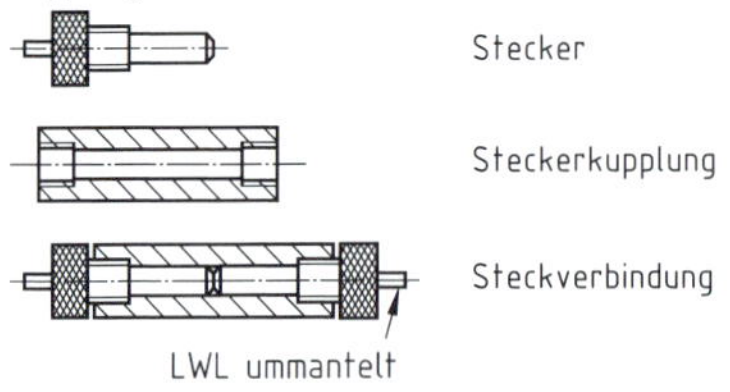

Kennzeichnung von Lichtwellenleitern — DIN EN 60794

Beispiel:	A-	W	S	F	(ZN)2Y	Y	12	G	50 /	125	3,0	B	600	Lg
Nummer	1	2	3	4	5	6	7	8	9	10	11	12	13	14

Beispiel: A-WSF(L)(ZN)2Y 12 G 50/125 3,0 B 600 Lg

Außenkabel mit gefüllten Hohladern, Metallelemente in der Kabelseele, die gefüllt ist, PE-Mantel mit nichtmetallenen Zugentlastungselementen und PVC-Mantel, 12 Gradientenfasern mit 50 µm Kerndurchmesser und 125 µm Manteldurchmesser, die einen Dämpfungskoeffizienten von ≤ 3 dB/km und einer Bandbreite von 600 MHz je km bei einer Wellenlänge von 850 nm, Lagenverseilung

Nr.	Kurzzeichen	Erläuterung
1	A	Außenkabel
	AT	Außenkabel,
	J	aufteilbar Innenkabel
2	F	Faser
	V	Vollader
	W	Hohlader, gefüllt
	D	Bündelader, gefüllt
3	S	Metallenes Element in der Kabelseele
4	F	Füllung mit Petrolat
5	H	Außenmantel aus halogenfreiem Material
	Y	PVC-Mantel
	2Y	PE-Mantel
	(L)2Y	Schichtenmaterial
	(ZN)2Y	PE-Mantel mit nichtmetallenen Zugentlastungselementen
	(L)(ZN)-2Y	Schichtenmaterial mit nichtmetallenen Zugentlastungselementen

Nr.	Kurzzeichen	Erläuterung
6	B	Bewehrung
	BY	Bewehrung aus PVC-Schutzhülle
	B2Y	Bewehrung aus PE-Schutzhülle
	H	Mantel (halogenfreies Material)
	Y	PVC-Mantel
7	xxx	Anzahl der Adern
8	E	Einmodenfaser (MNM)
	G	Gradientenfaser Glas/Glas
	K	Stufenfaser Kunststoff
9	xxx	Kerndurchmesser in µm oder Felddurchmesser in µm bei Einmodenfasern (MNM)
10	xxx	Manteldurchmesser in µm
11	xxx	Dämpfungskoeffizient in dB/km
12	B	Wellenlänge 850 nm
	F	Wellenlänge 1 300 nm
	H	Wellenlänge 1 550 nm
13	xxx	Bandbreite in MHz ↔ km
14	Lg	Lagenverseilung

Aderaufbau von Lichtwellenleitern und Lichtwellenkabeln — DIN EN 60794

Bild	Verseilung	Bild	Verseilung
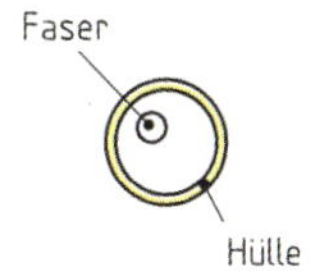	**Hohlader.** Sie besteht aus einer Faser und einer losen Hülle (Schutzschlauch), die sie umgibt.	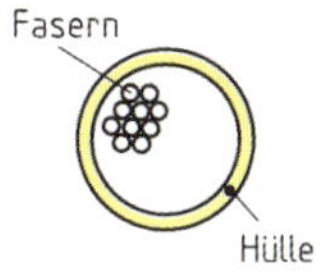	**Bündelader.** Mehrere Fasern mit einer gemeinsamen losen Hülle bilden eine Bündelader.
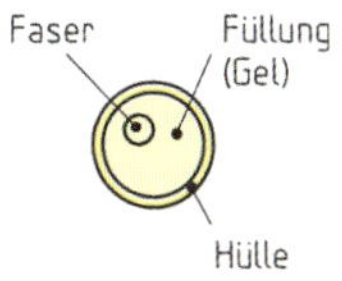	**Gefüllte Hohlader** (Kompaktader). Eine Hohlader, bei der der Zwischenraum zwischen Faser und Hülle mit Kunststoff gefüllt ist.	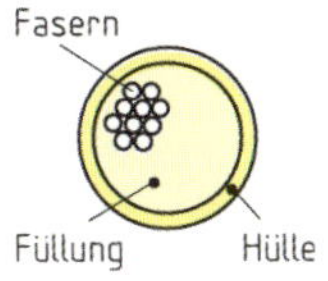	**Gefüllte Bündelader.** Eine Bündelader, deren Zwischenräume gefüllt sind
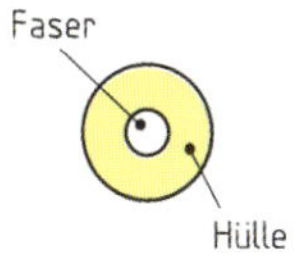	**Vollader.** Sie besteht aus einer Faser mit einer Hülle, die unmittelbar über der Faser sitzt.	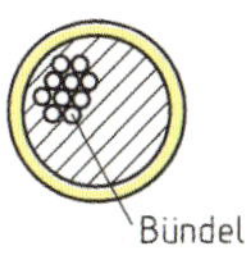	**Bündel.** Eine Zusammenfassung von Adern oder Bündeladern **Stützelement** aus Metall, nimmt in Längsrichtung Zug- und/oder Druckkräfte auf.

Paar- und Farbzuordnung für Datenkabel und Stecksysteme

Paare	EIA/TIA 568/V1		EIA/TIA 568/V2		DIN 47100		IEC 189.2	
	Anschluss	Kabel	Anschluss	Kabel	Anschluss	Kabel	Anschluss	Kabel
Paar 1	ws/bl	bl	gn	rt	ws	br	ws	bl
Paar 2	ws/or	or	sw	gb	gn	gb	ws	or
Paar 3	ws/gn	gn	bl	or	gr	rs	ws	gn
Paar 4	ws/br	br	br	sf	bl	rt	ws	br

Farbkurzbezeichnung

Kurzzeichen	Farbe	Kurzzeichen	Farbe	Kurzzeichen	Farbe
ws	Weiß	br	Braun	sf	Schiefer
bl	Blau	gr	Grau	tk	Türkis
or	Orange	rt	Rot	vl	Violett
gn	Grün	gb	Gelb	rs	Rosa

Kontaktbelegung für Datendienste

Ethernet, 100VG/4, 100BaseTX	Analog- oder ISDN-Telefon

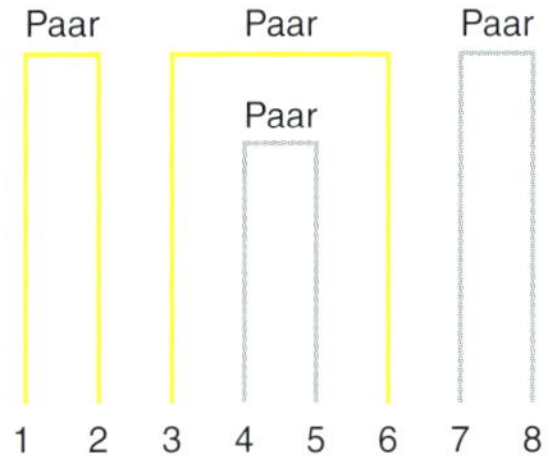

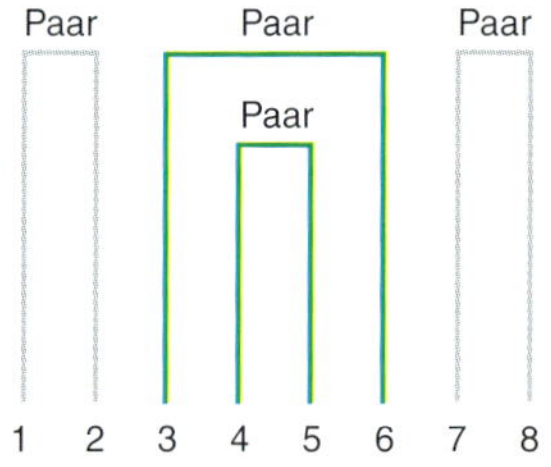

Belegung des RJ45-Steckers (Western Stecker)

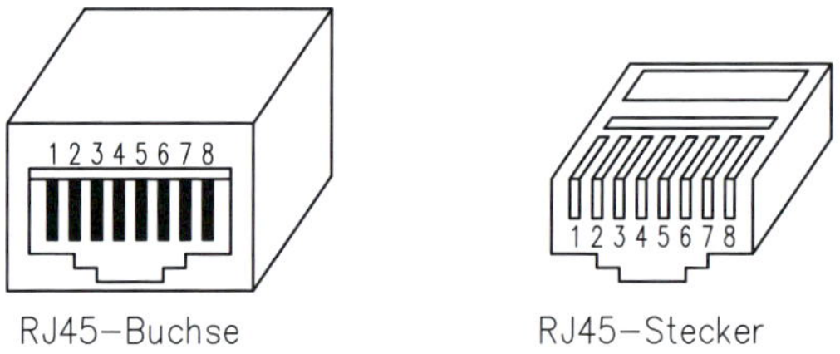

ISO/IEC 11801, EN 50173	EIA/TIA 568, Version 1	EIA/TIA 568, Version 2

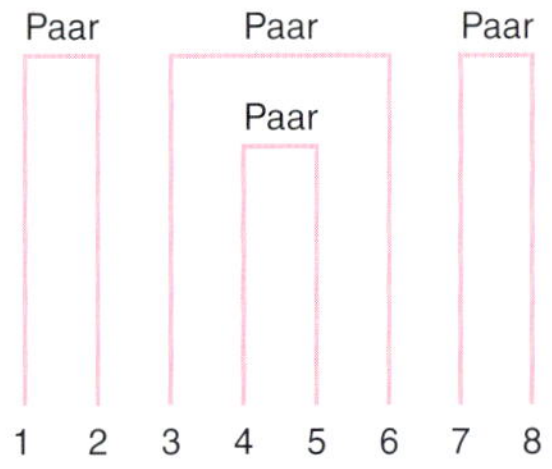

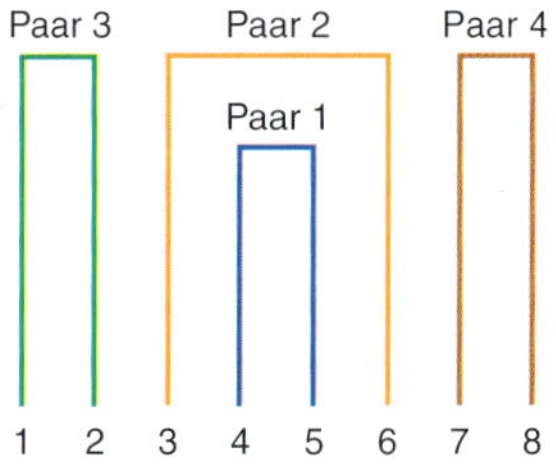

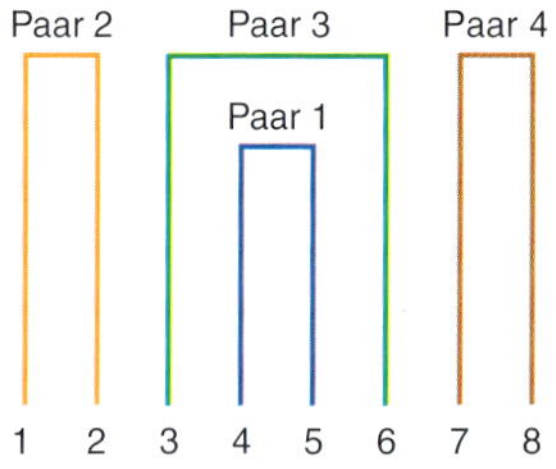

Anschlusstechnik — DIN EN 50173

Die DIN EN 50173 unterscheidet hinsichtlich der technischen Anforderung folgende Leistungsklassen: Kategorie 5: bis 100 MHz Kategorie 6: bis 250 MHz Kategorie 7: bis 600 MHz	**Mix & Match-System** Die Produkte der verschiedenen Hersteller müssen mechanisch und elektrisch kompatibel sein, um sie bei der Installation miteinander kombinieren zu können.

Kategorie 6

Komponenten	Erläuterung
	• De-Embedded Testing. Dieses Testverfahren stellt sicher, dass alle geprüften Kategorie 6-Buchsen mit jedem RJ45-Stecker eine Kat. 6-Steckverbindung ergeben. • Abnahmemessungen können mit Standard-Messadaptern durchgeführt werden. • Mix & Match-Systeme können problemlos aufgebaut werden.

Kategorie 7

Komponenten	Erläuterung
GG45 	Die Kategorie-7-Buchse ist abwärtskompatibel zu den RJ45-Steckverbindern. Die Paarschirmung der Kabel wird über die Steckverbindung – durch eine Umschaltung in der Buchse – weitergeführt. Damit wird das Nebensprechen deutlich reduziert.
Anschlussdosen 	• Jeder Arbeitsplatz muss mindestens zwei RJ45-Anschlüsse besitzen. • Die Montage in Brüstungskanälen soll immer mit speziellen Kanaleinbaubügeln erfolgen, um die zulässigen Biegeradien der Kabel einzuhalten. • Anschlussdosen verwenden, die für den Einbau in Kanälen und Unterflursystemen geeignet sind, die sich leicht beschriften und installieren lassen. • Reihenfolge beachten, in der die Adern aufgelegt werden. • Bei der Gesamtschirmung der Datendose und bei der Schirmauflage für die Datenkabel ist besonders auf die Einhaltung der internationalen Normen zu achten.
Verteilerpanel *(Patchpanel)* 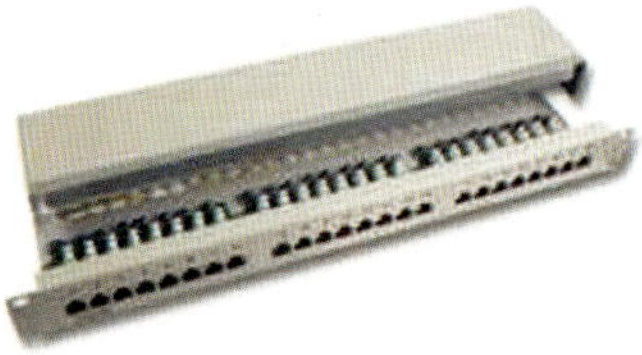	• Montageart: 19"-, 10"-, Wandgehäuse • Das Verteilerfeld muss impedanzarm mit der Schrankerdung verbunden und in ausreichender Weise geschirmt sein, insbesondere ist auf einen großflächigen Schirmanschluss und auf eine separate Zugentlastung je Kabel zu achten. • Die Kabel sollen gerade in die Panel eingeführt werden. • Reihenfolge beachten, in der die Adern aufgelegt werden.

Internet

Struktur

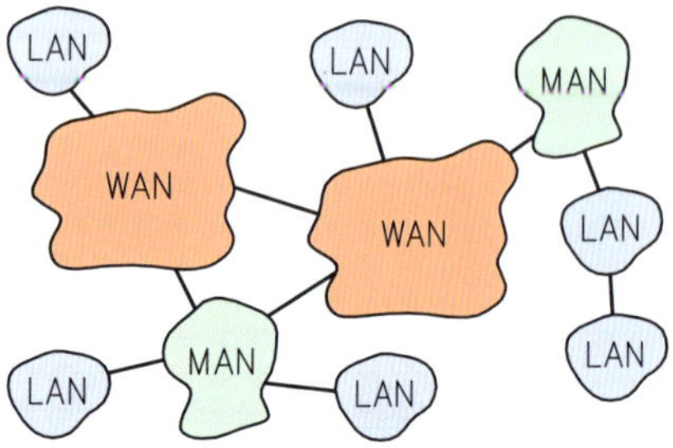

- Das Internet ist ein weltumspannender Zusammenschluss einzelner Netzwerke.
- Als **LAN** (**L**ocal **A**rea **N**etwork) wird z. B. das Netzwerk einer Firma, einer öffentlichen Einrichtung, einer Hochschule oder eines privaten Haushalts bezeichnet.
- Ein **MAN** (**M**etropolitan **A**rea **N**etwork) ist ein Telekommunikationsnetz, das die wichtigsten Bürozentren einer Großstadt miteinander verbindet.
- Unter **WAN** (**W**ide **A**rea **N**etwork: großräumiges Netzwerk) versteht man ein Netzwerk, das mehrere LANs, z. B. mehrere Filialen einer Firma in einem Land verbindet.
- Der Datenaustausch erfolgt über öffentliche Telefonleitungen oder Standleitungen. Diese werden mittels Telekommunikationsleitungen, Glasfaserkabel, Breitbandkabel, Richtfunk oder Satellit realisiert.
- Die unterschiedlichen Netzwerke werden über Router oder Gateways miteinander verbunden.
- Der Datenaustausch erfolgt mithilfe des Transport- und Vermittlungsprotokolls TCP/IP (Transportprotokoll **TCP**: **T**ransmission **C**ontrol **P**rotocol, Vermittlungsprotokoll **IP**: **I**nternet **P**rotocol).
- Jeder an das Internet angeschlossene Computer besitzt eine IP-Adresse (Internet Protocol Adress).
- Zur leichteren Handhabung werden statt der IP-Adressen Rechnernamen (**DNS**: **D**omain **N**ame **S**ystem) verwendet. DNS-Server setzen die Rechnernamen in IP-Adressen um.
- Zum Datenaustausch stehen unterschiedliche Dienste zur Verfügung, z. B. WWW, E-Mail usw.
- Das Internet verfügt über keine zentrale Verwaltung oder Koordinierung.

Adressierung im Internet (URL)

Adressen im Internet werden als **URL** (**U**niform **R**essource **L**ocator) bezeichnet. Eine URL beschreibt den gesamten Weg zu der aufzurufenden Datei im Internet. Beispiel:

http://www.bildungszentrum.nuernberg.de/planetarium/programm.index.html

Protokoll · Dienst · 2. Subdomäne · 1. Subdomäne · Domäne · Pfad · Datei

Protokoll: Gibt das Internetprotokoll an, z. B. http, https, ftp, mailto, news, file
Dienst: Gibt den Internetdienst an, meist www für World Wide Web
Subdomänen: Untergeordnete Organisationseinheiten zur weiteren Strukturierung innerhalb des Netzes, auch Second-Level-Domain (1. Subdomäne) bzw. Third-Level-Domain (2. Subdomäne) genannt
Domäne: Geografische oder organisatorische Domäne, auch Top-Level Domain genannt
Pfad: Ort der Datei auf dem Server. Ordner (Pfadangaben) werden durch „/“ voneinander getrennt
Datei: Name der Datei, die aufgerufen werden soll

Domänen (Auswahl)

Geografische Domänen		Organisatorische Domänen	
Domain-Name	Staat	Domain-Name	Bedeutung
.at	Österreich	.aero	Lufttransportindustrie
.ch	Schweiz	.coop	Kooperationen, Genossenschaften
.de	Deutschland	.jobs	Unternehmen mit Stellenangeboten
.fr	Frankreich	.org	Nichtkommerzielle Organisationen und Projekte
.it	Italien	.int	Internationale Organisationen
.uk	Großbritannien	.travel	Reiseunternehmen, z. B. Reisebüros

Internet (Fortsetzung)

Internetdienste (Auswahl)

WWW: Das **W**orld **W**ide **W**eb stellt eine multimediale Benutzeroberfläche des Internets dar. Hier können Informationen aufgerufen, gespeichert und gedruckt werden, die z. B. Texte, Bilder, Ton- und Videosequenzen enthalten. Beispiel: http://www.bildungsverlag1.de

E-Mail: Die **E**lectronic **M**ail ermöglicht das Verschicken oder Empfangen von Nachrichten, die gespeichert, gedruckt oder beantwortet werden können. Sowohl der Sender wie auch der Empfänger müssen eine elektronische Postadresse besitzen. Beispiel: info@bildungsverlag1.de

FTP: Mit dem **F**ile **T**ransfer **P**rotocol steht ein Dienst zur Verfügung, mit dem weltweit Programme, Datensammlungen, Bildsequenzen usw. von einem FTP-Server, z. B. einer Firma, auf den eigenen Computer geladen werden können. Beispiel: ftp.intel.com

News: Dieser Dienst bietet z. B. Mitgliedern von Arbeits- oder Diskussionsgruppen die Möglichkeit zum Informationsaustausch. Jeder Teilnehmer stellt auf einem sogenannten „schwarzen Brett" seine Beiträge als elektronische Post allen anderen zur Verfügung. Beispiel: de.comp.misc

Telnet: Dienst, der den Zugriff auf einen Zielrechner ermöglicht, um an diesen Daten zu senden oder dessen Daten und Programme zu nutzen (remote terminal login). Für den Zugriff ist i. d. R. eine Zugangskennung (Login-Name und Passwort) erforderlich. Beispiel: telnet cdrom.ub.uni-duesseldorf.de

Chat: Ein Chat ermöglicht eine Echtzeitkommunikation mit beliebig vielen Nutzern. Neben Text-Chats gibt es Audio- und Video-Chats. Beispiele sind Facebook Messenger, WhatsApp oder Skype.

DSL / ADSL

Prinzip:

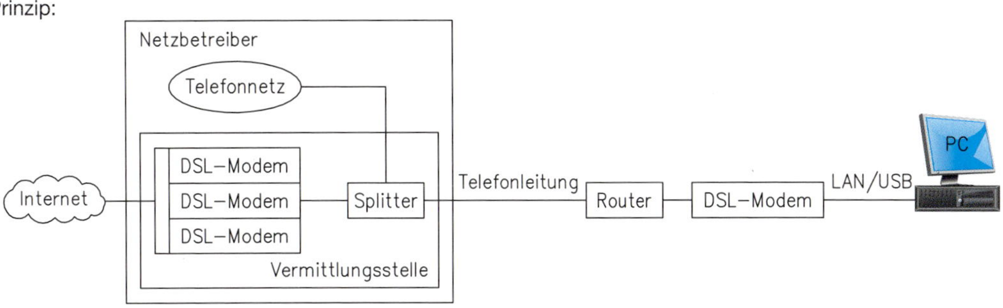

- **DSL** steht für **D**igital **S**ubscriber **L**ine (digitale Anschlussleitung) und bezeichnet ein Übertragungsverfahren für den gleichzeitigen Betrieb einer schnellen Datenübertragung (z. B. zwischen Internet und Computer) und einer Telefonverbindung (ISDN oder analog).
- Eine **DSL-Verbindung** besteht im Prinzip aus einer herkömmlichen Telefonleitung (Kupfer-Doppelader) mit je einem Modem beim Anwender und beim Netzbetreiber in der Vermittlungsstelle.
- Zwischen PC und der Vermittlungsstelle besteht eine feste Verbindung.
- **Splitter** verbinden bzw. trennen Datenübertragung und Telefonübertragung.
- **ADSL** steht für **A**symmetric **DSL**. Asymmetrisch deshalb, weil in den Übertragungsrichtungen vom und zum Internet mit unterschiedlichen Geschwindigkeiten (Downstream, Upstream) übertragen wird.
- **Downstream** (abwärts) bezeichnet die Übertragungsgeschwindigkeit vom Internet zum Teilnehmer.
- **Upstream** (aufwärts) bezeichnet die Übertragungsgeschwindigkeit vom Teilnehmer zum Internet.
- **SDSL** steht für **S**ymmetric **DSL**. Im Gegensatz zu ADSL können die Daten mit gleicher Geschwindigkeit in beide Richtungen übertragen werden.
- **VDSL** steht für **V**ery **H**igh **S**peed **DSL** und bezeichnet eine DSL-Technik, die wesentlich höhere Datenübertragungsraten über gebräuchliche Telefonleitungen liefert als beispielsweise ADSL.

DSL-Verfahren (Auswahl)		Downstream	Upstream
DSL 6000	ADSL-Basisanschluss	6016 Kbit/s	576 Kbit/s
DSL 16000	ADSL-Standardanschluss	16000 Kbit/s	1024 … 2400 Kbit/s
VDSL 50 (DSL 50000)	Very High Speed DSL	50000 … 51300 Kbit/s	10000 Kbit/s
VDSL 100 (DSL 100000)	Very High Speed DSL	100000 Kbit/s	20000 … 40000 Kbit/s

Klemmenbelegungen

Belegungen an IAE/UAE-Dosen

Paar	1.	2.	3.	4.	5.	6.	7.	8.	9.	10.	11.
		S									
Paar 4		1	1								TX+
Paar 4		2	2								TX–
Paar 2	ws	3	3	1	E	W	b	c	a2		RX+
Paar 1	rt	4	4	2	a	a	E	a	a1	a	
Paar 1	sw	5	5	3	b	b	W	b	b1	b	
Paar 2	ge	6	6	4	W	E	a	d	b2		RX–
Paar 3		7									
Paar 3		8									

Erläuterungen

1. Adernfarben des Installationskabels I-Y(St)Y 2x2x0,6
2. 8-polige Klemmenbezeichnung
3. 6-polige Klemmenbezeichnung
4. 4-polige Klemmenbezeichnung
5. analoges Terminal (intern. Norm)
6. analoges Terminal (Siemens)
7. analoges Terminal (DTAG)
8. Systemterminal
9. S_0-Businstallation für ISDN (Abschlusswiderstände von 100 Ω zwischen den Klemmen 4 und 5 sowie zwischen den Klemmen 3 und 6)
10. U_{P0}-Terminal
11. DSL-Anschluss

Telekommunikations-Anschlusseinheit TAE für analoge Endgeräte

Dosenart	Innenschaltung
TAE 3x6 NFN 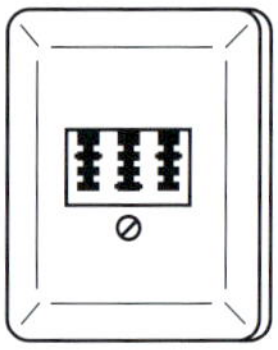	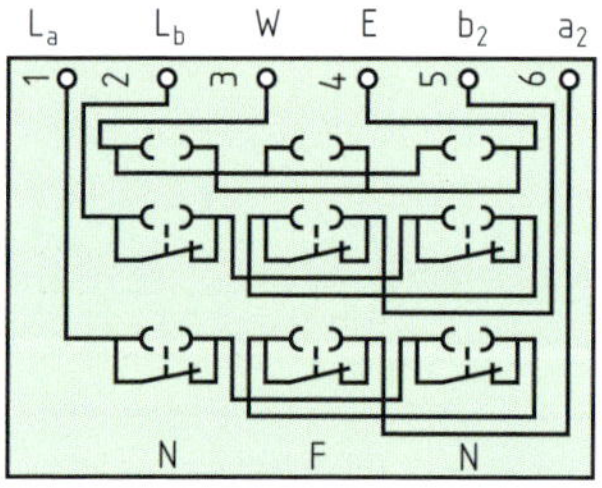
TAE 2x6/6 NF/F 	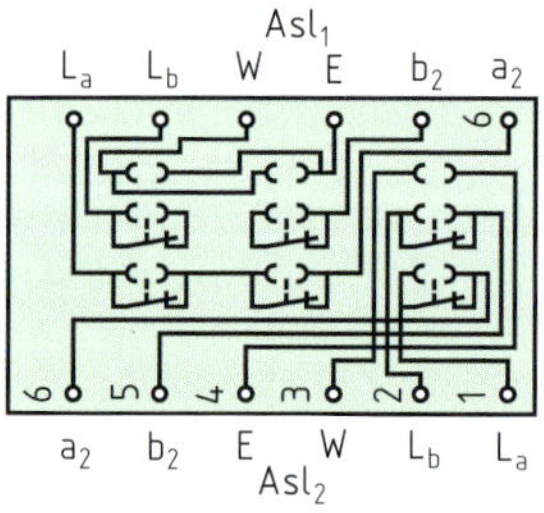

Erläuterungen

Asl_1	Anschlussleitung 1
Asl_2	Anschlussleitung 2
La; a1	a-Ader der Anschlussleitung
Lb; b1	b-Ader der Anschlussleitung
a2	geschaltete a-Ader
b2	geschaltete b-Ader
W	Anschluss für Rufweiterleitung (zusätzlicher Wecker)
E	Erdung
F	Codierung für Fernsprechen
N	Codierung für Nicht-Fernsprechen

- Die Endgeräte werden nur durch eine Anschlussleitung mit TAE-Stecker mit der Dose verbunden.
- Die Kontakte in der Anschlussdose öffnen beim Einstecken des Steckers.
- Die Anschlussdosen gibt es auch in anderen Ausführungen und als Auf-Putz- und Unter-Putz-Dosen.

Steckerstifte und Belegung	Steckercodierung	Erläuterungen
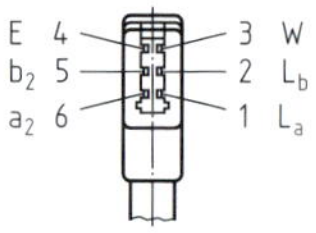	F 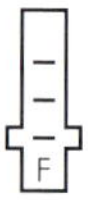	• Bei Anschluss eines Telefons (auch mit integriertem Anrufbeantworter) sind nur die Stifte 1 bis 4 belegt. • Die beiden Nasen für die F-Codierung sind unten angebracht.
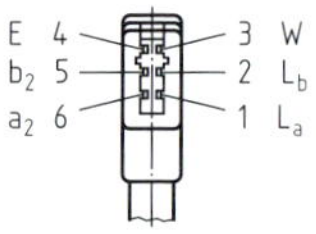	N 	• Bei Anschluss eines Modems oder Telefax-Gerätes sind vielfach die Stifte 3 und 4 nicht belegt. • Die beiden Nasen für die N-Codierung sind oben angebracht.

Steckerformen

Stecker	Belegung	Erläuterungen
RJ 10  	4P4C	• RJ: **R**egistered **J**ack • Anschlussstecker auf beiden Seiten einer Anschlussleitung eines Handapparates (Hörers) Der Stecker RJ 10 hat ein 4-poliges Steckgesicht (Breite mit 4 Kontakten). Davon sind 4 Kontakte nutzbar.
RJ 11 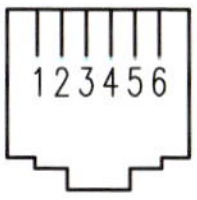 	6P4C	• Anschlussstecker an einem Ende einer Telefonanschlussleitung. Der Stecker RJ 11 wird in die Buchse des analogen Telefons gesteckt. Der RJ 11 hat ein 6-poliges Steckgesicht (Breite mit 6 Kontakten). Davon sind vier Kontakte nutzbar.
RJ 12 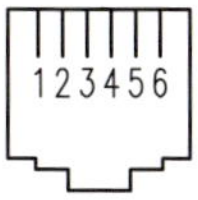 	6P6C	• Anschlussstecker an beiden Enden einer Telefonanschlussleitung. Der Stecker RJ 12 wird in die Anschlussdose und das Telefon gesteckt. Der Stecker RJ 12 hat ein 6-poliges Steckgesicht (Breite mit 6 Kontakten). Davon sind 6 Kontakte nutzbar.
RJ 45 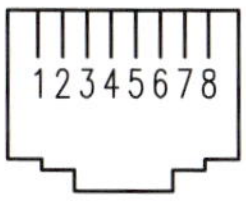 	8P8C	• Anschlussstecker für Daten- oder S_0-Anschlüsse. Die Verbindungsleitung hat an beiden Enden den RJ 45-Stecker. Der Stecker RJ 45 hat ein 8-poliges Steckgesicht (Breite mit 8 Kontakten). Davon sind 8 Kontakte nutzbar.
		• Belegungsbenennung P: Positions (Breite des Stecker-/Buchsengesichts) C: Conductors (Anzahl der nutzbaren Kontakte)

ISDN-Anschlusseinheiten IAE

Aufbau und Schaltung	Erläuterung
IAE Gehäuse und Sockel 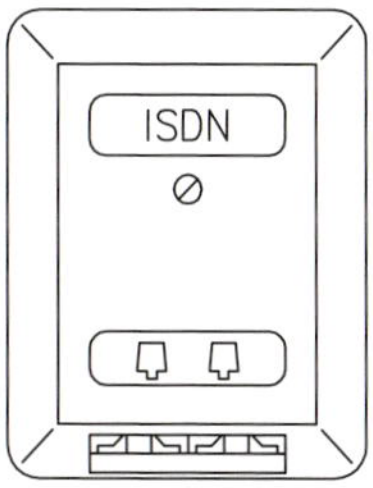 Gehäuse 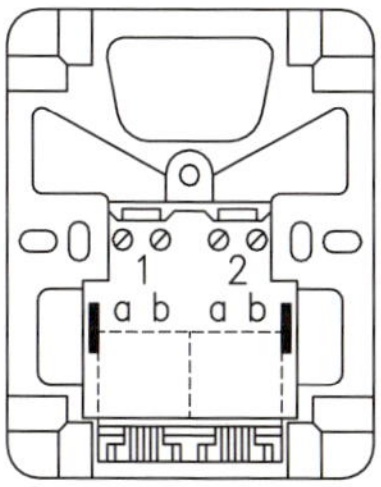 Sockel	IAE 8(4) – 4 nutzbare Buchsenkontakte – 8-poliges Buchsengesicht – ISDN-Anschlusseinheit IAE 2 x 8(4) – 4 nutzbare Buchsenkontakte – 8-poliges Buchsengesicht – 2 8-polige Buchsen (die Kontakte sind parallel geschaltet) – ISDN-Anschlusseinheit
IAE Schaltungen 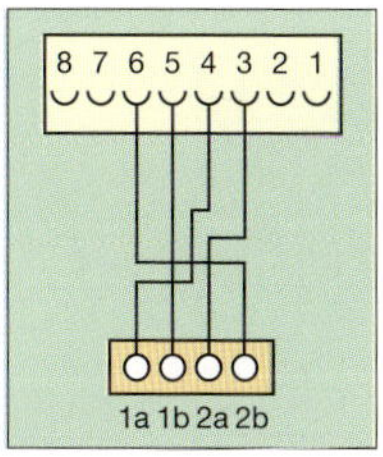 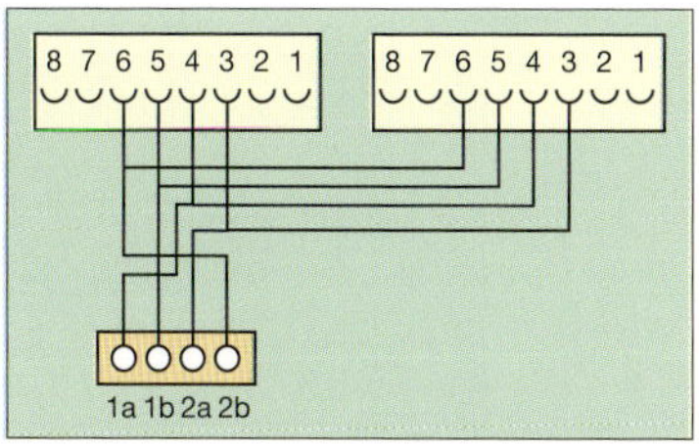 	• Die Bauform entspricht der RJ 45-Buchse mit 8-poliger Steckbuchse (Breite mit 8 Kontakten) und 4 nutzbaren Kontakten. • Die Grundausführung für ein ISDN-Endgerät ist die IAE 8 (4)-Anschusseinheit. • IAE werden für die Installation von S_0-Bussystemen verwendet. • IAE gibt es für die Auf-Putz-, die Unter-Putz- und die Kabelkanal-Montage.

Universal-Anschlusseinheit UAE

Aufbau und Schaltung

UAE mit einer Buchse

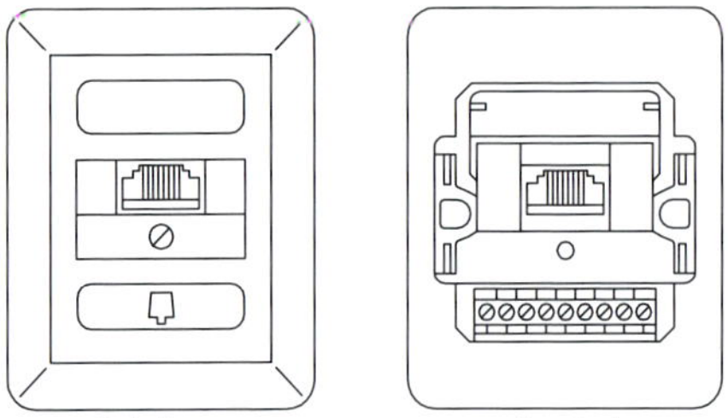

Gehäuse Sockel

UAE 8(8)

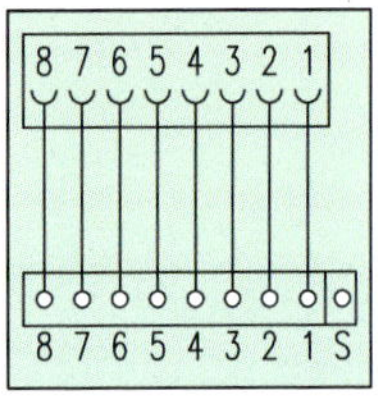

UAE 8(8) +2

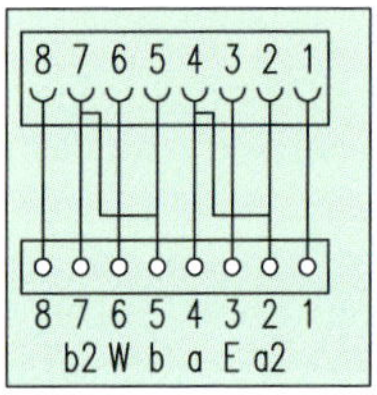

UAE 8(8) +2/2

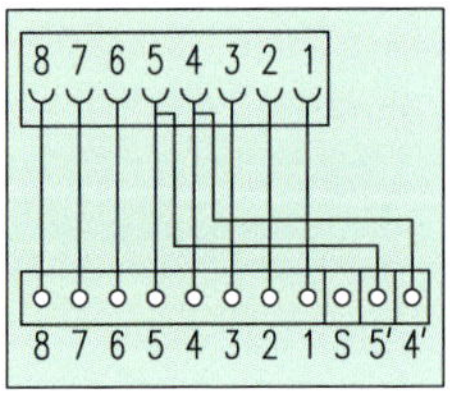

UAE mit zwei Buchsen

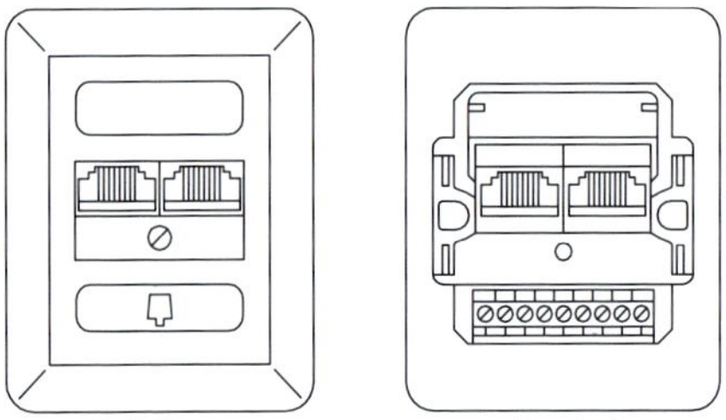

Gehäuse Sockel

UAE 8/8 (8/8)

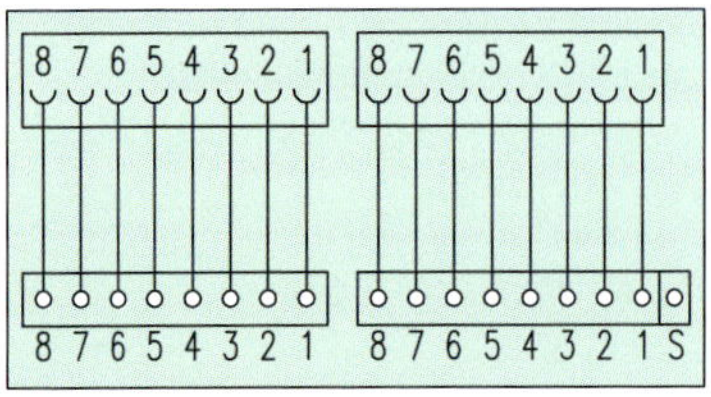

UAE 2 × 8 (8)

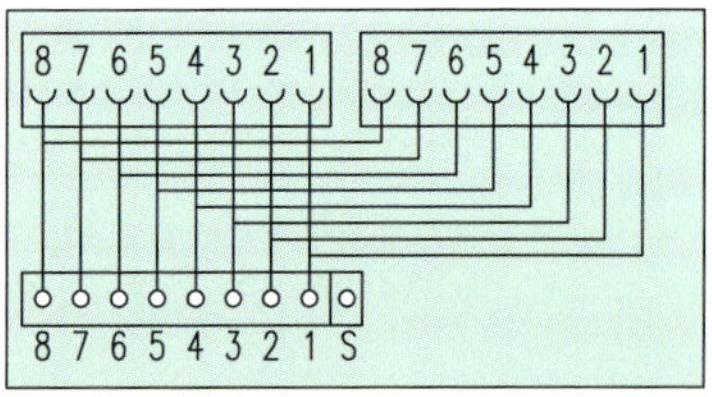

Erläuterung

Beispielhafte Erklärung der Anschlussdosenbezeichnung

UAE 8(8)
- 8 nutzbare Buchsenkontakte
- 8-poliges Buchsengesicht
- **U**niversal-**A**nschluss**E**inheit

- Die Bauform entspricht der RJ 45-Buchse mit 8-poligem Buchsengesicht (Breite mit 8 Kontakten) und hat 8 Anschlussklemmen und die S-Anschlussklemme.
- S ist die Schirmungsklemme.
- Die UAE 8(6) hat ein Anpassungselement, so dass nur ein RJ 12-Stecker in die Buchse gesteckt werden kann (Anschluss eines analogen Telefons).
- Die UAE 8(8) +2 hat zwei Öffnerkontakte, um über ein vorgeschaltetes Endgerät (z. B. Modem) das nachgeschaltete Endgerät (z. B. Telefon) abschalten zu können.
- Die UAE-Dosen gibt es in zwei Ausführungen:
  - UAE 8/8 (8/8) ist eine Dose mit zwei getrennten Anschlüssen für eine Sternverkabelung.
  - UAE 2x8 (8) ist eine Dose mit zwei parallel geschalteten Anschlüssen für eine Businstallation.
- Die UAE-Dosen gibt es für die verschiedenen Kategorien (Cat 3, Cat 5, Cat 6 und Cat 7) und sie werden deshalb besonders auch als Netzwerkdosen für lokale Netze (LAN) verwendet.
- UAE gibt es für die Auf-Putz-, die Unter-Putz- und die Kabelkanaleinbau-Montage.

Anschlussarten

IP/VoIP	ISDN	Analog
IP-Telefonie/Voice over IP	Integrated Services Digital Network	Analoger Telefonanschluss
Zwei Sprachkanäle	Zwei Sprachkanäle	Ein Sprachkanal
• IP-Telefon • Computer • Analoges oder ISDN-Telefon mit IP-Adapter	• ISDN-Telefon • Analoges Telefon mit ISDN-Adapter	Analoges Telefon
Paketvermittelndes Netz	Leitungsvermittelndes Netz	
Telefon und Internet gemeinsam über DSL	• Exklusive Verbindung für Telefonsignal • DSL wird vom Telefonsignal getrennt übertragen	

Telefonanschlüsse – Netzabschlüsse

Analoger Anschluss

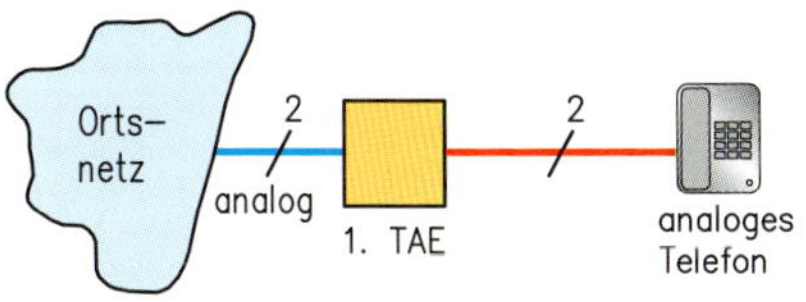

- **TAE** steht für **T**elekommunikations-**A**nschluss**e**inheit.
- Die **1. TAE** schließt das öffentliche Netz ab und gehört in den Verantwortungsbereich des Netzbetreibers.

1. TAE 3 x 6 NFN (mit passivem Prüfabschluss PPA)

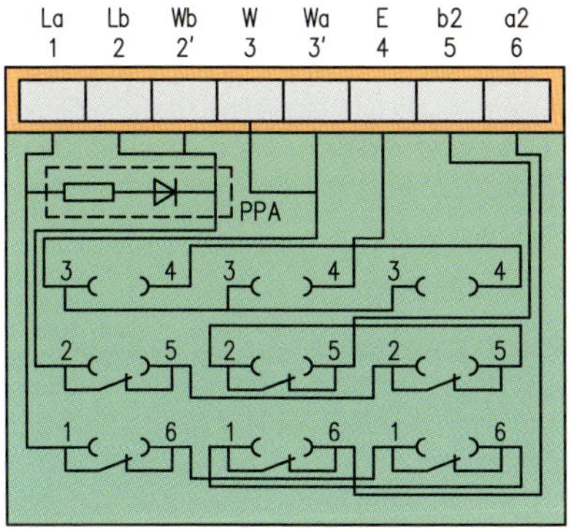

- Die 1. TAE ist Eigentum des Netzbetreibers und darf nur durch ihn bzw. in seinem Auftrag verlegt werden.
- An die 1. TAE können weitere TAE in Reihe angeschlossen werden. Diese gehören ebenso wie die Endgeräte in den Verantwortungsbereich des Kunden.
- Die 1. TAE enthält i. d. R. einen **passiven Prüfabschluss**, kurz **PPA**.
- Der passive Prüfabschluss (PPA) besteht aus einer Diode (400 V/1 A) und einem in Reihe geschalteten Widerstand (470 kΩ).

ISDN-Basisanschluss

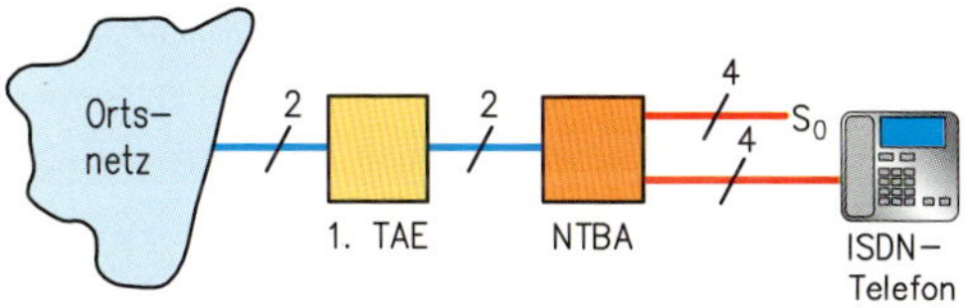

- An die 1. TAE wird der **NTBA** (**N**etwork **T**erminator **B**asic **A**ccess) angeschlossen.
- Der NTBA schließt das öffentliche Netz ab und gehört in den Verantwortungsbereich des Netzbetreibers.

NGN (IP-Anschluss – VoIP)

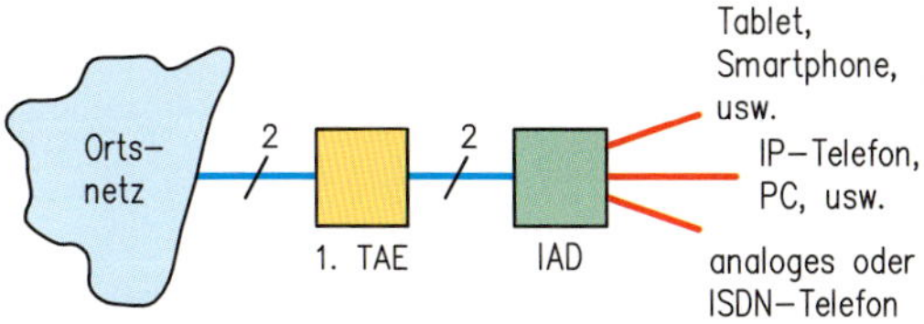

- **NGN** steht für **N**ext **G**eneration **N**etwork.
- Bei einem NGN-Anschluss bildet das IAD den Netzabschluss.
- **IAD** steht für **I**ntegrated **A**ccess **D**evice (Integriertes Zugriffsgerät).
- Im einfachsten Fall besteht ein IAD aus einem DSL-Modem und einem IP-Adapter.

IP-Telefonie – Voice over IP (VoIP)

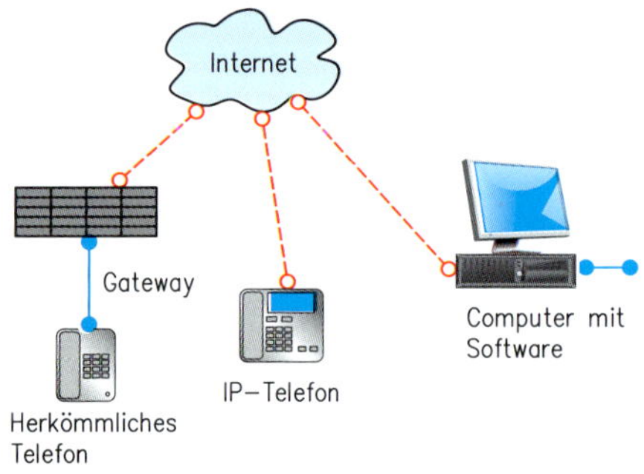

VoIP steht für **V**oice **o**ver **IP** und bezeichnet das Telefonieren über das **I**nternet **P**rotokoll (**IP**).
Voraussetzungen:

- Internet-Zugang (DSL-Anschluss) mit Modem oder Router
- VoIP-Dienst (Provider), der die Internettelefonie ermöglicht und – häufig – auch den DSL-Anschluss liefert.
- VoIP-fähige Hardware
  - IP-Telefon
  - Computer
  - Analoges oder ISDN-Telefon mit IP-Adapter

Gateway

Gateway bezeichnet in der Informations- und Telekommunikationstechnik einen Netzübergang, der als Schnittstelle zwischen unterschiedlichen Netzwerktypen mit unterschiedlichen Protokollen dient.

IP-Gateway – IP-Adapter

Ein **IP-Gateway** – auch als **VoIP-Gateway** oder **IP-Adapter** bezeichnet – dient als Schnittstelle zwischen einem analogen Telefonnetz oder ISDN-Telefonnetz und einem IP-Netz (Internet).

Sprachübertragung im Internet

Das Internet ist ein paketvermittelndes Netz.

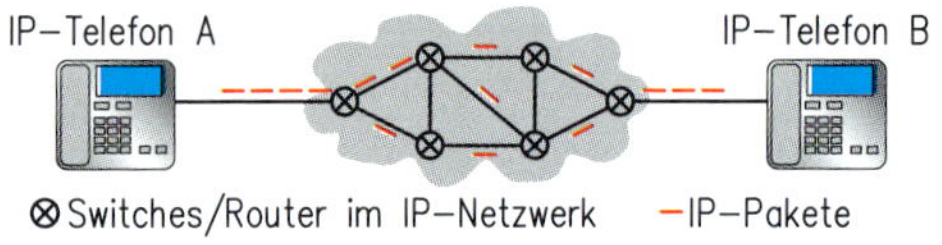

Beim Telefonieren wird die Sprache in Datenpakete umgewandelt, über das Internet zum Gesprächsteilnehmer gesendet und dort wieder in Sprache gewandelt.

Quality of Service

QoS (**Q**uality **o**f **S**ervice) ist ein Merkmal, mit dem Router für den Anschluss von IP-Adaptern oder IP-Telefonen in der Regel ausgestattet sind.
Mit QoS kann Datenpaketen, die von einem bestimmten Port kommen, eine höhere Priorität als den anderen eingeräumt werden. So ist beispielsweise am PC ein gleichzeitiger Download möglich, ohne dass die Gesprächsqualität beeinträchtigt wird. Die Gesprächs-Datenpakete haben Vorrang vor den anderen Datenpaketen.

Vorteile der IP-Telefonie

- Nur ein Netz für Telefon und Internet.
- Gegenüber einem analogen Anschluss können
  - zwei Gespräche gleichzeitig geführt und
  - mind. drei Rufnummern genutzt werden.
- Dienste wie Anrufweiterleitung oder Rufnummernsperre können mit dem PC konfiguriert werden.

Nachteile der IP-Telefonie

- Bei einem Ausfall des Internets fällt auch das Telefon aus.
- Bei Ausfall der Stromversorgung fällt – im Gegensatz zum analogen Telefonanschluss – ein Telefon auf IP-Basis aus.
- Notrufsysteme, EC-Cash-Geräte usw. können nur genutzt werden, wenn sie internet- und mobilfunkkompatibel sind.

Vermittlungstechnische Leistungsmerkmale

Leistungsmerkmal	Analoger Anschluss	ISDN-Anschluss	IP-Anschluss
Anzahl der Sprachkanäle	1	2	2
Anzahl der Rufnummern	1	3 bis 10	3 bis 10
Rückruf bei Besetzt	✓	✓	
Anzeige der Rufnummer des Anrufers	✓	✓	✓
Übermittlung der eigenen Rufnummer	✓	✓	✓
Anrufweiterleitung sofort, bei Besetzt, bei Nichtmelden	✓	✓	✓
SprachBox	✓	✓	✓
Anklopfen, Rückfragen/Makeln und Dreierkonferenz	✓	✓	✓
SMS im Festnetz	✓	✓	✓
Einzelabrechnung je Rufnummern	–	✓	✓
Zwei Telefonate oder Telefonieren & Faxen gleichzeitig	–	✓	✓
HD Voice	–	–	✓
Konfiguration von Diensten, z. B. Anrufweiterschaltung per Internet	–	–	✓

Analog wird durch IP ersetzt

Analoger Anschluss

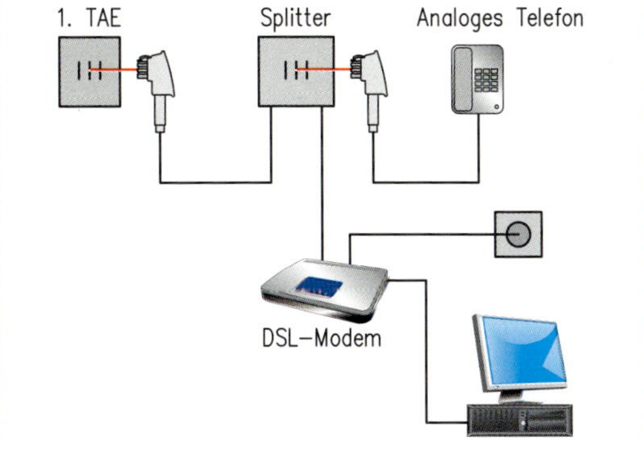

- Die Telefonleitung (1. TAE) überträgt sowohl das analoge Telefonsignal, als auch das DSL-Signal.
- Mit dem Splitter werden die unterschiedlichen Signale von Telefon und DSL getrennt bzw. zusammengeführt.
- Das DSL-Modem wandelt die Signale des Computers so um, dass sie über die Telefonleitung übertragen werden können.

IP-Anschluss

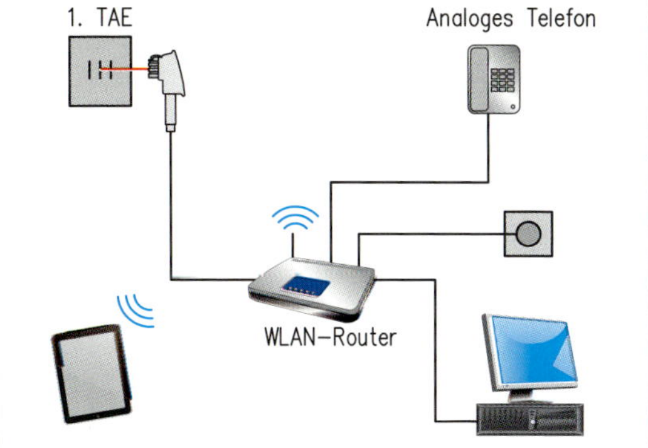

- Keine Trennung von Telefonsignal und DSL-Signal.
- Der Splitter entfällt.
- Das analoge Telefon wird an einen DSL- bzw. WLAN-Router mit integriertem IP-Adapter angeschlossen.
- Ein DSL-Router dient zum Anschluss mehrerer Geräte an das Internet.
- Ein WLAN-Router ist erforderlich wenn auch Geräte über Funk angeschlossen werden.

Anschluss an den WLAN-Router

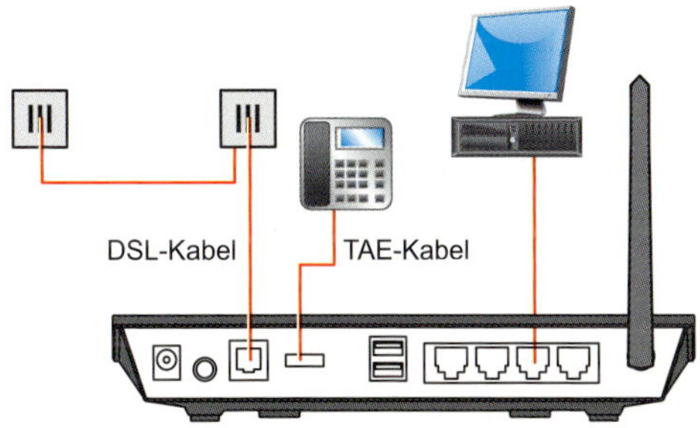

DSL-Kabel

Anschluss des WLAN-Routers an die 1. TAE

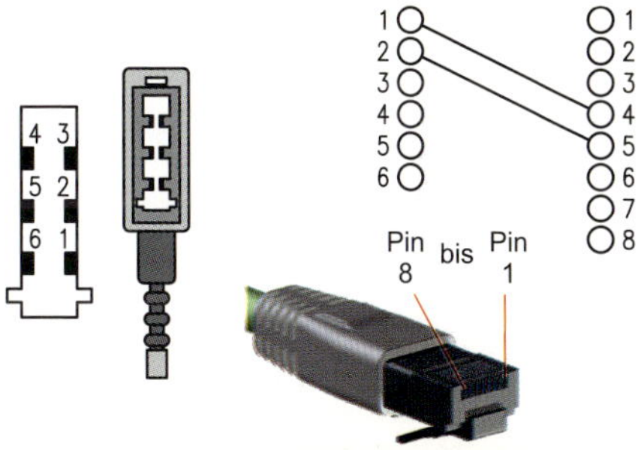

TAE-Kabel

Anschluss des analogen Telefons an den Router

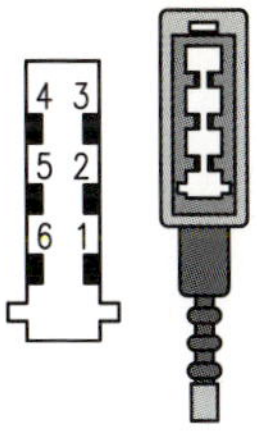

TAE-F-Stecker

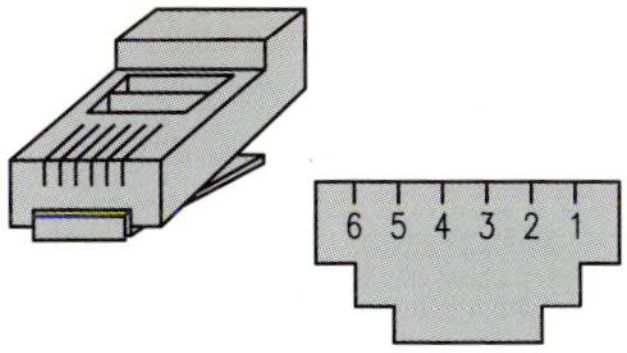

Western-Stecker RJ11

Belegungsvarianten des TAE-Kabels

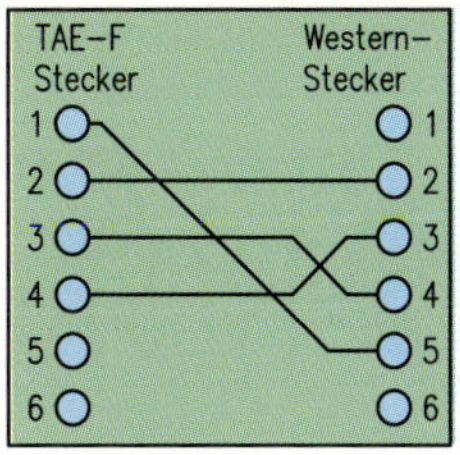

Für ältere Siemens- und Telekom-Geräte

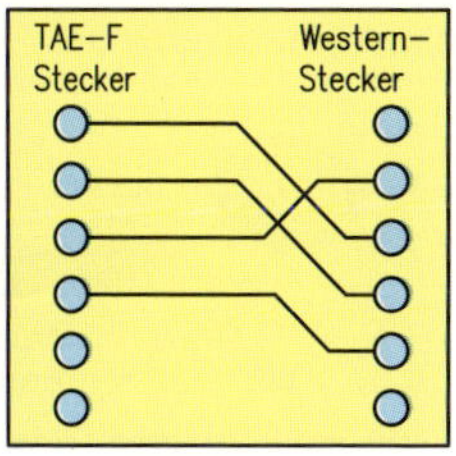

Für Import- und neuere Siemens-Geräte

ISDN wird durch IP ersetzt

ISDN-Anschluss

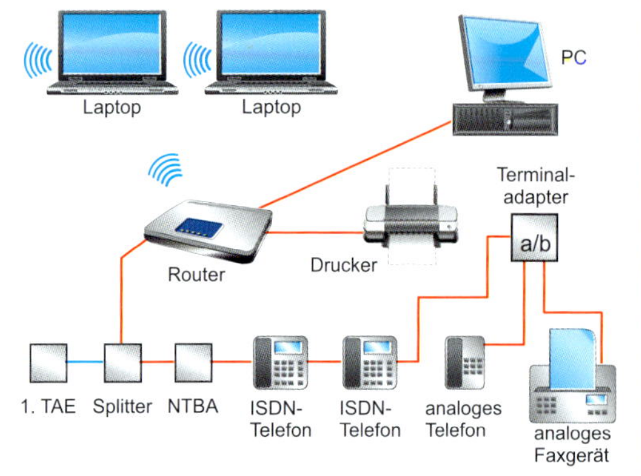

- Die Telefonleitung (1. TAE) überträgt das ISDN-Telefonsignal und das DSL-Signal.
- Der Splitter führt die beiden Signale zusammen bzw. trennt sie.
- Der NTBA ermöglicht den Anschluss von ISDN-Endgeräten an das ISDN-Telefonnetz.

IP-Anschluss

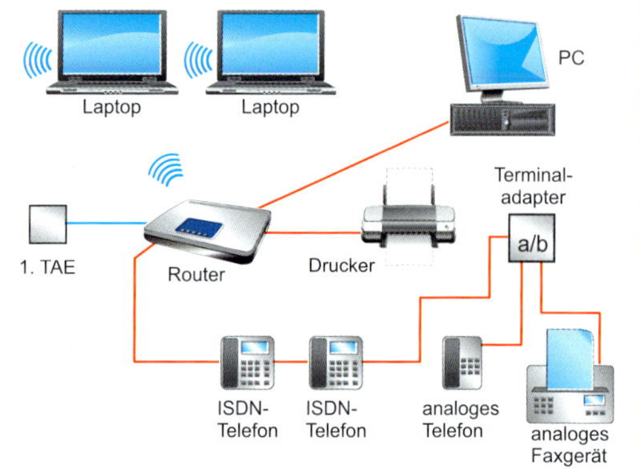

- Keine Trennung von Telefonsignal und DSL-Signal.
- Der Splitter entfällt.
- Der NTBA entfällt.
- Die ISDN-Leitung (S0-Bus) wird an den Router mit integriertem IP-Adapter angeschlossen.

NTBA und S_0-Bus

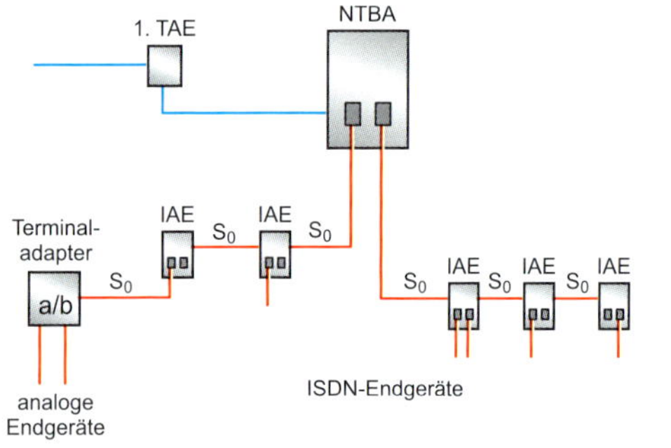

- Der NTBA stellt zwei Anschlüsse für den S_0-Bus (ISDN-Bus) zur Verfügung.
- Der Bus besteht aus vier Adern: je zwei zum Senden und zum Empfangen.
- An den Bus dürfen maximal 8 ISDN-Endgeräte gleichzeitig angeschlossen sein.
- Zwei Endgeräte können gleichzeitig betrieben werden.
- Der Anschluss der Geräte erfolgt über Anschlussdosen.
- Maximal dürfen 12 Dosen installiert werden.

ISDN-Steckverbindungen

IAE – **I**SDN-**A**nschluss**e**inheit

IAE ist der Standardanschluss für ISDN-Geräte. Der IAE-Steckverbinder ist 4-polig ausgeführt, sein Steckgesicht entspricht dem 8-poligen Western-Steckverbinder RJ 45.

UAE – **U**niversal-**A**nschluss**e**inheit

UAE-Steckverbinder verbinden ISDN- oder analoge Endgeräte mit der UAE:
- ISDN-Endgeräte: 8-polig als RJ 45
- Analoge Endgeräte: 6-polig als RJ 12

Western-Steckverbinder

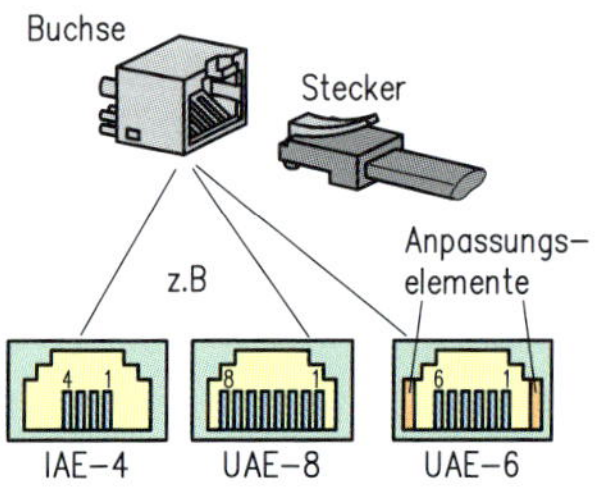

IAE

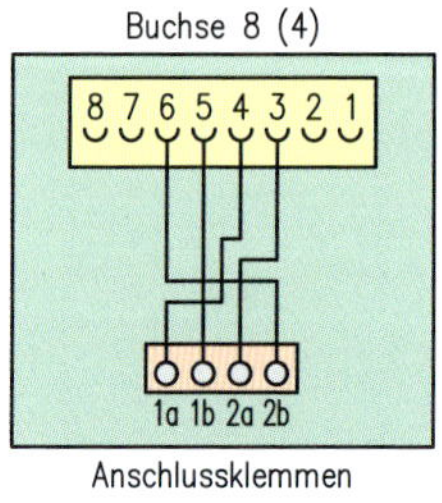

UAE

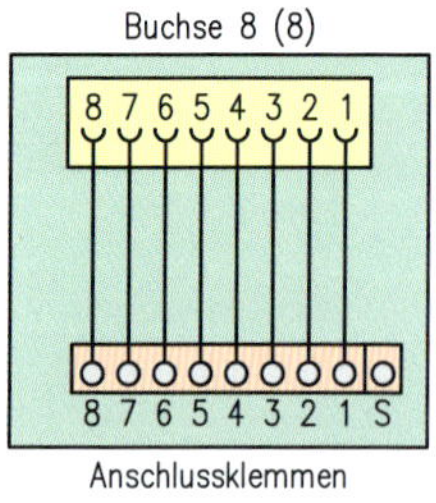

Betriebsfunktionen einer USV-Anlage — EN 50091-2; DIN EN 62040-3

Netzstörung	Zeit	USV-Lösung	Klassifizierung
1. Netzausfälle 2. Spannungsschwankungen 3. Spannungsspitzen	> 10 ms < 16 ms 4...16 ms	VFD und VI und VFI	Klassifizierung 3: passiver Stand-by-Betrieb (Offline)
4. Unterspannungen 5. Überspannungen	Kontinuierlich Kontinuierlich	VI und VFI	Klassifizierung 2: Line-Interactive
6. Blitzeinwirkungen 7. Spannungsstöße (Surge) 8. Frequenzschwankungen 9. Spannungsverzerrung (Burst) 10. Spannungsoberschwingungen	Sporadisch < 4 ms Sporadisch Periodisch Kontinuierlich	VFI	Klassifizierung 1: Double-Conversion-Betrieb (Online)

VFD (**V**oltage and **F**requency **D**ependent, Offline)

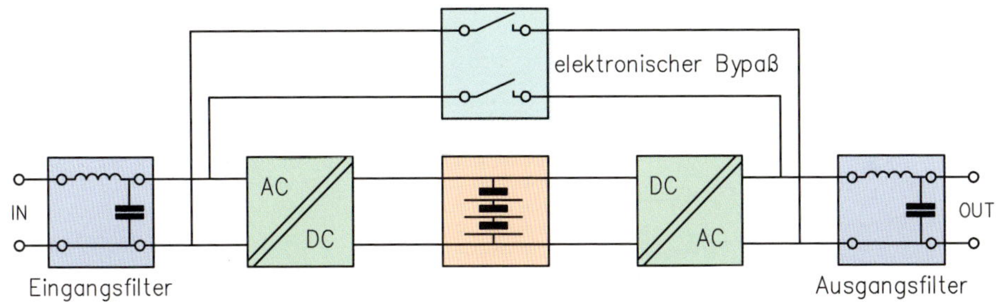

VI (**V**oltage **I**ndependent, Line-Interactive)

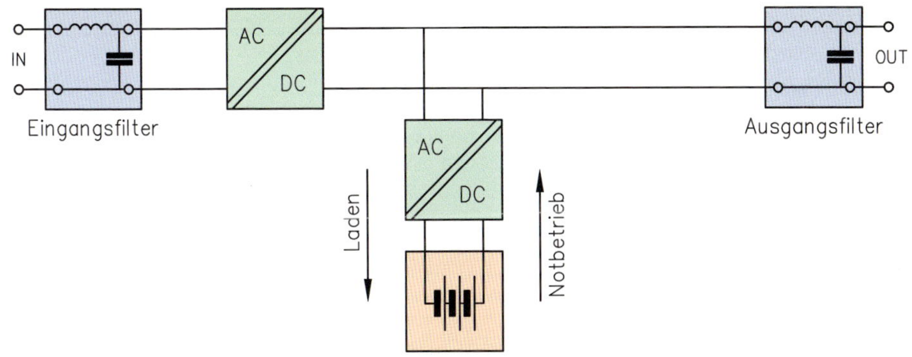

VFI (**V**oltage and **F**requency **I**ndependent, Online)

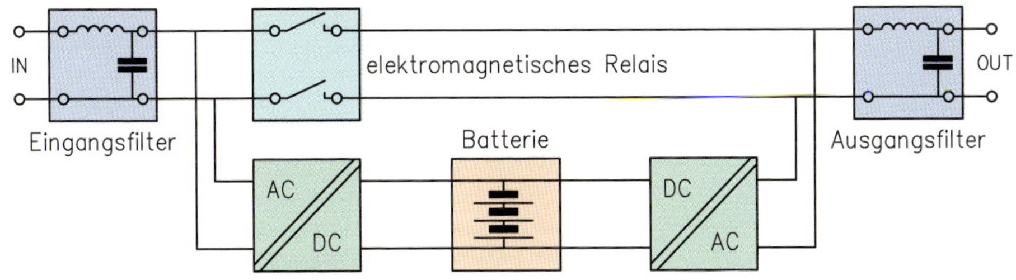

Steuerkette (vergl. Regelkreis)

Wirkungsplan einer Steuerung	Beschreibung
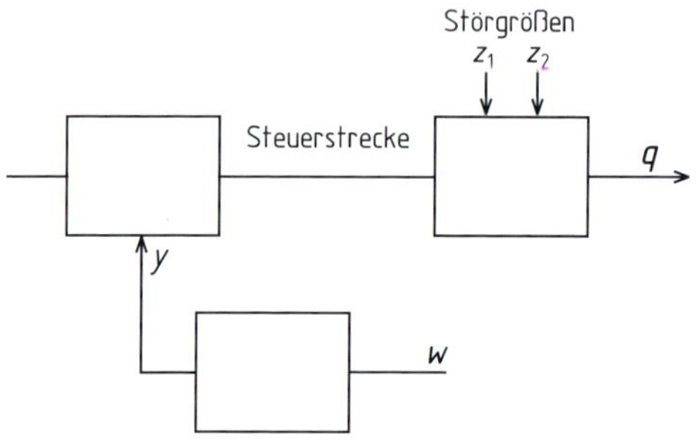	Der offene Wirkungsablauf ist das Kennzeichen einer Steuerkette. In einer Steuerung beeinflussen die Eingangsgrößen nach einer vorgegebenen Gesetzmäßigkeit die Ausgangsgrößen. Störgrößen können ebenfalls die Ausgangsgrößen beeinflussen, ohne dass dieses fortlaufend erfasst wird und zu einer Rückwirkung auf die Ausgangsgrößen führt.
Beispiel 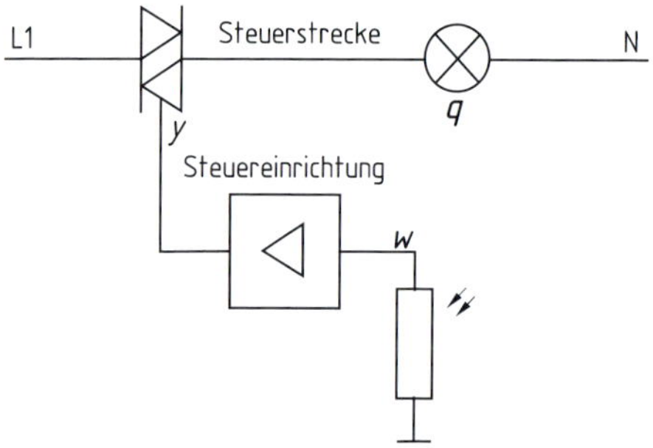	Die Steuerung hat die Aufgabe, die Beleuchtung an das Tageslicht anzupassen. Die Führungsgröße *w* (Tageslicht) wird über einen LDR an die Steuereinrichtung gegeben. Die Steuereinrichtung bildet daraus die Stellgröße *y* und das Stellglied mit dem Triac verändert durch die Helligkeit der Lampe die Aufgabengröße *q* (Licht), ohne dass die tatsächliche Beleuchtungsstärke erfasst wird.

Begriffe der Steuerungs- und Regelungstechnik — DIN IEC 60050-351

- Die **Steuerstrecke** stellt den zu beeinflussenden Teil der Steuerung dar.
- Die **Steuereinrichtung** bewirkt aufgrund der Eingangsgrößen und vorgegebener Verarbeitung die Beeinflussung der Steuerstrecke (**E**ingabe **V**erarbeitung **A**usgabe = EVA-Prinzip).
- **Die Eingangsgröße** *u* wirkt auf eine Steuerung ein, ohne von ihr beeinflusst zu werden.
- **Die Ausgangsgröße** *v* wird von der Steuerung und den Eingangsgrößen beeinflusst.
- Die **Aufgabengröße** *q* ist die Größe, die nach den Regeln der Steuerung beeinflusst werden soll.
- Die **Zielgröße** *c* wird von außen zugeführt und von der Steuerung nicht beeinflusst. Ihr soll die Aufgabengröße *q* folgen, die Zielgröße *c* entspricht häufig der Führungsgröße *w*.
- Das **Stellglied** ist der Teil der Steuerstrecke, der den Energie- bzw. Massenfluss beeinflusst.
- Die **Stellgröße** *y* überträgt die Wirkung der Steuereinrichtung auf die Steuerstrecke.
- Im **Stellbereich** Y_h ist die Stellgröße veränderbar.
- Die **Führungsgröße** *w* ist eine von außen zugeführte Größe, der die Ausgangsgröße folgen soll.
- Im **Führungsbereich** W_h ist die Führungsgröße veränderbar.
- Die **Störgröße** *z* wirkt von außen auf die Steuerung und beeinträchtigt die Aufgabengröße.
- Liegen die Störgrößen im **Störbereich** Z_h, wird die größte Sollwertabweichung nicht überschritten.
- Das **Signal** stellt den Wert oder den Werteverlauf einer physikalischen Größe dar:
  Analoge Signale haben einen kontinuierlichen Werteverlauf, wobei jedem Punkt unterschiedliche Informationen zugeordnet sind.
  Digitale Signale haben eine bestimmte Anzahl von Wertebereichen, wobei jedem Wertebereich eine bestimmte Information zugeordnet ist.
  Binäre Signale sind digitale Signale mit nur zwei Wertebereichen (z. B. 0 und 1).
- **Strukturieren** ist das Festlegen der Beziehungen zwischen Funktions- oder Baueinheiten.
- **Konfigurieren** ist das Zusammensetzen der Steuerung aus den Funktions- oder Baueinheiten.
- **Parametrieren** ist das Zuweisen von Werten zu den Parametern der Funktionseinheiten.

Einteilung von Steuerungen — DIN IEC 60050-351

Unterscheidung nach der Informationsdarstellung

- **Analoge Steuerungen** verarbeiten analoge Signale in vorwiegend kontinuierlich wirkenden Funktionseinheiten. Hierzu zählen auch die **Zeitplan-** und die **Wegplansteuerungen**, bei denen die Führungsgrößen von der Zeit bzw. vom zurückgelegten Weg abhängen.
- **Binäre Steuerungen** verarbeiten binäre Eingangssignale in Verknüpfungsgliedern, Speicher- und Zeitgliedern zu binären Ausgangssignalen.
- **Digitale Steuerungen** arbeiten mit digitalen Signalen in digitalen Funktionseinheiten wie Zähler, Register, Speicher, Rechenwerke. Die Information wird in einem Binärcode (z. B. BCD) dargestellt.

Unterscheidung nach der Signalverarbeitung

- **Synchrone Steuerungen** verarbeiten die Signale taktabhängig.
- **Asynchrone Steuerungen** lösen Signaländerungen taktunabhängig nur von den Änderungen der Eingangssignale aus.
- **Verknüpfungssteuerungen** ordnen den Ausgangssignalen durch logische Verknüpfungen definierte Zustände der Eingangssignale zu. Hierzu zählen auch Steuerungen mit Verknüpfungsgliedern ohne schrittweisen Ablauf.

Unterscheidung nach dem Ablauf

- **Ablaufsteuerungen** arbeiten mit einem zwangsläufig schrittweisen Ablauf, bei dem eine Übergangsbedingung das Weiterschalten in den folgenden Schritt auslöst.
- **Zeitgeführte Ablaufsteuerungen** haben nur zeitabhängige Übergangsbedingungen.
- **Prozessabhängige Ablaufsteuerungen** bekommen die Signale für die Übergangsbedingungen vorwiegend von der zu steuernden Anlage.

Unterscheidung nach dem Programm

- **Verbindungsprogrammierte Steuerungen** (VPS) verarbeiten die Signale mit Steuerungsanweisungen, die durch die Art der Funktionseinheiten und deren Verbindungen festgelegt sind.
- **Speicherprogrammierte Steuerungen** (SPS) sind Steuerungen, deren Steuerungsanweisungen und Vereinbarungen (Programme) in einem Programmspeicher gespeichert sind.
- **Freiprogrammierte Steuerungen** besitzen einen Schreib-Lese-Speicher, bei dem das Programm ohne mechanische Eingriffe beliebig verändert werden kann.
- **Austauschprogrammierte Steuerungen** besitzen einen Nur-Lese-Speicher, dessen Programm nur durch mechanischen Eingriff in die Steuereinrichtung, z. B. durch Auswechseln eines Speicherbausteins, verändert werden kann.

Unterscheidung nach der Hierarchie

- **Einzelsteuerungen** umfassen die Funktionseinheiten zum Steuern eines einzelnen Stellgliedes.
- **Gruppensteuerungen** sind Funktionseinheiten zum Steuern eines Teilprozesses und sind den dazugehörigen Einzelsteuerungen übergeordnet.
- **Prozesssteuerungen** sind den Gruppensteuerungen übergeordnete Funktionseinheiten zum Steuern des gesamten Prozesses.

Unterscheidung von Steuerungssignalen

- Ein **Eingabesignal** wirkt von außerhalb der Steuerung auf die Signalverarbeitung.
- Das **Ausgabesignal** wird von der Signalverarbeitung nach außen bereitgestellt.
- Ein **Grenzsignal (Grenzwertsignal)** ist das binäre Ausgangssignal eines Grenzsignalgebers, das sich bei Über- oder Unterschreiten eines festgelegten Wertes ändert.
- Eine **Meldung (Meldesignal)** erfolgt vorwiegend zur Information des Menschen und kennzeichnet einen Zustand oder eine Zustandsänderung der Steuerung. Eine Meldung kann optisch oder akustisch erfolgen.
- Die **Rückmeldung** erfolgt als direkte Auswirkung eines Befehls. Sie wird als Bestätigung der Befehlsausführung genutzt.
- Ein **Befehl (Steuerungsbefehl)** ist eine Vorschrift für eine Zustandsänderung in der Steuereinrichtung oder für eine Zustandsänderung im zu steuernden Prozess. Der Steuerungsbefehl wird durch ein Signal verwirklicht, welches das Ergebnis einer Signalverarbeitung ist.

Betriebsarten in der Leittechnik — DIN IEC 60050-351

Die Betriebsart legt die Art und den Umfang der Bedienungseingriffe durch den Menschen fest. Es werden folgende Betriebsarten unterschieden:

Automatik	Teilautomatik	Hand	Einrichten
Die Steuerung arbeitet ohne Bedienungseingriffe programmgemäß in dem gestarteten Wirkungsablauf.	Nur Teile der gesamten Steuerung arbeiten ohne Bedienungseingriffe programmgemäß.	Die Steuerung arbeitet nur durch Bedienungseingriffe in Abhängigkeit vorhandener Verriegelungen.	Durch Bedienungseingriffe werden einzelne Stellgeräte unter Umgehung vorhandener Verriegelungen (außer Sicherheitsverriegelungen) gesteuert.

Besondere Betriebsarten bei Ablaufsteuerungen

Schrittsetzen	Tippen
Bei Ablaufsteuerungen kann die Ablaufkette durch Bedienungseingriffe auf jeden beliebigen Schritt gesetzt werden. Dies ist mit oder ohne Übergangsbedingungen möglich.	Das Weiterschalten in den jeweils nächsten Schritt der Ablaufkette wird durch einen Bedienungseingriff ausgelöst.

Fehler bei Steuerungen

Als Fehler bezeichnet man jede unzulässige Abweichung vom aufgabengemäßen Verhalten der Steuerung.

Aktive Fehler lösen eine Steuerungsfunktion aus, obwohl die programmgemäßen Bedingungen dazu nicht erfüllt sind.	**Passive Fehler** blockieren Steuerungsfunktionen, obwohl alle festgelegten Bedingungen dafür erfüllt sind.

Darstellung wirkungsmäßiger Zusammenhänge

Der **Wirkungsplan** stellt die wirkungsmäßigen Zusammenhänge zwischen den Größen eines Systems oder mehrerer Systeme aufeinander dar. Die Wirkungslinien sind nicht mit gerätetechnischen Einrichtungen identisch. Die Wirkungsrichtung geht von der verursachenden zur beeinflussten Größe und wird durch Pfeile angegeben.

Element des Wirkungsplanes	Beispiel
Den Weg der Größe stellt die **Wirkungslinie** dar, auf ihr wird die Richtung mit einem Pfeil angegeben.	
Ein **Block** stellt ein System oder ein Gebilde mit verursachenden Größen und beeinflusster Größe dar. Mit Ausnahme der Addition wird der Block durch ein Rechteck dargestellt. Die wirkungsmäßige Abhängigkeit wird im Innern des Rechtecks angegeben.	
Eine **Addition** mehrerer Größen wird durch einen Kreis dargestellt, der wesentlich kleiner als ein Block ist. Die Polarität der Größe wird rechts neben der Wirkungslinie mit dem Vorzeichen angegeben, wobei positive Vorzeichen entfallen können.	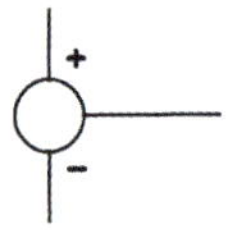
Von einer **Verzweigung** aus geht eine Größe zu mehreren Blöcken oder Additionen. Sie wird durch einen Punkt dargestellt.	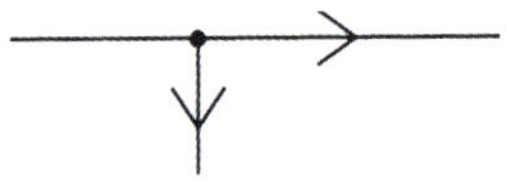

Anschlussbezeichnungen von Antrieben, Auslösern, Leuchtmeldern — SN EN 50005

Die Anschlussbezeichnung setzt sich zusammen aus der Art des Antriebes und der Anschlussart.
Beispiel: A1 für eine Schützspule (A) Spulenanfang (1).

Buchstabe	Antriebsart	Ziffer	Anschlussart	Beispiele
A	Magnetischer Antrieb (Spulen)	1	Spulenanfang	
B	Zweiter magn. Antrieb (2. Spule)	2		
C	Arbeitsstrom-auslöser	3		
D	Unterspannungs-auslöser	4		
E	Verriegelungsaus-löser (-magnete)	5		
U	Motore	...	Weitere Anzapfungen	
X	Leuchtmelder	... n	fortlaufend nummerieren	

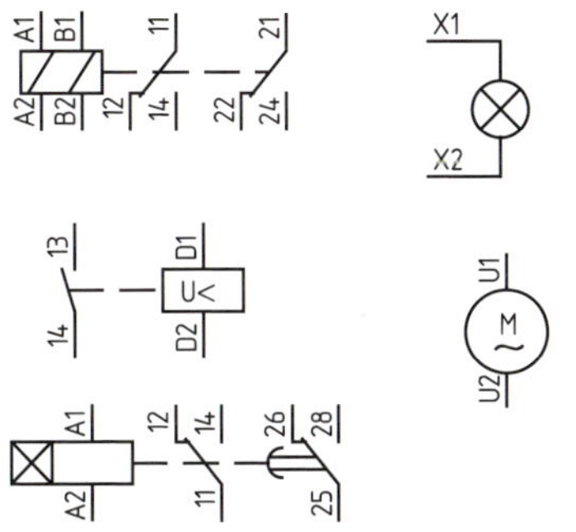

Anschlussbezeichnungen für Hauptschaltglieder und Überstrom-Schutzeinrichtungen

Ziffern	Bedeutung	Beispiele
1-2	1. Schaltglied	
3-4	2. Schaltglied	
5-6	3. Schaltglied	
7-8	4. Schaltglied	
9-0	5. Schaltglied	

Anschlussbezeichnungen für Hilfsschaltglieder

Hilfsschaltglieder werden mit einer Ordnungsziffer und einer Funktionsziffer bezeichnet, wobei die Ordnungsziffer den Kontakt nummeriert und die Funktionsziffer die Aufgabe angibt.

Funktionsziffern	Art bzw. Aufgabe des Hilfsschaltgliedes	Beispiele
1-2	Öffnerkontakt	
3-4	Schließerkontakt	
5-6	Öffner zeitverzögert	
7-8	Schließer zeitverzögert	
1-2-4	Wechslerkontakt	
5-6-8	Wechsler mit besonderer Funktion	
9 0	Kontakte von Überstrom-Schutzeinrichtungen	

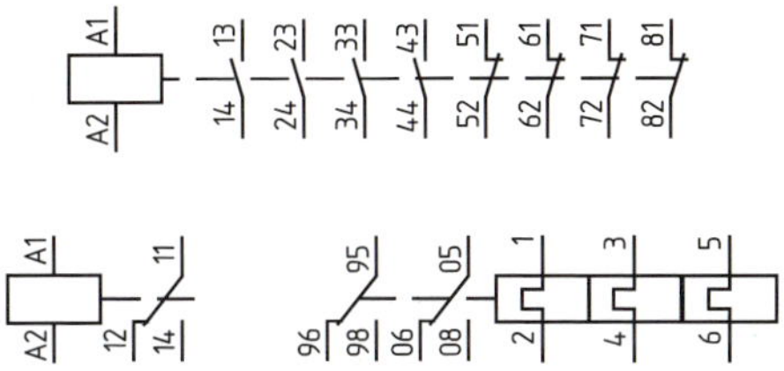

Kennzahlen für Niederspannungsschaltgeräte

- 1. Kennziffer – Anzahl der Schließer
- 2. Kennziffer – Anzahl der Öffner
- 3. Kennziffer – Anzahl der Wechsler
- 4. Kennziffer – Anzahl der Spezialschaltglieder

Beispiel:

22 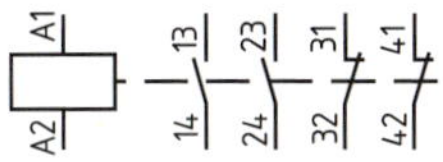

Schaltgerät mit je 2 Schließern und Öffnern.
Die 3. und 4. Ziffer entfallen, weil nicht vorhanden.

Anschlussbezeichnungen, Kennbuchstaben für Hilfsschütze — DIN EN 50011

Kennbuchstabe	Beschreibung	Anschlussbezeichnungen
E	Die Reihenfolge der Schließer und Öffner sowie die Kennzahlen sind festgelegt. Die Ordnungsziffern entsprechen der Reihenfolge von links nach rechts. Bei Geräten mit mehreren Etagen beginnt die Zählfolge mit der Etage, die der Montageebene am nächsten liegt.	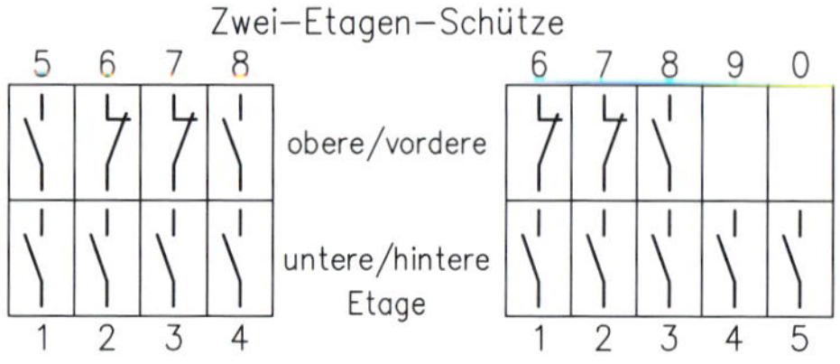
X	Die Lage der Schaltglieder und deren Anschlussbezeichnungen weichen von der Ausführung E ab.	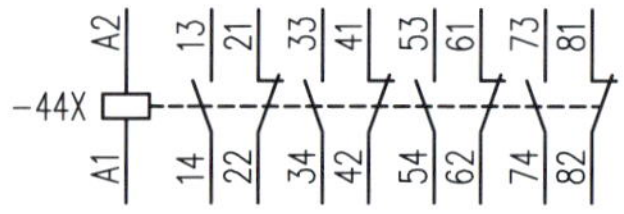
Z	Die Anschlussbezeichnungen weichen von der Ausführung E ab, nicht jedoch die Lage der Schaltglieder.	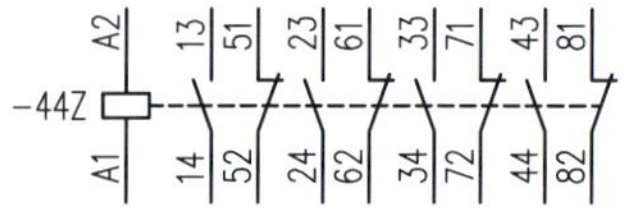

Kennzahlen der Hilfsschütze mit dem Kennbuchstaben E (Auswahl) — DIN EN 50011

Kennzahl	Schaltglieder	Kennzahl	Schaltglieder	Kennzahl	Schaltglieder
40E	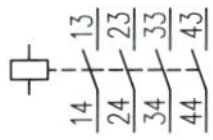	31E	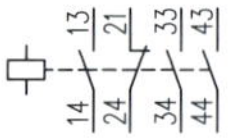	22E	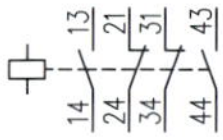
50E	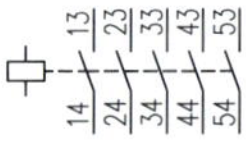	41E	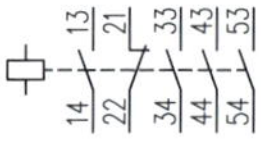	32E	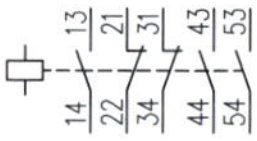
80E	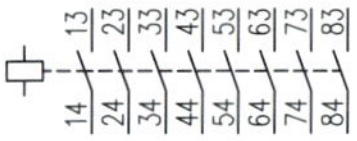	71E	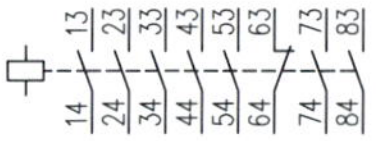	44E	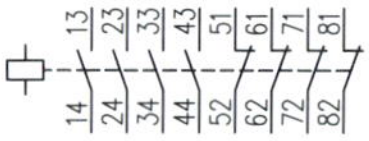

Kennzeichnung der Hilfsschaltglieder von Schützen — SN EN 50012

Beschreibung	Beispiele
Die Anschlussbezeichnungen und Kennzahlen der Hilfsschaltglieder von Schützen beliebiger Größe und Bauform stimmen mit den Hilfsschützen mit dem Kennbuchstaben E überein, nicht jedoch ihre Lage am Schütz.	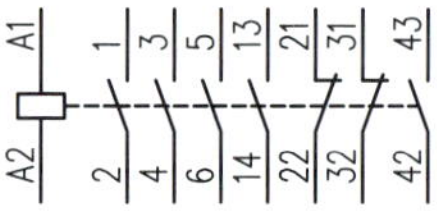 2S+2Ö 22 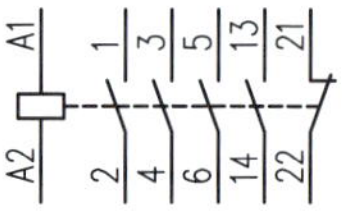 1S+1Ö 11

Anschlussbezeichnungen für Befehlsgeräte — DIN EN 50013

Beschreibung	Beispiele
Bei Befehlsgeräten mit zwei definierten Schaltstellungen, wie Drucktaster, Positionsschalter u. Ä., können die Schaltglieder wie bei Hilfsschützen mit dem Kennbuchstaben E gekennzeichnet werden. Die Lage am Schaltgerät kann jedoch unterschiedlich sein.	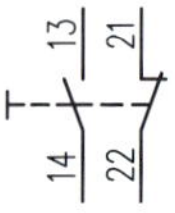  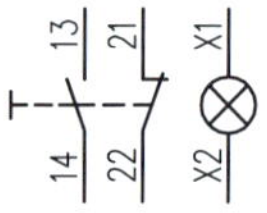

Gebrauchskategorien für Schütze — DIN EN 60947-4-1

Gebrauchskategorien geben Hinweise auf
- die Eignung von Schützen für bestimmte Anwendungsfälle,
- das Nennein- und Nennausschaltvermögen (Stromstärke, ohne Verschweißen der Kontakte, unzulässig hohen Schaltstückabbrand und Lichtbogenaustritt),
- die elektrische Lebensdauer (Widerstandsfähigkeit gegen elektrischen Verschleiß).

Gebrauchs-kategorie	Anwendungen	Nachweis des Schaltvermögens[1] Einschalten			Ausschalten		
Wechselstrom (AC)		I/I_e	U/U_e	$\cos\varphi$	I_c/I_e	U_r/U_e	$\cos\varphi$
AC-1	Nicht induktive oder schwach induktive Last, z. B. **Widerstandsöfen**	1,5	1,05	0,8	1,5	1,05	0,8
AC-2	Anlassen und Ausschalten von **Schleifringläufermotoren**	4	1,05	0,65	4	1,05	0,65
AC-3	Anlassen und Ausschalten von **Käfigläufermotoren** ($I_e \leq 100$ A)	10	1,05	0,45	8	1,05	0,45
AC-4	Tippen, Reversieren[2], Gegenstrombremsen von Käfigläufermotoren ($I_e \leq 100$ A)	12	1,05	0,45	10	1,05	0,45
AC-5A AC-5B	Schalten von **Gasentladungslampen** Schalten von **Glühlampen**	3,0 1,5	1,05	0,45 –	3 1,5	1,05	0,45 –
AC-6A AC-6B	Schalten von **Transformatoren** Schalten von **Kondensatoren**	Die Prüfdaten müssen aus den Prüfwerten für AC-3 und AC-4 abgeleitet werden.					
AC-7A AC-7B	**Haushaltsgeräte**, schwach induktive Last Motorlast für Haushaltsgeräte	1,5 8,0	1,05	0,8 0,45	1,5 8,0	1,05	0,8 0,45
AC-8A AC-8B	**Kühlkompressor**[3] mit manueller, mit automatischer Überlastrückstellung	6,0	1,05	0,45	6,0	1,05	0,45
Gleichstrom (DC)		I/I_e	U/U_e	τ[4]	I_c/I_e	U_r/U_e	τ[4]
DC-1	Nichtinduktive oder schwach induktive Last, z. B. **Widerstandsöfen**	1,5	1,05	1 ms	1,5	1,05	1 ms
DC-3	Anlassen, Tippen, Reversieren[2], Bremsen von **Nebenschlussmotoren**	4	1,05	2,5 ms	4	1,05	2,5 ms
DC 5	Anlassen, Tippen, Reversieren[2], Bremsen von **Reihenschlussmotoren**	4	1,05	15 ms	4	1,05	15 ms
DC-6	Schalten von **Glühlampen**	1,5	1,05	–	1,5	1,05	–

[1] I Einschaltstrom; I_c Ausschaltstrom; I_e Bemessungsbetriebsstrom; U Spannung; U_e Bemessungsbetriebsspannung; U_r wiederkehrende Spannung.
[2] Reversieren ist das direkte Umschalten der Drehrichtung während des Laufs.
[3] Hermetisch gekapselter Kühlkompressor, bei dem der Motor im gleichen Gehäuse im Kühlmittel ohne äußere Welle betrieben wird.
[4] Zeitkonstante $\tau = L/R$.

Beispiel:
Ein Schütz ist für eine Stromstärke von $I_e = 10$ A nach der Gebrauchskategorie AC-1 bemessen worden. Das Nennschaltvermögen beträgt für das Ein- und Ausschalten 15 A. Wenn mit diesem Schütz ein Käfigläufermotor im Tippbetrieb nach AC-4 geschaltet werden soll, dann ist für den Einschaltstrom das 12-Fache und für den Ausschaltstrom das 10-Fache der Bemessungsbetriebsstromstärke I_e zugrunde zu legen. Das Schütz mit dem Nennschaltvermögen von 15 A kann jetzt noch einen $I_e = 15$ A : 12 ohne Beschädigung einschalten. In Katalogen geben die Hersteller für jede Gebrauchskategorie den Bemessungsbetriebsstrom oder die zulässige Motornennleistung für ihre Schütze an.

Betriebs- und Arbeitswelt
Technische Kommunikation
Energieversorgung
Gebäudetechnik
Kommunikationstechnik
Automatisierungstechnik
Antriebstechnik
Bauelemente und -gruppen
Techn. Größen und Formeln

Gebrauchskategorien für Hilfsstromschalter (Auswahl) DIN EN 60947-5-1

Gebrauchs-kategorie	Anwendungen	Nachweis des Schaltvermögens[1] Einschalten			Ausschalten		
Wechselstrom (AC)		I/I_e	U/U_e	$\cos\varphi$	I_c/I_e	U_r/U_e	$\cos\varphi$
AC-12	Ohm'sche Last und Halbleiterlast in Eingangskreisen von Optokopplern	1	1	0,9	1	1	0,9
AC-13	Halbleiterlast mit Transformatortrennung	2	1	0,65	1	1	0,65
AC-14	Elektromagnetische Last bis max. 72 VA	6	1	0,3	1	1	0,3
AC-15	Elektromagnetische Last größer 72 VA	10	1	0,3	1	1	0,3
Gleichstrom (DC)		I/I_e	U/U_e	$t_{0,95}$[2]	I_c/I_e	U_r/U_e	$t_{0,95}$[2]
DC-12	Ohm'sches Last und Halbleiterlast in Eingangskreisen von Optokopplern	1	1	1 ms	1	1	1 ms
DC-13	Steuern von Elektromagneten	1	1	300 ms[3]			300 ms[3]

[1] I Einschaltstrom; I_c Ausschaltstrom; I_e Bemessungsbetriebsstrom; U Spannung; U_e Bemessungsbetriebsspannung; Ur Wiederkehrende Spannung
[2] $t_{0,95}$ Zeit in ms, bis 95 % der Betriebsstromstärke erreicht sind
[3] $P = U_e \cdot I_e$ (Bemessungsleistung in W); $6 \cdot P \cdot 1$ ms/W empirisch ermittelter Wert; gültig bis $P = 50$ W. Unabhängig von der Bemessungsleistung liegt bei 300 ms der obere Grenzwert.

Leistungsschütze

Mit drei Hauptschaltgliedern für Drehstromverbraucher und Hilfsschaltgliedern. Die Erregerspulen können mit Wechselspannung (24…600 V) oder Gleichspannung (24…220 V) angesteuert werden.

Technische Daten der Hauptschaltglieder (Auswahl nach Herstellerangaben)

Gebrauchs-kategorie	Nenn-spannung	Belastbarkeit der Baugrößen 0	1	2
AC-1	$U \leq 690$ V $U = 230$ V $U = 400$ V	$I_e = 21{,}0$ A PN = 7,5 kW[1] PN = 13,0 kW[1]	$I_e = 32{,}0$ A PN = 11,4 kW[1] PN = 19,7 kW[1]	$I_e = 65{,}0$ A PN = 20,9 kW[1] PN = 36,0 kW[1]
AC-2 und AC-3	$U \leq 400$ V $U = 230$ V $U = 400$ V	$I_e = 9{,}0$ A PN = 2,54 kW[2] PN = 4,42 kW[2]	$I_e = 16{,}0$ A PN = 4,4 kW[2] PN = 7,7 kW[2]	$I_e = 32{,}0$ A PN = 8,5 kW[2] PN = 15,0 kW[2]
AC-4	$U \leq 400$ V $U = 230$ V $U = 400$ V	$I_e = 3{,}3$ A PN = 0,8 kW[2] PN = 1,48 kW[2]	$I_e = 7{,}7$ A PN = 2,0 kW[2] PN = 3,5 kW[2]	$I_e = 15{,}6$ A PN = 4,3 kW[2] PN = 7,5 kW[2]
AC-5A (unkompensiert)	$U = 230$ V je Hauptstrombahn	L18W = 54 Stück L36W = 46 Stück L58W = 29 Stück	L18W = 81 Stück L36W = 69 Stück L58W = 44 Stück	L18W = 121 Stück L36W = 104 Stück L58W = 67 Stück
DC-1	$U = 24$ V $U = 220$ V $U = 440$ V	$I_e = 20{,}0$ A $I_e = 1{,}6$ A[3] $I_e = 0{,}8$ A[3]	$I_e = 30{,}0$ A $I_e = 5{,}0$ A[3] $I_e = 1{,}0$ A[3]	$I_e = 55{,}0$ A $I_e = 6{,}0$ A[3] $I_e = 1{,}1$ A[3]
DC-3 und DC-5	$U = 24$ V $U = 220$ V $U = 440$ V	$I_e = 15{,}0$ A $I_e = 1{,}75$ A[4] $I_e = 0{,}2$ A[4]	$I_e = 30{,}0$ A[3] $I_e = 1{,}0$ A[3] $I_e = 0{,}27$ A[3]	$I_e = 55{,}0$ A[3] $I_e = 1{,}0$ A[3] $I_e = 0{,}27$ A[3]

[1] Bemessungsleistung von Drehstromverbrauchern ($\cos\varphi = 0{,}95$).
[2] Bemessungsleistung von Drehstrommotoren.
[3] Bei Reihenschaltung zweier Hauptschaltglieder.
[4] Nur mit Reihenschaltung dreier Hauptschaltglieder.

Motorschutzschalter

Motorschutzschalter sind für das Schalten von Stromkreisen mit vorwiegend motorischen Betriebsmitteln gedacht. Sie sind heute üblicherweise mit einstellbaren thermischen Überlastauslösern (Bimetall) und festeingestellten magnetischen Kurzschlussschnellauslösern ausgerüstet und vereinen damit den Überlast- und den Kurzschlussschutz. Sie besitzen eine Handbetätigung für EIN und AUS, sind in der AUS-Stellung abschließbar und erfüllen die Anforderungen an Hauptschalter nach VDE 0113.

Auslösekennlinie

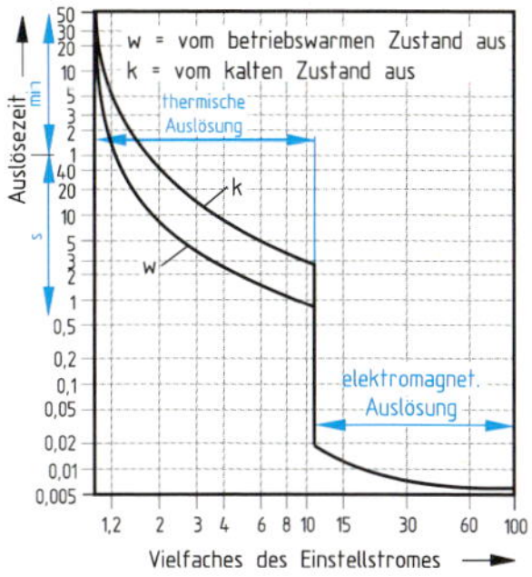

Eigenschaften[1]

- Überlastauslöser phasenausfallempfindlich und temperaturkompensiert
- Nennstrombereich $I_e = 0{,}1$ A bis $I_e = 25$ A
- Schaltvermögen von 6 kA bei 400 V AC und Ie ≤ 25 A
- Für Bemessungsbetriebsströme bis $I_e = 6$ A **eigenfest**, d. h. keine Vorsicherung erforderlich
- Typen bis $I_e = 40$ A für kombinierte Anlagen und Motorschutz verfügbar

Zusatzausrüstung

- Hilfsschalter (schalten bei Betätigung und bei Auslösen des Schalters)
- Relativ-Hilfsschalter (schalten nur bei Auslösen des Schalters)
- Unterspannungsauslöser (z. B. zur Sicherheit gegen Wiederanlauf)
- Arbeitsstromauslöser (z. B. zur Fernauslösung)

[1] Herstellerangaben.

Thermische Motorschutzrelais

Motorschutzrelais mit Bimetallauslösern (Überlastrelais) überwachen die Motortemperatur über den Motorstrom. Übersteigt der Strom den Einstellwert, so betätigen die Bimetalle einen Hilfsschalter, der über ein Schütz den Motor abschaltet. Eine Abschaltung durch das Motorschutzrelais erfolgt nicht.

Auslösekennlinie

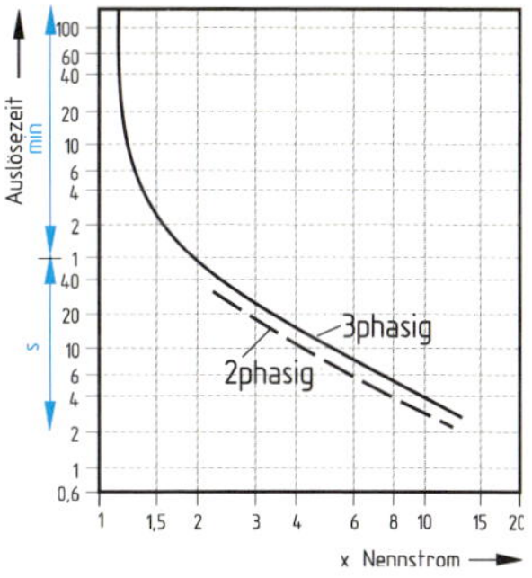

Bei betriebswarmem Relais sinkt die Auslösezeit auf ca. 25 %.

Eigenschaften

- Schutz gegen Zerstörung des Motors bei Nichtanlauf, Überlastung und Phasenausfall
- Temperaturkompensation
- Wahlweise automatische oder manuelle Rückstellung
- Schaltstellungsanzeige
- Testtaste mit Betätigung der Hilfsschalter
- Hilfsschaltglieder 1S + 1Ö Schaltvermögen[1]:
- AC-15 $I_e = 2$ A bei $U = 24$ V
  $I_e = 1{,}15$ A bei 230 V
  DC-13 $I_e = 1$ A bei $U = 24$ V
  Kurzschlussschutz 6 A (gL)

Kurzschlussschutz

Einteilung in:

- Zuordnungsart 1 (alt a)
  Im Kurzschlussfall werden Personen und Anlagen nicht gefährdet; das Motorschutzrelais selbst kann aber beschädigt werden.
- Zuordnungsart 2 (alt c)
  Im Kurzschlussfall werden Personen und Anlagen nicht gefährdet; das Motorschutzrelais selbst wird nicht beschädigt.

Die Werte für die Vorsicherung müssen der gewünschten Zuordnungsart entsprechen.

[1] Herstellerangaben.

Elektronische Motorschutzrelais

Die elektronischen Motorschutzrelais überwachen den Motorstrom anstelle von Bimetallen mit einem Mikrocomputer. Dadurch werden alle Änderungen schnell erfasst und es ergeben sich mehr Möglichkeiten der Auswertung als bei den thermischen Motorschutzrelais. Wesentliche Vorteile:

- Sechs Auslöseklassen ermöglichen vor Ort eine Anpassung an den Motor (z. B. an erschwerten Anlauf).
- Für Motorbemessungsströme von 0,25 A bis 25 A direkt einsetzbar, über Stromwandler bis 630 A.
- Optische Anzeige der Betriebszustände (Betrieb, 110 % Belastung, Motorschutzrelais hat ausgelöst).

Maschinenschutz durch Temperaturüberwachung (Motor-Vollschutz)

Anwendung	Schaltungsbeispiel
Thermistor-Maschinenschutzgeräte werden für die Temperaturüberwachung von Maschinen, Heizungen, Gebläsen u. Ä. eingesetzt. Bis zu 6 Kaltleiterfühler können angeschlossen werden, die Abschaltung erfolgt über das Motorschütz. Temperaturüberwachung von Motoren: • Käfigläufer mit $U_N \leq 660$ V und $P_N \leq 132$ kW bei Oberflächenkühlung und $n = 1\,500$/min, bzw. $P_N \leq 200$ kW bei Innenkühlung • Wenn bei Motoren die Gefahr besteht, dass der Läufer blockiert • Bei häufigem Anlauf und Bremsen, zusätzlich zum Motorschutzrelais Vorteile: • Es wird direkt die Motortemperatur überwacht. • Schutz auch bei behinderter Kühlung • Temperaturüberwachung explosionsgeschützter Maschinen	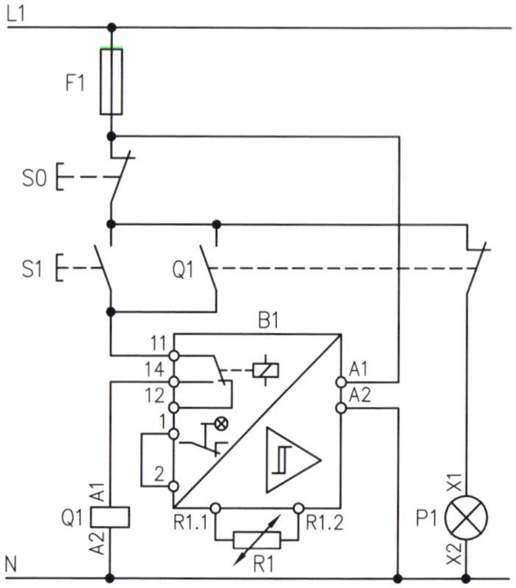

Einsatz von Motorschutzeinrichtungen

Die Motorschutzeinrichtungen bieten allein oder in Kombination Schutz für die unterschiedlichen Betriebs- und Störungsfälle. Der erzielbare Schutz wird in der Tabelle symbolisiert durch: ⇓ kein Schutz ⇒ bedingter Schutz ⇑ vollständiger Schutz	Sicherung	Sicherung und Motorschutzrelais	Sicherung und Thermistor-Maschinenschutz	Sicherung, Motorschutzrelais und Thermistor-Maschinenschutz
Beispiele	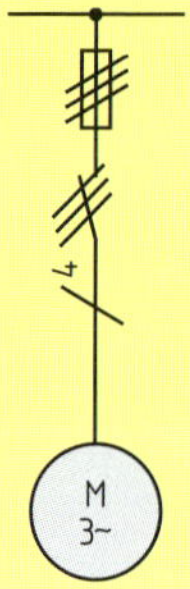	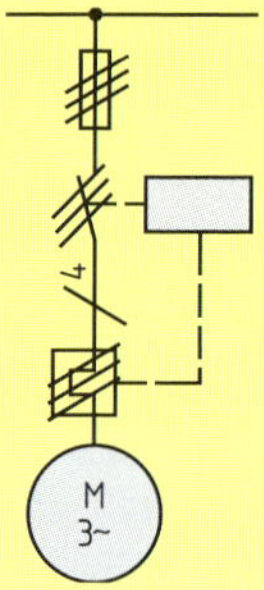	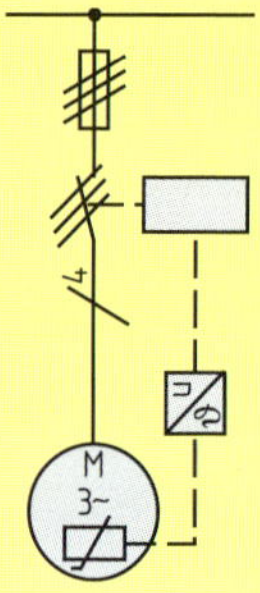	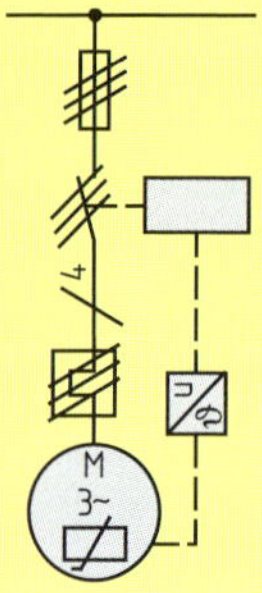
Betriebsfälle:				
Überlastung im Dauerbetrieb	⇓	⇑	⇑	⇑
Zu lange Anlauf-, Bremsvorgänge	⇒	⇒	⇑	⇑
Zu hohe Schalthäufigkeit	⇓	⇓	⇑	⇑
Störungsfälle:				
Ausfall einer Phase	⇓	⇑	⇑	⇑
Spannungs-, Frequenzschwankung	⇓	⇑	⇑	⇑
Blockieren des Läufers	⇒	⇑	⇑	⇑
Festgebremster Läufer bei:				
• Ständerkritischen Motoren	⇒	⇑	⇑	⇑
• Läuferkritischen Motoren	⇓	⇑	⇒	⇑
Behinderung der Kühlung:				
Erhöhte Umgebungstemperatur	⇓	⇓	⇑	⇑
Behinderung des Kühlmittelflusses	⇓	⇓	⇑	⇑

Elektronische Lastrelais (Solid State Relay)

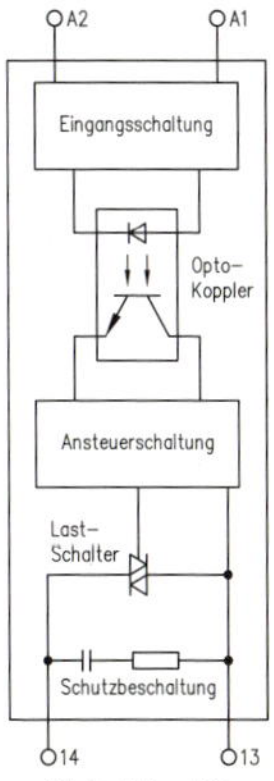

Prinzipschaltung ELR

Elektronische Lastrelais (ELR oder SSR) schalten die Last über einen Zweirichtungs-Thyristor (Triac), der galvanisch getrennt durch Opto-Koppler angesteuert wird. Elektronische Lastrelais werden als Verbindungsglied zwischen Elektronik und Belastung eingesetzt und haben folgende Vorteile:

- Hohe Schalthäufigkeit, schnelles Schalten, Schalten mit definiertem Schaltpunkt
- Geräuschloses Schalten
- Funkenfreies und prellfreies Schalten sowie verschleißfreies Schalten
- Hohe Stoß- und Vibrationsfestigkeit, Beständigkeit gegen extreme Umgebungsbedingungen

Zur Verfügung stehen die unterschiedlichen Ausführungen			Technische Daten (typische Werte)
Nullspannungsschalter	Momentanschalter	Spitzenspannungsschalter	
Nach Ansteuerung schaltet das ELR die Last immer erst im Nulldurchgang der Betriebsspannung ein und erst im Stromnulldurchgang wieder aus. • Anwendung bei Ohm'scher und schwach induktiver Belastung	Der Momentanschalter schaltet sofort nach der Ansteuerung die Last ein. Er schaltet auf jedem Punkt der Sinuskurve ein, aber erst im Stromnulldurchgang wieder aus. • Anwendung bei kleinen Transformatoren und kleinen Motoren	Nach Ansteuerung schaltet das ELR die Last immer erst beim Durchlaufen des Spitzenwertes der Betriebsspannung ein. Ausgeschaltet wird die Last im Stromnulldurchgang. • Anwendung bei großen Transformatoren und großen Induktivitäten	• Isolationsspannung $U_i = 4$ kV • Schaltspannung $U = 60 \ldots 440$ V • Nennschaltstrom $I = 2 \ldots 50$ A • Minimaler Laststrom $I \approx 10$ mA • Steuerspannung: $U_a = 3 \ldots 30$ V bei $I_a > 20$ mA

Elektronische Lastrelais für drei Phasen

Schaltungen mit Einphasen-Lastrelais

Last ohne Mittelleiteranschluss	Last mit Mittelleiteranschluss
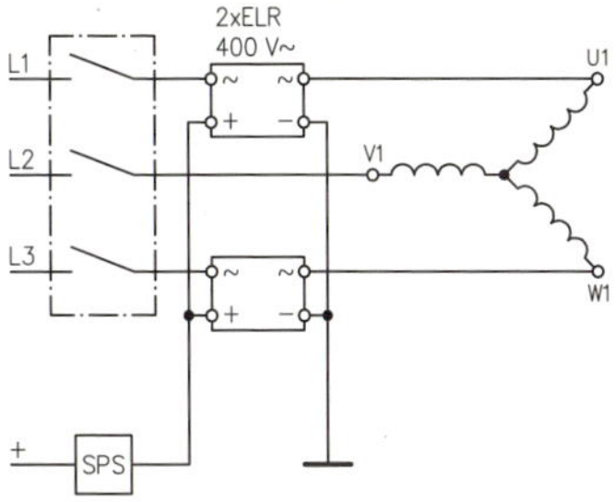	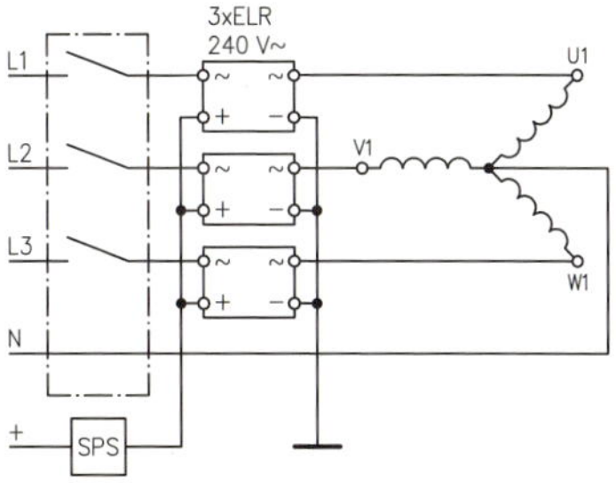

Integrierte Lastrelais für drei Phasen

Zum Schalten Ohm'scher Last	Zum Schalten von Asynchronmotoren
Nullspannungsschalter zum Schalten Ohm'scher Lasten, mit Überspannungsschutz durch spannungsabhängige Widerstände (Varistoren) Technische Daten[1]: • Schaltspannung $U = 12 \ldots 440$ V AC • Nennschaltstrom $I = 10 \ldots 50$ A mit Kühlkörper bei Umgebungstemperatur $\vartheta_U \leq 40$ °C • Minimaler Laststrom $I \approx 100 \ldots 200$ mA • Steuerspannung $U_a = 20 \ldots 265$ V AC oder DC	Nullspannungsschalter zum Schalten und Reversieren (mit und ohne Verzögerungszeit) von Drehstrom-Asynchronmotoren Technische Daten[1]: • Schaltspannung $U = 480$ V AC • Nennschaltstrom $I = 10 \ldots 55$ A, bzw. $P_N \leq 7{,}5$ kW Motorbemessungsleistung bei entsprechendem Kühlkörper und $\vartheta_U \leq 40$ °C • Steuerspannung $U_a = 20 \ldots 265$ V AC oder DC

[1] Herstellerangaben.

Hilfsschütze

Eigenschaften	Zusatzeinrichtungen	Technische Daten (typ.)
Vorteile: • Geeignet für Sicherheitsstromkreise (z. B. NOT-AUS) • Hohe Spannungssicherheit • Galvanische Trennung **Nachteile:** • Kontaktverschleiß • Kontaktprellen • Schaltfunken	Hilfsschütze werden heute im Baustein-System hergestellt und können ergänzt werden durch: • Weitere Kontakte • Zeitbaustein • Verklinkungsbaustein • Verstärkerbaustein für die Ansteuerung aus elektronischen Baugruppen	• Erregerspulen: U = 24…600 V (AC) $S \approx$ 4…5 VA U = 24…230 V (DC) $P \approx$ 2 W • Kontakte: Öffner und Schließer I_e = 10 A bei AC-15

Elektromagnetische Relais (Auswahl)

Bauart	Beschreibung	Technische Daten (typ.)
Monostabile Relais	Steckbare Relais als Kammrelais mit 2 oder 4 Wechslerkontakten. Leiterplattenrelais für das Einlöten in Leiterplatten. Relais werden in der Steuerungstechnik als Koppelglied zwischen Elektronik- und Starkstromteil eingesetzt.	Kontaktmaterial Silber (hauchvergoldet) • Schaltspannung 250 V≅ • Schaltstrom 1…15 A • Schaltleistung 30…400 W (je nach Kontaktfedersatz) • Spulenspannung 5…230 V≅
Bistabile Relais	Sie gehen nach Wegnahme der Ansteuerung nicht in die Ausgangslage zurück, sondern werden durch Umpolen oder mit einer 2. Spule umgesteuert.	• Kamm- und Miniaturrelais sind als bistabile Ausführungen erhältlich. Die technischen Daten entsprechen den vergleichbaren monostabilen Relais.
Reed-Relais	Durch den magnetisch betätigten Kontakt, der sich im schutzgasgefüllten Glasrohr befindet (Reed-Kontakt), sind sehr kleine Bauformen und geringes Kontaktprellen erzielbar.	• Reed-Kontakt (1 Schließer, selten 1 Wechsler oder 1 Öffner) • Schaltspannung 100 V≅ • Schaltstrom 0,5 A • Schaltleistung 3…10 W

Zeitrelais (Auswahl)

Bauart	Beschreibung	Technische Daten (typ.)	Funktionen (Auswahl)
Monofunktionsrelais	Meist ansprechverzögerte Relais mit elektronischer Zeitverzögerung. Mit Wechslerkontakten oder einem Triac ausgerüstet	• Zeit 0,1 s…10 h einstellbar • Schaltspannung 250 V≅ • Schaltstrom 5 A • Betriebsspannung kombinierbar 24 V≅ oder 115…230 V≅	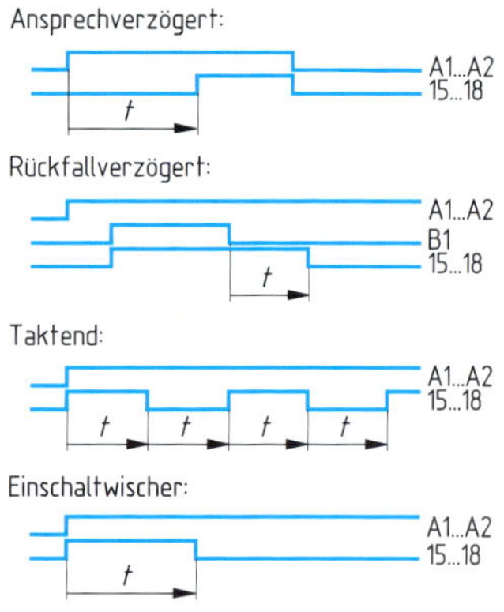 A1...A2 Betriebsspannung B1 Ansteuerung, 15 - 18 Kontakt
Multifunktionsrelais	Mikroprozessorgesteuerte Relais mit Wechslerkontakten und verschiedenen Funktionen. Benötigt zusätzlich zur Ansteuerung eine Betriebsspannung.	• Zeit 0,1 s…100 h einstellbar • Funktionen durch Schalter programmierbar • Schaltspannung 250 V≅ • Schaltstrom 5 A • Betriebsspannung 24 V≅ • oder 115…230 V≅	

Taster, Leuchtmelder, Leuchttaster

Taster/Schalter	Leuchtmelder	Leuchttaster
Anwendung: • Eingriffe in die Steuerung per Hand, Eingeben von Befehlen • Handbetätigte NOT-AUS-Einrichtung	Anwendung: • Anzeigen, um auf Handlungen aufmerksam zu machen • Betätigen von Befehlen, Zuständen oder Bedingungen	Anwendung: • Optische Aufforderung zur Betätigung • Quittierung einer Aktion
Technische Daten[1]: • Betriebsspannung: bis 660 V • Betriebsstrom: 6 A (AC-15, 24…230 V AC) 0 A (DC-13, bei 24 V DC) 0,4 A (DC-13, bei 220 V DC) • Kurzschlussschutz: 10 A • Schalthäufigkeit: 1 000 Schaltspiele je Stunde • Betätigung Einbaudurchmesser 30 mm oder 22 mm	Technische Daten[1]: • Lampenfassung: BA 9s • Glühlampe: bis 130 V/2,5 W bei Verwendung an 230 V eine Glühlampe 130 V mit Vorschaltglied verwenden (Widerstand, Kondensator, Fassung mit Transformator) • Glimmlampe: 230 V • Leuchtenteil Einbaudurchmesser 30 mm oder 22 mm	Technische Daten[1]: • Schaltglieder entsprechend den Tastern • Lampenteil entsprechend den Leuchtmeldern

[1] Herstellerangaben.

Farben für Taster, Leuchtmelder und Leuchttaster — DIN EN 60204-1

Farbe	Taster	Leuchtmelder	Leuchttaster	NOT-AUS-Taster
Rot	Notfall, bei gefährlichem Zustand oder im Notfall betätigen	Notfall, gefährlicher Zustand, sofortige Handlung erforderlich	Notfall, die Farbwirkung Rot darf nicht von der Beleuchtung abhängen	Pilzdrucktaster mit gelbem Hintergrund als Kontrast
Gelb	Anormal, unerwünschte Bedingungen verhindern bzw. unterdrücken	Anormal, kritischer Zustand, Überwachen oder Eingreifen	Anormal, Eingriff, um anormale Zustände zu unterdrücken oder zum Wiederanlauf	–
Grün	Sicher bei sicherer Bedingung oder normalem Zustand, nicht für AUS	Normal, Anzeige sicherer Betriebszustände	Normal, sicheren Zustand herstellen oder vorbereiten	–
Blau	Zwingend, bei Zuständen betätigen, die Handlung erfordern	Zwingend, Anzeige von Zuständen, die Handlungen erfordern	Zwingend zwingende Aufforderung zur Handlung	–
Weiß	Keine besondere Bedeutung, vorzugsweise für START bzw. EIN	Neutral, wird verwendet, wenn keine andere Farbe zutrifft	Neutral, wenn keine andere Farbe zugeordnet werden kann	–
Schwarz	Keine besondere Bedeutung, vorzugsweise für STOP bzw. AUS	–	–	–
Grau	Keine besondere Bedeutung	–	–	–

Steuerschalter

Anwendungsbereich	Aufbau	Beispiel
Steuerschalter sind handbetätigte Rastschalter (Nockenschalter) zum Steuern und Anlassen von Drehstrommotoren sowie zum Schalten von Haupt- und Hilfsstromkreisen, z. B. als: • Hauptschalter • Hauptschalter mit NOTAUS-Funktion • Wartungsschalter • Motorschalter • Wahlschalter • Messstellenumschalter	Nockenschalter sind nach dem Bausteinprinzip aufgebaut. Die Grundausführung setzt sich aus dem Rastwerk und je nach Ausführung aus einer bestimmten Anzahl von Schaltelementen zusammen. Die beweglichen Kontaktbrücken der Schaltelemente werden über die Kontaktschieber von der Nockenscheibe betätigt. Die Öffnung erfolgt daher zwangsläufig. Die Schalter können also auch für Sicherheitsschaltungen eingesetzt werden.	Schaltelemente eines Steuerschalters: 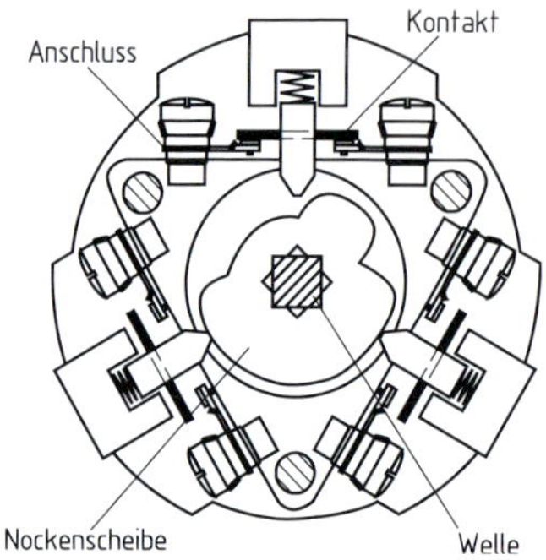

Hauptschalter	Wartungsschalter	Wahlschalter
Hauptschalter sollen mindestens Lastschalter sein und sind für die Summe aller Nennströme zu bemessen. Hauptschalter, die gleichzeitig als NOT-AUS-Schalter verwendet werden, müssen auch den Strom des größten Motors im fest gebremsten Zustand und die Summe aller Nennströme der übrigen Betriebsmittel abschalten können.	Ist die Zugehörigkeit eines Motors und des Hauptschalters nicht eindeutig zu erkennen, dann ist für jeden Antrieb ein Wartungsschalter in unmittelbarer Nähe erforderlich. Wartungsschalter ermöglichen gefahrlose Wartungs- und Reparaturarbeiten an der Maschine. Durch Einhängen eines Vorhängeschlosses kann sich jeder Mitarbeiter vor dem unbefugten Einschalten anderer schützen.	Werden als Wahlschalter für verschiedene Betriebsarten in Hilfsstromkreisen von Steuerungen oder als Messstellenumschalter eingesetzt. Durch das Bausteinprinzip sind sehr viele Schaltungsvarianten möglich. Das Schaltvermögen wird nach der Gebrauchskategorie AC-15 bemessen und braucht nicht so groß wie beim Haupt- oder Wartungsschalter zu sein.

Schaltungsbeispiele

Wartungsschalter mit Lastabwurfkontakt

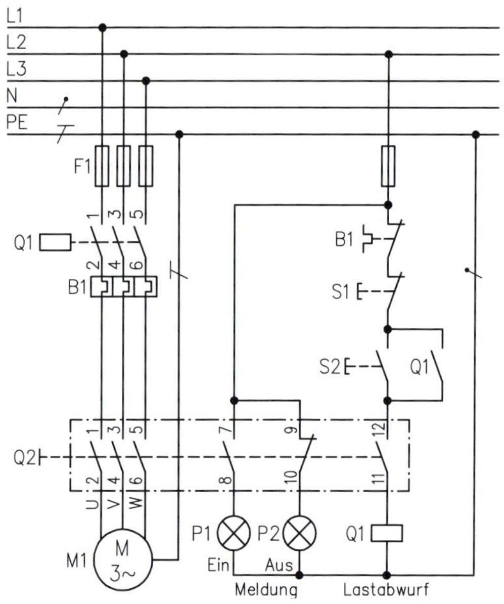

Spannungsmesser-Umschalter

Der Spannungsmesser misst wahlweise dreimal die Spannung Phase gegen Neutralleiter.

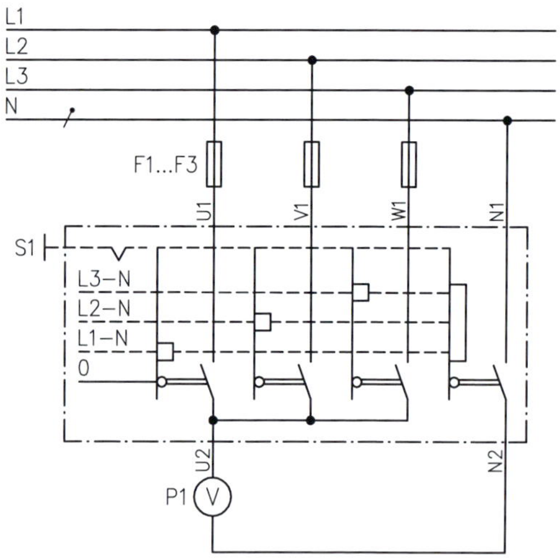

Wegfühler und Signalgeber zur Erfassung von Gegenständen

Signalgeber (Wegfühler)	Funktionsprinzip des Signalgebers	Erfassung von Gegenständen			Ausgangs-signal
		Material	Abstand	Prinzip	
Positionsschalter	Mechanische Betätigung	Alle festen Stoffe	0 mm	Direkte Berührung	Binär (schaltend)
Induktiver Näherungsschalter	Verändern eines magnetischen Feldes	Alle metallischen Stoffe	Bis 60 mm Bei Stahl	Berührungslose Annäherung	Binär
Kapazitiver Näherungsschalter	Verändern eines elektrischen Feldes	Alle Stoffe, Abgleich erforderlich	Bis 35 mm Bei Stahl	Berührungslose Annäherung	Binär
Optischer Reflexschalter	Reflexion eines Infrarotstrahles	Helle, reflektierende Stoffe oder mit Reflektor als Lichtschranke	Bis 50 mm	Berührungslose Annäherung	Binär
Ultraschall Näherungsschalter (als Schalter oder zur Entfernungsmessung)	Laufzeitmessung getakteter Ultraschallwellen	Feste, pulverförmige und flüssige Stoffe, nicht schallschluckend	Bis 6 m	Berührungslose Annäherung	Binär, digital (8-Bit- oder BCD-Code) oder analog (0 … 10 V)
Optischer Sensor	Vereinfachte Bilderfassung mit Fotodioden	Feste Stoffe	Bis 0,5 m	Berührungslose Annäherung	Digital (8-Bit- oder BCD-Code)

Positionsschalter (Grenztaster)

Positionsschalter sind mechanisch betätigte Befehlsgeber. Sie sind die Verbindungsglieder zwischen beweglichen Maschinen- und Anlagenteilen und der Steuerung, beim Steuern oder der Signalisierung von Bewegungsabläufen. Die Anfahrgeschwindigkeit und die Form des Betätigungselementes bestimmen die zu wählende Ausführung des Antriebskopfes und der Schaltglieder. Bei geringen Betätigungsgeschwindigkeiten werden Schaltglieder mit Sprungschaltgliedern verwendet. Positionsschalter in Sicherheitsstromkreisen müssen Öffnerkontakte besitzen, die zwangsläufig öffnen müssen. In der Arbeitsstellung müssen die Kontakte geöffnet sein (Drahtbruchsicherheit).

Bewegungsart	Betätigungselement	Antriebskopf	Beispiele für Antriebsköpfe
Lineare Bewegung	Anfahrlineal 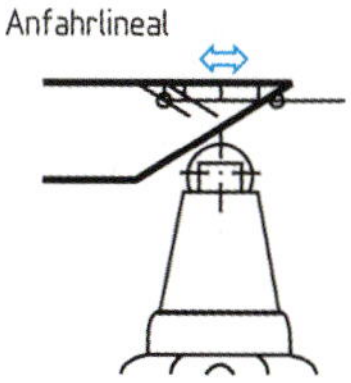	Geeignet sind: • Rollenstößel • Kuppenstößel • Schwenkhebel • Stangenhebel[1] • Rollenhebel • Federstab[1]	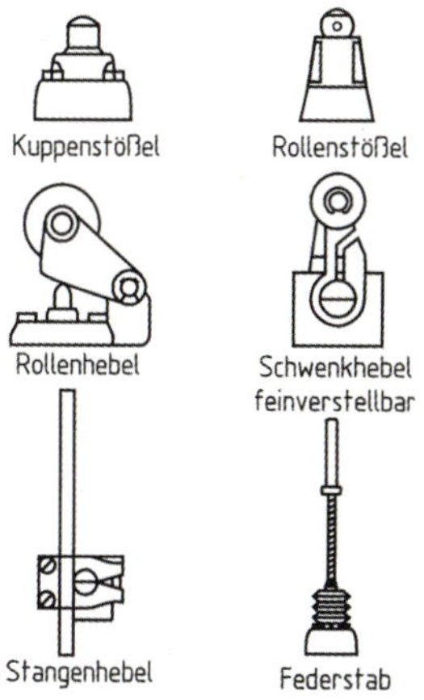
Kontinuierliche und wechselnde Drehbewegung	Scheibe, Kurve 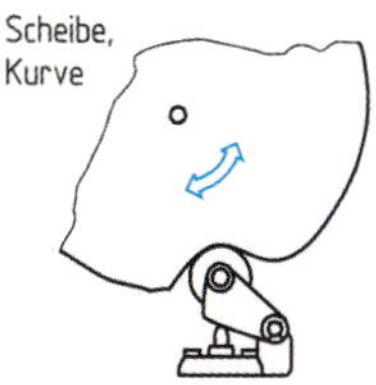	Geeignet sind: • Kuppenstößel • Schwenkhebel • Stangenhebel[1] • Rollenhebel • Rollenstößel	

[1] Nicht in Sicherheitsstromkreisen verwenden.

Berührungslose Positionsschalter

Funktionsprinzip	Beschreibung	Technische Daten[1]
Betätigt wird ein Reedkontakt durch eine Eisenfahne. 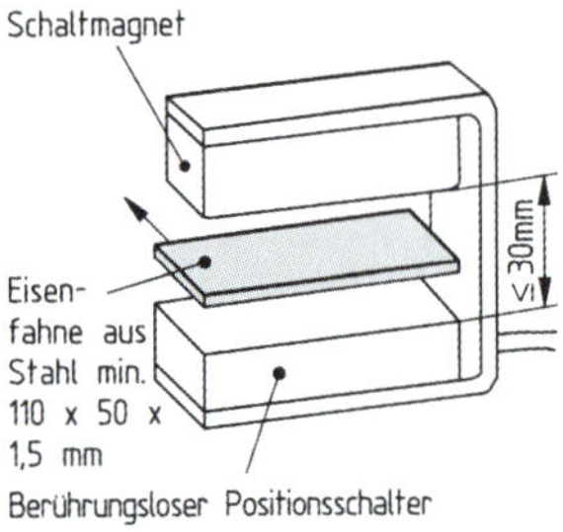	**Einsatz:** Wenn Staub, hohe Feuchtigkeit und Betauung vorliegen und keine große Schaltpunktgenauigkeit gefordert wird. Auch in explosionsgefährdeten Bereichen entsprechend der Zündschutzart einsetzbar. **Aufbau:** Der Schalter besteht aus einem Schaltmagnet und einem Reedkontakt. **Hinweis:** Der Reedkontakt ist vor starken Erschütterungen zu schützen und zu lange Leitungen können zur Fehlfunktion führen.	• Isolationsspannung $U_i = 250$ V • Dauerstrom $I_{th} = 5$ A • Schaltvermögen: AC-15 $I_e = 0{,}5$ A bei 230 V DC-13 $I_e = 0{,}8$ A bei 110 V • Kurzschlussschutz durch Feinsicherung F 1 A/250 G • Induktive Last nur mit Löschglied schalten • Zulässige Leitungslängen: bei 230 V AC 100 m vom Typ H05RN-F 0,75 mm^2 • Schaltzeiten: Schließzeit = 2 ms Öffnungszeit ≤ 15 ms

[1] Herstellerangaben.

Induktive Näherungsschalter[1]

Induktive Näherungsschalter arbeiten berührungslos und verschleißfrei.
Einsatz: Wenn hohe Anforderungen an die Schaltpunktgenauigkeit, Zuverlässigkeit, Lebensdauer, Schalthäufigkeit und Betätigungsgeschwindigkeit gestellt werden.
Es stehen verschiedene Ausführungen je nach den Anforderungen zur Verfügung.

Für normale Anforderungen:
- Spannungsbereich 10…30 V DC
- Ausgang 3-Leiter mit 1S oder 1Ö NPN bis 300 mA oder PNP bis 200 mA
- Schaltabstand 1…20 mm (je nach Ø)

Für erhöhte Anforderungen:
- Spannungsbereich 10…65 V (3-Leiter)
  20…265 V (2-Leiter)
- Ausgang 3-Leiter mit 1S oder 1Ö NPN bis 0,5 A
  2-Leiter mit 1S oder 1Ö bis 0,5 A
- Schaltabstand 10 % besser als „normal"

Für erhöhte Schaltabstände:
- Schaltabstand liegt über dem 3-Fachen der Normalausführung. Dadurch kann eine kleinere Bauform gewählt werden.

Für SPS optimiert:
- Spannungsbereich 10…30 V DC
- Ausgang 2-Leiter 1S bis 25 mA, Reststrom und Spannungsfall passend für SPS-Eingänge
- Versorgungsspannung aus dem SPS-Eingang

Explosionsgeschützt nach NAMUR[2]:
- 2-Leiter-Schaltung für geeignete explosionsgeschützte Nachschaltgeräte

Kapazitive Näherungsschalter[1]

Einsatz: Kapazitive Näherungsschalter können elektrisch leitende oder nicht leitende Stoffe im festen, pulverförmigen und flüssigen Zustand berührungslos erfassen.
Hinweis: Der Schaltabstand ist abhängig von der Dielektrizitätskonstanten des zu erfassenden Materials. Verschmutzung der aktiven Fläche führt zur Veränderung des Schaltabstandes.

Technische Daten:
- Gleichspannungsausführung 3-Leiteranschluss für 10…60 V (NPN- oder PNP-Ausgang)
- Wechselspannungsausführung 2-Leiteranschluss für 20…250 V (Last in Reihe)

Schaltungsbeispiele von induktiven und kapazitiven Näherungsschaltern

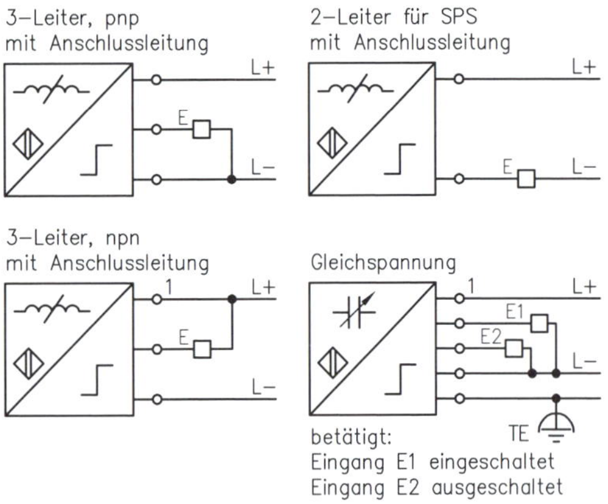

[1] Herstellerangaben. [2] NAMUR Normenausschuss für Mess- und Regelungstechnik.

Explosionsgeschützte Näherungsschalter nach NAMUR

Beschreibung

- Näherungsschalter nach NAMUR sind induktive 2-Leiter-Sensoren ohne eigenen Schaltausgang.
- Niederohmiger Ausgang und unempfindlich gegen induktive oder kapazitive Störeinkopplungen
- Mit geeignetem Nachschaltgerät auch in eigensicheren, explosionsgeschützten Stromkreisen einsetzbar. Höchstwerte für Versorgungs- und Steuerstromkreise:
  $U_0 \leq 15{,}5$ V
  $I \leq 52$ mA
  $P \leq 169$ mW

Nachschaltgerät

- Nachschaltgeräte erzeugen entsprechend der Stromaufnahme der Sensoren (< 1 mA bedämpft und > 3 mA entdämpft) ein Schaltsignal.
- Galvanische Trennung des Sensors vom Schaltausgang
- Überwachung des Sensorstromkreises auf Drahtbruch oder Kurzschluss
- Explosions-Zündschutzart der Näherungsschalter richtet sich nach der jeweiligen Zündschutzart der Versorgungs- und der Steuerstromkreise des Nachschaltgerätes.
- Im Gefahrenbereich der Zone 0 nicht zugelassen!

Schaltungsbeispiel

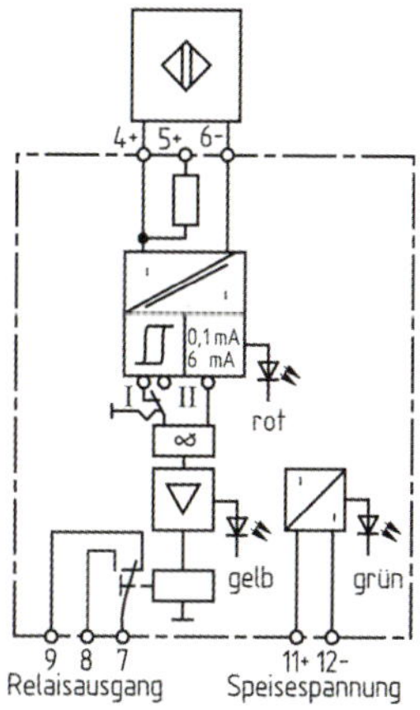

Ultraschall-Näherungsschalter

Beschreibung

Funktionsprinzip: Kernstück ist ein piezokeramischer Wandler, der Ultraschallimpulse aussendet. Werden diese Impulse von einem Objekt reflektiert, kann der Wandler das Echo empfangen und in ein Signal umsetzen.

Reichweite: Sie kann 6 bis 600 cm betragen.

Objekte: Das Material kann vielfältig beschaffen sein, muss aber in der Lage sein, die Ultraschallwellen zu reflektieren. Die Objekte können aus jeder beliebigen Richtung in die Schallkeule geführt werden.

Hinweis: Die Schalllaufzeit ist abhängig von der Lufttemperatur und der Luftfeuchtigkeit.

Bereichsdefinition

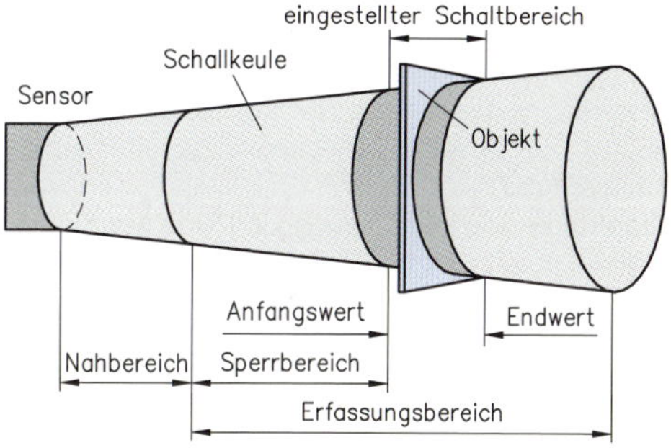

Ausführungen

Kompakt-Näherungsschalter

- Anschlussfertige Geräte, die den Sensor und die Auswerteschaltung in sich vereinigen
- Schaltausgang in 3-Leiter-Schaltung für direkten Anschluss an eine SPS
- Bereich der Objekterfassung wird über Potenziometer eingestellt.
- Kompakt-Näherungsschalter sind mit getrennten Ausgängen für den Sperr- und den Schaltbereich verfügbar. Hier ist ein Betrieb als Reflexschranke möglich, bei der die Ultraschallwellen von einem fest angebauten Reflektor reflektiert werden. Befindet sich ein Objekt im Bereich der Schallkeule, wird die Reflexion gestört und der Näherungsschalter gibt ein Signal ab. So lassen sich auch schallschluckende Objekte erfassen.

Ultraschallsensor mit Auswertegerät

- Für komplexe Anwendungen ist die getrennte Ausführung von Ultraschallsensor und Auswertegerät besser geeignet.
- Sensoren für die Entfernung von 6 bis 99 cm haben eine Auflösung von 1 cm, die von 80 bis 600 cm eine Auflösung von 10 cm.
- Die Anwesenheit eines Objektes wird an Ausgängen des Auswertegerätes signalisiert.
- Schaltausgang zum Anschluss an Schütze oder an eine SPS.
- Digitalausgang im BCD-Code oder als 8-Bit-Binärzahl zur Messung des Istabstandes.
- Analogausgang mit 4…20 mA Stromsignal entsprechend zum Istabstand für die Entfernungsmessung.

Pneumatische Signale — DIN EN 60382

Pneumatische Signalverarbeitungseinrichtungen arbeiten mit trockener, ölfreier und gereinigter Druckluft. Signalverarbeitungseinrichtungen benötigen einen Betriebsdruck von 1,4 bar. Stelleinrichtungen mit Membranantrieb arbeiten mit 3 bis 6 bar; Stellzylinder benötigen z. T. auch Drücke > 6 bar.

Pneumatisches Einheitssignal	Umrechnung
Für analoge Druckluftsignale ist der Bereich von 0,2 bis 1,0 bar entsprechend 0 bis 100 % genormt. **Vorteile:** Robust, keine Explosionsschutzmaßnahmen erforderlich (Chemieanlagen o. Ä.) **Nachteile:** Übertragungsstrecken max. 200 m, keine schnellen Signaländerungen übertragbar	Signaldruck 0,2…1,0 bar in 0…100 % 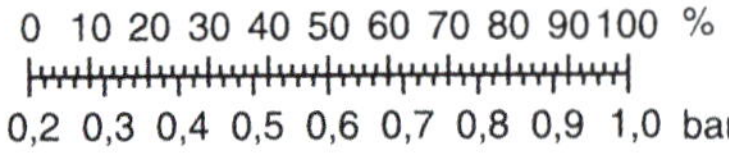

Life Zero. Der **lebende Nullpunkt** von 0,2 bar ist erforderlich, weil ein Druck 0,0 bar für den Signalwert 0 % nicht eindeutig einstellbar ist; gleichzeitig kann der Signalwert 0 % von einer Störung (0 bar) unterschieden und es kann eine Störung erkannt werden.

Elektrische Signale

Ein einziges, genormtes elektrisches Einheitssignal, vergleichbar mit dem pneumatischen Einheitssignal (0,2… 1,0 bar) gibt es nicht. Für die analoge Signalverarbeitung und Signalübertragung werden Gleichspannungssignale (z. B. 0…10 V) oder Gleichstromsignale (z. B. 4…20 mA) eingesetzt.

Gleichstromsignal	Umrechnung
Eingeprägte Gleichströme benutzt man zur Signalübertragung über längere Entfernungen, z. B. vom Feld zur Messwarte. Häufig wird der Signalbereich von 4 bis 20 mA, seltener 0 bis 20 mA entsprechend dem Signalwert 0 bis 100 % eingesetzt. • **Vorteile:** niederohmiger, störungssicherer Signalstromkreis ($R_{ges} \leq 500\ \Omega$); explosionsgeschützte, eigensichere Ausführung möglich • **Nachteile:** Alle Einrichtungen in Reihe geschaltet, bei Änderungen o. Ä. muss der Signalstromkreis aufgetrennt werden; Bürde ≤ 500 Ω.	Signal 4…20 mA in 0…100 % 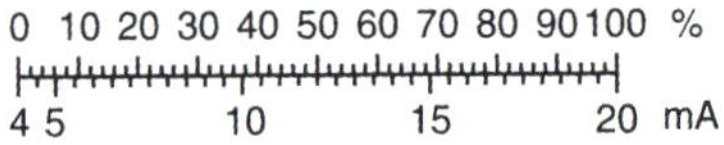 Signal 0…20 mA in 0…100 % 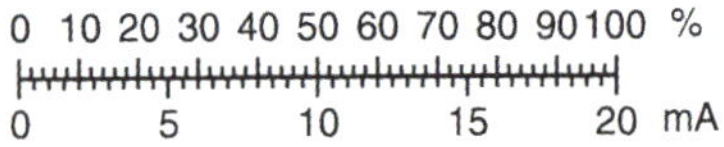

Gleichstromsignal	Umrechnung
Eingeprägte Gleichspannungen (0…10 V; 2… 10 V) werden bei kurzen Übertragungsstrecken eingesetzt. • **Vorteile:** Einfache Handhabung, alle Einrichtungen sind parallel geschaltet; 0- bis 10-V-Signal kann einfach in 0 bis 100 % umgerechnet werden. • **Nachteile:** hochohmiger, störungsanfälliger Signalstromkreis; kurze Übertragungsstrecken	Signal 2…10 V in 0…100 % 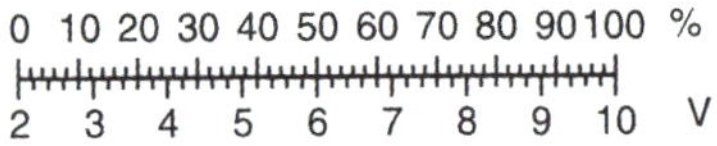

Life Zero. Der **lebende Nullpunkt** von 4 mA (bzw. 2 V) hat den Vorteil, dass der Signalwert 0 % von einer Störung (0 mA bzw. 0 V) unterschieden und eine Störung erkannt werden kann.

Signalumformer

Beschreibung	Umrechnung (Beispiel P-/I-Umformer)
Mit Signalumformern kann jedes analoge Signal in ein anderes analoges Signal umgeformt werden oder analoge Signale an Feldbusse angepasst werden, z. B.: • U-/I-Umformer formen ein Spannungssignal in ein Stromsignal um (z. B. 0…10 V in 4…20 mA) • I-/P-Umformer formen ein Stromsignal in ein Drucksignal um (z. B. 4…20 mA in 0,2…1,0 bar)	0,2…1,0 bar in 4…20 mA 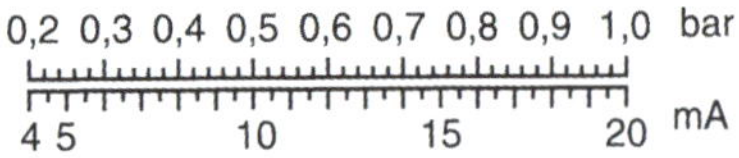

Elektrische Thermometer

Messaufnehmer		Bereich	Messspanne	Empfindlichkeit	Ansprechzeit	Genauigkeit
PT 100	Nackt	–200…870 °C	< 200 K	Groß	Klein	Hoch
	Im Schutzrohr				Groß	
Thermoelement	Nackt	–270…1770 °C	> 1000 K	Gering	Sehr klein	Klein
	Im Schutzrohr				Groß	
Infrarot-Strahlungsfühler		–50…1000 °C	≥ 100 K	Gering	Klein	Klein

Messumformer für Widerstandsthermometer (PT 100)

Schaltungsprinzip	Beschreibung
Wheatstone-2-Leiterschaltung 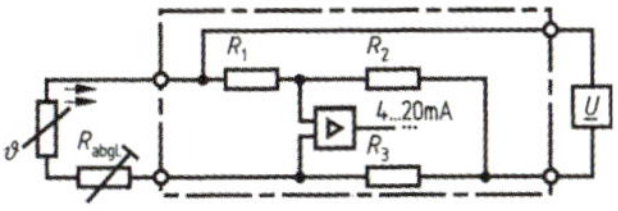	Einfache Wheatstone-Brückenschaltung, bei der der Widerstand des PT 100 gemessen und in °C als Temperatur angezeigt oder übertragen wird. Weil der Leitungswiderstand zum PT 100 das Messergebnis verfälscht, muss ein Leitungsabgleich durchgeführt werden (auf 4 Ω, 10 Ω, 20 Ω).
Wheatstone-3-Leiterschaltung 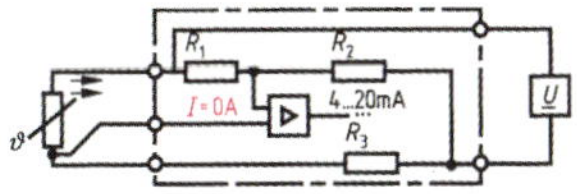	Diese Schaltung behebt den Einfluss der Leitungen zum PT 100, indem der Leitungswiderstand in beiden Brückenzweigen liegt und Auswirkungen des Leitungswiderstandes sich somit aufheben. Erforderlich ist nur ein Nullabgleich.
Konstantstrom-2-Leiterschaltung 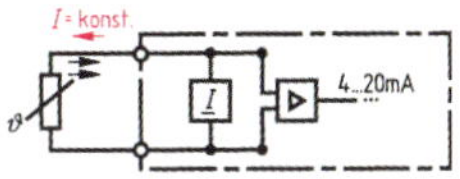	Der Messaufnehmer (PT 100) wird mit einem konstanten Strom gespeist. Die Spannung der Konstantstromquelle entspricht der Messspannung und damit der Temperatur. Bei kurzen Entfernungen ist kein Leitungsabgleich erforderlich.
Konstantstrom-4-Leiterschaltung 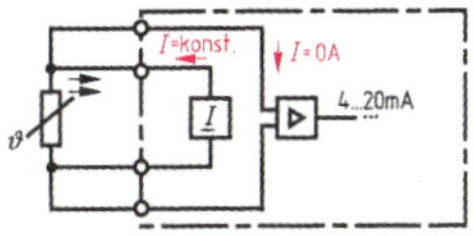	Der Messaufnehmer (PT 100) wird mit einem konstanten Strom gespeist. Die Messspannung ist hier nur vom Widerstand des Messaufnehmers abhängig. Der Leitungswiderstand beeinflusst das Messergebnis nicht; kein Abgleich erforderlich.

Messumformer für Thermoelemente

Schaltungsprinzip	Beschreibung
Ohne Vergleichsstelle 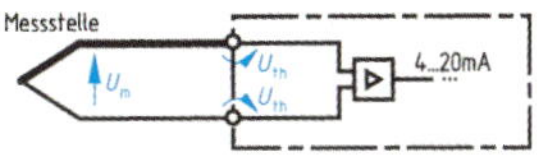	Die Anschlussstellen des Thermoelementes bilden ebenfalls Thermopaare, deren Thermospannungen bei Änderung der Temperatur an den Anschlussstellen das Messergebnis verfälschen.
Mit Vergleichsstelle 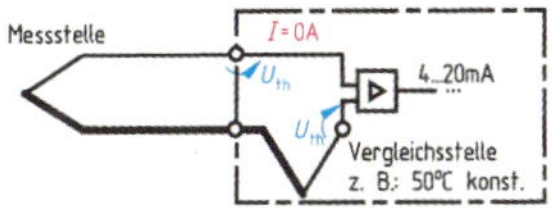	Das Thermoelement wird über Ausgleichsleitungen an den Messumformer angeschlossen. Durch die konstante Vergleichsstelle heben sich die Thermospannungen der Anschlussstellen auf. Gemessen wird die Differenz zur Messstelle.
Mit Kompensation 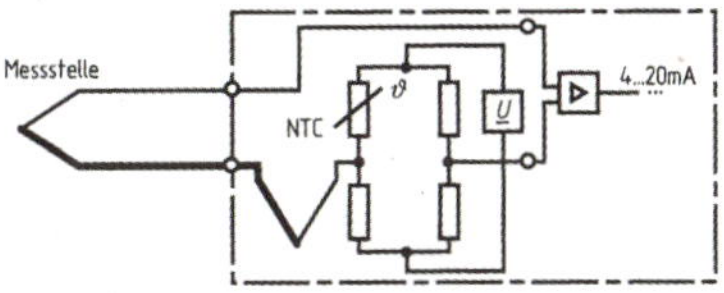	Auch hier wird das Thermoelement über Ausgleichsleitungen angeschlossen. Die Vergleichsstelle ist nicht konstant temperiert. Die veränderlichen Thermospannungen an den Anschlüssen heben sich aber in der Brückenschaltung auf.

Drehzahlmessung

Mittelwertmessung	Momentanwertmessung
Eine Mittelwertmessung ist mit Messaufnehmern möglich, die Impulse liefern.	Die Momentanwertmessung von Drehzahlen ist mit Tachogeneratoren möglich.
Prinzip 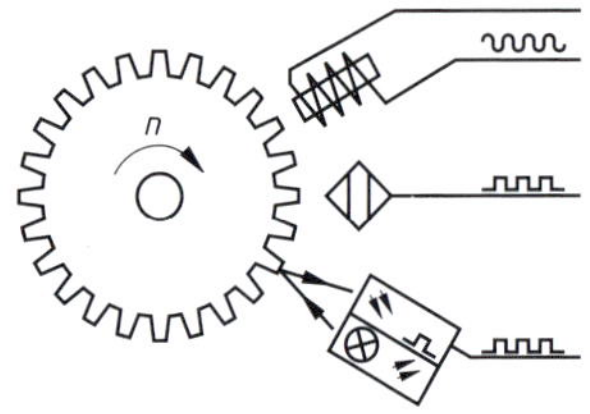	Prinzip 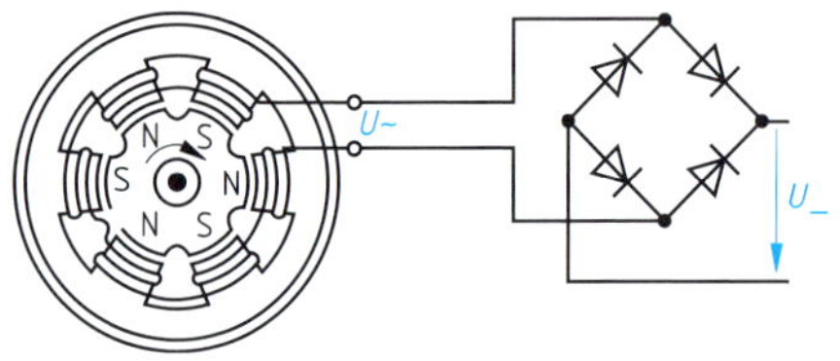
Induktive, kapazitive Aufnehmer. Ein induktiver oder ein kapazitiver Näherungsschalter wird vom Rotor angesteuert. Die Anzahl der Impulse ist proportional zur Drehzahl. Eine Drehrichtungserkennung ist nur mit zwei Näherungsschaltern möglich.	**Wechselspannungs-Tachogenerator.** Als Tachogenerator verwendet man mehrphasige Innenpolmaschinen. Die Wechselspannung wird gleichgerichtet und steht als zur Drehzahl proportionale Gleichspannung zur Verfügung. Eine Drehrichtungserkennung ist nicht möglich.
Optische Aufnehmer. Die optische Abtastung erfolgt mit Infrarot-Reflexlichtschranken oder Schlitzinitiatoren. Die Anzahl der Impulse ist proportional zur Drehzahl. Für eine Drehrichtungserkennung sind zwei Aufnehmer erforderlich.	**Gleichspannungs-Tachogenerator.** Gleichspannungs-Tachogeneratoren entsprechen vom Aufbau den Gleichstrom-Generatoren. Die Höhe der Spannung ist zur Drehzahl proportional, die Polarität hängt von der Drehrichtung ab.

Wegmessung, Winkelmessung

Analoge Weg- oder Winkelmessung		Digitale Weg- oder Winkelmessung	
Potenziometer 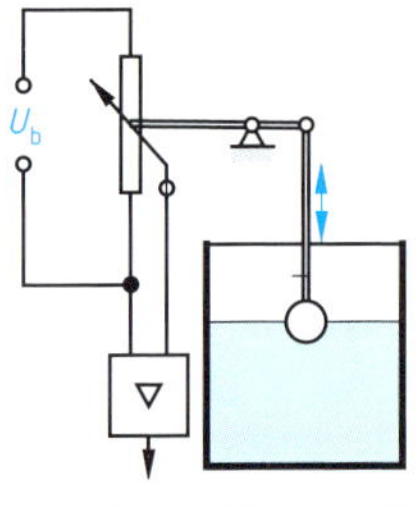	Induktiver Aufnehmer 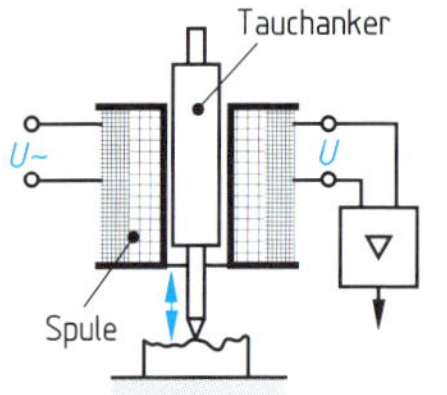	Inkrementale Aufnehmer 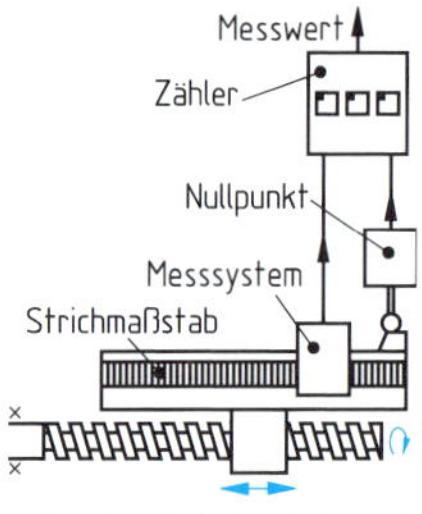	Absolute Aufnehmer 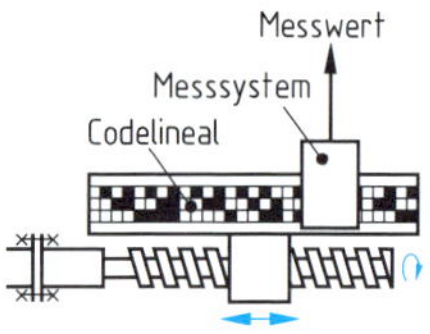
Die Weg- oder Winkeländerung bewegt den Schleifer eines Potenziometers. Die Spannungsänderung am Ausgang des Spannungsteilers ist bei einem hochohmigen Messverstärker proportional dem Weg oder dem Winkel. Bereich 20…2 000 mm bis 350° Auflösung 0,01 mm 0,01°	Ein Tauchanker wird durch die Weg- oder Winkeländerung in einem Magnetfeld einer mit Wechselstrom durchflossenen Spule bewegt. Der induktive Blindwiderstand ändert sich proportional mit dem Weg oder dem Winkel. Bereich 1…2 000 mm oder 0,1 µm … 1 mm Auflösung < 0,1 µm oder < 0,01 µm	Ein optischer Sensor wird über einem Rasterlineal bewegt. Die Impulse werden von einem Zähler gezählt und der Zählerstand entspricht der Wegänderung. Zur Bestimmung von absoluten Messwerten muss vorher ein Nullpunkt definiert werden. Bereich bis 3 000 mm bis 360° Auflösung < 0,5 µm	Ein optisches Abtastsystem wird über einem Rasterlineal bewegt, dessen Einteilung den Messwert des Weges oder dem Winkel im Dual- oder im Graycode entspricht. Eine digitale Auswertungsschaltung kann so den Weg oder den Winkel direkt bestimmen. Bereich bis 3 000 mm bis 360° Auflösung < 0,5 µm

Füllstandsmessung

Messverfahren	Prinzip	Anwendung
Schwimmerschalter 	Durch die größere Dichte der Flüssigkeit schwimmt der Schwimmer auf der Flüssigkeitsoberfläche und löst bei Erreichen des eingestellten Füllstandes ein Schaltsignal aus.	Grenzwerterfassung in Flüssigkeiten mit mechanisch oder magnetisch betätigtem Schaltkontakt, induktivem Näherungsschalter oder Quecksilber-Neigungsschalter.
Lotsystem 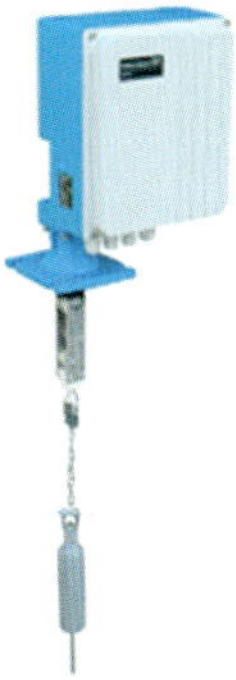	Die Differenz zwischen Silohöhe und geloteter Distanz ist der Füllstand. Ein mit einem Fühlgewicht beschwertes Messband wird mit einem Motor in den Silo hinabgelassen. Beim Auftreffen des Gewichtes auf der Füllgutoberfläche lässt die Zugkraft am Messband nach und die Drehrichtung des Motors wird umgeschaltet. Das Gewicht wird in die Ausgangslage zurückgezogen. Aus der Länge des abgespulten Bandes wird der Füllstand berechnet.	Kontinuierliche Messung von Schüttgütern in hohen Silos bis 70 m. Staubbildung beeinflusst die Messung nicht.
Drehflügelschalter 	Ein von einem Elektromotor angetriebener Flügel dreht sich mit kontinuierlicher Drehzahl. Erreicht der Flügel das Medium, wird die Drehzahl abgebremst. Durch dieses Bremsmoment verdreht sich der Motor und löst ein Schaltsignal aus.	Grenzwerterfassung in zähen Flüssigkeiten und pulverförmigen Schüttgütern. Überwiegend mit Reed-Kontakt-Schaltern ausgerüstet.
Vibrationssystem 	Eine Schwinggabel wird piezoelektrisch angeregt. Beim Eintauchen in das Füllgut wird die Schwingung unterbunden. Die Elektronik registriert diese Änderung und wertet sie aus. In Flüssigkeiten erfolgt eine Resonanzverschiebung des Schwingsystems, dessen Masse durch Eintauchen in eine Flüssigkeit erhöht wird. Die Elektronik registriert diese Verschiebung der Resonanzfrequenz und wertet sie aus.	Grenzstanderfassung in Schüttgütern aller Art bis zu einer maximalen Korngröße von ca. 10 mm. Grenzstanderfassung in allen Flüssigkeiten, auch bei Ansatzbildung, Turbulenzen oder Luftblasen, unabhängig von den elektrischen Eigenschaften des Mediums. Kalibrations- und wartungsfrei

Füllstandsmessung

Messverfahren		Prinzip	Anwendung
Kapazitive Messeinrichtung		Die Messanordnung besteht im Allgemeinen aus einer kapazitiven Sonde und einer Gegenelektrode (Behälterwand oder Masseelektrode). Eine Füllstandsänderung hat eine Kapazitätsänderung in einer als Kondensator ausgeführten Messanordnung zur Folge, die ausgewertet wird.	Universell einsetzbar für alle Flüssigkeiten und Schüttgüter; auch für aggressive Medien und bei Ansatzbildung. Das kapazitive Messverfahren kann sowohl zur kontinuierlichen Messung als auch zur Grenzstanderfassung eingesetzt werden.
Konduktive Messung		Veränderung des Widerstandes zwischen zwei Messelektroden in Abhängigkeit des Mediums. Bei 1-Stabsonden dient die Behälterwand als Gegenelektrode.	Einfache und preisgünstige Messmethode in leitfähigen Flüssigkeiten wie Wasser, Abwasser, flüssige Lebensmittel o. Ä., vorwiegend zur Grenzstanderfassung eingesetzt
Hydrostatische Messeinrichtung		Die Flüssigkeitssäule übt einen hydrostatischen Druck auf den darunterliegenden Messaufnehmer aus. Der Druck bewirkt eine minimale Auslenkung der Messmembran. Diese Auslenkung wird vom Druckaufnehmer gemessen und daraus der zugehörige Füllstand berechnet.	Zur kontinuierlichen Füllstandsmessung von flüssigen und pastösen Medien in offenen und geschlossenen Behältern, unbeeinträchtigt von einer eventuellen Schaumbildung. Neben dem Füllstand können das Volumen, das Produktgewicht sowie die Dichte ermittelt werden.
Mikrowellen-Messeinrichtung		Von einem Sender wird über eine integrierte Antenne ein Mikrowellensignal abgestrahlt. Der gegenüberliegende Empfänger detektiert dieses Signal und gibt ein Schaltsignal an ein Auswertegerät weiter.	Berührungslose Grenzstanderfassung in Schüttgütern aller Art zum Einsatz in Behältern, Rohrleitungen und Schächten oder auch Freifallschächten
Radar-Messeinrichtung		Die Laufzeitmessung ist das Grundprinzip dieser Messmethode. Ein sehr kurzer Radarimpuls wird in Richtung Füllgut abgestrahlt und von der Füllgutoberfläche reflektiert. Der Impuls wird von dem kombinierten Sende- und Empfangssystem wieder empfangen und in Füllhöhe umgerechnet.	Berührungslose Messmethode zur kontinuierlichen Messung von Flüssigkeiten, auch unter extremen Bedingungen wie Gasbildung, Nebel, Vakuum. Hohe Drücke und Temperaturen beeinflussen die Messung nicht, jedoch die relative Dielektrizitätszahl des Mediums.

Füllstandsmessung (Fortsetzung)

Messverfahren	Prinzip	Anwendung
Ultraschall-Messeinrichtung 	Die Messung mit Ultraschall beruht auf einer Laufzeitmessung. Durch einen Sensor ausgesandte Ultraschall-Impulse werden von der Oberfläche des Mediums reflektiert und wieder vom Sensor erfasst. Die benötigte Laufzeit ist ein Maß für den zurückgelegten Weg. Dieser Wert wird von der gesamten Tankhöhe abgezogen und man erhält daraus den Füllstand.	Berührungslose Messung. Zur kontinuierlichen Messung von Flüssigkeiten und Schüttgütern, unabhängig von spezifischen Mediumseigenschaften. Auch zur Durchflussmessung in offenen Gerinnen
Radiometrische Messeinrichtung 	Die Gammaquelle, ein Cäsium- oder Kobaltisotop, sendet eine Strahlung aus, die beim Durchdringen von Materialien eine Dämpfung erfährt. Der Messeffekt ergibt sich daraus, dass das zu messende Produkt Strahlung absorbiert.	Für alle extremen Prozessbedingungen wie hohe Temperatur, hoher Druck, Toxizität oder Abrasivität in Flüssigkeiten und Schüttgütern, wenn andere Messprinzipien nicht eingesetzt werden können. Das radiometrische Messverfahren wird sowohl zur kontinuierlichen als auch zur Grenzstanderfassung sowie zur Dichte- und Trennschichtmessung eingesetzt.

Druckmessung

Messverfahren	Prinzip	Anwendung
Über- und Absolutdruckmessung 	Jeder Druck übt auf eine Fläche eine Kraft aus. Diese Kraft bewirkt eine Auslenkung der Membran des Messaufnehmers. Dieser formt die Auslenkung in ein Ausgangssignal um, welches ein Maß für den anliegenden Druck ist.	Zur kontinuierlichen Messung von Über- und Absolutdrücken in Rohrleitungen und Behältern, auch in aggressiven Flüssigkeiten, Dämpfen, Gasen und Stäuben
Differenzdruckmessung 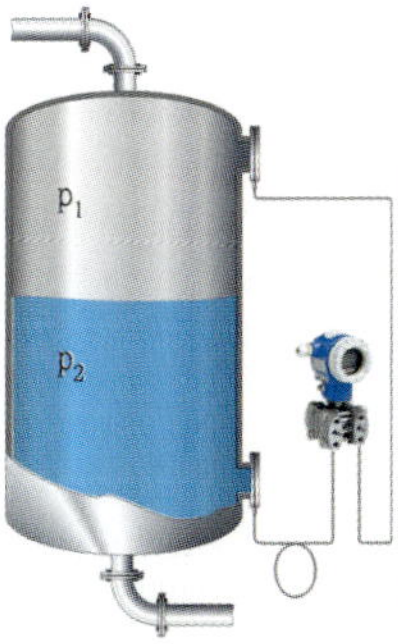	Die Druckdifferenz, welche auf die beiden Seiten des Messaufnehmers wirkt, führt zu einer Auslenkung der Messmembran. Diese Auslenkung wird in ein druckproportionales Ausgangssignal umgewandelt.	Zur kontinuierlichen Messung von Druckdifferenzen in Flüssigkeiten, Dämpfen, Gasen und Stäuben. Aus dem Differenzdruck können auch der hydrostatische Füllstand in einem Behälter oder der Durchfluss in einer Rohrleitung berechnet werden.

Durchflussmessung

Messverfahren	Prinzip	Anwendung
Elektromagnetische Messung 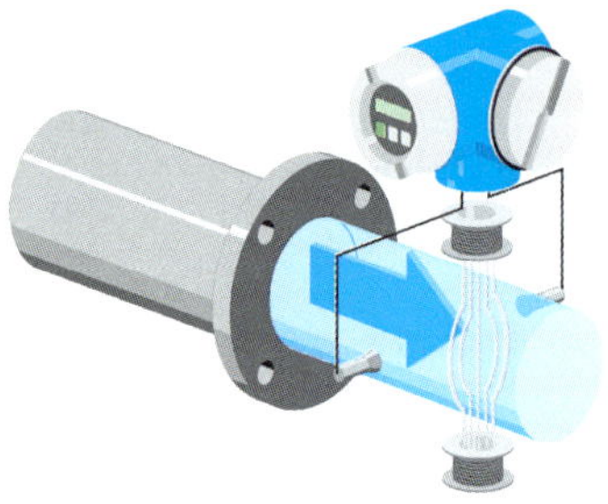	Nach dem Induktionsprinzip wird in einem Leiter, der sich in einem Magnetfeld bewegt, eine Spannung induziert. Beim magnetisch-induktiven Messprinzip entspricht das Medium dem bewegten Leiter. Die induzierte Spannung verhält sich proportional zur Durchflussgeschwindigkeit und wird über zwei Messelektroden dem Messverstärker zugeführt. Über den Rohrquerschnitt wird das Durchflussvolumen errechnet.	Messung unabhängig von Temperatur, Druck und Viskosität. Keine bewegten Teile. Keine Reduktion im Durchmesser, also kein zusätzlicher Druckverlust. Ideal für kontaminierte Flüssigkeiten, Schlamm und Feststoffanteile. Großer Nennweitenbereich. Gute Linearität und hohe Messdynamik. Weitgehend unabhängig vom Strömungsprofil. Kurze Ein- und Auslaufstrecken. Hohe Messzuverlässigkeit.
Coriolis-Durchflussmessung 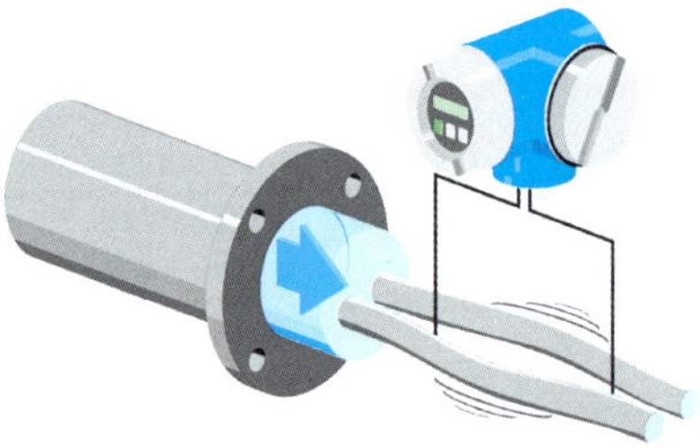	Wird eine in Bewegung befindliche Masse einer Schwingung quer zur Bewegungsrichtung ausgesetzt, so treten abhängig vom Massestrom Corioliskräfte auf. Der daraus resultierende Einfluss auf die Messrohrschwingungen wird vom Messsystem ausgewertet.	Universelles Messprinzip für Flüssigkeiten und Gase. Gleichzeitiges und direktes Messen von Massedurchfluss, Dichte, Temperatur und Viskosität. Sehr hohe Messgenauigkeit. Unabhängig vom Strömungsprofil.
Wirbel-Durchflussmessung 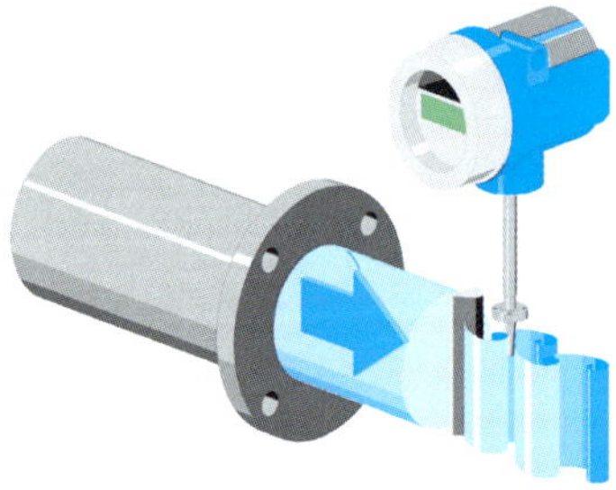	Wirbelzähler arbeiten nach dem Prinzip der karmannschen Wirbelstraße. Hinter einem angeströmten Staukörper bilden sich abwechselnd beidseitig Wirbel. Die Wirbel erzeugen jeweils einen Unterdruck, der durch den kapazitiven Sensor erfasst und als primär digitales, lineares Signal der Elektronik zugeführt wird.	Niedrige Installationskosten. Hohe Genauigkeit. Langzeitstabil. Verlustfreies Frequenzsignal zwischen Sensor und elektronischen Funktionen. Linearität ist unabhängig von Dichte, Viskosität und Druck. Impuls- und Analogausgang. Für Flüssigkeiten, Gase und Dampf. Einfache Austauschteile. Geringer Druckverlust
Ultraschall-Durchflussmessung 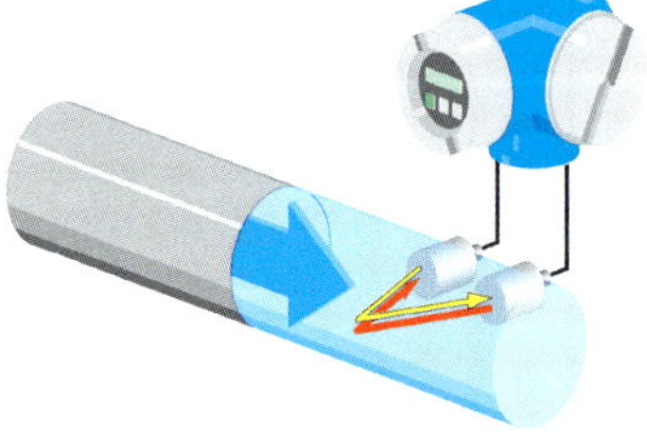	Ein Ultraschall-Signal wird von einem Messsensor zum anderen gesendet, dies sowohl in Durchflussrichtung wie auch gegen die Durchflussrichtung. Die Laufzeit, die das Signal vom Sender zum Empfänger benötigt, wird gemessen. Das Signal gegen die Durchflussrichtung benötigt, physikalisch bedingt, länger als das Signal mit der Durchflussrichtung. Die dadurch entstehende Laufzeitdifferenz ist direkt proportional zur Durchflussgeschwindigkeit.	Messsensoren können frei mit dem Messumformer kombiniert werden. Neben Volumenfluss auch Schallgeschwindigkeitsmessung. Somit Messstoffdifferenzierung und/oder Qualitätsüberwachung möglich. Hervorragend zur bidirektionalen Messung reiner oder leicht verschmutzter Flüssigkeiten geeignet. Keine bewegten Teile. Kein Druckverlust

Durchflussmessung (Fortsetzung)

Messverfahren	Prinzip	Anwendung
Thermische Durchflussmessgeräte 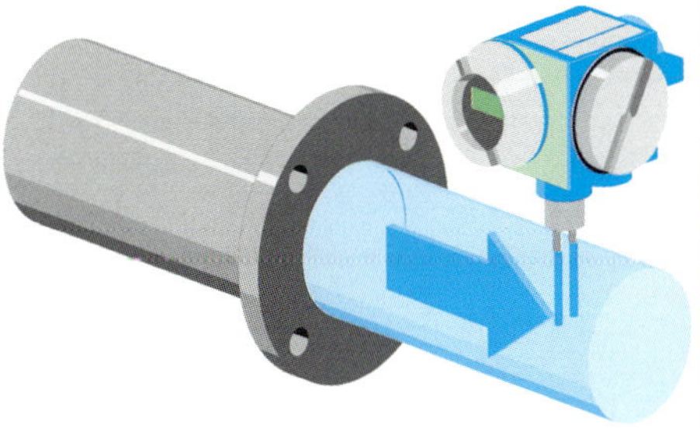	Das Messprinzip beruht auf der Abkühlung eines aufgeheizten Widerstandsthermometers (Pt 100), dem durch das vorbeiströmende Gas Wärme entzogen wird. In der Messstrecke strömt das Gas an zwei Pt 100 vorbei. Das eine Widerstandsthermometer erfasst die effektive Prozesstemperatur, während das andere auf einer konstanten Temperaturdifferenz gehalten wird. Je größer der über das aufgeheizte Widerstandsthermometer strömende Massestrom ist, umso größer sind die Abkühlung und die zur Aufrechterhaltung einer konstanten Differenztemperatur erforderliche Stromstärke. Der gemessene Heizstrom ist proportional zum Massedurchfluss.	Direkte Massenmessung. Einzelpunktmessung, keine Druck- oder Temperaturkompensation notwendig. Vernachlässigbarer Druckverlust. Große Messdynamik (1 000:1) und hohe Genauigkeit. Lebensmittelausführung erhältlich (CIP)

Temperaturmessung

Messverfahren	Prinzip	Anwendung
Widerstandstemperaturmessung 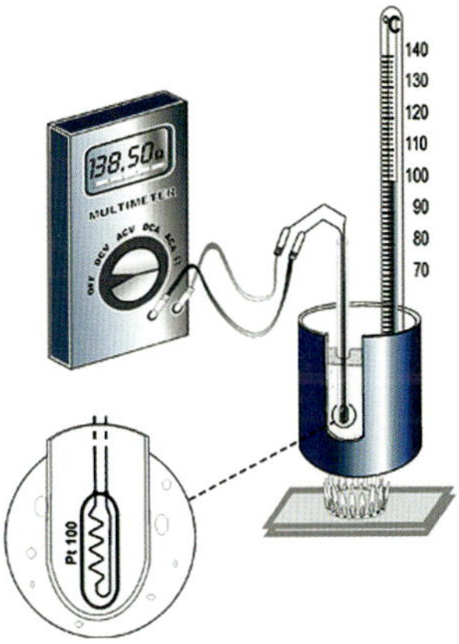 	In RTD-Thermometern (Resistance Temperature Detectors) besteht der Fühler aus einem elektrischen Widerstand Pt 100 (DIN EN 60751), welcher bei höheren Temperaturen entsprechend dem Widerstandsmaterial (Platin) steigt. In industriellen Thermometern beträgt der Wert dieses Koeffizienten $a = 3{,}85 \cdot 10^{-3}$ °C^{-1}, kalkuliert zwischen 0 und 100 °C.	Allgemein können RTD-Sensoren in den Mess- und Arbeitsbereichen –50...400 °C (Dünnschicht Pt 100) oder 200...600 °C (drahtgewickelt Pt 100) eingesetzt werden.
Thermoelement-Messung 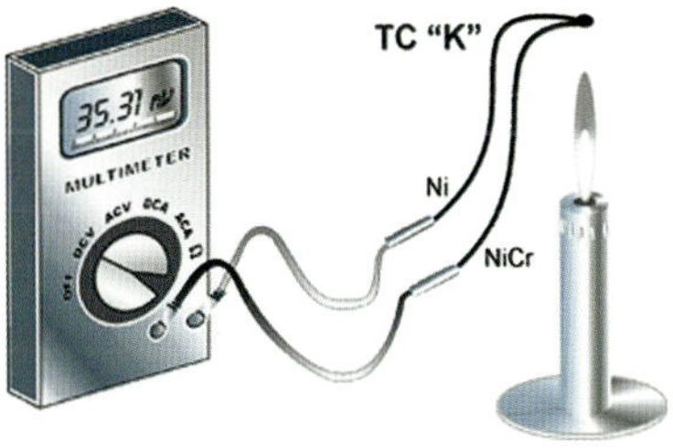 	Ein Thermoelement besteht aus zwei Drähten von unterschiedlich leitfähigem Material, die durch zwei Anschlüsse miteinander verbunden sind und einen elektrischen Stromkreis bilden. An den Anschlüssen entsteht eine elektrische Spannung, die abhängig von den Materialien und der Temperaturdifferenz ist. Dieser Effekt wird der „Seebeck-Effekt“ genannt.	Thermoelemente für Temperaturen unter 1 100 °C sind im Allgemeinen vom Typ T, J oder K und haben eine Metallummantelung. Thermoelemente für Temperaturen über 1 100 °C sind im Allgemeinen vom Typ T, J oder K und haben eine Keramikummantelung.

Direktes Schalten von Drehstrom-Asynchronmotoren

Ein- und Ausschalten

Funktionsbeschreibung:
Nach Betätigung des Tasters S2 zieht das Schütz Q1 an und hält sich selbst. Der Motor M1 ist eingeschaltet. Durch Betätigung von S1 oder durch Auslösen von B1 fällt das Schütz Q1 ab und schaltet den Motor M1 aus.
Die Schmelzsicherungen F1 übernehmen den Kurzschlussschutz im Hauptstromkreis. Das Überstromrelais B1 schützt den Motor vor Überlastung und wird in der Regel auf den Bemessungsstrom des Motors M1 eingestellt.
Die Schmelzsicherung F3 schützt den Steuerstromkreis vor Überlast und Kurzschluss.

Stromlaufplan

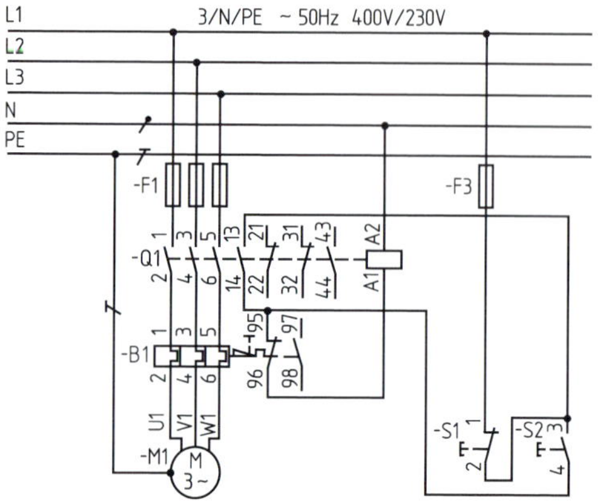

Verriegelungssteuerung für Drehrichtungsumkehr oder zwei Drehzahlen bei getrennten Wicklungen

Umschaltung über AUS

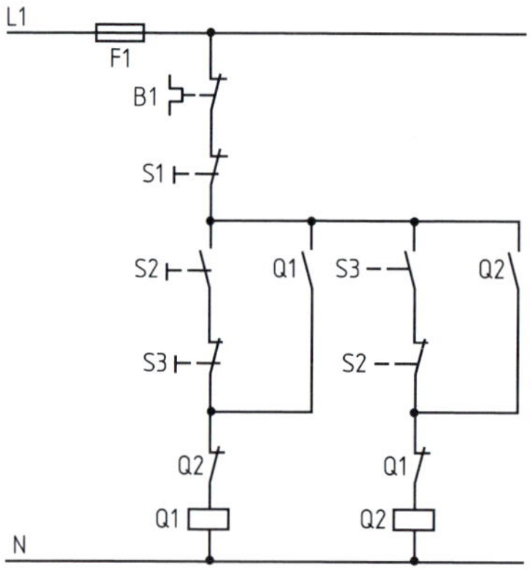

Mit direkter Umschaltung

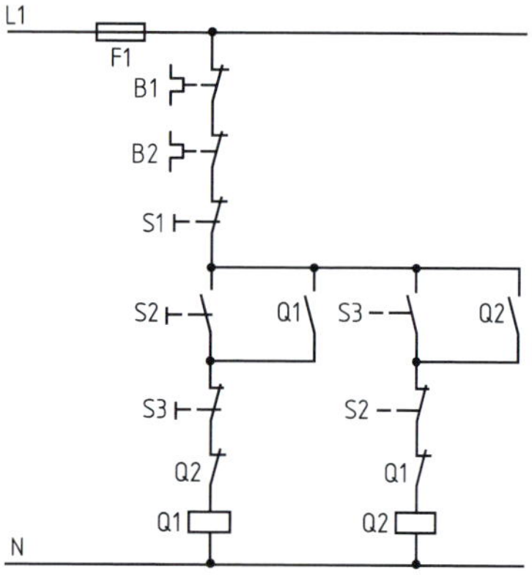

Hauptstromkreis für Drehrichtungsumkehr

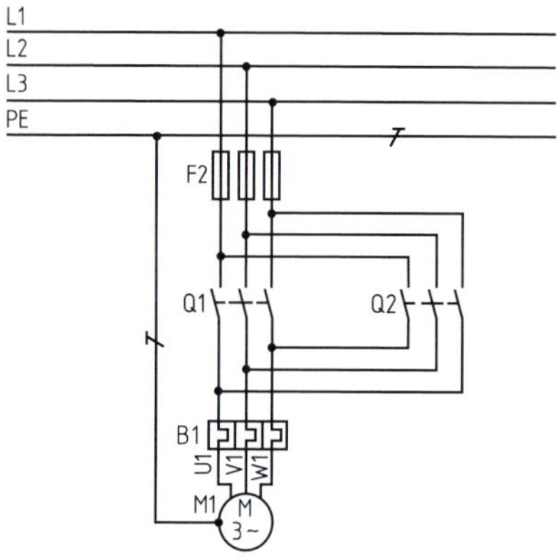

Hauptstromkreis für zwei Drehzahlen

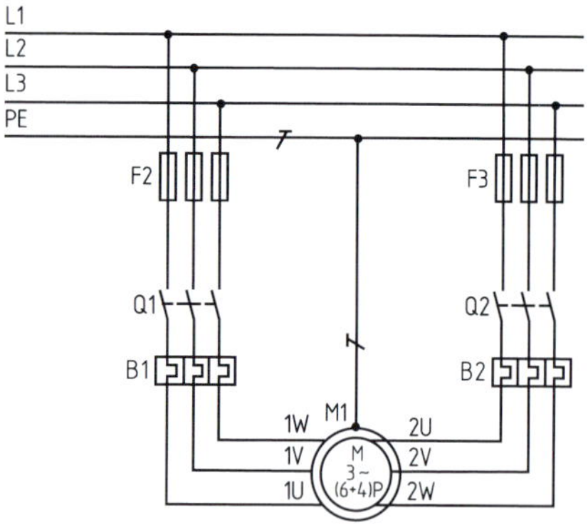

Schaltung für Motoren mit Dahlanderwicklung

Schaltung, bei der die Umschaltung von der hohen in die niedrige Drehzahl nur über AUS möglich ist

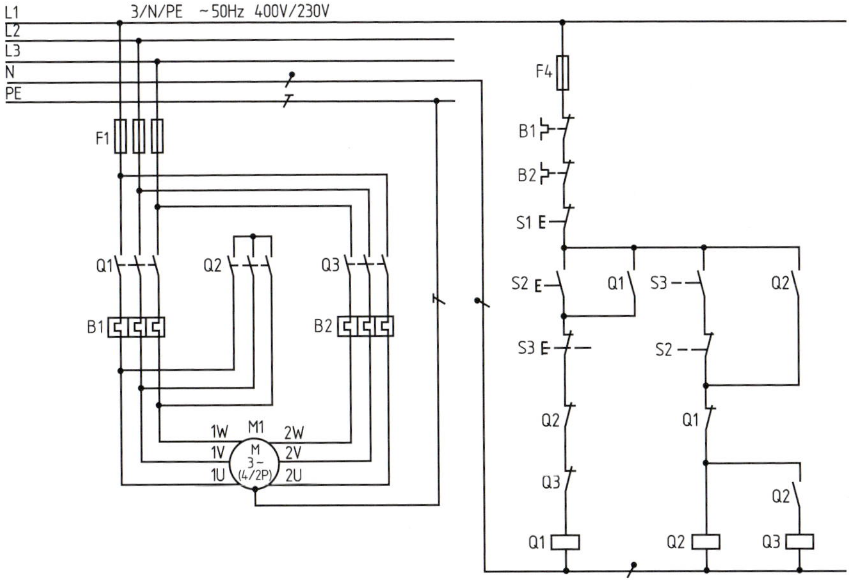

Stern-Dreieck-Anlassschaltung für Drehstrommotoren

Automatische Stern-Dreieck-Schaltung mit bedingtem Motorschutz während der Anlaufphase (Einstellung des Überstromrelais B1 auf Motor-Bemessungsstrom mal 0,58)

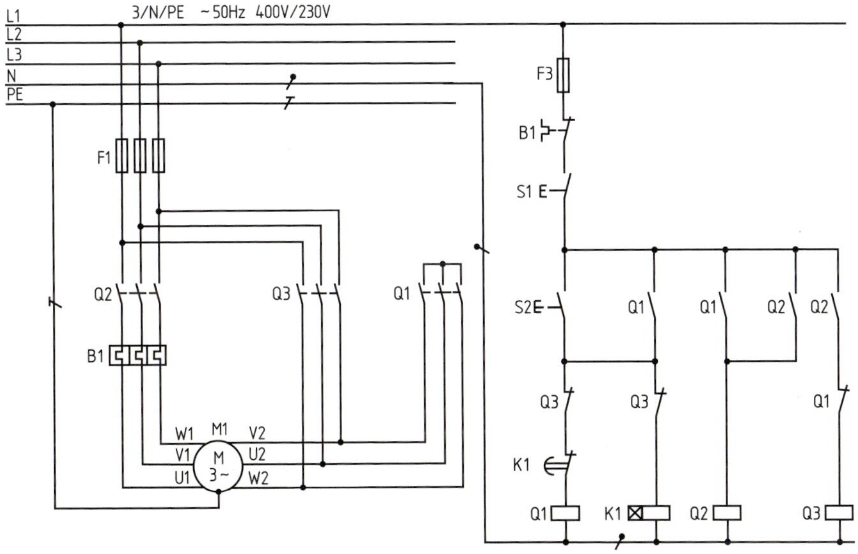

Einspeisung

TN-C-System (4-Leiter-System)	TN-S-System (5-Leiter-System)	IT-System (3-Leiter-System)
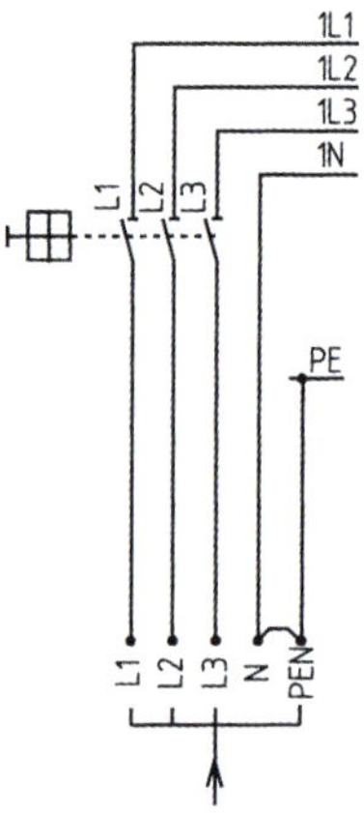	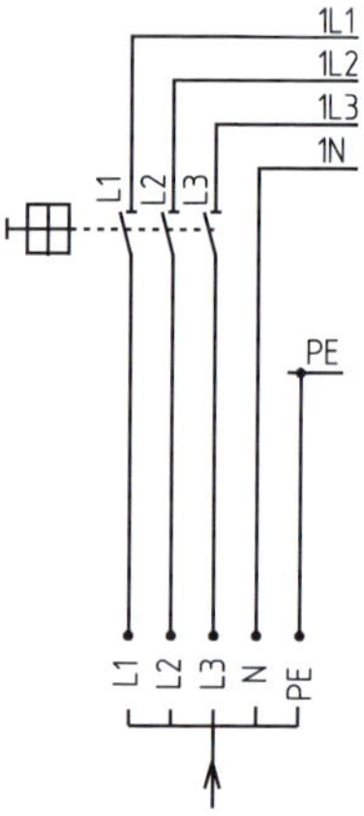	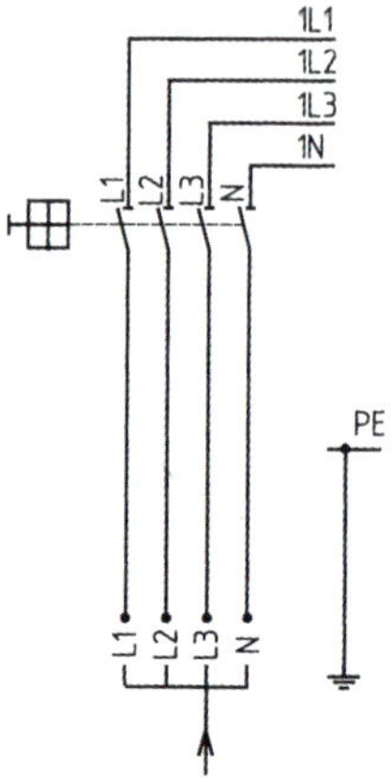

Zuleitung mit Überstrom-Schutzeinrichtung
Benutzung des N-Leiters ist nur mit der Zustimmung des Betreibers der Steuerung möglich.

Anschluss der Steuerstromkreise

Geerdeter Steuerstromkreis	Ungeerdeter Steuerstromkreis	Gleichstromsteuerkreis
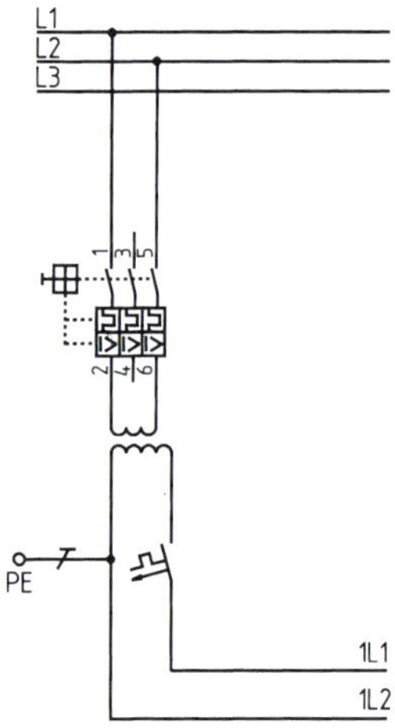	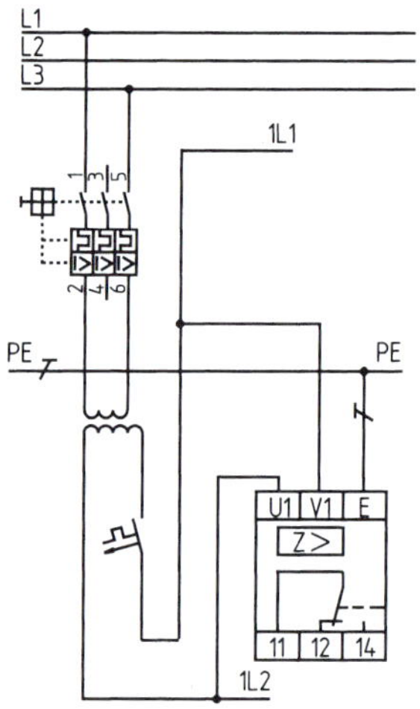	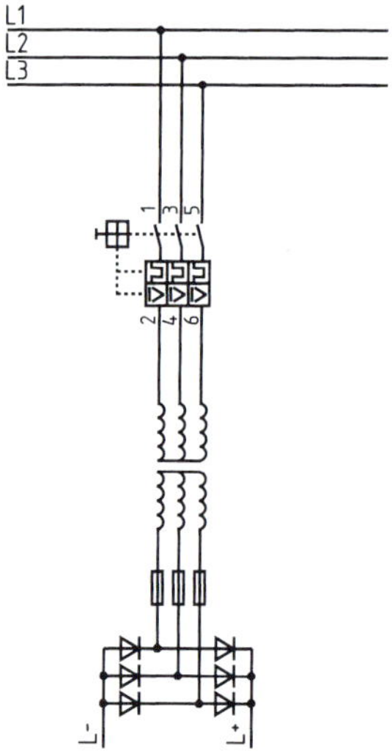
Direkter Anschluss an das Netz ohne Steuertransformator ist nur als Ausnahme für Maschinen mit nur einem Motorstarter und/oder maximal 2 Steuergeräten möglich.	Die Erdfreiheit des Steuerstromkreises muss mit einer Isolationsüberwachungseinrichtung sichergestellt werden, ansonsten muss der nicht geschaltete Sekundärleiter geerdet werden.	Sind Gleichspannungen mit Schutzleitern verbunden, müssen sie durch separaten Transformator oder eine getrennte Wicklung gespeist werden.

Druckluftaufbereitung (Wartungseinheit)

Je nach Anwendungsfall der Pneumatik muss die vom Kompressor erzeugte Druckluft an der Verbrauchsstelle aufbereitet werden. Anforderungen an die Druckluft können sein:

- Konstanter Arbeitsdruck
- Frei von Fremdstoffen und Schmutzpartikeln
- Frei von Feuchtigkeit
- Angereichert mit Schmierstoffen

Druckregler	Filter und Kondensatabscheider	Ölvernebler
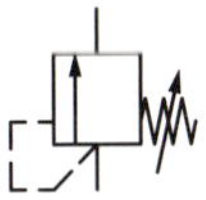 Druckregler halten den Betriebsdruck unabhängig von Schwankungen der Drucklufterzeugung und des Druckluftbedarfs konstant. Der erforderliche Betriebsdruck lässt sich mit einer Stellschraube einstellen. Zur Druckanzeige kann ein Manometer direkt an den Druckregler angebaut werden.	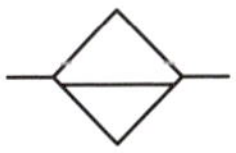 Filter und Kondensatabscheider haben die Aufgabe, an der Druckluftverbrauchsstelle aus der Druckluft vorhandene Schmutzpartikel und Feuchtigkeit herauszufiltern. Der Auffangbehälter für die herausgefilterten Teilchen muss daher regelmäßig entleert werden.	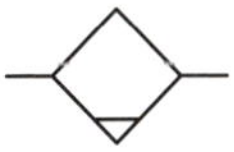 Der Ölvernebler erzeugt einen dosierbaren Ölnebel, der von der Druckluft bis zu 20 m mitgetragen werden kann. Ein solcher Ölnebel kann zum Schmieren bestimmter Arbeitselemente erforderlich sein. Empfindliche Ventile können durch ölhaltige Druckluft in ihrer Funktion beeinträchtigt werden.

Wegeventile der Fluidtechnik

Wegeventile werden zum Steuern von Arbeitselementen der Fluidtechnik (Pneumatik und Hydraulik) benötigt. Sie werden nach der Anzahl der Anschlüsse und den Schaltstellungen bezeichnet. Jeder Schaltstellung wird im Schaltzeichen ein Quadrat zugeordnet. Pfeile geben die möglichen Strömungsrichtungen an, Querstriche kennzeichnen einen gesperrten Anschluss. Die äußeren Anschlüsse werden an das Quadrat der Ruhestellung gezeichnet.

Schaltzeichen	Benennung
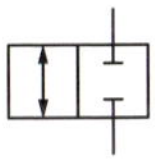	2/2-Wegeventil
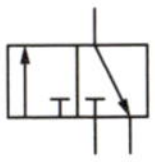	3/2-Wegeventil mit Ruhe-Sperrstellung
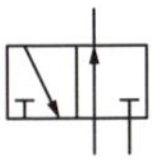	3/2-Wegeventil mit Ruhe-Durchflussstellung
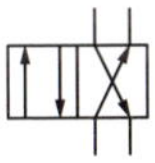	4/2-Wegeventil
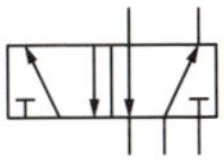	5/2-Wegeventil

Kennzeichnung der Anschlüsse

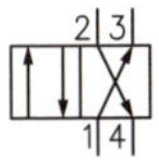	**1** (P) Zuluftanschluss **2** (A) Arbeitsanschluss **3** (B) Arbeitsanschluss **4** (R) Entlüftungsanschluss

Betätigungsart

Muskelkraftbetätigung		Mechanische Betätigung	
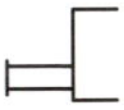	ohne nähere Angabe	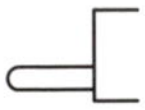	durch Stößel oder Taster
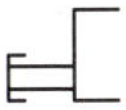	durch Druckknopf		durch Feder
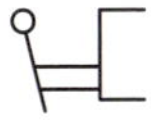	durch Hebel	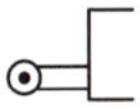	durch Rolle
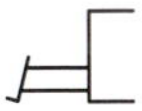	durch Pedal	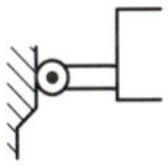	durch Rolle mit Leerrücklauf

Betätigung durch Druckbeaufschlagung

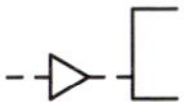	ohne	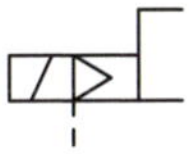	mit Vorsteuerung
		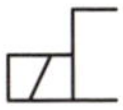	Elektromagnet

Logikventile		Drosselventile	
Schaltzeichen	Beschreibung	Schaltzeichen	Beschreibung
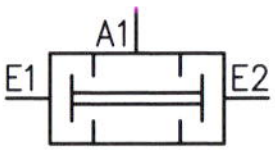	Ein **Zweidruckventil** stellt eine logische UND-Verknüpfung dar: $E1 \wedge E2 = A$	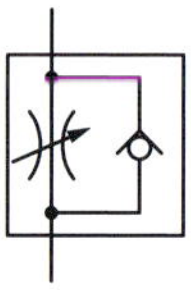	Ein **Drosselrückschlagventil** kann die Luft in einer Richtung drosseln. In der anderen Richtung strömt die Luft ungehindert.
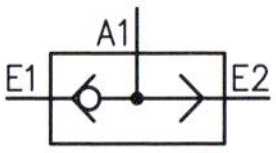	Ein **Wechselventil** stellt eine logische ODER-Verknüpfung dar: $E1 \vee E2 = A$		Ein **Stromregelventil** wird vorwiegend in der Hydraulik eingesetzt, wenn die Arbeitsgeschwindigkeit konstant bleiben soll.

Proportionalventile

Proportionalventile können, im Gegensatz zu Wegeventilen, jede beliebige Zwischenstellung in Abhängigkeit von der elektrischen Ansteuerung annehmen.

Proportional-Druckventil		Proportional-Wegeventil	
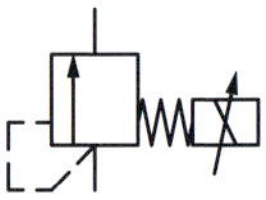	Bei Proportionaldruckventilen ist die Ausgangsgröße proportional der elektrischen Eingangsgröße. Sie ermöglichen eine stetige Verstellung der Kraft oder der Geschwindigkeit.	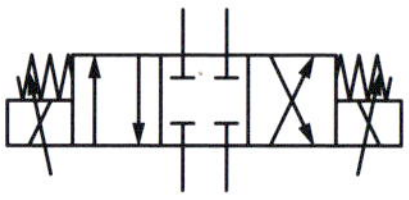	Proportionalwegeventile werden für die stufenlose Richtungs- und Geschwindigkeitssteuerung von Zylindern und Motoren eingesetzt.

Arbeitselemente der Fluidtechnik

Die Fluidtechnik stellt Arbeitselemente für lineare Bewegung und für Drehbewegung zur Verfügung:

- Pneumatik- und Hydraulikzylinder für lineare Bewegung
- Druckluft- und Hydromotoren für Drehbewegungen

Zylinder (Auswahl)		Fluidtechnikmotore (Auswahl)	
Schaltzeichen	Beschreibung	Schaltzeichen	Beschreibung
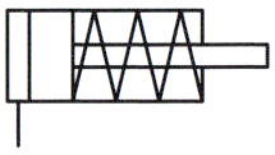	**Einfach wirkende Zylinder** werden in pneumatischen Steuerungen eingesetzt, wenn beim Rückhub keine Kraft benötigt wird. Aufgrund der Rückstellfeder sind nur Hublängen bis 200 mm möglich.	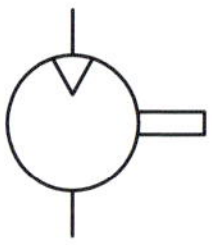	Ein **Druckluftmotor** wird vorwiegend in pneumatisch betriebenen Werkzeugen als Flügelzellenmotor eingesetzt. Der Motor ist klein und überlastsicher. Bei Belastung sinkt die Drehzahl stark ab.
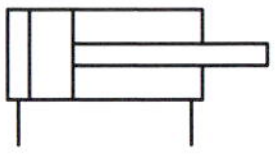	**Doppelt wirkende Zylinder** ermöglichen eine Kraftwirkung beim Ein- und Ausfahren. Die Kraft ist beim Ausfahren größer als beim Einfahren. Einsatz auch bei großen Hublängen möglich.	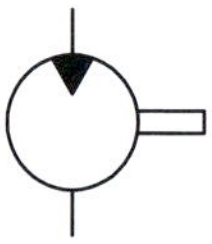	Ein **Hydromotor** wird eingesetzt, wenn große Drehmomente verlangt werden. Je nach Anwendungsfall kommen Flügelzellen-, Zahnrad- oder Kolbenmotore in Betracht.
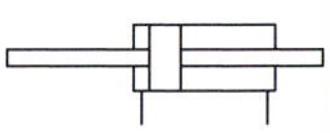	**Zylinder mit zweiseitiger Kolbenstange** werden überwiegend in der Hydraulik eingesetzt, wenn beim Ein- und Ausfahren eine gleich große Kraft benötigt wird.	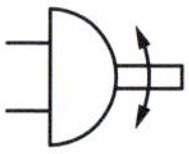	Ein **Schwenkmotor** ist im Prinzip ein doppelt wirkender Zylinder, der seine Kraft auf ein Ritzel überträgt. Er erzeugt große Drehmomente über einen begrenzten Schwenkwinkel.

Schaltungsbeispiel der Elektropneumatik

Schaltplan

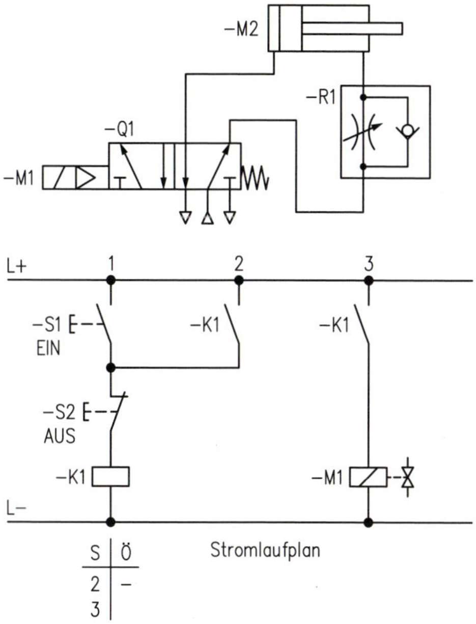

Bewegungsdiagramm

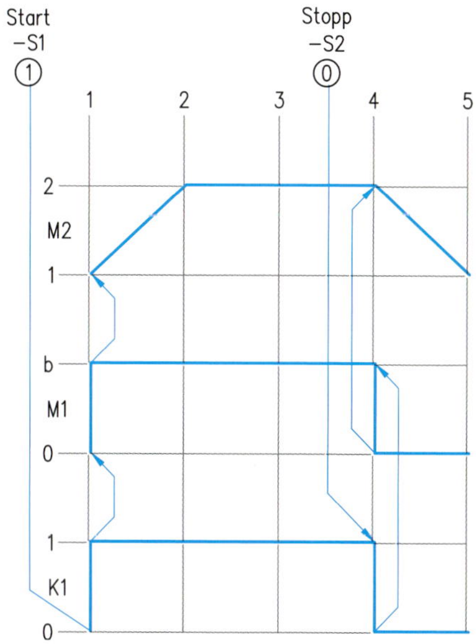

Funktionsbeschreibung:
Bei Betätigung des Tasters S1 wird das Relais K1 erregt und das elektromagnetisch betätigte 4/2-Wegeventil -Q1 angesteuert. Dadurch fährt der doppelt wirkende Zylinder -M2 aus. Wird der Taster S2 betätigt, fällt das Relais K1 ab und das 4/2-Wegeventil -Q1 wird durch Federkraft wieder in die Ruhestellung gesteuert. Dadurch fährt der Zylinder -M2 wieder ein. Mit dem Drosselrückschlagventil kann die Ausfahrgeschwindigkeit eingestellt werden. Die Signalflusslinien im Bewegungsdiagramm verdeutlichen diesen Funktionsablauf.

Unterschiede der Hydraulik zur Pneumatik

Wesentliche Unterschiede

- Der größere Arbeitsdruck stellt höhere Anforderungen an die Dichtheit und an die Sicherheit der Hydraulikanlage.
- Die Reibungsverluste der Hydraulikflüssigkeit führen zur Temperaturerhöhung und zu Druckverlusten. Deshalb ist das Hydrauliköl zu kühlen.
- Die Hydraulikflüssigkeit wird von der Druckpumpe im Kreislauf gefördert und muss wieder in den Tank zurückgeführt werden.
- Wegeventile besitzen einen Tankanschluss, der eine Umlaufschaltung zum Tank ermöglicht.
- In Hydraulikanlagen baut sich erst ein Druck auf, wenn Arbeitselemente belastet werden.
- Hydraulikspeicher speichern überschüssige Energie und verbessern so den Wirkungsgrad.

Schaltungsbeispiel der Hydraulik

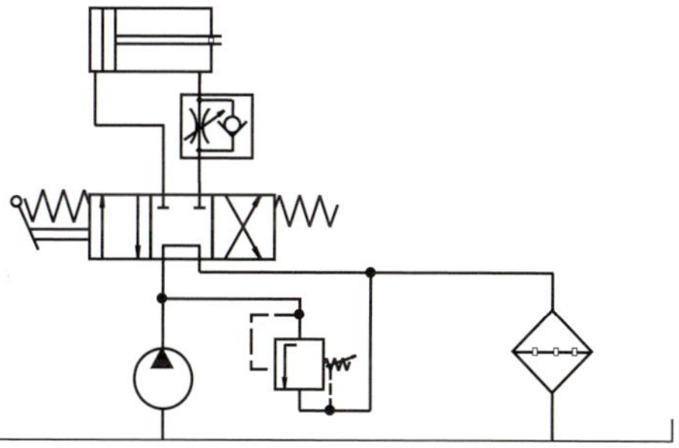

Wird das 4/3-Wegeventil betätigt, fließt das Öl in den doppelt wirkenden Zylinder und dieser fährt aus. Das Druckbegrenzungsventil verhindert, dass bei ganz ausgefahrenem Kolben der Druck zu groß wird.

Betriebs- und Arbeitswelt
Technische Kommunikation
Energieversorgung
Gebäudetechnik
Kommunikationstechnik
Automatisierungstechnik
Antriebstechnik
Bauelemente und -gruppen
Techn. Größen und Formeln

Speicherprogrammierte Steuerung (SPS)		**Verbindungsprogrammierte Steuerung (VPS)**	
Vorteile	Nachteile	Vorteile	Nachteile
• Hohe Flexibilität • Großer Funktionsumfang • Verarbeitung analoger und digitaler Daten • Fehlererkennung und Fehlerortung • Fehlersichere Abschaltung • Kommunikation	• Nachteilig beim Einsatz für Sicherheitsaufgaben: • Hohe Komplexität • Bauteilfehler nicht auszuschließen • Fehlerbetrachtung nur statistisch möglich • Großer Einfluss systematischer Fehler	• Bei geringem Aufgabenumfang einfacher, übersichtlicher Aufbau • Hohe Zuverlässigkeit • Robust • Möglichkeit des bauteilfehlersicheren Aufbaues • Gut einsetzbar für Sicherheitsaufgaben	• Geringe Flexibilität • Geringer Funktionsumfang • Analoge und digitale Daten können meist nicht verarbeitet werden. • Aktive Fehler führen zur Abschaltung der Steuerung.

Funktionale Eigenschaften einer SPS — DIN EN 61131-1

Eine speicherprogrammierte Steuerung SPS (Programmable Controller, abgekürzt PC) ist ein digital arbeitendes elektronisches System für den Einsatz in der industriellen Umgebung mit verschiedenen Funktionen, um verschiedene Arten von Maschinen oder Prozessen zu steuern. Eine SPS ist so konzipiert, dass sie leicht in industrielle Steuerungssysteme zu integrieren ist und in allen ihren Funktionen leicht einsetzbar ist.

Funktionale Struktur

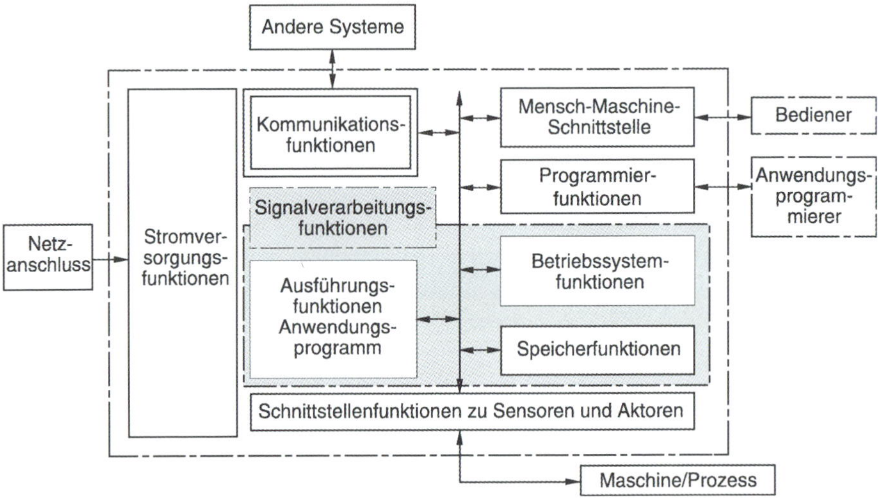

Beschreibung

- **Kommunikationsfunktionen** dienen dem Datenaustausch mit Fremdgeräten und Fremdsystemen.
- Die **Mensch-Maschine-Schnittstelle** ermöglicht das Zusammenwirken von Bediener und Maschine.
- **Programmierfunktionen** dienen dem Erstellen, Laden, Testen, Überwachen und der Fehlerbeseitigung sowie dem Dokumentieren und Archivieren der Anwendungsprogramme.
- Die **Signalverarbeitungsfunktionen** ermöglichen die Ausführung der Funktionen des Anwendungsprogramms. Sie umfassen das Betriebssystem und die Speicherung der Daten und Programme.
- Die **Schnittstellenfunktionen zu Sensoren und Aktoren** passen die Eingangssignale an die Signalverarbeitung und die Ausgangssignale der Signalverarbeitung an die Aktoren an.
- **Stromversorgungsfunktionen** dienen der Umformung der Netzspannung und zur Isolation der SPS zum speisenden Netz.

Begriffe — DIN EN 61131-1 (Auswahl)

Begriff	Erläuterung	Begriff	Erläuterung
Anwendungsprogramm	Logische Anordnung aller Programmelemente (Anweisungen)	Mensch-Maschine-Schnittstelle (MMI)	Bedienerschnittstelle, mit Tastern, Lampen, Tastaturen, Anzeigen u. Ä.
Anweisung	Element einer Programmiersprache, das die Operation und den Operanden festlegt	Programmier- und Diagnosewerkzeug	Geräte und Software, die dem Programmieren, Testen, Inbetriebnehmen u. Ä. dienen
Operation	Definierte Aktion, um ein Ergebnis mit einem oder mehreren Operanden zu erzielen	Testen, Prüfen	Testen bezieht sich auf das Anwendungsprogramm, Prüfen auf die Betriebsmittel.
Querverweisliste	Führt alle Stellen eines Programms auf, an denen die ausgewählten Datenobjekte bearbeitet werden.	Zuverlässigkeit	Die Fähigkeit, die gewünschte Funktion eine bestimmte Zeit auszuführen
Adresszuordnungsliste (Zuordnungsliste)	Zeigt die Zuordnung der absoluten oder logischen Adressen zu den zugeordneten symbolischen Adressen.	Verfügbarkeit	Zeitanteil, in dem das SPS-System tatsächlich in der Lage ist, seine Funktionen zu erfüllen
Wiederanlauf	**Kaltstart:** Wiederanlauf, nachdem alle dynamischen Daten zurückgesetzt wurden. **Warmstart:** Wiederanlauf nach einem Netzausfall mit vom Anwender festgelegtem Satz von dynamischen Daten. **Heißstart:** Wiederanlauf innerhalb der Zeit, in der die dynamischen Daten in der SPS erhalten werden.	Fehlersichere Abschaltung	Fähigkeit eines SPS-Systems, beim Erkennen eines internen Fehlers oder eines Netzausfalls in einer bestimmten Zeit an seinen Ausgängen einen vorher, vom Anwender definierten Zustand anzunehmen

Programmierbare Funktionen — DIN EN 61131-1

Funktionen	Beispiele
Verknüpfungsteuerungen • Logische Funktionen • Zeitgeber • Zähler	• UND, ODER, NICHT, EXLUSIV-ODER • Speicherfunktionen (bistabile Elemente) • Ein- und Ausschaltverzögerung, Impulse • Auf- und Abwärtszählen von Impulsen
Ablaufsteuerungen	• Ablaufketten in Ablaufsprache AS
Signal- und Datenverarbeitungen • Mathematische Funktionen • Datenhandhabung • Analogwertverarbeitung	• Addieren, Subtrahieren, Multiplizieren, Dividieren • Vergleichen (größer, kleiner, gleich) • Auswahl, Verschiebung, Organisation von Daten • PID-Regelung, Integrieren, Filtern
Schnittstellenfunktionen • Ein- und Ausgänge • Kommunikation zu anderen Systemen • Mensch-Maschine-Schnittstelle • Massenspeiche	• Digitale und analoge Ein- und Ausgabeeinheiten • BCD-Wandlung, Kommunikationsprotokolle • Anzeigen, Befehlstasten • Meldungen und Berichte • Datenprotokollierung
Programmausführungen	• Periodische oder ereignisgesteuerte Ausführung
Systemkonfigurationen	• Status-Abfragen

Programmiersprachen — DIN EN 61131-1, 3

Bezeichnung	Merkmale/Eigenschaften	Beispiel (ODER-Verknüpfung)
Strukturierter Text **ST** (Structured Text ST)	Textuelle Programmiersprache, die Zuweisungen, Steuerung von Unterprogrammen, Wiederholungs- und Auswahlbefehle verwendet, um ein Anwendungsprogramm für eine SPS darzustellen.	Allgemein: OUT1 := IN1 OR IN2; oder mit Angabe der Variablentypen: %QX1 := %IX1 OR %IX2;
Anweisungsliste **AWL** (Instruction List IL)	Textuelle Programmiersprache, die ein Anwendungsprogramm für eine speicherprogrammierte Steuerung darstellt.	START: (Marke) LD %IX1 (Input Bit 1) OR %IX2 (Input Bit 2) ST %QX1 (Output Bit 1)
Kontaktplan **KOP** (Ladder Diagramm LD)	Grafische Programmiersprache, die den Kontaktplan zur Darstellung eines Anwendungsprogramms für eine speicherprogrammierte Steuerung verwendet.	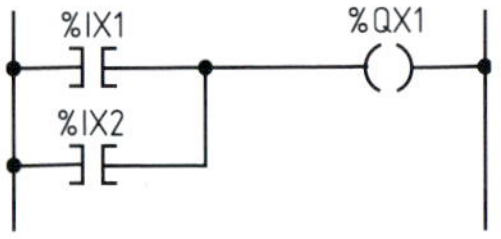
Funktionsbaustein-Sprache **FBS** (Function Block Diagramm FBD	Grafische Programmiersprache, die den Funktionsplan benutzt, um das Anwendungsprogramm für eine speicherprogrammierte Steuerung darzustellen.	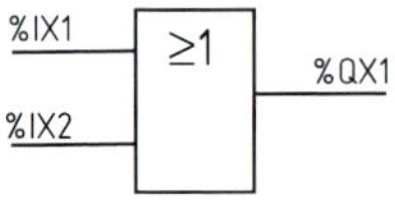
Ablaufsprache **AS** (Sequential Function Chart SFC)	Grafische Programmiersprache, für die Darstellung eines sequenziellen Programms, bestehend aus Schritten, Aktionen und Verbindungen mit Transitionsbedingungen (Ablaufsteuerungen), aber mit Änderungen gegenüber der Darstellung nach DIN 40719-6 oder GRAFCET. (Im Beispiel Transition in Sprache ST angegeben.)	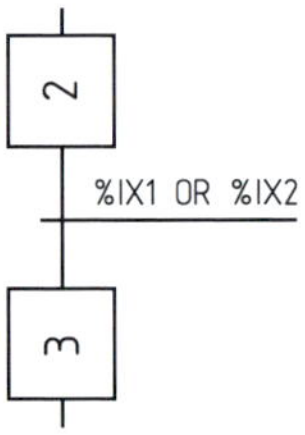

Definition von Datentypen und Variablen — DIN EN 61131-3

Direkte Darstellung einer Einzelelement-Variable wird durch % gekennzeichnet (z. B. %QX 2)

Datentypen (Auswahl)	Eigenschaften direkt dargestellter Variablen
• **BOOL** boolesche Daten 1 Bit (0 oder 1) • **INT** ganze Zahl (integer) 16 Bits • **REAL** reelle Zahl 32 Bits	• **I (E)** Speicherort Eingang • **Q (A)** Speicherort Ausgang • **M** Speicherort Merker
• **STRING** variabel-lange Zeichenfolge • **BYTE** Bit-Folge mit 8 bits • **WORD** Bit-Folge mit 16 bits • **TIME** Zeitdauer	• **X** Bit-Größe (ohne Angabe auch Bit-Größe) • **B** Byte-Größe (8 bit) • **W** Wort-Größe (16 bit) • **D** Doppelwort-Größe (32 bit)

Logische Funktionen

Funktion	AWL[1]	AWL[2]	FBS[2]	KOP[2]
UND	UE 0.1 UE 0.2 =A 1.0	LD %IX0.1 AND %IX0.2 ST %QX1.0	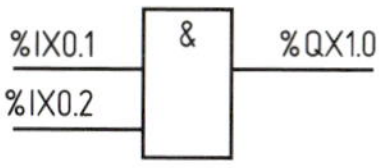	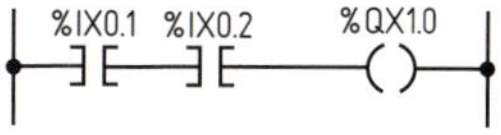
ODER	UE 0.1 OE 0.2 =A 1.0	LD %IX0.1 OR %IX0.2 ST %QX1.0	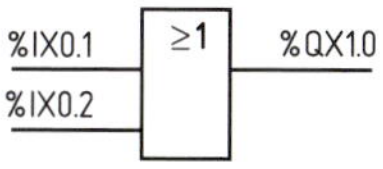	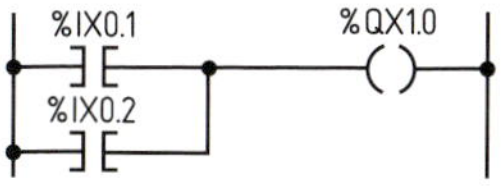
NICHT	UNE 0.1 =A 1.0	LDN %IX0.1 ST %QX1.0	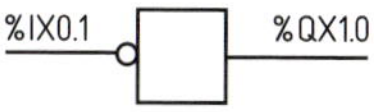	

[1] Herstellerangaben; [2] DIN EN 61131-3.

Bistabile Elemente — DIN EN 61131-3

Funktionsbaustein	Grafische Darstellung	Funktionsbaustein Rumpf
Vorrangig setzen	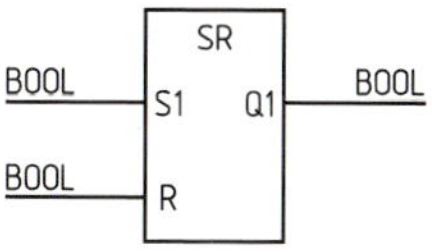	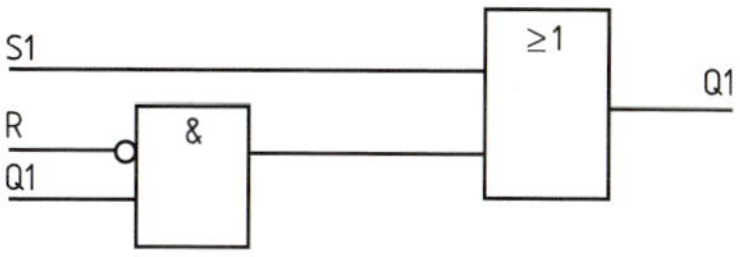
Vorrangig rücksetzen	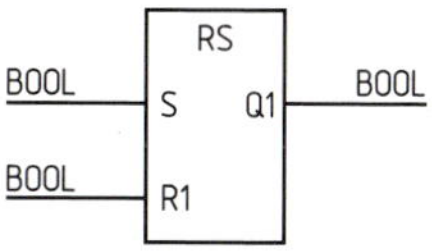	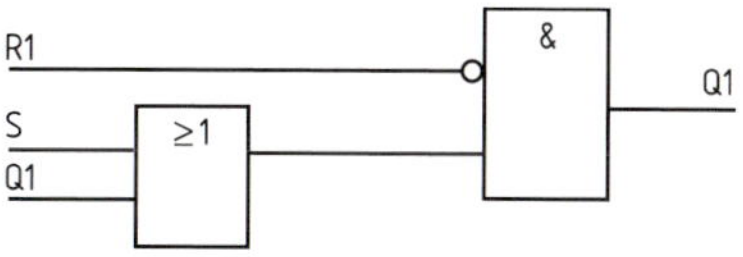

Zeitgeber — DIN EN 61131-3

Darstellung	Beschreibung	Zeitdiagramm einer Einschaltverzögerung (TON)
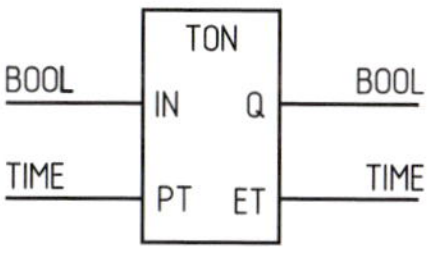	• TON oder T – 0 Einschaltverzögerung Weitere: • TP Puls • TOF oder 0 – T Ausschaltverzögerung	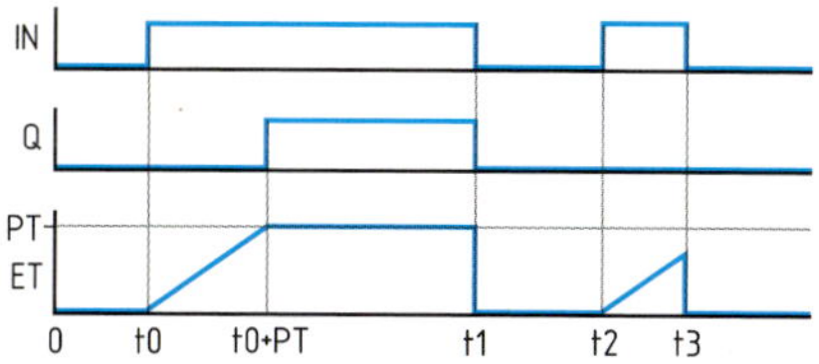

Zähler — DIN EN 61131-3

Aufwärtszähler (UP)	Abwärtszähler (DOWN)	Definition in Textsprache ST
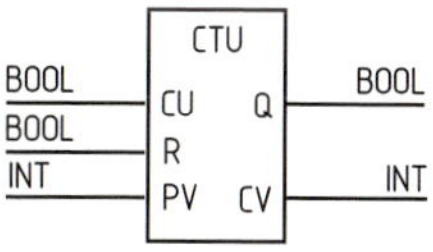	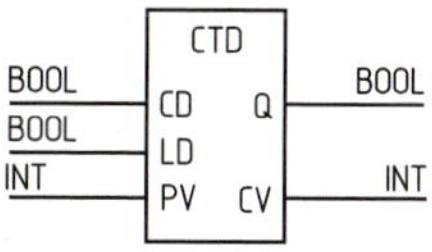	• **CTU:** IF R THEN CV :=0 ; ELSIF CU AND (CV < Pvmax) THEN CV := CV+1 ; END_IF ; Q := (CV >= PV) ; • **CTD:** IF LD THEN CV := PV ; ELSIF CD AND (CV > Pvmin) THEN CV := CV -1 ; END_IF ; Q := (CV <= 0) ;

Ablaufsteuerungen in Ablaufsprache AS — DIN EN 61131-3

Allgemeine Elemente

- Ablaufsprache AS entspricht weitgehend dem Funktionsplan nach DIN EN 60848 (GRAFCET)
- Gliederung in Schritte und Transitionen (Übergänge), mit gerichteten Verbindungen
- Jede Transition mit Transitionsbedingung
- Schritte mit zugehörigen Aktionen

Schritte

- Schritte (Schrittmerker) können aktiv oder inaktiv sein (boolesche Variable mit Wert 1 oder 0).
- Ein Schritt kann grafisch durch einen Block oder in Textform durch STEP ... END_STEP dargestellt werden.
- Der Anfangszustand wird durch die Anfangswerte der internen Variablen und durch Anfangsschritte definiert.
- Jedes AS-Netzwerk hat einen Anfangsschritt.
- Anfangsschritte werden grafisch mit Doppellinien dargestellt.

Transitionen (Übergänge)

- Geben die Bedingungen an, durch die von vorausgehenden Schritten auf Folgeschritte übergegangen wird.
- Die Richtung des Ablaufes geht von der Unterseite des Vorgängerschrittes zur Oberseite des Nachfolgerschrittes.
- Transitionsbedingungen müssen das Ergebnis eines booleschen Ausdrucks sein. Bedingungen, die immer wahr sind, werden mit 1 oder TRUE gekennzeichnet.
- Transitionsbedingungen können angegeben werden durch:
  - Kontaktplan-Netzwerk (KOP-Sprache)
  - Funktionsbaustein-Netzwerk (FBS-Sprache)
  - TRANSITION ... END_TRANSITION Konstruktion in Textsprache (ST-Sprache)
  - TRANSITION ... END_TRANSITION Konstruktion als Anweisungsliste (AWL-Sprache)

Aktionen

- Jedem Schritt müssen null oder mehrere Aktionen zugehören.
- Schritte ohne Aktionen haben eine Warte-Funktion.
- Aktionen müssen den Schritten mittels Schrittrümpfen in Textform oder als grafische Aktionsblöcke zugeordnet sein.
- Aktionen können boolesche Variablen, Anweisungen in ST- oder AWL-Sprache, Netzwerke in KOPoder FBS-Sprache sein.
- Die Steuerung der Aktion muss durch die Bestimmungszeichen ausgedrückt werden.

Bestimmungszeichen für Aktionen

- **keines** Nicht gespeichert (kein Zeichen)
- **N** Nicht gespeichert
- **R** Vorrangiges Rücksetzen
- **S** Setzen (gespeichert)
- **L** Zeitbegrenzt
- **D** Zeitverzögert
- **P** Impuls (Flanke)
- **SD** Gespeichert und zeitverzögert
- **DS** Verzögert und gespeichert
- **SL** Gespeichert und zeitbegrenzt

Diese Aktionen sind in einem Funktionsbaustein hinterlegt. Der Funktionsbausteinrumpf, der nachfolgend in der FBS-Sprache dargestellt ist, ist für den Anwender nicht sichtbar.

Funktionsbausteinrumpf der zulässigen Aktionen

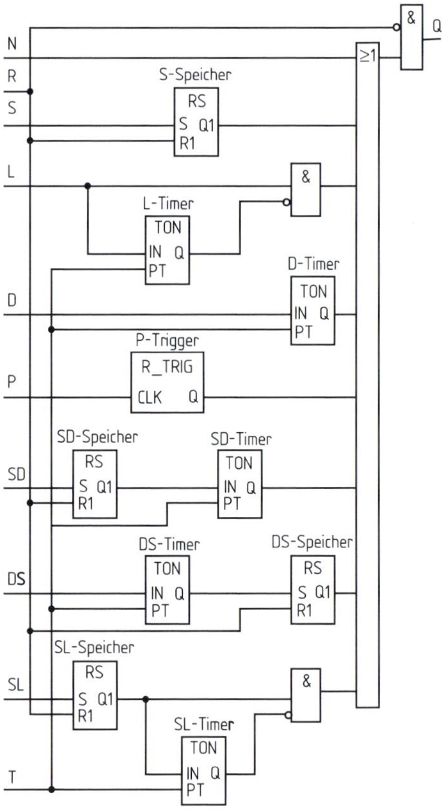

STEP 7: Hardwareaufbau und Adressierung

S7-Baugruppen

Zum Aufbau der Hardware einer S7-Steuerung stehen verschiedene Komponenten zur Verfügung.
Beim System S7-200 gibt es erweiterbare Kompaktgeräte mit Stromversorgung, CPU und Ein- und Ausgabebaugruppen. Die Systeme S7-300 und S7-400 werden modular aufgebaut. Entsprechend diesem Aufbau wird die Hardware im STEP 7-Projekt konfiguriert. Nach dem Aufbau der Hardware richtet sich auch die Adressierung der Ein- und Ausgänge. Die wichtigsten Komponenten:

Baugruppe bzw. Komponente	Funktion
Profilschiene	Die Profilschiene ist der Baugruppenträger. Je nach der Anzahl der Baugruppen kann sie unterschiedliche Längen haben. Bei Steuerungen mit zahlreichen Baugruppen werden auch mehrere Baugruppenträger eingesetzt, die meistens untereinander angeordnet werden. Sie werden dann mit 0 beginnend durchnummeriert.
Stromversorgung (PS)	Diese Baugruppe wandelt die Netzspannung (120 V/230 V AC) in die Betriebsspannung 24 V DC für die Versorgung des S7-Systems um. Sie befindet sich immer links auf dem Baugruppenträger und belegt Steckplatz 1.
CPU	Die CPU (Central Processing Unit) ist die Zentralbaugruppe des Automatisierungssystems mit Steuer- und Rechenwerk, Speicher, Betriebssystem und Schnittstelle für das Programmiergerät. Sie führt das Anwenderprogramm aus, versorgt den Bus mit 5 V und kommuniziert über die MPI-Schnittstelle (mehrpunktfähige Schnittstelle) mit anderen Teilnehmern. Einige CPUs (Zusatz DP) können auch im Profibus-Netz eingesetzt werden.
Signalbaugruppen (SM)	Dieses sind Digitalein-, Digitalaus-, Analogein- oder Analogausgabebaugruppen. Sie passen die Prozesssignale an das Automatisierungssystem an.
Funktionsbaugruppen (FM)	Dieses sind Digitalein-, Digitalaus-, Analogein- oder Analogausgabebaugruppen. Sie passen die Prozesssignale an das Automatisierungssystem an.
Kommunikationsprozessor (CP)	Er übernimmt Kommunikationsaufgaben, z. B. zur Anbindung an den Profibus DP.
Anschaltbaugruppe (IM)	Sie ist notwendig, wenn mehrere Baugruppenträger, d.h. mehrere Zeilen, eingesetzt werden, und dient zur Verbindung von diesen. Beim System S7-300 ist der Steckplatz 3 für diese Baugruppe reserviert.

Adressierung

Die steckplatzorientierte Adressierung wird auch als absolute oder Defaultadressierung bezeichnet. Dabei ordnet STEP-7 jeder Steckplatznummer eine Baugruppen-Anfangsadresse zu.

Zuordnung der Baugruppen-Anfangsadressen bei S7-300

Steckplatznr.	1	2	3			4	5	6	7		
Baugruppe	PS	CPU	IM	Anfangsadresse	Digit. Baugr	0	4	8	12	+4	Je weiterem Steckplatz
					Anal. Baugr	256	272	288	304	+16	

Absolute Adressierung von Eingängen und Ausgängen der Signalbaugruppen

Digitalbaugruppe: Die Adresse eines Ein- oder Ausgangs setzt sich aus der Byteadresse und Bitadresse zusammen. Die Byteadresse richtet sich nach der Baugruppenanfangs- bzw. Defaultadresse. Die Bitadresse steht auf dem entsprechenden Ein- oder Ausgang der Baugruppe. Z. B. werden die ersten 8 Eingänge einer Digitalbaugruppe auf Steckplatz 5 (S7-300) mit E 4.0 bis E 4.7 und die nächsten 8 Eingänge dieser Baugruppe mit E 5.0 bis 5.7 adressiert.
Analogbaugruppe: Die Adressen sind immer Wortadressen. Beginnend mit der Anfangs- bzw. Defaultadresse der Baugruppe wachsen sie um jeweils 2 Bytes. Z. B. ergibt sich für eine Analogbaugruppe auf Steckplatz 6 (S7-300) für den ersten Analogausgang AW 288 und für den zweiten AW 290. Hat die Baugruppe Ein- und Ausgänge, dann haben beide die gleiche Ziffer (z. B. EW 288 und AW 288).

Zuordnung der Defaultadresse bei S7-400

Digitalbaugruppen: Defaultadresse = (Steckplatznummer – 1) x 4
Analogbaugruppen: Defaultadresse = (Steckplatznummer – 1) x 64 + 512

STEP 7 Vxx: Struktur

Step 7 Vxx ist Bestandteil des TIA (Totally Integrated Automation) Portals, dass alle Automatisierungssysteme (wie z. B. Steuerungen, Visualisierungen, Vernetzungen) in einer Entwicklungsumgebung vereint. Zur Projektierung wird bei der Software von SIMATIC STEP 7 V11 eine Portalansicht und eine Projektansicht aufgerufen.

Portalansicht

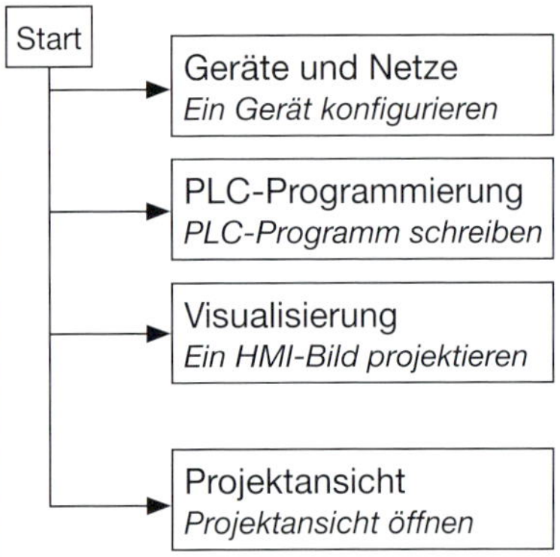

In der **Portalansicht** (s. links) hat der Anwender die Möglichkeit, das entsprechende Werkzeug zur Bearbeitung seines Projekts auszuwählen. Von hier aus kann z. B.

- direkt die **PLC** (Programmable Logic Controller) **Programmierung** aufgerufen werden,
- die **Visualisierung** z. B. durch die Projektierung eines HMI (Human Machine Interface) Bildes gestartet werden oder
- zur Projektansicht gewechselt werden.

Beim Erstellen eines neuen Projekts werden über **„Geräte und Netze"** zunächst die erforderlichen Geräte hinzugefügt. Man gelangt dann in eine Geräteübersicht, in der die Adressen der Ein- und Ausgänge festgelegt werden können. Außerdem erfolgt hier die Einstellung der IP-Adresse und die Subnetzmaske der CPU, damit die Software auf diese zugreift.

Projektansicht

Projektnavigation

Geräte

- CPU 3XX
- Programmbausteine
  - Neuen PB hinzufügen
  - OB 1
  - FC 1
  - FC 2
  - FB 1
  - DB 1
- Externe Quellen
- PLC – Variablen
  - Variablentabelle hinzufügen
  - Standard Variablentabelle

In der **Projektansicht** wird dem Anwender unter dem Fenster **„Projektnavigation"** die hierarchische Struktur des gesamten Projekts angezeigt (s. links). Neben der CPU als Hardwaregerät werden die **Programmbausteine** aufgeführt, die für das Projekt eingerichtet und programmiert werden. Dieses können Organisationsbausteine (OB), Funktionen (FC), Funktionsbausteine (FB) oder Datenbausteine (DB) sein, wie sie unten erläutert werden. Für die Bausteine werden in der Praxis sinnvolle Begriffe verwendet, hier wurden nur die Kurzbezeichnungen angegeben.

Die Variablentabellen unter **„PLC Variablen"** enthalten festgelegte Variablen für das Programm, die anstelle der absoluten Adressen verwendet werden.

Von dieser Oberfläche **„Projektnavigation"** aus können neue Bausteine eingerichtet und programmiert und vorhandene aufgerufen werden.

Bausteinart	Erläuterungen
Organisationsbaustein (OB)	OBs legen die Struktur des Anwenderprogrammes fest. Der OB1 ist immer vorhanden und wird vom Programm als Erstes aufgerufen.
Funktionsbausteine (FB)	Funktionsbausteine sind Bausteine mit Gedächtnis, die vom Anwender programmiert werden. Jeder FB verfügt über mindestens einen Instanz-Datenbaustein, der z. B. statische Variablen speichert.
Funktionen (FC)	Programmroutinen, die vom Anwender für häufig verwendete Funktionen programmiert werden
Systemfunktionsbausteine (SFB), Systemfunktionen (SFC)	Bereits vorgefertigte Bausteine für einige wichtige Systemfunktionen, die aus dem Anwenderprogramm aufgerufen werden können
Instanz-Datenbaustein (Instanz-DB)	Einem FB oder SFB zugeordneter Baustein, in dem die Aktualparameter und statischen Daten des FBs abgelegt sind
Datenbaustein (DB)	Daten, die keinem Funktionsbaustein zugeordnet sind, können als globale Daten im DB gespeichert werden.
Variablentabelle (VAT)	In ihr können Variablen zur Beobachtung und Steuerung zusammengestellt werden. Sie wird vom Anwender erstellt und befindet sich dann im Ordner für Bausteine.

STEP 7: Datentypen

Mithilfe der Datentypen wird festgelegt, wie der Wert einer Variablen oder Konstanten im Anwenderprogramm verwendet werden soll.

Elementare Datentypen bei STEP 7

Typ	Mögliche Formate	Bits	Bereich bzw. Beispiel	Typ	Mögliche Formate	Bits	Bereich bzw. Beispiel
BOOL		1	TRUE/FALSE	REAL (Gleitpunktzahl)	IEEE Gleitpunktzahl	32	Obere Grenze: +/-3.402823e+38 Untere Grenze: +/-1.175495e-38
BYTE	Hexadezimalzahl	8	B#16#0 bis B#16#FF				
WORD (Wort)	Dezimalzahl Dualzahl Hexadezimalzahl	16	B#(0,0) bis B#(255,255) z. B. 2#0011_1111_0010_... z. B. W#16#16F0	TIME (IEC-Zeit)	IEC-Zeit	32	Z. B. T#0D_1H_21M_12S_144MS
				S5TIME (SIMATIK Zeit)	S5 Zeit	16	Z. B. S5T#0H_12M_20S_10MS
DWORD (Doppelwort)	S. WORD	32	Wie bei WORD mit doppelter Stellenzahl	DATE (IEC-Datum)	IEC-Datum	16	D#1990-1-1 bis D#2168-12-31
INT (Ganzz.)	Dezimalzahl	16	-32768 bis 32767	TIME_OF_DAY (Uhrzeit)	Uhrzeit in Schritten von 1 ms	32	TOD#0:0:0.0 bis TOD#23:59:59.999
DINT (Ganzz.)	Dezimalzahl	32	L#-2147483648 L#2147483647				

Zusammengesetzte Datentypen bei STEP 7

Typ	Beschreibung	Typ	Beschreibung
DATE_AND_TIME	Definiert einen Bereich mit 64 Bits im binärcodierten Dezimalformat für Datum und Zeit	ARRAY	Definiert ein Feld von Elementen gleichen Datentyps, z. B. von Ganzzahlen mit maximal 6 Dimensionen
STRING	Definiert eine Gruppe vom Datentyp CHAR mit definiertem Speicherplatz, jedoch maximal 254 Zeichen	STRUCT	Unterschiedliche Datentypen, z. B. Ganzzahlen, Felder, Strings werden zu einer Struktur zusammengefasst.

STEP 7: Variablen/Symbole

Man unterscheidet zwischen globalen Variablen (Symbolen) und lokalen Variablen (Symbolen). Die globalen Variablen werden in der Symboltabelle nach Aufruf des Symbol-Editors eingegeben. Die lokalen Variablen werden in die Variablendeklarationstabelle des entsprechenden Bausteines (OB, FB oder FC) eingegeben. Zu jeder Variablen wird in den Tabellen der Datentyp festgelegt.

	Globale Variablen (Symbole)	Lokale Variablen (Symbole)
Kennzeichen	Werden im Programm in Anführungszeichen „…“ dargestellt	Werden im Programm mit vorangestelltem # dargestellt
Zulässige Zeichen	Alle druckbaren Zeichen sind erlaubt (max. 24), z. B. Lüfter Ein.	Es sind nur Buchstaben, Ziffern und der Unterstrich zulässig (max. 24), z. B. Motor_Ein.
Gültigkeit	Gelten im gesamten Anwenderprogramm und haben in allen Bausteinen die gleiche Bedeutung	Gelten nur im entsprechenden Baustein; in verschiedenen Bausteinen können daher gleiche Bezeichnungen verwendet werden.
Einsatz	Können z. B. Eingangs- und Ausgangssignalen (E, EB, EW, A, AB, AW), Merkern (M, MB, MW), Zeiten (T) und Zählern (Z) zugeordnet werden. Damit werden den Variablen auch die Adressen zugewiesen.	Werden den Bausteinparametern (z. B. Eingangs-, Ausgangsparametern) sowie statischen und temporären Daten des Bausteines zugeordnet. Die Zuweisung zu Adressen erfolgt automatisch, die Anfangswerte können im Variablendeklarationsteil festgelegt werden.

STEP 7: Programmiersprachen und Engineering Tools

STEP 7 unterscheidet zwischen
- der Basissoftware mit den Programmiersprachen AWL, KOP und FUP und
- der Erweiterungssoftware (Engineering Tools) als Optionspakete, die weitere Programmiersprachen und ergänzende Software zur Diagnose und Simulation enthalten.

Zwischen den Programmiersprachen der Basissoftware (AWL, KOP, FUP) kann umgeschaltet werden.
Die Programmierung kann in allen Sprachen symbolisch oder mit absoluter Adressierung erfolgen.

Operanden (Auswahl) bei absoluter Adressierung bzw. für die Zuordnung in der Symboltabelle							
E	Eingangsbit	EB	Eingangsbyte	EW	Eingangswort	A	Ausgangsbit
AB	Ausgangsbyte	AW	Ausgangswort	M	Merkerbit	MB	Merkerbyte
MW	Merkerwort	MD	Merkerdoppelwort	T	Zeit	Z	Zähler
FC	Funktion	FB	Funktionsbaustein	DB	Datenbaustein	VAT	Variablentabelle

Programmier-sprache/Tool	Erläuterung	Beispiel
AWL Anweisungsliste (nach IEC 1131 auch IL für Instruction List)	• Maschinennahe Textsprache, insbesondere für laufzeit- und speicherplatzoptimierte Programme • Bitverknüpfungsoperationen bei der Einstellung „Deutsch“: U (UND), O (ODER), UN (UND NICHT) usw.	Netzwerk 1: Steuerung Motor 1 U „Lüfter Ein“ UN „Klappe zu“ O „Heizung Ein“ = „Motor1“
KOP Kontaktplan (nach IEC 1131 auch LD für Ladder Diagram)	• Grafische Sprache in Anlehnung an Stromlaufpläne • Insbesondere für Verknüpfungssteuerungen geeignet	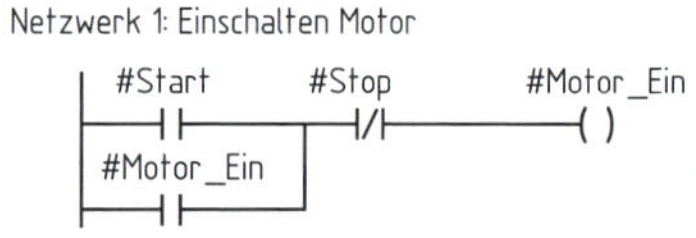
FUP Funktionsplan (nach IEC 1131 auch FBD für Function Block Diagram)	• Grafische Sprache mit Logiksymbolen der booleschen Algebra • Insbesondere für Verknüpfungssteuerungen geeignet	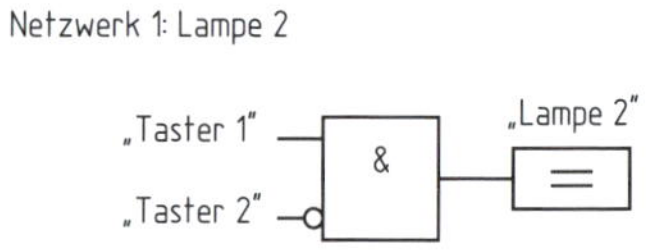
S7-Graph Ablaufsprache (nach IEC 1131 auch AS oder SFC für Sequential Function Chart)	• Grafische Sprache in Form von Schrittketten • Insbesondere für sequentielle Vorgänge, d. h. für Ablaufsteuerungen geeignet • Besonders übersichtliche Darstellung komplexer Abläufe	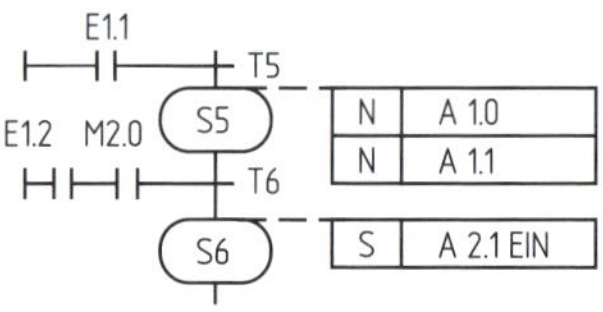

S7-SCL
Structured Control Language (nach IEC 1131 auch ST für Structured Text)
	• Textuelle Hochsprache in Anlehnung an Pascal
	• Insbesondere für Datenverarbeitungsaufgaben und Anwender, die in Pascal oder C programmiert haben, geeignet
		BEGIN
		IF neuwert > altwert THEN
		neuwert := messwert
		wert := wert + 1
		END_IF;
		....

S7-HiGraph Zustandsgraph	• Grafische Sprache für nichtsequenzielle, asynchrone Vorgänge • Keine tieferen Programmierkenntnisse erforderlich • Übersichtliche Darstellung von	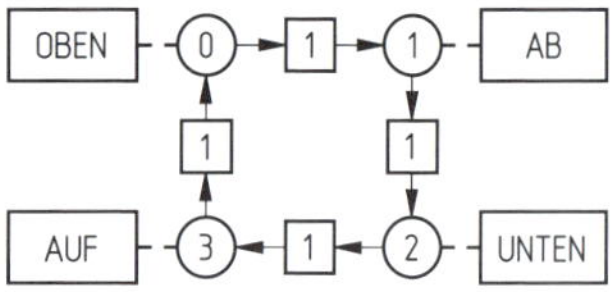
S7-PLCSIM	• Simulationsprogramm zum Testen von Programmen ohne S7-Hardware	

Technische Ausführung von speicherprogrammierten Steuerungen

Kompakte SPS-Systeme (Kleinsteuerungen)	Modulare SPS-Systeme
• Haben eine feste Anzahl von Ein- und Ausgängen sowie interne Funktionen • Gut einsetzbar als lokale Steuerung für kleine Steuerungsaufgaben oder als intelligentes Modul vor Ort • Einfache, aber im Umfang begrenzte Programmierfunktionen • Sehr kleine kompakte Bauform • Verfügen z. T. über ein integriertes Bedien- und Programmiertableau • Günstiger Preis • Nachteilig sind die Einschränkungen bei Erweiterungen und Anpassungen.	• Viele Ein- und Ausgänge möglich (von der CPU abhängig) • Optimale Anpassung durch eine Vielzahl von Erweiterungsmodulen an die Steuerungsaufgabe • Spezielle Module für Sonderaufgaben verfügbar (z. B. explosionsgeschützte Ausführung u. Ä.) • Intelligente Erweitungsbaugruppen übernehmen komplexe Funktionen (z. B. PID-Regler). • Zentralbaugruppen auch für höchste Anforderung verfügbar (z. B. hohe Verarbeitungsgeschwindigkeit) • Änderungen und Erweiterungen leicht möglich • Preis hängt vom Leistungsumfang ab. • Nachteilig ist der höhere Montageaufwand.

Prozessmodule

Prozessmodule verbinden eine vereinfachte Programmierung der speicherprogrammierten Steuerung (SPS) mit der einfachen Bedienung von Multifunktionsrelais. Sie verfügen über einen reduzierten Umfang von programmierbaren Funktionen und lassen sich auch ohne Programmiergerät und Programmiersoftware direkt über ein kleines Bedien- und Anzeigefeld programmieren. Am weitesten verbreitet sind die Baureihen der Typen LOGO! und EASY.

Logikmodul LOGO!	Steuerrelais EASY	Typische Leistungsmerkmale
 Programmiersprache Logikplan	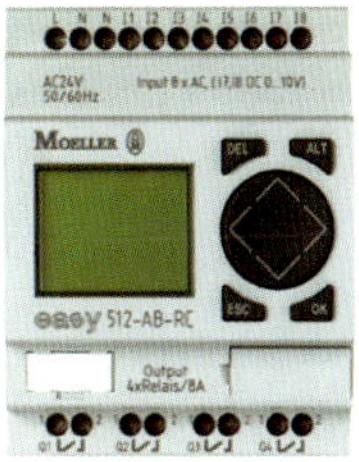 Programmiersprache Kontaktplan	• Betriebsspannung 230 V AC oder 24 V DC • Eingänge für 230 V AC oder 24 V DC • Relaisausgänge (bis 230 V AC) oder Transistorausgänge (nur 24 V DC) • Erweiterbar durch zusätzliche Erweiterungsmodule • Busankopplung möglich (Profibus, ASi-Bus) • Programmierbare Logik-, Zeit-, Zählfunktionen • Programmierbare Schaltuhrfunktion • Analogwertverarbeitung, Arithmetikfunktionen • Remanente Speicherbereiche

Anwendungsbeispiel Beleuchtungsanlage mit LOGO!

Anschlussplan

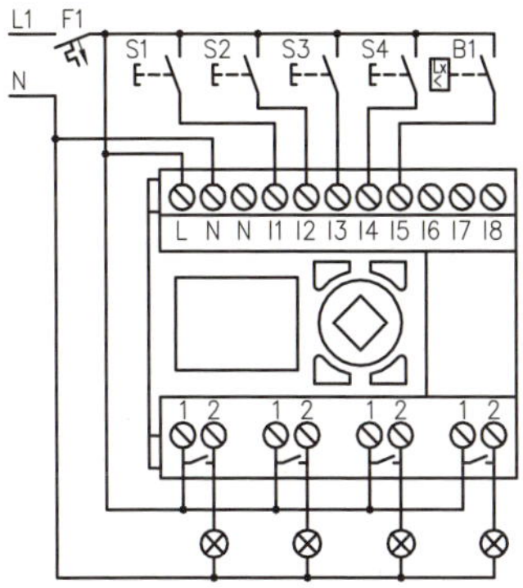

Programm

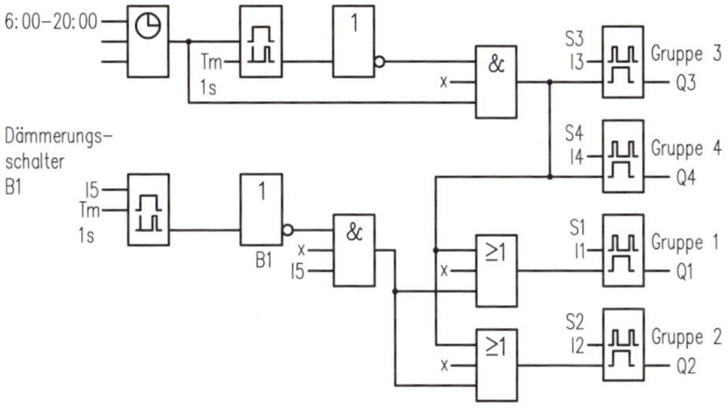

Beschreibung: Die Beleuchtungsanlage besteht aus 4 Lampengruppen und wird mit den Tastern S1 bis S3 geschaltet. Um 20:00 Uhr wird die Beleuchtung abgeschaltet. Bei ausreichender Helligkeit werden 2 Lampengruppen der Beleuchtungsanlage über einen Dämmerungsschalter ausgeschaltet.

Allgemeine Anforderungen für die Sicherheit von Maschinen (Auszug) DIN EN 60204-1

- **Netzanschluss.** Die elektrische Ausrüstung einer Maschine sollte nur einen Netzanschluss haben, der nach Möglichkeit direkt an die Netz-Trenneinrichtung oder über eine Steckvorrichtung angeschlossen werden soll. Wenn ein Neutralleiter vorgesehen ist, dann muss dieser eindeutig gekennzeichnet sein und ist an eine isolierte Klemme anzuschließen. Eine Klemme für den externen Schutzleiteranschluss muss vorhanden sein. Eine PEN-Klemme ist nicht zulässig (Ausnahme, Anschluss an TN-C-System).
- **Netz-Trenneinrichtung.** Für jede Netzeinspeisung muss eine Netz-Trenneinrichtung vorhanden sein. Dies können Lasttrennschalter, Trennschalter mit Lastabwurf, Leistungsschalter oder vergleichbare Einrichtungen sein. Steckvorrichtungen sind zulässig, wenn sie mit einem Lastschaltgerät verriegelt sind oder ihr Schaltvermögen ausreichend groß ist. Ein Lastschaltgerät zum Ein-und Ausschalten muss vorhanden sein. Bestimmte Stromkreise, z. B. für Unterspannungsauslöser, Beleuchtung und Steckdosen o. Ä., brauchen nicht von der Netz-Trenneinrichtung abgeschaltet werden.
- **Schutz gegen elektrischen Schlag.** Die elektrische Ausrüstung muss über einen Schutz gegen elektrischen Schlag in Form von Basisschutz (Schutz gegen direktes Berühren) und Fehlerschutz (Schutz bei indirektrem Berühren) verfügen.
- **Schutz der Ausrüstung.** Die Ausrüstung muss gegen Einflüsse durch Überstrom infolge eines Kurzschlusses, Überlastung der Maschine, anormalen Temperaturen, Ausfall oder Absinken der Versorgungsspannung, falsches Drehfeld, Überspannung und Überdrehzahl von Maschinenteilen geschützt werden.
- **Potenzialausgleich.** Das Schutzleitersystem besteht aus dem externen Schutzleiteranschluss, den leitfähigen Konstruktionsteilen und den Schutzleitern in der Ausrüstung der Maschine. Alle Körper der Maschine müssen mit dem Schutzleitersystem verbunden sein. Im Schutzleitersystem dürfen keine Schaltgeräte vorhanden sein. Bei Entfernen eines Teiles darf das Schutzleitersystem nicht unterbrochen werden. Schutzleiteranschlüsse müssen gekennzeichnet sein und dürfen nicht gleichzeitig als Befestigung für Teile oder Geräte dienen. Zusätzlich zum Schutzpotenzialausgleich kann bei empfindlicher Ausrüstung ein Funktionspotenzialausgleich zum störungsfreien Betrieb notwendig sein.

Verdrahtung der elektrischen Ausrüstung von Maschinen

- **Verdrahtungstechnik.** Alle Anschlüsse, insbesonders die Schutzleiteranschlüsse, müssen gegen Selbstlockern gesichert sein. Anschlussstellen müssen für die Art, den Querschnitt und die Anzahl der Leitungen ausgelegt sein. Es darf jedoch nur ein Schutzleiter an einem Klemmenanschlusspunkt angeschlossen werden. Alle Klemmen müssen eindeutig gekennzeichnet sein. Flexible Leitungen müssen mit Aderendhülsen versehen werden. Die Verwendung von Lötzinn ist nicht zulässig.
- **Querschnitt.** Der Querschnitt muss der zulässigen Strombelastbarkeit, dem Mindestquerschnitt und einem maximal zulässigen Spannungsfall von 5 % entsprechen (Netzanschluss bis Verbraucher).

Mindestquerschnitte für Kupferleiter in mm2

Leitungs- bzw. Kabelart	Hauptstromkreise			Steuerstromkreise		
	Außen²⁾ fest angeschlossen	Außen²⁾ häufig bewegt	Innen¹⁾ nicht bewegt	Außen²⁾	Innen¹⁾	Datenübertragung
Einadrig, flexibel 1,0	1,0	0,75	1,0	0,75	–	
Einadrig, massiv	1,5	–	0,75	1,0	0,75	–
Zweiadrig	0,75	0,75	0,75	0,2	0,75	
Zweiadrig, abgeschirmt	0,75	0,75	0,75	0,5	0,75	
mehradrig	0,75	0,75	0,75	0,2	0,75	0,08

[1] Bei Verdrahtung innerhalb von Gehäusen. [2] Bei Verdrahtung außerhalb von Gehäusen.

- Farben. Leiter müssen an jedem Anschluss eindeutig identifizierbar sein.

Farbe	Verwendung
Grün-Gelb, Grün, Gelb	Grün-Gelb für Schutzleiter. Grün oder Gelb sind nur zulässig, wenn eine Verwechselung mit dem Schutzleiter ausgeschlossen ist.
Hellblau	Neutralleiter, wenn kein Neutralleiter vorhanden ist, kann Hellblau auch für andere Zwecke verwendet werden.
Schwarz	Hauptstromkreise für Gleich- und Wechselspannung
Rot	Steuerstromkreise für Wechselspannung
Blau	Steuerstromkreise für Gleichspannung (auch Hellblau möglich)
Orange	Nicht von der Netz-Trenneinrichtung abgeschaltete Stromkreise
Braun, Violett, Grau, Weiß, Pink, Türkis	Keine besondere Festlegung oder Empfehlung für die Verwendung

Strombelastbarkeit von PVC-isolierten Kupferleitungen (Auswahl) DIN EN 60204-1

- Bei Umgebungstemperaturen > 40 °C müssen die Werte reduziert werden.
  (Faktoren: 30 °C = 1,15; 40 °C = 1,00; 50 °C = 0,82; 60 °C = 0,58)
- Bei Installationen mit vielen belasteten Leitungen verringern sich die Werte erheblich.
  (Faktoren bei B1 und B2: 2 Adern = 0,80; 4 Adern = 0,65; 6 Adern = 0,57; 9 Adern = 0,50)
  Faktoren bei E, mehrlagig: 2 Adern = 0,86; 4 Adern = 0,76; 6 Adern = 0,72; 9 Adern = 0,68)
- Bei Aluminiumleitungen beträgt der Reduktionsfaktor 0,78.

		Verlegeart (Auswahl			
Leitungsart	Querschnitt)	B1	B2	C	E
Elektronik (Paar)	0,2 mm²	–	4,3 A	4,4 A	4,4 A
	0,5 mm²	–	7,5 A	7,5 A	7,8 A
	0,75 mm²	–	9,0 A	9,5 A	10,0 A
Einadrige Leitung im Drehstromsystem	0,75 mm²	8,6 A	8,5 A	9,5 A	10,4 A
	1,0 mm²	10,3 A	10,1 A	11,7 A	12,4 A
	1,5 mm²	13,5 A	13,1 A	15,2 A	16,1 A
	2,5 mm²	18,3 A	17,4 A	21 A	22 A
	4 mm²	25 A	23 A	28 A	30 A
	6 mm²	31 A	30 A	36 A	37 A
	10 mm²	44 A	40 A	50 A	52 A
	16 mm²	59 A	54 A	66 A	70 A
	25 mm²	77 A	70 A	84 A	88 A
	35 mm²	96 A	86 A	104 A	110 A
	50 mm²	117 A	103 A	125 A	133 A

Steuerstromkreise (Auszug) DIN EN 60204-1

- **Steuertransformator.** Es müssen Transformatoren mit getrennten Wicklungen für die Versorgung von Steuerstromkreisen verwendet werden. Ausnahmen sind möglich bei kleinen Maschinen (ein Motoranlasser und/ oder maximal zwei Steuergeräte) sowie bei Haushaltsmaschinen (elektrische Ausrüstung ist innerhalb des Maschinengehäuses). Gleichspannungs-Steuerstromkreise müssen einen eigenen Transformator haben oder über eine getrennte Wicklung des Wechselstrom-Steuertransformators gespeist werden. Der Nennwert der Steuerspannung darf 277 V nicht überschreiten.
- **Anschluss.** Um Gefahren durch Erdschlüsse zu verhindern, ist ein Anschluss des Steuertransformators mit dem Schutzleitersystem zu verbinden oder eine Isolationsüberwachungseinrichtung einzubauen. Elektromagnetische Betätigungsspulen oder andere elektrische Einrichtungen müssen mit einem Anschluss direkt an die mit dem Schutzleitersystem verbundene Seite des Steuerstromkreises angeschlossen werden. Schaltglieder müssen zwischen dem zweiten, nicht mit dem Schutzleitersystem verbundenen Anschluss des Steuerstromkreises und der Spule angeschlossen werden.
- **Drahtlose Steuerung.** Steuerungssysteme, die drahtlose Techniken (Funk, Infrarot o. Ä.) zur Übertragung von Befehlen verwenden, müssen sicherstellen, dass sie nur auf die beabsichtigte Maschine mit den beabsichtigten Funktionen wirken. Es müssen Vorkehrungen getroffen werden, dass bei Fehlern oder ungültigen Signalen keine gefahrbringenden Zustände entstehen.
- **Betriebsarten.** Eine Maschine kann eine oder mehrere Betriebsarten haben. Die Betriebsartenwahl darf keinen Maschinenbetrieb auslösen. Die jeweilige Betriebsart ist anzuzeigen und muss mit entsprechenden Sicherheitsfunktionen und Schutzmaßnahmen ausgestattet sein.
- **Schutzverriegelungen.** Wenn ein Überfahren einer Schutzverriegelung zu einem gefährlichen Zustand führt, muss eine Begrenzungseinrichtung vorhanden sein, die den Hauptstromkreis unterbricht. Alle Steuereinrichtungen, deren gleichzeitige Betätigung zu gefährlichen Zuständen oder zu Schäden führen, müssen gegen Fehlbetätigungen verriegelt sein. **Wendeschütze** müssen so verriegelt werden, dass beim Umschalten kein Kurzschluss entstehen kann. Bei **Gegenstrombremsungen** muss ein Wiederanlauf in umgekehrter Drehrichtung nach erfolgter Bremsung wirksam verhindert werden.

Handlungen im Notfall (NOT-AUS)

- Befehlssysteme für Handlungen im Notfall müssen an jedem Bedienstand leicht erreichbar angeordnet sein und können ausgeführt werden als festverdrahtete **drucktastenbetätigter Schalter, Reißleinenschalter, Trittleisten-** oder **Fußschalter**. Sie müssen mechanisch selbsttätig verrasten.
- Der NOT-AUS-Stromkreis darf sich nicht ohne Rückstellung des Bedienteils schließen lassen.
- NOT-HALT und NOT-AUS sind kein primäres Mittel zur Risikominderung von Gefährdungen.

Steuerfunktionen — DIN EN 60204-1

Start-Funktion	Stopp-Funktion	Handlungen im Notfall
Start-Funktionen müssen durch das Erregen des Kreises erfolgen. Bedienelemente, die abwechselnd eine Bewegung starten und stoppen, dürfen nur für Nebenfunktionen eingesetzt werden. Die Betriebsart Start darf nur bei funktionsbereiten Schutzeinrichtungen möglich sein.	Es werden unterschieden: • **Kategorie 0.** Sofortiges Stillsetzen durch Abschalten der Energiezufuhr zu den Antrieben • **Kategorie 1.** Gesteuertes Stillsetzen, die Energiezufuhr wird erst bei Stillstand unterbrochen • **Kategorie 2.** Gesteuertes Stillsetzen unter Beibehaltung der Energiezufuhr zu den Antrieben Die Stopp-Kategorie wird anhand der Risikobewertung der Maschine festgelegt.	Es wird unterschieden in: • **NOT-HALT** entspricht den Stopp-Kategorien 0 oder 1 und muss Vorrang gegenüber allen anderen Funktionen haben. Die Energiezufuhr zu gefahrbringenden Antrieben muss gefahrlos unterbrochen oder der Antrieb muss möglichst schnell angehalten werden. • **NOT-AUS** wird durch Abschalten der Energieeinspeisung durch elektromechanische Schaltgeräte vorgenommen (Stopp-Kategorie 0) um Beschädigungen und Gefährdungen zu verhindern.

Zweihandbetrieb

Je nach Risikoabschätzung kommen folgende Zweihandschaltungen in Betracht:

- Typ I erfordert 2 Stellteile, die gleichzeitig durch beide Hände dauernd betätigt werden müssen, bei Loslassen nur eines Stellteiles muss der gefahrbringende Teil beendet werden.
- Typ II entspricht dem Typ I, jedoch müssen vor Wiederanlauf beide Stellteile losgelassen werden.
- Typ III entspricht dem Typ II, jedoch müssen beide Stellteile innerhalb von 0,5 s betätigt werden.

Prüfungen der elektrischen Ausrüstung von Maschinen — DIN EN 60204-1

Die elektrische Ausrüstung muss nach den folgenden Kriterien geprüft werden, sofern nicht in einer der Maschine zugeordneten Produktnorm die Prüfungen angegeben sind:

1. Prüfung der Übereinstimmung mit der technischen Dokumentation
2. Wenn zum Schutz gegen elektrischen Schlag der Schutz durch automatische Abschaltung angewendet worden ist, müssen die Abschaltbedingungen überprüft werden.
   Im TN-System sind dies:
   a) **Schutzleitersystem.** Der Widerstand des Schutzleitersystems muss zwischen PE-Klemme und relevanten Punkten des Schutzleitersystems mit einem Strom zwischen 0,2 A und 10 A bei einer maximalen Messspannung (SELV) von 24 V AC oder DC gemessen werden, wobei größere Messströme zu genaueren Ergebnissen führen. Der Widerstandswert muss entsprechend Material, Querschnitt und Länge in einem zu erwartenden Bereich liegen.
   b) **Schleifenimpedanz.** Durch Sichtprüfung sind die Anschlüsse der Energieversorgung und des externen Schutzleiters zu prüfen. Die Impedanz der Fehlerschleife muss der Rechnung oder Messung die Bestätigung für die Einhaltung der Abschaltbedingungen liefern, wobei bei Verwendung von Überstrom-Schutzeinrichtung eine maximale Abschaltzeit von 5 s zulässig ist.
   Die Prüfungen können je nach Auslieferungszustand bei der Herstellung, bei der Montage oder bei beiden erforderlich sein, wobei bereits bescheinigte Prüfungen nicht wiederholt werden müssen (sofern keine Veränderungen vorgenommen worden sind).
3. **Isolationswiderstand.** Der Isolationswiderstand zwischen den Leitern der Hauptstromkreise und dem Schutzleitersystem darf nicht kleiner als 1 M sein (Messspannung ≥ 500 V DC).
4. **Spannungsprüfung.** Für die Dauer von 1 Sekunde muss die elektrische Ausrüstung einer Prüfspannung von dem zweifachen Wert der Bemessungsspannung, aber mindestens 1000 V Wechselspannung (f = 50 Hz), standhalten. Die Prüfspannung muss einem Transformator mit mindestens 500 VA entnommen werden. Ausgenommen sind Schutzkleinspannungsstromkreise (PELV) und Bauteile, die für diese Prüfspannung nicht ausgelegt sind. Sie werden für die Dauer der Prüfung abgeklemmt.
5. **Restspannung.** Jedes berührbare aktive Teil, das nach Abschalten eine Restspannung von mehr als 60 V aufweist, muss sich in maximal 5 Sekunden auf wenigstens 60 V entladen.
6. **Funktionsprüfung.** Die Funktionen, ganz besonders die Sicherheitsfunktionen und Schutzmaßnahmen der elektrischen Ausrüstung, müssen überprüft werden.
7. **Nachprüfungen.** Wird ein Teil der Maschine oder der zugehörigen Ausrüstung gewechselt oder geändert, muss der betreffende Teil nach den Ziffern 1 bis 6 erneut geprüft werden.

Die Prüfung muss immer mindestens die Überprüfung der Positionen 1, 2 und 6 umfassen.

Elektromagnetische Verträglichkeit (EMV) — DIN EN 60204-1

Störeinwirkungen auf die elektrische Ausrüstung können durch folgende Maßnahmen verkleinert werden:

- Einbau von Filtern in der Energiezufuhr
- Verbindung mit Masse bzw. dem Schutzleitersystem oder einer Funktionserdung
- Signalleitungen mit niedrigem Pegel mit elektrostatischer, elektromagnetischer Abschirmung und verdrillten dern getrennt von Steuer- und Hauptstromleitungen verlegen
- Trennung oder Abschirmung von empfindlichen Ausrüstungsteilen von Schaltgeräten
- Erzeugte Störsignale können durch Unterdrückung an der Störquelle gering gehalten werden.

Schutzbeschaltungen von Schütz- und Relaisspulen

Schutzbeschaltungen sind notwendig, wenn hohe Ausschaltinduktionsspannungen benachbarte elektronische Einrichtungen zerstören können oder über kapazitive Koppelmechanismen Störspannungsimpulse und damit Funktionsstörungen erzeugen.

Bauteil (Schaltung)	Spannungsart (Polung)	Abfallverzögerung	Spannungsbegrenzung	Vorteile	Nachteile
VDR-Wiederstand 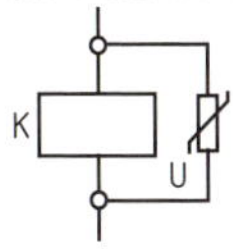	AC und DC (ungepolt)	klein	bis U_{VDR}	• Einfache Dimensionierung • Hohe Energie-Absorption	• Keine Bedämpfung unterhalb U_{VDR}
RC-Glied 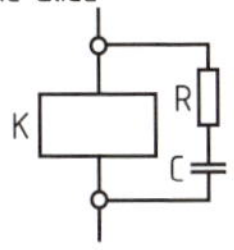	AC und DC (ungepolt)	klein	nicht definiert	• Hf-Dämpfung • Schnelle Abschaltbegrenzung • Gut geeignet für Wechselspg.	• Genaue Dimensionierung erforderlich • Zusätzliche Leistungsaufnahme (AC)
Diode (Freilaufdiode) 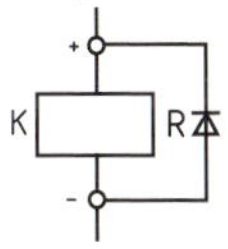	nur DC (gepolt)	groß	bis ca. 1 V	• Einfache Dimensionierung • Kleinstmögliche Induktionsspg. • Sehr zuverlässig	• Große Abfallverzögerung

Sicherheitsbeurteilung bei Steuerungen

Schritt 1:	Identifizierung der Gefährdung
Schritt 2:	Risikoeinschätzung
Schritt 3:	Risikobewertung
Schritt 4:	– Risikominderung durch eigensichere Konstruktion – Schutzeinrichtungen – Benutzerinformationen
Schritt 5:	– Identifizierung notwendiger Sicherheitsfunktionen – Bestimmen des erforderlichen Performance Level PL – Technische Realisierung – Identifizierung sicherheitsrelevanter Teile – Verifikation des Performance Level für die Sicherheitsfunktionen
Schritt 6:	Validieren der erreichten Ergebnisse, Funktionen mit der Risikoanalyse in Schritt 1.

Geräte, Maschinen und Anlagen beinhalten Risiken, die in ihrem Aufbau und in ihrer Funktion begründet sind und auf ein vertretbares Maß verringert werden müssen. Der Performance Level PL (DIN EN ISO 13849-1) gibt die Qualität der risikomindernden Maßnahmen an. Der Safety Integrity Level SIL (DIN EN 61508-1) beschreibt Anforderungen zur Sicherheitsintegrität mit der Wahrscheinlichkeit eines Gefahr bringenden Ausfalls je Stunde. Vergleich:

PL	Wahrscheinlicher gefahrbringender Ausfall/Stunde	SIL
a	$\geq 10^{-5}$ bis $< 10^{-4}$	–
b	3×10^{-6} bis $< 10^{-5}$	1
c	$\geq 10^{-6}$ bis $< 3 \times 10^{-4}$	1
d	$\geq 10^{-7}$ bis $< 10^{-6}$	2
e	$\geq 10^{-8}$ bis $< 10^{-7}$	3

Sicherheitssteuerungen — DIN EN ISO 13849-1

Fehler in Steuerungen, auch Ausfälle von Bauteilen, dürfen nicht zu einer Gefahr von Personen führen. Zur Beurteilung von Steuerungen muss deshalb eine Risikobewertung vorgenommen werden.
Daraus ergeben sich folgende Kategorien:

Kategorie	Anforderung	Verhalten	Prinzip
B	Steuerung, Schutzeinrichtungen und alle Bauteile müssen den zu erwartenden Einflüssen standhalten.	Das Auftreten eines Fehlers kann zum Verlust der Sicherheitsfunktion führen.	Die Auswahl der Bauteile bestimmt die erreichte Sicherheit.
1	Anforderungen nach B. Außerdem müssen bewährte Sicherheitsprinzipien angewendet werden.	Das Auftreten eines Fehlers kann zum Verlust der Sicherheitsfunktion führen, aber die Wahrscheinlichkeit eines Fehlers ist kleiner als bei B.	Die Auswahl der Bauteile bestimmt die erreichte Sicherheit.
2	Anforderungen nach B und 1. Außerdem muss die Steuerung in geeigneten Zeitabständen die Sicherheitsfunktionen testen	Das Auftreten eines Fehlers kann zum Verlust der Sicherheitsfunktion zwischen den Tests führen, wird aber beim nächsten Test erkannt.	Die Struktur der Steuerung bestimmt im Wesentlichen die erreichte Sicherheit
3	Anforderungen nach B und 1. Ein Fehler in sicherheitsrelevanten Teilen darf nicht zum Verlust der Sicherheitsfunktion führen und muss in angemessener Weise erkannt werden.	Beim Auftreten eines einzelnen Fehlers bleibt die Sicherheitsfunktion erhalten. Einige Fehler werden jedoch nicht erkannt. Eine Häufung von nicht erkannten Fehlern darf nicht zum Verlust der Sicherheitsfunktion führen.	Die Struktur der Steuerung bestimmt im Wesentlichen die erreichte Sicherheit.
4	Anforderungen nach B und 1. Ein Fehler in sicherheitsrelevanten Teilen darf nicht zum Verlust der Sicherheitsfunktion führen und der Fehler muss von der Steuerung erkannt werden, bevor Anforderungen an die Sicherheitsfunktion gestellt werden.	Beim Auftreten eines einzelnen Fehlers bleibt die Sicherheitsfunktion erhalten. Die Erkennung von Fehlern verringert die Wahrscheinlichkeit des Versagens der Sicherheitsfunktion. Die Fehler werden rechtzeitig erkannt und verhindern den Verlust der Sicherheitsfunktion.	Die Struktur der Steuerung bestimmt im Wesentlichen die erreichte Sicherheit

Ermittlung der Kategorie für Sicherheitssteuerungen

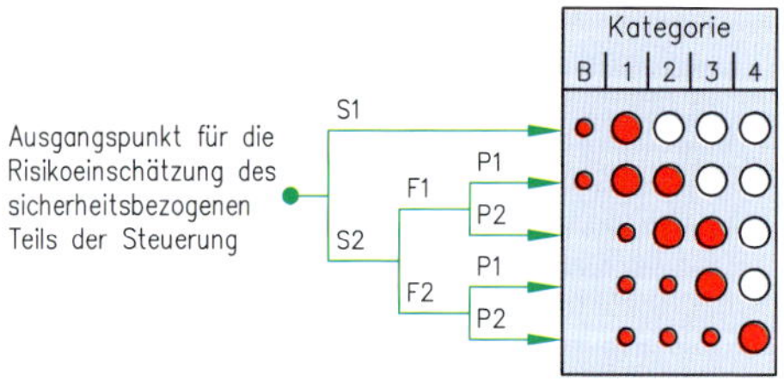

S Schwere der Verletzung
S1 Leichte (üblicherweise reversible) Verletzung
S2 Schwere (üblicherweise irreversible) Verletzung, einschließlich Tod

F Häufigkeit und/oder Dauer der Gefährdungsexposition
F1 Selten bis öfter und/oder kurze Dauer der Exposition
F2 Häufig bis dauernd und/oder lange Dauer der Exposition

P Möglichkeit zur Vermeidung der Gefährdung
P1 Möglich unter bestimmten Bedingungen
P2 Kaum möglich

Auswahl der Kategorie
B, 1 bis 4 Kategorien für sicherheitsbezogene Teile von Steuerungen
● Bevorzugte Kategorien für Bezugspunkte von Steuerungen
○ Mögliche Kategorien, die zusätzliche Maßnahmen erfordern
• Maßnahmen, die in Bezug auf das zutreffende Risiko überdimensioniert sein können

Anschluss und Verdrahtung von speicherprogrammierten Steuerungen

Handlung im Notfall

Bei Betätigen des Befehlssystems müssen alle Gefahr bringenden Ausgänge vom speisenden Netz getrennt werden. Hierzu werden bei geringen Gefahren Hilfsschütze verwendet. Ausgänge, die zum Vermeiden einer Gefahr notwendig sind, sowie alle Meldungen dürfen nicht abgeschaltet werden. Beim Entriegeln des Befehlssystems darf die Anlage nicht automatisch weiterarbeiten oder neu starten.

Ausführungsbeispiel für Not-Halt und Drahtbruchsicherheit

Beispiel für Kategorie 1.
Für Handlungen im Notfall müssen bei größeren Gefahrenpotenzialen Sicherheitskombinationen eingesetzt werden, die auch bei Bauteilfehlern die Funktion gewährleisten (Kategorie 3).

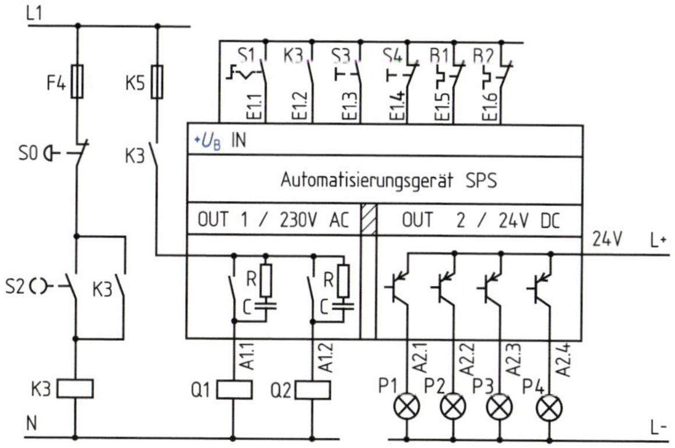

Drahtbruchsicherheit

Ein Drahtbruch darf eine Anlage nicht in Betrieb setzen oder ihr Stillsetzen verhindern. Dies wird erreicht, indem alle AUS-Funktionen durch Öffner und alle EIN-Funktionen durch Schließer ausgelöst werden.

Verriegelungen

Werden zur Vermeidung von Gefahren Verriegelungen verlangt (z. B. Wendefunktion bei Motoren), müssen diese an den Ausgängen der SPS durch Kontakte realisiert werden.

Folgekontakte

Funktionen, die vom Schaltzustand von Schützen abhängen, müssen mit Kontakten der Schütze am Eingang der SPS ausgelöst werden.

Ausführungsbeispiel für Verriegelungen und Folgekontakte

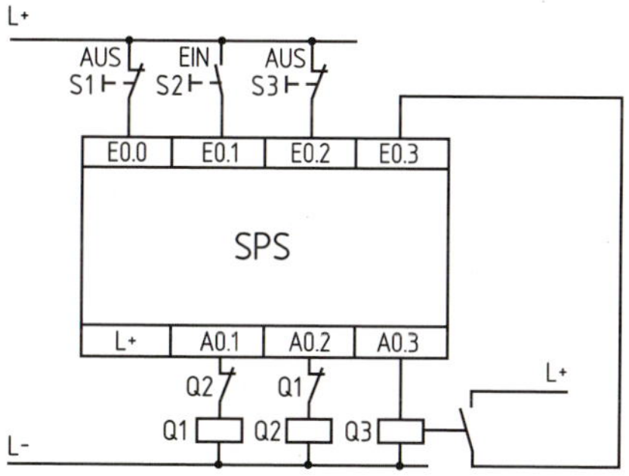

Betriebs- und Arbeitswelt
Technische Kommunikation
Energieversorgung
Gebäudetechnik
Kommunikationstechnik
Automatisierungstechnik
Antriebstechnik
Bauelemente und -gruppen
Techn. Größen und Formeln

Partielle Redundanz (Schutzgitter)

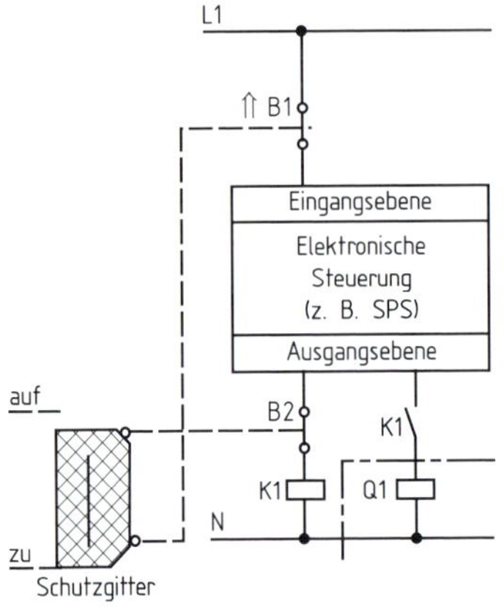

Einfehlersicherheit (Schutztür)

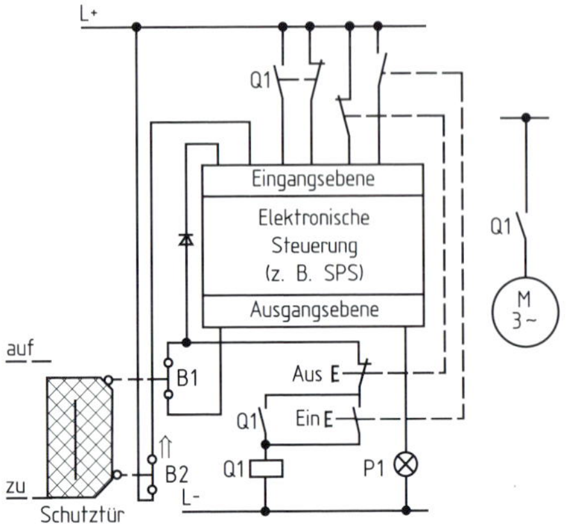

Selbstüberwachende Sicherheitsschaltung für NOT-AUS-Abschaltung bei SPS

Für speicherprogrammierte Steuerungen (SPS) mit sicherheitsrelevanten Funktionen. In Automatisierungssystemen wird durch die Reihenschaltung der Kontakte von K3 und K4 eine größere Zuverlässigkeit erreicht. Die Freigabe erfolgt nur, wenn K3 und K4 angezogen sind. Dazu müssen bei Betätigung von S3 die Schütze K3 und K4 zunächst abgefallen sein. K1 und K2 ziehen an und halten sich, bis K3 und K4 angezogen sind. Sollte ein Schütz auf Grund eines Fehlers nicht schalten, erfolgt keine Freigabe der Steuerung.

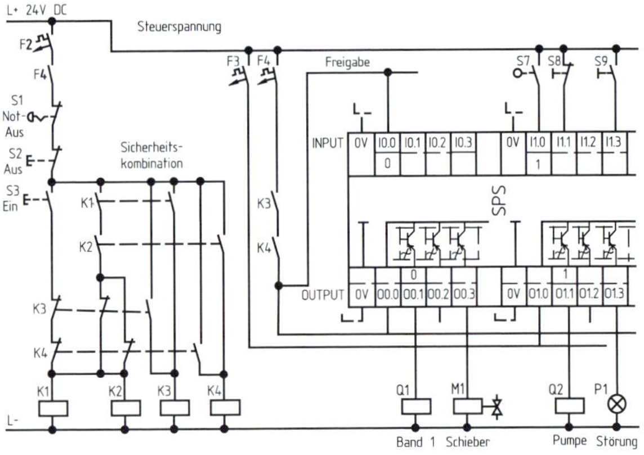

Selbstüberwachende Sicherheitsschaltung für eine Schutzeinrichtung

Stellungsüberwachung beweglicher Schutzeinrichtungen an Maschinen, bei denen regelmäßig im Arbeitstakt in den Gefahrenbereich eingegriffen werden muss. Überwachung der Signalverarbeitung durch eine Schaltung mit automatischer Anlauftestung. Die Freigabe erfolgt nur, wenn die Schließer K1, K2, K4 und der Öffner K3 geschlossen sind. Bei Ausfall eines Schützes wird abgeschaltet, bzw. es kann nicht eingeschaltet werden.

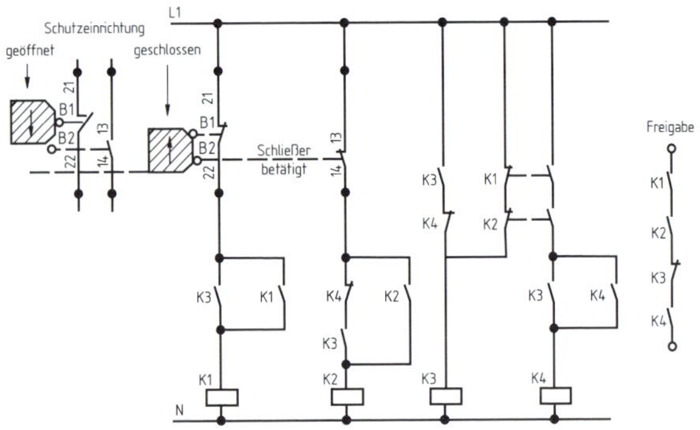

Regelkreis

Wirkungsplan einer Regelung

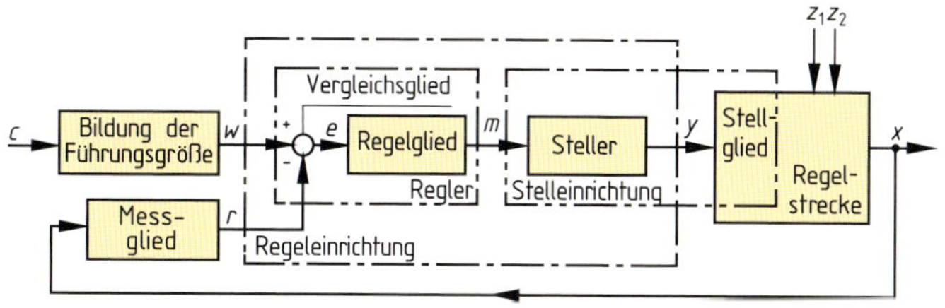

Beschreibung

Das Kennzeichen einer Regelung ist der geschlossene Regelkreis. Zusätzlich zu den Eingangsgrößen werden die Ausgangsgrößen ständig erfasst und mit den Führungsgrößen verglichen. Der Einfluss von Störgrößen kann dadurch ausgeglichen werden.

Beispiel (Regelung einer Beleuchtung)

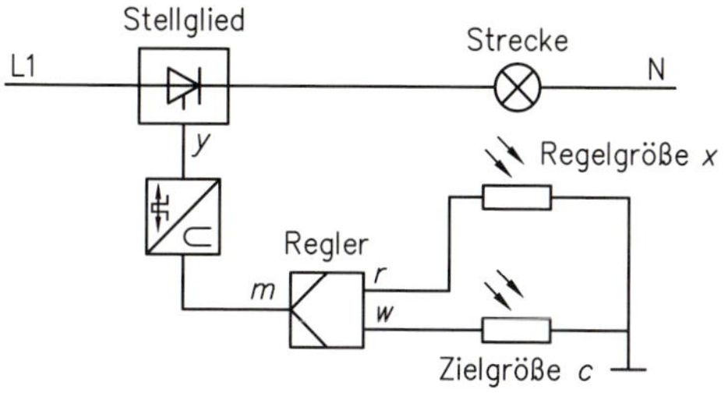

Die Beleuchtung eines Raumes soll im Beispiel an das Tageslicht angepasst werden. Der Wert der Führungsgröße w entspricht dem Tageslicht, der Wert der Rückführgröße r der Beleuchtung. Der Regler vergleicht die beiden Größen miteinander und bildet daraus die Reglerausgangsgröße *m*, die den Thyristor in der Stelleinrichtung ansteuert. Fallen Glühlampen aus, bekommen die verbleibenden Glühlampen über das Stellglied mehr Spannung und leuchten heller.

Begriffe der Regelungstechnik (Auswahl) — DIN IEC 60050-351

- **Bildung der Führungsgröße.** In dieser Funktionseinheit wird aus der Zielgröße *c* gemäß der Aufgabe der Regelung die Führungsgröße w gebildet, die dem Regler zugeführt werden kann.
- **Regeleinrichtung.** Sie bewirkt die aufgabengemäße Beeinflussung der Strecke über das Stellglied.
- **Regler.** Er ist eine Funktionseinheit, die aus Vergleichsglied und Regelglied besteht.
- **Vergleichsglied.** Es bildet aus der Führungsgröße *w* und der Rückführgröße *r* die Regeldifferenz *e*.
- **Regelglied.** Das Regelglied bildet aus der Regeldifferenz *e* die Ausgangsgröße *m* des Reglers.
- **Stelleinrichtung.** Sie ist eine aus Steller und Stellglied bestehende Funktionseinheit.
- **Steller.** Er bildet die zur Ansteuerung des Stellgliedes erforderliche Stellgröße *y*.
- **Stellglied.** Es gehört zur Regelstrecke und beeinflusst im Regelkreis den Massen- oder Energiestrom.
- **Regelstrecke.** Ist der zu beeinflussende Teil des Systems. Eingangsgröße ist die Stellgröße *y*, Ausgangsgröße ist die Regelgröße *x*. Störgrößen z wirken ebenfalls auf die Regelstrecke.
- **Messglied.** Es dient dem Aufnehmen, Anpassen, Weitergeben und Ausgeben von Größen.

Größen der Regelungstechnik (Auswahl) — DIN IEC 60050-351

Zeichen	Erläuterung
c	**Zielgröße.** Ist die zugeführte Größe, die nicht von der Regelung beeinflusst wird
w	**Führungsgröße.** Dieser Größe soll die Ausgangsgröße *x* der Regelung folgen.
r	**Rückführgröße.** Ist eine aus der Messung der Regelgröße *x* hervorgegangene, dem Vergleichsglied zurückgeführte Größe. Ihre Größe entspricht der Größe der Regelgröße *x*.
e	**Regeldifferenz.** Ist die Differenz aus Führungsgröße w und Rückführgröße *r*; $e = w - r$
m	**Reglerausgangsgröße.** Sie wird dem Eingang der Stelleinrichtung zugeführt.
y	**Stellgröße.** Ist die Ausgangsgröße der Regeleinrichtung und Eingangsgröße der Strecke
z	**Störgröße.** Sie wirkt von außen auf die Regelung ein und beeinträchtigt das Ergebnis.
x	**Regelgröße.** Sie wird zum Zwecke des Regelns erfasst und der Regeleinrichtung zugeführt.
q	**Aufgabengröße.** Ist die Ausgangsgröße der Regelung, die nicht messtechnisch erfasst wird

Benennung von Reglern

Ein Regler ist Teil einer Regeleinrichtung und besteht aus dem Vergleichsglied und dem Regelglied. Regler werden allgemein mit Regler, nach ihrer Aufgabe oder nach ihren Eigenschaften benannt.

Benennung nach der Aufgabe	Beispiele
Nach der Art der Regelgröße	Temperaturregler, Drehzahlregler, Spannungsregler
Nach der Regelaufgabe	Grenzwert-Temperaturregler, Gleichlauf-Drehzahlregler, Konstant-Spannungsregler
Nach dem Objekt der Regelung	Heizungsregler, Antriebsregler
Nach der Führungsgröße	Festwertregler, Folgeregler, Führungsregler
Benennung nach den Eigenschaften	**Beispiele**
Nach der Signalform der Ein- und Ausgangsgrößen	Analoge Regler mit stetigen oder unstetigen Signalen, digitale Regler mit parallel oder seriell binären Signalen
Nach dem Werteverlauf der Reglerausgangsgröße	Unstetige Regler, Schrittregler, analoge Abtastregler, stetige Regler
Nach dem Übertragungsverhalten	P-, PI-, PID-Regler; Zwei-, Dreipunktregler
Nach der Art digitaler Regler	Abtastregler, inkrementeller Regler
Nach der Art der Hilfsenergie	Regler ohne Hilfsenergie, mit elektrischer, pneumatischer, hydraulischer Hilfsenergie
Nach der Verwendungsmöglichkeit	Mehrzweckregler, Einheitssignalregler
Nach dem konstruktivem Aufbau	Kompaktregler, Einschubregler
Nach charakteristischen Bauteilen	Bimetall-Regler, Transistor-Spannungsregler
Nach dem Aufstellungsort	Wartenregler, Feldregler

Regelungsstrukturen

Bezeichnung	Beschreibung
Zeitkontinuierliche Regelung	Die Regelgröße wird ständig erfasst und mit der Führungsgröße verglichen.
Abtastregelung	Die Regelgröße wird nur zu den Abtastzeitpunkten erfasst und mit der Führungsgröße verglichen.
Adaptive Regelung	Die Regelung passt sich veränderten Betriebsbedingungen selbsttätig an.
Regelung mit Führungsgrößenaufschaltung	Die Regelstrecke wird bei dieser Regelung zusätzlich von der Führungsgröße beeinflusst.
Regelung mit Störgrößenaufschaltung	Bei dieser Regelung wird die Stellgröße zusätzlich durch Störgrößen beeinflusst.
Mehrpunktregelung	Die Stellgröße kann nur bestimmte, vorgegebene Werte annehmen.
Begrenzungsregelung	Durch eine zusätzliche Regelung werden vorgegebene Grenzwerte eingehalten.
Ablöseregelung	Mehrere Regler wirken auf ein Stellglied, wobei nur der Regler mit dem größten (oder kleinsten) Wert der Stellgröße das Stellglied beeinflusst.
Regelung mit Bereichsaufspaltung	Der Stellbereich wird durch mehrere unterschiedlich dimensionierte Stellglieder abgedeckt, die vom Regler beeinflusst werden.
Kaskadenregelung	Hier bildet die Ausgangsgröße eines Reglers die Führungsgröße für unterlagerte Regelkreise. Der überlagerte Regler wird als Führungsregler, der unterlagerte als Folgeregler bezeichnet.
Unterlagerte Regelung	Ist der Teil einer Kaskadenregelung, der mit unterlagerten Führungs- und unterlagerten Regelgrößen arbeitet. Ein unterlagerter Regler wird als Folgeregler bezeichnet.

Übergangsverhalten — DIN IEC 60050-351

- **Übertragungsglied.** Ein Übertragungsglied ist ein System mit den Eingangsgrößen *u*, dem Übergangsverhalten φ und den abhängigen Ausgangsgrößen *v*. Übertragungsglieder werden eingeteilt in linear oder nichtlinear und zeitvariant oder zeitinvariant.
- **Übergangsverhalten.** Das Übergangsverhalten φ eines Systems beschreibt eine eindeutige Zuordnung der Ausgangsgrößen *v* zu den Eingangsgrößen *u*; $v = \varphi\{u\}$.
- **Kennlinie.** Bei Übertragungsgliedern mit mehreren Beharrungszuständen stellen Kennlinien die Abhängigkeit der Ausgangsgröße *v* von der Eingangsgröße u dar. Der **Arbeitspunkt** ist der Punkt, in dem das Übertragungsglied betrieben wird.

Antworten auf Eingangsgrößen — DIN IEC 60050-351

Sprungantwort (mit Beharrungswert)

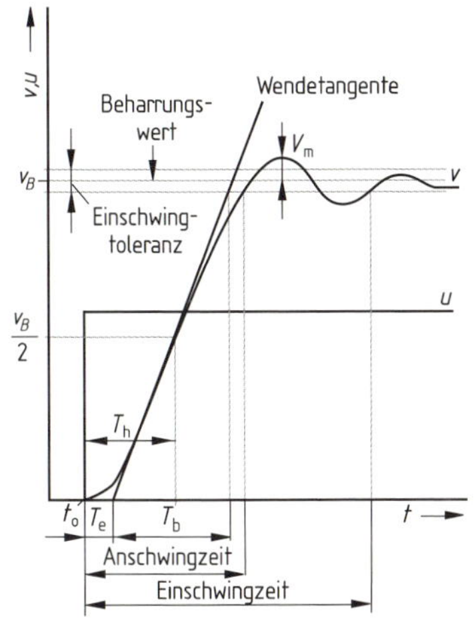

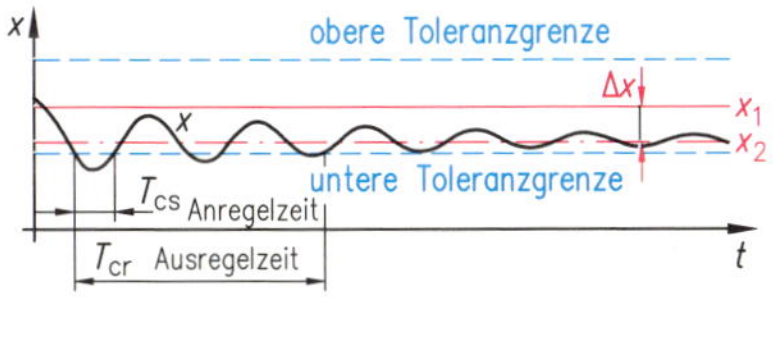

Die Sprungantwort ist der zeitliche Verlauf der Ausgangsgröße *v* bei einer Sprungfunktion auf Eingangsgröße *u*. Bei Sprungantworten mit **Beharrungswert v_B** lassen sich die folgenden Kennwerte bestimmen:

- **Verzugszeit T_e** ist die Zeitspanne vom Zeitpunkt t_0 bis zum Schnittpunkt der Wendetangente mit dem Anfangswert.
- **Ausgleichszeit T_b** ist die Zeitspanne vom Schnittpunkt der Wendetangente mit dem Anfangswert bis zum Schnittpunkt mit dem Beharrungswert.
- **Halbwertzeit T_h** ist die Zeitspanne vom Zeitpunkt t_0 bis zum erstmaligen Erreichen des halben Beharrungswertes.
- **Einschwingtoleranz** ist die Differenz der kleinsten und größten zulässigen Abweichung vom Beharrungswert.
- **Anschwingzeit T_{sr}** ist die Zeitspanne vom Zeitpunkt t_0 bis zum erstmaligen Erreichen der Grenze der Einschwingtoleranz.
- **Einschwingzeit T_s** ist die Zeitspanne von t_0 bis zum letztmaligen Erreichen einer Grenze der Einschwingtoleranz.
- **Überschwingweite v_m** ist die größte Abweichung der Sprungantwort vom Beharrungswert nach dem erstmaligen Überschreiten der Grenze der Einschwingtoleranz.
- **Anregelzeit T_{cr}** ist die Zeitspanne in einem Regelkreis, die beginnt, wenn eine Regelgröße *x* nach einem Sprung der Führungs- oder Störgröße den Toleranzbereich verlässt, bis zum erstmaligen Wiedererreichen der Toleranzgrenze.
- **Ausregelzeit T_{cs}** ist die Zeitspanne in einem Regelkreis, die beginnt, wenn eine Regelgröße *x* nach einem Sprung der Führungs- oder Störgröße den Toleranzbereich verlässt, bis zum dauerhaften Verbleib innerhalb der Toleranzgrenze.

Anstiegsantwort

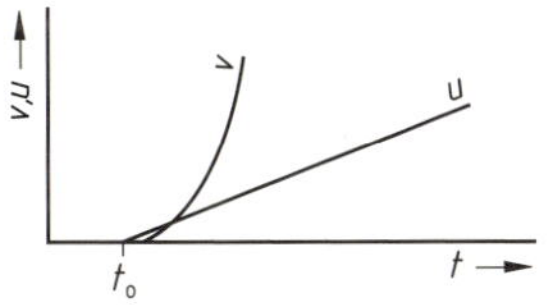

Die Anstiegsantwort ist der zeitliche Verlauf der Ausgangsgröße *v* bei einer Eingangsgröße *u*, die einer Anstiegsfunktion mit vorgegebener Änderungsgeschwindigkeit entspricht.

Impulsantwort

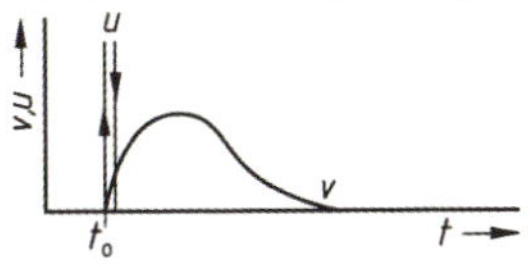

Den zeitlichen Verlauf der Ausgangsgröße *v* bei einem Nadelimpuls (Einheitsstoß DIN 5487) als Eingangsgröße *u* bezeichnet man als Impulsantwort.

Elementare Regelkreisglieder

Übertragungsglied	Sprungantwort	Beschreibung	Übertragungsverhalten
P-Glied		Die Ausgangsgröße *v* verhält sich proportional zur Eingangsgröße *u*, verstärkt um den Proportionalbeiwert K_P.	$v(t) = K_P \cdot u(t)$
I-Glied	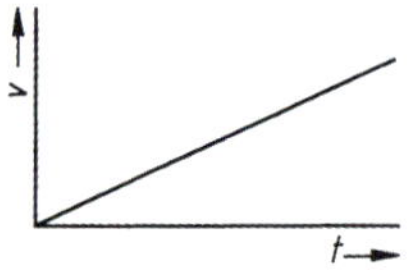	Jedem Wert der Eingangsgröße *u* ist eine mit dem Integrierbeiwert K_I bewertete Änderungsgeschwindigkeit der Ausgangsgröße v zugeordnet.	$v(t) = K_I \cdot \int_0^t u(t) \cdot dt$
D-Glied	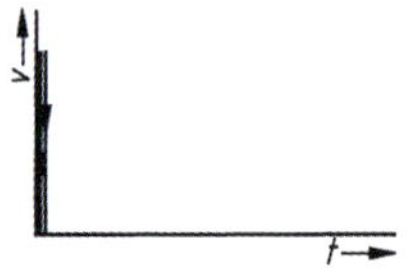	Einer bestimmten Änderungsgeschwindigkeit der Eingangsgröße *u* ist mit dem Differenzierbeiwert K_D ein bewerteter Wert der Ausgangsgröße *v* zugeordnet.	$v(t) = K_D \cdot \frac{du(t)}{dt}$
PI-Glied	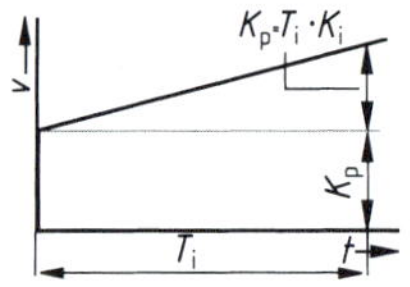	Die Nachstellzeit T_i entspricht der Zeit, die der I-Anteil benötigt, um eine gleich große Ausgangsgröße zu erzeugen wie der P-Anteil; $T_i = \frac{K_P}{K_I}$	$v(t) = K_P \cdot [u(t) + \frac{1}{T_i} \cdot \int_0^t u(\ ) \cdot d\tau]$
PD-Glied	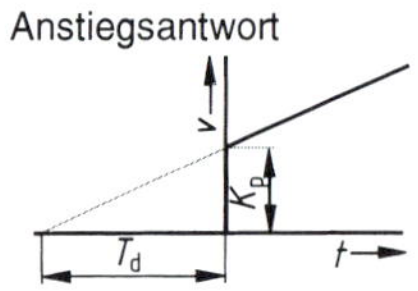	Die Vorhaltzeit T_d entspricht der Zeitspanne, um die ein PD-Glied bei einer Anstiegsantwort den Wert der Ausgangsgröße früher erreicht als ein P-Glied; $T_d = \frac{K_D}{K_P}$	$v(t) = K_P \cdot \left[u(t) + T_d \frac{du(t)}{dt}\right]$
T_t-Glied	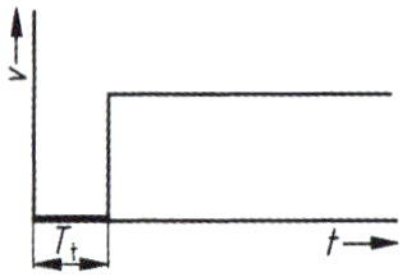	Ein Totzeitglied (T_t-Glied) entspricht einem P-Glied mit dem Proportionalbeiwert K_P, verzögert um die Totzeit T_t. Es bewirkt keine weitere dynamische Verzögerung.	$v(t) = u(t - T_t)$
P-T_1-Glied	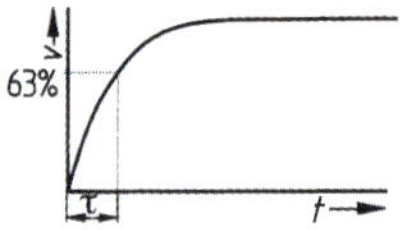	Das P-T_1-Glied ist ein Verzögerungsglied 1. Ordnung. Die Verzögerungszeit entspricht der Zeitkonstanten τ.	$v(t) + \tau_v(t) = K \cdot u(t)$
P-T_K-Glied	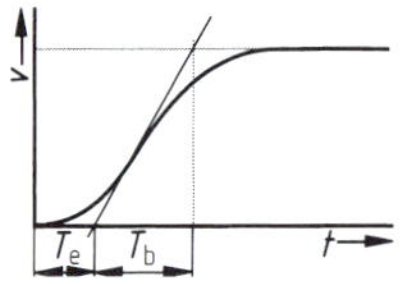	P-T_K-Glieder sind Verzögerungsglieder höherer Ordnung. Ihr Verhalten wird mit der Verzugszeit T_e und der Ausgleichszeit T_b beschrieben.	–
P-T_K-Glied mit Totzeit T_t	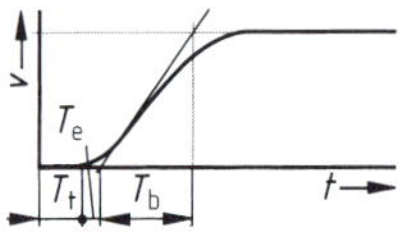	Bei Verzögerungsgliedern höherer Ordnung mit Totzeit T_t kann zur Vereinfachung die Ersatztotzeit T_{tE} gebildet werden. $T_{tE} = T_t + T_e$	–

Eigenschaften von Regelstrecken

Die Regelstrecke ist der zu beeinflussende Teil des Regelkreises. Regelstrecken können als Übertragungsglieder aufgefasst werden, mit der Stellgröße y als Eingangsgröße und der Regelgröße x als Ausgangsgröße. Störgrößen z wirken ebenfalls auf die Regelstrecke.

- Das **Stellverhalten** ist das Übertragungsverhalten der Strecke beim Verändern der Stellgröße y.
- Das **Störverhalten** ist das Übertragungsverhalten der Strecke bei Änderungen der Störgrößen z.
- Der **Proportionalbeiwert der Strecke** K_{PS} ergibt sich zu $K_{PS} = \frac{\Delta x}{\Delta y}$.
- Der **Ausgleichswert der Strecke** Q ist der Kehrwert von K_{PS}; $Q = \frac{1}{K_{PS}}$.

Regelstrecken mit Ausgleich

Regelstrecken mit Ausgleich besitzen einen natürlichen Beharrungswert. Nach einer Verstellung der Stellgröße y strebt die Regelgröße x einen neuen Beharrungswert an.

Beispiel: RC-Glied (P-T_1-Glied)

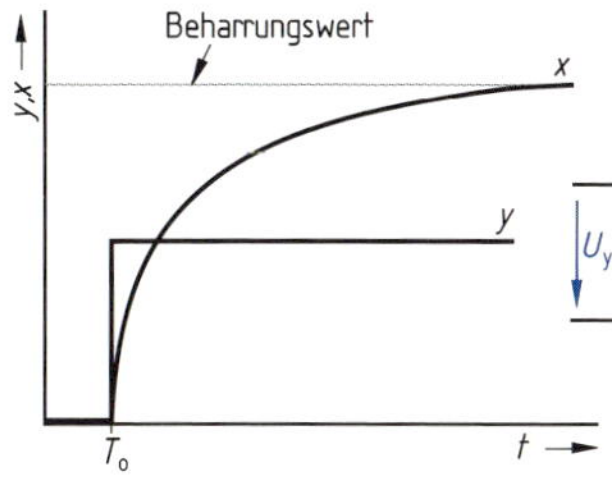

Regelstrecken ohne Ausgleich

Regelstrecken ohne Ausgleich besitzen keinen natürlichen Beharrungs- oder Endwert. Nach einer Verstellung der Stellgröße y verändert sich die Regelgröße x ständig weiter; $Q = 0$.

Beispiel: Durchfluss-Regelstrecke (I_0-Glied)

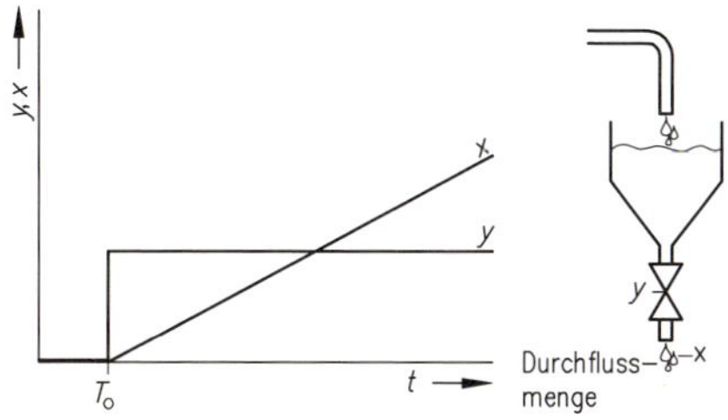

Regelstrecken höherer Ordnung

Beispiel: Temperatur-Regelstrecke

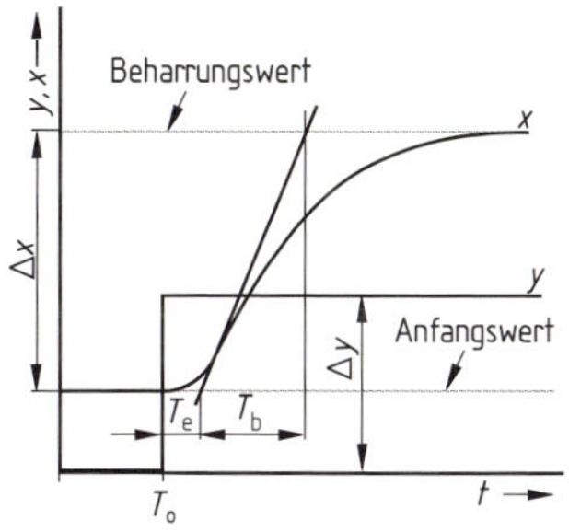

Aus der Übergangsfunktion (Sprungantwort) können Rückschlüsse auf die Regelbarkeit der Strecke entnommen werden. Dazu ermittelt man:

- Die Verzugszeit T_e bzw. $T_t + T_e$
- Die Ausgleichszeit T_b
- Den Proportionalbeiwert $K_{PS} = \frac{\Delta x}{\Delta y}$
- Bei $\frac{T_b}{T_e} > 10$ ist die Strecke gut regelbar,

  bei $\frac{T_b}{T_e} < 3$ nur schwer regelbar.

Regelstrecken höherer Ordnung können zur vereinfachten Behandlung durch eine Reihenschaltung eines Totzeitgliedes T_t und eines P-T_k-Gliedes ersetzt werden. Die Ersatztotzeit T_{tE} ergibt sich zu $T_{tE} = T_t + T_e$.

Kennwerte von Regelstrecken

Regelgröße	Regelstrecke	T_e bzw. $T_t + T_e$	T_b
Temperatur	Kleiner elektrisch beheizter Ofen	0,5…1 min	5…15 min
	Großer elektrisch beheizter Glühofen	1…5 min	10…60 min
	Großer gasbeheizter Glühofen	0,2…5 min	3…60 min
	Destillationskolonne	1…7 min	40…60 min
Durchfluss	Rohrleitung mit Gas	0…5 s	0,2…10 s
	Rohrleitung mit Flüssigkeit	0 s	0 s
Drehzahl	Kleiner elektrischer Antrieb	0 s	0,2…10 s
	Großer elektrischer Antrieb	0 s	5…40 s

Betriebs- und Arbeitswelt
Technische Kommunikation
Energieversorgung
Gebäudetechnik
Kommunikationstechnik
Automatisierungstechnik
Antriebstechnik
Bauelemente und -gruppen
Techn. Größen und Formeln

Unstetige Regler

Bei unstetigen Reglern kann die Stellgröße nur feste, vorgegebene Werte annehmen.

Zweipunktregler (ohne Rückführung)

Kennlinie

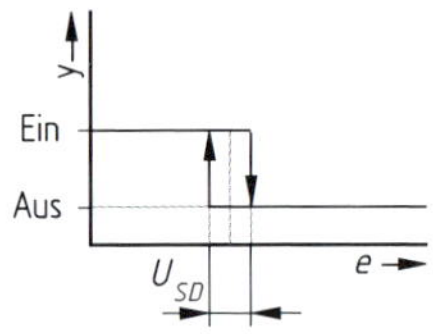

Zweipunktregelglied (mit Schaltdifferenz)

Zweipunktregler haben die Schaltzustände EIN und AUS, entsprechend 100 % und 0 % Leistung. Durch dieses Verhalten schwingt die Regelgröße x um die Führungsgröße w. Die Amplitude und die Schwingungsdauer wird mit dem Verhältnis $\frac{T_e}{T_b}$ der Regelstrecke und der Schaltdifferenz U_{SD} des Reglers größer. Zweipunktregler werden für einfache Temperaturregelungen oder als Grenzwertmelder eingesetzt.

Regelfunktion

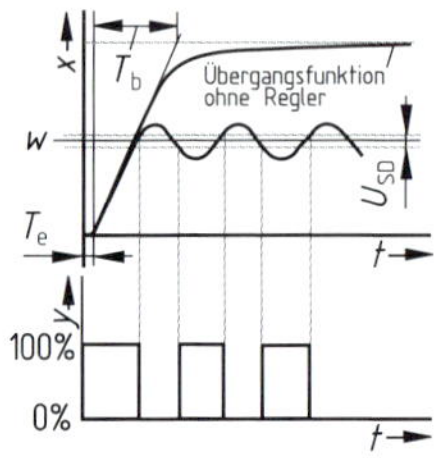

Dreipunktregler (ohne Rückführung)

Kennlinie

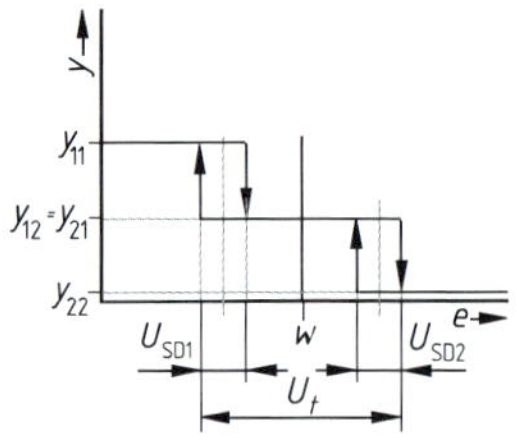

Dreipunktregelglied

Dreipunktregler ermöglichen Heizen/Kühlen- oder Stern/Dreieck-Regelungen.
Dreipunktregler haben 2 Schaltpunkte als Ausgang, wobei außer den Schaltdifferenzen U_{SD1} und U_{SD2} auch die Totzone U_t einstellbar ist, z. B.:
y_{11} = 100 % Heizen; y_{12} = 0 % Heizen
y_{21} = 0 % Kühlen; y_{22} = 100 % Kühlen.
Einsatzgebiete sind Wärme-, Kälte-, Klimakammern, Werkzeugbeheizungen in der Kunststoffverarbeitung.

Regelfunktion

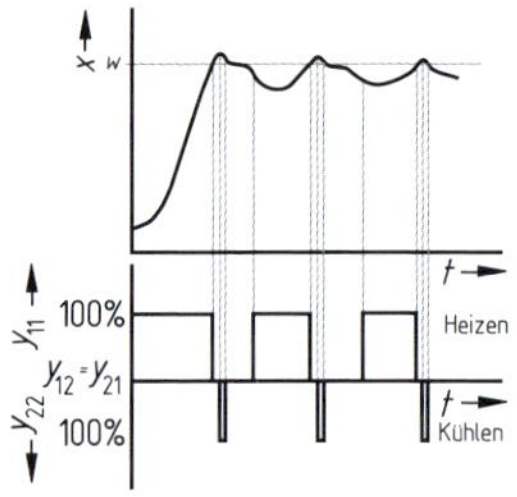

Dreipunkt-Schrittregler

Kennlinie

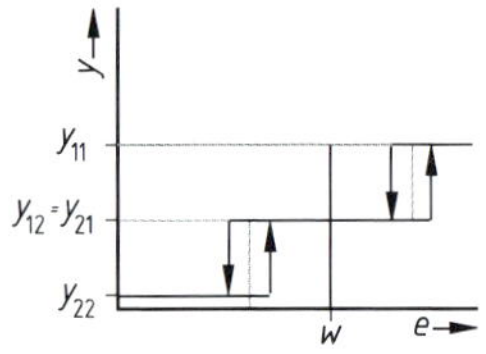

Dreipunkt-Schrittregler

Dreipunkt-Schrittregler arbeiten mit einem motorisch betriebenen Stellglied und können somit jede Stellung zwischen 0 % und 100 % des Stellbereichs schrittweise anfahren. Abhängig von der Größe und vom Vorzeichen der Abweichung wird das Stellglied mit z. B. folgenden Stellgrößen angesteuert:
y_{11} = Stellmotor Linkslauf
y_{12} = Stellmotor Stillstand
y_{22} = Stellmotor Rechtslauf
Dadurch ergibt sich ein PI- oder PID-Regelverhalten. Einsatzgebiete sind Temperaturregelungen bei gas- oder ölbeheizten Öfen sowie Gas-Luft- oder Öl-Luft-Gemischregelungen bei Industrieöfen.

Regelfunktion

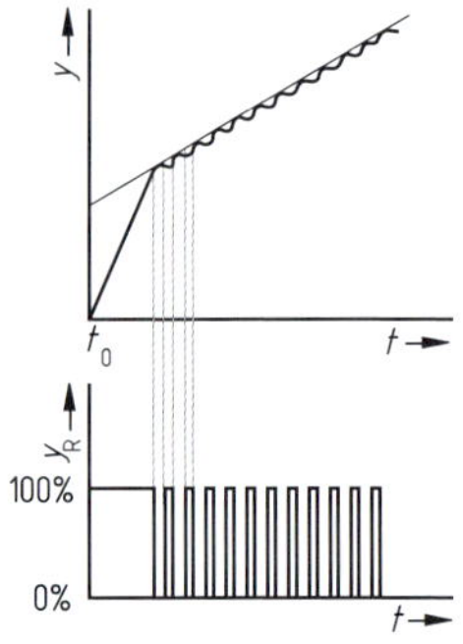

Dreipunkt-Schrittregler mit PI-Übergangsverhalten

Unstetige Regler mit Rückführung

Bei Regelstrecken mit größeren Verzugszeiten T_e kann man das Regelverhalten von Zweipunktreglern durch eine Rückführung verbessern, durch die die Schaltfrequenz des Reglers erhöht und die Amplitude der Regelgröße verkleinert wird. Das Ergebnis ist von der Art des Stellgliedes abhängig.

- Bei Relais oder Schützen beträgt die Schaltfrequenz ca. 1…5 Schaltungen pro Minute.
- Bei Transistor- und Thyristor-Stellgliedern kann die Schaltfrequenz so weit erhöht werden, dass am Ausgang der Regelstrecke keine Schaltimpulse mehr feststellbar sind und man ein stetig ähnliches Regelverhalten erzielt (P-, PI-, PD-, PID-Regelungen mit unstetigen Reglern).

Stetige Regler

Bei stetigen Regeleinrichtungen kann die Stellgröße jeden Wert zwischen 0 % und 100 % im Stellbereich annehmen. Stetige Regler ermöglichen schnelle Stellzeiten und eine optimale Anpassung an die Regelstrecke durch die Wahl des geeigneten Verhaltens (P-, PI-, PD-, PID-Regler).

Proportionalbeiwert K_P (Proportionalbereich X_P)

Sprungantwort im Proportionalbereich

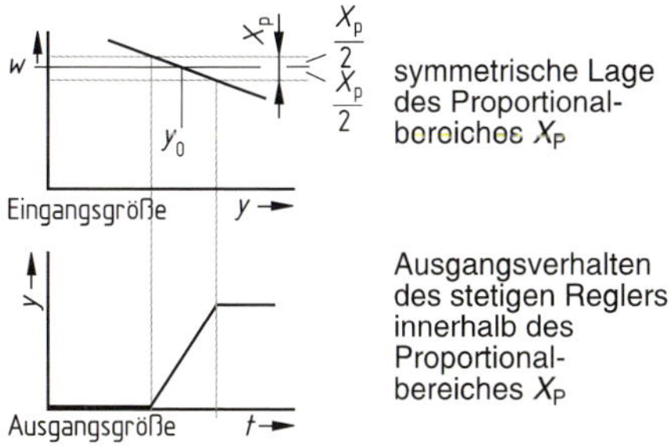

Wichtige kennzeichnende Größen sind bei Reglern mit P-Verhalten der Proportionalbeiwert K_P oder der Proportionalbereich X_P sowie der Arbeitspunkt y_0 bzw. y_{R0}.

Im **Arbeitspunkt y_0** ist bei einem P-Regler die Regelabweichung e gleich null; $\Delta y = y - y_0$.

Innerhalb des **Proportionalbereichs X_P** ist die Änderung der Reglerausgangsgröße Δy_R direkt proportional zur Regeldifferenz e, verstärkt um den **Proportionalbeiwert K_P**; $\Delta m = e \cdot K_P$.

Der Proportionalbereich X_P wird in Prozent angegeben. $X_P = \frac{1}{K_P} \cdot 100\ \%$

P-Regler (Proportional-Verhalten)

Sprungantwort

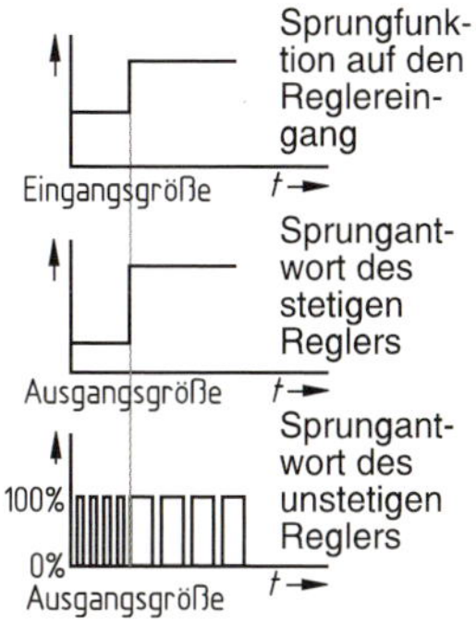

Bei einer Änderung der Regeldifferenz e ändert sich die Reglerausgangsgröße m unverzögert und um den Proportionalbeiwert K_P verstärkt. Um beim Auftreten einer Störgröße z eine veränderte Reglerausgangsgröße m auszugeben, muss beim P-Regler eine **bleibende Regeldifferenz** im Regelkreis zurückbleiben; $\Delta m = e \cdot K_P$.

Die Größe der bleibenden Regeldifferenz ist von K_P abhängig. Ein zu großes K_P führt aber zu Instabilität.

P-Regler greifen schnell ein, können aber Störgrößen nicht vollständig ausregeln.

Regelfunktion

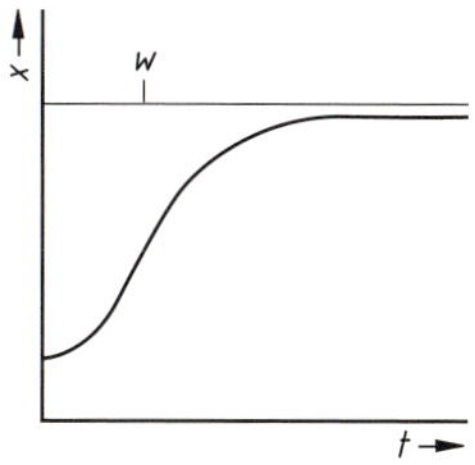

PI-Regler (Proportional-Integral-Verhalten)

Sprungantwort

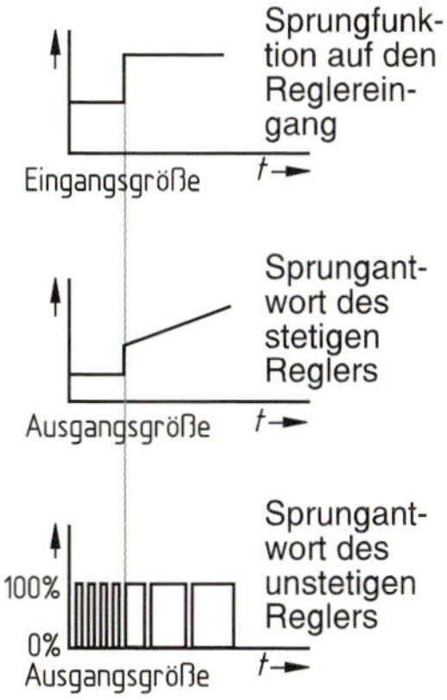

Der I-Anteil wird durch den Intergrierbeiwert K_I angegeben und bestimmt die Änderungsgeschwindigkeit der Reglerausgangsgröße

y_R; $\frac{\Delta y}{\Delta t} = K_I \cdot e$. Da reine I-Regler sehr träge sind, werden sie in der Praxis nicht eingesetzt.

Der PI-Regler erzeugt eine Reglerausgangsgröße, die sich aus dem unverzögerten P-Anteil und dem zeitlich abhängigen I-Anteil zusammensetzt; $\Delta m = e \cdot (K_P + K_I \cdot t)$. Eingestellt wird der I-Anteil mit der Nachstellzeit T_i;

$T_i = \frac{K_P}{K_I}$.

Dadurch ist für eine Reglerausgangsgröße m keine bleibende Regeldifferenz notwendig. **Störgrößen können vollständig ausgeregelt werden.**

Regelfunktion

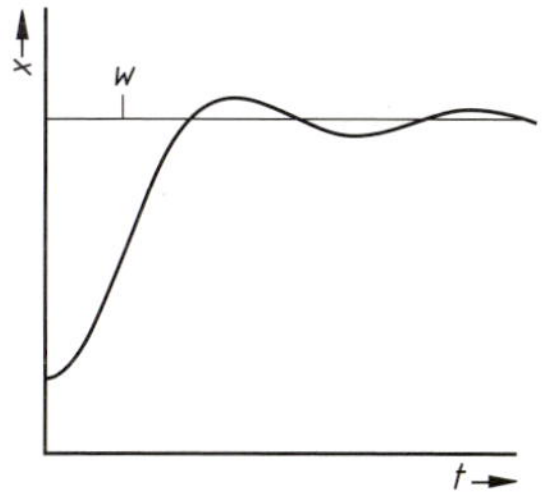

Stetige Regler (Fortsetzung)

PD-Regler (Proportional-Differenzial-Verhalten)

Sprungantwort

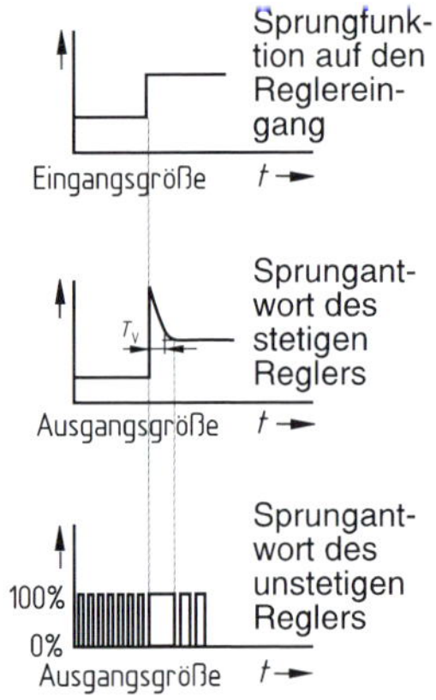

Zu dem P-Anteil der Reglerausgangsgröße y_R kommt hier der D-Anteil hinzu, der der Änderungsgeschwindigkeit der Regeldifferenz e entspricht; $\Delta m = K_P \cdot e + K_D \cdot \frac{\Delta e}{\Delta t}$.

D-Glieder sind allein als Regelglieder nicht geeignet, weil sie nur bei Änderungen der Regeldifferenz e eine Ausgangsgröße abgeben. Eingestellt wird der D-Anteil beim PDRegler durch die Vorhaltzeit T_d;

$$T_d = \frac{K_D}{K_P}.$$

Der D-Anteil ermöglicht ein größeres K_P und verursacht damit eine kleinere bleibende Regeldifferenz als der P-Regler, außerdem ist die Stellgrößenänderung Δm bei Auftreten einer Regeldifferenz größer.

Regelfunktion

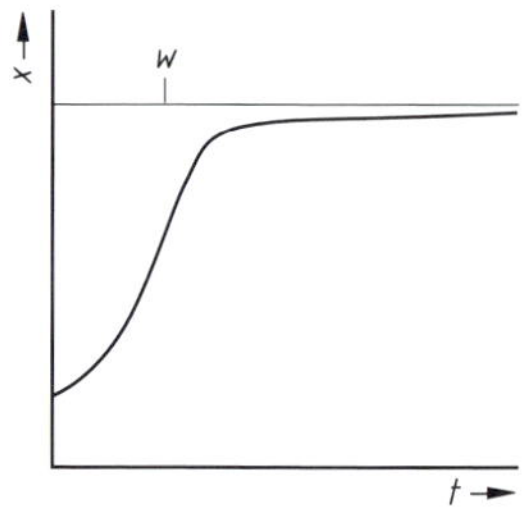

PID-Regler (Proportional-Integral-Differenzial-Verhalten)

Sprungantwort

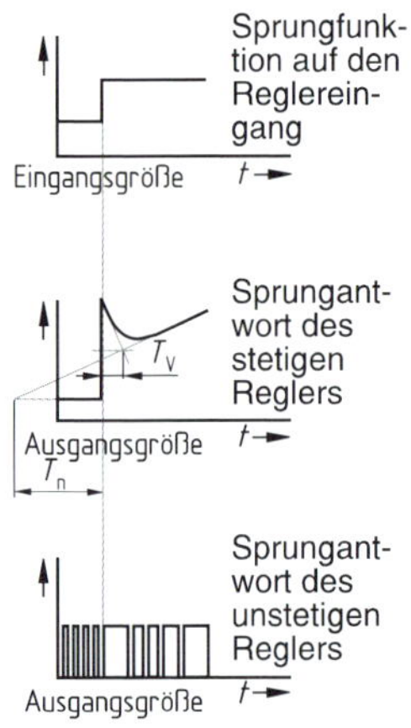

Die Änderung der Reglerausgangsgröße y_R bei Änderung der Regeldifferenz e setzt sich aus einem proportionalen, integralen und differentialen Anteil zusammen;

$$\Delta m = K_P \cdot e + K_I \cdot e \cdot \Delta t + K_D \cdot \frac{\Delta e}{\Delta t}.$$

Gegenüber dem PI-Regler kann die Nachstellzeit T_i verkleinert werden, sodass Regeldifferenzen schneller ausgeregelt werden. Gegenüber dem PD-Regler kann die Vorhaltzeit T_d vergrößert werden, sodass der Regler bei Auftreten einer Regeldifferenz eine größere Stellgrößenänderung Δm bewirkt. Viele Regelungen lassen sich mit einem PI-Regler realisieren, nur bei langsamen Regelstrecken (großes T_e) ist ein PID-Regler besser geeignet.

Regelfunktion

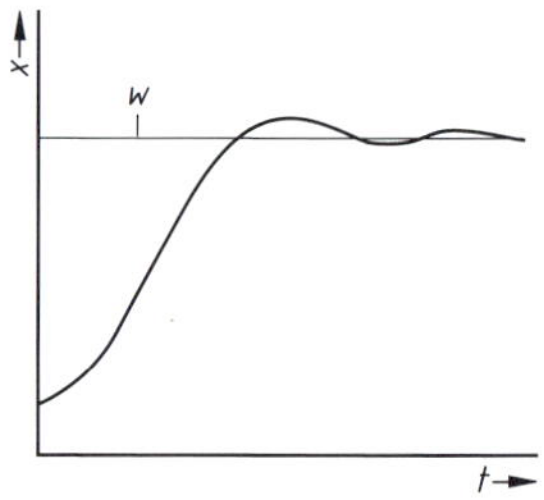

Digitale Regler

Durch den Einsatz von Mikroprozessoren werden heute Regler mit hohem Funktionsumfang angeboten. Ein Multitasking-Betriebssystem ermöglicht, dass der Anwender bei laufendem Programm Daten eingeben und abfragen kann oder dass übergeordnete Leitsysteme Daten über eine serielle Schnittstelle senden und empfangen können. Die vielfältigen Funktionen werden auf drei verschiedenen Ebenen eingestellt. Die Parametrier- und die Konfigurations-Ebene können vor Unbefugten verriegelt werden.

Bediener-Ebene	Parametrier-Ebene (Auswahl)	Konfigurations-Ebene (Auswahl)
• Ändern der Führungsgröße w • Anzeigen der Regelgröße x • Anzeigen der Reglerausgangsgröße *m*	• Ändern der Reglerart P; PI; PD; PID; Zwei- oder Dreipunkt • Ändern des Arbeitspunktes y_0 • Ändern von K_P; T_e; T_d • Ändern von Grenzwerten	• Anpassen der Eingänge an die Messeinrichtung • Anpassen der Ausgänge an die Stelleinrichtung • Wahl der Schnittstellenart

Verläufe von Regelvorgängen

Periodisch instabil	Periodisch kritisch	Periodisch stabil	Aperiodisch stabil
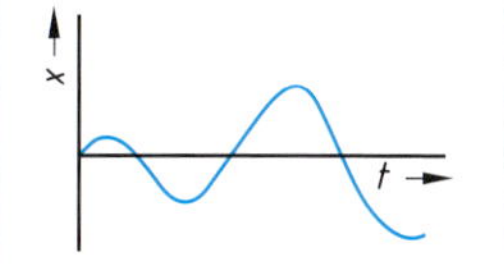	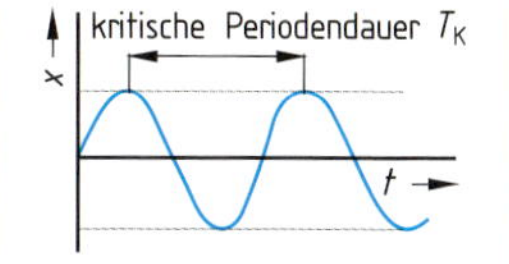	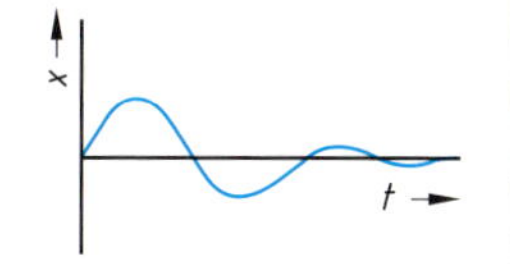	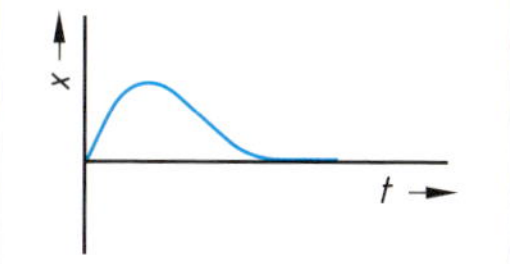

Gütekriterien für Regelungen

Die Optimierung von Regelkreisen kann unter vielfältigen Gesichtspunkten erfolgen, z. B. gutes Führungsverhalten, gutes Störungsverhalten, schnelles Ausregeln, geringes Überschwingen, einfaches Einstellen, niedrige Herstellungskosten oder hohe Betriebssicherheit. Als gemeinsame Kriterien für die meisten Regelungen sind das **Überschwingen** und das **Einschwingen** bei einem **Führungsverhalten** oder einem **Störungsverhalten** von Bedeutung.

Führungsverhalten

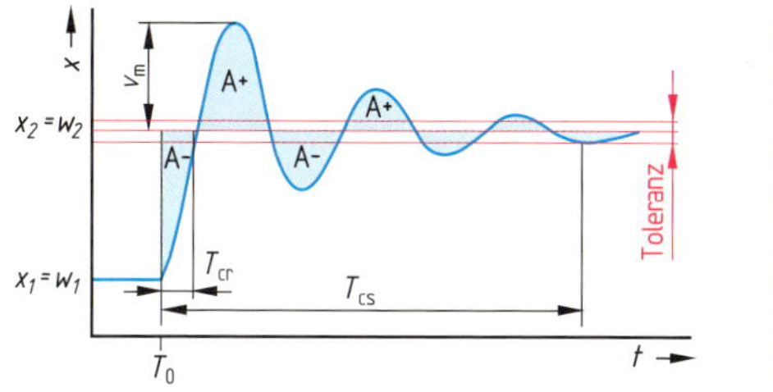

Die Sprungantwort zeigt den Verlauf der Regelgröße nach einer sprunghaften Änderung der Führungsgröße zum Zeitpunkt t_0. Für das Regelkreisverhalten sind die folgenden Größen von Bedeutung:
- Überschwingweite x_m
- Anregelzeit T_{cr}[1)]
- Ausregelzeit T_{cs}[2)]

Störungsverhalten

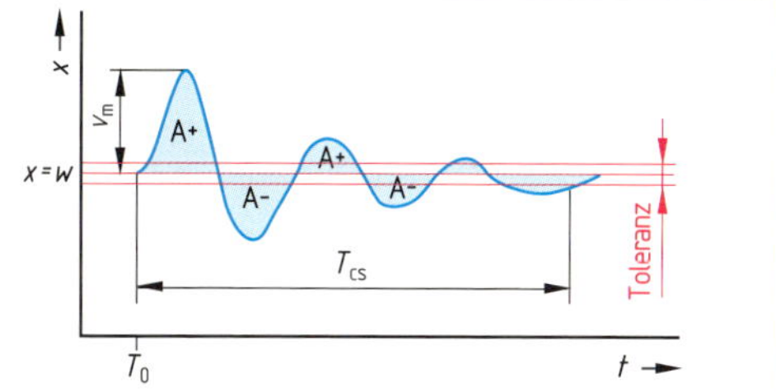

Die Sprungantwort zeigt den Verlauf der Regelgröße nach einem definierten Störgrößensprung zum Zeitpunkt t_0. Die Regelgröße führt nach dem maximalen Überschwingen eine gedämpfte Schwingung aus. Für das Regelverhalten sind die folgenden Größen von Bedeutung:
- Überschwingweite υ_m
- Ausregelzeit T_{cs}[2)]

Die Reglereinstellung ist umso besser, je kleiner die Überschwingweite ist und je kürzer die Anregel- und Ausregelzeiten sind, wobei die Größen aber in folgender Beziehung zueinander stehen:
- Kleine Überschwingweite υ_m bedeutet eine große Ausregelzeit T_{cs}[2)].
- Kleine Ausregelzeit T_{cs}[2)] bedeutet eine große Überschwingweite υ_m.

- **Kleine Überschwingweite** ist bei Spannungs-, Positionier- und verfahrenstechnischen Regelungen von Bedeutung.
- **Kurze An- und Ausregelzeit** sind bei Antriebsregelungen von Bedeutung.
- **Kleine Regelflächen** ober- und unterhalb der Führungsgröße sind bei Mengen- und Durchflussregelungen von Bedeutung.

1) T_{cr} = Zeit bis zum erstmaligen Erreichen des Toleranzwertes der Regelgröße x nach einer Änderung.
2) T_{cs} = Zeit bis zum letztmaligen Erreichen des Toleranzwertes der Regelgröße x nach einer Änderung.

Reglereinstellung nach Ziegler und Nicols

Dieses Verfahren kann bei unbekannten Kennwerten der Regelstrecke angewandt werden.
- Regler als P-Regler betreiben ($T_i = \infty$; $T_d = 0$)
- K_P so weit vergrößern, bis die Regeldifferenz e eine Dauerschwingung mit konstanter Amplitude ausführt (Stabilitätsgrenze), dann
- Proportionalbeiwert K_{pkrit} bestimmen
- Schwingungsdauer T_K bestimmen

Regelverlauf an der Stabilitätsgrenze

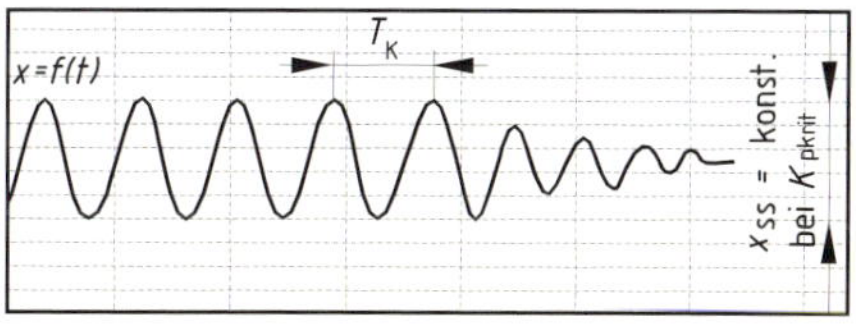

Größe	P-Regler	PI-Regler	PD-Regler	PID-Regler
K_P	$0{,}5 \cdot K_{Pkrit}$	$0{,}45 \cdot K_{Pkrit}$	$0{,}8 \cdot K_{Pkrit}$	$0{,}6 \cdot K_{Pkrit}$
T_i	–	$0{,}85 \cdot T_K$	–	$0{,}5 \cdot T_K$
T_d	–	–	$0{,}12 \cdot T_K$	$0{,}12 \cdot T_K$

Sprungantwort einer Regelstrecke

Regelstrecke höherer Ordnung mit Ausgleich

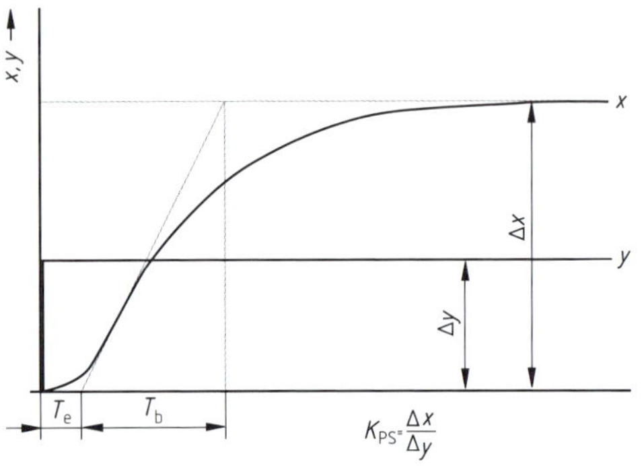

Faustformeln zur Reglereinstellung

Um einen Regler gut einstellen zu können, müssen folgende Kenngrößen der Regelstrecke bekannt sein:

- T_e Verzugszeit (oder Ersatztotzeit T_{tE})
- T_b Ausgleichszeit
- K_{PS} Proportionalbeiwert der Strecke mit Ausgleich
- K_{IS} Integrierbeiwert der Strecke ohne Ausgleich; in den Formeln zur Reglereinstellung wird $\frac{1}{K_{IS}}$ anstelle von $\frac{T_b}{K_{IS}}$ eingesetzt.

Für eine grobe Einstellung eines PID-Reglers nimmt man folgende Werte:

$K_P \approx \frac{T_b}{K_{PS} \cdot T_e}$; $T_i \approx 2 \cdot T_e$; $T_d \approx 0{,}5 \cdot T_e$

Reglereinstellung nach Chien, Hrones und Reswick

Periodischer Regelverlauf mit 20 % Überschwingweite

Regler	Störungsverhalten			Führungsverhalten		
	K_P[1]	T_i	T_d	K_P[1]	T_i	T_d
P	$0{,}7 \cdot \frac{T_b}{K_{PS} \cdot T_e}$	–	–	$0{,}7 \cdot \frac{T_b}{K_{PS} \cdot T_e}$	–	–
PI	$0{,}7 \cdot \frac{T_b}{K_{PS} \cdot T_e}$	$2{,}3 \cdot T_e$	–	$0{,}6 \cdot \frac{T_b}{K_{PS} \cdot T_e}$	T_b	–
PD	$1{,}2 \cdot \frac{T_b}{K_{PS} \cdot T_e}$	–	$0{,}4 \cdot T_e$	$0{,}95 \cdot \frac{T_b}{K_{PS} \cdot T_e}$	–	$0{,}5 \cdot T_e$
PID	$1{,}2 \cdot \frac{T_b}{K_{PS} \cdot T_e}$	$2 \cdot T_e$	$0{,}42 \cdot T_e$	$0{,}95 \cdot \frac{T_b}{K_{PS} \cdot T_e}$	$1{,}35 \cdot T_b$	$0{,}47 \cdot T_e$

Aperiodischer Regelverlauf

Regler	Störungsverhalten			Führungsverhalten		
	K_P[1]	T_i	T_d	K_P[1]	T_i	T_d
P	$0{,}3 \cdot \frac{T_b}{K_{PS} \cdot T_e}$	–	–	$0{,}3 \cdot \frac{T_b}{K_{PS} \cdot T_e}$	–	–
PI	$0{,}6 \cdot \frac{T_b}{K_{PS} \cdot T_e}$	$4 \cdot T_e$	–	$0{,}35 \cdot \frac{T_b}{K_{PS} \cdot T_e}$	$1{,}2 \cdot T_b$	–
PD	$0{,}95 \cdot \frac{T_b}{K_{PS} \cdot T_e}$	–	$0{,}4 \cdot T_e$	$0{,}6 \cdot \frac{T_b}{K_{PS} \cdot T_e}$	–	$0{,}5 \cdot T_e$
PID	$0{,}95 \cdot \frac{T_b}{K_{PS} \cdot T_e}$	$2{,}4 \cdot T_e$	$0{,}42 \cdot T_e$	$0{,}6 \cdot \frac{T_b}{K_{PS} \cdot T_e}$	T_b	$0{,}5 \cdot T_e$

[1] Wird anstelle des Proportionalbeiwertes K_P der Proportionalbereich X_P am Regler eingestellt, so kann der Wert mit $X_P = \frac{1}{K_P}$ umgerechnet werden. Ist beim Regler der auf den Stellbereich Y_h und Regelbereich X_h bezogene Proportionalbereich x_P einzustellen, so gelten die folgenden Beziehungen:

Proportionalbereich $X_P = K_{PS} \cdot Y_h \cdot \frac{T_e}{T_b}$; bezogener Proportionalbereich $x_P = K_{PS} \cdot \frac{Y_u}{X_h} \cdot \frac{T_e}{T_b} \cdot 100\ \%$.

Selbstoptimierung von Reglern (Beispiel nach Herstellerangaben)

Regler werden vom Hersteller mit einer „Selbstoptimierung" ausgestattet, die ein schnelles Inbetriebnehmen von Regelkreisen ermöglicht. Während der Selbstoptimierung stellt der Regler die Reglerausgangsgröße *m* zunächst auf 100 %. Ist als Grenzwert der Wert der halben Differenz zwischen Regelgröße und Führungsgröße erreicht, wird *m* auf 0 % geschaltet. Nach dem Überschwingen durchläuft die Regelgröße wieder den Grenzwert der halben Differenz, und *m* wird nochmals auf 100 % geschaltet, bis nach dem Unterschwingen der Grenzwert wieder erreicht wird. Aus den Werten Δx und der Periodendauer *T* berechnet der Regler nach Einstellregeln von Ziegler und Nicols die Werte für K_P, T_i, und T_d und stellt diese im Regler ein.

Regelverlauf bei Selbstoptimierung

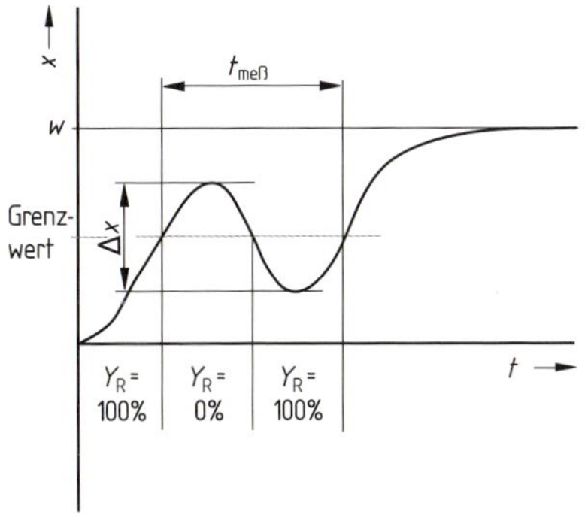

Leittechnik — DIN IEC 60050-351

- **Prozess.** Unter einem Prozess versteht man die Gesamtheit aller aufeinander einwirkenden Vorgänge in einem System, durch die Energie, Stoffe oder Informationen transportiert, gespeichert oder umgeformt werden.
- **Leiten.** Als Leiten bezeichnet man alle Maßnahmen, um in einem Prozess die Ziele zu erreichen.
- **Leiteinrichtung.** Eine Leiteinrichtung beinhaltet alle für das Leiten verwendeten Geräte, Programme, Anweisungen und Vorschriften.

Aufgaben des Leitens können sein:
- Messen, Zählen, Steuern, Regeln, Optimieren
- Schützen, Überwachen, Anzeigen, Melden
- Protokollieren, Aufzeichnen, Auswerten
- Daten erfassen, verarbeiten, übertragen, ein- und ausgeben

- **Priorität.** Die Priorität bestimmt, welche Aufgabe bei gleichzeitig anstehenden Anforderungen ausgeführt wird. Meist hat das Schützen die höchste Priorität (1) vor dem Eingreifen (2).

Funktionen der Leiteinrichtung

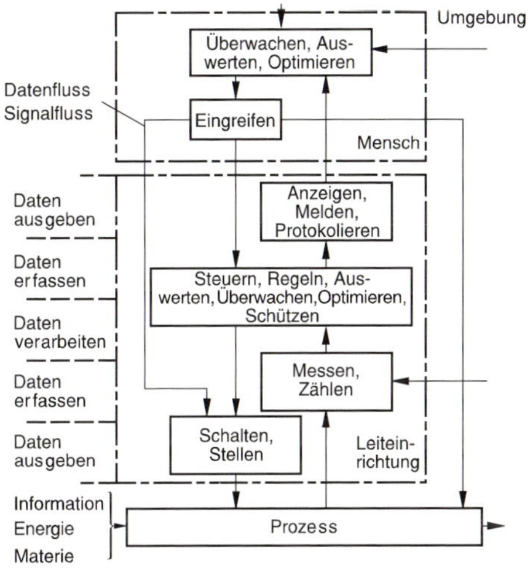

Produktionsleittechnik (Computer Integrated Manufacturing CIM)

Bei der computerintegrierten Fertigung sind alle Ebenen eines Unternehmens oder einer Fertigung mit Daten- oder Steuerungsbussystemen verbunden, um so die verschiedenen Aufgaben gleichzeitig online zu erledigen. Dadurch wird ein durchgängiger Informationsfluss über alle Ebenen der Produktion mithilfe von Kommunikationsnetzen erreicht.

Kommunikationshierarchie

Leitebene	Geräte / Systeme	Aufgaben
Unternehmensleitung	EDV-Systeme Großrechner	Unternehmensplanung
Betriebsleitebene	Management-Informations-Systeme	Produktplanung, CAD, Produktüberwachung
Produktionsleitebene	Prozessleitsysteme (PLS)	Produktionssteuerung, Instandhaltungsplanung
Zellenleitebene	Fertigungsleit- und Bediensysteme	Produktions- und Qualitätsüberwachung
Steuerungsebene	SPS, CNC, Roboter, Bediengeräte	Steuern, Bedienen, Beobachten
Feldebene	Sensoren, Aktoren, Feldbus	Produktionsprozess

Stellgeräte

Beschreibung

Stellgeräte bilden die wirkungsmäßige Verbindung zwischen Steuer- bzw. Regeleinrichtung mit der Strecke. Der Stellantrieb gehört zur Steuer- bzw. Regeleinrichtung, das Stellglied zur Strecke. Man unterscheidet:

- **Schaltende Stellgeräte.** Das Stellglied kann nur bestimmte Stellungen annehmen, meist nur 0 % oder 100 %.
- **Kontinuierlich arbeitende Stellgeräte.** Das Stellglied kann im Stellbereich Y_h jeden gewünschten Wert annehmen. Ein genaues Stellen ist meist nur mit einem zusätzlichen Stellungsregler gewährleistet.
- **Stellgeräte mit Speicherverhalten.** Sie verharren in der zuletzt eingenommenen Stellung, auch wenn kein Stellsignal mehr anliegt.
- **Stellgeräte mit definierter Ruhelage.** Je nach Aufgabenstellung nehmen Stellgeräte bei Ausfall der Hilfsenergie eine definierte Ruhestellung an (0 % oder 100 %), z. B.:

Federkraftöffnend bei Kühlwasserventilen
Federkraftschließend bei Produktventilen

Beispiel

Kontinuierlich arbeitendes Stellgerät mit pneumatischer Hilfsenergie und Stellungsregler

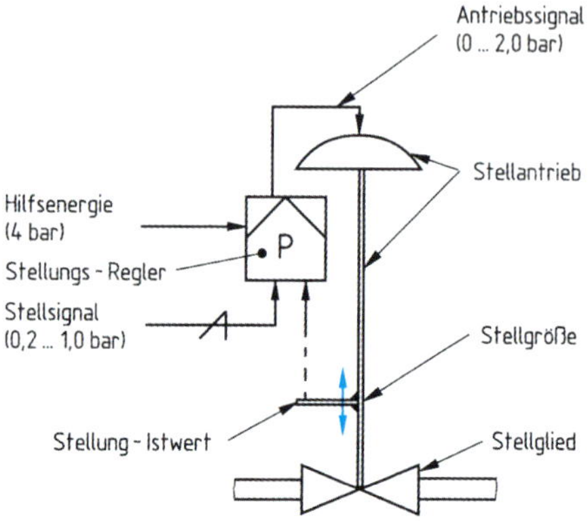

Stellglieder

Stellventil	Stellschieber	Stellklappe	Stellhahn
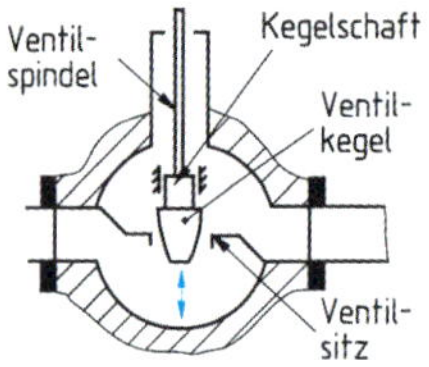	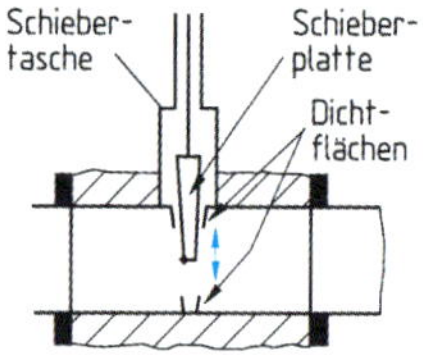	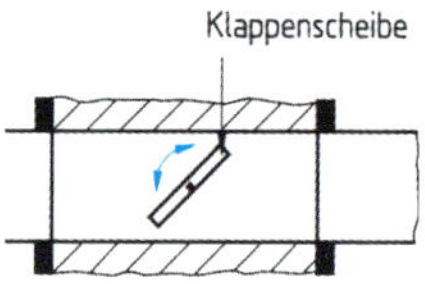	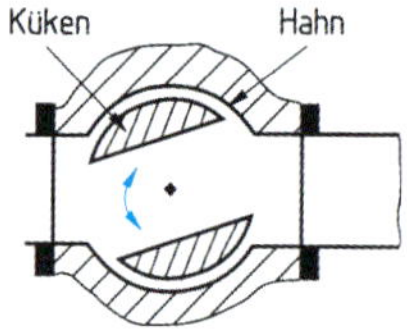
Mit der Hubbewegung des Ventilkegels wird der Durchfluss gestellt. Geeignet für kontinuierlich arbeitende Stellgeräte	Die Hubbewegung der Schieberplatte verändert den Durchfluss. Geeignet für schaltende Stellgeräte (Absperraufgaben)	Durch Verdrehen der Klappenscheibe wird der Durchfluss gedrosselt. Geeignet für kontinuierlich arbeitende Stellgeräte	Der Durchfluss wird durch Verdrehen des Hahnkükens gestellt. Geeignet für schaltende Stellgeräte bei mittlerem Durchfluss

Stellantriebe

Beschreibung

In der automatisierten Produktion werden Stellantriebe mit elektrischer oder pneumatischer Hilfsenergie verwendet. Es wird unterschieden in:

- Einfach- oder doppelt wirkende Stellantriebe
- Hub- oder Schubantriebe
- Schwenk- oder Drehantriebe

Stellantriebe mit pneumatischer Hilfsenergie haben in der chemischen Produktion den Vorteil, dass keine zusätzlichen Explosionsschutzmaßnahmen erforderlich sind, elektrische Stellantriebe müssen explosionsgeschützt ausgeführt sein.

Beispiel eines pneumatischen Stellantriebes

Einfach wirkende Membranantriebe

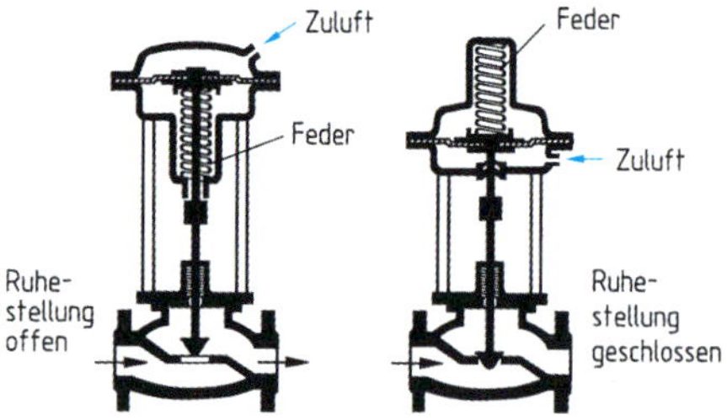

Darstellung von Aufgaben der Prozessleittechnik (PLT) — DIN EN 62424

Neben der Darstellung von PLT-Anforderungen im Rohrleitungs- und Instrumenten-Fließbild (R&I-Fließbild) regelt die DIN EN 62424 auch den Datenaustausch zwischen EDV-Werkzeugen zur Fließbilderstellung und CAE-Systemen (CAE = Computer Aided Engineering). Es wird unterschieden in PLT-Aufgaben (PCE Request) und PLT-Leitfunktionen (PCE Control Functions). PCE steht für Process Control Engineering.

PLT-Aufgabe (PCE Request)				PLT-Leitfunktion (PCE Control Function)	
Grund-symbol	1) 			Grund-symbol	1) 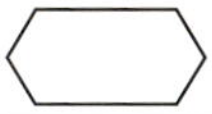
Ortsangabe durch Mittelstrich	1)  Lokal am Messort	 Lokales Schaltpult	 Zentrale Leiteinrichtung		

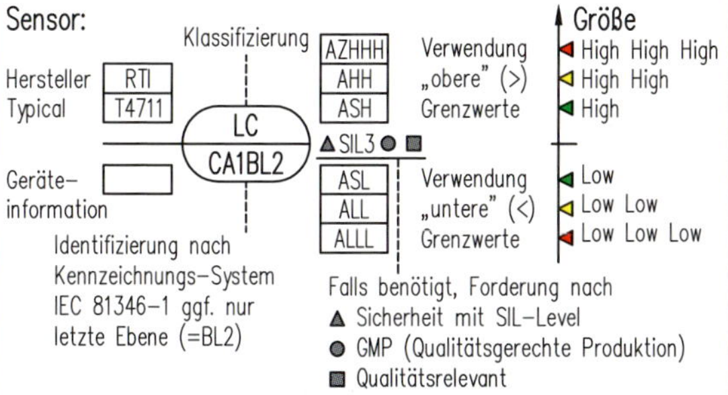

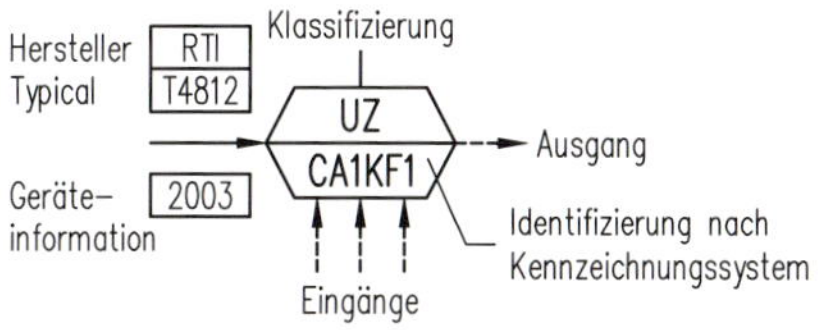

PLT-Leitfunktionen werden verwendet, wenn mehrere Signale miteinander verknüpft auf einen oder mehrere Aktoren wirken. Sie stellen im Prinzip umfangreiche Steuerungen und Regelungen dar. Die Klassifizierung beginnt immer mit dem Kennbuchstaben U.

Aktoren

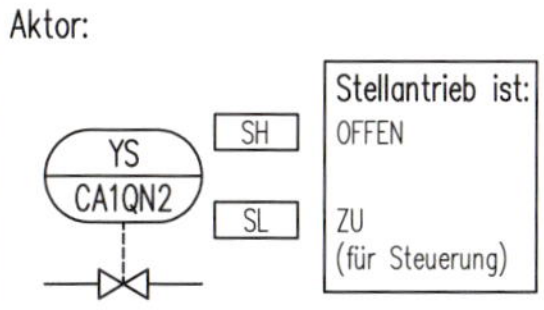

Kennbuchstaben für Aktoren

YS – AUF/ZU-Ventil
YC – Stellarmatur
YCS – Stellarmatur mit AUF/ZU-Funktion
YZ – AUF/ZU-Ventil, sicherheitsrelevant
YIC – Stellarmatur mit Stellungsanzeige
NS – EIN/AUS-Motor
NC – Motorsteuerung

Kennbuchstaben für PLT-Stellen — DIN EN 62424

Erst-Buchstabe	PCE-Kategorie	Folge-Buchstabe	PCE-Verarbeitungsfunktion
A	Analyse	A	Alarm, außerhalb des Ovals
B	Flammenüberwachung	B	Beschränkung, Eingrenzung
C	Definiert Anwender	C	Regelung
D	Dichte	D	Differenz
E	Elektrische Spannung		
F	Durchfluss	F	Verhältnis
G	Abstand, Länge, Stellung		
H	Hand-Eingabe, -Eingriff	H	Oberer Grenzwert, EIN, OFFEN, außerhalb des Ovals
I	Elektrischer Strom	I	Analoganzeige
J	Elektrische Leistung		
K	Zeitbasierte Funktion		
L	Füllstand	L	Unterer Grenzwert, AUS, ZU, außerhalb des Ovals
M	Feuchte		

Kennbuchstaben für PLT-Stellen (Fortsetzung) DIN EN 62424

Erst-Buchstabe	PCE-Kategorie	Folge-Buchstabe	PCE-Verarbeitungsfunktion
N	Motor (Aktor-Kennzeichnung)		
O	Definiert Anwender	O	Anzeige von Binärsignal, außerhalb des Ovals
P	Druck		
Q	Menge, Anzahl	Q	Intergral, Summe
R	Strahlungsgrößen	R	Aufzeichnen
S	Geschwindigkeit, Drehzahl, Frequenz	S	Binäre Steuerungs- oder Schaltfunktion, außerhalb des Ovals
T	Temperatur		
U	Leittechnik-Funktion		
V	Schwingung		
W	Gewicht, Masse		
X	Frei für nicht aufgeführte Kategorie	X	Frei für nicht aufgeführte Anwendung
Y	Stellventil (Aktor-Kennzeichnung)	Y	Rechenfunktion
Z	Frei für nicht aufgeführte Kategorie	Z	Sicherheitsrelevante Steuerungs- oder Schaltfunktion, außerhalb des Ovals

Für kombinierte PCE-Verarbeitungsfunktionen gilt die Reihenfolge F, B, D, Q, Y, X, C. Die Buchstaben I und R beschreiben das Ergebnis der vorangegangenen Verarbeitungsfunktion.

Kennzeichnung der Einwirkung auf die Strecke

Symbol	Benennung	Symbol	Benennung
	Stellort, Stellglied (allgemeine Einwirkung auf die Strecke)		Stellgerät, Ruhestellung geöffnet, bei Ausfall der Hilfsenergie maximaler Energie- oder Massenfluss
	Stellantrieb, allgemein (mit oder ohne Hilfsenergie)		Stellgerät, Ruhestellung geschlossen, bei Ausfall der Hilfsenergie minimaler Energie- oder Massenfluss

Rohrleitungs- und Instrumentenfließbild (R&I-Fließbild)

Beispiel	Beschreibung
Auszug aus einem R&I-Fließbild 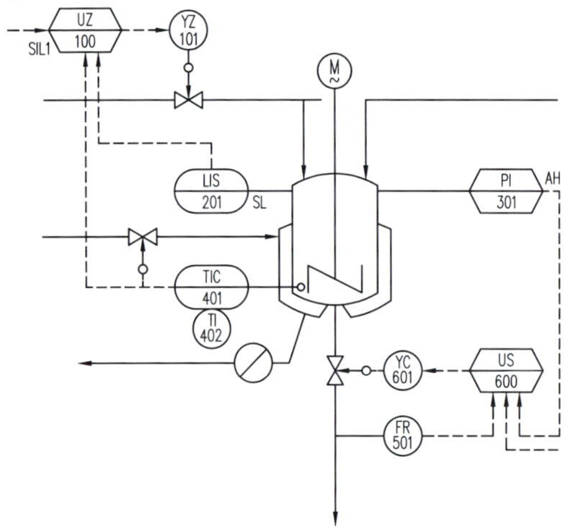 	Das Beispiel zeigt einen Rührkessel als Teil einer chemischen Anlage. 101 – AUF-/ZU-Ventil, sicherheitsrelevant 100 – Sicherheitsrelevante PC-Leitfunktion, Sicherheitsintegritätslevel SIL 1 201 – Füllstandsmessung mit Anzeige im Leitstand und binärer Schaltfunktion bei Low sowie Verarbeitung in PC-Leitfunktion UZ 100 301 – Druckmessung mit Anzeige im Leitstand 401 – Temperaturregelung mit Anzeige im Leitstand 402 – Temperaturanzeige lokal 501 – Durchflussmessung mit Registrierung und Verarbeitung in PCE-Leitfunktion US 600 601 – Geregeltes Stellventil 600 – PCE-Leitfunktion

Betriebs- und Arbeitswelt
Technische Kommunikation
Energieversorgung
Gebäudetechnik
Kommunikationstechnik
Automatisierungstechnik
Antriebstechnik
Bauelemente und -gruppen
Techn. Größen und Formeln

Kennzeichnung von Rohrleitungen — DIN 2403

Eine deutliche Kennzeichnung der Rohrleitungen nach dem Durchflussstoff ist im Interesse der Sicherheit, der sachgerechten Instandsetzung und der wirksamen Brandbekämpfung unerlässlich. Sie soll auf Gefahren hinweisen, um Unfälle und gesundheitliche Schäden zu vermeiden. Schilder oder Aufkleber sind an betriebswichtigen Punkten, z. B. Anfang, Ende, Abzweige, Wanddurchführungen, Armaturen, anzubringen.

Beispiel:

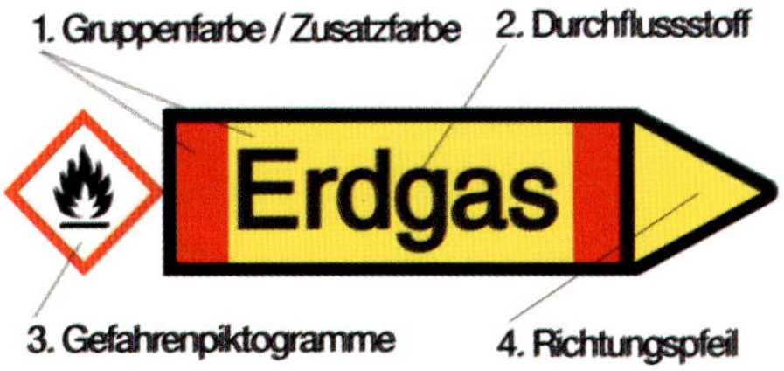

Das Gefahrenpiktogramm kann je nach Gefahrstoff entfallen. Hinweise enthält das Sicherheitsdatenblatt.

Farbkennzeichnung	Durchflussstoff
Gruppe 1 Grün (RAL 6018)  Schrift und Rand weiß	1.0 Trinkwasser 1.1 Rohwasser 1.2 Brauchwasser 1.3 Aufbereitetes Wasser 1.4 Destilliertes Wasser 1.5 Press-Wasser 1.6 Kreislauf-Wasser 1.7 Schweres Wasser 1.8 1.9 Abwasser
Gruppe 2 Rot (RAL 3000) 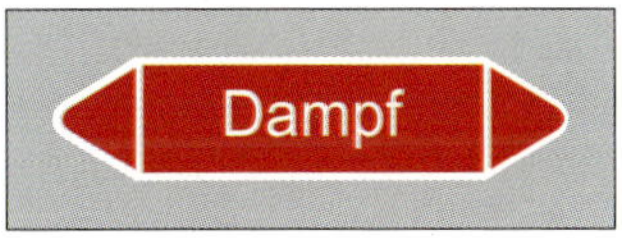 Schrift und Rand weiß	2.0 N.D.-Dampf bis 1,5 bar 2.1 H.D.-Sattdampf 2.2 H.D.-Heißdampf 2.3 Reduz. Entnahmedampf 2.4 Brüdendampf 2.5 Vakuumdampf 2.6 Kreislaufdampf 2.7 2.8 2.9 Abdampf
Gruppe 3 Grau (RAL 7001) 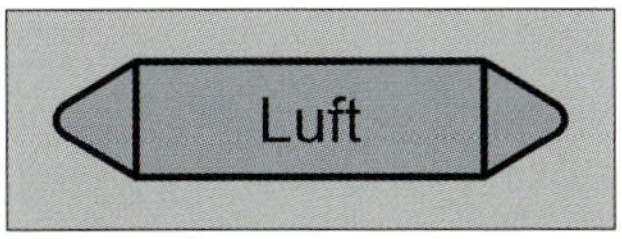 Schrift und Rand schwarz	3.0 Frischluft, Außenluft 3.1 Druckluft (Druckangabe) 3.2 Heißluft 3.3 Gereinigte Luft 3.4 3.5 3.6 Umluft, Sprühluft 3.7 Förderluft 3.8 3.9 Abluft
Gruppe 4 Gelb (RAL 1021) 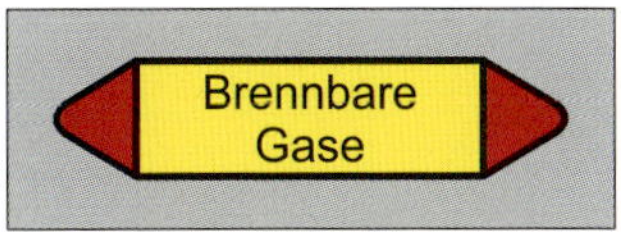 Schrift und Rand schwarz	4.0 Gase der öffentlichen Versorgung 4.1 Acetylen 4.2 H_2 und H_2-haltige Gase 4.3 Kohlenwasserstoff 4.4 CO-haltige Gase 4.5 Mischgase – technische Gase 4.6 Anorganische Gase 4.7 Heiße Gase 4.8 4.9 Brennbare Gase

Betriebs- und Arbeitswelt
Technische Kommunikation
Energieversorgung
Gebäudetechnik
Kommunikationstechnik
Automatisierungstechnik
Antriebstechnik
Bauelemente und -gruppen
Techn. Größen und Formeln

Kennzeichnung von Rohrleitungen (Fortsetzung) — DIN 2403

Farbkennzeichnung	Durchflussstoff
Gruppe 5 Gelb (RAL 1021)  Schrift und Rand schwarz	5.0 Stickstoff 5.1 5.2 Kohlendioxid 5.3 Schwefeldioxid 5.4 Chlor 5.5 sonstige anorganische Gase 5.6 Gasgemische 5.7 Derivate von Kohlenwasserstoffen 5.8 Nichtbrennbare Heizgase 5.9 Nichtbrennbare Abgase
Gruppe 6 Orange (RAL 2003)  Schrift und Rand schwarz	6.0 Schwefelsäure 6.1 Salzsäure 6.2 Salpetersäure 6.3 Anorganische Säure 6.4 Organische Säure 6.5 Saure Salzlösungen 6.6 Oxidierende Lösungen 6.7 Beizen 6.8 6.9
Gruppe 7 Violett (RAL 4001)  Schrift und Rand weiß	7.0 Natronlauge 7.1 Ammoniak-Lösungen 7.2 Kalilauge 7.3 Kalklauge 7.4 Alkalische Flüssigkeit 7.5 7.6 7.7 7.8 7.9 Alkalische Abläufe
Gruppe 8 Braun (RAL 8001)  Schrift und Rand weiß	8.0 Gefahrenklasse A I 8.1 Gefahrenklasse A II 8.2 Gefahrenklasse A III 8.3 Gefahrenklasse B 8.4 Technische Fette, Schweröl 8.5 Sonstige organische Flüssigkeiten 8.6 Sprengöl 8.7 Sonstige Flüssigkeiten 8.8 8.9 Nichtbrennbare Abläufe
Gruppe 9 Braun (RAL 8001)  Schrift und Rand weiß	9.0 Flüssige Nahrungsmittel 9.1 Wässerige Lösungen 9.2 Andere Lösungen 9.3 Wässerige Aufschwemmungen 9.4 Andere Aufschwemmungen 9.5 Gelee (Leim) 9.6 Emulsion, Paste 9.7 Sonstige Flüssigkeiten 9.8 9.9 Nicht brennbare Abläufe
Gruppe 0 Blau (RAL 5015)  Schrift und Rand weiß	Sauerstoff

Feldbussysteme — IEC 61158

Feldbussysteme sind industrielle Kommunikationssysteme, die der automatisierten Datenübertragung im Feldbereich dienen. Der Feldbereich umfasst den Bereich der Automatisierungstechnik, der unmittelbar zur Produktion gehört. Wesentliche Gründe für den Einsatz von Feldbussystemen sind:

- Die Dezentralisierung in der Automatisierungstechnik, wodurch Automatisierungsaufgaben auf mehrere kleinere Steuerungen verteilt werden und dadurch eine höhere Produktionssicherheit erreicht wird
- Die Reduzierung der Installationskosten durch Einsparung von Leitungen zu Sensoren und Aktoren
- Die Einbindung in die Prozessführung und Prozessüberwachung

Kriterien zur Klassifizierung von Feldbussystemen

Kriterium	Erläuterungen
Offenheit oder Geschlossenheit	• **Offene Feldbussysteme** sind herstellerunabhängig ausgelegt, sodass auf sie mit Komponenten verschiedener Firmen zugegriffen werden kann. Sie sind zum Teil genormt oder zur Normung vorgeschlagen. • **Geschlossene Feldbussysteme** sind firmenspezifische Systeme, die in der Praxis vorwiegend Geräte eines Herstellers verbinden.
Topologie	Im Feldbusbereich unterscheidet man im Wesentlichen zwei Bustopologien: • Die Linie mit willkürlicher Adressierung der Busteilnehmer • Den Ring mit physikalischer Erkennung der Busteilnehmer
Architektur	• Bei der **Master-Slave-Struktur** sind mehrere Slaves als passive Teilnehmer an einen Master angeschlossen. Der Master sendet und empfängt als aktiver Teilnehmer Daten von den Slaves. Die Slaves sind in der Feldebene mit den Sensoren und Aktoren verbunden. • Bei der **Multi-Master-Struktur** gibt es mehrere Master im Bussystem. Dabei muss eindeutig festgelegt werden, welcher Master gerade die Berechtigung zum Senden und Empfangen von Daten hat. Der Master, der gerade diese Berechtigung hat, hat das sogenannte „Token". Mit diesem Token wird die Sende- und Empfangsberechtigung an den nächsten Master weitergegeben.
Geschwindigkeit	Dazu wird meistens die **Buszykluszeit** angegeben. Das ist die Zeit, die bei einer bestimmten Teilnehmerzahl für die Übertragung der gesamten Ein- und Ausgangsdaten für einen Zyklus benötigt wird. Sie ist von der Teilnehmerzahl, der Datenübertragungsgeschwindigkeit und dem Aufbau des Übertragungsprotokolls abhängig.
Schutzfunktion	Der Schutz bei der Datenübertragung erfolgt durch Prüfbytes (z. B. CRC-Verfahren). Als Maß wird die Hamming-Distanz angegeben. Typischer Wert bei Feldbussen: 4, wobei drei beliebige Bitfehler in einem Zyklus erkannt und gemeldet werden.
Übertragungsmedium	• Zwei- oder Mehr-Drahtleitungen für Übertragungsraten von 9,6 Kbit/s bis 12 Mbit/s • Lichtwellenleiter für Übetragungsraten von 100 bis 1 000 Mbit/s

Feldbussysteme in den verschiedenen Ebenen einer Produktionsstätte

Ebene der Fertigung	Vernetzungsstruktur einer Produktionsstätte	Bussystem

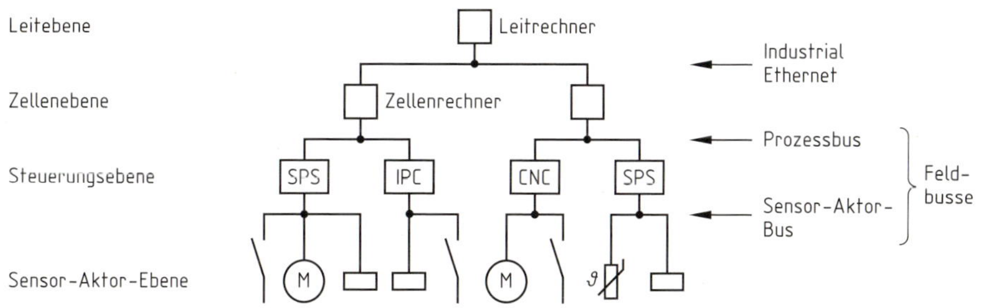

Profibus — IEC 61158

Begriff/Norm

Der Profibus ist ein offenes Feldbussystem für schnelle und komplexe Kommunikationsaufgaben in der Fertigungs- und Prozessautomatisierung. Er wurde in der EN 50170 genormt und seit 1999 zusammen mit weiteren Bussystemen in der IEC 61158 standardisiert.
Man unterscheidet zwischen **Profibus DP** (dezentrale Peripherie) für Standard-Peripheriegeräte und **Profibus PA** (Prozessautomatisierung) in verfahrenstechnischen Anlagen, wo z. B. in explosionsgeschützten Bereichen besondere Anforderungen gestellt werden.

Topologie und Architektur

Typisch bei RS 485-Übertragung ist Linientopologie, bei LWL-Übertragung auch Stern- und Ringtopologie. Der Bus kann im Mono-Master-System und Multi-Master-System betrieben werden.

Mono-Master-System

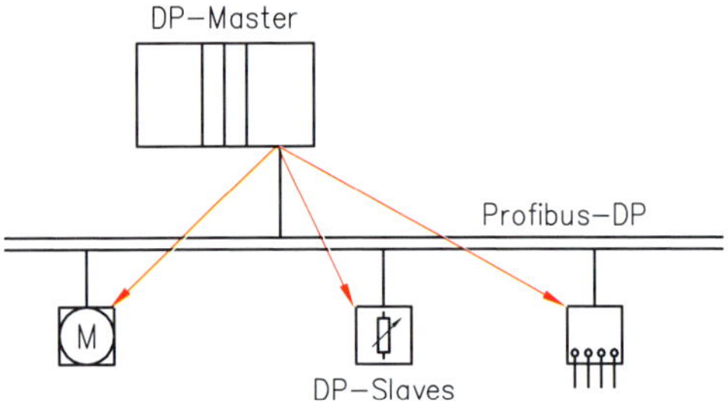

Das Mono-Master-System arbeitet nach dem Master-Slave-Verfahren, wobei der Master zyklisch Daten zu den einzelnen Slaves sendet und empfängt (Polling).

Multi-Master-System

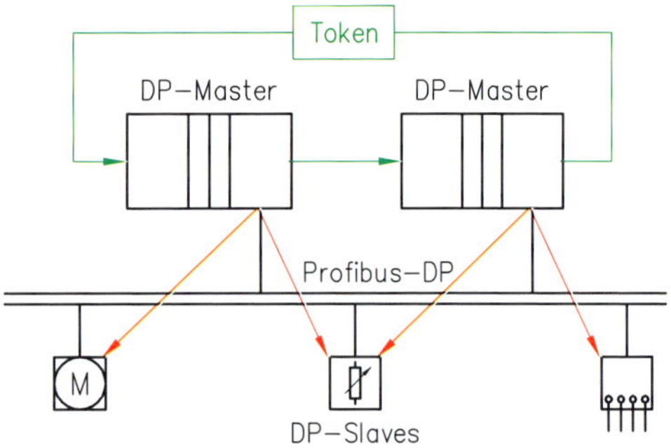

Das Multi-Master-System arbeitet nach dem Token-Passing-Verfahren, wobei der Token (die Berechtigung zum Senden und Empfangen) von einem Master zum nächsten weitergereicht wird.

Übertragungstechnik

System	Profibus DP, Zweidraht	Profibus DP, LWL	Profibus PA mit MBP
Übertragung	Signale nach RS 485	Optisch	Manchester Codierung MBP (**M**anchester Codes **B**us **P**owered)
Leitung	Verdrillte geschirmte Zweidraht-Leitung	Multimode und Singlemode Glasfaser	Verdrillte geschirmte Zweidraht-Leitung
Übertragungsrate und Reichweite je Segment	9,6 Kbit/s ... 93,75 Kbit/s 1 200 m 187,5 Kbit/s 1 000 m 500 Kbit/s 400 m 1,5 Mbit/s 200 m 12 Mbit/s 100 m	12 Mbit/s > 10 000 m	31,25 Kbit/s 1 900 m
Anzahl Teilnehmer	Bis zu 32 Teilnehmer je Segment ohne, bis 126 pro Netz mit Repeater	Bis zu 126 Teilnehmer pro Netz	Bis zu 32 Teilnehmer je Segment; Summe max. 126 pro Netz
Anzahl Repeater	Max. 9 Repeater mit Signalauffrischung	Max. 4 Repeater	Mit Signalauffrischung unbegrenzt
Zündschutzarten	Keine	Keine	Eigensicherheit (Ex ia/ib)
Geschwindigkeit	Buszykluszeit bei 32 Teilnehmern und 512 bit Eingangs- und 512 bit Ausgangsworte: • Bei 1,5 Mbit/s: ca. 6 ms • Bei 12 Mbit/s: < 2 ms		

Interbus — IEC 61158, DIN EN 50254

Begriff/Norm

Der Interbus ist ein offenes Feldbussystem für schnelle und komplexe Kommunikationsaufgaben in der Fertigungs- und Prozessautomatisierung. Er ist in der EN 50254 genormt und zusammen mit weiteren Bussystemen in der IEC 61158 standardisiert.

Topologie und Architektur

Der Bus ist als Ring aufgebaut. Er hat Master-Slave-Struktur.

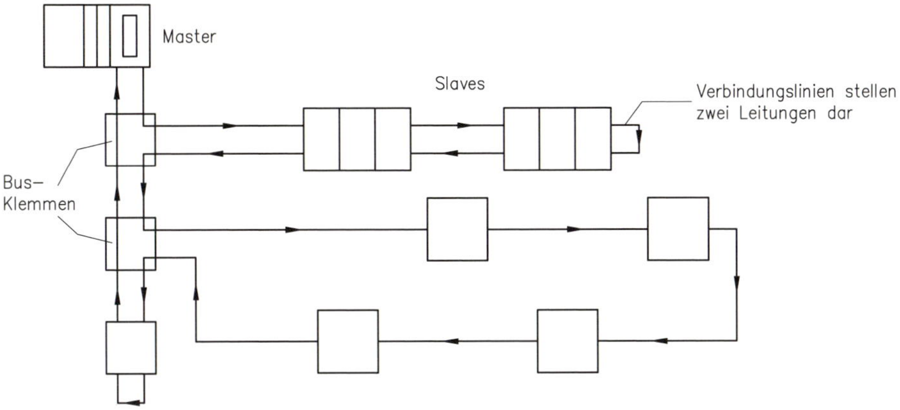

Alle Teilnehmer sind aktiv in einen Übertragungsring eingebunden. Jeder Teilnehmer regeneriert das ankommende Signal und leitet es weiter. Die Datenhin- und -rückleitung wird innerhalb eines Kabels durch sämtliche Teilnehmer geführt. Abzweig-Busklemmen schaffen Verzweigungen.

Übertragungstechnik

Übertragung	Differenzsignalübertragung nach RS 485	Optisch mit LWL
Leitung	Paarig verdrillte mindestens 5-adrige Kupferleitung	Lichtwellenleiter: Polymerfaser, 660 nm HSC-Faser, 660 nm, Glasfaser 850 nm
Übertragungsrate und Reichweite	500 Kbit/s 400 m zwischen zwei Teilnehmern ohne Repeater, Gesamtlänge 13 km	Max. Distanz zwischen zwei Teilnehmern • Polymer 70 m • HCS 400 m • Glasfaser 3600 m
Teilnehmer	Maximal 256 Stationen im Ring	
Geschwindigkeit	Buszykluszeit bei 32 Teilnehmern und 64 Nutzdatenbytes ca. 2 ms Vollständiges Prozessabbild bei vollem Ausbau mit 4096 E/A-Punkten 7,8 ms	

AS-Interface (ASI) — IEC 62026-2, DIN EN 50295

Begriff

Das AS-Interface ist ein Bussystem im untersten Feldbereich. Es verknüpft vorrangig binäre Sensoren und Aktoren mit der ersten Steuerungsebene.

Topologie/Architektur

Der Bus kann Linien-, Stern- oder Baumstruktur haben. Er wird als Single-Master-System mit zyklischem Polling betrieben. Der Master ist entweder als Anschaltbaugruppe an eine SPS gekoppelt oder ist als AS-Interface-Link Bestandteil eines übergeordneten Feldbussystems wie Profibus oder Interbus.

Übertragungstechnik

Leitung	Ungeschirmtes Flachkabel 2 × 1,5 mm² und 2 x 25 mm² für Datenübertragung und Hilfsenergie
Reichweite	100 m mit Repeatern auf max. 300 m
Teilnehmer	31 Slaves an einem ASI-Netz, mit der Version 2.1 können 62 betrieben werden.
Geschwindigkeit	Buszykluszeit bei 31 Slaves 5 ms, bei 62 Slaves 10 ms

Profinet – Industrial Ethernet IEC 61784

Begriff und Eigenschaften

Profinet ist ein offenes Kommunikationssystem für die Automatisierung auf der Basis von Industrial Ethernet mit folgenden Eigenschaften:

- Uneingeschränkte Nutzung von IT-Standards und TCP/IP und damit Übertragung großer Datenmengen auf der Prozessebene
- Schneller Datenaustausch bei Feldgeräten durch Echtzeitkommunikation
- Nahtlose Einbindung von Feldbus-Systemen wie Profibus und Interbus

Topologie

Mit Profinet lassen sich alle Netztopologien wie bei Ethernet (Stern, Linie, Baum, Ring) aufbauen.

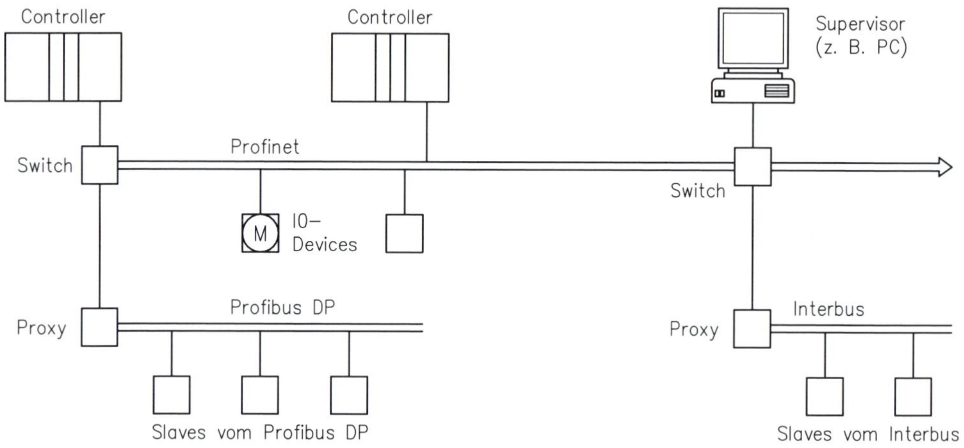

Im Profinet werden folgende Komponenten eingesetzt:

- Profinet IO-Controller: Automatisierungsgerät (CPU) mit einer integrierten Profibusschnittstelle oder mit einem zusätzlichen Kommunikationsprozessor für Profinet
- Profinet IO-Device: Die Feldgeräte, die dem Controller dezentral zugeordnet sind
- Profinet IO-Supervisor: Programmiergerät (PC) mit Inbetriebnahme- und Diagnosefunktion
- Proxy: Stellvertreter für die Profibus- oder Interbus-Geräte am Ethernet. Damit wird ein Profibusnetz oder ein Interbusnetz im Profinet integriert. Der Proxy ist Profinet-Teilnehmer am Ethernet und DP-Master vom Profibus oder Interbus. Er wird auch als IE/PB-Link bezeichnet und ist die Schnittstelle zwischen Profinet und Feldbus.
- Switch: Zur Netzverzweigung wie bei Industrial-Ethernet

Übertragungstechnik

Übertragung	Kupferdraht	Lichtwellenleiter
Leitung	Twisted Pair nach IEC 11801/61156	Glas-Lichtwellenleiter nach IEC 60793
Geschwindigkeit	Typische Reaktionszeiten (Buszykluszeiten): • Im Real-Time-(RT-) Modus ca. 10 ms (vergleichbar mit Feldbussystemen wie z. B. Profibus) • Im Isochronen-Real-Time-(IRT-) Modus (taktsynchrone Datenübertragung) 0,25 ms...1 ms • Im Ethernet-Standard-Modus TCP/IP ca. 100 ms	

Begriffe umlaufender elektrischer Maschinen — VDE 0530, DIN EN 60034

- **Bemessungsgrößen**
  sind Größen, für die die Maschine vom Hersteller für bestimmte Betriebsbedingungen ausgelegt wurde und die auf dem Leistungsschild angegeben werden.
- **Bemessungsleistung**
  - ist bei Motoren die mechanisch an der Welle verfügbare Leistung in Watt (W),
  - ist bei Gleichstromgeneratoren die abgegebene elektrische Leistung in Watt (W),
  - ist bei Wechselstromgeneratoren die abgegebene elektrische Scheinleistung in Voltampere (VA).
- **Bemessungsspannung**
  ist die Spannung an den Klemmen der Maschine bei Bemessungsleistung.
- **Bemessungsstrom**
  ist die Stromstärke in den Außenleitern einer Maschine bei Bemessungsleistung.
- **Bemessungsdrehzahl**
  ist die Drehzahl der Maschine bei Bemessungsleistung.
- **Bemessungsmoment**
  ist das Drehmoment an der Welle bei Bemessungsleistung.
- **Kippmoment**
  ist das größte Drehmoment, das der Motor bei Bemessungsspannung und -frequenz entwickelt.
- **Anzugsmoment, Anzugsstrom**
  ist das Drehmoment bzw. die Stromstärke (Effektivwert) bei festgebremsten Läufer- und Bemessungswerten für Spannung und Frequenz.
- **Leerlauf(-betrieb)**
  ist der Lauf einer Maschine unter normalen Betriebsbedingungen, aber ohne Belastung.
- **Volllast**
  ist die höchste festgelegte Belastung für eine Maschine, die mit Bemessungsleistung betrieben wird.

Leistungsschilder umlaufender elektrischer Maschinen — VDE 0530, DIN EN 60034

Angaben

Jede elektrische Maschine muss mit einem Leistungsschild ausgerüstet sein. Es enthält folgende Angaben (bei Maschinen mit geringen Leistungen sind nicht alle Angaben erforderlich):

- Name des Herstellers
- Fertigungsnummer und Herstellungsjahr
- Art der Maschine (Motor, Generator usw.)
- Stromart (Gleich- oder Wechselstrom)
- Betriebsart (falls nicht S1)
- Schaltungsart der Wicklungen (bei Drehstrommaschinen)
- Bemessungsspannung, Bemessungsfrequenz
- Bemessungsleistung, Bemessungsstrom
- Bemessungsdrehzahl, Leistungsfaktor (bei Wechselstrommaschinen)
- Wärmeklasse oder Grenz-Übertemperatur
- Wirkungsgradklasse und Wirkungsgrad
- Schutzart, Gewicht
- Nummer der zugrunde gelegten Norm (z. B. DIN EN-60034 oder IEC 60034-1)
- Zusätzliche Angaben (z. B. Bemessungs-Erregerspannung) bei Gleichstrom- und Synchronmaschinen oder Schleifringläufermotoren
- Zulässige Überdrehzahl (falls erforderlich, z. B. bei Turbogeneratoren)
- Zusätzliche Angaben bei besonderen Umgebungsbedingungen

Beispiel

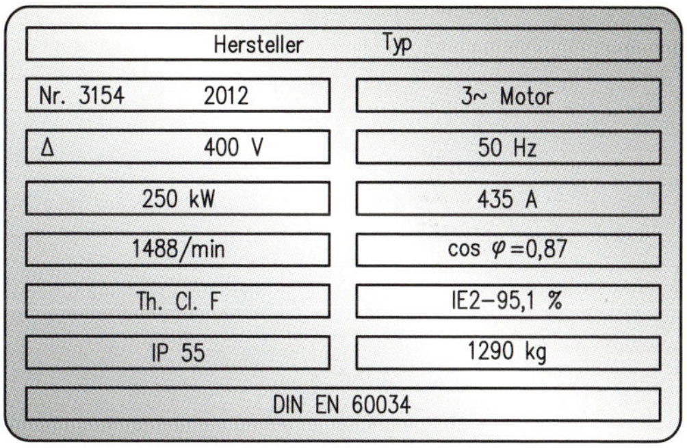

Leistungsschild eines Drehstrommotors

Der Motor wurde 2012 hergestellt, es ist ein 3-phasiger Drehstrommotor für 400 V Spannung bei Dreieckschaltung und einer Frequenz von 50 Hz. Die Bemessungsleistung beträgt 250 W, wobei ein Bemessungsstrom von 435 A fließt. Die Bemessungsdrehzahl beträgt dann 1 488 Umdrehungen pro Minute und der Leistungsfaktor 0,87. Der Motor hat die Wärmeklasse F, d. h., die Grenztemperatur beträgt 155 °C. Die Wirkungsgradklasse ist IE 2 (hoher Wirkungsgrad) und der Wirkungsgrad beträgt im Bemessungsbetrieb 95,1 %. Die Schutzart entspricht dem IP-Code IP 55, wodurch der Motor staub- und strahlwassergeschützt ist. Der Motor hat ein Gewicht von 1 290 kg.

Berechnungsformeln für umlaufende elektrische Maschinen

Maschinenart	Formeln	Formelzeichen mit Erläuterung
Alle Maschinen	$P = \frac{2 \cdot \pi \cdot M \cdot n}{60}$	P Leistung in W M Drehmoment in Nm n Drehzahl in 1/min
	$\eta = \frac{P_{ab}}{P_{zu}}$	η Wirkungsgrad P_{ab} abgegebene Leistung in W P_{zu} zugeführte Leistung in W
Drehfeldmotoren	$P_{zu} = \sqrt{3} \cdot U \cdot I \cdot \cos\varphi$ (Drehstrom)	P_{zu} zugeführte Leistung in W U Spannung in V I Stromstärke in A $\cos\varphi$ Leistungsfaktor
	$P_{zu} = U \cdot I \cdot \cos\varphi$ (Wechselstrom)	
	$n_d = \frac{f \cdot 60}{p}$	n_d Drehfelddrehzahl in 1/min f Frequenz in Hz p Polpaarzahl
Asynchronmotoren	$s = \frac{n_d - n}{n_d}$	s Schlupf n_d Drehfelddrehzahl in 1/min n Läuferdrehzahl in 1/min f_r Läuferfrequenz in Hz f Netzfrequenz in Hz M Drehmoment in Nm C_M Maschinenkonstante in Nm/V^2 U Klemmenspannung
	$f_r = s \cdot f$	
	$M = C_M \cdot U^2$	
Gleichstrommotoren	$P_{zu} = U \cdot I$	P_{zu} zugeführte Leistung in W U Klemmenspannung in V I Stromstärke in A R_{An} Anlasswiderstand in Ω I_{An} Anzugsstromstärke in A R_a Ankerwiderstand in Ω U_0 Gegenspannung in V I_a Ankerstrom in A
	$R_{An} = \frac{U}{I_{An}} - R_a$	
	$U_0 = U - I_a \cdot R_a$	
	$M = C_M \cdot \Phi \cdot I_a$	M Drehmoment in Nm C_M Maschinenkonst. in Nm/VAs Φ magnetischer Fluss in Vs
Synchrongeneratoren	$S_{ab} = \sqrt{3} \cdot U \cdot I$ (Drehstrom)	S_{ab} abgegebene Scheinleistung in VA U Klemmenspannung in V I Stromstärke in A P_{ab} abgegebene Leistung in W $\cos\varphi$ Leistungsfaktor
	$P_{ab} = \sqrt{3} \cdot U \cdot I \cdot \cos\varphi$ (Drehstrom)	
	$S_{ab} = U \cdot I$ (Wechselstrom)	
	$P_{ab} = U \cdot I \cdot \cos\varphi$ (Wechselstrom)	
	$f = \frac{p \cdot n}{60}$	f Frequenz in Hz p Polpaarzahl n Läuferdrehzahl in 1/min
Gleichstromgeneratoren	$P_{ab} = U \cdot I$	P_{ab} abgegebene Leistung in W U Klemmenspannung in V I Stromstärke in A U_0 Leerlaufspannung in V I_a Ankerstrom in A R_a Ankerwiderstand in Ω
	$U = U_0 - I_a \cdot R_a$	

Anschlussbezeichnungen von umlaufenden elektrischen Maschinen VDE 0530-8, DIN EN 60034-8

Regeln für Anschlussbezeichnungen

- Jedem Wicklungsstrang ist ein Großbuchstabe zugeordnet. Diesem Buchstaben kann eine Zahl vorangehen und eine Zahl folgen (ohne Lücke).
- Die dem Buchstaben nachfolgende Zahl kennzeichnet den Anfang (1), das Ende (2) oder Anzapfungen (3, 4, ...) der Wicklung.
- Die Zahl vor dem Buchstaben kennzeichnet die Zugehörigkeit der Wicklung (z. B. zu einem Stromsystem o. Ä.).
- Die Zahlen oder eine der Zahlen können entfallen, wenn dadurch keine Missverständnisse entstehen.

Beispiel

Käfigläufermotor mit zwei getrennten Wicklungen

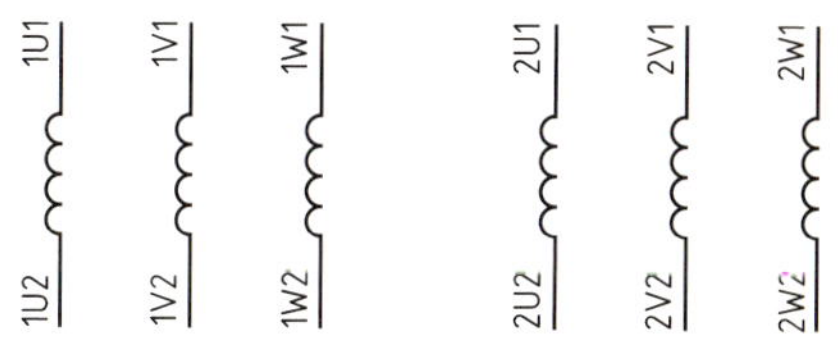

Kommutatorlose Wechselstrommaschinen

Kennbuchstaben der Wicklungen		
Primär	Strang 1 Strang 2 Strang 3 Sternpunkt	U V W N
Sekundär	Strang 1 Strang 2 Strang 3 Sternpunkt	K L M Q
Andersartige Wicklungen		R, S, T, X, Y, Z
Gleichstromdurchflossene Erregerwicklung		F

Beispiel

Schleifringläufermotor

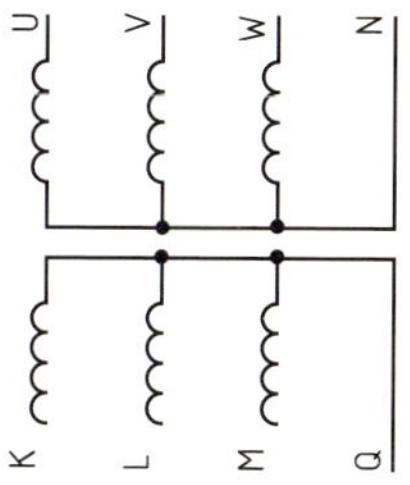

Synchronmaschine

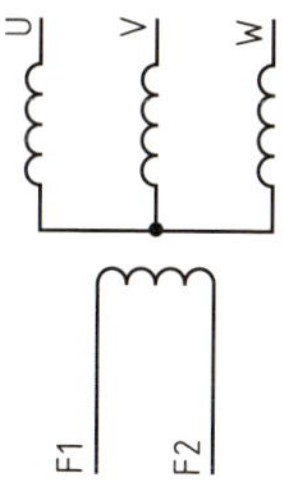

Gleichstrom- und Einphasen-Kommutatormaschinen

Kennbuchstaben der Wicklungen	
Ankerwicklung	A
Wendepolwicklung	B
Kompensationswicklung	C
Reihenschluss-Fremderregerwicklung	D
Nebenschluss-Fremderregerwicklung	E
Fremderregerwicklung	F
Hilfswicklung (Längsachse)	H
Hilfswicklung (Querachse)	J

Beispiel

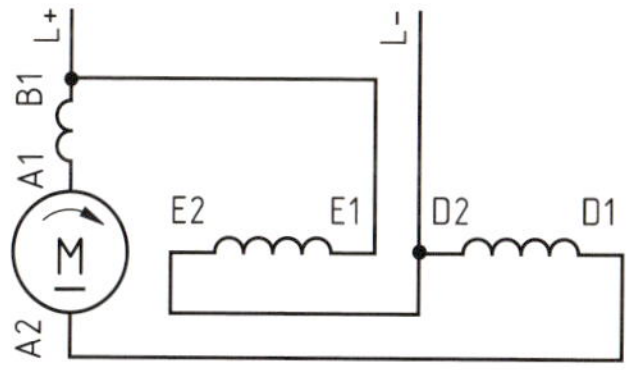

Drehsinn von umlaufenden elektrischen Maschinen DIN VDE 0530-8, DIN EN 60034-8

Festlegung

- Die Drehrichtung wird festgelegt durch den Blick auf die Stirnseite des einzigen Wellenendes oder bei zwei auf die des dickeren Wellenendes.
- Sind beide Wellenenden gleich dick, dann gilt als Blickrichtung die Stirnseite des Wellenendes, das auf der anderen Seite des Ventilators liegt.
- Die Drehrichtung im Uhrzeigersinn gilt als Rechtslauf.
- Drehstrommaschinen drehen rechts, wenn die alphabetische Reihenfolge der Buchstaben der Anschlussbezeichnungen mit der Phasenfolge der Spannungen übereinstimmen.
- Gleichstrommaschinen drehen rechts, wenn die Wicklungen in gleicher Zahlenfolge vom Strom durchflossen werden.

Beispiel

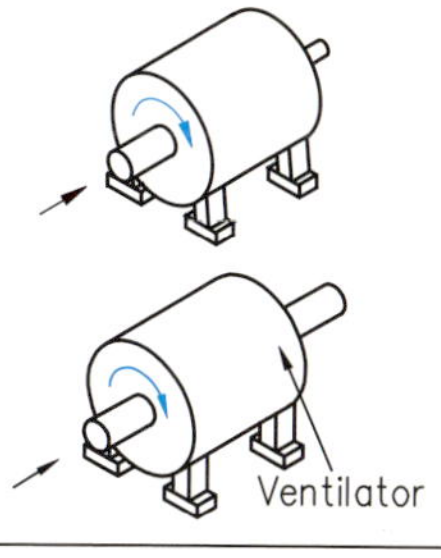

Einphasen-Wechselstrommotoren mit Kommutatoren

Motorart	Einphasen-Reihenschlussmotor (Universalmotor)	Repulsionsmotor
Schaltung und Aufbau	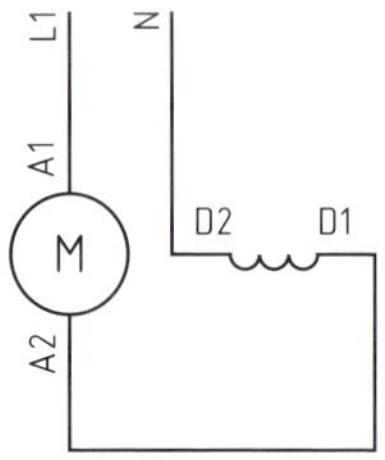 Ständer mit Erregerwicklung, Anker mit Ankerwicklung und Kommutator, Anker- und Erregerwicklung sind in Reihe geschaltet (ähnlicher Aufbau wie beim Gleichstrom-Reihenschlussmotor).	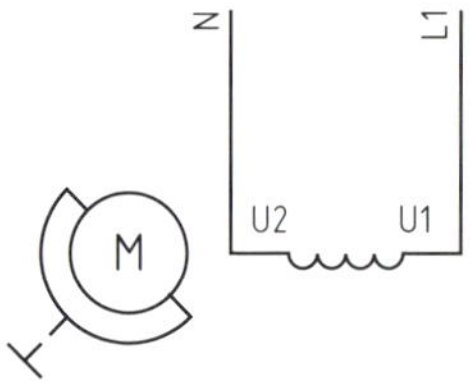 Ständer mit Wechselstromwicklung, Läufer mit Ankerwicklung und Kommutator, auf dem Kommutator verschiebbare miteinander verbundene Kohlebürsten
Anschluss	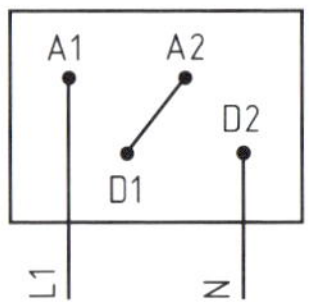 Rechtslauf 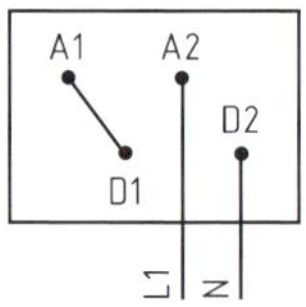 Linkslauf	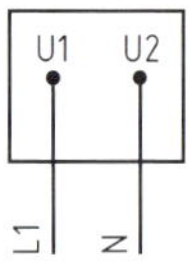 Drehrichtungsumkehr durch Bürstenverschiebung
Hochlaufkennlinien	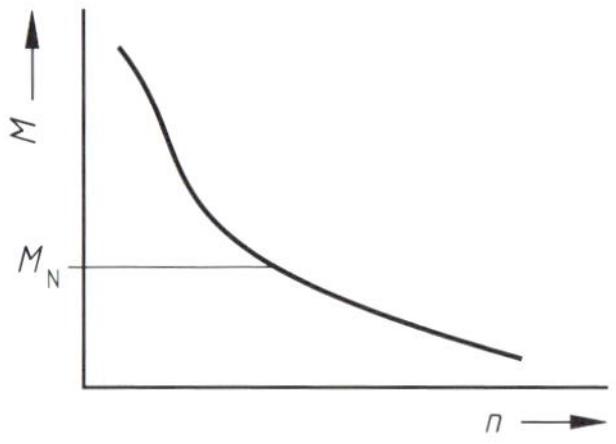	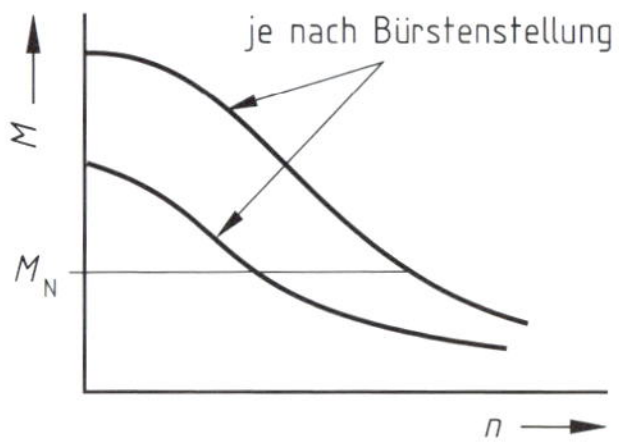
Anzugsstrom	$\frac{I_A}{I_n} \approx ...4$	$\frac{I_A}{I_n} \approx 2...5$
Anzugsmoment	$\frac{M_A}{M_n} \approx 2...5$	$\frac{M_A}{M_n} \approx 1,5...4,5$
Eigenschaften	• Bei Belastung starker Abfall der Drehzahl, dabei stark ansteigendes Drehmoment (Reihenschlussverhalten) • Hohes Anlaufmoment • Drehzahl durch die Spannung lastunabhängig verstellbar • Verschleiß durch Kommutator und Kohlebürsten	• Drehzahl lastabhängig (Reihenschlussverhalten) und abhängig von der Bürstenstellung • Hohes Anlaufmoment • Drehzahl durch die Spannung und durch Bürstenverschiebung lastunabhängig einstellbar • Verschleiß durch Kommutator und Kohlebürsten
Anwendungsbeispiele	• Haushaltsgeräte • Werkzeuge	• Textilmaschinen • Prüfstände

Drehstrom-Asynchronmotoren am Einphasennetz (Steinmetzschaltung)

Schaltung und Aufbau

Dreieckschaltung

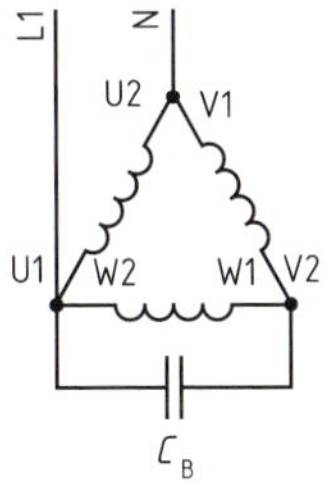

Diese Schaltung wird verwendet, wenn die Spannung des Einphasennetzes mit der Strangspannung des Motors übereinstimmt

Sternschaltung

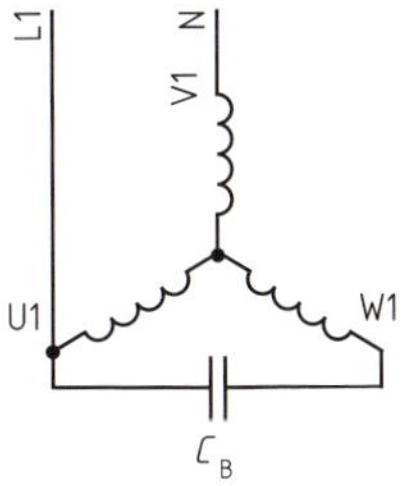

Diese Schaltung wird verwendet, wenn die Spannung des Einphasennetzes um den Faktor $\sqrt{3}$ größer als die Strangspannung des Motors ist.

An zwei Anschlüsse des Käfigläufermotors wird ein Betriebskondensator mit der Kapazität C_B angeschlossen. Zur Erhöhung des Anlaufmomentes kann ein Anlaufkondensator mit der Kapazität C_A während des Anlaufes parallel zu C_B geschaltet werden.

Kapazität der Kondensatoren

Netzspannung in V	133	230	400	$C_A = 2 \cdot C_B$
C_B in µF je kW der Bemessungsleistung (Nennleistung) des Motors	180	70	20	

Anschluss

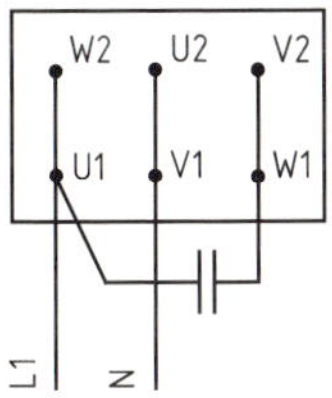

Rechtslauf

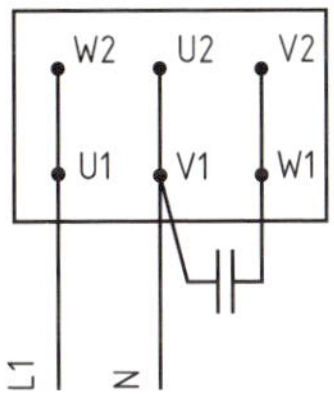

Linkslauf

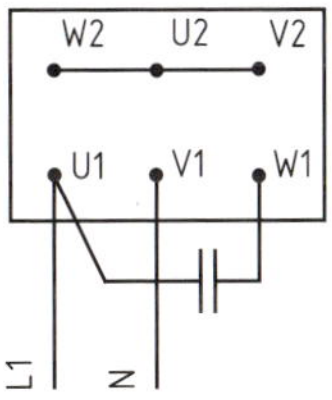

Rechtslauf

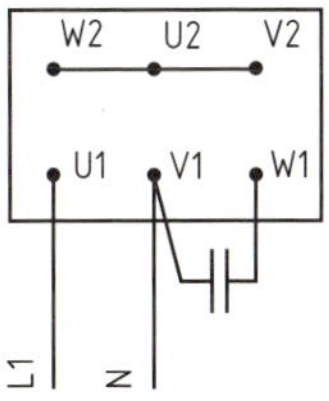

Linkslauf

Hochlaufkennlinie, Leistung und Drehmoment

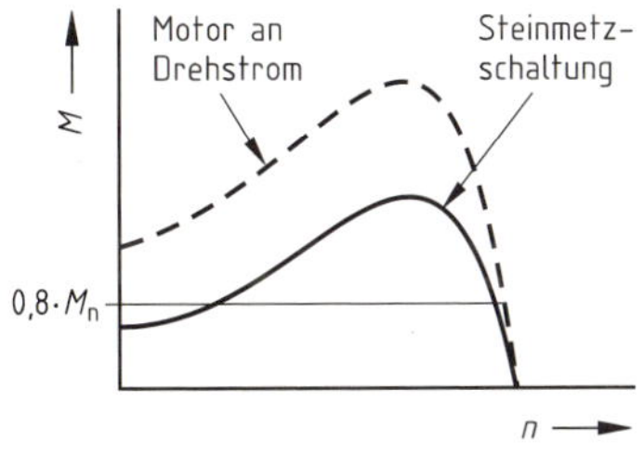

- Der Motor sollte in Steinmetzschaltung nur bis zu 80 % seiner Bemessungsleistung (Nennleistung) betrieben werden.
- Bei Verwendung eines Betriebskondensators beträgt das Anzugsmoment nur ein Viertel des Bemessungsmomentes (Nennmomentes) des Motors. Mit einem Anlaufkondensator kann das Anzugsmoment vergrößert werden.

Eigenschaften

- Betriebsverhalten wie das des Käfigläufermotors, jedoch mit geringeren Drehmomenten und einer verringerten Leistung
- Geringerer Wirkungsgrad als beim Betrieb am Drehstromnetz

Anwendungsbeispiele

- Bei Antrieben mit verhältnismäßig geringen Leistungen und fehlendem Drehstromnetz, z. B.:
- Baumaschinen
- Betonmischer
- Kreissägen

Gleichstrommotoren

Motorart	Fremderregter Motor	Nebenschlussmotor	Reihenschlussmotor	Doppelschlussmotor
Schaltung und Aufbau	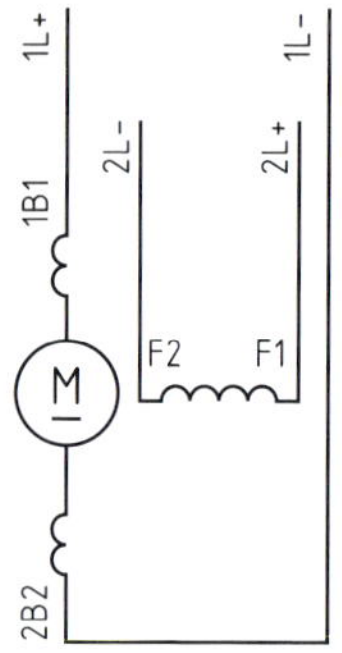 Stator mit Erregerwicklung, die von einer zweiten Spannungsquelle versorgt wird, Anker mit Ankerwicklung und Kommutator	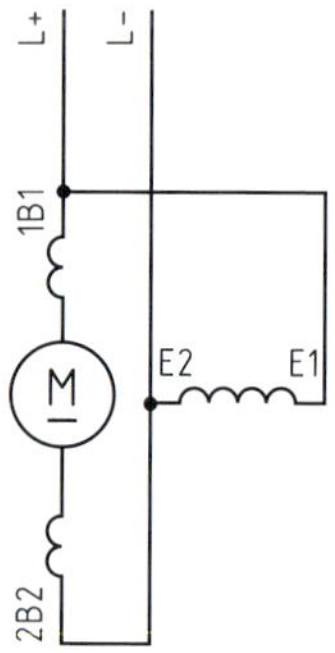 Stator mit zum Anker parallel geschalteter Erregerwicklung, Anker mit Ankerwicklung und Kommutator	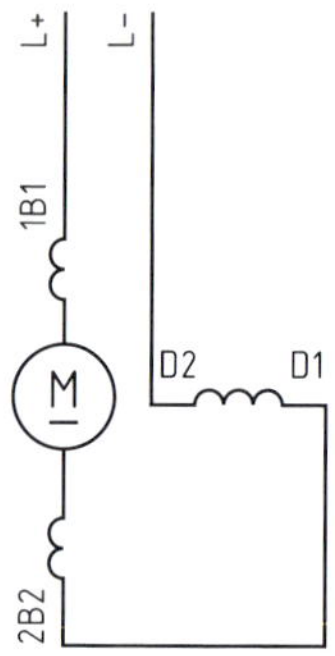 Stator mit zum Anker in Reihe geschalteter Erregerwicklung, Anker mit Ankerwicklung und Kommutator	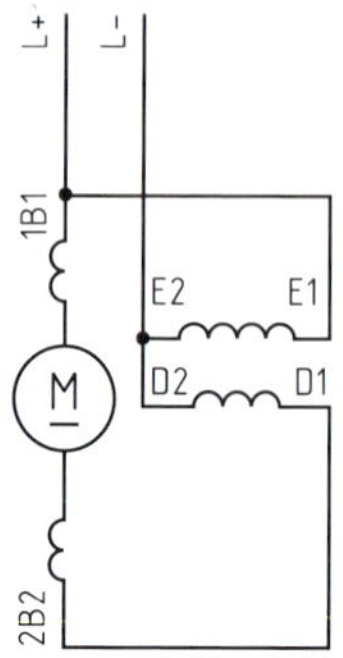 Stator mit zum Anker parallel und in Reihe geschalteter Erregerwicklung, Anker mit Ankerwicklung und Kommutator
Anschluss Rechtslauf Linkslauf	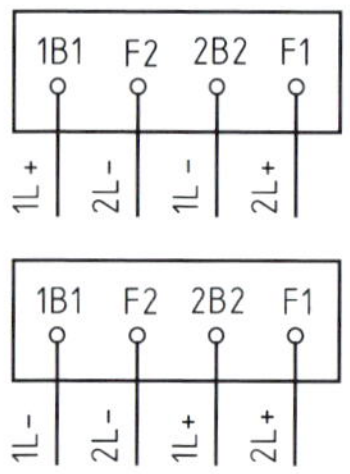	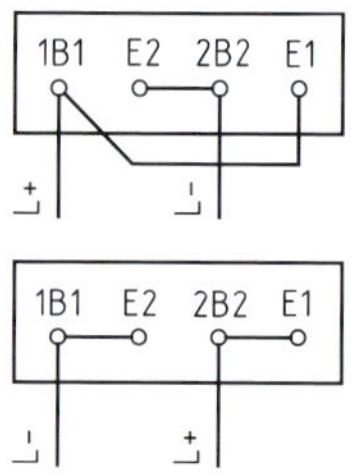	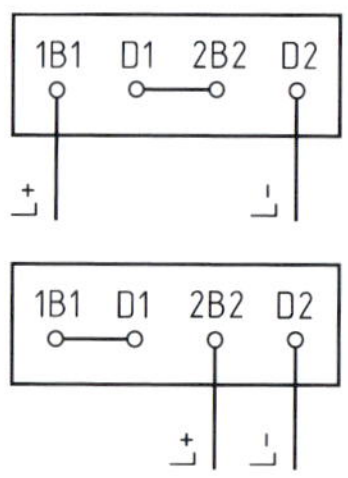	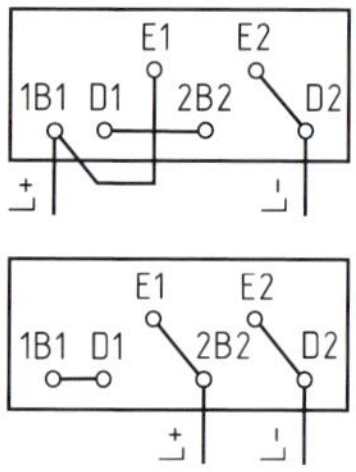
Kennlinien	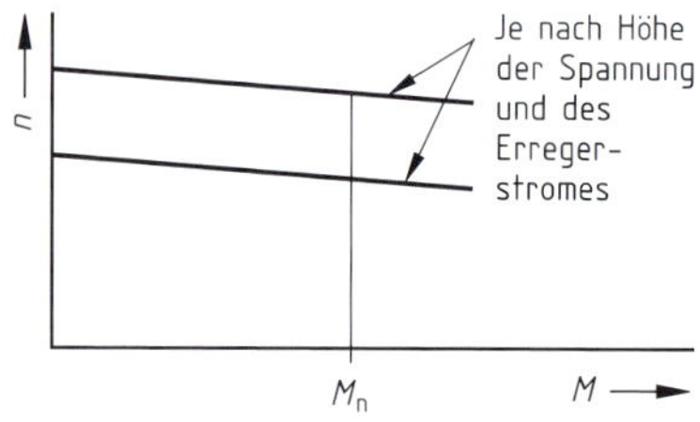		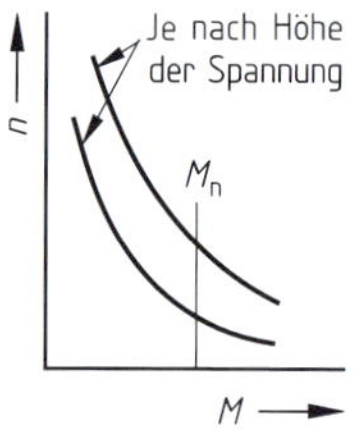	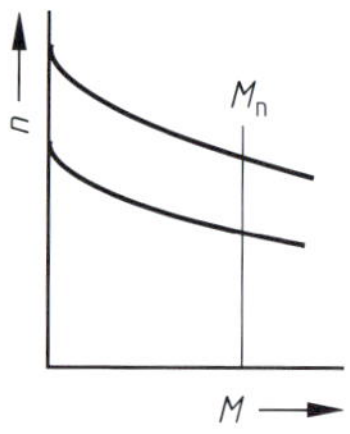
Eigenschaften	• Geringer Drehzahlabfall bei Belastung (Nebenschlussverhalten) • Drehzahlsteuerung in großem Bereich durch Ankerspannung oder Erregerstrom		• Drehzahl lastabhängig (Reihenschlussverhalten) • Drehzahlsteuerung durch Ankerspannung	• Je nach Kompoundierung mehr Nebenschluss- oder mehr Reihenschlussverhalten
Anwendungsbeispiele	• Werkzeugmaschinen • Förderanlagen • Servomotoren (mit Permanentmagnet)		• Fahrzeuge • Hebezeuge • Kfz-Anlasser	• Werkzeugmaschinen • Walzwerkantriebe

Generatoren			
Generatorart	Synchrongenerator	Gleichstrom-Nebenschluss-generator	Fremderregter Gleichstrom-generator
Schaltung und Aufbau	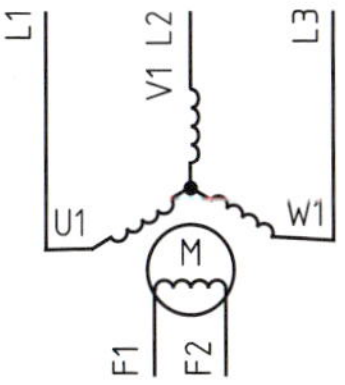 Ständer mit Drehstromwicklung, Läufer mit Erregerwicklung	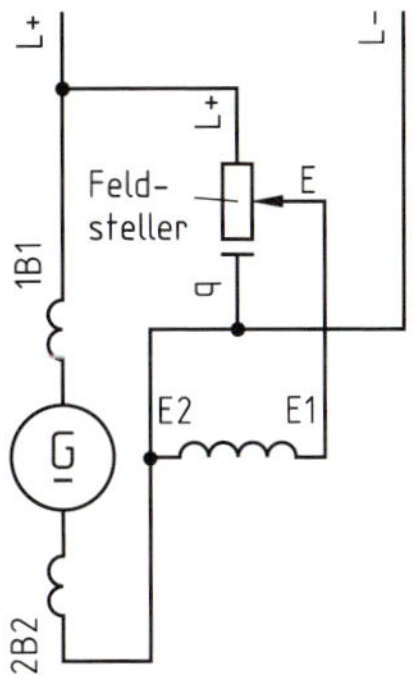 Aufbau wie Nebenschlussmotor	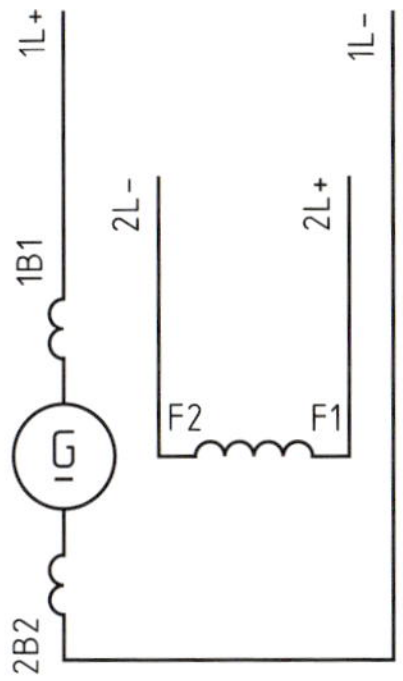 Aufbau wie fremderregter Gleichstrommotor
Anschluss	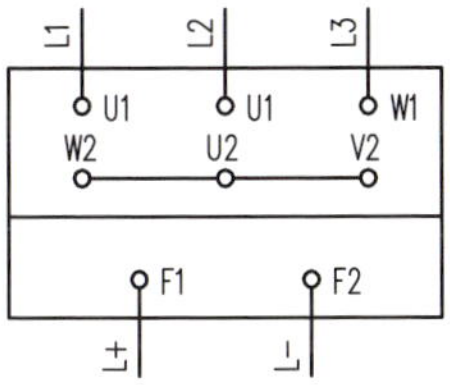	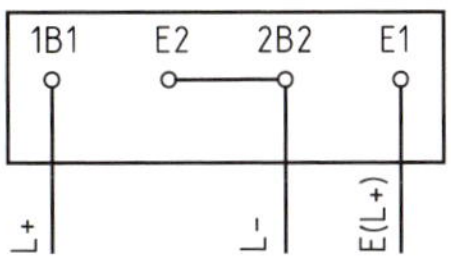	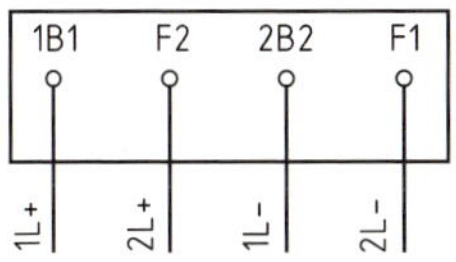
Kennlinien	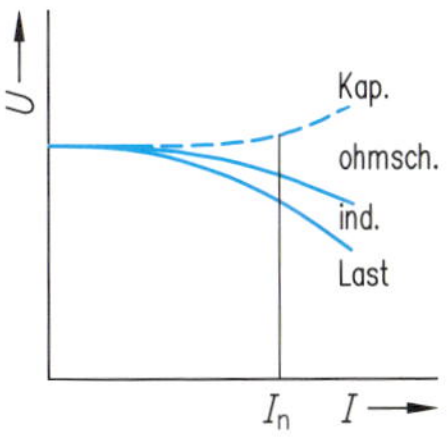	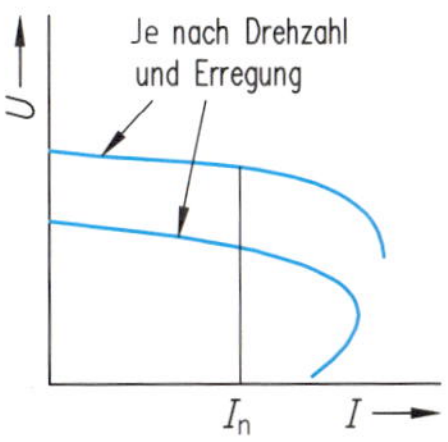	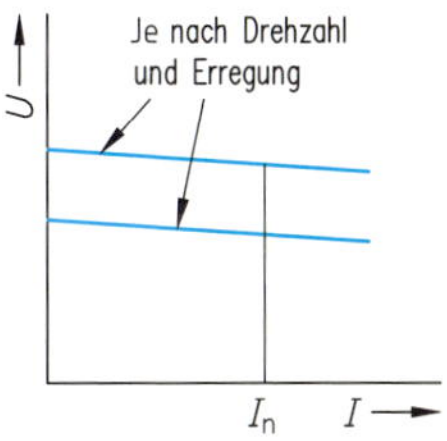
Eigenschaften	• Die Frequenz ist proportional zur Drehzahl. • Am Netz kann mit dem Erregerstrom der Leistungsfaktor verändert werden.	• Die Ausgangsspannung ist durch die Drehzahl und den Feldsteller einstellbar. • Die Ausgangsspannung sinkt geringfügig bei zunehmender Belastung.	• Die Ausgangsspannung ist durch die Erregerspannung und die Drehzahl einstellbar. • Die Ausgangsspannung sinkt geringfügig bei zunehmender Belastung.
Anwendungs-beispiele	• Als Generator zur Stromversorgung z. B. in Kraftwerken oder Notstromaggregaten	• Notstromanlagen	• Notstromanlagen • Drehzahlmesseinrichtung (mit Permanenterregung)

Schrittmotor

Ansteuerungsart	Unipolar	Bipolar
Prinzipieller Aufbau	Ständer mit Wicklungssträngen, Läufer als Dauermagnet mit mehreren Polen, die Drehbewegung wird durch eine besondere Ansteuerung der Wicklungen erreicht.	
Ansteuerung mit Schaltern	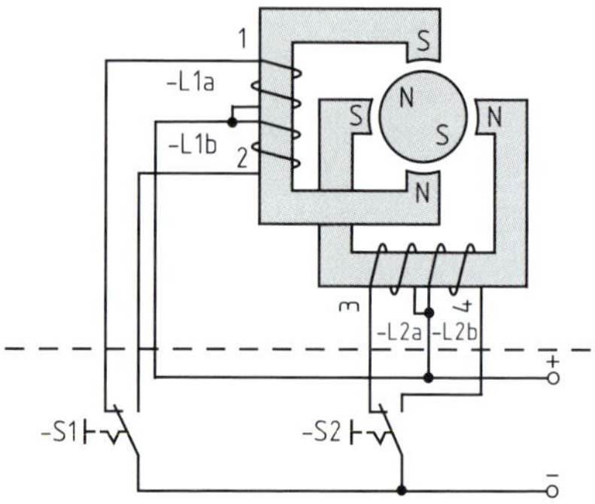	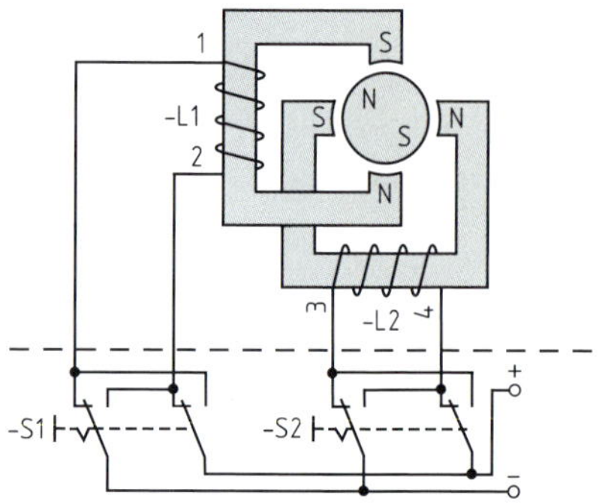
Ansteuerung mit Transistoren (auf die Darstellung der Freilaufdioden wurde verzichtet)	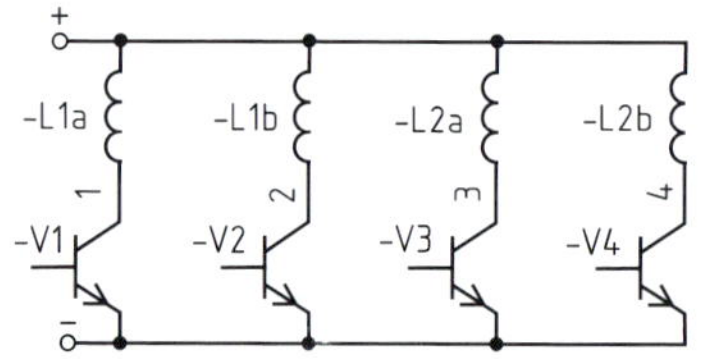	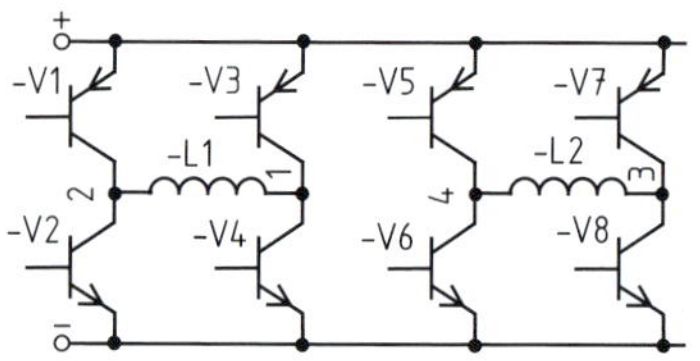

Ansteuertabelle für Halbschrittbetrieb und Rechtslauf (bei Vollschrittbetrieb entfallen die Zeilen mit t_1, t_3, t_5 und t_7)

Zeit	V1	V2	V3	V4	Zeit	V1/V4	V2/V3	V5/V8	V6/V7
t_0	1	0	1	0	t_0	1	0	1	0
t_1	1	0	0	0	t_1	1	0	0	0
t_2	1	0	0	1	t_2	1	0	0	1
t_3	0	0	0	1	t_3	0	0	0	1
t_4	0	1	0	1	t_4	0	1	0	1
t_5	0	1	1	1	t_5	0	1	1	1
t_6	0	1	1	0	t_6	0	1	1	0
t_7	0	0	1	0	t_7	0	0	1	0
t_8 (t_0)	1	0	1	0	t_8 (t_0)	1	0	1	0

1: Transistor leitet, 0: Transistor gesperrt

Schrittwinkel bei Vollschritt

$$\alpha = \frac{360°}{2 \cdot p \cdot m}$$

- α Schrittwinkel in Grad
- p Polpaarzahl
- m Phasenzahl (entspricht der Zahl der Wicklungsstränge)

Drehmoment-Schrittfrequenz-Kennlinie

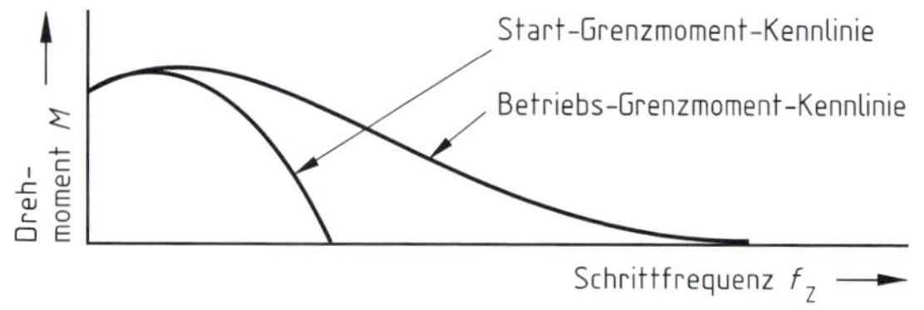

	Unipolar	Bipolar
Eigenschaften	Ansteuerung erforderlich, Positionierung durch Steuerimpulse, hohes Haltemoment	
Vergleich: uni- und bipolare Ansteuerung	• Einfache Ansteuerung • Geringeres Drehmoment • Geringere Schrittfrequenz	• Aufwendige Ansteuerung • Höheres Drehmoment • Höhere Schrittfrequenz

Linearmotoren

Motorart	Synchroner Langstator-Linearmotor	Asynchroner Kurzstator-Linearmotor
Prinzipieller Aufbau	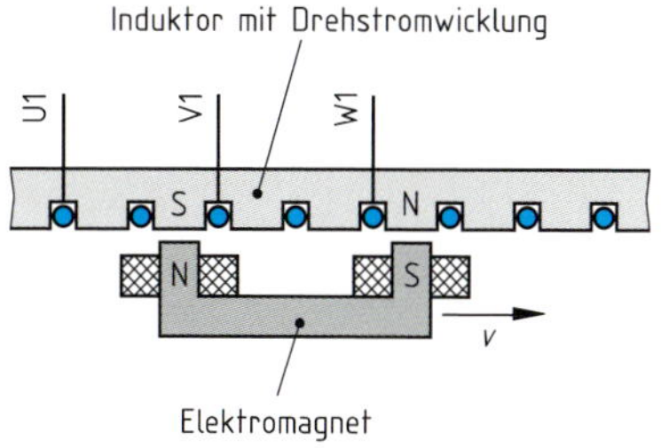 Der Induktor ist der feststehende Teil des Motors und entspricht einem aufgetrennten und gestreckten Ständer eines Drehfeldmotors. Er ist so lang wie die gesamte Strecke, auf der sich der bewegliche Teil des Motors, ein Elektromagnet, bewegt.	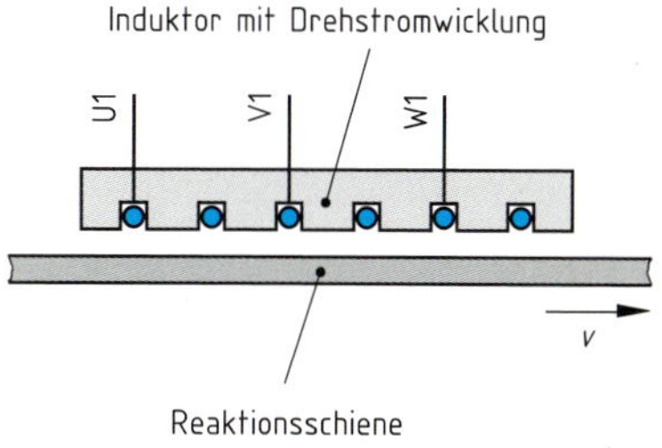 Der Induktor ist prinzipiell so aufgebaut wie beim synchronen Langstator-Linearmotor, ist jedoch kurz. Der bewegliche Teil ist eine Reaktionsschiene, die aus leitendem Material besteht und die Länge des Motors bestimmt.
Eigenschaften	• Elektromagnet bewegt sich linear entsprechend dem Verlauf des Induktors. • Magnet bewegt sich synchron mit dem Magnetfeld des Induktors.	• Reaktionsschiene bewegt sich entlang des Induktors. • Die Schiene bewegt sich asynchron zum Magnetfeld des Induktors.
Anwendungen	• Magnetschwebebahn • Fahrzeugantrieb	• Torantriebe • Werkzeugmaschinen

Servomotoren

Motorart	Scheibenläufer-Motor (Gleichstrommotor)	Schlankläufer-Motor (Gleichstrommotor)	Bürstenloser Gleichstrommotor, EK-Motor
Prinzipieller Aufbau (Scheibenläufer- und Schlankläufer-Motoren gibt es auch für Wechselspannung als Synchron- und Asynchronmotoren)	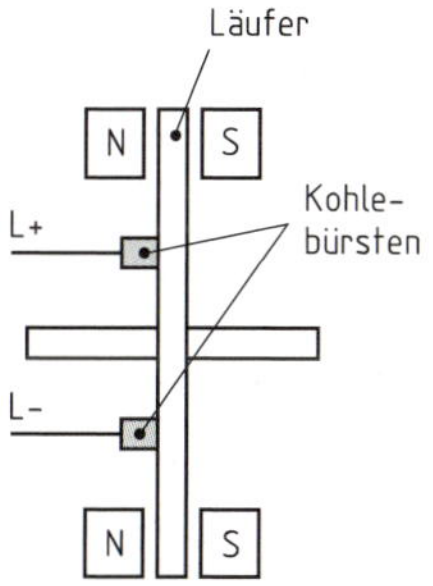 Der Läufer besteht aus einer dünnen, nicht leitenden Scheibe mit Leiterbahnen, die Erregung erfolgt durch Dauermagnete.	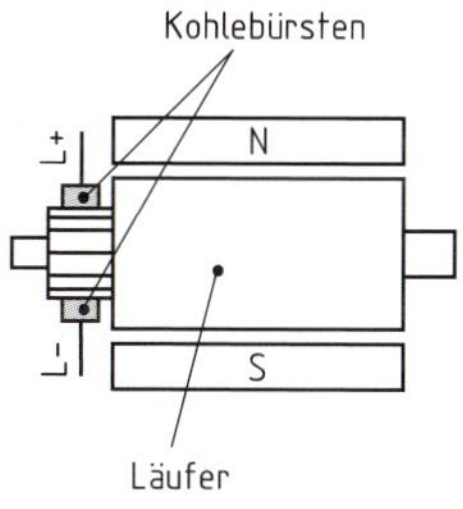 Der Läufer hat einen verhältnismäßig kleinen Durchmesser, die Erregung erfolgt bei kleinen Motoren durch Dauermagnete.	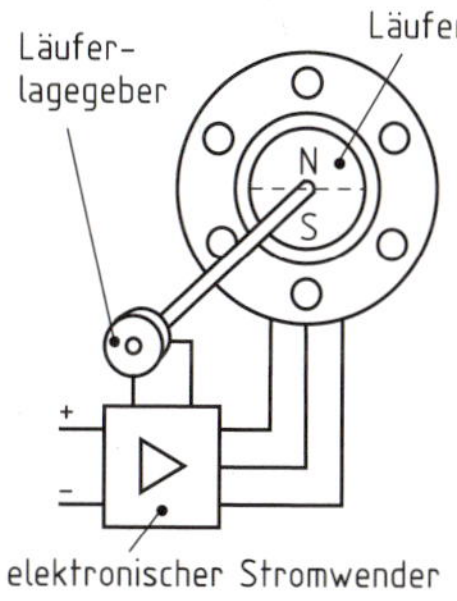 Der Läufer ist ein Dauermagnet, der elektronische Stromwender erzeugt, abhängig von der Lage des Läufers im Magnetfeld.
Eigenschaften	• Kurze Hochlauf- und Bremszeiten (hochdynamisch) • Gut steuerbar in großem Drehzahlbereich • Nebenschlussverhalten		• Keine Kohlebürsten, aber aufwendige Ansteuerung • Nebenschlussverhalten
Anwendungen	• Positionierung bei Werkzeugmaschinen • Antrieb von Komponenten bei Industrierobotern	• Positionierung bei Werkzeugmaschinen	• Positionierung bei Werkzeugmaschinen • Antrieb von Komponenten bei Industrierobotern

Polumschaltbare Drehstrommotoren

Motor mit zwei getrennten Wicklungen (zwei Drehzahlen)

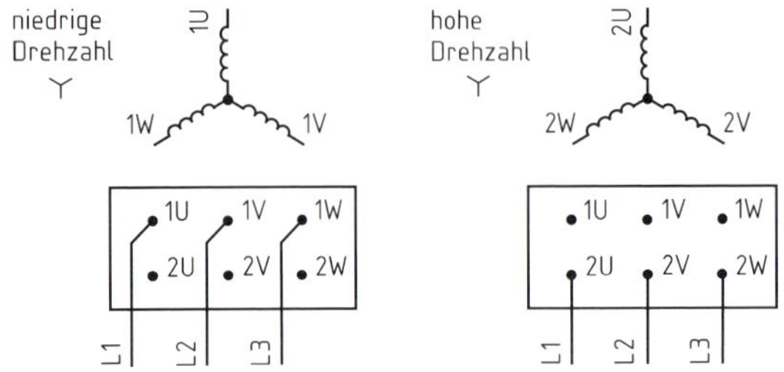

Schaltung	Polzahl	Anmerkung
Y/Y	6/2 6/4 8/2 8/6 12/2 12/4	Motoren können je nach Bauart bei beiden Drehzahlen gleiches Drehmoment oder gleiche Leistung haben.

Dahlanderschaltung (zwei Drehzahlen)

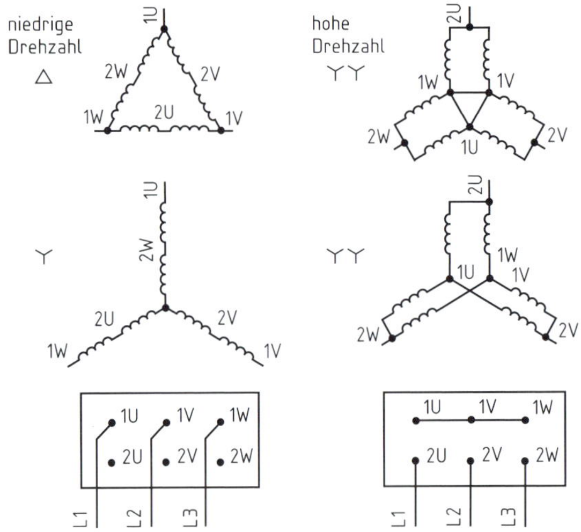

Schaltung	Polzahl	Anmerkung
Δ/YY	4/2 8/4 12/6	Das Drehmoment ist bei der hohen Drehzahl etwas geringer als bei der niedrigen.
Y/YY	4/2 8/4 12/6	Das Drehmoment ist bei der hohen Drehzahl größer als bei der niedrigen. Anwendung bei Lüfterantrieben.

Motor mit zwei getrennten Wicklungen und Dahlanderschaltung (drei Drehzahlen)

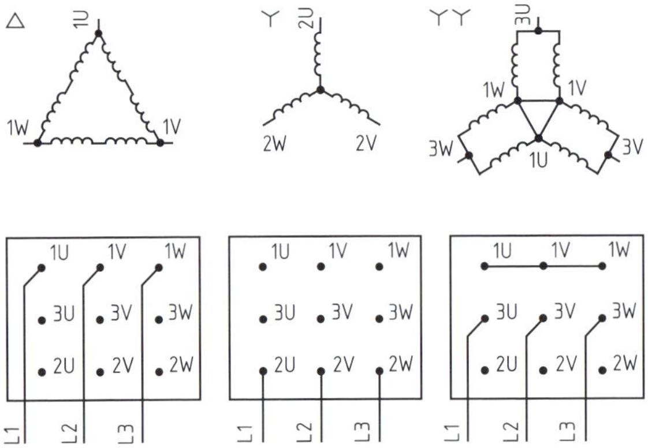

Schaltung	Polzahl	Anmerkung
Δ/Y/YY	8/6/4 12/8/6 16/12/8	Zwei Drehzahlen werden durch die Dahlanderschaltung realisiert. Die dritte Drehzahl entsteht durch die zusätzliche Wicklung. Diese Wicklung ist im Stern geschaltet.
Y/Δ/YY	6/4/2 12/4/2 12/8/41 16/4/2 20/4/2	
Δ/YY/Y	8/4/2 12/6/2 12/6/4 16/8/2 16/8/4 16/8/6 20/10/2	

Anlaufschaltungen für Drehstrommotoren

Art	Schaltung	Erläuterungen
Stern-Dreieck-Schaltung	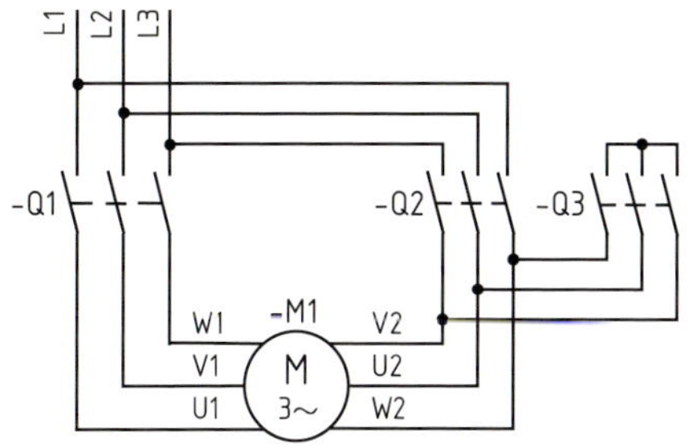	• Beim Einschalten sind die Motorwicklungen im Stern geschaltet (Q1 und Q3 ziehen an), nach dem Hochlauf werden die Wicklungen im Dreieck geschaltet (Q3 fällt ab, Q2 zieht an). • Anzugsstrom und Anzugsmoment verringern sich durch die Sternschaltung auf ein Drittel der Werte gegenüber der direkten Einschaltung. • Nur bei Motoren möglich, bei denen die Motorwicklungen in Dreieckschaltung für die Netzspannung ausgelegt sind
Elektronischer Motorstarter	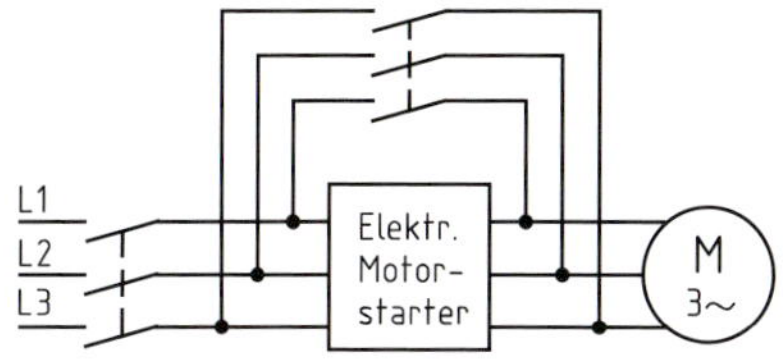	• Begrenzung des Anzugsstromes beim Start durch elektronische Schaltung • Verwendung zur Herabsetzung des Anzugsmomentes (Sanftanlauf) z. B. bei Textilmaschinen • Überbrückung des Starters nach dem Hochlauf
Läuferanlasser	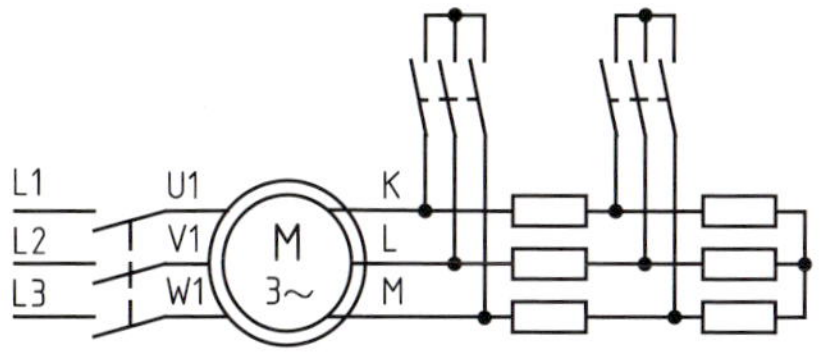	• Die Schaltung ist nur mit Schleifringläufer-Motoren möglich. • Durch Läuferwiderstände werden der Anzugsstrom vermindert und das Anzugsmoment erhöht. • Anzugsmoment kann bei entsprechenden Widerstandswerten gleich dem Kippmoment werden. • Einsatz, wenn hohe Anzugsmomente erforderlich sind

Bremsen von Motoren

Bezeichnung	Schaltprinzip	Erläuterungen
Bremslüfter	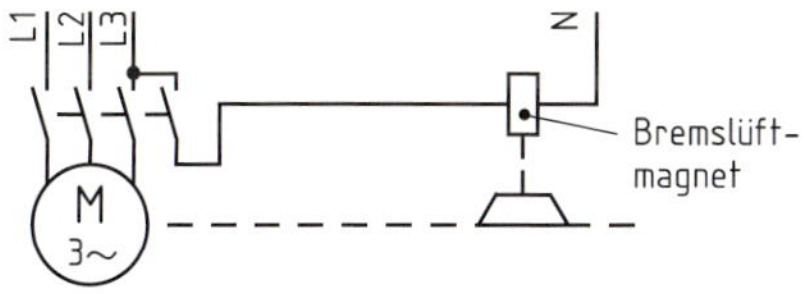	• Mechanische Bremsung durch Bremsbelag und Federkraft außerhalb des Motors • Bremse wird durch Bremslüftmagnet gelöst. • Geeignet für alle Elektromotoren
Bremsmotor	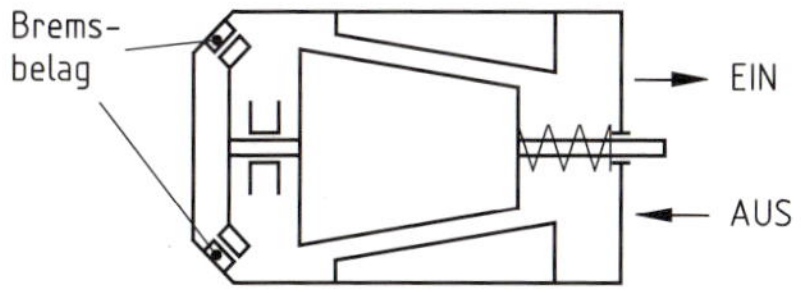	• Mechanische Bremsung durch Bremsbelag und Federkraft innerhalb des Motors • Bremse wird beim Einschalten des Motors gelöst und beim Ausschalten wirksam.
Gleichstrombremsung	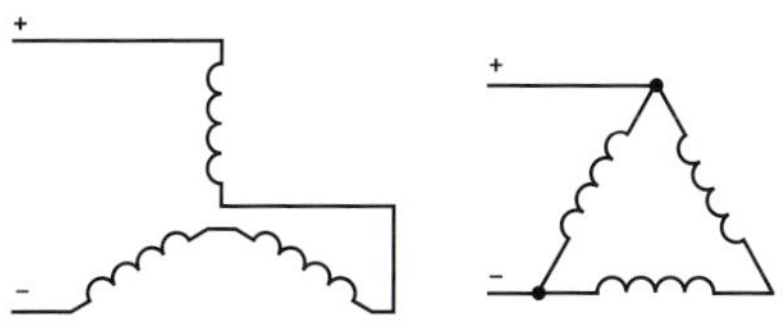 mögliche Schaltungen	• Ständerwicklung wird an Gleichspannung gelegt, Läufer wird durch Induktionsstrom abgebremst. • Wicklungen werden beim Bremsen thermisch beansprucht. • Bremse ist nur bei drehendem Läufer wirksam, keine Haltbremsung. • Anwendung bei Wechsel- und Drehstrommotoren

Motorschutzeinrichtungen

Motorschutzschalter

Schaltungen

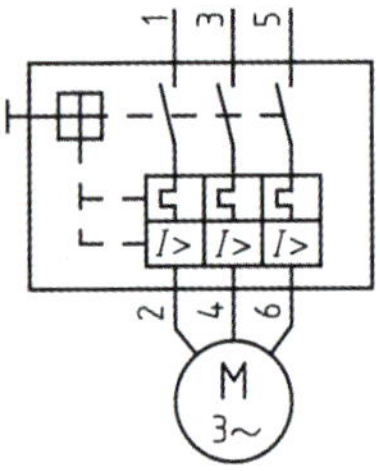

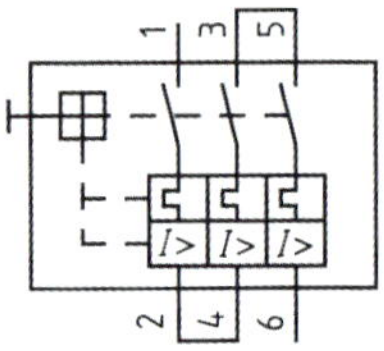

bei einpoliger Belastung

Erläuterungen

- Mit thermischer Überstromauslösung und elektromagnetischer Schnellauslösung Schutz bei Überlastung und Kurzschluss
- Überlastungsschutz durch Stromüberwachung
- Schützt nicht bei unzulässiger Motortemperatur durch behinderte Kühlung
- Einstellung des Schalters auf Motorbemessungsstrom I_n

Motorschutzrelais

Schaltung

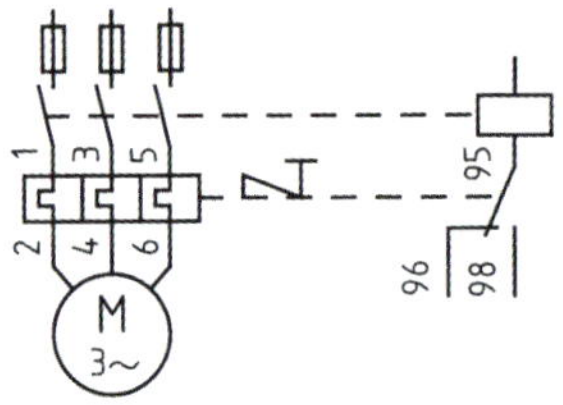

Erläuterungen

- Schutz bei Überlastung durch Stromüberwachung
- Schützt nicht bei unzulässiger Motortemperatur durch behinderte Kühlung
- Kein Kurzschlussschutz, daher sind Sicherungen vorzusehen
- Einstellung des Relais auf Motorbemessungsstrom I_n

Motorschutzrelais bei Stern-Dreieck-Anlauf

Schaltung 1

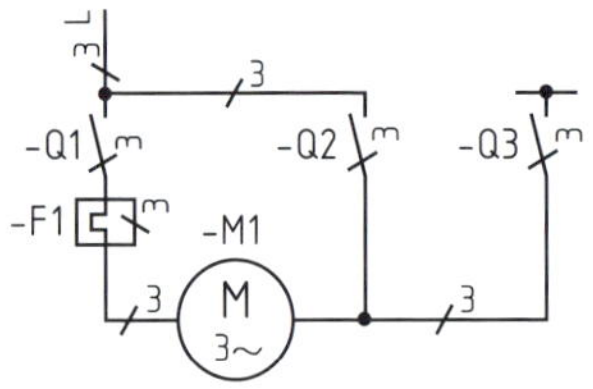

- Einstellung auf 0,58 · I_n (Motorbemessungsstrom)
- Schutz des Motors bei Stern- und Dreieckschaltung
- Anwendung bei normalem Hochlaufen

Schaltung 2

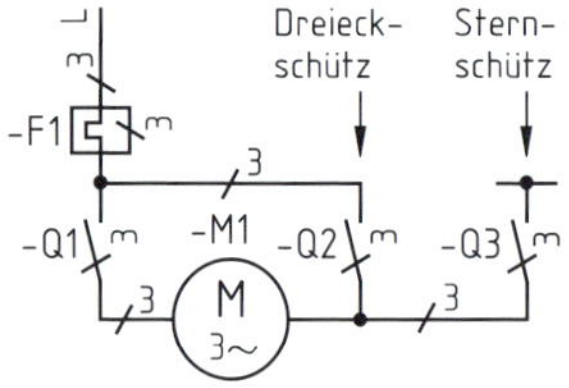

- Einstellung auf 1 · I_n (Motorbemessungsstrom)
- Nur bedingter Schutz bei Sternschaltung
- Anwendung bei längeren Hochlaufzeiten

Schaltung 3

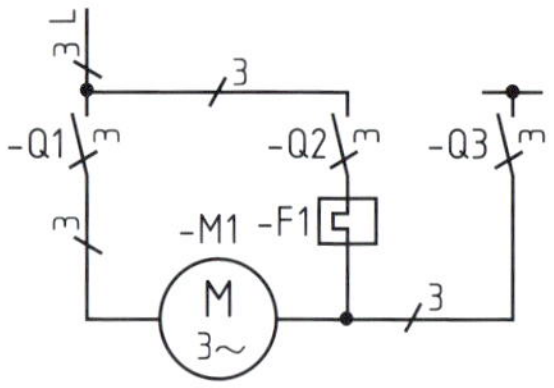

- Einstellung auf 0,58 · I_n (Motorbemessungsstrom)
- Kein Schutz bei Sternschaltung
- Anwendung bei sehr langen Hochlaufzeiten

Motorvollschutz

Schaltungsprinzip

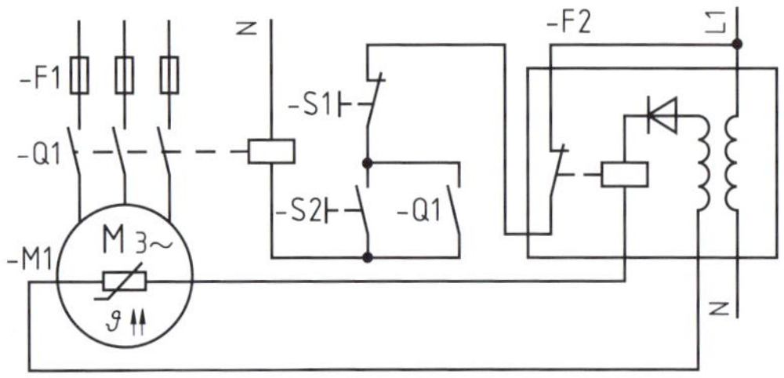

Erläuterungen

- Durch Temperaturfühler in der Wicklung wird bei unzulässig hoher Temperatur abgeschaltet.
- Motor ist sowohl bei Überlastung als auch bei behinderter Kühlung vollständig geschützt.
- Nur möglich bei Motoren mit Temperaturfühlern

Erwärmung elektrischer Maschinen — VDE 0530, EN 60034

Ermittlung der Übertemperatur von Wicklungen

- Die Übertemperatur einer Wicklung ist der Unterschied zwischen der Temperatur der Wicklung nach der Erwärmung (am Ende der Prüfung) und der Kühlmitteltemperatur am Ende der Prüfung.
- Zur Ermittlung der Wicklungstemperatur einer Maschine ist das Widerstandsverfahren anzuwenden.
- Beim Widerstandsverfahren wird die Übertemperatur aus der Widerstandszunahme einer Wicklung bei Erwärmung ermittelt.

Formeln zur Berechnung der Übertemperatur $\vartheta_2 - \vartheta_a$ für Kupferwicklungen

$$\frac{\vartheta_2 + 235\,\text{K}}{\vartheta_1 + 235\,\text{K}} = \frac{R_2}{R_1}$$

$$\vartheta_2 - \vartheta_a = \frac{R_2 - R_1}{R_1} \cdot (235\,\text{K} + \vartheta_1) + \vartheta_1 - \vartheta_a$$

ϑ_2 Wicklungstemperatur am Ende der Prüfung in °C
ϑ_1 Wicklungstemperatur vor der Prüfung in °C
ϑ_a Kühlmitteltemperatur am Ende der Prüfung in °C (in der Regel gilt: $\vartheta_1 = \vartheta_a$)
R_2 Wicklungswiderstand nach der Prüfung in Ω
R_1 Wicklungswiderstand vor der Prüfung in Ω

Grenztemperaturen und Grenz-Übertemperaturen von indirekt mit Luft gekühlten Maschinen

Für die folgende Tabelle gelten folgende Bedingungen:

- Die Grenztemperaturen sind die maximal zulässigen Temperaturen in °C.
- Die Grenz-Übertemperaturen sind die zulässigen Übertemperaturen in K gegenüber der umgebenden Luft am Aufstellungsort. Sie gelten bis zu einer Umgebungstemperatur von 40 °C und bis zu einer Höhe des Aufstellungsortes von 1000 m über NN. Bei einer Grenz-Übertemperatur von 85 K und einer Umgebungstemperatur von 30 °C darf die Wicklungstemperatur z. B. höchstens 105 °C betragen.
- Die Grenz-Übertemperaturen beziehen sich auf Temperaturwerte, die nach dem Widerstandsverfahren ermittelt wurden. Sie sind für die Wicklungstypen A, B und C angegeben.
- Zum Wicklungstyp A gehören:
  - Wechselstromwicklungen von Maschinen mit Leistungen ≥ 600 W (VA) und < 5000 kW (kVA)
  - Kommutator-Wicklungen
  - Feldwicklungen von Wechsel- und Gleichstrommaschinen mit Gleichstromerregung, außer einlagigen Feldwicklungen und Feldwicklungen von Vollpolläufer-Synchronmaschinen
- Zum Wicklungstyp B gehören:
  - Wechselstromwicklungen von Maschinen mit Leistungen < 600 W (VA)
- Zum Wicklungstyp C gehören:
  - Wechselstromwicklungen von Maschinen mit Leistungen ≥ 5000 kW

Wärmeklasse	Grenztemperatur in °C	Grenz-Übertemperatur in K bei Wicklungstyp			Isolierstoffe (Beispiele)
		A	B	C	
Y	90	–	–	–	Baumwolle, Seide, Zellwolle, Papier, Holz, Polyethylen, Polyvinylchlorid
A	105	60	65	60	Baumwolle, Seide, Zellwolle, Papier, Holz, Drahtlacke auf Ölharzbasis
E	120	75	75	–	Drahtlacke auf Epoxid- oder Polyamid-Harzbasis, Pressteile (Phenol, Melamin)
B	130	80	85	80	Glasfaser, Asbest, Glimmer, Drahtlacke auf der Basis von Polyterephthalat
F	155	105	110	100	Glasfaser, Asbest, Glimmer, Drahtlacke auf der Basis von Imid-Polyester bzw. Esterimid
H	180	125	130	125	Glasfaser, Asbest, Glimmer, Drahtlacke auf reiner Polyamidbasis
C	>180	–	–	–	Glimmer, Porzellan, Glas, Quarz, Keramik, Polytetrafluoräthylen

Wirkungsgradklassen von Drehstrommotoren

Wirkungsgradklassen

Für Käfigläufermotoren wurden drei Wirkungsgradklassen „IE“ (International Energy-efficiency Class) festgelegt:

- IE1 Motoren mit Standard-Wirkungsgrad
- IE2 Motoren mit hohem Wirkungsgrad
- IE3 Motoren mit Premium-Wirkungsgad

2, 4 und 6-polige Käfigläufermotoren mit Bemessungsleistungen von 0,75 kW bis 375 kW und der Betriebsart S1 (Dauerbetrieb) müssen mindestens der Klasse IE3 entsprechen, im Zusammenhang mit Umrichtern sind auch IE2 Motoren zulässig.

Der IE-Code muss auf diesen Motoren mit dem Wirkungsgard auf dem Leistungsschild angegeben werden.

Die folgenden Betriebswerte der Käfigläufermotoren mit Bemessungsleistungen ab 0,75 kW entsprechen der Wirkungsgradklasse IE3.

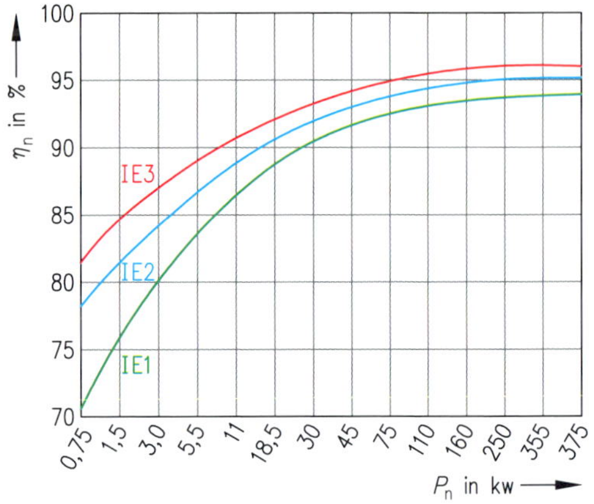

Betriebswerte von oberflächengekühlten Drehstrom-Käfigläufermotoren

Formelzeichen

P_N	Bemessungsleistung	n_N	Bemessungsdrehzahl	I_N	Bemessungsstrom
I_A	Anzugsstrom	M_N	Bemessungsmoment	M_A	Anzugsmoment
M_K	Kippmoment	η	Wirkungsgrad	$\cos\varphi$	Leistungsfaktor
m	Masse	n_d	Drehfelddrehzahl	U_N	Bemessungsspannung

Baugröße	P_N in kW	n_N in 1/min	I_N in A	$\frac{I_A}{I_N}$	M_N in Nm	$\frac{M_A}{M_N}$	$\frac{M_K}{M_N}$	η in %	$\cos\varphi$	m in kg
n_d = 3000/min		U_N = 400 V		f_N = 50 Hz			(Werte nach Herstellerunterlagen)			
63 M	0,18	2820	0,55	4,2	0,6	3,5	3,1	75	0,62	4,0
63 M	0,25	2810	0,66	4,5	0,84	3,6	3,3	78,6	0,69	4,4
71 M	0,37	2800	0,95	4,9	1,26	2,7	2,7	73,8	0,76	4,9
71 M	0,55	2800	1,29	5,3	1,88	2,9	2,8	78,4	0,78	5,9
80 M	0,75	2860	1,58	6,1	2,5	2,5	3,1	80,7	0,85	10
80 M	1,1	2885	2,25	7,1	3,64	3,0	3,7	82,7	0,85	11
90 S	1,5	2920	3,0	8,1	4,91	2,7	4,4	84,1	0,86	13
90 L	2,2	2920	4,2	8,2	7,3	2,7	4,4	85,9	0,88	16
100 L	3	2920	5,6	8,1	9,81	3,2	4,6	87,1	0,88	26
112 M	4	2955	7,4	8,0	12,9	2,9	4,4	88,1	0,89	34
132 S	5,5	2950	9,9	7,3	17,8	1,9	3,7	89,2	0,90	43
132 S	7,5	2950	13,1	8,3	24,3	2,1	4,0	90,1	0,92	57
160 M	11	2955	20,0	7,6	35,5	2,5	3,8	91,2	0,87	75
160 M	15	2960	27,0	8,8	48,4	2,8	4,3	91,9	0,87	84
160 L	18,5	2955	32,0	8,3	59,8	2,8	3,9	92,4	0,9	94
180 M	22	2950	38,5	7,5	71,0	2,5	3,5	92,7	0,89	160
200 L	30	2955	53,0	6,6	97,0	2,5	3,3	93,3	0,87	225
200 L	37	2955	65,0	6,6	120	2,5	3,2	93,7	0,88	250
225 M	45	2960	78,0	6,9	145	2,4	3,3	94,0	0,89	315
250 M	55	2975	95,0	6,7	177	2,3	3,1	94,3	0,89	385

Betriebswerte von oberflächengekühlten Drehstrom-Käfigläufermotoren (Fortsetzung)										
Baugröße	P_N in kW	n_N in 1/min	I_N in A	$\frac{I_A}{I_N}$	M_N in Nm	$\frac{M_A}{M_N}$	$\frac{M_K}{M_N}$	η in %	$\cos\varphi$	m in kg
n_d = 1500 /min		U_N = 400 V		f_N = 50 Hz			(Werte nach Herstellerunterlagen)			
71 M	0,25	1410	0,76	4,3	1,70	3,2	3,1	74,0	0,64	6,0
71 M	0,37	1385	0,96	4,2	2,6	2,8	3,0	76,1	0,73	7,0
80 M	0,55	1440	1, 30	5,8	3,65	2,2	3,1	78,1	0,78	10,0
80 M	0,75	1455	1,73	6,8	4,92	2,6	3,8	82,5	0,76	11,0
90 S	1,1	1445	2,40	7,2	7,27	2,7	3,7	83,7	0,79	13,0
90 L	1,5	1445	3,15	7,7	9,91	2,8	3,5	85,3	0,80	16,0
100 L	2,2	1465	4,40	8,4	14,3	3,2	4,4	86,7	0,83	30,0
100 L	3	1460	5,9	8,3	19,6	2,5	3,9	87,7	0,83	30,0
112 M	4	1460	8,8	7,1	26,2	2,4	3,7	88,6	0,82	34,0
132 S	5,5	1475	10,5	8,2	35,6	2,8	3,9	89,6	0,84	64,0
132 M	7,5	1465	14,3	8,2	48,9	2,6	3,7	90,4	0,84	64,0
160 M	11	1463	20,5	7,6	71,2	2,6	3,4	91,4	0,84	83,0
160 L	15	1476	28,5	8,5	97,9	2,5	3,8	92,1	0,82	100
180 M	18,5	1470	35,0	6,9	120	2,5	3,3	92,6	0,82	165
180 L	22	1470	41,0	6,8	143	2,5	3,3	93,0	0,83	170
200 L	30	1470	55,0	6,9	195	2,6	3,1	93,6	0,84	240
225 S	37	1478	66,0	7,2	239	2,6	2,9	93,9	0,86	285
225 M	45	1478	80,0	6,4	291	2,6	2,7	94,2	0,86	320
250 M	55	1482	96,0	6,8	354	2,5	2,9	94,6	0,87	420
280 S	75	1485	133	6,9	482	2,5	3,0	95,0	0,86	570
280 M	90	1485	157	7,2	579	2,6	3,0	95,2	0,87	670
n_d = 1000 /min		U_N = 400 V		f_N = 50 Hz			(Werte nach Herstellerunterlagen)			
71 M	0,25	895	0,79	3,3	2,6	2,2	2,2	64,0	0,71	6,5
80 M	0,37	905	1,07	3,6	3,9	1,6	2,1	68,0	0,73	9
80 M	0,55	905	1,58	3,3	5,8	1,6	1,8	68,7	0,73	10
90 S	0,75	945	1,88	5,3	7,58	2,3	2,7	78,9	0,73	16,0
90 L	1,1	970	2,95	5,4	10,8	2,0	3,0	81,0	0,67	20
100 L	1,5	970	3,45	6,9	14,8	2,1	3,6	82,5	0,73	30
112 M	2,2	970	4,70	6,6	21,7	1,7	2,8	84,3	0,80	28
132 S	3	970	6,5	6,5	29,5	1,8	3,0	85,6	0,78	52
132 M	4	970	8,4	6,6	39,4	1,9	3,0	86,4	0,70	52
132 M	5,5	970	11,6	6,6	54,1	2,0	3,1	88,0	0,78	52
160 M	7,5	975	15,2	6,3	73,5	1,6	2,8	89,1	0,80	93
160 L	11	975	22,0	6,6	108	1,8	3,0	90,3	0,80	115
180 L	15	975	29,5	5,9	147	2,3	2,8	91,2	0,80	180
200 L	18,5	978	37,0	5,6	181	2,5	2,6	91,7	0,79	215
200 L	22	978	43,5	5,6	215	2,5	2,6	92,2	0,79	230
225 M	30	982	56,0	6,6	292	2,6	3,0	92,9	0,83	325
260 M	37	985	67,0	7,0	359	2,7	2,9	93,3	0,85	405
280 S	45	988	82,0	6,8	435	3,0	2,8	93,7	0,85	510
280 M	55	988	99,0	7,2	532	3,2	3,0	94,1	0,85	560
315 S	75	990	136	7,3	723	2,6	3,1	94,6	0,84	750
315 M	90	991	161	6,7	867	2,5	2,8	94,9	0,85	890

Betriebswerte von polumschaltbaren Drehstrom-Asynchronmotoren

Formelzeichen

P_N	Bemessungsleistung	n_N	Bemessungsdrehzahl	I_N	Bemessungsstrom
I_A	Anzugsstrom	M_N	Bemessungsmoment	M_A	Anzugsmoment
M_K	Kippmoment	η	Wirkungsgrad	$\cos\varphi$	Leistungsfaktor
m	Masse	n_d	Drehfelddrehzahl	U_N	Bemessungsspannung

Baugröße	P_N in kW	n_N in 1/min	I_N in A	$\frac{I_A}{I_N}$	M_N in Nm	$\frac{M_A}{M_N}$	η in %	$\cos\varphi$	m in kg
Dahlanderschaltung Δ/YY $n_{d\Delta}$ = 1500/min, n_{dYY} = 3000/min, U_N = 400 V, f_N = 50 Hz (Herstellerwerte)									
80	0,8	1420	2,3	4,6	5,3	1,8	70	0,71	11,1
	1,2	2780	2,7	4,9	4,1	1,5	71	0,90	
90S	1,1	1410	2,7	4,9	7,4	2,1	72	0,81	14,8
	1,4	2800	3,3	5,0	4,7	2,0	72	0,85	
100L	1,8	1400	4,2	4,7	12,2	1,9	73	0,85	19,5
	2,2	2800	5,1	4,9	7,5	1,9	72	0,86	
100L	2,4	1410	5,5	5,1	16,2	2,2	77	0,81	23
	3,0	2830	6,6	5,5	10,1	2,2	77	0,85	
112M	3,2	1430	7,3	5,6	21,4	2,1	79	0,80	29
	4,0	2870	8,3	6,2	13,3	2,0	79	0,88	
132S	4,7	1430	9,6	5,4	31,4	2,0	83	0,85	45
	6,0	2860	12,0	5,7	20,0	2,0	82	0,88	
132M	6,4	1450	13,3	7,0	42,1	2,6	86	0,81	58
	7,8	2930	16,5	8,0	25,4	2,4	85	0,80	
160M	8,6	1465	18,0	6,4	56,0	2,0	88	0,78	87
	10,7	2910	19,6	7,3	35,1	2,2	89	0,89	
160L	12,5	1465	25,6	6,8	81,4	2,2	89	0,79	102
	16,5	2910	29,2	7,5	54,1	2,4	90	0,91	
Dahlanderschaltung Δ/YY $n_{d\Delta}$ = 750/min, n_{dYY} = 1500/min, U_N = 400 V, f_N = 50 Hz (Herstellerwerte)									
80	0,3	685	1,5	2,4	4,2	1,6	50	0,58	10,8
	0,55	1380	1,3	3,7	3,8	1,3	70	0,87	
90	0,5	700	1,9	3,5	6,8	1,9	57	0,66	17,6
	1,0	1370	2,3	4,1	7,0	1,2	67	0,93	
100L	0,7	700	2,6	3,4	9,5	1,8	59	0,66	19
	1,3	1380	2,9	4,1	8,9	1,3	70	0,92	
112M	1,3	710	4,8	3,9	17,5	1,7	65	0,60	28
	2,6	1410	5,6	5,0	17,6	1,0	75	0,89	
132M	2,3	725	7,3	4,6	30,3	2,2	77	0,59	54
	4,4	1420	8,8	5,5	29,6	1,6	83	0,87	
160M	4,0	725	10,2	5,4	52,6	2,0	82	0,69	84
	7,5	1455	14,2	5,8	49,2	1,5	85	0,89	
160M	5,5	725	13,7	5,3	72,4	1,9	83	0,70	90
	9,0	1455	17,1	6,0	59,1	1,6	86	0,88	
160L	7,5	725	18,4	5,3	98,7	2,0	84	0,70	100
	12,5	1455	23,2	6,0	82,0	1,6	87	0,89	
180L	11,0	730	25,8	5,8	143,8	2,0	87	0,71	150
	18,0	1465	32,8	6,8	117,3	1,6	89	0,89	

Betriebswerte von Drehstrom-Schleifringläufermotoren und Einphasenmotoren mit Käfigläufer

Formelzeichen

P_N	Bemessungsleistung	n_N	Bemessungsdrehzahl	I_N	Bemessungsstrom
I_A	Anzugsstrom	M_N	Bemessungsmoment	M_A	Anzugsmoment
M_K	Kippmoment	η	Wirkungsgrad	$\cos\varphi$	Leistungsfaktor
m	Masse nd Drehfelddrehzahl	U_n	Bemessungsspannung	U_N	Bemessungsspannung
U_L	Läuferspannung im Leerlauf	I_L	Läuferstrom bei Bemessungsbetrieb	C_B	Kapazität des Betriebskondensators

Drehstrom-Schleifringläufermotoren

Baugröße	P_N in kW	n_N in 1/min	I_N in A	U_L in V	I_L in A	M_N in Nm	$\frac{M_A}{M_N}$	η in %	$\cos\varphi$	m in kg
n_d = 1500/min U_N = 400 V f_N = 50 Hz (Herstellerwerte)										
90S	0,75	1370	1,9	115	5,2	5,2	2,6	73	0,78	15
90L	1,1	1380	2,8	150	5,3	7,6	2,7	74	0,77	19
100L	2,2	1400	5,2	150	10,0	15,0	2,9	77	0,79	30
132S	4,0	1425	8,8	150	14,0	26,8	3,3	82	0,80	70
132M	5,5	1440	11,9	180	20,5	36,4	3,5	83	0,80	85
160M	7,5	1440	15,5	180	25,0	49,7	3,6	86	0,81	130
n_d = 1000/min U_N = 400 V f_N = 50 Hz (Herstellerwerte)										
100L	0,75	900	2,0	80	5,8	7,9	2,0	73	0,74	27
100L	1,1	900	2,9	80	7,8	11,6	2,0	73	0,75	33
132S	2,2	910	5,6	80	15,4	23,1	2,5	77	0,74	60
132M	4,0	930	11,2	120	21,0	41,0	2,7	75	0,69	87
160M	5,5	930	15,0	150	23,0	56,5	2,7	76	0,70	130
160L	7,5	935	20,0	230	20,0	76,6	2,7	76	0,71	160

Einphasen-Wechselstrommotoren mit Käfigläufer und Betriebskondensator

Baugröße	P_N in kW	n_N in 1/min	I_N in A	$\frac{I_A}{I_N}$	M_N in Nm	$\frac{M_A}{M_N}$	η in %	$\cos\varphi$	C_B in µF	m in kg
n_d = 3000/min U_N = 230 V f_N = 50 Hz (Herstellerwerte)										
56	0,12	2800	0,95	2,7	0,41	0,47	56	0,98	5	2,5
63	0,18	2800	1,3	3,1	0,61	0,54	63	0,96	6	3,1
63	0,25	2800	1,8	3,5	0,85	0,49	65	0,93	8	3,7
71	0,37	2870	2,6	4,2	1,23	0,40	67	0,92	10	5,8
71	0,55	2870	3,8	4,3	1,83	0,39	68	0,93	16	6,7
80	0,75	2890	4,7	4,7	2,48	0,34	71	0,98	20	9,8
80	1,1	2890	7,0	4,8	3,6	0,22	72	0,95	25	11,2
n_d = 1500/min U_N = 230 V f_N = 50 Hz (Herstellerwerte)										
56	0,09	1350	0,9	2,0	0,63	0,50	48	0,90	3	2,6
63	0,12	1350	1,26	2,3	0,85	0,55	50	0,83	4	3,3
63	0,18	1350	1,6	2,4	1,27	0,60	56	0,87	6	4,0
71	0,25	1430	2,3	3,3	1,67	0,38	59	0,80	8	6,1
71	0,37	1430	3,0	3,6	2,47	0,44	63	0,85	12	7,5
80	0,55	1450	4,5	3,8	3,62	0,33	65	0,82	16	9,8
80	0,75	1440	6,0	4,0	4,97	0,30	67	0,81	20	11,6

Bezeichnung für Bauformen und Aufstellung elektrischer Maschinen — VDE 0530

- Durch die **Bauform** wird die Anordnung der Maschinenbauteile hinsichtlich der Befestigung, der Lageranordnung und des Wellenendes angegeben.
- Die **Aufstellung** bezieht sich auf die Lage der Maschine als Ganzes am Aufstellungsort hinsichtlich der Befestigung und der Wellenausrichtung.
- Als Bezeichnungssystem für Bauformen und Aufstellungsarten rotierender Maschinen wird der IM-Code (International **M**ounting) verwendet. Man unterscheidet zwei Bezeichnungssysteme: den Code I und den Code II.

Code I

- Der Code I ist eine alphanumerische Bezeichnung für Maschinen mit Lagerschild-Lagern und nur einem Wellenende.
- Die Bezeichnung besteht aus den Buchstaben IM, einem weiteren Buchstaben (B oder V) und einer oder zwei Ziffern.

Erläuterung der Kennzeichnung

Buchstabe	Erklärung
B	Maschinen mit Lagerschildern und horizontaler Welle
V	Maschinen mit Lagerschildern und vertikaler Welle

Die folgende Zahl bezieht sich auf:
- Die Art der Lagerung
- Die Befestigung
- Die Art des Wellenendes

Reicht der Code I zur Beschreibung der Bauform einer rotierenden Maschine nicht aus, dann ist der Code II anzuwenden.

Beispiel

IM B 3

International Mounting
Lagerschild und horizontale Welle
Weitere Angaben (s. o.)

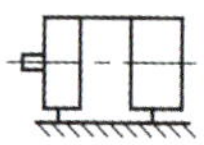

Code II

- Der Code II ist ein rein numerischer Code für einen größeren Bereich der Maschinen und schließt Maschinen mit dem Code I ein.
- Die Bezeichnung besteht aus den Buchstaben IM und vier folgenden Ziffern.

Erläuterung der Kennzeichnung

Erste Ziffer	Erklärung
1	Für Fußanbau, mit Schildlager
2	Für Fuß- u. Flanschanbau, mit Schildlager
3	Für Flanschanbau, mit Schildlager, Flansch am Lagerschild
4	Wie 3, jedoch Flansch am Gehäuse
5	Ohne Lager
6	Mit Schildlager und Stehlager
7	Nur mit Stehlager
8	Vertikal, nicht durch 1 bis 4 abgedeckt
9	Mit besonderer Aufstellung

- 2. Ziffer: Art der Befestigung und Lagerung
- 3. Ziffer: Lage des Wellenendes
- 4. Ziffer: Art des Wellenendes

Beispiel

IM 1001

International Mounting
für Fußanbau mit Schildlager
Weitere Angaben (s. o.)

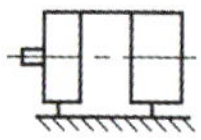

Bauformen nach Code I und Code II (Auswahl)

Bezeichnung (oben Code I, unten II)	Bild	Erläuterungen
IM B3 IM 1001	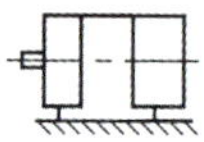	2 Schildlager, Fußbefestigung, Füße unten, horizontale Welle
IM B6 IM 1051	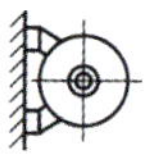	2 Schildlager, Fußanbau, Füße links, horizontale Welle
IM B5 IM 3001	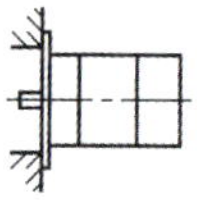	2 Schildlager, Flanschanbau, mit Flansch, horizontale Welle
IM B7 IM 1061	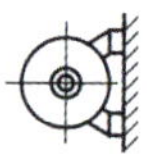	2 Schildlager, Fußanbau, Füße rechts, horizontale Welle

Bezeichnung für Bauformen und Aufstellung elektrischer Maschinen (Fortsetzung)

Bauformen nach Code I und Code II (Auswahl)

Bezeichnung (oben Code I, unten II)	Bild	Erläuterungen	Bezeichnung (oben Code I, unten II)	Bild	Erläuterungen
IM B8 IM 1071		2 Schildlager, Fußanbau, Füße oben, horizontale Welle	IM B9 IM 9101	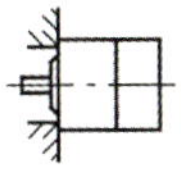	1 Schildlager, Anbau an Gehäusestirnseite, horizontale Welle
IM B10 IM 4001	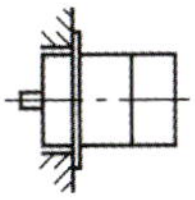	2 Schildlager, Flanschanbau, mit Flansch, horizontale Welle	IM B20 IM 1101	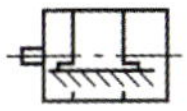	2 Schildlager, hochgezogene Füße unten, horizontale Welle
IM B30 IM 9201	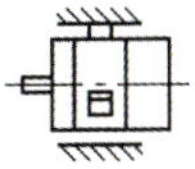	2 Schildlager, besondere Befestigung, Pratzen, horizontale Welle	IM B35 IM 2001	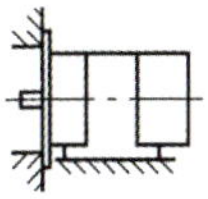	2 Schildlager, mit Flansch und Füßen unten, horizontale Welle
IM V1 IM 3011	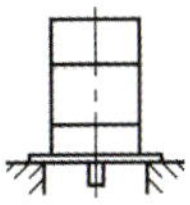	2 Schildlager, Flansch auf Antriebsseite, vertikale Welle, Antriebsseite unten	IM V2 IM 3231	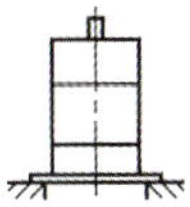	2 Schildlager, Flansch auf Nichtantriebsseite, vertikale Welle, Antriebsseite oben
IM V3 IM 3031	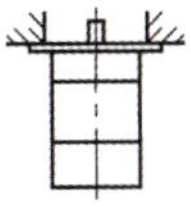	2 Schildlager, Flansch auf Antriebsseite, vertikale Welle, Antriebsseite oben	IM V4 IM 3211	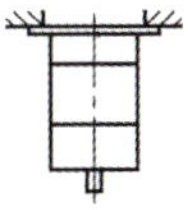	2 Schildlager, Flansch auf Nichtantriebsseite, vertikale Welle, Antriebsseite unten
IM V5 IM 1011	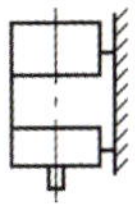	2 Schildlager, Fußanbau, mit Füßen, vertikale Welle, Antriebsseite unten	IM V6 IM 1031	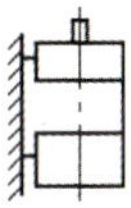	2 Schildlager, Fußanbau, mit Füßen, vertikale Welle, Antriebsseite oben
IM V8 IM 9111	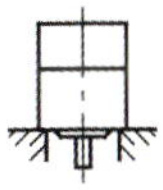	1 Schildlager, Anbau an Gehäusestirnseite, vertikale Welle, Antriebsseite unten	IM V9 IM 9131	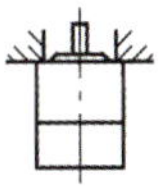	1 Schildlager, Anbau an Gehäusestirnseite, vertikale Welle, Antriebsseite oben
IM V10 IM 4011	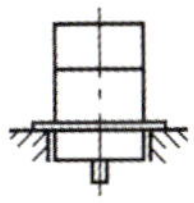	2 Schildlager, Flansch auf Antriebsseite, vertikale Welle, Antriebsseite unten	IM V14 IM 4031	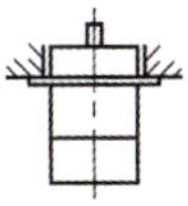	2 Schildlager, Flansch auf Nichtantriebsseite, vertikale Welle, Antriebsseite oben
IM V15 IM 2011	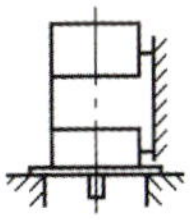	2 Schildlager, Fußanbau mit Flanschanbau auf Antriebsseite, Antriebsseite unten	IM V16 IM 4131	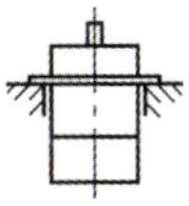	2 Schildlager, Flansch auf Nichtantriebsseite, vertikale Welle, Antriebsseite unten
IM V18 IM 3611	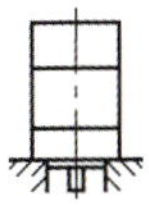	2 Schildlager, Flansch auf Nichtantriebsseite, vertikale Welle, Antriebsseite unten	IM V19 IM 3631	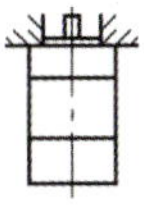	2 Schildlager, Flansch auf Nichtantriebsseite, vertikale Welle, Antriebsseite unten

Betriebsarten mit Kennzeichnungen — VDE 0530, EN 60034

Begriffe und Formelzeichen

- Die Betriebsart gibt an, ob eine umlaufende elektrische Maschine dauernd, kurze Zeit oder periodisch betrieben werden darf, sie wird mit Kurzzeichen (S1 bis S10) auf dem Leistungsschild angegeben.
- Verwendete Formelzeichen bei der folgenden Tabelle:

P	Leistung	t_A	Anlaufzeit	t_L	Leerlaufzeit
ϑ	Temperatur	t_B	Belastungszeit	t_S	Spieldauer
ϑ_{max}	höchste Temperatur	t_{Br}	Bremszeit	t_r	rel. Einschaltdauer
t	Zeit	t_{St}	Stillstandszeit	J	Trägheitsmoment

Betriebsart	Leistungs- und Temperaturverlauf	Erläuterungen
S1 Dauerbetrieb	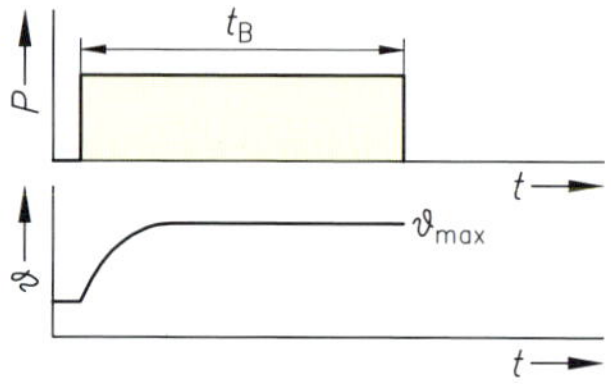	• Maschine kann mit ihren Bemessungswerten während einer unbegrenzten Dauer betrieben werden. • Die Temperatur erreicht einen Wert, der bei längerem Betrieb nicht mehr ansteigt. • Die Betriebsart wird mit S1 gekennzeichnet oder gilt, wenn keine Kennzeichnung vorhanden ist.
S2 Kurzzeitbetrieb	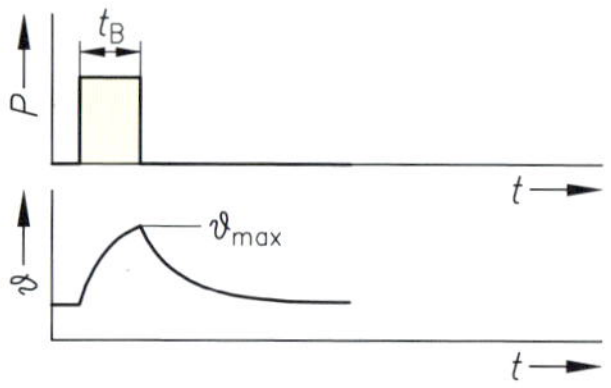	• Die Maschine darf mit ihren Bemessungswerten im Vergleich zu den Pausen nur kurz betrieben werden. • Nach dem Kurzzeichen S2 folgt die Angabe der Betriebsdauer, z. B. S2 60 min (Pause nach 60 Minuten). • Die Pausen müssen so lang sein, dass Maschinen- und Kühlmitteltemperatur höchstens um 2 K abweichen.
S3 Periodischer Aussetzbetrieb	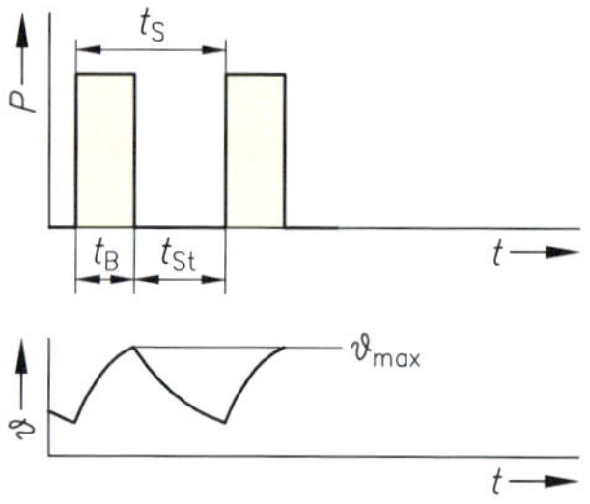	• Der Betrieb der Maschine ist eine Folge gleichartiger Belastungs- und Ausschaltvorgänge (Spiele), wobei der Anlaufstrom die Erwärmung nicht merklich beeinflusst. • Nach dem Kurzzeichen S3 folgt die Angabe der relativen Einschaltdauer und der Spieldauer, z. B. S3 40 % 30 min.
S4 Periodischer Aussetzbetrieb mit Einfluss des Anlaufvorganges	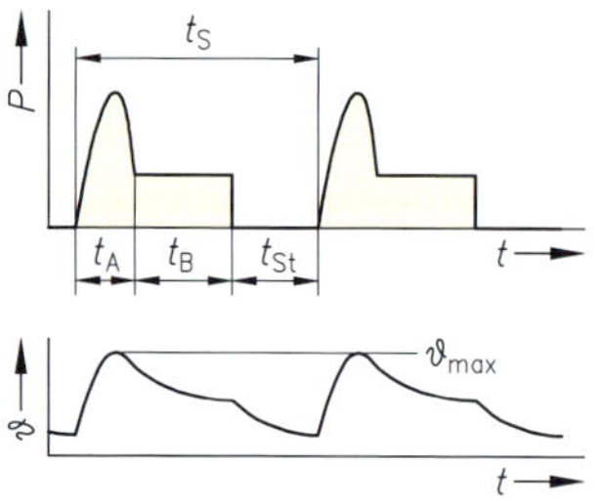	• Der Betrieb der Maschine ist eine Folge gleichartiger Belastungs- und Ausschaltvorgänge (Spiele). • Nach dem Kurzzeichen S4 folgt die Angabe wie bei S3. Außerdem werden das Trägheitsmoment des Motors (J_M) und der Last (J_{ext}) angegeben, z. B.: S4 25 % J_M = 0,2 kg m^2 J_{ext} = 0,9 kg m^2.
S5 Periodischer Aussetzbetrieb mit elektrischer Bremsung	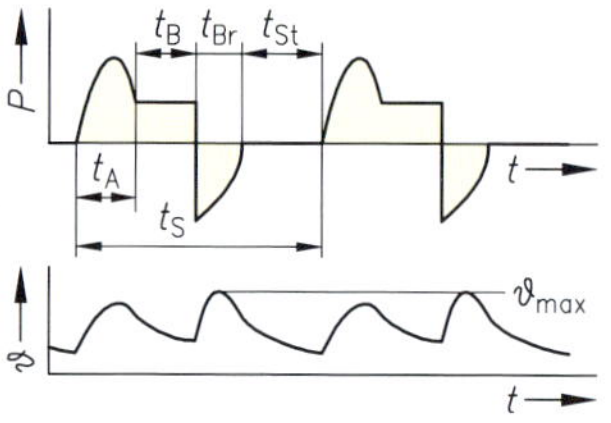	• Der Betrieb der Maschine ist eine Folge gleichartiger Belastungs- und Ausschaltvorgänge (Spiele), wobei durch Anlauf und Bremsung eine merkliche Erwärmung verursacht wird. • Nach dem Kurzzeichen S5 folgt die Angabe wie bei S4, z. B. S5 40 % J_M =1,2 kg m^2 J_{ext} = 7,9 kg m^2.

Betriebsarten mit Kennzeichnungen (Fortsetzung)

Betriebsart	Leistungs- und Temperaturverlauf	Erläuterungen
S6 Ununterbrochener periodischer Betrieb	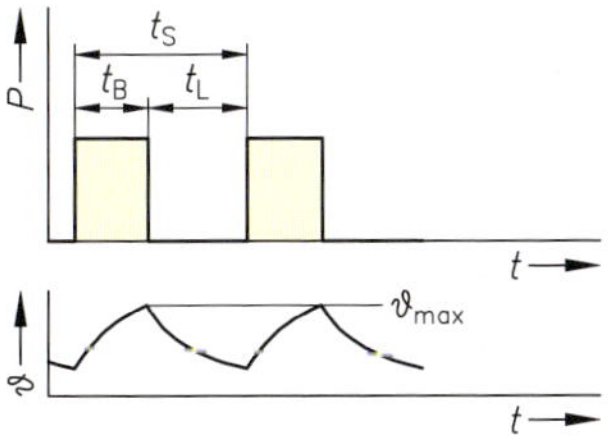	• Der Betrieb der Maschine ist eine Folge gleichartiger Belastungs- und Leerlaufvorgänge (Spiele) ohne Pausen. • Nach dem Kurzzeichen S6 folgt die Angabe der relativen Belastungsdauer und der Spieldauer, z.B. S6 25 % 20 min.
S7 Ununterbrochener periodischer Betrieb mit elektrischer Bremsung	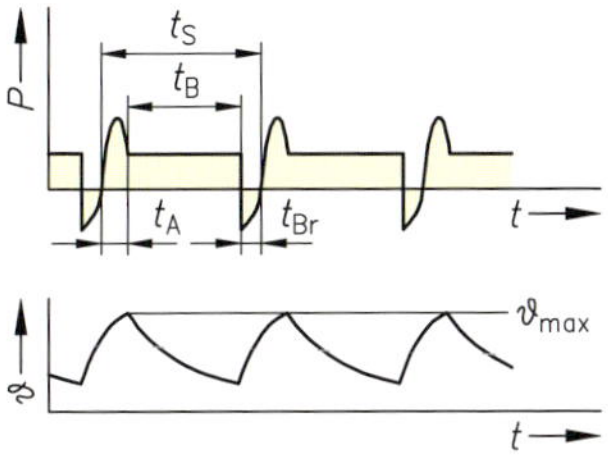	• Der Betrieb der Maschine ist eine Folge gleichartiger Anlauf-, Belastungs- und Bremsvorgänge (Spiele), wobei keine Ausschaltvorgänge auftreten. • Nach dem Kurzzeichen S7 folgt die Angabe des Trägheitsmomentes des Motors (J_M) und der Last (J_{ext}), z.B. S7 J_M = 1,1 kg m² J_{ext} = 4,9 kg m².
S8 Ununterbrochener periodischer Betrieb mit Last-/Drehzahländerungen	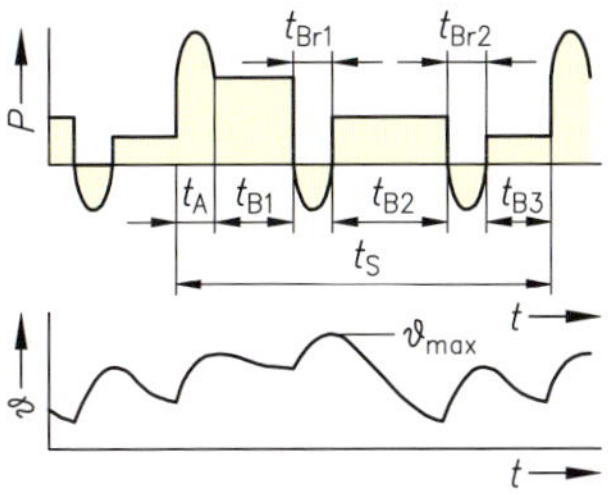	• Der Betrieb der Maschine ist eine Folge von wechselnder Last und wechselnder Drehzahl. • Nach dem Kurzzeichen S8 folgen die Trägheitsmomente wie bei S7. Danach werden die Last, die Drehzahl und die relative Einschaltdauer für jede in Frage kommende Drehzahl angegeben, z.B. S8 J_M = 0,5 kg m² J_{ext} = 6,3 kg m² 12 kW 760 /min 40 % 25 kW 960 /min 30 %.
S9 Betrieb mit nichtperiodischer Last- und Drehzahländerung	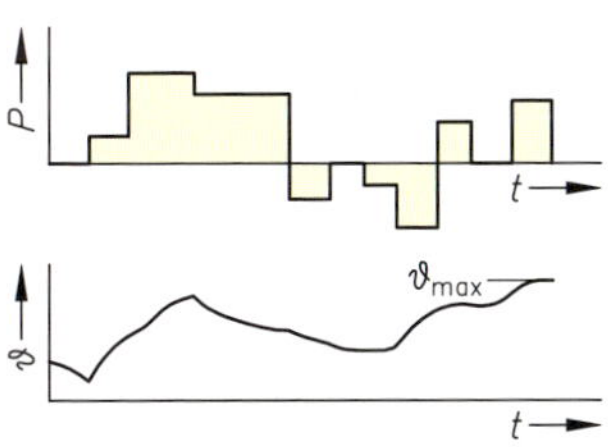	• Der Betrieb der Maschine ist eine Folge von nichtperiodischer wechselnder Last und Drehzahl. • Es treten häufig Lastspitzen auf, die weit über der Bemessungsleistung liegen können.
S10 Betrieb mit einzelnen konstanten Belastungen	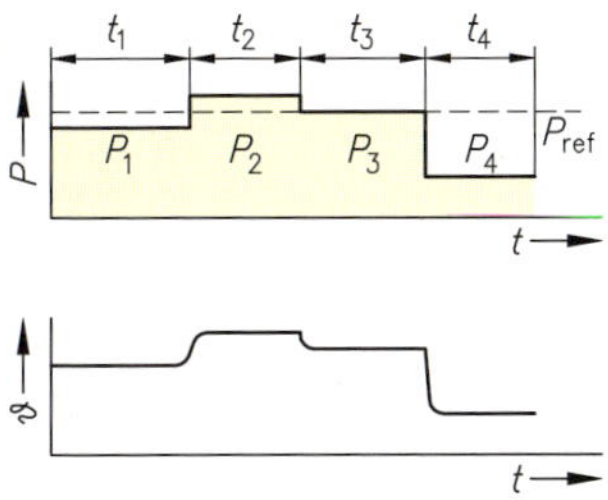	• Betrieb, der nicht mehr als vier einzelne Belastungswerte enthält. • Bei jedem Belastungszustand kann der thermische Beharrungszustand erreicht werden. • Für diese Betriebsart muss eine Belastung entsprechend Betriebsart S1 als Referenzwert P_{ref} passend ausgewählt werden.

Antriebssysteme

Prinzipieller Aufbau

Ein Antriebssystem hat die Aufgabe, eine Arbeitsmaschine (Last) anzutreiben. Dabei wird elektrische Energie in mechanische Energie (Bewegungsenergie) in Form einer Drehbewegung umgewandelt. Die einfachste Form dieses Systems ist ein Elektromotor (s. rechts oben). Ist die Last drehzahlabhängig oder ist eine stufenlose Drehzahländerung erforderlich, dann ist der Einsatz eines Frequenzumrichters sinnvoll (s. rechts unten).

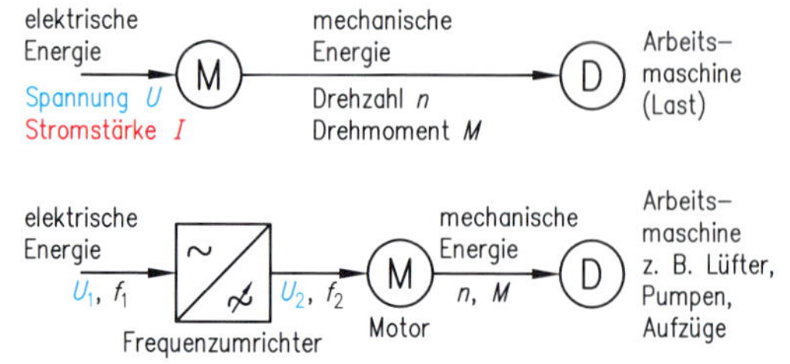

Vorteile eines elektrischen Antriebssystems mit Frequenzumrichter und Drehstrommotor

Durch den Einsatz eines Frequenzumrichters ist Folgendes möglich:

- Anpassung der Drehzahl an den Prozessbedarf
- Kontinuierliche Drehzahländerung, Drehzahlregelung
- Energieeinsparung durch Drehzahlanpassung
- Energieeinsparung durch Anpassung des Magnetisierungsstromes
- Kontrollierter Hochlauf des Motors (z. B. Sanftanlauf)
- Kontrolliertes Bremsen des Motors
- Drehmomentenregelung
- Schonender Maschinenbetrieb

Eigenschaften des Antriebssystems mit Frequenzumrichter

Drehzahleinstellung

Die Drehzahl wird mit der Frequenz verändert, wobei die Spannung bei geringeren Frequenzen so angepasst wird, dass der Drehmomentenverlauf unverändert bleibt, aber verschoben wird (s. Zeichnung rechts) oder das Drehmoment sogar größer wird. Bei Drehzahlen, die größer als die Nenndrehzahl sind, kann die Spannung nur konstant gehalten werden und die Drehmomente werden geringer (n_3 und n_4).

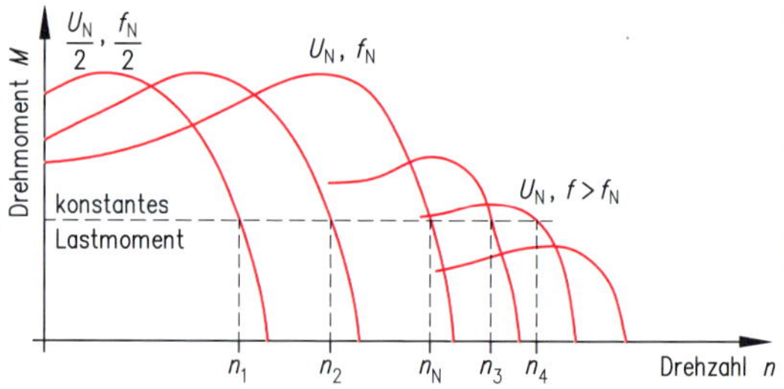

Anlaufen und Bremsen

Für sanftes Anlaufen kann die Hochlaufzeit eingestellt werden, wodurch der Motor entsprechend der Hochlauframpe bis zur gewünschten Drehzahl hochläuft.
Für das Bremsen kann die Bremszeit eingestellt werden.

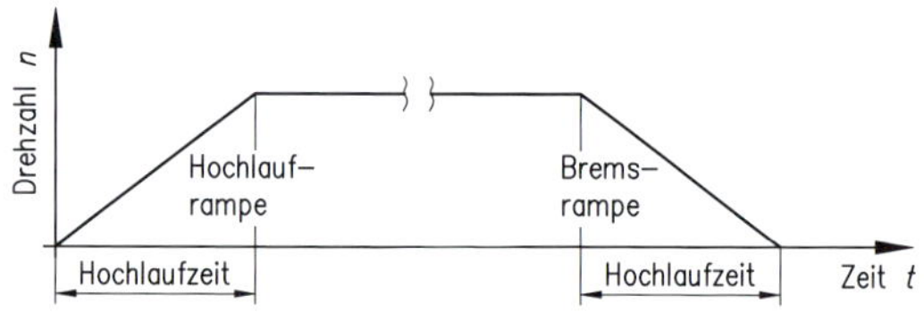

Auswahl und Hinweise zur Installation eines Frequenzumrichters

Der Elektromotor muss für den Betrieb am Frequenzumrichter ausgelegt sein. Er muss neben der erforderlichen Spannung mindestens

- den Bemessungsstrom des Motors oder
- die Scheinleistung, die der Motor im Nennbetrieb aufnimmt, liefern.

- Bei der Installation sind die Herstellerhinweise zu beachten. Eventuell sind noch folgende Maßnahmen erforderlich:
- Einsatz von Motordrosseln am Ausgang des Umrichters bei Überschreitung einer Mindestlänge der Motorleitungen
- Einbau von Netzdrosseln bzw. Netzfiltern am Eingang des Umrichters, falls diese nicht schon eingebaut sind, und Umsetzen von weiteren EMV-Maßnahmen (z. B. Abschirmung, Erdung, Abstände)

Bei geringen Leistungen kann der Installationsaufwand durch den Einsatz von Drehstrommotoren mit integriertem Frequenzumrichter minimiert werden.

Umwandlung elektrischer Energie mit Stromrichtern — DIN IEC 60050-551

Energiefluss bei der Umwandlung

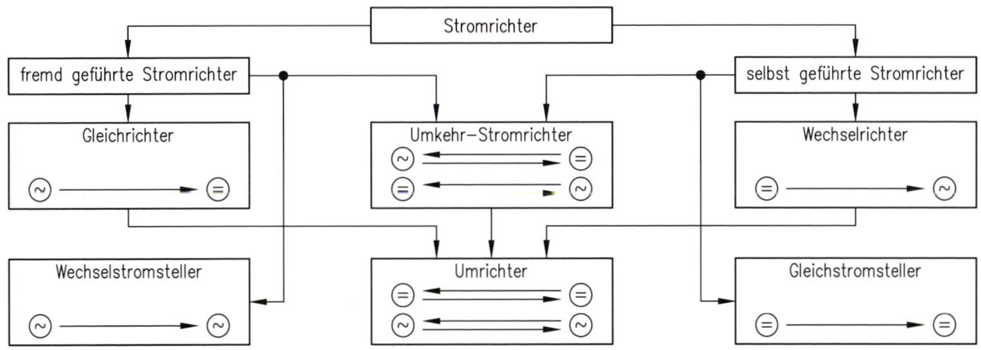

Stromrichterarten

Schaltzeichen	Erläuterungen
Gleichrichter 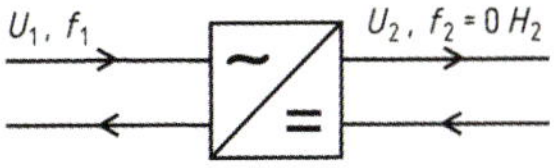 $U_1 \neq U_2$	Stromrichter, die Einphasen- oder Dreiphasen-Wechselstrom in Gleichstrom umwandeln. Der Wert der Ausgangsspannung kann konstant oder veränderbar sein. Er unterscheidet sich vom Wert der Eingangsspannung.
Wechselrichter 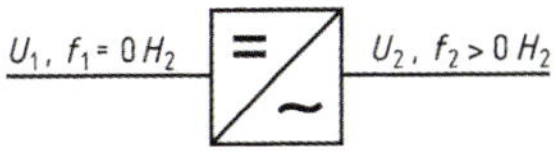 $U_1 \neq U_2$; U_2 variabel	Stromrichter, die Gleichstrom in Einphasen- oder Dreiphasen-Wechselstrom umwandeln. Der Wert der Ausgangsspannung kann konstant oder veränderbar sein. Er unterscheidet sich vom Wert der Eingangsspannung.
Umkehrstromrichter 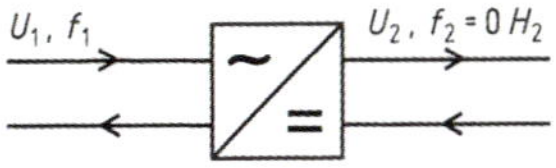	Stromrichter, die je nach Energiefluss als Gleich- oder Wechselrichter arbeiten. Die Energieflussrichtung wird durch Pfeile im Schaltzeichen verdeutlicht.
Wechselstromumrichter 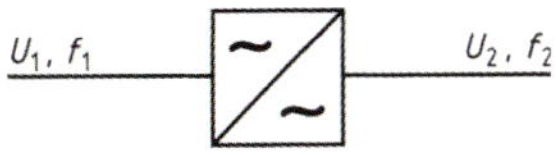 $U_1 \neq U_2$; $f_1 \neq f_2$; U_2 und f_2 variabel	Stromrichter, die Einphasen- oder Dreiphasen-Wechselstrom in Einphasen- oder Dreiphasen-Wechselstrom umwandeln. Dabei kann die Höhe, die Frequenz oder die Phasenzahl der Ausgangsspannung verändert werden. Eine Änderung aller drei Ausgangsgrößen ist auch möglich.
Wechselstromsteller 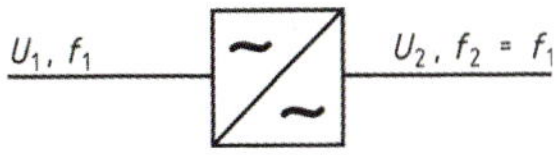 $U_1 \neq U_2$; $f_1 = f_2$; U_2 variabel	Stromrichter, die Einphasen- oder Dreiphasen-Wechselstrom in Einphasen- oder Dreiphasen-Wechselstrom umwandeln. Bei Wechselstromstellern wird nur die Höhe der Ausgangsspannung verändert.
Gleichstromumrichter 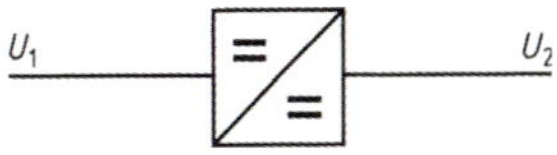 $U_1 \neq U_2$	Stromrichter, die Gleichstrom in Gleichstrom umwandeln. Dabei können die Höhe oder die Polarität der Ausgangsspannung verändert werden. Eine Änderung beider Ausgangsgrößen ist auch möglich. Erfolgt die Umwandlung ohne Wechselspannungs-Zwischenkreis, bezeichnet man diese Stromrichter auch als **Gleichstromsteller**.

Stromrichterbenennung und -kennzeichnung — DIN IEC 60971

Schaltungsbeispiel	Bezeichnung
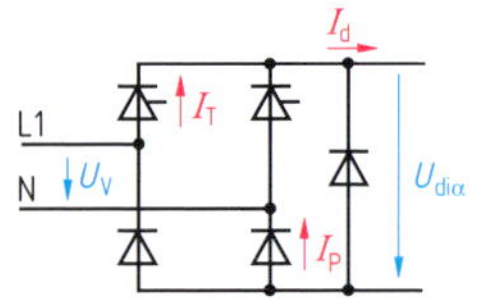	B 2 HK F: Halb gesteuerte Zweipuls-Brückenschaltung mit kathodenseitiger Zusammenfassung der gesteuerten Ventile und Freilaufzweig HK: **Ergänzende Kennzeichen: Hilfszweige** H: **Ergänzende Kennzeichen: Steuerbarkeit** 2: **Kennzahl** B: **Kennbuchstabe**

Kennbuchstabe	Bezeichnung	Schaltungsart	Kennzahl
M	Mittelpunktschaltung	Einwegschaltung	Pulszahl *p*
B D V	Brückenschaltung Verdopplerschaltung Vervielfacherschaltung	Zweiwegschaltung	
W P	Wechselwegschaltung Polygonschaltung	Zweiwegschaltung	Phasenzahl *m* des Wechselstromsystems

Kennzeichung für Steuerbarkeit		Kennzeichung der Haupt- und Hilfszweige	
Zeichen	**Bedeutung**	**Zeichen**	**Bedeutung**
U	Ungesteuert	A/K	Anodenseitige/katodenseitige Zusammenfassung der Hauptzweige
H	Halb gesteuert	Q	Löschzweig
C	Voll gesteuert	R	Rücklaufzweig
HA HK	Halb gesteuert mit anodenseitiger/ katodenseitiger Zusammenfassung der gesteuerten Ventile	F	Freilaufzweig
		FC	Freilaufzweig gesteuert
HZ	Zweigpaar gesteuert	n	Vervielfachungsfaktor

Kennzeichnung zusammengesetzter Stromrichterschaltungen

Parallelschaltung zweier Dreipuls-Mittelpunkt-Schaltungen **M3.2**

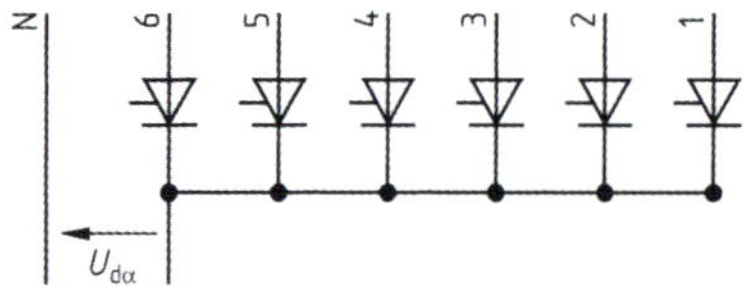

Reihenschaltung von zwei halb gesteuerten Zweipuls-Brückenschaltungen **2 B2HZ S**

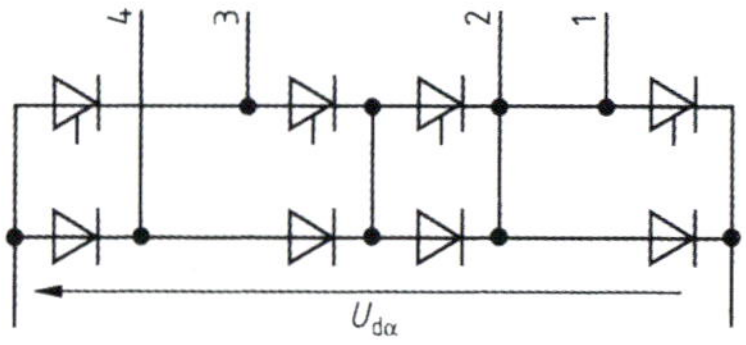

- Sind gleiche Stromrichter parallel oder in Reihe geschaltet, so wird bei gleichem Schaltungswinkel die Anzahl *n* der Teilschaltungen dem Kennzeichen der Stromrichterschaltung vorangestellt (**2** B2 HZ S).
- Bei ungleichen Schaltungswinkeln wird die Anzahl *n* hinter der Pulszahl mit einem Punkt gesetzt (M3.**2**).
- Die Kennzeichen ungleicher Teilschaltungen in Reihe werden in Klammern gesetzt und durch **S** verbunden.
- Der Aufbau der Kennzeichen anderer Stromrichter erfolgt je nach Art der Zusammenfügung der Teilschaltungen nach der Tabelle.

Parallelschaltung von *n* gleichen	Reihenschaltung *n* gleiche	Reihenschaltung ungleiche	Doppel-Stromrichter	Umrichter mit Zwischenkreis	Beliebige Kombination
n [1] [1] .*n*	*n* [1] S [1] .*n* S	([1]) S ([1])	([1]) X ([1]) ([1]) A ([1]) ([1]) H ([1])	([1]) W ([1]) ([1]) D ([1])	([1]) + ([1])

X Kreuzschaltung; **A** Gegenparallelschaltung; **H** H-Schaltung; **W** Wechselstromzwischenkreis; **D** Gleichstromzwischenkreis

Für [1] ist das Kennzeichen der jeweiligen Grundschaltung einzusetzen.

Stromrichterbenennung und -kennzeichnung — DIN 41762, DIN IEC 61148

Schaltungsbeispiel	Bezeichnung
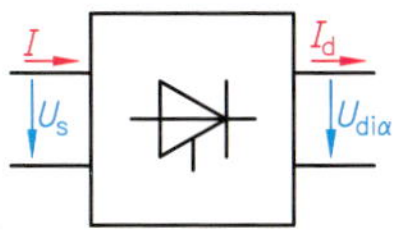	B 2 HK F: Halb gesteuerte Zweipuls-Brückenschaltung mit kathodenseitiger Zusammenfassung der gesteuerten Ventile und Freilaufzweig F – Freilaufzweig HK – **Ergänzende Kennzeichen: Hilfszweige** HK – **Ergänzende Kennzeichen: Steuerbarkeit** 2 – **Kennzahl** B – **Kennbuchstabe**

Kennbuchstabe	Bezeichnung	Schaltungsart	Kennzahl
M	Mittelpunktschaltung	Einwegschaltung	
B	Brückenschaltung	Zweiwegschaltung	

Kennzeichung für Steuerbarkeit

Zeichen	Bedeutung
U/H	Ungesteuert/halb gesteuert
C	Voll gesteuert
HA HK	Halb gesteuert mit anodenseitiger/katodenseitiger Zusammenfassung der gesteuerten Ventile
HZ	Zweigpaar gesteuert

Kennzeichung der Haupt- und Hilfszweige

Zeichen	Bedeutung
A/K	Anodenseitige/katodenseitige Zusammenfassung der Hauptzweige
Q	Löschzweig
R	Rücklaufzweig
F	Freilaufzweig
FC	Freilaufzweig gesteuert

Leistungskennzeichen

Beispiel: Vielkristallhalbleiter-Gleichrichtersatz

½ B 250 / 220 – 5

- ½ – Anzahl der Schaltungen
- B – Schaltungskurzzeichen
- 250 – Nennanschlussspannung
- 220 – Nenngleichspannung in V
- – Nenngleichstromstärke in A
- 5 – Kühlart

Beispiel: Einkristallhalbleiter-Stromrichtersatz

Si 2/6 B6 HA 400 510 – 800 F

- Si – Halbleitermaterial
- 2/6 – Bruchteil bei Teilstromrichtersätzen
- B6 – Schaltungskurzzeichen
- HA – Ergänzende Kennzeichen
- 400 – Typenanschlussspannung in V
- 510 – Typengleichspannung in V
- 800 – Typengleichstromstärke in A
- F – Kühlart

Anschlussbezeichnungen

Kurzzeichen	Bedeutung
A (K)	Anoden-(katoden)seitiger Anschluss von Stromrichterzweigen
AM (KM)	Anoden-(katoden)seitiger Zusammenschluss zum Gleichstromanschluss
AK	Wechselstromseitiger Mittelanschluss von Zweig- und Wechselwegpaaren
G (H)	Steueranschluss (Hilfskathode, Katode) von Thyristoren ohne Impulsübertrager
E, F	Eingangsanschlüsse von Impulsübertragern, E hat pos. Potenzial gegenüber F.
U, V (U, N)	Wechselstromanschlüsse von Hauptkreisen auf der Eingangs- oder Ausgangsseite
U, V, W, ev. N	Drehstromanschlüsse von Hauptkreisen auf der Eingangs- oder Ausgangsseite
C, D	Gleichstromanschlüsse der Hauptkreise mit C positiv und D negativ
C (D), D (C)	Zusammengefasste Gleichstromanschlüsse von Doppelstromrichtern

Ungesteuerte Gleichrichter

Einweg-Mittelpunktschaltungen

- Einwegschaltungen sind Stromrichterschaltungen, bei denen die wechselstromseitigen Anschlüsse des Stromrichtersatzes nur in einer Richtung vom Strom durchflossen werden.
- Mittelpunktschaltungen sind Schaltungen, bei denen die gleichstromseitigen (gleichpoligen) Anschlüsse der Hauptzweige miteinander verbunden sind und einen Gleichstromanschluss bilden.

Bezeichnung	Schaltung	Spannungsverlauf	Transformatorschaltung	
Dreipuls-Mittelpunkt-Schaltung **M3U**	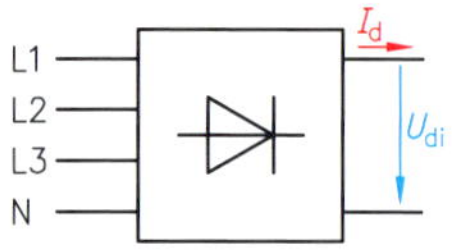	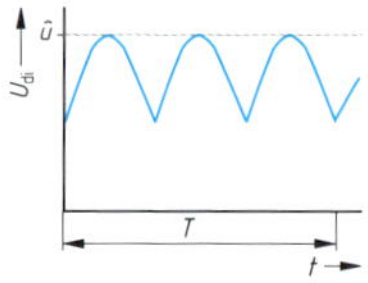		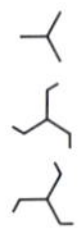

Zweiweg-Brückenschaltungen

- Zweiwegschaltungen sind Stromrichterschaltungen, bei denen die wechselstromseitigen Anschlüsse des Stromrichtersatzes von Wechselstrom durchflossen werden.
- Brückenschaltungen sind Schaltungen, die aus Zweigpaaren bestehen und deren Mittelanschluss jeweils mit dem Wechselstromanschluss verbunden ist. Die gleichpoligen Anschlüsse sind zusammengefasst und bilden einen Gleichstromanschluss des Stromrichtersatzes.

Bezeichnung	Schaltung	Spannungsverlauf	Tranformatorschaltung Eingang	Ausgang
Zweipuls-Brücken-Schaltung **B2U**	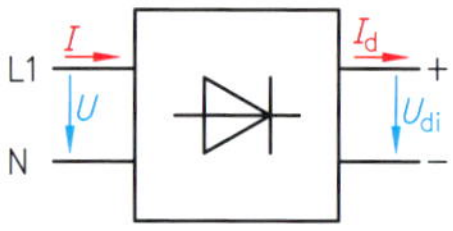	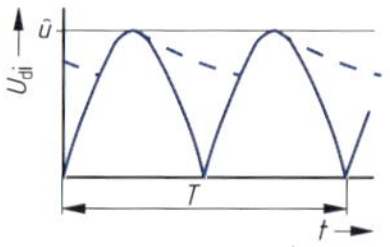		
Sechspuls-Brücken-Schaltung **B6U**	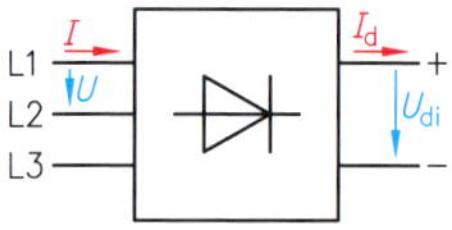	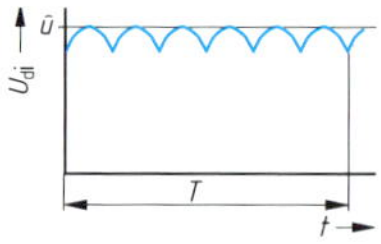		

Kenndaten (Auswahl)

Bezeichnung	Stromrichter				Ventil				Transformator		
	$\frac{U}{U_d}$	$\frac{I}{I_d}$	w in %	p	$\frac{U_{RRM}}{U_d}$	$\frac{I_{FAV}}{I_d}$	$\frac{I_{FRMS}}{I_d}$	φ in °	$\frac{I_W}{I_d}$	$\frac{S}{P_d}$	$\frac{S_T}{P_d}$
M3U	0,85	0,57[3]	18,3	3	2,09	0,33	0,57[3]	120	0,272	1,48	1,34[4]
B2U	1,11[1] 0,71[2]	1,11[1] 1,0[3]	48,2	2	1,57	0,5	0,79[1] 0,71[3]	180	1,11 1,0[3]	1,23[1] 1,11[3]	1,23[1] 1,11[3]
B6U	0,74	0,82[3]	4,2	6	1,05	0,333	0,58[3]	120	0,471	1,05[4]	1,05

[1] Bei Wirklast. [2] Bei kapazitiver Last. [3] Ideal geglätteter Gleichstrom Id. [4] Transformator in Dy-Sch.

Formelzeichen und deren Bedeutung (DIN 1304-8)

U	Eingangswechselspannung	p	Impulszahl
U_d	Arithm. Mittelwert der Gleichspannung	Θ	Stromflusswinkel
I	Ausgangsseitige Wicklungsstromstärke	S	Scheinleistung in der Ausgangswicklung
I_d	Arithm. Mittelwert der Gleichstromstärke	S_T	Transformatorbauleistung
I_w	Eingangsseitige Wicklungsstromstärke	P_d	Gleichstromleistung
w	Welligkeit (Verhältnis der Effektivwerte der überlagerten Wechselspannung $U_ü$ zur Gleichspannung U_d)		

Gesteuerte Stromrichter

Halbgesteuerte Stromrichter — DIN IEC 60971

Bezeichnung	Schaltung	Spannungsverlauf bei $\alpha = 45°$	Steuerkennlinie
Halb gesteuerte Zweipuls-Brückenschaltung B2HZ	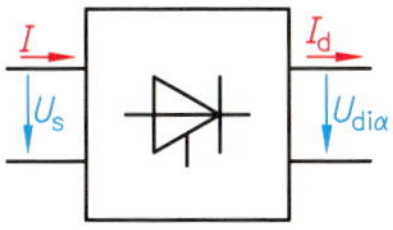	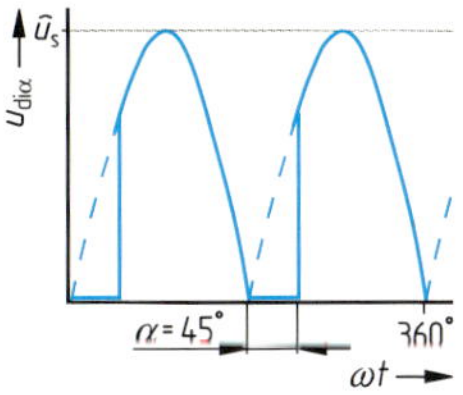	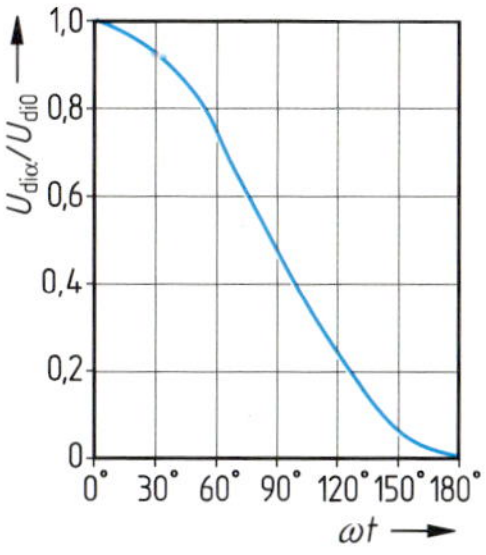
	Leistungsbereich bis ca. 10 kW		
Halb gesteuerte Sechspuls-Brücken-Schaltung B6HK	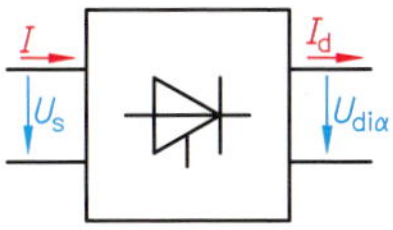	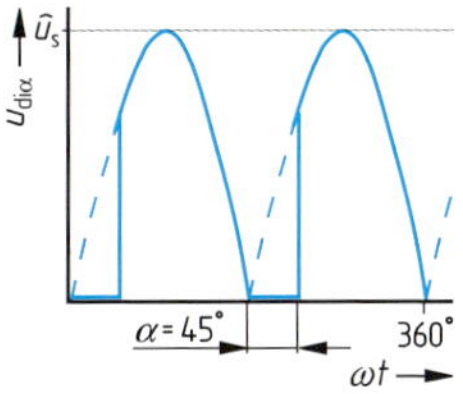 $U_{di0} = 1{,}35 \cdot U_v$	
	• Schaltung für Gleichspannungen $U_{di\alpha} = 300$ V • Gleichstromantriebe im Einquadrantenbetrieb		

Voll gesteuerte Stromrichter — DIN 41761

Bezeichnung	Schaltung	Spannungsverlauf bei nicht lückendem Gleichstrom: $\alpha = 30°$ (Gleichrichterbetrieb)	$\alpha = 120°$ (Wechselrichterbetrieb)
Zweipuls-Brückenschaltung B2C	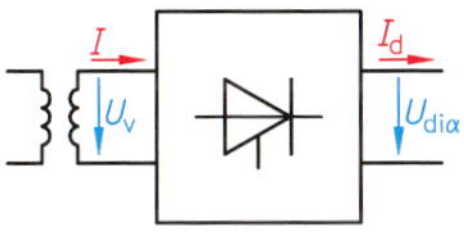	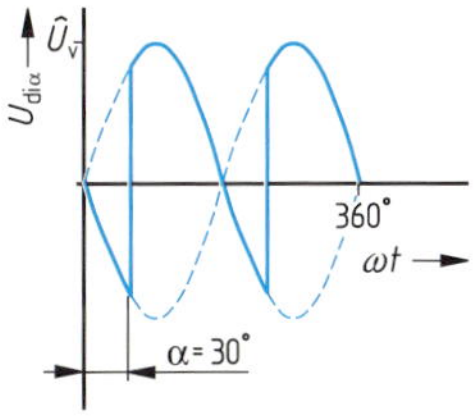	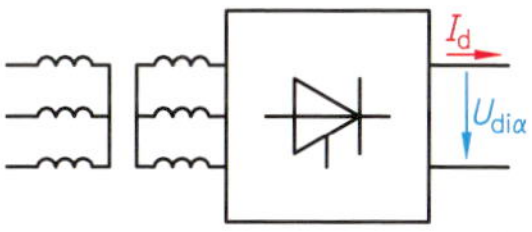
	• Erhöhte Bauleistung des Transformators	• Leistungsbereich bis ca. 10 kW bei relativ hoher Welligkeit • $U_{di0}/U_v = 0{,}90$	
Sechspuls-Brückenschaltung B6C	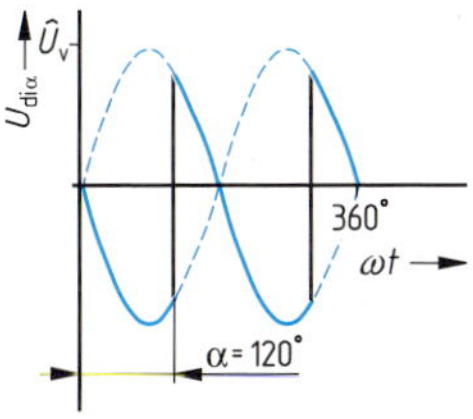	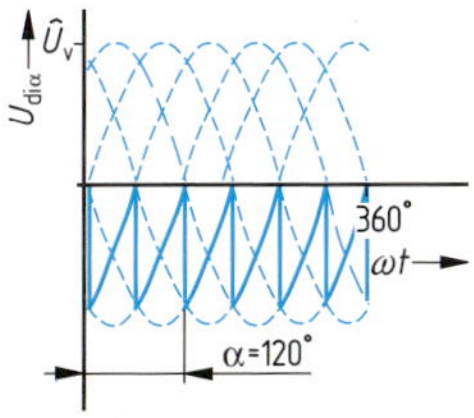	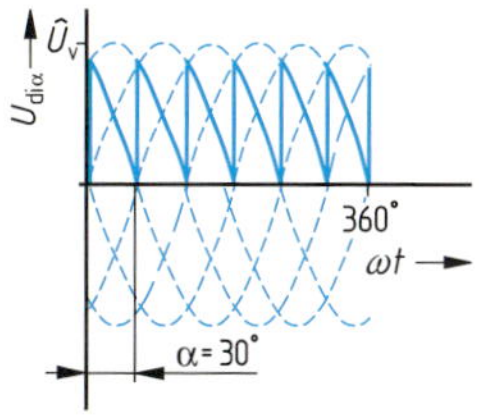
	• Geringe Bauleistung des Transformators • $U_{di0}/U_v = 1{,}35$	• Stromrichterschaltung für Antriebe mit Gleichspannungen = 300 V	

α Stromverzögerungswinkel; U_{di0} Idealwert der Gleichspannung beim Stromverzögerungswinkel $\alpha = 0°$; $U_{di\alpha}$ Idealwert der Gleichspannung bei beliebigem Stromverzögerungswinkel α

Gleichstromsteller für Ein- und Mehrquadrantenbetrieb

Vierquadrantenfeld

Betriebsarten von Gleichstrommotoren

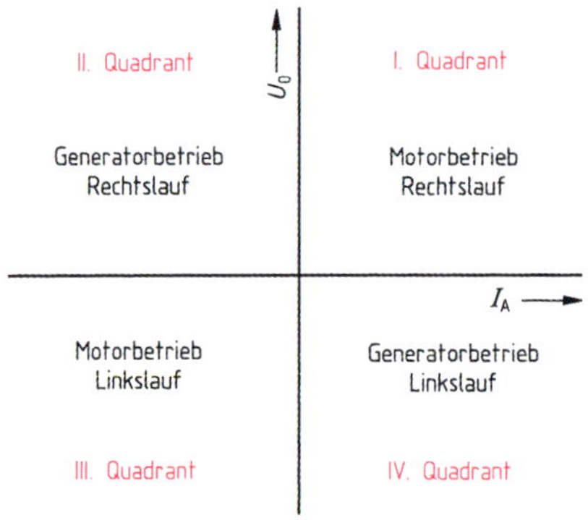

Betriebsquadranten von Antriebssystemen

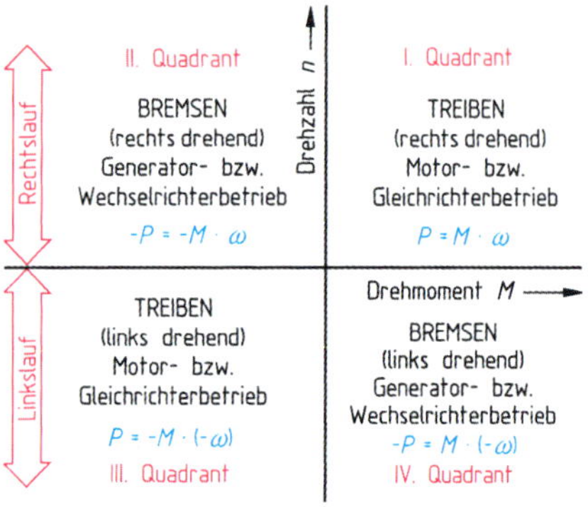

Ein-Quadrant-Stromrichter

Betriebsart im I. Quadrant

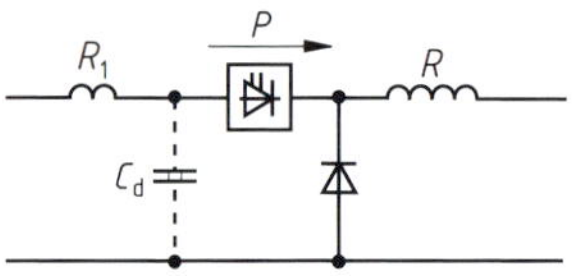

$U_{d\alpha}$ = 0 V bis + U_d
I_d positiv

Betriebsart im II. Quadrant

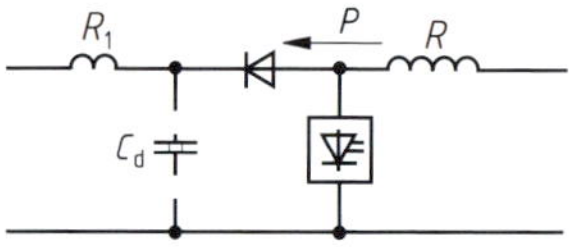

$U_{d\alpha}$ = 0 V bis + U_d
I_d negativ

Anwendung

- Ungesteuerte und halb gesteuerte Gleichrichterschaltungen
- Wechselrichter
- Gleichstromumrichter mit einer Richtung des Energieflusses

Zwei-Quadrant-Stromrichter

Betriebsart im I. und IV. Quadrant

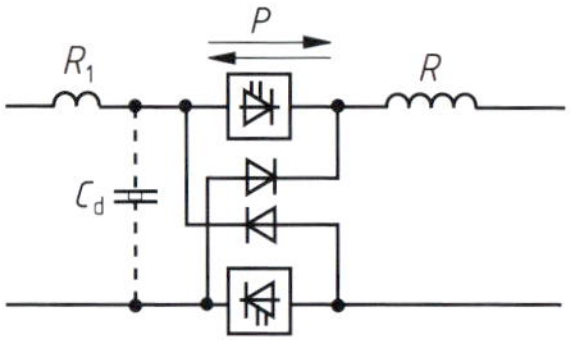

$U_{d\alpha}$ = – U_d bis + U_d
I_d positiv

Betriebsart im I. und II. Quadrant

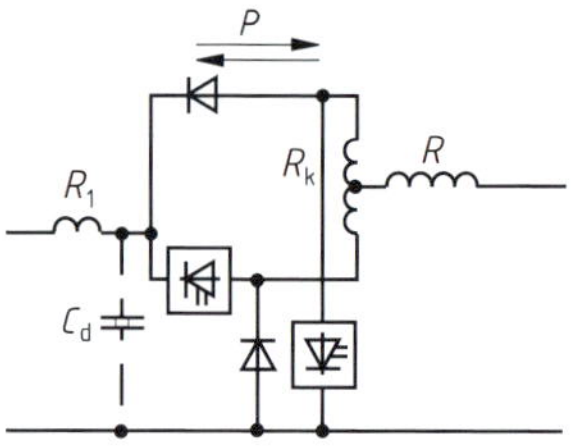

$U_{d\alpha}$ = 0 V bis + U_d
I_d positiv oder negativ

Anwendung

- Voll gesteuerte Stromrichter für Antriebe mit wechselnder Drehrichtung
- Doppelstromrichter für Antriebe mit wechselnden Momentenrichtungen

Doppelstromrichter (Umkehrstromrichter)

Grundschaltungen

Ankerkreisumschaltung	Ohne Kreisstrom	Mit Kreisstrom
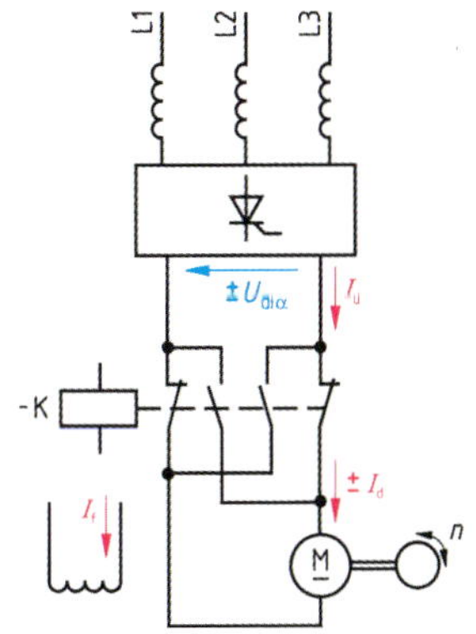	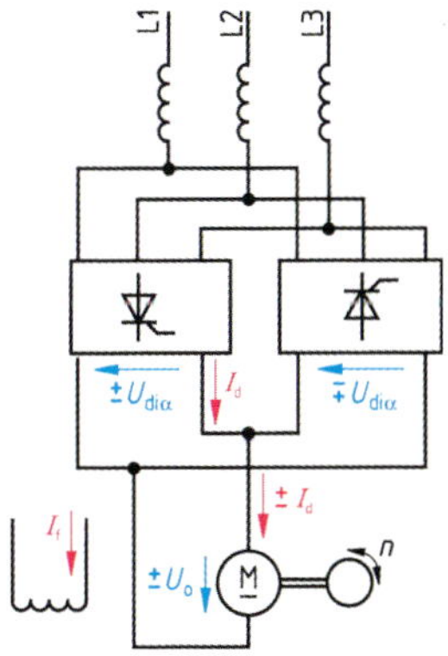	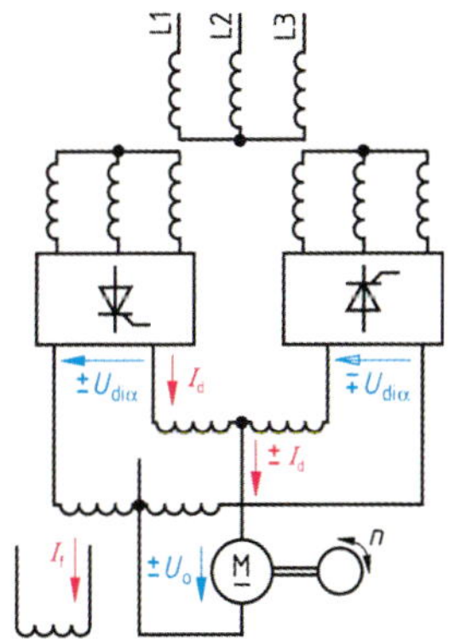
• Momentenlose Umschaltzeit über 50 ms • Umschaltung mit Wechselstromschützen bei $I_d = 0$ A	• Momentenlose Umschaltzeit von 5 ms...10 ms • Jeweils nur ein Teilstromrichter ist aktiv.	• Keine momentenlose Umschaltpause • Netztrennung erforderlich, da beide Teilstromrichter aktiv

Beispiel eines Doppelstromrichters mit Kreisstrom als Vierquadrant-Stromrichter

$U_{d\alpha} / n$

Wechselrichten

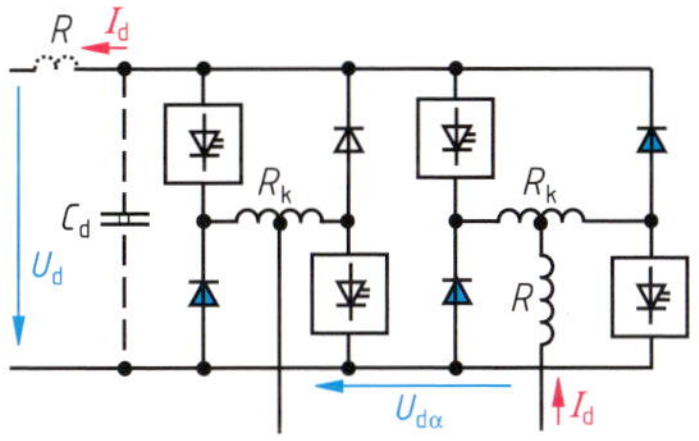

- $U_{d\alpha} = 0$ V bis $+ U_d$
- I_d negativ
- $U_{d\alpha} < U_0 \Rightarrow$ **Bremsen, Rechtslauf**

Gleichrichten

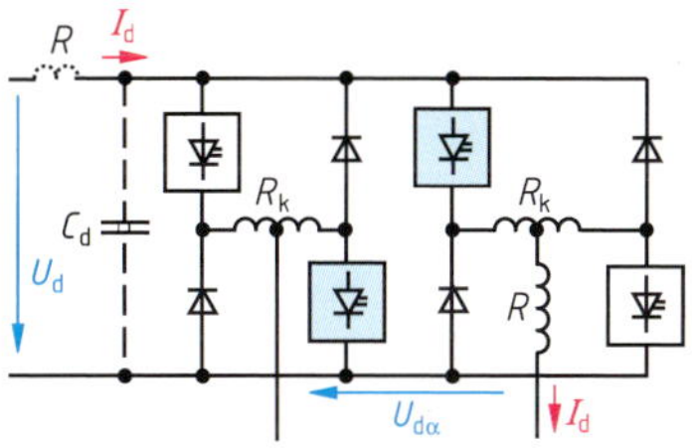

- $U_{d\alpha} = 0$ V bis $+ U_d$
- I_d negativ
- $U_{d\alpha} > U_0 \Rightarrow$ **Treiben, Rechtslauf**

$I_{d\alpha} / M$

Gleichrichten

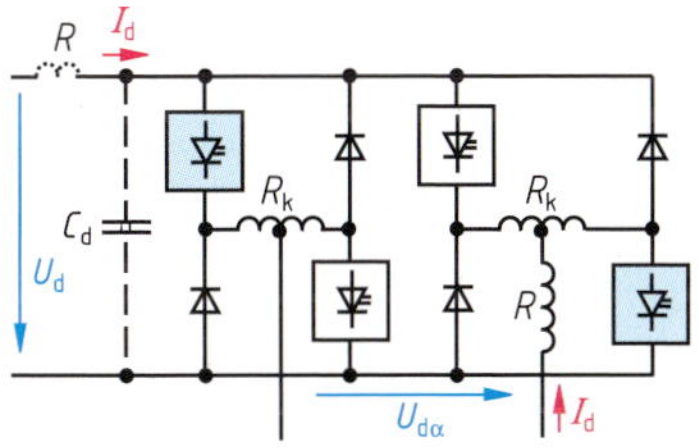

- $U_{d\alpha} = U_d$ bis $+ 0$ V
- I_d negativ
- $U_{d\alpha} > U_0 \Rightarrow$ **Treiben, Linkslauf**

Wechselrichten

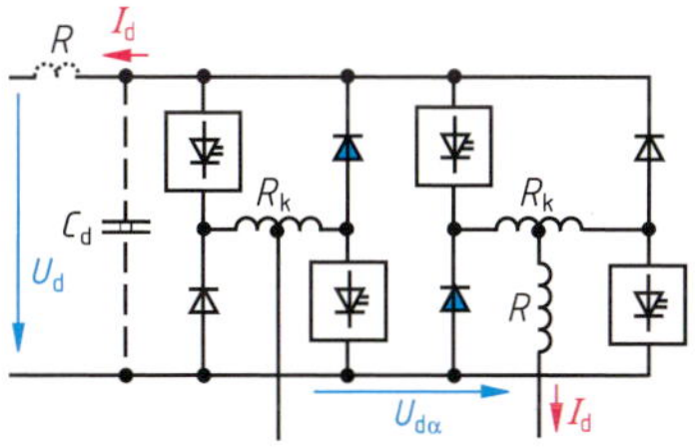

- $U_{d\alpha} = 0$ V bis $+ U_d$
- I_d negativ
- $U_{d\alpha} > U_0 \Rightarrow$ **Bremsen, Linkslauf**

$U_{d\alpha}$ Gleichspannung bei beliebigem α; U_f Erregerspannung; U_0 Gegenspannung; n Drehfrequenz; M Drehmoment; I_d Gleichstromstärke; I_f Erregerstromstärke

Gleichstromsteller

Direktumrichter

- Direktumrichter sind Gleichstromsteller, die bei einer konstanten Eingangsgleichspannung mithilfe periodisch schaltender Transistoren oder Thyristoren den Mittelwert der Ausgangsspannung stetig ändern können.
- Gleichstromsteller werden auch als **Chopper** oder **Pulswandler** bezeichnet.

Spannungs- und Stromverlauf

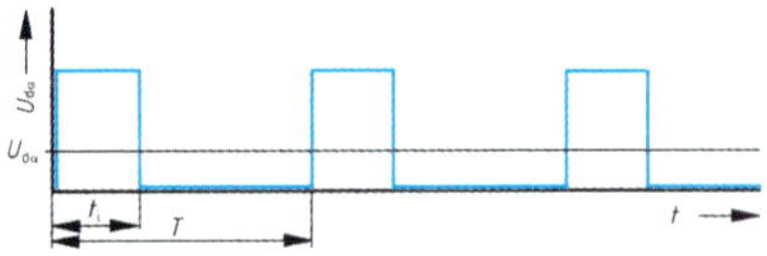

Der arithmetische Mittelwert $U_{d\alpha}$ der Ausgangsspannung wird bestimmt durch das Tastverhältnis t_i/T

Einpulsiger Gleichstromsteller M1QF (Beispiele)

Transistor-Steller als Drosselwandler

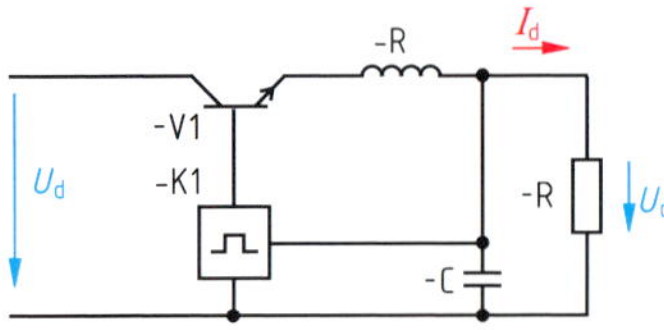

Thyristor-Steller mit Umschwingkreis

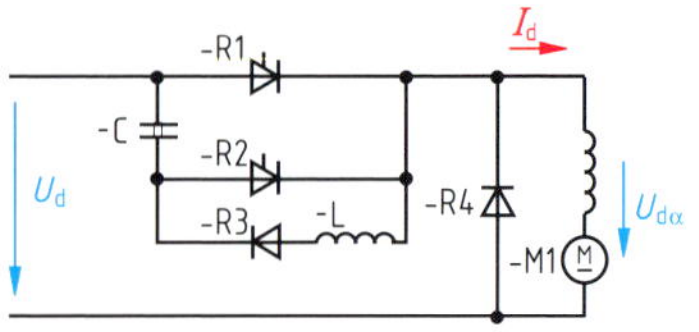

Steuerarten von Gleichstromstellern

Bezeichnung	Spannungs- und Stromverlauf	Eigenschaften	Anwendungem
Pulsbreiten-steuerung	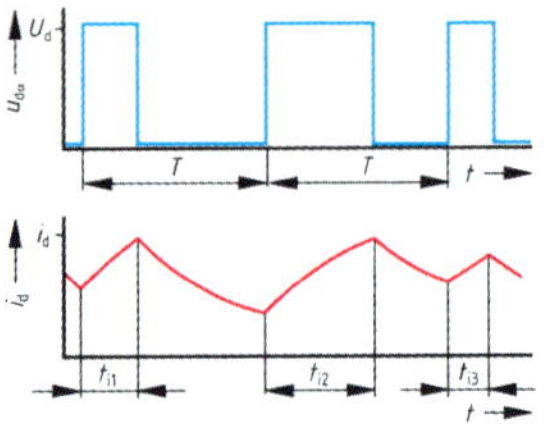	• Veränderliche Einschaltdauer t_i bei konstanter Periodendauer T • Die minimale Ausgangsspannung $U_{d\alpha}$ ist vom Stellglied abhängig: $U_{d\alpha min} = t_{imin} \cdot \frac{U_{d\alpha}}{T}$	• In Anlagen, in denen veränderliche Frequenzen Signalkreise stören können • Fahrmotore in Elektrofahrzeugen • Bei bürstenlosen Drehstromgeneratoren als Spannungsregler
Pulsfolge-Steuerung (Frequenz-steuerung)	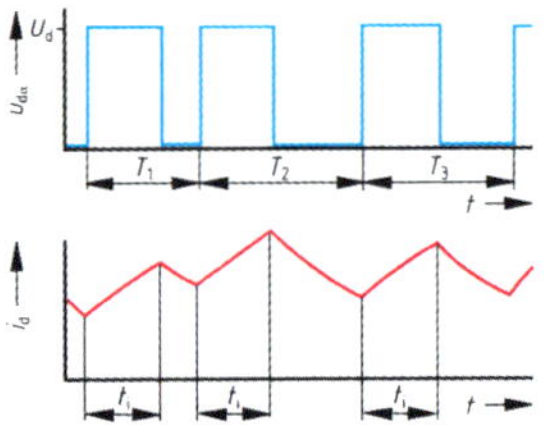	• Veränderliche Periodendauer T bei konstanter Einschaltdauer t_i • Bei geringen Arbeitsfrequenzen hoher Aufwand für Glättung • Frequenzstellbereich: $\frac{1}{t_i} > f > \frac{U_{d\alpha min}}{U_{d\alpha} \cdot t_i}$	• Schaltkreise mit geringen Anforderungen an die Welligkeit • Bei Gleichstrommaschinen zur Versorgung des Anker- und Feldstellbereichs
Zweipunkt-regelung	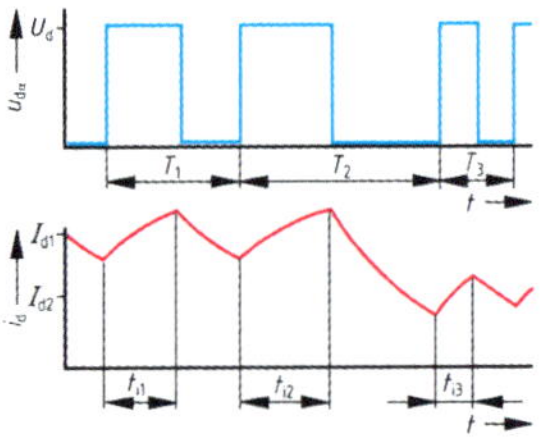	• Veränderliche Periodendauer T und veränderliche Einschaltdauer t_i möglich • Eine Regelung ist nur möglich, wenn ein Energiespeicher im Lastkreis vorhanden ist.	• Antriebe mit Laststrom- und Drehzahlregelungen und zulässiger Restwelligkeit des Laststromes

U_d Gleichspannung; $U_{d\alpha}$ Gleichspannung bei beliebigem Stromverzögerungswinkel α; I_d Gleichstromstärke; $U_{di\alpha}$ Idealwert der Gleichspannung bei beliebigem α; T Periodendauer; t_i Einschaltzeit

Schaltnetzteile — DIN IEC 60050-551

Wirkungsweise

Schaltnetzteile sind Gleichrichter mit Zwischenkreis: Die Gleichspannung U_{d1} wird zerhackt, transformiert und wieder gleichgerichtet. Die Regelung der Ausgangsspannung U_{d2} erfolgt über den Schalttransistor durch Verändern

- der Impulsdauer bei konstanter Frequenz oder
- der Frequenz bei konstanter Impulsdauer des Steuerimpulses.

Eigenschaften	Anwendungen
• Wirkungsgrad: 65 % bis 90 % • Arbeitsfrequenz: 15 kHz bis 50 kHz • Spannungsänderung: < 1 % bis 2 % • geringer Siebmittelaufwand	In allen Bereichen der Elektrotechnik, in denen Konstantspannungs- und Konstantstromquellen erforderlich sind

Schaltungsprinzipien und Wirkungsweise

Grundschaltung	Wirkungsweise
Drosselwandler 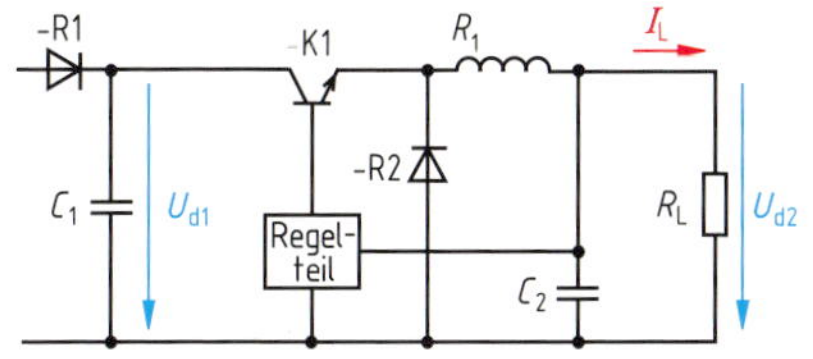	• Das Stellglied K1 führt während seiner Leitphase der Last R_L und der Spule R_1 Energie zu (Flusswandler). • In der Sperrphase des Stellgliedes K1 gibt die Spule R_1 die in ihr gespeicherte Energie über R_2 an die Last R_L ab; der Laststrom I_L ändert seine Richtung nicht.
Flusswandler 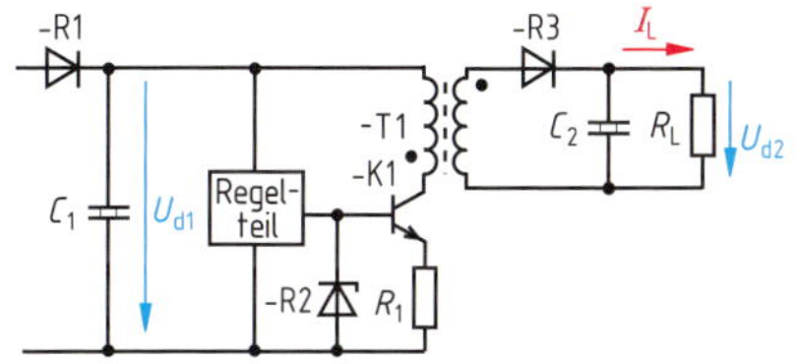	• Der Transistor K1 bildet mit der Z-Diode R_2 und dem Emitterwiderstand R_2 eine Konstantstromquelle. • In der Sperrphase von K1 gibt der Transformator seine gespeicherte Energie über die Diode R_3 an die Last R_L und den Ladekondensator C_2 ab. • Sperrt die Diode R_3, dann erhält die Last R_L Energie aus dem Ladekondensator.
Sperrwandler 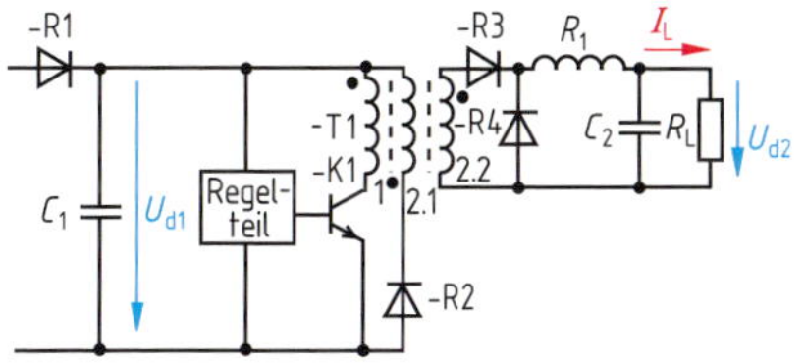	• Der Transistorschalter K1 führt während seiner Leitphase über die Wicklung 2.2 der Last R_L Energie zu. • In der Sperrphase von K1 wird die Magnetisierungsenergie über R_2 auf den Eingang des Wandlers zurückgeführt. • Die Glättungsdrossel L_1 sorgt mit der Freilaufdiode R_4 für einen Stromfluss durch die Last R_L, wenn der Transistor K1 sperrt.
Gegentaktwandler 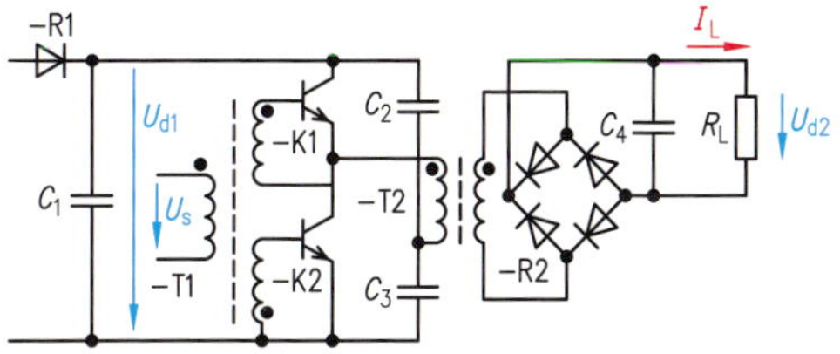	• Die Schalttransistoren K1 und K2 bilden mit den Kondensatoren C_2, C_3 eine Brückenschaltung. • Die Gleichspannung U_{d1} wird in eine Rechteck-Wechselspannung mit der Amplitude $\frac{1}{2} \cdot U_{d1}$ zerhackt und über T2 auf den Ausgang transformiert. • Mit der Brückenschaltung R_2 und dem Ladekondensator C_4 wird die Gleichspannung U_{d2} erzeugt.

Wechselstrom-Umrichter

Schaltungsbeispiel	Verlauf der Ausgangsspannung	Bemerkungen
Direktumrichter 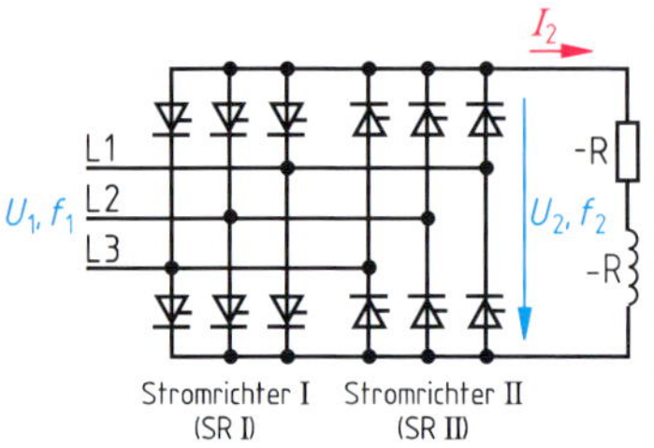	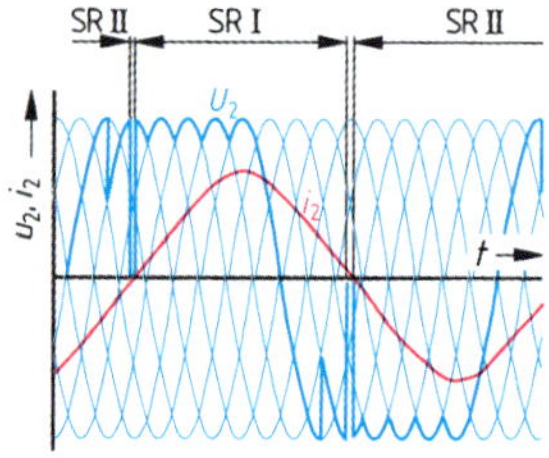	• Direktumrichter stellen über ihre Ventile eine leitende Verbindung zwischen dem Drehstromnetz und dem Verbraucher her. • Aufgrund der Spannungsform u_2 wird der Umrichter als **Trapezumrichter** bezeichnet. • Der **Steuerumrichter** ist wie der Trapezumrichter aufgebaut; der Verlauf der Ausgangsspannung ist unterschiedlich.
Zwischenkreis-Umrichter (Pulsumrichter) 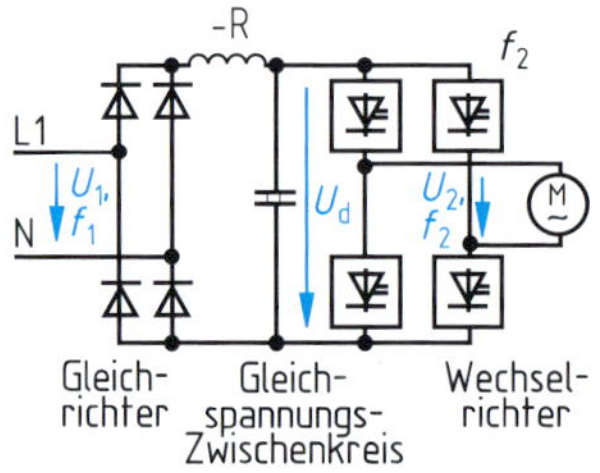	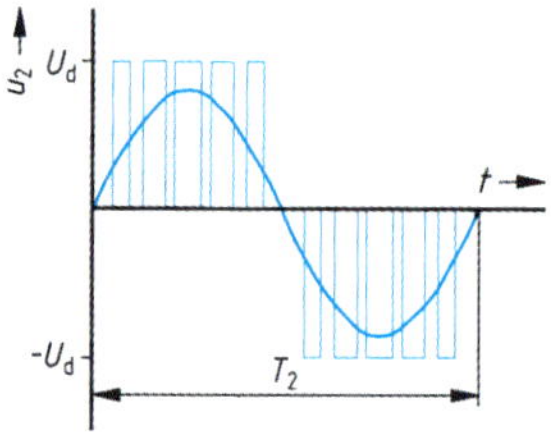	• Bei Zwischenkreis-Umrichtern erfolgt eine mindestens zweistufige Stromumformung. • Durch eine Pulsbreitensteuerung kann die Amplitude und die Frequenz der Ausgangsspannung u_L verändert werden. • Symbol für löschbare Ventile: 

Drehzahlsteuerung von Drehfeldmaschinen direkt aus dem Drehstromnetz

Bezeichnung	Schaltung	Eigenschaft	Anwendung
Steller im Ständerkreis	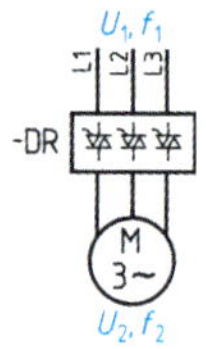	Mit zunehmendem Steuerwinkel α wird die Ständerspannung und damit der mag. Fluss geringer. Das Drehmoment sinkt und in Abhängigkeit vom Lastmoment stellt sich eine niedrigere Drehzahl ein.	Lüfter- und Kreiselpumpenantriebe bis ca. 10 kW
Steller im Läuferkreis	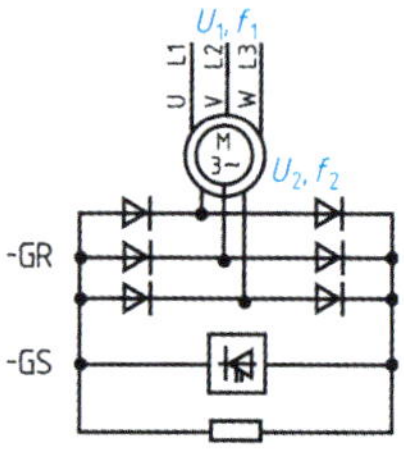	Ein Gleichstromsteller wird als „gepulster Läuferwiderstand" betrieben, der eine Änderung der Läuferstromstärke bewirkt. Durch Ansteigen des Schlupfes sinkt die Drehzahl so lange ab, bis das Drehmoment wieder erreicht ist.	Schleifring-Läuferantriebe bis ca. 20 kW
Untersynchrone Stromrichter-Kaskade	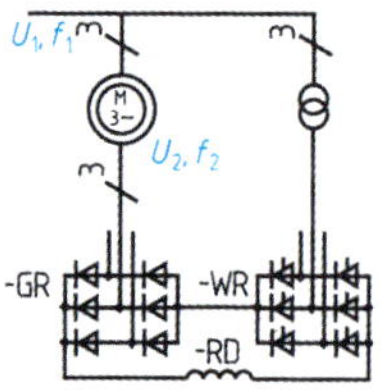	Anders als beim Steller im Läuferkreis, bei dem die Schlupfleistung in Wärme umgesetzt wird, arbeitet dieser Steller im Wechselrichterbetrieb. Die anfallende Schlupfleistung wird in das Netz zurückgeführt.	Verlustarme Schleifring-Läuferantriebe im Bereich von 20 kW bis 20 MW bei z. B. Pumpen oder Lüftern

DS Drehstromsteller; WR Wechselrichter; GR Gleichrichter; GS Gleichstromsteller

Umrichtergespeiste Drehstromantriebe

Bezeichnung	Schaltung	Eigenschaften	Anwendung
Versorgung direkt aus dem Drehstromnetz			
Direktumrichter	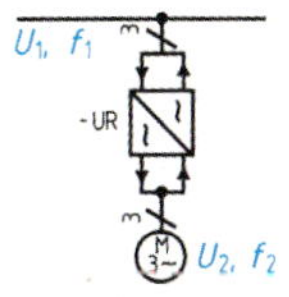	• Die voll gesteuerten Umkehrstromrichter erzeugen Wechselspannungen und -ströme mit variabler Ständerfrequenz. • Ständerfrequenz $f_2 \leq f_1$	• Rohrmühlenantriebe bis in den MW-Bereich
Versorgung indirekt aus dem Drehstromnetz über Zwischenkreis-Umrichter			
Umrichter mit Stromzwischenkreis	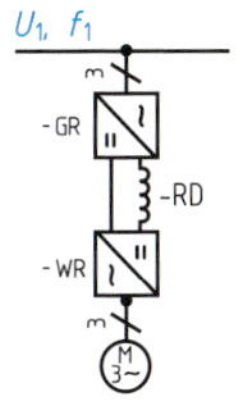	• Geringer Stromrichteraufwand durch eingeprägten Strom; Umrichter kann nur bei eingeschalteter Last arbeiten. • Abstimmung der Stromgrenzwerte von Last und Umrichter erforderlich, daher vorzugsweiser Einsatz bei Einmotorenantrieben	• Einmotorenantriebe bis 1 MW • Drehzahlstellbereich 1 : 20
Stromrichtermotor	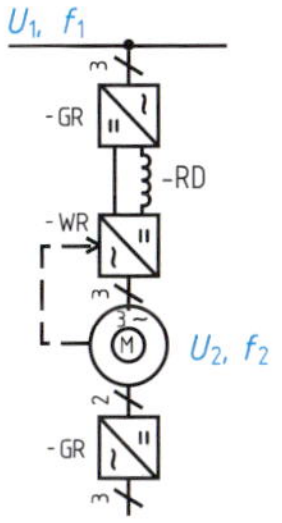	• Sonderfall eines Stromrichters mit Stromzwischenkreis, deren Last ein Drehstrom-Synchronmotor ist • Ein Stellungsgeber des Polrades liefert die gewünschte Lage der Steuerimpulse, da das Drehmoment vom Polradwinkel abhängt.	• Vierquadrantenantrieb bis zum MW-Bereich zum Antrieb von Pumpen, Verdichtern oder Gebläsen • Im Kleinstleistungsbereich Antrieb von Tonbändern, Plattenspielern
Umrichter mit Spannungszwischenkreis	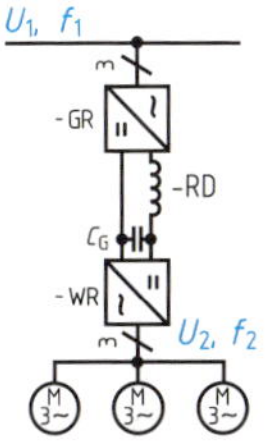	• Erkennungsmerkmal dieses Umrichters ist der Kondensator im Gleichspannungs-Zwischenkreis. • Die Zwischenkreisspannung, die die Energiedosierung vornimmt, kann konstant oder variabel sein.	• Für Mehrmotorenantriebe mit Leerlauf • Gruppenantriebe mit hoher Gleichlaufanforderung (z. B. Werkzeugmaschinen) im Bereich von 20 kW bis 300 kW • 5 Hz $\leq f_2 \leq$ 600 Hz
Pulsumrichter	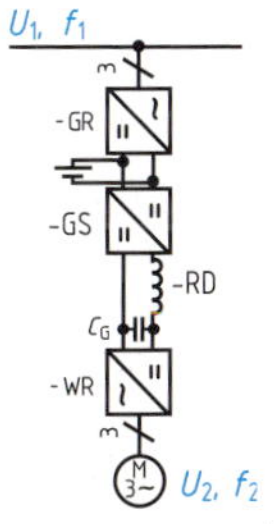	• Umrichter mit Spannungszwischenkreis erzeugen Steuerblindleistungen durch gesteuerte Eingangsgleichrichter. • Bei Pulsumrichtern ungesteuerte Eingangsgleichrichter. Durch Pulsbreitensteuerung sinusförmige, oberschwingungsarme Ausgangsspannung	• Im Leistungsbereich bis 10 kW als Transistorumrichter • Bei kleinen Leistungen ist der ungesteuerte Eingangsgleichrichter für einphasigen Wechselstrom ausgelegt.
UR Umrichter; GR Gleichrichter; WR Wechselrichter; GS Gleichstromsteller			

Betriebs- und Arbeitswelt
Technische Kommunikation
Energieversorgung
Gebäudetechnik
Kommunikationstechnik
Automatisierungstechnik
Antriebstechnik
Bauelemente und -gruppen
Techn. Größen und Formeln

Phasenanschnittsteuerungen — DIN EN 61000-3

Phasenanschnittsteuerungen erzeugen Steuerimpulse für Thyristoren, die bei bestimmten Phasenwinkeln die Spannung zur Last schalten. Dadurch kann die Ausgangsleistung zwischen 0 % und 100 % eingestellt werden. Die Steuerschaltung für die Thyristoren ist im Wesentlichen ein Sägezahngenerator, dessen Flankensteilheit geändert werden kann.

Zündimpulserzeugung

RC-Schaltung

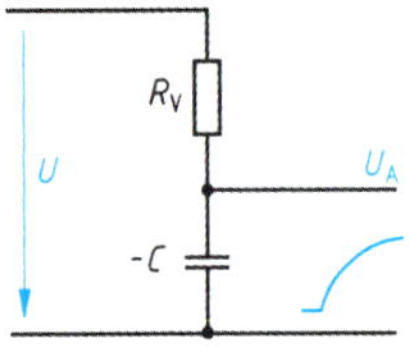

Transistorschaltung

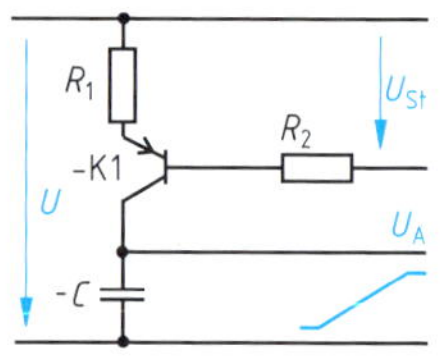

Wirkungsweise

In beiden Schaltungen wird ein Kondensator aufgeladen. Die Aufladung erfolgt über den Widerstand exponenziell, über den Transistor linear. Die Flankensteilheit wird über den Vorwiderstand bzw. über die Basis-Emitter-Spannung verändert.

Thyristor-Zündgeräte (Auswahl)

Schaltung

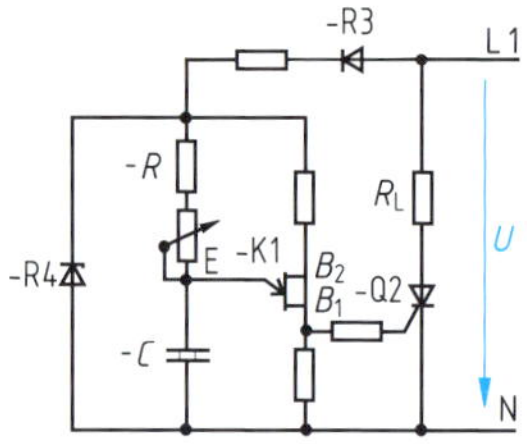

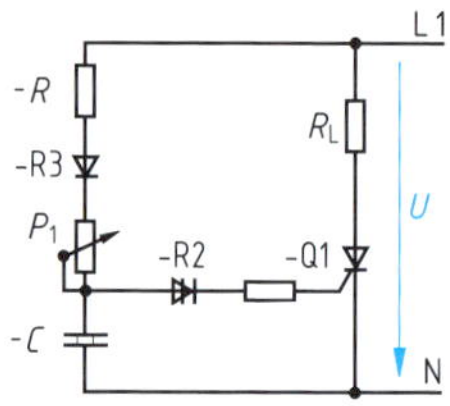

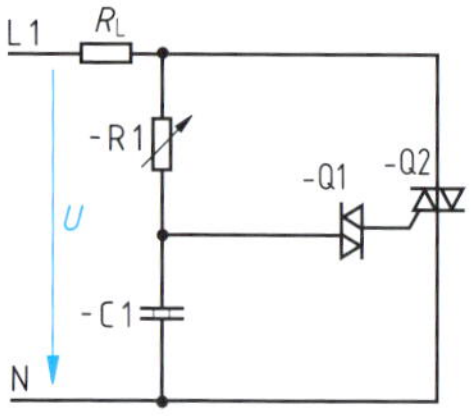

Wirkungsweise

Der Unijunktiontransistor K1 schaltet aus dem hochohmigen in den niederohmigen Zustand, wenn zwischen Emitter und Basis B1 ein bestimmter Spannungswert erreicht ist. Dieser Zeitpunkt wird durch die Zeitkonstante τ der RC-Schaltung mitbestimmt.

Die Thyristordiode Q1 schaltet in den leitenden Zustand, wenn die Kondensatorspannung die Kippspannung U_{B0} der Diode erreicht. Der Entladestrom des Kondensators zündet den Thyristor.

Die Zweirichtungsthyristor-Diode (DIAC) zündet die Zweirichtungsthyristor- Triode Q2 (TRIAC), wenn die Kondensatorspannung die positive oder negative Kippspannung U_{B0} erreicht.

Integrierte Zündgeräte

Innerer Aufbau

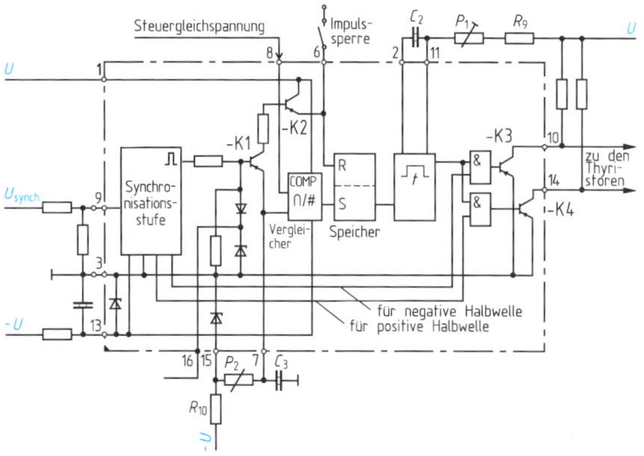

Wirkungsweise

Damit der Zündzeitpunkt in jeder Halbwelle der gleiche ist, wird über dem Anschluss 9 aus der Netzspannung im Nulldurchgang ein Synchronisationssignal gewonnen. Dieses entlädt über den Transistor K1 den Kondensator C3, der mit R10 und P2 die Steilheit des Sägezahnes bestimmt. Nach der Entladung lädt sich C3 über P2 auf; sein Spannungswert wird einem Vergleicher (Komparator) zugeführt. Schaltet der Komparator, wird ein Speicher gesetzt, der ein monostabiles Kippglied ansteuert. Die Einschaltdauer wird durch C2, P1 und R9 bestimmt. Je nach Netzwelle gelangt der erzeugte Rechteck-Impuls über eines der beiden UND-Glieder auf die jeweilige Thyristortriode.

Wechselstromsteller mit Phasenanschnittsteuerung

Wechselstromsteller als Dimmer

- Dimmer enthalten im Wesentlichen einen Wechselstromsteller mit vorgeschalteter Feinsicherung F1 und ein Netzfilter R1.1, R1.2, C1 zur Funkenstörung.
- **Glühlampendimmer** sind nur zur Steuerung von Glühlampen, nicht für Leuchtstofflampen geeignet.
- **Leuchtstofflampendimmer** sind zur Steuerung von Leuchstofflampen und Glühlampen geeignet. Bei der Steuerung von Leuchtstofflampen muss eine Wirklast $P \approx 20$ W vorhanden sein.

W1C-Schaltung mit Triac als Dimmer

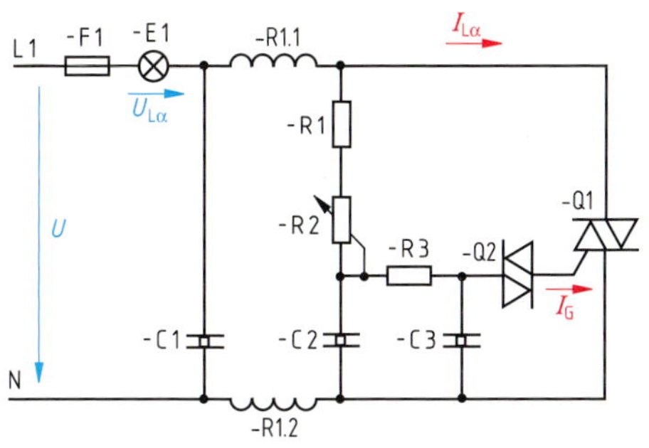

Spannungs- und Stromverlauf

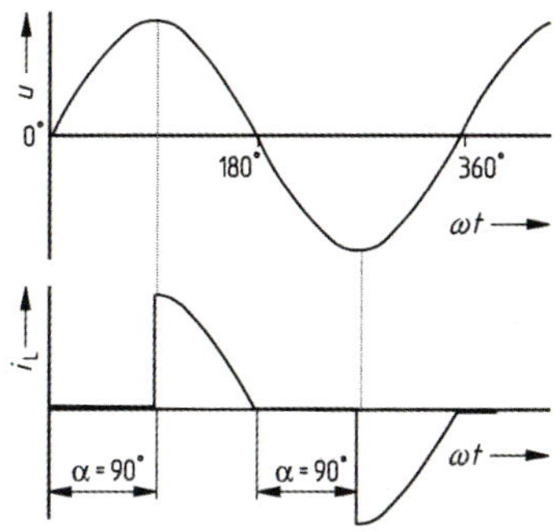

Steuerkennlinien eines Wechselstromstellers bei Widerstandslast

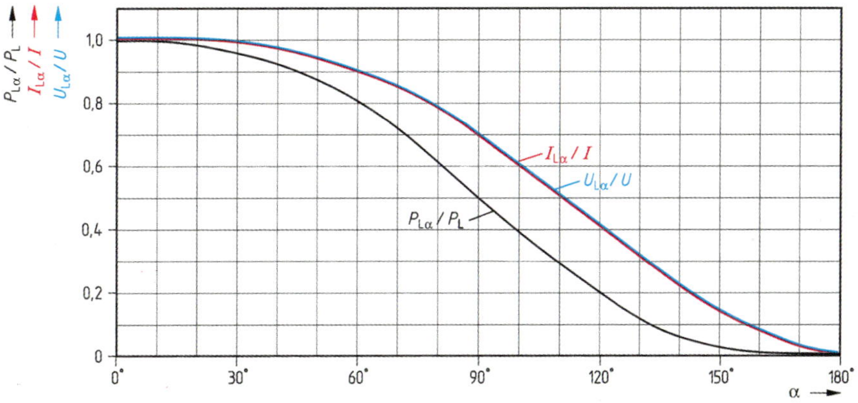

Maximalleistungen von Verbrauchern bei Wechselstromstellern mit Phasenanschnittsteuerung

Phasenanschnittsteuerungen dürfen nur bis zu bestimmten Maximalleistungen eingesetzt werden, da Netzrückwirkungen (Steuerblindleistung) auftreten.

Anschluss	Glühlampen in gewerblich oder landwirtschaftlich genutzten Anlagen	Lasten mit induktivem Anteil im Hausgebrauch (Motore u. Ä.)
U_{L1N} = 230 V	Bis 700 W	Bis 1 400 W
U_{L1L2} = 400 V	Bis 2000 W	Bis 4 500 W
400 V; 3/N/PE	Bis 1 200 W (symmetrische Last)	Bis 2 500 W (symmetrische Last)
400 V; 3/PE	Bis 3 600 W (symmetrische Last)	Bis 10 000 W (symmetrische Last)

In Hausanlagen ist die Installation von Leuchten mit Phasenanschnittsteuerung je Anlage nur bis zu einem Anschlusswert P = 1 000 W zulässig.

Nullspannungsschalter

Nullspannungsschalter sind elektronische Schalter, die das Einschalten einer Last jeweils im Nulldurchgang der Netzspannung bewirken. Erfolgt die Ansteuerung über Optokoppler, wird der Nullspannungsschalter als **Solid-State-Relais** bezeichnet.

Einfache Schaltung

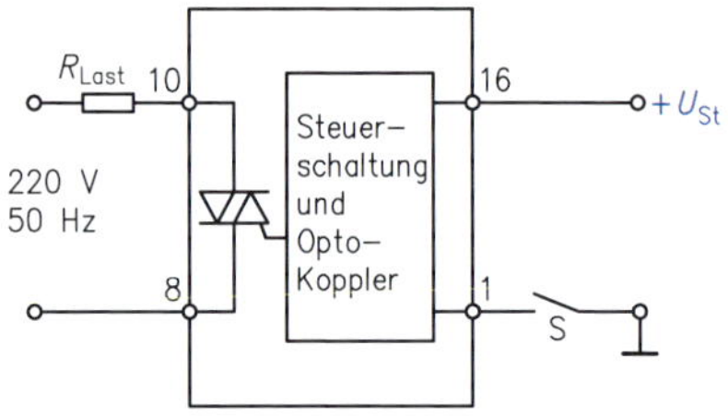

Funktion

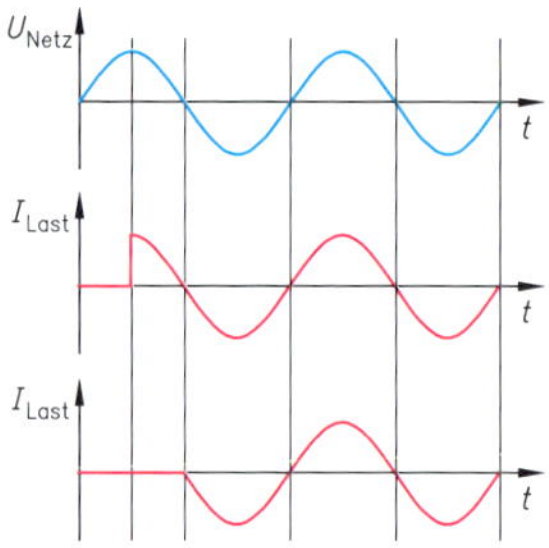

Der Laststrom fließt ohne Nullspannungsschalter sofort, mit Nullspannungsschalter nach dem nächsten Nulldurchgang.

Eigenschaften

- Lange Lebensdauer durch prellfreies Schalten
- Hohe Schaltgeschwindigkeiten möglich
- Geringe Netzstörungen (Oberwellen)

Schwingungspaketsteuerung — DIN EN 61000-3, VDE 0838-12

Schwingungspaketsteuerungen haben Nullspannungsschalter, die eine einstellbare Anzahl von Wechselspannungsperioden zur Last schalten. Durch diese Schwingungspaket- bzw. Vollwellensteuerung kann die mittlere Leistungsaufnahme der Last 0 % bis 100 % betragen.

Übersichtsschaltplan

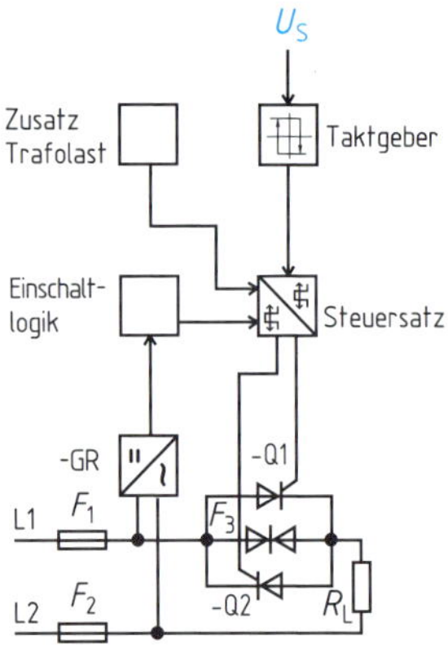

Strom- und Spannungsverlauf

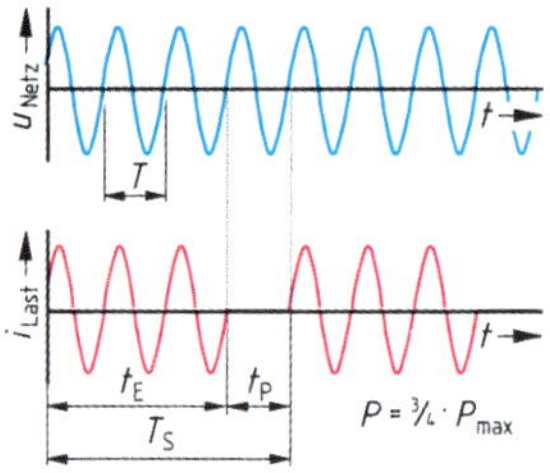

$T_S = t_E + t_P;\ T_S = \frac{1}{f}$

$P = \frac{t_E}{T_S} \cdot P_{max} \qquad P_{max} = \frac{U^2}{R_L}$

Eigenschaften und Anwendung

Vorteile:

- Keine Oberwellen im Netz, da ein sinusförmiger Wechselstrom fließt
- Keine Steuerblindleistung, da der $\cos\varphi = 1$ ist

Nachteile:

- Für schnell reagierende Systeme wie Beleuchtungen oder Antriebe nicht geeignet, da ein Flackern bzw. Rucken auftritt

Anwendung:

Hauptsächlich zur Heizungs- und Temperaturregelung bei

- Kunststoff-Verarbeitung
- Schmelz- und Trockenöfen
- Drahtglühmaschinen

Maximale Leistungen von Widerstandslasten mit Schwingungspaketansteuerung

Schalthäufigkeit r in 1/min	Anschluss an 230 V	Anschluss an 400 V	Anschluss an 400 V; 3/N
≥ 1 000	Bis 400 W	Bis 900 W	Bis 1 800 W
500	Bis 600 W	Bis 500 W	Bis 3 000 W
100	Bis 900 W	Bis 2 200 W	Bis 4 400 W
10	Bis 1 700 W	Bis 4 100 W	Bis 8 300 W
5	Bis 2 100 W	Bis 5 100 W	Bis 10 400 W
3	Bis 2 500 W	Bis 6 100 W	Bis 12 300 W
2	Bis 2 800 W	Bis 6 900 W	Bis 14 000 W
1	Bis 3 500 W	Bis 8 600 W	Bis 17 400 W

Schutzbeschaltung von Thyristoren und Stromrichtern

Überstromschutz

Überstrom-Schutzeinrichtungen müssen vor unzulässig hohen Stromstärken in der Durchlassphase schützen. Überstrom-Schutzeinrichtungen sind:

- Superflinke Sicherungen oder superflinke Sicherungsautomaten als Kurzschlussschutz
- Magnetische und thermische Überstromauslöser als Überstromschutz

Die Auslösekennlinien der Schutzeinrichtungen müssen während der gesamten Betriebszeit unterhalb der Grenzstromkennlinien der zu schützenden Ventile liegen.

Schaltungsbeispiel	Eigenschaften	Anwendungen
Strangsicherungen 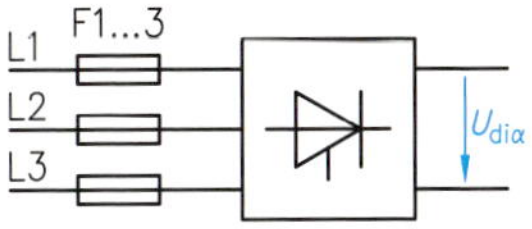	• Niedrige Kosten • Der zulässige Überstrom der einzelnen Ventile kann nicht voll genutzt werden. • Für die Grenzlastintegrale von Sicherung und Ventil gilt: $\left(\int i^2\,dt\right)_{Sicherung} = 0{,}9 \cdot \left(\int i^2\,dt\right)_{Ventil}$	• Leistungsbereich bis etwa 20 kW
Strangautomaten 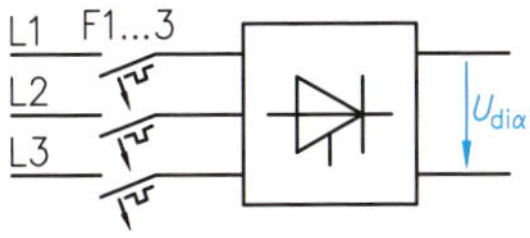	• Höhere Kosten • Der zulässige Überstrom der einzelnen Ventile kann nicht voll genutzt werden.	• Leistungsbereich bis etwa 15 kW
Zellensicherungen 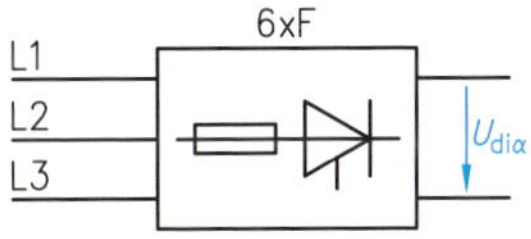	• Höhere Ausrüstungskosten gegenüber Schaltungen mit Strangsicherungen • Bessere Ausnutzung • Für die Grenzlastintegrale von Sicherung und Ventil gilt: $\left(\int i^2\,dt\right)_{Sicherung} = 0{,}9 \cdot \left(\int i^2\,dt\right)_{Ventil}$	• Bei parallel geschalteten Ventilen pro Zweig • Bei Anlagen mit Gegenspannungsbetrieb
kombinierter Schutz 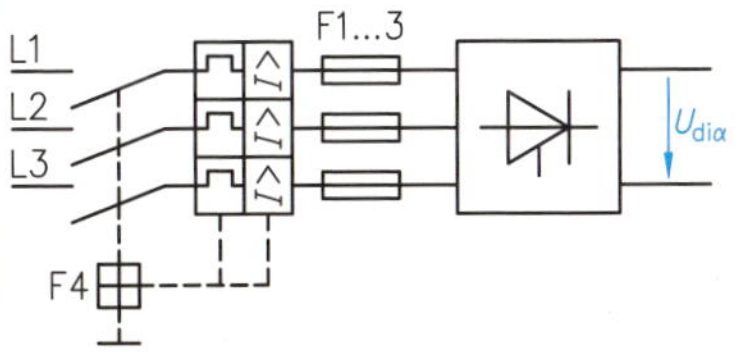	• Hohe Ausrüstungskosten durch thermischen Überstromauslöser und Kurzschlussschnellauslöser • Schutzeinrichtungen ermöglichen eine sehr gute Anpassung der Auslösekennlinie an die Grenzstromkennlinie der Ventile.	• Leistungsbereich ab etwa 20 kW

Schutz gegen zu hohe Stromanstiegsgeschwindigkeiten

Schaltung/praktische Ausführung	Kennline	Eigenschaften
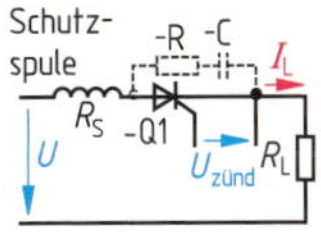 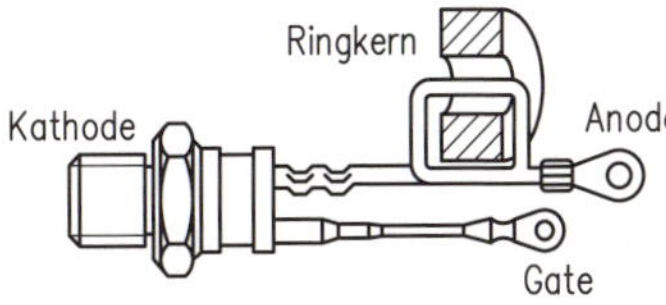	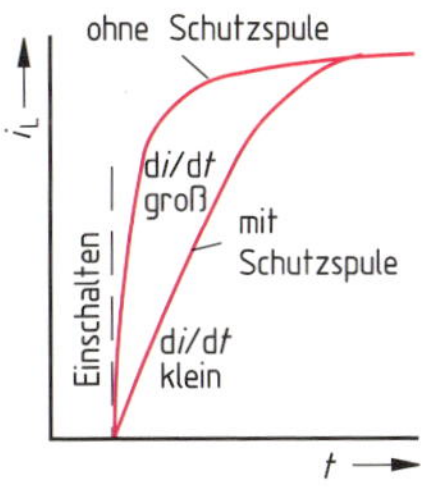	• Thyristoren werden durch Reihenschaltung mit einer Induktivität R_S und durch eine Parallelschaltung mit RC-Gliedern geschützt. • Für Thyristoren mit Stromstärken bis 50 A werden die RC-Glieder nach folgender Tabelle bemessen:

di/dt in A/μs	C in μF	R in Ω
0,5 bis 11	0,5	27 bis 1 100
1 bis 15	2	18 bis 1 033

Lineare Widerstände

Aufbau, Eigenschaften und Anwendungen

Arten	Drahtwiderstände	Kohleschichtwiderstände, Karbowid	Metallschichtwiderstände, CrNi	Edelmetallschichtwiderstände, Au/Pt
Herstellungsverfahren	Wickeltechnik	Thermischer Zerfall von Kohlenwasserstoffen	Aufdampfen im Hochvakuum	Reduktion von Edelmetallsalzen durch Einbrennen
Eigenschaften	Hochbelastbar, kleine Drift, kleiner Temperaturkoeffizient, kleiner Wertebereich, Induktivität	Kleine Drift, kleine Ausfallrate	Kleiner Temperaturkoeffizient	Niederohmig, definierter Temperaturkoeffizient, gutes Feuchteverhalten, innen oder außen beschichtet
Temperaturkoeffizient α_{20}	CrNi: $< 250 \cdot 10^{-6}\,\frac{1}{K}$ Konstantan: $< 100 \cdot 10^{-6}\,\frac{1}{K}$	-200 bis $\cdot 10^{-6}\,\frac{1}{K}$ bis $-1200 \cdot 10^{-6}\,\frac{1}{K}$	0 bis $\pm 50\,\frac{1}{K}$	$+200 \cdot 10^{-6}\,\frac{1}{K}$ bis $+350 \cdot 10^{-6}\,\frac{1}{K}$
Zulässige Temperatur ϑ	Unkritisch	–55 °C bis +155 °C	–65 °C bis +175 °C	–65 °C bis +155 °C
Anwendung	Kommunikations-, Mess- und Energietechnik, Regelwiderstände	Vermittlungstechnik, Datentechnik, Weitverkehrstechnik, Elektronik	Für extreme klimatische und elektrische Beanspruchung, Luft- und Raumfahrt, Seekabelverstärker, Messgeräte	Arbeitspunktstabilisierung in Transistorschaltungen, Hochlastwiderstände mit Sicherungswirkung bei der Kommunikationstechnik

Kenndaten

Arten	Drahtwiderstände	Kohleschichtwiderstände	Metallschichtwiderstände	Edelmetallschichtwiderstände
Wertebereich	$0{,}1\ \Omega$ bis $150 \cdot 10^5\ \Omega$ Sonderbereich: $0{,}01\ \Omega$ bis $25 \cdot 10^6\ \Omega$	$1\ \Omega$ bis $4{,}7 \cdot 10^6\ \Omega$ Sonderbereich: $4{,}7 \cdot 10^6\ \Omega$ bis $3 \cdot 10^9\ \Omega$ in Glas gekapselt: $> 3 \cdot 10^9\ \Omega ... 10^{14}\ \Omega$	$5\ \Omega$ bis $1 \cdot 10^6\ \Omega$	$1\ \Omega$ bis $1 \cdot 10^6\ \Omega$
Toleranzbereich	±5 % bis ±20 % Sonderbereich: ±0,05 % bis ±1 % ±0,001 % möglich	±2 % bis ±10 % (±20 %) Sonderbereich: ±0,1 % möglich	±1 % bis ±10 % ±1 % > 51 Ω	±0,01 % bis ±1 % ±0,1 % > 50 Ω
Kleinste Leistung	0,125 W	0,05 W	0,1 W	0,2 W
Kapazität	< 0,8 pF (1 MΩ)	< 0,15 pF	< 0,4 pF	< 0,5 pF (≈ 1 kΩ)
Induktivität	1 µH (500 Ω)	–	–	0,08 µH (≈ 1 kΩ)
Spez. Widerstand	$30 ... 45 \cdot 10^{-6}\ \Omega\text{cm}$	$30 \cdot 10^{-4}\ \Omega\text{cm}$	$\approx 10 \cdot 10^{-5}\ \Omega\text{cm}$	$\approx 40 \cdot 10^{-6}\ \Omega\text{cm}$

Kennzeichnung von linearen Schichtwiderständen

Farbcodierung auf Widerständen ohne Temperaturkoeffizient (DIN EN 60062)

4 Ringe:
E6, E12, E24 Widerstandsreihe

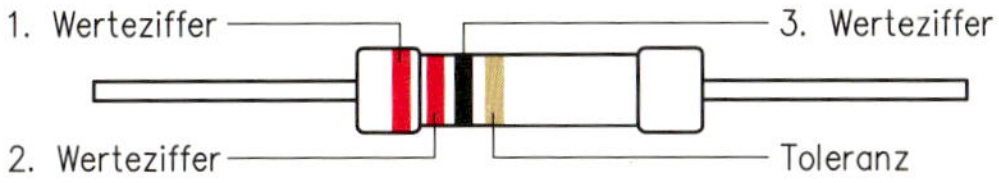

Farbcodierung auf Metallschichtwiderständen mit hoher Genauigkeit

5 Ringe:
E48, E96, E192 Widerstandsreihe

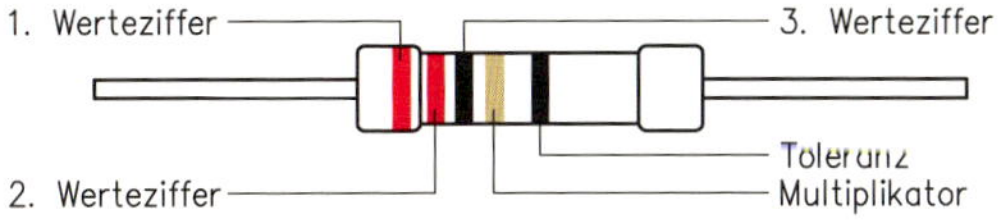

Farbcodierung auf Metallschichtwiderständen mit hoher Genauigkeit und Temperaturkoeffizient (DIN 41429)

6 Ringe:

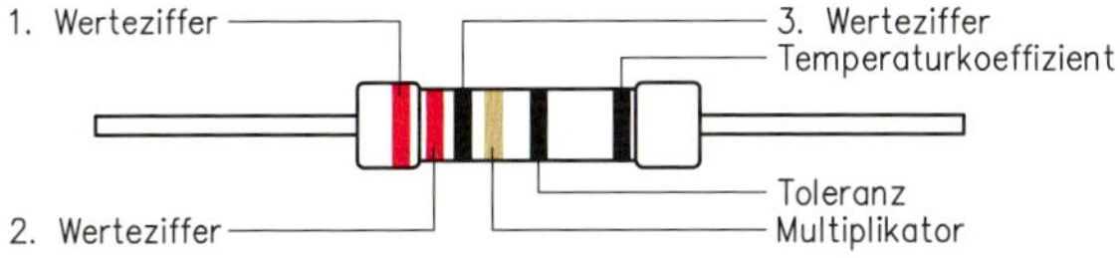

Farbschlüssel und Widerstandswerte in Ω

Farbe	1. Ring (1. Ziffer)	2. Ring (2. Ziffer)	3. Ring (3. Ziffer)	4. Ring (Multiplikator)	5. Ring (Toleranz)	6. Ring (Temperaturkoeffizient)
Schwarz	0	0	0	× 1 Ω		$\pm 200 \cdot 10^{-6}$ K
Braun	1	1	1	× 10 Ω	± 1 %	$\pm 100 \cdot 10^{-6}$ K
Rot	2	2	2	× 100 Ω	± 2 %	$\pm 50 \cdot 10^{-6}$ K
Orange	3	3	3	× 1000 Ω		$\pm 15 \cdot 10^{-6}$ K
Gelb	4	4	4	× 10000 Ω		$\pm 25 \cdot 10^{-6}$ K
Grün	5	5	5	× 100 000 Ω	± 0,5 %	$\pm 20 \cdot 10^{-6}$ K
Blau	6	6	6	× 1 0000 000 Ω	± 0,25 %	$\pm 10 \cdot 10^{-6}$ K
Violett	7	7	7	× 10 000 000 Ω	± 0,1 %	$\pm 5 \cdot 10^{-6}$ K
Grau	8	8	8	× 100 000 000 Ω		$\pm 1 \cdot 10^{-6}$ K
Weiß	9	9	9	× 1 0000 000 000 Ω		
Gold				× 0.1 Ω	± 5%	
Silber				× 0.01 Ω	± 10%	
Ohne					± 20%	

Nicht farbcodierte Widerstände

Widerstandswert	0,47 Ω	4,7 Ω	47 Ω	470 Ω	4,7 kΩ	47 kΩ	470 kΩ	4,7MΩ	47 MΩ
RKM-Code	R47	4R7	47R	470R	4K7	47K	470K	4M7	47M

Nicht farbcodierte Widerstände werden entsprechend der Tabelle nach dem RKM-Code beschriftet. Anstelle des Kommas stehen die Buchstaben R, K und M.

Nennwerte (E-Reihe) DIN IEC 60063-12

E 6 ± 20 %	10				15				22				33				47				68			
E 12 ± 10 %	10		12		15		18		22		27		33		39		47		56		68		82	
E 24 ± 5 %	10	11	12	13	15	16	18	20	22	24	27	30	33	36	39	43	47	51	56	62	68	75	82	91

E48 ± 2 %	10	10,5	11	11,5	12,1	12,7	13,3	14	14,7	15,4	16,2	16,9	17,8	18,7	19,6
	20,5	21,5	22,6	23,7	24,9	26,1	27,4	28,7		30,1	31,6	33,2	34,8	36,5	38,3
	40,2	42,2	44,2	46,4	48,7			51,1	53,6	56,2	59		61,9	64,9	68,1
	71,5	75	78,7			82,5	86,6			90,9	95,3				

Veränderbare Widerstände

Bauformen von veränderbaren Widerständen

Schichtdrehwiderstand

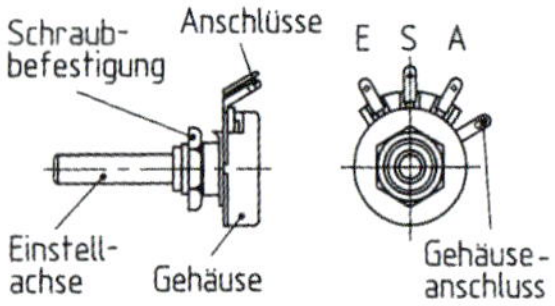

Schichtschiebewiderstand

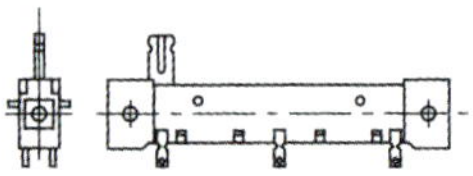

Drahtdrehwiderstand

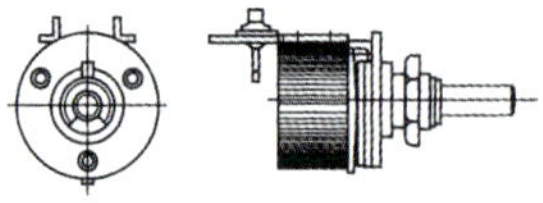

Wendeldrehwiderstand

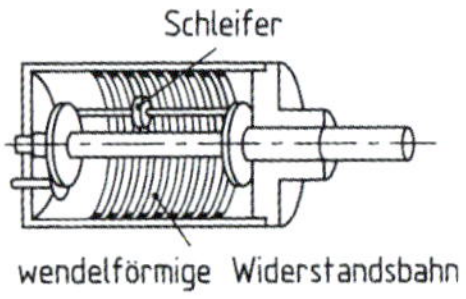

Spindeldrehwiderstand

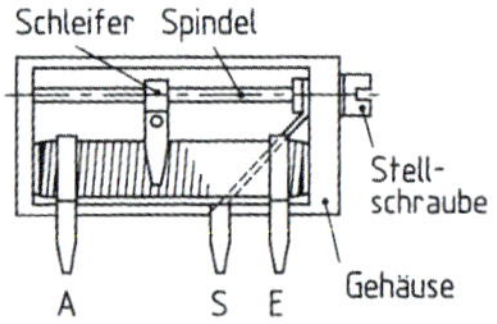

Trimmerwiderstand

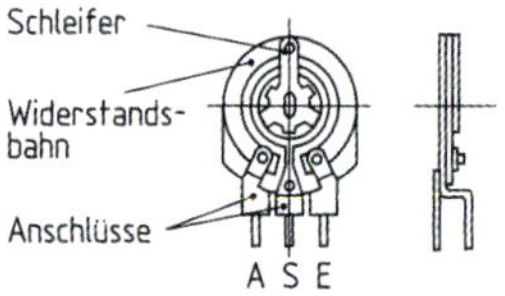

Kennzeichnung und Daten von Kohleschichtwiderständen

Schaltzeichen/Anschlüsse

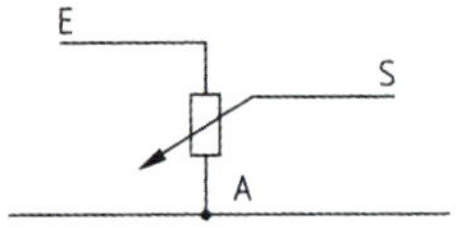

A Anfangsanschluss
E Endanschluss
S Schleiferanschluss

Drehbereiche und Benennungen

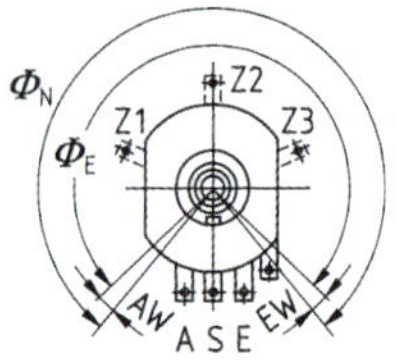

AW	Anfangsweg
EW	Endweg
Z	Anzapfung
SW	Schaltwinkel
Φ_N	Nenndrehbereich
Φ_E	Elektrischer Drehbereich
⊥	Erdungsanschluss

Nennbelastung, Grenz- und Prüfspannung

Größe	Baubreite in mm	Nennlast in W	Belastbarkeit in W		Grenzspannung in V		Prüfwechsel spannung in V
			Linear	Nicht linear	Linear	Nicht linear	
0	12	0,05	0,05	0,03	150	100	500
1	16	0,1	0,1	0,05	200	150	500
2	20	0,2	0,2	0,1	300	200	750
3	25	0,3	0,3	0,15	400	250	750

Genormte Widerstandwerte

100 Ω	250 Ω	500 Ω	1 kΩ
2,5 kΩ	5 kΩ	10 kΩ	25 kΩ
50 kΩ	1 MΩ	2,5 MΩ	5 MΩ

Toleranz: ± 20 % bis 1 MΩ
± 30 % über 1 MΩ bis 5 MΩ

Mechanische Einbaudaten

Wellen-Ø		4	5	6	8
Flansch-Ø		11	12	14	16
Gewinde-Ø		M 7 × 0,75	M 8 × 0,75	M10 × 0,75	M12 × 0,75
Mutter	SW	10	11	14	16
	p	2	2	2,5	2,5

Besondere Eigenschaften bei Schichtdrehwiderständen

Temperaturkoeffizient α_{20} in 1/K

R_N	Kohleschicht		Cernet	Metall
	N-Schicht	T-Schicht	C-Schicht	M-Schicht
≤ 1 kΩ	–	–	$\pm 0{,}3 \cdot 10^{-3}$	$\pm 0{,}05 \cdot 10^{-3}$
> 1 kΩ	–	–	$\pm 0{,}15 \cdot 10^{-3}$	$\pm 0{,}05 \cdot 10^{-3}$
≤ 100 kΩ	$-2 \cdot 10^{-3}$	$-0{,}6 \cdot 10^{-3}$	–	–
> 100 kΩ	$-3 \cdot 10^{-3}$	$-1 \cdot 10^{-3}$	–	–

Bauform und Anwendung

N-Schicht für normale Anwendungen wie Lautstärke- oder Klangeinstellung **T-Schicht** für hohe Temperaturstabilität
C- und **M-Schicht** für Mess- und Regelgeräte bei extremen Temperaturund Feuchteeinflüssen

Temperatur- und spannungsabhängige Widerstände

Benennung	Schaltzeichen	Verhalten	Anwendungen
Heißleiter (DIN 4407) **NTC**-Widerstand (**N**egative **T**emperature **C**oefficient) Material: polykristalline Mischoxidkeramik	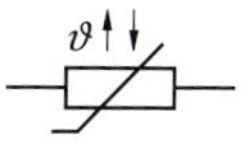	Temperaturabhängiger Halbleiterwiderstand, dessen Widerstandswert mit steigender Temperatur sinkt	Temperaturfühler und -regler, Flüssigkeits-Niveaufühler, Spannungsstabilisierung, Anlassheißleiter, Verzögerung von Relais, Temperaturkompensation
Kaltleiter (DIN 44080) **PTC**-Widerstand (**P**ositive **T**emperatur **C**oefficient) Material: ferroelektrische Keramik, z. B. $BaTiO_3$	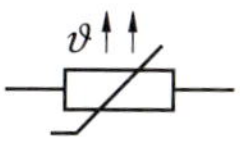	Temperaturabhängiger Halbleiterwiderstand, dessen Widerstandswert mit steigender Temperatur fast sprungförmig ansteigt	Temperaturfühler, Thermostat, Flüssigkeits-Niveaufühler, Stromstabilisierung, Überlastschutz, Bildröhren-Entmagnetisierung, Einphasen-Motorstart
Varistoren **VDR**-Widerstand (**V**oltage **D**ependent **R**esistor) Material: Siliciumkarbid, Zinkoxid	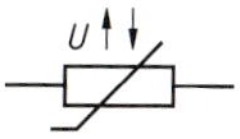	Spannungsabhängiger Widerstand, dessen Widerstandswert mit steigender Spannung sinkt	Spannungsstabilisierung, Stoßspannungsbegrenzung, Überspannungsschutz (äußere Überspannung wie Blitz und induktive Beeinflussung, innere Überspannungen)

Kennlinien und charakteristische Werte

Heißleiter

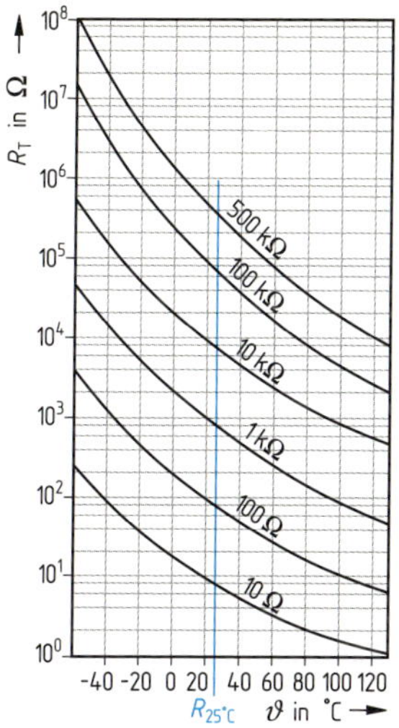

R_T = 1 Ω bis 108 Ω
ϑ = –60 °C bis +200 °C (Sonderfälle bis +400 °C)
P_V = 40 mW bis 1 W
α_{20} = –0,02 1/K bis –0,07 1/K

Kaltleiter

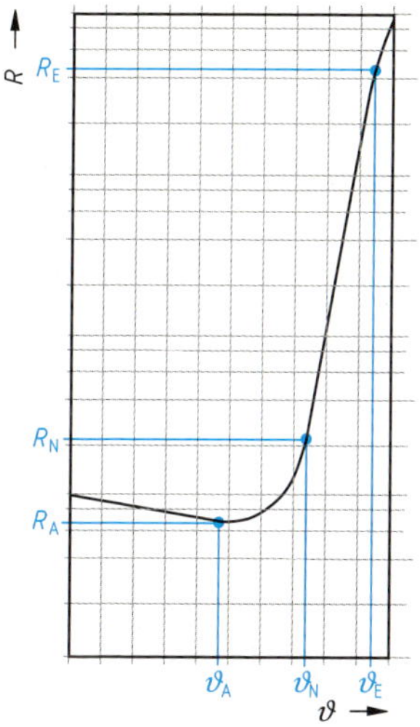

U = bis 300 V
R_A = 10 Ω bis 2000 Ω
ϑ_A = –50 °C bis +130 °C
R_N = 300 Ω bis 1200 Ω
ϑ_N = –30 °C bis +160 °C
R_E > 40 Ω bis >100 Ω
ϑ_E = +60 °C bis +200 °C
α_{20} = +0,07 1/K bis +0,7 1/K

Varistor

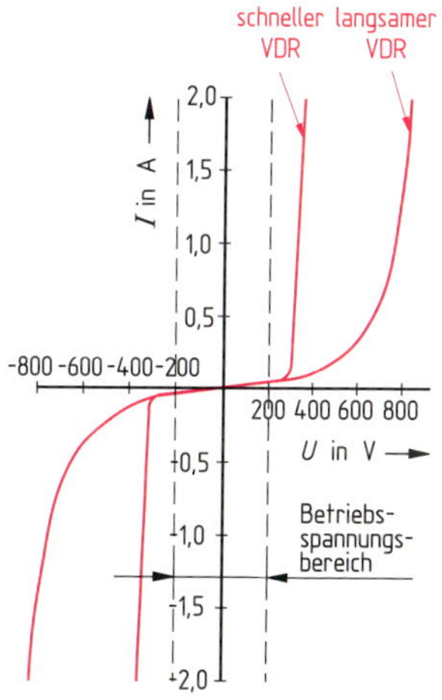

U = 2,7 V bis 1 300 V
I = 1 mA bis 100 mA
P_V = 0,25 W bis 3 W
C = 15 V bis 1500 V
β = 0,15 bis 0,40

U Spannung; R_T Widerstandswert bei der Temperatur T; R_A Anfangswiderstand bei positivem α; R_N Bemessungswiderstand; R_E Endwiderstand; P_V Verlustleistung; α Temperaturkoeffizient; I Stromstärke; ϑ_A Anfangstemperatur; ϑ_N Bemessungstemperatur; ϑ_E Endtemperatur; C Konstante; β Regelfaktor

Arten von Kondensatoren

Bauform (Beispiele)	Ausführung, Aufbau, Kennzeichnung

Metallpapierkondensatoren (MP-Kondensatoren)

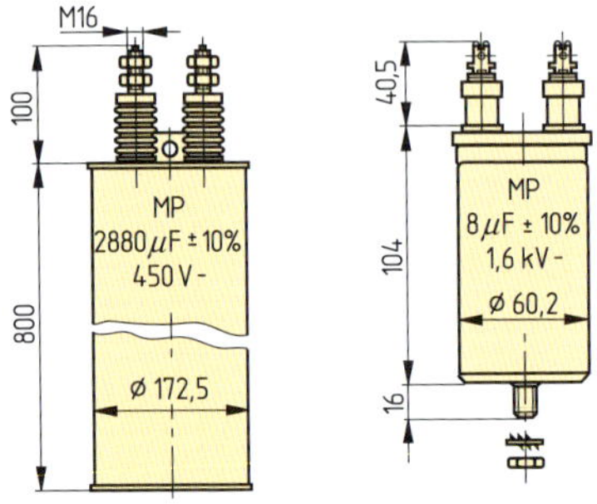

- **Anwendung:** Koppel-, Stoß-, Stütz- und Glättungskondensatoren
- **Kapazitätsbereich:** 100 nF bis 4,8 mF
- **Nennspannung U_N:** bis 6300 V
- **Dielektrikum:** Mit Hartwachs oder Öl imprägniertes Papier
- **Beläge:** eine dünne, auf das Dielektrikum aufgedampfte Metallschicht aus Aluminium oder Zink
- **Kennzeichnung des Außenbelages (Schirmung):** Strich auf dem Umfang oder Symbol

Kunststofffolienkondensatoren

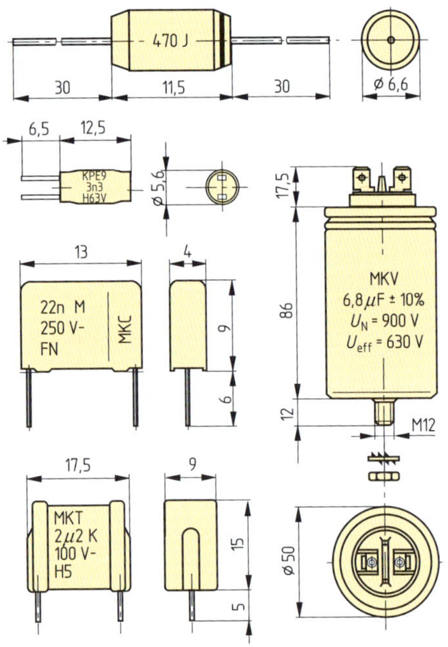

- **Anwendung:** Koppel-, Filter- und Schwingkreiskondensatoren in der Hochfrequenz- (KS, MKS), Hochspannungs- (MKP) und Energietechnik (MKV)
- **Kapazitätsbereich:** 2 pF bis 330 µF
- **Nennspannung U_N:** nach Bauart bis 1 000 V (MKV bis 3 000 V, MKT bis 12 500 V, MKP bis 40 000 V)
- **Ausführungen** als nichtmetallisierte Kunststofffolienkondensatoren (K) und als metallisierte Kunststofffolienkondensatoren (MK):

  KC KP KS KT
  MKC MKP MKS MKT MKU

- **MKV:** Ausführung als verlustarmer (V) metallisierter Kunststofffolienkondensator
- **Dielektrikum:** verschiedene, durch die Buchstaben C, P, S, T oder U gekennzeichnete Kunststoffe
- **Beläge:** bei der nicht metallisierten Bauart Aluminiumfolien; bei der metallisierten Bauart eine dünne, auf das Dielektrikum aufgedampfte Aluminium- oder Zinkschicht
- **Kennzeichnung des Außenbelages (Schirmung):** Strich oder Symbol.
- Bei **KS-Kondensatoren** kennzeichnet ein Farbring den Außenbelag und gleichzeitig die Höhe der Nennspannung.

Keramikkondensatoren

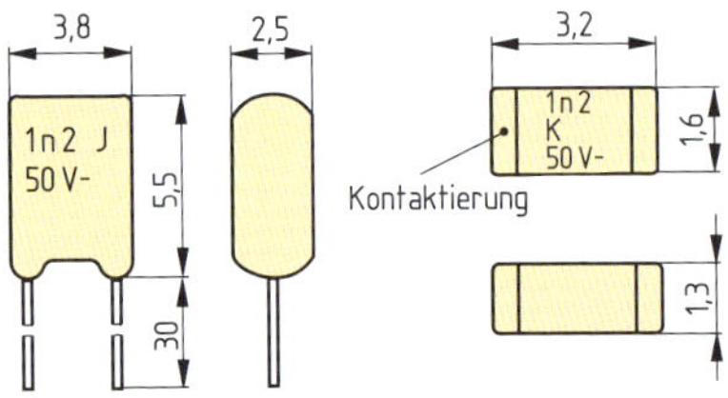

- **Anwendung:** Schwingkreis- oder Filterkondensatoren in der Hochfrequenztechnik
- **Kapazitätsbereich:** 0,5 pF bis 10 nF
- **Nennspannung U_N:** bis 1000 V
- Ausführungen:
  NDK: niedrige Dielektrizitätskonstante, $\varepsilon_r < 470$
  HDK: hohe Dielektrizitätskonstante, $\varepsilon_r < 10\,000$
- **Dielektrikum:** Keramikkörper (z. B. Titandioxid)
- **Beläge:** auf den Keramikkörper beidseitig aufgedampftes Edelmetall (meist Silber)
- **Innenbelag:** Kennzeichnung durch Farbzeichen

Arten von Kondensatoren (Fortsetzung)

Bauform (Beispiel)	Anwendung, Ausführung, Aufbau, Kennzeichnung
Aluminium-Elektrolytkondensatoren	
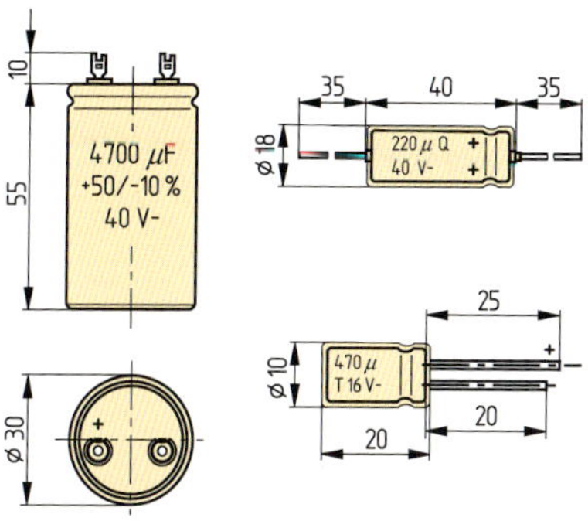	• **Anwendung:** Sieb-, Koppel- und Glättungskondensatoren, Motorkondensator, Energiespeicher • **Kapazitätsbereich:** 100 nF bis 1 F • **Nennspannung U_N:** 6 V bis 450 V • **Ausführungen:** gepolt oder ungepolt • **Gepolte Ausführung** für den Anschluss an Gleichspannung; eine Falschpolung führt zur Zerstörung. • **Pluspol:** Pluszeichen, Ziffer 1 oder rote Farbe • **Minuspol:** Minuszeichen oder Strich • **Ungepolte Ausführung** für Wechselspannung • **Dielektrikum:** Aluminiumoxidschicht auf der Anode • **Belag 1 (Anode):** Aluminium als positive Elektrode • **Belag 2 (Kathode):** Elektrolyt, der die leitende Verbindung zur negativen Elektrode (Gehäuse) herstellt
Tantal-Elektrolytkondensatoren	
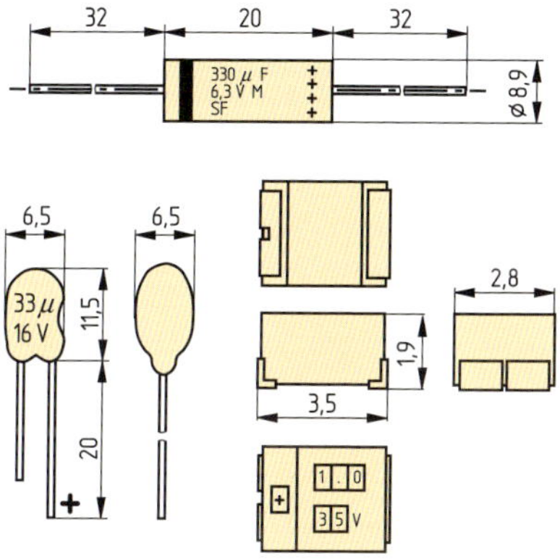	• **Anwendung:** wie Aluminium-Elektrolytkondensator, außerdem Kondensator für Miniaturschaltkreise • **Kapazitätsbereich:** 100 nF bis 2,5 mF • **Nennspannung U_N:** 6 V bis 600 V • **Gepolte Ausführung** für den Anschluss an Gleichspannung; eine Falschpolung führt zur Zerstörung. • **Pluspol:** Pluszeichen, längerer Anschlussdraht oder besondere Formgebung des Gehäuses • **Minuspol:** Strich auf dem Umfang • **Dielektrikum:** Tantaloxidschicht auf der Anode • **Belag 1 (Anode):** Tantal als positive Elektrode • **Belag 2 (Kathode):** Elektrolyt, der die leitende Verbindung zur negativen Elektrode (Gehäuse) herstellt • Kennzeichnung der **Bauart:** **F:** Wickelkondensator, nass **S:** Sinterkondensator, nass **SF:** Sinterkondensator, trocken
Gold Caps (Doppellagenkondensator)	
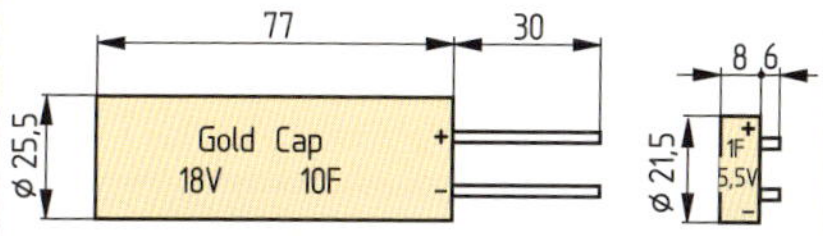	• **Anwendung:** Energiespeicher, Pufferkondensator • **Kapazitätsbereich:** 100 mF bis 70 F (1500 F) • **Nennspannung U_N:** 1,8 V bis 6,3 V • **Gepolte Ausführung** für den Anschluss an Gleichspannung; eine Falschpolung führt zur Zerstörung. • **Pluspol:** Pluszeichen; **Minuspol:** Minuszeichen • Eigenschaft und Aufbau vereinigen Prinzipien von Elektrolytkondensatoren und von Akkumulatoren.
Trimmer	
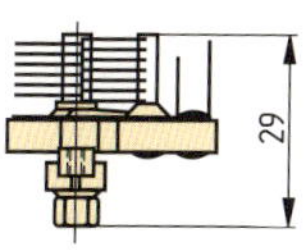4,5 ... 70pF 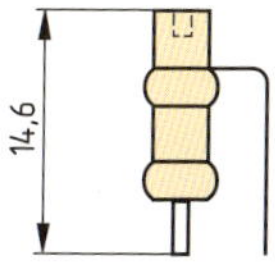0,4 ... 3,5pF	• Kondensatoren mit veränderbarer Kapazität • **Anwendung:** Feinabgleich von Frequenzen • **Kapazitätsbereich:** 1,2 pF bis 110 pF • **Nennspannung U_N:** bis 250 V • **Dielektrikum:** Luft oder Keramik • **Beläge:** Metallplatten oder Metallröhrchen; bei einem Dielektrikum aus Keramik aufgedampfter Metallfilm (z. B. Silber)

Kennzeichnung von Kunststofffolienkondensatoren

Beispiel		Kennbuchstabe	Dielektrikum
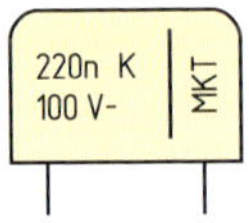	M K T: Metallisierte Bauform (M); Dielektrikum aus Kunststoff (K); Art des Dielektrikums (T)	C P S T U	Poly**c**arbonat (Makrofol) Poly**p**ropylen (Hostalen) Poly**s**tyrol (Styroflex) Poly**t**erephthalat (Hostaphan) Cell**u**loseacetat (Trolit)

Kennzeichnung der Kapazitätswerte mit Buchstaben und Ziffern

Regeln

Die Kennzeichnung der Kapazitätswerte erfolgt mit jeweils drei, vier oder fünf Zeichen:
- Mit zwei Ziffern, drei Ziffern oder vier Ziffern und einem Buchstaben
- Der Buchstabe steht jeweils an der Stelle des Dezimalkommas.

Beispiele

Kennzeichnung	Kapazität	Kennzeichnung	Kapazität	Kennzeichnung	Kapazität	Kennzeichnung	Kapazität
1n0	1 nF	10n	10 nF	100n	100 nF	1µ0	1 µF
2n2	2,2 nF	22n	22 nF	220n	220 nF	2µ2	2,2 µF
3n32	3,32 nF	33n2	33,2 nF	332n	332 nF	3µ32	3,32 µF
6n801	6,801 nF	68n01	68,01 nF	680n1	680,1 nF	6µ801	6,801 µF

Kennzeichnung der zulässigen Abweichungen von Kapazitätswerten

Beispiel	Hinweise
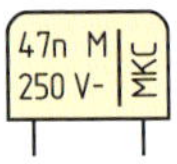	• Der Kennbuchstabe steht hinter dem Kapazitätswert. • Für Kapazitätswerte bis 10 pF erfolgt die Angabe der zulässigen Abweichung in pF. • Für Kapazitätswerte ab 10 pF erfolgt die Angabe der zulässigen Abweichung in %.

Kennbuchstabe	Zulässige Abweichung		Kennbuchstabe	Zulässige Abweichung
	bis 10 pF	ab 10 pF		
B	± 0,1 pF	± 0,1 %	M	± 20 %
C	± 0,25 pF	± 0,25 %	N	± 30 %
D	± 0,5 pF	± 0,5 %	P	± 0,02 %
E		± 0,005 %	Q	– 10... + 30 %
F	± 1 pF	± 1 %	S	– 20... + 50 %
G	± 2 pF	± 2 %	T	– 10... + 50 %
J		± 5 %	W	± 0,05 %
K		± 10 %	Z	– 20... + 80 %
L		± 0,01 %		

Kennzeichnung der Nennspannungen bei KS-Kondensatoren

Beispiel	Hinweise
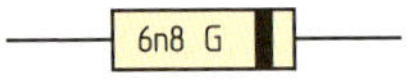	Bei KS-Kondensatoren wird die Nennspannung im Klartext oder mithilfe eines Farbringes – der ebenfalls den Außenbelag kennzeichnet – angegeben.

Farbe (Farbring)	Nennspannung in V	Farbe (Farbring)	Nennspannung in V
Blau	25	Violett	400
Gelb	63	Schwarz	630
Rot	160	Braun	1 000
Grün	250		

Kennzeichnung von Kondensatoren (Fortsetzung)

Kennzeichnung des klimatischen Bereichs

Beispiel	Erläuterung
FPD	1. Buchstabe: Minimal zulässige Temperatur 2. Buchstabe: Maximal zulässige Temperatur 3. Buchstabe: Maximal zulässige relative Luftfeuchtigkeit

Minimal zulässige Temperatur in °C

E	F	G	H	J	K	L	Z
–65	–55	–40	–25	–10	0	+5	*)

Maximal zulässige Temperatur in °C

E	H	K	M	P	S	U	V	Y	Z
200	155	125	100	85	70	60	55	40	*)

Maximal zulässige relative Luftfeuchtigkeit

3. Buchstabe	C	D	F	H	Z
30 Tage pro Jahr	100 %	100 %	95 %	75 % (60 Tage)	*)
Jahresdurchschnitt	95 %	80 %	75 %	50 %	*)

*) Der Buchstabe Z weist auf eine Einzelbestimmungen des Herstellers hin.

Entstörkondensatoren

Begriff

Entstörkondensatoren dienen zur Verringerung von Störungen (Netzstörungen, Störungen beim Funkempfang), die durch elektrische Betriebsmittel verursacht werden.

Beispiel

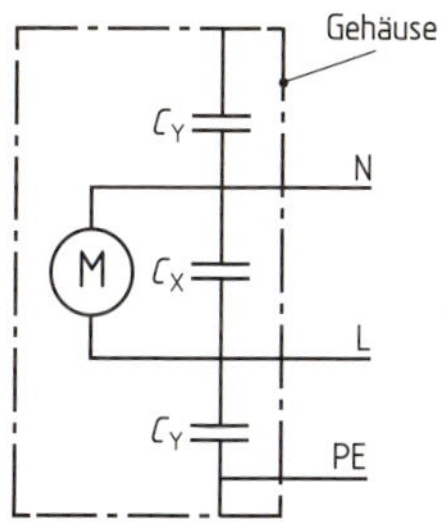

Entstörkondensatoren der Klasse X (X-Kondensatoren)

X-Kondensatoren werden dort eingesetzt, wo ihr Ausfall durch Kurzschluss nicht zu einem gefährlichen elektrischen Schlag führen kann. Kondensatoren der Klasse X werden in zwei Unterklassen eingeteilt:

- Klasse X1: Einsatz bei Spitzenspannungen über 1,2 kV (bis ca. 4 kV[1])
- Klasse X2: Einsatz bei Spitzenspannungen bis 1,2 kV

[1] Siehe Herstellerangaben.

Entstörkondensatoren der Klasse Y (Y-Kondensatoren)

Y-Kondensatoren sind meist für Wechselspannungsnetze bis 250 V ausgelegt. Sie verfügen über eine erhöhte elektrische und mechanische Sicherheit, durch die Kurzschlüsse im Kondensator ausgeschlossen werden sollen.

Dielektrika

Dielektrikum	Dielektrizitätszahl ε_r	Durchschlagfestigkeit E_d in kV/mm
Luft	1,0059	3
Papier	1,6...2	10
Hartpapier	5...8	10...20
Polystyrol	2,3	≤ 100
Polypropylen	2,5	≤ 80
Polykarbonat	3	≤ 180
Glimmer	5...8	60
Aluminiumoxid	12	15
Tantalpentoxid	26	
Keramik (Titandioxid)	100	10
Keramik (Bariumtitanat)	≤ 10 000	10

Spulen

Bauformen, Werkstoffe und Anwendungen von Spulen

Bauform	Werkstoff	Frequenzbereich	Anwendung
Schalenkerne mit Luftspalt	N 48 M 33, N 58 K 1	Bis 0,1 MHz 0,2 bis 1,6 MHz 1,5 bis 12 MHz	• Spulen hoher Güte für Schwingkreise und Filter im UKW- oder Telefonbereich
Schalen- und E-Kerne Schalenkerne Zylinder- und Rohrkerne	T 42 M 33 U 17	Bis 3 MHz Bis 10 MHz Bis 400 MHz	• Breitbandübertrager, ISDN-, Impedanz-Übertrager • Hochfrequenzübertrager
Schalen-, RM- und EP-Kerne U-, E-, EC-, ETD-, CC- und Schalenkerne	N 27 N 72 N 87 N 59	0,001 bis 0,1 MHz Bis 0,2 MHz Bis 0,5 Mhz 0,5 bis 1 MHz	• Sperrwandlertransformator • Elektr. Lampenvorschaltgerät • Transformator für Gegentakt- und DC/DC-Wandler

Auswahl von Ferritwerkstoffen

Werkstoff	Relative Anfangspermeabilität μ_i	Flussdichte B in mT bei $H = 3000$ A/m	Bezogener Verlustfaktor $\tan\delta/\mu_i$ bei		Günstigstes Frequenzgebiet	
			f_{min}	f_{max}	f_{min}	f_{max}
K 1	80 ± 20 %	360	$< 40 \cdot 10^{-6}$	$< 100 \cdot 10^{-6}$	1,5 MHz	12 MHz
M 33	700 ± 20 %	400	$< 12 \cdot 10^{-6}$	$< 20 \cdot 10^{-6}$	0,2 MHz	1 MHz
N 48	2000 ± 20 %	390	$< 0{,}5 \cdot 10^{-6}$	$< 2{,}5 \cdot 10^{-6}$	1 kHz	100 kHz
T 38	100 ± 30 %	380	–	–	–	–

Rel. Anfangspermeabilität μ_i: Verhältnis der Flussdichteänderung ΔB zur Feldstärkeänderung ΔH

Bezogener Verlustfaktor $\tan\delta/\mu_i$: Durch Luftspalt wird $\tan\delta$ nur noch im Verhältnis μ_e/μ_i wirksam.

Effektiver Verlustfaktor $\tan\delta_e$: Wirksamer Verlustfaktor $\tan\delta_e = \mu_e/\mu_i \cdot \tan\delta$ (Kern mit Luftspalt)

f_{min} Wahl eines höherpermeablen Werkstoffes
f_{max} Steilanstieg der Verlustfaktorkurve

Übertrager

Schaltung und Kenngrößen

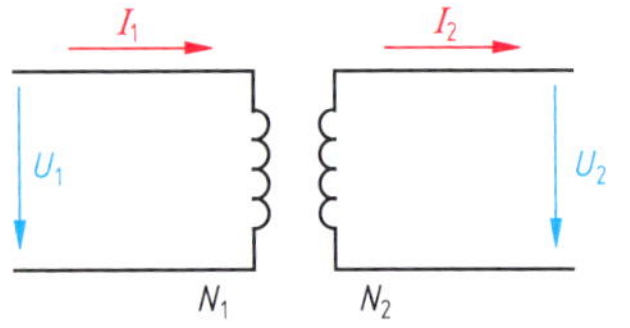

ü Verhältnis der Windungszahlen
Z_1 Eingangs-Wechselstromwiderstand
Z_2 Ausgangs-Wechselstromwiderstand

Formeln

$$\ddot{u} = \frac{N_1}{N_2}$$

$$\frac{U_2}{U_1} = \frac{N_2}{N_1}$$

$$\frac{I_2}{I_1} = \frac{N_1}{N_2}$$

$$\ddot{u}^2 = \frac{Z_1}{Z_2}$$

Eigenschaften

- Formgetreue Übertragung von Strom- oder Spannungsimpulsen bei kleinen Leistungen
- Galvanische Trennung von Stromkreisen
- Potenzialumkehr von Signalen
- Impedanzwandlung und Leistungsanpassung

Schaltungbeispiele aus der Leistungselektronik

Eintakt-Sperrwandler

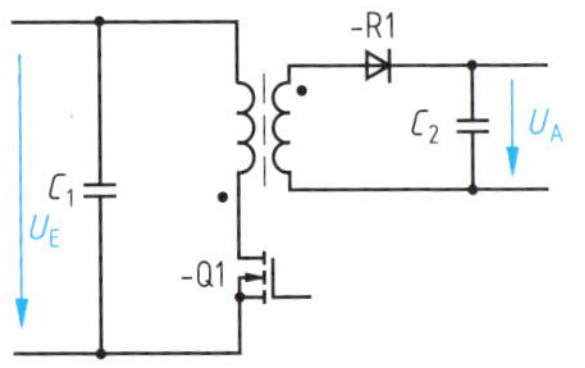

- Kerne mit Luftspalt
- Leistungen bis 200 W bei Frequenzen bis 100 kHz

Gegentakt-Wandler

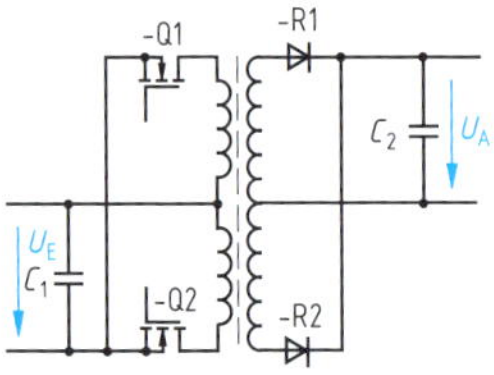

- Kerne meist ohne Luftspalt
- Leistungen über 100 W bei Frequenzen bis 500 kHz

Elektr. Vorschaltgerät

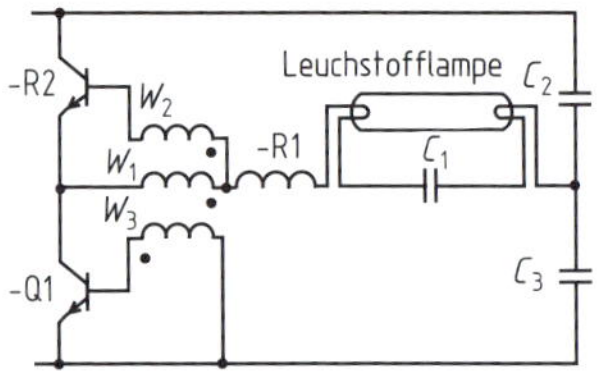

- E-Kerne mit und ohne Luftspalt
- Ringkerne mit definiertem Impulsverhalten

Passive Filterschaltungen

Schaltzeichen	Schaltungsbeispiel	Formel	Spannungs-/Phasenverlauf
Tiefpass 	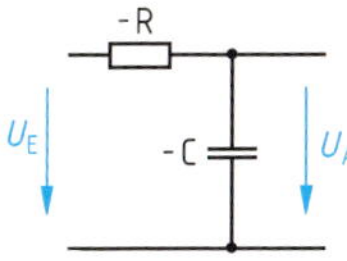	$f_c = \frac{1}{2 \cdot \pi \cdot R \cdot C}$ $\tan\varphi = \omega \cdot R \cdot C$	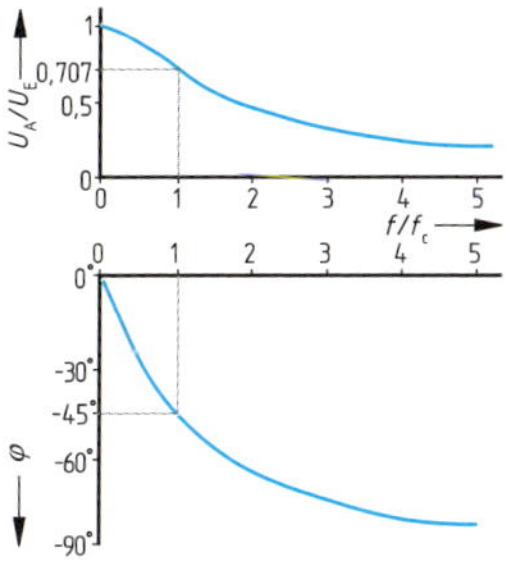
	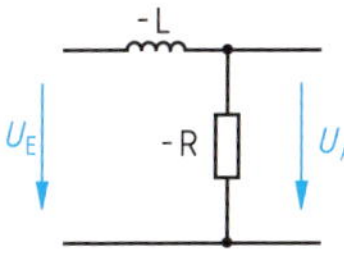	$f_c = \frac{R}{2 \cdot \pi \cdot L}$ $\tan\varphi = \frac{\omega \cdot L}{R}$	
Hochpass 	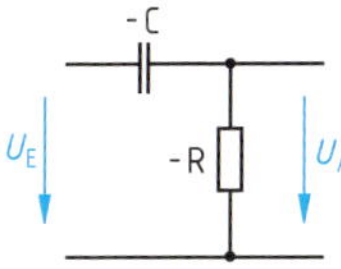	$f_c = \frac{1}{2 \cdot \pi \cdot R \cdot C}$ $\tan\varphi = \frac{\omega \cdot C}{R}$	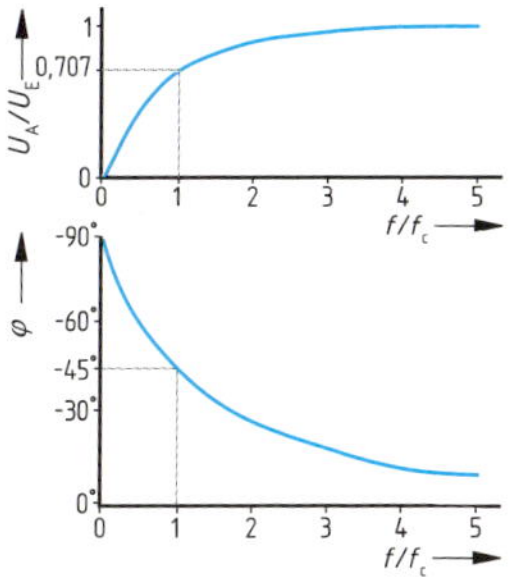
	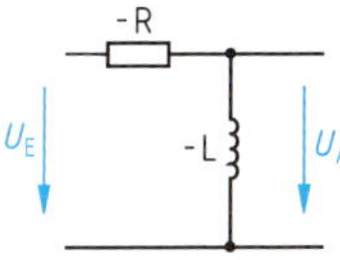	$f_c = \frac{R}{2 \cdot \pi \cdot L}$ $\tan\varphi = \frac{R}{\omega \cdot L}$	
Bandpass 	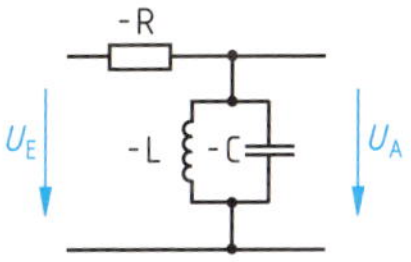	$f_0 = \frac{1}{2 \cdot \pi \cdot \sqrt{L \cdot C}}$ $B = f_{co} - f_{cu}$ $Q = \frac{R}{X_L} = \frac{R}{X_C}$ $d = \frac{1}{Q}$; $d = \frac{Q}{f_0}$	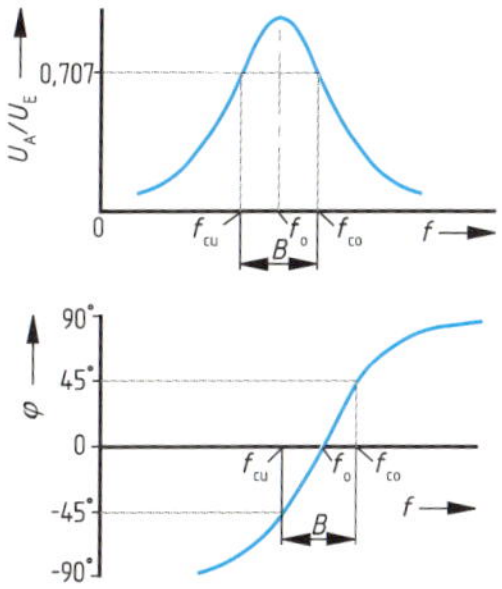
Bandsperre 	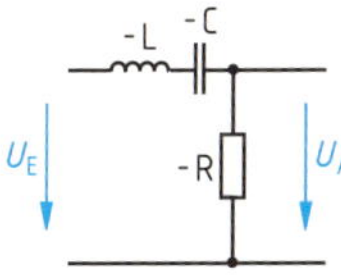	$f_0 = \frac{1}{2 \cdot \pi \cdot \sqrt{L \cdot C}}$ $B = f_{co} - f_{cu}$ $Q = \frac{X_L}{R} = \frac{X_C}{R}$ $d = \frac{1}{Q}$; $d = \frac{Q}{f_0}$	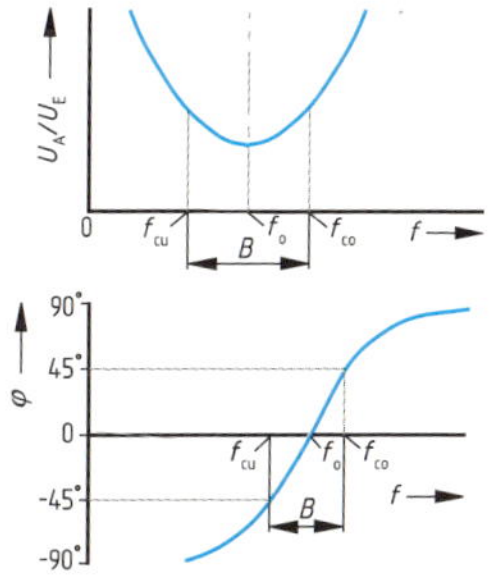

f_c Grenzfrequenz; R Wirkwiderstand; C Kapazität; L Induktivität; ω Kreisfrequenz; B Bandbreite; f_{co} obere Grenzfrequenz; f_{cu} untere Grenzfrequenz; Q Güte; d Dämpfung; f_0 Resonanzfrequenz

Halbleiterkennzeichnungen (nach Pro Electron)

Beispiel: B U Z 32

- B – Ausgangsmaterial
- U – Verwendungszweck
- Z – Für kommerziellen Einsatz (entfällt bei 3 Ziffern)
- 32 – Registriernummer (2 oder 3 Ziffern)

1. Kennbuchstabe	Ausgangsmaterial	2. Kennbuchstabe	Verwendungszweck	2. Kennbuchstabe	Verwendungszweck
A	Germanium	A	Diode, allgemein	Q	Strahlungserzeugendes Bauelement (LED)
B	Silicium	B	Kapazitätsdiode	R	Thyristor
C	z. B. Gallium-Arsenid (Energieabstand >1,3 eV)	C	NF-Transistor	S	Schalttransistor
D	z. B. Indium-Antimonid; (Energieabstand >0,6 eV)	D	NF-Leistungstransistor	T	Steuerbare Schaltbausteine (z. B. Gleichrichter)
R	Material für Fotohalbleiter und Hallgeneratoren	E	Tunneldiode	U	Leistungsschalttransistor
		F	HF-Transistor	X	Vervielfacher-Diode
		G	Oszillatoranwendung	Y	Leistungsdiode
		H	Hallfeldsonde	Z	Z-Diode
		K (M)	Hallgenerator		
		L	HF-Leistungstransistor		
		N	Optokoppler		
		P	Strahlungsempfindliches Bauelement		

Bezeichnungsweise für Z-Dioden (nach Pro Electron)

Beispiel: B Z X 83/ C 6V8

- B – Ausgangsmaterial
- Z – Verwendungszweck
- X – Für kommerziellen Einsatz
- 83/ – Registriernummer
- C – Toleranz
- 6V8 – Z-Spannung in V (U_Z = 6,8 V)

Bezeichnung	A	B	C	D
Toleranz in %	1	2	5	10

Farbcodierung von Dioden

nach Pro Electron						nach JEDEC	
1. Ring breit ≙ 1. und 2. Buchstabe		2. Ring breit		3. und 4. Ring schmal		Farbe	Ziffer
Braun	AA	Weiß	Z	Schwarz	0	Schwarz	0
Rot	BA	Grau	Y	Braun	1	Braun	1
		Schwarz	X	Rot	2	Rot	2
		Blau	W	Orange	3	Orange	3
		Grün	V	Gelb	4	Gelb	4
		Gelb	T	Grün	5	Grün	5
		Orange	S	Blau	6	Blau	6
				Violett	7	Violett	7
				Grau	8	Grau	8
				Weiß	9	Weiß	9

Beispiele von Codierungen:

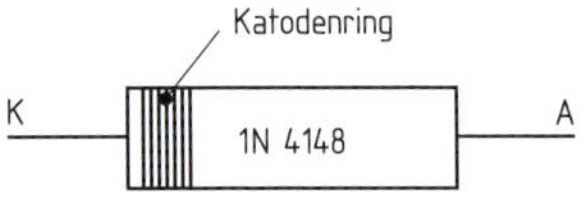

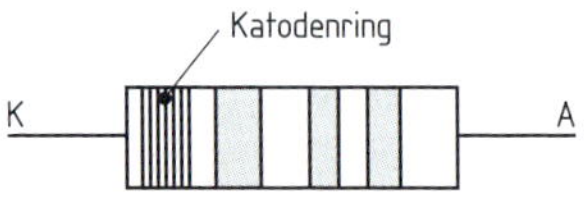

Dioden

Schaltzeichen	Kennlinien	Kenndaten	Anwendungen
Diode 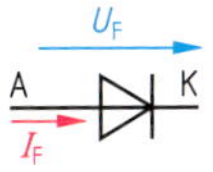	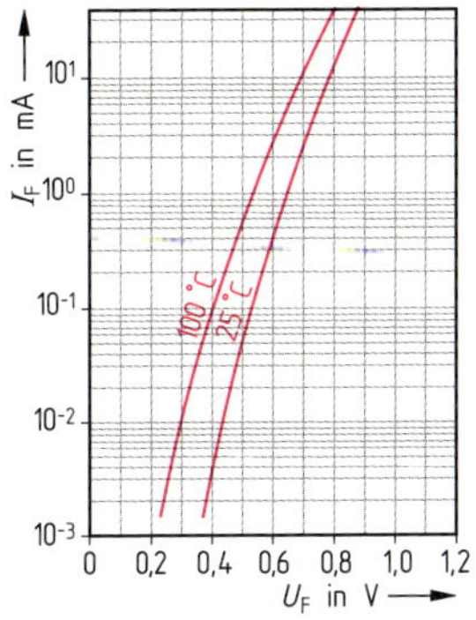	**Germanium-Diode:** U_{T0} = 200 mV...400 mV U_{RM} ≤ 100V I_F ≤ 150 mA I_R ≤ 300 μA R_{thJU} ≤ 400 K/W ϑ_U = –55 °C...+75 °C **Silicium-Diode:** U_{T0} = 600 mV...800 mV U_{RM} = 30 V...2,5 kV I_F = 150 mA...750 A I_R = 0,5 mA...50 mA ϑ_U = –40 °C...+150 °C	**Germanium-Diode** • Universaldiode im HF-Bereich mit geringer Sperrschichtkapazität • Schaltdiode • Ausführung als Spitzendiode in elektrischen Schaltungen bei hohen Frequenzen **Silicium-Diode** • Gleichrichterdioden bis in den Höchstleistungsbereich • Schaltdiode (z. B. Falschpolung) • Begrenzerdioden für kleine Spannungen
Schottky-Diode (Schaltzeichen nicht genormt) 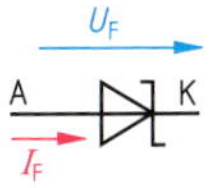	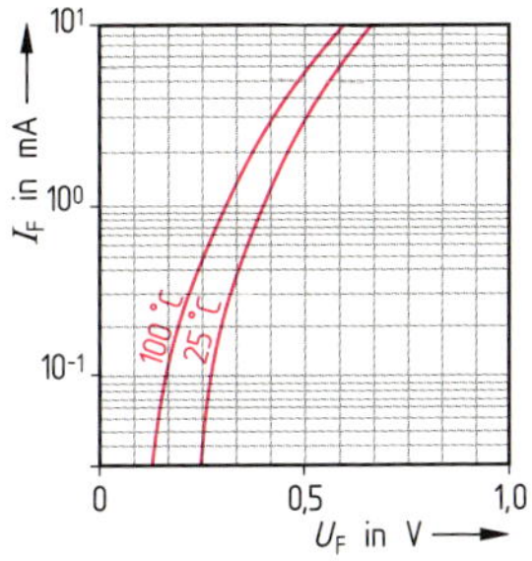	Schaltzeiten < 1ns U_{T0} < 300 mV U_{RM} ≤ 70 V I_F < 80 A I_R < 200 nA ϑ_U = –65 °C...+125°C	• Extrem schnelle Schaltdioden in der HF- und Mikrowellentechnik; f > 15 GHz • Integrierte Schaltungen der Digitaltechnik • Gleichrichter in Schaltnetzteilen
Z-Diode 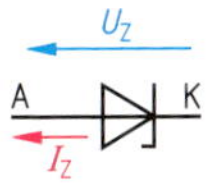	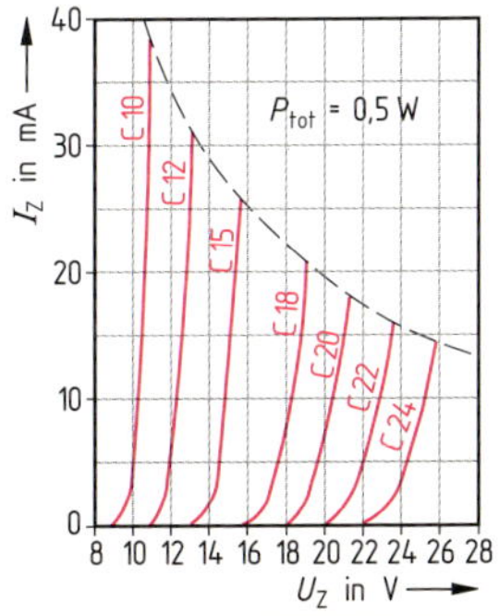	U_Z; P_{tot} siehe Tabelle ϑ_U ≤ 150 °C Bei U_Z ≤ 5,1 V negativer, bei U_Z > 5,1 V positiver Temperaturkoeffizient α	• Stabilisierung und Begrenzung von Gleichspannungen • Referenzdioden mit kleiner Temperaturabhängigkeit. Sie werden als **TK-Z-Dioden** bezeichnet und sind als Gegenreihenschaltung mit normalen Dioden oder als Ein-Chip-Referenzdiode aufgebaut. Das Schaltzeichen entspricht der normalen Z-Diode.

Spannungen und Verlustleistungen von Z-Dioden

P_{tot} in W	U_Z in V							
0,5	2,7	3	8,2	9,1	27	30	82	91
1,3	3,3	3,6	10	11	33	36	100	110
1,5	3,9	4,3	12	13	39	43	120	130
2,5	4,7	5,1	15	16	47	51	150	160
12,5	5,6	6,2	18	20	56	62	180	200
20	6,8	7,5	22	24	68	75	–	–

U_F Durchlassspannung; U_{T0} Schleußenspannung; U_{RM} max. Sperrspannung; U_Z Z-Spannung; I_F Durchlassstromstärke; I_R Sperrstromstärke; ϑ_U Umgebungstemperatur; R_{thJU} thermischer Widerstand zwischen Sperrschicht und Umgebung; P_{tot} maximale Verlustleistung

Spezielle Dioden

Schaltzeichen	Kennlinien	Kenndaten	Anwendungen
TAZ-Suppressor-Diode (Transient Absorption Zener) 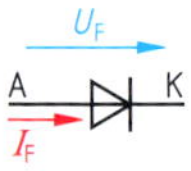 	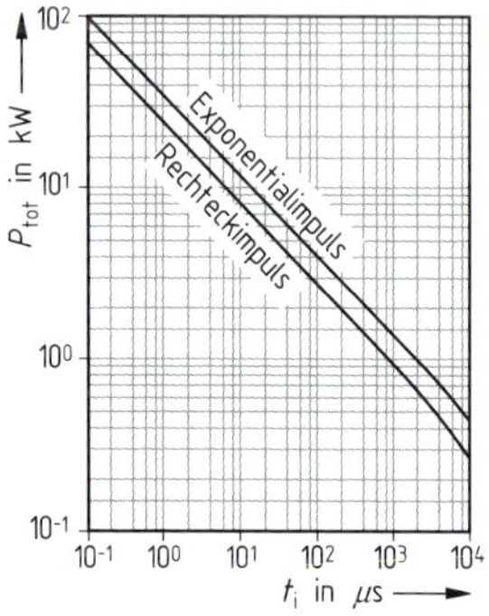 	P_{tot} ≤ 1 500 W (bei t_p ≤ 1ms) U_R = 21,5 V...125 V U_{RM} = 47,5 V...265 V bei I_{RM} = 32 A...5,7 A $U_{(BR)R}$ = 33 V...190 V	• Spannungsbegrenzung zum Schutz vor zu hohen Spannungsspitzen und Impulsen
Kapazitätsdiode (Varicap) 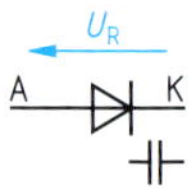 	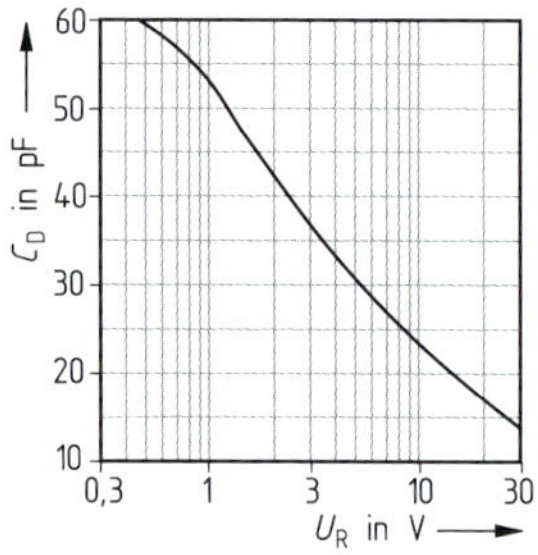 	Die Diodenkapazität C_D sinkt mit steigender Sperrspannung U_R. C_D ≤ 60 pF U_{RM} = 30 V I_F = 100 mA ϑ_U = –55 °C...+125 °C	• Schwingkreiskapazitäten in der HF-Technik • Nachstimmschaltungen • Koppelelemente in Filtern mit regelbarer Bandbreite
PIN-Diode 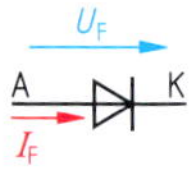 	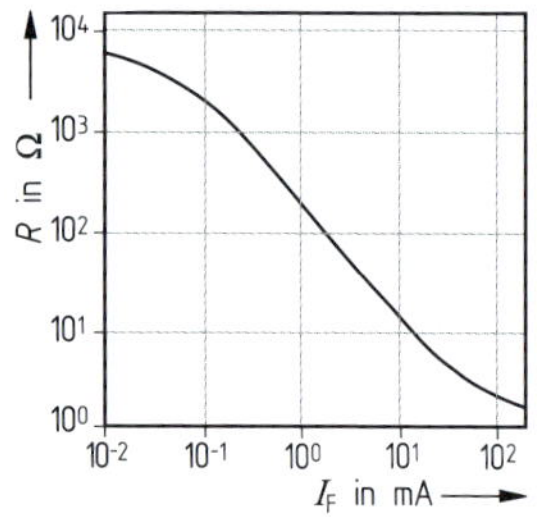 	Bei Frequenzen < 10 MHz normales Diodenverhalten; bei Frequenzen > 10 MHz arbeitet die Diode als stromgesteuerter Widerstand. U_{RM} ≤ 150 V I_F ≤ 100 mA P_{tot} ≈ 1 W...6 W r_F ≈ 5 Ω (bei I_F = 10 mA und f = 100 MHz)	• Als regelbarer Widerstand ab einer Frequenz f > 10 MHz • Als schneller niederohmiger Schalter • Als Diode im Mikrowellenbereich
Magnetdiode 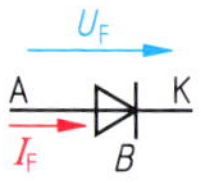 	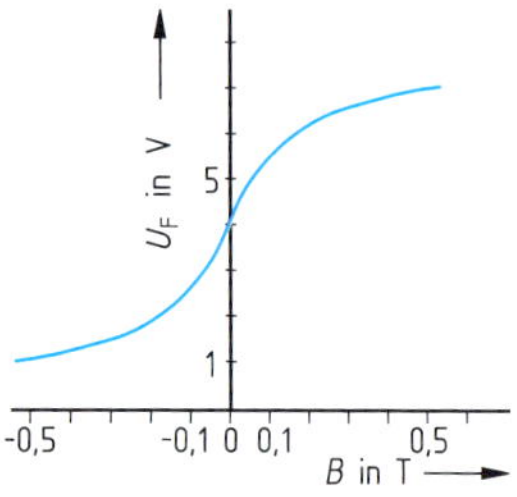 	Der Widerstandswert der Magnetdiode ändert sich durch die magn. Flussdichte B eines äußeren Magnetfeldes. U_F ≈ 4 V U_{Fmax} ≈ 20 V P_{tot} ≈ 50 mW R_0 ≈ 2 kW	• Als Signalgeber bei Transisstorstufen und Schmitt-Triggern, um Schaltvorgänge auszulösen • Als Signalgeber bei der Drehzahlmessung

U_R Sperrspannung; U_{RM} max. Sperrspannung; $U_{(BR)R}$ Durchbruchspannung in Sperrrichtung; I_{RM} max. Sperrstromstärke; C_D Diodenkapazität; r_F differentieller Widerstand in Durchlassrichtung; R_0 Widerstandswert bei B = 0; B magnetische Flussdichte

Bipolare Transistoren

Schaltzeichen, Spannungen, Ströme und Gleichungen

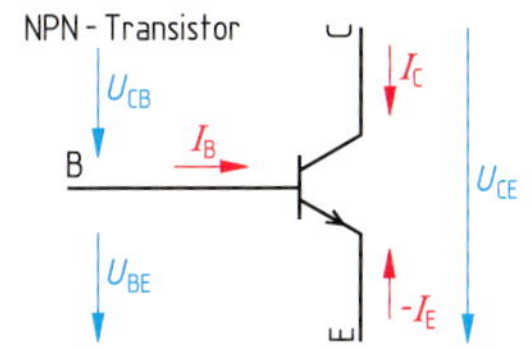

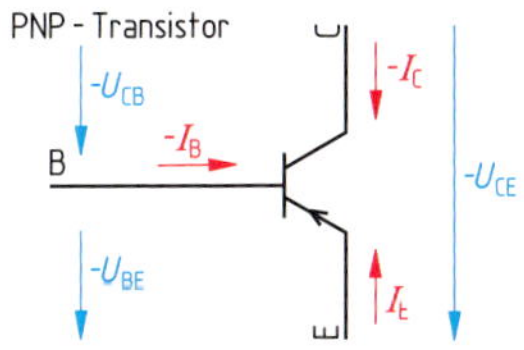

$I_E = I_C + I_B$

$I_C = B \cdot I_B$

$U_{CE} = U_{CB} + U_{BE}$

$P_{tot} = U_{CE} \cdot I_C + U_{BE} \cdot I_B$
$P_{tot} \approx U_{CE} \cdot I_C$

B Gleichstrom-Verstärkungsfaktor
P_{tot} Verlustleistung

Spannungsbezeichnungen	Strombezeichnungen
U_{CE} Kollektor-Emitter-Spannung; U_{BE} Basis-Emitterspannung; U_{CB} Kollektor-Basisspannung	I_E Emitterstrom; I_C Kollektorstrom; I_B Basisstrom
• Positive Spannungen werden dann angegeben, wenn die festgelegte Pfeilrichtung mit der Spannungsrichtung übereinstimmt. • Der letztgenannte Buchstabe des Indices gibt den Bezugspunkt für die Spannung an. Stimmen Pfeil- und Spannungsrichtung nicht überein, werden die Spannungen negativ angegeben.	Alle Ströme, die in den Transistor hineinfließen, erhalten ein positives Vorzeichen.

3. Indexbuchstabe Bedeutung

O	z. B. U_{CEO}: Die nicht genannte Elektrode (Basis) ist offen.
R	z. B. I_{CER}: Zwischen zweit- und nicht genannter Elektrode liegt ein Widerstand.
S	z. B. I_{CES}: Zwischen zweit- und nicht genannter Elektrode ist ein Kurzschluss.
V	z. B. U_{CEV}: Zwischen zweit- und nicht genannter Elektrode liegt eine Sperrspannung.

Anwendungen und Leistungsbereiche bipolarer NPN-Transistoren

	Kleinsignal-transistoren	Mittlere Leistung	Große Leistung	Sehr große Leistung	Leistungs-darlington	Hochvolt-transistor	HF-Transistor
Kollektorspannung U_{CE} in V	1...20	10...40	10...80	10...50	3...100	10...1 000	1...25
Kollektorstromstärke I_C in mA	0,1...20	5...150	0,1...5 000	1 000... 15 000	100... 15 000	3...100	0,1...10
Gleichstromverstärkung B	250[1])	120	100	20...120	500...5 000	30	30...120
Transitfrequenz f_T in MHz	300	130	100	1	300	100	300...> 5 000

[1]) Für Kleinsignaltransistoren ist meistens $B \approx 250$.

Sind Gruppen angegeben, gilt annähernd die Tabelle:

Gruppe	A	B	C
Gleichstromverstärkung B	150 bis 300	250 bis 600	450 bis 900

Eingangskennlinie

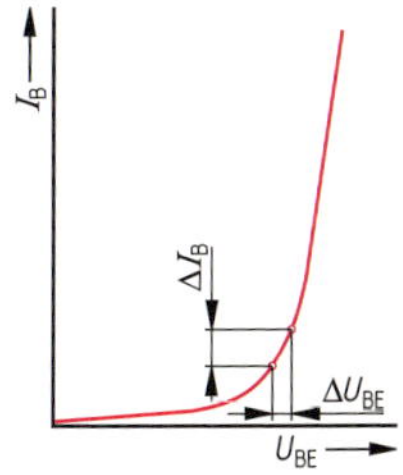

$$r_e = \frac{\Delta U_{BE}}{\Delta I_B}$$

r_e Wechselstromeingangswiderstand
ΔU_{BE} Basiswechselspannung
ΔI_B Basiswechselstromstärke

Ausgangskennlinie

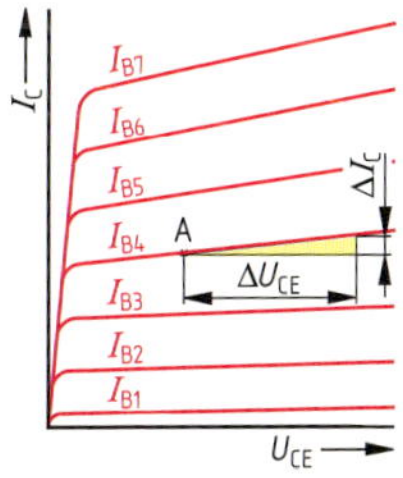

$$r_a = \frac{\Delta U_{CE}}{\Delta I_{CB}}$$

r_a Wechselstromausgangswiderstand
ΔU_{CE} Kollektorwechselspannung
ΔI_C Kollektorwechselstromstärke

Kennwerte und Kenndaten bipolarer Transistoren

Eigenschaften bipolarer Transistoren am Beispiel des NPN-Silicium-Planar-Transistor BC 546

Grenzdaten	
Kollektor-Basis-Spannung U_{CBO}	80 V
Kollektor-Emitter-Spannung U_{CES}	80 V
Kollektor-Emitter-Spannung U_{CEO}	65 V
Emitter-Basis-Spannung U_{EBO}	6 V
Kollektorstromstärke I_C	100 mA
Kollektor-Spitzenstromstärke I_{Cmax}	200 mA
Basis-Spitzenstromstärke I_{Bmax}	200 mA
Sperrschichttemperatur ϑ_j	150 °C
Gesamtverlustleistung P_{tot}	500 mW

Statische Kenndaten (ϑ_U = 25 °C)	
Kollektor-Basis-Reststromstärke I_{CBO}	15 nA
Kollektor-Emitter-Sättigungsspannung U_{CEsat}	
(I_C = 10 mA; I_B = 0,5 mA)	90 mV
(I_C = 100 mA; I_B = 5 mA)	200 mV
Basis-Emitter-Sättigungsspannung U_{BEsat}	
(I_C = 10 mA; I_B = 0,5 mA)	700 mV
(I_C = 100 mA; I_B = 5 mA)	900 mV
Basis-Emitter-Spannung U_{BE}	580 mV bis 700 mV
(U_{CE} = 5 V; I_C = 2 mA)	
Gleichstromverstärkung B	A: 180; B: 290; C: 500

Dynamische Kenndaten (ϑ_U = 25 °C)

Transitfrequenz f_T	300 MHz
(U_{CE} = 5 V; I_C = 10 mA; f = 100 MHz)	
Kollektor-Basis-Kapazität C_{CBO}	2,5 pF
(U_{CBO} = 10 V; f = 1 MHz)	
Emitter-Basis-Kapazität C_{EBO}	9 pF
(U_{EBO} = 0,5 V; f = 1 MHz)	
Rauschzahl F	2 dB
(U_{CE} = 5 V; I_C = 200 µA; R_G = 2 kΩ	
f = 1 kHz; Δf = 0,2 kHz)	

[1]	A-Gruppe	B-Gruppe	C-Gruppe
h_{11e}	1,2 kΩ (0,4 bis 2,2 kΩ)	4,5 kΩ (1,6 bis 4,5 kΩ)	8,7 kΩ (6 bis 15 kΩ)
h_{12e}	$1{,}5 \cdot 10^{-4}$	2	3
h_{21e}	220	330	600
h_{22e}	18 µS (< 30 µS)	30 µS (< 60 µS)	60 µS (< 110 µS)

Bipolarer Transistor als Vierpol

Transistor als Vierpol

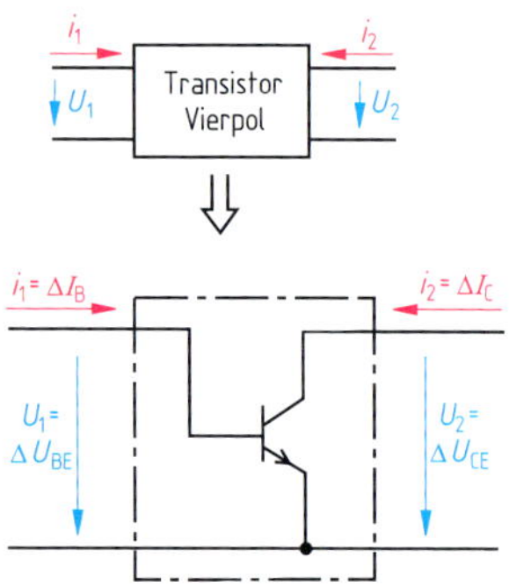

Vierpolparameter[1]

Ausgang kurzgeschlossen

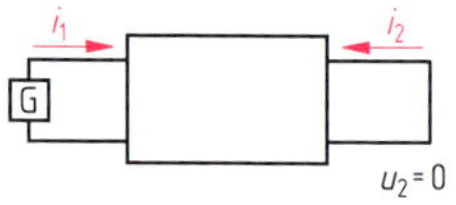

$$h_{21} = \frac{i_2}{i_1} \text{ für } u_2 = 0 \text{ V}$$

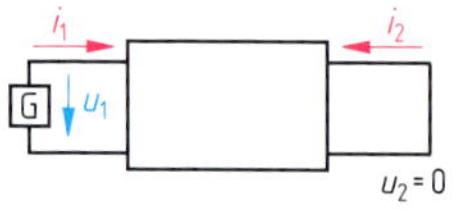

$$h_{11} = \frac{u_1}{i_1} \text{ für } u_2 = 0 \text{ V}$$

Eingang offen

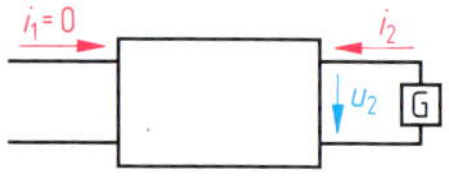

$$h_{22} = \frac{i_2}{u_1} \text{ für } i_1 = 0 \text{ mA}$$

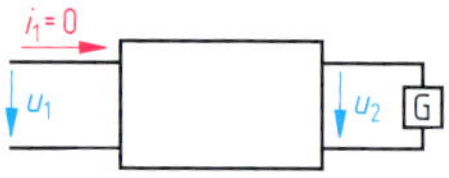

$$h_{12} = \frac{u_1}{u_2} \text{ für } i_1 = 0 \text{ mA}$$

[1] Vierpolparameter: h_{11} Eingangswiderstand, h_{12} Spannungsrückwirkung, h_{21} Wechselstromverstärkungsfaktor, h_{22} Ausgangsleitwert.

Vierquadranten-Kennlinienfeld

Kennlinien (Emitterschaltung)

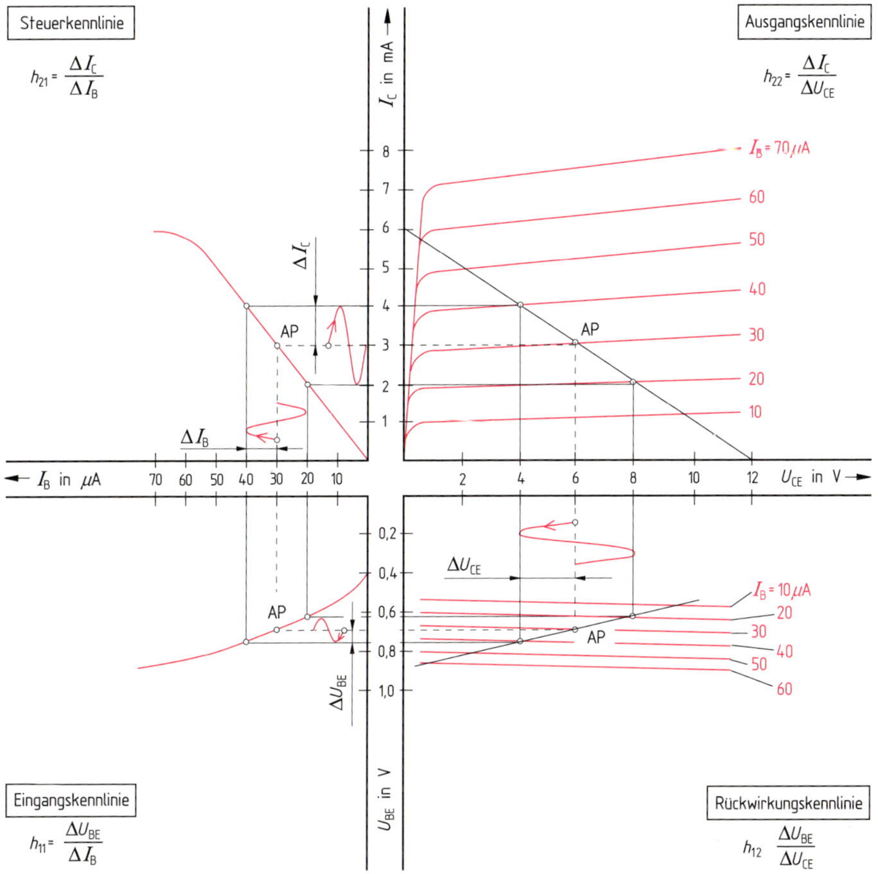

Einfluss des Generator- und Lastwiderstandes

Eingangs-/Ausgangsimpedanz	Verstärkungsfaktor	Last-/Generatorwiderstand
$r_e = \frac{h_{11} + R_L \cdot \Delta h}{1 + h_{22} \cdot R_L}$	$H_i = \frac{h_{12}}{1 + h_{22} \cdot R_L}$	$R_{Lopt} = \frac{h_{11}}{h_{21} \cdot \Delta h}$
$r_a = \frac{h_{11} + R_G}{\Delta h + h_{22} \cdot R_L}$	$H_u = \frac{h_{21} \cdot R_L}{h_{11} + R_L \cdot \Delta h}$	$R_{Gopt} = \frac{h_{11} \cdot \Delta h}{h_{22}}$
	$H_p = H_u \cdot H_i$	$\Delta h = h_{11} \cdot h_{22} - h_{12} \cdot h_{21}$

Für die Emitterschaltung gilt:

$h_{11e} \approx r_e$	Wechselstrom-Eingangswiderstand (Eingangsimpedanz)
$h_{21e} \approx \beta = H_i$	Wechselstrom-Verstärkungsfaktor
$h_{22e} = 1/r_a$	Wechselstrom-Ausgangsleitwert (Ausgangsreaktanz)
R_{Lopt}	Wert des Lastwiderstandes bei max. Leistungsverstärkung
R_{Gopt}	Wert des Generatorwiderstandes bei max. Leistungsverstärkung; H_p Leistungsverstärkung

Grundschaltungen bipolarer Transistoren

Schaltung		Eigenschaften		Anwendungen
Emitterschaltung	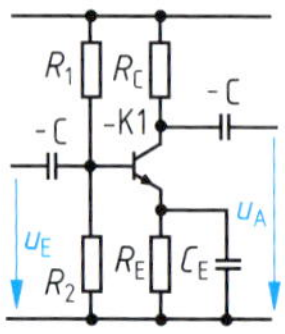	$r_e = r_{BE} \parallel R_1 \parallel R_2$ $r_a = r_{CE} \parallel R_C \approx R_C$ $H_u = -\frac{\beta}{r_{BE}} \cdot R_c \parallel r_{CE}$ $H_i \approx \beta$ $\varphi = 180°$	20 Ω...5 kΩ 5 kΩ...100 kΩ 100...1000 20...500	• Universielle Schaltung zur Spannungs- und Stromverstärkung im NF- und HF-Bereich
Kollektorschaltung	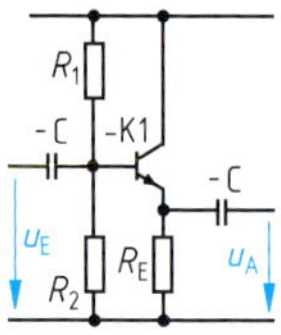	$r_e = (r_{BE} + \beta \cdot R_E) \parallel R_1 \parallel R_2$ $r_a = \frac{r_{BE}}{\beta} \parallel R_E \parallel R_L$ $H_u \approx 1$; $H_i \approx \beta$ $\varphi = 0°$	10 kΩ ...200 kΩ 10 Ω...200 Ω 20...500	• NF-Eingangsverstärker • Impedanzwandler
Basisschaltung	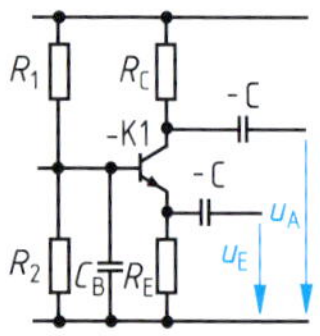	$r_a = \frac{r_{BE}}{\beta} \parallel R_E$ $r_a = r_{CE} \parallel R_C \approx R_C$ $H_u \approx \beta \cdot \frac{R_C}{r_{BE}}$ $H_i \approx 1$; $\varphi = 0°$	10 Ω...200 Ω 50 kΩ...1 MΩ 100...1 000	• Oszillatorschaltungen • HF-Verstärker
Darlington-Schaltung	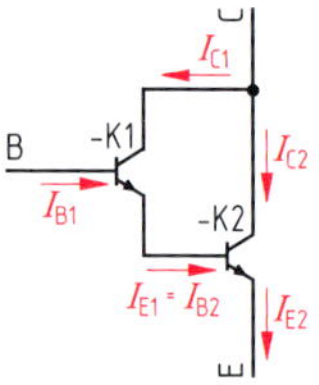	$B' = B_1 \cdot B_2$; $\beta' = \beta_1 \cdot \beta_2$ $r'_{BE} \approx 2 \cdot r_{BE1}$ $U'_{BE} = U_{BE1} + U_{BE2}$ $r'_{CE} = r_{CE2} \parallel \frac{r_{CE1}}{\beta_2}$ Durch Steuertransistor K1 und Leistungstransistor K2 Stromverstärkungen bis 10^3		• Einsatz in Netzgeräten und Leistungsverstärkern • Komplementär-Darlington-Schaltung
Differenzverstärker-Schaltung	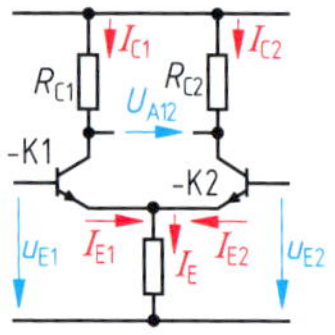	$-u_{A1} = H_u \cdot u_{E1}$ $-u_{A2} = H_u \cdot u_{E2}$ $u_{A12} = u_{A1} - u_{A2}$ $u_D = u_{E1} - u_{E2}$ $u_{A12} = H_u \cdot u_D$ Hoher Eingangswiderstand und hohe Spannungsverstärkung		• Verstärkertechnik • Mess- und Regelungstechnik • Eingangsstufe in Operationsverstärkern
Gegentaktverstärker-Schaltung	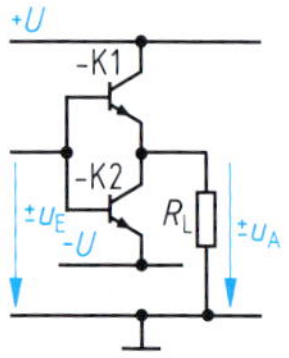	$H_u \approx 1$; $H_1 \approx \beta$; $\varphi = 0°$ $P_{RLmax} = \cdot \frac{1}{2} \cdot \frac{U^2}{R_L}$ Kollektorschaltung mit zwei komplementären Transistoren; positive Eingangsspannungen steuern K1, negative K2		Universelle Schaltung zur Spannungs- und Stromverstärkung im NF- und HF-Bereich

r_e Eingangswiderstand; r_a Ausgangswiderstand; r_{BE} different. Eingangswiderstand; ∥ Parallelschaltung; r_{CE} different. Ausgangswiderstand; H_u Wechselspannungsverstärkung; H_i Wechselstromverstärkung; β Transistor-Wechselstromverstärkung; φ Phasenverschiebung zwischen u_E und u_A

Transistor als Verstärker

Arbeitspunkteinstellung

Schaltung	Eigenschaften	Schaltung	Eigenschaften
Mit Basisvorwiderstand 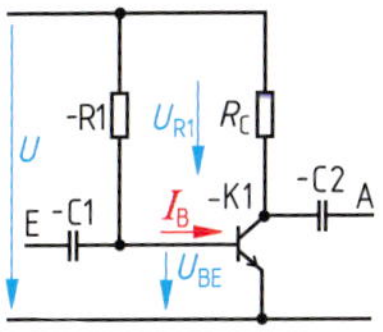 $R_1 = \frac{U - U_{BE}}{I_B}$ $I_B = \frac{I_C}{B}$	• Einfacher Schaltungsaufbau • Relativ hoher Eingangswiderstand • Kein temperaturstabiler Arbeitspunkt	Mit Basisspannungsteiler 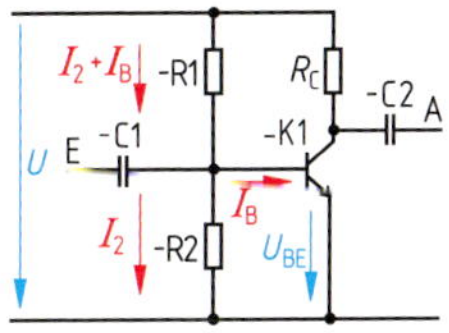 $R_1 = \frac{U - U_{BE}}{I_B + I_2}$; $R_2 = \frac{U_{BE}}{I_2}$ $I_B = \frac{I_C}{B}$; $5 I_B \leq I_2 \leq 20 I_B$	• Relativ geringer Eingangswiderstand • Der Arbeitspunkt ist nur bei geringen Änderungen der Umgebungstemperatur stabil.

Temperaturstabilisierung des Arbeitspunktes

Stromgegenkopplung		Spannungsgegenkopplung	
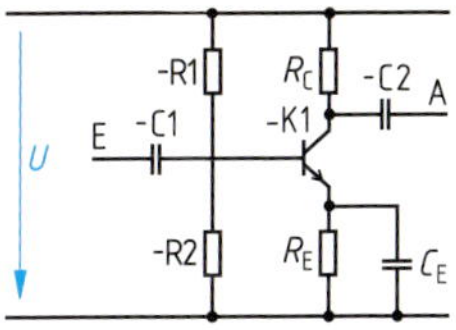 $R_E \approx 0{,}1 \cdot R_C$ bis $0{,}3 \cdot R_C$	• Der Emitterwiderstand R_E erzeugt für den Gleich- und Wechselstrom im Kollektorkreis eine Stromgegenkopplung. • Ist die Wechselstrom- Gegenkopplung nicht erwünscht, muss dem Emitterwiderstand R_E ein Kondensator C_E parallel geschaltet werden.	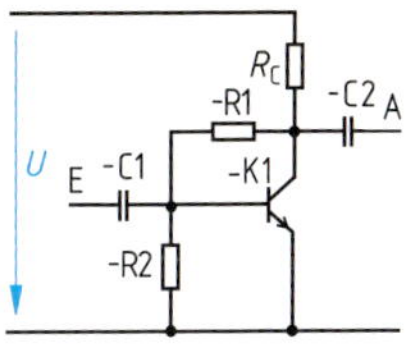	• Der Widerstand R_1 erzeugt für den Gleich- und Wechselstrom im Kollektorkreis eine Spannungsgegenkopplung. • Die stabilisierende Wirkung dieser Schaltung ist im Vergleich zur Stromgegenkopplung geringer; sie wird daher weniger eingesetzt.

Mehrstufige Verstärker

Direkte Kopplung	Widerstandskopplung	Kapazitive Kopplung
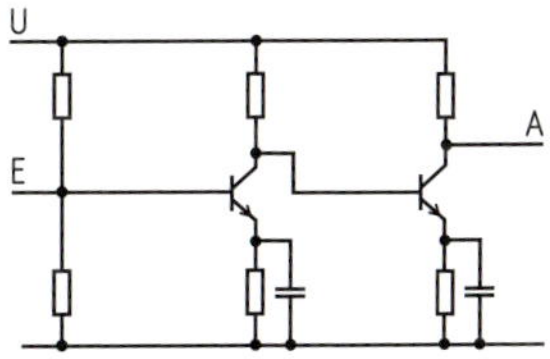	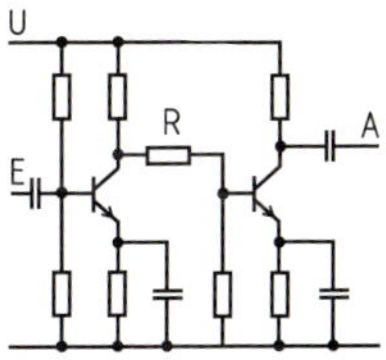	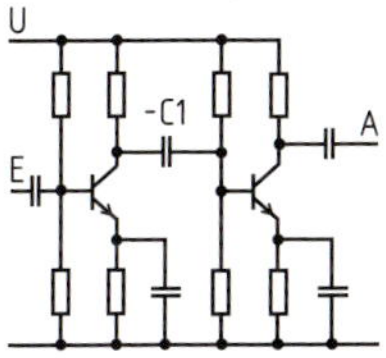
Vorteil: • Verstärkung von Gleich- und Wechselspannungen **Nachteile:** • Das Potenzial φ_B der Basis steigt mit jeder Transistorstufe. • Der Aussteuerbereich ΔU_{CE} wird mit jeder Stufe kleiner. • Arbeitspunktverschiebungen einer Stufe bewirken Änderungen in den folgenden Stufen.	**Vorteil:** • Höherer Aussteuerbereich ΔU_{CE} als bei direkter Kopplung **Nachteil:** • Relativ kleine Gesamtverstärkung durch die Spannungsteiler zwischen den Stufen	**Vorteile:** • Gleichstrommäßige Trennung jeder Stufe • Keine Auswirkungen von Arbeitspunktverschiebungen einer Stufe auf die folgenden **Nachteil:** • Der Koppelkondensator C1 und der Eingangswiderstand der folgenden Stufe bilden einen Hochpass.

Transistor als Schalter

Schaltzeiten von Transistoren

Schaltung und Ausgangskennlinie (Wirklast)

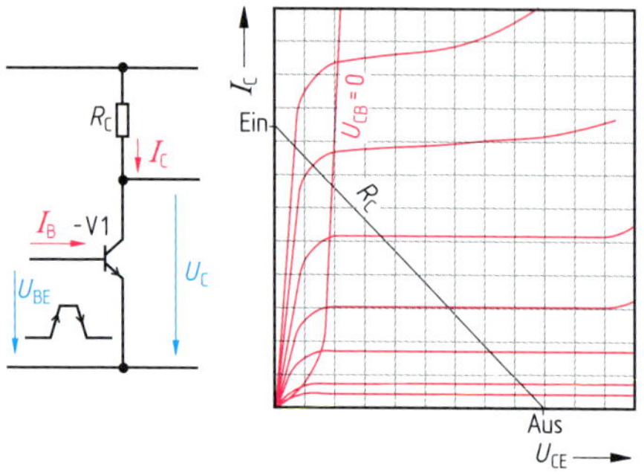

Schalten von Signallampen, Gleichstromstellern oder in Digitalschaltungen als Leistungsverstärker

Eingangs- und Ausgangsimpuls

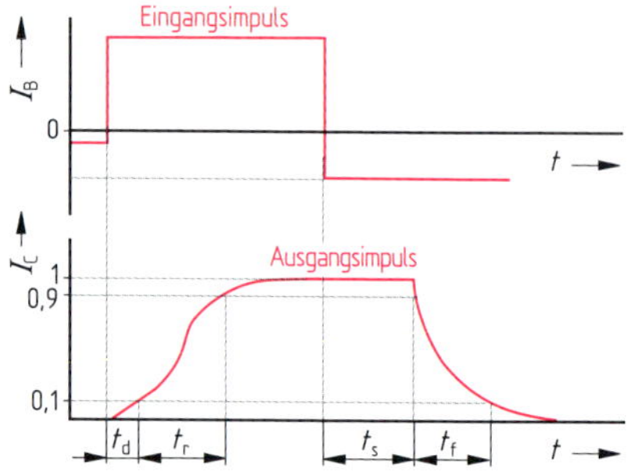

t_d	Verzögerungszeit	t_f	Abfallzeit
t_s	Speicherzeit	$t_{ein} = t_d + t_r$	Einschaltzeit
t_r	Anstiegszeit	$t_{aus} = t_s + t_f$	Ausschaltzeit

Verkürzung der Schaltzeiten

Beschleunigungskondensator

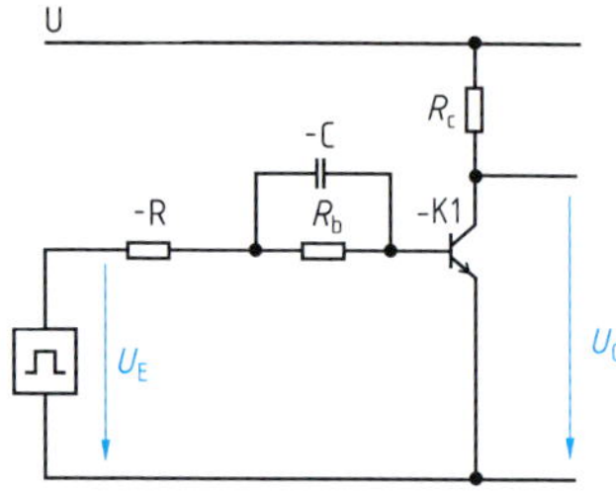

Über R und C erfolgt eine Differenzierung der Schaltflanken. Bei positiven Flanken wird der Transistor übersteuert und die Anstiegszeit t_r verkürzt. Die negative Flanke verkürzt die Speicherzeit t_s und die Abfallzeit t_f.

Schnellschaltende (Schottky-)Dioden

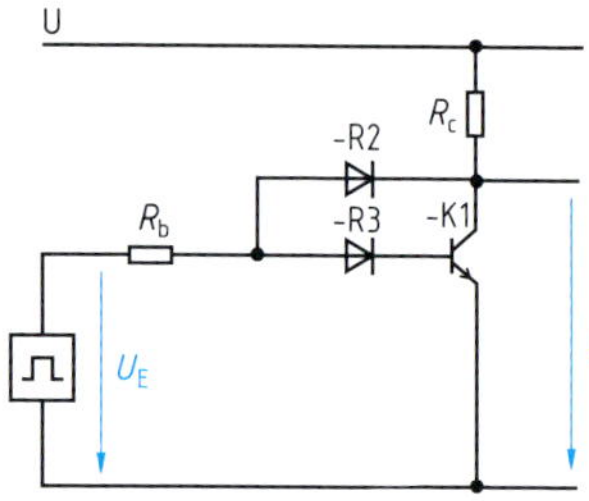

Die Diodenschaltung verhindert ein Absinken der Kollektorspannung auf den Sättigungswert $U_{CEsat} \approx 0{,}1$ V. Die Ausschaltzeitkonstante der sonst im inversen Betrieb arbeitenden Kollektordiode kann somit vernachlässigt werden.

Schalten von induktiven und kapazitiven Lasten

Induktive Last

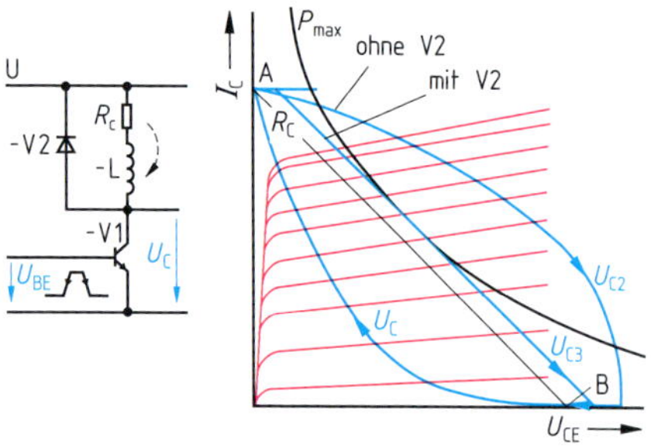

Schalten von Relais, Zugmagneten oder Gleichstrommotoren

Kapazitive Last

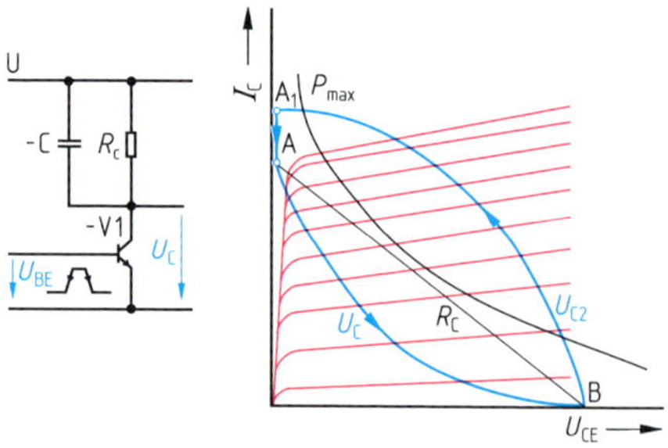

Schalten von Glättungskondensatoren in Schaltnetzteilen oder in Kippschaltungen

Unipolare Transistoren

Übersicht

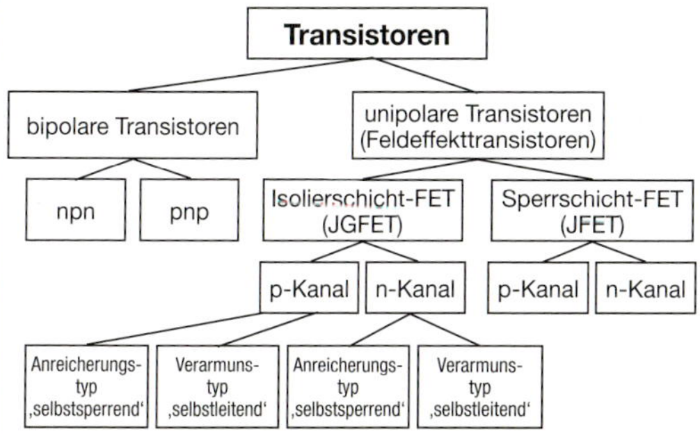

Schaltzeichen

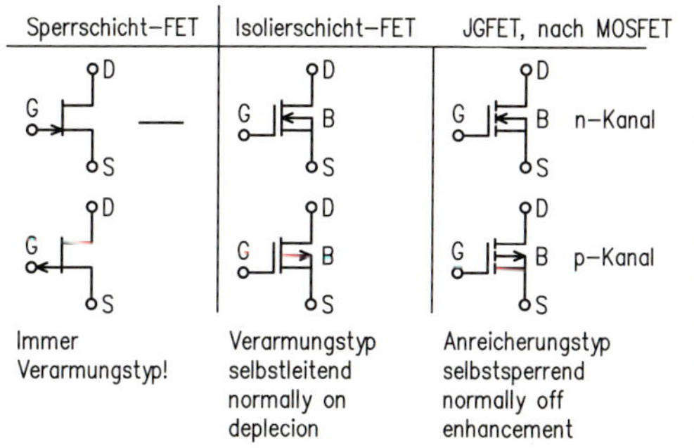

Sperrschicht-Feldeffekttransistoren (JFET)

Bezeichnung	Schaltzeichen	Kennlinie	Anwendungen
Selbstleitender N-Kanal-Sperrschicht-Feldeffekttransistor	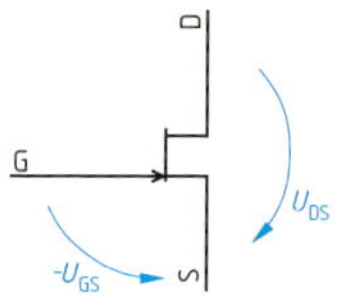	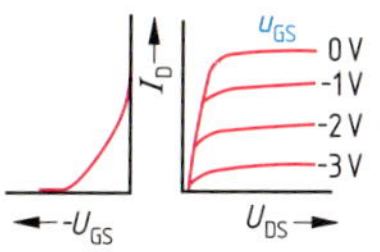	Verstärkerschaltungen, Schaltstufen, Oszillatoren
Selbstleitender P-Kanal-Sperrschicht-Feldeffekttransistor	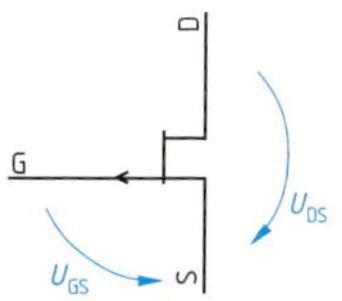	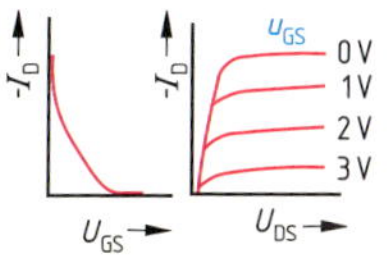	Vorverstärker für Mikrofone, Regeleinrichtungen, Mischstufen

Isolierschicht-Feldeffekttransistor (JGFET)

Bezeichnung	Schaltzeichen	Kennlinie	Anwendungen
Selbstleitender N-Kanal-Isolierschicht-Feldeffekttransistor (Verarmungstyp)	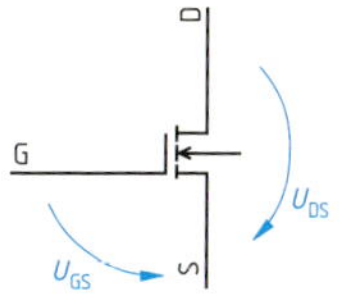	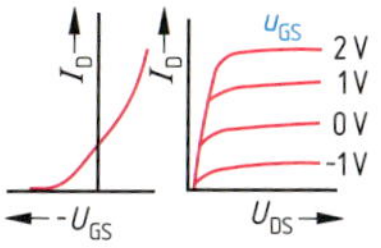	Für alle Zwecke der Kommunikationselektronik
Selbstleitender P-Kanal-Isolierschicht-Feldeffekttransistor (Verarmungstyp)	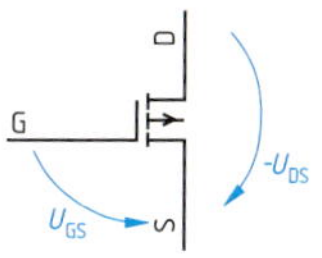	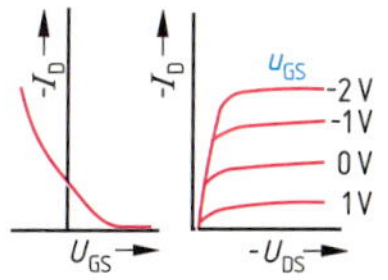	Verstärkerschaltungen, Vorverstärker, Spannungsmesser
Selbstsperrender N-Kanal-Isolierschicht-Feldeffekttransistor (Anreicherungstyp)	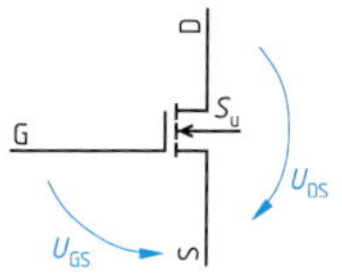	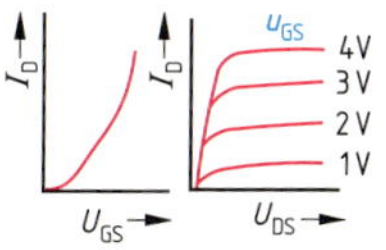	Verstärkerschaltungen, elektronischer Schalter, Oszillatoren, Regler
Selbstsperrender P-Kanal-Isolierschicht-Feldeffekttransistor (Anreicherungstyp)	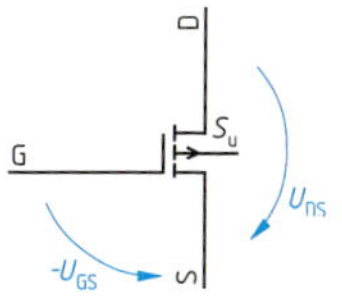	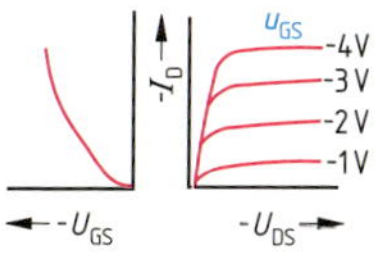	Verstärkerschaltungen, Analogschalter, Oszillatoren, Mischstufen, Regeleinrichtungen, HF-Verstärker, HF-Oszillatoren

Unipolare Transistoren (Fortsetzung)

Power-MOS-FETs (PMF)

Bezeichnung	Schaltzeichen	Eigenschaften	Anwendungen
IGBT (Insulate Gate Bipolar Transistor)	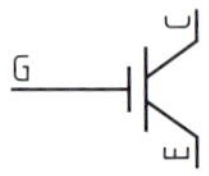	Spannungsgesteuerter MOS-Eingang, niedrige Durchlassspannung, hohe Schaltgeschwindigkeit (> 20 kHz), kurzschlussfest, geringe Temperaturabhängigkeit, latch-up-frei	Frequenzumrichter für Drehstromantriebe, getaktete Stromversorgungen für Schweißgeräte, Schaltnetzteile größerer Leistung, Kfz-Zündungen
TEMPFET (TEMperatur-Protected-Field-Effect-Transistor)	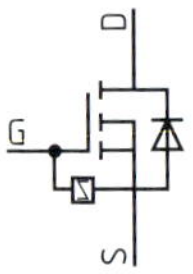	Temperaturgeschützter, kurzschlussfester Power-MOS-FET mit thermisch gekoppeltem Temperaturfühler auf dem Chip	NF-Verstärkertechnik: lineare A-Endstufe, B/C-Endstufe, Gegentaktendstufe; Leistungsschalter: getaktete Stromversorgungen, Motorsteuerungen
PROFET (PROtected-Field-Effect-Transistor-Switch)	Ein eigenes Schaltzeichen ist nicht vorhanden.	Intelligenter CMOS-kompatibler PMF mit Statusmeldung und integrierten Schutzfunktionen wie Kurzschluss, Übertemperatur, Überlast	Leistungsstufen für Mikroprozessor- oder CMOS-Steuerungen, progammierbare Maschinensteuerungen oder Kfz-Anwendungen mit Versorgungsspannungen von U = 12 V bzw. U = 24 V

Grundschaltungen unipolarer Transistoren

Schaltung		Eigenschaften	Anwendungen
Source-schaltung	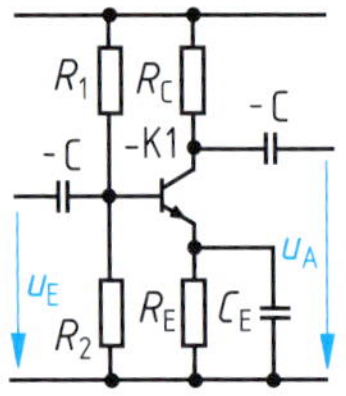	$r_e \approx R_1 \parallel R_2$ 1 MΩ bis 10 MΩ $r_a \approx R_D$ 2 kΩ bis 20 kΩ $H_U \approx -S \cdot R_D$ 5 bis 20 $H_i \rightarrow \infty$ $\varphi = 180°$ $S = \frac{\Delta I_D}{\Delta U_{GS}}$ φ Phasenverschiebung S Steilheit	Gebräuchlichste Verstärkerschaltung im NF-und HF-Bereich
Drain-schaltung	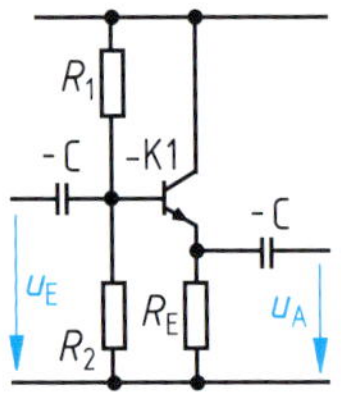	$r_e \approx R_1 \parallel R_2$ 5 MΩ bis 20 MΩ $r_a \approx \frac{1}{S}$ 100 Ω bis 1 kΩ $H_U \approx 1$ $H_i \rightarrow \infty$ $\varphi = 0°$	Vorverstärker, Impedanzwandler
Gate-schaltung	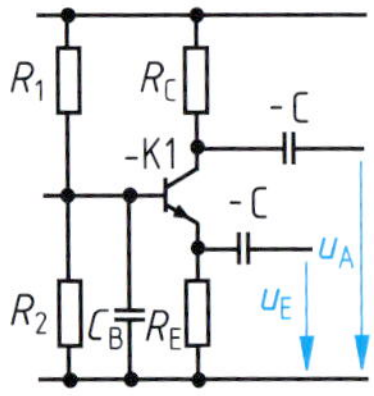	$r_e \approx R_S + \frac{1}{S}$ 100 Ω bis 500 Ω $r_a \approx R_D$ 20 kΩ bis 2 MΩ $H_U \approx S \cdot R_D$ 5 bis 20 $H_i \approx 1$ $\varphi = 0°$	Durch den hohen Gate-Kanal-Widerstand erfolgt eine Anwendung in Messwert- oder Antennenverstärkern mit Leistungsanpassung

Optoelektronische Bauelemente

Schaltzeichen	Kennlinie	Eigenschaften	Anwendungen, Daten
Passive Bauelemente			
Fotowiderstand **LDR** (**L**ight-**D**ependence-**R**esistor) 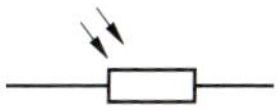	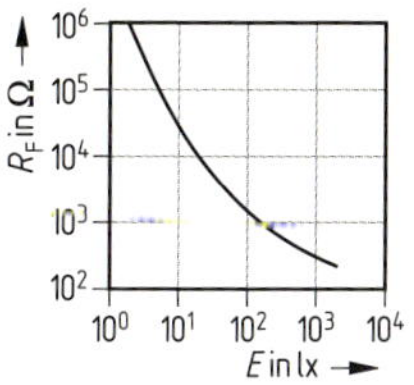	• Je nach Basismaterial empfindlich vom UV- bis IR-Bereich (0,5 µm bis 8 µm) • Höchste Lichtempfindlichkeit • Sehr träge bei Helligkeitsänderungen	• Einsatz im Gleich- und Wechselstromkreis • Beleuchtungsstärkemessung • Dämmerungsschalter • $U_{max} > 100$ V $P_{max} \leq 500$ mW
Fotodiode 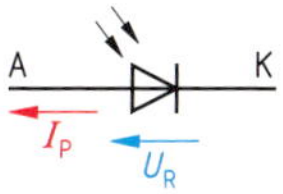	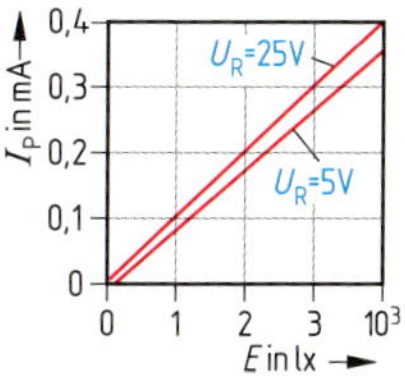	• Betrieb in Sperrrichtung • Geringe Lichtempfindlichkeit • Kurze Ansprechzeit • Stromstärke proportional zur Beleuchtungsstärke	• Messaufgaben • $U_{max} \leq 25$ V $P_{max} \leq 150$ mW • Grenzfrequenz bis ca. 500 MHz
Fototransistor 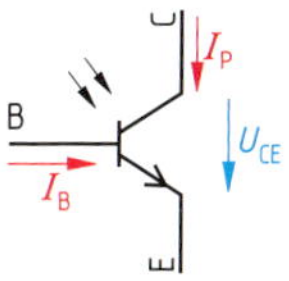	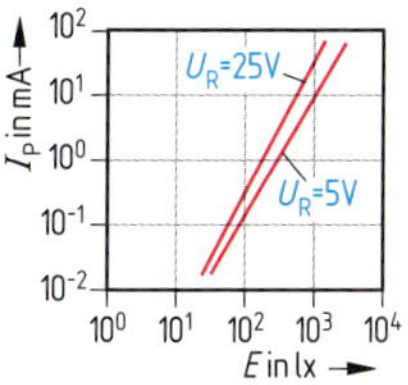	• Wirkungsweise wie Fotodiode mit Verstärker, daher 100- bis 500-fach größere Empfindlichkeit • Einstellung des Arbeitspunktes mit dem Basisanschluss (nicht immer vorhanden)	• Fotoelektronische Empfänger in Überwachungs- und Regelkreisen • $U_{max} \leq 30$ V $P_{max} \leq 200$ mW • Grenzfrequenz bei ca. 0,5 MHz
Fotothyristor 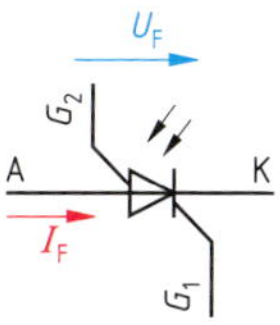	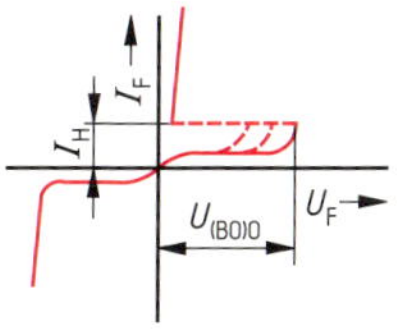	Zündung durch • Gatestrom I_G, Lichtimpuls Löschen durch • Unterschreiten der Haltestromstärke • Negativen Impuls auf das Gate G1 bzw. positiven auf G2	• Kleinleistungsbereich • $P_{max} \leq 500$ mW • Hochspannungstechnik Zündung über Lichtwellenleiter (LWL) $U_{RRM} \leq 4000$ V $I_F \leq 10$ A
Solarzelle (Fotoelement) 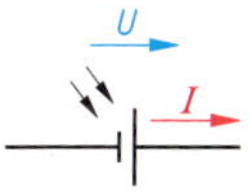	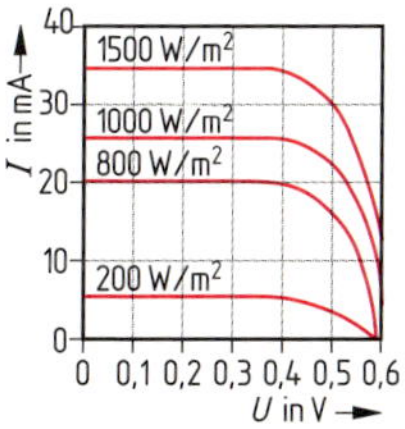	• Lichtaussendung im Durchlassbereich • Robust, hohe Lebensdauer, geringe Sperrspannung • Modulierbar bis 20 MHz • Vorwiderstand erforderlich • Farben: Rot, Gelb, Grün, Blau, Infrarot	• Anzeigen von Zeichen und Ziffern • Sender in Optokopplern, Lichtwellenstrecken, Infrarotsteuerungen • Durchlassstromstärken bis ca. 100 mA
Aktives Bauelement			
Lumineszensdiode **LED** (**L**ight-**E**mitting-**D**iode) 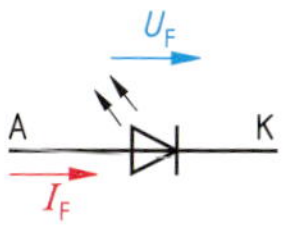	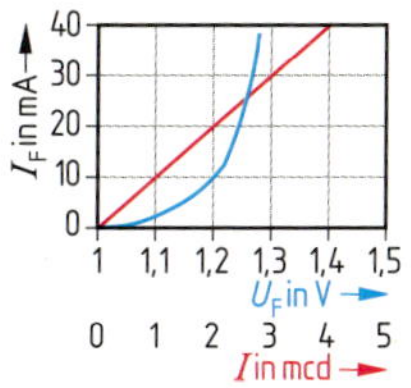	Entnehmbare Leistung ist abhängig von: • Der Lichtintensität • Der Temperatur • Der Größe der aktiven Fläche	• Energiegewinnung aus Sonnenlicht • Reihenschaltung ermöglicht Leistungen im kW-Bereich • Leerlaufspannung 600 mV

Optoelektronische Bauelemente (Fortsetzung)

Sieben-Segment-Anzeige

Symbolische Darstellung	Aufbau und Anschlüsse	Daten				
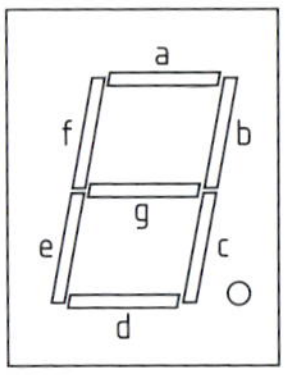	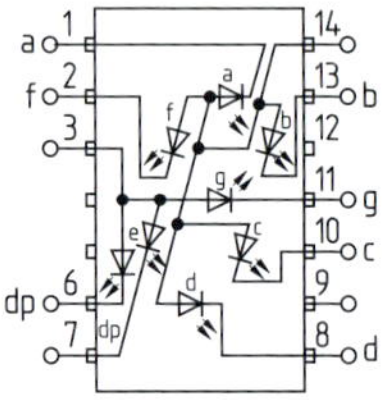	Symbolhöhen in mm	Einstellig: 7; 10; 11; 13,5; 14; 18; 20 Mehrstellig: 2,8; 3,8; 10			
		Farbe	Rot	Gelb	Grün	Orange
		Durchlassspannung	1,6 V	1,9 V	1,9 V	1,9 V
		Segmentstromstärke	10 mA	5 mA	5 mA	5 mA

Anschlussbelegung (Beispiel)

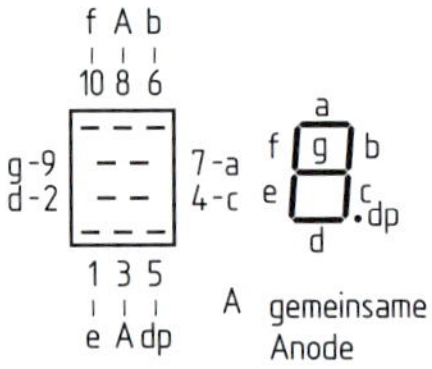

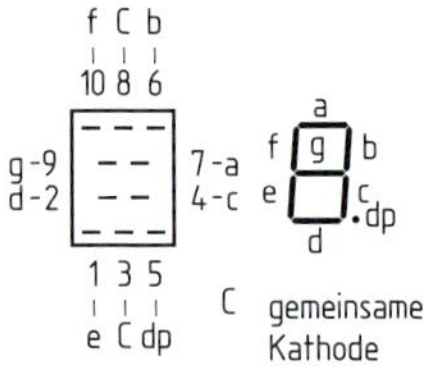

Die einzelnen Segmente werden mit der Buchstabenfolge a...g belegt. Es gibt Anzeigen, bei denen die Anoden (links) oder die Kathoden (rechts) einen gemeinsamen Anschluss haben. Andere haben anstelle des Dezimalpunktes (dp) die Darstellung eines Minuszeichens (–) oder eines Pluszeichens (+).

Matrix-Anzeigefelder (5 × 7)

Symbolische Darstellung	Aufbau und Anschlüsse	Daten (Beispiel)	
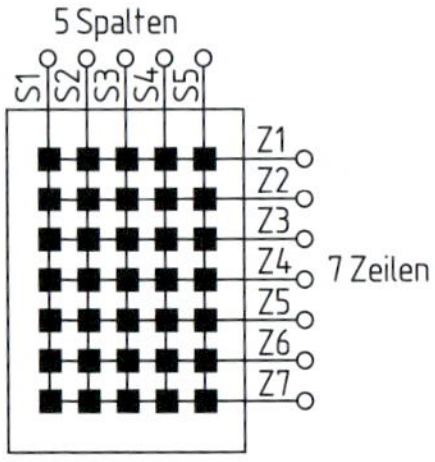	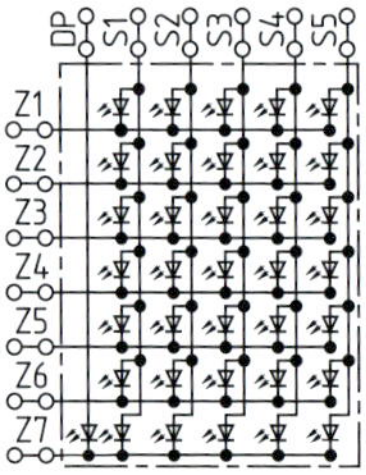	Lichtstärke I_V	
		I_F = 2 mA	270 µcd
		I_F = 5 mA	1000 µcd
		I_F = 10 mA	1300 µcd
		Wellenlänge λ des Lichtes	635 nm
		Durchlassspannung U_F (I_F = 2 mA)	1,5 V
		Durchbruchspannung U_{BR}	6 V
		Gesamtverlustleistung P_{tot}	320 mW

Bereich optischer Strahlung

Spektrale Emission und Empfindlichkeit

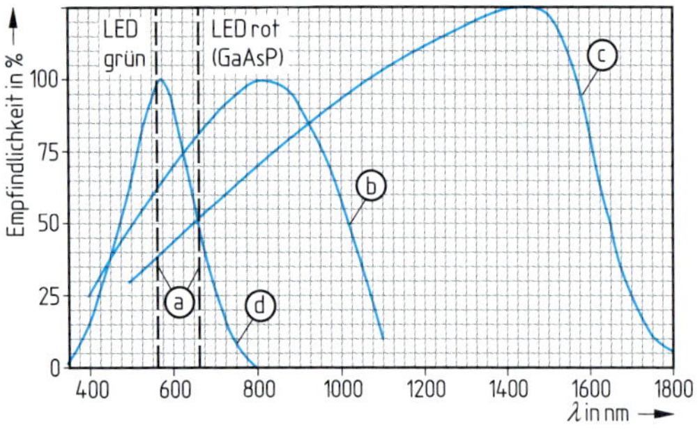

Spektrale Emission einer LED (Kurve a)
Spektrale Empfindlichkeit für optoelektronische Bauelemente aus Silicium und Germanium (Kurven b und c)
Spektrale Augenempfindlichkeit (Kurve d)

Wellenlänge in nm	Farbwahrnehmung
100 bis 380	UV-Strahlung, unterteilt in UV-A, -B und -C
380 bis 440	Violett
440 bis 480	Blau
480 bis 520	Blau-Grün
520 bis 560	Gelb-Grün
560 bis 590	Gelb
590 bis 630	Orange
630 bis 780	Rot
780 bis 1 000 000	IR-Strahlung, unterteilt in IR-A, -B und -C

Das menschliche Auge nimmt nur elektromagnetische Strahlung im Bereich zwischen 380 nm und 780 nm wahr.

Optoelektronische Koppler

Sender	Empfänger	Stromübertragungsverhältnis
Durchlassstromstärke: $I_F = 60$ mA Durchlassspannung: $U_F = 1{,}25$ V Durchbruchspannung: $U_{BR} = 30$ V	Kollektorstromstärke: $I_C = 2{,}5$ mA Kollektor-Emitter-Sättigungsspannung: $U_{CEsat} = 0{,}25$ V	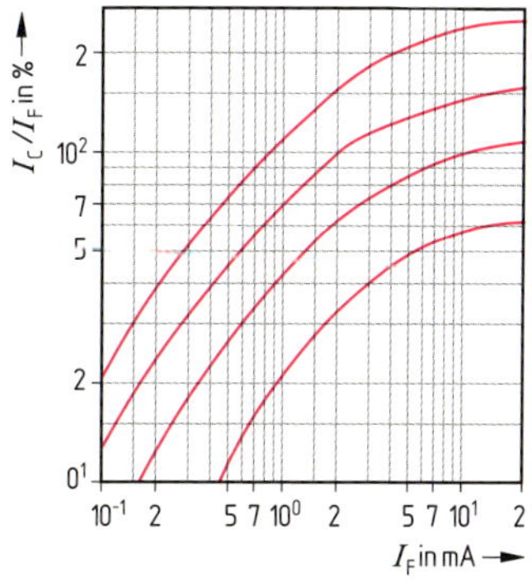

$$CTR = \frac{I_C}{I_F} \cdot 100\ \%$$ bei $I_F = 10$ mA und $U_{CE} = 5$ V

CTR Stromübertragungsverhältnis in %
I_F Durchlassstromstärke der Diode in mA
I_C Kollektorstromstärke des Fototransistors in mA
Der *CTR*-Wert (Current Transfer Relation) wird auch als **Stromübertragungsverhältnis oder Koppelfaktor** bezeichnet.

Ausführungen

Schaltung	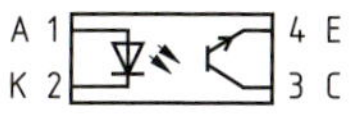	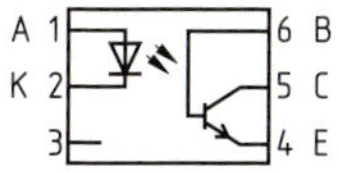	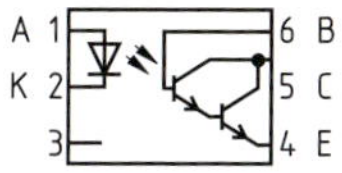	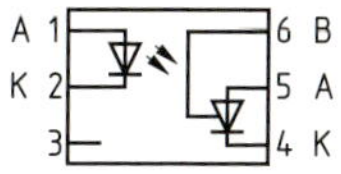
Eigenschaft	Basisanschluss nicht vorhanden	Mit Basisanschluss höhere Grenzfrequenz durch R_{BE}	Durch Darlington-Fototransistor hohe *CTR*-Werte	Nicht für analoge Signalübertragung; hohe Stromstärken
Grenzfrequenz	Bis 500 kHz	> 500 kHz	Bis 10 kHz	(Bis 10 kHz)
CTR in %	Bis 100	Bis 100	Bis 500	Bis 100

Optoelektronische Grundschaltungen

Helle Diode bei H-Signal

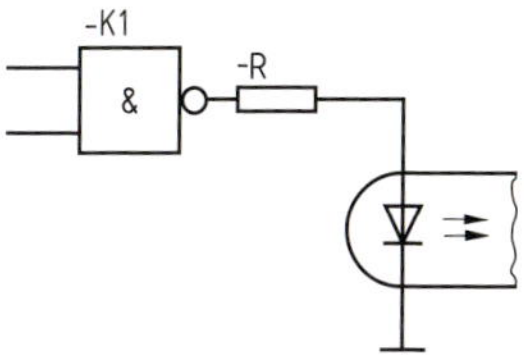

Dunkle Diode bei H-Signal

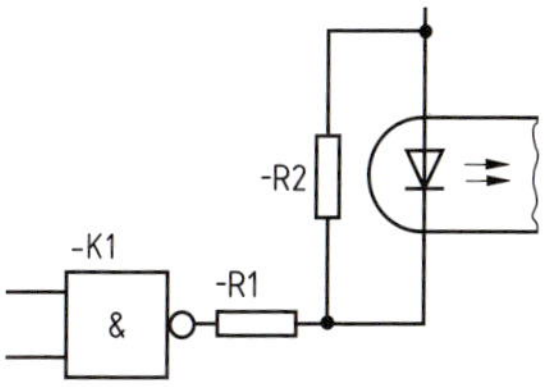

Steuerung mit TTL-Leistungsausgang

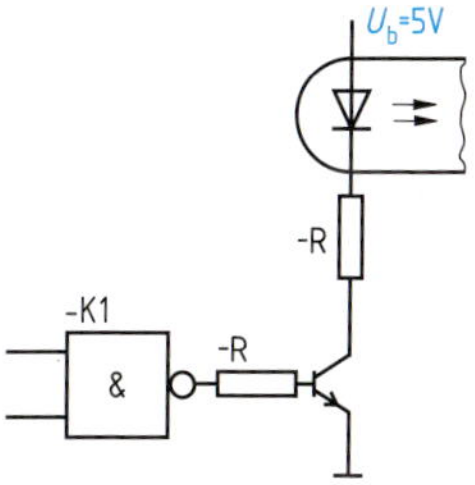

Erhöhung des Übertragungsverhältnisses

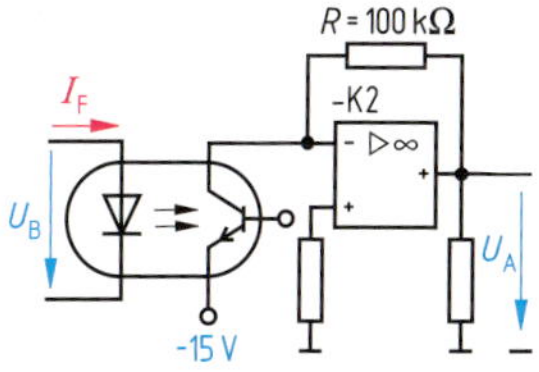

Potenzialfreie Übertragung

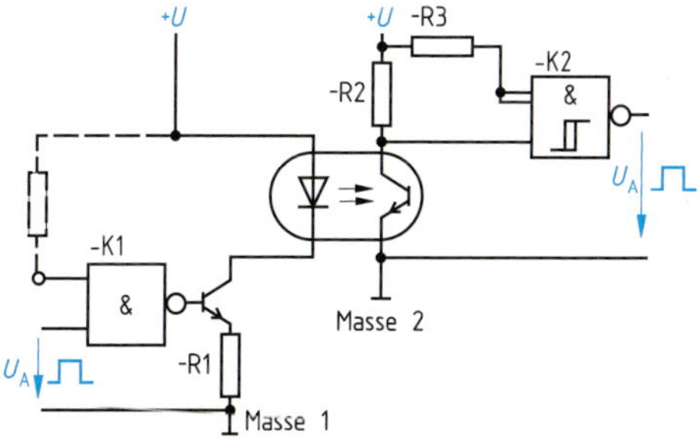

Operationsverstärker

Anschlüsse und Begriffe

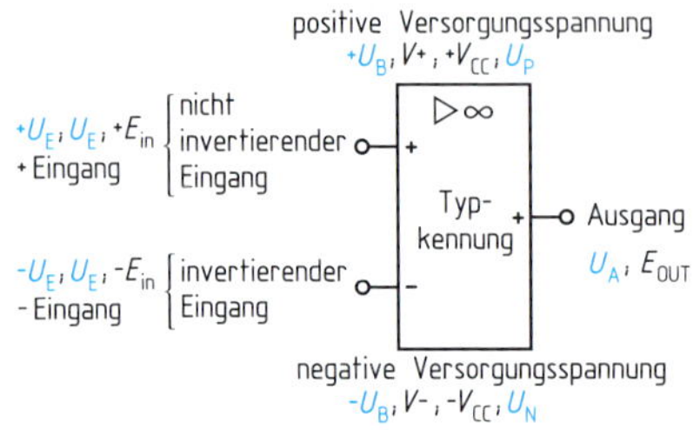

Schaltzeichen

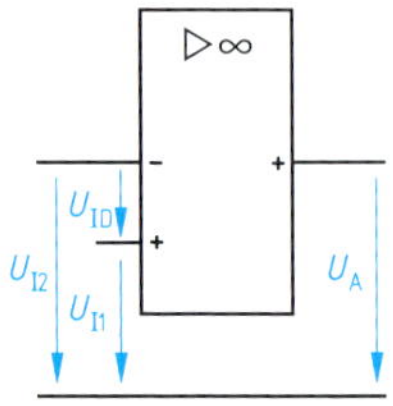

Aufbau

Operationsverstärker sind integrierte Verstärker mit einem Differenzverstärker im Eingang. Der nach dem Differenzverstärker folgende, meist mehrstufig aufgebaute Verstärker besitzt oft Hilfseingänge zur Offset- und Frequenzkompensation.

Verstärkungseigenschaften

Übertragungskennlinie

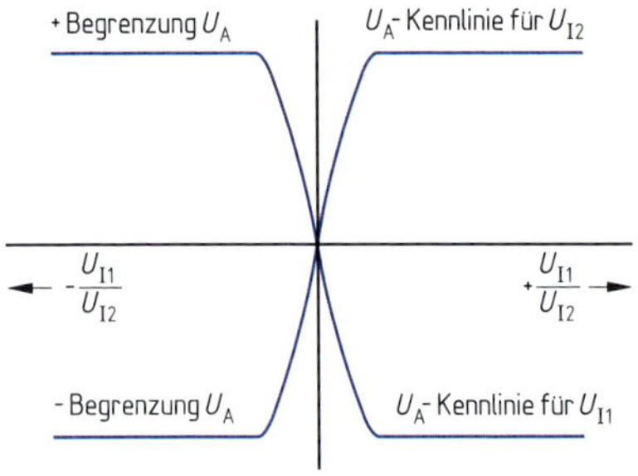

Frequenzverhalten

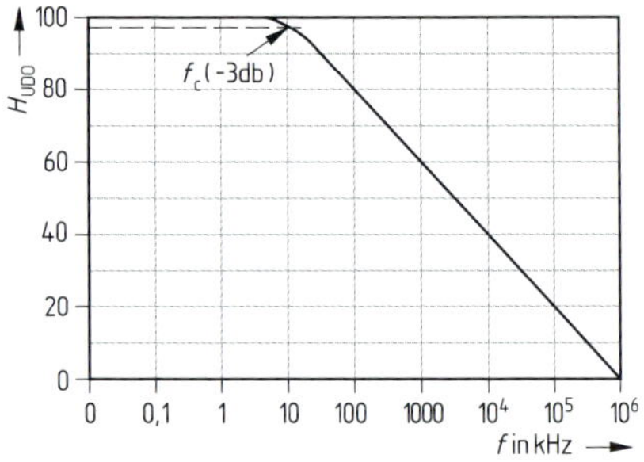

Begriffe und Daten

Begriff, Formelzeichen	Erläuterung	Zusammenhang	Typische Werte
Eingangs-Null-Spannung U_{I0} (Input-Offset-Voltage)	U_{I0} ist die Spannungsdifferenz, die an den Eingängen angelegt werden muss, damit die Ausgangsspannung null ist.	$U_{I0} = U_{I1} - U_{I2}$ bei $U_Q = 0$ V und einem Generatorwiderstand $R_G = 50\ \Omega$	Max. ± 6 mV
Eingangs-Null-Strom I_{I0S} (Input-Offset-Current)	I_{I0S} ist die Differenz der Eingangsströme, wenn die Ausgangsspannung null ist.	$I_{I0S} = I_{I1} - I_{I2}$	80 nA
Eingangs-Ruhestrom I_I (Input-Bias-Current)	I_I ist der arithmetische Mittelwert beider Eingangsströme, der für die Funktion notwendig ist.	$I_I = \frac{I_{I1} + I_{I2}}{2}$	80 nA
Gleichtakt-Eingangs-Spannung U_{IC} (Common-Mode-Input-Voltage)	U_{IC} ist der arithmetische Mittelwert der Eingangsspannungen, wenn die Ausgangsspannung null ist.	$U_{IC} = \frac{U_{I1} + U_{I2}}{2}$	–
Differenz-Leerlauf-Spannungsverstärkung H_{UD0} (Open-Loop-Voltage-Gain)	H_{UD0} ist die Verstärkung einer Spannungsdifferenz an den Eingängen ohne Gegenkopplung.	$H_{UD0} = \frac{U_Q}{U_{ID}}$ $H_{UD0} = 20 \log \frac{U_Q}{U_{ID}}$ in dB	80 dB
Gleichtakt-Leerlauf-Spannungsverstärkung H_{UC0} (Common-Mode-Voltage-Gain)	H_{UC0} ist das Verhältnis der Ausgangsspannung zur Gleichtakt-Eingangsspannung.	$H_{UC0} = \frac{U_Q}{U_{IC}}$	–

Grundschaltungen mit Operationsverstärkern

Benennung, Schaltung	Formel, Diagramme	Benennung, Schaltung	Formel, Diagramme

Invertierender Verstärker

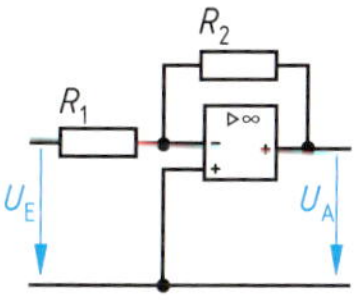

$U_A = -U_E \cdot \frac{R_2}{R_1}$

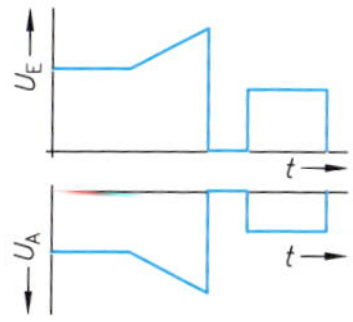

Nichtinvertierender Verstärker

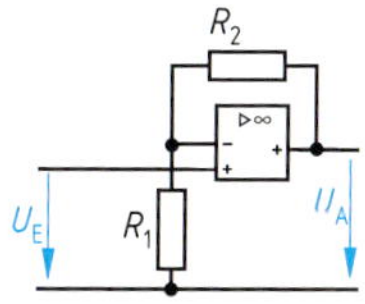

$U_A = U_E \left(1 + \frac{R_2}{R_1}\right)$

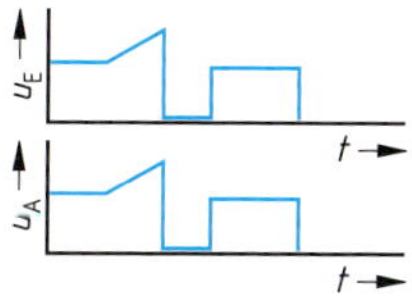

Impedanzwandler

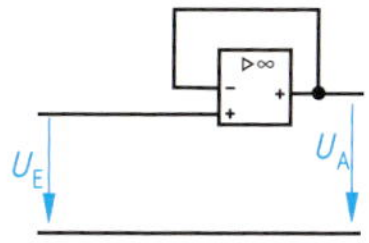

$U_A = U_E$

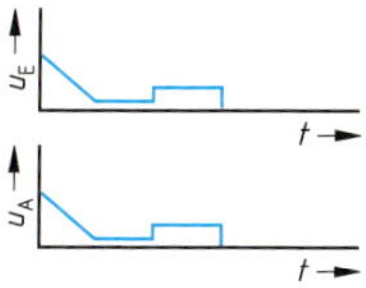

Komparator mit und ohne Hysterese

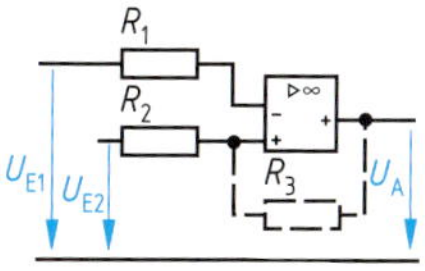

$U_{Hy} = \frac{R_2}{R_2 + R_3} \cdot \Delta U_A$

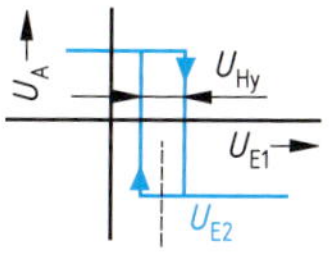

Differenzierer (Hochpass)

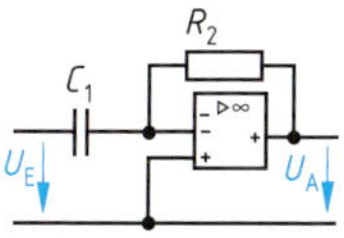

$U_A = -U_E \cdot R_2 \cdot \omega \cdot C_1$

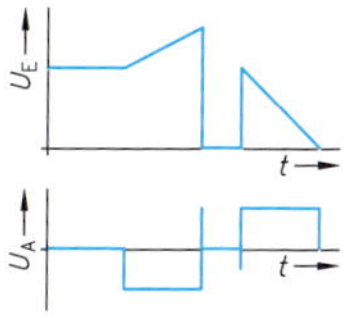

Integrierer (Tiefpass)

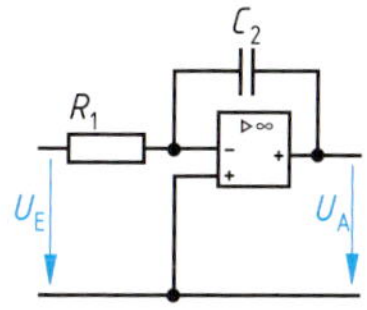

$U_A = -U_E \cdot \frac{1}{R_2 \cdot \omega \cdot C_2}$

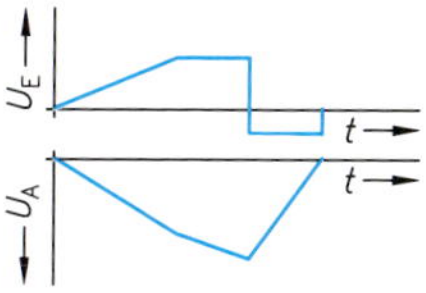

Summierverstärker

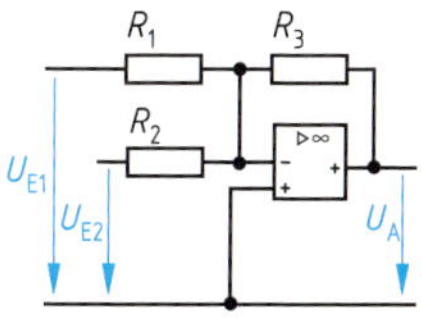

$U_A = -R_3 \left(\frac{U_{E1}}{R_1} + \frac{U_{E2}}{R_2}\right)$

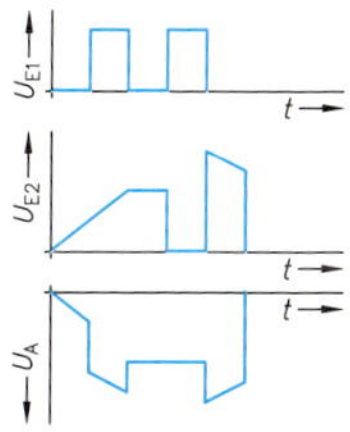

Differenzverstärker

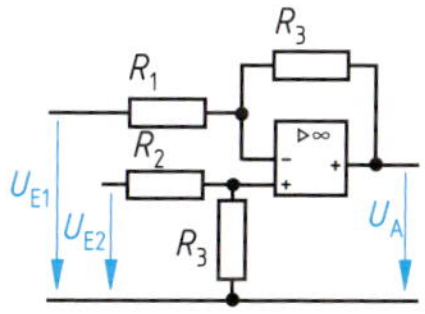

$U_A = R_3 \left(\frac{U_{E2}}{R_2} - \frac{U_{E1}}{R_1}\right)$

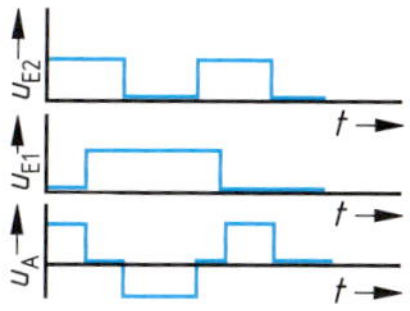

I/U-Wandler

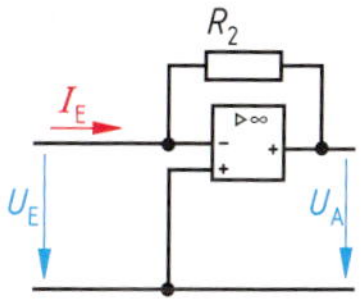

$U_A = -I_E \cdot R_2$

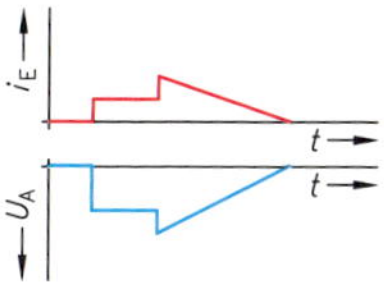

U/I-Wandler

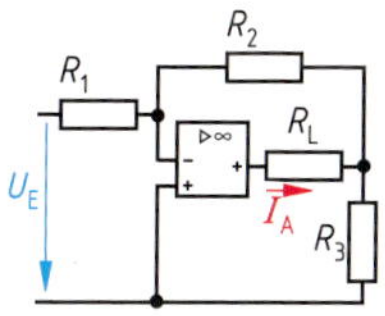

$I_A = \frac{U_E}{R_1}\left(1 + \frac{R_2}{R_3}\right)$

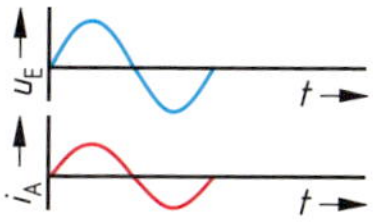

Astabile Kippstufe

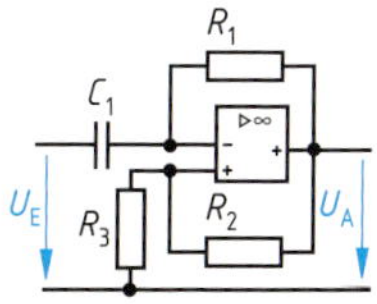

$T = t_1 + t_2;\ R_1 = \frac{R_2 \cdot R_3}{R_1 + R_3}$

$T = 2 \cdot R_1 \cdot C_1 \cdot \ln\left(1 + \frac{2 \cdot R_3}{R_2}\right)$

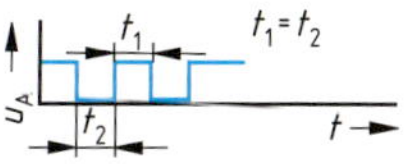

Bistabile Kippstufe

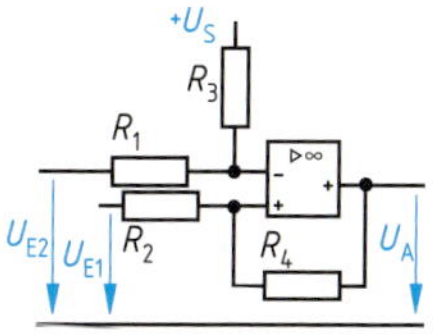

Setzen:  an U_{E1}

Rücksetzen:  an U_{E2}

Reglerarten mit Operationsverstärkern

Benennung, Schaltung	Sprungantwort	Formel	Eigenschaften
P-Regler 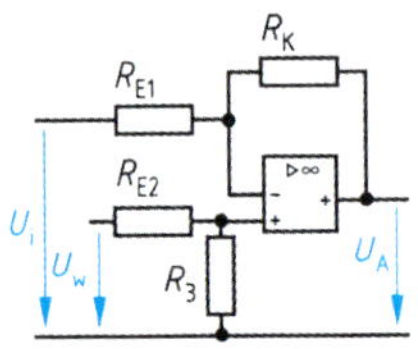	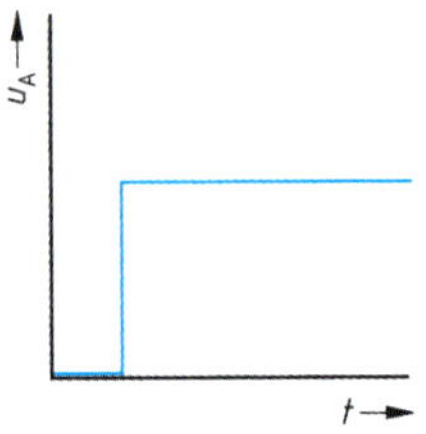	$U_A = K_P \cdot (U_W - U_i)$ $U_A = K_P \cdot (U_W - U_i)$ $K_P = \frac{R_K + R_3}{R_{E1} + R_{E2}}$	• Je größer der K_P-Wert, umso kleiner *e* • Ein zu großer K_P-Wert führt zu instabilem Regelverhalten. • Die Regeldifferenz *e* kann nicht null werden.
I-Regler 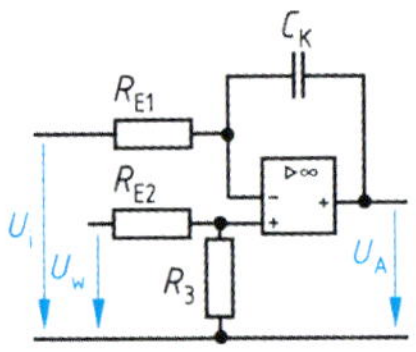	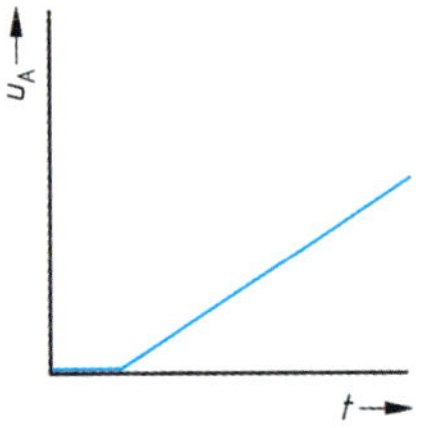	Annahme: $R_3 \to \infty$ $\Delta U_A = (U_W - U_i) \cdot \frac{\Delta t}{T_I}$ $T_I = R_{E1} \cdot C_K$ $K_I = \frac{1}{R_{E1} \cdot C_K}$	• Sprunghafte Änderungen der Eingangsgröße bewirken eine Änderungsgeschwindigkeit der Stellgröße *y*. • Je größer K_I, umso größer die Änderungsgeschwindigkeit
PI-Regler 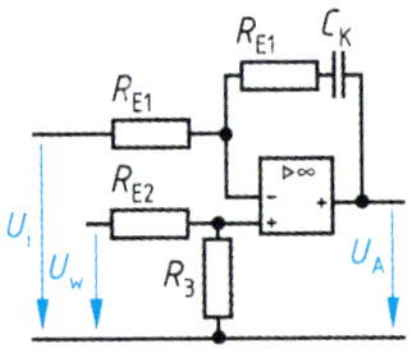	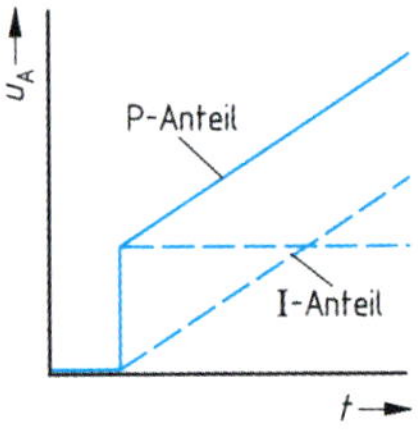	Annahme: $R_3 \to \infty$ und $R_{E1} = R_{E2}$ $\Delta U_A = (U_W - U_i)\left(K_p + \frac{\Delta t}{T_n}\right)$ $K_P = \frac{R_K}{R_{E1}}$ $T_n = R_K \cdot C_K$	• Für $t = 0$ s verhält sich der PI-Regler wie ein PRegler, danach wie ein I-Regler. • Je größer K_p und je kleiner T_n ist, umso schneller ist die Regelung.
PD-Regler 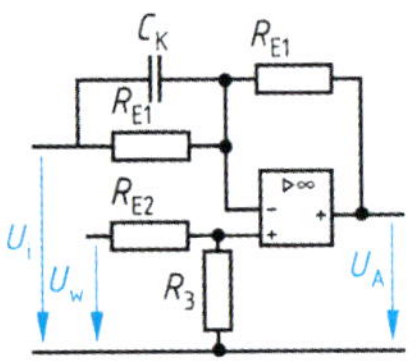	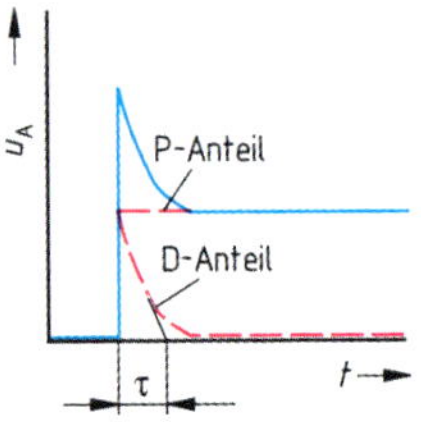	$\tau = R_K \cdot C_K$ $T_V = \frac{R_{E1} \cdot R_{E2}}{R_{E1} + R_{E2}} \cdot C_K$ mit $\tau > T_v$	• Der D-Regler ändert die Stellgröße *y* proportional der Änderungsgeschwindigkeit der Regeldifferenz *e*. • Für die Einschwingzeit gilt die Zeitkonstante τ, danach die Formel des P-Reglers.
PID-Regler 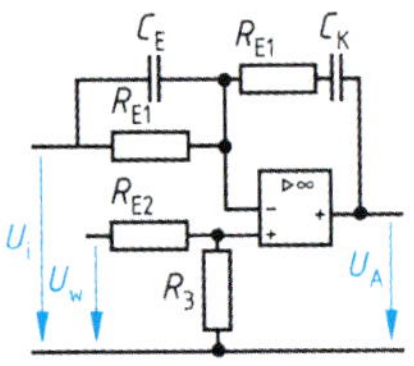	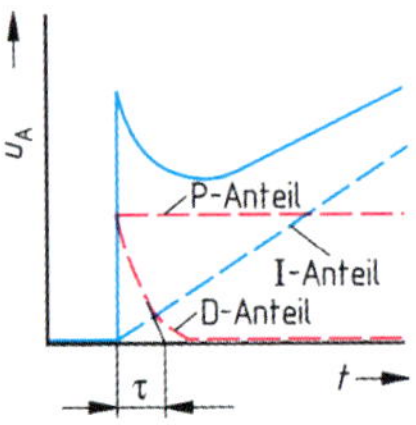	$K_P = \frac{R_K}{R_{E1}}$ $T_I = R_{E1} \cdot C_K$ $T_n = (R_{E1} + R_K) \cdot C_K$ $T_V = \frac{R_{E1} \cdot R_{E2}}{R_{E1} + R_{E2}} \cdot C_E$	• Nach Abklingen des D-Anteils Verhalten wie ein PI-Regler • Je größer die Vorhaltezeit T_v ist, umso schneller sind PID-Regler.

K_P Proportionalbeiwert; *e* Regeldifferenz; T_I Integrierzeit; K_I Integrierbeiwert; T_n Nachstellzeit; T_v Vorhaltezeit; τ Zeitkonstante

Magnetfeldabhängige Bauelemente

Benennung	Aufbau und Funktion	Charakteristische Größen	Anwendung
Hallgenerator 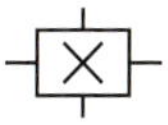	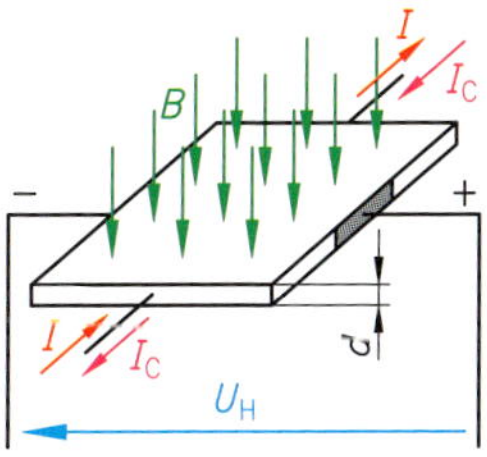 Wird ein bandförmiger, stromdurchflossener Leiter einem senkrecht dazu verlaufenden Magnetfeld ausgesetzt, werden die bewegten Elektronen an den Rand des Leiters abgelenkt. So entsteht quer zum Leiter ein elektrisches Feld und somit eine Spannung U_H (Hallspannung). 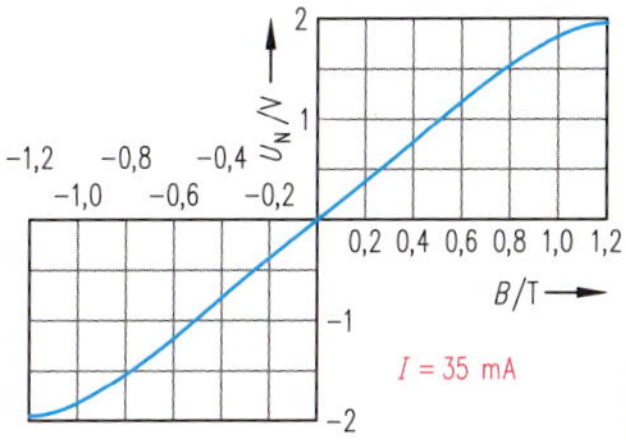	• Leerlaufspannung U_{20}: U_{20} ist die Spannung U_H bei $R_L = \infty$. Bei der Nenninduktion (z. B. 1 T) und der Nennstromstärke I_{1N} gilt $U_{20} = \frac{R_H}{d} \cdot I_1 \cdot B$ in V (typ. Werte: 50...1 000 mV) • Hallkonstante R_H: material- und formabhängige Konstante • Induktionskonstante K_{B0}: $K_{B0} = \frac{U_{20}}{I_{1N} \cdot B}$ in $\frac{V}{A \cdot T}$ (typ. Werte: 0,5...100 $\frac{V}{A \cdot T}$) • Steuernennstromstärke I_{1N}: (typ. Werte: 10...400 mA) • Abschlusswiderstand R_L für eine lineare Anpassung: R_L ist der Widerstand, bei dem Linearität zwischen der steuerstrombezogenen Hallspannung U_H/I_1 erreicht wird.	**Beispiele:** • Feldriegelung 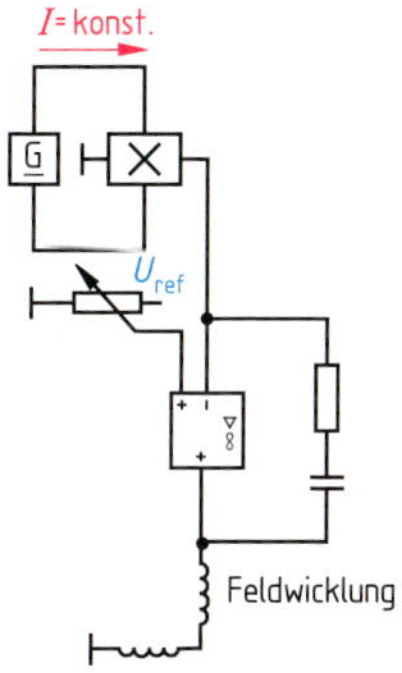 • Abtastung magnetisierbarer Folien • Feldmessung • Signalgabe • Multiplikation • Feldmessung bei tiefen Temperaturen • Potenzialfreie Strommessung
Feldplatte 	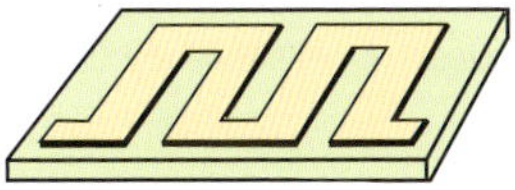 Die den Halbleiter durchlaufenden Ladungsträger werden durch Einwirkung eines Magnetfeldes seitlich abgelenkt. Der Widerstandswert steigt mit wachsendem Magnetfeld. Bei konstanter Feldstärke verhalten sich Stromstärke und Spannung linear. 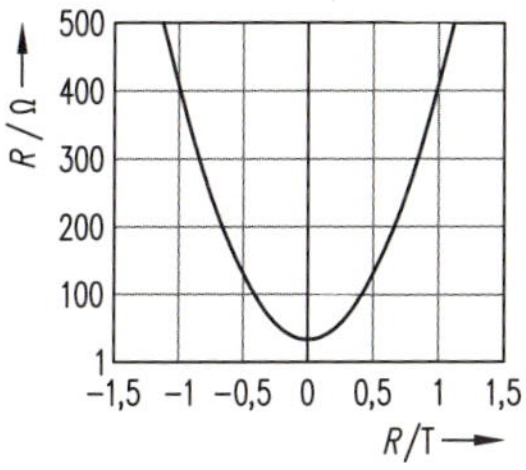	• Grundwiderstand R_0: Widerstandswert der Feldplatte ohne Magnetfeld bei ϑ_U = 25 °C • Widerstand R_B: Widerstand der Feldplatte bei senkrecht einwirkendem Magnetfeld Widerstandsverhältnis $R_B/R_0 = f(B)$ 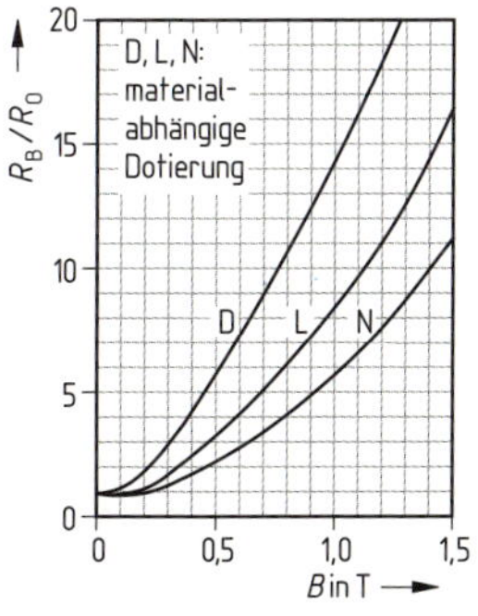	**Beispiele:** • Drehzahlerfassung 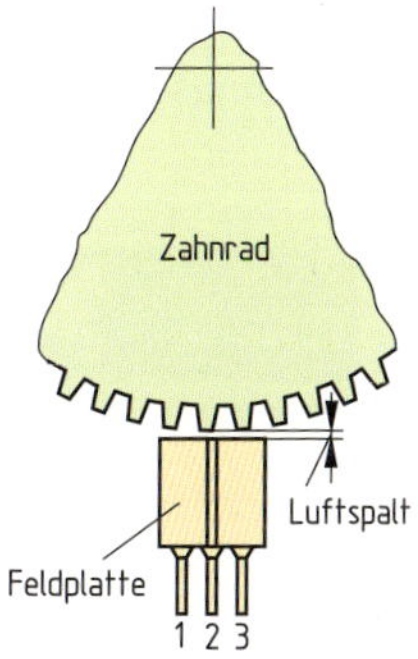 • Kontakt- und stufenlos steuerbare Widerstände • Drehsinnerfassung • Temperaturkompensation bei Transistoren • Stellungsanzeige • Winkelschrittgeber

Messgrößen und Messaufnehmer

Messaufnehmer	Erklärung	Eigenschaften
Temperaturmessung		
PT 100	Widerstandsthermometer aus Platin mit einem positiven Temperaturkoeffizienten α ($\alpha \approx 3{,}44 \cdot 10^{-3} \cdot 1/\text{K}$)	• $R_0 = 100\ \Omega$ • Sehr genau (≈ 0,1 %) • Messbereich bis 800 °C
NI 100 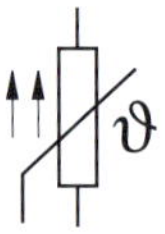	Widerstandsthermometer aus Nickel mit einem positiven Temperaturkoeffizienten α ($\alpha \approx 6{,}84 \cdot 10^{-3} \cdot 1/\text{K}$)	• $R_0 = 100\ \Omega$ • Sehr genau (≈ 0,1 %) • Messbereich bis 250 °C
KTY-Typ	Widerstandsthermometer aus Silicium mit einem positiven Temperaturkoeffizienten α ($\alpha \approx 8{,}8 \cdot 10^{-3} \cdot 1/\text{K}$)	• $R_{25} = 1\ \text{k}\Omega$ oder $2\ \text{k}\Omega$ • Messbereich: –50 °C...150 °C
Thermoelement 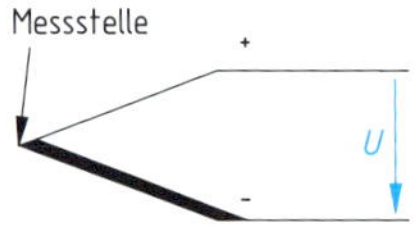	Wird die Verbindungsstelle zweier unterschiedlicher Metalle erhitzt, dann tritt zwischen den unverbundenen, freien Enden eine Thermospannung auf.	• Thermospannung: 0,05 mV/K...0,0065 mV/K • Messbereich: –200 °C...1 600 °C
Druck- und Kraftmessung		
Piezoelektrische Sensoren 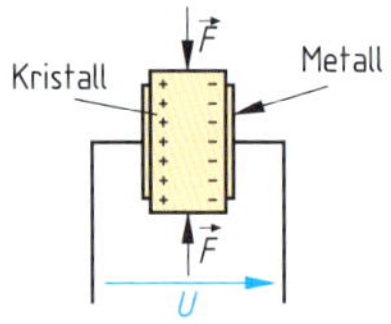	Bei einer waagerechten oder senkrechten Krafteinwirkung auf einen piezoelektrischen Sensor werden aufgrund der Verformung innerhalb des Kristalls Ladungen verschoben. Dadurch tritt an den Stirnseiten des Kristalls eine Spannung auf.	• Formänderung ≈ 1 µm • Geeignet für Schwingungen zwischen f = 0,01 Hz...100 kHz • Messbereich: Absolutdruck: 0 bar...160 bar Differenzdruck: 0 bar...60 bar
Dehnungsmessstreifen 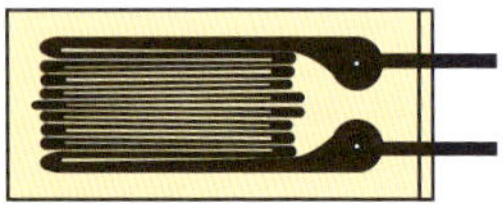	Dehnungsmessstreifen (DMS) werden so auf die zur Erfassung von Kräften verwendeten Körper aufgeklebt, dass sie bei Krafteinwirkung gedehnt werden. Dadurch erhöht sich ihr Widerstand linear zur Dehnung. (Der k-Faktor gibt das Verhältnis der relat. Widerstandsänderung zur relat. Dehnung an.)	• Temperaturbereich: –270 °C...980 °C • Nennwiderstände: 120 Ω; 350 Ω; 600 Ω; Toleranzen: 0,2 %; 0,5 % • Versorgungsspannung: 1 V...10 V • k-Faktor: 2,1; 2,2; 4
Kapazitive Füllstandmessung		
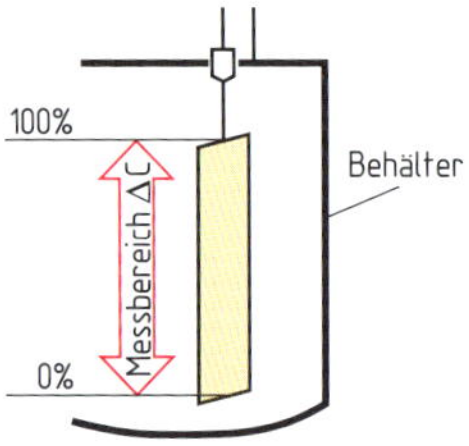	Das kapazitive Messverfahren beruht auf der Änderung der Kapazität eines Kondensators durch Veränderung des Füllstandes in einem Behälter. Bei der Messung bleiben die Abmessungen konstant und das Dielektrikum von Luft wird durch das Dielektrikum des Füllgutes ersetzt.	Relative Dielektrizitätskonstante ε_r • Schüttgüter (Auswahl) Kunststoffgranulat 1,05...1,5 Getreide 2,2...3,5 Kohle 2,2...3,5 • Füssigkeiten (Auswahl) Benzin, Toluol 1,2...1,8 Ammoniak 14 Destilliertes Wasser 80
R_0 Widerstandswert bei $\vartheta = 0$ °C; R_{25} Widerstandswert bei $\vartheta = 25$ °C		

Einbau- und Löthinweise für Bauelemente

Einbau von bedrahteten Bauelementen auf Leiterplatten

Arbeitsschritt	Erläuterungen, Hinweise
Maße von Bohrlöchern und Lötaugen	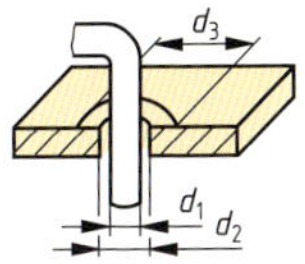
Biegen der Anschlussdrähte	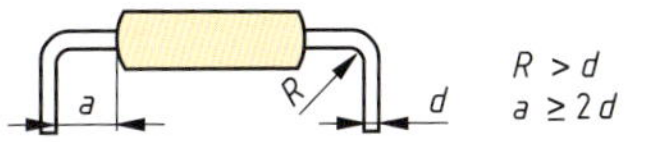 Der Biegeradius *R* muss größer als der Drahtdurchmesser *d* des Anschlussdrahtes sein. Der Abstand *a* beträgt 2 · *d* oder mehr, mindestens jedoch 1,5 mm.
Einbaulagen von Bauelementen (Beispiele)	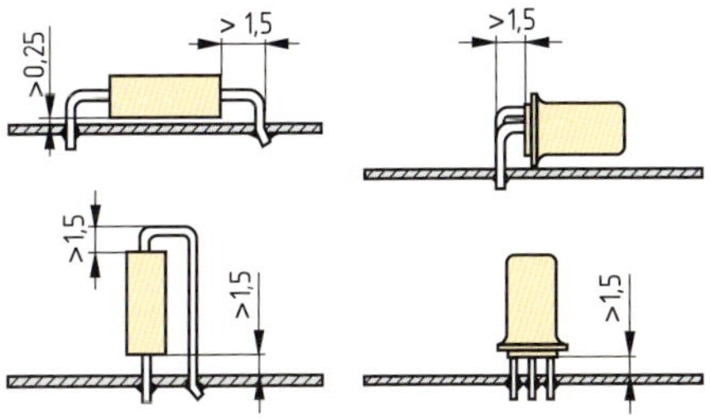 • Die Einbaulage der Bauelemente ist beliebig. • Bauelemente, die sich erwärmen, müssen in größerem Abstand von der Leiterplatte eingelötet werden, damit im erwärmten Zustand kein Druck auf Leiterbahnen entsteht.

Drahtdurchmesser d_1	Durchmesser Bohrloch d_2	Durchmesser Lötauge d_3
≤ 0,6 mm	0,8 mm	2,0 mm
0,6...0,8 mm	1,0 mm	2,0 mm
0,8...1,1 mm	1,3 mm	2,5 mm

Löten

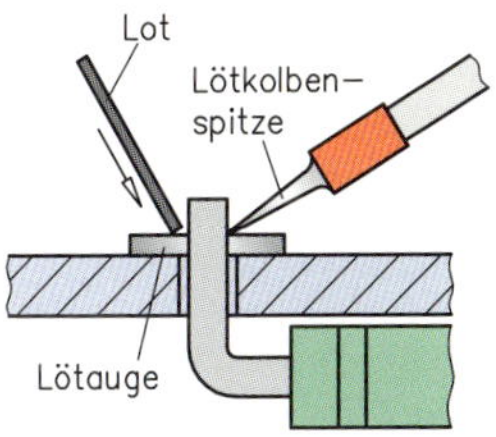

Durch **Löten** wird eine haltbare Verbindung zwischen dem Anschlussdraht eines Bauelementes und der Leiterbahn mithilfe eines metallischen Bindemittels (Weichlot) hergestellt.

Weichlote sind Zinn-Blei-Legierungen, die meist geringe Zusätze von Kupfer, Silber, Cadmium oder Zink enthalten. In der Elektrotechnik wird vorwiegend Röhrenlot mit einem Flussmittel verwendet, z. B. S-Sn63Pb37. Die Schmelztemperatur des Lotes liegt bei 183 °C. Der Durchmesser des Röhrenlotes beträgt z. B. 1, 1,5 oder 2 mm.

Flussmittel dienen dazu, während des Lötvorgangs die Oxidschichten auf den zu verbindenden Metallflächen aufzulösen.

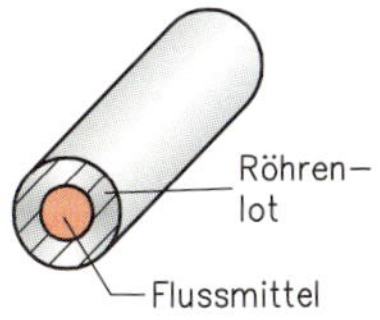

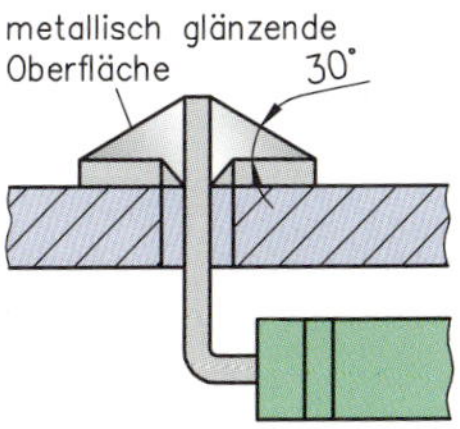

Löthinweise

- Die Bauelemente werden vorsichtig eingesetzt, zu lange Anschlussdrähte vorher gekürzt.
- Mit der Lötkolbenspitze werden der Anschlussdraht und das Lötauge auf der Platine gleichzeitig erhitzt.
- Das Lot wird durch die erwärmte Lötstelle zum Fließen gebracht und nicht durch die Lötkolbenspitze.
- Beim Löten sollte nicht zu viel Weichlot aufgetragen werden, um z. B. Lotbrücken zu vermeiden.
- Der Lötvorgang muss bei einer Lötkolbentemperatur von ca. 250 °C nach maximal 4 s beendet werden. Bei einer niedrigeren Temperatur darf die Lötdauer entsprechend verlängert werden; bei einer höheren Temperatur muss sie entsprechend verringert werden.
- Während des Abkühlens darf die Lötstelle nicht bewegt werden, damit keine schlecht leitende Lötstelle („kalte Lötstelle") entsteht.
- Beim Einbau elektrostatisch gefährdeter Bauelemente müssen Schutzmaßnahmen ergriffen werden (siehe elektrostatische Entladungen).

Gehäuse von Halbleiterbauelementen (nach JEDEC) (Auswahl)

Abkürzungen, Maßangaben in mm

JEDEC Join **E**lectronic **D**evice **E**ngineering **C**ouncel;
DO Diodes **O**utline; **TO T**ransistor Single **O**utline; **SOT S**mall **O**utline **T**ransistor

DO5

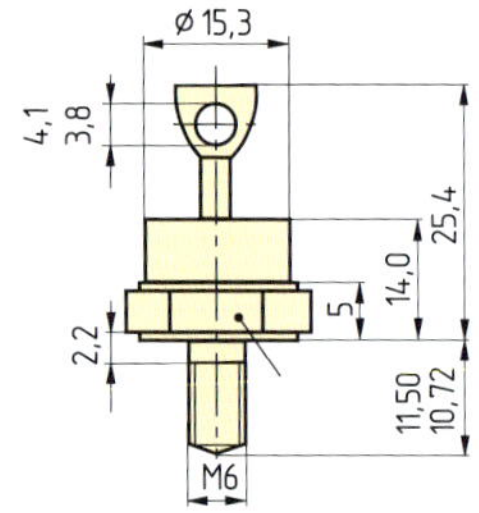

DO7

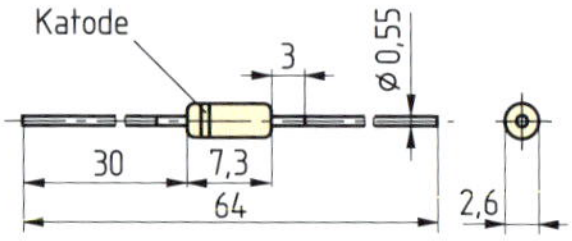

DO13

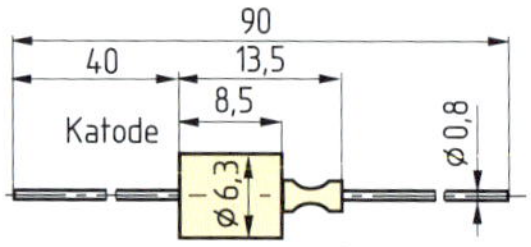

DO35

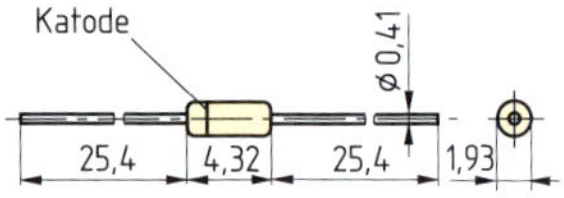

TO3

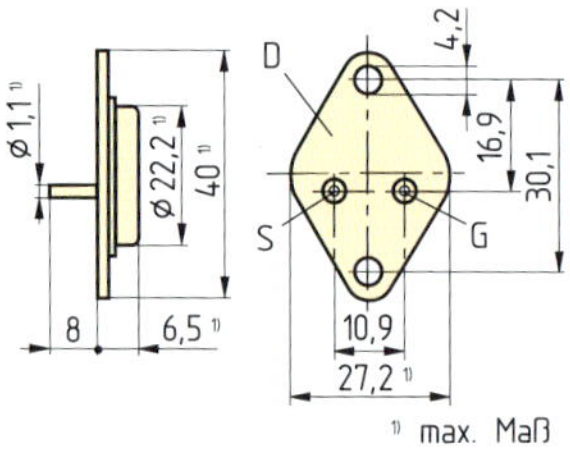

TO18

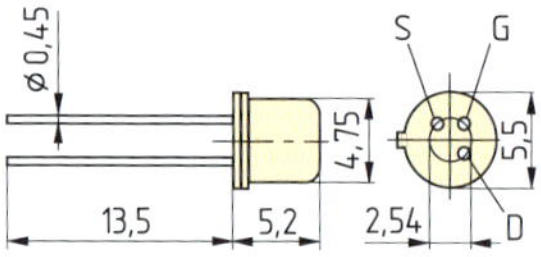

TO39

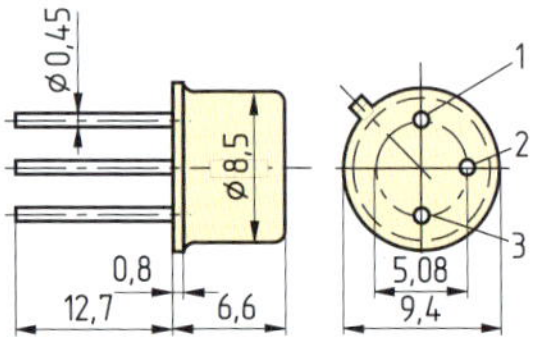

TO72

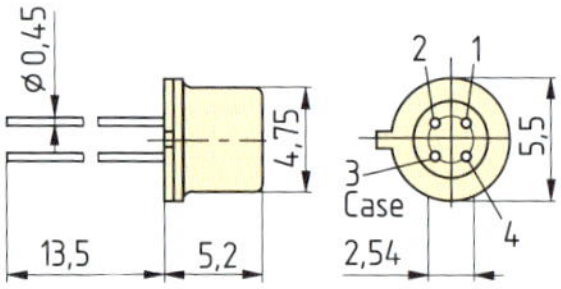

TO92 b

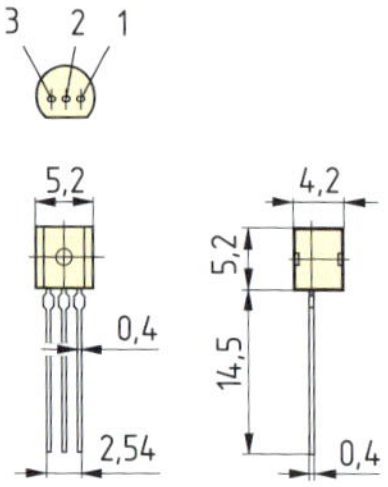

TO126 (SOT32)

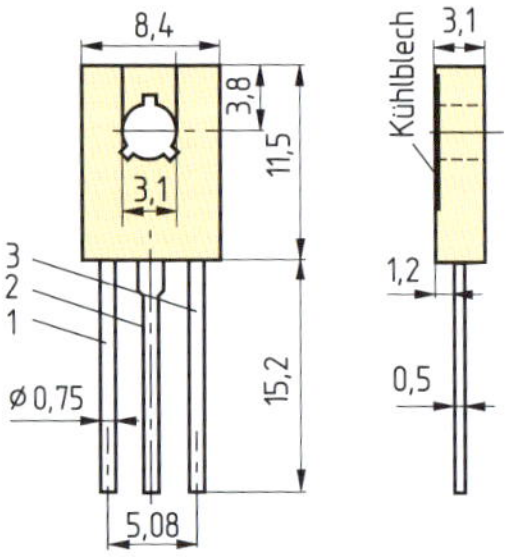

TO220 AB (P-TO220-3-1)

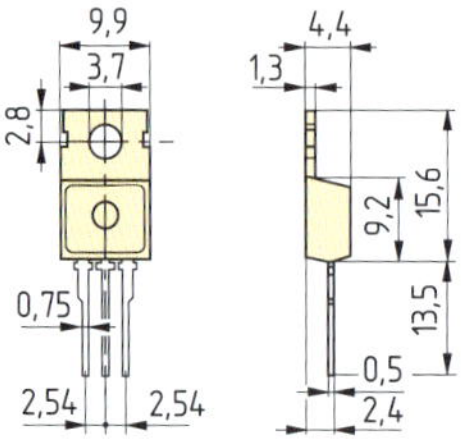

TO220/5 AB (P-TO220-5-3)

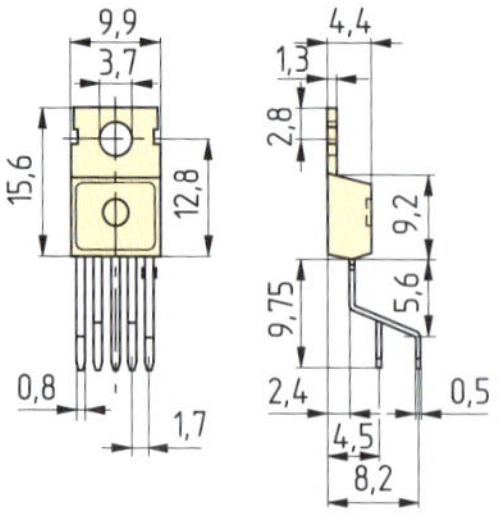

Kühlung von Halbleiterbauelementen

Beispiel	Berechnung
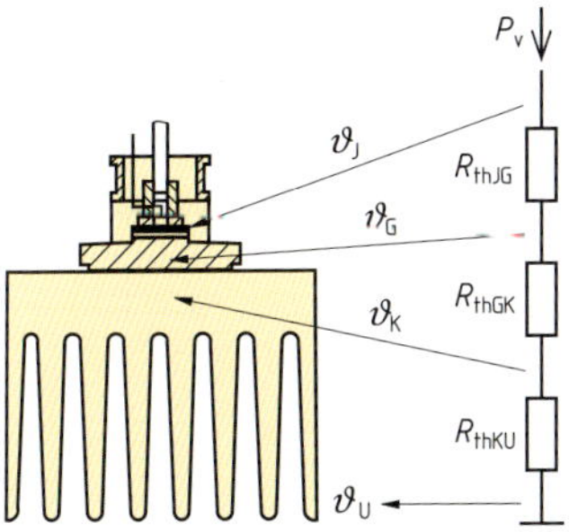	$R_{th} = \dfrac{\Delta\vartheta}{P_V}$ $\quad R_{thJG} = \dfrac{\vartheta_J - \vartheta_G}{P_V}$ $\quad R_{thJU} = \dfrac{\vartheta_J - \vartheta_U}{P_V}$

P_V	Verlustleistung in W
R_{th}	Wärmewiderstand (allgemein) in K/W
R_{thJG}	Wärmewiderstand zwischen Sperrschicht und Gehäuse in K/W
R_{thJU}	Wärmewiderstand zwischen Sperrschicht und Umgebung in K/W
$\Delta\vartheta$	Temperaturunterschied in K
ϑ_J	Sperrschichttemperatur in °C
ϑ_G	Gehäusetemperatur in °C
ϑ_K	Kühlkörpertemperatur in °C
ϑ_U	Umgebungstemperatur in °C

Wärmewiderstände von schwarzen Kühlkörpern

Aufsteckbare Leichtkühlkörper (Beispiel: Kühlkörper für TO 18-Gehäuse)

Wärmewiderstand ≈ 48 K/W

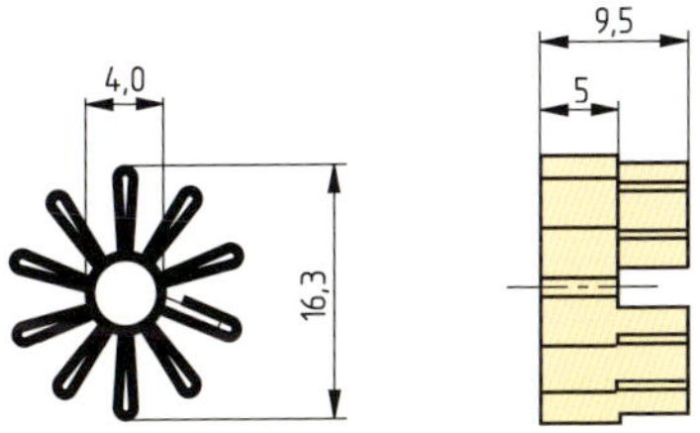

Wärmewiderstand ≈ 60 K/W

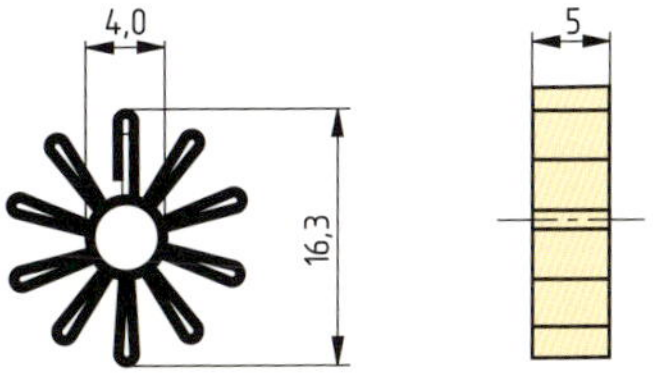

Großkühlkörper (Auswahl)

Großkühlkörper bestehen meist aus Aluminiumprofilen als Meterware. Die zu verwendende Länge ergibt sich aus dem geforderten Wärmewiderstand.

SK 01

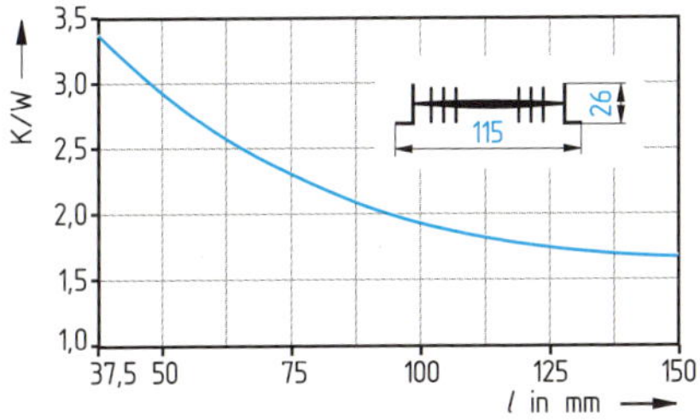

SK 09

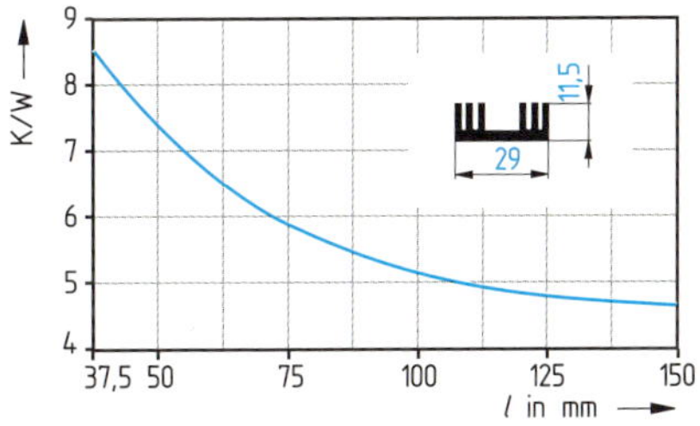

SK 10

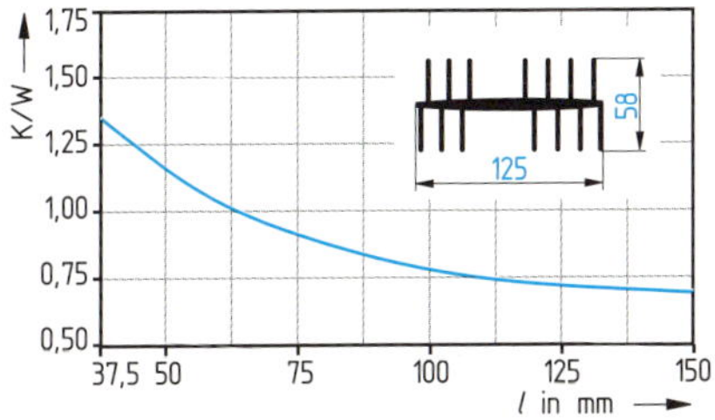

SK 21

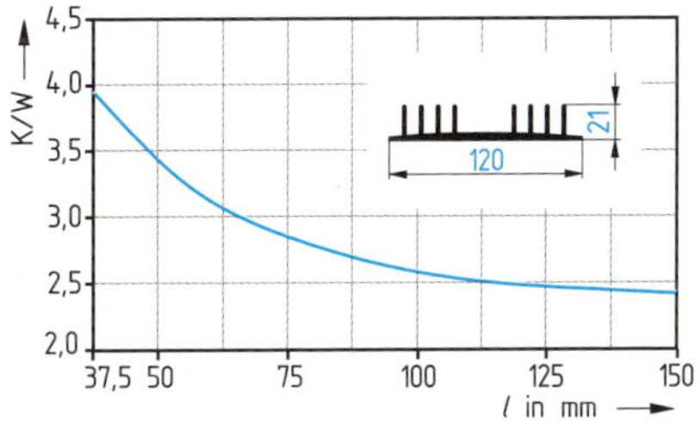

Elektrostatische Entladungen

Bedeutung, Ursachen, Wahrnehmung

Bedeutung: Durch elektrostatische Entladungen können empfindliche Halbleiterbauteile (Feldeffekttransistoren, CMOS-Schaltkreise u. a.) beschädigt oder zerstört werden.
Ursachen: Elektrostatische Aufladungen entstehen durch Reibung verschiedener Materialien gegeneinander, sofern kein sofortiger Ladungsaustausch erfolgen kann.
Personen können sich bis auf einen Spannungswert von 30 000 V aufladen, wenn sie über einen Teppichboden gehen. Die Höhe der elektrostatischen Aufladung ist von der Luftfeuchtigkeit abhängig.
Wahrnehmung: Die Entladung durch Berühren eines geerdeten Gegenstandes ist

- ab ca. 3500 V spürbar,
- ab ca. 4000 V hörbar,
- ab ca. 4500 V sichtbar.

Verlauf einer elektrostatischen Entladung bei einem Menschen

Diagramm

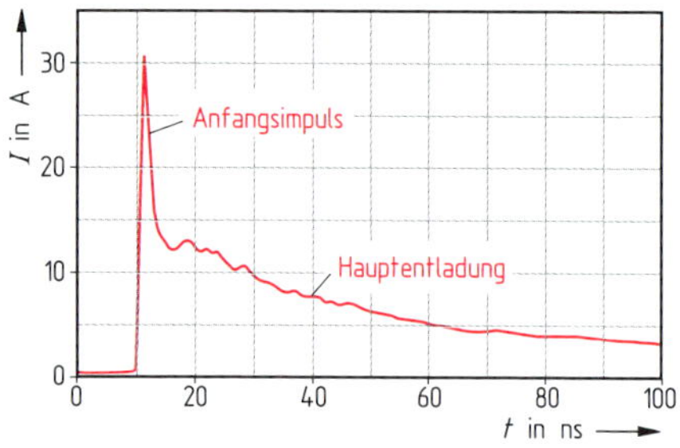

Erläuterung

Die elektrostatische Entladung kann über einen Lichtbogen oder über einen leitenden Kontakt mit einem geerdeten Gegenstand erfolgen.
Das Diagramm zeigt den Verlauf der Entladestromstärke nach der elektrostatischen Aufladung eines Menschen und der Entladung durch Berührung eines geerdeten Gegenstandes mit der Hand.
Die Ladespannung beträgt 4 000 V.
Bei Menschen treten steile Stromimpulse mit Spitzenwerten von einigen 10 A auf. Bei beweglichen Möbeln (z. B. Laborwagen) können die Spitzenwerte über 100 A betragen.

Beispiele für die Empfindlichkeit von Halbleiterbauteilen

Gefährdete Bauteile	Spannung
ICs in P-FP (Plastik Flat Pack) und P-LCC (Plastik Leaded Chip Carrier)	Ab 20 V
Schottky-Dioden	Ab 30 V
Feldeffekttransistoren und EPROMs	Ab 100 V
Operationsverstärker	Ab 180 V
Film-Widerstände	Ab 350 V
Schottky-TTL	Ab 1 000 V
ICs in C-LCC (Ceramic Leaded Chip Carrier)	Ab 2 000 V

Maßnahmen zum Schutz elektrostatisch gefährdeter Bauteile

- Gefährdete Bauteile sollen bis zur Verarbeitung in der Orginalpackung bleiben.
- Gefährdete Bauteile dürfen nur in hochohmig leitenden oder in antistatischen Behältnissen aufbewahrt und transportiert werden.
- Bei der Entnahme eines Bauteils aus der Verpackung soll zuerst die Verpackung durch eine Berührung entladen werden. Erst dann darf das Bauteil herausgenommen werden.
- Beim Bestücken einer Platine soll erst die Platine durch eine Berührung entladen werden. Erst dann darf das Bauteil eingesetzt werden.
- Die Bearbeitung der Bauteile darf nur an besonders eingerichteten Arbeitsplätzen erfolgen:
  - Die Lötkolbenspitzen müssen geerdet sein.
  - Die Arbeitstische und die Fußböden müssen antistatisch und ableitfähig sein.
  - Die Verarbeitung soll auf Arbeitsmatten, die über ein Erdungsarmband fest mit der Haut verbunden sind, erfolgen.
  - Die Arbeitskleidung soll aus Baumwolle sein und nicht aus aufladbaren Kunstfasern.
  - Die Schuhe sollen mit leitendem Material umhüllt werden.
- Zu Bildschirmen von Sichtgeräten soll ein Mindestabstand von 10 cm eingehalten werden.

Kennzeichnung der Logikfamilien (Auswahl)

Abkürzung	Bedeutung	Kennzeichnung
TTL	Transistor-Transistor-Logik	
Std-TTL	Standard-TTL	74...
ALS-TTL	Advanced-Low-Power-Schottky-TTL 7	4ALS...
AS-TTL	Advanced-Schottky-TTL	74AS...
F TTL	Fast-Schottky-TTL	74F...
LS-TTL	Low-Power-Schottky-TTL	74LS...
S-TTL	Schottky-TTL	74S...
CMOS	Complementary-Metal-Oxide-Semiconductor	4...
AC	Advanced-CMOS	74AC...
HC[1]	High-Speed-CMOS	74HC...
HCT[2]	HC TTL-kompatibel	74HCT...

1) Pin- und funktionskompatibel zu LS-TTL. 2) Pin-, funktions- und pegelkompatibel zu LS-TTL.

Kenndaten von Logikfamilien[1]

Kenngröße		Std	ALS	AS	F	LS	S	CMOS	AC	HC	HCT
U_B in V	Min	4,75	4,75	4,75	4,75	4,75	4,75	3	3	2	4,5
	Typ	5	5	5	5	5	5	5/10	5	5	5
	Max	5,25	5,25	5,25	5,25	5,25	5,25	15	5,5	6	5,5
U_{IL} in V	Max	0,8	0,8	0,8	0,8	0,8	0,8	1,5/3	1,5	0,9	0,8
U_{IH} in V	Min	2	2	2	2	2	2	3,5/7	3,5	U_B–1,4	2
U_{OL} in V	Max	0,4	0,35	0,35	0,35	0,5	0,5	0,1	0,5	0,4	0,4
U_{OH} in V	Min	2,4	3,2	3,2	3,4	2,7	2,7	4,95/9,95	4,5	U_B–0,8	3,5
I_{IL} in mA	Max	–1,6	–0,2	–1	–1,2	–0,36	–2	–1 µA	–1 µA	–1 µA	–1 µA
I_{IH} in µA	Min	40	20	20	40	20	50	1	1	1	1
I_{OL} in mA	Max	16	8	20	8	8	20	0,5	24	4	4
I_{OH} in mA	Max	–0,4	–0,4	–2	–0,4	–0,4	–1	–0,5	–24	–4	–4
P in mW	Typ	10	1	22	4	2	20	1 µW[2] 0,1[3]	1 µW[2] 0,4[3]	10 nW[2] 0,2[3]	10 nW[2] 0,2[3]
t_P in ns	Typ	10	4	1,5	2	9	3	60/25	4	12	12
t_U in °C	Min	0	0	0	0	0	0	–40	–40	–40	–40
	Max	+70	+70	+70	+70	+70	+70	+85	+85	+85	+85

1) Die angegebenen Kenndaten sind charakteristisch für die jeweilige Logikfamilie. Die genauen, einem konkreten Logik-Schaltkreis entsprechenden Daten müssen den Datenbüchern der Hersteller entnommen werden.
2) Im statischen Zustand. 3) Bei 100 kHz.

Abkürzungen

U_B	Betriebsspannung	I_{OL}	Ausgangsstromstärke, die bei L-Pegel U aufgenommen wird
U_{IL}	Eingangsspannung bei L-Pegel		
U_{IH}	Eingangsspannung bei H-Pegel	I_{OH}	Ausgangsstromstärke, die bei H-Pegel ausgegeben wird
U_{OL}	Ausgangsspannung bei L-Pegel		
U_{OH}	Ausgangsspannung bei H-Pegel	P	Leistungsaufnahme pro Logikglied
I_{IL}	Eingangsstromstärke bei L-Pegel	t_P	Mittlere Signallaufzeit pro Logikglied
I_{IH}	Eingangsstromstärke bei H-Pegel	t_U	Umgebungstemperatur

Beschreibung logischer Verknüpfungen

Schaltzeichen

Aufbau

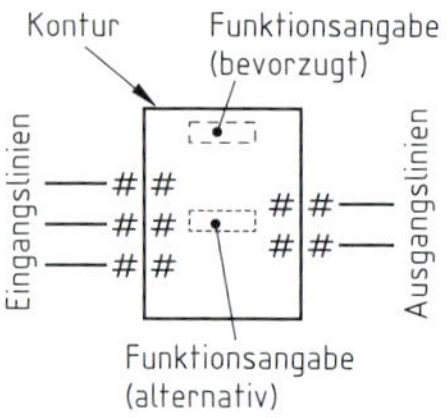

Erläuterung

Ein Schaltzeichen kann aus einer Kontur oder einer Konturenkombination bestehen. Die Angabe der Funktion erfolgt vorzugsweise am oberen Rand des Schaltzeichens oder alternativ in der Mitte.
Die Kennzeichnungen der Ein- und Ausgänge können an den mit # bezeichneten Stellen innerhalb und außerhalb der Kontur erfolgen: Innerhalb z. B. mit R für Rücksetzen, außerhalb z. B. mit einem Negationszeichen.

Beispiel: IC 74221

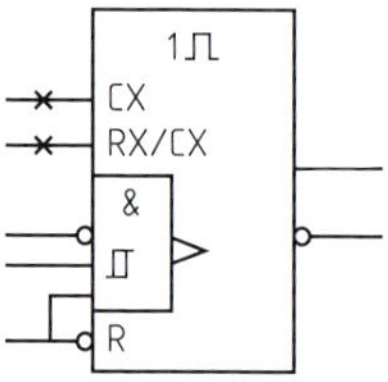

Interne und externe Logikzustände

z. B. NOR:

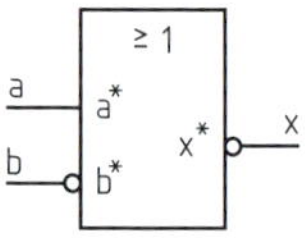

Intern			Extern		
b*	a*	x*	b	a	x
0	0	0	0	0	0
0	1	1	0	1	0
1	0	1	1	0	1
1	1	1	1	1	0

Der interne Logikzustand ist der Zustand, der innerhalb der Kontur an einem Ein- oder Ausgang besteht.
Der externe Logikzustand ist der Zustand, der außerhalb der Kontur an einer Eingangslinie oder Ausgangslinie vorliegt.

Arbeitstabelle

Die Arbeitstabelle dient zur Beschreibung des physikalischen (z. B. elektrischen) Verhaltens von digitalen Schaltungen. Dabei wird die physikalische Größe der Ein- und Ausgangssignale entweder direkt durch ihre Werte oder die zugeordneten Pegel L und H gekennzeichnet. Bei Letzterem gilt:
H-Pegel ⇒ High-Pegel: Der Pegelwert, der gegenüber dem anderen näher bei $+\infty$ ist
L-Pegel ⇒ Low-Pegel: Der Pegelwert, der gegenüber dem anderen näher bei $-\infty$ ist

z. B. UND

b	a	x
L	L	L
L	H	L
H	L	L
H	H	H

Die Arbeitstabelle zeigt die Pegelzustände am Ausgang (oder an mehreren Ausgängen) der logischen Verknüpfung in Abhängigkeit von Pegelkombinationen an den Eingängen.
Hat der Zustand eines Pegels an einem Eingang keinen Einfluss auf den Pegelzustand am Ausgang, so wird der Zustand am Eingang mit H/L oder X angegeben.

Wahrheitstabelle

Positive Logik L = 0, H = 1			Negative Logik L = 1, H = 0		
b	a	x	b	a	x
0	0	0	1	1	1
0	1	0	1	0	1
1	0	0	0	1	1
1	1	1	0	0	0

Die Wahrheitstabelle zeigt die Logikzustände am Ausgang (bzw. an den Ausgängen) abhängig von allen möglichen Kombinationen der Eingangswerte.
Die Zuordnung der elektrischen Pegel und der Logikzustände bedarf einer Vereinbarung. Entspricht der L-Pegel dem 0-Zustand und der H-Pegel dem 1-Zustand, spricht man von der positiven Logik, andernfalls von der negativen Logik.

Pulsdiagramm

Beispiel: UND-Funktion

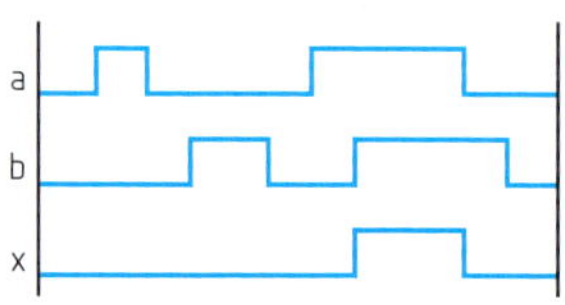

Zeitablaufdiagramme zeigen den zeitlichen Verlauf von Funktionen. Folgende Regeln gelten:

- Die Funktionen werden waagerecht im zeitgerechten Maßstab aufgetragen.
- Die Bezugslinie eines Signals ist der 0-Zustand.
- Der 1-Zustand wird nach oben aufgetragen.
- Die Bezeichnung der Signale erfolgt am linken Rand.
- Erläuternde Angaben können am rechten Rand erfolgen.

Elementare logische Verknüpfungen und ihre Darstellung

Symbol	Wahrheitstabelle			Benennung, Funktionsgleichung	Beschreibung	Schaltungsbeispiel mit Kontakten
	b	a	x			
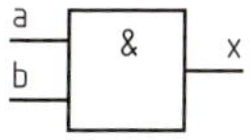	0 0 1 1	0 1 0 1	0 0 0 1	**UND** (Konjunktion) $x = a \wedge b$	Der Ausgang weist nur dann den 1-Zustand auf, wenn sich alle Eingänge im 1-Zustand befinden.	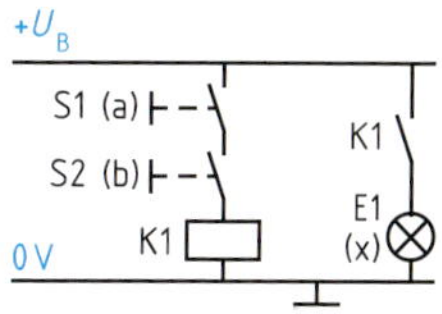
	b	a	x			
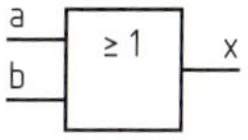	0 0 1 1	0 1 0 1	0 1 1 1	**ODER** (Disjunktion) $x = a \vee b$	Der Ausgang weist dann den 1-Zustand auf, wenn sich mindestens ein Eingang im 1-Zustand befindet.	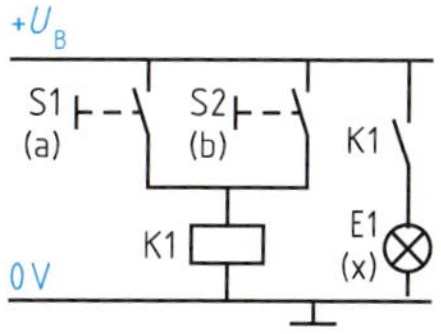
		a	x			
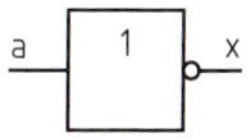		0 1	1 0	**NICHT** (Negation) $x = \overline{a}$	Der Ausgang weist dann den 1-Zustand auf, wenn sich der Eingang im 0-Zustand befindet.	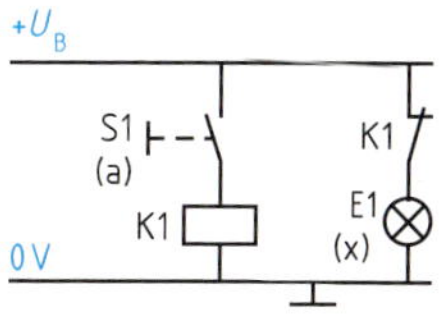
	b	a	x			
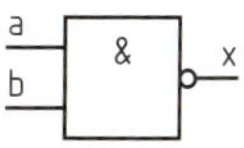	0 0 1 1	0 1 0 1	1 1 1 0	**NAND** $x = \overline{a \wedge b}$	Der Ausgang weist dann den 1-Zustand auf, wenn sich mindestens ein Eingang im 0-Zustand befindet.	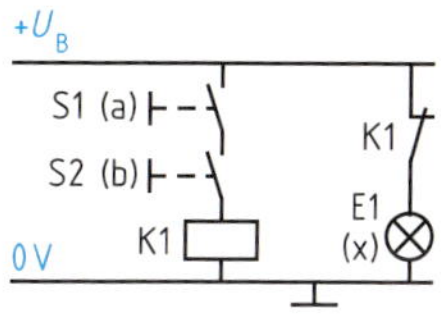
	b	a	x			
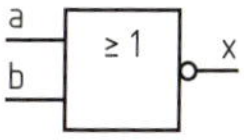	0 0 1 1	0 1 0 1	1 0 0 0	**NOR** $x = \overline{a \vee b}$	Der Ausgang weist nur dann den 1-Zustand auf, wenn sich alle Eingänge im 0-Zustand befinden.	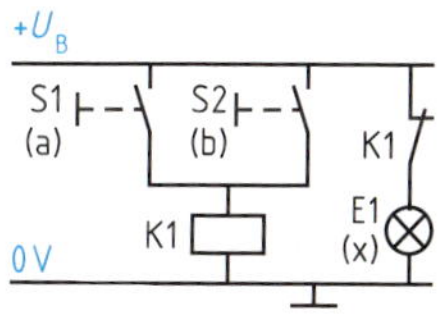
	b	a	x			
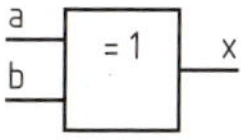	0 0 1 1	0 1 0 1	0 1 1 0	**Antivalenz** (Exklusiv-ODER) $x = (a \wedge \overline{b}) \vee (\overline{a} \wedge b)$	Der Ausgang weist nur dann den 1-Zustand auf, wenn sich beide Eingänge in unterschiedlichen Zuständen befinden.	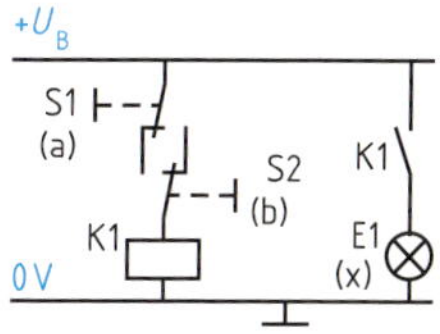
	b	a	x			
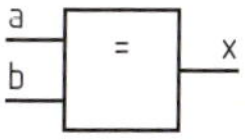	0 0 1 1	0 1 0 1	1 0 0 1	**Äquivalenz** (Exklusiv-NOR) $x = (\overline{a} \wedge \overline{b}) \vee (a \wedge b)$	Der Ausgang weist nur dann den 1-Zustand auf, wenn sich alle Eingänge in demselben Zustand befinden.	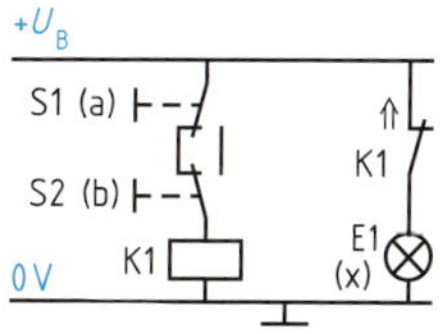

Regeln der Schaltalgebra

Allgemeine Regeln

- Im Unterschied zur Algebra kann in der Schaltalgebra eine **Variable** nur die Werte 1 oder 0 annehmen.
- Entsprechend der Regel „Punktrechnung geht vor Strichrechnung“ gilt in der Schaltalgebra die Regel „**UND geht vor ODER**“.
- Für die Anwendung der **Klammerschreibweise** gelten die gleichen Regeln wie in der Algebra, z. B.: $x = a \wedge b \vee a \wedge c = a \wedge (b \vee c)$.
- Neben den **Verknüpfungszeichen** $\wedge$ und $\vee$ werden manchmal die Zeichen · für $\wedge$ und + für $\vee$ verwendet.

UND-Funktion (Konjunktion)				ODER-Funktion (Disjunktion)			
$x = a \wedge 0 = 0$	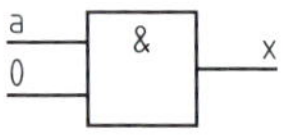	⇔	x immer 0	$x = a \vee 0 = a$	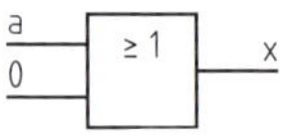	⇔	x immer a
$x = a \wedge 1 = a$	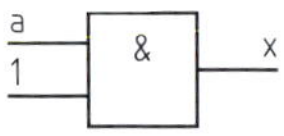	⇔	x immer a	$x = a \vee 1 = 1$	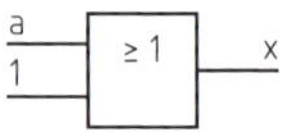	⇔	x immer 1
$x = a \wedge a = a$	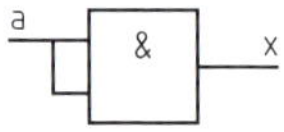	⇔	x immer a	$x = a \vee a = a$	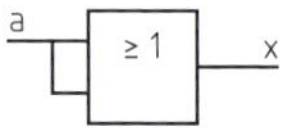	⇔	x immer a
$x = a \wedge \bar{a} = 0$	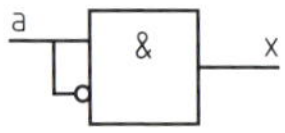	⇔	x immer 0	$x = a \vee \bar{a} = 1$	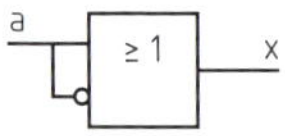	⇔	x immer 1

Negation (NICHT-Funktion)

$x = \bar{a}$	$x = \overline{\overline{\bar{a}}} = \bar{a}$	$x = \overline{\overline{\overline{\bar{a}}}} = \bar{a}$

Vertauschungsgesetz (Kommutativgesetz)

$x = a \wedge b$ $= b \wedge a$	$x = a \vee b$ $= b \vee a$

Verteilungsgesetz (Distributivgesetz)

$x = (a \wedge b) \vee (a \wedge c)$ $= a \wedge (b \vee c)$	$x = (a \vee b) \wedge (a \vee c)$ $= a \vee (b \wedge c)$

Verbindungsgesetz (Assoziativgesetz)

$x = a \wedge b \wedge c$ $= a \wedge (b \wedge c)$ $= b \wedge (a \wedge c)$ $= c \wedge (a \wedge b)$	$x = a \vee b \vee c$ $= a \vee (b \vee c)$ $= b \vee (a \vee c)$ $= c \vee (a \vee b)$

Vereinfachungen

$x = a \wedge (a \vee b)$ $= a$	$x = a \vee (a \wedge b)$ $= a$	$x = a \wedge (\bar{a} \vee b)$ $= a \wedge b$	$x = a \vee (\bar{a} \wedge b)$ $= a \vee b$	$x = (a \vee b) \wedge (a \vee \bar{b})$ $= a$	$x = (a \wedge b) \vee (a \wedge \bar{b})$ $= a$

De-Morgansche-Gesetze

$x = \overline{a \wedge b}$	=	$\bar{a} \vee \bar{b}$	$x = \overline{a \wedge b}$	=	$\bar{a} \wedge \bar{b}$
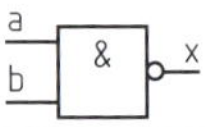	⇔	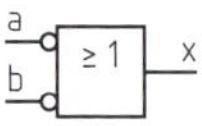	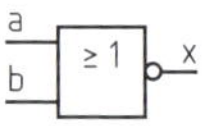	⇔	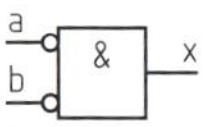
Daraus ergibt sich:			Daraus ergibt sich:		
$x = a \wedge b = \overline{\overline{a \wedge b}}$	=	$\overline{\bar{a} \vee \bar{b}}$	$x = a \vee b = \overline{\overline{a \vee b}}$	=	$\overline{\bar{a} \wedge \bar{b}}$
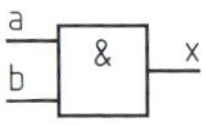	⇔	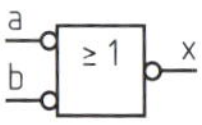	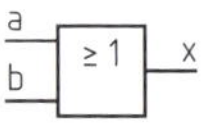	⇔	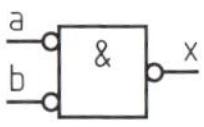

Kenngrößen logischer Schaltkreise

Pegel, Statischer Störabstand

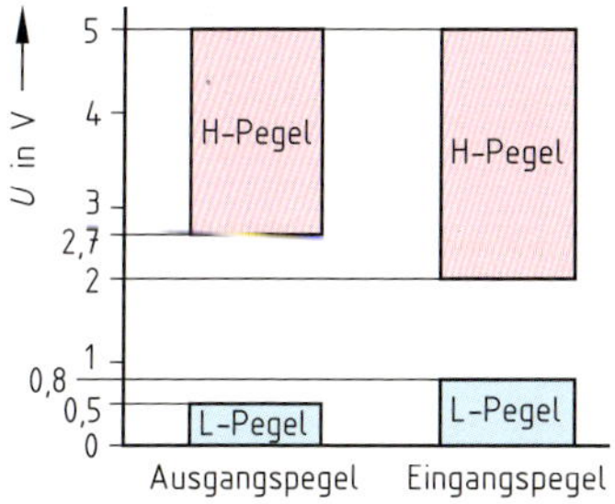

LS-TTL-Glieder (+U_B = 5 V)

- geben L-Pegel mit Spannungswerten bis max. 0,5 V aus,
- geben H-Pegel mit Spannungswerten von min. 2,7 V aus,
- erkennen Eingangs-Spannungswerte bis max. 0,8 V als L-Pegel an,
- erkennen Eingangs-Spannungswerte ab min. 2,0 V als H-Pegel an.

Der **Statische Störabstand** gibt die höchstzulässige Störspannung an, die auf einen ausgegebenen Pegel wirken darf. Bei LSTTL-Gliedern beträgt der statische Störabstand im ungünstigsten Fall (Worst Case) für L-Pegel 0,3 V und für H-Pegel 0,7 V.

Stromrichtungen

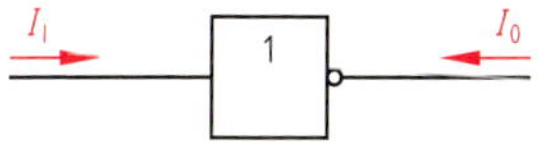

Die Richtungen der Ströme sind so definiert, dass alle Ströme in das Logikglied hineinfließen. Ein Minuszeichen vor dem Wert der Stromstärke bedeutet, dass dieser Strom aus dem Glied herausfließt.

Signallaufzeit

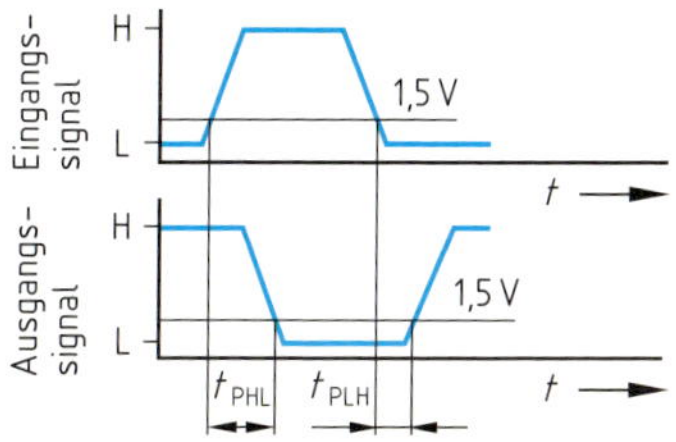

Die Signallaufzeit t_{PHL} gibt die Impulsverzögerungszeit zwischen Eingangs- und Ausgangsspannung an, wenn der Ausgangspegel von H nach L wechselt. Analog dazu gibt t_{PLH} die Verzögerungszeit beim Wechsel von L nach H am Ausgang an. Für die mittlere Signallaufzeit gilt:

$$t_p = \frac{t_{PHL} + t_{PLH}}{2}$$

Leistungsaufnahme

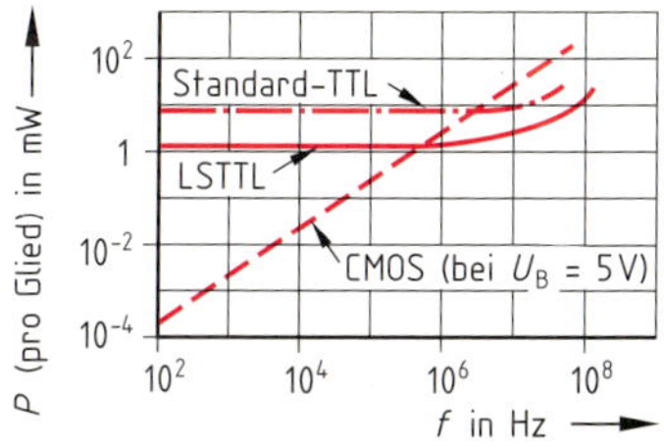

Im statischen Zustand ist die Leistungsaufnahme von CMOS-Schaltungen erheblich geringer als die von TTL-Schaltungen. Mit steigender Arbeitsfrequenz steigt die Leistungsaufnahme von CMOS-Schaltungen und übersteigt ab ca. 1 MHz die Leistungsaufnahme von LS-TTL-Schaltungen.

Ausgangsbelastbarkeit

Beispiel:

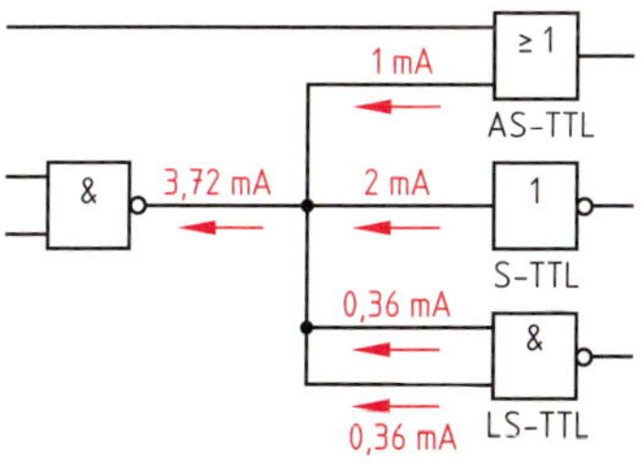

Die Ausgangsbelastbarkeit (Fan Out) ist abhängig von der Stromstärke, die in einen Ausgang hineinfließen darf. Weist z. B. der Ausgang eines LS-TTL-Gliedes eine max. Ausgangsstromstärke I_{OL} = 8 mA auf, dürfen z. B. 8 AS-TTL-Glieder mit je einer Eingangsstromstärke I_{IL} = –1 mA an diesen Ausgang angeschlossen werden.

An CMOS-Ausgängen können wegen der geringen Eingangsstromstärken praktisch beliebig viele CMOS-Eingänge angeschlossen werden. Allerdings erhöht sich mit jedem angeschlossenen Eingang die Signallaufzeit und begrenzt somit die Anzahl der anschließbaren Eingänge.

Ein- und Ausgänge bistabiler Kippglieder — DIN EN 60617-12

Kennzeichnung	Bedeutung	Kennzeichnung	Bedeutung	Kennzeichnung	Bedeutung
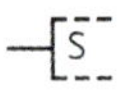	Setz-Eingang S = Set	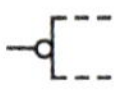	Negierter statischer Eingang	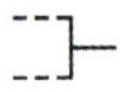	Ausgang
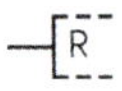	Rücksetz-Eingang R = Reset	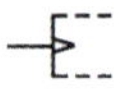	Dynamischer Eingang	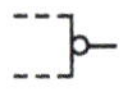	Negierter Ausgang
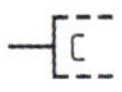	Takt-Eingang C = Clock	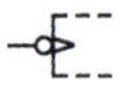	Negierter dynamischer Eingang	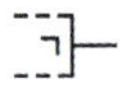	Retardierter Ausgang
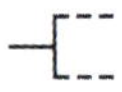	Statischer Eingang	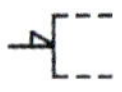	Eingang mit Polaritätsindikator	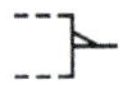	Ausgang mit Polaritätsindikator

Schaltzustände bistabiler Kippglieder — DIN EN 60617-12

Zustand	Bedeutung
Setzen	Der Ausgang Q des Kippgliedes schaltet in den logischen Zustand 1, der Ausgang $\overline{Q}$ in den logischen Zustand 0.
Rücksetzen	Der Ausgang Q des Kippgliedes schaltet in den logischen Zustand 0, der Ausgang $\overline{Q}$ in den logischen Zustand 1.
Speichern	Das eingestellte Ausgangsmuster bleibt trotz Veränderung der logischen Zustände an den Eingängen erhalten.
Unzulässiger Zustand	Beide Ausgänge Q und $\overline{Q}$ führen denselben Zustand. Das entspricht nicht der Eigenschaft dieser Ausgänge. Das gleichzeitige Umschalten der Eingangszustände bewirkt ein unbestimmbares stabiles und komplementäres Ausgangsmuster.
Umschalten	Das Ausgangsmuster wechselt bei jedem Taktimpuls.

Bistabile Kippglieder — DIN EN 60617-12

Schaltzeichen | Wahrheitstabelle | Zeitablaufdiagramm | Aufbau (Beispiel)

RS-Kippglied

Schaltzeichen:

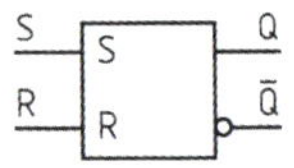

Wahrheitstabelle:

S	R	Q	$\overline{Q}$
0	0	Speichern	
0	1	0	1
1	0	1	0
1	1	0[1]	0[1]

[1] Unzulässiger Zustand.

Zeitablaufdiagramm:

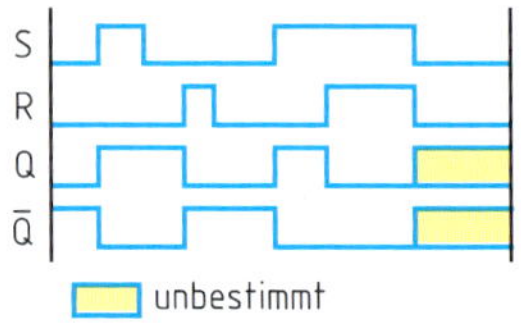

Aufbau (Beispiel):

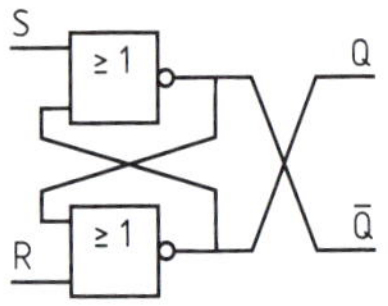

Das RS-Kippglied wird mit dem logischen Zustand 1 am Eingang S gesetzt und mit dem logischen Zustand 1 am Eingang R zurückgesetzt. Befinden sich beide Eingänge im Zustand 0, speichert das Kippglied. Erhalten beide Eingänge gleichzeitig den Zustand 1, liegt der unzulässige Zustand vor. Das RS-Kippglied bildet das Basiskippglied; es lässt sich z. B. mit NOR-Gliedern realisieren.

$\overline{RS}$-Kippglied

Schaltzeichen:

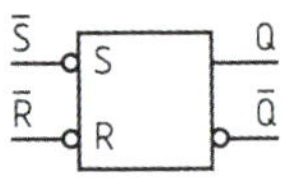

Wahrheitstabelle:

$\overline{S}$	$\overline{R}$	Q	$\overline{Q}$
0	0	1[1]	1[1]
0	1	1	0
1	0	0	1
1	1	Speichern	

[1] Unzulässiger Zustand.

Zeitablaufdiagramm:

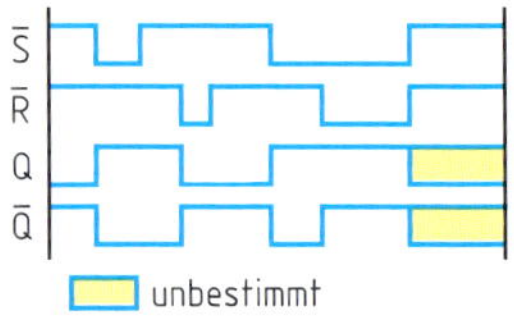

Aufbau (Beispiel):

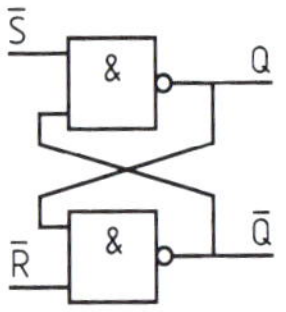

Gemäß der low-aktiven Kennzeichnung der Eingänge $\overline{S}$ und $\overline{R}$ wird das Kippglied mit logischen 0-Zuständen eingestellt. Dadurch ergibt sich der Zustand Speichern, wenn an beiden Eingängen der Zustand 1 liegt. Der unzulässige Zustand stellt sich bei 0-Zuständen an beiden Eingängen ein.
Das $\overline{RS}$-Kippglied lässt sich z. B. mit zwei NAND-Gliedern realisieren.

Bistabile Kippglieder (Fortsetzung) — DIN EN 60617-12

Schaltzeichen | Wahrheitstabelle | Zeitablaufdiagramm | Aufbau (Beispiel)

RS-Kippglied, taktzustandsgesteuert

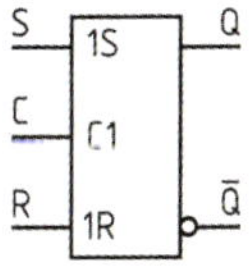

C	S	R	Q	$\overline{Q}$
0	0	0	Speichern	
1	0	0	Speichern	
1	0	1	0	1
1	1	0	1	0
1	1	1	0[1]	0[1]

[1] Unzulässiger Zustand.

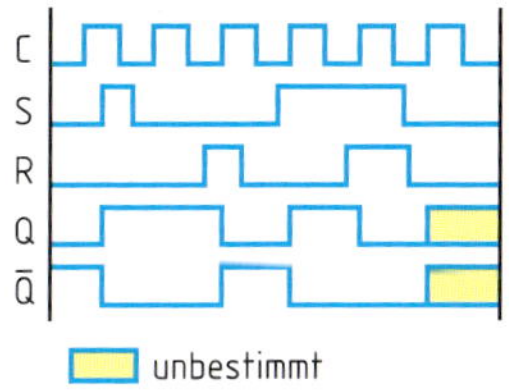

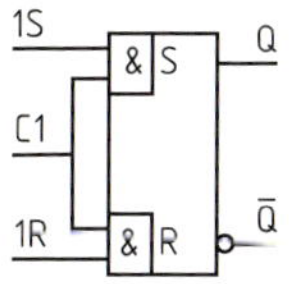

Die gesteuerten Eingänge 1S und 1R werden von dem Takteingang C1 gesteuert. Somit wird das Kippglied nur dann gesetzt, wenn zusätzlich zum Eingang 1S der Eingang C1 den 1-Zustand führt. Beim Rücksetzen gilt das für die Eingänge 1R und C1.

D-Kippglied, taktzustandsgesteuert

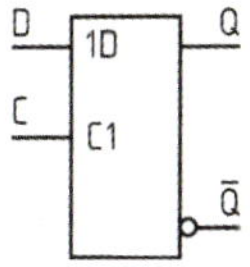

C	D	Q	$\overline{Q}$
0	0	Speichern	
0	1	Speichern	
1	0	0	1
1	1	1	0

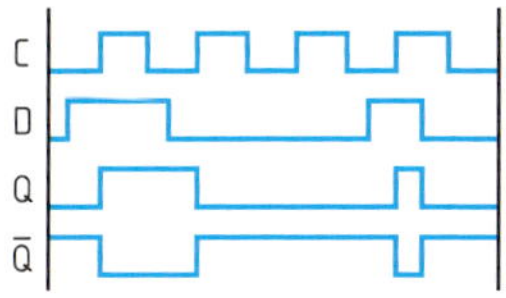

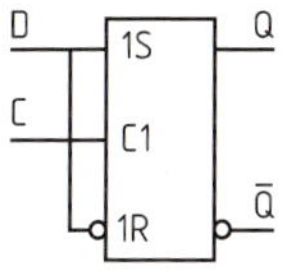

Das D-Kippglied besitzt nur einen gesteuerten Eingang mit der Kennzeichnung 1D. D steht für Delay (Verzögern). Zum Setzen des Kippgliedes müssen der gesteuerte Eingang 1D und der steuernde Takteingang C1 in den 1-Zustand geschaltet werden. Das Rücksetzen erfolgt mit dem 0-Zustand an 1D und dem 1-Zustand an C1. Das D-Kippglied weist keinen unzulässigen Zustand auf.

JK-Kippglied, einflankengesteuert (mit der L-H-Flanke)

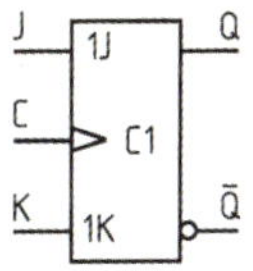

C	J	K	Q	$\overline{Q}$
0	X	X	Speichern	
↑	0	0	Speichern	
↑	0	1	0	1
↑	1	0	1	0
↑	1	1	Umschalten	

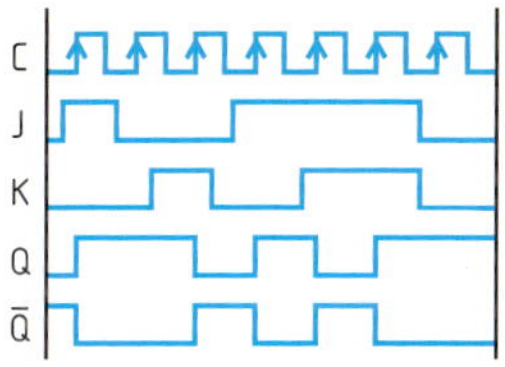

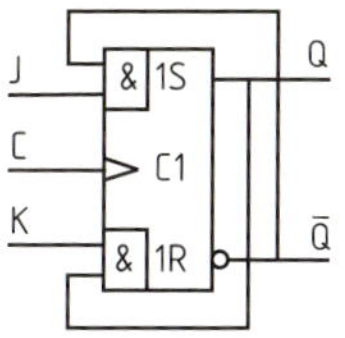

Zum Setzen des einflankengesteuerten JK-Kippgliedes müssen an den gesteuerten Eingang 1J der 1-Zustand und an den steuernden Takteingang C1 eine L-H-Flanke geschaltet werden. Beim Rücksetzen muss statt des Einganges 1J der Eingang 1K in den 1-Zustand geschaltet werden. Befinden sich die Eingänge 1J und 1K im 1-Zustand, wechselt mit jeder L-H-Taktflanke das Ausgangsmuster.

JK-Kippglied, zweiflankengesteuert (JK-Master-Slave-Kippglied)

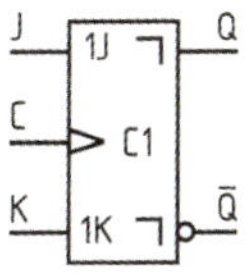

C	J	K	Q	$\overline{Q}$
0	X	X	Speichern	
↑↓	0	0	Speichern	
↑↓	0	1	0	1
↑↓	1	0	1	0
↑↓	1	1	Umschalten	

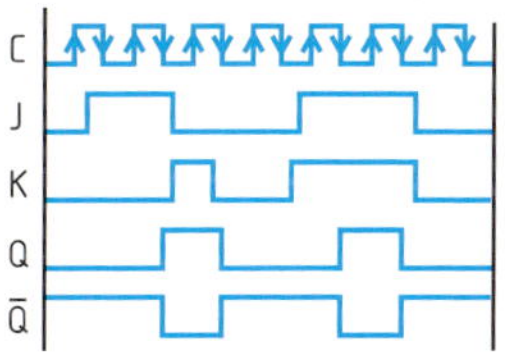

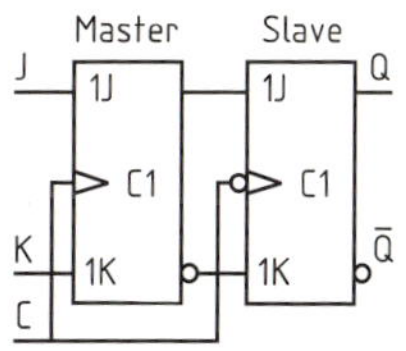

Im Unterschied zum einflankengesteuerten Kippglied besitzt das zweiflankengesteuerte Kippglied retardierte Ausgänge. Das bedeutet für das dargestellte JK-Kippglied, dass eine Zustandsänderung an den Eingängen mit der L-H-Taktflanke (in das Master-Kippglied) übernommen wird, aber erst mit der H-L-Taktflanke (durch Übergabe an das Slave-Kippglied) an den Ausgängen ausgegeben wird.

Bistabile Kippglieder (Fortsetzung) — DIN EN 60617-12

JK-Kippglied mit Setz- und Rücksetzeingang (Preset und Clear) (Beispiel: 74LS112)

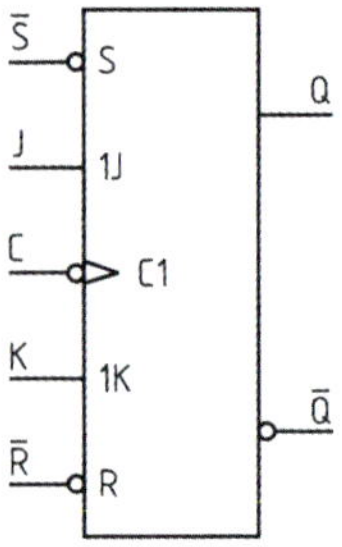

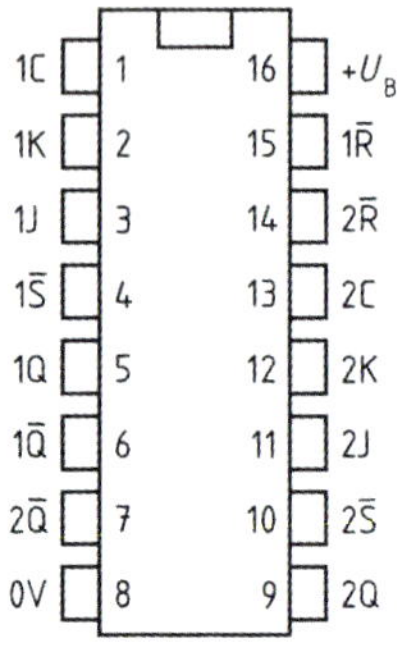

$\overline{S}$	$\overline{R}$	C	J	K	Q	$\overline{Q}$
L	H	X	X	X	H	L
H	L	X	X	X	L	H
L	L	X	X	X	Verb. Zustand	
H	H	↓	L	L	Speichern	
H	H	↓	L	H	L	H
H	H	↓	H	L	H	L
H	H	↓	H	H	Umschalten	
H	H	L	X	X	Speichern	
H	H	H	X	X	Speichern	
H	H	↑	X	X	Speichern	

- Das IC enthält zwei unabhängig voneinander arbeitende JK-Kippglieder.
- Die an den Eingängen J und K anliegenden Schaltzustände werden mit der H-L-Flanke am Takteingang C aufgenommen und an die Ausgänge übertragen.
- Werden die Eingänge J und K gleichzeitig mit H-Pegeln beschaltet, schaltet das Kippglied mit jeder H-L-Flanke am Takteingang den Ausgangszustand (z. B. Q = H-Pegel, $\overline{Q}$ = L-Pegel) um. Dadurch ist mit dem Kippglied eine binäre Frequenzteilung möglich.
- Die Eingänge Setzen $\overline{S}$ und Rücksetzen $\overline{R}$ arbeiten asynchron, das heißt unabhängig von allen anderen Eingängen:
  Wird an Eingang $\overline{S}$ ein L-Pegel angelegt, schaltet Q auf H-Pegel, $\overline{Q}$ auf L-Pegel.
  Wird an Eingang $\overline{R}$ ein L-Pegel angelegt, schaltet Q auf L-Pegel, $\overline{Q}$ auf H-Pegel.

RS-Kippglieder mit besonderen Eigenschaften durch äußere Beschaltung — DIN EN 60617-12

<table>
<tr><th>Eigenschaft</th><th>Schaltzeichen</th><th>Beschaltung</th><th>Wahrheitstabelle</th><th>Wirkungsweise</th></tr>
<tr><td>RS-Kippglied mit dominierendem Setz-Eingang</td><td>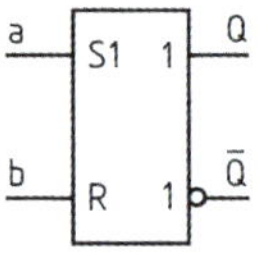</td><td>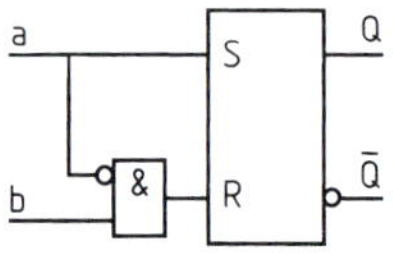</td><td>a b | Q $\overline{Q}$
0 0 | Speichern
0 1 | 0 1
1 0 | 1 0
1 1 | 1 0</td><td>Befinden sich beide Eingänge im 1-Zustand, dominiert der Setzeingang. Das RS-Kippglied wird gesetzt.</td></tr>
<tr><td>RS-Kippglied mit dominierendem Rücksetz-Eingang</td><td>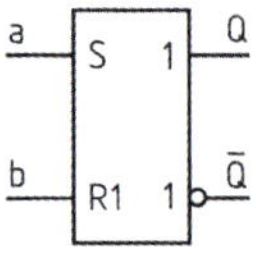</td><td>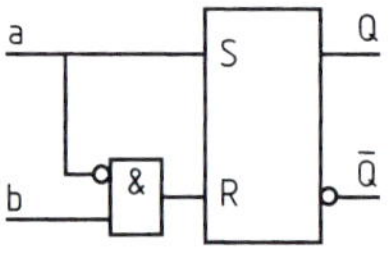</td><td>a b | Q $\overline{Q}$
0 0 | Speichern
0 1 | 0 1
1 0 | 1 0
1 1 | 0 1</td><td>Befinden sich beide Eingänge im 1-Zustand, dominiert der Rücksetzeingang. Das RS-Kippglied wird zurückgesetzt.</td></tr>
<tr><td>RS-Kippglied mit Grundstellung</td><td>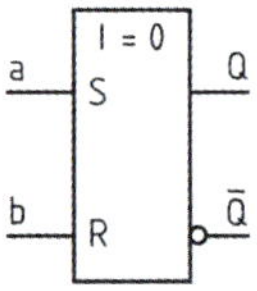</td><td>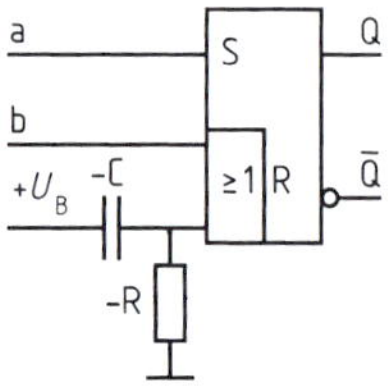</td><td>a b | Q $\overline{Q}$
0 0 | Speichern
0 1 | 0 1
1 0 | 1 0
1 1 | 0[1] 0[1]

[1] Verbotener Zustand.</td><td>Beim Einschalten der Betriebsspannung wird das RS-Kippglied zurückgesetzt.</td></tr>
</table>

Monostabile Kippglieder — DIN EN 60617-12

Arten monostabiler Kippglieder

Nicht nachtriggerbar

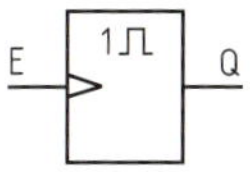

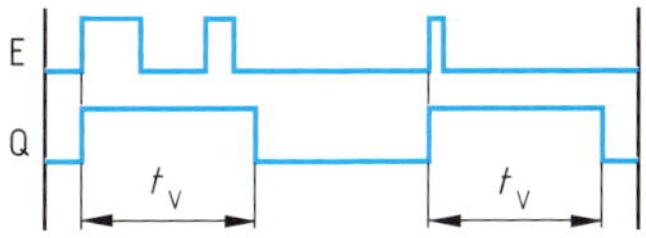

Während der Verweilzeit t_V auftretende Eingangsimpulse werden nicht berücksichtigt.

Nachtriggerbar

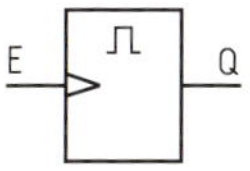

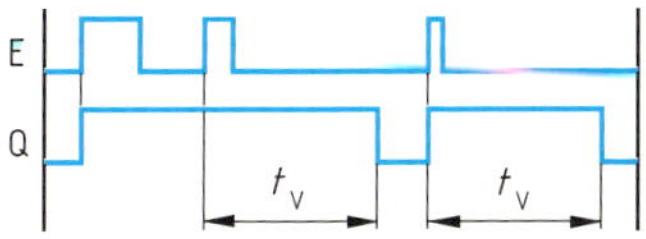

Während der Verweilzeit t_V auftretende Eingangsimpulse werden berücksichtigt. Die Verweilzeit verlängert sich.

Nicht nachtriggerbares monostabiles Kippglied (Beispiel: 74121)

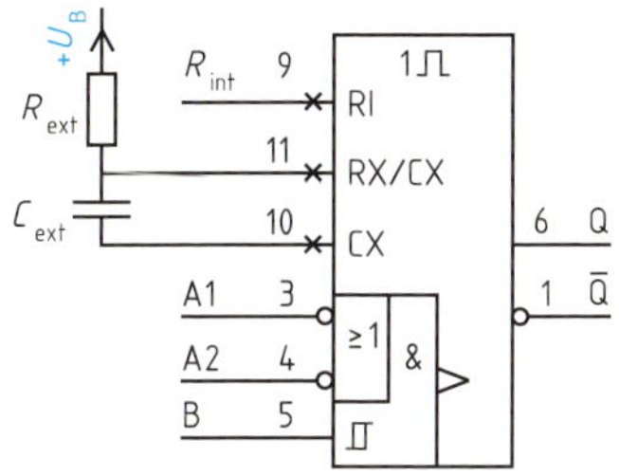

$t_V = 0{,}69 \cdot R_X \cdot C_X$

t_V Verweilzeit in s
R_X Widerstand in Ω
C_X Kapazität in F

$R_I = 2\ \text{k}\Omega$
$R_X = 2\ \text{k}\Omega ... 40\ \text{k}\Omega$
$C_X = 10\ \text{pF} ... 1\,000\ \mu\text{F}$

A1	A2	B	Q	Q̄
L	X	H	L	H
X	L	H	L	H
X	X	L	L	H
H	H	X	L	H
H	↓	H	⊓	⊔
↓	H	H	⊓	⊔
↓	↓	H	⊓	⊔
L	X	↑	⊓	⊔
X	L	↑	⊓	⊔

- Die Dauer des am Ausgang Q ausgegebenen H-Pegels (Verweilzeit t_V) ist von den Werten der Bauteile R_X und C_X abhängig.
- Über die Eingänge A1 oder A2 wird das Kippglied mit einer H-L-Flanke angesteuert. An dem jeweils anderen A-Eingang und dem Eingang B müssen H-Pegel anliegen.
- Bei Verwendung des internen Widerstandes R_I (ohne externe Beschaltung mit R_X und C_X) ergibt sich eine Verweildauer von ca. 30 ns. Dabei werden die Anschlüsse 9 und 10 miteinander verbunden, Anschluss 11 bleibt unbeschaltet.
- Über den Eingang B wird das Kippglied mit einer L-H-Flanke angesteuert. Dieser Eingang besitzt eine Schmitt-Trigger-Funktion für langsame Eingangsflanken bis zu 1 V/s. An A1 oder A2 muss ein L-Pegel anliegen.

Verzögerungsschaltungen mit monostabilen Kippgliedern

Einschaltverzögerung

Symbol allgemein:

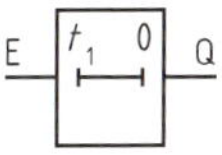

Prinzip:

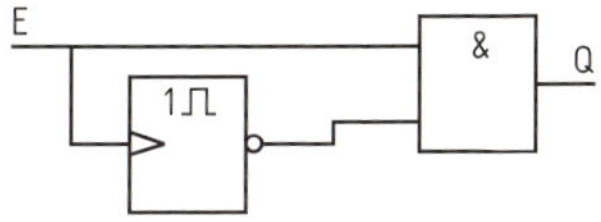

Beispiel:

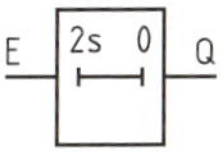

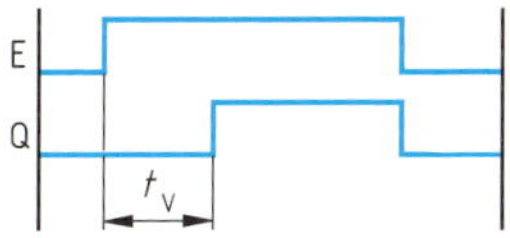

Ein am Eingang E auftretender Wechsel von L- nach H-Pegel wird verzögert an den Ausgang Q geschaltet. Die Verzögerungsdauer entspricht der Verweilzeit t_V des monostabilen Kippgliedes.

Ausschaltverzögerung

Symbol allgemein:

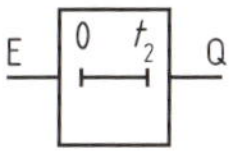

Prinzip:

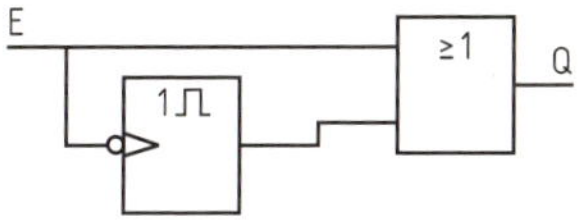

Beispiel:

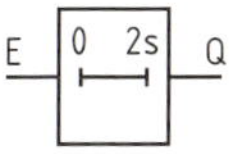

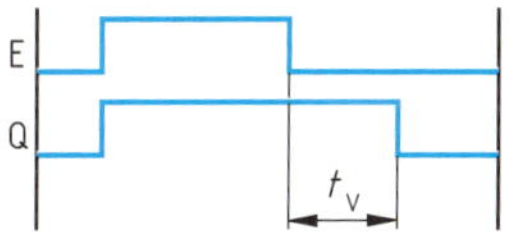

Ein am Eingang E auftretender Wechsel von H- nach L-Pegel wird verzögert an den Ausgang Q geschaltet. Die Verzögerungsdauer entspricht der Verweilzeit t_V des monostabilen Kippgliedes.

Zähler — DIN EN 60617-12

Asynchroner Binär-Aufwärtszähler (für 3 Bit)

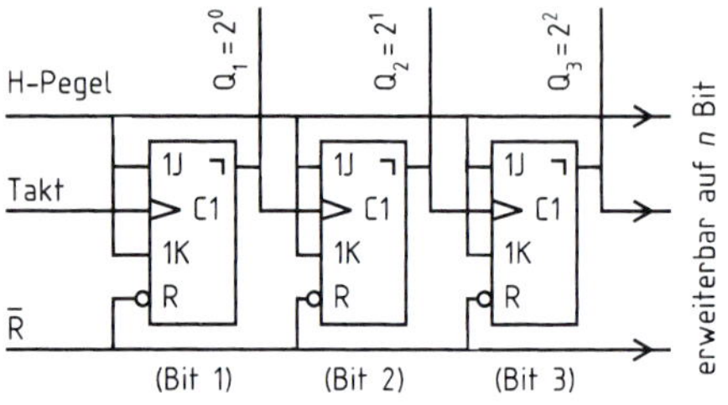

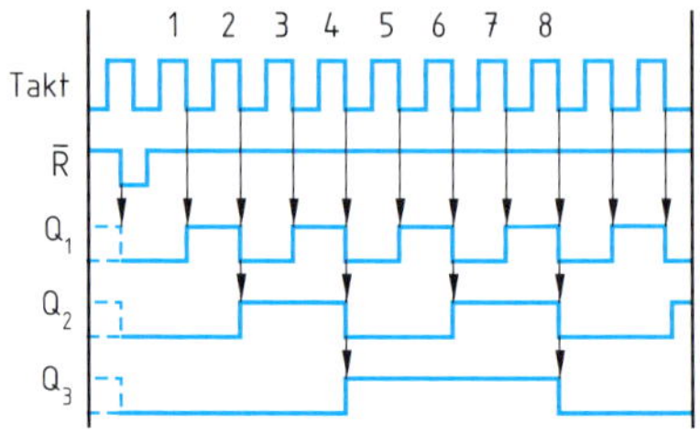

Beim **asynchronen Zähler** schalten die Taktimpulse nur das erste Kippglied (Bit 1). Jedes weitere Kippglied wird vom jeweils davorliegenden geschaltet. Dadurch addieren sich die Verzögerungszeiten und beschränken den Einsatz im Wesentlichen auf niedrigere Zählfrequenzen.

Binärzähler mit *n* Bit (*n* Kippgliedern) können bis $2^n - 1$ zählen (z. B. 3-Bit-Zähler: $2^3 - 1 = 8 - 1 = 7$).

Asynchroner Binär-Abwärtszähler (für 3 Bit)

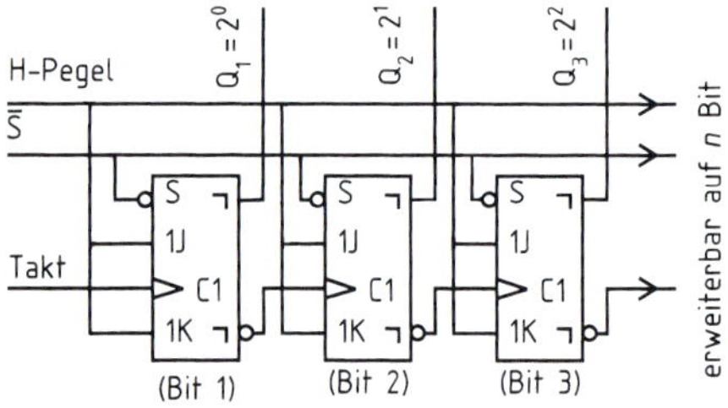

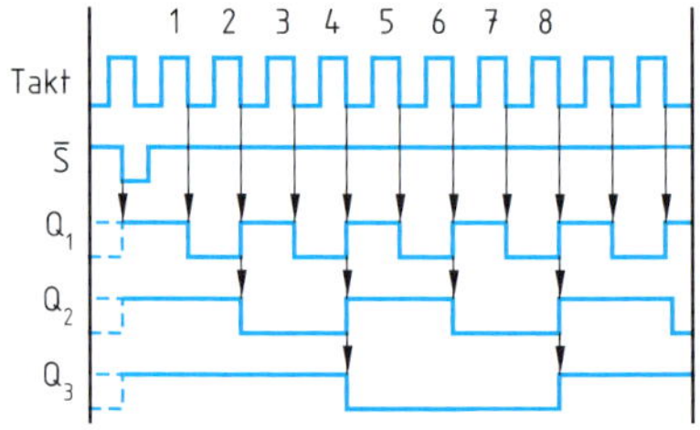

Asynchroner Dezimal-(BCD-)Aufwärtszähler

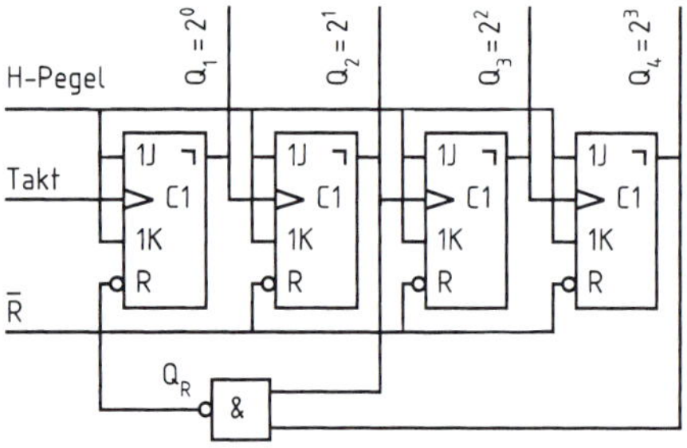

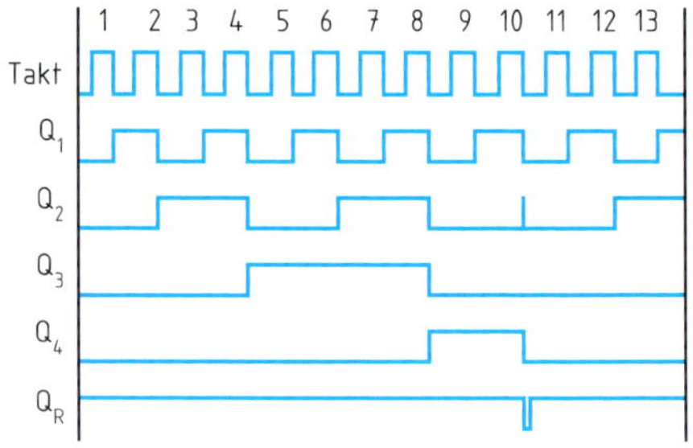

Dezimalzähler haben eine Zykluslänge von 10 und zählen somit von 0...9 bzw. von 9...0 (beim Abwärtszähler). Sie werden auch als **BCD-Zähler** bezeichnet; BCD: binär codierte Dezimalzahl.

Synchroner Binär-Aufwärtszähler (für 3 Bit)

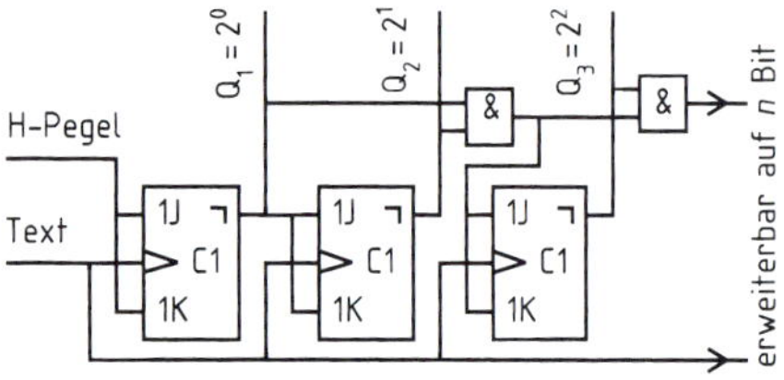

Beim **synchronen Zähler** schalten die Taktimpulse alle Kippglieder gleichzeitig. Dadurch ist – im Unterschied zum asynchronen Zähler – der Einsatz synchroner Zähler auch bei hohen Frequenzen möglich.

Die in ICs enthaltenen Zähler sind fast ausschließlich synchrone Zähler, die z. B. als Aufwärts- und Abwärtszähler arbeiten und mit einem Zähleranfangswert geladen werden können.

Digital-Analog-Umsetzer (DA-Umsetzer)

Digital-Analog-Umsetzer setzen einen digitalen Code in das analoge Äquivalent (z. B. Spannung) um. Dabei werden z. B. den Dualzahlen 0000 0000 bis 1111 1111 analoge Spannungswerte im Bereich von 0 V bis 2,5 V zugeordnet.

8-Bit-Digital-Analog-Umsetzer (Beispiel: AD558)

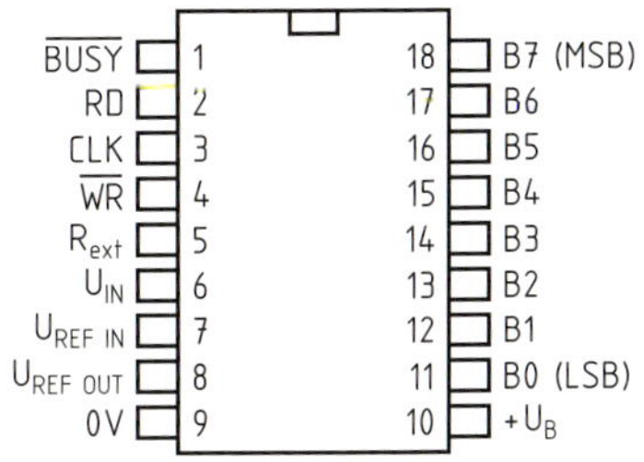

Digitales Eingangssignal		Analoge Ausgangsspannung	
B7	B0	0 V...2,56 V	0 V...10 V
0 0 0 0	0 0 0 0	0 V	0 V
0 0 0 0	0 0 0 1	0,010 V	0,039 V
0 0 0 0	0 0 1 0	0,020 V	0,078 V
0 0 0 0	1 1 1 1	0,150 V	0,586 V
0 0 0 1	0 0 0 0	0,160 V	0,635 V
1 0 0 0	0 0 0 0	1,280 V	5,000 V
1 1 0 0	0 0 0 0	1,920 V	7,500 V
1 1 1 1	1 1 1 1	2,550 V	9,961 V

$\overline{CE}$	$\overline{CS}$	Funktion
L	L	Anliegendes Eingangssignal wird umgesetzt.
L ↑	↑ L	Anliegendes Eingangssignal wird gespeichert und umgesetzt.
X H	H X	Gespeichertes Eingangssignal wird umgesetzt.

U_{OUT}	Brücken
0 V...2,56 V	U_{OUT} — U_1 U_{OUT} — U_2
0 V...10 V	U_{OUT} — U_1 U_2 — 0 V_{ANALOG}

Analog-Digital-Umsetzer (AD-Umsetzer)

Analog-Digital-Umsetzer setzen ein analoges Signal (z. B. Spannung) in den äquivalenten digitalen Code um.

Wichtige Analog-Digital-Umsetzungsverfahren

Verfahren	Eigenschaften	Anwendungen (Beispiele)
Dual-Slope (Zweirampenverfahren)	• Sehr hohe Genauigkeit • Geringe Umsetzungsgeschwindigkeit • Störsicher	AD-Umsetzung in digitalen Messgeräten
Sukzessive Approximation (Wägeverfahren)	• Hohe Genauigkeit • Hohe Umsetzungsgeschwindigkeit • Erfordert Abtast- und Haltekreis	AD-Umsetzung in prozessorgesteuerten Schaltungen
Flash (Parallelverfahren)	• Hohe Genauigkeit • Sehr hohe Umsetzungsgeschwindigkeit • Technisch sehr aufwendig	AD-Umsetzung in Videosystemen

Analog-Digital-Umsetzer nach dem Verfahren der sukzessiven Approximation (Beispiel: ZN427)

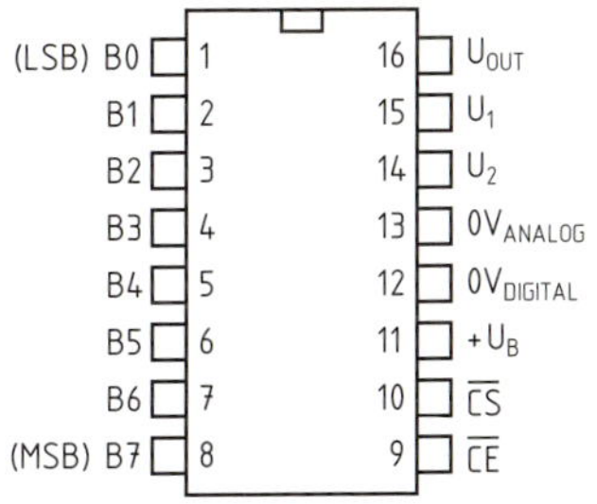

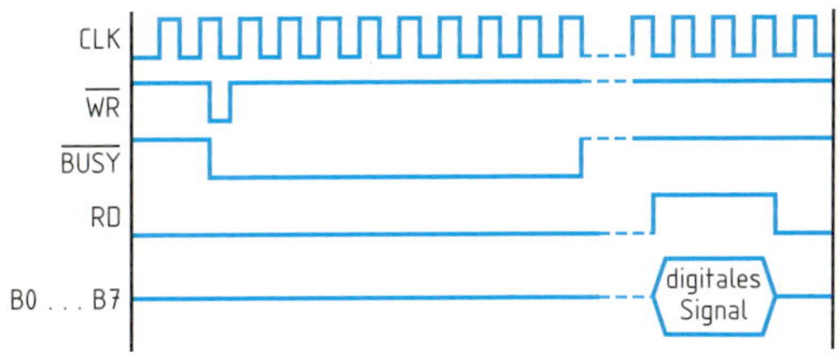

CLK	Eingang für den Arbeitstakt
R_{ext}	Anschluss für externen Widerstand
U_{IN}	Eingang für die analoge Spannung
$U_{REF\ IN}$	Eingang für Referenzspannung
$U_{REF\ OUT}$	Ausgang für Referenzspannung

$\overline{BUSY}$ zeigt mit einem L-Pegel eine Umsetzung an.
RD schaltet das digitale Signal an die Ausgänge B0...B7.
$\overline{WR}$ startet mit einem L-Pegel eine AD-Umsetzung.
B0...B7 Ausgänge für den digitalen Code

Ideales und reales Übertragungsverhalten von AD-/DA-Umsetzern

Idealer Digital-Analog-Umsetzer (3-Bit)

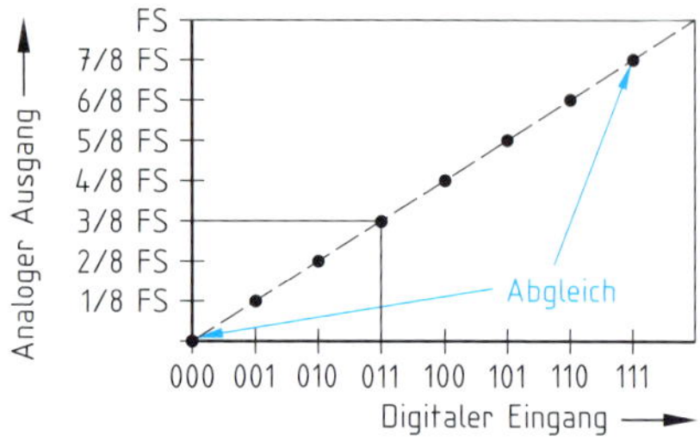

Beim Anlegen jeder der acht digitalen Eingangsgrößen 000...111 wird die zugehörige analoge Ausgangsgröße ausgegeben, gekennzeichnet durch einen Punkt. Beim idealen DA-Umsetzer liegen alle Punkte auf einer Geraden.

Idealer Analog-Digital-Umsetzer (3-Bit)

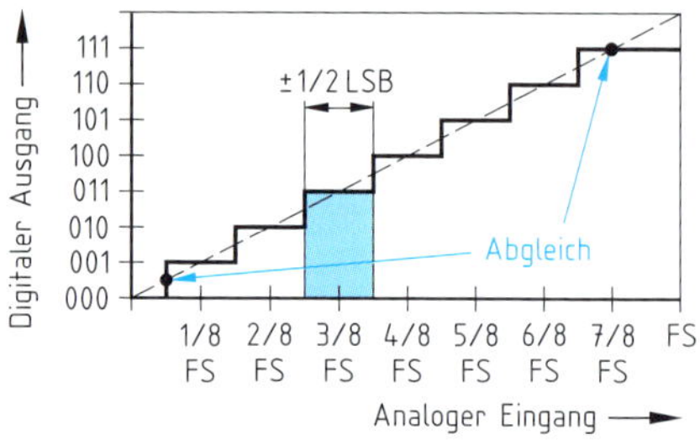

Beim idealen AD-Umsetzer wird (mit Ausnahme der abgeglichenen Werte) z. B. eine analoge Eingangsspannung mit der max. Ungenauigkeit von ±½ LSB bestimmt. Diese stets vorhandene Ungenauigkeit nennt man Quantisierungsfehler.

Begriffe

- **Auflösung; Resolution.** Die Auflösung ist abhängig vom kleinstmöglichen Schritt (LSB), den der Umsetzer verarbeiten kann. Mit zunehmender Bitzahl des Umsetzers erhöht sich die Auflösung.
- **Einschwingzeit; Setting Time.** Zeit, bis sich die Ausgangsspannung auf ±½ LSB eingestellt hat
- **FS, Full Scale.** Voller Skalenbereich. Analoge Werte werden im Bereich von 0 bis FS – 1 LSB oder von –FS bis +(FS – 1 LSB) verarbeitet bzw. ausgegeben.
- **LSB, Least Significant Bit.** Niederwertiges Bit
- **Monotonie; geradliniger Verlauf.** Monotonie ist gegeben, wenn das analoge Ausgangssignal eines DA-Umsetzers proportional mit dem eingegebenen digitalen Code ansteigt.
- **MSB, Most Significant Bit.** Höchstwertiges Bit. Das MSB hat die Wertigkeit ½ FS.
- **Umsetzungszeit; Conversion Time.** Für eine komplette AD-Umsetzung benötigte Zeit

Umsetzungsfehler bei DA- und AD-Umsetzern (dargestellt an AD-Übertragungskennlinien)

Offsetfehler

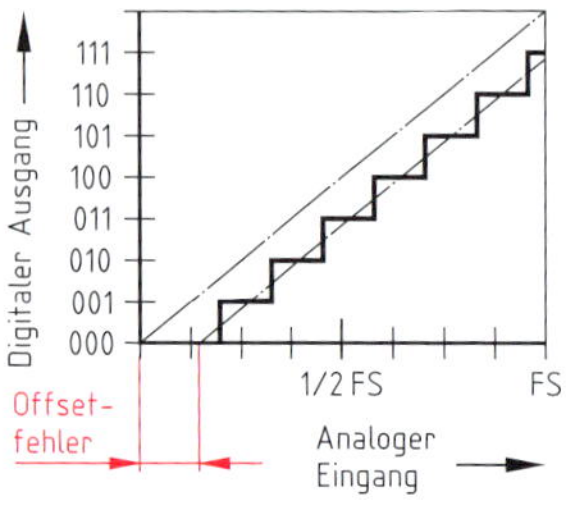

Der Offsetfehler gibt den Abstand (parallele Verschiebung) der realen von der idealen Übertragungskennlinie im Nullpunkt an.

Ursachen sind Übergangswiderstände der Anschlüsse und die Offsetspannungen analoger Schalter. **Fehlerbeseitigung** erfolgt durch Abgleich.

Verstärkungsfehler

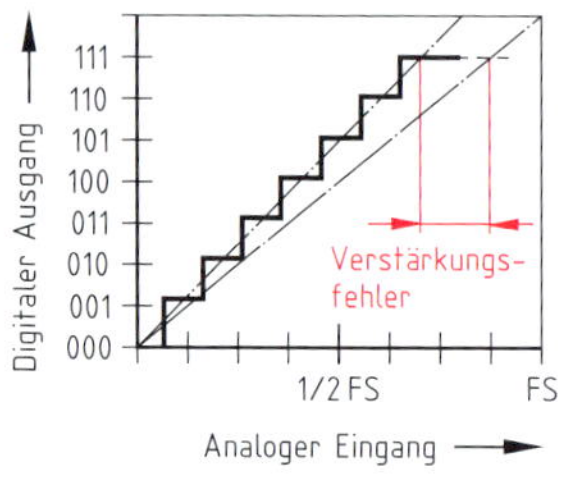

Der Verstärkungsfehler (auch Skalierungsfehler genannt) gibt bei einem zu null angenommenen Offsetfehler den maximalen Abstand der realen zur idealen Übertragungskennlinie an.

Ursachen sind unterschiedliche Verstärkungswerte und Temperaturkoeffizienten der Bauelemente. **Fehlerbeseitigung** erfolgt durch Abgleich.

Linearitätsfehler

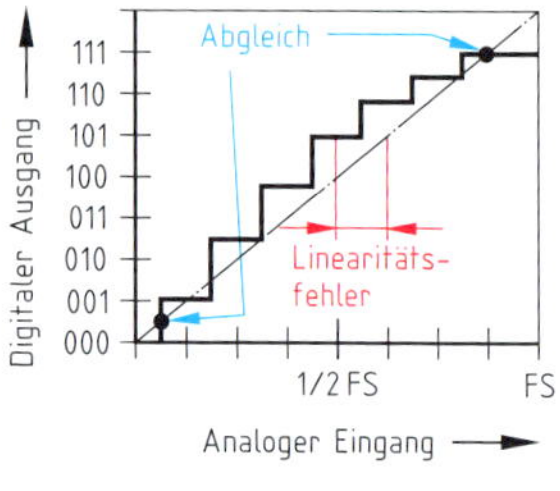

Der Linearitätsfehler gibt bei einem zu null angenommenen Offset- und Verstärkungsfehler die maximale Abweichung von der idealen Übertragungskennlinie an.

Fehlerbeseitigung durch Abgleich ist nicht möglich. Allgemein gilt, dass bei einem Fehler größer ±½ LSB der Umsetzer seine Funktion nicht erfüllt.

Nicht steuerbare Thyristoren — DIN 41785-2

Schaltzeichen	Kennlinie	Eigenschaften	Anwendung, Kennwerte
Rückwärts sperrende Thyristordiode 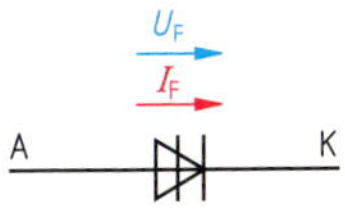	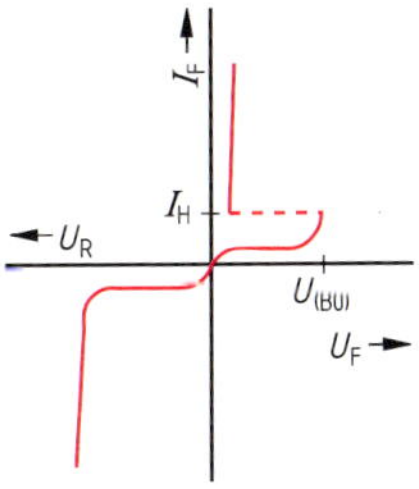	Thyristor, der nach dem Überschreiten der Kippspannung $U_{(BO)}$ in Durchlassrichtung vom Sperrzustand in den Durchlasszustand schaltet. Beim Unterschreiten der Haltestromstärke I_H wird er hochohmig.	Als spannungsabhängiger Schalter zur Triggerung von Zündströmen in gesteuerten Thyristorschaltungen oder in Zeitschaltungen. $U_{(BO)}$ = 20...200 V I_{Fmax} = 30 A I_H = 15...45 mA
Zweirichtungs-Thyristordiode 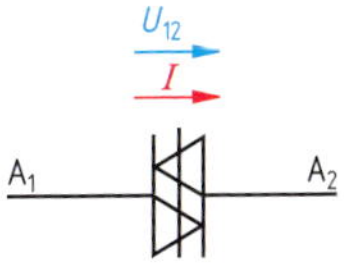	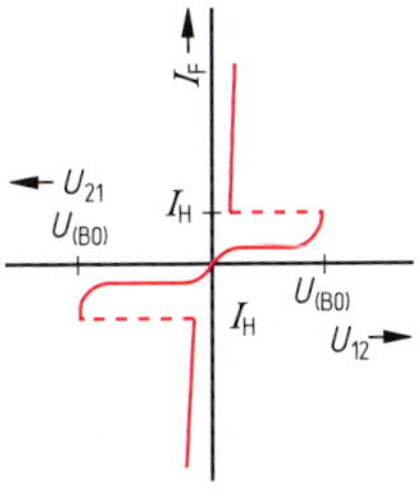	Thyristor, der nach dem Überschreiten der positiven oder negativen Kippspannung $U_{(BO)}$ vom Sperrzustand in den Durchlasszustand schaltet. Beim Unterschreiten der Haltestromstärke I_H wird er hochohmig.	Als spannungsabhängiger Schalter zur Triggerung von Zündströmen in gesteuerten Thyristorschaltungen oder in Zeitschaltungen. $U_{(BO)}$ bis 10 V $I_F \approx$ 200 mA I_H < 5 mA
Zweirichtungsdiode DIAC 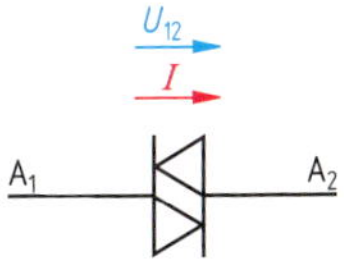	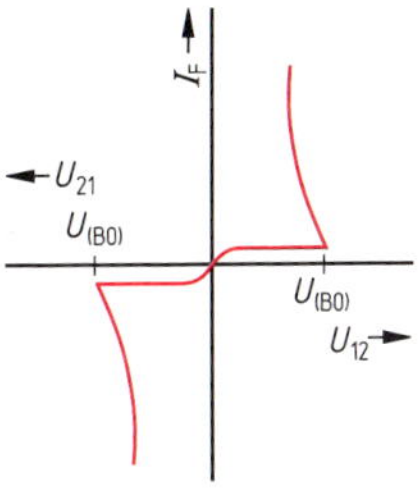	Thyristor, der nach dem Überschreiten der positiven oder negativen Kippspannung $U_{(BO)}$ vom Sperrzustand in den Durchlasszustand schaltet. Beim Unterschreiten der Haltespannung U_H wird er hochohmig.	Als spannungsabhängiger Schalter zur Triggerung von Zündströmen in gesteuerten Thyristorschaltungen oder in Zeitschaltungen. $U_{(BO)} \approx$ 35 V $P_{tot} \approx$ 300 mW
Unijunction-Transistor UJT 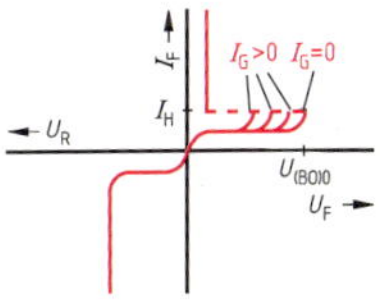	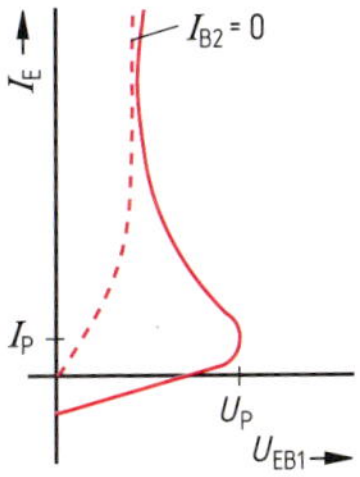	Der UJT (auch Doppelbasisdiode genannt) ändert mit steigender Spannung U_{EB1} die Stromrichtung des Emitterstromes I_E. Bei der Höckerspannung U_P wird die Emitter-Basis-B1-Strecke leitend.	Als spannungsabhängiger Schalter zur Triggerung von Zündströmen in gesteuerten Thyristorschaltungen oder in RC-Generatoren. U_{EB1} bis 30 V I_E bis 50 mA

A; A_1; A_2	Anodenanschluss; Hauptanschlüsse	I_E	Emitterstromstärke
K	Katodenanschluss	U_F	Vorwärtsspannung
B; B_1; B_2	Basisanschluss	U_R	Rückwärtsspannung
E	Emitteranschluss	U_{12}; U_{21}	Hauptspannungen
I; I_F	Hauptstromstärke; Vorwärtsstromstärke	$U_{(BO)}$	Kippspannung
		U_H	Haltespannung
I_H	Haltestromstärke	U_P	Höckerspannung
I_P	Stromstärke im Höckerpunkt	P_{tot}	max. Verlustleistung

Steuerbare Thyristoren — DIN 41785-3

Schaltzeichen	Kennlinie	Eigenschaften	Anwendung, Kennwerte
Rückwärtssperrende Thyristortriode **(SCR)**[1] katodenseitig steuerbar (P-Gate-Thyristor) 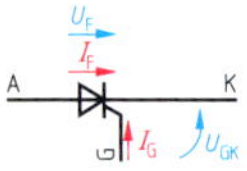	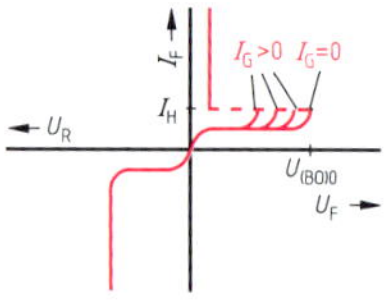	Thyristor, der in Durchlassrichtung durch positive Zündströme I_G vom Sperrzustand in den Durchlasszustand schaltet	Zur Steuerung von Leistungen in Stromrichterschaltungen bis zu größten Leistungen. U_{RRM} = 100 V...4 000 V I_F bis 1 000 A
Anodenseitig steuerbar (N-Gate-Thyristor) 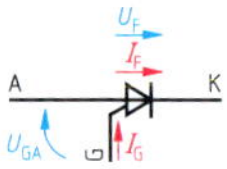		Thyristor, der in Durchlassrichtung durch negative Zündströme I_G vom Sperrzustand in den Durchlasszustand schaltet	Wie P-Gate-Thyristor
Asymmetrisch rückwärtssperrende Thyristortriode **(ASCR)**[2] 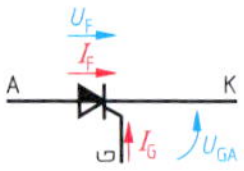	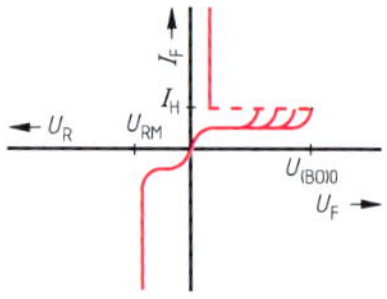	Thyristor mit einem Vorwärtsverhalten wie ein PGate-Thyristor. In Rückwärtsrichtung hat er ein asymmetrisches Sperrvermögen.	Einsatz in sebstgeführten Stromrichtern. Der Vorteil im Vergleich zu symmetrischen Thyristoren ist die halb so große Freiwerdezeit. $U_{RM} \approx 20$ V
Rückwärtsleitende Thyristortriode **(RLT)**[3] 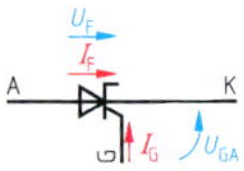	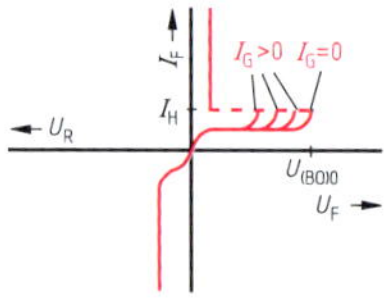	Thyristor mit einem Vorwärtsverhalten wie ein PGate-Thyristor. Das Rückwärtsverhalten gleicht einer Diode.	Wechselrichter mit Blindlastanteil (durch sein Rückwärtsverhalten wird die Rückspeisediode eingespart). $U_F \leq 2\,500$ V $I_F \leq 1\,000$ A
Abschaltthyristor **(GTO)**[4] 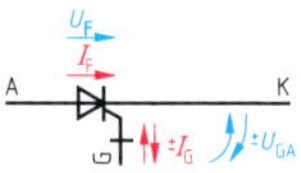	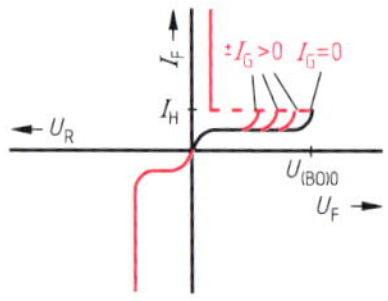	Thyristor, der in Durchlassrichtung durch positive Zündströme I_G vom Sperr- in den Durchlasszustand und durch negative Zündströme I_G vom Durchlass- in den Sperrzustand schaltet.	Als Gleichstromsteller im mittleren Leistungsbereich und in Wechselrichterschaltungen. $U_F \leq 1\,200$ V $I_F \leq 400$ A
Zweirichtungsthyristor TRIAC 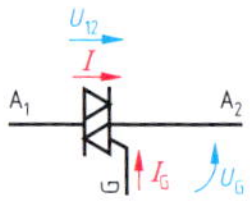	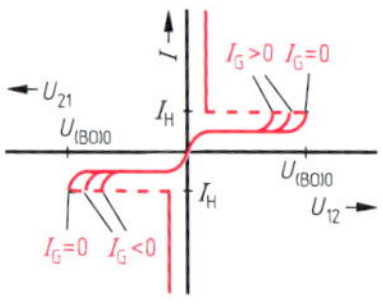	Thyristor, der durch negative oder positive Zündströme I_G vom Sperrzustand in den Durchlasszustand schaltet.	Als kontaktloser Schalter anstelle von Relais oder Schütze zur Steuerung von Leistungen im Wechselstromkreis. $U_F \leq 1\,200$ V $I_F \leq 300$ A

[1] **SCR** Silicon Controlled Rectifier. [2] **ASCR** Asymmetric Silicon Controlled Rectifier.
[3] **RLT** Rückwärtsleitender Thyristor. [4] **GTO** Gate Turn Off Thyristor.

Der Einsatz konventioneller Thyristoren (SCR) wird zugunsten der Thyristoren mit asymmetrischem Sperrvermögen (ASCR, RTL) oder Abschaltverhalten (GTO) abnehmen, weil die Anzahl der Bauteile im Leistungsteil (Löscheinrichtungen) von Drehstromumrichtern bei diesen Thyristoren deutlich geringer ist.

I_G Steuerstromstärke; I_F Vorwärtsstromstärke; I_H Haltestromstärke; U_F Vorwärtsspannung; U_R Rückwärtsspannung; $U_{(B0)}$ Kippspannung; U_{RRM} Period. Rückwärts-Spitzensperrspannung

Sieb- und Stabilisierungsschaltungen

Spannungsglättung durch Ladekondensator

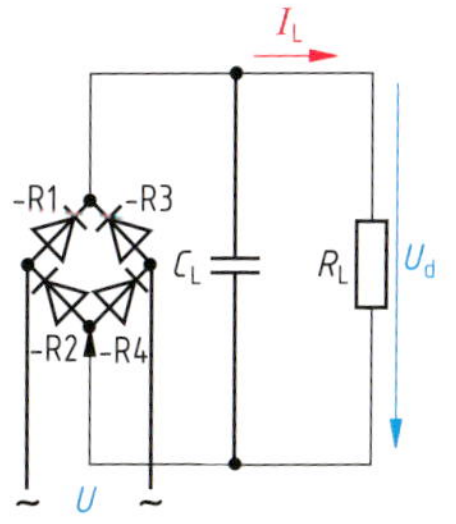

Glättung der Spannung u_d durch Ladekondensator C_L. Bei Belastung entsteht eine Gleichspannung mit überlagerter Brummspannung:

$$U_{BR} \approx k \cdot \frac{I_L}{C_L}$$

p	1	2
k	4,8 ms	1,8 ms

Stromglättung durch Glättungsdrossel

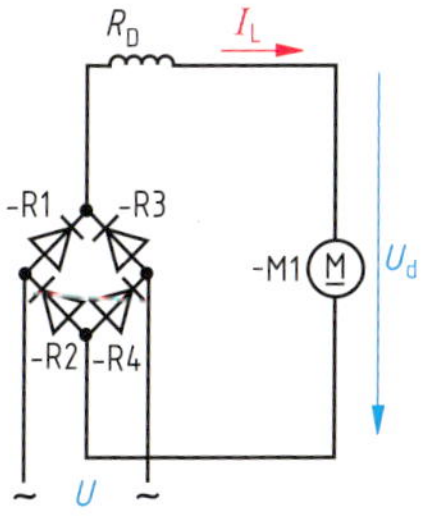

Glättung des Laststromes durch die Glättungsdrossel L_D. Durch L_D verschiebt der Stromverzögerungswinkel α den Lückbetrieb.

$$L_D \sim k \cdot \sin\alpha \cdot \frac{U_d}{I_L} \text{ in mH}$$

p	2	3	6
k	3,2	1,3	0,3

RC-Siebschaltung

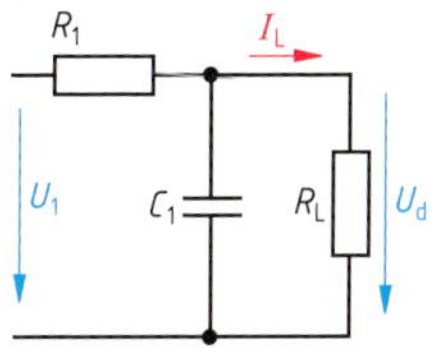

Frequenzabhängiger Spannungsteiler (Tiefpass)

$$G \approx \frac{R_1}{X_{C1}} = \omega_ü \cdot C_1 \cdot R_1$$

$$U_{R1} \approx 0{,}1 \cdot U_d$$

LC-Siebschaltung

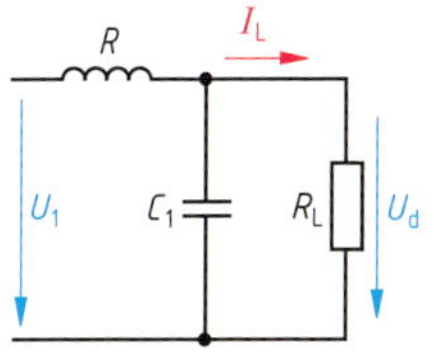

Frequenzabhängiger Spannungsteiler (Tiefpass) für höhere Laststromstärken. Geringer Leistungsverlust durch L_1

$$G \approx \frac{X_{L1}}{X_{C1}} = \omega_ü^2 \cdot L_1 \cdot C_1$$

Konstantspannungsquelle

Mit **Z-Diode**

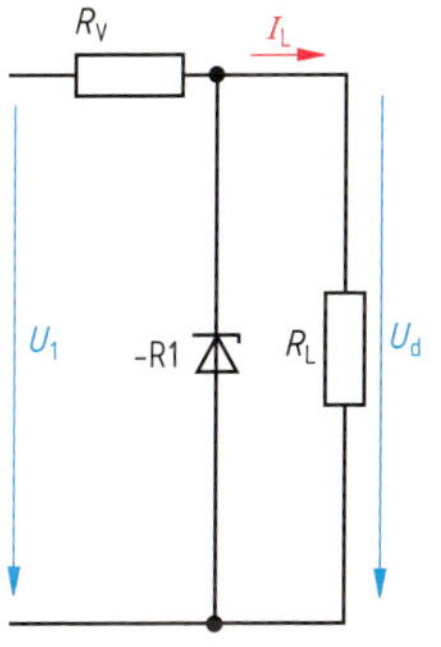

Der differenzielle Widerstand r_Z (R1) wirkt bei Mischspannungen glättend, bei Gleichspannungen stabilisierend.

$$G \approx \frac{R_V}{r_Z}; \; U_d = U_Z$$

$$R_{Vmin} = \frac{U_{1max} - U_Z}{I_{Zmax} + I_{Lmin}}$$

$$R_{Vmax} = \frac{U_{1min} - U_Z}{I_{Zmin} + I_{Lmax}}$$

$$I_{Zmin} \approx 0{,}1 \cdot I_{Zmax}$$

$$I_{Zmax} = \frac{P_{tot}}{U_Z}$$

Mit **NPN-Transistor**

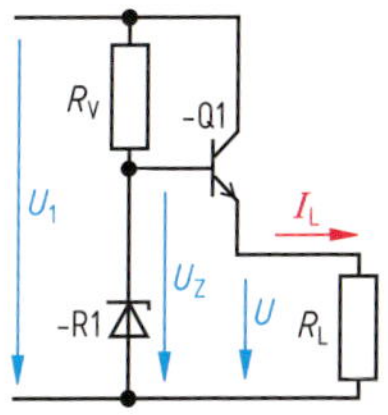

Feste Basisspannung durch R1

$$G \approx \frac{R_V}{r_Z}$$

$$r_i = \frac{\Delta U}{\Delta I_L} \approx \frac{r_Z}{\beta}$$

Konstantstromquelle

Mit **PNP-Transistor**

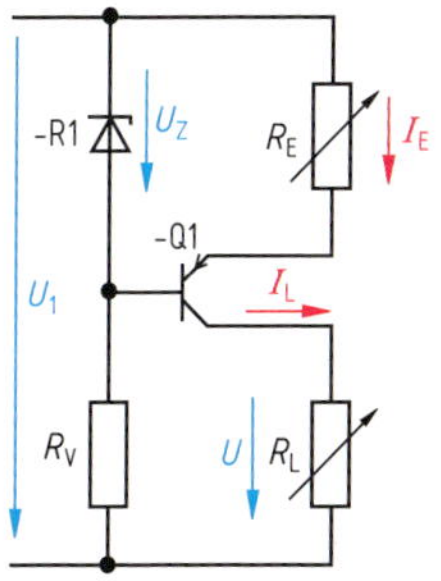

Mithilfe der Z-Diode wird eine konstante Spannung U_Z erzeugt. Damit ist die Emitterspannung U_E und die Emitterstromstärke I_E festgelegt. Die Stromeinstellung erfolgt über R_E.

$$I_L \approx I_E = \frac{U_Z - U_{BE}}{R_E}$$

$$r_i = 50 \cdot r_{CE} \text{ bis } 500 \cdot r_{CE}$$

Mit **FET**

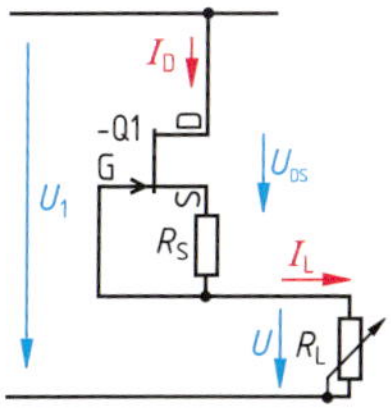

Die Steuerspannung $-U_{GS}$ wird durch I_L an R_S erzeugt. Ändert sich I_L, dann wirkt der FET über $-U_{GS}$ der Änderung entgegen.

$$I_L \approx I_D = \frac{-U_{GS}}{R_S}$$

$$r_i = 20 \cdot r_{DS} \text{ bis } 100 \cdot r_{DS}$$

p Pulszahl; G Glättungsfaktor; P_{tot} Verlustleistung; r_Z differenzieller Widerstand der Z-Diode; r_i differenzieller Innenwiderstand; r_{CE} differenzieller Kollektor-Emitter-Widerstand; I_Z Z-Stromstärke; U_Z Z-Spannung; β dynamischer Stromverstärkungsfaktor; r_{DS} differenzieller Drain-Source-Widerstand

Integrierte Festspannungsregler

Funktionseinheiten

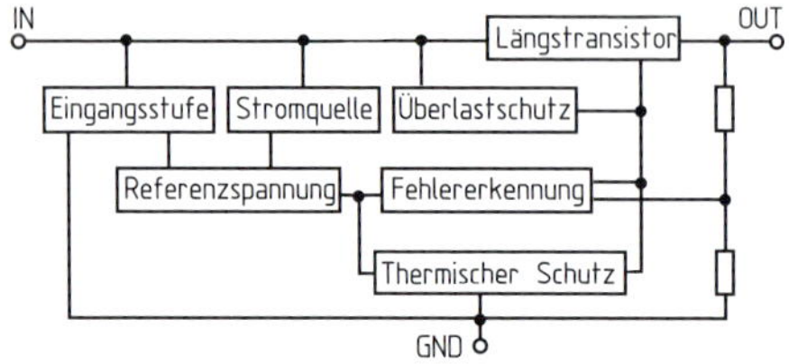

Eigenschaften

Festspannungsregler sind komplette Konstantspannungsquellen in integrierter Schaltungstechnik, die nach dem Grundprinzip von Konstantspannungsquellen mit Differenzverstärker arbeiten. Neben den eigentlichen Reglerfunktionen enthalten sie integrierte Schutzschaltungen wie

- allgemeiner Überlastungsschutz,
- thermischer Überlastungsschutz und
- Kurzschlussschutz.

Festspannungsregler der Serie 78xx und 79xx

Grundschaltungen

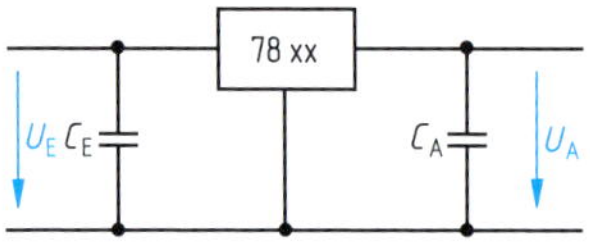

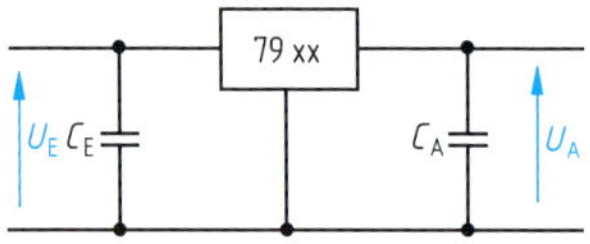

Eigenschaften

- Die Serie 78xx ist für positive, die Serie 79xx für negative Ausgangsspannungen ausgelegt. Es gelten die gleichen Spannungs- und Stromwerte.
- Die Eingangsspannung U_E muss mindestens 2 V größer als die Ausgangsspannung U_A sein.
- Kondensatorwerte:
  C_E zwischen 470 µF und 2200 µF
  C_A zwischen 1 µF und 10 µF
- Sind die Kondensatoren von den Ein- und Ausgangsanschlüssen räumlich getrennt, müssen zusätzliche Kondensatoren an diese angeschlossen werden.

Gehäuseausführungen

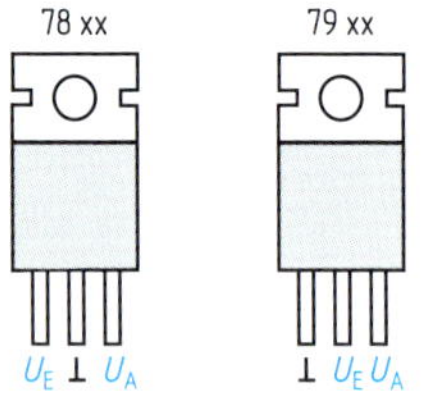

Kenndaten (Auswahl)

Typ	U_A in V	U_{Amin}; U_{Amax} in V	I_{Lmax} in A: A	B	C	U_{Emin}; U_{Emax} in V
7805	5	4,8...5,2	0,1	0,5	1,5	7...25
7806	6	5,75...6,25	0,1	0,5	1,5	8...25
7808	8	7,7...8,3	0,1	0,5	1,5	10,5...25
7812	12	11,5...12,5	0,1	0,5	1,5	14,5...25
7815	15	14,4...15,6	0,1	0,5	1,5	17,5...30
7818	18	17,3...18,7	0,1	0,5	1,5	21...33
7824	24	23...25	0,1	0,5	1,5	27...33

Einstellbare Spannungsregler (Auswahl)

Mit Baugruppe LM 317

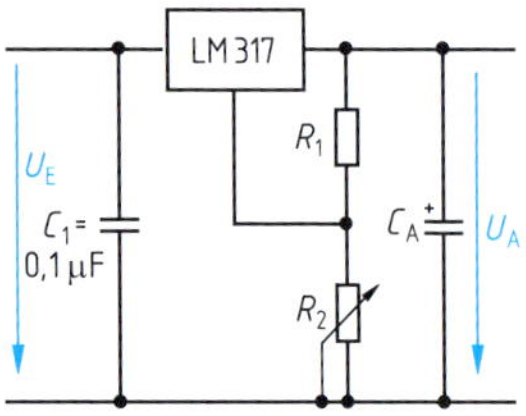

$U_A \approx 1{,}2$ V...37 V

$$U_A \approx 1{,}25\ \text{V} \cdot \left[1 + \frac{R_2}{R_1}\right]$$

$I_{Lmax} = 1{,}5$ A; $P_{max} = 20$ W

Mit Baugruppe LM 337

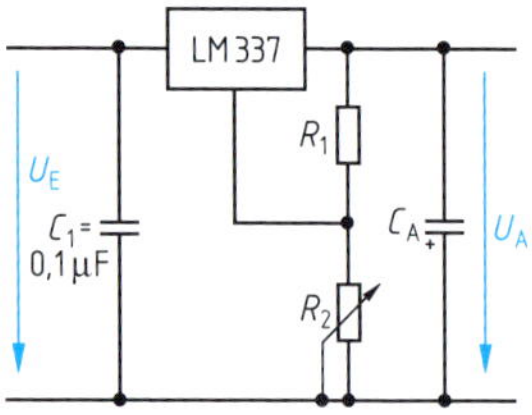

$U_A \approx -1{,}2$ V...−37 V;

$$U_A \approx -1{,}25\ \text{V} \cdot \left[1 + \frac{R_2}{R_1}\right]$$

$I_{Lmax} = 1{,}5$ A; $P_{max} = 20$ W

Mit Baugruppe LM 200

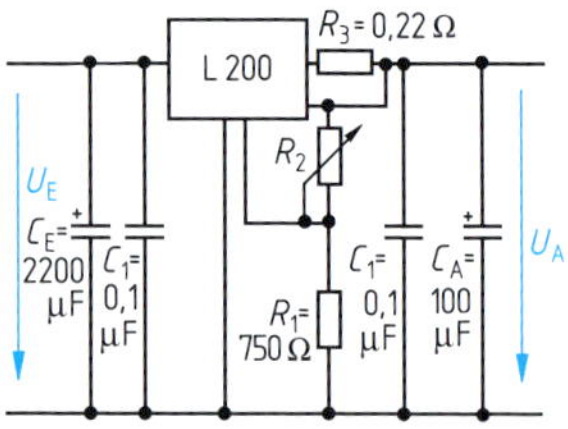

$U_A \approx 3$ V...20 V

$$U_A \approx 2{,}77\ \text{V} \cdot \left[1 + \frac{R_2}{R_1}\right]$$

$I_{Lmax} \approx 1{,}6$ A (bei $R_3 = 0{,}22\ \Omega$)

Griechisches Alphabet

Buchstabe		Benennung	deutsche Aussprache	Beispiele
Groß	Klein			
Α	α	Alpha	ʻalfa	α Winkel, Längenausdehnungskoeffizient
Β	β	Beta	ʻbe:ta:	β Winkel
Γ	γ	Gamma	ʻgama:	γ Winkel, elektrische Leitfähigkeit
Δ	δ	Delta	ʻdelta:	Δ Differenz, δ Verlustwinkel
Ε	ε	Epsilon	ʻepsilon	ε Permittivität, ε_0 elektrische Feldkonstante
Ζ	ζ	Zeta	ʻtse:ta	ζ_{Wh} Energie-Nutzungsgrad, Energieverhältnis
Η	η	Eta	ʻe:ta	η Wirkungsgrad, dynamische Viskosität
Θ	ϑ	Theta	ʻte:ta	Θ magnetische Durchflutung, ϑ Celsius-Temperatur
Ι	ι	Iota	ʻjo:ta	
Κ	κ	Kappa	ʻkapa:	κ elektrische Leitfähigkeit
Λ	λ	Lambda	ʻlambda	Λ magnetischer Leitwert, λ Wellenlänge
Μ	μ	My	my	μ Reibungszahl, μ_0 magnetische Feldkonstante
Ν	ν	Ny	ny	ν Sicherheitsfaktor
Ξ	ξ	Xi	ksi	
Ο	ο	Omikron	ʻomikron	
Π	π	Pi	pi:	π Kreiszahl
Ρ	ρ	Rho	ro:	ρ Dichte
Σ	σ	Sigma	ʻsigma	σ Flächenladungsdichte, Σ Summe
Τ	τ	Tau t	au	τ Zeitkonstante, Impulsdauer
Υ	υ	Ypsilon	ʻypsilon	
Φ	φ	Phi	fi:	φ Phasenwinkel, elektrisches Potenzial
Χ	χ	Chi	ci:	
Ψ	ψ	Psi	psi:	Ψ elektrischer Fluss
Ω	ω	Omega	ʻo:mega:	ω Kreisfrequenz, Ω Raumwinkel

SI-Basisgrößen und Basiseinheiten — DIN 1301

Basisgröße		Basiseinheit		Bemerkungen
Benennung	Zeichen	Benennung	Zeichen	
Strecke, Länge	s l	Meter	m	SI ist die Abkürzung für „Système International d'Unités" (Internationales Einheitensystem).
Masse	m	Kilogramm	kg	Das Kurzzeichen SI wurde durch die 11. Generalkonferenz für Maß und Gewicht (CGPM) 1960 festgelegt.
Zeit	t	Sekunde	s	CGPM – Confèrence Générale des Poids et Mesures
Elektrische Stromstärke	I	Ampere	A	Letzte zeitliche Festlegungen der Basiseinheiten: Meter 17. CGPM, 1983
Thermodynamische Temperatur	T	Kelvin	K	Kilogramm 1. CGPM, 1889 und 3. CGPM, 1901 Sekunde 13. CGPM, 1967 Kelvin 13. CGPM, 1967
Stoffmenge	n	Mol	mol	Mol 14. CGPM, 1971
Lichtstärke	I	Candela	cd	Candela 16. CGPM, 1979

SI-Vorsätze — DIN 1301

Vorsatzzeichen	Vorsatzbenennung	Faktor	Beispiele		
a	Atto	10^{-18}	1 Attometer	= 1 am	= 0,000 000 000 000 000 001 m
f	Femto	10^{-15}	1 Femtometer	= 1 fm	= 0,000 000 000 000 001 m
p	Piko	10^{-12}	1 Pikometer	= 1 pm	= 0,000 000 000 001 m
n	Nano	10^{-9}	1 Nanometer	= 1 nm	= 0,000 000 001 m
µ	Mikro	10^{-6}	1 Mikrometer	= 1 µm	= 0,000 001 m
m	Milli	10^{-3}	1 Millimeter	= 1 mm	= 0,001 m
c	Zenti	10^{-2}	1 Zentimeter	= 1 cm	= 0,01 m
d	Dezi	10^{-1}	1 Dezimeter	= 1 dm	= 0,1 m
da	Deka	10^{1}	1 Dekameter	= 1 dam	= 10 m
h	Hekto	10^{2}	1 Hektometer	= 1 hm	= 100 m
k	Kilo	10^{3}	1 Kilometer	= 1 km	= 1 000 m
M	Mega	10^{6}	1 Megameter	= 1 Mm	= 1 000 000 m
G	Giga	10^{9}	1 Gigameter	= 1 Gm	= 1 000 000 000 m
T	Tera	10^{12}	1 Terameter	= 1 Tm	= 1 000 000 000 000 m
P	Peta	10^{15}	1 Petameter	= 1 Pm	= 1 000 000 000 000 000 m
E	Exa	10^{18}	1 Exameter	= 1 Em	= 1 000 000 000 000 000 000 m

Anwendung der Vorsätze in Verbindung mit Einheiten

- Möglichst nur solche Vorsätze anwenden, bei denen die Zahlenwerte für die anzugebende Größe zwischen 0,1 und 1000 liegen.
- In Tabellen möglichst nur einen einheitlichen Vorsatz verwenden.
- Dezimale Vielfache und Teile von Einheiten mit selbstständigem Namen werden durch das Anfügen des Vorsatzes vor den Namen der Einheit gebildet. **Beispiele:** Kilometer, Nanoampere, Megahertz, Millivolt
- Dezimale Vielfache und Teile dürfen nicht gebildet werden, wenn für die betreffende Einheit keine Vorsätze zugelassen sind. **Beispiele** für **falsche** Angaben: Millistunde, Kilominute
- Dezimale Vielfache und Teile dürfen nur mit dem Einheitenzeichen und nicht mit dem Einheitennamen verbunden werden. Schreibweise **richtig**: mA, kV, MW; Schreibweise **falsch**: MilliA, kVolt, MegaW
- Zwischen Vorsatzzeichen und Einheitenzeichen darf kein Leerzeichen gesetzt werden. Schreibweise **richtig**: kHz, pF; Schreibweise **falsch**: k Hz, p F
- Vorsätze mit ganzzahliger Potenz von Tausend ($10^{3 \cdot n}$) sind zu bevorzugen. **Beispiele:** km, MV, GHz, µA
- Die Vorsätze Zenti, Dezi, Deka und Hekto sollen nur noch als Vielfache und Teile von Einheiten verwendet werden, bei denen es üblich ist. **Beispiele zulässig**: hl, cl, dm, cm, dag; **Beispiele nicht zulässig**: cV, hHz, daA, dF
- Es darf nur ein Vorsatz verwendet werden. Eine Kombination von Vorsätzen ist nicht zulässig. Der Vorsatz sollte im Zähler stehen.
  Beispiele richtig: Nanometer (nm), Gigawatt (GW), Kilovolt/Meter (kV/m), Millicoulomb/Sekunde (mC/s)
  Beispiele falsch: Millimikrometer (mµm), Megakilometer (Mkm), Kilojoule/Millisekunde (kJ/ms)
- Als ein Symbol gilt die Kombination von Vorsatz- und Einheitenzeichen, sie darf deshalb ohne Verwendung einer Klammer potenziert werden.
  Beispiele: $\text{mm}^3 \Rightarrow (0{,}001\ \text{m})^3$, aber nicht $0{,}001\ \text{m}^3$; $\text{ms}^{-1} \Rightarrow (10^3\ \text{s})^{-1}$, aber nicht $10^{-3}\ \text{s}^{-1}$; $\text{km}^2 \Rightarrow (1\,000\ \text{m})^2$, aber nicht $1\,000\ \text{m}^2$
- Da sich die Potenz auch auf das Vorsatzzeichen bezieht, dürfen keine Vorsätze vor Potenzbezeichnungen gesetzt werden.
  Beispiel: $2\ \mu\text{m}^3$ ist eine falsche Angabe für $2 \cdot 10^{-6}\ \text{m}^3$, denn $2\ \mu\text{m}^3 = 2 \cdot (10^{-6}\ \text{m})^3 = 2 \cdot 10^{-18}\ \text{m}^3$.

Physikalische Konstanten

Konstante	Formelzeichen	Wert und Einheit
Atommassenkonstante	m_u	$1{,}660\,5402 \cdot 10^{-27}$ kg
Avogadro-Konstante	N_A	$6{,}022\,1367 \cdot 10^{23}$ 1/mol
elektrische Feldkonstante	ε_0	$8{,}854\,187\,817 \ldots \cdot 10^{-12}$ As/Vm
magnetische Feldkonstante	μ_0	$1{,}256\,637\,061\,4 \cdot 10^{-6}$ Vs/Am
Elementarladung	e	$1{,}602\,177\,33 \cdot 10^{-19}$ As
Faraday-Konstante	F	96 485,309 As/mol
Lichtgeschwindigkeit im Vakuum	c_0	299 792 458 m/s
Boltzmann-Konstante	k	$1{,}380\,658 \cdot 10^{-23}$ J/K
Planck-Konstante, plancksches Wirkungsquantum	h	$6{,}626\,0755 \cdot 10^{-34}$ Js
Gravitationskonstante	G	$6{,}672\,59 \cdot 10^{-11}$ Nm^2/kg^2
Normalfallbeschleunigung	g_N	9,806 65 m/s^2
Ruhemasse des Elektrons	m_e	$9{,}109\,3897 \cdot 10^{-31}$ kg
Ruhemasse des Protons	m_p	$1{,}672\,6231 \cdot 10^{-27}$ kg
Ruhemasse des Neutrons	m_n	$1{,}674\,9286 \cdot 10^{-27}$ kg
Absoluter Nullpunkt der thermodynamischen Temperatur	T_0	0 K $T_0 = 0\ \text{K} \triangleq \vartheta_0 = -273{,}15\ °\text{C}$

Indizes (Auswahl) DIN 1304

- Indizes (Einzahl: Index) dienen zur Kennzeichnung von Größen gleicher Art oder besonderer Zustände.
- Indizes, die aus einem Wort oder aus einer Abkürzung bestehen, können durch ihren Anfangsbuchstaben ersetzt werden; z. B.: U_{eff} für effektive Spannung.
- Indizes können kombiniert werden; z. B.: U_{BE} für Basis-Emitter-Spannung.
- Zur Kennzeichnung von Werkstoffen kann das chemische Zeichen als Index verwendet werden; z. B.: R_{Cu} für den Widerstand eines Kupferdrahtes.
- Als Indizes können auch Symbole verwendet werden; z. B.: $U_\sim$ für Wechselspannung.

Index	Bedeutungen	Beispiele	
0	Null, fester Bezugswert, Bezugsgröße, ohne Dämpfung, Leerlauf, Ruhezustand, Vakuum (leerer Raum)	V_0 n_0 f_0 c_0	Bezugsvakuum, Anfangsgeschwindigkeit Leerlaufdrehzahl Kennfrequenz Lichtgeschwindigkeit im Vakuum
1	Eins, Anfangs-, Eingangs-Größe/Wert, Primär-Größe/Wert, Reihenfolge	P_1 U_1 R_1, R_2...	Eingangsleistung Primärspannung Widerstände
2	Zwei, End-, Ausgangs-Größe/Wert, Sekundär-Größe/Wert	P_2 U_2 T_2	Ausgangsleistung Sekundärspannung Endtemperatur
abs amb dyn eff exi indu par rsn ser syn var	absolut ambient (umgebend) dynamisch Effektivwert Ausgang (exit) induziert parallel Resonanz Serie, Reihe synchron (gleichlaufend) variabel, veränderlich	p_{abs} p_{amb} p_{dyn} U_{eff} P_{exi} Ui_{ndu} R_{par} f_{rsn} R_{ser} n_{syn} U_{var}	absoluter Druck Umgebungsdruck dynamischer Druck Effektivwert der Spannung Ausgangsleistung induzierte Spannung Parallelwiderstand Resonanzfrequenz Reihenschlusswiderstand synchrone Umdrehungszahl veränderliche Spannung

Auswahl von Größen und abgeleiteten SI-Einheiten DIN 1304

Größe		Einheit		Umrechnungen	Erläuterungen
Benennung	Zeichen	Benennung	Zeichen		
Arbeit, Energie	*W*, *E*	Joule Newtonmeter Wattsekunde Kilowattstunde	J Nm Ws kWh	1 J = 1 Nm = 1 Ws 1 kWh = 3 600 000 Ws	Um Arbeit zu verrichten, muss Energie vorhanden sein.
Beschleunigung	*a*, *g*		m/s²	$1 = \frac{m}{s^2} = \frac{1\frac{m}{s}}{1\ s}$	*g* wird nur für die Fallbeschleunigung verwendet, *g* = 9,81 m/s² für Mitteleuropa.
Dichte	ρ		kg/m³	1 t/m³ = 1 kg/dm³ 1 kg/dm³ = 1 g/cm³ 1 g/cm³ = 0,001 g/mm³	Die Dichte für Flüssigkeiten hat z. B. die Einheit kg/L.
Drehmoment Biegemoment Torsionsmoment	*M* M_b *T*	Newtonmeter	Nm		Momente werden je nach Richtung positiv oder negativ gerechnet.
Drehzahl	*n*		1/s 1/min	$\frac{1}{s} = \frac{60}{min}; \frac{1}{min} = \frac{1}{60\ s}$	Die Drehzahl wird nicht in Hz angegeben.
Druck	*p*	Pascal	Pa	1 Pa = 1 N/m² 1 bar = 10^5 Pa 1 mbar = 1 hPa	Die alte Einheit 1 at = 1 kp/cm² ist nicht mehr zulässig.
Energie	*E*	Joule	J	siehe Größe Arbeit	
Energiedosis	*D*	Gray	Gy	1 Gy = 1 J/kg	Begriff aus der Strahlungsphysik
Feldstärke, elektrische	*E*		N/C	1 N/C = 1 V/m	
Feldstärke, magnetische	*H*		A/m	1 A/m = 1 N/Wb	
Fläche, Querschnitt	*A*, *S*	Quadratmeter Ar Hektar	m² a ha	1 m² = 100 dm² 1 m² = 10 000 cm² 1 m² = 1 000 000 mm² 1 ha = 100 a = 10 000 m² 1 km² = 100 ha	*S* wird für den Querschnitt verwendet, a und ha für Boden-, Wald-/Wasserflächen.
Frequenz	*f*, ν	Hertz	Hz	1 Hz = 1/s	
Geschwindigkeit	*v*		m/s km/h	1 m/s = 3,6 km/h $1\ km/h = \frac{1\ m}{3{,}6\ s}$	Auch andere Einheiten, z. B. m/min, sind möglich.
Kraft Gewichtskraft	*F*, *FG*, *G*	Newton	N	1 N = 1 kgm/s² 1 N = 1 Ws/m	Die Kraft 1 N beschleunigt die Masse 1 kg mit der Beschleunigung 1 m/s².
Leistung	*P*	Watt	W	1 W = 1 J/s = 1 Nm/s 1 W = 1 V · 1 A = 1 VA	Alte Einheit: PS (Pferdestärke), 1 PS = 736 W
Leitfähigkeit, elektrische	γ, σ, κ		S/m	$1\frac{S}{m} = \frac{1}{W \cdot m}$	Das gebräuchliche Formelzeichen ist γ (S Einheit Siemens).

Auswahl von Größen und abgeleiteten SI-Einheiten (Fortsetzung) DIN 1304

Größe		Einheit		Umrechnungen	Erläuterungen
Benennung	Zeichen	Benennung	Zeichen		
Masse	m	Kilogramm Gramm Tonne Karat	kg g t Kt	1 kg = 1000 g 1 g = 0,001 kg = 1000 mg 1 t = 1 Mg = 1000 kg 1 Kt = 0,2 g	Die Masse ist **ortsunabhängig**. Die Basiseinheit ist kg. Für Edelsteine wird die Masse in Kt angegeben.
Spannung, elektrische	U	Volt	V	1 V = 1 J/C = 1 Nm/As	Potenzialdifferenz zwischen zwei Punkten
Spannung, mechanische	σ, τ		N/m²	1 N/mm² = 1 MN/m² 1 N/mm² = 1 MPa 1 N/mm² = 10 bar	Alte Einheit: 1 kp/mm²
Strecke, Länge	s, l	Meter	m	1 m = 10 dm = 100 cm 1 m = 1000 mm 1 km = 1000 m	In angelsächs. Ländern: Inch und Zoll (″) 1 inch = 1″ = 25,4 mm
Stromstärke, elektrische	I	Ampere	A	1 A = 1 C/s	
Trägheitsmoment	J		kg · m²		Alte Bezeichnung: Massenträgheitsmoment
Volumen	V	Kubikmeter Liter	m³ l, L	1 m³ = 1000 dm³ 1 m³ = 1000000 cm³ 1 l = 1 L = 1 dm³ = 10 dl 1 l = 0,001 m³ 1 ml = 1 cm³	Das Volumen wird für Körper in m³ und für Flüssigkeiten vorwiegend in Liter angegeben.
Widerstand, elektrischer	R	Ohm	W	1 Ω = 1 V/A	
Winkel, ebener	α, β, γ	Radiant Grad Minute Sekunde	rad ° ′ ″	1 rad = 1 m/m = 180°/π 1° = π/180 rad = 60′ 1′ = 1°/60 = 60″ 1″ = 1°/3600 = 1′/60	Grad, Minute und Sekunde in techn. Berechnungen nur in Dezimaldarstellung verwenden, z. B. π = 57,296°
Winkel, Raumwinkel	Ω	Steradiant	sr	1 sr = 1 m²/m²	Winkel eines kegelförmigen Ausschnitts aus der Einheitskugel (Radius gleich 1 m)
Winkel Phasenverschiebung	φ	Radiant Grad	rad °		Phasenverschiebung zwischen Spannung und Stromstärke
Winkelgeschwindigkeit	ω		1/s rad/s	$\frac{1}{s} = \frac{1}{\pi} \cdot \frac{rad}{s}$	In der Elektrotechnik verwendet man statt Winkelgeschwindigkeit den Begriff Kreisfrequenz.
Wirkungsgrad	η	Der Wirkungsgrad ist das Verhältnis von nutzbarer Arbeit W_{ab} (nutzbarer Leistung P_{ab}) zu zugeführter Arbeit W_{zu} (zugeführter Leistung P_{zu}) und hat deshalb keine Einheit. Er wird vielfach auch in Prozent angegeben. Der Wirkungsgrad ist immer kleiner als 1 oder kleiner als 100 %.			
Zeit	t	Sekunde Minute Stunde Tag Jahr	s min h d a	1 min = 60 s 1 h = 60 min = 3600 s 1 d = 24 h = 1440 min 1 d = 86400 s 1 a = 8765,8 h	Die Einheiten min, h, d und a dürfen nicht mit Vorsätzen für Vielfache und Teile angegeben werden.

Mathematische Zeichen und ihre Bedeutung

Zeichen	Sprechweise	Erläuterung, Verwendung
Zeichen für das elementare Rechnen		
+	plus	5 + 8 Addition von Zahlen
–	minus	7 – 2 Subtraktion von Zahlen
·	mal	4 · 3 Multiplikation der beiden Zahlen
– /	durch	$\frac{12}{3}$; 12/3 Division der ersten Zahl durch die zweite Zahl
=	gleich	7 + 2 = 9 Gleichheit von Zahlen
≠	ungleich	7 ≠ 8 Die beiden Zahlen sind ungleich.
≈	ungefähr, nahezu gleich, etwa	12,024 ≈ 12 Die Zahlen sind etwa gleich groß.
≡	identisch	$f(x) \equiv 4$, Die Funktion f ist für jedes x gleich 4.
<	kleiner als	5 < 7 Die linke Zahl ist kleiner als die rechte.
<<	wesentlich kleiner als	3 << 40 Die linke Zahl ist wesentlich kleiner als die rechte.
≤	kleiner oder gleich	5 ≤ 6; 5 ≤ 5 Die linke Zahl ist kleiner oder gleich der rechten.
>	größer als	5 > 3 Die linke Zahl ist größer als die rechte.
>>	wesentlich größer als	50 >> 5 Die linke Zahl ist wesentlich größer als die rechte.
≥	größer oder gleich	5 ≥ 4; 5 ≥ 5 Die linke Zahl ist größer oder gleich der rechten.
≙	entspricht	1 cm ≙ 10 V z. B. für die Angabe des Maßstabs
~	proportional	$U \sim r$ Der Umfang U ist proportional (verhältnisgleich) zum Radius r.
Σ	Summe	$\sum_{i=1}^{n} a_i = a_1 + a_2 + \ldots + a_n$, Summe aller a_i von i = 1 bis $i = n$
Π	Produkt	$\prod_{i=1}^{n} a_i = a_1 + a_2 + \ldots + a_n$, Produkt aller a_i von $i = 1$ bis $i = n$
Besondere Zahlen und Verknüpfungen		
e		e^x e ist Basis der natürlichen Logarithmen; e = 2,71828...
π	pi	π = 3,14159... Verhältnis Kreisumfang zu Durchmesser
a_n	Potenz	$3^4 = 3 \cdot 3 \cdot 3 \cdot 3$ a ist die Basis und n der Exponent (die Hochzahl)
e^n oder exp(n)	Exponentialfunktion	$e^1 = \exp(1) = 2{,}71828...$ Die Basis dieser Exponentialfunktionen ist e.
log	allgemeiner Logarithmus	$\log_a c$ Logarithmus von c zur Basis a
ln	natürlicher Logarithmus	ln e = 1 Die Basis ist die Zahl e.
lg	dekadischer Logarithmus	lg 100 = 2 Die Basis ist die Zahl 10.
lb	binärer Logarithmus	lb 16 = 4 Die Basis ist die Zahl 2.
$\sqrt{\ }$	Wurzel (Quadratwurzel)	$\sqrt{x}$ Quadratwurzel aus x (Voraussetzung ist $x \geq 0$)
$\sqrt[n]{\ }$	n-te Wurzel	$\sqrt[3]{x}$ dritte Wurzel aus x, n ist der Wurzelexponent
I I	Betrag	$|x|$; $|-5| = 5$ Betrag von x (absoluter Wert einer Zahl)
∞	unendlich	$x \to \infty$ x geht gegen unendlich

Allgemeine Gesetzmäßigkeiten für stellenbewertete Zahlensysteme

- Jedes Zahlensystem besteht aus einer festgelegten Anzahl von Ziffern.
- Die Anzahl der Ziffern ist gleich der Basis *a* des Zahlensystems.
- Die Stelle vor und nach dem Komma wird immer vom Komma aus ansteigend gezählt.
- Der Wert einer Ziffer ist abhängig von ihrer Stellung in der Zahl. Der Stellenwert ist eine Potenz mit der Basis *a*.
- Jede Ziffer wird mit dem Stellenwert (der Potenz) multipliziert und die Werte der Stellen zur Zahl addiert.
- Die erste Stelle vor dem Komma hat immer den Stellenwert 1, weil jede Potenz mit dem Exponenten Null den Wert 1 hat ($a^0 = 1$).
- Das Zahlensystem wird durch den Index hinter der Zahl angegeben. Der Index ist gleich der Basis des Zahlensystems. Beispiel: 10011_2 ist eine Zahl im Dualzahlensystem.

Zahlenaufbau für jedes stellenbewertete Zahlensystem:

$$b_{n-1} \cdot a^{n-1} + b_{n-2} \cdot a^{n-2} + ... + b_0 \cdot a^0 + b_{-1} \cdot a^{-1} + ... + b_{-m} \cdot a^{-m}$$

b	Ziffer der entsprechenden Stelle
a	Basis des Zahlensystems
n	Anzahl der Vorkommastellen
m	Anzahl der Nachkommastellen

Dezimalzahlensystem

5. vor	4. vor	3. vor	2. vor	1. vor	1. nach	2. nach	Stelle
10^4 10000	10^3 1000	10^2 100	10^1 10	10^0 1	10^{-1} 0,1	10^{-2} 0,01	Stellen-wert

Anwendung: $4702{,}36_{10} \Rightarrow$

$$4 \cdot 10^3 + 7 \cdot 10^2 + 0 \cdot 10^1 + 2 \cdot 10^0 + 3 \cdot 10^{-1} + 6 \cdot 10^{-2}$$
$$4 \cdot 1000 + 7 \cdot 100 + 0 \cdot 10 + 2 \cdot 1 + 3 \cdot 0{,}1 + 6 \cdot 0{,}01$$
$$4000 + 700 + 0 + 2 + 0{,}3 + 0{,}06 = 4702{,}36$$

Das Dezimalzahlensystem besteht aus den zehn Ziffern 0 bis 9. Die Basis a ist gleich 10. Jede Ziffer wird mit dem Stellenwert multipliziert und alle Werte werden zum Wert der Zahl addiert.

Dualzahlensystem oder Binärzahlensystem

5. vor	4. vor	3. vor	2. vor	1. vor	1. nach	2. nach	Stelle
2^4 16	2^3 8	2^2 4	2^1 2	2^0 1	2^{-1} 0,5	2^{-2} 0,25	Stellen-wert

Anwendung: $10101{,}01_2 \Rightarrow$

$$1 \cdot 2^4 + 0 \cdot 2^3 + 1 \cdot 2^2 + 0 \cdot 2^1 + 1 \cdot 2^0 + 0 \cdot 2^{-1} + 1 \cdot 2^{-2}$$
$$1 \cdot 16 + 0 \cdot 8 + 1 \cdot 4 + 0 \cdot 2 + 1 \cdot 1 + 0 \cdot 0{,}5 + 1 \cdot 0{,}25$$
$$16 + 0 + 4 + 0 + 1 + 0 + 0{,}25 = 21{,}25$$

Das Dualzahlensystem besteht aus den beiden Ziffern 0 und 1. Die Basis *a* ist gleich 2. Jede Ziffer wird mit dem Stellenwert multipliziert und alle Werte werden zum Wert der Zahl addiert.

Sedezimalzahlensystem

5. vor	4. vor	3. vor	2. vor	1. vor	1. nach	2. nach	Stelle
16^4 65536	16^3 4096	16^2 256	16^1 16	16^0 1	16^{-1} $^1/_{16}$ 0,0625	16^{-2} $^1/_{256}$ 0,0039	Stellen-wert

Anwendung: $53A4{,}C_{16} \Rightarrow$

$$5 \cdot 16^3 + 3 \cdot 16^2 + A \cdot 16^1 + 4 \cdot 16^0 + C \cdot 16^{-1}$$
$$5 \cdot 4096 + 3 \cdot 256 + 10 \cdot 16 + 4 \cdot 1 + 12 \cdot 0{,}0625$$
$$20480 + 768 + 160 + 4 + 0{,}75 = 21412{,}75$$

Das Sedezimalzahlensystem besteht aus 16 Ziffern. Die Basis a ist gleich 16. Es sind die Ziffern 0 bis 9 und die Buchstaben A bis F. Die Reihenfolge ist: 0,1, ... 9, A, B, C, D, E, F

Römische Zahlen

I = 1	VI = 6	XI = 11	LX = 60	CX = 110	DC = 600
II = 2	VII = 7	XX = 20	LXX = 70	CC = 200	DCC = 700
III = 3	VIII = 8	XXX = 30	LXXX = 80	CCC = 300	DCCC = 800
IV = 4	IX = 9	XL = 40	XC = 90	CD = 400	CM = 900
V = 5	X = 10	L = 50	C = 100	D = 500	M = 1000

Anwendung: MCDXLVII = 1447 MCMXCV = 1995 CDXXXVIII = 438

Zahlensysteme

Die Struktur stellenbewerteter Zahlensysteme

$$Z = a_{n-1} \cdot b^{n-1} + \ldots + a_2 \cdot b^2 + a_1 \cdot b^1 + a_0 \cdot b^0$$

Z	Zahl
$a_{n-1} \ldots a_0$	Ziffernfolge als Zahl
n	Anzahl der Ziffern der Zahl
$b^{n-1} \ldots b^0$	Vervielfachungsfaktoren
b	Basiszahl

Jeder Ziffer ist abhängig von ihrer Stelle ein Vervielfachungsfaktor zugeordnet. Die Basis dieses Faktors ist die Basiszahl. Die Basiszahl ist abhängig von der Anzahl der Ziffern, die in einem Zahlensystem zur Verfügung stehen.

Dezimales Zahlensystem (Anwendung)

$$6749 = 6 \cdot 10^3 + 7 \cdot 10^2 + 4 \cdot 10^1 + 9 \cdot 10^0$$
$$6749 = 6 \cdot 1000 + 7 \cdot 100 + 4 \cdot 10 + 9 \cdot 1$$
$$6749 = 6000 + 700 + 40 + 9$$
$$6749 = 6749$$

Das dezimale Zahlensystem hat die Basiszahl 10, da die Ziffern 0 bis 9 zur Verfügung stehen.
Die Basiszahl 10 ist die Basis der Vervielfachungsfaktoren ($10^3 \ldots 10^0$).

Sedezimales Zahlensystem (Anwendung)

$$1A5D_{16} = 1 \cdot 16^3 + A \cdot 16^2 + 5 \cdot 16^1 + D \cdot 16^0$$
$$1A5D_{16} = 1 \cdot 16^3 + 10 \cdot 16^2 + 5 \cdot 16^1 + 13 \cdot 16^0$$
$$1A5D_{16} = 1 \cdot 4096 + 10 \cdot 256 + 5 \cdot 16 + 13 \cdot 1$$
$$1A5D_{16} = 4096 + 2560 + 80 + 13$$
$$1A5D_{16} = 6749_{10}$$

Das sedezimale Zahlensystem wird auch als hexadekadisches (umgangsprachlich auch als hexadezimales) Zahlensystem bezeichnet. Es besitzt die Basiszahl 16. Neben den zehn Ziffern 0 bis 9 stehen die sechs Buchstaben A bis F zur Verfügung. Sie entsprechen den Dezimalzahlen 10 bis 15:
A = 10, B = 11, C = 12, D = 13, E = 14, F = 15.

Duales Zahlensystem (Anwendung)

$$10011_2 = 1 \cdot 2^4 + 0 \cdot 2^3 + 0 \cdot 2^2 + 1 \cdot 2^1 + 1 \cdot 2^0$$
$$10011_2 = 1 \cdot 16 + 0 \cdot 8 + 0 \cdot 4 + 1 \cdot 2 + 1 \cdot 1$$
$$10011_2 = 16 + 0 + 0 + 2 + 1$$
$$10011_2 = 19_{10}$$

Im dualen Zahlensystem stehen nur die Ziffern 0 und 1 zur Verfügung. Daher lautet die Basiszahl 2. Statt des Begriffs Stelle wird häufig der Begriff Bit verwendet.

Dezimalzahl	Sedezimalzahl	Dualzahl					
		2^5	2^4	2^3	2^2	2^1	2^0
0	0						0
1	1						1
2	2					1	0
3	3					1	1
4	4				1	0	0
5	5				1	0	1
6	6				1	1	0
7	7				1	1	1
8	8			1	0	0	0
9	9			1	0	0	1
10	A			1	0	1	0
11	B			1	0	1	1
12	C			1	1	0	0
13	D			1	1	0	1
14	E			1	1	1	0
15	F			1	1	1	1
16	10		1	0	0	0	0
17	11		1	0	0	0	1
18	12		1	0	0	1	0
19	13		1	0	0	1	1
20	14		1	0	1	0	0
21	15		1	0	1	0	1
22	16		1	0	1	1	0
23	17		1	0	1	1	1
24	18		1	1	0	0	0
25	19		1	1	0	0	1
26	1A		1	1	0	1	0
27	1B		1	1	0	1	1
28	1C		1	1	1	0	0
29	1D		1	1	1	0	1
30	1E		1	1	1	1	0
31	1F		1	1	1	1	1
32	20	1	0	0	0	0	0
33	21	1	0	0	0	0	1
34	22	1	0	0	0	1	0
35	23	1	0	0	0	1	1
36	24	1	0	0	1	0	0
37	25	1	0	0	1	0	1
38	26	1	0	0	1	1	0
39	27	1	0	0	1	1	1
40	28	1	0	1	0	0	0
41	29	1	0	1	0	0	1

Umwandlung in andere Zahlensysteme

Dezimalzahl ⇒ Dualzahl

Die Dezimalzahl wird durch die Basiszahl (2) des dualen Zahlensystems geteilt. Die Reste ergeben die Dualzahl.

Anwendung:

Dezimalzahl: 19_{10}

19 : 2	=	9	Rest	1
9 : 2	=	4	Rest	1
4 : 2	=	2	Rest	0
2 : 2	=	1	Rest	0
1 : 2	=	0	Rest	1

Dualzahl: $1\,0\,0\,1\,1_2$

Dezimalzahl ⇒ Sedezimalzahl

Die Dezimalzahl wird durch die Basiszahl (16) des sedezimalen Zahlensystems geteilt. Die Reste ergeben die Sedezimalzahl.

Anwendung:

Dezimalzahl: 6749_{10}

6749 : 16	=	421	Rest	13	=	D
421 : 16	=	26	Rest	5	=	5
26 : 16	=	1	Rest	10	=	A
1 : 16	=	0	Rest	1	=	1

Sedezimalzahl: $1\,A\,5\,D_{16}$

Sedezimalzahl ⇒ Dualzahl

Jede Sedezimalziffer wird in eine vierstellige Dualzahl umgewandelt.

Anwendung:

Sedezimalzahl: $3\,A\,5_{16}$

0 0 1 1 | 1 0 1 0 | 0 1 0 1

Dualzahl: $1\,1\,1\,0\,1\,0\,0\,1\,0\,1_2$

Dualzahl ⇒ Sedezimalzahl

Die Dualzahl wird – rechts beginnend – in Viererblöcke eingeteilt. Jeder Viererblock wird in die entsprechende Sedezimalziffer umgewandelt.

Anwendung:

Dualzahl: $1\,1\,1\,0\,1\,1\,1\,0\,0\,1_2$

0 0 1 1 | 1 0 1 1 | 1 0 0 1

Sedezimalzahl: $3\,B\,9_{16}$

Rechenregeln für Dualzahlen

Addition	Subtraktion	Multiplikation	Division
0 + 0 = 0	0 − 0 = 0	0 · 0 = 0	0 : 1 = 0
1 + 0 = 1	1 − 0 = 1	1 · 0 = 0	1 : 1 = 1
0 + 1 = 1	10 − 1 = 1	0 · 1 = 0	
1 + 1 = 10	1 − 1 = 0	1 · 1 = 1	

Anwendung (Addition):

0 1 0 1	=	5_{10}
+ 0 1 1 1	=	$+7_{10}$
(Übertrag: 1 1 1)		
1 1 0 0	=	12_{10}

Anwendung (Subtraktion):

1 0 0 1	=	9_{10}
− 0 1 0 0	=	-4_{10}
(Übertrag: 1)		
0 1 0 1	=	5_{10}

Subtraktion durch Komplementbildung

Anwendung:

1 0 0 1	=	1 0 0 1	
− 0 1 0 0	⇔	+ 1 0 1 1	(= $\overline{0100}$)
		+ 1	(Komplement)
(Übertrag: 1)		(Übertrag: 1 1)	
0 1 0 1		0 1 0 1	

Binäre Codes

Begriffe

Codieren. Ein gegebener Vorrat an Symbolen eines Zeichensatzes wird den Symbolen eines anderen Zeichensatzes zugeordnet.

Anwendung:

Dezimalzahl:	6	9	7
BCD-Code:	0110	1001	0111
Aiken-Code:	1100	1111	1101

BCD-Code. Binary Coded Decimal (binär codierte Dezimalzahl).

Tetradischer Code. Jedes Codewort besteht aus vier Bit (Tetrade).

Einschrittiger Code. Beim Übergang von einem Codewort zum folgenden ändert sich immer nur eine Binärstelle.

Mehrschrittiger Code. Beim Übergang von einem Codewort zum folgenden können sich mehrere Binärstellen ändern.

Binäre Codes (Fortsetzung)

Mehrschrittige tetradische Codes			Einschrittige tetradische Codes		
Dezimalziffer	BCD-Code	Aiken-Code	Dezimalziffer	Gray-Code	Glixon-Code
0	0 0 0 0	0 0 0 0	0	0 0 0 0	0 0 0 0
1	0 0 0 1	0 0 0 1	1	0 0 0 1	0 0 0 1
2	0 0 1 0	0 0 1 0	2	0 0 1 1	0 0 1 1
3	0 0 1 1	0 0 1 1	3	0 0 1 0	0 0 1 0
4	0 1 0 0	0 1 0 0	4	0 1 1 0	0 1 1 0
5	0 1 0 1	1 0 1 1	5	0 1 1 1	0 1 1 1
6	0 1 1 0	1 1 0 0	6	0 1 0 1	0 1 0 1
7	0 1 1 1	1 1 0 1	7	0 1 0 0	0 1 0 0
8	1 0 0 0	1 1 1 0	8	1 1 0 0	1 1 0 0
9	1 0 0 1	1 1 1 1	9	1 1 0 1	1 0 0 0
Wertigkeit	8 4 2 1	2 4 2 1	Ohne Stellenwertigkeit		

Höherstellige Codes			
Dezimalziffer	Walking-Code	Libaw-Craig-Code	1-aus-10-Code
0	0 0 0 1 1	0 0 0 0 0	0 0 0 0 0 0 0 0 0 1
1	0 0 1 0 1	0 0 0 0 1	0 0 0 0 0 0 0 0 1 0
2	0 0 1 1 0	0 0 0 1 1	0 0 0 0 0 0 0 1 0 0
3	0 1 0 1 0	0 0 1 1 1	0 0 0 0 0 0 1 0 0 0
4	0 1 1 0 0	0 1 1 1 1	0 0 0 0 0 1 0 0 0 0
5	1 0 1 0 0	1 1 1 1 1	0 0 0 0 1 0 0 0 0 0
6	1 1 0 0 0	1 1 1 1 0	0 0 0 1 0 0 0 0 0 0
7	0 1 0 0 1	1 1 1 0 0	0 0 1 0 0 0 0 0 0 0
8	1 0 0 0 1	1 1 0 0 0	0 1 0 0 0 0 0 0 0 0
9	1 0 0 1 0	1 0 0 0 0	1 0 0 0 0 0 0 0 0 0

Gegenüberstellung von Dualcode und BCD-Code

Beispiel, Erläuterung

Dezimalzahl: 843 → Dualcode: 1 1 0 1 0 0 1 0 1 1

Dezimalzahl: 8 4 3 → BCD-Code: 1 0 0 0 0 1 0 0 0 0 1 1

Im Unterschied zum Dualcode wird beim BCD-Code jede Ziffer der Dezimalzahl mit einer 4-Bit-Binärzahl codiert. Stehen z. B. für die binäre Codierung acht Bit zur Verfügung, können im Dualcode die Dezimalzahlen 0 bis 255 codiert werden, im BCD-Code nur die Dezimalzahlen 0 bis 99.

Zur Verfügung stehende Bits	Dualcode		BCD-Code	
	Anzahl der zu codierenden Dezimalzahlen	Zu codierender dezimaler Zahlenbereich	Anzahl der zu codierenden Dezimalstellen	Zu codierender dezimaler Zahlenbereich
4	$2^4 = 16$	0...15	1	0...9
8	$2^8 = 256$	0...255	2	0...99
12	$2^{12} = 4096$	0...4 095	3	0...999
16	$2^{16} = 65536$	0...65 535	4	0...9 999

Berechnung der Anzahl der zu codierenden Dezimalzahlen

$x = 2^n$

x Anzahl der zu codierenden Dezimalzahlen
n Anzahl der Bit

ASCII-Code

Der ASCII-Code (**A**merican **S**tandard **C**ode for **I**nformation-**I**nterchange) ist ein genormter 7-Bit-Code für insgesamt 128 Steuerbefehle, alphanummerische Zeichen und Sonderzeichen zum Datenaustausch. Das achte Bit (2^7) kann als Prüfbit bei der Datenübertragung genutzt werden.

Dezimal	Zeichen	Sedezimal	Dezimal	Zeichen	Sedezimal	Dezimal	Zeichen	Sedezimal	Dezimal	Zeichen	Sedezimal	Dezimal	Zeichen	Sedezimal
0	**NUL**	00	26	**SUB**	1A	52	**4**	34	78	**N**	4E	104	**h**	68
1	**SOH**	01	27	**ESC**	1B	53	**5**	35	79	**O**	4F	105	**i**	69
2	**STX**	02	28	**FS**	1C	54	**6**	36	80	**P**	50	106	**j**	6A
3	**ETX**	03	29	**GS**	1D	55	**7**	37	81	**Q**	51	107	**k**	6B
4	**EOT**	04	30	**RS**	1E	56	**8**	38	82	**R**	52	108	**l**	6C
5	**ENQ**	05	31	**US**	1F	57	**9**	39	83	**S**	53	109	**m**	6D
6	**ACK**	06	32	**SP**	20	58	**:**	3A	84	**T**	54	110	**n**	6E
7	**BEL**	07	33	**!**	21	59	**;**	3B	85	**U**	55	111	**o**	6F
8	**BS**	08	34	**„**	22	60	**<**	3C	86	**V**	56	112	**p**	70
9	**HT**	09	35	**#**	23	61	**=**	3D	87	**W**	57	113	**q**	71
10	**LF**	0A	36	**$**	24	62	**>**	3E	88	**X**	58	114	**r**	72
11	**VT**	0B	37	**%**	25	63	**?**	3F	89	**Y**	59	115	**s**	73
12	**FF**	0C	38	**&**	26	64	**@**	40	90	**Z**	5A	116	**t**	74
13	**CR**	0D	39	**'**	27	65	**A**	41	91	**[**	5B	117	**u**	75
14	**SO**	0E	40	**(**	28	66	**B**	42	92	****	5C	118	**v**	76
15	**SI**	0F	41	**)**	29	67	**C**	43	93	**]**	5D	119	**w**	77
16	**DLE**	10	42	*****	2A	68	**D**	44	94	**^**	5E	120	**x**	78
17	**DC1**	11	43	**+**	2B	69	**E**	45	95	**_**	5F	121	**y**	79
18	**DC2**	12	44	**,**	2C	70	**F**	46	96	**`**	60	122	**z**	7A
19	**DC3**	13	45	**-**	2D	71	**G**	47	97	**a**	61	123	**{**	7B
20	**DC4**	14	46	**.**	2E	72	**H**	48	98	**b**	62	124	**|**	7C
21	**NAK**	15	47	**/**	2F	73	**I**	49	99	**c**	63	125	**}**	7D
22	**SYN**	16	48	**0**	30	74	**J**	4A	100	**d**	64	126	**~**	7E
23	**ETB**	17	49	**1**	31	75	**K**	4B	101	**e**	65	127	**DEL**	7F
24	**CAN**	18	50	**2**	32	76	**L**	4C	102	**f**	66			
25	**EM**	19	51	**3**	33	77	**M**	4D	103	**g**	67			

Steuerbefehle

Befehl	Funktion	Befehl	Funktion
ACK	Acknowledge (Bestätigung)	FS	File separator (Hauptgruppentrennung)
BEL	Bell (Klingel)	GS	Group separator (Gruppentrennung)
BS	Backspace (Rückwärtsschritt)	HT	Horizontal tabulation (Horizontaler Tabulator)
CAN	Cancel (ungültig)	LF	Line feed (Zeilenvorschub)
CR	Carriage return (Wagenrücklauf)	NAK	Negative acknowledge (Negativ-ACK)
DC	Device control 1...4 (Steuerzeichen)	NUL	Null (Null)
DEL	Delete (Löschen)	RS	Record separator (Untergruppentrennung)
DLE	Data link escape (Kontrollinformation)	SI	Shift in (Dauerumschaltung)
EM	End of medium (Datenträgerende)	SO	Shift out (Rückschaltung)
ENQ	Enquiry (Anforderung)	SOH	Start of heading (Kopfzeilenbeginn)
EOT	End of transmission (Übertragungsende)	SP	Space (Leerzeichen)
ESC	Escape (Umschaltung)	STX	Start of text (Textanfang)
ETB	End of transmission block (Ende des Übertragungsblockes)	SUB	Substitute (Ersetzen)
		SYN	Synchronous idle (Synchronisierung)
ETX	End of text (Textende)	US	Unit separator (Teilgruppentrennung)
FF	Form feed (Formularvorschub)	VT	Vertical tabulation (vertikaler Tabulator)

Strichcodes (Barcodes)

Begriff, Bedeutung

- Strichcodes sind Binärcodes für eine maschinelle Erkennung mittels Lesestift oder Laserscanner.
- Jedes Zeichen setzt sich aus Balken (Bars) und Lücken zusammen.
- Mehrere Zeichen stehen ohne Trennnungszeichen nebeneinander.

Arten von Strichcodes

Bezeichnung	Zeichenvorrat	Anwendung
EAN-Code	Ziffern 0...9, Rand- und Trennzeichen	Handelscode zur Warenidentifikation
Linearcode	Ziffern 0...9	Code für Postleitzahlen
Code 2/5	Ziffern 0...9, Start- und Stoppzeichen	Industriecode, z. B. für Lagersysteme
Code 39	Ziffern 0...9, 26 Alpha-, 7 Sonderzeichen	Für die Verschlüsselung alphanumerischer Zeichen
Code 128	ASCII-Zeichensatz (128)	

EAN-Code (EAN: European Article Numbering; Europäische Artikel-Nummerierung)

Ziffer	Satz A	Satz B	Satz C
0	0001101	0100111	1110010
1	0011001	0110011	1100110
2	0010011	0011011	1101100
3	0111101	0100001	1000010
4	0100011	0011101	1011100
5	0110001	0111001	1001110
6	0101111	0000101	1010000
7	0111011	0010001	1000100
8	0110111	0001001	1001000
9	0001011	0010111	1110100

- Die Codierung besteht aus zwei Hälften mit je 6 Ziffern und enthält verlängerte Rand- und Trennzeichen.
- Jede Ziffer besteht aus 7 binären Elementen. Dabei gilt: Balken ⇒ 1, Lücke ⇒ 0.
- Zur Codierung werden drei Zeichensätze A, B und C verwendet. Abhängig von der Nationalität werden z. B. die linken 6 Zeichen in der Zeichensatzfolge ABBABA codiert, die rechten 6 Zeichen mit dem Zeichensatz C.
- Die Zeichensätze A und B weisen links jeweils eine Null und rechts eine Eins auf, der Zeichensatz C dagegen links eine Eins und rechts eine Null.

Code 2/5

Ziffer	0	1	2	3	4	5	6	7	8	9
Code	00110	10001	01001	11000	00101	10100	01100	00011	10010	01010

Industrial:

Die Ziffern sind – links beginnend – durch 5 Balken verschlüsselt. Lücken beinhalten keine Information. Dabei gilt: breiter Balken ⇒ 1; schmaler Balken ⇒ 0.

Interleaved (überlappt):

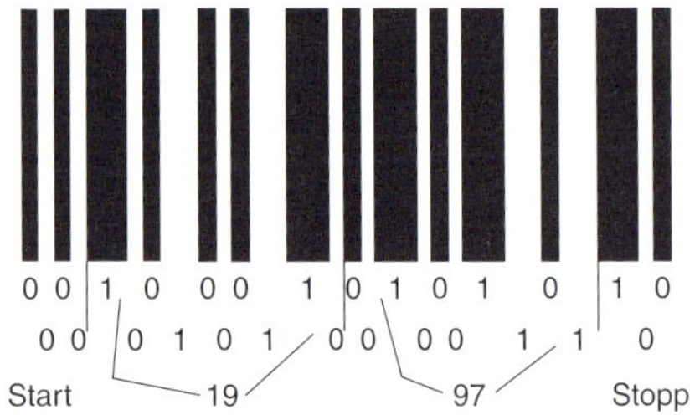

Die Ziffern sind – links beginnend – abwechselnd durch 5 Balken und durch 5 Lücken verschlüsselt. Dabei gilt: breiter Balken/breite Lücke ⇒ 1, schmaler Balken/schmale Lücke ⇒ 0.

Rechnen mit komplexen Zahlen, Zahlenmengen, Geometrie

Zeichen	Sprechweise	Anwendung, Erläuterung, Verwendung
Zeichen und Schreibweise der komplexen Rechnung		
i oder j	Imaginäre Einheit	$i^2 = j^2 = -1$; $i = j = \sqrt{-1}$, $z = x + i\,y$ z ist eine komplexe Zahl.
Re	Realteil einer komplexen Zahl	$\mathrm{Re}\,z = x$ oder $\mathrm{Re}\,z = \frac{1}{2}(z + \bar{z})$
Im	Imaginärteil einer komplexen Zahl	$\mathrm{Im}\,z = y$ oder $\mathrm{Im}\,z = \frac{1}{2 \cdot i}(z - \bar{z})$
$\bar{z}$; z^*	Konjugiert-komplexe Zahl von z	$\bar{z} = \mathrm{Re}\,z - i\,\mathrm{Im}\,z$ In der Mathematik sind i und $\bar{z}$ und in der Elektrotechnik j und z^* üblich.
Zahlenmengen		
N	Natürliche Zahlen	Positive ganze Zahlen einschließlich der Zahl 0
Z	Ganze Zahlen	Negative und positive ganze Zahlen einschließlich der Zahl 0
Q	Rationale Zahlen	Zahlen, die sich aus dem Quotienten von zwei ganzen Zahlen ergeben
R	Reelle Zahlen	Reelle Zahlen sind rationale und irrationale Zahlen (e und π sind z. B. irrationale Zahlen).
(a, b)	Offenes Intervall von a bis b	$a < x < b$; x ist eine Zahl zwischen a und b ausschließlich der beiden Zahlen a und b. Das heißt, die Zahlen a und b gehören nicht zur Zahlenmenge des Intervalls.
$[a, b]$	Abgeschlossenes Intervall	$a \le x \le b$; x ist eine Zahl zwischen a und b einschließlich der beiden Zahlen a und b. Das heißt, die Zahlen a und b gehören noch zur Zahlenmenge des Intervalls.
$[a, b)$	Linksseitig geschlossenes und rechtsseitig offenes Intervall (halboffenes Intervall)	$a \le x < b$; x ist eine Zahl zwischen a und b einschließlich der Zahl a und ausschließlich der Zahl b. Das heißt, die Zahl a gehört noch und die Zahl b gehört nicht mehr zur Zahlenmenge des Intervalls.
$(a, b]$	Linksseitig offenes und rechtsseitig geschlossenes Intervall (halboffenes Intervall)	$a < x \le b$; x ist eine Zahl zwischen a und b ausschließlich der Zahl a und einschließlich der Zahl b. Das heißt, die Zahl a gehört nicht mehr und die Zahl b gehört noch zur Zahlenmenge des Intervalls.
Geometrie		
$\perp$	Orthogonal, rechtwinklig, senkrecht	$g \perp h$ g ist orthogonal zu h, zwischen g und h besteht ein Rechter Winkel.
$\parallel$	Parallel	$g \parallel h$ g ist parallel zu h.
$\uparrow\uparrow$	Gleichsinnig parallel	$g \uparrow\uparrow h$ g ist gleichsinnig parallel zu h.
$\uparrow\downarrow$	Gegensinnig parallel	$g \uparrow\downarrow h$ g ist gegensinnig parallel zu h.
$\sphericalangle$	Nicht orientierter Winkel	$\sphericalangle$ Winkel zwischen zwei Strahlen
R oder ⊾	Rechter Winkel	⊾ Rechter Winkel (90°) zwischen zwei Strahlen
—	Strecke	$\overline{AB}$ Strecke von Punkt A nach Punkt B
⌒	Bogen	$\overset{\frown}{AB}$ Bogen eines Kreises zwischen den Punkten A und B
d	Abstand, Distanz	$d\,(AB)$ Abstand zwischen den Punkten A und B
$\cong$	Kongruent	$M \cong N$ M ist kongruent zu N (übereinstimmend, deckungsgleich).

Winkelangaben und Gesetzmäßigkeiten für Dreiecke

Winkel im Bogen- und Gradmaß

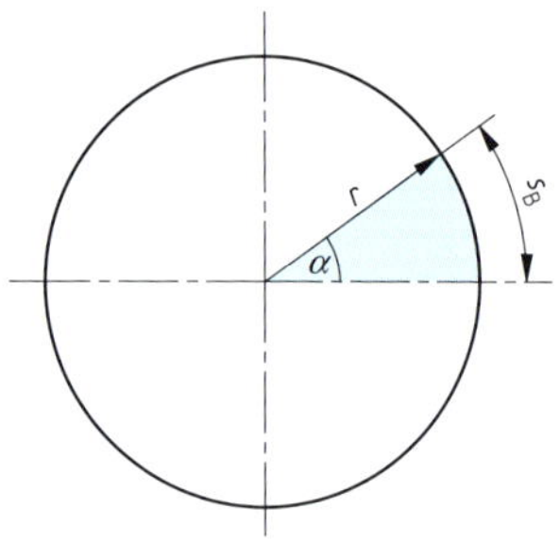

Der Winkel $\widehat{\alpha}$ im Bogenmaß ist das Verhältnis von Bogenstück s_B zum Radius r.
Das Bogenstück s ist gleich dem Umfang U des Kreises bei einer vollständigen Umdrehung.
Daraus folgt für einen Vollkreis:

$$\widehat{\alpha} = \frac{s_B}{r} \Rightarrow \widehat{\alpha} = \frac{U}{r} \Rightarrow \widehat{\alpha} = \frac{2 \cdot \pi \cdot r}{r} \Rightarrow \widehat{\alpha} = 2 \cdot \pi$$

Zwischen dem Winkel α im Gradmaß und dem Winkel $\widehat{\alpha}$ im Bogenmaß besteht folgender Zusammenhang:

$\frac{\alpha}{\widehat{\alpha}} = \frac{360°}{2 \cdot \pi}$	$\alpha = \widehat{\alpha} \cdot \frac{360°}{2 \cdot \pi}$	$\widehat{\alpha} = \alpha \cdot \frac{2 \cdot \pi}{360°}$

Rechtwinkliges Dreieck

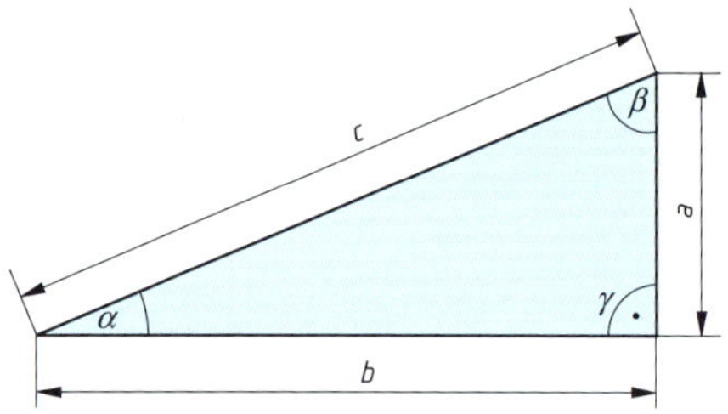

Die drei Seiten a, b und c eines Dreiecks schließen insgesamt einen Winkel von 180° ein ($\alpha + \beta + \gamma = 180°$).
Die längste Seite heißt **Hypotenuse** und liegt dem Winkel γ gegenüber.
Die beiden anderen Seiten heißen **Katheten**.
Betrachtet man in der Abbildung den Winkel α, dann gilt:
Die Seite ***a* ist die Gegenkathete** und
die Seite ***b* ist die Ankathete**.
Betrachtet man in der Abbildung den Winkel β, dann gilt:
Die Seite ***a* ist die Ankathete** und
die Seite ***b* ist die Gegenkathete**.

Satz von Pythagoras für das rechtwinklige Dreieck

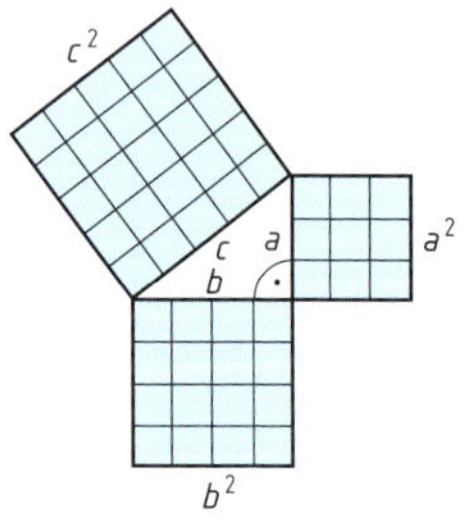

Der Satz von Pythagoras sagt aus:
Die Summe der Kathetenquadrate ist gleich dem Quadrat der Hypotenuse.

$c^2 = a^2 + b^2$ oder $c = \sqrt{a^2 + b^2}$

c	Hypotenuse
a, b	Katheten

Strahlensatz für ähnliche Dreiecke

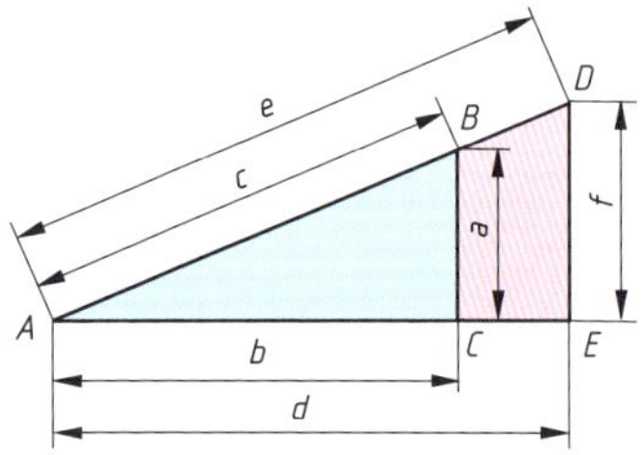

In ähnlichen Dreiecken verhalten sich die Seiten des Dreiecks (ABC) wie die gleichliegenden Seiten des Dreiecks (ADE).

$\frac{a}{b} = \frac{f}{d}$	$\frac{a}{c} = \frac{f}{e}$	$\frac{b}{c} = \frac{d}{e}$

Trigonometrische Funktionen und ihre Umkehrungen

Zeichen	Sprechweise	Erläuterung, Verwendung
sin	Sinus	$\sin\alpha = \frac{\text{Gegenkathete}}{\text{Hypotenuse}}$ Sprich: Sinus von α
cos	Cosinus	$\cos\alpha = \frac{\text{Ankathete}}{\text{Hypotenuse}}$ Sprich: Cosinus von α
tan	Tangens	$\tan\alpha = \frac{\text{Gegenkathete}}{\text{Ankathete}} = \frac{\sin\alpha}{\cos\alpha}$ Sprich: Tangens von α
cot	Cotangens	$\cot\alpha = \frac{\text{Ankathete}}{\text{Gegenkathete}} = \frac{\cos\alpha}{\sin\alpha} = \frac{1}{\tan\alpha}$ Sprich: Cotangens von α Der Cotangens ist der Kehrwert des Tangens.
Arcsin	Arcussinus	Arcsin α Sprich: Arcussinus von α Umkehrung von Sinus, beschränkt auf Intervall [–90°, 90°] oder $\left[-\frac{\pi}{2}, \frac{\pi}{2}\right]$
Arccos	Arcuscosinus	Arccos α Sprich: Arcuscosinus von α Umkehrung von Cosinus, beschränkt auf Intervall [0°, 180°] oder [0, π]
Arctan	Arcustangens	Arctan α Sprich: Arcustangens von α Umkehrung von Tangens, beschränkt auf Intervall [–90°, 90°] oder $\left[-\frac{\pi}{2}, \frac{\pi}{2}\right]$
Arccot	Arcuscotangens	Arccot α Sprich: Arcuscotangens von α Umkehrung von Cotangens, beschränkt auf Intervall [0°, 180°] oder [0, π]

Ableitung der trigonometrischen Funktionen vom Einheitskreis

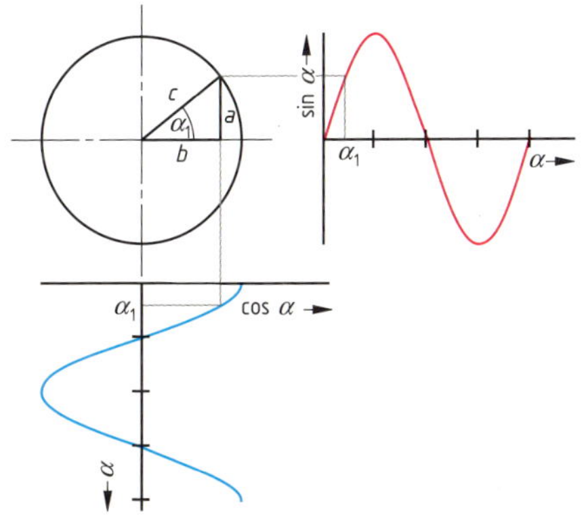

In den Kreis mit dem Radius 1 (Einheitskreis) wird ein rechtwinkliges Dreieck eingezeichnet. Die Hypotenuse ist dann gleich dem Radius 1.
Die Gegenkathete *a* ist gleich dem $\sin\alpha$ und die Ankathete *b* gleich dem $\cos\alpha$.
Der Winkel α wird im mathematisch positiven Sinn linksherum (gegen den Uhrzeigersinn) gezählt.
Da sich die Werte für die Gegenkathete und für die Ankathete für Winkel von
$\alpha + n \cdot 360°$ oder $\alpha + n \cdot 2 \cdot \pi$
(n = ... –2; –1; 0; +1; +2 ...)
wiederholen, werden die Werte nur für Winkel des Intervalls [0°, 360°] oder [0, 2π] angegeben.

Vorzeichen der trigonometrischen Funktionen für die vier Quadranten

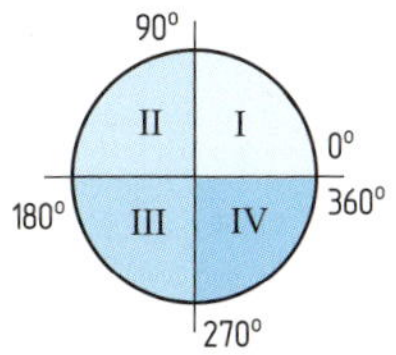

Quadrant	Winkel		Vorzeichen der Werte von			
	α in °	α in rad	sin	cos	tan	cot
I	0...90	0...π/2	+	+	+	+
II	90...180	π/2...π	+	–	–	–
III	180...270	π...3π/2	–	–	+	+
IV	270...360	3π/2...2π	–	+	–	–

Flächen- und Körperberechnungen

Formelzeichen

a, b, c, d	Kantenlänge	d	Diagonale	r_a	Außenradius	U	Umfang	d_m	mittlerer Durchmesser
α, β, γ	Winkel	d	Durchmesser	r_i	Innenradius	A	Fläche		
h	Höhe	d_m	mittlerer Durchm.	d	Durchmesser	V	Volumen	U_m	Umfang

Flächenform	Formeln	Flächenform	Formeln
Quadrat 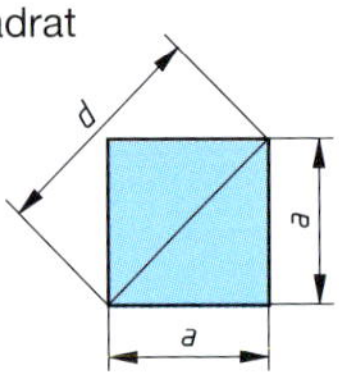	$d = \sqrt{2} \cdot a$ $U = 4 \cdot a$ $A = a^2$	Kreis 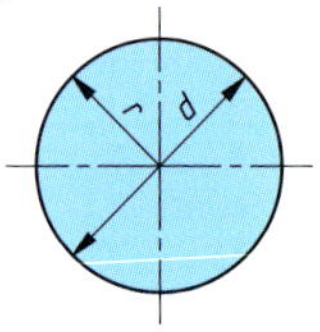	$d = 2 \cdot r$ $U = 2 \cdot \pi \cdot r$ $U = \pi \cdot d$ $A = \pi \cdot r^2$ $A = \frac{\pi \cdot d^2}{4}$
Rechteck 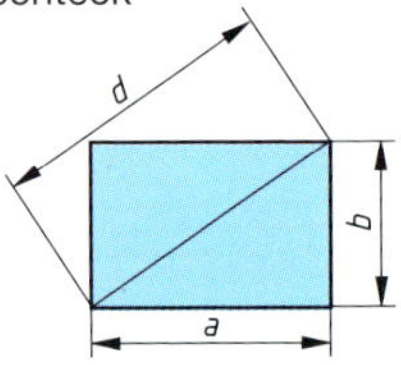	$d = \sqrt{a^2 + b^2}$ $U = 2 \cdot (a + b)$ $A = a \cdot b$	Kreisring 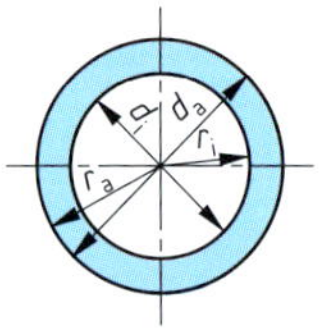	$d_m = \frac{d_i + d_a}{2}$ $U_m = \pi \cdot d_m$ $A = \pi \cdot (r_a^2 - r_i^2)$ $A = \frac{\pi}{4} \cdot (d_a^2 - d_i^2)$
Dreieck 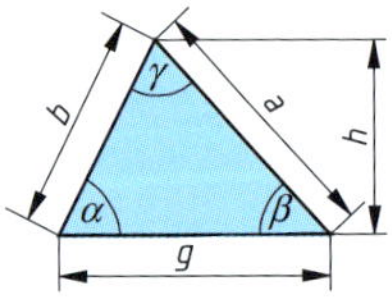	$U = a + b + g$ $A = \frac{g \cdot h}{2}$ $\alpha + \beta + \gamma = 180°$	Regelmäßiges n-Eck 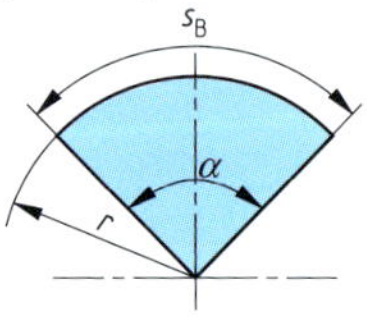	$s_B = \frac{\pi \cdot r \cdot \alpha}{180°}$ $A = \frac{s_B \cdot r}{2}$ s_B Bogenstrecke
Würfel 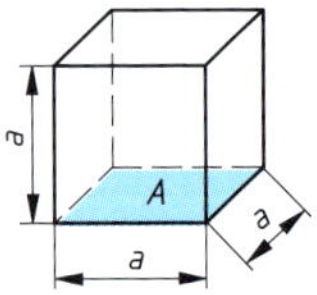	$d = a \cdot \sqrt{3}$ $A = a^2$ $A_0 = 6 \cdot a^2$ $V = a^3$	Zylinder 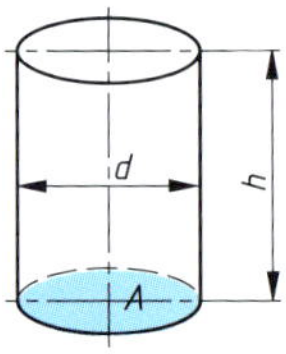	$A = \frac{\pi \cdot d^2}{4}$ $A_M = \pi \cdot d \cdot h$ $A_0 = 2 \cdot A + A_M$ $V = A \cdot h$ $V = \frac{\pi \cdot d^2 \cdot h}{4}$
Prisma 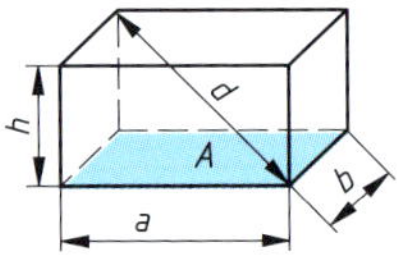	$d = \sqrt{a^2 + b^2 + h^2}$ $A = a \cdot b$ $A_0 = 2 \cdot (ab + ah + bh)$ $V = A \cdot h$ $V = a \cdot b \cdot h$	Hohlzylinder 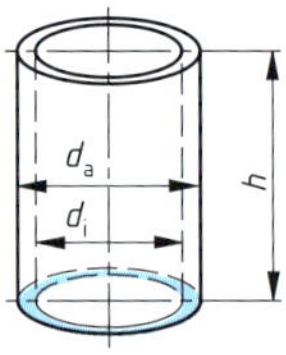	$A = \frac{\pi}{4} \cdot (d_a^2 - d_i^2)$ $A_M = \pi \cdot h \cdot (d_a - d_i)$ $A_0 = 2 \cdot A + A_M$ $V = \frac{\pi \cdot h}{4} \cdot (d_a^2 - d_i^2)$
Pyramide 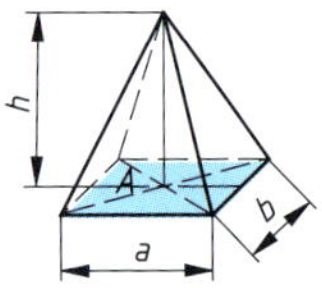	$A = a \cdot b$ $A_M = a \cdot \sqrt{h^2 + \frac{b^2}{4}}$ $+ b \cdot \sqrt{h^2 + \frac{a^2}{4}}$ $V = \frac{a \cdot b \cdot h}{3}$	Kegel 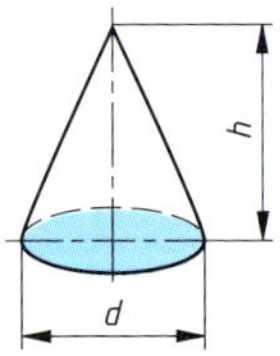	$A = \frac{\pi \cdot d^2}{4}$ $A_M = \frac{\pi \cdot d}{2} \cdot \sqrt{\frac{d^2}{4} + h^2}$ $V = \frac{\pi \cdot d^2 \cdot h}{12}$

Physikalische Größen der Bewegungslehre

Translation (geradlinige Bewegung)		Rotation (kreisförmige Bewegung	
Begriff, Diagramm	**Formeln**	**Begriff, Diagramm**	**Formeln**
Geradlinige Bewegung 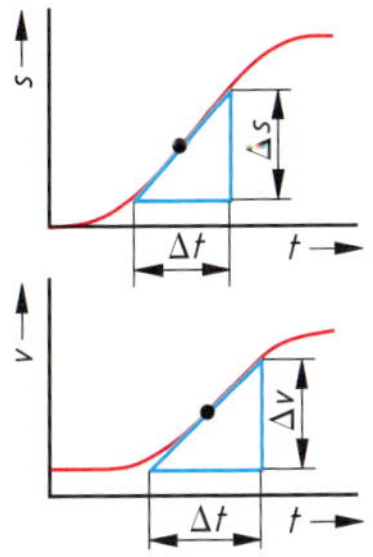 	$v = \frac{\Delta s}{\Delta t}$; $v = \frac{s_2 - s_1}{t_2 - t_1}$ $a = \frac{\Delta v}{\Delta t}$; $a = \frac{v_2 - v_1}{t_2 - t_1}$ s Strecke in m v Geschwindigkeit in m/s a Beschleunigung in m/s² t Zeit in s Umrechnung: 1 m/s = 3,6 km/h	Kreisförmige Bewegung 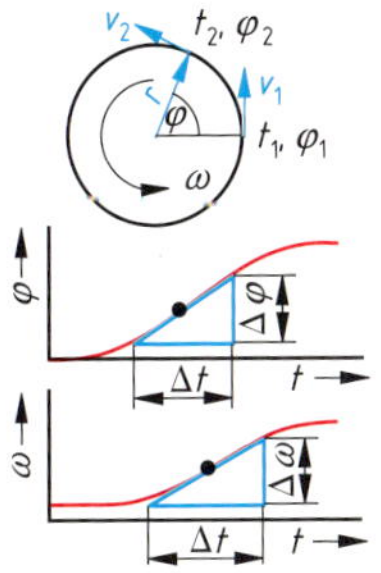 	$\omega = \frac{\Delta\varphi}{\Delta t}$; $\omega = \frac{\varphi_2 - \varphi_1}{t_2 - t_1}$ $\alpha = \frac{\Delta\omega}{\Delta t}$; $\alpha = \frac{\omega_2 - \omega_1}{t_2 - t_1}$ $v = r \cdot \omega$ φ Drehwinkel in rad ω Winkelgeschwindigkeit in 1/s (rad/s) α Winkelbeschleunigung in 1/s² (rad/s²) v Bahngeschwindigkeit in m/s r Bahnradius in m
Gleichförmige Bewegung 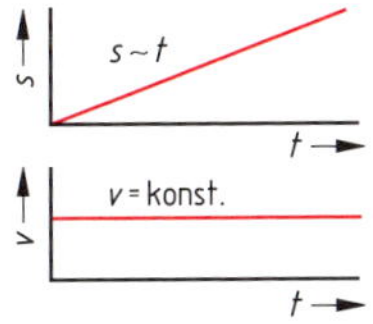 	$s = v \cdot t$ $v = \frac{s}{t}$	Gleichförm. Drehbewegung 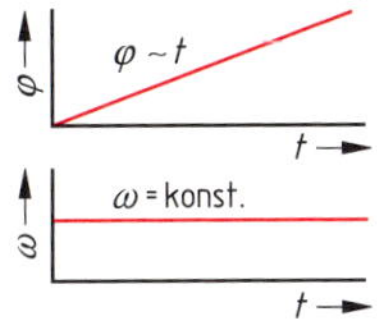 	$\omega = \frac{\varphi}{t} = 2 \cdot \pi \cdot n$ $v = r \cdot \omega$ $n = \frac{1}{T}$ n Drehzahl in 1/s T Umlaufzeit in s
Gleichmäßig beschleunigte Bewegung aus der Ruhe 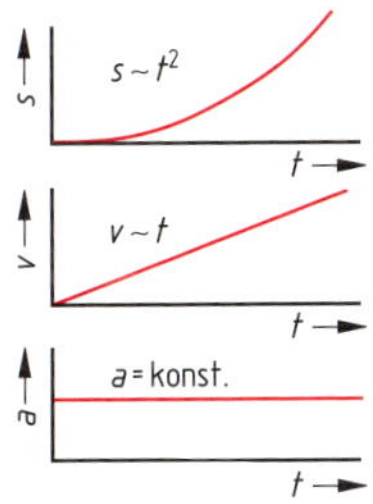 	$s = \frac{a \cdot t^2}{2} = \frac{v \cdot t}{2}$ $v = a \cdot t$ $a = \frac{v}{t}$ Der Freie Fall ist ein Sonderfall der gleichmäßig beschleunigten Bewegung. Hierfür gilt: $a = g$ und $s = h$ g Fallbeschleunigung $g = 9{,}81\ \text{m/s}^2$ h Fallhöhe in m	Gleichmäßig beschleunigte Drehbewegung aus der Ruhe 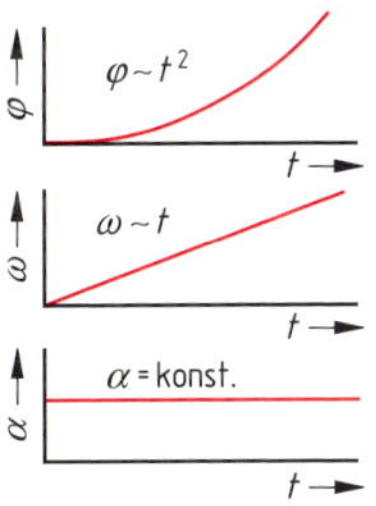 	$\varphi = \frac{\alpha \cdot t^2}{2} = \frac{\omega \cdot t}{2}$ $\omega = \alpha \cdot t$; $\alpha = \frac{\omega}{t}$ $v = r \cdot \alpha \cdot t = r \cdot \omega$
Gleichmäßig beschleunigte Bewegung mit Anfangsgeschwindigkeit 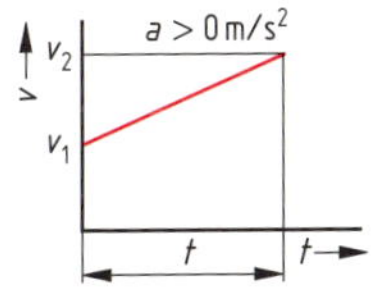 	$s = v_1 \cdot t + \frac{a \cdot t^2}{2} = \frac{v_1 + v_2}{2} \cdot t$ $v_2 = v_1 + a \cdot t$ $a = \frac{v_2 - v_1}{t}$ $a > 0$, wenn $v_2 > v_1$ Es handelt sich um eine gleichmäßig positiv beschleunigte Bewegung.	Kräfte und Beschleunigung 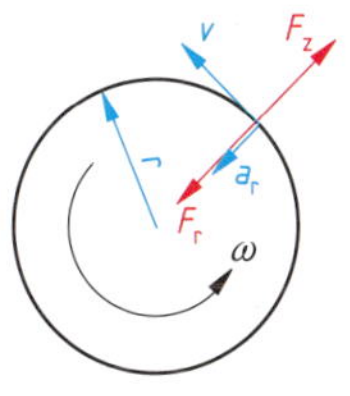 	$F_z = m \cdot r \cdot \omega^2 = \frac{m \cdot v^2}{r}$ $F_z = F_z$ $a_r = \frac{v^2}{r} = \omega^2 \cdot r$ F_z Zentrifugalkraft in N F_r Zentripetalkraft in N a_r Radialbeschleunigung in m/s²
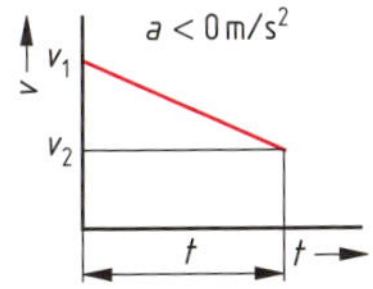 	$a < 0$, wenn $v_2 < v_1$ Es handelt sich um eine gleichmäßig negativ beschleunigte oder gleichmäßig verzögerte Bewegung.	Die Zentripetalkraft F_r (Radialkraft) wirkt zum Drehpunkt hin und hält den Körper auf der Kreisbahn. Ihr wirkt die Zentrifugalkraft F_z (Fliehkraft) entgegen. Die Radialbeschleunigung a_r ergibt sich daraus, dass der Köper auf der Kreisbahn stets seine Geschwindigkeitsrichtung ändert.	

Masse, Kraft und Gewichtskraft

Größe	Formel(-zeichen)	Erläuterungen
Masse	*m* Masse in kg	• **Die Masse ist eine ortsunabhängige Größe.** • Die Masse eines Körpers hat die beiden Eigenschaften Trägheit und Schwere. • Die **Trägheit** ist die Eigenschaft eines Körpers, seinen momentanen Bewegungzustand (geradlinige Bewegung mit konstanter Geschwindigkeit) beizubehalten. Der momentane Bewegungszustand ändert sich nur durch eine äußere Krafteinwirkung. • Die **Schwere** eines Körpers ist die gegenseitige Anziehung von Körpern (Gravitation).
Kraft	$F = m \cdot a$ *F* Kraft in N (Newton) $1\ \text{N} = 1\ \text{kg} \cdot 1\ \frac{\text{m}}{\text{s}^2}$	• Die Kraft ist eine Größe, die den Bewegungszustand eines Körpers (Zustand der Ruhe oder die geradlinige Bewegung mit konstanter Geschwindigkeit) verändert. Wird ein Körper beschleunigt (Geschwindigkeits- oder Richtungsänderung), so muss zur Überwindung der Trägheit eine Kraft auf den Körper wirken. • Die Kraft ist das Produkt aus Masse mal Beschleunigung.
Gewichtskraft	$F_G = m \cdot g$ F_G Gewichtskraft in N g Fallbeschleunigung in m/s^2	• **Die Gewichtskraft** (Schwere eines Körpers) **ist ortsabhängig**. • Die Gewichtskraft ist gleich der Schwere eines Körpers. Sie ist das Produkt aus der Masse eines Körpers mal der ortsabhängigen Fallbeschleunigung *g*.

Vektoreigenschaft und Darstellung einer Kraft

Zeichnung	Erläuterungen
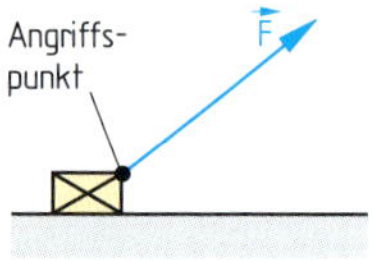	• Der **Vektor** ist eine Größe, die durch den Betrag und die Richtung gekennzeichnet ist. • Die Kraft ist ein Vektor (gerichtete Größe); sie wird zeichnerisch als Pfeil dargestellt. • Eine Kraft ist durch ihren Betrag (entspricht der Pfeillänge), ihren Richtungssinn (entspricht der Pfeilspitze) und ihre Wirkungslinie (entspricht der Pfeillinie) bestimmt.
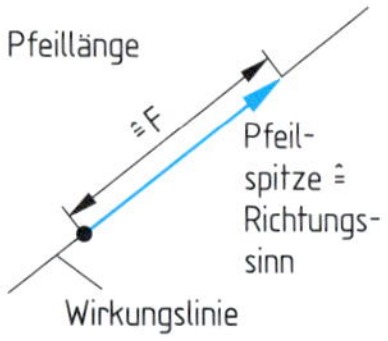	• $\vec{F}$ ist die Vektorschreibweise der Kraft (Betrag und Richtung). • *F* ist die Schreibweise für den Betrag der Kraft (ohne Richtungsangabe). • Der Angriffspunkt der Kraft kann entlang der Wirkungslinie verschoben werden, ohne dass sich die Wirkung der Kraft ändert. • Die Gewichtskraft ist immer lotrecht auf den Massenmittelpunkt der Erde gerichtet.

Addition von Kräften

Begriff, Zeichnung	Formeln	Erläuterungen
Gemeinsame Wirkungslinie $\alpha = 0°$ 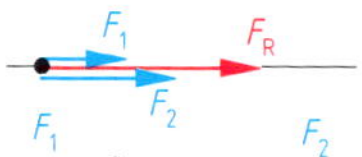	$F_R = F_1 + F_2$	Kräfte, die auf einer gemeinsamen Wirkungslinie wirken, können **arithmetisch addiert** werden.
$\alpha = 180°$ 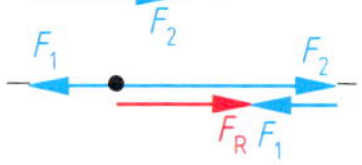	$F_R = F_1 - F_2$	Die nach rechts wirkenden Kräfte werden positiv und die nach links wirkenden negativ gezählt.
Verschiedene Wirkungslinien 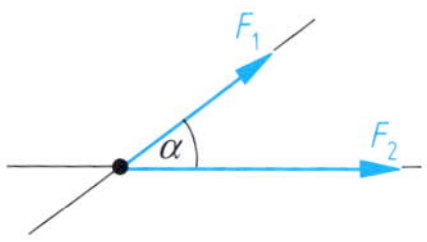	$F_R = \sqrt{F_1^2 + F_2^2 + 2 \cdot F_1 \cdot F_2 \cdot \cos\alpha}$ F_1, F_2 Kräfte in N F_R resultierende Kraft in N α Winkel zwischen F_1 und F_2	Kräfte, die auf keiner gemeinsamen Wirkungslinie wirken, müssen **geometrisch addiert** werden, das heißt Addition unter Berücksichtigung der Richtungen.

Addition von Kräften (Fortsetzung)

Begriff, Zeichnung	Formeln	Erläuterungen
Kräfteparallelogramm 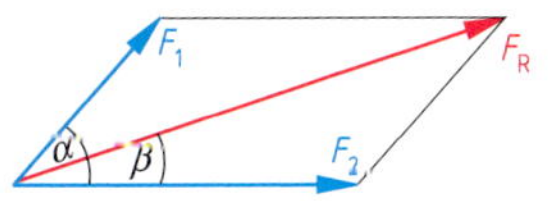 Kraftpfeilverschiebung 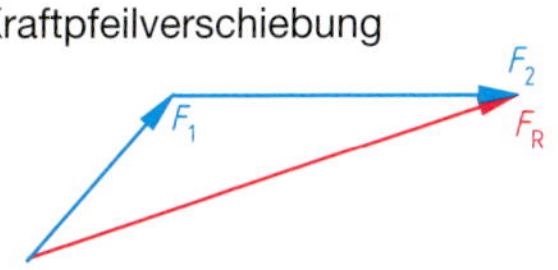	$F_R = \sqrt{F_1^2 + F_2^2 + 2 \cdot F_1 \cdot F_2 \cdot \cos\alpha}$ F_1, F_2 Kräfte in N F_R resultierende Kraft in N α Winkel zwischen den beiden Kräften F_1 und F_2 β Winkel zwischen den Kräften F_2 und F_R	• Die resultierende Kraft ist gleich der Diagonalen des Kräfteparallelogramms. • Die resultierende Kraft ist gleich dem Pfeil vom Angriffspunkt bis zur Spitze des letzten verschobenen Kraftpfeils.
Zerlegung in Kraftkomponenten 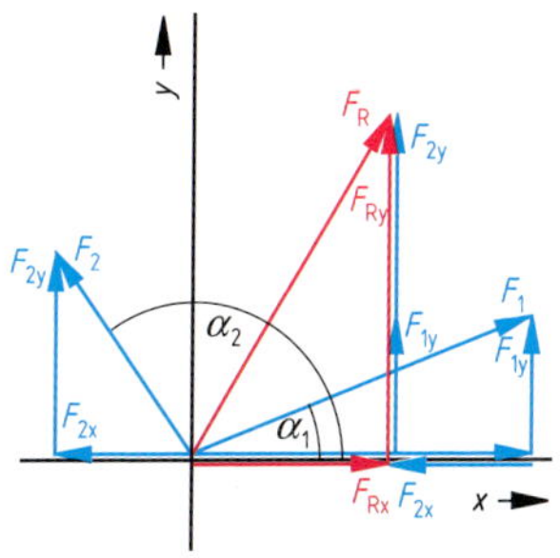	$F_X = F \cdot \cos\alpha$ $F_Y = F \cdot \sin\alpha$ $F_{RX} = F_{X1} + F_{X2} + ... + F_{Xn}$ $F_{RY} = F_{Y1} + F_{Y2} + ... + F_{Yn}$ $F_R = \sqrt{F_{RX}^2 + F_{RY}^2}$ F Kraft in N F_X Kraftkomponente in X-Richtung in N F_Y Kraftkomponente in Y-Richtung in N n Anzahl der Kräfte a Winkel zwischen der X-Achse und der Kraft	• Zur rechnerischen Addition von Kräften werden die einzelnen Kräfte in Kraftkomponenten (Kraftanteile in X- und Y-Richtung) zerlegt. • Zur Bestimmung der Resultierenden werden die einzelnen Kraftkomponenten für die X- und Y-Richtung getrennt addiert. • Der Betrag der Resultierenden ist nach Pythagoras aus den beiden Kraftkomponenten F_{RX} und F_{RY} zu berechnen.

Drehmoment

Begriff, Zeichnung	Formeln	Erläuterungen
Hebel 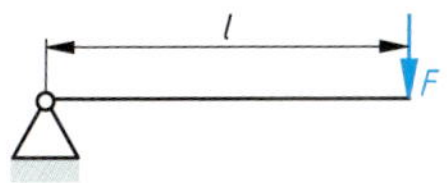 Welle 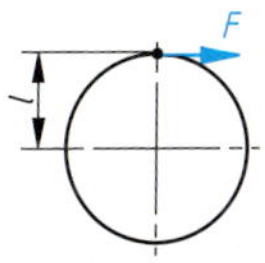	$M = F \cdot l$ M Drehmoment in Nm (Newtonmeter) F Kraftkomponente in N, wirkt senkrecht auf den Hebelarm l Hebelarm in m	• Drehmoment ist eine Größe, die einen Körper in eine Drehbewegung versetzt. • Die Kraft F ist die Kraftkomponente, die senkrecht auf den Hebelarm wirkt. • Je länger der Hebelarm, desto kleiner die Kraftkomponente für dasselbe Drehmoment.

Drehmomentengleichung

Begriff, Zeichnung	Formeln	Erläuterungen
Einarmiger Hebel 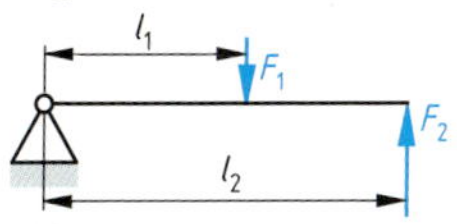 Zweiarmiger Hebel 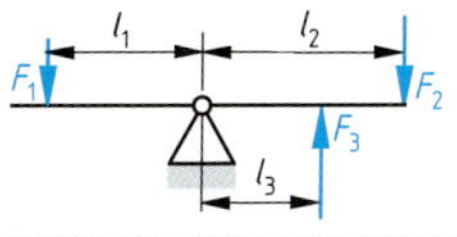	$\sum M_{li} = \sum M_{re}$ einarmiger Hebel: $M_1 = M_2$; $F_1 \cdot l_1 = F_2 \cdot l_2$ zweiarmiger Hebel: $M_1 + M_3 = M_2$; $F_1 \cdot l_1 + F_3 \cdot l_3 = F_2 \cdot l_2$ M_{li} linksdrehende Momente in Nm M_{re} rechtsdrehende Momente in Nm F_1, F_2, F_3 Kräfte in N l_1, l_2, l_3 Hebelarme in m	Für den Ruhezustand des Hebels (der Hebel führt keine Drehbewegung aus) gilt, dass die Summe der linksdrehenden Momente gleich der Summe der rechtsdrehenden Momente ist.

Arbeit, Arbeitsarten

Arbeitsart	Formeln	Erläuterungen
Arbeit, allgemein (Definition) 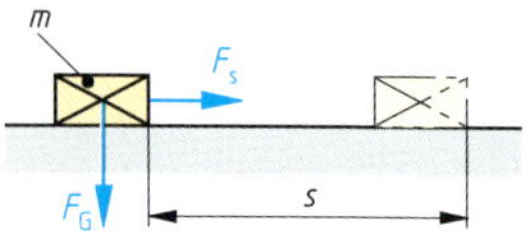 	$W = F_s \cdot s$ W Arbeit in Nm F_s Kraft in Wegrichtung in N s Weg in m 1 Nm = 1 J (Joule) 1 Nm = 1 Ws (Wattsekunde)	• Arbeit wird verrichtet, wenn eine Kraft F_s (Kraft in Wegrichtung) einen Körper entlang des Weges s verschiebt. • Die Kraft F_s und der Weg s sind gleichgerichtet (parallel).
Hubarbeit 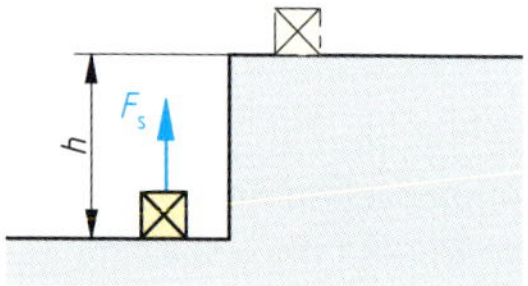 	$W_H = F_s \cdot h$; $F_s = F_G$ $W_H = m \cdot g \cdot h$ W_H Hubarbeit in Nm F_G Gewichtskraft in N m Masse in kg g Erdbeschleunigung in m/s² h Höhe in m	• Hubarbeit wird verrichtet, wenn ein Körper entgegen der Erdanziehung angehoben wird. • Die zu verrichtende Hubarbeit ist unabhängig von dem tatsächlich zurückgelegten Weg.
Beschleunigungsarbeit 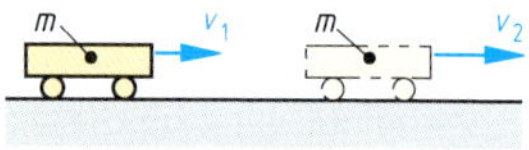 	$W_a = \frac{1}{2} \cdot m \cdot (v_2^2 - v_1^2)$ W_a Beschleunigungsarbeit in Nm m Masse in kg v_1 Anfangsgeschwindigkeit in m/s v_2 Endgeschwindigkeit in m/s	• Beschleunigungsarbeit ist die Arbeit, die zur Überwindung der Trägheit eines Körpers verrichtet werden muss. • Die Beschleunigungsarbeit ist **unabhängig** von der Beschleunigungszeit.

Energiearten

Energieart	Formeln	Erläuterungen
Potenzielle Energie (Lageenergie) 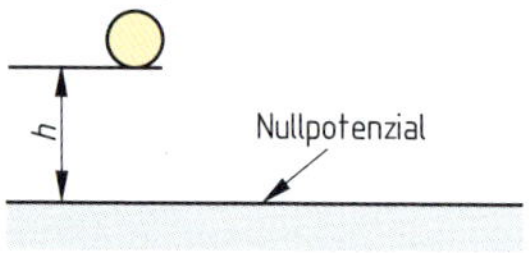 	$E_{pot} = m \cdot g \cdot h$ E_{pot} potenzielle Energie in Nm m Masse in kg g Erdbeschleunigung in m/s² h Höhe, bezogen auf das Nullpotenzial in m	• Wird ein Körper angehoben, so wird die verrichtete Hubarbeit als potenzielle Energie gespeichert. • Die potenzielle Energie ist gleich der gespeicherten Hubarbeit. • Die potenzielle Energie bezieht sich auf das Nullpotenzial.
Kinetische Energie (Bewegungsenergie) 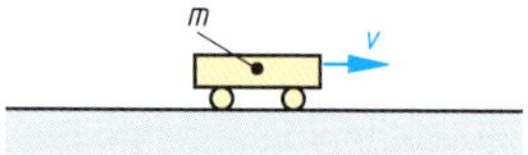 	$E_{kin} = \frac{1}{2} \cdot m \cdot v^2$ E_{kin} kinetische Energie in Nm m Masse in kg v Momentangeschwindigkeit in m/s	• Die verrichtete Beschleunigungsarbeit wird als kinetische Energie gespeichert. • Die kinetische Energie ist gleich der verrichteten Beschleunigungsarbeit.

Energieerhaltungssatz

Zeichnung	Formeln	Erläuterungen
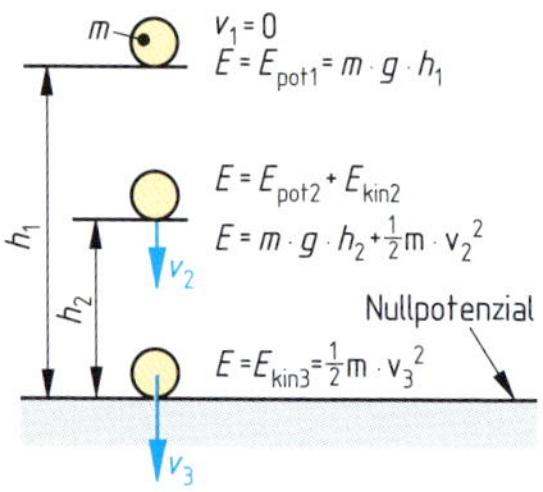 	$E = E_{pot} + E_{kin} + E_v = \text{konstant}$ E Gesamtenergie in Nm E_{pot} potenzielle Energie in Nm E_{kin} kinetische Energie in Nm E_v „Verlustenergie" in Nm Arbeits- und Energieeinheiten 1 Nm = 1 J = 1 Ws 1 kWh = 3 600 000 Ws J Joule Ws Wattsekunde kWh Kilowattstunde	• Wird Energie umgewandelt, so ist die Gesamtenergie des Systems zu jedem Zeitpunkt und an jedem Ort gleich groß. • Da bei jeder Umwandlung ein „Verlust" auftritt, muss die „Verlustenergie" bei der Energiebilanz berücksichtigt werden. • Die „Verlustenergie" wird meistens in Reibungsarbeit umgewandelt.

Leistung

<table>
<tr><th>Begriff, Zeichnung</th><th>Formeln</th><th>Erläuterungen</th></tr>
<tr><td>Leistung, allgemein

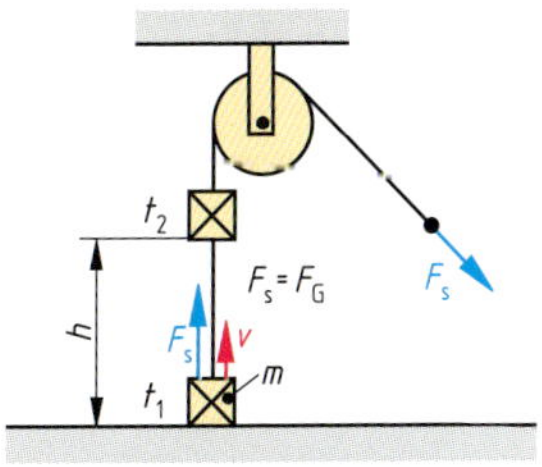

</td><td>$P = \frac{W}{t}$; $W = m \cdot g \cdot h$; $t = t_2 - t_1$
$P = F_s \cdot v$

P Leistung in W
W verrichtete Arbeit in Nm
t benötigte Zeit in s
F_s Kraft in Wegrichtung in N
v Geschwindigkeit in m/s

1 PS = 736 W
1 PS = 0,736 kW
1 kW = 1,36 PS</td><td>• Die Leistung ist umgekehrt proportional zur Zeit, das heißt, bei weniger Zeit wird die Leistung bei gleicher Arbeit größer.
• Die Leistung ist proportional zur Geschwindigkeit, wenn ein Körper mit konstanter Kraft bewegt wird.
• Die alte Einheit PS (Pferdestärke) wird noch häufig verwendet</td></tr>
</table>

Wirkungsgrad

<table>
<tr><th>Begriff, Zeichnung</th><th>Formeln</th><th>Erläuterungen</th></tr>
<tr><td>Einzelwirkungsgrad

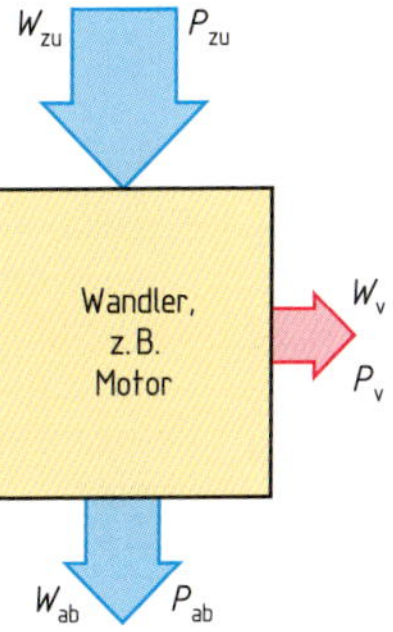

</td><td>$\eta = \frac{W_{ab}}{W_{zu}}$; $\eta = \frac{W_{ab}}{W_{zu}} \cdot 100\ \%$
$\eta = \frac{P_{ab}}{P_{zu}}$; $\eta = \frac{P_{ab}}{P_{zu}} \cdot 100\ \%$
$W_v = W_{zu} - W_{ab}$
$P_v = P_{zu} - P_{ab}$

η Wirkungsgrad ohne Einheit (Angabe auch in %)
W_{zu} zugeführte Arbeit in Nm
W_{ab} abgegebene Arbeit in Nm
W_v Verlustarbeit in Nm
P_{zu} zugeführte Leistung in W
P_{ab} abgegebene Leistung in W
P_v Verlustleistung in W</td><td>• Der Wirkungsgrad gibt an, wie viel von der zugeführten Arbeit in die abgegebene Arbeit umgewandelt wird.
• Bei hohem Wirkungsgrad sind die Verluste gering.
• Da die zugeführte und die abgegebene Arbeit in derselben Zeit verrichtet werden, kann der Wirkungsgrad auch aus den Leistungen berechnet werden.
• Da bei jeder Wandlung ein Verlust auftritt, gilt für den Wirkungsgrad:
$\eta < 1$ oder $\eta < 100\ \%$</td></tr>
<tr><td>Gesamtwirkungsgrad

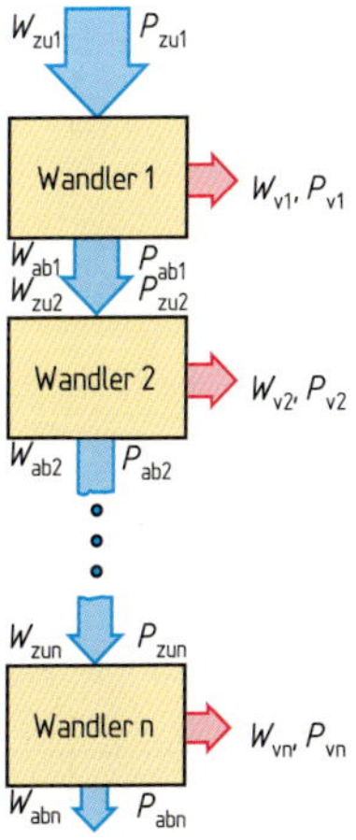

</td><td>$\eta = \eta_1 \cdot \eta_2 \cdot ... \cdot \eta_n$
$\eta = \frac{W_{abn}}{W_{zu1}}$; $\eta = \frac{P_{abn}}{P_{zu1}}$

η Gesamtwirkungsgrad ohne Einheit (Angabe auch in %)
n Anzahl der in Reihe geschalteten Wandler
W_{abn} abgegebene Arbeit des letzten Wandlers in Nm
W_{zu1} zugeführte Arbeit des ersten Wandlers in Nm
P_{abn} abgegebene Leistung des letzten Wandlers in W
P_{zu1} zugeführte Leistung des ersten Wandlers in W
W_{vi} Verlustarbeit des Einzelwandlers in Nm</td><td>• Bei der Reihenschaltung von Einzelwandlern ist die zugeführte Arbeit/Leistung des nachfolgenden Wandlers gleich der abgegebenen Arbeit/Leistung des vorhergehenden Wandlers.
• Der Wandler mit dem kleinsten Wirkungsgrad bestimmt wesentlich den Gesamtwirkungsgrad.
• Zur Beurteilung der Verluste und damit der Wirtschaftlichkeit eines Wandlersystems ist der Gesamtwirkungsgrad wichtiger als die Einzelwirkungsgrade.</td></tr>
</table>

Rollen

Feste Rolle

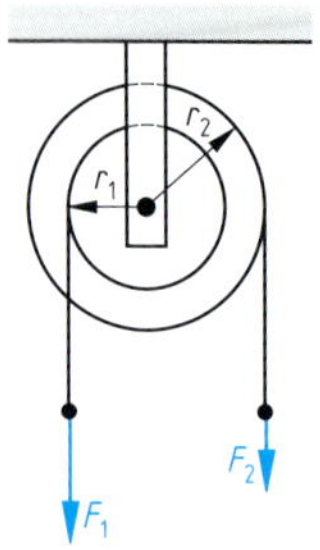

Formeln

$M_1 = M_2$

$F_1 \cdot r_1 = F_2 \cdot r_2$

$F_2 = F_1 \cdot \frac{r_1}{r_2}$

M_1	linksdrehendes Moment in Nm
M_2	rechtsdrehendes Moment in Nm
F_1, F_2	Kräfte in N
r_1, r_2	Rollenradien in m

Lose Rolle

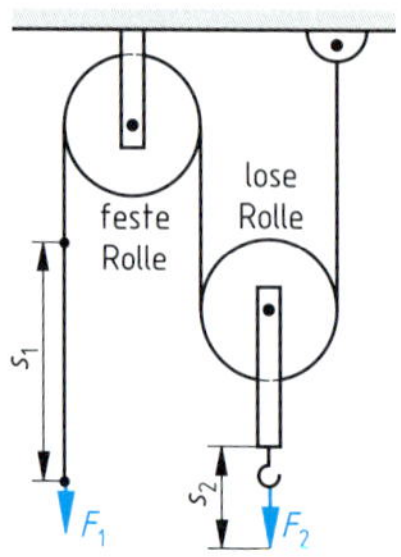

Formeln

$F_1 \cdot s_1 = F_2 \cdot s_2$

$F_1 = \frac{1}{2} \cdot F_2$

$s_1 = 2 \cdot s_2$

F_1, F_2	Kräfte in N
s_1, s_2	Seilwege in m

Je mehr lose Rollen ein System hat, desto kleiner wird die Zugkraft.

Riemenantrieb

Einfache Übersetzung

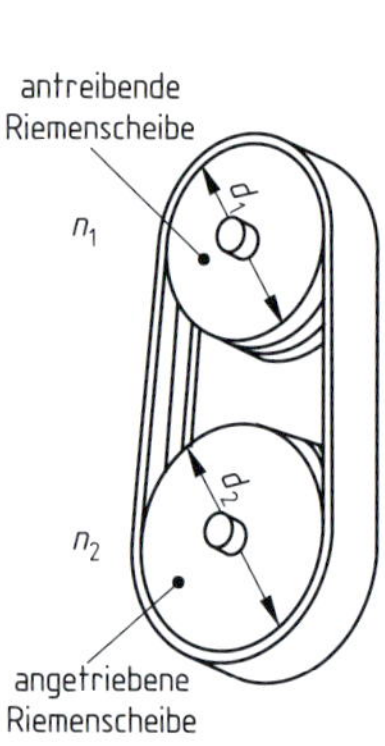

Formeln

$i = \frac{n_1}{n_2}$

$i = \frac{d_2}{d_1}$

$n_1 \cdot d_1 = n_2 \cdot d_2$

i	Übersetzungsverhältnis
n_1, n_2	Drehzahlen in 1/s
d_1, d_2	Scheibendurchmesser in m

Doppelte Übersetzung

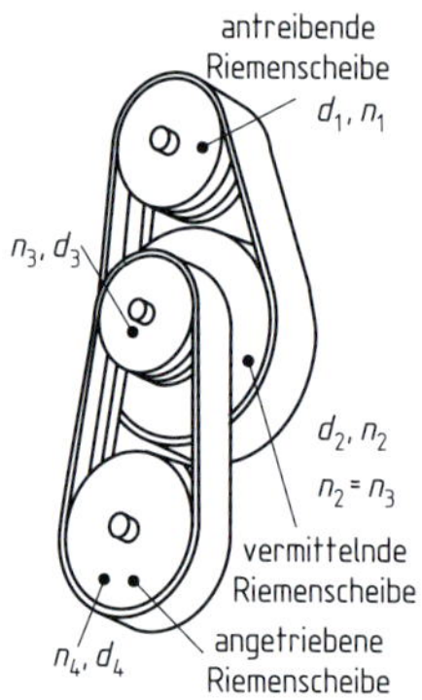

Formeln

$i_1 = \frac{n_1}{n_2}$; $i_1 = \frac{d_2}{d_1}$

$i_2 = \frac{n_3}{n_4}$; $i_2 = \frac{d_4}{d_3}$

$i_{ges} = \frac{n_1}{n_4} = \frac{d_2 \cdot d_4}{d_1 \cdot d_3}$

$i_{ges} = i_1 \cdot i_2$

i_1, i_2	Einzelübersetzungsverhältnisse
i_{ges}	Gesamtübersetzungsverhältnis
$n_{1...4}$	Drehzahlen in 1/s
$d_{1...4}$	Scheibendurchmesser in m

Da die Drehmomente an jeder Scheibe gleich groß sind, ist die Riemenkraft an der Scheibe mit dem kleinsten Durchmesser am größten.

Zahnradantrieb

Einfache Übersetzung

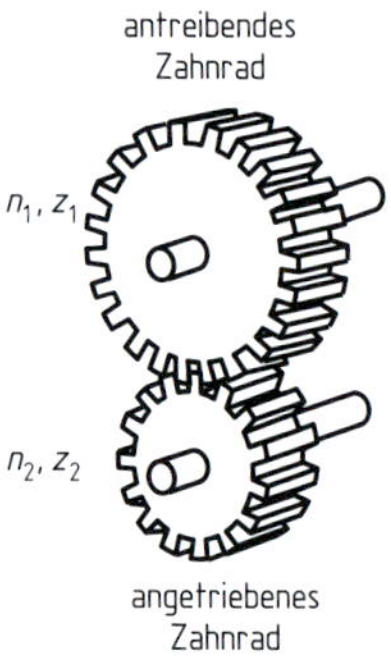

Formeln

$i = \frac{n_1}{n_2}$

$i = \frac{z_2}{z_1}$

$n_1 \cdot z_1 = n_2 \cdot z_2$

i	Übersetzungsverhältnis
n_1, n_2	Drehzahlen in 1/s
z_1, z_2	Zähnezahlen

Doppelte Übersetzung

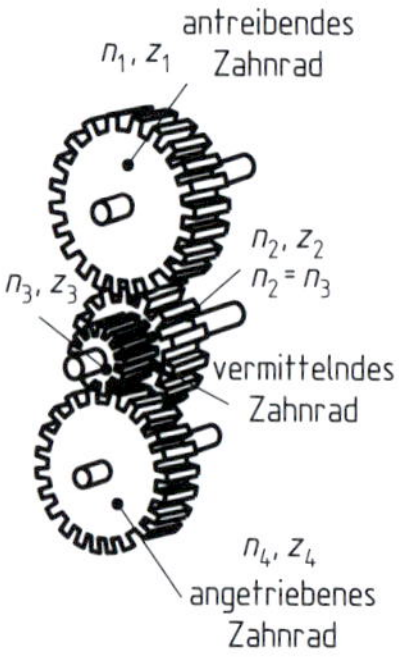

Formeln

$i_1 = \frac{n_1}{n_2}$; $i_1 = \frac{z_2}{z_1}$

$i_2 = \frac{n_3}{n_4}$; $i_2 = \frac{z_4}{z_3}$

$i_{ges} = \frac{n_1}{n_4} = \frac{z_2 \cdot z_4}{z_1 \cdot z_3}$

$i_{ges} = i_1 \cdot i_2$

i_1, i_2	Einzelübersetzungsverhältnisse
i_{ges}	Gesamtübersetzungsverhältnis
$n_{1...4}$	Drehzahlen in 1/s
$z_{1...4}$	Zähnezahlen

Da an jeder Welle eines Zahnrades das Drehmoment gleich groß ist, ist die Kraft, die auf einen Zahn wirkt, beim Zahnrad mit den wenigsten Zähnen am größten.

Druck

Darstellung

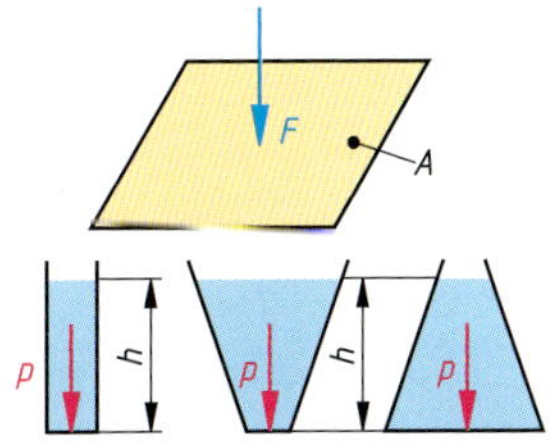

Formeln

$p = \frac{F}{A}$

Hydrostatischer Druck: $p = \rho \cdot g \cdot h$

$1 \frac{N}{m^2} = 1$ Pa; 1 Pa = 10^{-5} bar

p	Druck in Pa (Pascal)
F	Kraft in N
A	Fläche in m^2
ρ	Dichte in kg/m^3
g	Erdbeschleunigung in m/s^2
h	Säulenhöhe in m

Erläuterungen

- Der Druck ist die Kraft, die verteilt auf die Fläche je Flächeneinheit wirkt. Wird die Fläche größer, wird der Druck kleiner.
- Der von einer Flüssigkeitssäule auf den Boden ausgeübte Druck ist unabhängig von der Gefäßform und dem Querschnitt des Gefäßes.

Temperaturskalen

Temperaturskalen

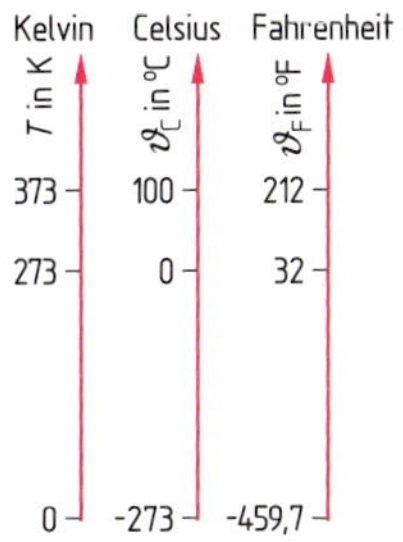

Formeln zur Umrechnung

$T = \vartheta_C \cdot \frac{K}{°C} + 273$ K; $\vartheta_C = (T - 273 \text{ K}) \cdot \frac{°C}{K}$

$\vartheta_F = \frac{9 \cdot °F}{5\ °C} \cdot \vartheta_C + 32$ °F; $\vartheta_C = (\vartheta_F - 32\ °F) \cdot \frac{5 \cdot °C}{9\ °F}$

T	absolute Temperatur in K (Kelvin)
T_0	absoluter Nullpunkt $T_0 = 0$ K = – 273,15 °C
ϑ_C	Temperatur in °C (Grad Celsius)
ϑ_{C0}	Normaltemperatur $\vartheta_{C0} = 0$ °C
ϑ_F	Temperatur in °F (Grad Fahrenheit)

Erläuterungen

- Die absolute Temperatur (Kelvin-Temperatur oder thermodynamische Temperatur) bezieht sich auf die Bewegung der Atome und Moleküle. Bei 0 K gibt es keine Bewegung mehr.
- Die Celsiusskala bezieht sich auf den Gefrierpunkt 0 °C und den Siedepunkt 100 °C des Wassers bei Normalluftdruck 1 013 hPa.

Ausdehnung von Körpern durch Erwärmung

Längenausdehnung

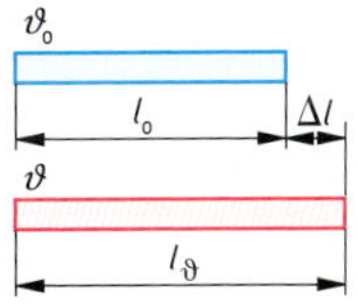

Wenn die Länge im Vergleich zum Durchmesser des Körpers sehr groß ist, dann wird nur die Längenausdehnung betrachtet.

Formeln

$\Delta l = l_0 \cdot \alpha_L \cdot \Delta\vartheta$
$l_\vartheta = l_0 + \Delta l$
$l_\vartheta = l_0 \cdot (1 + \alpha_L \cdot \Delta\vartheta)$

l_0	Länge bei der Bezugstemperatur ϑ^0 in m
Δl	Längenänderung in m
l_ϑ	Länge bei der Temperatur ϑ in m
$\Delta\vartheta$	Temperaturänderung in K
α_L	Längenausdehnungskoeffizient in 1/K

Volumenausdehnung

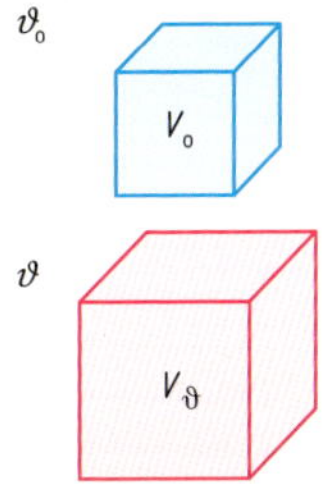

Angenähert gilt:
$\alpha_V \approx 3 \cdot \alpha_L$

Formeln

$\Delta V = V_0 \cdot \alpha_V \cdot \Delta\vartheta$
$V_\vartheta = V_0 + \Delta V$
$V_\vartheta = V_0 \cdot (1 + \alpha_V \cdot \Delta\vartheta)$

V_0	Volumen bei der Bezugstemperatur ϑ_0 in m^3
ΔV	Volumenänderung in m^3
V_ϑ	Volumen bei der Temperatur ϑ in m^3
$\Delta\vartheta$	Temperaturänderung in K
α_V	Volumenausdehnungskoeffizient in 1/K

Wärmemenge und Wärmekapazität

Wärmemenge

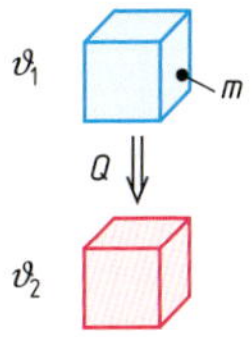

Formeln

$Q = m \cdot c \cdot \Delta\vartheta$
$Q = C_{th} \cdot \Delta\vartheta$

Q	Wärmemenge in J (Joule)
m	Masse in kg
c	spezifische Wärmekapazität in kJ/(kg · K)
C_{th}	Wärmekapazität in kJ/K

Wärmewiderstand

Wärmewiderstand

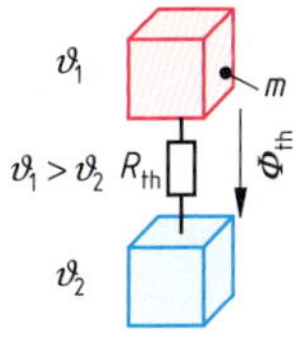

Formeln

$R_{th} = \frac{\Delta\vartheta}{\Phi_{th}}$; $R_{th} = \frac{\Delta\vartheta}{P_V}$

R_{th}	thermischer Wärmewiderstand in W/K
Φ_{th}	Wärmestrom in W
P_V	Verlustleistung in W

Schall

Schalldruckdiagramm	Größen	Erläuterung
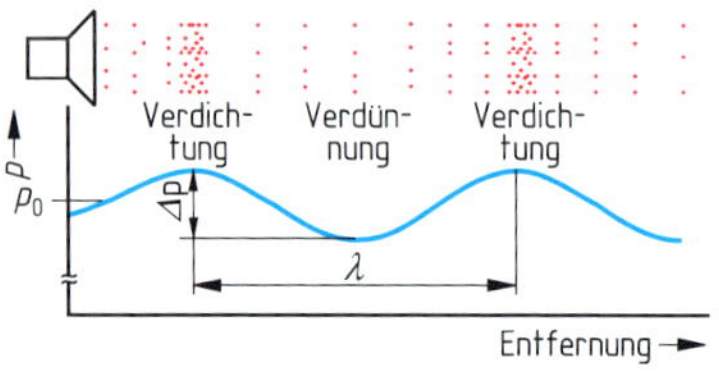	p effekt. Schalldruck in Pa p_0 Normalluftdruck 1013 hPa Δp Schalldruckänderung in Pa	In einem Medium (meistens Luft) kommt es durch die Teilchenbewegung zu Verdichtungen (höherem Druck) und Verdünnungen (niedrigerem Druck). Die Druckänderungen breiten sich longitudinal (längs) als harmonische Welle im Raum aus.

Pegelgrößen in dB (Dezibel)

Vergleich der verschiedenen Größen	Erläuterungen
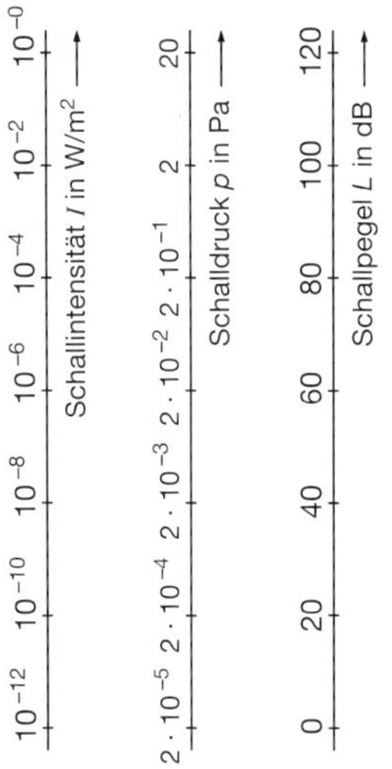	• Das menschliche Ohr ist fähig, ein Tonsignal von 1 kHz in dem Schallintensitätsintervall von 10^{-12} W/m² bis 1 W/m² wahrzunehmen. • Der Ton wird als Reiz wahrgenommen, und zwar nicht linear, sondern logarithmisch zur Schallintensität. Das bedeutet, dass eine 10-fache Schallitensität als Verdopplung der Schallintensität empfunden wird. • Der wahrnehmbare Bereich geht über 12 Dekaden (12 Zehnerpotenzen) und das menschliche Gehör kann etwa 120 Lautstärkestufen unterscheiden. Deshalb sind 120 Lautstärkestufen als ganzzahlige Werte festgelegt worden, die als Schallpegel bezeichnet werden. • Die Pegel werden mit dem dekadischen Logarithmus (Zehnerlogarithmus) berechnet. • Bel (B) ist die Einheit für den Logarithmus des Verhältnisses einer effektiven Größe zu einer gleichartigen Bezugsgröße. • Die übliche Einheit ist dB (Dezibel) 1 B = 10 dB oder 0,1 B = 1 dB • Bei Energie- oder Leistungsgrößen wird der Logarithmus mit 10, sonst mit 20 multipliziert.

Schallgrößen

Schallgröße	Formeln	Schallgröße	Formeln
Schallgeschwindigkeit	$c = f \cdot \lambda$	Schallintensität (früher Schallstärke)	$I = \frac{P}{A}$
	c Schallgeschwindigkeit in m/s f Schallfrequenz in Hz λ Wellenlänge in m		I Schallintensität in W/m² P Schallleistung in W A Fläche in m²
Schalldruckpegel	$L_p = 20\text{ dB} \cdot \lg \frac{p}{p_0}$	Schallintensitätspegel	$L_I = 10\text{ dB} \cdot \lg \frac{I}{I_0}$
	L_p Schalldruckpegel in dB p effekt. Schalldruck in Pa p_0 Bezugsschalldruck $p_0 = 2 \cdot 10^{-5}$ Pa = 20 µPa		L_I Schallintensitätspegel in dB I effekt. Schallintensität in W/m² I_0 Bezugsschallintensität $I_0 = 10^{-12}$ W/m²
Schallleistung	$P = \frac{E}{t}$	Lautstärkepegel	$L_N = 20 \cdot \lg \frac{p}{p_0}$ Phon
	P Schallleistung in W E Schallenergie in J t Zeit in s		L_N Lautstärkepegel in Phon p effekt. Schalldruck in Pa p_0 Bezugsschalldruck 20 µPa

Grundbegriffe der Atome

Bohrsches Atommodell

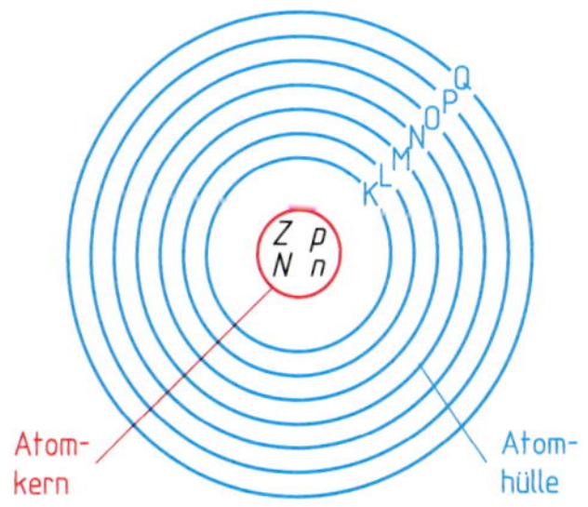

Elementarteilchen

Benennung	elektrische Ladung in C	Masse in kg
p Proton	$1{,}6022 \cdot 10^{-19}$	$1{,}6726 \cdot 10^{-27}$
n Neutron	keine	$1{,}6749 \cdot 10^{-27}$
e Elektron	$-1{,}6022 \cdot 10^{-19}$	$9{,}1094 \cdot 10^{-31}$

- Nukleonen sind die Elementarteilchen (Protonen und Neutronen) des Atomkerns.
- K bis Q sind die Schalen oder Bahnen, auf denen sich die Elektronen bewegen. Jede Schale kann nur eine bestimmte Anzahl von Elektronen aufnehmen.
- Die Energie eines Elektrons ist von der Schale, auf der es sich befindet, abhängig.

Erläuterungen

- Atom ist das kleinste, chemisch nicht weiter zerlegbare Teilchen eines Stoffes.
- Atome bestehen aus dem Atomkern und der Atomhülle.
- Atomkerne bestehen aus den Nukleonen.
- Nukleonen sind positiv geladene Protonen und elektrisch neutrale Neutronen.
- Atomhülle ist der Raum, in dem sich die negativ geladenen Elektronen auf Bahnen bewegen.
- **Kernladungszahl *Z*** ist gleich der Protonenzahl oder auch **Ordnungszahl** des chemischen Elements.
- **Nukleonenzahl *A*** (Massenzahl) ist die Summe aus Protonenzahl und **Neutronenzahl *N***.
- Elektronenzahl ist bei jedem Atom im Normalzustand gleich der Protonenzahl.
- Atome sind im Normalzustand nach außen elektrisch neutral.
- Die relative Atommasse *A* ist die Atommasse eines Atoms in atomaren Masseneinheiten.
- Die atomare Masseneinheit *u* ist $^1/_{12}$ der Masse des Kohlenstoffisotops $^{12}_{6}C$; **1 u = $1{,}66054 \cdot 10^{-27}$ kg**.

Chemische Elemente

Element	Zeichen	Element	Zeichen	Element	Zeichen	Element	Zeichen
Actinium[1]	Ac	Erbium	Er	Mendelevium[1]	Md	Sauerstoff	O
Aluminium	Al	Europium	Eu	Molybdän	Mo	Scandium	Sc
Americium[1])	Am	Fermium[1]	Fm	Natrium	Na	Schwefel	S
Antimon	Sb	Fluor	F	Neodym	Nd	Selen	Se
Argon	Ar	Francium[1]	Fr	Neon	Ne	Silber	Ag
Arsen	As	Gadolinium	Gd	Neptunium[1]	Np	Silicium	Si
Astat[1]	At	Gallium	Ga	Nickel	Ni	Stickstoff	N
Barium	Ba	Germanium	Ge	Niob	Nb	Strontium	Sr
Beryllium	Be	Gold	Au	Nobelium	No	Tantal	Ta
Berkelium[1]	Bk	Hafnium	Hf	Osmium	Os	Technetium	Tc
Bismut (Wismut)	Bi	Helium	He	Palladium	Pd	Tellur	Te
Blei	Pb	Holmium	Ho	Phosphor	P	Terbium	Tb
Bor	B	Indium	In	Platin	Pt	Thallium	Tl
Brom	Br	Iod	I	Plutonium[1]	Pu	Thorium	Th
Cadmium	Cd	Iridium	Ir	Polonium[1]	Po	Thulium	Tm
Caesium	Cs	Kalium	K	Praseodym	Pr	Titan	Ti
Calcium	Ca	Kohlenstoff	C	Promethium[1]	Pm	Uran	U
Californium[1]	Cf	Krypton	Kr	Protactinium1)	Pa	Vanadium	V
Cer	Ce	Kupfer	Cu	Quecksilber	Hg	Wasserstoff	H
Chlor	Cl	Kurtschatowium[1]	Ku	Radium	Ra	Wolfram	W
Chrom	Cr	Lanthan	La	Radon[1]	Rn	Xenon	Xe
Cobalt	Co	Lawrencium[1]	Lr	Rhenium	Re	Ytterbium	Yb
Curium[1]	Cm	Lithium	Li	Rhodium	Rh	Yttrium	Y
Dysprosium	Dy	Lutetium	Lu	Rubidium	Rb	Zink	Zn
Einsteinium[1]	Es	Magnesium	Mg	Ruthenium	Ru	Zinn	Sn
Eisen	Fe	Mangan	Mn	Samarium	Sm	Zirkonium	Zr

[1] Diese Elemente sind künstlich hergestellt.

Nichteisenmetalle (NE-Metalle)

Element	Symbol	Leitfähigkeit κ in $m/(\Omega \cdot mm^2)$	Dichte ρ in kg/dm^3	Zugfestigkeit R_m in $10^4\ N/mm^2$	Temperaturkoeffizient α_{20} in °C	Temperaturkoeffizient β_{200} in °C	Schmelztemperatur in °C
Aluminium	Al	35,0	2,70	40...100	0,0036	$1{,}3 \cdot 10^{-6}$	660
Antimon	Sb	2,6	6,69	80...90	0,0054	–	630
Beryllium	Be	26,3	1,85	210...360	0,0067	–	1 283
Bismut	Bi	26,3	9,80	5	0,0045	–	271
Blei	Pb	4,8	11,35	11...13	0,0042	–	271
Cadmium	Cd	13,0	8,64	60	–	–	321
Chrom	Cr	7,1	7,10	200...300	–	–	1 900
Cobalt	Co	10,3	8,90	270	–	–	1 490
Germanium	Ge	$< 10^{-3}$	5,32	–	0,0014	–	938
Gold	Au	45,5	19,30	100...140	0,0040	–	1 063
Kupfer	Cu	57,1	8,93	210...240	0,0039	$0{,}6 \cdot 10^{-6}$	1 083
Magnesium	Mg	22,2	1,74	160...200	0,0041	–	650
Mangan	Mn	0,7	7,45	–	0,0013	$-0{,}4 \cdot 10^{-6}$	1 244
Molybdän	Mo	18,5	10,20	480...900	0,0046	–	2 620
Nickel	Ni	10,5	8,90	350...520	0,0046	$9 \cdot 10^{-6}$	1 452
Niob	Nb	7,7	8,60	250...350	0,0029	–	2 415
Platin	Pt	10,2	21,37	120...220	0,0040	$0{,}6 \cdot 10^{-6}$	1 769
Quecksilber	Hg	$\approx 1{,}0$	13,60	–	0,001	–	–39
Silber	Ag	62,9	10,50	130...160	0,0040	$0{,}7 \cdot 10^{-6}$	960
Tantal	Ta	8,0	16,60	350...700	0,0033	–	2 990
Titan	Ti	2,4	4,50	350...550	0,0042	–	1 660
Vanadium	Va	4,0	6,10	350...500	0,0035	–	1 900
Wolfram	W	18,2	19,30	400...1200	0,0045	10^{-6}	3 380
Zink	Zn	15,9	7,14	120...150	0,0042	–	420
Zinn	Sn	8,8	7,28	15...28	0,0044	–	232
Zirkonium	Zr	2,5	6,50	150...400	0,0044	–	1 852

Kontaktwerkstoffe

Werkstoffe	Beispiele
Gold/Goldlegierungen	Schalten von kleinen Strömen mit wenigen µA bis ca. 200 mA bei Spannungen bis ungefähr 60 V, Relais, Federn in der TK-Technik, Fein- und Miniaturkontakte
Silber/Silberlegierungen	Schalter für Hausgeräte, Licht-, Fehlerstromschutz-, Last-, Leistungs-, Motorschutzschalter
Kupfer/Kupferlegierungen	Geeignet für einfache Kontakte in der Starkstromtechnik; für niedrige Spannungen weniger geeignet; Messwiderstände, Potenziometer
Platin/Platinlegierungen	Chemisch beständig bei hoher Abbrandfestigkeit; Anwendungen in der Messtechnik, TK-Kontakte bei hoher Schaltfrequenz
Quecksilber	Verschleißfreies Schalten bei niedrigen Kontaktwiderständen; für kleinere Leistungen in der TK-Technik; Kippschalter
Wolfram/ Wolframlegierungen	Wegen der hohen Lichtbogenfestigkeit bei geringem Abbrand für Kontakte mit hoher Schaltleistung geeignet; Leistungsschalter, Leistungsschutzschalter
Grafit/Grafit Grafit/Metall	Bürsten, Kollektoren von Motoren, Schleifenkontakte, Fahrdrahtabnehmer
Sinterwerkstoffe	Kontakte höchster Abbrandfestigkeit und sehr hoher Strombelastung; Schleifkontakte, Luftschütze, Hoch- und Niederspannungsschalter, Motorschutzschalter, hochbelastete Relais

Werkstoffe für elektrische Widerstände

Elektrische Widerstände werden hergestellt aus:

- Metallen, z. B. Tantal
- Metalllegierungen, z. B. CuNi2
- Halbleitern, z. B. Grafit
- Verbundwerkstoffen, z. B. CrSiO (Cermet-Widerstände)

Metalllegierungen für elektrische Widerstände DIN 17471

Kurzzeichen	Zusammensetzung Anteil in %	Leitfähigk. κ in m/(W · mm²)	Grenztemperatur in °C	Anwendung
CuMn2Al	0,8 Al; 2 Mn; Rest Cu	8,33	200	Widerstände
CuMn3	3 Mn; Rest Cu	8,01	200	Niederohmige Widerstände für geringe Belastung
CuMn12Ni (Manganin)	12 Mn; 2 Ni; Rest Cu	2,33	140	Präzisions-, Mess-, Vorschalt-, Normalwiderstände
CuMn12NiAl	1,2 Al; 12 Mn; 5 Ni, Cu	2,01	500	Widerstände
CuNi2	2Ni; Rest Cu	20	300	Niederohmige Widerstände, Heizkabel, Heizleiter, Heizdrähte für niedere Temperaturen
CuNi6	6 Ni; Rest Cu	10	300	
CuNi10	10 Ni; Rest Cu	6,67	400	Heizdrähte, Anschlussenden
CuNi44 (Konstantan)	1 Mn; 44 Ni; Rest Cu	2,04	600	Widerstände aller Art, Heizdrähte, Potenziometer
CuNi23Mn	1,5 Mn; 23 Ni; Rest Cu	3,33	500	Widerstände, Heizdrähte, Heizkabel
CuNi30Mn	3 Mn; 30 Ni; Rest Cu	2,50	500	Widerstände, Anlasswiderstände, Kennmelder
NiCr20AlSi	3,5 Al; 20 Cr; 0,5 Fe; 0,5 Mn; 1 Si ; Rest Ni	0,76	200	Präzisions-, Messwiderstände, hochohmige Widerstände
NiCr6015	15 Cr; 20 Fe; Rest Ni	0,90	600	Hochohmige Widerstände, Heizleiter
NiCr8020	20 Cr; Rest Ni	0,93	1 200	

Dehnungsmessstreifen

Ausführungsformen von Folien-Dehnungsmessstreifen

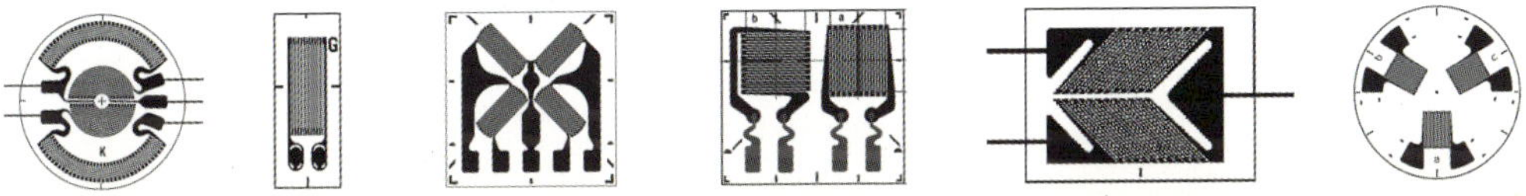

Werkstoff	Konstantan	Platin	Karma	Platin-Iridium	Halbleiter
Zusammensetzung	54 % Cu, 45 % Ni, 1 % Mn	–	75 % Ni, 20 % Cr, 3 % Fe, 3 % Al	90 % Pt, 10 % Ir	
K-Faktor	2,0	6,0	2,0	6,0	< 200
Thermischer Ausdehnungskoeff. in 1/K	$1{,}2 \cdot 10^{-5}$	–	$1{,}3 \cdot 10^{-5}$	–	–
Spezif. Widerst in Ωmm²/m	0,49	0,1	1,6	0,25	–

[1] Der *K*-Faktor ist das Verhältnis von relativer Widerstandsänderung zu relativer Längenänderung.

Ladung

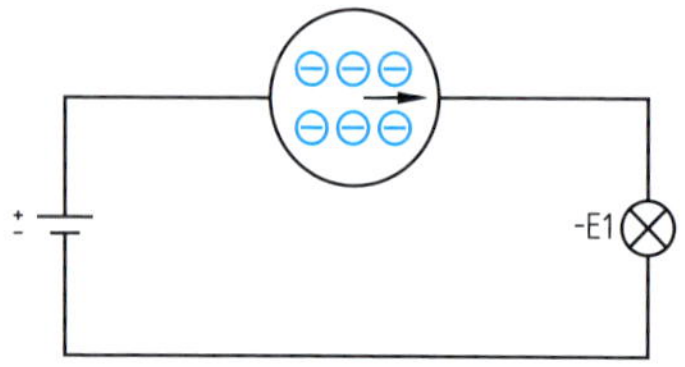

$Q = n \cdot e$ | $1\,\text{C} = 1\,\text{A} \cdot 1\,\text{s}$

Q	Ladung in C
n	Anzahl der Ladungsträger (ohne Einheit)
e	Elementarladung in C (e = 1,6 · 10^{-19} C)

Stromstärke

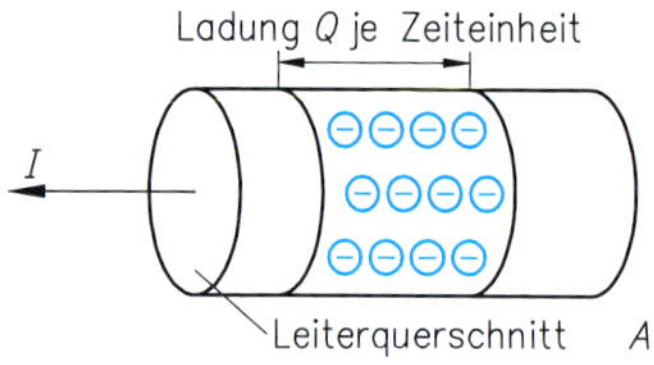

$$I = \frac{Q}{t}$$

I	Stromstärke in A
Q	Ladung in C
t	Zeit in s

Stromdichte

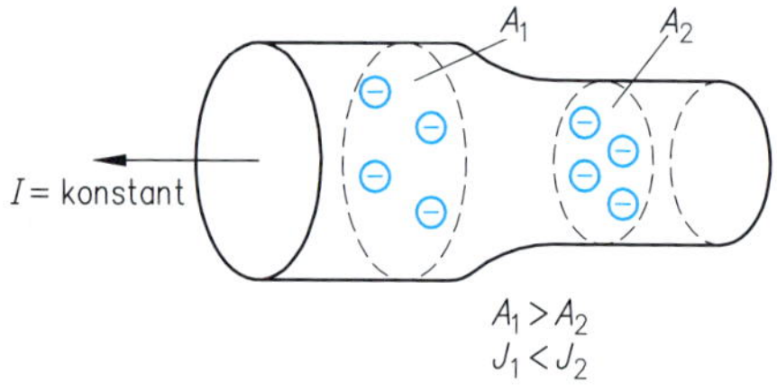

$$J = \frac{I}{A}$$

J	Stromdichte in A/m²
I	Stromstärke in A
A	Querschnittsfläche des Stromflusses in m²

Spannung

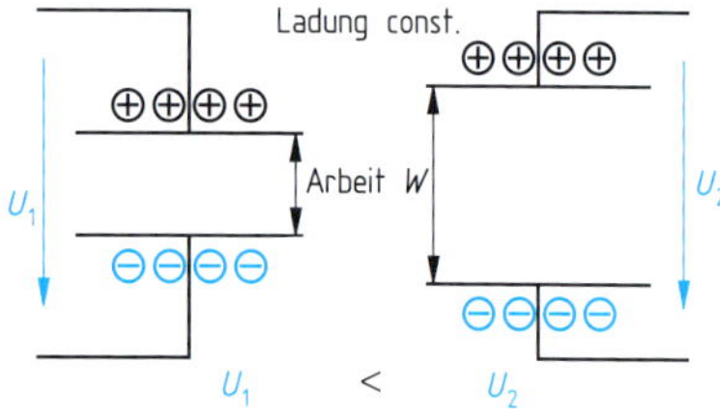

$$U = \frac{W}{Q}$$

U	Spannung in V
W	Arbeit in Ws
Q	Ladung in C

Potenzial

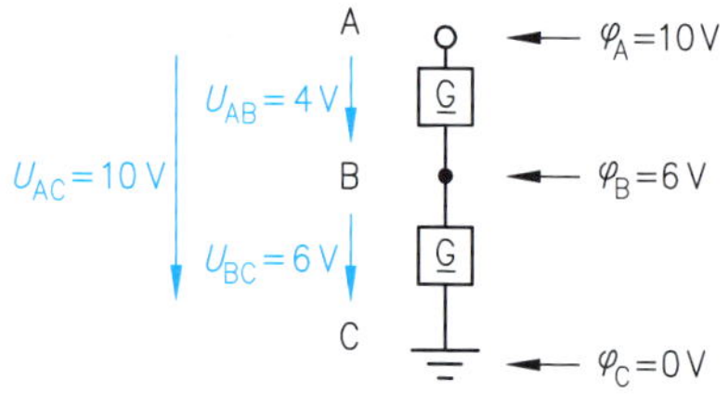

Das Potenzial ist die Höhe der Spannung zwischen einem Messpunkt und einem Bezugspunkt.

$$U_{AB} = \varphi_A - \varphi_B$$

U_{AB}	Spannung zwischen den Punkten A, B in V
φ_A	Potenzial am Punkt A in V
φ_B	Potenzial am Punkt B in V

Elektrische Arbeit (Gleichstromkreis)

$W = P \cdot t$ oder $W = U \cdot I \cdot t$

- W Arbeit in Ws
- P Leistung in W
- t Zeit in s
- U Spannung in V
- I Stromstärke in A

Wirkungsgrad (bezogen auf die Arbeit)

$\eta = \frac{W_{ab}}{W_{zu}}$

- η Wirkungsgrad (ohne Einheit)
- W_{ab} abgeführte Arbeit in Ws
- W_{zu} zugeführte Arbeit in Ws

Elektrische Leistung (Gleichstromkreis)

$P = \frac{W}{t}$ oder $P = U \cdot I$

$1\ \text{W} = 1\ \text{V} \cdot 1\ \text{A}$

- P Leistung in W
- W Arbeit in Ws
- t Zeit in s
- U Spannung in V
- I Stromstärke in A

Wirkungsgrad (bezogen auf die Leistung)

$\eta = \frac{P_{ab}}{P_{zu}}$

- η Wirkungsgrad (ohne Einheit)
- P_{ab} abgeführte Leistung in W
- P_{zu} zugeführte Leistung in W

Leiterwiderstand

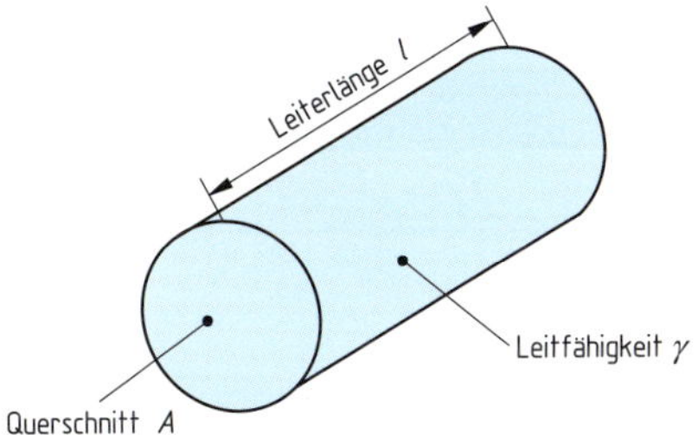

$R = \frac{\rho \cdot l}{A}$ $R = \frac{l}{\gamma \cdot A}$ $\rho = \frac{1}{\gamma}$

- R Widerstand in Ω
- ρ spezifischer Widerstand in $\frac{\Omega \cdot \text{mm}^2}{\text{m}}$
- l Leiterlänge in m
- A Leiterquerschnitt in mm^2
- γ Leitfähigkeit in $\frac{\text{m}}{\Omega \cdot \text{mm}^2}$

Leitwert

$G = \frac{1}{R}$

$1\ \text{S} = \frac{1}{1\ \Omega}$

- G Leitwert in S
- R Widerstand in W

Leiterlänge $l = 1$ m
Leiterquerschnitt $A = 1\ \text{mm}^2$

$\rho_{Cu} = 0{,}0178\ \frac{\Omega \cdot \text{mm}^2}{\text{m}} \Rightarrow G = 56\ \text{S}$

$\rho_{Al} = 0{,}0278\ \frac{\Omega \cdot \text{mm}^2}{\text{m}} \Rightarrow G = 36\ \text{S}$

Ohm'sches Gesetz

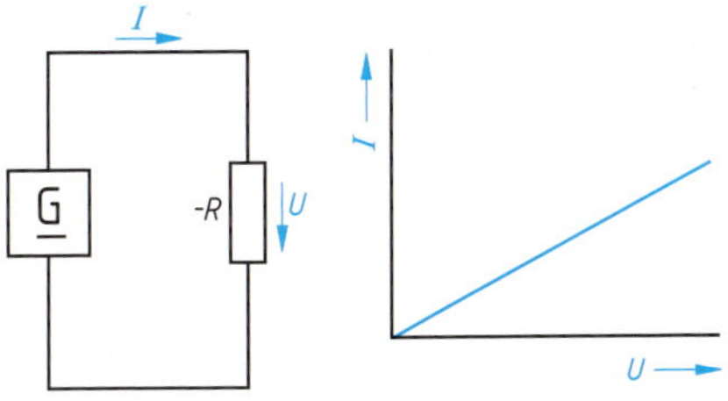

$I = \frac{U}{R}$ oder $I = G \cdot U$

- R Widerstand in Ω
- G Leitwert in S
- U Spannung in V
- I Stromstärke in A

Temperaturabhängiger Widerstand

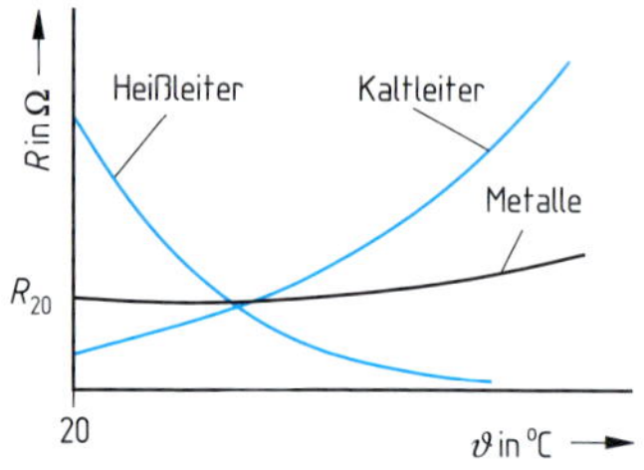

$R_\vartheta = R_{20} \cdot (1 + \alpha_{20} \cdot \Delta\vartheta)$ für $\vartheta < 100$ °C

$R_\vartheta = R_{20} \cdot (1 + \alpha \cdot \Delta\vartheta + \beta \cdot \Delta\vartheta^2)$ für $\vartheta > 100$ °C

R_ϑ	Gesamtwiderstand in Ω
R_{20}	Widerstandswert bei 20 °C
α_{20}	Temperaturkoeffizient bei 20 °C in 1/K
$\Delta\vartheta$	Temperaturänderung in K
α	Temperaturkoeffizient in 1/K
β	Temperaturkoeffizient in $1/K^2$

Erstes Kirchhoff'sches Gesetz

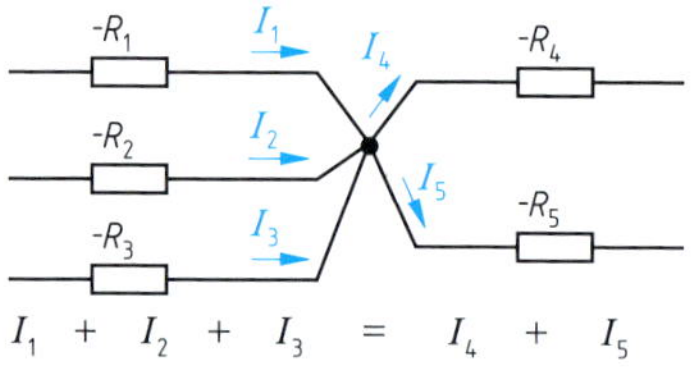

In einem Knotenpunkt ist die Summe aller Stromstärken gleich null oder die Summe der zufließenden Stromstärken ist gleich der Summe der abfließenden Stromstärken.

$\sum_{k=1}^{n} I_k = 0$ oder $I_1 + I_2 + I_3 + ... I_n = 0$

Parallelschaltung

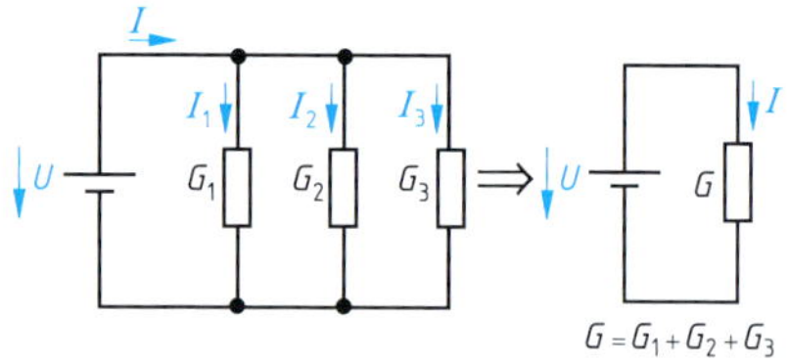

$I = I_1 + I_2 + I_3 + ... I_n$

U = konstant

$G = G_1 + G_2 + G_3 + ... + G_n$

$\frac{1}{R} = \frac{1}{R_1} + \frac{1}{R_2} + \frac{1}{R_3} + ... + \frac{1}{R_n}$

Zweites Kirchhoff'sches Gesetz

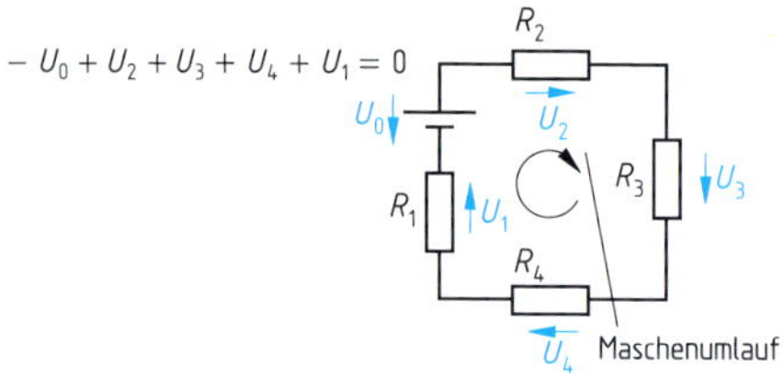

Bei einem Maschenumlauf ist die Summe aller Spannungen gleich null.

$\sum_{k=1}^{n} U_k = 0$ oder $U_1 + U_2 + U_3 + ... U_n = 0$

Reihenschaltung

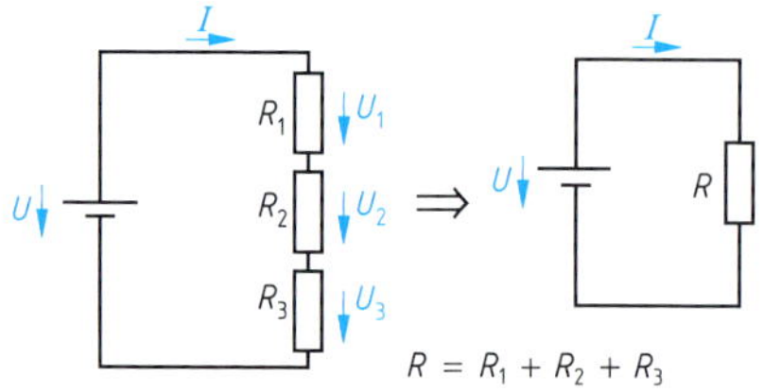

$U = U_1 + U_2 + U_3 + ... U_n$

I = konstant

$R = R_1 + R_2 + R_3 + ... + R_n$

Unbelasteter Spannungsteiler

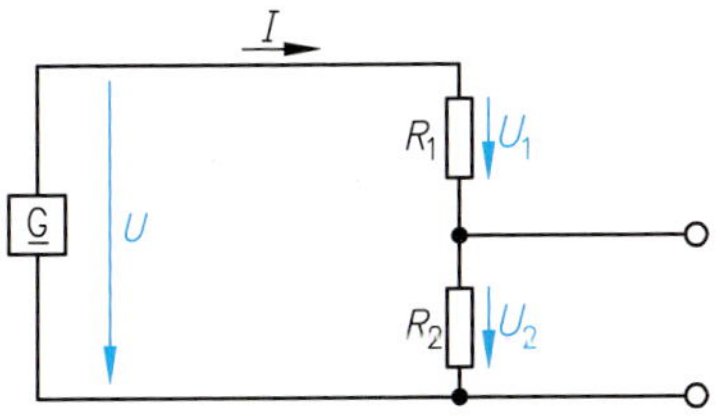

Beim unbelasteten Spannungsteiler teilt sich die Gesamtspannung nach dem Verhältnis der Widerstände.

$$\frac{U_2}{U_1} = \frac{R_2}{R_1} \qquad \frac{U_2}{U} = \frac{R_2}{R_1 + R_2}$$

U_1, U_2	Spannung am Widerstand R_2 in V
U	Quellenspannung in V
R_1, R_2	Widerstände in Ω

Belasteter Spannungsteiler

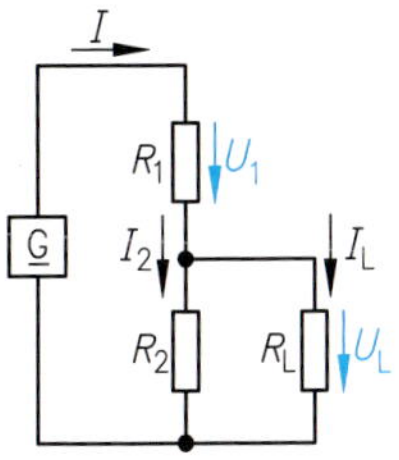

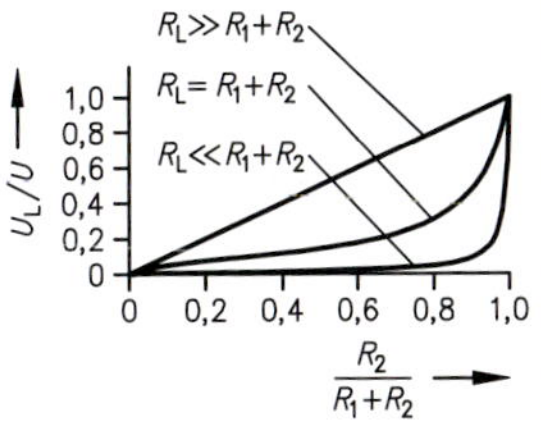

Beim belasteten Spannungsteiler fließt ein zusätzlicher Strom durch den Lastwiderstand R_L. Die Spannung teilt sich daher auf die Widerstände R_1 und die Parallelschaltung $R_2 \parallel R_L$.

$$\frac{U_L}{U} = \frac{R_2 \cdot R_L}{R_1 \cdot (R_2 + R_L) + R_2 \cdot R_L}$$

U_L	Spannung an den Widerständen $R_2 \parallel R_L$ in V
U	Quellenspannung in V
R_1, R_2, R_L	Widerstände in Ω

Reale Spannungsquelle

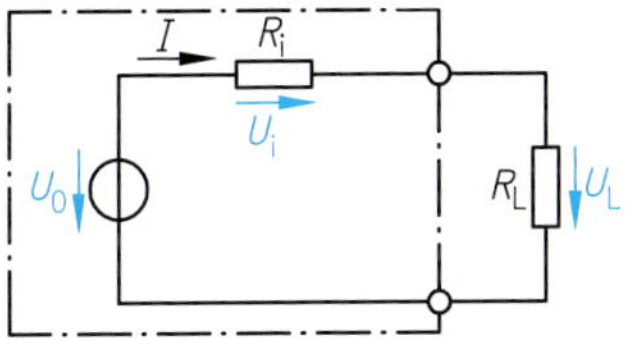

$$U_L = U_0 - I \cdot R_i$$

U_A	Klemmenspanung der Quelle in V
U_0	Urspannung der Quelle in V
I_A	Stromstärke durch den Lastwiderstand in A
R_i	Innenwiderstand der Quelle in Ω

Strom-Spannungsquellen-Umwandlung

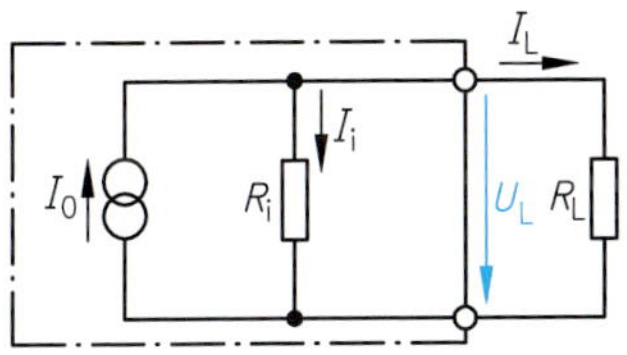

$$I_L = \frac{U_L - U_A}{R_i} \quad \text{oder} \quad I_L = I_0 - \frac{U_L}{R_i}$$

I_A	Stromstärke durch den Lastwiderstand in A
U_0	Urspannung der Quelle in V
U_A	Klemmenspannung der Quelle in V
R_i	Innenwiderstand der Quelle in Ω
I_0	Urstromstärke der Quelle in A

Spannungs-Messbereichserweiterung

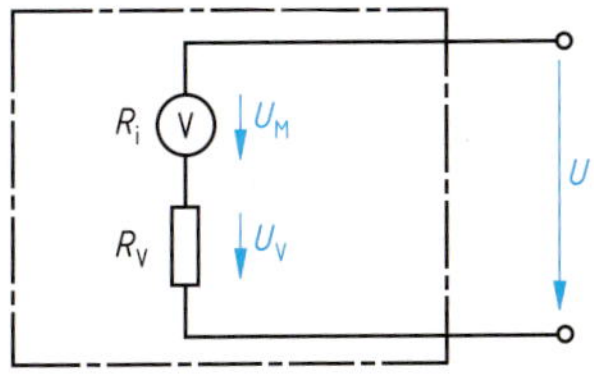

$$R_V = R_i \cdot \frac{U - U_M}{U_M}$$

U	Spannung bei Vollausschlag in V
U	Messwerkspannung in V
R_V	Vorwiderstand in Ω
R_i	Innenwiderstand in Ω

Strom-Messbereichserweiterung

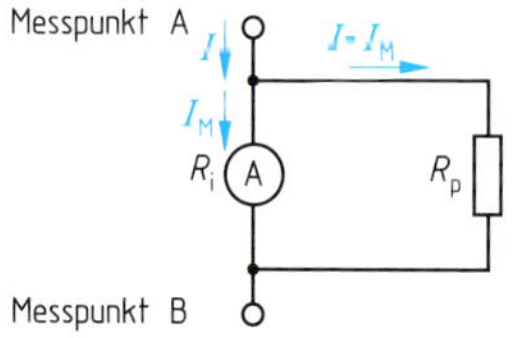

$$R_p = R_i \cdot \frac{I_M}{I - I_M}$$

R_P	Parallelwiderstand in Ω
R_i	Innenwiderstand in Ω
I	Stromstärke bei Vollausschlag in A
I_M	Messwerkstromstärke in A

Nicht abgeglichene Brückenschaltung

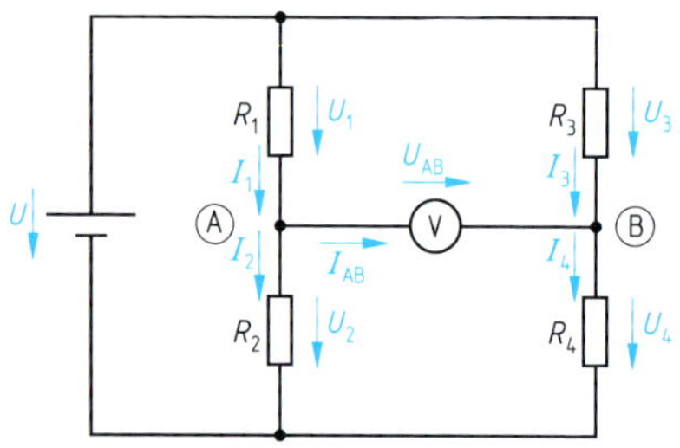

$U_{AB} \neq 0$		$I_{AB} \neq 0$
$U_{AB} = U_2 - U_4$	und	$U_{AB} = U_3 - U_1$
$I_{AB} = I_1 - I_2$	und	$I_{AB} = I_4 - I_3$

U_{AB}	Spannung im Brückenzweig AB in V
I_{AB}	Stromstärke im Brückenzweig AB in A
U_1 bis U_4	Spannung an den Widerständen R_1 bis R_4 in V
I_1 bis I_4	Stromstärke durch die Widerstände R_1 bis R_4 in A

Abgeglichene Brückenschaltung

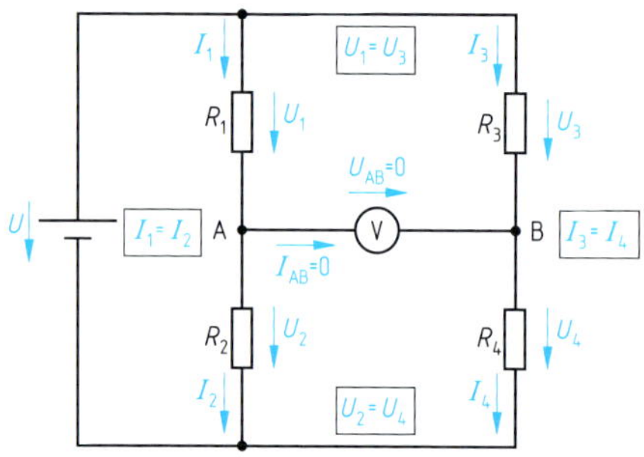

$U_{AB} = 0$	$I_{AB} = 0$	$\frac{R_1}{R_2} = \frac{R_3}{R_4}$
$U_2 = U_4$	und	$U_1 = U_3$
$I_1 = I_2$	und	$I_3 = I_4$

U_{AB}	Spannung im Brückenzweig AB in V
I_{AB}	Stromstärke im Brückenzweig AB in A
U_1 bis U_4	Spannung an den Widerständen R_1 bis R_4 in V
I_1 bis I_4	Stromstärke durch die Widerstände R_1 bis R_4 in A
R_1 bis R_4	Widerstände in Ω

Stern-Dreieck-Umwandlung

$$R_{AB} = \frac{R_{AN} \cdot R_{BN}}{R_{CN}} + R_{AN} + R_{BN}$$

$$R_{BC} = \frac{R_{BN} \cdot R_{CN}}{R_{AN}} + R_{BN} + R_{CN}$$

$$R_{AC} = \frac{R_{AN} \cdot R_{CN}}{R_{BN}} + R_{AN} + R_{CN}$$

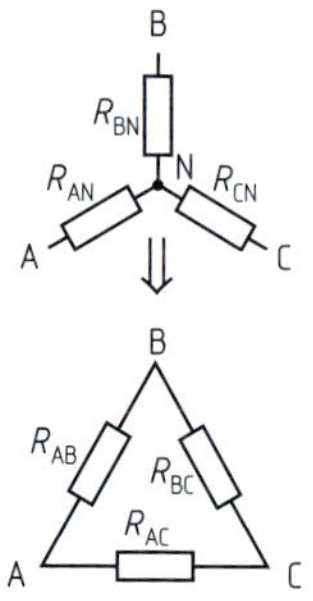

Dreieck-Stern-Umwandlung

$$R_{AN} = \frac{R_{AB} \cdot R_{AC}}{R_{AB} + R_{BC} + R_{AC}}$$

$$R_{BN} = \frac{R_{AB} \cdot R_{BC}}{R_{AB} + R_{BC} + R_{AC}}$$

$$R_{CN} = \frac{R_{BC} \cdot R_{AC}}{R_{AB} + R_{BC} + R_{AC}}$$

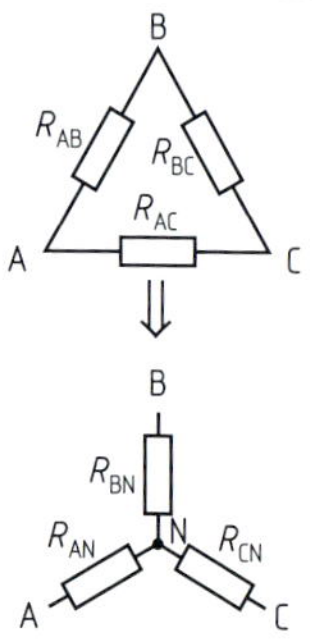

Coulomb'sches Gesetz

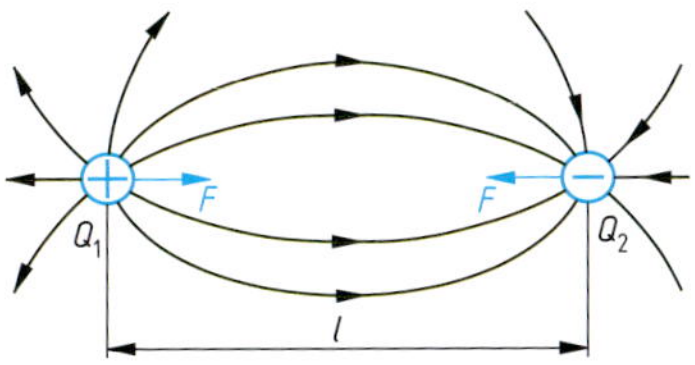

$$F = \frac{Q_1 \cdot Q_2}{4 \cdot \pi \cdot \varepsilon_0 \cdot \varepsilon_r \cdot l^2}$$

F	Kraft in N
Q_1, Q_2	Ladungsmenge in As
ε_0	Dielektrizitätskonstante $8{,}85 \cdot 10^{-12}$ As/Vm
ε_r	Dielektrizitätszahl (ohne Einheit)
l	Abstand der Ladungen in m

Elektrische Feldstärke

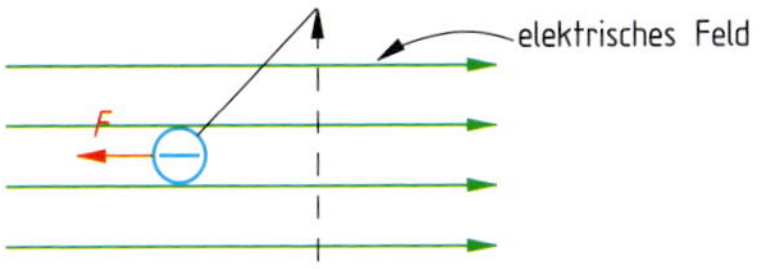

$$E = \frac{F}{Q}$$

E	Elektrische Feldstärke in V/m
F	Kraft in N
Q	Ladungsmenge in As

Elektrische Feldstärke beim Plattenkondensator

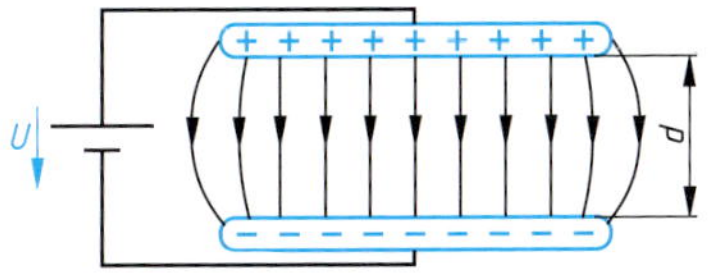

$$E = \frac{U}{d}$$

E	Elektrische Feldstärke in V/m
U	Spannung in V
d	Abstand der Platten in m

Aufladung eines Kondensators

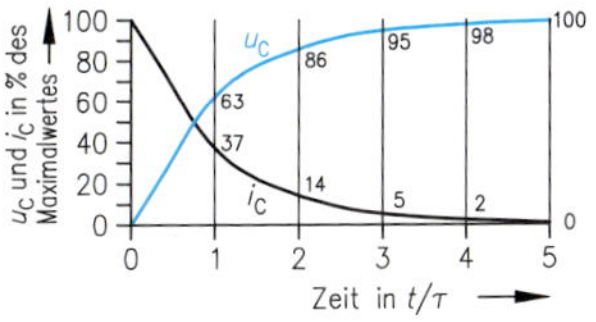

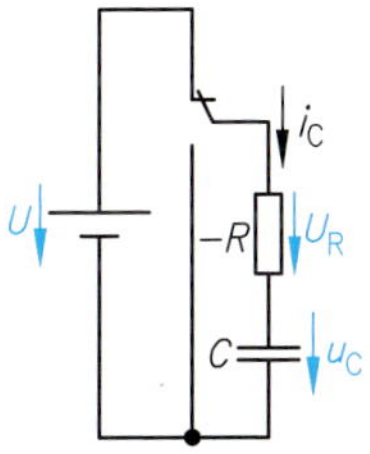

$$u_C = U \cdot \left(1 - e^{-\frac{t}{\tau}}\right) \Rightarrow t = \ln\left(\frac{U}{U - u_C}\right) \cdot \tau;\ \tau = R \cdot C$$

$$i_C = \frac{U}{R} \cdot e^{-\frac{t}{\tau}} \Rightarrow t = \ln\left(-\frac{U}{i_C \cdot R}\right) \cdot \tau;\ \tau = R \cdot C$$

u_C	Spannung am Kondensator in V
i_C	Ladestromstärke in A
U	Spannung in V
R	Widerstand in Ω
C	Kapazität in F
t	Zeit in s (Ladezeit ca. $5 \cdot \tau$)
τ	Zeitkonstante in s ($\tau = R \cdot C$)

Entladung eines Kondensators

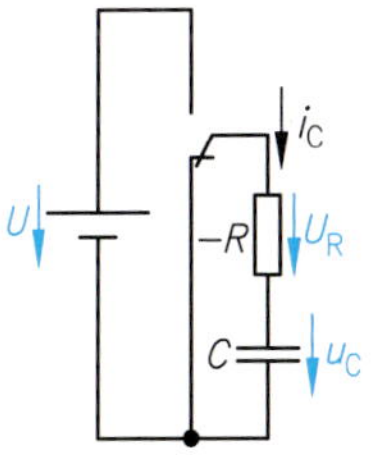

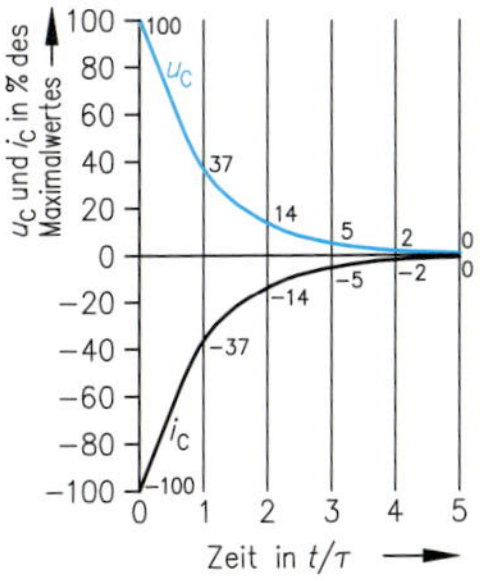

$$u_C = U \cdot e^{-\frac{t}{\tau}} \Rightarrow t = \ln\left(\frac{U}{u_C}\right) \cdot \tau;\ \tau = R \cdot C$$

$$i_C = \frac{U}{R} \cdot e^{-\frac{t}{\tau}} \Rightarrow t = \ln\left(-\frac{U}{i_C \cdot R}\right) \cdot \tau;\ \tau = R \cdot C$$

u_C	Spannung am Kondensator in V
i_C	Ladestromstärke in A
U	Spannung in V
R	Widerstand in Ω
C	Kapazität in F
t	Zeit in s (Ladezeit ca. $5 \cdot \tau$)
τ	Zeitkonstante in s ($\tau = R \cdot C$)

Kapazität von Kondensatoren

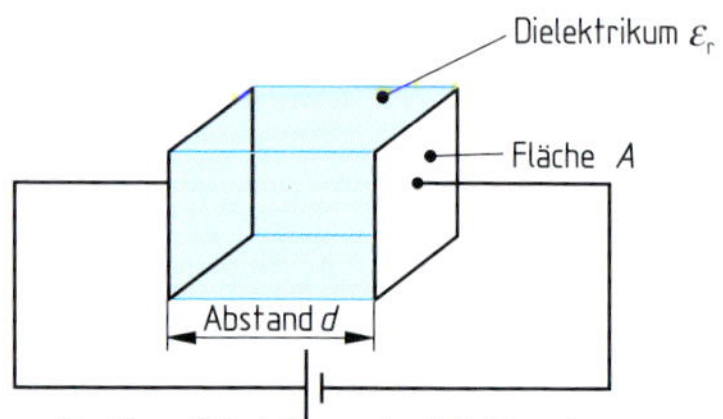

Die Kapazität ist nur bauteilabhängig

$C = \frac{Q}{U}$ oder $C = \frac{\varepsilon_0 \cdot \varepsilon_r \cdot A}{d}$

$1\ \text{F} = \frac{1\ \text{As}}{1\ \text{V}}$

- C Kapazität in F
- Q Ladungsmenge in As
- U Spannung in V
- ε_0 Dielektrizitätskonstante $\varepsilon_0 = 8{,}86 \cdot 10^{-12}$ As/Vm
- ε_r Dielektrizitätszahl (ohne Einheit)
- A Fläche der Kondensatorplatten in m^2
- d Abstand der Kondensatorplatten in m

Reihenschaltung von Kondensatoren

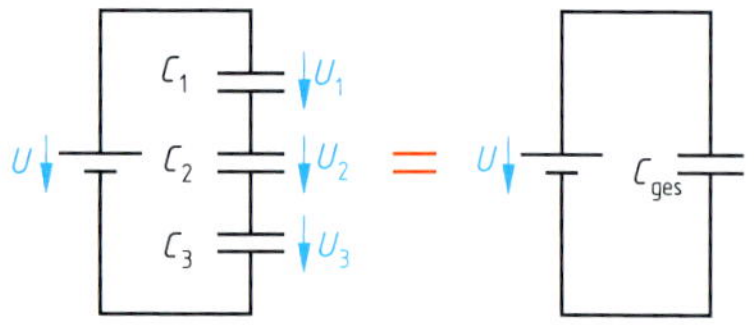

$Q_1 = Q_2 = Q_3 = \ldots = Q_N$

$U = U_1 + U_2 + U_3 + \ldots + U_N$

$\frac{1}{C} = \frac{1}{C_1} + \frac{1}{C_2} + \frac{1}{C_3} + \ldots + \frac{1}{C_N}$

- $Q_1 \ldots Q_N$ Ladungen in As
- $U_1 \ldots U_N$ Spannungen in V
- $C_1 \ldots C_N$ Kapazitäten in F

Parallelschaltung von Kondensatoren

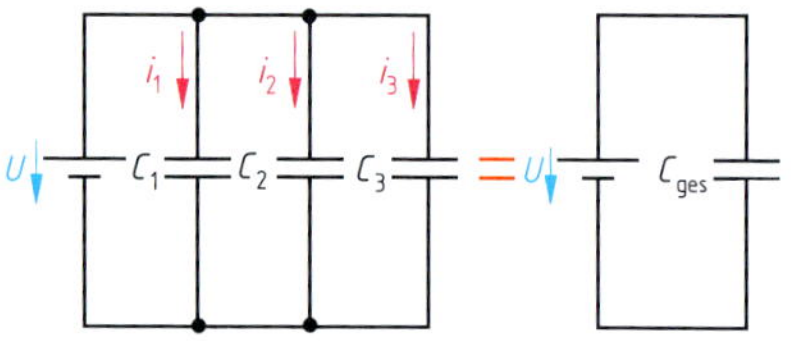

$U_1 = U_2 = U_3 = \ldots = U_N$

$Q = Q_1 + Q_2 + Q_3 + \ldots + Q_N$

$C = C_1 + C_2 + C_3 + \ldots + C_N$

- $U_1 \ldots U_N$ Spannungen in V
- $Q_1 \ldots Q_N$ Ladungen in As
- $C_1 \ldots C_N$ Kapazitäten in F

Magnetfeld um stromdurchflossene Leiter

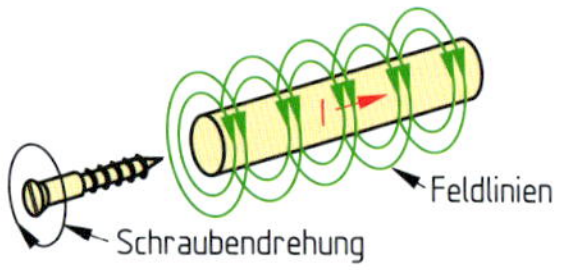

Rechtsschraubenregel:
Denkt man sich eine rechtsgängige Schraube in Stromrichtung in den Leiter hineingedreht, so gibt die Drehrichtung die Richtung der Feldlinien an.

Magnetische Flussdichte

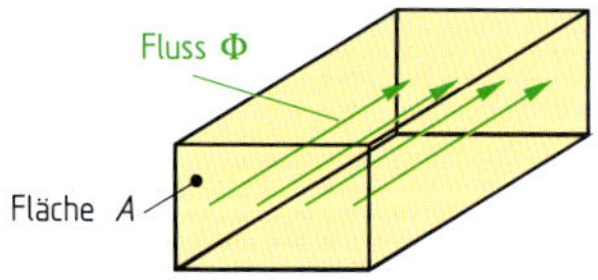

$B = \frac{\Phi}{A}$

$1\ \text{T} = \frac{1\ \text{Vs}}{1\ \text{m}^2}$ oder $1\ \text{T} = \frac{1\ \text{Wb}}{1\ \text{m}^2}$

- B Magnetische Flussdichte in T (Tesla)
- Φ Magnetischer Fluss in Wb (Weber)
- A Fläche, die das Magnetfeld durchdringt, in m^2

Magnetische Durchflutung

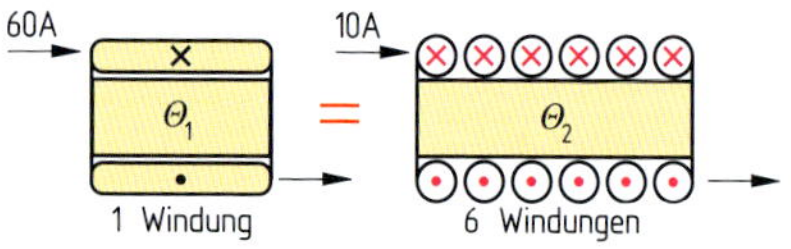

$\Theta = N \cdot I$

- Θ Magnetische Durchflutung in A
- N Anzahl der Windungen (ohne Einheit)
- I Stromstärke im Leiter in A

Magnetische Feldstärke *H*

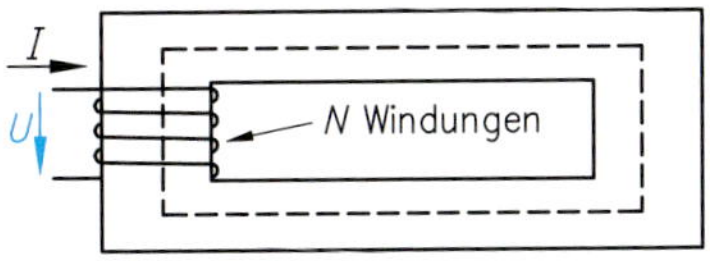

$$H = \frac{\Theta}{l} \quad \text{und} \quad H = \frac{N \cdot I}{l}$$

H	magnetische Feldstärke in A/m
Θ	magnetische Durchflutung in A
l	mittlere Feldlinienlänge in m
N	Anzahl der Windungen (ohne Einheit)
I	Stromstärke in A

Permeabilität

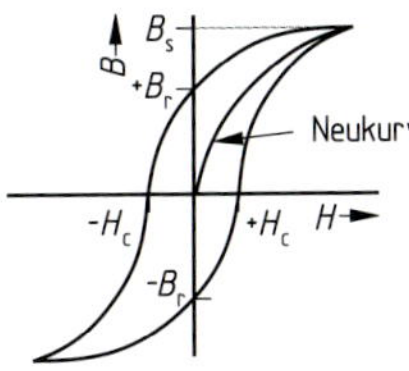

$$B = \mu \cdot H \quad \text{mit} \quad \mu = \mu_0 \cdot \mu_r$$

B	Flussdichte in T (Tesla)
μ	Permeabilität in Vs/Am
μ_0	magnetische Feldkonstante $m_0 = 1{,}257 \cdot 10^{-6}$ Vs/Am
μ_r	Permeabilitätszahl (ohne Einheit)

Magnetischer Kreis („Ohm'sches Gesetz" im magnetischen Kreis)

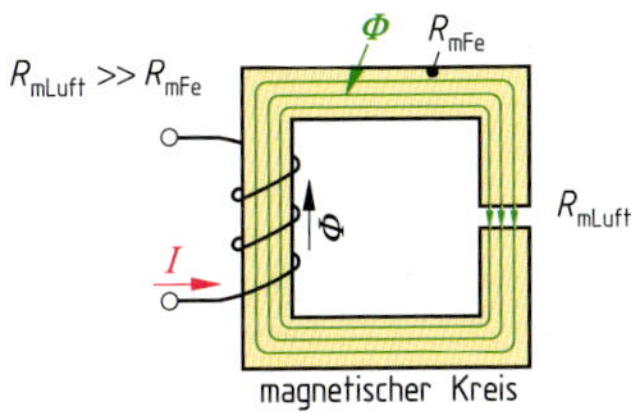

$$\Phi = \frac{\Theta}{R_m} \quad \text{mit} \quad R_m = \frac{l}{\mu \cdot A}$$

Φ	magnetischer Fluss in Wb (Weber)
Θ	magnetische Durchflutung in A
R_m	magnetischer Widerstand in A/Vs
l	mittlere Feldlinienlänge in m
μ	Permeabilität in Vs/Am
A	Fläche in m^2

Induktionsgesetz

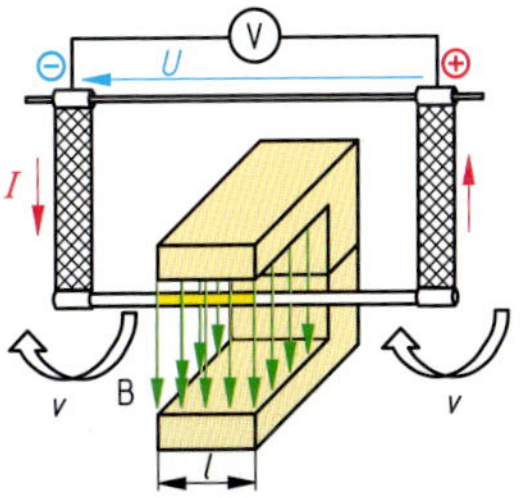

$$U_{indu} = N \cdot \frac{\Delta\Phi}{\Delta t}$$

Bewegungsinduktion: $U_{indu} = N \cdot B \cdot l \cdot v$

U_{indu}	induzierte Spannung in V
N	Anzahl der Windungen (ohne Einheit)
$\Delta\Phi$	Änderung des magnetischen Flusses in T
Δt	zeitliche Änderung in s
B	magnetische Flussdichte in T
l	Länge eines Leiters im Magnetfeld in m
v	Geschwindigkeit der Leiterbewegung in m/s

Selbstinduktion einer Spule

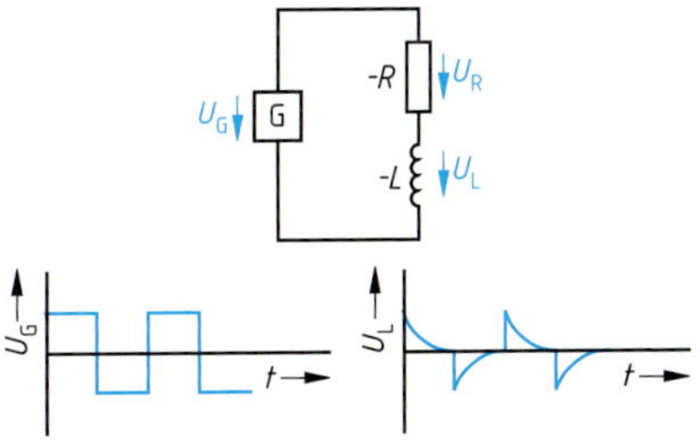

$$U_{indu} = L \cdot \frac{\Delta i}{\Delta t} \quad \text{mit} \quad L = N^2 \cdot \frac{\mu_0 \cdot \mu_r \cdot A}{l}$$

U_{indu}	selbstinduzierte Spannung in V
N	Anzahl der Windungen (ohne Einheit)
μ_0	magnetische Feldkonstante $\mu_0 = 1{,}257 \cdot 10^{-6}$ Vs/Am
μ_r	Permeabilitätszahl (ohne Einheit)
A	Querschnittsfläche der Spule in m^2
l	Länge der Spule in m

Betriebs- und Arbeitswelt
Technische Kommunikation
Energie-versorgung
Gebäude-technik
Kommunikations-technik
Automatisierungs-technik
Antriebs-technik
Bauelemente und -gruppen
Techn. Größen und Formeln

Kraft zwischen stromdurchflossenen Leitern

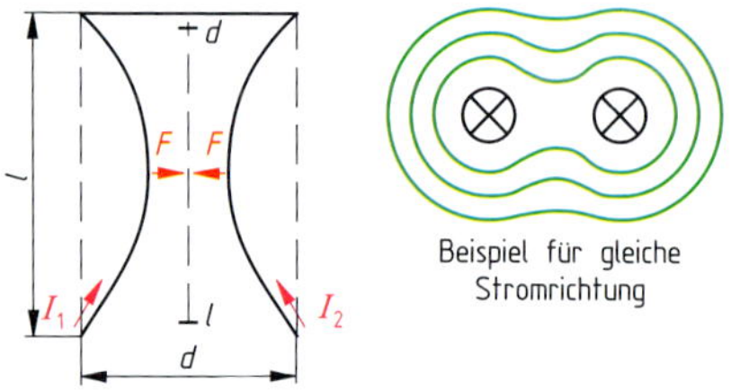

$$F = \frac{I_1 \cdot I_2 \cdot l \cdot \mu_0 \cdot \mu_r}{2 \cdot \pi \cdot d}$$

F	Kraft zwischen den Leitern in N
I_1, I_2	Stromstärke in A
l	Leiterlänge in m
μ_0	magnetische Feldkonstante $\mu_0 = 1{,}257 \cdot 10^{-6}$ Vs/Am
μ_r	Permeabilitätszahl (ohne Einheit)
d	Leiterquerschnitt in m

Kraft auf stromdurchflossene Leiter durch ein Magnetfeld

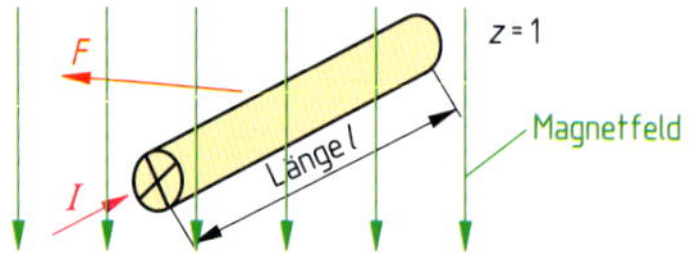

$$F = B \cdot I \cdot l \cdot z$$

F	Kraft auf die Leiter in N
B	magnetische Flussdichte in T
I	Stromstärke im Leiter in A
l	Leiterlänge in m
z	Anzahl der Leiter (ohne Einheit)

Reihenschaltung von Spulen

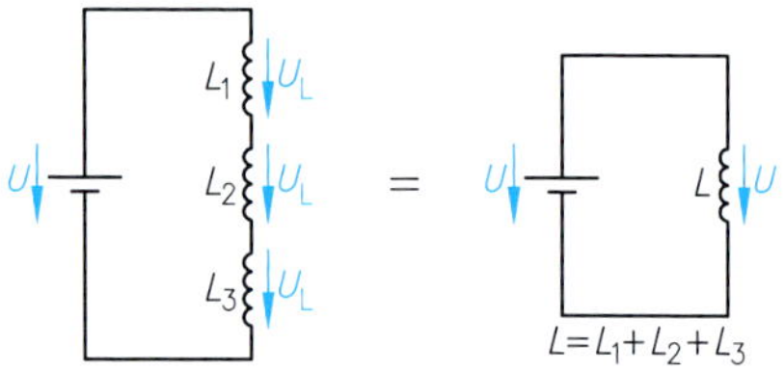

$$\Delta i = \Delta i_1 + \Delta i_2 + \Delta i_3 + \ldots = \Delta i_n$$

$$U = (L_1 + L_2 + L_3 + \ldots + L_n) \cdot \frac{\Delta i}{\Delta t}$$

$$L = L_1 + L_2 + L_3 + \ldots + L_n$$

Δi, Δi_1, ... Δi_n	Änderung der Stromstärken in A
U	Spannung in V
Δt	zeitliche Änderung in s
L, L_1, ... L_n	Induktivitäten in H

Parallelschaltung von Spulen

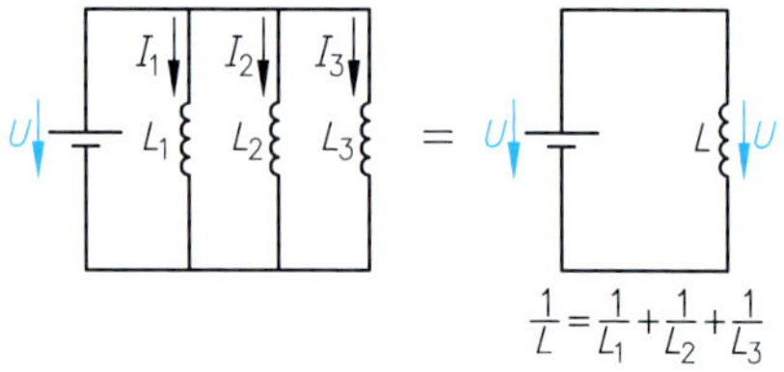

$$\Delta i = \Delta i_1 + \Delta i_2 + \Delta i_3 + \ldots + \Delta i_n$$

$$U = U_1 = U_2 = U_3 = \ldots = U_n$$

$$\frac{1}{L} = \frac{1}{L_1} + \frac{1}{L_2} + \frac{1}{L_3} + \ldots + \frac{1}{L_n}$$

Δi, Δi_1, ... Δi_n	Änderung der Stromstärken in A
U	Spannung in V
Δt	zeitliche Änderung in s
L, L_1, ... L_n	Induktivitäten in H

Einschaltvorgang an einer Spule

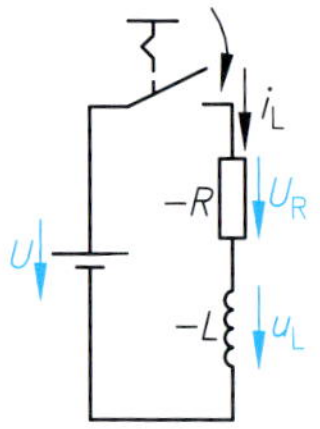

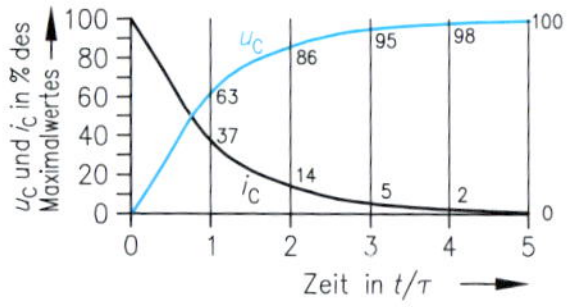

$$u_L = U \cdot e^{-\frac{t}{\tau}} \quad \Rightarrow \quad t = \ln\left(-\frac{U}{U_L}\right) \cdot \tau;\ \tau = \frac{L}{R}$$

$$i_L = \frac{U}{R} \cdot \left(1 - e^{-\frac{t}{\tau}}\right) \quad \Rightarrow \quad t = \ln\left(\frac{U}{U - i_L \cdot R}\right) \cdot \tau$$

u_L	Spannung an der Spule in V
i_L	Ladestromstärke der Spule in A
U_N	Spannung in V
R	Widerstand in Ω
L	Induktivität der Spule in H
t	Zeit in s
τ	Zeitkonstante in s ($\tau = L/R$)

Ausschaltvorgang an der Spule

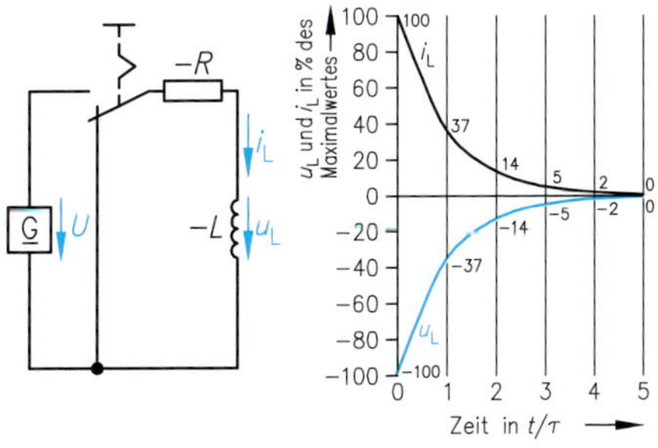

$$u_L = -U \cdot e^{-\frac{t}{\tau}} \quad \Rightarrow \quad t = \ln\left(\left|\frac{U}{u_L}\right|\right) \cdot \tau$$

$$i_L = \frac{U}{R} \cdot e^{-\frac{t}{\tau}} \quad \Rightarrow \quad t = \ln\left(\frac{U}{i_L \cdot R}\right) \cdot \tau$$

- u_L Spannung an der Spule in V
- i_L Ladestromstärke der Spule in A
- U Spannung in V
- R Widerstand in Ω
- L Induktivität der Spule in H
- t Zeit in s
- τ Zeitkonstante in s ($\tau = \frac{L}{R}$)

Energiespeicherung im elektrischen Feld

$W = \frac{1}{2} \cdot C \cdot U^2$	1 Ws = 1 VAs

- W Energie in Ws
- C Kapazität in F
- U Spannung in V

Energiespeicherung im Magnetfeld

$W = \frac{1}{2} \cdot L \cdot I^2$	1 Ws = 1 VAs

- W Energie in Ws
- L Induktivität in H
- I Stromstärke in A

Sinusförmige Wechselspannung

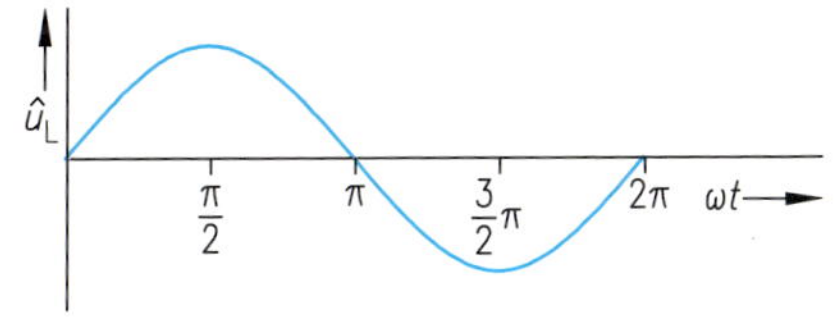

$$u = \hat{u} \cdot \sin \omega t$$

- u Augenblickswert der Spanunng in V
- $\hat{u}$ Spitzenwert der Spannung in V
- ω Kreisfrequenz in 1/s ($\omega = 2 \cdot \pi \cdot f$)
- t Zeit in s
- ωt Winkel in rad

Definition von Augenblicks- und Effektivwerten am Beispiel der Leistung

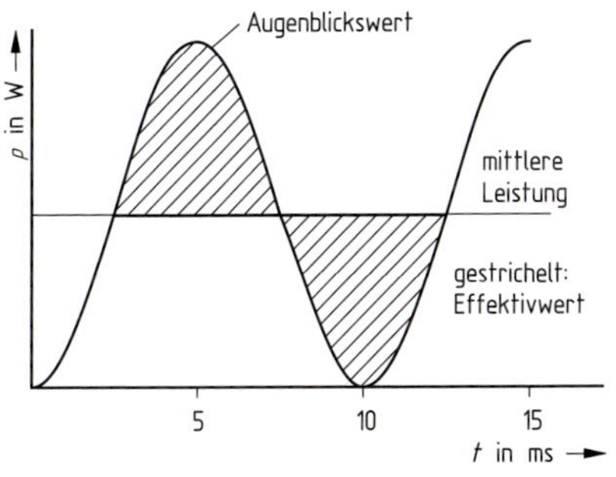

Augenblicksleistung	Effektivleistung
$p = u \cdot i$	$P_{eff} = \frac{\hat{u}}{\sqrt{2}} \cdot \frac{\hat{i}}{\sqrt{2}} = \frac{\hat{u}^2}{2 \cdot R}$

- p Augenblickleistung in W
- u Augenblicksspannung in V
- i Augenblicksstromstärke in A
- P_{eff} Effektivleistung in W
- $\hat{u}$ Spitzenwert der Spannung in V
- $\hat{i}$ Spitzenwert der Stromstärke in A
- R Widerstand des Schaltkreises in Ω

Effektivwert von Wechselspannungen von sinusförmigen Größen

$U = \frac{\hat{u}}{\sqrt{2}}$	$I = \frac{\hat{i}}{\sqrt{2}}$

- U Effektivwert der Wechselspannung in V
- $\hat{u}$ Scheitelwert der Spannung in V

- I Effektivwert der Wechselstromstärke in A
- $\hat{i}$ Scheitelwert der Stromstärke in A

Formfaktor

$$F = \frac{U_{RMS}}{U_{AV}} \quad \text{oder} \quad F = \frac{I_{RMS}}{I_{AV}}$$

F	Formfaktor (ohne Einheit)
U_{RMS}	Leistungsmittelwert der Spannung (**R**oot **M**ean **S**quare) in V
U_{AV}	Linearer Mittelwert der Spannung (**A**verage **V**alue) in V
I_{RMS}	Leistungsmittelwert der Stromstärke in A
I_{AV}	Linearer Mittelwert der Stromstärke in A

Scheitelfaktor (Crest-Faktor)

$$F_{Cres} = \frac{\hat{u}}{U_{RMS}} \quad \text{oder} \quad F_{Cres} = \frac{\hat{\imath}}{I_{RMS}}$$

F_{Cres}	Scheitelfaktor (ohne Einheit)
$\hat{u}$	Scheitelwert der Spannung in V
U_{RMS}	Leistungsmittelwert der Spannung (**R**oot **M**ean **S**quare) in V
$\hat{\imath}$	Scheitelwert der Stromstärke in A
I_{RMS}	Leistungsmittelwert der Stromstärke in A

Fourier-Reihe

Diagramm eines periodischen Signals

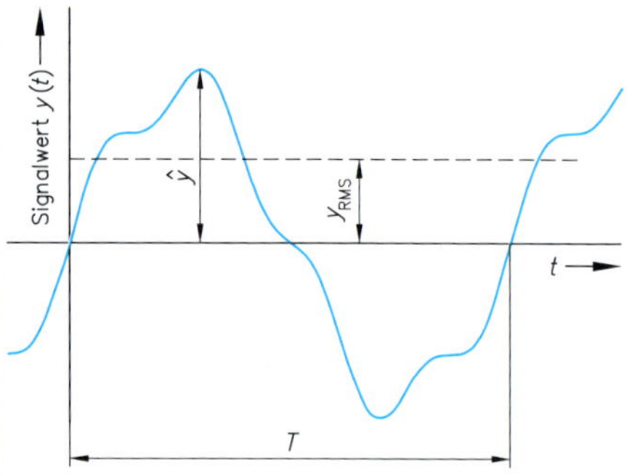

Erläuterung, Formel

Jedes periodische Signal lässt sich durch eine sinusförmige Grundschwingung (erste Harmonische) und eine Reihe von Oberschwingungen (Harmonische) wiedergeben. Die Frequenzen der Oberschwingungen sind ganzzahlige Vielfache der Frequenz der Grundschwingung (ersten Harmonischen).

$$y(t) = a_0 + \sum_{k=1}^{\infty} a_k \cdot \sin k\omega t + \sum_{k=1}^{\infty} b_k \cdot \sin k\omega t$$

$y(t)$	Augenblickswert des Signals
a_0, a_k, b_k	Fourier-Koeffizienten (zu bestimmende Konstanten)
k	Ordnungszahl einer Teilschwingung
ω	Kreisfrequenz in 1/s
t	Zeit in s

Kurvenverlauf	Fourier-Reihe	Linearer Mittelwert U_{AV}, I_{AV}	Leistungsmittelwert U_{RMS}, I_{RMS}	Formfaktor F	Scheitelfaktor F_{Crest}
Rechteck 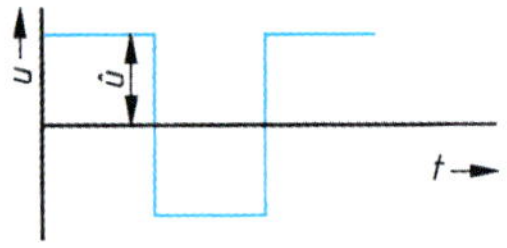	$u = \frac{4 \cdot \hat{u}}{\pi} \cdot (\sin\omega t + \frac{1}{3}\sin 3\omega t + \frac{1}{4}\sin 5\omega t + ...)$	$0{,}5 \cdot \hat{u}$ $0{,}5 \cdot \hat{\imath}$	$0{,}707 \cdot \hat{u}$ $0{,}707 \cdot \hat{\imath}$	1,41	1,41
Dreieck 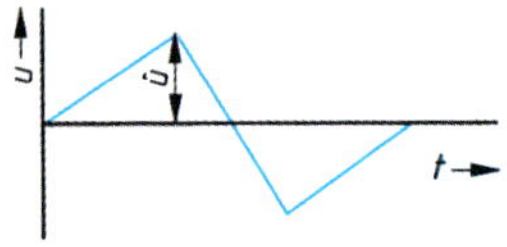	$u = \frac{8 \cdot \hat{u}}{\pi} \cdot (\sin\omega t - \frac{1}{9}\sin 3\omega t + \frac{1}{25}\sin 5\omega t - ...)$	$0{,}5 \cdot \hat{u}$ $0{,}5 \cdot \hat{\imath}$	$0{,}577 \cdot \hat{u}$ $0{,}577 \cdot \hat{\imath}$	1,15	1,73
Einpulsgleichrichtung 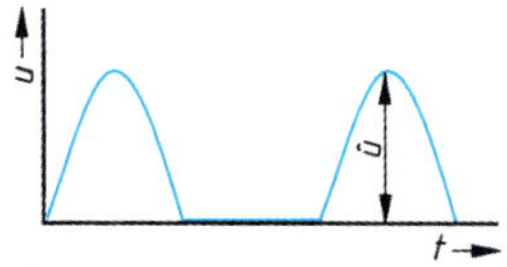	$u = \frac{\hat{u}}{\pi} + \frac{\hat{u}}{2} \cdot \sin\omega t - 2 \cdot \frac{\hat{u}}{\pi} \cdot (\frac{1}{3}\cos 2\omega t + \frac{1}{15}\cos 6\omega t + ...)$	$0{,}318 \cdot \hat{u}$ $0{,}318 \cdot \hat{\imath}$	$0{,}5 \cdot \hat{u}$ $0{,}5 \cdot \hat{\imath}$	1,57	2,00
Zweipulsgleichrichtung 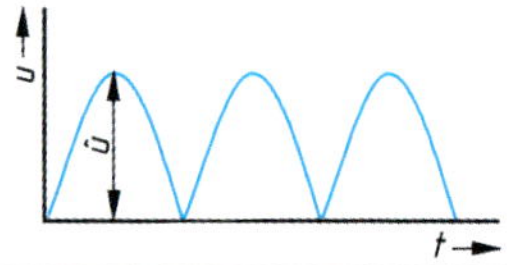	$u = \frac{2 \cdot \hat{u}}{\pi} \cdot (1 - \frac{2}{3}\cos 2\omega t - \frac{2}{15}\cos 4\omega t + \frac{2}{35}\cos 6\omega t + ...)$	$0{,}637 \cdot \hat{u}$ $0{,}637 \cdot \hat{\imath}$	$0{,}707 \cdot \hat{u}$ $0{,}707 \cdot \hat{\imath}$	1,11	1,41

Mischspannung

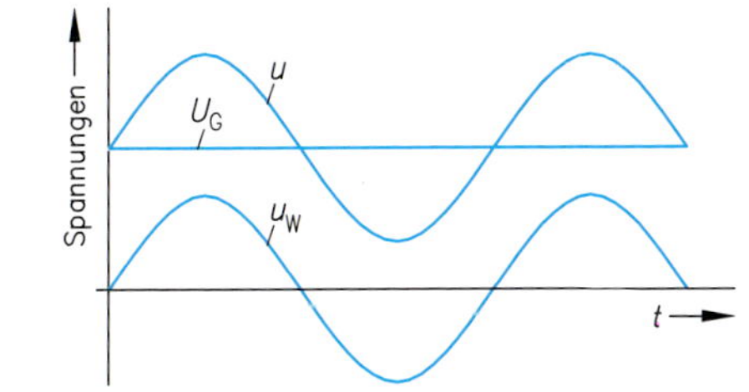

Eine Mischspannung setzt sich aus einem Gleich- und einem Wechselspannungsanteil zusammen. Der Mittelwert einer Mischspannung ist immer ungleich null.

$$u = U_G + u_w$$

u	Augenblickswert der Mischspannung in V
U_G	Gleichspannung in V
u_W	Augenblickswert der Wechselspannung in V
$\hat{u}_W$	Scheitelwert der Wechselspannung in V
t	Zeit in s

Flankensteilheit

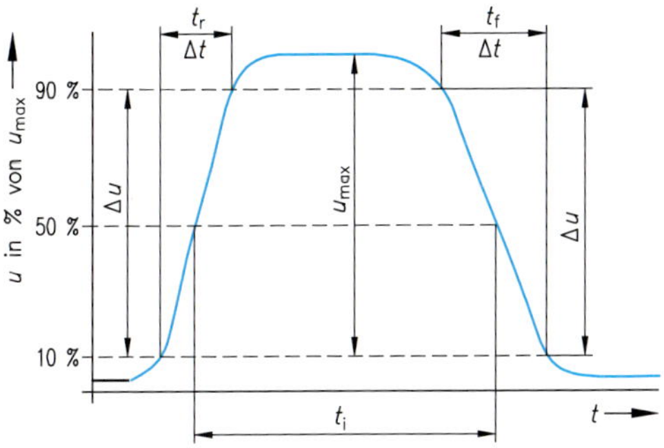

$$S = \frac{\Delta u}{\Delta t} \quad \text{oder} \quad S = \frac{\Delta i}{\Delta t}$$

S	Flankensteilheit in V/s bzw. A/s
Δu, Δi	Änderung der Spannung bzw. der Stromstärke innerhalb des Zeitintervalls für den Anstieg bzw. Abfall der Flanke in V bzw. A
Δt	Zeitintervall oder Anstiegszeit oder Abfallzeit in s

- **Impulsdauer t_i:** 50 % des Scheitelwertes bei ansteigender und abfallender Flanke.
- **Anstiegszeit t_r:** Zeitintervall zwischen 10 % und 90 % des Scheitelwertes bei der ansteigenden Flanke.
- **Abfallzeit t_f:** Zeitintervall zwischen 90 % und 10 % des Scheitelwertes bei der abfallenden Flanke.

Unsymmetrische Rechteckspannung

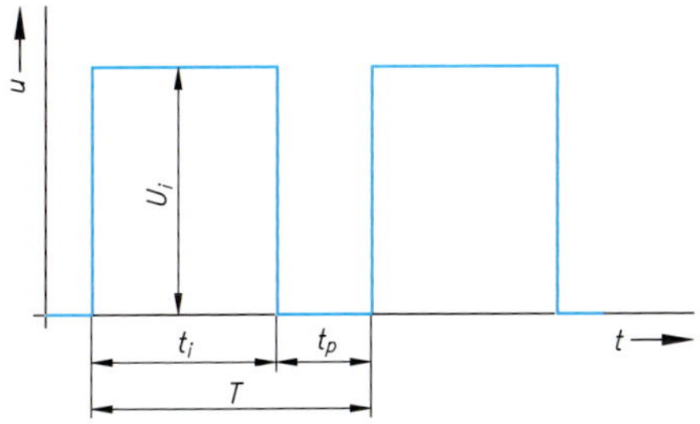

$$g = \frac{t_i}{T} \qquad V = \frac{1}{g} \qquad V = \frac{T}{t_i}$$

$$T = t_i + t_p \qquad U_{AV} = \frac{U_i \cdot t_i}{T}$$

g	Tastgrad (ohne Einheit)
V	Tastverhältnis (ohne Einheit)
t_i	Impulsdauer in s
t_p	Pausendauer in s
U_{AV}	Linearer Mittelwert der Spannung in V
U_i	Spannung für die Impulsdauer in V
U_p	Spannung für die Pausendauer in V

Liniendiagramm

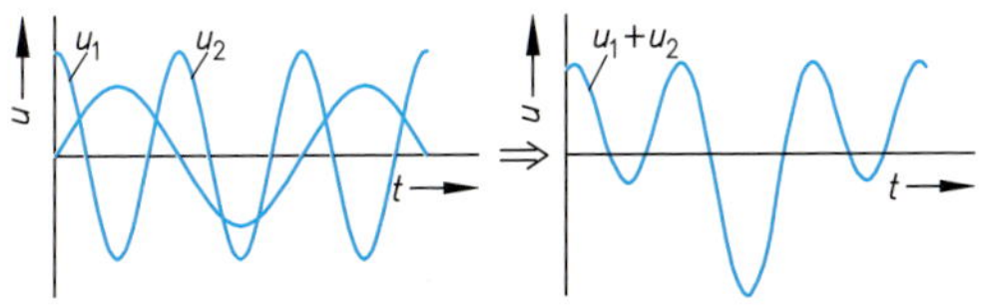

- Im Liniendiagramm werden die Augenblickswerte eines Spannungs- bzw. Stromverlaufs dargestellt.
- In einem Liniendiagramm lässt sich auch mehr als eine Größe gleicher Art darstellen, z. B. zwei Wechselspannungen mit unterschiedlichen Scheitelwerten und unterschiedlichen Frequenzen.
- Zur Unterscheidung muss jeder Kurvenverlauf eindeutig gekennzeichnet sein.

Zeigerbild

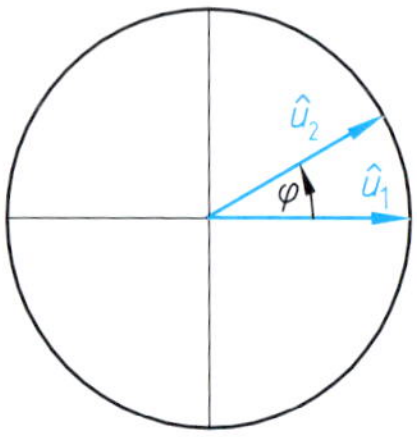

- Mithilfe eines Zeigerdiagramms werden phasenverschobene Wechselgrößen gleicher Frequenz überlagert.
- Die Länge des Zeigers entspricht dem Maximalwert der Wechselgröße.
- Die Drehbewegung des Zeigers auf dem Einheitskreis entspricht dem fortschreitenden Winkel im Liniendiagramm.
- Die resultierende Wechselgröße kann über die geometrische Addition ermittelt werden.

Leistung im Wechselstromkreis

Zeigerdiagramm	Formel		Bemerkungen
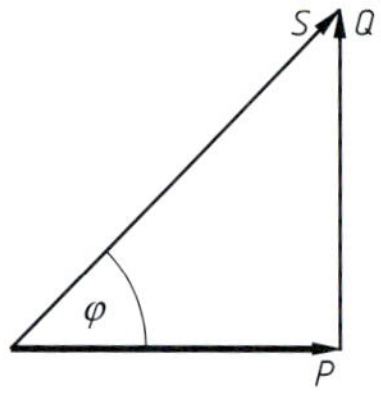	$P = U \cdot I \cdot \cos\varphi$	$\cos\varphi = \frac{P}{S}$	• Die Wirkleistung am Wirkwiderstand ist maximal. • Die Wirkleistung am Blindwiderstand ist null.
	P Wirkleistung in W *U* Spannung in V *I* Stromstärke in A $\cos\varphi$ Wirkleistungsfaktor *S* Scheinleistung in VA		
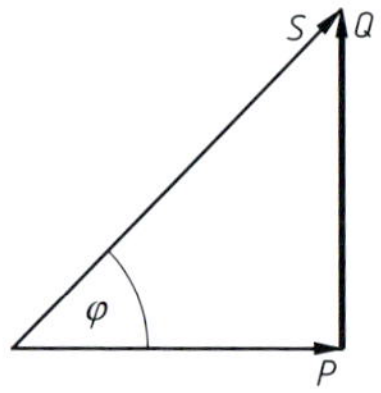	$Q = U \cdot I \cdot \sin\varphi$	$\sin\varphi = \frac{Q}{S}$	• Die Blindleistung am Wirkwiderstand ist null. • Die Blindleistung am Blindwiderstand ist maximal.
	Q Blindleistung in var (Voltampere reaktiv) *U* Spannung in V *I* Stromstärke in A $\sin\varphi$ Blindleistungsfaktor *S* Scheinleistung in VA		
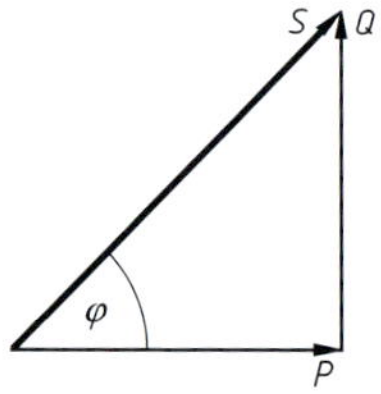	$S = U \cdot I$	$S = \sqrt{P^2 + Q^2}$	• Die Scheinleistung ist die geometrische Addition der Wirk- und Blindleistung.
	S Scheinleistung in VA *U* Spannung in V *I* Stromstärke in A *P* Wirkleistung in W *Q* Blindleistung in var		

Zusammenschaltung von Blind- und Wirkwiderständen im Wechselstromkreis

Stromstärkegrößen und Spannungsgrößen	Widerstandsgrößen und Leitwertgrößen	Leistungsgrößen
I Stromstärke in A I_L Spulenstromstärke in A I_C Kondensatorstromstärke in A U Spannung in V U_L Spannung an der Spule in V U_C Spannung am Kondensator in V	Z Scheinwiderstand in Ω R Wirkwiderstand in Ω X_L Spulenblindwiderstand in Ω X_C Kondensatorblindwiderstand in Ω Y Scheinleitwert in S G Leitwert in S B_C Kondensatorblindleitwert in S B_L Spulenblindleitwert in S	P Wirkleistung in W S Scheinleistung in VA Q_L Spulenblindleistung in var Q_C Kondensatorblindleistung in var $\sin\varphi$ Blindleistungsfaktor (ohne Einheit) $\cos\varphi$ Wirkleistungsfaktor (ohne Einheit)

Schaltungen von Blind- und Wirkwiderständen im Wechselstromkreis

Schaltung	Zeigerbild	Formeln
Wirkwiderstand 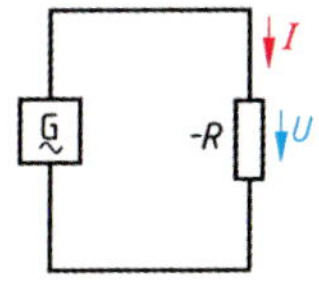	Bezugsgröße ist die Stromstärke. 	$I = \frac{U}{R}$; $R = \frac{U}{I}$; $U = R \cdot I$ $P = U \cdot I$; $\sin\varphi = 0$; $\cos\varphi = 1$ $\varphi = 0°$, weil es keine Phasenverschiebung zwischen Stromstärke und Spannung gibt.
Induktiver Blindwiderstand 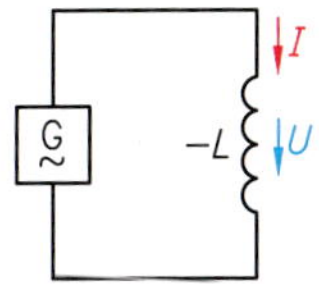	Bezugsgröße ist die Stromstärke. 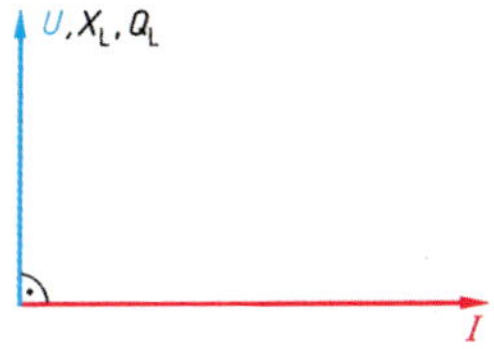	$I = \frac{U}{X_L}$; $U = I \cdot X_L$; $Q_L = U \cdot I$ $X_L = 2 \cdot \pi \cdot f \cdot L$; $X_L = \omega \cdot L$ $\varphi = 90°$, weil die Spannung der Stromstärke um 90° vorauseilt.
Kapazitiver Blindwiderstand 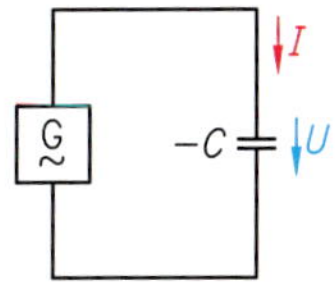	Bezugsgröße ist die Stromstärke. 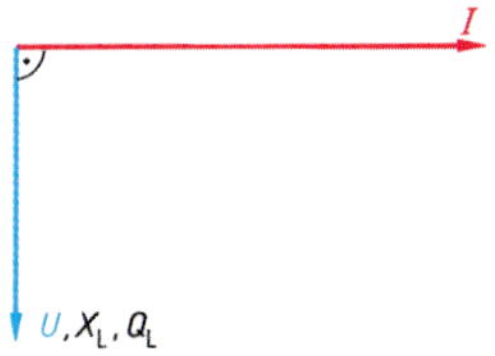	$I = \frac{U}{X_C}$; $U = I \cdot X_C$; $Q_C = U \cdot I$ $X_C = \frac{1}{2 \cdot \pi \cdot f \cdot C}$; $X_C = \frac{1}{\omega \cdot C}$ $\varphi = -90°$, weil die Spannung der Stromstärke um 90° nacheilt.
RL-Reihenschaltung 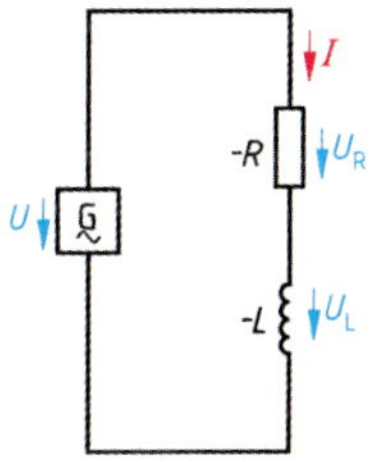	Bezugsgröße ist die Stromstärke. 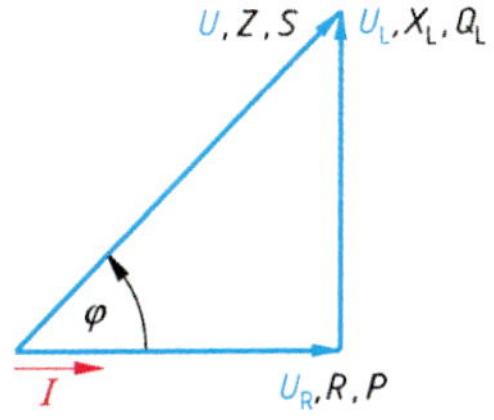	$I = \frac{U}{Z}$; $I = \frac{U_L}{X_L}$; $I = \frac{U_R}{R}$ $U = \sqrt{U_L^2 + U_R^2}$; $Z = \sqrt{X_L^2 + R^2}$ $S = \sqrt{Q_L^2 + P^2}$; $\sin\varphi = \frac{Q_L}{S}$; $\cos\varphi = \frac{P}{S}$ $0 \leq \varphi \leq 90°$, weil die Spannung der Stromstärke vorauseilt.
RL-Tiefpassfilter 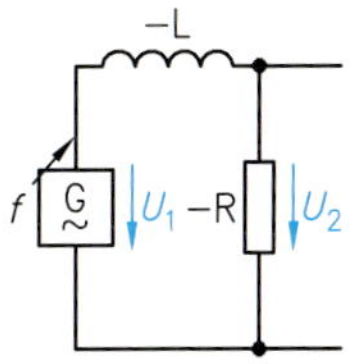	Übertragungskurve 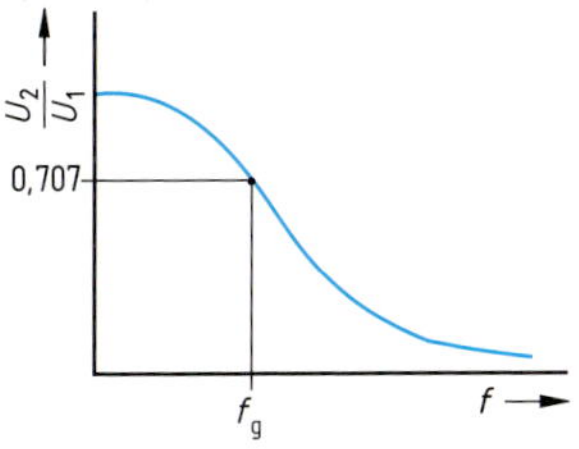	$f_G = \frac{R}{2 \cdot \pi \cdot L}$; $U_2 = \frac{U_1}{\sqrt{2}}$; $U_2 = 0{,}707 \cdot U_1$ Die Grenzfrequenz f_G ist für die Phasenverschiebung von $\varphi = +45°$ definiert. Die Ausgangsspannung U_2 eilt der Eingangsspannung U_1 nach.

R Wirkwiderstand in Ω X_L Induktiver Blindwiderstand in Ω X_C Kapazitiver Blindwiderstand in Ω	U Spannung am Wirkwiderstand in V U_L Spannung am ind. Blindwiderstand in V U_C Spannung am kap. Blindwiderstand in V

Schaltungen von Blind- und Wirkwiderständen im Wechselstromkreis (Fortsetzung)

Schaltung	Zeigerbild	Formeln
RL-Hochpassfilter 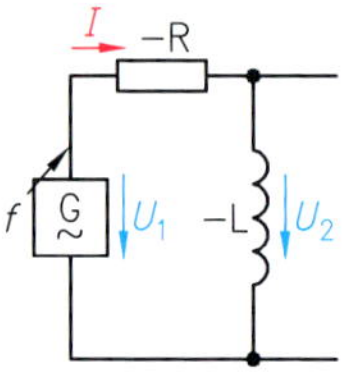	Übertragungskurve 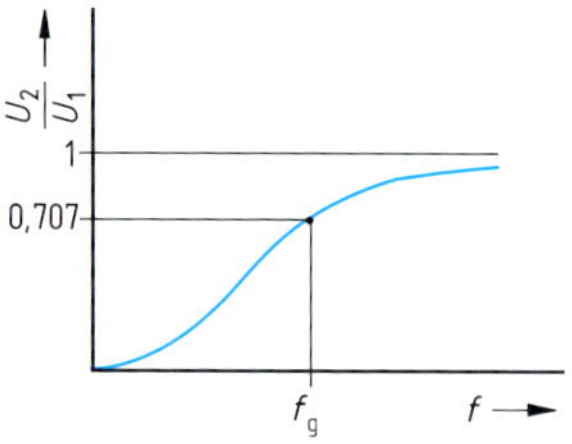	$f_g = \frac{R}{2 \cdot \pi \cdot L}$ $U_2 = \frac{U_1}{\sqrt{2}}$; $U_2 = 0{,}707 \cdot U_1$ • Die Grenzfrequenz f_g ist für die Phasenverschiebung von $\varphi = -45°$ definiert. • Die Ausgangsspannung U_2 eilt der Eingangsspannung U_1 voraus.
RL-Parallelschaltung 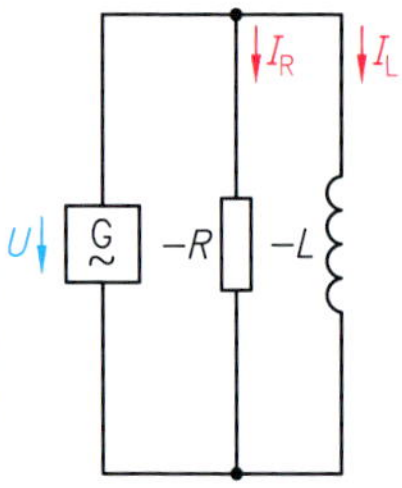	Bezugsgröße ist die Spannung. 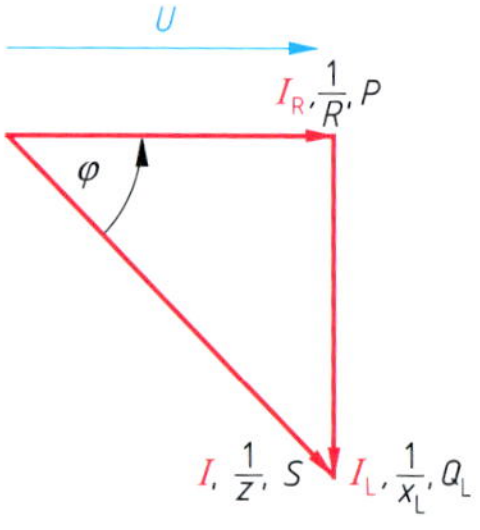	$U = I \cdot Z$; $U = I_L \cdot X_L$; $U = I_R \cdot R$ $I = \sqrt{I_L^2 + I_R^2}$; $S = \sqrt{Q_L^2 + P^2}$ $\frac{1}{Z} = \sqrt{\left(\frac{1}{X_L}\right)^2 + \left(\frac{1}{R}\right)^2}$ $\sin\varphi = \frac{Q_L}{S}$; $\cos\varphi = \frac{P}{S}$; $\tan\varphi = \frac{Q_L}{P}$
RC-Reihenschaltung 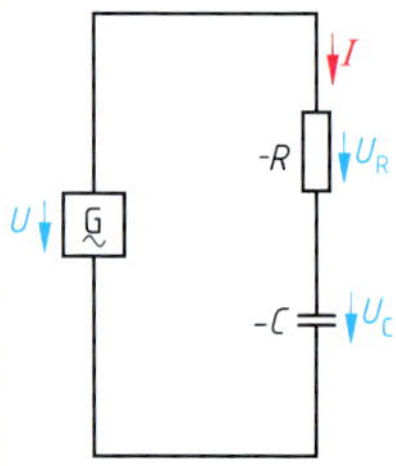	Bezugsgröße ist die Stromstärke. 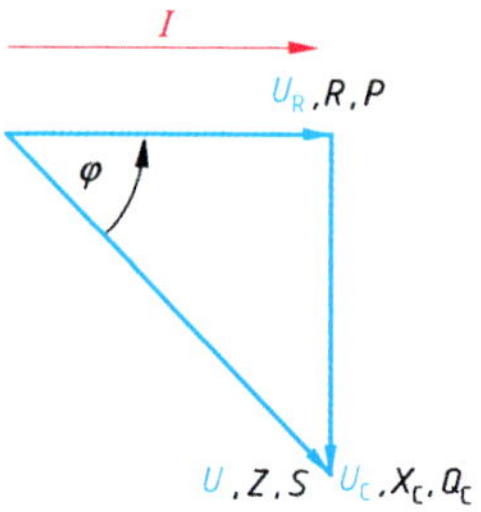	$I = \frac{U}{Z}$; $I = \frac{U_C}{X_C}$; $I = \frac{U_R}{R}$ $U = \sqrt{U_C^2 + U_R^2}$; $S = \sqrt{Q_C^2 + P^2}$ $Z = \sqrt{X_C^2 + R^2}$ $\sin\varphi = \frac{Q_C}{S}$; $\cos\varphi = \frac{P}{S}$; $\tan\varphi = \frac{Q_C}{P}$
RC-Hochpassfilter 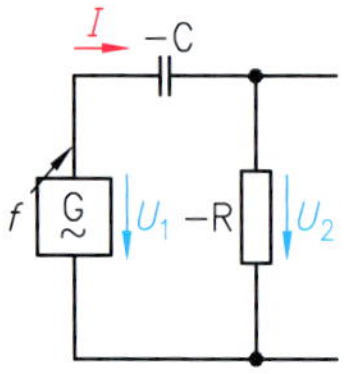	Übertragungskurve 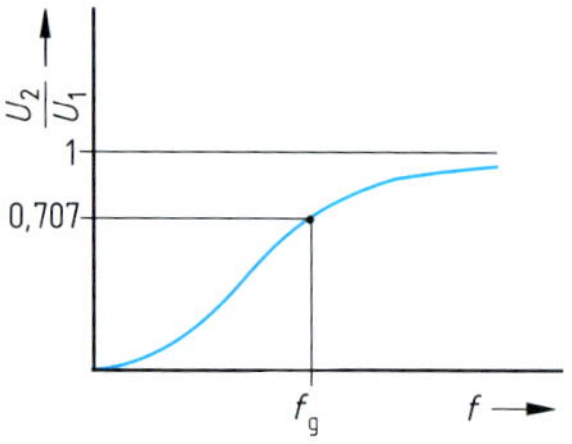	$f_G = \frac{R}{2 \cdot \pi \cdot R \cdot C}$; $U_2 = \frac{U_1}{\sqrt{2}}$; $U_2 = 0{,}707 \cdot U_1$ • Die Grenzfrequenz f_g ist für die Phasenverschiebung von $\varphi = +45°$ definiert. • Die Ausgangsspannung U_2 eilt der Eingangsspannung U_1 voraus.

I	Gesamtstromstärke in A	P	Wirkleistung in W
I_R	Wirksame Stromstärke in A	Q	Blindleistung in var (Volt-Ampere-Reaktiv)
I_L; I_C	Induktive/kapazitive Stromstärke in A	S	Scheinleistung in VA

Schaltungen von Blind- und Wirkwiderständen im Wechselstromkreis (Fortsetzung)

Schaltung	Zeigerbild	Formeln
RC-Tiefpassfilter 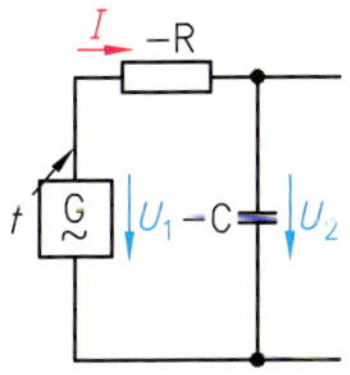	Übertragungskurve 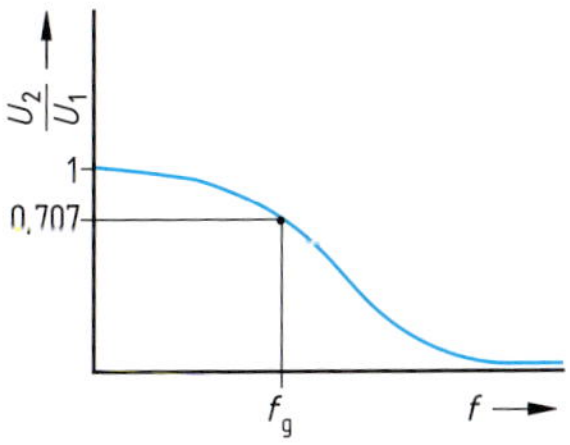	$f_0 = \frac{1}{2 \cdot \pi \cdot R \cdot C}$ $U_2 = \frac{U_1}{\sqrt{2}}$; $U_2 = 0{,}707 \cdot U_1$ • Die Grenzfrequenz f_g ist für die Phasenverschiebung von $\varphi = -45°$ definiert. • Die Ausgangsspannung U_2 eilt der Eingangsspannung U_1 voraus.
RLC-Parallelschaltung 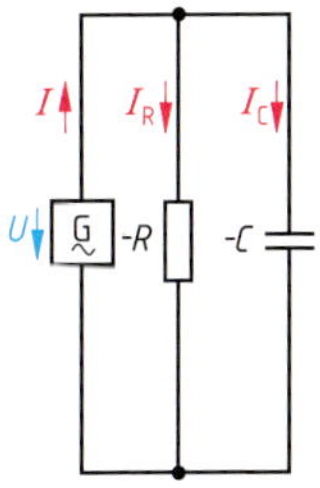	Bezugsgröße ist die Spannung. 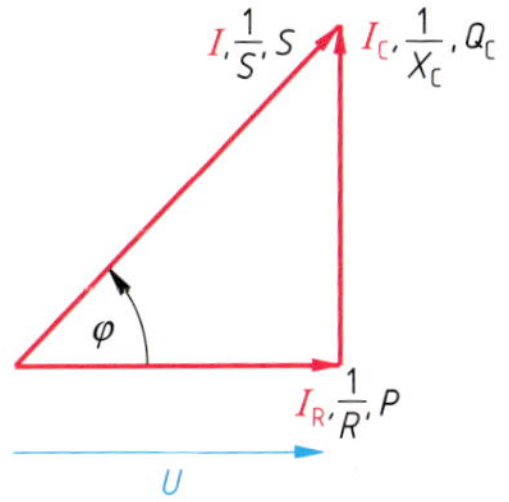	$U = I \cdot Z$; $U = I_C \cdot X_C$; $U = I_R \cdot R$ $I = \sqrt{I_C^2 + I_R^2}$; $S = \sqrt{Q_C^2 + P^2}$ $\frac{1}{Z} = \sqrt{\left(\frac{1}{X_C}\right)^2 + \left(\frac{1}{R}\right)^2}$ $\sin\varphi = \frac{Q_C}{S}$; $\cos\varphi = \frac{P}{S}$; $\tan\varphi = \frac{Q_C}{P}$
RLC-Reihenschaltung 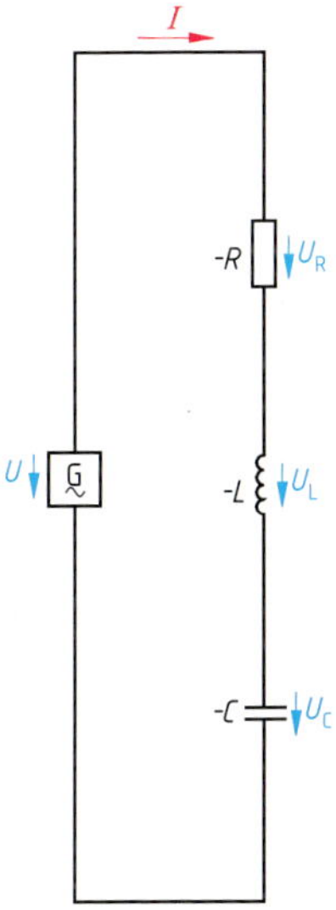	Bezugsgröße ist die Stromstärke. a) $X_C > X_L$; $\varphi < 0°$ 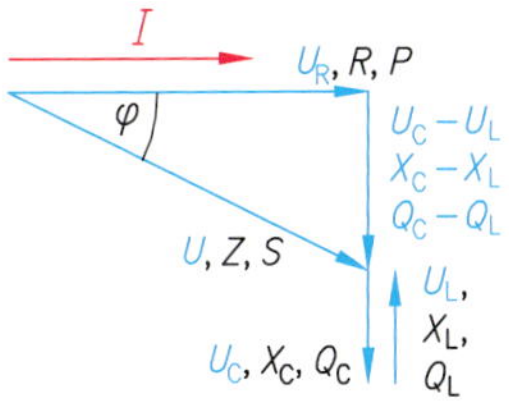 b) $X_L > X_C$; $\varphi > 0°$ 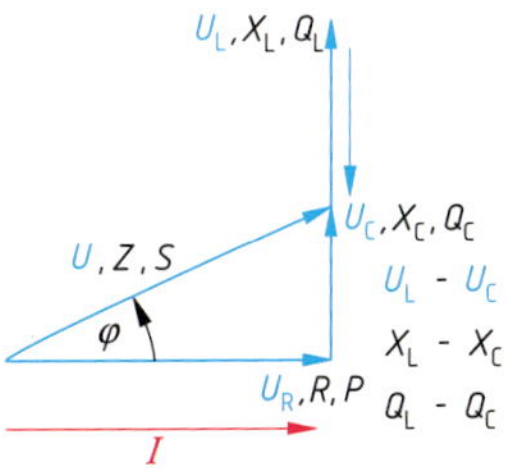	$I = \frac{U}{Z}$ $I = \frac{U_C}{X_C}$; $I = \frac{U_R}{R}$; $I = \frac{U_L}{X_L}$ $U = \sqrt{(U_L - U_C)^2 + U_R^2}$; $Z = \sqrt{(X_L - X_C)^2 + R^2}$ $S = \sqrt{(Q_L - Q_C)^2 + P^2}$ $\sin\varphi = \frac{Q_L - Q_C}{S}$; $\cos\varphi = \frac{P}{S}$; $\tan\varphi = \frac{Q_L - Q_C}{P}$ • Für $X_L > X_C$ hat die RLC-Reihenschaltung ein induktives Verhalten. • Für $X_C > X_L$ hat die RLC-Reihenschaltung ein kapazitives Verhalten. • Für $X_L = X_C$ hat die RLC-Reihenschaltung ein Ohm'sches Verhalten.
f_g Grenzfrequenz in Hz		f_0 Resonanzfrequenz in Hz

Schaltungen von Blind- und Wirkwiderständen im Wechselstromkreis (Fortsetzung)

Schaltung	Zeigerbild	Formeln
RLC-Reihenschwingkreis 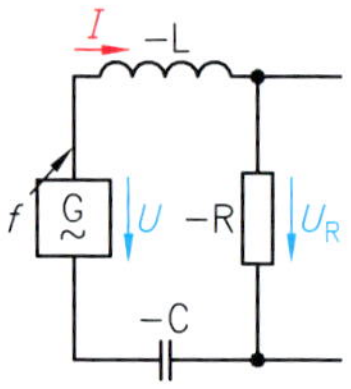	Übertragungsverhalten 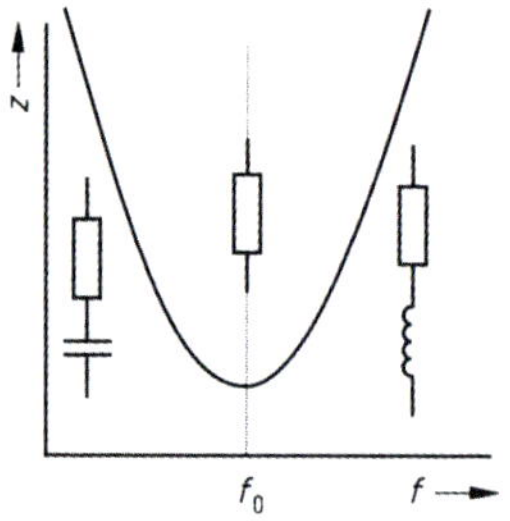	$f_0 = \frac{1}{2 \cdot \pi \cdot \sqrt{L \cdot C}}$ $U = U_R$; $Z = R$; $S = P$ • Ist $f < f_0$, folgt daraus: $X_C > X_L$, $\varphi < 0°$ und ein kapazitives Verhalten. • Ist $f > f_0$, folgt daraus: $X_L > X_C$, $\varphi > 0°$ und ein induktives Verhalten. • Ist $f = f_0$, folgt daraus: $X_L = X_C$, $\varphi = 0°$, Ohm'sches Verhalten und größte Gesamtstromstärke.
RLC-Parallelschaltung 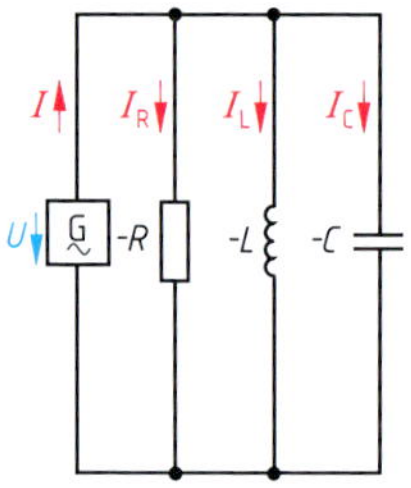	Bezugsgröße ist die Spannung. a) $X_L > X_C$; $\varphi > 0°$ 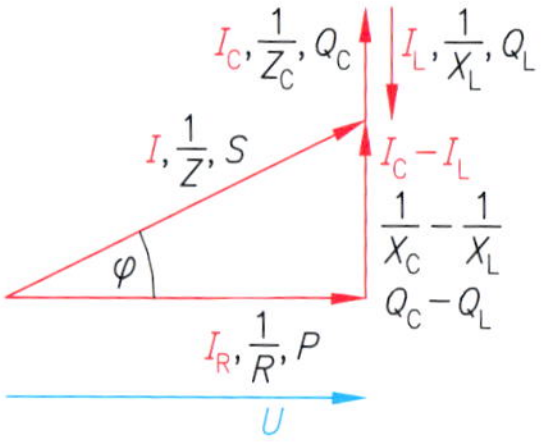 b) $X_C > X_L$; $\varphi < 0°$ 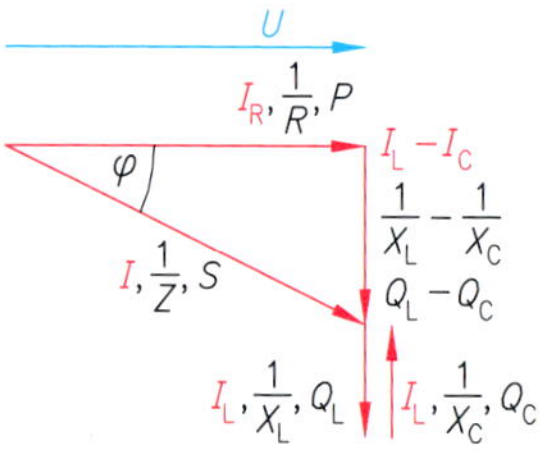	$U = I \cdot Z$; $U = I_L \cdot X_L$; $U = I_C \cdot X_C$; $U = I_R \cdot R$ $I = \sqrt{(I_C - I_L)^2 + I_R^2}$ $S = \sqrt{(Q_C - Q_L)^2 + P^2}$ $\frac{1}{Z} = \sqrt{\left(\frac{1}{X_C} - \frac{1}{X_L}\right)^2 + \left(\frac{1}{R}\right)^2}$ $\sin\varphi = \frac{Q_C - Q_L}{S}$; $\cos\varphi = \frac{P}{S}$; $\tan\varphi = \frac{Q_C - Q_L}{P}$ • $X_L < X_L$: induktives Verhalten • $X_L > X_C$: kapazitives Verhalten • $X_L = X_C$: Ohm'sches Verhalten
RLC-Parallelschwingkreis 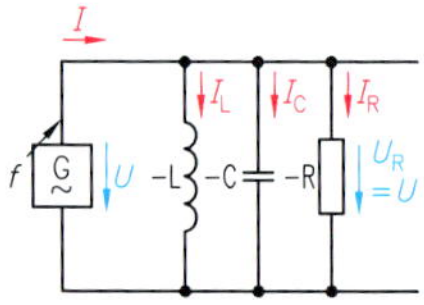	Übertragungsverhalten 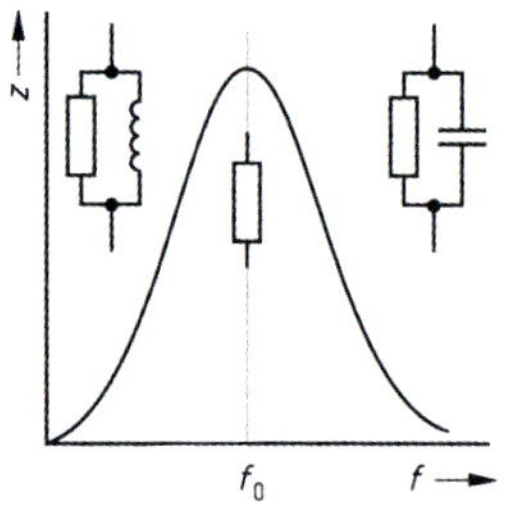	$f_0 = \frac{1}{2 \cdot \pi \cdot \sqrt{L \cdot C}}$ $I = I_R$; $Z = R$; $S = P$ • Ist $f < f_0$, folgt daraus: $X_C > X_L$, $\varphi > 0°$ und ein induktives Verhalten. • Ist $f > f_0$, folgt daraus: $X_L > X_C$, $\varphi < 0°$ und ein kapazitives Verhalten. • Ist $f = f_0$, folgt daraus: $X_L = X_C$, $\varphi = 0°$, Ohm'sches Verhalten und größte Gesamtstromstärke.

φ Phasenverschiebungswinkel zwischen Gesamtstromstärke und -spannung in ° oder rad

Dreiphasen-Wechselspannung

Definition/schematische Darstellung

Drei um 120° phasenverschobene Wechselspannungen gleicher Frequenz und gleicher Größe werden als Dreiphasen-Wechselspannung bezeichnet.

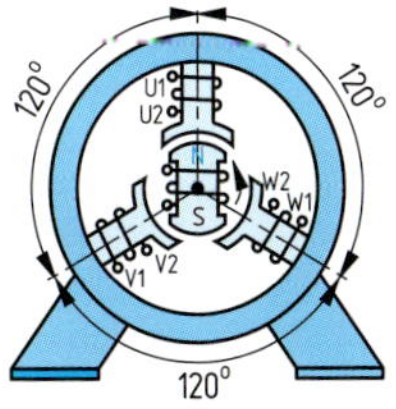

Liniendiagramm

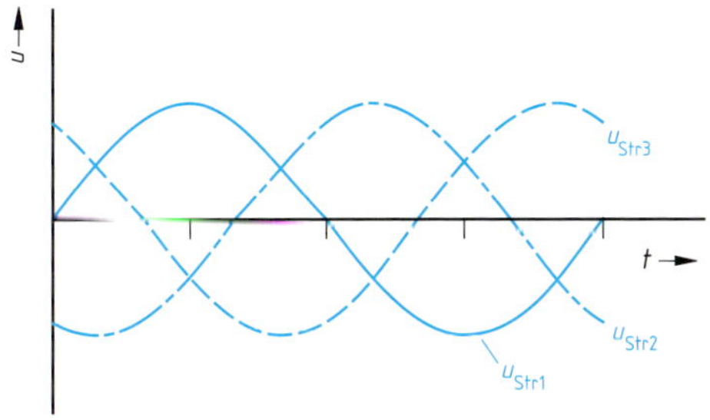

Sternschaltung (symmetrische Last)

Schaltbild

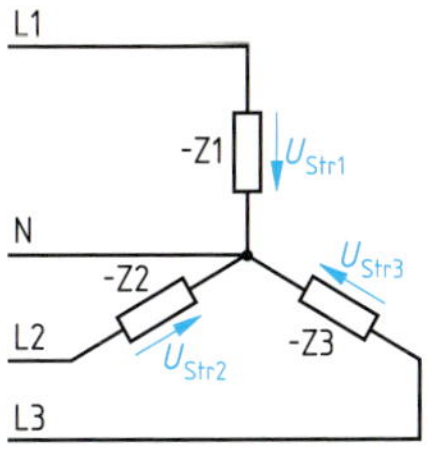

Zeigerbild

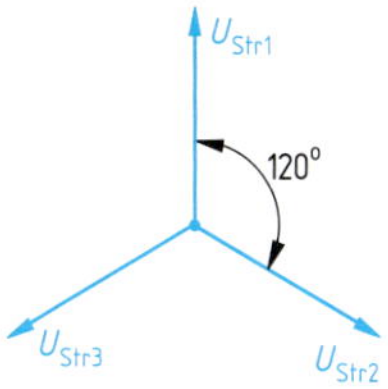

Formeln

$U = \sqrt{3} \cdot U_{Str}$	$I = I_{Str}$

U	Leiterspannung in V
U_{Str}	Strangspannung in V
I	Leiterstromstärke in A
I_{Str}	Strangstromstärke in A

Dreieckschaltung (symmetrische Last)

Schaltbild

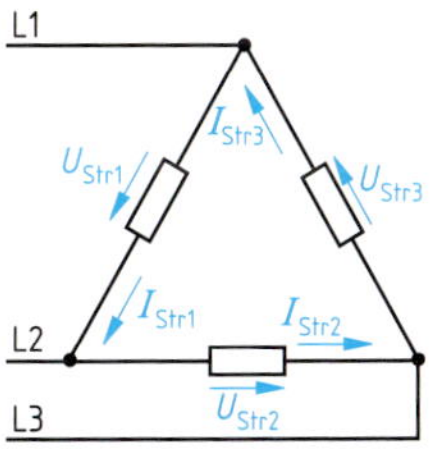

Zeigerbild

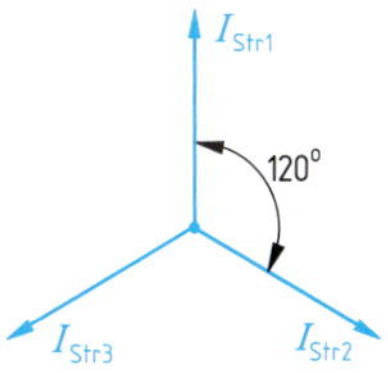

Formeln

$U = U_{Str}$	$I = \sqrt{3} \cdot I_{Str}$

U	Leiterspannung in V
U_{Str}	Strangspannung in V
I	Leiterstromstärke in A
I_{Str}	Strangstromstärke in A

Leistungsaufnahme der symmetrischen Stern-, Dreieckschaltung

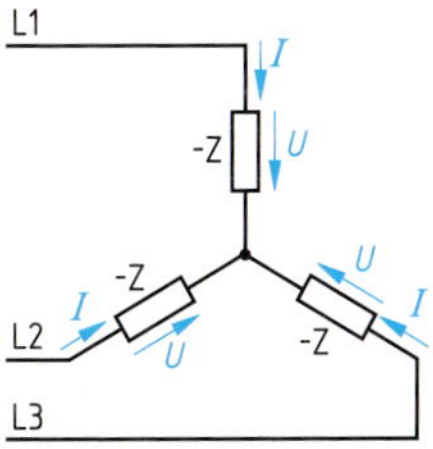

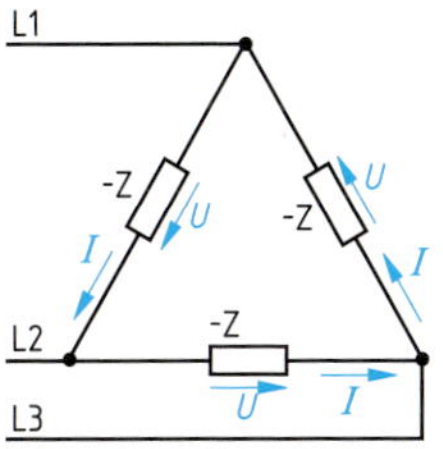

Formeln

$S = \sqrt{3} \cdot U \cdot I$

$Q = \sqrt{3} \cdot U \cdot I \cdot \sin\varphi$

$P = \sqrt{3} \cdot U \cdot I \cdot \cos\varphi$

U	Leiterspannung in V
I	Leiterstromstärke in A
S	Scheinleistung pro Strang in VA
Q	Blindleistung pro Strang in var
P	Wirkleistung pro Strang in WA

Stern-Dreieck-Umschaltung

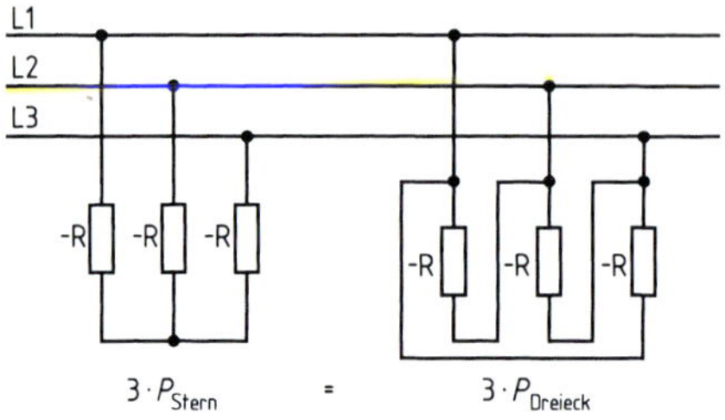

$P_{Dreieck} = 3 \cdot P_{Stern}$

$P_{Dreieck}$	Wirkleistungsaufnahme der Dreieckschaltung in W
P_{Stern}	Wirkleistungsaufnahme der Sternschaltung in W

Sternschaltung mit und ohne Neutralleiter (unsymmetrische Last)

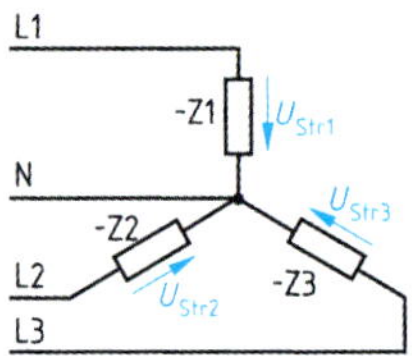

- Bei unsymmetrischer Belastung einer Sternschaltung mit Neutralleiter fließt zusätzlich ein Strom im Neutralleiter N.
- Bei unsymmetrischer Belastung einer Sternschaltung ohne Neutralleiter ändern sich neben den Strömen auch die Spannungen in den Strängen (Sternpunktverschiebung).

Leistungsaufnahme der Stern-Dreieck-Schaltung (unsymmetrische Last)

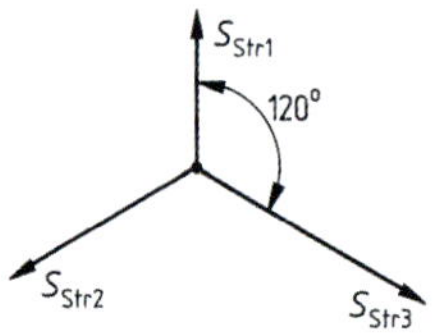

$S = S_{Str1} + S_{Str2} + S_{Str3}$

S	Gesamtscheinleistung der Stern-Dreieck-Schaltung in VA
S_{Str1}	Scheinleistungsaufnahme des ersten Strangs in VA
S_{Str2}	Scheinleistungsaufnahme des zweiten Strangs in VA
S_{Str3}	Scheinleistungsaufnahme des dritten Strangs in VA

Wirkleistungsaufnahme der Sternschaltung mit Neutralleiter im Fehlerfall

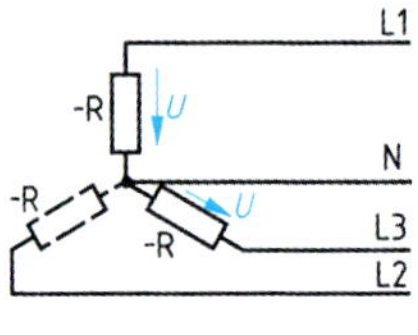

Ausfall eines Leiters	Ausfall von zwei Leitern
$P_{Stör} = \frac{2}{3} \cdot P$	$P_{Stör} = \frac{1}{3} \cdot P$

$P_{Stör}$	Wirkleistungsaufnahme im Störfall in W
P	Wirkleistung im Normalbetrieb in W

Wirkleistungsaufnahme der Sternschaltung ohne Neutralleiter im Fehlerfall

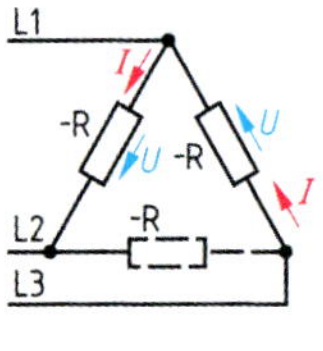

Ausfall eines Leiters	Ausfall von zwei Leitern
$P_{Stör} = \frac{1}{2} \cdot P$	$P_{Stör} = 0$

$P_{Stör}$	Wirkleistungsaufnahme im Störfall in W
P	Wirkleistung im Normalbetrieb in W

Deutsch - Englisch

1-aus-10-Code → 1-out-of-10-code 504
1. TAE → telephone jack 335
2 Drehzahlen → 2 rotational speed 364
2-Leiter-Schaltung → 2-conductor circuit 354, 357
3-Leiter-Schaltung → 3-conductor circuit 354, 357
4-Leiter-Schaltung → 4-conductor circuit 357
5 Sicherheitsregeln → 5 safety rules 149
7-Segment-Anzeige → 7-segment-display 468
7-Takt-Schaltung → 7-cycle-connection 281

A
Abgeglichene Brückenschaltung → compensated bridge connection 526
Ablauf- und Aufbaudiagramme → sequence- and assembly diagrams 60
Ablaufsprache → sequential function chart 371, 372, 374
Ablaufsteuerung → sequence control system 341, 374
Abschaltströme → cut-off currents 201
Absolutdruckmessung → absolute pressure measurement 361
Absoluter Fehler → absolute default 146
Absperrarmatur → blocking valve 128
Abwärtszähler → decrementer 488
Abzweiger → branch 125
Access Point → access point 305
AC → AC 479
Ad-hoc-Betrieb → ad hoc operations 305
AD-Umsetzer → analogue digital converter 489
Addition von Kräften → addition of forces 512f.
Addition → addition 503
Adressierung → adressing 375
ADSL → ADSL 331
Advanced Technology Attachment → advanced technology attachment 291
Advanced-CMOS → advanced-CMOS 479
Advanced-Schottky-TTL → advanced-Schottky-TTL 479
AGW-Wert → workplace exposure limit (WEL) 64
Aiken-Code → Aiken-Code 503
Akkumulatoren → accumulators 237
Aktiengesellschaft → corporation 9
Aktion → action 101, 102, 374
Aktive Fehler → active errors 342
Aktive Teile → active parts 169
Aktivitätenplan → activity plan 20, 23
Aktor → actuator 122, 259
Alkali-Mangan-Batterien → alkali-manganese batteries 233
Alkaline-Rundzellen → alkaline round cells 234
Allgemeine Anforderungen für die Sicherheit von Maschinen → general standards for the safety of machines 380
Allgemeine Gesetzmäßigkeiten für stellenbewertete Zahlensysteme → general principles for weighted numeral systems 501
Alphanummerische Zeichen → alpha-numeric signs/elements 505
ALS-TTL → advanced low-power Schottky transistor-transistor logic 479
Aluminium-Elektrolytkondensatoren → aluminium electrolyte capacitors 451
ALU → arithmetic logic unit 124, 285
American Standard Code for Information-Interchange → American Standard Code for Information-Interchange 505
Analog-Digital-Umsetzer → analogue to-digital-convertor 490
Analogbaugruppe → analogue unit 375
Analoge Ausgangsspannung → analogue output voltage 490
Analoge Steuerungen → analogue regulations 341
Analoger Anschluss wird durch IP ersetzt → replacing an analog connection with an IP 337
Analoger Anschluss → analog connection 335
Anfangsschritt → initial step 101, 374
Anfrage → request 14
Angebot → offer 14
Anlagen im Freien → outdoor systems 195
Anlagen-Verantwortlicher → nominated person in control of an electrical installation 67
Anlasser → starter 117
Anlaufkondensator → starting capacitor 413
Anlaufschaltungen für Drehstrommotoren → starting connections for AC-motors 419
Anlegewerkzeug → insertion tool 310
Annahmeverzug → default of acceptance 13
Anordnungsplan → assembly plan 99
Anrede → salutation 38
Anregelzeit → correction time 395
Anschaltbaugruppe → interface module 375
Anschluss der Steuerstromkreise → connection of control circuits 366
Anschluss von Speicherprogrammierten Steuerungen → connection of stored program controls 385
Anschlussbezeichnungen → connection designations 343
Anschlussdrähte → connecting wires 475
Anschlüsse → terminals 113
Anschlusspläne → terminal plan 104
Anschluss → terminal 366
Anschriftenfeld → address field 38
Anschwingzeit → response time 389
Anstiegsantwort → ramp response 389
Antennenanlage → aerial system 311
Antennentechnik → aerial technology 125, 311
Antenne → aerial 125, 311
Antistatikband → antistatic wristband 299
Antistatische Behältnisse → antistatic containers 478
Antivalenz → anticoincidence operation 481
Antriebe → drives 516
Antriebssysteme → drive systems 430
Anweisungsliste → instruction set 372
Anweisung → instruction 371
Anwendungsmodul → application module 261
Anwendungsprogramm → application program 371
Anwendungsschnittstelle → application interface 261
Anwendungssoftware → application software 301
Anzeigeeinheit → display unit 259
Anzeigegerät → display device 134
Anzugsmoment → fastening torque 407
Äquivalenz (Exklusiv-NOR) → equivalence 481
Arbeits-Verantwortlicher → acting supervisor 67
Arbeitselemente der Fluidtechnik → work elements of fluid technology 368
Arbeitskosten → work costs 16
Arbeitspunkteinstellung → working point alignment 463
Arbeitspunkt → working point 389, 393
Arbeitsräume → working rooms 212
Arbeitsspeicher → main memory 286
Arbeitsstromprinzip → open-circuit principle 164
Arbeitstabelle → work table 480
Arbeitstechniken für Teamarbeiten → methods for team work 24
Arbeit → work 514, 522
Arithmetische und logische Einheit → arithmetical and logical unit 285
Arithmetischer Mittelwert → arithmetic mean (value) 33
Artikulation, Sprachtempo → articulation, speed of spoken word 61
AS-Interface → AS-interface 405
AS-TTL → AS-TTL 479
ASCII-Code → ASCII-code 505
Assoziativgesetz → associative law 482
Astabile Kippstufe → astable trigger stage 471
Asymmetric DSL → asymmetric DSL 331
Asynchroner Zähler → asynchronous meter 488
Asynchronmaschinen → asynchronous devices/machines 119

Digitale Steuerungen → digital controls 341
Digitales Eingangssignal → digital command signal 489
Dimetrische Projektion → dimetric projection 90
DIMM → DIMM (Dual Inline Memory Module) 287
Dimmen von Leuchtstofflampen → dimming of fluorescent lamps 256
Dimmen → to dim 256
Dimmerschaltung → dimmer connection 253, 443
DIN 5008 → DIN 5008 38
Diode → diode 456
Direktumrichter → direct converter 438, 440 f.
Dispersionskleber → dispersion adhesives 88
Display Port → Display Port 292
Distributivgesetz → distributive law 482
Division → division 500
DO-Gehäuse → dynamic optimization casing 476
Dokument und Nutzer → document and user 42
Dokumentationsarten → types of documentations 41, 43
Dokumentationsgestaltung → documentation form 39
Dokumentation → documentation 42, 98, 204 f.
Domain Name System → domain name system 330
Domäne → domain 330
Dominierende Eingänge → dominating inputs 486
Doppelbasisdiode → unijunction transistor 491
Doppelschlussmotor → compound motor 414
Doppelstromrichter → double converter 437
Doppelte oder verstärkte Isolierung → double or enhanced insulation 180
Doppelte Übersetzung → double conversion 516
Doppeltwirkende Zylinder → double action cylinder 368
Dosen → sockets 113
Double Data Rate → Double Data Rate (DDR) 287
Downstream → downstream 331
DO → dynamic optimization 476
DP → Display Port 292
Drahtbruchsicherheit → breakproof wire 385
Drahtlose Steuerung → wireless control 381
Drahtwiderstände → wire resistors 446
Drainschaltung → drain connection 466
DRAM → DRAM (Dynamic RAM) 286
Drehfeldmotoren → revolving field motors 408
Drehflügelschalter → rotary wing switch 359
Drehmomentengleichung → torque equation 513
Drehmoment → torque 408, 498
Drehrichtungsumkehr → reversion of rotation 364
Drehrichtung → rotation 409
Drehsinn → sense of rotation 409
Drehstrom-Asynchronmotoren → three-phase asynchronous motors 364, 413
Drehstrom-Blindverbrauchzähler → AC idle-current wattmeter 143, 145
Drehstrom-Käfigläufermotoren → AC cage rotors 422, 423
Drehstrom-Schleifringläufermotoren → a.c. slip ring motors 425
Drehstrom-Wirkverbrauchzähler → a.c. pressuretransducer 145
Drehstromantriebe → AC drive 441
Drehstrommaschine → AC machine 407, 410
Drehstrommotor → AC motor 407, 418
Drehstromsteller → three-phase a.c. regulator 440
Drehzahlmessung → speed measuring 358
Drehzahlsteuerung von Motoren → rotational speed control of motors 410, 414
Dreibanden-Leuchtstofflampen → tri-phosphorus fluorescent lamps 273, 275
Dreidrahtverbindung → three wire linkage 296
Dreieck-Stern-Umwandlung → delta-star transformation 526
Dreieckschaltung → delta connection 539
Dreieck → triangle 508
Dreiphasen-Wechselspannung → three-phase alternating voltage 539
Dreipuls-Mittelpunkt-Schaltung → three-pulse mid-point circuit 432
Dreipunkt-Schrittregler → three-step controller 392
Dreipunktregler → three-step controller 388
Drosselarmatur → choking valve 128
Drosseln → to throttle 118
Drosselrückschlagventil → throttle check valve 368
Drosselventile → throttle valves 368
Drosselwandler → throttle converter 439
Druck- und Kraftmessung → pressure- and force measurement 474
Druckgasflaschen → compressed-gas container 79 f.
Druckluftmotor → compressed-air engine 368
Druckmessung → pressure measurement 361
Druckregler → pressure controller 367
Druckventil → pressure valve 133
Druck → pressure 517
DSL-Kabel → DSL cable 337
DSL-Splitter → DSL splitter 305
DSL → DSL 305, 331
Dual Inline Memory Module → Dual Inline Memory Module (DIMM) 287
Dual-Port-RAM → Dual Port RAM 286
Dual-Slope (Zweirampenverfahren) → dual-slope 489
Dualcode → dual code 504
Duales Zahlensystem → binary (number) system 502
Dualzahl → binary number 502
Dübelart → types of dowels 85
DÜE → data communications equipment 296
Duo-Schaltung → lead-lag circuit 255
Durchflussmessung → flow measurement 361
Durchflussstoff → flux material 401
Durchflutung → flux linkage 528
Durchlauferhitzer → continuous-flow water heater 282
Durchschlagfestigkeit → dielectric strength 453
DVD → DVD (Digital Versatile Disc) 290
DVI → DVI (Digital Visual Interface) 292
DWORD → DWORD 377
Dynamic RAM → Dynamic RAM (DRAM) 286
Dynamischer Eingang → dynamic input 484

E

E-Mail → e-mail 331
EAN-Code → EAN code 506
Edelmetallschichtwiderstände → noble metal film resistors 446
EEPROM → EEPROM (Electrically Erasable Programmable Read Only Memory) 287
Effektivwert von Wechselspannungen → a.c. effective value 531
eHK-Zählerplätze → electronic meter panel 158
EIA/TIA T568A und T568B → ANSI/TIA T568A and T568B 310
Ein-Quadrant-Stromrichter → single-quadrant converter 436
Einbruchmelder → burglary alarm 163
Einfache Übersetzung → single conversion 516
Einfachwirkende Zylinder → single-action cylinders 368
Einfehlersicherheit → one fault safety 386
Einflankengesteuert → single-flank-controlled 485
Eingriffsgrenze → control limit 34
Einheiten → units 495 f.
Einheitskreis → unit circle 509
Einheitssignale → standard signal 356
Einphasen-Reihenschlussmotor → single-phase serial wound motor 412
Einphasen-Wechselstrommotor → single-phase A.C. motor 412
Einphasenmotor → single-phase motor 411, 425
Einrichten → to arrange 342
Einschalten im Notfall → starting in an emergency case 382
Einschaltverzögerung → starting delay 487

Einschaltvorgang an einer Spule → coil starting action 530
Einschrittiger Code → unit-distance code 503
Einschwingen → transient (phenomenon) 395
Einschwingtoleranz → transient tolerance 389
Einschwingzeit → rise time 389, 490
Einspeisung → feed in/power supply 366
Einwegschaltung → half-wave circuit 432 f.
Einzelheit → detail 93
Einzelkompensation → single compensation 208
Einzelunternehmung HGB → individual enterprise (German Commercial Code) 9
Einzelwirkungsgrad → single efficiency 515
Electrically Erasable PROM → Electrically Erasable PROM 287
Elektrische Anlagen in Möbeln → electric systems in furniture 196
Elektrische Arbeit → electric work 523
Elektrische Betriebsmittel → electric equipment 169
Elektrische Betriebsstätten → electric operating site 170
Elektrische Feldkonstante → electric field constant 497
Elektrische Feldstärke → electric field strength 527
Elektrische Kenndaten → electric rating 278
Elektrische Leistung → electric power 523
Elektrische Maschinen → electric machines 119, 408.
Elektrische Signale → electric signals 356
Elektrische Spannung → electric tension 139
Elektrische Stromstärke → electric current 139
Elektrische Thermometer → electric thermometers 357
Elektrische Widerstand → electric resistance 521
Elektrischer Pegel → electric level 480
Elektrischer Schlag → electric shock 67
Elektrizitätszähler → electricity meter 142
Elektrofachfraft für festgelegte Tätigkeiten → electrically skilled person for specified tasks 67
Elektrofachfraft → electrically skilled person 67
Elektrogeräte → electric devices 114
Elektroherd → electric stove 281
Elektrolytkondensatoren → electrolyte capacitor 451
Elektromagnetische Messung → electromagnetic measurement 362
Elektromagnetische Störungen → electromagnetic interference 135
Elektromagnetische Verträglichkeit (EMV) → electromagnetic compatibility 135, 383
Elektromotoren → electric motors 419
Elektronenröhren → electronic valves 112
Elektronik (Paar) → electronics 381
Elektronische Ausrüstung → electronic equipment 283
Elektronische Haushaltszähler (eHZ) → electronic domestic supply meter 158
Elektronische Lastrelais → solid state relays 349
Elektronische Motorschutzrelais → electronic motor protection relay 347
Elektronische Vorschaltgeräte → electronic balasts 256
Elektronischer Motorstarter → electronic motor starter 419
Elektrostatisch gefährdete Bauteile → electrostatically endangered components 478
Elektrostatische Entladungen → electrostatic discharging 478
Elektrotechnisch unterwiesene Person → electrotechnically trained person 67
Elementarladung → elementary charge 497
Elevation → elevation 315
Emission → emission 135
Emitterschaltung → emitter circuit 461
Empfindlichkeit von Halbleiterbauteilen → sensitivity of semiconductor elements 478
EMV-Filter → EMC filter 138
EMV-gerechte Installation → installation according to EMC 137
EMV → electromagnetic compatibility (EMC) 135, 383
Energiearten → types of energy 514
Energiedosis → energy dose 498
Energieeffizienzklasse → energy efficiency class 273
Energieeffizienz → energy efficiency 273
Energieerhaltungssatz → energy conservation law 514
Energiesparlampen → energy-saving lamps 274 f.
Energiespeicherung im elektrischen Feld → energy storage in electric field 531
Energiespeicherung im Magnetfeld → energy storage in magnetic field 531
Energiespeicherung → energy storage 531, 519
Energiespeicher → energy store 451, 531
Energieträger → energy source 243
Energieversorgungsanlagen → power supply plant 241 f.
Energieverteilungsanlage → energy distribution plant 241
Energie → energy 241 ff., 430, 498, 514
Entladung eines Kondensators → discharge of a capacitor 527
Entladungslampen → discharge lamps 271
Entstörkondensatoren → anti-interference capacitor 453
EPL → EPL 189 ff.
EPROM → EPROM (Erasable Programmable Read Only Memory) 287
Erasable PROM → Erasable PROM 287
Erden und Kurzschließen → to earth and to short-circuit 149
Erder → earther 169, 174, 313
Erde → earth 107, 169
Erdschluss → earth-fault 169
Erdungsarmband → earthing bracelet 478
Erdungsband → earthing strap 299
Erdungsleiter → earthing conductor 174 f.
Erdungswiderstand → earthing resistance 169
Erdung → earthing 169
Erfassung von Gegenständen → registration of devices 353
Erfüllung des Kaufvertrags → fulfilment of the contract of sale 12
Erneuerbare Energie → renewable energy 241
Ersatzableitstrom → compensation leakage current 207
Erstprüfung von Schutzmaßnahmen → initial testing of safety arrangements 201
eSATA → eSATA (external Serial Advanced Technology Attachment) 297
Etagenverkabelung → floor cabling 309
Ethernet Standards → ethernet srandards 313
Ethernet → ethernet 309
Ethernet-Netzwerke → ethernet networks 324
ETN-Code für Starterbatterien → European Article Number (EAN) for starter batteries 238
Europäische Artikel-Nummerierung → European article number (EAN) 506
EVG → electronic ballast 255 f.
Experimentierstände → experimental desks 196
Explosionsgefährdete Bereiche → potentially explosive areas 170, 189 ff.
Explosionsgefahr → danger of explosion 70
Explosionsgeschützte Näherungsschalter → explosion-proof proximity switch 355
Explosionsgruppen → explosion groups 189
external Serial Advanced Technology Attachment → external Serial Advanced Technology Attachment (eSATA) 297
Externe Schnittstellen → external interfaces 293

F

Fangeinrichtung → lightning current arrester 160
Farbcodierung → colour coding 447, 456
Farben für Taster und Leuchtmelder → colors for buttons and indicator lights 351
Farben → colours 380
Farbkennzeichnung von Adern → color code of strands 331

Farbkennzeichnung von Messwiderständen → colour coding of multipliers 413
Farbkennzeichnung → colour coding 401
Farbschlüssel → colour code 401
Farbtemperatur → colour temperature 274
Farbwiedergabe-Index → colour rendering index 274
Fast-Schottky-TTL → Fast-Schottky-TTL 479
Faustformeln zur Reglereinstellung → thumbrules for regulator adjustments 396
Federkraftöffnend → opening by spring force 398
Federkraftschließend → closing by spring force 398
Federringe → split washers 87
FEEPROM → FEEPROM (Flash Electrically Erasable Programmable Read Only Memory) 287
Fehlerarten → types of faults 169
Fehlerbeschreibung → fault description 29
Fehlerklassen → types/categories of errors 29
Fehlermanagement → fault management 29, 30
Fehlerschutz → fault protection 176
Fehlersichere Abschaltung → error-proof switching-off 370
Fehlerspannung → fault voltage 169
Fehlerstrom-Schutzeinrichtung → residual current protective device 171 f., 176 ff.
Fehlerstrom → leakage current 169
Fehlersuche Fehlerstromschutzschalter → troubleshooting fault current circuit breaker 172
Fehlersuche → trouble shooting 30
Feldbussystem → field bus system 403 f.
Feldplatte → magnetoresistor 473
FELV → functional extra-low voltage 180
Feste Rolle → fixed roller 516
Festplatte → hard drive 289
Festplattenlaufwerk → hard disk drive 289
Festspannungsregler → fixed voltage regulator 494
Festspeicher → read-only memory (ROM) 286
Feuchte und nasse Bereiche → moist and wet areas 195
Feuchte und nasse Räume → moist and wet rooms 170
Feuergefährdete Betriebsstätten → operating facilities exposed to fire-hazard 191
Feuergefährliche Betriebsstätten → inflammable operating facilities 170
Feuergefahr → danger of fire 70
Feuerlöscher → fire-extinguisher 65
File Transfer Protocol → File Transfer Protocol 331
Filter für Datenleitungen → filter for data lines 138
Filterfunktion → filter function 262
Filterkondensatoren → filter condensers 450
Filterschaltung → filter circuit 138
Filter → filter 367
Fire Wire → firewire (cable) 295
Firewall → firewall 304
Flächen- und Körperberechnungen → surface und body calculations 510
Flächen → surfaces 510
Flankensteilheit → edge steepness 533
Flash (Parallelverfahren) → flash (parallel operation) 489
Flash Card → flash card 288
Flash EEPROM → Flash EEPROM (Flash Electrically Erasable Programmable Read Only Memory) 286, 287
Flip-Chart → flip chart 55
Flüchtiger Speicher → volatile memory 286
Fluidtechnik → fluid technology 367
Flussdichte → flux density 528
Flussmittel → flux liquid 475
Flusswandler → flux converter 439
Folgekontakte → sequential contacts 385
Foliengestaltung → slide style 56
Formfaktor → shape factor 283, 532
Fossile Energie → fossil fuels 241
Fotodiode → photo diode 467
Fotothyristor → photo thyristor 467
Fototransistor → photo transistor 467
Photovoltaikanlage Einspeisung → photovoltaic plant supply 250
Photovoltaikanlage → photovoltaic plant 242, 248 ff.
Fotowiderstand LDR → photo resistance 449
Fourier-Reihe → Fourier-series 532
Freilaufdiode → catch diode 383
Freischalten → disconnection, release 149
Fremderregter Gleichstromgenerator → separately excited d.c. generator 415
Fremderregter Motor → separately excited motor 415
Frequenzumrichter → frequency converter 430
Frequenz → frequency 498
Front-LED → front LED 278
FTP → FTP (file transfer protocol) 331
Führungsgröße → reference input 340, 387
Führungsverhalten → set input dynamics 395
Füllstandsmessung → level measuring 360
Funktionen → functions 370
Funktionsbaugruppen → function groups 375
Funktionsbaustein-Sprache → function block diagram 372
Funktionsbausteine → function blocks 376
Funktionsbeschreibung → function description 43, 100
Funktionsdiagramm → function diagram 100
Funktionsgleichung → function equation 481
Funktionskleinspannung (FELV) → Functional Extra Low Voltage (FELV) 180
Funktionsprüfung → function test 204, 382
FUP → continuous function chart (CFC) 378

G

Galvanische Kopplung → galvanic coupling 136
Ganzbereichssicherung → full-range fuse 222
Gasschläuche → flexible gas tubes 79
Gateschaltung → common gate 466
Gateway → gateway 307, 336
Gaußsche Glockenkurve → Gaussian curve 33
Gebäudeleittechnik → building control 259
Gebäudeverkabelung → wiring for buildings 308
Gebotszeichen → mandatory signs 77
Gebrauchsanleitung → directions for use 43
Gebrauchskategorien → categories of use 346
Geerdeter Steuerstromkreis → earthed pilot circuit 366
Gefährdungsanalyse → danger analysis 383
Gefährdungsbeurteilung → risk assessment 66
Gefahrenbezeichnungen → danger designation 74
Gefahrendreieck → warning triangle 64
Gefahrenmeldeanlagen → danger warning/alarm system 125
Gefahrensymbole → danger sign 69
Gefahrgutaufkleber → sticker for dangerous media 79
Gefahrstoffe → hazardous substances 64
Gefahrzeichen → distress signal 79
Gegen Wiedereinschalten sichern → to ensure against reclosing 149
Gegensprechanlage → intercom 258
Gegenstandsbeschreibung → object description 36
Gegentaktverstärker-Schaltung → push-pull amplifier switch 462
Gegentaktwandler → push-pull converter 439
Gehäuse von Halbleiterbauelementen → casing of semiconductor elements 476
Gel-Akkumulator → gel accumulator 237
Geländeverkabelung → area cabling 308
Gemeinschaftsantennenanlage → communal aerial system 313
Generatoren → generators 415
Genossenschaft → association, cooperative (society) 9
Geografische Domänen → geographic domains 330
Geometrie → geometry 507
Geradliniger Verlauf → linear sequence 490
Geräte- und Produktsicherheitsgesetz → device und produkt safety law 41

Geräte-Steckverbindungen → pin-and-socket connector 165
Geräteschutzniveau → devices level of protection 190
Geräteschutzsicherungen → instrument fuses 223
Gerätesteckdose → outlet 165
Gerätestecker → connector 165
Geräteverdrahtungspläne → wiring plans 104
Geräte → devices 114
Gesamtmittelwert → total mean value 34
Gesamtwirkungsgrad → overall efficiency 515
Geschäftsbriefe → business letters 37
Gesellschaft mit beschränkter Haftung GmbH → Limited Company 9
Gespeichert wirkende Aktion → latent operative action 101
Gestaltungshinweise → arrangement tips 57
Gesteuerte Stromrichter → controlled current converter 435
Gestrahlte Störgrößen → blasted disturbance variable 135
Gesundheitsschädlich → unhealthy 70
Gewichtskraft → weight 498, 512
Gewinde → thread 93
Gewinn → winning 17
GHS – Globally Harmonised System of Classification → GHS – Globally Harmonised System of Classification 69
GHS → Globally Harmonised System of Classification 69
Giftige Gase → poisonous gases 70
Giftig → poisonous 70
Glättungskondensatoren → filter capacitors 450 f.
Gleichrichter → rectifier 431
Gleichspannungssignal → direct voltage signal 356
Gleichstrom-Nebenschlussgenerator → direct current shunt generator 415
Gleichstrombremsung → direct current braking 419
Gleichstromgeneratoren → direct current generator 408
Gleichstrommaschinen → direct current machines 119
Gleichstrommotor → direct current motor 408, 414
Gleichstromsignal → direct current signal 356
Gleichstromsteller → chopper converter 413, 436
Gleichstromumrichter → direct current converter 431
Glixon-Code → Glixon code 504
Glühlampen → light bulbs 271, 273
Gradmaß → measure of angle in degrees 508
GRAFCET → GRAFCET 102, 372
Grafikadapter → graphic adapter 292
Grafikkarte → graphic board 292
Grenztaster → limit switch 353
Grenztemperatur → limit temperature 421
Griechisches Alphabet → Greek alphabet 459
Größen → sizes, dimensions 495 f.
Großkühlkörper → large cooling element 477
Grundbegriffe der Atome → basic principles of atoms 519
Grundschaltungen mit Operationsverstärkern → basic circuits with operation amplifiers 471
Gruppenadresse → group address 261
Gruppenkompensation → group correction 208
Gruppenschaltung → group connection/series parallel 252
Gruppenzeichnungen → subassembly drawings 105
GTO-Thyristor → gate turn-off thyristor 492
Gütekriterien für Regelungen → effectiveness criterion for controls 395

H

H-Sätze → H-sets 76
Halbleiterfestplatte → Solid State Drive (SSD) 289
Halbleiterkennzeichnungen → semiconductor markings 456
Halbleiterlaufwerk → Solid State Drive (SSD) 289
Halbleiterspeicher → solid state memory 286, 287
Halbleiter → semiconductor 111 f.
Halbwertzeit → half-life 389
Hallgenerator → Hall generator 473
Halogen-Glühlampen → halogen light bulbs 273, 275, 277
Halogen-Metalldampflampen → metal halide lamp 268
Halogenlampen → halogen lamps 273 f.
Hard Disk Drive → Hard Disk Drive (HDD) 289
Hard Disk → Hard Disk (HD) 289
Hardware-Konfiguration → hardware configuration 283
Harmonisierte Leitungen → harmonized lines 227
Haupterdungsschiene → main grounding bar 175
Hauptleitung → (electric) main 157
Hauptlinie → main line 260
Hauptschalter → main switch 347, 352
Hauptstromkreis → main electric circuit 170
Hauptteil → main part 53
Hausanschlussraum → service tap room 157
Hausinstallationen → house installations 170
HD → HD (hard drive) 289
HDD → HDD (hard disk drive) 289
HDMI → HDMI (High Definition Multimedia Interface) 292
Heißleiter → negative temperature coefficient resistor 449
Heizkraftwerk → combined heat and power unit 241
Hexadezimales Zahlensystem → hexadecimal numbering system 502
Hexadezimalzahl → hexadecimal number 502
High Definition Multimedia Interface → High Definition Multimedia Interface (HDMI) 292
High-Speed-CMOS → high-speed-CMOS 479
Hilfsschütze → auxiliary relay 350
Hilfsstromkreise → auxiliary current circuit 170
Hochfrequenzstörung → high-frequency interference 138
Hochpass → high-pass 455
Höchstwertiges Bit → most significant bit 490
Hochvolt-Halogenlampen → high-voltage halogen lamps 273
Hohlwände → hollow walls 193
Hohlzylinder → hollow cylinder 510
Host → host 294
Hot Plugging → hot plugging 294
Hub → hub 307
Hubarbeit → lifting work 514
Hydraulik → hydraulics 132, 133, 367, 368
Hydromotor → hydromotor (system) 368
Hydrostatische Messeinrichtung → hydrostatic measuring system 360

I

I-Glied → I element 390
I-Regler → integral controller 393
I/U-Wandler → current-voltage converter 471
IAD → IAD (Integrated Access Device) 335
IAE → IAE 332, 333
Idealer AD-/DA-Umsetzer → ideal AD-/DA-converter 490
IE International Energy-efficient Class → IE International Energy-efficient Class 422
IEC-Steckverbinder → IEC-connector 138
IEEE 1394 → IEEE 1394 295
Immission → airborne pollution 135
Impedanzwandler → impedance converter 471
Impulsantwort → pulse response 389
Indizes → indices 497
Induktionsgesetz → induction law 529
Induktion → induction 529
Induktive Kopplung → inductive coupling 136
Induktive Näherungsschalter → inductive proximity sensors/switches 354
Induktiver Blindwiderstand → inductive reactance 535
Induktor → inductor 417
Industrial Ethernet → industrial ethernet 403
Industrial Scientific Medical Band → Industrial Scientific Medical Band (ISM) 297
Industriecode → industrial code 506
Informationsermittlung → procurement of information 46

Informationsrecherche → research 46
Infrarot-Schnittstelle → infrared interface 297
Infrastruktur-Modus → mode of infrastructure 305
Installationsbus → installation bus 259
Installationsdrähte → installation wires 322
Installationskabel → installation cable 322
Installationsleitungen → installation lines 230
Installationsschaltpläne → wiring diagrams for installations 105
Installationsschaltungen → installation circuits 252
Installationszeichnungen → installation outlines 105
Installationszonen → installation zones 214
Instandhaltung → maintenance 30
Instandsetzung → repair 30
Integrated Access Device → Integrated Access Device (IAD) 335
Integrierer → integrator 471
Integrierte Festspannungsregler → integrated fixed voltage regulator 494
Interbus → interbus 405
Interface → interface 293
Internationale Prüfzeichen → international test marks 81
Internationale Steckverbindungen → international pin-and-socket connections 166
Internet Protocol → internet protocol 330
Internet-Dienste → internet services/providers 331
Internet → internet 330
Invertierender Verstärker → inverting amplifer 471
IP-Adapter → IP adapter 336
IP-Code → IP code 202
IP-Gateway → IP gateway 336
IP-Schutzart → IP protection type 202
IP-Telefonie → voice over IP 335, 336
IP → IP 330
IR-Schnittstelle → IR interface 297
IrDA → IrDA (Infrared Data Association) 297
ISDN → ISDN (Integrated Services Digital Network) 335
ISDN-Anschluss wird durch IP ersetzt → ISDN connection is replaced with IP 337
ISDN-Anschlusseinheit → ISDN unit 317, 338
ISDN-Steckverbindungen → ISDN plug connections 338
ISM → ISM (Industrial Scientific Medical Band) 297
ISO/OSI-Schichtenmodell → ISO/OSI layer model 302
Isolationsüberwachung → insulation monitoring 179, 366, 381
Isolationswiderstand → insulation resistance 197 f., 203 f., 382
Isolierschicht-Feldeffekttransistor → insulated-gate fieldeffect transistor 465
Isolierstoffe für Wicklungen → insulating material for windings 421
Isolierstoffe → insulating material 421
Isolierung → insulation 176, 180
Isometrische Projektion → isometric projection 90
IT-System → IT system 173

J

JEDEC → Joint Electron Device Engineering Council 456
JK-Kippglied → JK flip flop 485
JK-Master-Slave-Kippglied → JK master slave flip flop 485
Join Electronic Device Engineering Councel → join electronic device engineering councel 476

K

Kabeltyp → type of cable 319
Käfigläufermotor → cage rotor engine 345, 410 f., 422
Kalkulationsfaktor → calculation factor 17
Kalkulation → calculation 16, 17
Kaltleiter → positive temperature coefficient resistor 449
Kapazität von Kondensatoren → condenser capacity 528
Kapazitätsdiode → capacitance diode 458
Kapazitätswert → capacitance 452
Kapazität → capacity 528
Kapazitive Blindleistung → capacitive reactive power 209
Kapazitive Füllstandmessung → capacitive level measuring 474
Kapazitive Kopplung → capacitive coupling 136
Kapazitive Messeinrichtung → capacitive measurement system 360
Kapazitive Sonde → capacitive sonde 360
Kapazitiver Blindwiderstand → capacitive reactance 535
Kartesisches Koordinatensystem → system of coordinates 95
Kaskadenregelung → cascade control 388
Kategorien → categories 309, 319
Kaufvertrag → contract of sale 11 ff.
Kavaliersperspektive → cavalier projection 90
Kegel → cone 510
Kennbuchstaben für Hilfsschütze → letter symbols for auxiliary relays 344
Kennbuchstaben für PLT-Stellen → code letters for PLT items 399, 400
Kennbuchstaben nach Zweck und Aufgabe von Objekten → letter symbols according to function and task of objects 108, 109
Kennbuchstaben → letter symbols 108
Kenndaten von Logikfamilien → rating of logic families 479
Kennfarben → identification colours 225
Kenngrößen logischer Schaltkreise → parameters of logic circuits 483
Kenngrößen von Wechselspannungen → a.c. parameters 531
Kennwerte von Regelstrecken → letter symbols for open loop control systems 391
Kennzahlen für Niederspannungsschaltgeräte → basic numbers for low-voltage switchgear 343
Kennzeichnung der Logikfamilien → marking of logic families 479
Kennzeichnung elektrischer Betriebsmittel → marking of electric equipment 106
Kennzeichnung von Adern → labeling of strands 225
Kennzeichnung von Anschlüssen → marking of connections 107
Kennzeichnung von Kippgliedern → marking of trigger elements 484
Kennzeichnung von Leitungen und Kabeln → marking of lines and cables 225
Kennzeichnung von Leuchten → marking of lights/lamps 196
Kennzeichnung von Lichtwellenleitern → labeling of optical fibers 327
Kennzeichnung von Rohrleitungen → marking of pipelines 401
Kennzeichnung von Wicklungen → labeling of windings 110
Kennzeichnung → marking 447
Keramikkondensatoren → ceramic condensers 450
Kernbleche → core plates 156
Kernkraftwerk → nuclear power plant 241
Kernladungszahl → atomic number 519
Killerphrasen → killer phrases 18
Kinematik → kinematics 511
Kinetische Energie → kinetic energy 514
Kippglieder → bistables 484 ff.
Kirchhoff'sche Gesetze → Kirchhoff theorem 524
Klassifizierung von Objekten → classification of objects 108
Klebstoffe → adhesives 88
Kleinspannung → extra-low voltage 181
Kleinsteuerung → compact controller 379
Kleinstmöglicher Schritt → smallest possible step 490
Kleintransformatoren → midget transformers 156
Kleinverteiler → small distribution board 159
Klemmenbelegungen → terminal diagrams 332
Klingel- und Läutwerkstransformatoren → bell- and alarm bell transformers 155

Klingeltransformatoren → bell transformers 257
Knopfzellenbatterien → button cell batteries 234, 235
KNX → KNX 259 ff.
Koaxialkabel → coaxial cable 322
Kochplatten → hot plates 281
Kohleschichtwiderstände → carbon resistors 448
Kollektorschaltung → common-collector circuit 462
Kommanditgesellschaft KG → limited partnership 9
Kommunikation → communication 18
Kommutativgesetz → commutative law 482
Kompakt-Leuchtstofflampen → compact fluorescent lamps 270
Kompakt-Näherungsschalter → compact approximate method 355
Kompakte SPS-Systeme → compact SPS systems 379
Komparator → comparator 471
Kompensationsanlagen → compensation systems 209
Kompensationskondensator → compensating condenser 209
Komplexe Rechnung → complex calculation 507
Kondensatabscheider → condensate separator 367
Kondensator Auf- und Entladung → capacitor: charging and discharging 527
Kondensator-Kapazität → capacitor capacity 208
Kondensatorbatterien → capacitor batteries 209
Kondensatorblindleistung → capacitor reactive power 208, 209
Kondensatoren → capacitors 106, 450
Kondensatormotor → capacitor motor 411
Konduktive Messung → conductive measuring 360
Konfiguration → configuration 283
Konfigurations-Ebene → configuration level 394
Konfigurieren → to configure 340
Konstantspannungsquellen → constant voltage sources 494
Konstantstrom-2-Leiterschaltung → constant current-2-line-circuit 357
Konstantstrom-4-Leiterschaltung → constant current-4-line-circuit 357
Konstantstromquellen → constant-current sources 493
Kontaktplan → contact plan 372, 374
Kontaktwerkstoffe → contact making material 520
Kontinuierlich arbeitende Stellgeräte → continuosly operating valves and controls 389
Kontinuierlich wirkende Aktion → continously-acting process 102
Konventionelles Vorschaltgerät → conventional ballast 277
Koordinatensysteme → coordinate systems 95
Koppelkondensatoren → coupling capacitors 450
Koppler → coupler 260
Kopplung → coupling 136
KOP → KOP 372, 378
Körperschluss → body contact 169
Körpersprache und Sprechtechnik → body language and speech technique 61
Körper → body 169
Korrosionsschutz → corrosion protection 83
Kosten → costs 15
Kraft auf stromduchflossene Leiter im Magnetfeld → force on current-carrying conductors in a magnetic field 530
Kräfteaddition → addition of forces 513
Kraftwerk → power plant 243
Kraft → force 474, 498
Kragensteckverbindung → collar plugs 168
Kreis- und Tortendiagramm → pie chart 59
Kreisring → circular ring 510
Kreis → circle 510
Kreuzschaltung → cross mounting 253
Küchen → kitchens 214
Kühlkörper → cooling element 477
Kühlung von Halbleiterbauelementen → cooling of semiconductor components 477
Kundenorientiertes Handeln → customer-oriented action 18
Kunststoffdübel → plastic dowel 85
Kunststofffolienkondensatoren → fixed polycarbonate film dielectric metal foil d.c. capacitor 450
Kupferkabel (Twistet Pair) → copper cable (twisted pair) 308, 324
Kurvendiagramm → graph 59
Kurzschluss → short circuit 169
Kurzzeitbetrieb → short-time duty 428
KVG → KVG 255

L

L-Pege → low level 480
Ladder Diagramm → Ladder diagram 372
Ladedaten → load data 239
Ladeverfahren → loading technique 236, 239
Ladezustand bei Bleiakkumulatoren → charging state of lead-acid batteries 237
Ladung → charge 522
Lagepläne → lay-outs, unit location plans 105
Lampensockel → base 275
Lampentypen → types of lamps 275
Lampenübersicht → overwiev of lamps 273
LAN → LAN (Local Area Network) 293, 305
LAN-Topologien → LAN topologies 306
Landwirtschaftliche und gartenbauliche Anwesen → agricultural and gardening estates 188
Läuferanlasser → rotor starter 419
Least Significant Bit → least significant bit 490
LED-Lampen → led lamps 274, 275
LED → LED (light emitting diode) 273
Leichtkühlkörper → light cooling element 477
Leihvertrag → leasing contract 11
Leistung im Wechselstromkreis → performance in a.c. circuit 534
Leistungsaufnahme → power input 483
Leistungsbeiwert → forming time 246
Leistungsdreieck → performance/power triangle 208
Leistungsermittlung → capacity evaluation 144
Leistungsmessung → power measurement 141
Leistungsschilder umlaufender elektrischer Maschinen → rating plate of rotating electric machines 407
Leistungsschilder → rating plates 151
Leistungsschütze → power contactor 346
Leistung → performance, power 498
Leiteinrichtung → control equipment 397
Leiten → to conduct 397
Leiterschluss → conductor closing 169
Leiterverbindungen → conductor connections 215
Leiterwiderstand → characteristic impedance 523
Leiter → conductor 110, 169
Leittechnik → control technology 397
Leitungen für Industrieanlagen → lines for industrial facilities 230
Leitungen und Kabel der TK-Technik → lines and cables of the telecommunication technique 321
Leitungsbemessung → line design, line dimensioning 220
Leitungschutzsicherungen → automatic cutouts 223
Leitungsgeführte Störgrößen → conducted disturbance variable 135
Leitungskreuzungen → crossing of lines 137
Leitungslängen → wire lengths 265
Leitungsschutzschalter → circuit breaker 224
Leitungsschutz → circuit protection 221
Leitungsverlegung → wiring 215
Leitwert → conductance 523
LEMP → LEMP 160
Lernstrategien → strategies of learning 47 ff.
Leuchtdichte → luminance 267
Leuchtdioden → light-emitting diode (LED) 273
Leuchtenbetriebswirkungsgrad → lighting efficiency 268, 272

Leuchten → refulgence 271
Leuchtmelder → signal lamp 343
Leuchtstofflampen-Schaltungen → fluorescent lamp circuit 255
Leuchtstofflampen → fluorescent lamps 273 f.
Leuchttaster → light button 351
Libaw-Craig-Code → Libaw-Craig-Code 504
Lichtausbeute → luminous efficiency 267
Lichtfarbe → colours of light 270
Lichtgeschwindigkeit → speed of light 497
Lichtstärkeverteilungskurve → light distribution curve 272
Lichtstärke → brightness 267
Lichtstromverteilung → light current distribution 271
Lichtstrom → light current 267
Lichttechnische Größen → light measurement 267
Lichtwellenleitertypen → types of optical waveguides 325
Lichtwellenleiter → optical waveguide 325
Lieferbedingungen → conditions of supply 14
Lieferverzug → delayed supply 13
Life Zero → Life Zero 356
Line In → line in 293
Line Out → line out 293
Linearcode → linear code 506
Lineare Schichtwiderstände → linear film resistors 446
Lineare Widerstände → linear resistor 446
Linearitätsfehler → linearity error 490
Linearmotoren → linear motors 417
Linienart → line type 90
Linienbreite → line thickness 90
Liniendiagramm → line chart 532 f.
Linienkoppler → line coupler 260, 262
Linienschreiber → continuous line recorder 147
Liniensegmente → line segments 262
Linienverstärker → line amplifier 262
Linie → line 260
Lithium-Batterien → lithium batteries 233
LNB → LNB 314
Local Area Network → Local Area Network (LAN) 305
Logikfamilien → logic families 479
Logikmodul LOGO! → logic module 379
Logikventile → logic valves 368
Logikzustände → logic conditions 480
Logische Funktionen → logic performances 373
Lokales Netzwerk → local network 305
Löschmittel → extinguishing agent 65
Lose Rolle → loose roller 516
Lösungsmittelkleber → solvent glue 88
Lötaugen → annular rings 475
Löten → to solder 475
Low-Pegel → low level 480
Low-Power-Schottky-TTL → low power Schottky TTL 479
LS-TTL → LS TTL 479
LSA+ Auflagetechnik → fitting method without brazing, screwing or stripping 310
LSB → LSB least significant bit 489
Lumineszensdiode LED → LED light emitting diode 467

M

Magnetdiode → magnetic diode 458
Magnetfeld um stromdurchflossene Leiter → magnetic field around current-carrying conductors 528
Magnetfeldabhängige Bauelemente → component depending on a magnetic field 473
Magnetfeld → magnetic field 528
Magnetische Durchflutung → magnetic ampere turns 528
Magnetische Feldkonstante → magnetic field constant 497
Magnetische Feldstärke → magnetic field density 529
Magnetische Flussdichte → magnetic flux density 530
Magnetischer Kreis → magnetic circle 529
Magnetischer Speicher → magnetic memory 289
Mahnverfahren → dunning proceeding 13
Malware → malware 304
MAN (Metropolitan Area Network) → MAN metropolitan area network 330
Maschennetz → radiance network 243
Maschinenrichtlinie → machine guideline 41
Maschinenschutz durch Temperaturüberwachung → machine protection through temperature monitoring 348
Masse → earth 495, 499
Maßlinien → dimension line 94
Maßstab → scale 91
Master-Kippglied → master trigger element 485
Mathematische Zeichen → mathematical figures 500
Mechanische Bremsung → mechanic braking 419
Medien → media 51
Medizinisch genutzte Bereiche → areas of medical purposes 185
Medizinisch genutzte Räume → rooms for medical purposes 170
Mehrkernprozessor → multi-core processor 285
Mehrschrittiger Code → multi-step code 503
Mehrstellungsschalter → multi position switch 117
Mehrstufige Verstärker → multi-stage amplifiers 463
Meilensteinplan → milestone plan 23
Meldelinien → detector line 164
Melder → detector 126, 127, 162
Meldezentrale → control unit 126
Memory Card → memory card 288
Mensch-Maschine-Schnittstelle (MMI) → man machine interface 371
Menschliche Fehler → human mistakes 29
Messbereichserweiterung → measuring-range extension 525 f.
Messbereich → range 139
Messeinrichtung → test equipment 139
Messen mit dem Oszilloskop → to measure with the oscilloscope 148
Messergebnis → test result 139
Messfehler → measuring error 146
Messgeräte mit Zeiger → measuring instrument with hand 140
Messgerät → measuring device, measuring instrument, meter 119, 134, 139
Messgleichrichter → meter type rectifier 140
Messglied → measuring element 387
Messgröße → measured variable 120, 139
Messkette → measurement chain 139
Messkreiskategorie → measuring circle category 149
Messmethode → measurement method 139
Messobjekt → device under test 139
Messprinzip → measuring principle 139
Messschaltungen zur Leistungs- und Leistungsfaktormessung → measure arrangements to measure power and power factor 145
Messsignal → measurement signal 139
Messtechnik → metrology 139
Messumformer für Thermoelemente → transducer for thermocouples 357
Messumformer für Widerstandsthermometer → transducer for platinum thermometers 357
Messung des Erdungswiderstandes → measurement of grounding resistance 200
Messung des Isolationswiderstandes → measurement of leaking resistance 197 ff., 203 ff., 206
Messung → measurement 139
Messverfahren → measuring method 139
Messwandler → measuring transformer 146
Messwert → measurand 139
Metalldampflampen-Schaltungen → metal vapour lamp connection 255
Metallpapierkondensatoren → matellic paper capacitor 450
Metallschichtwiderstände → metal-film resistor 446, 447
Methoden → methods 28
Mic In → mic in 292, 293
Midi Tower → midi tower PC 298

Midi → midi 289
Mikroprozessor → microprocessor 284
Mikrowellen-Messeinrichtung → mikrowave measuring system 360
Mind Map → mind map 27
Mindestquerschnitte → minimum cross-section 216, 380
Mini Tower → mini tower PC 298
Mini-PC → mini PC 298
Mischlichtlampen → mixed light lamps 270
Mischspannung → pulsating voltage 532 f.
Mittelpunktschaltung → mid-point tapping 432 f.
Mittelwertkarten → average charts 34
Mittelwertmessung → average-reading measurement 358
MKC → metallized polycarbonate foil 150
MKP → metallized plypropylene film 450
MKS → meter-kilogram-second 450
MKT → metallized polyethyleneterephthalate film 450
MKU → metallized cellulose acetate film 450
MMC → MMC (Multi Media Card) 288
Modulare SPS-Systeme → modular SPS systems 379
Momentanschalter → instantaneous connection 349
Momentanwertmessung → instantaneous value measurement 358
Monofunktionsrelais → single function relay 350
Monostabile Relais → monostable relays 350
Monostabiles Kippglied → monostable trigger element 487
Monotonie → monotony 490
Most Significant Bit → most significant bit 490
Motorkondensator → motor capacitor 451
Motorschutzeinrichtungen → motor protection setups 348, 420
Motorschutzrelais → motor protection relays 347 f., 420
Motorschutzschalter → motor protecting switch 347, 420
Motorvollschutz → engine cowling 348, 420
Motor → motor 132
MP-Kondensatoren → metallized paper capacitor 450
MSB → most significant bit 489
Multi Media Card → Multi Media Card (MMC) 288
Multicoreprozessor → multi-core processor 285
Multifunktionsrelais → multi functional relay 350
Multikernprozessor → multi-core processor 285
Multiplikation → multiplication 503
Muttern → nuts 87

N

N-Gate-Thyristor → n-gate thyristor 492
Nachprüfungen → check-overs 382
Nachtriggerbar → retriggerable 487
NAMUR → working comittee for measurement and control engineering in the chemical industry 355
NAND → NAND 481
Natriumdampflampen → sodium-vapour lamp 270
Nebenschlussmotor → shunt motor 414
Negative Logik → negative logic 480
Negierter Ausgang → negatived output 484
Negierter dynamischer Eingang → dynamic negatived input 484
Negierter statischer Eingang → static negatived input 484
Neozed-Sicherungssystem (Schraubsicherung) → neozed safety system (screw locking) 222
Network Terminator Basic Access → Network Terminator Basic Access (NTBA) 335
Netz-Trenneinrichtung → power cutting unit 380
Netzanschluss → power supply 380
Netzebene → lattice plane 316, 323
Netze → networks 243
Netzfilter → line filter 138
Netzformen → network forms 243
Netzsysteme → network systems 173
Netztafel → grid table 96
Netzwerke → networks 305
Netzwerkkabel → network cable 309, 324
Neutralleiter → neutral conductor 169
Neutronenzahl → number of neutrons 519
Next Generation Network → Next Generation Network (NGN) 335
NGN → NGN (Next Generation Network) 335
NH-Sicherungssystem → NH fuse system 222
NI 100 → NI 100 474
NICHT (Negation) → not (negation) 481
Nicht abgeglichene Brückenschaltung → uncompensated bridge connection 526
Nicht flüchtige Speicher → non-volatile memory 286
Nicht nachtriggerbar → non-retriggerable 487
NICHT-Funktion → NOT function 482
Nichteisenmetalle → non-ferrous metal 520
Nichtinvertierer Verstärker → non-inverting amplifier 471
Nickel-Cadmium Akkumulatoren → nickel-cadmium batteries 239
Niederspannungs-Hochleistungs-Sicherungssystem → low-tension high-power protection system 222
Niederspannungs-Sicherungssysteme → low-voltage protection systems 222
Niederspannungssicherungen → low-voltage safety fuses 222 f.
Niedervolt-Halogenlampen → low-voltage halogen bulb 273
Niederwertiges Bit → least significant bit 490
Niedrigstrom LED → low current LED 279
Nockenschalter → cam switch 352
Non Volatile RAM → non volatile RAM (NVRAM) 287
Normalprojektion → standard projection 93
Normalverteilung → normal distribution 33
Northbridge → Northbridge 284
NOR → NOR 481
NOT-AUS-Abschaltung → emergency shutdown 386
NOT-AUS-Taster → emergency shutdown caliper 351
NOT-AUS → emergency shutdown 382, 386
NOT-HALT → emergency stop 382, 386
NTBA → NTBA (Network Terminator Basic Access) 335, 338
NTC-Widerstände → negative temperature coefficient resistor 449
Nukleonenzahl → number of nucleons 519
Nullspannungsschalter → no-voltage 349, 444
Nur-Lese-Speicher → read-only memory (ROM) 286
Nutzpegel → signal level 312, 317
NVRAM → NVRAM (non volatile RAM) 287

O

Obere Eingriffsgrenze → upper action limit 34
Obere Warngrenze → upper warning limit 34
ODER (Disjunktion) → or (disjunction) 481
Offene Handelsgesellschaft oHG → general partnership 9
Offene/gasdichte Akkumulatoren → gas-impervious accumulators 238 f.
Öffner → break contact 115, 116
Offsetfehler → offset error 490
Ohm'sches Gesetz → Ohm's law 523
Ölvernebler → oil nebulizer 367
Online-Back-up → online backup 304
On the go → on the go (OTG) 294
Open System Interconnection → Open System Interconnection (OSI) 302
Operationsräume → operation rooms 186
Operationsverstärker → operational amplifier 470, 471
Operation → operation 371
Optischer Speicher → optical memory 290
Optischer Reflexschalter → optical reflex switch 353
Optischer Sensor → optical sensor 353
Optoelektronische Bauelemente → optoelectronic component 467, 468
Optoelektronische Grundschaltungen → optoelectronic basic circuits 469
Optoelektronische Koppler → optoelectronic couplers 469

Ordnungszahl → ordinal number 519
Organisationsbaustein → element of organisation 376
Ortsnetzstation → transformator station 244
OSI → OSI (Open System Interconnection) 302
OSI-Referenzmodell → OSI reference model 302
OSI-Schichtenmodell → OSI layer model 302
Oszilloskop → oscilloscope 148
OTG → OTG (on the go) 294
Overheadprojektor → overhead projector 51

P
P-Gate-Thyristor → P-gate thyristor 492
P-Glied → P-element 390
P-Regler → P-controller 393, 472
P-Sätze → P-sets 74f.
P-T1-Glied → PT-T1 element 390
Papierformat → paper size 89, 98
Parallel-Kompensation → parallel compensation 208
Parallele Datenübertragung → parallel data transfer 291
Parallele Verlegung → parallel laying 137
Parallelschaltung von Kondensatoren → parallel connection of capacitors 528
Parallelschaltung von Spulen → parallel connection of coils 530
Parallelschaltung von Transformatoren → parallel connection of transformers 154
Parallelschaltung → parallel connection 524
Parametrier-Ebene → parameterisation level 394
Parametrieren → parameter setting 340
Partielle Redundanz → partial redundancy 386
Passive Bauelemente → passive component 111
Passive Fehler → passive error 342
Passive Filterschaltungen → passive filter connection 455
Passiver Prüfabschluss → passive inspection close 335
PC → PC (personal computer) 283
PC-Gehäuse → PC case 298
PC-Netzteil → PC mains adapter 298
PCI Express → PCI express 291
PCI → PCI (Peripheral Component Interconnect) 291
PCIe → PCIe (PCI express) 291
PC → PC 283
PD-Glied → PD-element 390
PD-Regler → PD-controller 394, 472
PDCA-Zyklus → PDCA cycle 32
Peer-to-Peer-Netzwerk → peer-to-peer network 305
Pegelgrößen → levels 518
Pegel → level 483
PELV → protective extra-low-voltage 199
PEN-Leiter → PEN conductor 169
Permeabilität → permeability 529
Personalcomputer → personal computer (PC) 283
Pfeilmethode → arrow method 92
Phasenabschnittsteuerung → phase angle control 277
Phasenanschnittsteuerung → operating controll 277, 442
Photovoltaikanlagen → photovoltaic installation 249
Physikalische Adresse → physical address 261
Physikalische Größen → physical sizes, physical values 511
Physikalische Konstanten → physical constants 497
PI-Glied → PI-element 390
PI-Regler → PI-controller 393, 472
PID-Regler → PID-controller 394, 472
Piezoelektrische Sensoren → piezoelectric sensors 474
PIN-Diode → PIN-diode (positive intrinsic negative diode) 458
Pinnwand → pinboard 55
Platzeinheit PLE → space units 159
PLT-Aufgabe → PLT-task 399
PLT-Leitfunktion → PLT-function 399
Pneumatik → pneumatics 132, 133, 367
Pneumatische Signale → pneumatic signals 356
Pneumatisches Einheitssignal → pneumatic standard signal 356
Polarkoordinaten → polar coordinates 89
Polumschaltbare Drehstrommotoren → pole-changing three-phase motor 418
Port Selector → port selector 297
Positionsschalter → position switch 354
Positive Logik → positive logic 480
Potenzialausgleich → potential compensation 174f., 380
Potenzial → potential 522
Potenzielle Energie → potential energy 514
Power-MOS-FETs → power-MOS-FETs (power metaloxide semiconductor field effect transistors) 466
PPA → passive inspection close 335
Präsentation aufbereiten → edit a presentation 53
Präsentation durchführen → perform a presentation 51
Präsentation erstellen → create a presentation 51
Präsentationen → presentations 51
Präsentationsstruktur/-medien → structur of presentation 54f.
Preisgestaltung → pricing 16
Preset → preset 486
Primärbereich → primary sector 308
Primärelemente → primary elements 232
Primärlinie → primary line 263
Primärverkabelung → primary wiring 319
Priorität → priority 397
Prisma → prism 510
Pro Electron → pro electron 456
Problemlösung → troubleshooting 28
Prodkukthaftungsgestz → product liability law 41
Produktionsleittechnik → production control systems 397
Profibus → profibus 404
Profinet → profinet 406
Programmablaufplan → programme flow chart 96
Programmable Read Only Memory → Programmable Read Only Memory (PROM) 287
Programmausführungen → programme execution 371
Programmier- und Diagnosewerkzeug → programming and diagnosis tools 371
Programmierfunktionen → programming function 370
Programmiersprachen und Engineering Tools → programming language and engineering tools 378
Programmiersprache → programming language 372, 378
Projektablaufplan → project flow chart 21
Projektauftrag → project assignment 20
Projektionen → projections 90
Projektkonflikte → project conflicts 25
Projektlösungsprozesse → project solution process 26ff.
Projektmanagement → project management 19
Projektphasen → project phases 19
Projektplanung → project planning 21, 22
Projektziele → project aims 20
PROM → PROM (Programmable Read Only Memory) 287
Proportionalbeiwert → proportional action factor 390, 391
Proportionalbereich → proportional band 393
Proportionalventile → proportional valves 368
Protokoll → protocol 330
Proxy → proxy 406
Prozessing Unit → processing unit 285
Prozessleittechnik → process control engineering 399
Prozessmodule → process modules 379
Prozessor → processor 285
Prozess → process 397
Prüfablaufplan → inspection schedule 205
Prüfbericht → inspection report 201
Prüfen der Schleifenimpedanz → inspection of loop impedance 200
Prüfen → to inspect 371
Prüffrist → inspection period 203
Prüfung der Installation → inspection of installation 265
Prüfung des Schutzleiters → inspection of protective conductor 198, 206
Prüfung einer elektrischen Anlage → inspection of an electronic system 197ff.

Prüfung elektrischer Geräte → inspection of electric devices 203 ff.
Prüfungen der elektrischen Ausrüstung von Maschinen → inspection of electric machine equipment 382
Prüfung → inspection 139, 382
Prüfzeichen → test symbol 81
PS/2 → PS/2 293
PT 100 → PT 100 357, 363, 474
PTC-Widerstände → PTC resistors 449
PU → PU (processing unit) 285
Pufferkondensator → buffer capacitor 451
Pulsbreitensteuerung → pulse-duration control 438
Pulsdiagramm → pulse diagram 480
Pulsfolge-Steuerung → pulse repetition control 438
Pulsumrichter → puls inverter 441
Pumpe → pump 132
Punktschreiber → dotted-line recorder 147
Pyramide → pyramid 510

Q
QM-System → QM system 32
QoS → QoS (Quality of Service) 336
Quadrat → square 510
Qualitätsbereiche → quality areas 10
Qualitätsmanagementsystem → quality management system 31
Qualitätsregelkarten → quality control cards 34
Qualitätszeichen → quality mark 81
Quality of Service → Quality of Service (QoS) 336
Quecksilberdampf-Hochdrucklampe → self-ballasted mercury-vapor lamp 275
Quecksilberdampflampen → mercury-vapor lamps 275
Querschnitt → cross section 380
Querverweisliste → cross reference list 371

R
R-Sätze → R-phrases 70
Radar-Messeinrichtung → radar measuring system 360
Radiofrequency → radio frequency 266
Radiometrische Messeinrichtung → radiometric measuring system 361
RAID → RAID (Redundant Array of Independent Discs) 292
RAM → RAM (Random Access Memory) 286
Random Access Memory → Random Access Memory (RAM) 286
Rastereinheit RE → raster unit 159
Rastermodul → raster module 159
Rauchmelder → smoke detector 162
Räume → rooms 195
Raumindex → room index 268 f.
Raumwinkel → solid angle 267, 499
Raumwirkungsgrad → room utilization factor 268 f.
RC-Glied → RC element 391
RC-Tiefpassfilter → RC-low pass filter 537
RCBO → RCBO 172
RCCB → RCCB 172
RCD → RCD (residual current protective device) 171
Read Only Memory → Read Only Memory (ROM) 286
Reaktionskleber → Read Only Memory (ROM) adhesive 88
Rechengeräte → calculation device 121
Rechenregeln für Dualzahlen → calculation rules for binary numbers 503
Rechnen mit komplexen Zahlen → calculating with complex numbers 507
Rechteckige LED → rectangular LED 278
Rechteck → rectangle 510
Rechtsformen → forms of organisation, legal forms 9
Rechtsgeschäfte → legal transactions 11
Rechtwinkliges Dreieck → right-angled triangular 508
Redundant Array of Independent Discs → Redundant Array of Independent Discs (RAID) 292
Reed-Relais → reed relays 350
Reflexionsgrad → coefficient of reflection 267 f.
Refresh-Zyklus → refresh cycle 286
Regeldifferenz → control error, negative deviation 387
Regeleinrichtung → contolling system 387
Regelglied → control element 387
Regelgröße → controlled variable 387
Regelkreisglieder → elements in closed loop control circuits 390
Regelkreis → closed loop control circuit 387
Regelmäßiges n-Eck → regular n-gon 510
Regelstrecken höherer Ordnung → high-order controlled systems 391
Regelstrecken mit Ausgleich → controlled systems with compensation 391
Regelstrecken ohne Ausgleich → controlled systems with-out compensation 391
Regelstrecke → controlled system, plant 387, 391
Regelungsstrukturen → control structures 388
Regelungstechnik → control technique 387
Regelung → control 387
Regelvorgänge → control processes 395
Regenerative Energie → renewable energy 251
Register → register 285
Reglerausgangsgröße → controller output 387
Reglereinstellung → control regulation 387, 3910
Regler → controller, regulator 387, 388, 392, 393
Reihen-Kompensation → serial compensation 208
Reihenschaltung von Kondensatoren → series connection of capacitors 528
Reihenschaltung von Spulen → series connection of coils 530
Reihenschaltung → series connection 524
Reihenschlussmotor → serial wound motor 412, 414
Reinigung von Batterien → cleaning of batteries 240
Reizung → stimulation 70
Relais → relay 115, 116
Relativer Fehler → relative error 146
Repeater → repeater 307
Repulsionsmotor → repulsion motor 412
Resolution → resolution 490
Restspannung → residual voltage 392
Retardierter Ausgang → postponement 484
Rettungszeichen → evacuation sign, emergency information 78
Rhetorik → rhetoric 51, 61
RI-Fließbild → RI flow chart 400
Richtwerte für Beleuchtungsstärken → reference value for illumination level 270
Riemenantrieb → belt drive 516
Ringfarben → ring colours 321
Ringnetz → circle network 243
Ringtopologie → ring topology 306
Ring → ring 306
Risikobeurteilung → risk evaluation, risk assessment 40, 41
RJ 10 → registered jack (RJ) 10 333
RJ 11 → registered jack (RJ) 11 333
RJ 12 → registered jack (RJ) 12 333
RJ 45 → registered jack (RJ) 45 333
RKM-Code → RKM code 447
RL-Hochpassfilter → RL-high pass filter 536
RL-Parallelschaltung → RL-parallel connection 536
RL-Reihenschaltung → RL-series connection 535
RL-Tiefpassfilter → RL-low pass filter 535
RLC-Parallelschaltung → RLC-parallel connection 537
RLC-Parallelschwingkreis → RLC-parallel oscilating circuit 538
RLC-Reihenschaltung → RLC-series connection 537
RLC-Reihenschwingkreis → RLC-serial oscilating circuit 537
Röhrenlot → tubular solder 475
Rohrleitungen → tubes 128, 401

Rohrleitungs- und Instrumentenfließbild → tube and instrument flow chart 400
Rohrverbindung → pipe connection 128
Rollen → rolls, pulleys 516
ROM → ROM (Read Only Memory) 286
Römische Zahlen → Roman numbers 501
Root-Hub → root hub 294
Rotation → rotation 511
Router → router 307
RS-232C → RS-232C 296
RTD-Thermometer → RTD thermometer 363
Rückführgröße → feedback value 387
Rückführung → return 392
Rücksetzen → to reset 484
Ruhestromprinzip → closed-circuit principle 164
Rundzelle → round cell 234

S
S-Sätze → S-phrase 71
S-TTL → S-TTL 479
S/PDIF → S/PDIF (Sony/Philips Digital InterFace) 293
S7-Baugruppen → S7 assembly 375
S7-Graph → S7 graph 378
S7-HiGraph → S7 HiGraph 378
S7-PLCSIM → S7-PLCSIM 378
S7-SCL → S7-SCL 378
SATA → SATA (Serial Advanced Technology Attachment) 291
Satz von Pythagoras → Pythagorean theorem 508
Säulendiagramm → bar chart 59
Säuredichte offener Batterien → acid densitiy of open batteries 238
Scareware → scareware 304
Schadsoftware → malware 304
Schallgrößen → sound quantities 518
Schall → sound 518
Schaltalgebra → logic algebra, switching algebra 482
Schaltdrähte → jumper wire 322
Schalteinrichtungen → switching mechanisms 113
Schaltende Stellgeräte → switching valves and controls 398
Schalter → switch 113, 114, 115
Schaltfolgediagramm → switching sequence diagram 100
Schaltgruppen von Drehstromtransformatoren → connection symbols of rotary current transformers 153
Schaltlitzen → control wires 322
Schaltnetzteile → switch mode power supplies 439
Schaltplanarten → types of circuit diagrams 99
Schaltpläne → circuit diagrams 99
Schaltschrank → control cabinet, switch cabinet 137
Schaltungen von Blind und Wirkwiderständen im Wechselstromkreis → connections of reactances and active resistances in a.c. circuit 535f.
Schaltungen von Drehstromtransformatoren → connections of rotary current transformers 153
Schaltzeichen → graphical symbol 111ff., 455
Schaltzustände von Kippgliedern → swtiching status of trigger elements 484
Scheibenläufer-Motor → electric motor with disc shaped rotor 417
Scheiben → discs 87
Scheitelfaktor → crest factor 532
Schellenabstände → clip distances 215
Schichtwiderstände → layer type resistors 446
Schlauchleitung → flexible hose 322
Schleifenimpedanz → loop impedance 197, 200, 382
Schleife → loop 97
Schleifringläufermotor → slip ring motor 345, 410, 425
Schließelemente → clamping elements 126
Schließer → closer 115, 116
Schmelzkleber → hot melt 88
Schnittstellen → interfaces 284, 293
Schnittstellenfunktion → interface function 370, 371
Schottky-TTL → Schottky-TTL 479
Schottky → Schottky 457
Schraubenköpfe → screw heads 87
Schraubenverbindung → bolted joint 87
Schrauben → screws 87
Schreib-Lese-Speicher → read-write memory 286
Schriftfelder → labelling fields 89
Schriftverkehr → correspondence 36
Schriftzeichen → character 91
Schrittmotor → stepping motor 416
Schritt → step 101, 102, 374
Schutz durch Abschaltung → protection by cut-off 179
Schutz gegen elektrischen Schlag → protection against electric shocks 176, 380
Schutz gegen thermische Auswirkungen → protection against thermal effects 252
Schutz in überwachten Räumen → protection in controlled rooms 182
Schutzbeschaltungen → suppressors 383
Schutzeinrichtungen → protective equipment 245
Schutzgrad → degree of protection 202
Schutzisolierung → protective insulation 176, 180
Schutzkleinspannung → safety extra-low-voltage 181
Schutzkontakt-Steckverbindung → plug-in with earthing contact 165
Schutzleiterstrom → earth leakage current 204, 206f.
Schutzleitersystem → protective conductor system 382
Schutzleiterwiderstand → protective conductor resistor 206
Schutzleiter → protective conductor 167, 169, 173ff., 205
Schutzmaßnahmen im IT-System → safety measures in the IT-System 179
Schutzmaßnahmen im TN-System → safety measures in the TN-System 177
Schutzmaßnahmen im TT-System → safety measures in the TT-System 178
Schutzpotentialausgleichsleiter → protective potential compensation conductor 175, 198
Schutzpotentialausgleich → protective potential compensation 172
Schutztrennung → protective separation 181f., 199
Schutzverriegelungen → protection interlock 381
Schweißtransformator → welding transformer 155
Schwenkmotor → swivel motor 368
Schwerlastdübel → heavy-duty dowel 85
Schwimmanlagen → swimming facility 194
Schwimmerschalter → float switch 359
Schwimmer → floater, float lever 359
Schwinggabel → vibrating fork 359
Schwingkreiskondensatoren → oscillating circuit capacitors 450
Schwingungspaketsteuerung → multicycle control 444
SDSL → SDSL (Symmetric Digital subscriber Line) 331
Sechspuls-Brücken-Schaltung → six-pulse bridge connection 400, 401
Second-Level-Domain → second level domain 314
Secure Digital → secure digital 288
Sedezimales Zahlensystem → hexadecimal number system 434, 435
Seebeck-Effekt → Seebeck effect 363
Segment → segment 262
Sehr giftig → very toxic 70
Sekundärbereich → secondary sector 308
Sekundärlinie → secondary line 263
Sekundärverkabelung → secondary wiring 319
Selbstinduktion einer Spule → self-induction of a coil 529
Selbstoptimierung von Reglern → self-optimising of controls 397
Selbstständiges Lernen und Arbeiten → independent learning and working 45
Selbstüberwachende Sicherheitsschaltung → self-monitoring safety switching 386
Selektivität → selectivity 224

SELV → safety extra-low-voltage 199
SEMP → SEMP 161
Sensor → sensor 114, 122, 259
Serial ATA → Serial ATA (SATA) 291
Serielle Datenübertragung → serial data transfer 291
Serielle Schnittstelle → serial interface 296
Serienschaltung → connection in series 252
Server → server 305, 307
Servomotoren → servo motor, servo drive 417
Setting Time → setting time 490
Setzen → to set 484
Shewhard Cycle → Shewhard Cycle 32
SI-Basisgrößen → SI base quantity 495
SI-Vorsätze → SI-header lables 496
Sicherheitsbeurteilung → safety assessment 383
Sicherheitshinweise → safety informations 40, 41
Sicherheitskennzeichen → safety markings 72
Sicherheitsregeln → safety rules 149
Sicherheitsschaltung → safety switching 386
Sicherheitssteuerungen → safety control circuit 384
Sicherheitstechnik → safety engineering, security technology 383
Sicherheitstransformatoren → safety transformers 155
Sicherungen → fuses 113
Sicherungsklassen → safety classes 164
Sicherungsringe → lock ring 87
Sichtprüfung → visual inspection 203
Siebschaltungen → filter networks 493
Signal- und Datenverarbeitungen → signal and data processing 371
Signalbaugruppen → group of coded signals 375
Signalgeber → signaling device, sensor 353
Signallaufzeit → signal propagation delay 483
Signalverarbeitungsfunktionen → signal processing functions 370
Silberoxid-Batterien → silver oxide battery 230, 232
Sinnbild → symbol 96
Sinterkondensator, nass → sinter capacitor, wet 451
Sinusförmige Wechselspannung → sinusoidal alternating current (a.c.) 531
Sinus → sine 509
Skalensymbole → scale symbols 140
Slave-Kippglied → slave trigger element 485
Small Outline Transistor → small outline transistor 476
Smart Grids → Smart Grids 142
Smart Meter → Smart Meter 142
Software-Konfiguration → software configuration 283
Solarthermische Systeme → solar thermical systems 251
Solarthermisches Kraftwerk → solar thermal power plant 242
Solarzelle → solar cell 248, 467
Solid-State-Disk → Solid State Disk (SSD) 289
Solid-State-Drive → Solid State Drive (SSD) 289
Solid-State-Hybrid-Drive → Solid State Hybrid Drive (SSHD) 289
Sonderzeichen → special sign, special character 505
Sony/Philips Digital InterFace → Sony/Philips Digital Inter-Face (S/PDIF) 293
SOT → SOT (small outline transistor) 476
Soundadapter → sound adapter 292
Soundkarte → sound card 292
Sourceschaltung → source connection 466
Southbridge → Southbridge 284
Spaltpolmotor → shaded pole motor 411
Spannungs-Messbereichserweiterung → voltage range increase 525
Spannungsebenen → voltage levels 243
Spannungsfall → line voltage drop 157, 158, 216, 220
Spannungsfreiheit feststellen → switch to neutral 149
Spannungsprüfung → voltage test 382
Spannungsquelle → voltage source 112, 525
Spannungsteiler → voltage divider 525
Spannungsuhr → voltage clock 168
Spannungsversorgung im PC → power supply in PCs 298
Spannungsversorgung → power supply 260, 263
Spannungswandler → voltage transformer 146
Spannung → voltage 522
Spannweite → span 33, 34
Spartransformatoren → autotransformer 154
Sparwechselschaltung → economy pole changing connection 253
Speicher mit wahlfreiem Zugriff → Read-write memory 286
Speicher → memory 286
Speicherkarte → memory card 288
Speichermodule → memory modules 287
Speichern → to save, to store 484
Speicherprogrammierte Steuerung → storage programmable control 341, 370
Sperrschicht-Feldeffekttransistoren → junction field-effect transistor 465
Sperrventil → stop valve, lockout valve 133
Sperrwandler → flyback converter 439
Spielzeugtransformator → toy transformer 155
Spitzenspannungsschalter → peak voltage switch 349
Splitter → splitter 305, 331
Sprungantwort einer Regelstrecke → step response of a closed loop control system 396
Sprungantwort im Proportionalbereich → step response in proportional band 393
SPS → storage programmable control 370
Spulen → coils 111, 454, 530
Spyware → spyware 304
SQ3R-Methode → SQ3R-method 49
SRAM → SRAM (Static RAM) 286
SSD → SSD (Solid State Drive/Disk) 289
SSHD → SSHD (Solid State Hybrid Drive) 289
Stabilisierungsschaltungen → stabilising switching 493
Stahldübel → steel dowel 85
Standard-TTL → standard TTL 479, 483
Standardabweichung → standard deviation 33
Standortverteiler → site distributor 308
Starkstromanlagen → power installation 170
Starkstromkabel → power cable 227
Starkstromleitungen → power line 226
Start-Funktion → start function 382
Starterbatterien → storage battery 238
Static RAM → Static RAM (SRAM) 286
Statischer Eingang → static input 484
Statischer Störabstand → static noise margin 483
Status-Abfragen → status requests 371
Staukörper → damming body 362
Std-TTL → standard TTL 479
Steckdosen → plug-in 114
Steckerformen → plug forms 333
Steckplätze → slots 284
Steckverbindungen → plug connections 165
Steigbereichsverkabelung → building backbone cabling 308
Steigleitung → standpipe 129
Steinmetzschaltung → Steinmetz connection 413
Stellantriebe → actuating drives 398
Stellbereich → correcting range 340
Stelleinrichtung → adjusting device 387
Stellenbewertete Zahlensysteme → weighted number systems 501
Steller → regulator 387
Stellgeräte mit definierter Ruhelage → valves and controls with defined home position 398
Stellgeräte mit Speicherverhalten → valves and controls with storage characteristics 398
Stellgeräte → valves and controls 121, 398
Stellglied → actuator 340, 387, 398
Stellgröße → actuating variable 340, 387
Stellhahn → regulating lever 398
Stellklappe → throttle valve, regulating flap 398

Stellschieber → switch slide 398
Stellventil → control valve 398
Stellverhalten → valve characteristics 391
Stellzeiten → actuating time 393
STEP 7 → STEP 7 375 ff.
Stern-Dreieck-Anlauf → star-delta starting 420
Stern-Dreieck-Schaltung → star-delta connection 365, 419, 540
Stern-Dreieck-Umschaltung → star-delta switching 540
Stern-Dreieck-Umwandlung → star-delta transformation 526
Sternschaltung → star connection 539 f.
Sterntopologie → Southbridge 306
Stetige Regler → continuous action controller 393, 394
Steuerbare Thyristoren → controllable thyristors 491
Steuerbefehle → control commands 505
Steuereinrichtung → controlling equipment 340
Steuerfunktionen → control functions 382
Steuerkette → open loop, timing chain 340
Steuerrelais EASY → control relay EASY 379
Steuerschalter → control switch 352
Steuerstrecke → contolled system 340
Steuerstromkreis → control circuit 366
Steuertransformator → control transformer 155, 366
Steuerungssignale → control signals 341
Steuerung → control 340
Steuerwalzenschalter → contactor-controller 117
Stichprobenstandardabweichung → standard deviation in a random test 33
Stichprobe → random test, random sampling 33, 34
Stillsetzen im Notfall → emergency shutdown 382
Stopp-Funktion → stop function 382
Störfestigkeit → stability 132 ff.
Störgröße → disturbance variable 135, 340, 387
Störquelle → source of interference 135
Störsenke → susceptible equipment 135
Störungsbehaftete Leitungen → failed conductors 136
Störungsverhalten → distrurbance behaviour 395
Störverhalten → perturbation response 391
Stoßkondensatoren → shock capacitors 450
Strahlennetz → radiance network 243
Strahlensatz → intercept theorem 508
Strahlungskopplung → radiation coupling 136
Strichcode → bar code 506
STRING → STRING 377
Strom-Messbereichserweiterung → expansion of current range 526
Stromanstiegs-Geschwindigkeit → current rise speed 445
Strombelastbarkeit von Leitungen → current carrying capacity 218 f.
Strombelastbarkeit → current capacity 216 ff., 381
Stromdichte → current density 522
Stromkreisverteiler → circuit distributor 159
Stromlaufplan, halbzusammenhängende Darstellung → circuit diagram, semi-coherent representation 103
Stromlaufplan, zusammenhängende Darstellung → circuit diagram, coherent representation 103
Stromquellen → current source 112
Stromregelventil → flow control valve 133, 368
Stromrichterbenennung → designation of power converter 432
Stromrichterkennzeichnung → converter marking 432
Stromrichterschaltungen → converter connections 432
Stromschwächungsprinzip → current weakening principle 164
Stromstärke → current intensity, amperage 522
Stromstoßschaltung → current impulse connection 254, 256
Stromventil → flow control valve 133
Stromversorgung auf Baustellen → power supply on construction sites 187
Stromversorgungsfunktionen → power supply functions 370
Stromverstärkungsprinzip → current amplification principle 164
Stromwandler → current transformer 146
Stromwege → current paths 103
Structured Control Language → structured control language 378
Struktogramm → structure chart 96
Strukturieren → to structure 340
Strukturierte Verkabelung → structured wiring 308, 319
Strukturierter Text → structured text 372
Strukturierung des Lernstoffes → structure of learning matter 49
Struktur → structure 101
Stufenplan von Präsentationen → step by step plan for presentations 53
Stufenschalter → step switch 117
Stützkondensatoren → voltage stabilising capacitor 450
Subtraktion → subtraction 503
Sukzessive Approximation → successive approximation 489
Summierverstärker → summing amplifier 471
Switch → switch 307, 406
Symbole für Antennentechnik → symbols of antenna technology 125
Symbole für EIB → symbols for EIB 122
Symbole für EMSR → symbols for EMSR 121
Symbole für Gefahrenmeldeanlagen → symbols for danger alert units 125 ff.
Symbole für Heizungsanlagen → symbols for heating systems 130
Symbole für Hydraulik und Pneumatik → symbols for hydraulics and pneumatics 132 ff.
Symbole für Klimaanlagen → symbols for air conditions 131
Symbole für Rohrleitungen → symbols for pipelines 128 ff.
Symboltabelle → symbol chart 377, 378
Symmetric DSL → Symmetric DSL (SDSL) 331
Symmetrische Stern-, Dreieckschaltung → systematic stardelta circuit 526
Synchroner Zähler → synchronous counter 488
Synchrongenerator → synchronous generator 408, 415
Synchronmaschine → synchronous machine 119, 409
Synchronmotor → synchronous motor 410
Systemdenken → systematic/methodic thinking 28
Systemgerät → system device 259
Systemkonfigurationen → system configuration 371
Systemsoftware → system software 301

T

TA → telecommunication socket 358
Tachogenerator → speed sensor 342
TAE → phone jack 335
TAE-Dose → phone jack outlet, phone jack socket 332
TAE-Kabel → phone jack cable 337
TAE-Stecker → telephone jack 33
Takt-Eingang → clock input 484
Tandem-Schaltung → tandem connection 255
Tangens → tangent 509
Tantal-Elektrolytkondensatoren → tantalum electrolytic capacitor 451
Tape-Library → tape library 304
Taster → cal liper, sensor 114, 351
TAZ-Surpressor-Diode → suppressor diode (TAZ) 458
TCP → transmission control protocol 330
Teamarbeit → team work 24
Technische Dokumentation → technical documentation 41 f., 98
Technologieschema → technology diagram 100
Teilansichten → partial view 92
Teilbereichssicherung → subdomain protection 222
Teilnehmer → participant, subscriber 260, 261
Telegramm → telegram 261
Telekommunikations-Anschlusseinheit (TAE) → telecommunication interface unit 335

Telekommunikationstechnische Anschlussdose → telecommunications socket 308
Telnet → telnet 331
Temperaturabhängiger Widerstand → temperature-dependent resistor 524
Temperaturklassen → temperature classes 189
Temperaturmessung → temperature measurement 363
Temperaturskalen → temperature scales 517
Temperaturstabilisierung → stabilisation of temperature 463
Temperatur → temperature 517
Tertiärbereich → tertiary sector 308
Tertiärverkabelung → tertiary wiring 319
Testen → to test, to check 371
Tetradischer Code → four line binary code 503
Thermische Durchflussmessgeräte → thermal flow meters 363
Thermische Motorschutzrelais → thermal motor overload relay 347
Thermistor-Maschinenschutzgeräte → thermistor machine protection devices 348
Thermoelement-Messung → thermo couple measurement 363
Thermoelemente → thermo couple 83, 357
Thyristordiode → diode thyristor 491
Thyristortriode → triode thyristor 492
Tiefpass → low pass 471
Tipps zum Problemlösungsprozess → tips for troubleshooting 27
TN-C-S-System → TN-C-S system 173
TN-C-System → TN-C system 173
TN-S-System → TN-S system 173
TO-Gehäuse → TO can 476
Toleranzen → tolerances 452
Top-Level Domain → top level domain 330
Topologie → topology 260, 403
TO → TO 476
TP-Kabel anschließen → connecting the TP cable 310
TP-Kabel → TP cable 309
Transformatoren → transformers 118, 150
Transistor als Schalter → transistor as switch 464
Transistor als Verstärker → transistor as amplifier 463
Transistor Single Outline → transistor single outline 476
Transistor-Transistor-Logik → transistor-transistor-logic (TTL) 479
Transitionsbedingung → condition of transition 101, 374
Transition → transition 101, 374
Translation → tranlation 511
Transmission Control Protocol → transmission control protocol 330
Treppenhausschaltung → stairwell connection 254
Trigonometrischen Funktionen → trigonometric functions 509
Trimmer → trimmer 451
Trockene Räume → dry rooms 170
Trojaner → Trojan 304
Tt-Glied → Tt element 390
TT-System → TT system 197, 200
TTL → TTL (transistor-transistor-logic) 479
Türöffneranlage → door-opening system 257
Türsprechanlagen → gate telephones 258
TV-Karte → TV card 292
Typen von Akkumulatoren → types of accumulators 238
Typen von Batterien → types of batteries 232

U

U/I-Wandler → voltage-current converter 471
UAE → UAE 334, 338
Überdruckmessung → excess pressure measurement 361
Übergabepegel → handing-over level 318
Übergang → junction, transition 128
Überlast → overload 221
Überschwingen → to overshoot 395
Überschwingweite → overshoot 389
Übersichtsschaltplan → circuit diagram 105
Überstrom-Schutzeinrichtung → overcurrent protective device 177 ff., 221
Übertemperatur von Wicklungen → excess temperature of windings 421
Übertrager → transmitter 454
Übertragungsglied → transfer element 389, 390
Übertragungsverhalten → transmission behaviour 390
Überwachungsbereiche → monitored areas 155
Ultraschall Näherungsschalter → ultrasound proximity switch 353, 355
Ultraschall-Durchflussmessung → ultrasound flow measurement 362
Ultraschall-Messeinrichtung → ultrasound measurement device 361
Ultraschallsensor mit Auswertegerät → ultrasound sensor with readout instrument 355
Umkehrstromrichter → two-way converter 431, 437
Umrechnungsfaktoren zur Strombelastbarkeit → conversion factor for current capacity 220
Umrichter mit Spannungszwischenkreis → converter with voltage intermediate circuit 441
Umrichter mit Stromzwischenkreis → converter with current intermediate circuit 441
Umrichter → converter 431
Umsetzer → converter 121
Umsetzungsfehler → conversion error 490
Umsetzungsverfahren → conversion procedure 489
Umsetzungszeit → converion time 490
Umspannanlage → Electrical substation 244
Umwandlung in andere Zahlensysteme → conversion into different number systems 503
UND (Konjunktion) → AND (conjunction) 481
UND-Funktion → AND function 482
Ungeerdeter Steuerstromkreis → non-grounded control circuit 366
Ungesteuerte Gleichrichter → uncontrolled rectifier 434
Ungestörter Prozess → undisturbed process 34
Unijunktion-Transistor UJT → unijunction transistor 465
Unipolare Transistoren → unipolar transistors 465
Universal Serial Bus → Universal Serial Bus (USB) 294
Universal-Anschlusseinheit → universal connection unit 338
Universal-Dimmer → universal dimmer 277
Universalmotor → universal motor 412
Unstetige Regler mit Rückführung → dicontinuous controller with return 392
Unstetige Regler → discontinuous controller 392
Unsymmetrische Belastung → assymmetrical stress 540
Unsymmetrische Last → unbalanced load 540
Unsymmetrische Rechteckspannung → asymetric square wave voltage 533
Untere Eingriffsgrenze → lower action limit 34
Untere Warngrenze → lower warning limit 34
Unterlagerte Regelung → underlied control 388
Unternehmen → business company 9
Unterrichtsräume → class rooms 196

Unzulässiger Zustand → incorrect condition 484
Upstream → upstream 331
URL → URL (uniform resource locator) 330
USB → USB (Universal Serial Bus) 294
USB-Kabel → USB cable 295
USB-Stick → USB flash drive 288
USV-Anlage → uninterruptable power supply facilities 339

V

V.24 → V.24 296
Variablen → variables 372, 377
Variables LED → variable LED (light emitting diode) 278
Variable → variable 482

Englisch – Deutsch

1-out-of-10-code → 1-aus-10-Code 504
2 rotational speed → 2 Drehzahlen 364
2-conductor circuit → 2-Leiter-Schaltung 354, 357
3-conductor circuit → 3-Leiter-Schaltung 354, 357
4-conductor circuit → 4-Leiter-Schaltung 357
5 safety rules → 5 Sicherheitsregeln 149
7-cycle-connection → 7-Takt-Schaltung 281
7-segment-display → 7-Segment-Anzeige 468

A

a.c. effective value → Effektivwert von Wechselspannungen 531
a.c. parameters → Kenngrößen von Wechselspannungen 531
a.c. pressuretransducer → Drehstrom-Wirkverbrauchzähler 145
a.c. slip ring motors → Drehstrom-Schleifringläufermotoren 425
absolute default → Absoluter Fehler 146
absolute pressure measurement → Absolutdruckmessung 361
AC → AC 479
AC cage rotors → Drehstrom-Käfigläufermotoren 422, 423
AC converter → Wechselstrom-Umrichter 440
AC drive → Drehstromantriebe 441
AC idle-current watt-meter → Drehstrom-Blindverbrauchzähler 143, 145
AC machine → Drehstrommaschine 407, 410
AC motor → Drehstrommotor 407, 418
AC power controller → Wechselstromsteller 431
AC voltage → Wechselspannungen 531
acceleration → Beschleunigung 498, 511
acceleration work → Beschleunigungsarbeit 514
access point → Access Point 305
access time → Zugriffszeit 286
accumulators → Akkumulatoren 237
acid densitiy of open batteries → Säuredichte offener Batterien 238
acting supervisor → Arbeits-Verantwortlicher 67
action → Aktion 101, 102, 374
action diagram → Wirkungsplan 340, 342, 387
active energy meter (selection) → Wirkverbrauchzähler (Auswahl) 144
active errors → Aktive Fehler 342
active parts → Aktive Teile 169
active power measuring devices → Wirkleistungsmessgeräte 141
activity plan → Aktivitätenplan 20, 23
actuating drives → Stellantriebe 398
actuating time → Stellzeiten 393
actuating variable → Stellgröße 340, 387
actuation → Betätigung 115, 116, 134
actuator → Aktor 122, 259
actuator → Stellglied 340, 387, 398
ad hoc operations → Ad-hoc-Betrieb 305
addition → Addition 503
addition of forces → Addition von Kräften 512 f.
addition of forces → Kräfteaddition 513
additional character → Zusatzzeichen 78
additional protec-tive potential compensation → Zusätzlicher Schutzpotentialausgleich 188
additional protection → Zusätzlicher Schutz 182
address field → Anschriftenfeld 38
adhesives → Klebstoffe 88
adjusting device → Stelleinrichtung 387
admissable voltage loss → Zulässiger Spannungsfall 158
adressing → Adressierung 375
ADSL → ADSL 331
advanced low-power Schottky transistor-transistor logic → ALS-TTL 479
advanced technology attachment → Advanced Technology Attachment 291
advanced-CMOS → Advanced-CMOS 479
advanced-Schottky-TTL → Advanced-Schottky-TTL 479
aerial → Antenne 125, 311
aerial system → Antennenanlage 311
aerial technology → Antennentechnik 125, 311
agri-cultural and gardening estates → Landwirtschaftliche und gartenbauliche Anwesen 188
Aiken-Code → Aiken-Code 503
airborne pollution → Immission 135
alarm connection, alarm circuit → Weckerschaltung 257
alkali-manganese batteries → Alkali-Mangan-Batterien 233
alkaline round cells → Alkaline-Rundzellen 234
alpha-numeric signs/ele-ments → Alphanummerische Zeichen 505
alterable resistors → Veränderbare Widerstände 448
aluminium electro-lyte capacitors → Aluminium-Elektrolytkondensatoren 451
American Standard Code for Information-Interchange → American Standard Code for Information-Interchange 505
amplifier → Verstärker 124
analog connection → Analoger Anschluss 335
analogue digital converter → AD-Umsetzer 489
analogue output voltage → Analoge Ausgangsspannung 490
analogue regulations → Analoge Steuerungen 341
analogue to-digital-convertor → Analog-Digital-Umsetzer 490
analogue unit → Analogbaugruppe 375
AND (conjunction) → UND (Konjunktion) 481
AND function → UND-Funktion 482
angle brackets in radian and arc degree → Winkel im Bogen- und Gradmaß 508
angle values and principles for triangles → Winkelangaben und Gesetzmäßigkeiten für Dreiecke 508
angular measurement → Winkelmessung 358
angular velocity → Winkelgeschwindigkeit 499
annular rings → Lötaugen 475
ANSI/TIA T568A and T568B → EIA/TIA T568A und T568B 310
anti-interference capacitor → Entstörkondensatoren 453
anticoincidence operation → Antivalenz 481
antistatic containers → Antistatische Behältnisse 478
antistatic wristband → Antistatikband 299
application interface → Anwendungsschnittstelle 261
application module → Anwendungsmodul 261
application program → Anwendungsprogramm 371
application software → Anwendungssoftware 301
area → Bereich 260
area cabling → Geländeverkabelung 308
area coupler → Bereichskoppler 260, 262
area division → Bereichseinteilung 183
areas of medical pur-poses → Medizinisch genutzte Bereiche 185
arithmetic logic unit → ALU 124, 285
arithmetic mean (value) → Arithmetischer Mittelwert 33
arithmetical and logical unit → Arithmetische und logische Einheit 285
arrangement tips → Gestaltungshinweise 57
arrow method → Pfeilmethode 92
articulation, speed of spoken word → Artikulation, Sprachtempo 61
AS-interface → AS-Interface 405
AS-TTL → AS-TTL 479
ASCII-code → ASCII-Code 505
assembly of a PC → Zusammenbau eines PCs 299
assembly plan → Anordnungsplan 99
association, cooperative (society) → Genossenschaft 9
associative law → Assoziativgesetz 482
assymmetrical stress → Unsymmetrische Belastung 540
astable trigger stage → Astabile Kippstufe 471
asymetric square wave voltage → Unsymmetrische Rechteckspannung 533

asymmetric DSL → Asymmetric DSL 331
asynchronous devices/machines → Asynchronmaschinen 119
asynchronous meter → Asynchroner Zähler 488
ATA (Advanced Technology Attachment) → ATA 291
atomic model → Atommodell 519
atomic number → Kernladungszahl 519
attenuation → Dämpfung 138
automatic → Automatik 342
automatic cutouts → Leitungschutzsicherungen 223
automatic hot plates → Automatikkochplatten 281
autotransformer → Spartransformatoren 154
auxiliary current circuit → Hilfsstromkreise 170
auxiliary relay → Hilfsschütze 350
availability → Verfügbarkeit 380
average charts → Mittelwertkarten 34
average-reading measurement → Mittelwertmessung 358
axial LED → Axiales LED 278
axiometric projection → Axiometrische Projektion 90
azimuth → Azimut 315

B
backdoor → Backdoor 304
balance amplifier → Differenzverstärker 462, 471
balance amplifier connec-tion → Differenzverstärker-Schaltung 462
band pass → Bandpass 455
band-stop filter → Bandsperre 421
bar chart → Balkendiagramm 59
bar chart → Säulendiagramm 59
bar code → Strichcode 506
base → Lampensockel 275
base/basic number → Basiszahl 502
basic circuits with operation amplifiers → Grundschaltungen mit Operationsverstärkern 471
Basic Input Output System (BIOS) → Basic Input Output System 284, 301
basic numbers for low-voltage switchgear → Kennzahlen für Niederspannungsschaltgeräte 343
basic principles of atoms → Grundbegriffe der Atome 519
basic protection → Basisschutz 176
basic units → Basiseinheiten 495
BCD-code → BCD-Code 503, 504
BCD-meter → BCD-Zähler 488
bell transformers → Klingeltransformatoren 257
bell- and alarm bell transformers → Klingel- und Läutwerkstransformatoren 155
belt drive → Riemenantrieb 516
bend, arch → Bogen 507
bending parts → Biegeteile 93
bending radius → Biegeradius 215, 475
bidirection thyristor → Zweirichtungsthyristor 492
bidirectional diodes → Zweirichtungsdiode 491
big tower PC → Big Tower 298
binary (number) system → Duales Zahlensystem 502
binary coded decimal → Binary Coded Decimal (binär codierte Dezimalzahl) 503
binary codes → Binäre Codes 503, 504
binary controls → Binäre Steuerungen 341
binary counter → Binärzähler 488
binary elements → Binäre Elemente 123
binary number → Dualzahl 502
biogas plant → Biogasanlage 242
BIOS (Basic Input Output System) → BIOS 284, 301
bipolar transistors → Bipolare Transistoren 459
bistable elements → Bistabile Elemente 373
bistables → Kippglieder 484 ff.
blasted disturbance variable → Gestrahlte Störgrößen 135
blocking valve → Absperrarmatur 128
Blu-Ray-Disc → BD 290
Blu-Ray-Disc → Blu-Ray-Disc 290
Bluetooth → Bluetooth 297
body → Körper 169
body contact → Körperschluss 169
body language and speech technique → Körpersprache und Sprechtechnik 61
Bohr atomic model → Bohrsches Atommodell 519
bolted joint → Schraubenverbindung 87
BOOL → BOOL 372, 377
boot-up → Booten 301
brackets of numerals → Zahlenmengen 507
brainstorming → Brainstorming 27, 28
brainwriting → Brainwriting 28
brake motor → Bremsmotor 419
brake operator → Bremslüfter 419
braking of motors → Bremsen von Motoren 419
branch → Abzweiger 125
break contact → Öffner 115, 116
breaking → Ausschaltung 252
breakproof wire → Drahtbruchsicherheit 385
bridge → Bridge 307
bridge connection → Brückenschaltung 432 ff., 526
brightness → Beleuchtungsstärke 267
brightness → Lichtstärke 267
brightness technology → Beleuchtungstechnik 267
broad-band commu-nication device → Breitbandkommunikationsanlagen 318
brushless direct-current motor → Bürstenloser Gleichstrommotor 417
buffer capacitor → Pufferkondensator 451
building backbone cabling → Steigbereichsverkabelung 308
building control → Gebäudeleittechnik 259
building site → Baustellen 67, 187
burglary alarm → Einbruchmelder 163
bus coupling → Busankoppler 261
bus drive → Bustreiber 123, 124
bus lines → Busleitungen 264
bus members → Busteilnehmer 261, 265
bus system → Bussystem 403
bus terminal → Busklemme 264
bus topology → Bustopologie 309
bus-transceiver → Bus-Transceiver 124
bus-transreceiver → Bus-Transreceiver 119
business company → Unternehmen 9
business letters → Geschäftsbriefe 37
button cell batteries → Knopfzellenbatterien 234, 235
BYTE → BYTE 372, 377

C
C-MOS → CMOS 479
cache → Cache 286, 289
cage rotor engine → Käfigläufermotor 345, 410 f., 422
cal liper, sensor 114, 351 → Taster
calculating with complex numbers → Rechnen mit komplexen Zahlen 507
calculation → Kalkulation 16, 17
calculation device → Rechengeräte 121
calculation factor → Kalkulationsfaktor 17
calculation rules for binary numbers → Rechenregeln für Dualzahlen 503
cam switch → Nockenschalter 352
capacitance → Kapazitätswert 452
capacitance diode → Kapazitätsdiode 458
capacitive coupling → Kapazitive Kopplung 136
capacitive level measuring → Kapazitive Füllstandmessung 474
capacitive measurement system → Kapazitive Messeinrichtung 360
capacitive reactance → Kapazitiver Blindwiderstand 535
capacitive reactive power → Kapazitive Blindleistung 209
capacitive sonde → Kapazitive Sonde 360
capacitor batteries → Kondensatorbatterien 209
capacitor capacity → Kondensator-Kapazität 208
capacitor motor → Kondensatormotor 411

current carrying capacity → Strombelastbarkeit von Leitungen 218f.
current density → Stromdichte 522
current impulse connection → Stromstoßschaltung 254, 256
current intensity, amperage → Stromstärke 522
current paths → Stromwege 103
current rise speed → Stromanstiegs-Geschwindigkeit 445
current source → Stromquellen 112
current transformer → Stromwandler 146
current weakening principle → Stromschwächungsprinzip 164
current-voltage converter → I/U-Wandler 471
customer-oriented action → Kundenorientiertes Handeln 18
cut-off currents → Abschaltströme 201
cycle time → Zykluszeit 286
cylinder → Zylinder 133, 368, 510

D

D-type trigger element → D-Kippglied 485
D0-fuse system → D0-Sicherungssystem 222
damming body → Staukörper 362
danger analysis → Gefährdungsanalyse 383
danger designation → Gefahrenbezeichnungen 74
danger of explosion → Explosionsgefahr 70
danger of fire → Feuergefahr 70
danger sign → Gefahrensymbole 69
danger warning/alarm system → Gefahrenmeldeanlagen 125
Darlington circuit → Darlington-Schaltung 462
data backup → Datensicherung 304
data bus → Datenschiene 264
data communications equipment → Datenübertragungseinrichtung 296
data communications equipment → DÜE 296
data element → Datenbaustein 376
data terminal equipment → DEE 296
DDR (double data rate) → DDR 287
de Morgan's theorem → De-Morgansche-Gesetze 482
decimal (number) → Dezimalzahl 502
decimal meter/counter → Dezimalzähler 488
decimal system → Dezimales Zahlensystem 501, 502
decrementer → Abwärtszähler 488
default of acceptance → Annahmeverzug 13
degree of protection → Schutzgrad 202
delayed connections → Verzögerungsschaltungen 487
delayed supply → Lieferverzug 13
delta connection → Dreieckschaltung 539
delta-star transformation → Dreieck-Stern-Umwandlung 526
Deming Cycle → Demingkreis 32
density → Dichte 498
description → Beschreibung 480
description of procedure → Vorgangsbeschreibung 36
descriptions of logic switchings → Beschreibung logischer Verknüpfungen 480
designation of controllers → Benennung von Reglern 388
designation of power converter → Stromrichterbenennung 432
desktop → Desktop 298
detail → Einzelheit 93
detector → Melder 126, 127, 162
detector line → Meldelinien 164
device und produkt safety law → Geräte- und Produktsicherheitsgesetz 41
device under test → Messobjekt 139
devices → Geräte 114
devices level of protection → Geräteschutzniveau 190
diac → DIAC 442, 491
diagrams → Diagramme 59, 60
Diazed fuse-system (screw locking) → Diazed-Sicherungssystem (Schraubsicherung) 222
dicontinuous controller with return → Unstetige Regler mit Rückführung 392
dielectric → Dielektrikum 450ff.
dielectric number → Dielektrizitätszahl 453
dielectric strength → Durchschlagfestigkeit 453
differentiating network → D-Glied 390
differentiator → Differenzierer 471
digital command signal → Digitales Eingangssignal 489
digital controllers → Digitale Regler 394
digital controls → Digitale Steuerungen 341
digital meters → Digitale Messgeräte 140
digital oscilloscope → Digital-Oszilloskop 148
digital subscriber line → Digital Subscriber Line 305, 331
digital unit → Digitalbaugruppe 375
Digital Versatile Disc (DVD) → Digital Versatile Disc 290
Digital Versatile Interface (DVI) → Digital Visual Interface 292
digital-to-analog convertor → Digital-Analog-Umsetzer 489
digital/analogue converter → DA-Umsetzer 489
dimension line → Maßlinien 94
dimensionings → Bemaßungen 94
dimetric projection → Dimetrische Projektion 90
DIMM (Dual Inline Memory Module) → DIMM 287
dimmer connection → Dimmerschaltung 253, 443
dimming of fluorescent lamps → Dimmen von Leuchtstofflampen 256
DIN 5008 → DIN 5008 38
diode → Diode 456
diode thyristor → Thyristordiode 491
direct converter → Direktumrichter 438, 440f.
direct current braking → Gleichstrombremsung 419
direct current converter → Gleichstromumrichter 431
direct current generator → Gleichstromgeneratoren 408
direct current machines → Gleichstrommaschinen 119
direct current motor → Gleichstrommotor 408, 414
direct current shunt generator → Gleichstrom-Nebenschlussgenerator 415
direct current signal → Gleichstromsignal 356
direct voltage signal → Gleichspannungssignal 356
directional valve → Wegeventil 134, 367
directions for use → Gebrauchsanleitung 43
discharge lamps → Entladungslampen 271
discharge of a capacitor → Entladung eines Kondensators 527
disconnection, release → Freischalten 149
discontinuous controller → Unstetige Regler 392
discs → Scheiben 87
dispersion adhesives → Dispersionskleber 88
display device → Anzeigegerät 134
Display Port → Display Port 292
Display Port → DP 292
display unit → Anzeigeeinheit 259
distance measurement → Wegmessung 358
distress signal → Gefahrzeichen 79
distribution rule → Verteilungsgesetz 482
distributive law → Distributivgesetz 482
distributor → Verteiler 124
distrurbance behaviour → Störungsverhalten 395
disturbance variable → Störgröße 135, 340, 387
division → Division 500
document and user → Dokument und Nutzer 42
documentation → Dokumentation 42, 98, 204f.
documentation form → Dokumentationsgestaltung 39
domain → Domäne 330
domain name system → Domain Name System 330
dominating inputs → Dominierende Eingänge 486
door-opening system → Türöffneranlage 257
dotted-line recorder → Punktschreiber 147
double action cylinder → Doppeltwirkende Zylinder 368
double conversion → Doppelte Übersetzung 516
double converter → Doppelstromrichter 437
Double Data Rate (DDR) → Double Data Rate 287

double or enhanced insulation → Doppelte oder verstärkte Isolierung 180
downstream → Downstream 331
drain connection → Drainschaltung 466
DRAM (Dynamic RAM) → DRAM 286
drill → Bohrer 84
drilling details → Bohrdaten 84
drilling holes → Bohrlöcher 475
drive systems → Antriebssysteme 430
drives → Antriebe 516
dry rooms → Trockene Räume 170
DSL → DSL 305, 331
DSL cable → DSL-Kabel 337
DSL splitter → DSL-Splitter 305
dual code → Dualcode 504
Dual Inline Memory Module (DIMM) → Dual Inline Memory Module 287
Dual Port RAM → Dual-Port-RAM 286
dual-slope → Dual-Slope (Zweirampenverfahren) 489
dual-slope controlled → Zweiflankengesteuert 485
dunning proceeding → Mahnverfahren 13
DVD (Digital Versatile Disc) → DVD 290
DVI (Digital Visual Interface) → DVI 292
DWORD → DWORD 377
dynamic input → Dynamischer Eingang 484
dynamic negatived input → Negierter dynamischer Eingang 484
dynamic optimization → DO 476
dynamic optimization casing → DO-Gehäuse 476
Dynamic RAM (DRAM) → Dynamic RAM 286

E

e-mail → E-Mail 331
EAN code → EAN-Code 506
earth → Erde 107, 169
earth → Masse 495, 499
earth leakage current → Schutzleiterstrom 204, 206f.
earth-fault → Erdschluss 169
earthed pilot circuit → Geerdeter Steuerstromkreis 366
earther → Erder 169, 174, 313
earthing → Erdung 169
earthing bracelet → Erdungsarmband 478
earthing conductor → Erdungsleiter 174f.
earthing resistance → Erdungswiderstand 169
earthing strap → Erdungsband 299
economy pole changing connec-tion → Sparwechselschaltung 253
edge steepness → Flankensteilheit 533
edit a presentation → Präsentation aufbereiten 53
EEPROM (Electrically Erasable Programmable Read Only Memory) → EEPROM 287
effective dead time → Verzugszeit 391
effective resistances → Wirkwiderstände 534ff.
effectiveness criterion for controls → Gütekriterien für Regelungen 395
efficiency → Wirkungsgrad 499, 515
efficiency classes → Wirkungsgradklassen 422
efficiency classes for a.c. motors → Wirkungsgradklassen von Drehstrommotoren 422
efficiency of lighting → Beleuchtungswirkungsgrad 268
electric current → Elektrische Stromstärke 139
electric devices → Elektrogeräte 114
electric equipment → Elektrische Betriebsmittel 169
electric field constant → Elektrische Feldkonstante 497
electric field strength → Elektrische Feldstärke 527
electric level → Elektrischer Pegel 480
electric machines → Elektrische Maschinen 119, 408.
electric main → Hauptleitung 157
electric motor with disc shaped rotor → Scheibenläufer-Motor 417
electric motors → Elektromotoren 419
electric operating site → Elektrische Betriebsstätten 170
electric power → Elektrische Leistung 523
electric rating → Elektrische Kenndaten 278
electric resistance → Elektrische Widerstand 521
electric shock → Elektrischer Schlag 67
electric signals → Elektrische Signale 356
electric stove → Elektroherd 281
electric systems in furniture → Elektrische Anlagen in Möbeln 196
electric tension → Elektrische Spannung 139
electric thermometers → Elektrische Thermometer 357
electric work → Elektrische Arbeit 523
Electrical substation → Umspannanlage 244
Electrically Erasable PROM → Electrically Erasable PROM 287
electrically skilled person → Elektrofachfraft 67
electrically skilled person for specified tasks → Elektrofachfraft für festgelegte Tätigkeiten 67
electricity meter → Elektrizitätszähler 142
electrolyte capacitor → Elektrolytkondensatoren 451
electromag-netic compatibility → Elektromagnetische Verträglichkeit (EMV) 135, 383
electromagnetic compatibility (EMC) → EMV 135, 383
electromagnetic interference → Elektromagnetische Störungen 135
electromagnetic measurement → Elektromagnetische Messung 362
electronic balasts → Elektronische Vorschaltgeräte 256
electronic ballast → EVG 255f.
electronic domestic supply meter → Elektronische Haushaltszähler (eHZ) 158
electronic equipment → Elektronische Ausrüstung 283
electronic meter panel → eHK-Zählerplätze 158
electronic motor protection relay → Elektronische Motorschutzrelais 347
electronic motor starter → Elektronischer Motorstarter 419
electronic valves → Elektronenröhren 112
electronics → Elektronik (Paar) 381
electrostatic discharging → Elektrostatische Entladungen 478
electrostatically endangered components → Elektrostatisch gefährdete Bauteile 478
electrotechnically trained person → Elektrotechnisch unterwiesene Person 67
element of organisation → Organisationsbaustein 376
elementary charge → Elementarladung 497
elements in closed loop control circuits → Regelkreisglieder 390
elevation → Elevation 315
EMC filter → EMV-Filter 138
emergency shutdown → NOT-AUS-Abschaltung 386
emergency shutdown → NOT-AUS 382, 386
emergency shutdown → Stillsetzen im Notfall 382
emergency shutdown caliper → NOT-AUS-Taster 351
emergency stop → NOT-HALT 382, 386
emission → Emission 135
emitter circuit → Emitterschaltung 461
energy → Energie 241ff., 430, 498, 514
energy conservation law → Energieerhaltungssatz 514
energy distribution plant → Energieverteilungsanlage 241
energy dose → Energiedosis 498
energy efficiency → Energieeffizienz 273
energy efficiency class → Energieeffizienzklasse 273
energy source → Energieträger 243
energy storage → Energiespeicherung 531, 519
energy storage in electric field → Energiespeicherung im elektrischen Feld 531
energy storage in magnetic field → Energiespeicherung im Magnetfeld 531
energy store → Energiespeicher 451, 531
energy-saving lamps → Energiesparlampen 274f.
engine cowling → Motorvollschutz 348, 420
EPL → EPL 189ff.
EPROM (Erasable Programmable Read Only Memory) → EPROM 287

equipment identification → Betriebsmittelkennzeichnung 107
equipment values for electric installation → Ausstattungswerte zur Elektroinstallation 210
equipment values → Ausstattungswerte 210
equivalence → Äquivalenz (Exklusiv-NOR) 481
Erasable PROM → Erasable PROM 287
error-proof switching-off → Fehlersichere Abschaltung 370
eSATA (external Serial Advanced Technology Attachment) → eSATA 297
etchings → Ätzungen 70
ethernet → Ethernet 309
ethernet networks → Ethernet-Netzwerke 324
ethernet srandards → Ethernet Standards 313
European article number (EAN) → Europäische Artikel-Nummerierung 506
European Article Number (EAN) for starter batteries → ETN-Code für Starterbatterien 238
evacuation sign, emergency informa¬tion → Rettungszeichen 78
evaluation conflict → Beurteilungskonflikt 25
excess pressure measurement → Überdruckmessung 361
excess temperature of windings → Übertemperatur von Wicklungen 421
expansion of bodies by heating → Ausdehnung von Körpern durch Erwärmung 517
expansion of current range → Strom-Messbereichserweiterung 526
experimental desks → Experimentierstände 196
explosion groups → Explosionsgruppen 189
explosionproof proximity switch → Explosionsgeschützte Näherungsschalter 355
external conductor → Außenleiter 169
external interfaces → Externe Schnittstellen 293
external Serial Advanced Technology Attachment (eSATA) → external Serial Advanced Technology Attachment 297
extinguishing agent → Löschmittel 65
extra-low voltage → Kleinspannung 181

F
failed conductors → Störungsbehaftete Leitungen 136
Fast-Schottky-TTL → Fast-Schottky-TTL 479
fastening torque → Anzugsmoment 407
fault description → Fehlerbeschreibung 29
fault management → Fehlermanagement 29, 30
fault protection → Fehlerschutz 176
fault voltage → Fehlerspannung 169
feed in/power supply → Einspeisung 366
feedback value → Rückführgröße 387
FEEPROM (Flash Electrically Erasable Programmable Read Only Memory) → FEEPROM 287
field bus system → Feldbussystem 403 f.
File Transfer Protocol → File Transfer Protocol 331
filter → Filter 367
filter capacitors → Glättungskondensatoren 450 f.
filter circuit → Filterschaltung 138
filter condensers → Filterkondensatoren 450
filter for data lines → Filter für Datenleitungen 138
filter function → Filterfunktion 262
filter networks → Siebschaltungen 493
fire alarm → Brandmelder 162
fire alarm unit → Brandmeldeanlage 162
fire fighting → Brandbekämpfung 65
fire protection → Brandschutz 64
fire protection symbol → Brandschutzzeichen 77
fire-extinguisher → Feuerlöscher 65
firewall → Firewall 304
firewire (cable) → Fire Wire 295
fishing boxes → Verbindungsdosen 215
fitting method without brazing, screwing or stripping → LSA+ Auflagetechnik 310
fixed polycarbonate film dielectric metal foil d.c. capacitor → Kunststofffolienkondensatoren 450
fixed roller → Feste Rolle 516
fixed voltage regulator → Festspannungsregler 494
flash (parallel operation) → Flash (Parallelverfahren) 489
flash card → Flash Card 288
Flash EEPROM (Flash Electrically Erasable Programmable Read Only Memory) → Flash EEPROM 286, 287
flexible gas tubes → Gasschläuche 79
flexible hose → Schlauchleitung 322
flip chart → Flip-Chart 55
flip-flop → Bistabiles Kippglied 484
float switch → Schwimmerschalter 359
floater, float lever → Schwimmer 359
floor cabling → Etagenverkabelung 309
flow control valve → Stromregelventil 133, 368
flow control valve → Stromventil 133
flow measurement → Durchflussmessung 361
fluid technology → Fluidtechnik 367
fluorescent lamp circuit → Leuchtstofflampen-Schaltungen 255
fluorescent lamps → Leuchtstofflampen 273 f.
flux converter → Flusswandler 439
flux density → Flussdichte 528
flux linkage → Durchflutung 528
flux liquid → Flussmittel 475
flux material → Durchflussstoff 401
flyback converter → Sperrwandler 439
fold → Bruchkante 93
force → Kraft 474, 498
force on current-carrying conductors in a magnetic field → Kraft auf stromduchflossene Leiter im Magnetfeld 530
foreign countries addresses → Auslandsanschriften 38
forming time → Leistungsbeiwert 246
forms of organisation, legal forms → Rechtsformen 9
fossil fuels → Fossile Energie 241
four line binary code → Tetradischer Code 503
four-quadrant famliy of characteristics → Vierquadranten-Kennlinienfeld 461
Fourier-series → Fourier-Reihe 532
frequency → Frequenz 498
frequency converter → Frequenzumrichter 430
front LED → Front-LED 278
FTP (file transfer protocol) → FTP 331
fuel cells → Brennstoffzellen 247
fulfilment of the contract of sale → Erfüllung des Kaufvertrags 12
full-range fuse → Ganzbereichssicherung 222
function block diagram → Funktionsbaustein-Sprache 372
function blocks → Funktionsbausteine 376
function description → Funktionsbeschreibung 43, 100
function diagram → Funktionsdiagramm 100
function equation → Funktionsgleichung 481
function groups → Funktionsbaugruppen 375
function test → Funktionsprüfung 204, 382
Functional Extra Low Voltage (FELV) → Funktionskleinspannung (FELV) 180
functional extra-low voltage → FELV 180
functions → Funktionen 370
fuses → Sicherungen 113

G
gain error → Verstärkungsfehler 490
galvanic coupling → Galvanische Kopplung 136
gas-impervious accu-mulators → Offene/gasdichte Akkumulatoren 238 f.
gate telephones → Türsprechanlagen 258
gate turn-off thyristor → GTO-Thyristor 492
gateway → Gateway 307, 336
Gaussian curve → Gaußsche Glockenkurve 33
gear drive, gear wheel → Zahnradantrieb 516
gel accumulator → Gel-Akkumulator 237

general partnership → Offene Handelsgesellschaft oHG 9
general principles for weighted numeral systems → Allgemeine Gesetzmäßigkeiten für stellenbewertete Zahlensysteme 501
general standards for the safety of machines → Allgemeine Anforderungen für die Sicherheit von Maschinen 380
generators → Generatoren 415
geographic domains → Geografische Domänen 330
geometry → Geometrie 507
German Data Protection Act → Bundesdatenschutzgesetz 304
GHS – Globally Harmonised System of Classification → GHS – Globally Harmonised System of Classification → 69
Glixon code → Glixon-Code 504
Globally Harmonised System of Classification → GHS 69
GRAFCET → GRAFCET 102, 372
graph → Kurvendiagramm 59
graphic adapter → Grafikadapter 292
graphic board → Grafikkarte 292
graphical symbol → Schaltzeichen 111 ff., 455
Greek alphabet → Griechisches Alphabet 459
grid table → Netztafel 96
group address → Gruppenadresse 261
group connection/series parallel → Gruppenschaltung 252
group correction → Gruppenkompensation 208
group of coded signals → Signalbaugruppen 375

H

H-sets → H-Sätze 76
half-life → Halbwertzeit 389
half-wave circuit → Einwegschaltung 432 f.
Hall generator → Hallgenerator 473
halogen lamps → Halogenlampen 273 f.
halogen light bulbs → Halogen-Glühlampen 273, 275, 277
handing-over level → Übergabepegel 318
Hard Disk (HD) → Hard Disk 289
hard disk drive → Festplattenlaufwerk 289
Hard Disk Drive (HDD) → Hard Disk Drive 289
hard drive → Festplatte 289
hardware configuration → Hardware-Konfiguration 283
harmonized lines → Harmonisierte Leitungen 227
hazardous substances → Gefahrstoffe 64
HD (hard drive) → HD 289
HDD (hard disk drive) → HDD 289
HDMI (High Definition Multimedia Interface) → HDMI 292
heat → Wärme 517
heat amount → Wärmemenge 517
heat capacity → Wärmekapazität 517
heat exchanger → Wärmetauscher 251
heat resistance → Wärmewiderstand 477, 517
heating resistor materials → Widerstandswerkstoffe 521
heavy-duty dowel → Schwerlastdübel 85
hexadecimal number → Hexadezimalzahl 502
hexadecimal number system → Sedezimales Zahlensystem 434, 435
hexadecimal numbering system → Hexadezimales Zahlensystem 502
High Definition Multimedia Interface (HDMI) → High Definition Multimedia Interface 292
high-frequency interference → Hochfrequenzstörung 138
high-order controlled systems → Regelstrecken höherer Ordnung 391
high-pass → Hochpass 455
high-speed-CMOS → High-Speed-CMOS 479
high-voltage halogen lamps → Hochvolt-Halogenlampen 273
hollow cylinder → Hohlzylinder 510
hollow walls → Hohlwände 193
host → Host 294
hot melt → Schmelzkleber 88
hot plates → Kochplatten 281
hot plugging → Hot Plugging 294
hot water devices → Warmwassergeräte 282
hot water tank → Warmwasserspeicher 282
house installations → Hausinstallationen 170
hub → Hub 307
human mistakes → Menschliche Fehler 29
hydraulics → Hydraulik 132, 133, 367, 368
hydroelectric plant → Wasserkraftwerk 242
hydromotor (system) → Hydromotor 368
hydrostatic measuring system → Hydrostatische Messeinrichtung 360

I

I element → I-Glied 390
IAD (Integrated Access Device) → IAD 335
IAE → IAE 332, 333
ideal AD-/DA-converter → Idealer AD-/DA-Umsetzer 490
identification colours → Kennfarben 225
IE International Energy-efficient Class → IE International Energy-efficient Class 422
IEC-connector → IEC-Steckverbinder 138
IEEE 1394 → IEEE 1394 295
ignition transformer → Zündtransformator 155
impedance converter → Impedanzwandler 471
incorrect condition → Unzulässiger Zustand 484
incrementer → Aufwärtszähler 488
independent learning and working → Selbstständiges Lernen und Arbeiten 45
indices → Indizes 497
individual enterprise (German Commercial Code) → Einzelunternehmung HGB 9
induction → Induktion 529
induction law → Induktionsgesetz 529
inductive coupling → Induktive Kopplung 136
inductive proximity sensors/switches → Induktive Näherungsschalter 354
inductive reactance → Induktiver Blindwiderstand 535
inductor → Induktor 417
industrial code → Industriecode 506
industrial ethernet → Industrial Ethernet 403
Industrial Scientific Medical Band (ISM) → Industrial Scientific Medical Band 297
inflammable operating facilities → Feuergefährliche Betriebsstätten 170
infrared interface → Infrarot-Schnittstelle 297
initial step → Anfangsschritt 101, 374
initial testing of safety arrangements → Erstprüfung von Schutzmaßnahmen 201
insertion tool → Anlegewerkzeug 310
inspection → Prüfung 139, 382
inspection of an electronic system → Prüfung einer elektrischen Anlage 197 ff.
inspection of electric devices → Prüfung elektrischer Geräte 203 ff.
inspection of electric machine equipment → Prüfungen der elektrischen Ausrüstung von Maschinen 382
inspection of installation → Prüfung der Installation 265
inspection of loop impedance → Prüfen der Schleifenimpedanz 200
inspection of protective conductor → Prüfung des Schutzleiters 198, 206
inspection period → Prüffrist 203
inspection report → Prüfbericht 201
inspection schedule → Prüfablaufplan 205
installation according to EMC → EMV-gerechte Installation 137
installation bus → Installationsbus 259
installation cable → Installationskabel 322
installation circuits → Installationsschaltungen 252
installation lines → Installationsleitungen 230
installation outlines → Installationszeichnungen 105
installation wires → Installationsdrähte 322
installation zones → Installationszonen 214

instantaneous connection → Momentanschalter 349
instantaneous value measure-ment → Momentanwertmessung 358
instruction → Anweisung 371
instruction set → Anweisungsliste 372
instructions for use → Bedienungsanleitung 42
instructions for use → Betriebsanleitung 41, 43
instructions for use → Betriebsanweisung 43
instrument fuses → Geräteschutzsicherungen 223
insulated-gate fieldeffect transistor → Isolierschicht-Feldeffekttransistor 465
insulating material → Isolierstoffe 421
insulating material for windings → Isolierstoffe für Wicklungen 421
insulation → Isolierung 176, 180
insulation monitoring → Isolationsüberwachung 179, 366, 381
insulation resistance → Isolationswiderstand 197 f., 203 f., 382
integral controller → I-Regler 393
Integrated Access Device (IAD) → Integrated Access Device 335
integrated fixed voltage regulator → Integrierte Festspannungsregler 494
integrator → Integrierer 471
interbus → Interbus 405
intercept theorem → Strahlensatz 508
interchange rule → Vertauschungsgesetz 482
intercom → Gegensprechanlage 258
interface → Interface 293
interface function → Schnittstellenfunktion 370, 371
interface module → Anschaltbaugruppe 375
interfaces → Schnittstellen 284, 293
interlock → Verriegelungen 385
interlock control → Verriegelungssteuerung 364
intermediate circuit converter → Zwischenkreis-Umrichter 440
international pin-and-socket connections → Internationale Steckverbindungen 166
international test marks → Internationale Prüfzeichen 81
internet → Internet 330
internet protocol → Internet Protocol 330
internet services/providers → Internet-Dienste 331
inverter → Wechselrichter 431
inverting amplifer → Invertierender Verstärker 471
IP → IP 330
IP adapter → IP-Adapter 336
IP code → IP-Code 202
IP gateway → IP-Gateway 336
IP protection type → IP-Schutzart 202
IR interface → IR-Schnittstelle 297
IrDA (Infrared Data Association) → IrDA 297
ISDN (Integrated Services Digital Network) → ISDN 335
ISDN connection is replaced with IP → ISDN-Anschluss wird durch IP ersetzt 337
ISDN plug connections → ISDN-Steckverbindungen 338
ISDN unit → ISDN-Anschlusseinheit 317, 338
ISM (Industrial Scientific Medical Band) → ISM 297
ISO/OSI layer model → ISO/OSI-Schichtenmodell 302
isometric projection → Isometrische Projektion 90
IT system → IT-System 173

J

JK flip flop → JK-Kippglied 485
JK master slave flip flop → JK-Master-Slave-Kippglied 485
join elec-tronic device engineering councel → Join Electronic Device Engineering Councel 476
Joint Electron Device Engineering Council → JEDEC 456
jumper wire → Schaltdrähte 322
junction field-effect transistor → Sperrschicht-Feldeffekttransistoren 465
junction, transition → Übergang 128

K

killer phrases → Killerphrasen 18
kinds of characterization → Beschreibungsformen 36
kinematics → Bewegungslehre 511
kinematics → Kinematik 511
kinetic energy → Kinetische Energie 514
Kirchhoff theorem → Kirchhoff'sche Gesetze 524
kitchens → Küchen 214
KNX → KNX 259 ff.
KOP → KOP 372, 378
KVG → KVG 255

L

labeling of optical fibers → Kennzeichnung von Lichtwellenleitern 327
labeling of strands → Kennzeichnung von Adern 225
labeling of windings → Kennzeichnung von Wicklungen 110
labelling fields → Schriftfelder 89
Ladder diagram → Ladder Diagramm 372
LAN (Local Area Network) → LAN 293, 305
LAN topologies → LAN-Topologien 306
large cooling element → Großkühlkörper 477
latch circuit → Bistabile Kippstufe 471
latent operative action → Gespeichert wirkende Aktion 101
lattice plane → Netzebene 316, 323
lay-outs, unit location plans → Lagepläne 105
layer type resistors → Schichtwiderstände 446
lead accumulators → Bleiakkumulatoren 237
lead-lag circuit → Duo-Schaltung 255
leakage current → Fehlerstrom 169
leasing contract → Leihvertrag 11
least significant bit → Least Significant Bit 490
least significant bit → Niederwertiges Bit 490
lecture → Vortrag 61
LED (light emitting diode) → LED 273
led lamps → LED-Lampen 274, 275
LED light emitting diode → Lumineszensdiode LED 467
legal transactions → Rechtsgeschäfte 11
LEMP → LEMP 160
letter symbols → Kennbuchstaben 108
letter symbols according to function and task of objects → Kennbuchstaben nach Zweck und Aufgabe von Objekten 108, 109
letter symbols for auxiliary relays → Kennbuchstaben für Hilfsschütze 344
letter symbols for open loop control systems → Kennwerte von Regelstrecken 391
level → Pegel 483
level measuring → Füllstandsmessung 360
levels → Pegelgrößen 518
Libaw-Craig-Code → Libaw-Craig-Code 504
Life Zero → Life Zero 356
lifting work → Hubarbeit 514
light bulbs → Glühlampen 271, 273
light button → Leuchttaster 351
light cooling element → Leichtkühlkörper 477
light current → Lichtstrom 267
light current distribution → Lichtstromverteilung 271
light distribution curve → Lichtstärkeverteilungskurve 272
light measurement → Lichttechnische Größen 267
light-emitting diode (LED) → Leuchtdioden 273
lighting efficiency → Leuchtenbetriebswirkungsgrad 268, 272
lightning current arrester → Fangeinrichtung 160
lightning protection system → Blitzschutzanlage 160
limit switch → Grenztaster 353
limit temperature → Grenztemperatur 421
Limited Company → Gesellschaft mit beschränkter Haftung GmbH 9
limited partnership → Kommanditgesellschaft KG 9
line → Linie 260

line amplifier → Linienverstärker 262
line chart → Liniendiagramm 532 f.
line coupler → Linienkoppler 260, 262
line design, line dimensioning → Leitungsbemessung 220
line filter → Netzfilter 138
line in → Line In 293
line out → Line Out 293
line segments → Liniensegmente 262
line thickness → Linienbreite 90
line type → Linienart 90
line voltage drop → Spannungsfall 157, 158, 216, 220
linear code → Linearcode 506
linear film resistors → Lineare Schichtwiderstände 446
linear motors → Linearmotoren 417
linear resistor → Lineare Widerstände 446
linear sequence → Geradliniger Verlauf 490
linearity error → Linearitätsfehler 490
lines and cables of the telecommunication technique → Leitungen und Kabel der TK-Technik 321
lines for industrial facilities → Leitungen für Industrieanlagen 230
lithium batteries → Lithium-Batterien 233
living quarters → Wohnräume 214
LNB → LNB 314
load data → Ladedaten 239
loaded voltage divider → Belasteter Spannungsteiler 525
loading technique → Ladeverfahren 236, 239
Local Area Network (LAN) → Local Area Network 305
local network → Lokales Netzwerk 305
lock ring → Sicherungsringe 87
logic algebra, switching algebra → Schaltalgebra 482
logic conditions → Logikzustände 480
logic families → Logikfamilien 479
logic module → Logikmodul LOGO! 379
logic performances → Logische Funktionen 373
logic valves → Logikventile 368
loop → Schleife 97
loop impedance → Schleifenimpedanz 197, 200, 382
loose roller → Lose Rolle 516
low current LED → Niedrigstrom LED 279
low level → L-Pege 480
low level → Low-Pegel 480
low pass → Tiefpass 471
low power Schottky TTL → Low-Power-Schottky-TTL 479
low-tension high-power protection system → Niederspannungs-Hochleistungs-Sicherungssystem 222
low-voltage halogen bulb → Niedervolt-Halogenlampen 273
low-voltage protection systems → Niederspannungs-Sicherungssysteme 222
low-voltage safety fuses → Niederspannungssicherungen 222 f.
lower action limit → Untere Eingriffsgrenze 34
lower warning limit → Untere Warngrenze 34
LS TTL → LS-TTL 479
LSB least significant bit → LSB 489
luminance → Leuchtdichte 267
luminous efficiency → Lichtausbeute 267

M

machine guideline → Maschinenrichtlinie 41
machine protection through temperature monitoring → Maschinenschutz durch Temperaturüberwachung 348
magnetic ampere turns → Magnetische Durchflutung 528
magnetic circle → Magnetischer Kreis 529
magnetic diode → Magnetdiode 458
magnetic field → Magnetfeld 528
magnetic field around current-carrying conductors → Magnetfeld um stromdurchflossene Leiter 528
magnetic field constant → Magnetische Feldkonstante 497
magnetic field density → Magnetische Feldstärke 529
magnetic flux density → Magnetische Flussdichte 530
magnetic memory → Magnetischer Speicher 289
magnetoresistor → Feldplatte 473
main electric circuit → Hauptstromkreis 170
main grounding bar → Haupterdungsschiene 175
main line → Hauptlinie 260
main memory → Arbeitsspeicher 286
main part → Hauptteil 53
main switch → Hauptschalter 347, 352
maintenance → Instandhaltung 30
Maintenance Factor (MF) → Wartungsfaktor WF 268
maintenance switch → Wartungsschalter 352
maintenance unit → Wartungseinheit 367
maintenance value → Wartungswert 268
malware → Malware 304
malware → Schadsoftware 304
man machine interface → Mensch-Maschine-Schnittstelle (MMI) 371
MAN metropolitan area network → MAN (Metropolitan Area Network) 330
mandatory signs → Gebotszeichen 77
marking → Kennzeichnung 447
marking of connections → Kennzeichnung von Anschlüssen 107
marking of electric equipment → Kennzeichnung elektrischer Betriebsmittel 106
marking of lights/lamps → Kennzeichnung von Leuchten 196
marking of lines and cables → Kennzeichnung von Leitungen und Kabeln 225
marking of logic families → Kennzeichnung der Logikfamilien 479
marking of pipelines → Kennzeichnung von Rohrleitungen 401
marking of trigger elements → Kennzeichnung von Kippgliedern 484
master trigger element → Master-Kippglied 485
matellic paper capacitor → Metallpapierkondensatoren 450
mathematical figures → Mathematische Zeichen 500
measurand → Messwert 139
measure arrangements to measure power and power factor → Messschaltungen zur Leistungs- und Leistungsfaktormessung 145
measure of angle in degrees → Gradmaß 508
measured variable → Messgröße 120, 139
measurement → Messung 139
measurement chain → Messkette 139
measurement method → Messmethode 139
measurement of grounding resistance → Messung des Erdungswiderstandes 200
measurement of leaking resistance → Messung des Isolationswiderstandes 197 ff., 203 ff., 206
measurement of pressure difference → Differenzdruckmessung 361
measurement of resis-tor temperature → Widerstandstemperaturmessung 363
measurement signal → Messsignal 139
measuring circle category → Messkreiskategorie 149
measuring device, measuring instrument, meter → Messgerät 119, 134, 139
measuring element → Messglied 387
measuring error → Messfehler 146
measuring instrument with hand → Messgeräte mit Zeiger 140
measuring method → Messverfahren 139
measuring principle → Messprinzip 139
measuring transformer → Messwandler 146
measuring-range extension → Messbereichserweiterung 525 f.
mechanic braking → Mechanische Bremsung 419
mechanical linkeage → Wirkverbindung 101, 103
media → Medien 51

memory → Speicher 286
memory card → Memory Card 288
memory card → Speicherkarte 288
memory modules → Speichermodule 287
mercury-vapor lamps → Quecksilberdampflampen 275
metal halide lamp → Halogen-Metalldampflampen 268
metal vapour lamp connection → Metalldampflampen-Schaltungen 255
metal-film resistor → Metallschichtwiderstände 446, 447
metallized cellulose acetate film → MKU 450
metallized paper capacitor → MP-Kondensatoren 450
metallized plypropylene film → MKP 450
metallized polycarbonate foil → MKC 150
metallized polyethyleneterephthalate film → MKT 450
meter cupboards → Zählerschränke 159
meter position → Zählerplatz 158
meter type rectifier → Messgleichrichter 140
meter-kilogram-second → MKS 450
methods → Methoden 28
methods for team work → Arbeitstechniken für Teamarbeiten 24
metrology → Messtechnik 139
mic in → Mic In 292, 293
microprocessor → Mikroprozessor 284
mid-point tapping → Mittelpunktschaltung 432 f.
midget transformers → Kleintransformatoren 156
midi → Midi 289
midi tower PC → Midi Tower 298
mikrowave measuring system → Mikrowellen-Messeinrichtung 360
milestone plan → Meilensteinplan 23
mind map → Mind Map 27
mini PC → Mini-PC 298
mini tower PC → Mini Tower 298
minimum cross-section → Mindestquerschnitte 216, 380
mixed light lamps → Mischlichtlampen 270
MMC (Multi Media Card) → MMC 288
mode of infrastructure → Infrastruktur-Modus 305
modes of operation → Betriebsarten 342, 381, 428
modes of operation for controls → Betriebsarten bei Steuerungen 342
modifying signs for actions → Bestimmungszeichen für Aktionen 374
modular SPS systems → Modulare SPS-Systeme 379
moist and wet areas → Feuchte und nasse Bereiche 195
moist and wet rooms → Feuchte und nasse Räume 170
monitor interface → Bildschirmschnittstelle 292
monitored areas → Überwachungsbereiche 155
monostable relays → Monostabile Relais 350
monostable trigger element → Monostabiles Kippglied 487
monotony → Monotonie 490
most significant bit → Höchstwertiges Bit 490
most significant bit → Most Significant Bit 490
most significant bit → MSB 489
motion diagram → Bewegungsdiagramm 369
motor → Motor 132
motor capacitor → Motorkondensator 451
motor protecting switch → Motorschutzschalter 347, 420
motor protection relays → Motorschutzrelais 347 f., 420
motor protection setups → Motorschutzeinrichtungen 348, 420
mounting and contacting device for electronic meters → BKE 158
multi functional relay → Multifunktionsrelais 350
Multi Media Card (MMC) → Multi Media Card 288
multi position switch → Mehrstellungsschalter 117
multi-core processor → Mehrkernprozessor 285
multi-core processor → Multicoreprozessor 285
multi-core processor → Multikernprozessor 285
multi-stage amplifiers → Mehrstufige Verstärker 463
multi-step code → Mehrschrittiger Code 503
multicycle control → Schwingungspaketsteuerung 444
multiplication → Multiplikation 503

N

n-gate thyristor → N-Gate-Thyristor 492
NAND → NAND 481
negative logic → Negative Logik 480
negative temperature coefficient resistor → Heißleiter 449
negative temperature coefficient resistor → NTC-Widerstände 449
negatived output → Negierter Ausgang 484
neozed safety system (screw locking) → Neozed-Sicherungssystem (Schraubsicherung) 222
network cable → Netzwerkkabel 309, 324
network forms → Netzformen 243
network systems → Netzsysteme 173
Network Terminator Basic Access (NTBA) → Network Terminator Basic Access 335
networks → Netze 243
networks → Netzwerke 305
neutral conductor → Neutralleiter 169
Next Generation Network (NGN) → Next Generation Network 335
NGN (Next Generation Network) → NGN 335
NH fuse system → NH-Sicherungssystem 222
ni 100 → NI 100 474
nickel-cadmium batteries → Nickel-Cadmium Akkumulatoren 239
no-voltage → Nullspannungsschalter 349, 444
noble metal film resistors → Edelmetallschichtwiderstände 446
nominated person in control of an electrical installation → Anlagen-Verantwortlicher 67
non contact position switch → Berührungslose Positionsschalter 354
non volatile RAM (NVRAM) → Non Volatile RAM 287
non-ferrous metal → Nichteisenmetalle 520
non-grounded control circuit → Ungeerdeter Steuerstromkreis 366
non-inverting amplifier → Nichtinvertierer Verstärker 471
non-retriggerable → Nicht nachtriggerbar 487
non-volatile memory → Nicht flüchtige Speicher 286
NOR → NOR 481
normal distribution → Normalverteilung 33
Northbridge → Northbridge 284
not (negation) → NICHT (Negation) 481
NOT function → NICHT-Funktion 482
NTBA (Network Terminator Basic Access) → NTBA 335, 338
nuclear power plant → Kernkraftwerk 241
number assembly → Zahlenaufbau 501
number imprint → Zahlenaufdruck 225
number of neutrons → Neutronenzahl 519
number of nucleons → Nukleonenzahl 519
number systems → Zahlensysteme 501 ff.
nuts → Muttern 87
NVRAM (non volatile RAM) → NVRAM 287

O

object description → Gegenstandsbeschreibung 36
offer → Angebot 14
offset error → Offsetfehler 490
Ohm's law → Ohm'sches Gesetz 523
oil nebulizer → Ölvernebler 367
on the go (OTG) → On the go 294
one fault safety → Einfehlersicherheit 386
online backup → Online-Back-up 304
open loop, timing chain → Steuerkette 340
Open System Interconnection (OSI) → Open System Interconnection 302
open-circuit principle → Arbeitsstromprinzip 164
opening by spring force → Federkraftöffnend 398
operating controll → Phasenanschnittsteuerung 277, 442

operating facilities exposed to fire-hazard → Feuergefährdete Betriebsstätten 191
operating system → Betriebssystem 301
operating values → Betriebswerte 422, 423
operation → Operation 371
operation rooms → Operationsräume 186
operational amplifier → Operationsverstärker 470, 471
operative quality areas → Betriebliche Qualitätsbereiche 10
operator level → Bediener-Ebene 394
optical memory → Optischer Speicher 290
optical reflex switch → Optischer Reflexschalter 353
optical sensor → Optischer Sensor 353
optical waveguide → Lichtwellenleiter 325
optoelectronic basic circuits → Optoelektronische Grundschaltungen 469
optoelectronic compo-nent → Optoelektronische Bauelemente 467, 468
optoelectronic couplers → Optoelektronische Koppler 469
or (disjunction) → ODER (Disjunktion) 481
ordinal number → Ordnungszahl 519
oscillating circuit capacitors → Schwingkreiskondensatoren 450
oscilloscope → Oszilloskop 148
OSI (Open System Interconnection) → OSI 302
OSI layer model → OSI-Schichtenmodell 302
OSI reference model → OSI-Referenzmodell 302
OTG (on the go) → OTG 294
outdoor systems → Anlagen im Freien 195
outlet → Gerätesteckdose 165
output device → Ausgeber 120
output loading capability → Ausgangsbelastbarkeit 483
oven → Backofen 281
overall efficiency → Gesamtwirkungsgrad 515
overcurrent protective device → Überstrom-Schutzeinrichtung 177 ff., 221
overhead projector → Overheadprojektor 51
overlays → Beläge 450
overload → Überlast 221
overshoot → Überschwingweite 389
overwiev of lamps → Lampenübersicht 273

P

P-controller → P-Regler 393, 472
P-element → P-Glied 390
P-gate thyristor → P-Gate-Thyristor 492
P-sets → P-Sätze 74 f.
packing costs → Verpackungskosten 14
paper size → Papierformat 89, 98
parallel compensation → Parallel-Kompensation 208
parallel connec-tion of transformers → Parallelschaltung von Transformatoren 154
parallel connection → Parallelschaltung 524
parallel connection of capacitors → Parallelschaltung von Kondensatoren 528
parallel connection of coils → Parallelschaltung von Spulen 530
parallel data transfer → Parallele Datenübertragung 291
parallel laying → Parallele Verlegung 137
parameter setting → Parametrieren 340
parameterisation level → Parametrier-Ebene 394
parameters of logic circuits → Kenngrößen logischer Schaltkreise 483
partial redundancy → Partielle Redundanz 386
partial view → Teilansichten 92
participant, subscriber → Teilnehmer 260, 261
passive component → Passive Bauelemente 111
passive error → Passive Fehler 342
passive filter connection → Passive Filterschaltungen 455
passive inspection close → Passiver Prüfabschluss 335
passive inspection close → PPA 335
PC → PC 283
PC (personal computer) → PC 283
PC case → PC-Gehäuse 298
PC mains adapter → PC-Netzteil 298
PCI (Peripheral Component Interconnect) → PCI 291
PCI express → PCI Express 291
PCIe (PCI express) → PCIe 291
PD-controller → PD-Regler 394, 472
PD-element → PD-Glied 390
PDCA cycle → PDCA-Zyklus 32
peak voltage switch → Spitzenspannungsschalter 349
peer-to-peer network → Peer-to-Peer-Netzwerk 305
PEN conductor → PEN-Leiter 169
perform a presentation → Präsentation durchführen 51
performance in a.c. circuit → Leistung im Wechselstromkreis 534
performance, power → Leistung 498
performance/power triangle → Leistungsdreieck 208
permanent control difference → Bleibende Regeldifferenz 393
permeability → Permeabilität 529
personal computer (PC) → Personalcomputer 283
perturbation response → Störverhalten 391
phase angle control → Phasenabschnittsteuerung 277
phasor diagram → Zeigerbild 534
phone jack → TAE 335
phone jack cable → TAE-Kabel 337
phone jack outlet, phone jack socket → TAE-Dose 332
photo diode → Fotodiode 467
photo resistance → Fotowiderstand LDR 449
photo thyristor → Fotothyristor 467
photo transistor → Fototransistor 467
photovoltaic installation → Photovoltaikanlagen 249
photovoltaic plant → Photovoltaikanlage 242, 248 ff.
photovoltaic plant supply → Photovoltaikanlage Einspeisung 250
physical address → Physikalische Adresse 261
physical constants → Physikalische Konstanten 497
physical sizes, physical values → Physikalische Größen 511
PI-controller → PI-Regler 393, 472
PI-element → PI-Glied 390
PID-controller → PID-Regler 394, 472
pie chart → Kreis- und Tortendiagramm 59
piezoelectric sensors → Piezoelektrische Sensoren 474
pin-and-socket connector → Geräte-Steckverbindungen 165
PIN-diode (positive intrinsic negative diode) → PIN-Diode 458
pinboard → Pinnwand 55
pipe connection → Rohrverbindung 128
plastic dowel → Kunststoffdübel 85
PLT-function → PLT-Leitfunktion 399
PLT-task → PLT-Aufgabe 399
plug connections → Steckverbindungen 165
plug forms → Steckerformen 333
plug-in → Steckdosen 114
plug-in with earthing contact → Schutzkontakt-Steckverbindung 165
pneumatic AND valve → Zweidruckventil 368
pneumatic signals → Pneumatische Signale 356
pneumatic standard signal → Pneumatisches Einheitssignal 356
pneumatics → Pneumatik 132, 133, 367
poisonous → Giftig 70
poisonous gases → Giftige Gase 70
polar coordinates → Polarkoordinaten 89
pole-changing three-phase motor → Polumschaltbare Drehstrommotoren 418
port selector → Port Selector 297
position dependent controllers → Wegplansteuerungen 341
position sensor → Wegfühler 353
position switch → Positionsschalter 354

positive logic → Positive Logik 480
positive temperature coefficient resistor → Kaltleiter 449
postponement → Retardierter Ausgang 484
potential → Potenzial 522
potential compensation → Potenzialausgleich 174f., 380
potential energy → Potenzielle Energie 514
potentially explosive areas → Explosionsgefährdete Bereiche 170, 189ff.
power cable → Starkstromkabel 227
power contactor → Leistungsschütze 346
power cutting unit → Netz-Trenneinrichtung 380
power input → Leistungsaufnahme 483
power installation → Starkstromanlagen 170
power line → Starkstromleitungen 226
power loss → Verlustleistung 151, 220
power measurement → Leistungsmessung 141
power plant → Kraftwerk 243
power supply → Netzanschluss 380
power supply → Spannungsversorgung 260, 263
power supply functions → Stromversorgungsfunktionen 370
power supply in PCs → Spannungsversorgung im PC 298
power supply on con-struction sites → Stromversorgung auf Baustellen 187
power supply plant → Energieversorgungsanlagen 241f.
power-factor cor-rection systems → Blindleistungs-Kompensationsanlagen 209
power-factor correction → Blindleistungs-Kompensation 208
power-MOS-FETs (power metaloxide semiconductor field effect transistors) → Power-MOS-FETs 466
presentations → Präsentationen 51
preset → Preset 486
pressure → Druck 517
pressure controller → Druckregler 367
pressure measurement → Druckmessung 361
pressure valve → Druckventil 133
pressure- and force measure-ment → Druck- und Kraftmessung 474
pricing → Preisgestaltung 16
primary elements → Primärelemente 232
primary line → Primärlinie 263
primary sector → Primärbereich 308
primary wiring → Primärverkabelung 319
priority → Priorität 397
prism → Prisma 510
privacy protection → Datenschutz 304
pro electron → Pro Electron 456
process → Prozess 397
process control engineering → Prozessleittechnik 399
process modules → Prozessmodule 379
process of control actions → Verläufe von Regelvorgängen 395
processing unit → Prozessing Unit 285
processor → Prozessor 285
procurement → Beschaffung 14
procurement of information → Informationsermittlung 46
product liability law → Prodkukthaftungsgestz 41
production control systems → Produktionsleittechnik 397
profibus → Profibus 404
profinet → Profinet 406
program-ming language and engineering tools → Programmiersprachen und Engineering Tools 378
Programmable Read Only Memory (PROM) → Programmable Read Only Memory 287
programme execution → Programmausführungen 371
programme flow chart → Programmablaufplan 96
programming and diagnosis tools → Programmier- und Diagnosewerkzeug 371
programming function → Programmierfunktionen 370
programming language → Programmiersprache 372, 378
prohibiting sign → Verbotszeichen 72
project aims → Projektziele 20
project assignment → Projektauftrag 20
project conflicts → Projektkonflikte 25
project flow chart → Projektablaufplan 21
project management → Projektmanagement 19
project phases → Projektphasen 19
project planning → Projektplanung 21, 22
project solution process → Projektlösungsprozesse 26ff.
projections → Projektionen 90
PROM (Programmable Read Only Memory) → PROM 287
proportional action factor → Proportionalbeiwert 390, 391
proportional band → Proportionalbereich 393
proportional valves → Proportionalventile 368
protection against electric shocks → Schutz gegen elektrischen Schlag 176, 380
protection against thermal effects → Schutz gegen thermische Auswirkungen 252
protection by cut-off → Schutz durch Abschaltung 179
protection in controlled rooms → Schutz in überwachten Räumen 182
protection interlock → Schutzverriegelungen 381
protective conductor → Schutzleiter 167, 169, 173ff., 205
protective conductor resistor → Schutzleiterwiderstand 206
protective conductor system → Schutzleitersystem 382
protective equipment → Schutzeinrichtungen 245
protective extra-low-voltage → PELV 199
protective insulation → Schutzisolierung 176, 180
protective potential compensation → Schutzpotentialausgleich 172
protective potential compensation conductor → Schutzpotentialausgleichsleiter 175, 198
protective separation → Schutztrennung 181f., 199
protocol → Protokoll 330
proxy → Proxy 406
PS/2 → PS/2 293
PT 100 → PT 100 357, 363, 474
PT-T1 element → P-T1-Glied 390
PTC resistors → PTC-Widerstände 449
PU (processing unit) → PU 285
puls inverter → Pulsumrichter 441
pulsating voltage → Mischspannung 532f.
pulse diagram → Pulsdiagramm 480
pulse repetition control → Pulsfolge-Steuerung 438
pulse response → Impulsantwort 389
pulse-duration control → Pulsbreitensteuerung 438
pump → Pumpe 132
push-pull amplifier switch → Gegentaktverstärker-Schaltung 462
push-pull converter → Gegentaktwandler 439
pyramid → Pyramide 510
Pythagorean theorem → Satz von Pythagoras 508

Q

QM system → QM-System 32
QoS (Quality of Service) → QoS 336
quadropole parameter → Vierpolparameter 460
quality areas → Qualitätsbereiche 10
quality control cards → Qualitätsregelkarten 34
quality management system → Qualitätsmanagementsystem 31
quality mark → Qualitätszeichen 81
Quality of Service (QoS) → Quality of Service 336

R

R-phrases → R-Sätze 70
radar measuring system → Radar-Messeinrichtung 360
radiance network → Maschennetz 243
radiance network → Strahlennetz 243
radiation coupling → Strahlungskopplung 136
radio frequency → Radiofrequency 266
radiometric measuring system → Radiometrische Messeinrichtung 361
RAID (Redundant Array of Independent Discs) → RAID 292

RAM (Random Access Memory) → RAM 286
ramification → Verzweigung 96
ramp response → Anstiegsantwort 389
Random Access Memory (RAM) → Random Access Memory 286
random test, random sampling → Stichprobe 33, 34
range → Messbereich 139
range line → Bereichslinie 260
raster module → Rastermodul 159
raster unit → Rastereinheit RE 159
rated frequency → Bemessungsfrequenz 150
rated power → Bemessungsleistung 150, 246, 407
rated torque → Bemessungsmoment 407
rated voltage → Bemessungsspannung 150, 407
rated voltage ratio → Bemessungsübersetzung 150
rating current → Bemessungsstrom 150
rating difference current → Bemessungsdifferenzstrom 176
rating of logic families → Kenndaten von Logikfamilien 479
rating plate of rotating electric machines → Leistungsschilder umlaufender elektrischer Maschinen → 407
rating plates → Leistungsschilder 151
RC element → RC-Glied 391
RC-low pass filter → RC-Tiefpassfilter 537
RCBO → RCBO 172
RCCB → RCCB 172
RCD (residual current protective device) → RCD 171
reactances → Blindwiderstände 534 ff.
reactive power measurement devices → Blindleistungsmessgeräte 141
reactive power steps → Blindleistungsstufen 209
Read Only Memory (ROM) → Read Only Memory 286
Read Only Memory (ROM) adhesive → Reaktionskleber 88
read-only memory (ROM) → Festspeicher 286
read-only memory (ROM) → Nur-Lese-Speicher 286
read-write memory → Schreib-Lese-Speicher 286
Read-write memory → Speicher mit wahlfreiem Zugriff 286
recovery time → Ausregelzeit 389
rectangle → Rechteck 510
rectangular LED → Rechteckige LED 278
rectifier → Gleichrichter 431
Redundant Array of Independent Discs (RAID) → Redundant Array of Independent Discs 292
reed relays → Reed-Relais 350
reference calculation → Bezugskalkulation 18
reference earth → Bezugserde 169
reference input → Führungsgröße 340, 387
reference list for round cells → Vergleichsliste Knopfzellen 235
reference value for illumination level → Richtwerte für Beleuchtungsstärken 270
refresh cycle → Refresh-Zyklus 286
refulgence → Leuchten 271
register → Register 285
registered jack (RJ) 10 → RJ 10 333
registered jack (RJ) 11 → RJ 11 333
registered jack (RJ) 12 → RJ 12 333
registered jack (RJ) 45 → RJ 45 333
registration of devices → Erfassung von Gegenständen 353
regular n-gon → Regelmäßiges n-Eck 510
regulating lever 398 → Stellhahn
regulations for operating safety → Betriebssicherheitsverordnung 66
regulator → Steller 387
relation conflict → Beziehungskonflikt 25
relative error → Relativer Fehler 146
relay → Relais 115, 116
release delay → Ausschaltverzögerung 487
reliability → Zuverlässigkeit 371
removable memory → Wechselspeicher 288
renewable energy → Erneuerbare Energie 241
renewable energy → Regenerative Energie 251
repair → Instandsetzung 30
repeated inspection → Wiederholungsprüfung 203 ff.
repeater → Repeater 307
repetition → Wiederholung 97
replacing an analog connection with an IP → Analoger Anschluss wird durch IP ersetzt 337
repulsion motor → Repulsionsmotor 412
request → Anfrage 14
research → Informationsrecherche 46
residual current method → Differenzstrom-Messverfahren 204
residual current protec-tive device → Fehlerstrom-Schutzeinrichtung 171 f., 176 ff.
residual voltage → Restspannung 392
resistors → Widerstände 446 ff.
resistors in alternat-ing current circuits → Widerstände im Wechselstromkreis 534
resolution → Auflösung 490
resolution → Resolution 490
response time → Anschwingzeit 389
restart → Wiederanlauf 371
retriggerable → Nachtriggerbar 487
return → Rückführung 392
reversion of rotation → Drehrichtungsumkehr 364
revolving field motors → Drehfeldmotoren 408
rhetoric → Rhetorik 51, 61
RI flow chart → RI-Fließbild 400
right-angled triangular → Rechtwinkliges Dreieck 508
ring → Ring 306
ring colours → Ringfarben 321
ring topology → Ringtopologie 306
rise time → Einschwingzeit 389, 490
risk assessment → Gefährdungsbeurteilung 66
risk evaluation, risk assessment → Risikobeurteilung 40, 41
RKM code → RKM-Code 447
RL-high pass filter → RL-Hochpassfilter 536
RL-low pass filter → RL-Tiefpassfilter 535
RL-parallel connection → RL-Parallelschaltung 536
RL-series connection → RL-Reihenschaltung 535
RLC-parallel connection → RLC-Parallelschaltung 537
RLC-parallel oscilating circuit → RLC-Parallelschwingkreis 538
RLC-serial oscilating circuit → RLC-Reihenschwingkreis 537
RLC-series connection → RLC-Reihenschaltung 537
rolls, pulleys → Rollen 516
ROM (Read Only Memory) → ROM 286
Roman numbers → Römische Zahlen 501
room index → Raumindex 268 f.
room utilization factor → Raumwirkungsgrad 268 f.
rooms → Räume 195
rooms for medical pur-poses → Medizinisch genutzte Räume 170
root hub → Root-Hub 294
rotary wing switch → Drehflügelschalter 359
rotation → Drehrichtung 409
rotation → Rotation 511
rotational speed control of motors → Drehzahlsteuerung von Motoren 410, 414
rotor starter → Läuferanlasser 419
round cell → Rundzelle 234
router → Router 307
RS-232C → RS-232C 296
RTD thermometer → RTD-Thermometer 363

S

S-phrase → S-Sätze 71
S-TTL → S-TTL 479
S/PDIF (Sony/Philips Digital InterFace) → S/PDIF 293

S7 assembly → S7-Baugruppen 375
S7 graph → S7-Graph 378
S7 HiGraph → S7-HiGraph 378
S7-PLCSIM → S7-PLCSIM 378
S7-SCL → S7-SCL 378
safety assessment → Sicherheitsbeurteilung 383
safety classes → Sicherungsklassen 164
safety control circuit → Sicherheitssteuerungen 384
safety engineering, security technology → Sicherheitstechnik 383
safety extra-low-voltage → Schutzkleinspannung 181
safety extra-low-voltage → SELV 199
safety informations → Sicherheitshinweise 40, 41
safety markings → Sicherheitskennzeichen 72
safety measures in the IT-System → Schutzmaßnahmen im IT-System 179
safety measures in the TN-System → Schutzmaßnahmen im TN-System 177
safety measures in the TT-System → Schutzmaßnahmen im TT-System 178
safety rules → Sicherheitsregeln 149
safety switching → Sicherheitsschaltung 386
safety transformers → Sicherheitstransformatoren 155
salutation → Anrede 38
SATA (Serial Advanced Technology Attachment) → SATA 291
scale → Maßstab 91
scale symbols → Skalensymbole 140
scareware → Scareware 304
Schottky → Schottky 457
Schottky-TTL → Schottky-TTL 479
screw heads → Schraubenköpfe 87
screws → Schrauben 87
SDSL (Symmetric Digital subscriber Line) → SDSL 331
second level domain → Second-Level-Domain 314
secondary line → Sekundärlinie 263
secondary sector → Sekundärbereich 308
secondary wiring → Sekundärverkabelung 319
secure digital → Secure Digital 288
Seebeck effect → Seebeck-Effekt 363
segment → Segment 262
selection of lines → Auswahl von Leitungen 216
selection of quantities and units → Auswahl von Größen und Einheiten 498 f.
selectivity → Selektivität 224
selector switch → Wahlschalter 352
self-ballasted mercury-vapor lamp → Quecksilberdampf-Hochdrucklampe 275
self-induction of a coil → Selbstinduktion einer Spule 529
self-monitoring safety switching → Selbstüberwachende Sicherheitsschaltung 386
self-optimising of con-trols → Selbstoptimierung von Reglern 397
semiconductor → Halbleiter 111 f.
semiconductor markings → Halbleiterkennzeichnungen 456
SEMP → SEMP 161
sense of rotation → Drehsinn 409
sensitivity of semiconductor elements → Empfindlichkeit von Halbleiterbauteilen 478
sensor → Sensor 114, 122, 259
sensor, gauge → Aufnehmer 121
separately excited d.c. generator → Fremderregter Gleichstromgenerator 415
separately excited motor → Fremderregter Motor 415
sequence control system → Ablaufsteuerung 341, 374
sequence of action → Wirkungsablauf 340
sequence- and assembly diagrams → Ablauf- und Aufbaudiagramme 60
sequential contacts → Folgekontakte 385
sequential function chart → Ablaufsprache 371, 372, 374
Serial ATA (SATA) → Serial ATA 291
serial compensation → Reihen-Kompensation 208
serial data transfer → Serielle Datenübertragung 291
serial interface → Serielle Schnittstelle 296
serial wound motor → Reihenschlussmotor 412, 414
series connection → Reihenschaltung 524
series connection of capacitors → Reihenschaltung von Kondensatoren 528
series connection of coils → Reihenschaltung von Spulen 530
server → Server 305, 307
service tap room → Hausanschlussraum 157
servo motor, servo drive → Servomotoren 417
set input dynamics → Führungsverhalten 395
setting time → Setting Time 490
setup → Aufstellung 426
setup of instructions for use → Aufbau einer Betriebsanleitung 43
shaded pole motor → Spaltpolmotor 411
shape factor → Formfaktor 283, 532
Shewhard Cycle → Shewhard Cycle 32
shock capacitors → Stoßkondensatoren 450
short circuit → Kurzschluss 169
short-time duty → Kurzzeitbetrieb 428
shunt motor → Nebenschlussmotor 414
SI base quantity → SI-Basisgrößen 495
SI-header lables → SI-Vorsätze 496
side-stable relays → Bistabile Relais 350
signal and data pro-cessing → Signal- und Datenverarbeitungen 371
signal lamp → Leuchtmelder 343
signal level → Nutzpegel 312, 317
signal processing func-tions → Signalverarbeitungsfunktionen 370
signal propagation delay → Signallaufzeit 483
signaling device, sensor → Signalgeber 353
silver oxide battery → Silberoxid-Batterien 230, 232
sine → Sinus 509
single compensation → Einzelkompensation 208
single conversion → Einfache Übersetzung 516
single efficiency → Einzelwirkungsgrad 515
single function relay → Monofunktionsrelais 350
single-action cylinders → Einfachwirkende Zylinder 368
single-flank-controlled → Einflankengesteuert 485
single-phase A.C. motor → Einphasen-Wechselstrommotor 412
single-phase motor → Einphasenmotor 411, 425
single-phase serial wound motor → Einphasen-Reihenschlussmotor 412
single-quadrant converter → Ein-Quadrant-Stromrichter 436
sinter capacitor, wet → Sinterkondensator, nass 451
sinusoidal alternating current (a.c.) → Sinusförmige Wechselspannung 531
site distributor → Standortverteiler 308
six-pulse bridge connec-tion → Sechspuls-Brücken-Schaltung 400, 401
sizes, dimensions → Größen 495 f.
slave trigger element → Slave-Kippglied 485
slide style → Foliengestaltung 56
slip ring motor → Schleifringläufermotor 345, 410, 425
slots → Steckplätze 284
small distribution board → Kleinverteiler 159
small outline transistor → Small Outline Transistor 476
smallest possible step → Kleinstmöglicher Schritt 490
Smart Grids → Smart Grids 142
Smart Meter → Smart Meter 142
smoke detector → Rauchmelder 162
sockets → Dosen 113
sodium-vapour lamp → Natriumdampflampen 270
soft solder → Weichlot 475
software configuration → Software-Konfiguration 283
solar cell → Solarzelle 248, 467

solar thermal power plant → Solarthermisches Kraftwerk 242
solar thermical systems → Solarthermische Systeme 251
solid angle → Raumwinkel 267, 499
Solid State Disk (SSD) → Solid-State-Disk 289
Solid State Drive (SSD) → Halbleiterfestplatte 289
Solid State Drive (SSD) → Halbleiterlaufwerk 289
Solid State Drive (SSD) → Solid-State-Drive 289
Solid State Hybrid Drive (SSHD) → Solid-State-Hybrid-Drive 289
solid state memory → Halbleiterspeicher 286, 287
solid state relays → Elektronische Lastrelais 349
solvent glue → Lösungsmittelkleber 88
Sony/Philips Digital InterFace (S/PDIF) → Sony/Philips Digital InterFace 293
SOT (small outline transistor) → SOT 476
sound → Schall 518
sound adapter → Soundadapter 292
sound card → Audiokarte 292
sound card → Soundkarte 292
sound quantities → Schallgrößen 518
source connection → Sourceschaltung 466
source of interference → Störquelle 135
Southbridge → Southbridge 284
Southbridge → Sterntopologie 306
space units → Platzeinheit PLE 159
span → Spannweite 33, 34
special sign, special character → Sonderzeichen 505
speed measuring → Drehzahlmessung 358
speed of light → Lichtgeschwindigkeit 497
speed sensor → Tachogenerator 342
spezial health risks → Besondere Gefahren für die Gesundheit 70
split washers → Federringe 87
splitter → Splitter 305, 331
spreading resistance → Ausbreitungswiderstand 169
spyware → Spyware 304
SQ3R-method → SQ3R-Methode 49
square → Quadrat 510
SRAM (Static RAM) → SRAM 286
SSD (Solid State Drive/Disk) → SSD 289
SSHD (Solid State Hybrid Drive) → SSHD 289
stabilisation of temperature → Temperaturstabilisierung 463
stabilising switching → Stabilisierungsschaltungen 493
stability → Störfestigkeit 132 ff.
stairwell connection → Treppenhausschaltung 254
standard deviation → Standardabweichung 33
standard deviation in a random test → Stichprobenstandardabweichung 33
standard projection → Normalprojektion 93
standard signal → Einheitssignale 356
standard TTL → Standard-TTL 479, 483
standard TTL → Std-TTL 479
standpipe → Steigleitung 129
star connection → Sternschaltung 539 f.
star-delta connection → Stern-Dreieck-Schaltung 365, 419, 540
star-delta starting → Stern-Dreieck-Anlauf 420
star-delta switching → Stern-Dreieck-Umschaltung 540
star-delta transformation → Stern-Dreieck-Umwandlung 526
start function → Start-Funktion 382
starter → Anlasser 117
starting capacitor → Anlaufkondensator 413
starting con-nections for AC-motors → Anlaufschaltungen für Drehstrommotoren 419
starting delay → Einschaltverzögerung 487
starting in an emergency case → Einschalten im Notfall 382
static input → Statischer Eingang 484
static negatived input → Negierter statischer Eingang 484
static noise margin → Statischer Störabstand 483
Static RAM (SRAM) → Static RAM 286
status requests → Status-Abfragen 371
steady-state number → Beharrungswert 389
steel dowel → Stahldübel 85
Steinmetz connection → Steinmetzschaltung 413
step → Schritt 101, 102, 374
STEP 7 → STEP 7 375 ff.
step by step plan for presentations → Stufenplan von Präsentationen 53
step response in proportional band → Sprungantwort im Proportionalbereich 393
step response of a closed loop control system → Sprungantwort einer Regelstrecke 396
step switch → Stufenschalter 117
stepping motor → Schrittmotor 416
sticker for dangerous media → Gefahrgutaufkleber 79
stimulation → Reizung 70
stop function → Stopp-Funktion 382
stop valve, lockout valve → Sperrventil 133
storage battery → Starterbatterien 238
storage programma-ble control → Speicherprogrammierte Steuerung 341, 370
storage programmable control → SPS 370
strain gauge → Dehnungsmessstreifen 474, 521
strategies of learning → Lernstrategien 47 ff.
STRING → STRING 377
structur of presentation → Präsentationsstruktur/-medien 54 f.
structure → Struktur 101
structure chart → Struktogramm 96
structure of learning matter → Strukturierung des Lernstoffes 49
structured control language → Structured Control Language 378
structured text → Strukturierter Text 372
structured wiring → Strukturierte Verkabelung 308, 319
subassembly drawings → Gruppenzeichnungen 105
subdomain protection → Teilbereichssicherung 222
subtraction → Subtraktion 503
successive approximation → Sukzessive Approximation 489
summing amplifier → Summierverstärker 471
suppressor diode (TAZ) → TAZ-Surpressor-Diode 458
suppressors → Schutzbeschaltungen 383
surface und body calculations → Flächen- und Körperberechnungen 510
surfaces → Flächen 510
susceptible equipment → Störsenke 135
swimming facility → Schwimmanlagen 194
swirl flow measurement → Wirbel-Durchflussmessung 362
switch → Schalter 113, 114, 115
switch → Switch 307, 406
switch mode power supplies → Schaltnetzteile 439
switch slide → Stellschieber 398
switch to neutral → Spannungsfreiheit feststellen 149
switches → Weichen 125
switching control → Verknüpfungssteuerungen 341, 378
switching mechanisms → Schalteinrichtungen 113
switching sequence diagram → Schaltfolgediagramm 100
switching valves and controls → Schaltende Stellgeräte 398
switching-off in case of an emer-gency → Ausschalten im Notfall 382
swivel motor → Schwenkmotor 368
swtiching status of trigger elements → Schaltzustände von Kippgliedern 484
symbol → Sinnbild 96
symbol chart → Symboltabelle 377, 378
symbol list, check list → Zuordnungsliste 371
symbols for air conditions → Symbole für Klimaanlagen 131
symbols for danger alert units → Symbole für Gefahrenmeldeanlagen 125 ff.

symbols for EIB → Symbole für EIB 122
symbols for EMSR → Symbole für EMSR 121
symbols for heating systems → Symbole für Heizungsanlagen 130
symbols for hydraulics and pneumatics → Symbole für Hydraulik und Pneumatik 132 ff.
symbols for pipelines → Symbole für Rohrleitungen 128 ff.
symbols of antenna technology → Symbole für Antennentechnik 125
Symmetric DSL (SDSL) → Symmetric DSL 331
synchronous counter → Synchroner Zähler 488
synchronous generator → Synchrongenerator 408, 415
synchronous machine → Synchronmaschine 119, 409
synchronous motor → Synchronmotor 410
system configuration → Systemkonfigurationen 371
system device → Systemgerät 259
system of coordinates → Kartesisches Koordinatensystem 95
system software → Systemsoftware 301
systematic stardelta circuit → Symmetrische Stern-, Dreieckschaltung 526
systematic/methodic thinking → Systemdenken 28

T

tandem connection → Tandem-Schaltung 255
tangent → Tangens 509
tantalum electrolytic capacitor → Tantal-Elektrolytkondensatoren 451
tape library → Bandbibliothek 304
tape library → Tape-Library 304
tapped winding → Dahlanderschaltung 365, 418, 424
tapped winding → Dahlanderwicklung 365
target value → Zielgröße 387
task size → Aufgabengröße 340, 387
team work → Teamarbeit 24
technical documentation → Technische Dokumentation 41 f., 98
technology diagram → Technologieschema 100
telecommu-nication interface unit → Telekommunikations-Anschlusseinheit (TAE) 335
telecommunication socket → TA 358
telecommunications socket → Telekommunikationstechnische Anschlussdose 308
telegram → Telegramm 261
telephone jack → 1. TAE 335
telephone jack → TAE-Stecker 33
telnet → Telnet 331
temperature → Temperatur 517
temperature classes → Temperaturklassen 189
temperature classes → Wärmeklassen 421
temperature measurement → Temperaturmessung 363
temperature scales → Temperaturskalen 517
temperature-depen-dent resistor → Temperaturabhängiger Widerstand 524
terminal → Anschluss 366
terminal diagrams → Klemmenbelegungen 332
terminal plan → Anschlusspläne 104
terminals → Anschlüsse 113
tertiary sector → Tertiärbereich 308
tertiary wiring → Tertiärverkabelung 319
test equipment → Messeinrichtung 139
test result → Messergebnis 139
test symbol → Prüfzeichen 81
thermal flow meters → Thermische Durchflussmessgeräte 363
thermal motor overload relay → Thermische Motorschutzrelais 347
thermal power plant → Wärmekraftwerk 241
thermistor machine protection devices → Thermistor-Maschinenschutzgeräte
thermo couple → Thermoelemente 83, 357
thermo couple measurement → Thermoelement-Messung 363
thread → Gewinde 93
three wire linkage → Dreidrahtverbindung 296
three-phase a.c. regulator → Drehstromsteller 440
three-phase alternating voltage → Dreiphasen-Wechselspannung 539
three-phase asynchro-nous motors → Drehstrom-Asynchronmotoren 364, 413
three-phase asynchronous motors → Asynchronmotoren 408
three-pulse mid-point circuit → Dreipuls-Mittelpunkt-Schaltung 432
three-step controller → Dreipunkt-Schrittregler 392
three-step controller → Dreipunktregler 388
throttle check valve → Drosselrückschlagventil 368
throttle converter → Drosselwandler 439
throttle valve, regulating flap → Stellklappe 398
throttle valves → Drosselventile 368
thumbrules for regulator adjustments → Faustformeln zur Reglereinstellung 396
time pattern control → Zeitplansteuerung 340
time relay → Zeitrelais 350
timer → Zeitgeber 373
tips for troubleshooting → Tipps zum Problemlösungsprozess 27
TN-C system → TN-C-System 173
TN-C-S system → TN-C-S-System 173
TN-S system → TN-S-System 173
TO → TO 476
to arrange → Einrichten 342
TO can → TO-Gehäuse 476
to conduct → Leiten 397
to configure → Konfigurieren 340
to count → Zählen 139
to dim → Dimmen 256
to earth and to short-circuit → Erden und Kurzschließen 149
to ensure against reclosing → Gegen Wiedereinschalten sichern 149
to inspect → Prüfen 371
to measure with the oscilloscope → Messen mit dem Oszilloskop 148
to overshoot → Überschwingen 395
to reset → Rücksetzen 484
to save, to store → Speichern 484
to set → Setzen 484
to solder → Löten 475
to structure → Strukturieren 340
to test, to check → Testen 371
to throttle → Drosseln 118
tolerances → Toleranzen 452
top level domain → Top-Level Domain 330
topology → Topologie 260, 403
torque → Drehmoment 408, 498
torque equation → Drehmomentengleichung 513
total mean value → Gesamtmittelwert 34
touch voltage → Berührungsspannung 169
toy transformer → Spielzeugtransformator 155
TP cable → TP-Kabel 309
tranlation → Translation 511
transducer for platinum thermometers → Messumformer für Widerstandsthermometer 357
transducer for thermocouples → Messumformer für Thermoelemente 357
transfer element → Übertragungsglied 389, 390
transformator station → Ortsnetzstation 244
transformers → Transformatoren 118, 150
transient (phenomenon) → Einschwingen 395
transient tolerance → Einschwingtoleranz 389
transistor as amplifier → Transistor als Verstärker 463
transistor as switch → Transistor als Schalter 464
transistor single outline → Transistor Single Outline 476
transistor-transistor-logic (TTL) → Transistor-Transistor-Logik 479

transition → Transition 101, 374
transmission behaviour → Übertragungsverhalten 390
transmission control protocol → TCP 330
transmission control protocol → Transmission Control Protocol 330
transmitter → Übertrager 454
transport expenses → Beförderungskosten 15
tree topology → Baumtopologie 306
tri-phosphorus fluores-cent lamps → Dreibanden-Leuchtstofflampen 273, 275
triangle → Dreieck 508
trigonometric functions → Trigonometrischen Funktionen 509
trimmer → Trimmer 451
triode thyristor → Thyristortriode 492
Trojan → Trojaner 304
trouble shooting → Fehlersuche 30
troubleshooting → Problemlösung 28
troubleshooting fault current circuit breaker → Fehlersuche Fehlerstromschutzschalter 172
truth table → Wahrheitstabelle 480
Tt element → Tt-Glied 390
TT system → TT-System 197, 200
TTL (transistor-transistor-logic) → TTL 479
tube and instru-ment flow chart → Rohrleitungs- und Instrumentenfließbild 400
tubes → Rohrleitungen 128, 401
tubular solder → Röhrenlot 475
TV card → TV-Karte 292
two-handed operation → Zweihandbetrieb 382
two-level action control → Zweipunktregelung 438
two-position controller → Zweipunktregler 392
two-puls bridge connection → Zweipuls-Brückenschaltung 432, 433
two-quadrant power con-verter → Zwei-Quadrant-Stromrichter 436
two-way bridge circuit → Zweiweg-Brückenschaltungen 434
two-way circuit → Zweiwegschaltung 433
two-way converter → Umkehrstromrichter 431, 437
two-way valve → Wechselventil 368
two-way wiring, back-to-back con-nection → Wechselschaltung 252
type D fuse-system → D-Sicherungssystem 222
type of cable → Kabeltyp 319
types of accumulators → Typen von Akkumulatoren 238
types of batteries → Typen von Batterien 232
types of circuit diagrams → Schaltplanarten 99
types of constructions → Bauformen 426
types of contract → Vertragsarten 11
types of data → Datentypen 372, 377
types of documentations → Dokumentationsarten 41, 43
types of dowels → Dübelart 85
types of energy → Energiearten 514
types of faults → Fehlerarten 169
types of fuel cells → Brennstoffzellentypen 247
types of ignition protection → Zündschutzarten 190
types of lamps → Lampentypen 275
types of optical waveguides → Lichtwellenleitertypen 325
types/categories of errors → Fehlerklassen 29

U

UAE → UAE 334, 338
ultrasound flow mea-surement → Ultraschall-Durchflussmessung 362
ultrasound measurement device → Ultraschall-Messeinrichtung 361
ultrasound proximity switch → Ultraschall Näherungsschalter 353, 355
ultrasound sensor with readout instrument → Ultraschallsensor mit Auswertegerät 355
unbalanced load → Unsymmetrische Last 540
uncompensated bridge connection → Nicht abgeglichene Brückenschaltung 526
uncontrolled rectifier → Ungesteuerte Gleichrichter 434
underlied control → Unterlagerte Regelung 388
undisturbed process → Ungestörter Prozess 34
unhealthy → Gesundheitsschädlich 70
unijunction transistor → Doppelbasisdiode 491
unijunction transistor → Unijunktion-Transistor UJT 465
uninterruptable power supply facilities → USV-Anlage 339
unipolar transistors → Unipolare Transistoren 465
unit circle → Einheitskreis 509
unit-distance code → Einschrittiger Code 503
units → Einheiten 495f.
universal connection unit → Universal-Anschlusseinheit 338
universal dimmer → Universal-Dimmer 277
universal motor → Universalmotor 412
Universal Serial Bus (USB) → Universal Serial Bus 294
upper action limit → Obere Eingriffsgrenze 34
upper warning limit → Obere Warngrenze 34
upstream → Upstream 331
URL (uniform resource locator) → URL 330
USB (Universal Serial Bus) → USB 294
USB cable → USB-Kabel 295
USB flash drive → USB-Stick 288
utilisation categories → Betriebsklasse 222
utilisation condenser → Betriebskondensator 413
utilisation costs → Betriebskosten 16

V

V.24 → V.24 296
valve characteristics → Stellverhalten 391
valves and controls → Stellgeräte 121, 398
valves and controls with defined home position → Stellgeräte mit definierter Ruhelage 398
valves and controls with storage characteristics → Stellgeräte mit Speicherverhalten 398
var-hour meter → Blindverbrauchzähler 143, 145
variable → Variable 482
variable LED (light emitting diode) → Variables LED 278
variables → Variablen 372, 377
varistor → Varistor 449
VDSL (very high data rate digital subscriber line) → VDSL 331
vector diagram → Zeigerdiagramm 534
Very High Speed DSL → Very High Speed DSL 331
very toxic → Sehr giftig 70
VGA (Video Graphics Array) → VGA 292
vibrating fork → Schwinggabel 359
vibrating system → Vibrationssystem 359
Video Graphics Array (VGA) → Video Graphics Array 293
video program system → VPS 370
viruses → Viren 304
visual inspection → Sichtprüfung 203
visualisation → Visualisierung 55
voice over IP → IP-Telefonie 335, 336
Voice over IP (VoIP) → Voice over IP 336
VoIP (Voice over IP) → VoIP 335, 336
VoIP gateway → VoIP-Gateway 336
volatile memory → Flüchtiger Speicher 286
voltage → Spannung 522
voltage clock → Spannungsuhr 168
voltage dependent resistor → VDR-Widerstände 449
voltage divider → Spannungsteiler 525
voltage levels → Spannungsebenen 243
voltage range increase → Spannungs-Messbereichserweiterung 525
voltage source → Spannungsquelle 112, 525
voltage stabilising capacitor → Stützkondensatoren 450
voltage test → Spannungsprüfung 382
voltage transformer → Spannungswandler 146
voltage-current converter → U/I-Wandler 471
vortex counter → Wirbelzähler 362

W

walking code → Walking-Code 504
warning sign → Warnzeichen 73
warning triangle → Gefahrendreieck 64
water conduit → Wasserleitung 129
water treatment unit → Wasserbehadlungsanlage 129
ways of laying cables and lines → Verlegearten von Kabeln und Leitungen 217
web backup → Web-Back-up 304
weighin method → Wägeverfahren 489
weight → Gewichtskraft 498, 512
weighted number systems → Stellenbewertete Zahlensysteme 501
welding transformer → Schweißtransformator 155
Western connector → Western-Steckverbinder 338
Wheatstone bridge → Wheatstone-Messbrücke 146
Wheatstone-2 conductor connection → Wheatstone-2-Leiterschaltung 357
Wheatstone-3 conductor connection → Wheatstone-3-Leiterschaltung 357
wind energy plant → Windenergieanlagen 246
wind load → Windlast 32
wind power plant → Windkraftanlage 242, 246
winding temperature → Wicklungstemperatur 421
windings → Wicklungen 409
winning → Gewinn 17
wire lengths → Leitungslängen 265
wire programmed control system → Verbindungsprogrammierte Steuerung 341, 370
wire resistors → Drahtwiderstände 446
wireless control → Drahtlose Steuerung 381
Wireless LAN (WLAN) → Wireless LAN 305
wiring → Leitungsverlegung 215
wiring diagrams for installations → Installationsschaltpläne 105
wiring for buildings → Gebäudeverkabelung 308
wiring of stored programme controls → Verdrahtung von Speicherprogrammierten Steuerungen 385
wiring plan → Verdrahtungsplan 104
wiring plans → Geräteverdrahtungspläne 104
wiring technique → Verdrahtungstechnik 364
WLAN (Wireless LAN) → WLAN 305
WLAN installation → WLAN-Installation 306
WLAN standards → WLAN-Standards 306
work → Arbeit 514, 522
work costs → Arbeitskosten 16
work elements of fluid technology → Arbeitselemente der Fluidtechnik 368
work table → Arbeitstabelle 480
working comittee for measurement and control engineering in the chemical industry → NAMUR 355
working point → Arbeitspunkt 389, 393
working point alignment → Arbeitspunkteinstellung 463
working rooms → Arbeitsräume 212
workplace exposure limit (WEL) → AGW-Wert 64
world wide web (www) → World Wide Web 331
worms → Würmer 304
wrapped capacitor, wet → Wickelkondensator, nass 451

X

X capacitors → X-Kondensatoren 453
xD Picture Card → xD Picture Card 288

Y

Y capacitor → Y-Kondensatoren 453

Z

Z-diode → Z-Diode 456, 457
ZIP function → ZIP-Funktion 288

BGV Seite
BGV-A1 ... 44
BGV-A2 ... 44

DIN Seite
DIN 11042 ... 44
DIN 1301 ... 459 ff.
DIN 1304 ... 497 ff.
DIN 1319 ... 44
DIN 1319-1 ... 139
DIN 14676 ... 162
DIN 17471 ... 521
DIN 18012 ... 157
DIN 18015 ... 210 f.
DIN 18015-1 ... 157 f.
DIN 18015-3 ... 214
DIN 19227-2 ... 110, 121 f.
DIN 1946 ... 129
DIN 2403 ... 401 f.
DIN 2429 ... 130
DIN 24420 ... 44
DIN 25419 ... 44
DIN 31051 ... 44
DIN 315 ... 87
DIN 316 ... 87
DIN 40150 ... 44
DIN 404 ... 87
DIN 406 ... 94
DIN 40719-2 ... 106 f.
DIN 40729 ... 237
DIN 40763-2 ... 239
DIN 40771-1 ... 239
DIN 41429 ... 447
DIN 41750-1 ... 431
DIN 41761 ... 432
DIN 41762 ... 433
DIN 41785-2 ... 491
DIN 41785-3 ... 492
DIN 43530 ... 238
DIN 43732 ... 83
DIN 43807 ... 141, 145
DIN 43856 ... 143 f.
DIN 43870 ... 158
DIN 4407 ... 449
DIN 44080 ... 449
DIN 444 ... 87
DIN 47100 ... 328
DIN 5008 ... 36 f.
DIN 529 ... 87
DIN 580 ... 87
DIN 582 ... 87
DIN 60617-6 ... 118 f.
DIN 60617-8 ... 119
DIN 653 ... 87
DIN 66001 ... 96
DIN 66261 ... 96
DIN 7516 ... 87
DIN 917 ... 87
DIN 935 ... 87

DIN EN Seite
DIN EN 806 ... 128
DIN EN 1089-3 ... 80
DIN EN 1207 ... 87
DIN EN 12464 ... 270
DIN EN 13306 ... 44
DIN EN 50011 ... 344
DIN EN 50013 ... 344
DIN EN 50083 ... 125, 312 f.
DIN EN 50083-1 ... 313
DIN EN 50117-1 ... 322
DIN EN 50130 ... 163 f.
DIN EN 50131 ... 163 f.
DIN EN 50173 ... 319 f., 329
DIN EN 50254 ... 405
DIN EN 50295 ... 405
DIN EN 50342-1 ... 238
DIN EN 54 ... 162
DIN EN 60034 ... 407
DIN EN 60034-8 ... 409
DIN EN 60062 ... 447
DIN EN 60076 ... 151
DIN EN 60076-1 ... 152 f.
DIN EN 60076 ... 151 ff.
DIN EN 60079 ... 189
DIN EN 60086 ... 232
DIN EN 60204-1 ... 351, 380 ff.
DIN EN 60269 ... 222
DIN EN 60382 ... 356
DIN EN 60445 ... 107
DIN EN 60601 ... 43
DIN EN 60617 ... 44, 124
DIN EN 60617-2 .. 110 f., 115 f.
DIN EN 60617-4 ... 111
DIN EN 60617-5 ... 111
DIN EN 60617-6 ... 110 f.
DIN EN 60617-7 ... 112 ff.
DIN EN 60617-11 ... 112 ff.
DIN EN 60617-12 .. 123, 484 f.
DIN EN 60794-1-1 ... 325
DIN EN 60848 ... 101 ff.
DIN EN 60896 ... 237
DIN EN 60947-4-1 ... 345
DIN EN 60947-5-1 ... 346
DIN EN 61000-3 ... 442, 444
DIN EN 61010 ... 149
DIN EN 61056-2 ... 237
DIN EN 61082-1 ... 98 f., 103 ff.
DIN EN 61131-1 ... 370 f., 372 f.
DIN EN 61131-3 ... 372 f.
DIN EN 61508 ... 383
DIN EN 61557-2 ... 198 f.
DIN EN 61557-3 ... 200
DIN EN 61557-4 ... 198
DIN EN 61557-5 ... 200
DIN EN 61557-6 ... 201
DIN EN 61558-2 ... 155
DIN EN 61960 ... 232
DIN EN 62040-3 ... 339
DIN EN 62133 ... 232
DIN EN 62305-3 ... 161
DIN EN 62424 ... 399 f.
DIN EN 81346-1 ... 108
DIN EN 81346-2 ... 108 f.

DIN EN ISO Seite
DIN EN ISO 216 ... 89
DIN EN ISO 10511 ... 87
DIN EN ISO 12100 ... 41
DIN EN ISO 13849-1 ... 383
DIN EN ISO 13857 ... 44
DIN EN ISO 15480 ... 87
DIN EN ISO 7010 ... 72 f., 77 f.
DIN EN ISO 7046 ... 87
DIN EN ISO 7047 ... 87
DIN EN ISO 9431 ... 89
DIN IEC 60050-351 ... 340 ff., 387, 389, 397
DIN IEC 60063-12 ... 447
DIN IEC 61148 ... 433
DIN IEC 61951 ... 236
DIN ISO 1219 ... 132 f.
DIN ISO 5455 ... 91

DIN VDE Seite
DIN V VDE V 0126-1-1 ... 248
DIN VDE 0100-100 ... 173
DIN VDE 0100-200 ... 169
DIN VDE 0100-410 ... 175 f.
DIN VDE 0100-420 ... 191
DIN VDE 0100-430 ... 221
DIN VDE 0100-520 ... 215 f.
DIN VDE 0100-540 ... 174 f.
DIN VDE 0100-600 ... 197 f.
DIN VDE 0100-701 ... 183
DIN VDE 0100-702 ... 194
DIN VDE 0100-703 ... 195
DIN VDE 0100-704 ... 187
DIN VDE 0100-705 ... 188
DIN VDE 0100-710 ... 185
DIN VDE 0100-723 ... 196
DIN VDE 0100-724 ... 196
DIN VDE 0100-737 ... 195
DIN VDE 0140-1 ... 193
DIN VDE 0250 ... 226, 230 f.
DIN VDE 0271 ... 226
DIN VDE 0273 ... 227
DIN VDE 0276 ... 226
DIN VDE 0281 ... 226, 230
DIN VDE 0282 ... 226 f., 231
DIN VDE 0284 ... 230
DIN VDE 0293 ... 231
DIN VDE 0293-308 ... 225
DIN VDE 0298 ... 217 f., 226
DIN VDE 0298-4 ... 217 f.
DIN VDE 0530-8 ... 409
DIN VDE 0606 ... 215
DIN VDE 0641 ... 221
DIN VDE 0664 ... 171
DIN VDE 0701 ... 203
DIN VDE 0702 ... 203
DIN VDE 0812 ... 321 f.
DIN VDE 0813 ... 321
DIN VDE 0815 ... 321 f.
DIN VDE 0816 ... 321
DIN VDE 0817 ... 322
DIN VDE 0820 ... 223
DIN VDE 0829 ... 264
E DIN 931 ... 87
E DIN 603 ... 87
E DIN 96 ... 87
E DIN 97 ... 87

EN Seite
EN 50022 ... 264
EN 50091-2 ... 339
EN 50170 ... 404
EN 50173 ... 329
EN 50254 ... 405
EN 60034 ... 407
EN 60076 ... 154
EN 60204 ... 43
EN 61355-1 ... 42
EN 61558 ... 150
EN 61558-2-6 ... 181
EN ISO IEC 17000 ... 44
EN ISO IEC 17050-1 ... 44
EN ISO IEC 17050-2 ... 44
EN ISO 14121-1 ... 41
EN ISO 12100-2 ... 43

IEC Seite
IEC 11801 ... 406
IEC 479 ... 170
IEC 60050-551 ... 431, 439
IEC 60757 ... 225
IEC 60793 ... 406
IEC 60971 ... 432, 435
IEC 61158 ... 403 f.
IEC 61784 ... 406
IEC 62026-2 ... 405

ISO Seite
ISO 9000 ... 31
ISO 9001 ... 31
ISO 128 ... 94
ISO 128-20 ... 90
ISO 19011 ... 32
ISO 31000 ... 44
ISO IEC 82079 ... 41
ISO IEC 82079-1 ... 41

VDE Seite
VDE 0100-200 ... 169
VDE 0113 ... 44, 347
VDE 0165 ... 189
VDE 0211 ... 230
VDE 0413-2 ... 198 f.
VDE 0413-3 ... 200
VDE 0413-4 ... 198
VDE 0413-5 ... 200
VDE 0413-6 ... 201
VDE 0470-1 ... 202
VDE 0530 ... 407, 409, 421, 426, 428
VDE 0530-8 ... 409
VDE 0532 ... 151 ff.
VDE 0570-2 ... 155
VDE 0636-1 ... 222
VDE 0838-12 ... 444
VDE 0855-1 ... 313
VDE 0887-1 ... 322
VDI 2229s ... 88
VdS 2135 ... 125 ff.

Verordnungen Seite
BetrsichV ... 66
DGUV Vorschrift 3 ... 149
GefStoffV ... 64, 69 ff.
RAL-RG 678 ... 210

Den folgenden Firmen danken wir für die Zusendung von Bildmaterial und die technische Beratung:

ASRock Europe B.V., Nijmegen, NL, S. 298
ASUSTeK COMPUTER INC., Taipei, TW, S. 292, 293
Bild und Technik, M. Di Gaspare, Bergheim, Zeichnungen
bildredaktion1, G. Schneider-Albert, Troisdorf, S. 287, 292, 299
BKL Electronic Kreimendahl GmbH, Lüdenscheid, S. 329
Creative Labs (Europe) Limited, Dublin, IRL, S. 292
Deutsche Energie-Agentur GmbH (dena), Berlin, S. 82, 273
Drucks Design, Bonn, Umschalgfoto
EBG Elektronikservice Darmstadt GmbH, Darmstadt, S. 329
Elektrotechnische Werke Fritz Driescher & Söhne GmbH, Moosburg, S. 244
Endress + Hauser Messtechnik GmbH + Co KG, Weil am Rhein, S. 359–363
Feistkorn & Wolf GbR, Stadelhofen, S. 329
fischerwerke GmbH, Waldachtal, S. 86
Fotolia.com, New York City, USA, S. 287, 288, 289, 298, 299, 310
Fraunhofer-Institut für Solare Energiesysteme ISE, Freiburg, S. 248
Hager Vertriebsgesellschaft mbH & Co. KG, Blieskastel, S. 142
Intel Corporation, Santa Clara, USA, S. 298
INTOS ELECTRONIC AG, Gießen, S. 294, 295
Lenze SE, Aerzen, S. 414
Listan GmbH und Co. KG, Glinde, S. 298
MENNEKES Elektrotechnik GmbH & Co. KG , Kirchhundem, S. 167
Netzwerk Solar GmbH & Co. KG, Überherrn, S. 248
SanDisk Corporation, Milpitas, USA, S. 88
Siemens AG, München, S. 172, 192, 244, 264, 379
Westermann-Archiv, Braunschweig, S. 228, 229, 249, 279, 289, 291, 322, 329
Wikimedia Deutschland – Gesellschaft zur Förderung Freien Wissens e.V., Berlin, S. 287, 288, 291, 298
ZOTAC International (MCO) Ltd., Macau, CN, S. 292, 298